WORD
SMART I+II

Word Smart I+II 5th Edition

지은이 프린스턴 리뷰팀
펴낸이 임상진
펴낸곳 (주)넥서스

초판 1쇄 발행 2001년 1월 22일
초판 76쇄 발행 2011년 8월 10일

2판 1쇄 발행 2012년 1월 15일
2판 20쇄 발행 2015년 6월 30일

3판 1쇄 발행 2015년 10월 15일
3판 22쇄 발행 2022년 5월 25일

4판 1쇄 발행 2023년 10월 25일
4판 4쇄 발행 2024년 10월 14일

출판신고 1992년 4월 3일 제311-2002-2호
주소 10880 경기도 파주시 지목로 5
전화 (02)330-5500 팩스 (02)330-5555

ISBN   979-11-6683-634-3   13740

가격은 뒤표지에 있습니다.
잘못 만들어진 책은 구입처에서 바꾸어 드립니다.

www.nexusbook.com

SAT · TOEFL · GRE · GMAT을 준비하는 세계인의 필독서

WORD SMART

I+II

1 · 2권 통합본

프린스턴 리뷰팀 지음
Written by the Staff of the Princeton Review

넥서스

WORD SMART는 이렇다

언어는 생각을 담는 그릇이다

우리가 사용하는 언어는 많은 것을 말해 준다. 어떤 단어를 사용하느냐에 따라 세련되고 설득력 있으며 지적으로 보일 수도 있고, 때로는 자신도 이해할 수 없는 단어를 쓰고 있음을 보여 주기도 한다. 자기 생각을 제대로 드러내는 키포인트는 어떤 단어를 어떻게 사용할지를 아는 것에 달려 있다.

우리는 말을 하거나 생각하기 위해서도 어휘를 사용한다. 정확한 단어를 모르면 정리된 생각을 할 수 없다. 어휘력은 스스로 생각할 수 있는 힘과 그 생각을 다른 사람과 교류할 수 있는 능력의 기초가 된다. 어휘력을 늘리면 자신을 둘러싼 세계를 이해하는 지적 능력을 개발할 수 있다.

왜 이 책이 필요한가?

지금껏 나온 많은 어휘 책들의 대부분은 별로 유익하지 않다. 어떤 책에는 단어가 너무 많거나 어떤 책들은 터무니없이 어렵기 때문이다. 노력하지 않고 쉽게 배울 수 있는 방법이나 요령만을 주장하는 것들도 있다. 그런 방법 대부분은 사실 새로운 단어를 배우는 데 거의 도움이 되지 않는다. 이 책은 기존의 책들과 확실히 다르다.

우리는 SAT 교육기관인 PRINCETON REVIEW를 10년 이상 운영해 왔다. 여기서 6주간의 과정을 마친 학생들은 SAT에서 200점 이상 점수가 오르는 놀라운 결과를 보여 주었다. 이러한 성공은 훌륭한 교습법의 결과라고 생각한다.

『WORD SMART I+II』의 핵심은 지성인이 꼭 알아야 할 약 2천여 개의 단어를 포괄하는 주요 섹션에 있다. (『WORD SMART』 원서는 두 권으로 구성되어 있다. 이 책의 PART A는 원서 1권, PART B는 원서 2권을 주요 내용으로 옮겨 묶은 것이다.) PART A와 B는 각 단어의 뜻과 이해를 돕고 올바로 활용하기 위한 한 개 이상의 예문으로 구성되어 있다. 관련 단어뿐 아니라 숨은 뜻도 부분적으로 제시되어 있다. 아울러 자연스럽게 어휘력을 강화할 수 있도록 훈련을 위한 퀴즈도 덧붙였다. PART C에서는 SAT와 GRE에서 자주 출제되었던 단어들만을 엄선했으며, 반드시 알아야 할 어근, 흔히 저지르는 실수들, 신문과 잡지에 자주 등장하는 약어와 외래어, 각종 전문 용어 등도 실었다.

1 / 어떤 방법으로 단어를 선택했는가?

이 책에 제시된 단어들은 SAT와 GRE를 비롯하여 각종 간행물을 조사한 결과, 난이도가 높으면서도 빈번하고, 규칙적으로 등장하는 단어이다. 또한 일선 학교의 선생님들과 작가들, 그 밖에 여러 전문가로부터 조언을 받았다.

2 / 단어의 정의와 서술 방법

각 항목은 우선 보편적으로 받아들여지는 발음(실제로 여러 방법으로 발음되는 단어들도 있는데, 대체로 사전에서 제일 먼저 제시되는 발음)으로 시작한다. 간혹 사전의 발음과 보편적으로 인지되는 발음이 다른 경우가 있는데, 그럴 경우 다양한 참고서를 살펴보고, 전문가의 조언을 들어 취사선택했다. 큰 소리로 여러 번 반복해서 발음해 보기 바란다. 각 단어의 변화형의 발음에도 유의하기 바란다. 대개의 단어는 명사나 동사나 형용사로 같이 쓰이는 경우가 많이 있는데, 변화형에 따라 발음으로 구별이 되는 일이 많다. 『WORD SMART I · II』 모두 단어의 정의와 동의어를 실었다. 꼭 알고 넘어가야 하는 단어라면 어려운 단어라도 신중히 생각해서 제시어의 정의에 관련 단어로 첨부했다. 단어를 이해하기 위해서는 구체적인 문맥 속에서 볼 필요가 있다고 믿기 때문에, 단어의 정의 다음에는 제시어의 올바른 쓰임을 보여 주는 예문을 적어도 한 개 이상씩 실었다. 또한, 제시어의 역사적 고찰이나 관련 단어들도 검토했다. 마지막으로 제시어의 변화형을 보여 주고, 발음이 현저하게 다른 경우는 발음 기호도 명시했다.

3 / 이 책의 활용 방법

알파벳순으로 꾸준히 공부하는 것만이 좋은 방법이라고 생각하지 않는다(먼저 QUICK QUIZ를 풀어 보고 틀린 단어를 찾아 앞의 제시어로 다시 돌아가는 것도 좋은 공부법이 될 수 있다). Princeton Review의 학생들 중 몇몇은 책의 마지막 부분에 나오는 '최종 테스트'부터 먼저 시작한 뒤, 틀린 단어를 찾아가는 순서로 공부했다. 또는 어근 공부부터 하는 사람들도 있었다. 기본적으로 우리가 말하고 싶은 것은 바로 이것이다. 이 책을 공부할 때는 어떤 방식이든 자신이 원하는 대로 하면 된다.

4 / 이 책을 효과적으로 활용하는 방법

처음부터 이 책을 단숨에 끝내려고 하지 마라. 정해진 일정 분량만큼 지속적으로 공부하는 방법이 더 효과적이다. 한 단어를 제대로 이해했다고 확신이 들기 전에는 다음 단계로 건너뛰지 마라. 당황해하는 실수의 대부분은 확신을 갖고 대담하게 사용하는 어휘가 사실은 틀리다는 데 있다. 대략 열 개 정도의 단어를 공부한 뒤 QUICK QUIZ를 통해 확실히 다져 두기 바란다. 시험에 대비하기 위해 어휘력을 향상시키려면 처음부터 끝까지 자신의 수준에 맞는 계획을 세워 같은 방법으로 공부하라. 단순히 어휘력 향상이 목적이라면 임의대로 흥미 있는 부분을 파고들어도 좋다. 또한, 책을 읽거나 다른 사람과 이야기를 나누다가 모르는 단어와 부딪히지 않도록 도와줄 사전으로 써먹어도 좋다. 이 책을 공부하고 나면 미국 대학 졸업 수준 이상의 실력을 갖추게 될 것이다. 그러나 거기서 멈추지 말고 앞으로 더 정진하기 바란다.

5 / 왜 WORD SMART가 필요한가?

대부분의 어휘 책들은 사람들이 거의 사용하지 않는 단어들까지 너무 많은 어휘를 다루면서도, 학교나 일상에서 실제로 만나게 되는 단어들은 충분히 다루고 있지 못하다. 우리는 『WORD SMART I』에서 교양 있는 지성인이라면 꼭 알아야 할 가장 중요한 단어들만을 엄선했다. 어휘량을 늘리는 것은 무엇보다 중요하다. 하지만 무엇부터 시작할 것인가? 영어에는 수만 개의 단어가 있다. 어떤 단어가 꼭 필요한 단어인지 알기 위해서 Princeton Review사는 일정 교육을 받은 지성인들의 어휘를 연구했다.

또한 『The New York Times』에서 『The Wall Street Journal』에 이르기까지 여러 신문과 『Time』을 비롯한 잡지, 최근의 베스트셀러와 고전에 이르기까지 다양한 도서들을 함께 분석했다. 대부분의 사람들이 알고 있는 단어들을 제시하고 사람들이 잘못 이해하거나 잘못 사용하는 단어에 초점을 맞췄다. 이를 토대로 가장 빈번하게 쓰이는 832개의 단어를 골랐다. 1988년 『WORD SMART I』을 쓴 이후 거의 400만 명의 사람들이 이 책을 구입했다.

그러나 독자들은 『WORD SMART I』(이 책의 PART A)에 실린 단어에서 그치지 않고 더 많은 것을 문의해 왔다. 그래서 『WORD SMART I』을 쓸 때와 같은 연구 과정을 거쳐 엄선한 단어들을 다시 묶어 『WORD SMART II』(이 책의 PART B)를 만들었다. 여전히 사용 빈도가 높은 단어에 초점을 맞췄지만, 최종적으로 단어들을 선택하는 데 몇 가지 중요한 차이점이 있다. 『WORD SMART II』의 단어를 선택할 때는 학생들과 성인들의 언어 사용과 실수를 지켜본 경험을 반영하였다. 『WORD SMART II』에 실린 많은 단어들은 대부분의 지성인들이라면 정확하게 사용할 것으로 생각되어 『WORD SMART I』에서는 제외되었던 단어들이다. 학생이나 성인들은 문맥 속에서 단어를 배운다. 그들은 자신들이 모르는 단어가 포함된 문단이나 문장을 통해서 어려운 단어의 일반적 정의를 도출한다.

『WORD SMART II』에는 언뜻 쉬운 듯 보여서 교양인들이 잘못 이해하고 있거나 실수를 범하는, 더러 다른 단어와 혼동하기도 하는 단어들을 묶었다. 『WORD SMART II』의 단어들도 『WORD SMART I』만큼이나 중요한 것들이다. 『WORD SMART II』의 단어들이 약간 더 어렵기도 하고 활용하는 빈도도 낮을 수 있다. 그러나 『WORD SMART II』 수록 단어들도 모두 교육용 어휘임을 기억하라.

본 문 미 리 보 기

○ 표준 발음 기호 삽입

원서의 원어민 기준 발음 기호와 달리 한국인이 공부하기 쉬운 표준 발음 기호를 삽입하여 발음 공부가 쉬워졌다!

○ 설명 및 예문

단어의 설명과 활용 예문을 확실히 구분하여 이해와 응용이 더욱 용이하다!

○ 다양한 품사형 제시

단어에서 파생된 다른 품사형 단어도 함께 실어 다양한 형태의 단어 학습이 가능하다!

POSTULATE [pástʃulèit] n **something accepted as true without proof; an axiom**
증명 없이 사실로 인정한 것(가정): 자명한 이치, 원리

A postulate is taken to be true because it is convenient to do so.
postulate란 그렇게 하는 것이 편리하다는 이유로 사실로 받아들이는 것이다.

• We might be able to prove a *postulate* if we had the time, but not now. A theorem is something that is proven using *postulates*.
만약 시간이 있다면 우리는 어떤 가정을 증명할 수도 있을 것이다. 그러나 지금은 아니다. 공리란 전제나 가정을 이용해서 증명된 것을 말한다.

▸ postulate[pástʃulit] 는 동사로 쓰이기도 한다.

• Sherlock Holmes rarely *postulated* things, waiting for evidence before he made up his mind.
셜록 홈즈는 결론을 내리기 전에 증거를 기다리기란 할 때 시간을 미리 가정하는 방법은 거의 쓰지 않았다.

○ QUICK QUIZ

QUICK QUIZ로 학습한 내용을 바로 복습할 수 있어 확실한 단어 암기가 가능하다!

QUICK QUIZ ◀84▶

Match each word in the first column with its definition in the second column. Check your answers in the back of the book.

1. pervade	a. painfully emotional
2. petulant	b. spread throughout
3. philanthropy	c. pacify
4. philistine	d. smugly ignorant person
5. pious	e. excess
6. pivotal	f. expressing sadness
7. placate	g. reverent
8. plaintive	h. trite remark
9. platitude	i. rude
10. plebeian	j. crucial
11. plethora	k. love for mankind
12. poignant	l. low class

POLARIZE [póularàiz] v **to break up into opposing factions or groupings**
적대적인 파벌이나 그룹으로 분열시키다

• The issue of what kind of sand to put in the sandbox *polarized* the nursery school class; some students would accept nothing but wet, while others wanted only dry.
어린이 모래 놀이 통에 어떤 종류의 모래를 넣을 것인지 하는 문제로 어린이집의 파실은 양분되었다. 어떤 아이들은 젖은 모래만을 고집했고 반면 아이들은 오로지 마른 모래만을 원했다.

• The increasingly acrimonious debate between the two candidates *polarized* the political party.

Final Exam Drill

주요 단어의 학습이 끝나면 Final Exam Drill로 다시 한 번 복습한다! COMPLETIONS(적당한 단어 채워 넣기), SYNONYMS(동의어 찾아 연결하기), ANTONYMS(반의어 찾아 연결하기), ODD ONE OUT(관련 없는 단어 찾기), RELATIONSHIPS(동의어, 반의어, 관련 없는 단어 구별하기), DEFINITIONS(단어 정의 연결하기), PRONUNCIATIONS(알맞은 발음 연결하기) 등 다양한 형태의 문제가 수록되어 있다.

용어 정리

PART C에서는 SAT 빈출 단어, GRE 빈출 단어, 꼭 알아야 할 어근, 흔히 저지르는 실수들, 약어, 외래어, 그 외에 다양한 분야의 전문 용어를 정리하였다.

새 로 운 단 어 를 공 부 하 는 법

○ **놀이에서 찾은 어휘 공부법**

아이들은 주위 사람들이 말하는 것을 흉내 냄으로써 새로운 어휘를 배운다. 세 살배기 아기는 자신의 흥미를 끄는 새로운 단어를 듣게 되면, 그 단어에 익숙해질 때까지 하루나 이틀 동안 반복적으로 사용한다. 아이는 문맥에서 실험과 실수를 반복하며 단어의 의미를 파악한다.

아이들은 어른보다 새로운 단어를 배우는 시간이 훨씬 빠르다. 주위 환경에서 언어를 빨아들이듯 습득하는 마법과도 같은 능력은 아동기를 지나면 점점 쇠퇴하는 듯하다. 그러나 이처럼 아이들이 처음으로 언어를 배우는 과정은 어른들에게도 어휘력을 강화시키는 데 유효한 방법이다.

○ **어휘는 사용할 때만이 유용성을 갖는다**

맨 처음 아이들이 말을 배울 때처럼 어른들도 마찬가지로 계속 중얼거리면서 반복해야 한다. 철저한 연습과 규칙적인 훈련을 해야만 새로운 단어를 자신의 것으로 만들 수 있다. 새로운 어휘를 습득하는 데는 동기 부여도 중요하다. 시험을 앞둔 학생이라면 어렵게 생각되는 단어를 확실히 알 때까지 계속 반복하여 암기해야 한다. 글쓰기나 말하는 기술을 높이려는 목표도 어휘 공부의 중요한 동기가 될 수 있다. 어쨌든 자신의 어휘력을 향상시키려면 아이들이 새로운 단어를 배울 때처럼 일상생활 속에서 자꾸 반복하여 사용해야 한다.

○ **읽고, 읽고, 또 읽어라!**

어렵고 복잡한 어휘를 습득하는 가장 좋은 방법은 무엇보다 열의를 갖고 반복해서 읽는 것이다. 그러다 보면 두뇌를 자극하게 되고 이해력도 향상된다. 광범위한 독서를 꾸준히 하다 보면 어느새 자신의 어휘 실력이 향상되어 있을 것이다. 새로운 단어를 자꾸 접하다 보면 전염되듯 익숙해지는데, TV보다는 확실히 독서가 좋은 방법이다. 「Time」을 비롯하여 좋은 글이 많이 실린 여러 종류의 잡지나 신문 역시 많은 도움이 된다.

○ **문맥에만 의존하는 방법의 위험성**

문맥 속에서 그 단어가 어떻게 사용되는지를 파악하는 것도 중요하지만, 단어의 뜻을 유추할 때 문맥에만 의존하게 되면 함정에 빠질 우려가 있다. 노련한 저자나 연사라도 부적절한 언어를 사용하거나 아니면 강조나 극적인 효과를 위해 의도적으로 틀린 단어를 사용하는 일도 가끔 있기 때문에 반드시 정확한 의미로 단어를 사용했다고는 단정할 수 없다. 그보다 중요한 것은 대부분의 단어들이 서로 다른 뜻을 함께 갖거나 의미상 미묘한 차이가 있다는 점이다. 그래서 문맥을 통해 추정한 단어의 뜻이 다른 경우에도 그대로 적용된다고 단정할 수는 없다.

또한 문맥은 그 자체로 잘못 해석될 수도 있다. 단어가 빠진 문장이 주어지고 그것을 채워야 할 때 문맥에 맞는 단어를 선택하더라도 본래의 정답과는 거리가 멀어지는 경우가 있다. 이럴 때 사전이 필요하다.

두꺼운 책

많은 학생들이 어휘 공부를 끝내야겠다는 의욕에 사로잡혀 사전을 들고 앉아 첫 페이지부터 읽기 시작한다. 그러나 이 방식으로 시작한 학생들의 대부분은 첫 페이지를 좀처럼 넘기지 못하고 포기하기 쉽다. 사실 이 방법으로 새로운 단어를 공부한다는 것은 불가능하다. 보다 쉽고 효과적인 방법인 이 책으로 시작해 보자.

학생이라면 항상 사전을 휴대해야 한다

어딜 가든 작은 휴대용 사전을 꼭 갖고 다니자. 모르는 단어를 접했을 때 현장에서 바로 찾아보면 더 오래 기억에 남을 것이다. 하지만 최고의 사전일지라도 항상 정확한 것만은 아니다. 권위 있는 사전을 접할 수 있다면 다시 한번 그 뜻을 확인해 두는 것도 좋다. 이 책에서 쓰인 어법과 단어의 정의는 『The American Heritage Dictionary』, 『Webster's Third New International Dictionary』, 『Webster's Seventh New Collegiate Dictionary』, 『The Random House College Dictionary』 등을 참조했다. 사전 찾는 것을 귀찮게 여기거나 어렵게 생각하지 마라.

WORD SMART의 단어는 무엇이 사전과 다른가

우선 이 책은 사전이 아니다. 부피가 큰 사전보다 이해하기 쉽게 만들려고 애썼다. 일차적으로 사전에 기초하고 있지만 그만큼 복잡하고 자세하지는 않다. 대신 기본 단어의 뜻을 정의하고 때로는 관련 단어를 충분히 다뤘다. 그리고 무엇보다 중요한 것은 단어의 실제 활용 방법을 보여 주기 위해 적어도 한 개 이상의 예문을 제시했다는 것이다.

이 책을 읽기 위하여

사전이나 단어 숙어 사전을 통해 어휘를 공부하는 것은 좋은 방법이지만, 시간이 너무 많이 걸린다. 이러한 난제를 해결하는 데 적절한 책이 바로 『WORD SMART』이다. 『WORD SMART』의 주요 섹션은 교육용 어휘를 마스터할 수 있게 도와주는 핵심 단어들만 엄선했다. 우리는 다년간 수천 명의 학생들과 공부하는 과정을 통해 어떤 방법이 능률적이고 그렇지 않은지를 터득했다.

시작하기 전에 명심해야 할 것

새로운 언어를 공부하는 것은 다이어트를 하는 것과 같다. 정말 쉬운 방법이란 없다. 몸무게를 줄이고자 한다면, 반드시 적게 먹고 운동을 많이 해야 한다. 안일한 생각이나 작은 알약으로 되는 것이 아니다. 어려운 어휘를 습득하고자 할 때도 많은 노력이 필요하다. 이러한 학습법을 통해 많은 사람들이 상당한 성공을 거두었으며, 여타의 방법보다 더 효과적이라고 생각한다. 물론 저절로 얻어지는 것은 없다. 모두 값진 노력의 대가인 것이다.

새 로 운 단 어 를 공 부 하 는 법

지난 수년간 학생들을 지켜보면서 체득한 성공적인 방법을 몇 가지 소개하고자 한다. 각자에게 가장 적합한 방식을 선택하여 활용하기 바란다.

방법1_ 기억력 증진 요령

arithmetic이라는 단어를 암기하기 위해 "A Rat In The House Might Eat Tom's Ice Cream"이라는 문장을 외운다. 아주 기초적이고 우스꽝스러운 이 문장에서 각 단어의 첫 글자를 따면 arithmetic이 되는 것이다. 철자나 역사적 사건의 연대를 암기하는 방법도 있다.

기억력 증진법은 어떻게 작용하는가
모든 기억력 증진법은 같은 방식으로 작용한다. 자신이 기억하려는 것과 이미 알고 있거나 기억하기 쉬운 것을 연관시켜 생각한다. 일정한 형태나 운율은 기억하기 쉽기 때문에 기억력 증진법 중의 하나로 이용된다.

방법2_ 보는 것이 기억하는 것이다

새로운 단어의 생생한 영상을 머릿속에 남기는 것 또한 기억력 증진의 한 방법이다. 여기서 강조하는 것은 철자의 동일시나 재치 있는 약자가 아니라 머릿속에 연상되는 그림을 의미한다. 예를 들어 보자. abridge라는 단어는 짧게 줄이거나 압축한다는 의미이다. 이 단어를 생각할 때, 순간적으로 어떤 이미지가 떠오르는가? 답은 간단하다. 바로 a bridge(다리)이다. '다리'와 abridge의 의미(짧게 만들다, 압축하다)를 연결시켜 줄 그림을 만들 필요가 있다. 공룡이 다리 한가운데를 물어뜯었다면? 폭탄이 다리 위에서 폭발했다면? 어떤 그림을 선택하느냐 하는 것은 전적으로 여러분에게 달려 있다.

머릿속의 이미지가 비정상적일수록 더 잘 기억된다
정상적인 것은 평범하고 재미가 없다. 따라서 비정상적이고 우스꽝스러운 것보다 기억하기 어렵다.

방법3_ 어원에 의한 실마리

영어에는 수만 개의 단어가 있지만 같은 어원에서 갈라져 나와 의미상 관계가 있는 그룹으로 나눌 수 있는 것들이 많이 있다. 비슷한 어원을 갖고 있는 단어로 분류할 수 있다면, 훨씬 쉽게 단어를 암기할 수 있을 것이다.

예를 들면,

mnemonic device to help you remember something
amnesty a general pardon for offenses against a government(an official "forgetting")
amnesia loss of memory
이 세 단어는 기억을 의미하는 mne를 공통적으로 갖고 있다.

어원 연구의 강점

어원을 풀이하는 방법으로 단어를 공부하는 방법이 효과가 있는 이유는 어원이 실제로 단어의 뜻과 관련이 깊기 때문이다. (그런 의미에서 이미지 연상 방법과는 대립되는 방법이다.) 어원 연구는 수세기에 걸친 역사가 있는 단어의 이야기에 빠져들게 만들고 같은 뿌리를 가진 단어들에 흥미를 갖게 한다.

어원 공부의 함정

어원은 단어에 대해서 무엇인가를 말해 주는 것이기는 하지만 단어의 정의를 직접 제시하는 것은 아니다. 그리고 어원을 오해하는 경우도 있다.

예를 들면,

verdant라는 단어를 보고 verify, verdict, verisimilitude, veritable과 같이 진실이나 사실을 의미하는 어원을 갖고 있다고 추정한다. 그러나 verdant는 초록색을 의미하는 프랑스의 고어 vert에서 유래한 것이다. pedestrian, pedal, pedestal, pedometer, impede, expedite에서 ped는 발과 관련된 것을 의미하지만 pediatrician은 소아과 의사를 의미한다. 어원 연구는 어휘 공부에 유익한 도구이기는 하지만, 모르는 단어의 의미를 단정하기에는 위험한 도구이기도 하다.

방법4_ 손으로 쓰거나 그림을 그리거나 도표 만들기

많은 사람들은 손으로 직접 쓰면서 더 쉽게 새로운 정보를 기억한다. 글씨를 쓰는 물리적인 동작이 머릿속에 각인되는 것을 돕는 것이다. 아마도 글씨를 쓰면서 단어에 대해 어떤 느낌을 형성하는 것 같다. 보조 기억 장치나 영상 이미지, 그리고 어원이 생각난다면 적어 두자. 그림을 그리거나 도표를 만들 수도 있을 것이다.

방법5_ 플래시카드와 노트에 모두 적어 두기

플래시카드란 앞면에는 단어를 적고 뒷면에는 그 단어의 뜻을 적어 놓은 단순한 카드이다. 글자를 처음 배울 때나 처음으로 외국어를 공부할 때 흔히 이용한다. 이 카드를 이용하여 서로 퀴즈를 내면서 자투리 시간을 이용하면 공부를 게임처럼 할 수 있다. 또한, 카드 뒷면 한쪽 귀퉁이에 우리가 앞서 해 온 기억력 증진에 관한 방법들을 첨가하면 카드를 꺼내 볼 때마다 재미도 있고 공부도 더 잘 될 것이다. 이제 카드를 주머니에 넣어 두고 버스를 탈 때나 음악을 들을 때처럼 남는 시간을 최대한 이용하기 바란다. 물론 플래시카드보다는 어휘 자체를 일상생활에서 자꾸 사용해 보는 것이 기억에 더 오래 남고 공부가 된다는 것은 말할 나위 없다.

○ 노트의 이용에 관하여

학생들은 새로운 단어를 접하면 언제나 노트에 적어 둔다. 한 페이지 가득 단어를 공부하는 동안에 두뇌에 기록될 것이다. 잡지를 뒤적거리다 공부하고 있는 단어를 발견하게 되면, 노트에 그 문장을 적어 둘 수도 있다. 문맥 속에서 단어가 활용되고 있는 새로운 예를 얻는 것이다. 이전에 배운 단어를 자신이 정리한 노트 속에서 다시 보게 되면 성취감을 느낀다고 한다. 어휘에 관한 정리 노트는 스스로 진전되고 있다는 명백한 증거이다.

단어 공부를 위한 게임 방법(단계적 접근법)

1단계   문맥에서 단어의 의미를 추론한다.

문맥은 간혹 오답을 만들기도 하지만, 추론은 사고의 연마를 돕고 글을 읽을 때 이해력을 높일 수 있다.

2단계   사전을 찾는다.

대부분의 사람들은 이 단계를 건너뛰고 싶어 하지만, 어휘의 정확한 의미를 알기 위해서는 반드시 통과해야 하는 과정이다.

3단계   철자를 써 본다.

단어의 철자를 써 보고 변화형도 함께 알아둔다. 단어의 철자를 보면 비슷한 단어나 관계가 있는 단어들도 연상될 것이다.

4단계   큰 소리로 말해 본다.

독백이 아니라 다른 사람에게 큰 소리로 말해야 한다.

5단계   주요한 뜻을 읽는다. 부차적인 뜻풀이까지 자세히 읽어야 한다.

사전의 풀이는 중요한 순서에 따라 쓰였다. 그러나 단어를 완전하게 이해하기 위해서는 부수적인 뜻풀이까지 모두 읽어 보는 것이 좋다.

6단계   시간이 허락하면, 동의어의 쓰임과 뜻까지도 비교해 본다.

7단계 자신이 이해한 언어로 뜻을 풀이한다.

8단계 문장 속에서 배운 단어를 활용해 본다.

단어의 뜻을 이해했다면 적절한 문장을 만들어 본다. 단어의 암기력을 높이는 연상법 등을 활용하는 문장도 괜찮다.

9단계 그 단어에 기억력을 강화시키는 연상 장치나 머릿속의 이미지, 그 밖의 암기를 돕는 방법을 고안하여 연결해 본다.

8단계를 거치면서 이미 암기된 단어라도 연상 기억력 증진법을 통해 확고하게 기억하는 것이 좋다.

10단계 플래시카드를 작성하고 노트에 정리한다.

특히 단기간에 많은 양의 어휘를 습득하고자 할 때는 이 방법이 매우 효과가 있다.

11단계 기회가 닿는 대로 그 단어를 사용한다.

과감하게 반복적으로 사용하라. 새로 알게 된 지식을 굳건히 하지 않는다면, 결코 자신의 것이 될 수 없을 것이다.

마지막으로 덧붙이고 싶은 말은 항상 의구심을 갖도록 한다. 아무리 알고 있는 단어라고 해도 방심해서는 안 된다. 정말로 확실하게 알고 있는지 되짚어 보기 바란다. 자신은 익숙한 단어라고 확신하지만, 사실은 부정확하게 알고 있기 때문에 종종 황당한 실수들이 발생한다.

자, 이제 시작해 보자. 욕심 내지 말고 한 번에 조금씩만 도전하면 많은 것을 얻게 될 것이라는 사실을 기억하라.

목차

서문

이 책의 구성

이 책의 활용법

PART A

PART B

PART C

PART

A

The Words

1

주요 단어와
예문들

A

ABASH [əbǽʃ] v to make ashamed; to embarrass 부끄럽게 하다; 당혹하게 하다

- Meredith felt *abashed* by her inability to remember her lines in the school chorus of "Old McDonald Had a Farm."
  학교 합창단에서 "Old McDonald Had a Farm"이라는 노래를 부르면서 자신의 가사도 기억하지 못했던 것 때문에 메러디스는 부끄러움을 느꼈다.

To do something without shame or embarrassment is to do it *unabashedly*.
부끄러워하거나 난처해하지 않고 어떤 일을 할 때 unabashedly(염치없이)라고 표현한다.

- Karl handed in a term paper that he had *unabashedly* copied from Wikipedia.
  칼은 뻔뻔스럽게도 학기 말 리포트를 위키피디아를 베껴서 제출했다.

ABATE [əbéit] v to subside; to reduce 가라앉다; 줄이다

- George spilled a cup of hot coffee on his leg. It hurt quite a bit. Then, gradually, the agony *abated*.
  조지는 다리에 뜨거운 커피를 한 컵이나 쏟았다. 꽤 아팠지만, 조금 있으니 점차 통증이 가라앉았다.

- Bad weather *abates* when good weather begins to return. A rainstorm that does not let up continues unabated.
  날씨가 개기 시작하면 악천후가 누그러진다. 그치지 않는 폭우는 수그러들 줄 모르고 계속된다.

A tax *abatement* is a reduction in taxes. Businesses are sometimes given tax *abatements* in return for building factories in places where there is a particular need for jobs.
tax abatement란 '세금 감면'이란 뜻으로, 사업체가 특별히 고용 창출이 필요한 곳에 공장을 세우면 그 대가로 종종 (정부로부터) 받는 세금 감면 조치를 말한다.

ABDICATE [ǽbdəkèit] v to step down from a position of power or responsibility
책임이나 권력의 지위를 버리다, 양위하다

- When King Edward VIII of England decided he would rather be married to Wallis Warfield Simpson, an American divorcée, than be king of England, he turned in his crown and *abdicated*.
  영국의 국왕인 에드워드 8세가 영국의 왕이 되기보다는 미국인 이혼녀인 웰리스 와필드 심슨과의 결혼을 결심했을 때, 그는 왕관을 내놓고 국왕의 자리를 포기했다.

Even people who aren't monarchs can *abdicate* their duties and responsibilities.
군주가 아닌 평범한 사람이 자신의 '책임과 의무를 포기한다'고 할 때도 abdicate를 쓸 수 있다.

- Abby *abdicated* her responsibilities as a vice president by dumping in the garbage the reports she was supposed to present to the board of directors and flying to the Bahamas.
  애비는 부사장으로서의 책임을 저버리고, 이사회에 얘기해 줘야 할 보고서를 쓰레기통에 버리고는 바하마로 날아가 버렸다.

ABERRATION [æbəréiʃən] n something not typical; a deviation from the standard
전형적이지 않은 것; 표준으로부터 이탈한 것

▶ 발음에 주의할 것.

- Søren's bad behavior was an *aberration*. So was Harry's good behavior. That is, Søren's was usually good, and Harry's was usually bad.

  소렌의 못된 행동은 평소와는 다른 것이었다. 해리의 착한 행동도 마찬가지였다. 즉, 소렌은 평소 착한 아이였고, 반대로 해리는 평소에 나쁜 아이였다.

- The chef at this restaurant is dreadful; the decent meal we just had was an *aberration*.

  이 레스토랑의 주방장은 끔찍하다. 우리가 방금 먹은 대단한 음식은 정말 기이했다.

- A snowstorm in June is an *aberration*; snow doesn't normally fall in June.

  유월의 눈보라는 이상 현상이다. 정상대로라면 유월에는 눈이 오지 않는다.

▶ 형용사형은 aberrant[æbérənt] (정도를 벗어난, 비정상적인)이다.

- Søren's behavior was *aberrant*.

  소렌의 행동은 정도에서 벗어났다.

- The summer snowstorm was *aberrant*.

  여름의 그 눈보라는 정상이 아니었다.

ABHOR [əbhɔ́ːr] v to hate very, very much; to detest 몹시 싫어하다; 혐오하다

- Emanuel *abhorred* having to wake up before dawn.

  엠마뉴엘은 동트기 전에 일어나야 하는 것을 아주 혐오했다.

To *abhor* something is to view it with horror. Hating a person is almost friendly in comparison with *abhorring* him or her.

abhor는 어떤 것을 아주 혐오스럽게 여기다'라는 뜻이다. hating은 abhorring과 비교하면 오히려 우호적이다.

To *abhor* raw chicken livers is to have an *abhorrence* of them or to find them *abhorrent*.

닭의 생간을 abhor한다면 그것에 대한 abhorrence(혐오)를 갖고 있거나 그것이 abhorrent(혐오스러운)라는 것을 발견하는 것이다.

ABJECT [ǽbdʒekt] adj hopeless; extremely sad and servile; defeated
절망적인; 아주 비참하고 비굴한; 패배한

- While most people would quickly recover from a stumble on stage, Mia felt *abject* humiliation.

  대부분의 사람들은 무대에서 발을 헛디딘 것에서 빨리 회복하지만 미아는 비참한 굴욕감을 느꼈다.

An *abject* person is one who is crushed and without hope. A slave would be *abject*, in all likelihood.

abject person은 '짓밟혀 희망이 없는 사람'이다. 노예는 아마도 abject(비참한)라고 할 수 있을 것이다.

Perhaps 90 percent of the time, when you encounter this word it will be followed by the word *poverty*. *Abject poverty* is hopeless, desperate poverty. The phrase "abject poverty" is overused. Writers use it because they are too lazy to think of anything original.

여러분이 이 단어를 접하는 경우의 대략 90%는 poverty(빈곤)라는 단어와 같이 쓰이는 경우일 것이다. abject poverty는 '절망적인 가난'을 의미한다. abject poverty라는 어구는 남용되는 경향이 있어서 작가들은 좀 더 독창적인 표현을 생각하는 게 귀찮을 때 이 어구를 사용한다.

ABNEGATE [ǽbnəgèit] v to deny oneself things; to reject; to renounce
어떤 것을 자제하다; 거절하다; (권리 등을) 포기하다

- Ascetics practice *self-abnegation* because they believe it will bring them closer to spiritual purity.

  금욕주의자들은 자기 억제를 통해서 영적인 순수함에 더 가까이 이를 수 있다고 믿기 때문에, 이를 실천한다.

Self-abnegation is giving up oneself, usually for some higher cause.

self-abnegation(자기 희생)이란 대체로 더 고귀한 목적 때문에 자기 자신을 포기하는 것이다.

ABORTIVE [əbɔ́ːrtiv] adj **unsuccessful** 실패한

- Marie and Elizabeth made an *abortive* effort to bake a birthday cake; that is, their effort did not result in a birthday cake.

  메리와 엘리자베스는 생일 케이크를 만드는 데 실패했다. 즉, 그들의 노력은 생일 케이크라는 결과에 이르지 못했다.

- Fred's attempt to climb the mountain was *abortive*; he injured himself when he was halfway up.

  그 산을 등정하려던 프레드의 시도는 실패로 끝났다. 그는 반쯤 올라갔을 때 부상을 입었다.

To *abort* something is to end it before it is completed. An *aborted* pregnancy, called an *abortion*, is one that ends before the baby is born. An *abortion* in this sense doesn't have to be the result of a controversial medical procedure.

abort를 동사로 쓰면 완성되기 전에 일을 끝내 버리다, 즉, '중단하다'라는 뜻이다. 보통 abortion(낙태)이라고 말하는 aborted pregnancy(유산된 임신)는 태아가 출생하기 전에 임신의 상태가 끝나는 것이다. 이와 같은 의미에서 abortion은 오늘날 쟁점이 되고 있는 중절 수술의 결과만을 의미하는 것은 아니다. (즉, 자연 유산을 의미할 수도 있다.)

ABRIDGE [əbrídʒ] v **to shorten; to condense** 단축하다; 요약하다

- The thoughtful editor *abridged* the massive book by removing the boring parts.

  사려 깊은 편집자는 지루한 부분을 삭제해서 그 두꺼운 책을 짧게 줄였다.

An *abridged* dictionary is one that has been shortened to keep it from crushing desks and people's laps.

abridged dictionary는 사람들의 무릎과 책상을 보호하기 위해 내용을 줄인 '축약본 사전'이다.

An *abridgment* is a shortened or condensed work.

abridgment는 작품을 짧게 줄이거나 요약한 '축약본'을 말한다.

ABSOLUTE [ǽbsəlùːt] adj **total; unlimited** 완전한; 제한 없는

An *absolute* ruler is one who is ruled by no one else. An *absolute* mess is a total mess. An *absolute* rule is one that has no exceptions and that you must follow, no two ways about it.

absolute ruler는 어느 누구에 의한 통제도 받지 않는 '절대 군주'이다. absolute mess는 '총체적인 혼란'을 의미한다. absolute rule은 예외가 없을뿐더러 누구나 지켜야만 하고 다른 길이란 있을 수 없는 '절대 규칙'을 말한다.

Absolute is also a noun. It means something that is total, unlimited, or perfect. Death, for living things, is an *absolute*. There just isn't any way around it.

absolute는 명사로도 쓰여, '완전하고 제한이 없는 것' 또는 '절대적인 것'을 의미한다. 생명체에게 있어 죽음은 그 외의 다른 지향점이 있을 수 없으므로 absolute(절대적인 것)이다.

ABSOLVE [æbzálv] v **to forgive or free from blame; to free from sin; to free from an obligation** 용서하거나 비난을 면하게 하다; 죄를 용서하다; 의무를 면제하다

- The priest *absolved* the sinner who had come to church to confess.

  신부님은 교회에 찾아와 고해성사를 한 죄인을 용서했다.

- Tom's admission of guilt *absolved* Mary, who had originally been accused of the crime.

  톰이 범행을 자백했기 때문에, 원래 범인으로 기소되었던 메리는 풀려나게 되었다.

It is also possible to *absolve* someone of a responsibility.

absolve를 누군가를 '의무에서 벗어나게 하다'라는 의미로도 사용할 수 있다.

- Jake *absolved* Ciara of her obligation to go to the prom with him; he told her it was all right if she went with the captain of the football team instead.

  제이크는 댄스파티에 반드시 함께 가야 한다는 의무에서 시애라를 벗어나게 해 주었다. 즉, 그는 자기 대신에 축구팀 주장과 함께 가도 좋다고 말해 주었던 것이다.

▶ 명사형은 absolution[æbsəlúːʃən] (사면, 면제)이다.

QUICK QUIZ

Match each word in the first column with its definition in the second column. Check your answers in the back of the book.

1. abash	a.	step down from power
2. abate	b.	hopeless
3. abdicate	c.	unsuccessful
4. aberration	d.	forgive
5. abhor	e.	total
6. abject	f.	subside
7. abnegate	g.	detest
8. abortive	h.	shorten
9. abridge	i.	deviation
10. absolute	j.	embarrass
11. absolve	k.	renounce

ABSTINENT [ǽbstənənt]　adj　**abstaining; voluntarily not doing something, especially something pleasant that is bad for you or has a bad reputation**

삼가는; 자발적으로 어떤 일을 하지 않는, 특히 즐겁긴 하지만 본인에게 좋지 않거나 명예롭지 못한 일을 삼가는

- Beulah used to be a smoker; now she's *abstinent*.

  뷸라는 한때 흡연자였다. 지금은 자제하고 있다.

- Cynthia, who was dieting, tried to be *abstinent*, but when she saw the chocolate cake she realized that she would probably have to eat the entire thing.

  다이어트 중인 신시아는 식욕을 억제하느라 애를 쓰고 있었다. 그러나 초콜릿 케이크를 보는 순간, 그걸 전부 먹어 버릴 수밖에 없다는 사실을 깨달았다.

▶ abstainer는 무엇인가를 '절제하는 사람'이고, abstinence는 '자제', '금욕'이다.

ABSTRACT [ǽbstrækt]　adj　**theoretical; impersonal**　이론상의; 비인격적인, 추상적인

- He liked oysters in the *abstract*, but when he actually tried one he became nauseated.

  그는 추상적으로(막연하게) 굴을 좋아했다. 그러나 실제로 먹어 보고는 욕지기를 하게 되었다.

To like something in the *abstract* is to like the idea of it.

to like something in the abstract는 어떤 것을 '추상적으로 좋아하다'라는 뜻이다.

- Bruno doesn't like *abstract* art; he thinks that a painting should resemble something real, not a lot of splattered paint.

  브루노는 추상화를 좋아하지 않는다. 그림은 많은 물감이 튀긴 것이 아니라 실제의 것을 닮아야 한다고 생각하기 때문이다.

ABSTRUSE [æbstrúːs] adj **hard to understand** 난해한

- The professor's article, on the meaning of meaning, was *abstruse*. Michael couldn't even pronounce the words in it.

  의미의 의미에 관한, 그 교수의 논문은 이해하기 어려웠다. 마이클은 심지어 논문에 나와 있는 단어조차도 읽을 수가 없었다.

Nuclear physics is a subject that is too *abstruse* for most people.

핵물리학(Nuclear physics)은 평범한 대부분의 사람들에게 너무 abstruse(난해한)인 학문이다.

ABYSMAL [əbízməl] adj **extremely hopeless or wretched; bottomless**
아주 비참한 또는 희망 없는; 끝없이 깊은

An *abyss* [əbís] is a bottomless pit, or something so deep that it seems bottomless. *Abysmal* despair is despair so deep that no hope seems possible.

abyss는 끝없이 깊은 구렁이나 너무 깊어서 바닥을 알 수 없는 '심연'을 의미한다. abysmal despair는 모든 희망이 사라진 것 같은 깊은 절망'을 말한다.

- The nation's debt crisis was *abysmal*; there seemed to be no possible solution.

  그 나라의 채무 위기는 절망적이었다. 아무런 해결책도 없는 것 같았다.

Abysmal is often used somewhat sloppily to mean very bad. You might hear a losing baseball team's performance referred to as *abysmal*. This isn't strictly correct, but many people use the word this way.

abysmal은 '아주 나쁘다'라는 의미로 자주 사용한다. 야구 경기에서 패한 팀의 성적을 abysmal이라고 표현하는 것을 들어본 적이 있을 것이다. 이것은 엄밀히 말하면 올바른 표현이 아니지만 많은 사람들이 이런 식으로 단어를 사용한다.

ACCOLADE [ǽkəlèid] n **an award; an honor** 상, 상품, 상금; 영예

▶ 이 단어는 일반적으로 복수형으로 쓰인다.

- The first break-dancing troupe to perform in Carnegie Hall, the Teflon Toughs, received *accolades* from the critics as well as from the fans.

  최초로 카네기 홀에서 브레이크 댄스를 공연한 팀인 테프론 터프스는 팬들은 물론 비평가들에게도 호평을 받았다.

ACCOST [əkɔ́ːst] v **to approach and speak to someone aggressively**
다가가서 공격적으로 말을 걸다

- Amanda karate-chopped the stranger who *accosted* her in the street and was embarrassed to find he was an old, blind man.

  아만다는 거리에서 그녀에게 다가와 공격적으로 말을 건 낯선 사람을 가라테로 한 방 먹였는데 그가 눈이 먼 노인이라는 사실을 깨닫고 당황했다.

ACERBIC [əsə́ːrbik] adj **sour; severe; like acid in temper, mood, or tone**
신맛의; 심한, 격렬한; 성격이나 기분, 말투가 매서운

- Barry sat silently as his friends read the teacher's *acerbic* comments on his paper.

  배리의 친구들이 그의 논문에 적은 선생님의 신랄한 비평을 읽는 동안, 그는 말없이 앉아 있었다.

▶ acerb와 acerbic은 동의어이다. 명사형 acerbity는 '쓴맛', '신랄함'을 의미한다.

ACQUIESCE [æ̀kwiés] v to comply passively; to accept; to assent; to agree
수동적으로 응하다; 받아들이다; 동의하다; 찬성하다

- The pirates asked Pete to walk the plank; he took one look at their swords and then *acquiesced*.
  해적들은 피트에게 배 밖으로 걸쳐진 판자 위를 걸으라고 명령했다. 그는 해적들의 칼을 힐끗 돌아보고는 말없이 명령을 받아들였다.

To *acquiesce* is to do something without objection—to do it quietly. As the similarity of their spellings indicates, the words *acquiesce* and *quiet* are closely related. They are both based on Latin words meaning to rest or to be quiet.

acquiesce는 이의를 제기하지 않고 어떤 일을 하다, 즉 '묵묵히 그 일을 하다'라는 뜻이다. 철자의 유사함이 보여주듯이 acquiesce와 quiet는 서로 밀접한 관련이 있다. 두 단어 모두 안식이나 조용함을 의미하는 라틴어에 뿌리를 두고 있다.

Acquiesce is sometimes used sloppily as a simple synonym for *agree* in situations in which it isn't really appropriate. For example, it isn't really possible to *acquiesce* noisily, enthusiastically, or eagerly. Don't forget the *quiet* in the middle.

acquiesce는 때때로 실제로는 적절치 못한 상황인데도, 별다른 의미 없이 단순하게 agree의 동의어로 사용되기도 한다. 예를 들면, 소리를 지르며, 열광적으로, 열렬히 묵인한다는 것은 사실 불가능하다. 이 단어의 중심에 quiet가 있다는 사실을 잊지 마라.

▶ 명사형은 acquiescence(묵인)이다.

ACRID [ǽkrid] adj harshly pungent; bitter 불쾌하게 자극적인; 쓴맛의

- The cheese we had at the party had an *acrid* taste; it was harsh and unpleasant.
  파티에서 우리가 먹은 치즈의 맛은 역겨웠다. 그것은 역하고 불쾌했다.

- Long after the fire had been put out, we could feel the *acrid* sting of smoke in our nostrils.
  화재가 진압되고 한참이나 지났지만, 여전히 콧구멍을 자극하는 매캐한 연기를 느낄 수 있었다.

Acrid is used most often with tastes and smells, but it can be used more broadly to describe anything that is offensive in a similar way. A comment that stings like acid could be called *acrid*—so could a harsh personality.

acrid는 대체로 맛이나 냄새와 연관되어 쓰인다. 그러나 무엇이든 그와 비슷하게 불쾌한 것을 표현하는 데에도 폭넓게 사용될 수 있다. 산처럼 톡 쏘는 논평을 acrid(신랄한)라고 표현할 수 있으므로, 모진 성격(harsh personality)의 경우에도 마찬가지로 acrid라는 표현을 쓸 수 있다.

ACRIMONIOUS [æ̀krəmóuniəs] adj full of spite; bitter; nasty 앙심을 품은; 신랄한; 험악한

- George and Elizabeth's discussion turned *acrimonious* when Elizabeth introduced the subject of George's perennial, incorrigible stupidity.
  엘리자베스가 도대체 개선될 조짐이 보이지 않는 조지의 끊임없는 어리석음에 대한 이야기를 꺼내자, 조지와 엘리자베스의 토론 분위기는 험악하게 변해 버렸다.

- Relations between the competing candidates were so *acrimonious* that each refused to acknowledge the presence of the other.
  경쟁하고 있는 후보 간의 관계는 지독히도 적대적이어서, 그들은 상대방의 존재조차 인정하려 하지 않았다.

ACUMEN [ǽkju:mən] n keenness of judgment; mental sharpness
판단의 예리함; 정신적 날카로움, 통찰력

▶ 발음에 주의할 것.

- A woman who knows how to turn one dollar into a million overnight might be said to have a lot of business *acumen*.
  하룻밤 동안에 1달러를 100만 달러로 만들 수 있는 여자라면, 사업적 통찰력이 대단하다고 말할 수 있을 것이다.

- Ernie's lack of *acumen* led him to invest all his money in a company that had already gone out of business.
  어니는 통찰력이라곤 없는 탓에 이미 망해 버린 회사에 자신의 모든 돈을 투자하게 되었다.

Match each word in the first column with its definition in the second column. Check your answers in the back of the book.

1. abstinent	a. hard to understand
2. abstract	b. voluntarily avoiding
3. abstruse	c. wretched
4. abysmal	d. bitter
5. accolade	e. comply
6. accost	f. harsh
7. acerbic	g. mental sharpness
8. acquiesce	h. theoretical
9. acrid	i. award
10. acrimonious	j. approach someone aggressively
11. acumen	k. sour

ACUTE [əkjúːt] adj sharp; shrewd 날카로운; 빈틈없는, 예리한

If your eyesight is *acute*, you can see things that other people can't. You have visual *acuity*[əkjúːəti]. An *acute* mind is a quick, intelligent one. You have mental *acuity*. An *acute* pain is a sharp pain.

시각이 acute(예민한)라면 다른 사람들이 보지 못하는 것을 볼 수도 있는 것, 즉 visual acuity(시각적인 예리함, 시력)가 있는 것이다. acute mind는 민첩하고 지적인 사람, 즉 mental acuity(정신의 예민함)가 있는 것을 말한다. acute pain은 격심한 통증을 의미한다.

Acute means sharp only in a figurative sense. A knife, which is sharp enough to *cut*, is never said to be *acute*.

acute는 단지 비유적인 의미로 날카로움을 의미한다. 즉, 물건을 자를 수 있을 만큼 날카로운 칼을 표현할 때는 acute라는 단어를 사용하지 않는다.

Acute is a word doctors throw around quite a bit. An *acute* disease is one that reaches its greatest intensity very quickly and then goes away.

acute는 의사들이 상당히 많이 남발하는 단어이다. acute disease는 급속도로 최악의 상태에 이르고는 곧 사라져 버리는 '급성 질환'을 의미한다.

▸ 급성 질환이 아닌 질병은 chronic(만성의, 고질의)을 참조할 것.

ADAMANT [ǽdəmənt] adj stubborn; unyielding; completely inflexible
완고한; 굴복하지 않는; 절대로 구부러지지 않는

• Candice was *adamant*: she would never go out with Paul again.

캔디스는 완고했다. 그녀는 다시는 폴과 데이트를 하려 하지 않았다.

A very hard substance, like a diamond, is also *adamant*.

다이아몬드처럼 아주 단단한 물질도 또한 adamant라고 표현한다.

▸ adamantine[æ̀dəmǽntin]과 adamant는 동의어이다. 명사형은 adamancy(견고함)이다.

ADDRESS [ədrés] v to speak to; to direct one's attention to   말을 걸다; ~에 주의를 돌리다

To *address* a convention is to give a speech to the convention. To *address* a problem is to face it and set about solving it.

to address a convention은 '집회에 나가 연설하다'라는 뜻이다. to address a problem은 문제에 직면하여 그것을 풀기 시작하다, 즉 '문제를 다루다'라는 의미이다.

- Ernie *addressed* the problem of *addressing* the convention by sitting down and writing his speech.

  어니는 집회 참가자들에게 연설을 해야 하는 당면 문제를 해결하기 위해 우선 자리에 앉아 연설문을 작성하기 시작했다.

ADHERENT [ædhíərənt] n follower; supporter; believer   추종자; 지지자; 신봉자, 신자

▶ 발음에 주의할 것.

- The king's *adherents* threw a big birthday party for him, just to show how much they liked him.

  왕의 추종자들은 단지 그들의 충성심을 보일 목적으로 왕을 위해 성대한 생일 파티를 열었다.

To *adhere* to something is to stick to it. *Adherents* are people who *adhere* to, or stick to, something or someone. Following someone or something, especially rules or laws, is *adherence*.

동사형 adhere는 뭔가에 '강하게 집착하다'라는 뜻이다. adherents는 어떤 일이나 사람을 고수하거나 신봉하는 '지지자들'을 의미한다. 어떤 사람이나 일, 특히 규칙이나 법률을 따르는 것은 adherence(고수)라고 한다.

A religion could be said to have *adherents*, assuming there are people who believe in it. Governments, causes, ideas, people, philosophies, and many other things can have *adherents*, too.

믿는 사람들이 있다면 그 종교는 'adherents(신자들)가 있다'고 표현할 수 있다. 정부나 대의명분, 이념, 사람, 철학, 그밖에 다른 많은 것들도 역시 adherents(신봉자들)를 가질 수 있다.

ADMONISH [ædmániʃ] v to scold gently; to warn   점잖게 야단치다; 경고하다

- The boys' father *admonished* them not to eat the pie he had just baked. When they did so anyway, he *admonished* them.

  아빠는 아이들에게 그가 방금 구워 낸 파이를 먹지 말라고 경고했다. 아이들이 말을 듣지 않고 먹어 버리자, 아빠는 아이들을 점잖게 타일렀다.

In the first sentence, *admonish* means warn, and in the second, it means scold gently. Consider yourself *admonished* not to misuse this word.

첫 번째 문장에서 admonish는 '경고하다'를 의미하고, 두 번째 문장에서 admonish는 '점잖게 야단치다'라는 뜻이다. 이 단어를 잘못 사용하지 않도록 자신에게 admonish(경고하다)해 두자.

▶ 명사형과 형용사형은 각각 admonition[ædməníʃən](책망, 경고)과 admonitory[ædmánitɔ̀:ri](훈계하는)이다.

ADROIT [ədrɔ́it] adj skillful; dexterous; clever; shrewd; socially at ease
능숙한; 솜씨 좋은; 영리한; 기민한; 허물없이 편한

- Julio was an *adroit* salesperson: His highly skilled pitch, backed up by extensive product knowledge, nearly always resulted in a sale.

  줄리오는 능숙한 세일즈맨이었다. 그는 매우 숙련된 어조와 해박한 제품 지식을 바탕으로 거의 항상 판매라는 결과를 가져왔다.

Adroit comes from the French word for right (as in the direction) and refers to an old superstition that right-handedness is superior. It's a synonym of *dexterous* (which comes from the Latin for right) and an antonym of *gauche* and *maladroit*.

adroit는 '오른쪽의'(방향)라는 뜻의 프랑스 말에서 왔는데 오른손잡이가 더 뛰어나다는 오래된 미신 탓이다. 동의어로는 dexterous(라틴 어 '오른쪽의'에서 온)이고 반대말은 gauche(서투른, 투박한)와 maladroit(솜씨 없는)가 있다.

- My brilliant accountant *adroitly* whipped my taxes into shape, then made a *gauche* remark about my ignorance of financial matters.

  내 영리한 회계사는 능숙하게 내 세금을 확 정렬하고 재정적인 문제에 대한 나의 무지에 대해 투박한 단평을 했다.

ADULATION [æ̀dʒuléiʃən] n **wild or excessive admiration; flattery** 열광적이고 과대한 칭찬; 아첨

- The boss thrived on the *adulation* of his scheming secretary.

  사장은 교활한 비서의 아첨에 의기양양했다.

- The rock star grew to abhor the *adulation* of his fans.

  그 록스타는 팬들의 열광적인 환호를 혐오하게 되었다.

▶ 동사형은 adulate[ǽdʒəlèit] (아첨하다)이다.

QUICK QUIZ

Match each word in the first column with its definition in the second column. Check your answers in the back of the book.

1.	acute	a.	sharp
2.	adulation	b.	follower
3.	adamant	c.	socially awkward
4.	address	d.	scold gently
5.	adherent	e.	speak to
6.	admonish	f.	skillful (2)
7.	adroit	g.	unyielding
8.	dexterous	h.	wild admiration
9.	gauche			

ADULTERATE [ədʌ́ltərèit] v **to contaminate; to make impure** 오염시키다; 불순물을 섞다

- We discovered that the town's drinking water had radioactive waste in it; we discovered, in other words, that it had been *adulterated*.

  우리는 그 마을의 식용수에 방사능 물질이 들어 있다는 것을 발견했다. 다시 말해서 우리는 그것이 오염되었다는 것을 알아냈다.

Vegetarians do not like their foods *adulterated* with animal fats. *Unadulterated* means pure. *Unadulterated* joy is joy untainted by sadness.

채식주의자들은 동물성 지방이 adulterated(섞여 있는)인 음식을 좋아하지 않는다. unadulterated는 순수한 상태를 의미한다. unadulterated joy란 한 점 슬픔이라곤 없는 최고의 즐거움을 의미한다.

ADVERSE [ædvɔ́:rs] adj **unfavorable; antagonistic** 불리한; 상반되는

- We had to play our soccer match under *adverse* conditions: It was snowing and only three members of our team had bothered to show up.

  우리는 불리한 조건에서 축구 경기를 치러야만 했다. 눈이 오고 있어서 우리 팀 선수는 세 명밖에 나타나지 않았다.

Airplanes often don't fly in *adverse* weather. An airplane that took off in bad weather and reached its destination safely would be said to have overcome *adversity*. *Adversity* means misfortune or unfavorable circumstances. To do something "in the face of *adversity*" is to undertake a task despite obstacles. Some people are at their best in *adversity* because they rise to the occasion.

adverse weather(악천후)일 때 비행기는 종종 결항된다. 악천후 속에 이륙하여 무사히 목적지에 도착한 비행기는 adversity(역경)를 극복한 것이라고 말할 수 있다. adversity는 불운이나 불리한 상황을 의미한다. 따라서 '역경을 무릅쓰고(in the face of adversity)' 어떤 일을 한다는 것은 여러 장애에도 불구하고 임무를 수행하는 것이다. 난국에 잘 대처해서 오히려 역경 속에서(in adversity) 빛을 발하는 사람들도 있다.

A word often confused with *adverse* is *averse*[əvə́:rs]. The two are related but they don't mean quite the same thing. A person who is *averse* to doing something is a person who doesn't want to do it. To be *averse* to something is to be opposed to doing it—to have an *aversion* to doing it.

adverse와 자주 혼동하는 단어로 averse가 있다. 두 단어는 서로 관련이 있지만 같은 의미는 아니다. 어떤 일에 averse인 사람은 그 일을 하기 싫어하는 사람이다. 무엇에 averse인 것은 그것에 반대하는 것, 즉 aversion(반감)을 갖고 있는 것을 의미한다.

AESTHETIC [esθétik] adj having to do with artistic beauty; artistic
예술적 미에 관계된, 미적인; 예술적인

- Our art professor had a highly developed *aesthetic* sense; he found things to admire in paintings that, to us, looked like garbage.
  우리 미술 교수는 예술적 감각이 대단히 발달된 사람이었다. 우리 눈에는 쓰레기처럼 보이는 그림에서도 교수는 감탄할 만한 요소들을 찾아내곤 했다.

Someone who greatly admires beautiful things can be called an *aesthete*[ésθi:t]. *Aesthetics* is the study of beauty or principles of beauty.

아름다운 것을 매우 찬미하는 탐미주의자는 aesthete이다. aesthetics는 미 또는 미의 원리를 연구하는 미학이다.

AFFABLE [ǽfəbl] adj easy to talk to; friendly 붙임성 있는; 친절한

- Susan was an *affable* girl; she could strike up a pleasant conversation with almost anyone.
  수잔은 붙임성 있는 소녀였다. 그녀는 어느 누구와도 유쾌하게 대화를 시작할 수 있었다.

- The Jeffersons' dog was big but *affable*; it liked to lick little children on the face.
  제퍼슨네 개는 덩치는 커다랗지만 붙임성이 있었다. 그 개는 꼬마들의 얼굴을 핥는 것을 좋아했다.

▶ 명사형은 affability(상냥함)이다.

AFFECTATION [æ̀fektéiʃən] n unnatural or artificial behavior, usually intended to impress
대체로 깊은 인상을 주기 위해 의도된, 부자연스럽거나 인위적인 행동

- Becky's English accent is an *affectation*. She spent only a week in England, and that was several years ago.
  베키의 영국식 악센트는 가식이다. 그녀는 영국이라곤 단지 일주일간 머물렀을 뿐이며, 그것도 수년 전에 있었던 일이다.

- Elizabeth had somehow acquired the absurd *affectation* of pretending that she didn't know how to turn on a television set.
  엘리자베스는 웬일인지 텔레비전을 켜는 방법을 모르는 척하는 우스꽝스러운 가식적 태도가 생겼다.

A person with an *affectation* is said to be *affected*.
겉으로 꾸며서 행동하는 사람은 affected(가장된)라고 말한다.

To *affect* a characteristic or habit is to adopt it consciously, usually in the hope of impressing other people.
성격이나 습관을 affect(가장하다)하는 것은 대개 다른 사람들에게 인상적으로 보이기를 바라는 마음에서 의식적으로 그렇게 하는 것이다.

- Edward affected to be more of an artist than he really was. Everyone hated him for it.
  에드워드는 실제보다 더 화가인 척했다. 그것 때문에 다들 그를 미워했다.

AFFINITY [əfínəti] n sympathy; attraction; kinship; similarity
동정, 공감; 끌림; 친족 관계; 유사, 유사성

- Ducks have an *affinity* for water; that is, they like to be in it.
  오리는 물을 좋아한다. 즉, 오리는 물속에 들어가 있는 것을 좋아한다.

- Children have an *affinity* for trouble; that is, they often find themselves in it.
  아이들은 골칫거리를 좋아한다. 다시 말하면, 그들은 종종 골칫거리에 빠진다.

- Magnets and iron have an *affinity* for each other; that is, each is attracted to the other.

  자석과 철은 서로 끄는 힘을 가지고 있다. 즉, 자석과 철은 서로를 끌어당긴다.

Affinity also means similarity or resemblance. There is an *affinity* between snow and sleet.

affinity는 또한 '유사성'이나 닮음'을 의미하기도 한다. 눈과 진눈깨비는 서로 affinity(유사점)가 있다.

AFFLUENT [ǽfluənt] adj rich; prosperous 부유한; 번창하는

▶ 발음에 주의할 것.

- A person can be *affluent*; all it takes is money. A country can be *affluent*, too, if it's full of *affluent* people.

  사람은 부자가 될 수 있다. 돈만 있으면 된다. 모든 국민이 부자가 된다면, 국가도 역시 부자가 될 수 있다.

▶ 명사형은 affluence(부, 번영)이다.

AGENDA [ədʒéndə] n program; the things to be done 일정, 계획; 해야 할 일들, 안건

- What's on the *agenda* for the board meeting? A little gossip, then lunch.

  중역 회의의 일정은 어떻게 되는가? 간단한 잡담을 하고 점심을 먹는 것이다.

A politician is often said to have an *agenda*. The politician's *agenda* consists of the things he or she wishes to accomplish.

정치가는 종종 agenda(안건)를 가지고 있다고 일컬어진다. 정치가의 agenda는 그가 완수하고자 하는 일들로 구성되어 있다.

An *agenda*, such as that for a meeting, is often written down, but it doesn't have to be. A person who has sneaky ambitions or plans is often said to have a secret or hidden *agenda*.

회의 같은 것의 agenda는 종종 문건으로 기록되지만 반드시 그런 것만은 아니다. 은밀한 야망이나 계획을 가지고 있는 사람은 종종 비밀이나 숨겨진 agenda를 가지고 있다고도 한다.

QUICK QUIZ 4

Match each word in the first column with its definition in the second column. Check your answers in the back of the book.

1. adulterate		a. opposed to
2. adverse		b. friendly
3. averse		c. rich
4. aesthetic		d. unnatural behavior
5. affable		e. artistic
6. affectation		f. contaminate
7. affinity		g. sympathy
8. affluent		h. unfavorable
9. agenda		i. program

AGGREGATE [ǽgrəgət] n sum total; a collection of separate things mixed together
합계; 분리된 것을 전부 섞어서 모아 놓은 것

- Chili is an *aggregate* of meat and beans.
  칠리는 고기와 콩을 혼합한 요리이다.

Aggregate[ǽgrəgèit] can also be a verb or an adjective. You would make chili by *aggregating* meat and beans. Chili is an *aggregate*[ǽgrəgət] food.
aggregate는 동사나 형용사로도 쓰인다. 고기와 콩을 aggregating(혼합)해서 칠리를 만들 것이고, 칠리는 혼합 음식(aggregate food)이다.

Similar and related words include *congregate*, *segregate*, and *integrate*. To *aggregate* is to bring together; to *congregate* is to get together; to *segregate* is to keep apart (or separate); to *integrate* is to unite.
이 단어와 유사한 뜻을 갖고 있거나 관계있는 단어로 congregate, segregate, integrate가 있다. aggregate는 '모으다', congregate는 '모이다', segregate는 '분리하다(또는 구분하다)', integrate는 '통합하다'의 뜻이다.

AGNOSTIC [ægnástik] n one who believes that the existence of a god can be neither proven nor disproven 신의 존재는 증명된 것도, 안 된 것도 아니라고 믿는 불가지론자

An *atheist* is someone who does not believe in a god. An *agnostic*, on the other hand, isn't sure. He or she doesn't believe, but doesn't not believe, either.
atheist는 신의 존재를 믿지 않는 '무신론자'이다. 반면에 agnostic은 신의 존재에 대한 확신이 없는 '불가지론자'이다. 신의 존재를 믿지도 않지만 그렇다고 해서 꼭 안 믿는 것도 아니다.

▶ 명사형은 agnosticism[ægnástisìzəm](불가지론)이다.

- An *atheist* himself, Jon concluded from Jorge's spiritual skepticism that they shared similar beliefs. In fact, Jorge's reluctance to affirm or discredit a god's existence reflects his *agnosticism*.
  무신론자인 존은 조지의 회의론에서 그들이 유사한 믿음을 가졌다고 결론을 내렸다. 사실 조지는 그의 불가지론을 반영하는 신의 존재에 대해 단언하거나 의심하는 것을 꺼려했다.

AGRARIAN [əgréːəriən] adj relating to land; relating to the management or farming of land
땅(토지)에 관련된; 경작이나 농업에 관련된

Agrarian usually has to do with farming. Think of agriculture.
agrarian은 대체로 농사와 관계가 있다. agriculture(농업)라는 단어를 생각하면 이해가 쉬울 것이다.

- Politics in this country often pit the rural, *agrarian* interests against the urban interests.
  이 나라의 정책은 종종 농촌의 농민들과 도시에서 생활하는 사람들의 이해관계를 대립시키곤 한다.

ALACRITY [əlǽkrəti] n cheerful eagerness or readiness to respond 밝게 기꺼이 또는 쉽게 응함

▶ 발음에 주의할 것.

- David could hardly wait for his parents to leave; he carried their luggage out to the car with great *alacrity*.
  데이비드는 부모님이 떠날 때까지 기다리고 있을 수가 없었다. 그는 아주 기꺼이 그들의 짐을 들고 나가 차에 실었다.

ALLEGE [əlédʒ] v to assert without proof 증거 없이 주장하다

- If I say, "Cedrick *alleges* that I stole his hat," I am saying two things:
  1. Cedrick says I stole his hat.
  2. I say I didn't do it.
  "세드릭은 내가 자기의 모자를 훔쳤다고 주장한다."라는 말은, 다음 두 가지 사실을 말하고 있는 것이다.
  1. 세드릭은 내가 그의 모자를 훔쳤다고 말한다.
  2. 나는 훔치지 않았다고 말한다.

To *allege* something is to assert it without proving it. Such an assertion is called an *allegation* [æ̀ləgéiʃən].

allege는 증명되지 않은 사실을 주장하는 것으로, 그런 주장을 allegation(혐의)이라 한다.

▶ 형용사형은 alleged[əlédʒd] (주장된)이다.

If the police accuse someone of having committed a crime, newspapers will usually refer to that person as an *alleged* criminal.

경찰이 누군가에게 범죄를 저질렀다는 혐의를 둔다면, 언론은 일반적으로 그 사람을 alleged criminal(혐의자)이라고 부를 것이다.

- The police have *alleged* that Mary committed the crime, but a jury hasn't made a decision yet.

  경찰은 메리가 범행을 저질렀다고 (충분한 증거 없이) 주장했지만 배심원은 아직 결론을 내리지 않았다.

ALLEVIATE [əlíːvièit] v to relieve, usually temporarily or incompletely; to make bearable; to lessen 대체로 일시적으로, 또는 불완전하게 덜어 주다; 견딜 만하게 해주다; 줄이다

- Visiting the charming pet cemetery *alleviated* the woman's grief over the death of her canary.

  잘 꾸며진 애완동물 묘지를 방문하고 나서야, 여인은 카나리아를 잃은 슬픔을 덜 수 있었다.

- Aspirin *alleviates* headache pain. When your headache comes back, take some more aspirin.

  아스피린은 두통을 완화시켜 준다. 두통이 재발하면, 아스피린을 좀 더 복용해라.

ALLOCATE [ǽləkèit] v to distribute; to assign; to allot 분배하다; 할당하다; 배당하다

- The event had been a big failure, and David, Aaliyah, and Jan spent several hours attempting to *allocate* the blame. In the end, they decided it had all been Jan's fault.

  그 행사는 크게 실패했다. 데이비드와 알리야와 잔은 실패의 책임 여부를 따지느라 몇 시간을 허비했다. 결국, 그들은 모든 것이 전부 잔의 잘못이라고 결론을 내렸다.

- The office manager had *allocated* just seven paper clips for our entire department.

  국장은 우리 부서 전체에 서류철을 단지 일곱 개만 할당해 주었다.

ALLOY [ǽlɔi] n a combination of two or more things, usually metals 대개 금속 물질을 두 개 혹은 그 이상 혼합한 것

- Brass is an *alloy* of copper and zinc, meaning you make brass by combining copper and zinc.

  황동은 구리와 아연의 합금이다. 즉, 구리와 아연을 혼합해서 황동을 만든다.

Alloy [əlɔ́i] is often used as a verb. To *alloy* two things is to mix them together. There is usually an implication that the mixture is less than the sum of the parts. That is, there is often something undesirable or debased about an *alloy* (as opposed to a pure substance).

alloy는 종종 동사로도 쓰인다. to alloy two things는 '두 가지의 물질을 서로 섞다'라는 뜻이다. 여기에는 일반적으로 그 혼합물이 개별적인 두 물질의 단순한 합보다 더 열등하다는 의미가 내포되어 있다. 다시 말해서, alloy(혼합물, 순수한 물질에 반대되는 개념으로)에는 흔히 바람직하지 못하거나 가치가 저하된 것이 있다는 뜻이다.

Unalloyed means undiluted or pure. *Unalloyed* dislike is dislike undiminished by any positive feelings; *unalloyed* love is love undiminished by any negative feelings.

unalloyed는 '이물질이 섞이지 않은', '순수한'이라는 뜻이다. unalloyed dislike는 어떠한 긍정적인 느낌에 의해서도 줄어들지 않는 '진정한 혐오'이다. unalloyed love는 어떠한 부정적인 느낌에 의해서도 줄어들지 않는 '진실한 사랑'이다.

Match each word in the first column with its definition in the second column. Check your answers in the back of the book.

1.	aggregate	a.	get together
2.	congregate	b.	unite
3.	segregate	c.	someone unconvinced about the existence of a god
4.	integrate	d.	relieve
5.	agnostic	e.	keep apart
6.	agrarian	f.	combination of metals
7.	alacrity	g.	sum total
8.	allege	h.	distribute
9.	alleviate	i.	assert
10.	allocate	j.	cheerful eagerness
11.	alloy	k.	relating to land

ALLUSION [əlúːʒən] n an indirect reference (often to a literary work); a hint
간접적인 언급(종종 문학 작품에 대한); 암시, 귀띔

To *allude* to something is to refer to it indirectly.
동사형 allude는 뭔가를 간접적으로 언급하다 라는 뜻이다.

- When Ralph said, "I sometimes wonder whether to be or not to be," he was *alluding* to a famous line in *Hamlet*. If Ralph had said, "As Hamlet said, 'To be or not to be, that is the question,'" his statement would have been a direct reference, not an *allusion*.
  "나는 가끔 사느냐 죽느냐하는 문제에 대해 생각했어."라고 랄프가 말했다면, 그는 햄릿의 유명한 구절을 암시하는 것이다. 만약 랄프가 "햄릿이 말했듯이 '사느냐 죽느냐, 그것이 문제로다.'"라고 말했다면, 그 말은 암시가 아니라 직접적인 인용이 되었을 것이다.

An *allusion* is an *allusion* only if the source isn't identified directly. Anything else is a reference or a quotation.
출처를 직접적으로 밝히지 않는 경우에만 allusion(언급)이고, 그 외의 경우는 reference(지시)나 quotation(인용)이다.

- If Andrea says, "I enjoyed your birthday party," she isn't *alluding* to the birthday party; she's mentioning it. But if she says, "I like your choice of party music," she is *alluding* to the party.
  "네 생일 파티 즐거웠어."라고 안드리아가 말한다면, 그녀는 생일 파티에 대해 간접적으로 언급하고 있는 것이 아니다. 그녀는 직접 그것에 대해 언급하고 있는 것이다. 그러나 "너의 파티 음악 선택이 마음에 들었어."라고 그녀가 말한다면, 그녀는 파티에 대해 간접적으로 언급하고 있는 것이다.

ALOOF [əlúːf] adj uninvolved; standing off; keeping one's distance
관여(참여)하지 않는; 멀리 떨어진; 거리를 유지하는

- Al, on the roof, felt very *aloof*.
  지붕 위의 알은 혼자 외떨어졌다는 느낌을 받았다.

To stand *aloof* from a touch-football game is to stand on the sidelines and not take part.
터치 풋볼 경기에서 to stand aloof 하는 것은 경기에 참여하지 않고 방관자적 입장에 있는 것을 의미한다.

Cats are often said to be *aloof* because they usually mind their own business and don't crave the affection of people.

고양이는 대개 자신의 일에만 신경 쓰고 사람들에게 사랑을 받으려고 애쓰지 않는다는 이유로 aloof(쌀쌀맞은)라는 말을 종종 듣는다.

ALTRUISM [ǽltruːìzm] n **selflessness; generosity; devotion to the interests of others**
이기심이 없음; 관대함; 타인의 이익을 위한 헌신

- The private foundation depended on the *altruism* of the extremely rich old man. When he decided to start spending his money on yachts and sports cars, the foundation went out of business.
  그 사단법인은 아주 부유한 노인의 이타심에 의존하고 있었다. 그러나 노인이 자신의 재산을 요트와 스포츠카에 써야겠다고 결정하자, 재단은 파산하고 말았다.

To be *altruistic* is to help others without expectation of personal gain. Giving money to charity is an act of *altruism*. The *altruist* does it just to be nice, although he or she will probably also remember to take a tax deduction.

altruistic은 사적인 이득을 바라지 않고 남을 도와주는 이타적인이란 뜻이다. 자선단체에 돈을 기부하는 것은 altruism(이타주의)를 실천하는 것이다. 아마도 나중에 세금 공제 받는 것을 기억해낸다고 할지라도 altruist(이타주의자)는 단지 지금 그것이 좋은 일이기 때문에 그 일을 하는 것이다.

An *altruistic* act is also an act of *philanthropy*, which means almost the same thing.

altruistic act(이타적인 행동)는 또한 philanthropy(박애주의)의 실천이다. philanthropy는 altruism과 거의 같은 의미의 단어이다.

AMBIENCE [ǽmbiəns] n **atmosphere; mood; feeling** 분위기; 기분; 느낌

- By decorating their house with plastic beach balls and Popsicle sticks, the Cramers created a playful *ambience* that delighted young children.
  크레이머 부부는 플라스틱 물놀이공과 아이스크림 막대기로 집을 장식해서, 아이들을 즐겁게 해 주는 장난스러운 분위기를 연출했다.

A restaurant's *ambience* is the look, mood, and feel of the place. People sometimes say that a restaurant has "an atmosphere of *ambience*." To do so is redundant—*atmosphere* and *ambience* mean the same thing.

레스토랑의 ambience란 '외관', '분위기', 그리고 그 장소의 '느낌'을 말한다. 종종 레스토랑이 atmosphere of ambience를 가지고 있다고 말하는데, atmosphere와 ambience는 같은 뜻이므로 중복된 표현이다.

Ambience is a French word that can also be pronounced "[ɑːmbiɑ́ːns]." The adjective *ambient* [ǽmbiənt] means surrounding or circulating.

ambience는 [ɑːmbiɑ́ːns]로 발음되는 프랑스 어이기도 하다. 형용사형 ambient는 '주위의', '둘러싼'라는 의미이다.

AMBIGUOUS [æmbíɡjuəs] adj **unclear in meaning; confusing; capable of being interpreted in different ways** 의미가 분명치 않은; 혼란시키는; 여러 가지로 해석할 수 있는

- We listened to the weather report, but the forecast was *ambiguous*; we couldn't tell whether the day was going to be rainy or sunny.
  우리는 일기 예보에 귀를 기울였지만, 예측은 모호했다. 그날 비가 올지 맑을지 알 수가 없었다.

- The poem we read in English class was *ambiguous*; no one had any idea what the poet was trying to say.
  우리가 영어 시간에 읽은 시는 그 의미가 모호했다. 시인이 무엇을 말하려 하는지 아무도 알지 못했다.

▶ 명사형은 ambiguity [æ̀mbiɡjúːəti] (애매모호함)이다.

AMBIVALENT [æmbívələnt] adj **undecided; having opposed feelings simultaneously**
결정되지 않은; 상반되는 감정을 동시에 가진

- Susan felt *ambivalent* about Alec as a boyfriend. Her frequent desire to break up with him reflected this *ambivalence*.
  수잔은 알렉를 남자 친구라고 확실하게 결정하지 못하고 있었다. 그와의 관계를 끝내고 싶어하는 마음이 자주 생긴다는 사실이 그녀의 동요를 반영하고 있었다.

Match each word in the first column with its definition in the second column. Check your answers in the back of the book.

1. allusion
2. aloof
3. altruism
4. ambience
5. ambiguous
6. ambivalent

a. atmosphere
b. standoffish
c. confusing
d. generosity
e. indirect reference
f. undecided

AMELIORATE [əmíːljərèit] v **to make better or more tolerable** 개선하거나 더 견딜 만하게 만들다

- The mood of the prisoners was *ameliorated* when the warden gave them extra free time outside.
  교도소장이 외부에서의 자유 시간을 지급함으로써 재소자들의 기분은 개선되었다.

- My great-uncle's gift of several million dollars considerably *ameliorated* my financial condition.
  종조부께서 주신 수백만 달러 덕분에 나의 재정 상태는 상당히 호전되었다.

AMENABLE [əmíːnəbl] adj **obedient; willing to give in to the wishes of another; agreeable**
순종하는; 다른 사람의 요구에 기꺼이 양보하는; 기꺼이 동의하는

▶ 발음에 주의할 것.

- I suggested that Brad pay for my lunch as well as for his own; to my surprise, he was *amenable*.
  나는 브래드가 자신의 점심 값뿐만 아니라 내 것까지도 내줄 것을 제안했다. 놀랍게도 그는 기꺼이 응했다.

- The plumber was *amenable* to my paying my bill with jelly beans, which was lucky, because I had more jelly beans than money.
  배관공은 수리비를 젤리사탕으로 지불하고 싶다는 내 생각을 기꺼이 받아들였다. 나는 돈보다는 젤리사탕을 더 많이 갖고 있었기 때문에, 그것은 참으로 다행인 일이었다.

AMENITY [əménəti] n **pleasantness; attractive or comfortable feature**
쾌적함; 마음을 끌거나 편안하게 해 주는 특별 제공품

- The *amenities* at the local club include a swimming pool, a golf course, and a tennis court.
  그 지역 클럽의 설비로는 수영장과 골프장, 테니스장이 있다.

If an older guest at your house asks you where the *amenities* are, he or she is probably asking for directions to the bathroom.
당신의 집에 온 나이 든 손님이 amenities가 어디 있냐고 물어본다면, 그는 아마도 화장실이 어디 있는지를 알려 달라는 것일 것이다.

Those little bars of soap and bottles of shampoo found in hotel rooms are known in the hotel business as *amenities*. They are meant to increase your comfort. People like them because people like almost anything that is free (although, of course, the cost of providing such *amenities* is simply added to the price of hotel rooms).
호텔 객실에 배치하는 여러 개의 작은 비누와 샴푸를 호텔 업계에서는 amenities라고 한다. 그것들은 손님의 편의를 증대시키기 위한 것이다. 사람들은 공짜라면 무엇이든 좋아하기 때문에 (amenities 등을 제공하는 비용이 호텔 객실료에 다 포함되어 있음에도 불구하고) 그것들을 좋아한다.

AMIABLE [éimiəbl] adj **friendly; agreeable** 친절한; 상냥한

- Our *amiable* guide made us feel right at home in what would otherwise have been a cold and forbidding museum.

  가이드의 친절 덕분에 그렇지 않았더라면 춥고 싫었을 박물관에서 우리는 내 집 안에 있는 것처럼 편안함을 느꼈다.

- The drama critic was so *amiable* in person that even the subjects of negative reviews found it impossible not to like her.

  드라마 비평가인 그녀는 사람이 워낙 상냥해서 부정적인 평론을 쓰더라도 미워할 수가 없었다.

Amicable is a similar and related word. Two not very *amiable* people might nonetheless make an *amicable* agreement. *Amicable* means politely friendly, or not hostile. Two countries might trade *amicably* with each other even while technically remaining enemies.

비슷하고 관계가 있는 단어로 amicable(원만한)이 있다. 별로 사이가 좋지 않은(amiable) 두 사람도 그것에 관계없이 우호적인(amicable) 협정을 맺을 수 있을 것이다. amicable은 적대적이지 않거나 예의를 갖추어 친절하다는 의미를 갖고 있다. 두 국가는 법적으로는 적대국으로 남아 있을지라도 상대국과 평화적으로 무역 거래를 할 수도 있다.

- Julio and Clarissa had a surprisingly *amicable* divorce and remained good friends even after paying their lawyers' fees.

  훌리오와 클라리사는 놀랄 만큼 평화적으로 이혼을 했다. 그리고 변호사비까지 다 지불한 이후에도 여전히 좋은 친구로 남았다.

AMNESTY [ǽmnisti] n **an official pardon for a group of people who have violated a law or policy** 법이나 정책을 위반했던 일단의 사람들에 대한 공식적인 면죄(사면, 특사)

Amnesty comes from the same root as *amnesia*, the condition that causes characters in movies to forget everything except how to speak English and drive their cars.

amnesty는 amnesia(기억 상실증)와 동일한 어원에서 나온 단어이다. amnesia는 영어를 말하고 운전을 할 수 있다는 것을 제외하고는 모든 기억을 잃어버리는, 영화 속 인물들 같은 상태를 뜻한다.

An *amnesty* is an official forgetting. When a state government declares a tax *amnesty*, it is saying that if people pay the taxes they owe, the government will officially "forget" that they broke the law by not paying them in the first place.

amnesty는 공식적인 망각이다. 주 정부가 tax amnesty를 선언한다는 것은, 주민들이 체납된 세금을 납부하면 주 정부는 애초에 세금을 납부하지 않아 법을 위반한 사실을 공식적으로 '잊어 주겠다'는 의미이다.

The word *amnesty* always refers to a pardon given to a group or class of people. A pardon granted to a single person is simply a pardon.

amnesty라는 단어는 항상 일정한 그룹이나 계층의 사람들에게 주어지는 '용서(사면)'를 일컫는다. 단지 '한 사람에게 주어지는 사면'은 단순히 pardon이라고 한다.

AMORAL [eimɔ́ːrəl] adj **lacking a sense of right and wrong; neither good nor bad, neither moral nor immoral; without moral feelings** 옳고 그름에 대한 의식이 없는; 선도 악도 아닌, 도덕적이지도 비도덕적이지도 않은(도덕과 관계가 없는); 도덕관념이 없는

- Very young children are *amoral*; when they cry, they aren't being bad or good—they're merely doing what they have to do.

  아주 어린 아기들은 도덕이라는 개념조차 없다. 아기들이 울 때는 착하거나 못됐다는 의미와는 관계가 없다. 아기들은 그저 해야만 할 일을 하고 있을 뿐이다.

A *moral* person does right; an *immoral* person does wrong; an *amoral* person simply does.

moral person은 '올바른 행동을 하는 사람'이고, immoral person은 '품행이 나쁜 사람'이다. amoral person은 단순히 어떤 행동을 하는 사람이다.

AMOROUS [ǽmərəs] adj **feeling loving, especially in a sexual sense; in love; relating to love** 특히 성적인 의미에서 사랑을 느끼는; 연애 중인; 사랑의

- The *amorous* couple made quite a scene at the movie. The movie they were watching, *Love Story*, was pretty *amorous* itself. It was about an *amorous* couple, one of whom died.

  그 사랑하는 한 쌍은 영화 속에서 볼 만한 장면을 연출했다. 그들이 보고 있었던 「러브 스토리」라는 영화는 그야말로 사랑 이야기 그 자체였다. 그것은 사랑하고 있는 한 쌍에 관한 이야기로, 그들 중 한 사람은 죽었다.

AMORPHOUS [əmɔ́ːrfəs] adj **shapeless; without a regular or stable shape; bloblike** 무형의; 규칙적이거나 안정적인 형태가 없는; 얼룩 같은

- Ed's teacher said that his term paper was *amorphous*; it was as shapeless and disorganized as a cloud.

  선생님은 에드가 낸 학기 말 리포트가 엉성하다고 말했다. 그녀는 그것이 구름처럼 정형이 없고 혼란스럽다고 평가했다.

- The sleepy little town was engulfed by an *amorphous* blob of glowing protoplasm—a higher intelligence from outer space.

  잠들어 있던 그 작은 마을은 선명한 붉은 빛을 내는 뚜렷한 형체가 없는 원형질 덩어리(외계에서 날아온 높은 지능을 가진 생명체)에 의해 삼켜져 버렸다.

To say that something has an "*amorphous* shape" is a contradiction. How can a shape be shapeless?

어떤 것이 amorphous shape(형태가 없는 형태)를 가지고 있다고 말하는 것은 모순이다. 형체(shape)가 어떻게 형체가 없을(shapeless) 수 있겠는가?

ANACHRONISM [ənǽkrənìzm] n **something out of place in time or history; an incongruity** 시대나 역사에 맞지 않는 것; 부조화

- In this day of impersonal hospitals, a doctor who remembers your name seems like an *anachronism*.

  오늘날과 같은 일반 병원의 시대에, 환자의 이름을 기억하는 의사는 시대에 뒤떨어진 것처럼 보인다.

ANALOGY [ənǽlədʒi] n **a comparison of one thing to another; similarity** 다른 것에의 비유; 유사(성)

- To say having an allergy feels like being bitten by an alligator would be to make or draw an *analogy* between an allergy and an alligator bite.

  알레르기가 있는 것을 악어에게 물리는 것과 같은 느낌이라고 표현하는 것은, 알레르기를 악어에게 물어뜯기는 느낌에 비유하는 것이다.

Analogy usually refers to similarities between things that are not otherwise very similar. If you don't think an allergy is at all like an alligator bite, you might say, "That *analogy* doesn't hold up." To say that there is no *analogy* between an allergy and an alligator bite is to say that they are not *analogous* [ənǽləgəs].

analogy(유추)는 일반적으로 아주 똑같지 않은 비교 대상에서 유사점을 언급하는 것이다. 만약 여러분이 알레르기와 악어의 물어뜯기가 전혀 비슷하지 않다고 생각한다면 "그 analogy(유추)는 유효하지 않다."라고 말해도 좋다. 알레르기와 악어의 물어뜯기 사이에 analogy(유사점)가 없다고 말한다면, 그 둘이 analogous(유사한)이지 않다고 말하는 것이다.

Something similar in a particular respect to something else is its *analog* [ǽnəlɔ̀ːg], sometimes spelled *analogue*.

특정한 점에 있어서 다른 무엇인가와 비슷한 것을 그것의 analog(유사물)라고 하는데, 때로는 analogue라고 표기하기도 한다.

Match each word in the first column with its definition in the second column. Check your answers in the back of the book.

1. ameliorate		a.	pleasantness
2. amenable		b.	comparison
3. amenity		c.	obedient
4. amiable		d.	without moral feeling
5. amicable		e.	feeling loving
6. amnesty		f.	make better
7. amoral		g.	shapeless
8. amorous		h.	politely friendly
9. amorphous		i.	official pardon
10. anachronism		j.	friendly
11. analogy		k.	incongruity

ANARCHY [ǽnərki] n absence of government or control; lawlessness; disorder
무정부 상태, 또는 통제를 벗어난 상태; 무법천지; 무질서

- The country fell into a state of *anarchy* after the rebels kidnapped the president and locked the legislature inside the Capitol.
  반란군이 대통령을 납치하고 국회 의원들을 국회 의사당 안에 감금하자 그 나라는 무정부 상태에 빠졌다.

The word doesn't have to be used in its strict political meaning. You could say that there was *anarchy* in the kindergarten when the teacher stepped out of the door for a moment. You could say it, and you would probably be right.
이 단어를 엄격하게 정치적인 의미로만 사용할 필요는 없다. '선생님이 잠시 동안 문 밖으로 나가 자리를 비우자, 유치원은 anarchy(무정부 상태)가 되었다.'고 표현할 수도 있다.

The words *anarchy* and *monarchy* are closely related. *Anarchy* means no leader; *monarchy*, a government headed by a king or queen, means one leader.
anarchy와 monarchy는 밀접한 관련이 있다. anarchy는 지도자가 없는 것을 의미하고, monarchy는 한 명의 지도자, 즉 왕이나 여왕이 이끌어 가는 정부 형태를 의미한다.

ANECDOTE [ǽnikdòut] n a short account of a humorous or revealing incident
익살스럽거나 무언가를 말해 주는 사건에 관한 짧은 이야기

- The old lady kept the motorcycle gang thoroughly amused with *anecdote* after *anecdote* about her cute little dog.
  노부인은 그녀의 작고 귀여운 강아지에 대한 일화를 연이어 이야기해 주어 오토바이족들을 아주 재미있게 해 주었다.

- Alvare told an *anecdote* about the time Jessica got her big toe stuck in a bowling ball.
  알바레는 제시카의 엄지발가락이 볼링공에 끼었던 일화를 얘기했다.

- The vice president set the crowd at ease with an *anecdote* about his childhood desire to become a vice president.
  부통령은 부통령이 되고 싶어했던 그의 어린 시절에 관한 일화를 이야기해서 군중들을 편안하게 해 주었다.

To say that the evidence of life on other planets is merely *anecdotal* is to say that we haven't captured any aliens, but simply heard a lot of stories from people who claimed to have been kidnapped by flying saucers.

다른 행성에서 생명체의 증거는 그저 anecdotal(일화적인)일 뿐이다라는 말은 우리가 어떤 외계 생명체를 포착한 것이 아니라, 비행접시에 납치된 적이 있다고 주장하는 사람들에게서 많은 이야기들을 들었을 뿐이라는 뜻이다.

ANGUISH [ǽŋgwiʃ] n agonizing physical or mental pain 괴로운 육체적, 정신적 고통

- Theresa had been a nurse in the emergency room for twenty years, but she had never gotten used to the *anguish* of accident victims.

  테레사는 20년 동안 병원 응급실 간호사였다. 그러나 사고 환자의 격심한 고통에는 익숙해지지가 않았다.

ANIMOSITY [æ̀nəmάsəti] n resentment; hostility; ill will 원한; 적의; 악의

- The rivals for the state championship felt great *animosity* toward each other. Whenever they ran into each other, they snarled.

  주 챔피언 결정전의 경쟁자들은 서로에게 강한 적의를 느꼈다. 그들은 서로 부딪히기만 하면 언제나 으르렁거렸다.

A person whose look could kill is a person whose *animosity* is evident.

살인이라도 할 것 같은 모습을 지닌 사람은 animosity(증오)가 외적으로 분명하게 드러난 사람이다.

ANOMALY [ənάməli] n an aberration; an irregularity; a deviation 탈선; 변칙; 일탈

- A snowy winter day is not an *anomaly*, but a snowy July day is.

  겨울에 눈이 오는 것은 이상한 일이 아니지만, 7월에 눈이 오는 것은 이례적인 일이다.

- A house without a roof is an *anomaly*—a cold, wet *anomaly*.

  지붕이 없는 집이란 이례적인 것이다. 추위와 비가 그대로 들이닥치는 변칙적인 것이다.

A roofless house could be said to be *anomalous*. Something that is *anomalous* is something that is not normal or regular.

지붕 없는 집을 anomalous(이례적인)라고 말할 수 있다. 어떤 것이 anomalous라면 비정상적이거나 변칙적이라는 것을 의미한다.

ANTECEDENT [æ̀ntəsíːdnt] n someone or something that went before; something that provides a model for something that came after it
앞선 것, 또는 사람; 이후에 올 것을 위해 본보기가 된 것(전례, 선례)

- Your parents and grandparents could be said to be your *antecedents*; they came before you.

  부모와 조부모는 여러분의 선조라고 말할 수 있다. 그들은 여러분에 앞서서 이 세상에 오셨던 분들이다.

- The horse-drawn wagon is an *antecedent* of the modern automobile.

  마차는 오늘날의 자동차의 전신이다.

Antecedent can also be used as an adjective. The oil lamp was *antecedent* to the light bulb.

antecedent는 형용사로도 쓰인다. 전구가 발명되기 전에는 기름 램프가 사용되었다.

In grammar, the *antecedent* of a pronoun is the person, place, or thing to which it refers. In the previous sentence, the *antecedent* of *it* is *antecedent*. In the sentence "Bill and Harry were walking together, and then he hit him," it is impossible to determine what the *antecedents* of the pronouns (*he* and *him*) are.

문법에서 대명사의 antecedent(선행사)는 그것이 가리키는 사람, 장소, 사물 등이다. 앞의 문장(In grammar, the antecedent of a pronoun is the person, place, or thing to which it refers.)에서 it의 선행사는 antecedent이다. 'Bill and Harry were walking together, and then he hit him(빌과 해리는 함께 걷고 있었는데, 갑자기 그가 그를 때렸다).'라는 문장에서는, he와 him이라는 두 개의 대명사가 지시하는 선행사가 무엇인지를 알 수가 없다.

▶ antecedent는 뜻이 비슷한 단어인 precedent(전례, 판례)와 관계가 있다.

ANTIPATHY [æntípəθi] n firm dislike 확고한 혐오

▶ 발음에 주의할 것.

- I feel *antipathy* toward bananas wrapped in ham. I do not want them for dinner. I also feel a certain amount of *antipathy* toward the cook who keeps trying to force me to eat them. My feelings on these matters are quite *antipathetic* [æntipəθétik].

  나는 햄 속에 들어 있는 바나나가 싫다. 저녁 식사로 그것을 먹고 싶지는 않다. 나는 또한 나에게 그것을 억지로 먹으라고 강요하는 요리사에게도 어느 정도 반감이 있다. 이 문제에 관한 한 나는 정말이지 너무나 싫다.

I could also say that ham-wrapped bananas and the cooks who serve them are among my *antipathies*. My *antipathies* are the things I don't like.

바나나를 넣은 햄과 그것을 먹으라고 주는 요리사, 둘 다 my antipathies 중에 포함된다고 말할 수 있다. my antipathies란 내가 좋아하지 않는 것들'이다.

ANTITHESIS [æntíθəsis] n the direct opposite 정반대

▶ 발음에 주의할 것.

- Erin is the *antithesis* of Aaron: Erin is bright and beautiful; Aaron is dull and plain.

  에린은 애런과 정반대로 대조를 이룬다. 에린은 총명하고 아름다운데 애런은 우둔하고 못생겼다.

APARTHEID [əpáːrtheit] n the former policy of racial segregation and oppression in the Republic of South Africa 남아프리카 공화국의 혐오스러운 인종 차별과 억압 정책

The word *apartheid* is related to the word *apart*. Under *apartheid* in South Africa, blacks were kept apart from whites and denied all rights.

apartheid는 apart란 단어와 관계가 있다. 남아프리카의 apartheid(아파르트헤이트, 인종격리정책) 하에서 흑인들은 백인과 분리되어 모든 권리가 허락되지 않는다.

The word *apartheid* is sometimes applied to less radical forms of racial injustice and to other kinds of separation. Critics have sometimes accused American public schools of practicing educational *apartheid*, by providing substandard schooling for nonwhites.

apartheid라는 단어는 덜 과격한 형태의 인종 차별이나 그 밖의 다른 종류의 차별을 의미할 때도 적용된다. 비평가들은 미국의 공립학교들이 교육에 있어 백인이 아닌 학생들에게 수준 이하의 교육을 제공함으로써 educational apartheid(교육의 인종 차별)를 하고 있다고 종종 비난해 왔다.

QUICK QUIZ

Match each word in the first column with its definition in the second column. Check your answers in the back of the book.

1. anarchy		a.	resentment
2. monarchy		b.	racial oppression
3. anecdote		c.	firm dislike
4. anguish		d.	irregularity
5. animosity		e.	what went before
6. anomaly		f.	agonizing pain
7. antecedent		g.	amusing account
8. antipathy		h.	government by king or queen
9. antithesis		i.	lawlessness
10. apartheid		j.	direct opposite

APATHY [ǽpəθi] n lack of interest; lack of feeling 무관심; 냉정함, 냉담함

- The members of the student council accused the senior class of *apathy* because none of the seniors had bothered to sign up for the big fundraiser.

  학생위원회 위원들은 고학년들의 무관심을 비난했다. 왜냐하면 대형 모금 행사에 기꺼이 참여한 상급생이 아무도 없었기 때문이었다.

- Jill didn't care one bit about current events; she was entirely *apathetic*.

  질은 최근의 사건들에 조금도 관심이 없었다. 그녀는 아주 무관심했다.

APHORISM [ǽfərìzm] n a brief, often witty saying; a proverb 짧고, 흔히 재치 있는 격언, 경구; 금언

- Benjamin Franklin was fond of *aphorisms*. He was frequently *aphoristic*.

  벤자민 프랭클린은 격언을 좋아했다. 그는 자주 경구를 사용했다.

- Chef Hussain is particularly fond of Woolf's *aphorism*, "One cannot think well, love well, or sleep well, if one has not dined well."

  요리사 후사인은 특히 "사람은 잘 먹지 않으면 생각이나 사랑도 잘 할 수 없고 잠도 잘 잘 수 없다."는 울프의 격언을 좋아한다.

APOCALYPSE [əpάkəlips] n a prophetic revelation, especially one concerning the end of the world 예언적인 계시, 특히 세계의 종말과 관련된 것

In strict usage, *apocalypse* refers to specific Christian writings, but most people use it more generally in connection with predictions of things like nuclear war, the destruction of the ozone layer, and the spread of fast-food restaurants to every corner of the universe. To make such predictions, or to be deeply pessimistic, is to be *apocalyptic* [əpὰkəlíptik].

정확한 어법으로 apocalypse는 기독교의 특정 저작들을 일컫는 단어이다. 그러나 대부분의 사람들은 일반적으로 핵전쟁이나 오존층의 파괴, 세계 구석구석까지 패스트푸드 식당들이 퍼져 나가는 것과 같은 예언들과 관련하여 이 단어를 더 많이 사용한다. 그런 예언을 하거나 지독히 염세적인 것을 apocalyptic(종말론적인)이라고 표현한다.

APOCRYPHAL [əpάkrəfəl] adj of dubious authenticity; fictitious; spurious 출처가 의심스러운; 허구의; 위조의

- Brandi's blog discredited the *apocryphal* report of Martians in Congress.

  브랜디의 블로그는 국회 개회 중에 화성인에 대한 미심쩍은 보고서를 불신했다.

An *apocryphal* story is one whose truth is not proven or whose falsehood is strongly suspected. Like *apocalypse*, this word has a religious origin. The *Apocrypha* are a number of "extra" books of the Old Testament that Protestants and Jews don't include in their Bibles because they don't think they're authentic.

apocryphal story란 진실 여부가 아직 증명되지 않았거나 허위임이 강하게 의심되는 이야기이다. apocalypse(종말, 대재앙)처럼 이 단어도 종교와 관련해서 나온 말이다. The Apocrypha(외경)는 신교도들과 유대교도들이 믿을 수 없다고 생각해서 그들의 성서에 포함시키지 않는 구약 성서의 많은 경외서들이다.

APOTHEOSIS [əpὰθióusis] n elevation to divine status; the perfect example of something 신격화; 완전무결한 본보기(극치)

- Some people think that the Corvette is the *apotheosis* of American car making. They think it's the ideal.

  어떤 사람들은 코르벳이야말로 미국 자동차 산업의 극치라고 생각한다. 그들은 그것을 가장 이상적인 것으로 생각한다.

- Geoffrey is unbearable to be with. He thinks he's the *apotheosis* of masculinity.

  제프리는 정말 봐줄 수가 없다. 그는 자신이 남성다움의 전형이라고 생각한다.

APPEASE [əpíːz] v to soothe; to pacify by giving in to 달래다; 양보해서 진정시키다

- Jaleel *appeased* his angry mother by promising to make his bed every morning without fail until the end of time.

  자릴은 엄마의 화를 누그러뜨리기 위해 매일 아침 반드시 정해진 시간 안에 침대를 정리하겠다고 약속했다.

- The trembling farmer handed over all his grain, but still the emperor was not *appeased*.

  겁을 먹은 농부는 모든 곡식을 넘겨주었다. 그러나 황제의 노여움은 여전히 가라앉지 않았다.

▸ 명사형은 appeasement(달램, 진정)이다.

APPRECIATE [əpríːʃièit] v to increase in value 가치가 상승하다, 값이 오르다

- The Browns bought their house twenty years ago for a hundred thousand dollars, but it has *appreciated* considerably since then; today it's worth almost two million dollars.

  브라운 씨 부부는 이십 년 전에 십만 달러를 주고 자신들의 집을 샀다. 그러나 집 값은 그때 이후로 상당히 올랐다. 요즘 그 집은 거의 이백만 달러를 호가한다.

- Harry bought Joe's collection of old chewing-tobacco tins as an investment. His hope was that the tins would *appreciate* over the next few years, enabling him to turn a profit by selling them to someone else.

  해리는 조가 수집한 오래된 씹는 담배통을 투자 목적으로 사들였다. 그는 몇 년 정도 지나서 그 담배통의 가치가 오르면, 다른 사람에게 담배통을 팔아서 이익을 얻을 수 있기를 바랐다.

▸ appreciate의 반의어는 depreciate이다.

When a car loses value over time, we say it has *depreciated*.

자동차가 시간이 지나면서 가치가 떨어지면 depreciate했다고 표현한다.

APPREHENSIVE [æ̀prihénsiv] adj worried; anxious 걱정하는; 불안한

- The *apprehensive* child clung to his father's leg as the two of them walked into the main circus tent to watch the lion tamer.

  아이는 아버지와 함께 사자 조련사를 보러 곡예단 중앙 텐트로 걸어 들어가면서 불안한 듯 아버지의 다리에 꼭 매달렸다.

- Rhea was *apprehensive* about the exam because she had forgotten to go to class for several months. As it turned out, her *apprehensions* were justified. She couldn't answer a single question on the test.

  레아는 수 개월 동안 수업에 들어가지 않았기 때문에 시험 치를 일이 걱정스러웠다. 결국 그녀의 걱정은 현실로 드러났다. 그녀는 한 문제도 답을 쓸 수가 없었다.

A *misapprehension* is a misunderstanding.

misapprehension은 '오해'를 의미한다.

- Rhea had no *misapprehensions* about her lack of preparation; she knew perfectly well she would fail abysmally.

  레아는 자신의 준비 부족을 제대로 알고 있었다. 그녀는 자신이 비참하게 실패할 것이라는 사실을 아주 잘 알고 있었다.

Match each word in the first column with its definition in the second column. Check your answers in the back of the book.

1. apathy   a. of dubious authenticity

2. aphorism   b. misunderstanding

3. apocalypse   c. increase in value

4. apocryphal   d. lack of interest

5. apotheosis   e. soothe

6. appease   f. prophetic revelation

7. appreciate   g. decrease in value

8. depreciate   h. the perfect example

9. apprehensive   i. witty saying

10. misapprehension   j. worried

APPROBATION [æ̀prəbéiʃən] n **approval; praise** 승인; 칭찬

- The crowd expressed its *approbation* of the team's performance by gleefully covering the field with toilet paper.
  관중들은 매우 기뻐하며 운동장에다 휴지를 가득 채워서 그 팀이 한 것에 대해 찬동의 표시를 했다.

- The ambassador's actions met with the *approbation* of his commander in chief.
  대사의 조치는 최고 상관의 승인을 받았다.

Approbation is a fancy word for *approval*, to which it is closely related. *Disapprobation* is disapproval.
approbation은 아주 밀접한 관련이 있는 approval(찬성, 승인)의 뜻을 좀 더 멋을 내어 쓰는 단어이다. disapprobation은 disapproval(반감)이다.

APPROPRIATE [əpróuprièit] v **to take without permission; to set aside for a particular use**
허락 없이 가지다; 특별히 사용하기 위해 비축해 두다

- Nick *appropriated* my lunch; he grabbed it out of my hands and ate it. So I *appropriated* Ed's.
  닉이 내 점심 도시락을 빼앗아 먹었다. 그는 내 손에서 도시락을 빼앗아 가서 먹어 버렸다. 그래서 나는 에드의 것을 빼앗아 먹었다.

- The deer and raccoons *appropriated* the vegetables in our garden last summer. This year we'll build a better fence.
  작년 여름에는 사슴과 너구리들이 우리 밭의 채소를 훔쳐 먹었다. 올해는 좀 더 튼튼한 울타리를 칠 예정이다.

Don't confuse the pronunciation of the verb to *appropriate* with the pronunciation of the adjective *appropriate* [əpróupriət]. When Congress decides to buy some new submarines, it *appropriates* money for them. That is, it sets some money aside. The money thus set aside is called an *appropriation*.

형용사 appropriate의 발음과 동사일 때의 발음을 혼동하지 마라. 의회가 새 잠수함을 구입하기로 결정하면, 의회는 잠수함 구입에 필요한 비용의 지출을 appropriate(승인하다)한다고 표현한다. 다시 말해서, 얼마간의 돈을 따로 비축한다는 뜻이다. 이렇게 비축된 돈을 appropriation(의회가 승인한 예산)이라고 부른다.

When an elected official takes money that was supposed to be spent on submarines and spends it on a Rolls-Royce and a few mink coats, he or she is said to have *misappropriated* the money.

선출된 공무원이 잠수함을 구입하기로 예정된 돈을 가져가 롤스로이스(영국제 고급 승용차)와 밍크코트를 사는 데 쓴다면, 그 또는 그녀가 misappropriate(공금을 유용하다)했다고 표현한다.

When the government decides to build a highway through your backyard, it *expropriates* your property for this purpose. That is, it uses its official authority to take possession of your property.

정부가 당신의 뒷마당을 통과하는 고속도로를 건설하기로 결정한다면, 정부는 그러한 목적 때문에 당신의 재산을 expropriate(수용하다)한다. 즉, 정부는 당신의 재산을 점유하기 위해 공권력을 사용하는 것이다.

APTITUDE [ǽptətjùːd] n **capacity for learning; natural ability** 배울 수 있는 능력(적성); 타고난 능력

- Some rare students have a marked *aptitude* for taking the SAT. They earn high scores without any preparation.

  몇몇 드문 학생들은 대학진학 적성시험에서 뛰어난 능력을 발휘한다. 그들은 어떤 준비도 없이 높은 점수를 받는다.

- I tried to repair my car, but as I sat on the floor of my garage, surrounded by mysterious parts, I realized that I had no *aptitude* for automobile repair.

  나는 차를 수리하려고 했다. 그러나 알 수 없는 부속품들에 둘러싸여 차고 바닥에 주저앉아 있으려니, 내가 자동차 수리에는 별로 소질이 없다는 것을 깨닫게 되었다.

▶ aptitude의 반의어는 ineptitude(기량 부족)이다.

ARBITER [áːrbətər] n **one who decides; a judge** 결정하는 사람; 판사, 심판관, 중재자

- An *arbiter* of fashion determines what other people will wear by wearing it herself.

  arbiter of fashion(패션 결정권자)는 자신이 스스로 그 옷을 입음으로써 다른 사람들이 입을 옷을 결정한다.

An *arbiter arbitrates*, or weighs opposing viewpoints and makes decisions. The words *arbiter* and *arbitrator* mean the same thing. An *arbiter* presides over an *arbitration*, which is a formal meeting to settle a dispute.

중재자는 arbitrate한다. 즉, 상반되는 견해를 재량하여 결론을 내린다. arbiter와 arbitrator는 같은 의미이다. arbiter(중재인)는 분쟁을 해결하기 위한 공식적인 자리인 arbitration(중재 재판)을 관장한다.

ARBITRARY [áːrbətrèri] adj **random; capricious** 임의의, 자의적인; 변덕스러운

- The grades Mr. Simone gave his English students appeared to be *arbitrary*; they didn't seem related to the work the students had done in class.

  시몬느 선생님은 영어반 학생들에게 제멋대로 점수를 준 것 같았다. 점수는 학생들이 수업시간에 했던 것과는 아무런 관계도 없는 것 같았다.

- The old judge was *arbitrary* in sentencing criminals; there was no sensible pattern to the sentences she handed down.

  그 늙은 판사는 범죄자들에게 제멋대로 형을 선고했다. 그녀가 선고한 판결들에는 사리에 맞는 유형이 없었다.

ARCANE [ɑːrkéin] adj **mysterious; known only to a select few** 비밀의; 선택된 소수에게만 알려진

- The rites of the secret cult were *arcane*; no one outside the cult knew what they were.

  그 비밀 종파의 의식들은 비밀에 부쳐져 있었다. 그 종파에 속하지 않는 사람들은 누구도 그 의식들이 어떤 것인지 알지 못했다.

- The *arcane* formula for the cocktail was scrawled on a faded scrap of paper.

  그 칵테일을 만드는 비밀 제조법은 빛바랜 종이 조각 위에 휘갈겨 쓰여 있었다.

- We could make out only a little of the *arcane* inscription on the old trunk.

  우리는 고목나무에 새겨진 난해한 비문을 아주 조금만 해독할 수 있었다.

ARCHAIC [ɑ:rkéiik] adj **extremely old; ancient; outdated**   아주 오래된; 고대의; 구식의

- The tribe's traditions are *archaic*. They have been in force for thousands of years.
  그 부족의 전통들은 아주 오래된 것이다. 그것들은 수천 년을 이어온 것이다.

Archaic civilizations are ones that disappeared a long time ago. An *archaic* meaning of a word is one that isn't used anymore.

Archaic civilizations(고대 문명)는 이미 오래 전에 사라진 문명이다. 어떤 단어의 archaic meaning(고어적인 의미)이란 이제 더 이상은 그 뜻으로는 사용되지 않는 의미이다.

QUICK QUIZ

Match each word in the first column with its definition in the second column. Check your answers in the back of the book.

1. approbation	a. misuse public money
2. appropriate	b. extremely old
3. misappropriate	c. take without permission
4. expropriate	d. weigh opposing views
5. aptitude	e. mysterious
6. arbiter	f. approval
7. arbitrate	g. random
8. arbitrary	h. take property officially
9. arcane	i. judge
10. archaic	j. natural ability

ARCHETYPE [ɑ́:rkitàip] n **an original model or pattern**   원형, 전형

▶ 발음에 주의할 것.

An *archetype* is similar to a *prototype*. A *prototype* is a first, tentative model that is made but that will be improved in later versions. Henry Ford built a *prototype* of his Model T in his basement. His mother kicked him out, so he had no choice but to start a motor car company.

archetype은 prototype과 유사하다. prototype는 처음에 시범적으로 만들었으나 나중에 다른 형태로 개선될 원형을 일컫는다. 헨리 포드는 자신의 집 지하실에서 모델 T의 원형을 만들었다. 그의 어머니가 그를 밖으로 내쫓았기 때문에, 그는 자동차 회사를 시작하는 것 말고는 달리 선택할 것이 없었다.

An *archetype* is usually something that precedes something else.
archetype는 일반적으로 다른 것에 우선하는 것을 의미한다.

- Plato is the *archetype* of all philosophers.
  플라톤은 모든 철학자들의 원형이다.

▶ archetype의 형용사형은 archetypal(전형적인) 또는 archetypical(원형의)이다.

ARDENT [áːrdənt]   adj   **passionate; enthusiastic**   열렬한; 열광적인

- Larry's *ardent* wooing finally got on Cynthia's nerves, and she told him to get lost.
  래리의 끈질긴 구애는 드디어 신시아의 신경을 폭발하게 했다. 그래서 그녀는 그에게 그만 꺼져 버리라고 말했다.

- Blanche happily made cakes from morning to night. She was an *ardent* baker.
  블란치는 아침부터 저녁까지 즐거운 마음으로 케이크를 구웠다. 그녀는 정열적으로 일하는 제빵사였다.

To be *ardent* is to have *ardor*.
ardent(열렬한)는 ardor(열정)를 갖고 있는 것이다.

- The young lovers were oblivious to everything except their *ardor* for each other.
  젊은 연인들은 서로에 대한 열정을 제외하고는 어느 것에도 깊이 신경을 쓰지 않았다.

ARDUOUS [áːrdʒuəs]   adj   **hard; difficult**   힘든; 어려운

- Climbing the mountain was *arduous*. We were so exhausted when we got to the top that we forgot to enjoy the view.
  그 산을 오르기는 너무나 힘이 들었다. 정상에 도달했을 때, 우리는 너무나 지쳐서 경치를 즐기는 것조차 잊어버렸다.

- The *arduous* car trip was made even more difficult by the fact that all four tires went flat, one after another.
  자동차 바퀴 네 개가 차례차례로 바람이 빠지는 통에 힘든 자동차 여행은 훨씬 더 어려워졌다.

ARISTOCRATIC [ərìstəkrǽtik]   adj   **of noble birth; snobbish**   귀족으로 태어난; 신사인 체하는, 속물의

- Prince Charles is *aristocratic*. He is a member of the British *aristocracy*.
  찰스 왕자는 귀족으로 태어났다. 그는 영국 귀족의 일원이다.

- Polo, which Prince Charles enjoys, is often said to be an *aristocratic* sport because it is typically played by privileged people.
  찰스 왕자가 즐기는 폴로 경기는 귀족적인 스포츠라는 말을 자주 듣는다. 일반적으로 특권 계층의 사람들이 주로 폴로 경기를 하기 때문이다.

It is possible to be an *aristocrat* [ərístəkræt] without being rich, although *aristocrats* tend to be quite wealthy. There is nothing you can do to become an *aristocrat*, short of being born into a family of them.
비록 aristocrat(귀족)들이 일반적으로 상당히 부자이지만, 부자가 아닌 aristocrat도 얼마든지 있을 수 있다. 귀족 가문에서 태어나지 않는 한 귀족이 되기 위하여 할 수 있는 일은 아무것도 없다(귀족은 태어나는 것이므로 후천적으로 노력해서 얻어지는 것이 아니다).

People who act as though they think they are better than everyone else are often said to be *aristocratic*. A person with an "*aristocratic* bearing" is a person who keeps his or her nose in the air and looks down on everyone else.
자신이 다른 사람들보다 우월하다고 생각하는 것처럼 행동하는 사람들을 종종 aristocratic(속물인)이라고 표현한다. aristocratic bearing(귀족적인 태도)을 가진 사람은 콧대가 서서 다른 사람들을 무시하는 사람을 일컫는다.

ARTFUL [áːrtfəl]   adj   **crafty; wily; sly**   교활한; 꾀가 많은; 음흉한

- After dinner, the *artful* counselor told the campers that there was a madman loose in the woods, thus causing them to lie quietly in the tent.
  저녁 식사 후에, 약삭빠른 야영지 지도원은 숲에 미친 사람이 돌아다니고 있다고 야영자들에게 일러 주었다. 그렇게 해서 사람들이 텐트에서 얌전하게 있도록 만들었다.

The *Artful* Dodger is a sly con man in Charles Dickens's *Oliver Twist*.
Artful Dodger(아트풀 다저)는 찰스 디킨즈의 소설 '올리버 트위스트'에 나오는 교활한 사기꾼이다.

Someone who is *artless*, on the other hand, is simple and honest. Young children are charmingly *artless*.
반대로 artless(교활함이 없는)인 사람은 소박하고 정직한 사람이다. 어린아이들은 귀여울 정도로 artless라고 할 수 있다.

ARTIFICE [ά:rtəfis] n **a clever trick; cunning** 교활한 책략; 잔꾀

- The Trojan Horse was an *artifice* designed to get the soldiers inside the walls.
  트로이의 목마는 군인들을 성 내부로 잠입시키기 위해 고안된 술책이었다.

- Mrs. Baker had to resort to *artifice* to get her children to take their medicine: she told them that it tasted like chocolate syrup.
  베이커 여사는 아이들에게 약을 먹이려면 달갑지 않은 잔꾀를 써야만 했다. 그녀는 아이들에게 약이 초콜릿 시럽 같은 맛이 난다고 말했다.

▸ artifice와 artificial(인위적인, 거짓의)은 서로 관계있는 단어이다.

ASCENDANCY [əséndənsi] n **supremacy; domination** 우위, 우월; 지배(권), 주도(권)

- Handheld gadgets have been in *ascendancy* for the past few years.
  손으로 들 수 있는 기기들이 지난 몇 년간 주도권을 잡아 왔다.

- The *ascendancy* of the new regime had been a great boon for the economy of the tiny tropical kingdom.
  새로 정권을 잡은 지배 세력은 열대 지역에 위치한 작은 왕국의 경제를 크게 호전시켰다.

▸ 형용사형은 ascendant(우세한)이다.

ASCETIC [əsétik] adj **hermitlike; practicing self-denial** 수도자 같은; 금욕을 실천하는

- The college student's apartment, which contained no furniture except a single tattered mattress, was uncomfortably *ascetic*.
  유일한 낡은 매트리스를 제외하면 가구라고는 없는 대학생의 아파트는 살기 불편한 금욕주의자의 집 같았다.

- In his effort to save money, Roy led an *ascetic* existence: he never went out, never ate anything but soup, and never had any fun.
  돈을 모으기 위해 로이는 금욕적인 생활을 했다. 그는 결코 외출하지 않았으며, 스프 외에는 결코 먹지 않았고, 결코 어떤 놀이도 즐기는 법이 없었다.

Ascetic can also be a noun. A person who leads an *ascetic* existence is an *ascetic*. An *ascetic* is someone who practices *asceticism*.
ascetic은 명사로도 쓰인다. 금욕적인 생활을 영위하는 '금욕주의자'를 ascetic이라고 한다. 금욕주의란 asceticism(금욕주의)을 실천하는 사람이다.

A similar-sounding word with a very different meaning is *aesthetic* [esθétik]. Don't be confused.
비슷하게 들리지만 아주 다른 뜻을 가진 단어로 aesthetic(심미적인)이 있다. 혼동하지 말 것.

ASSIDUOUS [əsídʒuəs] adj **hardworking; busy; quite diligent** 근면한; 바쁜; 아주 부지런한

- The workmen were *assiduous* in their effort to get nothing done; instead of working, they drank coffee all day long.
  일꾼들은 아무것도 하지 않고 시간을 보내는 일에만 열중하느라 바빴다. 그들은 일은 하지 않고 하루 종일 커피만 마셔댔다.

- Wendell was the only *assiduous* student in the entire math class; all the other students tried to copy their homework from him.
  웬델은 전체 수학반 학생들 중에서 유일하게 부지런한 학생이었다. 다른 학생들은 모두 그에게 숙제를 빌려 베끼려고 노력했다.

Match each word in the first column with its definition in the second column. Check your answers in the back of the book.

1. archetype	a. passionate
2. ardent	b. of noble birth
3. arduous	c. supremacy
4. aristocratic	d. hardworking
5. artful	e. difficult
6. artifice	f. trickery
7. ascendancy	g. hermitlike
8. ascetic	h. crafty
9. assiduous	i. original model

ASSIMILATE [əsíməlèit] v to take in; to absorb; to learn thoroughly
섭취하다; 흡수하다; 철저하게 배우다

To *assimilate* an idea is to take it in as thoroughly as if you had eaten it. (Your body *assimilates* nutrients from the food you eat.) To *assimilate* knowledge is to absorb it, to let it soak in. People can be *assimilated*, too.

아이디어를 assimilate하는 것은 마치 그 아이디어를 먹어 버린 듯 철저하게 자신의 것으로 이해한다는 뜻이다. (우리의 몸은 먹은 음식물에서 영양분을 흡수한다.) 지식을 assimilate하는 것은 지식을 빨아들이는 것, 즉 지식을 흡수하는 것이다. 사람들도 역시 assimilated(동화된)될 수 있다.

- Margaret didn't have any friends when she first went to the new school, but she was gradually *assimilated*—she became part of the new community. When she was chosen for the cheerleading squad, her *assimilation* was complete.

  마가렛은 새로운 학교에 처음 갔을 때 친구가 전혀 없었다. 그러나 그녀는 차츰 동화되어 갔다. 그녀는 새로운 공동체의 일원이 되었다. 치어리더 팀에 뽑히게 되면서, 그녀의 새로운 학교에 대한 융화는 완전하게 이루어졌다.

ASSUAGE [əswéidʒ] v to soothe; to pacify; to ease the pain of; to relieve
달래다; 진정시키다; 고통을 누그러뜨리다; 덜어 주다

▶ 발음에 주의할 것.

- Beth was extremely angry, but I *assuaged* her by promising to leave the house and never return.

  베스는 아주 많이 화가 났다. 그러나 내가 집을 떠나서 다시는 돌아오지 않겠다고 약속을 하자 그녀는 진정되었다.

- The thunderstorm made the baby cry, but I *assuaged* her fears by singing her a lullaby.

  아기는 번개와 폭우 소리에 울기 시작했다. 나는 자장가를 불러 주어 아기의 두려움을 달래 주었다.

ASTUTE [əstjúːt] adj shrewd; keen in judgment   기민한; 판단력이 예리한

- Morris was an *astute* judge of character; he was very good at seeing what people are really like despite what they pretended to be.

  모리스는 사람들의 성격을 판단하는 데 날카로웠다. 그는 사람들이 가장을 하고 있어도 아주 능숙하게 실체를 파악했다.

- Yael notices everything important and many things that other people don't see; he is an *astute* observer.

  아엘은 다른 사람이 보지 못하는 많은 것들과 진짜로 중요한 것들을 인지할 수 있는 능력이 있다. 그는 예리한 관찰자이다.

ATHEIST [éiθiist] n **one who does not believe in the existence of any god or divine being**
어떤 신이나 신적 존재에 대한 믿음이 없는 사람

- Hadley had always imagined a big religious wedding, but Emma, a lifelong *atheist*, preferred a Vegas elopement.
  해들리는 성대한 종교적 결혼식을 꿈꿔왔지만 엠마는 평생 무신론자로, 라스베이거스로 날아가는 것을 선호했다.

The noun form is *atheism*. *Atheism* is often confused with *agnosticism*, but the two are not the same.
또 다른 명사형은 atheism(무신론)이다. Atheism을 agnosticism(불가지론)과 자주 혼동하는데, 이 둘은 서로 다르다.

ATTRITION [ətríʃən] n **gradual wearing away, weakening, or loss; a natural or expected decrease in numbers or size**
점차로 닳거나, 약해지거나, 없어지는 것(마모); 크기나 수량의 자연적 감소나 예측되는 감소

- Mr. Gregory did not have the heart to fire his workers even though his company was losing millions each year. He altruistically preferred to lose workers through *attrition* when they moved away, retired, or decided to change jobs.
  비록 회사는 매년 수백만 달러씩 적자를 보고 있었지만, 그레고리 씨는 노동자들을 해고할 강심장의 소유자가 못 되었다. 이타적인 성격의 그는 직원들이 멀리 이사를 가거나 퇴직하거나 또는 이직을 결정하는 등의 자연적인 감소를 통해서만 노동자의 수를 줄여 나가기를 더 원했다.

AUDACITY [ɔːdǽsəti] n **boldness; reckless daring; impertinence** 대담함; 무모한 용기; 건방짐

- Edgar's soaring leap off the top of the building was an act of great *audacity*.
  빌딩 꼭대기에서 뛰어내린 에드가의 행동은 무모하기 짝이 없었다.

- Ivan had the *audacity* to tell that nice old lady to shut up.
  이반은 기품 있는 노부인에게 무례하게도 입 닥치라는 말을 했다.

A person with *audacity* is said to be *audacious*.
무모한 사람을 audacious(대담한)라고 표현한다.

- Bert made the *audacious* decision to climb Mt. Everest in bowling shoes.
  버트는 볼링용 신발을 신고 에베레스트 산에 올라가겠다는 무모한 결정을 내렸다.

AUGMENT [ɔːgmént] v **to make bigger; to add to; to increase** 더 크게 만들다; 늘리다; 증가하다

- The army *augmented* its attack by sending in a few thousand more soldiers.
  그 군대는 수천 명의 군인들을 더 보내 공격력을 배가시켰다.

To *augment* a record collection is to add more records to it.
레코드 수집품을 augment하는 것은 수집품에 더 많은 레코드를 더하는 것이다.

Adding another example to this definition would *augment* it. The act of *augmenting* is called *augmentation*.
이러한 정의에 또 다른 예를 첨가하는 것은 그것을 augment한다고 표현할 수 있다. 증가시키는 행위는 augmentation(증가)이라고 한다.

AUSPICIOUS [ɔːspíʃəs] adj favorable; promising; pointing to a good result
유리한; 유망한; 좋은 결과를 가리키는

- A clear sky in the morning is an *auspicious* sign on the day of a picnic.
  소풍 가는 날의 쾌청한 아침 하늘은 길조이다.

- The first quarter of the football game was not *auspicious*; the home team was outscored by thirty points.
  풋볼 경기의 첫 번째 쿼터는 순조롭지 못했다. 홈 팀은 30점이나 뒤져 있었다.

AUSTERE [ɔːstíər] adj unadorned; stern; forbidding; without excess
장식이 없는; 엄격한; 무서운; 지나침이 없는

- The Smiths' house was *austere*: there was no furniture in it, and there was nothing hanging on the walls.
  스미스네 집은 거의 꾸미지 않았다. 내부에는 가구도 없고, 벽에도 뭐 하나 걸려 있지 않았다.

- Quentin, with his *austere* personality, didn't make many friends. Most people were too intimidated by him to introduce themselves or say hello.
  엄한 성격의 소유자인 퀜틴은 많은 친구를 사귀지 못했다. 대부분의 사람들은 그에게 너무 겁을 먹어서 그에게 자신을 소개하거나 인사하려고 하지 않았다.

The noun *austerity* [ɔːstérəti] is generally used to mean roughly the same thing as poverty. To live in *austerity* is to live without comforts.
명사형 austerity는 일반적으로 '가난'과 거의 같은 것을 의미할 때 사용한다. to live in austerity는 '궁핍하게 생활하다'라는 의미이다.

- After the devastation of the war, the citizens in Austria lived in *austerity*.
  전쟁으로 파괴된 후, 오스트리아의 주민들은 궁핍 속에 살았다.

AUTOCRATIC [ɔːtəkrǽtik] adj ruling with absolute authority; extremely bossy
절대 권력으로 통치하는(독재의); 극단적으로 두목 행세하는

▶ 발음에 주의할 것.

- The ruthless dictator's *autocratic* reign ended when the rebels blew up his palace with plastic explosive.
  반란군이 가소성 폭약으로 독재자의 궁전을 폭파하자, 무자비한 독재 권력을 행사하던 정권도 마침내 막을 내렸다.

- This two-year-old can be very *autocratic*—he wants what he wants when he wants it.
  두 살짜리 아기도 매우 독재적일 수 있다. 아기는 원하는 것이 생기면 그것을 요구한다.

- No one at our office liked the *autocratic* manager. He always insisted on having his own way, and he never let anyone make a decision without consulting him.
  우리 사무실 사람들은 누구도 독단적인 부장을 좋아하지 않았다. 그는 항상 자기 방식만을 고집했으며, 자신의 의견을 듣지 않고는 어느 누구도 마음대로 의사 결정을 할 수 없도록 했다.

An *autocrat* is an absolute ruler. *Autocracy* [ɔːtákrəsi], a system of government headed by an *autocrat*, is not democratic—the people don't get a say.
autocrat는 '절대 군주', '독재자'이다. 독재자를 수반으로 하는 정부 체계인 autocracy(독재주의 국가)는 민주적이지 않아서 국민은 한마디도 할 수 없다.

Match each word in the first column with its definition in the second column. Check your answers in the back of the book.

1. assimilate		a.	shrewd
2. assuage		b.	boldness
3. astute		c.	favorable
4. attrition		d.	make bigger
5. audacity		e.	soothe
6. augment		f.	extremely bossy
7. auspicious		g.	absorb
8. austere		h.	unadorned
9. autocratic		i.	gradual wearing away

AUTONOMOUS [ɔːtánəməs] adj acting independently 독립적으로 행동하는

- The West Coast office of the law firm was quite *autonomous*; it never asked the East Coast office for permission before it did anything.

  그 법률 회사의 태평양 연안 사무소는 상당히 자율적으로 운영되었다. 어떤 일을 하기 전에 동부 사무소의 인가를 요구하는 일은 결코 없었다.

An *autonomous* nation is one that is independent—it governs itself. It is said to have *autonomy*.

autonomous nation은 독립적인 자치권을 가진 '자치 국가'이다. 그 나라는 타국의 지배를 받지 않는다. 그것을 '자치권'이라고 부른다.

To act *autonomously* is to act on your own authority. If something happens *autonomously*, it happens all by itself.

to act autonomously는 '자신의 재량권에 따라 행동하다'라는 뜻이다. 어떤 일이 독립적으로(autonomously) 발생한다면, 그것은 사건이 다른 것의 개입 없이 저절로 일어난다는 의미이다.

AVARICE [ǽvəris] n greed; excessive love of riches 탐욕; 재물에 대한 과도한 애착

- The rich man's *avarice* was annoying to everyone who wanted to lay hands on his money.

  그 갑부의 탐욕은 그의 재산에 손을 대려던 모든 사람들에게는 성가신 것이었다.

▸ avarice의 반의어는 generosity(너그러움), philanthropy(자선 활동)이다.

To be *avaricious* is to love wealth above all else and not to share it with other people.

avaricious는 다른 어느 것보다도 우선하여 부를 사랑하며 다른 사람들과 그 부를 나누려 하지 않는, 즉 탐욕스러운의 뜻이다.

AVOW [əváu] v to claim; to declare boldly; to admit 주장하다; 대담하게 선언하다; 인정하다

- At the age of twenty-five, Louis finally *avowed* that he couldn't stand his mother's apple pie.

  스물다섯 살이 되어서야 비로소 루이스는 어머니가 만든 사파파이는 도저히 참을 수 없노라고 고백했다.

To *avow* something is to declare or admit something that most people are reluctant to declare or admit.

avow는 대부분의 사람들이 공언하거나 인정하기를 주저하는 것을 '선언하다' 또는 '인정하다'의 뜻이다.

- Mr. Smith *avowed* on television that he had never paid any income tax. Shortly after this *avowal*, he received a lengthy letter from the Internal Revenue Service.

  스미스 씨는 한 번도 소득세를 낸 적이 없었다고 텔레비전에 나와 고백했다. 그의 고백 후 얼마 지나지 않아 그는 국세청으로부터 장문의 편지를 받았다.

An *avowed* criminal is one who admits he is a criminal. To *disavow* is to deny or repudiate someone else's claim.

avowed criminal은 '자신이 범인임을 인정하는 사람'이다. disavow는 다른 누군가의 주장을 '거부하다' 또는 '부인하다'의 뜻이다.

- The mayor *disavowed* the allegation that he had embezzled campaign contributions.

  시장은 선거운동 기부금을 착복했다는 세간의 주장을 부인했다.

AVUNCULAR [əvʌ́ŋkjulər] adj like an uncle, especially a nice uncle 삼촌 같은, 특히 좋은 삼촌 같은

▶ 발음에 주의할 것.

What's an uncle like? Kind, helpful, generous, understanding, and so on, in an uncle-y sort of way. This is a fun word to use, although it's usually hard to find occasions to use it.

삼촌은 어떤 사람일까? 친절하고 도움을 주고 관대하고 이해심 있는 등 삼촌이라는 어감이 주는 그런 종류의 것들을 가진 사람이다. 일상에서 이 단어를 사용하는 경우를 찾기는 힘들지만, 그래도 재미있게 사용할 수 있는 단어이다.

- Professor Zia often gave us *avuncular* advice; he took a real interest in our education and helped us with other problems that weren't related to multidimensional calculus.

  지아 교수님은 우리에게 삼촌 같은 충고를 자주 해 주었다. 그는 우리의 교육에 정말 관심을 가졌고 다차원 미적분학과 관계없는 다른 문제들에도 도움을 주었다.

AWRY [əráɪ] adj off course; twisted to one side 진로를 벗어난; 한쪽으로 꼬여 있는

- The hunter's bullet went *awry*. Instead of hitting the bear, it hit his truck.

  사냥꾼의 총알은 빗나갔다. 총알은 곰을 맞추지 못하고, 대신 그의 트럭을 맞추었다.

- When we couldn't find a restaurant, our dinner plans went *awry*.

  레스토랑을 찾을 수 없었기 때문에 우리의 저녁 식사 계획은 빗나갔다.

- The old woman's hat was *awry*; it had dipped in front of her left eye.

  노부인의 모자는 비뚜름했다. 모자는 왼쪽 눈앞까지 기울어져 있었다.

AXIOM [ǽksiəm] n a self-evident rule or truth; a widely accepted saying
자명한 원리 또는 진실; 널리 받아들여지는 격언

"Everything that is living dies" is an *axiom*.

"살아 있는 생명체는 모두 죽게 되어 있다"는 말은 axiom(자명한 원리)이다.

An *axiom* in geometry is a rule that doesn't have to be proved because its truth is accepted as obvious, self-evident, or unprovable.

기하학에서의 axiom은 진실 여부가 명백하고 자명하거나 증명이 불가능한 것으로 이미 인정되어서 증명할 필요가 없는 법칙이다.

Match each word in the first column with its definition in the second column. Check your answers in the back of the book.

1. autonomous	a. greed
2. avarice	b. like an uncle
3. avow	c. self-evident truth
4. avuncular	d. acting independently
5. awry	e. claim
6. axiom	f. off course

B

BANAL [bənáːl/béinl]　adj　**unoriginal; ordinary**　독창적이지 못한; 평범한

- The dinner conversation was so *banal* that Amanda fell asleep in her dessert dish.
  만찬석의 대화는 너무나 진부해서 아만다는 디저트를 먹다가 잠이 들었다.

A *banal* statement is a boring, trite, and uncreative statement. It is a *banality*.
banal statement는 지루하고 진부하며 창의적이지 못한 진술이다. 그것은 banality(진부한 말)이다.

- What made Yu fall asleep was the *banality* of the dinner conversation.
  유를 잠들게 만든 것은 만찬 중에 있었던 대화의 진부함이었다.

BANE [bein]　n　**poison; torment; cause of harm**　독; 고통의 원인; 손상의 원인

Bane means poison (wolfbane is a kind of poisonous plant), but the word is usually used figuratively. To say that someone is the *bane* of your existence is to say that that person poisons your enjoyment of life.
bane은 '독'을 의미한다(wolfbane(바꽃)은 독성이 있는 식물 종류이다). 그러나 이 단어는 대개 비유적인 의미로 사용한다. 어떤 사람을 가리켜 여러분에게 bane(독소 혹은 암적인 존재)이라고 하면 그 사람이 여러분의 유쾌한 생활에 해를 끼친다는 뜻이다.

▶ 형용사형 baneful은 '해롭다' 라는 뜻이다.

BASTION [bǽstʃən]　n　**stronghold; fortress; fortified place**　성채; 요새; 견고하게 보강한 장소

- Mrs. Garnett's classroom is a *bastion* of banality; that is, it's a place where originality seldom, if ever, makes its way inside.
  가네트 여사의 교실은 진부함의 요새이다. 즉, 독창성이라곤 거의 발을 붙이지 못하는 곳이라는 뜻이다.

- The robbers terrorized the village for several weeks and then escaped to their *bastion* high in the treacherous mountains.
  강도들은 수 주일 동안 마을을 공포의 도가니로 몰아넣고 나서 위험한 산 속에 높이 있는 요새로 도망쳐 버렸다.

BEGET [bigét]　v　**to give birth to; to create; to lead to; to cause**　자식을 낳다; 창조하다; 초래하다; 일으키다

- Those who lie should be creative and have good memories, because one lie often *begets* another lie, which *begets* another.
  거짓말하는 사람들은 창의적이고 기억력이 좋아야만 한다. 왜냐하면 하나의 거짓말은 흔히 또 다른 거짓말을 낳고, 그것은 다시 또 다른 거짓말을 낳기 때문이다.

BELABOR [biléibər] v to go over repeatedly or to an absurd extent
반복하거나 불합리한 정도까지 되풀이하다

- For more than an hour, the boring speaker *belabored* her point about the challenge of foreign competition.

  외부 경쟁상대의 도전에 대하여 따분한 연사는 자신의 입장을 한 시간 이상 계속 되풀이해서 말했다.

- Mr. Irving spent the entire period *belaboring* the obvious; he made the same dumb observation over and over again.

  어빙 씨는 명백한 사실을 여러 번 되풀이하느라 모든 시간을 다 허비했다. 그는 같은 어리석은 주장을 여러 번 반복했다.

BELEAGUER [bilí:gər] v to surround; to besiege; to harass   둘러싸다; 포위 공격하다; 괴롭히다

- No one could leave the *beleaguered* city; the attacking army had closed off all the exits.

  누구도 포위된 도시를 떠날 수가 없었다. 공격군이 모든 출구를 봉쇄했다.

- Oscar felt *beleaguered* at work. He was months behind in his assignments, and he had little hope of catching up.

  오스카는 자신이 일에 포위되었다는 느낌을 받았다. 몇 달 간의 업무가 밀려 있었지만, 따라잡을 가망성은 거의 없었다.

- The *beleaguered* executive seldom emerged from his office as he struggled to deal with the growing scandal.

  점점 불거지고 있는 스캔들 처리에 고심 중인 간부는 사무실 바깥으로는 거의 모습을 드러내지 않았다.

BELIE [bilái] v to give a false impression of; to contradict   그릇된 인상을 주다; 모순되다

- Melvin's smile *belied* the grief he was feeling; despite his happy expression he was terribly sad inside.

  멜빈의 미소는 그가 느끼고 있는 슬픔과는 모순되었다. 행복한 듯한 표정에도 불구하고, 그의 마음은 몹시도 슬펐다.

- The messy appearance of the banquet table *belied* the huge effort that had gone into setting it up.

  잔칫상은 너저분하게 보여서 그것을 차리기 위해 들어간 막대한 노력을 제대로 보여주지 못했다.

A word that is sometimes confused with *belie* is betray. To rework the first example above: Melvin was smiling, but a small tear in one eye *betrayed* the grief he was feeling.

간혹 belie와 혼동되는 단어로 betray가 있다. 위의 첫 번째 예문을 고쳐 쓰면 Melvin was smiling, but a small tear in one eye betrayed the grief he was feeling(멜빈은 미소짓고 있었다. 그러나 한쪽 눈에 맺힌 작은 눈물방울이 그가 느끼고 있는 슬픔을 드러내 주었다.)이다.

BELITTLE [bilítl] v to make to seem little; to put someone down   작게 보이게 하다; 얕잡아보다

- We worked hard to put out the fire, but the fire chief *belittled* our efforts by saying she wished she had brought some marshmallows.

  우리는 화재를 진압하기 위해 열심히 일했다. 그러나 소방대장은 마시멜로를 가져와 구워 먹으면 좋았을 정도로 쉬운 일이었다며 우리의 수고를 깎아내렸다.

- The chairman's *belittling* comments made everyone feel small.

  얕보는 듯한 의장의 발언에 사람들은 모두 주눅이 들었다.

Match each word in the first column with its definition in the second column. Check your answers in the back of the book.

1. banal		a.	make to seem little
2. bane		b.	unoriginal
3. bastion		c.	go over repeatedly
4. beget		d.	stronghold
5. belabor		e.	poison
6. beleaguer		f.	give a false impression
7. belie		g.	surround
8. belittle		h.	give birth to

BELLIGERENT [bəlídʒərənt] adj combative; quarrelsome; waging war
호전적인; 싸우기 좋아하는; 전쟁 중인

- Al was so *belligerent* that the party had the feel of a boxing match.
  알이 너무나 호전적이어서 파티는 마치 권투 시합을 방불케 했다.

A bully is *belligerent*. To be *belligerent* is to push other people around, to be noisy and argumentative, to threaten other people, and generally to make a nuisance of oneself.

불량배는 belligerent(공격적인)이다. belligerent는 다른 사람을 괴롭히고, 시비를 걸어 소란을 피우거나 타인을 위협해서 대체로 남에게 폐를 끼치는 것이다.

Opposing armies in a war are referred to as *belligerents*. Sometimes one *belligerent* in a conflict is more *belligerent* than the other.

전쟁에서 서로 대립하고 있는 양쪽 군대를 belligerents(교전 당사자들)라고 한다. 전투에서는 때때로 한쪽 belligerent(교전 당사자)가 상대방보다 더 belligerent(호전적인)인 경우가 있다.

BEMUSED [bimjúːzd] adj confused; bewildered 당황한; 어리둥절한

- The two stood *bemused* in the middle of the parking lot at Disneyland, trying to remember where they had parked their car.
  두 사람은 디즈니랜드 주차장 한가운데에 어리둥절한 채로 서서 그들이 자신의 차를 주차시킨 곳을 기억하려고 애썼다.

- Ralph was *bemused* when all lights and appliances in his house began switching on and off for no apparent reason.
  집 안에 있는 모든 전등과 전기기구들이 별다른 이유 없이 켜졌다가 꺼졌다가 하는 오작동을 일으키자 랄프는 어찌할 바를 몰랐다.

To *muse* is to think about or ponder things. To be *bemused*, then, is to have been thinking about things to the point of confusion.

muse는 '생각하다' 또는 '심사숙고하다'라는 뜻이다. bemused는 혼란스러울 정도로 뭔가에 대해 생각하고 있는, 즉 '멍한'의 뜻이다.

People often use the word *bemused* when they really mean amused, but *bemusement* is no laughing matter. *Bemused* means confused.

사람들은 실제로는 '즐거워하다'는 말을 하고 싶을 때 bemused라는 단어를 자주 사용한다. 그러나 bemusement는 '곤혹함', '멍해짐'의 뜻으로 즐거운 일과는 거리가 멀다. bemused는 '어리둥절한'이라는 뜻이다.

BENEFACTOR [bénəfæktər] n **one who provides help, especially in the form of a gift or donation** 특히 선물이나 기부금의 형태로 은혜를 베푸는 사람

To give benefits is to be a *benefactor*. To receive benefits is to be a *beneficiary*. People very, very often confuse these two words. It would be to their benefit to keep them straight.

은혜를 베푸는 것은 benefactor(후원자)가 되는 것이다. 도움을 받는 것은 beneficiary(수혜자)가 되는 것이다. 사람들은 이 두 단어를 너무나 자주 혼동한다. 이 두 단어를 정확히 해두는 것이 유익할 것이다.

If your next-door neighbor rewrites his life insurance policy so that you will receive all his millions when he dies, then you become the *beneficiary* of the policy. If your neighbor dies, he is your *benefactor*.

이웃집 사람이 자신의 생명 보험 증권을 고쳐 써서 그가 사망한 후에 수백만 달러의 보험금을 당신이 받을 수 있도록 한다면, 당신은 그 보험의 beneficiary(수혜자)가 되는 것이다. 당신의 이웃이 죽는다면, 그 이웃은 당신에게 benefactor(증여자)가 되는 것이다.

A *malefactor* [mǽləfæktər] is a person who does bad things.

malefactor는 나쁜 일을 하는 악인이다.

- Batman and Robin made life hell for *malefactors* in Gotham City.

  배트맨과 로빈은 고담 시에 있는 악당들의 삶을 지옥으로 만들었다.

Remember Maleficent, Sleeping Beauty's evil nemesis? Her name is a variation of this idea.

'잠자는 숲 속의 공주'의 마녀 맬리피슨트(Maleficent)를 기억하는가? 그녀의 이름이 malefactor의 변형이다.

BENEVOLENT [bənévələnt] adj **generous; kind; doing good deeds** 관대한; 친절한; 선행을 하는

Giving money to the poor is a *benevolent* act. To be *benevolent* is to bestow benefits. The United Way, like any charity, is a *benevolent* organization.

가난한 사람들에게 돈을 주는 것은 benevolent act(자애로운 행동)이다. benevolent는 '은전을 베푸는'의 뜻이다. 여느 자선 단체와 마찬가지로 유나이티드 웨이도 자선 단체이다.

Malevolent [məlévələnt] means evil, or wishing to do harm.

malevolent는 '사악한' 또는 '남에게 해를 입히고 싶어하는'의 의미이다.

BENIGN [bináin] adj **gentle; not harmful; kind; mild** 예의 바른; 해를 끼치지 않는; 친절한; 온화한

- Karla has a *benign* personality; she is not at all unpleasant to be with.

  칼라는 온화한 성격의 소유자이다. 그녀와 함께 있으면 불쾌해질 일이라곤 없다.

- The threat of revolution turned out to be *benign*; nothing much came of it.

  혁명의 위협은 온건한 결과로 나타났다. 별다른 일이 발생하지 않았다.

- Charlie was worried that he had cancer, but the lump on his leg turned out to be *benign*.

  찰리는 암에 걸렸을까 봐 걱정이 되었다. 그러나 다리의 종양은 양성으로 판명이 났다.

The difference between a *benign* person and a *benevolent* (see separate entry) one is that the *benevolent* one is actively kind and generous while the *benign* one is more passive. *Benevolence* is usually active generosity or kindness, while *benignancy* tends to mean simply not causing harm.

benign인 사람과 benevolent(자애로운, 별도의 표제어로 나와 있음)인 사람의 차이점은 전자가 소극적인 데 반해, 후자는 적극적으로 친절함과 관대함을 드러낸다는 것이다. benignancy(온정)가 단순히 남에게 해가 되지 않는다는 것을 뜻하는 경향이 있는 반면에, benevolence(자선)는 적극적인 관용이나 호의를 베푸는 것을 의미한다.

The opposite of a *benign* tumor is a *malignant* one. This is a tumor that can kill you. A *malignant* personality is one you wish a surgeon would remove. *Malignant* means nasty, evil, full of ill will. The word *malignant* also conveys a sense that evil is spreading, as with a cancer. An adjective that means the same thing is *malign*.

benign tumor(양성 종양)의 반의어는 malignant tumor(악성 종양)이다. 후자는 당신을 죽일 수도 있다. malignant personality(악성의 성격)를 가진 종양은 외과 의사가 수술로 제거해 주었으면 하고 바라는 성질의 것이다. malignant는 '심술궂거나 사악하고 악의로 가득한'을 의미한다. malignant는 또한 암의 경우처럼 나쁜 것이 퍼지고 있는'이라는 의미를 지닌다. 같은 의미의 형용사로 malign(해로운, 악의가 있는)이 있다.

As a verb, *malign* has a different meaning. To *malign* someone is to say unfairly bad things about that person, to injure that person by telling evil lies about him or her. *Slander* and *malign* are synonyms.

malign이 동사로 쓰이면 의미가 달라진다. malign은 누군가에 대해서 '부당하게 비방하다', '악의적인 거짓말로 상처를 주다'라는 의미이다. slander와 malign은 '중상하다'라는 의미에서 동의어이다.

QUICK QUIZ

Match each word in the first column with its definition in the second column. Check your answers in the back of the book.

1. belligerent		a.	intending harm
2. bemused		b.	donor
3. benefactor		c.	not harmful
4. beneficiary		d.	deadly
5. benevolent		e.	confused
6. benign		f.	generous
7. malignant		g.	combative
8. malign		h.	injure with lies
9. malevolent		i.	one who receives benefits
10. malefactor		j.	evildoer

BEQUEST [bikwést] n **something left to someone in a will** 유언으로 남긴 것(유산, 유물)

If your next-door neighbor leaves you all his millions in a will, the money is a *bequest* from him to you. It is not polite to request a *bequest*. Just keep smiling and hope for the best.

이웃 사람이 그의 전 재산인 수백만 달러를 유언으로 당신에게 남긴다면, 그 돈은 이웃 사람이 당신에게 준 bequest(유산)이다. bequest(유산)를 요구하는 것은 예의에 어긋난다. 그저 미소를 유지하며 희망을 버리지 마라.

To leave something to someone in a will is to *bequeath* it. A *bequest* is something that has been *bequeathed*.

bequeath는 '유언으로 무언가를 남기다'라는 뜻이고, bequest란 유언을 통해서 bequeathed(증여된)된 '유산'이다.

BEREAVED [birí:vd] adj **deprived or left desolate, especially through death**
특히 죽음 때문에, 홀로 남겨지거나 불행한

- The new widow was still *bereaved* when we saw her. Every time anyone mentioned her dead husband's name, she burst into tears.

  우리가 보았을 때도 그 미망인은 여전히 (남편의 죽음을) 슬퍼하고 있었다. 누군가가 죽은 남편의 이름을 언급하기라도 하면, 그녀는 언제나 눈물을 터뜨렸다.

- The children were *bereaved* by the death of their pet. Then they got a new pet.

  아이들은 애완동물의 죽음으로 상심했다. 아이들은 곧이어 다시 새 애완동물을 얻었다.

▶ bereft[biréft]는 bereaved와 같은 뜻이다.

BESET [bisét] v to harass; to surround 괴롭히다; 둘러싸다

- The bereaved widow was *beset* by grief.
  미망인은 남편을 잃은 슬픔으로 고통스러웠다.

- Problems *beset* the expedition almost from the beginning, and the mountain climbers soon returned to their base camp.
  거의 탐험 시작부터 문제가 생겨 등산가들을 괴롭혔기 때문에, 등정대원들은 곧바로 베이스캠프로 돌아왔다.

- The little town was *beset* by robberies, but the police could do nothing.
  그 작은 마을이 강도들에게 시달림을 받았지만, 경찰은 아무것도 할 수 없었다.

BLASPHEMY [blǽsfəmi] n irreverence; an insult to something held sacred; profanity 신에 대한 불경; 신성에 대한 모독; 신성 모독

In the strictest sense, to commit *blasphemy* is to say nasty, insulting things about God. The word is used more broadly, though, to cover a wide range of nasty, insulting comments.
아주 엄밀히 말하자면 to commit blasphemy는 신에 대하여 불쾌하고 모욕적인 말을 하다, 즉 '신성모독을 범하다'의 뜻이다. 그러나 이 단어는 범위를 넓혀 불쾌하고 모욕적인 말을 모두 아우르는 좀 더 넓은 의미로 사용된다.

To *blaspheme* [blæsfíːm] is to use swear words or say deeply irreverent things. A person who says such things is *blasphemous*.
blaspheme은 '욕을 하다' 또는 '아주 불경스러운 것을 말하다'라는 뜻이다. 이와 같은 말을 하는 사람을 blasphemous(불경스러운)라고 표현한다.

BLATANT [bléitənt] adj unpleasantly or offensively noisy; glaring 불쾌하거나 무례할 정도로 시끄러운; 야단스러운

- David was *blatantly* critical of our efforts; that is, he was noisy and obnoxious in making his criticisms.
  데이비드는 불쾌할 정도로 요란하게 우리의 성과를 비판했다. 다시 말해서, 그의 비판은 시끄럽고 불쾌감을 주었다.

Blatant is often confused with flagrant, since both words mean glaring. *Blatant* indicates that something was not concealed very well, whereas *flagrant* indicates that something was intentional. A *blatant* act is usually also a *flagrant* one, but a *flagrant* act isn't necessarily *blatant*.
blatant와 flagrant는 둘 다 '노골적인'의 의미이기 때문에 자주 혼동되는 단어이다. blatant는 잘 숨겨지지 않는 것을 가리키는 반면 flagrant는 의도적인 것을 가리킨다. blatant act는 대개 flagrant act(악명을 떨치는 행동)이기도 하다. 그러나 flagrant act가 반드시 blatant act가 되는 것은 아니다.

▶ flagrant(악명 높은)를 참조할 것.

QUICK QUIZ

Match each word in the first column with its definition in the second column. Check your answers in the back of the book.

1. bequest		a.	left desolate
2. bequeath		b.	something left in a will
3. bereaved		c.	harass
4. beset		d.	offensively noisy
5. blasphemy		e.	leaving in a will
6. blatant		f.	irreverence

BLIGHT [bláit] n a disease in plants; anything that injures or destroys
식물에 나타나는 질병; 상처를 입히거나 파괴하는 것

- An early frost proved a *blight* to the citrus crops last year, so we had no orange juice for breakfast.
  이른 서리가 지난해 감귤 농사를 망치게 했다. 그래서 우리에겐 아침 식사에 마실 오렌지 주스가 남아 있지 않았다.

BLITHE [blɑið] adj carefree; cheerful 걱정이 없는; 즐거운

▸ 발음에 주의할 것.

- The *blithe* birds in the garden were making so much noise that Jamilla began to think about the shotgun in the attic.
  정원의 새들은 즐거운 듯 노래하지만 하도 시끄러워서 자밀라는 다락방에 있는 새총으로 쏘아 버릴까 하고 생각했다.

- The children were playing *blithely* next to the hazardous-waste dump. While they played, they were *blithely* unaware that they were doing something dangerous.
  아이들은 위험한 폐기물 더미 옆에서 즐겁게 놀고 있었다. 아이들은 노는 동안에는 태평스럽게도 자신들이 위험한 짓을 하고 있다는 인식조차 없었다.

To be *blithely* ignorant is to be happily unaware.
부사형은 blithely로, blithely ignorant는 태평스럽게 모르고 있는'의 의미이다.

BOURGEOIS [buərʒwá:] adj middle class, usually in a pejorative sense; boringly conventional 대개 경멸하는 의미로 중산층의; 따분하고 틀에 박힌

▸ 발음에 주의할 것.

The original *bourgeoisie* [bùərʒwɑːzí:] were simply people who lived in cities, an innovation at the time. They weren't farmers and they weren't nobles. They were members of a new class—the middle class. Now the word is used mostly in making fun of or sneering at people who think about nothing but their possessions and conforming with other people who like them.
원래 bourgeoisie라는 단어는 단순히 도시에 살고 있는, 그 시대에는 혁신적이었던 사람들을 일컫는 말이었다. 그들은 농부도 아니고 귀족도 아니었다. 그들은 새로 등장한 중간 계층이었던 것이다. 오늘날 이 단어는 자신의 소유물 외에는 아무런 관심도 없는 사람들, 또 그들을 좋아하는 사람들과의 교류만 생각하는 사람들을 놀리거나 비꼬아 말할 때 주로 사용한다.

A hip young city dweller might reject life in the suburbs as being too *bourgeois*. A person whose dream is to have a swimming pool in his or her backyard might be called *bourgeois* by someone who thinks there are more important things in life. Golf is often referred to as a *bourgeois* sport.
세련된 젊은 도시 사람은 도시 근교에서 사는 것을 지나치게 bourgeois(속물적인)라고 거부할 수도 있다. 인생에는 더 중요한 것이 있다고 생각하는 사람들은 수영장이 있는 마당을 갖고 싶어하는 꿈을 지닌 사람을 bourgeois(속물)라고 부를지도 모른다. 골프는 종종 bourgeois sport(돈 많은 속물들의 스포츠)라는 말을 듣는다.

BOVINE [bóuvɑin] adj cow related; cowlike 소와 관련된; 소 같은, 둔한

- Cows are *bovine*, obviously. Eating grass is a *bovine* concern.
  암소는 분명 소과의 동물이다. 풀을 먹는 것이 소과 동물의 일이다.

There are a number of similar words based on other animals:
비슷한 방식으로 동물에 의거해서 만들어진 단어들은 많이 있다.

canine [kéinɑin] dogs 개 같은, 송곳니
equine [íːkwɑin] horses 말 같은
feline [fíːlɑin] cats 고양이 같은, 교활한, 음흉한
piscine [páisiːn] fish 어류의
porcine [pɔ́ːrsɑin] pigs 돼지의, 불결한, 주접스러운
ursine [áːrsɑin] bears 곰 같은, 강모에 덮인

BREVITY [brévəti] n **briefness** 간결함

- The audience was deeply grateful for the *brevity* of the after-dinner speaker's remarks.

  참석자들은 식사 후의 연설을 간결하게 끝낸 것에 대해서 대단히 감사해했다.

- The reader of this book may be grateful for the *brevity* of this example.

  이 책의 독자들은 짧은 예문에 고마워할 것이다.

Brevity is related to the word *abbreviate*.

brevity는 abbreviate(줄여 쓰다, 생략하다)라는 단어와 관계가 있다.

BROACH [broutʃ] v **to open up a subject for discussion, often a delicate subject**
토론의 주제, 종종 민감한 주제를 내놓다

- Henrietta was proud of her new dress, so no one knew how to *broach* the subject with her of how silly grandmothers look in leather.

  헨리에타는 새 옷을 자랑하고 다녔다. 그래서 할머니들이 가죽옷을 입는 것이 얼마나 주책없이 보이는지에 대해서 그녀에게 어떻게 얘기를 해야 할지 아무도 알지 못했다.

BUCOLIC [bju:kálik] adj **charmingly rural; rustic; countrylike** 매혹적으로 목가적인; 시골의; 촌스러운

- The changing of the autumn leaves, old stone walls, distant views, and horses grazing in green meadows are examples of *bucolic* splendor.

  형형색색의 가을 낙엽과 낡은 돌담과 멀리 펼쳐진 전망, 푸른 초원에서 풀을 뜯고 있는 말 등은 아름다운 전원 풍경의 전형적인 예이다.

- The *bucolic* scene didn't do much for the city child, who preferred screaming fire engines and honking horns to the sounds of a babbling brook.

  졸졸 흐르는 개울 소리보다 자동차의 경적 소리나 소방차의 사이렌 소리를 더 좋아하는 그 도시 아이에게 시골 풍경은 별 의미가 없었다.

BUREAUCRACY [bjuərákrəsi] n **a system of government administration consisting of numerous bureaus or offices, especially one run according to inflexible and inefficient rules; any large administrative system characterized by inefficiency, lots of rules, and red tape**
수많은 국이나 부로 구성된 정부의 행정 체계, 특히 융통성이 없고 비효율적인 규정에 의해서 운영되는 것; 비능률·수많은 규제·형식주의로 대변되는 대규모의 행정 체계

- The Department of Motor Vehicles is a *bureaucracy*. The forms you have to fill out all request unnecessary information. After you finally get everything all filled out and handed in, you don't hear another word from the department for many months.

  자동차국은 관료 조직이다. 당신이 작성해야 하는 서류는 모두 필요도 없는 정보를 요구하고 있다. 당신이 마침내 모든 서류를 작성해서 제출하고 나면, 수 개월이 지나도록 감감무소식일 뿐이다.

The people who work in a *bureaucracy* are called *bureaucrats*. These people and the inefficient procedures they follow might be called *bureaucratic*. Administrative systems outside the government can be *bureaucratic*, too. A high school principal who requires teachers and students to fill out forms for everything might be called *bureaucratic*.

bureaucracy(관료 조직)에서 일하는 사람들을 bureaucrats(관료)라고 한다. 이러한 관료와 그들이 따르는 비효율적인 절차를 bureaucratic (관료적인)이라 한다. 정부 외에 다른 행정 조직들도 또한 bureaucratic일 수 있다. 매사에 선생과 학생들에게 서식을 작성할 것을 요구하는 고등학교 교장도 또한 bureaucratic이라고 말할 수 있다.

BURGEON [bə́:rdʒən] v to expand; to flourish 확장하다; 번창하다

▶ 발음에 주의할 것.

- The *burgeoning* weeds in our yard soon overwhelmed the grass.
  우리 마당에서 무성하게 자라고 있던 잡초는 곧 잔디밭을 점령했다.

BURLESQUE [bə:rlésk] n a ludicrous, mocking, lewd imitation
우스꽝스럽거나 조롱하는, 또는 선정적인 흉내

- Vaudeville actors frequently performed *burlesque* works on the stage.
  희극 배우들은 익살스러운 연극을 무대에 자주 올렸다.

Burlesque, parody, lampoon, and *caricature* share similar meanings.
burlesque(익살극), parody(풍자극), lampoon(풍자시), caricature(캐리커처) 등은 비슷한 의미를 같이 갖고 있다.

QUICK QUIZ

Match each word in the first column with its definition in the second column. Check your answers in the back of the book.

1. blight	a. flourish
2. blithe	b. bearlike
3. bourgeois	c. carefree
4. bovine	d. catlike
5. canine	e. cowlike
6. feline	f. charmingly rural
7. equine	g. middle class
8. piscine	h. horselike
9. porcine	i. briefness
10. ursine	j. piglike
11. brevity	k. inflexible administration
12. broach	l. fishlike
13. bucolic	m. doglike
14. bureaucracy	n. plant disease
15. burgeon	o. open a subject
16. burlesque	p. ludicrous imitation

C

CACOPHONY [kəkάfəni]　n　**harsh-sounding mixture of words, voices, or sounds**
귀에 거슬리는 말이나 목소리, 소리 등의 혼합(불협화음)

- The parade's two marching bands played simultaneously; the resulting *cacophony* drove many spectators to tears.
  퍼레이드의 두 밴드는 동시에 음악을 연주했다. 결과적으로 불협화음은 많은 구경꾼들을 한탄을 몰고 왔다.

A *cacophony* isn't just a lot of noise—it's a lot of noise that doesn't sound good together. A steam whistle blowing isn't a *cacophony*. But a high school orchestra that had never rehearsed together might very well produce a *cacophony*. The roar of engines, horns, and sirens arising from a busy city street would be a *cacophony*. A lot of people all shouting at once would produce a *cacophony*.
cacophony는 단순히 수많은 소음의 혼합은 아니다. 모여서 좋은 소리를 내지 못하는 소음의 혼합일 뿐이다. 기적 소리는 cacophony(불협화음)가 아니다. 그러나 모여서 한 번도 예행연습을 하지 못했던 고등학교 오케스트라가 cacophony를 내는 것은 어쩌면 당연한 일이다. 혼잡한 도시의 거리에서 발생하는 엔진의 굉음소리, 경적, 사이렌 소리는 cacophony일 것이다. 많은 사람들이 동시에 소리를 지른다면 cacophony가 만들어질 것이다.

▸ euphony는 '듣기 좋은 음조'라는 뜻으로, cacophony의 반의어이다.

CADENCE [kéidns]　n　**rhythm; the rise and fall of sounds**　운율; 음의 오르내림, 억양

- We wished the tone of Irwin's words would have a more pleasing *cadence*, but he spoke in a dull monotone.
  어윈이 말투에 좀 더 기분 좋은 어조를 띠면서 했으면 좋았을 텐데, 그러나 그는 단조롭고 지루한 어조로 말을 했다.

CAJOLE [kədʒóul]　v　**to persuade someone to do something he or she doesn't want to do**
하기 싫어하는 일을 설득하여 하게 만들다

- I didn't want to give the speech, but Enrique *cajoled* me into doing it by telling me what a good speaker I am. As it turned out, he simply hadn't been able to find anyone else.
  나는 연설을 하고 싶지 않았다. 그러나 엔리케는 나를 훌륭한 연설가라고 부추기고 설득해서 연설을 하도록 만들었다. 나중에 드러난 바에 따르면, 그는 단지 (연설을 할 만한) 다른 사람을 찾을 수 없었기 때문에 나에게 그렇게 한 것이었다.

CALLOW [kǽlou]　adj　**immature**　미숙한

- The patient was alarmed by the *callowness* of the medical staff. The doctors looked too young to have graduated from high school, much less from medical school.
  그 환자는 의료진이 미숙해 보이는 것에 놀랐다. 의사들은 의과 대학원은커녕 고등학교나 제대로 졸업했나 싶게 어려 보였던 것이다.

To be *callow* is to be youthfully naive, inexperienced, and unsophisticated.
callow는 '어리기 때문에 순진하고 경험과 지식이 부족한'의 뜻이다.

CANDOR [kǽndər] n **truthfulness; sincere honesty** 정직; 진심 어린 정직함

- My best friend exhibited *candor* when he told me that for many years now he has believed me to be a jerk.

  나의 가장 친한 친구는 지난 수년 동안, 나를 세상 물정 모르는 바보라고 생각하고 있었다고 아주 정직하게 말해 주었다.

- Teddy appreciated Ross's *candor*; Teddy was glad to know that Ross thought Teddy's sideburns looked stupid.

  테디는 로스의 정직함을 고맙게 생각했다. 테디는 자신의 구레나룻이 바보처럼 보인다는 로스의 생각을 알게 돼서 기뻤다.

To show *candor* is to be *candid*. What is *candid* about candid photos? The photos are *candid* because they are truthful in showing what people do. *Candid* does *not* mean concealed or hidden, even though the camera on the old television show "Candid Camera" was concealed. To be *candid* is to speak frankly.

candor(정직함)를 보이는 것은 candid(솔직한)인 것이다. 캔디드 포토에서 무엇이 candid(솔직한)일까? 사람들이 하는 행동을 숨김없이 보여주기 때문에 사진들은 candid(솔직한)인 것이다. 비록 옛날 TV 쇼의 '몰래카메라'에서 카메라 자체는 숨기고 촬영하는 것이지만, candid는 숨겨지거나 감추어진 것을 의미하지는 않는다. candid는 '솔직하게 말하는'의 뜻이다.

CAPITALISM [kǽpətəlìzm] n **an economic system in which businesses are owned by private citizens (not by the government) and in which the resulting products and services are sold with relatively little government control**
기업체를 (정부가 아니라) 사적 개인이 소유하고, 생산된 재화와 용역을 비교적 정부의 간섭 없이 판매하는 경제체제, 자본주의

The American economy is *capitalist*. If you wanted to start a company to sell signed photographs of yourself, you could. You, and not the government, would decide how much you would charge for the pictures. Your success or failure would depend on how many people decided to buy your pictures.

미국 경제는 capitalist(자본주의적인)이다. 만약 당신이 자신의 사인이 담긴 사진을 판매하는 회사를 설립하고자 한다면 언제라도 할 수 있다. 정부가 아니라 바로 당신이 그 사진의 가격을 결정하게 된다. 당신이 성공하느냐 실패하느냐는 얼마나 많은 사람들이 당신의 사진을 사는가에 달려 있다.

CAPITULATE [kəpítʃulèit] v **to surrender; to give up or give in** 항복하다; 양보하거나 굴복하다

- On the twentieth day of the strike, the workers *capitulated* and went back to work without a new contract.

  파업이 20일째로 접어들자 노동자들은 파업을 포기하고 새로운 합의도 없이 업무에 복귀했다.

- So few students paid attention to Mr. Hernandez that he had to *recapitulate* his major points at the end of the class.

  헤르난데스 선생님의 수업을 주목하고 있는 학생들은 거의 없었기 때문에, 선생님은 수업 말미에 중요한 것들을 다시 요약해 주어야만 했다.

To *recapitulate* is not to *capitulate* again. To *recapitulate* is to summarize.

recapitulate하는 것은 다시 항복하다'의 뜻이 아니라 '요약하다'라는 의미이다.

CAPRICIOUS [kəpríʃəs] adj **unpredictable; likely to change at any moment**
예측 불가능한; 언제라도 변할 가능성이 있는

▶ 발음에 주의할 것.

- Arjun was *capricious*. One minute he said his favorite car was a Volkswagen; the next minute he said it was a Toyota.

  아르준은 변덕스러웠다. 한번은 자신이 좋아하는 차는 폭스바겐이라고 하더니 바로 돌아서서는 토요타가 좋다고 말했다.

- The weather is often said to be *capricious*. One minute it's snowing; the next minute it's 120 degrees in the shade.

  날씨는 종종 예측 불가능하다는 말을 듣는다. 한순간 눈이 내리다가도, 다음에는 그늘에서도 화씨 120도까지 올라간다.

- Kendra attempted a quadruple somersault off the ten-meter diving board as a *caprice*. It was a painful *caprice*.

  켄드라는 마음을 바꿔 10미터 높이의 다이빙 보드에서 4회전 공중제비를 시도했다. 그것은 고통을 가져온 변덕이었다.

▸ caprice가 명사로 쓰이면 '변덕'이란 뜻이다.

CARICATURE [kǽrikətʃər] n a portrait or description that is purposely distorted or exaggerated, often to prove some point about its subject

종종 대상의 실체를 드러내는, 고의적으로 왜곡하거나 과장해서 그린 초상화나 그림

- Khoa sat for a *caricature* at the end of the marathon, but wasn't pleased with the result: The portrait exaggerated his already dominant acne.

  코아는 마라톤 끝에 캐리커쳐를 위해 앉았다. 하지만 결과가 마음에 들지 않았다. 초상화는 우뚝 솟아 있는 여드름을 과장했다.

Editorial cartoonists often draw *caricatures*. Big noses, enormous glasses, floppy ears, and other distortions are common in such drawings. A politician who has been convicted of bribery might be depicted in a prison uniform or with a ball and chain around his or her ankle. If the politician has big ears to begin with, the ears might be drawn vastly bigger.

만평을 그리는 만화가들은 caricature(캐리커쳐)를 자주 그린다. 큰 코와 커다란 안경, 늘어진 귀, 그 외에도 다양한 형태의 왜곡된 모습 등은 그런 그림에서 흔히 볼 수 있다. 뇌물 수수로 유죄 판결을 받은 정치가는 죄수복을 입거나 발목에 족쇄를 차고 있는 모습으로 묘사될 것이다. 무엇보다도 그 정치가의 귀가 크다면 귀는 더 크게 그려질 것이다.

A *caricature* uses exaggeration to bring out the hidden character of its subject.

caricature(캐리커쳐)는 대상의 숨겨진 특징을 끄집어내기 위해 과장법을 사용한다.

The word can also be used as a verb. To *caricature* someone is to create such a distorted portrait.

caricature는 동사로도 쓰인다. 누군가를 caricature하는 것은 '왜곡된 초상화를 그리다'의 의미이다.

CASTIGATE [kǽstəgèit] v to criticize severely; to chastise 심하게 비난하다; 벌하다

- Jose's mother-in-law *castigated* him for forgetting to pick her up at the airport.

  장모는 공항으로 마중 나오는 것을 잊어버렸다고 호세를 호되게 꾸짖었다.

CATALYST [kǽtəlist] n in chemistry, something that changes the rate of a chemical reaction without itself being changed; anyone or anything that makes something happen without being directly involved in it

화학에서 스스로는 변하지 않고 화학 반응의 속도를 변화시키는 것(촉매); 직접적으로 사건에 개입하지 않으면서 사건을 유발하는 역할을 하는 사람 또는 그러한 사물(촉매제)

- When the mad scientist dropped a few grains of the *catalyst* into his test tube, the bubbling liquid began to boil furiously.

  미친 과학자가 시험관에 아주 미세한 양의 촉매제를 떨어뜨리자 거품이 일던 액체가 마구 끓기 시작했다.

This word is often used outside the laboratory as well. The launching of *Sputnik* by the Russians provided the *catalyst* for the creation of the modern American space program.

catalyst는 실험실 밖에서도 자주 사용된다. 러시아가 발사한 스푸트니크 위성은 미국이 현대적인 우주 계획을 세우는 데 catalyst(촉매) 역할을 했다.

- The tragic hijacking provided the *catalyst* for Congress's new anti-terrorist legislation.

  비극적인 비행기 공중 납치 사건은 의회가 새로이 반테러리스트법을 제정하는 데 촉매제가 되었다.

Match each word in the first column with its definition in the second column. Check your answers in the back of the book.

1.	cacophony	a.	truthfulness
2.	cadence	b.	harsh mixture of sounds
3.	cajole	c.	surrender
4.	callow	d.	distorted portrait
5.	candor	e.	unpredictable
6.	capitalism	f.	immature
7.	capitulate	g.	free enterprise
8.	recapitulate	h.	something that makes things happen
9.	capricious	i.	summarize
10.	caricature	j.	persuade deceptively
11.	castigate	k.	criticize severely
12.	catalyst	l.	rhythm

CATEGORICAL [kæ̀təgɔ́ːrikəl] adj unconditional; absolute 무조건적인; 절대적인

A *categorical* denial is one without exceptions—it covers every *category*.

categorical denial(단호한 부인)은 모든 category(부문)를 다 포함해서 예외 없는 것이다.

- Crooked politicians often make *categorical* denials of various charges against them. Then they go to jail.

  정직하지 못한 정치가들은 그들에게 쏟아지는 여러 가지 비난을 무조건 부인하곤 한다. 그런 다음 그들은 감옥에 간다.

- I *categorically* refuse to do anything whatsoever at any time, in any place, with anyone.

  나는 언제, 어디서, 누구와 무슨 일을 하게 된다 할지라도 그것을 무조건 거부한다.

CATHARSIS [kəθɑ́ːrsis] n purification that brings emotional relief or renewal
정서적 안정이나 쇄신을 가져오는 정신의 정화

To someone with psychological problems, talking to a psychiatrist can lead to a *catharsis*. A *catharsis* is a sometimes traumatic event after which one feels better.

정신적인 문제가 있는 사람에게는, 정신과 의사와의 상담이 catharsis(카타르시스)를 줄 수도 있다. 때때로 catharsis(카타르시스)는 사람들이 경험하고 나면 기분이 나아지는, 정신적 쇼크를 주는 일을 의미한다.

A *catharsis* is *cathartic*. Some people find emotional movies *cathartic*—watching one often allows them to release buried feelings. *Cathartic* can also be a noun.

catharsis의 형용사형은 cathartic(카타르시스의)이다. 어떤 사람들은 감동적인 영화에서 cathartic인 무엇을 얻는데, 그 영화를 봄으로써 종종 내재하고 있던 감정을 방출하는 것이다. cathartic은 명사로도 쓰인다.

CATHOLIC [kǽθəlik] adj **universal; embracing everything** 보편적인; 모든 것을 포용하는

- Da Vinci was a *catholic* genius who excelled at everything he did.
  다빈치는 그가 이룩한 모든 분야에서 뛰어난 재능을 가진 다방면의 천재였다.

Parochial means narrow-minded, so *parochial* and *catholic* are almost opposites.
parochial은 '편협한'이라는 의미이다. 그러므로 parochial과 catholic은 거의 반대의 뜻이다.

Catholic with a small *c* means universal. *Catholic* with a large *C* means *Roman Catholic* or pertaining to an ancient, undivided Christian church.
소문자 c로 시작되는 catholic은 '보편적'이라는 뜻이다. 대문자 C로 시작하는 Catholic은 로마 가톨릭이나 고대 종파가 나뉘기 전 기독교 교회를 포함하는 의미이다.

CAUSTIC [kɔ́ːstik] adj **like acid; corrosive** 산(酸) 같은; 부식성의

Paint remover is a *caustic* substance; if you spill it on your skin, your skin will burn.
페인트 제거제는 caustic(부식성의)인 물질이다. 피부에 쏟으면 화상을 입을 것이다.

- The *caustic* detergent ate right through Henry's laundry.
  그 산성 세제는 헨리의 세탁물에 구멍을 냈다.

Caustic can be used figuratively as well. A *caustic* comment is one that is so nasty or insulting that it seems to sting or burn the person to whom it is directed.
caustic은 또한 비유적인 의미로도 쓰일 수 있다. caustic comment는 지목을 받은 사람이 가시에 찔리거나 불에 덴 것처럼 느낄 정도로 매우 험악하거나 모욕적인 말, 즉 '신랄한 비평'을 의미한다.

- The teacher's *caustic* criticism of Sally's term paper left her crestfallen.
  선생님이 샐리의 학기 말 리포트를 신랄하게 비평했기 때문에, 그녀는 풀이 죽었다.

CELIBACY [séləbəsi] n **abstinence from sex** 성생활의 자제(종교적 의미에서)

People who practice *celibacy* don't practice sex. To practice *celibacy* is to be *celibate*. Some people choose to be *celibate* for personal reasons.
celibacy(금욕)를 실천하는 사람은 섹스를 하지 않는다. celibacy를 실천하는 것을 celibate(금욕하는)라고 표현한다. 어떤 사람들은 개인적인 이유로 celibate(금욕적인)을 선택한다.

CENSURE [sénʃər] v **to condemn severely for doing something bad**
나쁜 일을 한 것에 대해서 혹독하게 비난하다

- The Senate sometimes *censures* senators for breaking laws or engaging in behavior unbecoming to an elected official.
  때때로 상원의회는 법을 어기거나 선출된 공무원으로서의 본분을 망각한 행동을 한 상원 의원들을 견책한다.

Censure can also be a noun.
censure는 또한 명사로도 쓰인다.

- The clumsy physician feared the *censure* of her fellow doctors, so she stopped treating anything more complicated than the common cold.
  실력 없는 내과 의사는 동료들의 비난이 무서웠다. 그래서 그녀는 일상적인 감기 외에 더 심각한 병을 치료하는 일을 그만두었다.

A Senate that made a habit of *censuring* senators might be said to be *censorious*. To be *censorious* is to be highly critical—to do a lot of *censuring*.
의원들을 상습적으로 censure(견책)하는 상원은 censorious(비판적인)라고 말할 수 있다. censorious는 대단히 비판적이고 남들에 대한 비판을 많이 하는 것이다.

70

CEREBRAL [sərí:brəl/sérəbrəl] adj **brainy; intellectually refined** 머리가 좋은; 지적으로 세련된

Your *cerebrum* is the biggest part of your brain. To be *cerebral* is to do and care about things that really smart people do and care about.

cerebrum(대뇌)은 뇌 중에서 가장 큰 부분을 차지한다. cerebral은 정말로 똑똑한 사람들이 행동하고 사고하는 것처럼 지적인 행동과 사고를 하는 것이다.

A *cerebral* discussion is one that is filled with big words and concerns abstruse matters that ordinary people can't understand.

cerebral discussion은 평범한 사람들은 이해하기 힘든 심오한 문제들을 다루는, 수준 높은 대화로 가득한 '지적인 토론'을 말한다.

- Sebastian was too *cerebral* to be a baseball announcer; he kept talking about the existentialism of the outfield.

  세바스찬은 너무나 지적인 사람이라 야구를 중계하는 사람으로는 적절치 못했다. 그는 계속해서 외야의 실존주의에 대해 이야기했다.

CHAGRIN [ʃəgrín] n **humiliation; embarrassed disappointment** 굴욕; 난처한 실망

- Much to my *chagrin*, I began to giggle during the eulogy at the funeral.

  정말 창피하게도, 장례식에서 고인에 대한 헌사를 낭독하고 있는데 나는 웃음이 나기 시작했다.

- Doug was filled with *chagrin* when he lost the race because he had put his shoes on the wrong feet.

  더그는 양쪽 신발을 거꾸로 신은 탓에 달리기 경주에서 지게 되자 매우 창피했다.

The word *chagrin* is sometimes used incorrectly to mean surprise. There is, however, a definite note of shame in *chagrin*.

chagrin은 '놀람'의 의미로 잘못 사용되기도 한다. 그러나 chagrin에는 '창피함'이라는 의미가 명확하게 들어 있다.

To be *chagrined* is to feel humiliated or mortified.

be chagrined는 창피하거나 굴욕을 느껴 '분하다'라는 뜻이다.

CHARISMA [kərízmə] n **a magical-seeming ability to attract followers or inspire loyalty**
지지자들을 사로잡거나 충성심을 고무시키는 마법과도 같은 능력

- The glamorous presidential candidate had a lot of *charisma*; voters didn't seem to support her so much as be entranced by her.

  매력적인 대통령 후보는 뛰어난 카리스마를 갖고 있었다. 유권자들은 그녀를 지지한다기보다는 그녀에게 매혹당한 것처럼 보였다.

- The evangelist's undeniable *charisma* enabled him to bring in millions and millions of dollars in donations to his television show.

  그 전도사는 부인할 수 없는 카리스마를 갖고 있어서 텔레비전 방송에 출연하여 수백만 달러의 기부금을 모금할 수 있었다.

▶ 형용사형은 charismatic(카리스마 있는)이다.

Match each word in the first column with its definition in the second column. Check your answers in the back of the book.

1. categorical		a.	unconditional
2. catharsis		b.	relieving purification
3. catholic		c.	abstinence from sex
4. caustic		d.	brainy
5. celibacy		e.	humiliation
6. censure		f.	magical attractiveness
7. cerebral		g.	corrosive
8. chagrin		h.	condemn severely
9. charisma		i.	universal

CHARLATAN [ʃɑ́ːrlətən]   n   fraud; quack; con man   사기꾼; 돌팔이 의사; 사기꾼

- Buck was selling what he claimed was a cure for cancer, but he was just a *charlatan* (the pills were jelly beans).

  스스로 주장하는 바에 의하면, 버크는 암을 치료하는 약을 팔고 있었다. 그러나 그는 단지 사기꾼에 지나지 않았다(그 알약은 젤리사탕이었다).

- The flea market usually attracts a lot of *charlatans* who sell phony products that don't do what they claim they will.

  벼룩시장에는 대개 그들이 주장하는 것 같은 효능이라고는 전혀 없는 가짜 상품을 팔아먹는 수많은 사기꾼이 모여든다.

CHASM [kǽzm]   n   a deep, gaping hole; a gorge   깊고 크게 벌어진 구멍; 골짜기

▶ 발음에 주의할 것.

- Mark was so stupid that his girlfriend wondered whether there wasn't a *chasm* where his brain should be.

  마크가 하도 어리석어서, 그의 여자 친구는 그의 뇌가 있어야 할 곳이 비어 있는 것은 아닌지 의심스러웠다.

- The bad guys were gaining, so the hero grabbed the heroine and swung across the *chasm* on a slender vine.

  악당들이 늘어나자, 남자 주인공은 여자 주인공을 붙잡고 가느다란 덩굴에 매달린 채 골짜기를 건너뛰었다.

CHASTISE [tʃæstáiz]   v   to inflict punishment on; to discipline   벌을 주다; 징계를 내리다

- Mother *chastised* us for firing our bottle rockets too close to the house.

  병으로 만들어 발사한 로켓이 집에서 너무 가까웠기 때문에 엄마는 우리에게 벌을 주었다.

- *Chastising* the dog for sleeping on the beds never seemed to do any good; the minute we turned our backs, she'd curl up next to the pillows.

  침대 위에서 잤다고 개에게 벌을 주는 것은 전혀 효과가 없는 것 같았다. 우리가 돌아서자마자 개는 또다시 베개 옆에 몸을 말고 누웠던 것이다.

CHICANERY [ʃikéinəri] n trickery; deceitfulness; artifice, especially legal or political
속임수; 사기; 특히 법률적, 정치적인 책략

▸ 발음에 주의할 것.

- Political news would be dull were it not for the *chicanery* of our elected officials.

  우리가 선출한 공직자들의 정치적 속임수가 없다면, 정치 뉴스는 재미없을 것이다.

CHIMERA [kɑimíərə] n an illusion; a foolish fancy   환상; 어리석은 공상, 망상

▸ 발음에 주의할 것.

- Jie's dream of becoming a movie star was just a *chimera*.

  영화배우가 되겠다는 지의 희망은 단지 환상일 뿐이었다.

- Could you take a picture of a *chimera* with a camera? No, of course not. It wouldn't show up on the film.

  카메라를 가지고 환상을 사진으로 찍어낼 수 있나요? 물론 못하죠. 그것은 필름에는 나타나지 않을 겁니다.

Be careful not to mispronounce this word. Its apparent similarity to *chimney* is just a *chimera*.

이 단어를 잘못 발음하지 않도록 주의하라. 언뜻 chimney(굴뚝)와 비슷하게 보이는 것은 단지 chimera(착각)일 뿐이다.

CHOLERIC [kɑ́lərik] adj hot-tempered; quick to anger   성급한; 화를 잘 내는

- The *choleric* watchdog would sink his teeth into anyone who came within biting distance of his doghouse.

  그 감시견은 성질이 사나워서 개집 근처 사정거리에 들어오는 사람은 누구나 이빨로 물어뜯곤 했다.

- When the grumpy old man was in one of his *choleric* moods, the children refused to go near him.

  심술궂은 그 노인이 화가 나 있는 분위기이면, 아이들은 그에게 가까이 다가가기를 꺼렸다.

- The *choleric* administrator kept all the secretaries in a state of terror.

  성질 사나운 국장은 모든 비서들을 공포의 도가니로 몰아넣었다.

CHRONIC [krɑ́nik] adj constant; lasting a long time; inveterate
지속적인; 오랜 기간 계속되는; 만성의

- DJ's *chronic* back pains often kept her from football practice.

  디제이의 만성 허리 통증은 자주 그녀의 미식축구 연습을 방해했다.

Someone who always comes in last could be called a *chronic* loser.

경주에서 항상 마지막으로 들어오는 사람은 chronic loser(상습적인 패자)라고 부를 수 있다.

Chronic is usually associated with something negative or undesirable: *chronic* illness, *chronic* failure, *chronic* depression. You would be much less likely to encounter a reference to *chronic* success or *chronic* happiness, unless the writer or speaker was being ironic.

chronic은 일반적으로 chronic illness(만성적 질환), chronic failure(상습적인 실패), chronic depression(만성적 불황)처럼 부정적이고 바람직하지 못한 일들과 관련이 있다. 작가나 화자가 반어적으로 비꼬는 경우가 아니라면 chronic success(상습적인 성공)나 chronic happiness(만성적 행복) 같은 말들을 접하는 일은 거의 없을 것이다.

A *chronic* disease is one that lingers for a long time, doesn't go away, or keeps coming back. The opposite of a *chronic* disease is an *acute* disease. An *acute* disease is one that comes and goes very quickly. It may be severe, but it doesn't last forever.

chronic disease는 완전히 치유되지 않고 발병을 반복하면서 '오랫동안 남아 있는 질환'을 의미한다. 반의어 acute disease는 아주 급속히 발병했다가 아주 급속히 치유되는 '급성 질환'이다. 병세가 심각할 수도 있지만 영원히 지속되는 것은 아니다.

CHRONICLE [kránikl] n a record of events in order of time; a history

시간의 순서에 따라 사건을 기록한 것(연대기); 역사

- Sally's diary provided her mother with a detailed *chronicle* of her daughter's extracurricular activities.

  엄마는 샐리의 일기를 통해서 딸의 과외 활동에 관한 상세한 기록을 얻을 수 있었다.

Chronicle can also be used as a verb.

chronicle은 동사로도 쓰인다.

- The reporter *chronicled* all the events of the revolution.

  기자는 혁명의 전 과정을 연대순으로 기록했다.

Chronology and *chronicle* are nearly synonyms: Both provide a *chronological* list of events.

chronology와 chronicle은 거의 의미가 같다. 둘 다 사건의 chronological(연대순의) 목록을 제공한다.

Chronological means in order of time.

chronological은 '연대순의'라는 뜻이다.

QUICK QUIZ

Match each word in the first column with its definition in the second column. Check your answers in the back of the book.

1. charlatan	a. in order of occurrence
2. chasm	b. constant
3. chastise	c. hot-tempered
4. chicanery	d. punish
5. chimera	e. account of past times
6. choleric	f. list in time order
7. chronic	g. illusion
8. chronological	h. fraud
9. chronology	i. gaping hole
10. chronicle	j. trickery

CIRCUITOUS [sərkjúːətəs] adj roundabout; not following a direct path

우회적인; 직선로를 따라가지 않는

- The *circuitous* bus route between the two cities went here, there, and everywhere, and it took an extremely long time to get anywhere.

  두 도시를 연결하는 그 버스의 우회노선은 여기저기 모든 곳을 다 돌아 거쳐갔다. 그래서 어느 곳을 가려 해도 시간이 아주 많이 걸렸다.

- The salesman's route was *circuitous*—it wound aimlessly through many small towns.

  세일즈맨이 다녀야 하는 길은 빙 돌아가는 길이었다. 정처 없이 작은 마을들을 수없이 구비구비 돌도록 되어 있었다.

A *circuitous* argument is one that rambles around for quite a while before making its point.

circuitous argument는 요점을 제시하기 전에 꽤 오랫동안 우회적인 이야기를 풀어놓는 것을 말한다.

A *circuitous* argument is very similar to a *circular* argument, which is one that ends up where it begins or attempts to prove something without offering any new information. To say, "Straight means not curved, and curved means not straight," is to give a circular, or tautological, definition of the word *straight*.

circuitous argument는 시작한 곳에서 끝이 나거나 새로운 정보를 전혀 제시하지 않고 무엇인가를 입증하려 하는 논법이라는 뜻의 circular argument(순환논법)와 아주 유사하다. "직선은 곡선이 아니고, 곡선은 직선이 아니다."는 '직선'라는 단어의 정의를 순환어법으로 또는 동어 반복적으로 제시하는 것이다.

CIRCUMLOCUTION [sə̀ːrkəmloukjúːʃən] n an indirect expression; use of wordy or evasive language 간접적인 표현; 장황하거나 둘러대는 말

- The lawyer's *circumlocution* left everyone in the courtroom wondering what had been said.
  변호사가 돌려 말했기 때문에 법정에 있던 사람들은 모두 그가 무슨 말을 했는지 잘 몰랐다.

- The indicted executive evaded the reporters' questions by resorting to *circumlocution*.
  피소된 이사는 적당히 둘러대서 기자들의 질문을 교묘히 피했다.

To use a lot of big, vague words and to speak in a disorganized way is to be *circumlocutory*.

범위가 넓고 모호한 단어를 사용하여 중구난방으로 뜻도 안 통하게 말하는 것을 circumlocutory(완곡한)라고 표현한다.

CIRCUMSCRIBE [sə̀ːrkəmskráib] v to draw a line around; to set the limits; to define; to restrict 주위의 경계선을 그리다; 한계를 정하다; 한정하다; 제한하다

- The Constitution clearly *circumscribes* the restrictions that can be placed on our personal freedoms.
  헌법은 개인의 자유를 제한할 수 있는 규정을 분명히 정해 놓고 있다.

- A barbed-wire fence and armed guards *circumscribed* the movement of the prisoners.
  가시철조망 울타리와 무장한 경비원이 수감자들의 움직임을 제한했다.

CIRCUMSPECT [sə́ːrkəmspèkt] adj cautious 조심성 있는

- As a public speaker, Nick was extremely *circumspect*; he always took great care not to say the wrong thing or give offense.
  대중 연설가로서 닉은 아주 신중한 사람이었다. 그는 잘못된 것을 말하거나 무례를 범하지 않기 위해 항상 많은 주의를 기울였다.

- The *circumspect* general did everything she could not to put her soldiers at unnecessary risk.
  신중한 성격의 장군은 병사들을 불필요한 위험에 빠뜨리지 않기 위하여 자신이 할 수 있는 일이라면 뭐든지 다했다.

The word *circumspect* comes from Greek roots meaning around and look (as do the words *circle* and *inspect*). To be *circumspect* is to look around carefully before doing something.

circumspect는 (circle과 inspect처럼) around와 look을 의미하는 그리스 어의 어근들에서 나온 단어이다. circumspect는 어떤 일을 하기 전에 조심스럽게 주위를 둘러보는, 즉 '신중한'의 의미이다.

CIRCUMVENT [sə̀ːrkəmvént] v to frustrate as though by surrounding 완전히 포위하는 것처럼 해서 실패하게 만들다

- Our hopes for an early end of the meeting were *circumvented* by the chairperson's refusal to deal with the items on the agenda.
  회의가 일찍 끝났으면 하는 우리의 바람은 의장이 의사 일정상의 안건들을 처리하기를 거부함으로써 이루어지지 못했다.

- The angry school board *circumvented* the students' effort to install televisions in every classroom.
  화가 난 교육 위원회는 모든 교실마다 텔레비전을 설치하려던 학생들의 노력을 무위로 만들었다.

CIVIL [sívəl] adj **polite; civilized; courteous** 공손한; 교양이 있는; 예의 바른

- Our dinner guests conducted themselves *civilly* when we told them we weren't going to serve them dinner after all. They didn't bang their cups on the table or throw their plates to the floor.

  만찬에 참석한 손님들에게 식사를 제공하지 않을 것이라고 말했을 때에도 손님들은 교양 있게 행동했다. 그들은 컵을 소리 나게 테이블에 놓거나 접시를 마루에 집어 던지는 일 따위는 하지 않았다.

The word *civil* also has other meanings. *Civil* rights are rights established by law. *Civil* service is government service. Consult your dictionary for the numerous shades of meaning.

civil이라는 단어는 다른 의미로도 쓰인다. civil rights는 법으로 확립된 '시민권'을 의미한다. civil service는 '행정 서비스'를 의미한다. 여러 가지 의미의 차이는 사전에서 찾아보라.

CLEMENCY [klémənsi] n **mercy; forgiveness; mildness** 자비; 관용; 온화함

- The governor committed an act of *clemency* when he released all the convicts from the state penitentiary.

  주지사는 주립교도소에 수감되어 있는 모든 죄수들을 석방하는 관용 정책을 펼쳤다.

Mild weather is called *clement* weather; bad weather is called *inclement*.

'온화한 기후'를 clement weather라고 한다. '악천후'는 inclement weather이다.

- You should wear a coat and carry an umbrella in *inclement* weather.

  악천후에는 외투를 입고 우산을 휴대해야만 한다.

CLICHÉ [kli:ʃéi] n **an overused saying or idea** 지나치게 사용되는 말이나 생각, 진부한 표현

▶ 이 프랑스 어 발음에 주의할 것.

- The expression "you can't judge a book by its cover" is a *cliché*; it's been used so many times that it's become stale.

  "표지만 보고 책을 평가할 수는 없다"라는 말은 진부한 표현이다. 이 표현은 너무나 흔하게 쓰여서 신선하지 않아졌다.

Clichés are usually true. That's why they've been repeated often enough to become overused. But they are boring. A writer who uses a lot of *clichés*—referring to a foreign country as "a land of contrasts," describing spring as "a time of renewal," saying that a snowfall is "a blanket of white"—is not interesting to read because there is nothing new about these observations.

cliché(진부한 표현)는 대체로 진실하다. 그렇기 때문에 남용된다고 할 만큼 자주 반복해서 쓰여 온 것이다. 그러나 그러한 표현들은 따분하다. 외국을 언급할 때는 "우리와는 현저히 다른 나라(a land of contrasts)", 봄을 묘사할 때는 "만물이 소생하는 때(a time of renewal)", 눈이 내리면 "하얀색 담요(a blanket of white)"와 같은 cliché를 많이 쓰는 작가의 글은 재미가 없다. 관찰력에 새로운 것이 전혀 없기 때문이다.

CLIQUE [kli:k] n **an exclusive group bound together by some shared quality or interest** 공통의 특질이나 이해관계로 함께 묶여 있는 배타적인 무리

▶ 발음에 주의할 것.

- The high school newspaper staff was a real *clique*; they all hung out together and wouldn't talk to anyone else. It was hard to have fun at that school if you weren't a member of the right *clique*. The cheerleaders were *cliquish* as well.

  고등학교 교내 신문사 부원들은 진짜 배타적인 파벌이었다. 그들은 함께 몰려다니면서 다른 사람들과는 말도 하지 않으려 했다. 그 학교에서는 올바른 파벌에 끼지 않는다면, 학교생활이 재미있을 수가 없었다. 치어리더들 역시 배타적 파벌이었다.

Match each word in the first column with its definition in the second column. Check your answers in the back of the book.

1. circuitous		a.	cautious
2. circumlocution		b.	draw a line around
3. circumscribe		c.	mercy
4. circumspect		d.	polite
5. circumvent		e.	roundabout
6. civil		f.	frustrate
7. clique		g.	overused saying
8. clemency		h.	indirect expression
9. inclement		i.	exclusive group
10. cliché		j.	bad, as in weather

COALESCE [kòuəlés] v to come together as one; to fuse; to unite
하나로 모이다; 연합하다; 결합하다

- When the dough *coalesced* into a big black blob, we began to wonder whether the cookies would be edible.
  반죽이 하나의 큰 검은 덩어리로 뭉쳐 버리자 우리는 쿠키를 제대로 먹을 수 있는 것인지 의심이 가기 시작했다.

- The people in our neighborhood *coalesced* into a powerful force for change in the community.
  우리의 이웃들은 하나로 뭉쳐 지역 사회를 변화시킬 수 있는 강력한 힘이 되었다.

- The Southern *coalition* in Congress is the group of representatives from Southern states who often vote the same way.
  의회 내의 남부 연합은 종종 표결에서 연합 전선을 형성하는 남부 주 출신 의원들의 집단이다.

A *coalition* is a group of people that has come together for some purpose, often a political one.
coalition(제휴, 연합)은 어떤 목적(종종 정치적인 목적)을 위하여 함께 모인 사람들의 집단을 일컫는다.

Coal miners and cola bottlers might *coalesce* into a *coalition* for the purpose of persuading coal mine owners to provide cola machines in coal mines.
석탄 광부들과 콜라 제조업자들이 석탄 광산에 콜라 자동판매기를 설치하기 위해 광산 소유주를 설득하려는 목적으로 coalition(연합)을 coalesce(합치다) 할 수도 있을 것이다.

COERCE [kouə́:rs] v to force someone to do or not to do something
다른 사람을 강제하여 어떤 일을 하게 하거나 못하게 하다

- Darth Vader tried to flatter, bribe, and even *coerce*, but he was never able to make Han Solo reveal the hidden rebel base.
  다스 베이더는 달래도 보고 뇌물로 매수도 해 보고 심지어 강제적인 방법도 써 보았지만, 결코 한 솔로가 반란군의 비밀 기지를 자백하게 만들 수는 없었다.

▶ 명사형은 coercion[kouə́:rʃən] (강제, 강압)이다.

COGENT [kóudʒənt] adj **powerfully convincing** 설득력이 강한

- Shaft was *cogent* in explaining why he needed the confidential files, so we gave them to him.

  샤프트는 그 비밀문서가 필요한 이유를 아주 설득력 있게 설명했다. 그래서 우리는 그에게 그것을 주었다.

- The lawyer's argument in her client's behalf was not *cogent*, so the jury convicted her client. The jury was persuaded by the *cogency* of the prosecuting attorney's argument.

  의뢰인의 입장을 대변하는 변호사의 주장은 설득력이 없었다. 그래서 배심원은 그 의뢰인의 유죄를 결정했다. 배심원은 지방 검사의 설득력 있는 주장을 받아들였다.

Cogent reasons are extremely persuasive ones.

cogent reasons란 아주 '설득력이 강한 이유들'이다.

COGNITIVE [kágnətiv] adj **dealing with how we know the world around us through our senses; mental**
감각을 통해서 우리를 둘러싼 세계를 아는 방법을 다루는; 인식의, 정신의

Scientists study the *cognitive* apparatus of human beings to pattern how computers should gather information about the world.

과학자들은 컴퓨터가 세계에 대한 정보를 모으는 방식을 패턴화시키기 위해 인간의 cognitive apparatus(인식 체계)를 연구한다.

▶ cognition은 '인식'이라는 뜻이다.

COGNIZANT [kágnizənt] adj **aware; conscious** 알고 있는; 의식하고 있는

To be *cognizant* of your responsibilities is to know what your responsibilities are.

당신의 책임을 cognizant한다는 것은 당신의 책임이 무엇인지 알고 있다는 것이다.

- Al was *cognizant* of the dangers of sword swallowing, but he tried it anyway and hurt himself quite badly.

  알은 칼을 삼키는 일이 위험하다는 것을 알고 있었다. 그럼에도 불구하고 그는 그렇게 했고, 매우 심한 상처를 입게 되었다.

COHERENT [kouhíərənt] adj **holding together; making sense** 함께 붙어 있는; 이치에 닿는

- After puzzling over Grace's disorganized Holy Roman Empire essay for almost an hour, Ms. Fabricius needed only twenty minutes to read Arjun's *coherent* paper on the Defenestration of Prague.

  그레이스의 정리가 안 된 "신성 로마 제국" 에세이를 거의 한 시간 가량 곤혹스럽게 살펴본 후 파브리치우스 선생님은 "프라하의 축출"에 대한 아르준의 논리적인 리포트는 20분 만에 읽었다.

A *coherent* wad of cotton balls is one that holds together.

솜의 coherent wad(붙어 있는 뭉치)란 그것이 함께 붙어 있는 것을 말한다.

A *coherent* explanation is an explanation that makes sense; the explanation holds together.

coherent explanation은 이치에 맞는 설명을 뜻한다. 그런 설명은 응집력이 있다.

To hold together is to *cohere*.

cohere는 '응집하다'이다.

COLLOQUIAL [kəlóukwiəl] adj **conversational; informal in language**
대화체의; 형식적이지 않은 언어의(구어체의)

A writer with a *colloquial* style is a writer who uses ordinary words and whose writing seems as informal as common speech.

colloquial style(구어체)로 쓰는 작가란 일상의 언어를 사용하며, 글 또한 평소 말하는 것처럼 형식을 따지지 않고 쓰는 작가이다.

"The way I figure it" is a *colloquial* expression, or a *colloquialism*; people often say it, but it isn't used in formal prose.

'The way I figure it(내 생각에는)'과 같은 표현을 colloquial expression(구어적인 표현) 또는 colloquialism(구어체)이라고 한다. 사람들이 자주 쓰는 말이지만 제대로 형식을 갖춘 문장에서는 쓰이지 않는 표현이다.

A *colloquy*[kάləkwi] is a conversation or conference.

colloquy는 '대화'나 '회의'를 뜻한다.

COLLUSION [kəlúːʒən] n conspiracy; secret cooperation 공모; 은밀한 협조(담합)

- The increase in oil prices was the result of *collusion* by the oil-producing nations.

  유가 인상은 산유국들의 담합의 결과였다.

- There was *collusion* among the owners of the baseball teams; they agreed secretly not to sign any expensive free agents.

  야구팀의 구단주들끼리 담합이 있었다. 그들은 비싼 자유계약 선수들과는 계약하지 않기로 비밀리에 의견을 모았다.

If the baseball owners were in *collusion*, then you could say that they had *colluded*. To *collude* is to conspire.

야구팀 구단주들이 담합하고 있다면(in collusion), They had colluded.라고 표현할 수 있다. collude는 '공모하다'라는 뜻이다.

COMMENSURATE [kəménsərət] adj equal; proportionate 같은 정도의; 균형 잡힌

- Ryan's salary is *commensurate* with his ability; like his ability, his salary is small.

  라이언의 월급은 자신의 능력에 딱 맞는 수준이다. 그의 능력만큼이나 급료도 적다.

- The number of touchdowns scored by the team and number of its victories were *commensurate* (both zero).

  그 팀이 터치다운한 개수나 게임에 승리한 횟수나 똑같았다(둘 다 영이다).

COMPELLING [kəmpéliŋ] adj forceful; causing to yield 힘으로 밀어붙이는; 굴복하게 만드는

- A *compelling* argument for buying a security system is one that makes you go out and buy a security system.

  보안 장치를 사야 한다는 a compelling argument(강제적인 주장)는 어쩔 수 없이 밖으로 나가 새 보안 장치를 사게 만드는 주장이다.

- The recruiter's speech was so *compelling* that nearly everyone in the auditorium enlisted in the Army when it was over.

  신병을 모집하는 연설은 워낙 사람을 굴복시키는 힘이 있어서 그 연설이 끝나자 강당에 모인 거의 모든 사람들이 육군에 입대하게 되었다.

To *compel* someone to do something is to force him or her to do it.

to compel someone to do something은 누군가에게 무엇인가를 하도록 강요하는 것이다.

- Our consciences *compelled* us to turn over the money we had found to the authorities.

  양심의 가책 때문에 우리는 주운 돈을 관계 당국에 넘겨 주었다.

The noun is *compulsion*, which also means an irresistible impulse to do something irrational.

명사형은 compulsion으로, 이 또한 불합리한 일을 하고자 하는 억누를 수 없는 '충동'을 의미한다.

COMPENDIUM [kəmpéndiəm] n a summary; an abridgment 요약; 축약

- A yearbook often contains a *compendium* of the offenses, achievements, and future plans of the members of the senior class.

  연감에는 종종 고학년들의 규칙 위반과 업적, 미래 계획 같은 것들이 요약되어 담겨 있다.

Match each word in the first column with its definition in the second column. Check your answers in the back of the book.

1. coalesce	a. perceptive
2. coalition	b. unite
3. coerce	c. conversational
4. cogent	d. force someone to do something
5. cognitive	e. proportionate
6. cognizant	f. making sense
7. coherent	g. group with a purpose
8. colloquial	h. powerfully convincing
9. collusion	i. summary
10. commensurate	j. forceful
11. compelling	k. conspiracy
12. compendium	l. dealing with how we know our environment

COMPLACENT [kəmpléisnt] adj **self-satisfied; overly pleased with oneself; contented to a fault** 자기만족의; 스스로에게 지나치게 만족하는; 지나칠 정도로 만족하고 있는

- The *complacent* camper paid no attention to the poison ivy around his campsite, and ended up going to the hospital.

  지만한 야영객은 야영지 주변의 덩굴 옻나무에 전혀 주의를 기울이지 않았고, 결국 그는 병원에 가게 되었다.

- The football team won so many games that it became *complacent*, and the worst team in the league won the game.

  그 풋볼 팀은 워낙 여러 번 이겼기 때문에 지만하게 되었다. 그러다가 결국 리그 최하위 팀이 이겼다.

To fall into *complacency* is to become comfortably uncaring about the world around you.

complacency(자기만족)에 빠지면 당신을 둘러싼 세상에 대하여 편안하게 무신경해진다.

- The president of the student council was appalled by the *complacency* of her classmates; not one of the seniors seemed to care about the theme.

  학생회장은 동급생들의 자기만족적인 행동에 질려 버렸다. 상급생 중에 어느 누구도 주제곡에 대해 신경 쓰지 않는 것 같았다.

Don't confuse *complacent* with *complaisant*[kəmpléisənt], which means eager to please.

complacent와 '기쁘게 해 주려고 애쓰는'이라는 의미의 complaisant를 혼동하지 말 것.

COMPLEMENT [kámpləmənt] v **to complete or fill up; to be the perfect counterpart**
완성하다, 또는 가득 채우다; 완벽한 상대가 되다

This word is often confused with *compliment*, which means to praise. It's easy to tell them apart. *Complement* is spelled like *complete*.

complement는 '칭찬하다'라는 뜻인 compliment와 자주 혼동된다. 두 단어를 구별하는 방법은 쉽다. complement는 complete(완성하다)와 스펠링이 비슷하다.

- The flower arrangement *complemented* the table decorations.

  그 꽃꽂이 작품 덕에 테이블 꾸미기가 비로소 완벽해졌다.

Complement can also be a noun.

complement는 명사로도 쓰인다.

- Fish-flavored ice cream was a perfect *complement* to the seafood dinner.

  생선 맛이 나는 아이스크림은 해산물로 꾸민 식사를 완벽하게 완성시켜 주었다.

COMPLICITY [kəmplísəti] n participation in wrongdoing; the act of being an accomplice
나쁜 행위에 참여함; 공범이 되는 행위

- There was *complicity* between the bank robber and the dishonest teller. The teller neglected to turn on the alarm, and the robber rewarded him by sharing the loot.

  은행 강도와 정직하지 못한 출납계원 사이에 공모가 있었다. 출납계원은 일부러 경보기를 켜지 않았고, 강도는 대가로 약탈한 돈을 나누어 주었다.

- *Complicity* among the students made it impossible to find out which of them had pulled the fire alarm.

  학생들 사이에 공모가 이루어졌기 때문에 그들 중 누가 화재경보기를 뽑았는지 밝히는 것이 불가능했다.

COMPREHENSIVE [kàmprihénsiv] adj covering or including everything
모든 것을 포함하는, 또는 넓게 포괄하는

- The insurance policy was *comprehensive*; it covered all possible losses.

  그 보험 증권은 포괄적이었다. 일어날 수 있는 모든 손실을 다 포함하고 있었다.

- Maria's knowledge of English is *comprehensive*; she even understands what *comprehensive* means.

  마리아는 영어에 대해서 폭넓은 지식을 갖고 있다. 그녀는 심지어 comprehensive가 의미하는 바도 알고 있다.

A *comprehensive* examination is one that covers everything in the course or in a particular field of knowledge.

comprehensive examination은 전 과정이나 특별한 분야의 지식을 모두 포괄하는 '종합 시험'이다.

COMPRISE [kəmpráiz] v to consist of ~으로 이루어져 있다

- A football team *comprises* eleven players on offense and eleven players on defense.

  풋볼 팀은 공격하는 선수 열한 명과 수비하는 선수 열한 명으로 구성되어 있다.

- A company *comprises* employees.

  회사는 피고용인으로 구성되어 있다.

Careful! This word is often misused. Players do *not* "comprise" a football team, and employees do *not* "comprise" a company. Nor can a football team be said to be "*comprised* of" players, or a company to be "*comprised* of" employees. These are common mistakes. Instead, you can say that players *constitute* or *compose* a team, and that employees *constitute* or *compose* a company.

주의! comprise는 잘못 사용되는 일이 많다. 선수들이 풋볼 팀을 "comprise"하고 있는 것이 아니며, 종업원들이 회사를 "comprise"하는 것도 아니다. 또한 풋볼 팀이 선수들로 'be comprised of'되어 있거나 회사가 종업원들로 'be comprised of'되어 있다고 써서도 안 된다. 이것들은 흔히 하는 실수이다. 대신 선수들이나 종업원들이 팀이나 회사를 구성한다고 할 때 constitute나 compose로 표현할 수 있다.

You can also say that a team *consists* of players or a company *consists* of employees.

또한 팀이(또는 회사가) 선수들로(또는 종업원들로) 구성되어 있다고 할 때 "consists of"를 써서 표현할 수도 있다.

CONCILIATORY [kənsíliətɔ̀ːri] adj making peace; attempting to resolve a dispute through goodwill 화해하는; 분쟁을 원만히 해결하려 하는

To be *conciliatory* is to kiss and make up.

conciliatory는 '화해하는'의 뜻이다.

- Come on—be *conciliatory*!

  제발 화해해라!

- The formerly warring countries were *conciliatory* at the treaty conference.

  과거에 전쟁을 벌였던 그 나라들은 강화 조약 체결 회담에서 화해했다.

- After dinner at the all-you-can-eat pancake house, the divorced couple began to feel *conciliatory*, so they flew to Las Vegas and were remarried.

  실컷 먹을 수 있는 팬케이크 집에서 식사 후, 이혼한 부부는 화해하는 감정을 갖기 시작했다. 그래서 그들은 라스베이거스로 날아가 재혼했다.

When peace has been made, we say that the warring parties have come to a *reconciliation* [rèkənsìliéiʃən]. To *reconcile* [rékənsàil] is to bring two things into agreement.

평화가 이루어지면 전쟁 당사국들이 reconciliation(화해)에 이르렀다고 말한다. reconcile은 두 개의 다른 것을 '조정하다', '조화시키다'라는 뜻이다.

- The accountant managed to *reconcile* the company books with the cash on hand only with great creativity.

  회계사는 회사의 회계 장부와 현재 남아 있는 현금을 대단히 독창적인 방법으로 겨우 일치시켰다.

CONCISE [kənsáis] adj brief and to the point; succinct 간결하고 딱 들어맞는; 간명한

- The scientist's explanation was *concise*; it was brief and it helped us understand the difficult concept.

  그 과학자는 간명하게 설명했다. 그의 설명은 간결했으며 어려운 개념을 이해하는 데 도움이 되었다.

To be *concise* is to say much with few words. A *concise* speaker is one who speaks *concisely* or with *concision*.

concise는 말은 적게 하면서도 많은 내용을 전달하는, 즉 '간결한'의 뜻이다. concise speaker는 concisely(간결하게) 말하거나 with concision(간결함을 가지고) 말하는 사람이다.

QUICK QUIZ

Match each word in the first column with its definition in the second column. Check your answers in the back of the book.

1. complacent	a. covering everything
2. complement	b. complete
3. complicity	c. consist of
4. comprehensive	d. make up (2)
5. comprise	e. brief and to the points
6. compose	f. making peace
7. constitute	g. participation in wrongdoing
8. conciliatory	h. self-satisfied
9. concise	

CONCORD [kánkɔːrd] n **harmony; agreement** 조화; 일치

Nations that live in *concord* are nations that live together in peace.
concord(조화)를 이루며 살고 있는 민족들은 다 함께 평화로이 사는 민족들이다.

- The war between the neighboring tribes ended thirty years of *concord*.
  인접한 부족 간의 전쟁은 삼십 년간의 화합에 종지부를 찍었다.

- The faculty meeting was marked by *concord*; no one yelled at anyone else.
  교직원 회의는 의견 일치를 보였다. 아무도 다른 사람에게 큰 소리를 지르지 않았다.

▶ concord의 반의어는 discord(불일치)이다.

A faculty meeting where everyone yelled at one another would be a faculty meeting marked by *discord*. It would be a *discordant* meeting.
모든 사람들이 서로에게 고함을 치고 있다면 교직원 회의는 discord(불화)를 보이는 것이다. 그것은 discordant(시끄러운)인 회의가 될 것이다.

An *accord* is a formal agreement, usually reached after a dispute.
accord는 대개 논쟁 후에 도달하는 공식적인 '합의'이다.

CONCURRENT [kənkə́ːrənt] adj **happening at the same time; parallel** 동시에 발생하는; 병행하는

- The criminal was sentenced to two *concurrent* fifteen-year sentences; the sentences will run at the same time, and he will be out of jail in fifteen years.
  그 범죄자는 동시에 진행되는 두 개의 15년형을 선고받았다. 형벌은 동시에 진행되며, 15년 동안 감옥에서 보내고 나면 그는 풀려날 것이다.

- High prices, falling demand, and poor weather were three *concurrent* trends that made life especially difficult for corn farmers last month.
  높은 가격, 수요 하락, 악천후가 동시에 발생했다. 이것이 지난달 옥수수 농가를 특히 어렵게 만든 세 가지 현상이었다.

To *concur* means to agree.
concur는 '동의하다'라는 뜻이다.

- The assistant wanted to keep his jobs, so he always *concurred* with his boss.
  조수는 자신의 직업을 그대로 유지하고 싶었다. 그래서 그는 사장의 의견에 항상 동의했다.

CONDESCEND [kàndəsénd] v **to stoop to someone else's level, usually in an offensive way; to patronize** 대개 불쾌한 방식으로 다른 사람의 수준으로 자기를 낮추다; 선심 쓰다

- I was surprised that the president of the company had *condescended* to talk with me, a mere temporary employee.
  회사의 사장이 단지 임시직일 뿐인 나에게 겸손하게 말을 건네서 나는 깜짝 놀랐다.

Many grown-ups make the mistake of *condescending* to young children, who usually prefer to be treated as equals, or at least as rational beings.
많은 어른들은 대개 동등하거나 적어도 이성을 갖춘 존재로 대해 주기를 원하는 어린아이들에게 condescend(스스로를 낮추다)하는 실수를 범한다.

CONDONE [kəndóun] v **to overlook; to permit to happen** 너그럽게 봐주다; 사건을 용납하다

To *condone* what someone does is to look the other way while it happens or to permit it to happen by not doing anything about it.
누군가가 하고 있는 일을 condone하는 것은 그 일이 진행되는 동안 못 본 척 다른 쪽을 보거나 그 일에 대하여 아무런 조치도 취하지 않음으로써 묵인하는 것이다.

- The principal *condoned* the hoods' smoking in the bathroom; he simply ignored it.
  교장은 불량배들이 화장실에서 담배 피우는 것을 묵과했다. 그는 단지 못 본 척 무시해 버렸다.

CONDUCIVE [kəndjúːsiv] adj **promoting** 촉진시키는, 도움이 되는

- The chairs in the library are *conducive* to sleep. If you sit in them to study, you will fall asleep.
  도서관의 의자들은 수면을 조장한다. 공부하려고 의자에 앉으면, 너는 잠이 들 것이다.

- The foul weather was not *conducive* to our having a picnic.
  악천후는 소풍을 가는 데 전혀 도움이 되지 않았다.

CONFLUENCE [kánfluəns] n **a flowing together, especially of rivers; the place where they begin to flow together**
함께 흐르는 곳, 특히 강물의 합류점; 합쳐져서 흐르기 시작하는 곳

- The *confluence* of the Missouri and Mississippi rivers is at St. Louis; that's the place where they join together.
  미주리 강과 미시시피 강의 합류점은 세인트루이스이다. 그곳은 두 강이 함께 만나는 장소이다.

- There is a remarkable *confluence* in our thoughts: we think the same way about almost everything.
  우리의 사고에는 놀랄 만한 합류점이 있다. 우리는 거의 모든 것에 대해서 같은 방식으로 생각한다.

- A *confluence* of many factors (no ice, bad food, terrible music) made it inevitable that the party would be a big flop.
  많은 요인들(얼음의 미비, 형편없는 음식, 끔찍한 음악)이 합쳐졌기 때문에 파티는 실패를 면할 수 없었다.

CONGENIAL [kəndʒíːnjəl] adj **agreeably suitable; pleasant** 기분 좋게 알맞은; 즐거운

- The little cabin in the woods was *congenial* to the writer; she was able to get a lot of writing done there.
  숲 속에 있는 작은 오두막은 그 작가에게 딱 맞는 곳이었다. 그녀는 거기서 다량의 작품을 쓸 수 있었다.

- The new restaurant has a *congenial* atmosphere. We enjoy just sitting there playing with the ice in our water glasses.
  새 레스토랑은 쾌적한 분위기를 가졌다. 우리는 물 잔 속의 얼음을 가지고 놀면서 레스토랑에 앉아 있는 것을 즐긴다.

When people get along together at a restaurant and don't throw food at one another, they are being *congenial*.
사람들이 레스토랑에서 사이좋게 어울리고 서로에게 음식물을 던지는 등의 행동을 하지 않을 때 그들은 congenial(마음이 잘 맞는)이라고 표현할 수 있다.

Genial and *congenial* share similar meanings. *Genial* means pleasing, kind, sympathetic, or helpful. You can be pleased by a *genial* manner or by a *genial* climate.
genial과 congenial은 비슷한 의미를 같이 갖고 있다. genial은 '정다운', '친절한', '인정 있는', '도움이 되는'의 의미이다. 여러분은 genial manner(친절한 태도)나 genial climate(온화한 기후)에 기분이 좋아질 수 있다.

CONGENITAL [kəndʒénətl] adj **describing a trait or condition acquired between conception and birth; innate** 임신과 출산 사이에 생긴 특성 혹은 상태를 묘사하는; 선천적인

A *congenital* birth defect is one that is present at birth but was not caused by one's genes.
congenital birth defect(선천적 결손증)는 태어날 때 있었지만 유전인자에 의해서 야기된 것은 아닌 결함이다.

The word is also used more loosely to describe any (usually bad) trait or behavior that is so firmly fixed it seems to be a part of a person's nature.
congenital은 지나치게 확고하게 고정돼서 인간 본성의 일부처럼 보이는 (대개 나쁜) 특성이나 행동을 묘사하기 위해 보다 광범위하게 사용되기도 한다.

A *congenital* liar is a natural liar, a person who can't help but lie.
congenital liar는 타고난 거짓말쟁이, 즉 거짓말을 하지 않고는 못 배기는 사람이다.

Match each word in the first column with its definition in the second column. Check your answers in the back of the book.

1. concord
2. discord
3. concurrent
4. condescend
5. condone
6. conducive
7. confluence
8. congenial
9. congenital

a. agreeably suitable
b. innate
c. harmony
d. flowing together
e. promoting
f. stoop or patronize
g. overlook
h. happening at the same time
i. disharmony

CONGREGATE [kάŋgrigèit] v to come together 합치다, 집합하다

- Protestors were granted permission to *congregate* peacefully on the plaza.
  시위자는 광장에 평화롭게 집합하는 것에 대한 허락을 받았다.

The noun form is *congregation* and can refer to the membership of a house of worship.
명사형은 congregation으로, 예배를 보기 위해 모인 '신자들'을 나타낸다.

- About half the *congregation* attended the sunrise service.
  신자들의 반 정도가 아침 예배에 참석했다.

Aggregate also has to do with coming together. Can you think of additional words with the same root?
aggregate도 '함께 모이다'라는 의미가 있다. 같은 어원을 가진 단어를 더 생각해 보라.

CONJECTURE [kəndʒéktʃər] v to guess; to deduce or infer on slight evidence
추측하다; 약간의 증거를 가지고 추론하다

- If forced to *conjecture*, I would say the volcano will erupt in twenty-four hours.
  굳이 추측하라고 한다면, 나는 그 화산이 24시간 후에 폭발할 것이라고 말하겠다.

Conjecture can also be a noun.
conjecture는 명사로도 쓰일 수 있다.

- The divorce lawyer for Mr. Davis argued that the putative cause of the lipstick on his collar was mere *conjecture*.
  데이비스 씨의 이혼을 담당한 변호사는 그의 깃에 묻어 있는 립스틱 자국의 추정상 원인은 단지 추측일 뿐이라고 주장했다.

▶ 형용사형은 conjectural(추측의)이다.

CONJURE [kándʒər] v to summon or bring into being as if by magic
마치 마법을 쓰듯이 불러내거나 만들어 내다

- The chef *conjured* (or *conjured* up) a fabulous gourmet meal using nothing more than the meager ingredients in Lucy's kitchen.
주방장은 루시네 부엌에 있는 보잘것없는 재료들만을 가지고 마법이라도 쓴 듯 믿을 수 없을 만큼 맛있는 음식을 만들어 냈다.

- The wizard *conjured* (or *conjured* up) an evil spirit by mumbling some magic words and throwing a little powdered eye of newt into the fire.
마법사는 마법의 주문을 중얼거린 다음 분을 바른 영원의 작은 눈을 불 속에 집어던져서 악령을 불러냈다.
(주: 영원은 영원과의 동물로 도롱뇽과 비슷함. 북반구의 온대 지역에 분포.)

CONNOISSEUR [kànəsə́ːr] n an expert, particularly in matters of art or taste
전문가, 특히 예술이나 맛을 감정하는 사람

- The artist's work was very popular, but *connoisseurs* rejected it as amateurish.
그 화가의 작품은 상당히 인기가 있었다. 그러나 전문가들은 그의 작품을 아마추어 수준이라고 퇴짜를 놓았다.

- Frank was a *connoisseur* of bad movies. He had seen them all and knew which ones were genuinely dreadful and which ones were merely poorly made.
프랭크는 저질 영화의 전문가였다. 그는 그런 류의 영화는 죄다 보았고, 어느 영화가 진짜 끔찍한 것인지, 어느 것이 형편없이 만들어졌는지 구별할 줄 알았다.

- The meal was exquisite enough to impress a *connoisseur*.
그 음식은 전문가를 감탄시킬 만큼 훌륭했다.

- I like sculpture, but I'm no *connoisseur*; I probably can't describe to you why one statue is better than another.
나는 조각을 좋아하기는 하지만, 전문가는 아니다. 그래서 나는 어떤 조각 작품이 다른 것보다 더 좋은 이유를 당신에게 설명할 수 없을 것이다.

CONSECRATE [kánsəkrèit] v to make or declare sacred   신성하게 하거나 신성함을 공표하다

- The Veterans Day speaker said the battlefield had been *consecrated* by the blood of the soldiers who had died there.
재향 군인의 날 연사는 그곳에서 죽은 병사들의 피로 전투가 치러졌던 그 장소는 성지가 되었다고 말했다.

- The priest *consecrated* the building by sprinkling holy water on it.
신부님은 그 빌딩에 성수를 뿌려 축성하였다.

- The college chaplain delivered a sermon at the *consecration* [kànsəkréiʃən] ceremony for the new chapel.
대학의 목사는 새로운 예배당을 위한 축성식에서 설교를 했다.

▶ consecrate의 반의어는 desecrate[désəkrèit]로, '불경스럽게 다루다'라는 뜻이다.

- The vandals *desecrated* the cemetery by knocking down all the tombstones.
무뢰한들이 묘비들을 모두 쓰러뜨려 묘지의 신성함을 더럽혔다.

Desecrate can also be applied to areas outside religion.
desecrate는 종교 외적인 영역에도 적용할 수 있다.

- Their act of vandalism was a *desecration*.
그들의 야만행위는 불경스러운 행동이었다.

- Doodling in a book *desecrates* the book, even if the book isn't a Bible.
책에다 낙서를 하는 것은 비록 그 책이 성경이 아니라 할지라도 책의 고귀함을 더럽히는 불경스러운 행동이다.

- The graffiti on the front door of the school is a *desecration*.
학교의 현관문에 낙서를 하는 것은 학교를 모독하는 행위이다.

CONSENSUS [kənsénsəs] n **unanimity or general agreement** 만장일치 또는 일반적인 동의

When there is a *consensus*, everybody feels the same way.

consensus(이견의 일치)가 있다는 말은 모든 사람들이 같은 방식으로 느낀다는 뜻이다.

Contrary to how the word is often used, *consensus* implies more than just a rough agreement or a majority opinion. Election results don't reflect a *consensus* unless everyone or nearly everyone votes for the same candidate.

consensus는 자주 사용되는 의미와는 다르게, 단지 대략적인 동의나 다수의 의견 이상의 뜻을 나타낸다. 모든 사람들 혹은 거의 모든 사람들이 같은 후보에게 투표하는 것이 아니라면, 선거 결과가 consensus(일반적인 합의)를 나타낸다고 볼 수 없다.

CONSONANT [kánsənənt] adj **harmonious; in agreement** 조화로운; 일치하는

- Our desires were *consonant* with theirs; we all wanted the same thing.

  우리의 희망은 그들의 것과 일치했다. 우리는 모두 같은 것을 원했다.

- The decision to construct a new gymnasium was *consonant* with the superintendent's belief in physical education.

  새 체육관을 건설하자는 결정은 체육 교육에 대한 교장의 소신과 일치하는 것이었다.

▸ consonant의 반의어는 '부조화의'라는 뜻의 dissonant[dísənənt]이다.

Dissonant voices are voices that don't sound good together.

dissonant voices는 함께 어우러져 좋은 소리를 내지 못하는 '불협화음을 내는 목소리'를 의미한다.

QUICK QUIZ

Match each word in the first column with its definition in the second column. Check your answers in the back of the book.

1. congregate
2. conjecture
3. conjure
4. connoisseur
5. consecrate
6. desecrate
7. consensus
8. consonant
9. dissonant

a. incompatible
b. harmonious
c. make sacred
d. unanimity
e. summon as if by magic
f. treat irreverently
g. artistic expert
h. guess
i. get together

CONSTRUE [kənstrú:] v **to interpret** 해석하다

- Preston *construed* his contract as giving him the right to do anything he wanted.

  프레스턴은 자신의 계약서를 원하는 것은 무엇이나 할 수 있는 권리를 보장해 주는 것으로 해석했다.

- The law had always been *construed* as permitting the behavior for which Katya had been arrested.

  법은 카티아가 체포된 행위를 인정하는 방향으로 항상 해석되어 왔다.

- The meaning of the poem, as I *construed* it, had to do with the love of a woman for her dog.

  내가 해석한 바에 의하면, 그 시의 의미는 개에 대한 한 여자의 사랑과 관계가 있다.

To *misconstrue* is to misinterpret.

misconstrue는 '오해하다'라는 뜻이다.

- Tommy *misconstrued* Pamela's smile, but he certainly did not *misconstrue* the slap she gave him.

  토미는 파멜라의 미소를 잘못 해석했다. 그러나 그녀가 토미의 따귀를 때린 일은 분명히 제대로 해석했다.

CONSUMMATE [kənsʌ́mət] adj **perfect; complete; supremely skillful**
완벽한; 완전한; 최고로 솜씨 좋은

- A *consummate* pianist is an extremely good one. Nothing is lacking in the way he or she plays.

  consummate pianist는 최고의 솜씨를 자랑하는 피아니스트이다. 그의(그녀의) 연주 솜씨는 더 바랄 것이 없다.

Consummate [kánsəmèit] is also a verb. Notice the different pronunciation. To *consummate* something is to finish it or make it complete. Signing a contract would *consummate* an agreement.

consummate는 동사로도 쓰인다. 발음상의 차이에 주목하라. 동사 consummate는 어떤 것을 '끝내다', '완벽하게 하다'라는 뜻이다. 계약서에 사인하는 것은 협정을 consummate(완전하게 하다)하는 일이다.

▶ 위 발음들에 주의할 것.

CONTENTIOUS [kənténʃəs] adj **argumentative; quarrelsome** 따지기 좋아하는; 싸우기 좋아하는

- Liz figured that her *contentious* style would make her a perfect litigator; after law school, however, the would-be trial attorney discovered that passing the bar requires more than a will to argue.

  리즈는 그녀의 따지기 좋아하는 스타일이 법과대학원을 졸업한 후 그녀를 완벽한 소송자로 만들 것을 알았다. 하지만 소송변호사 지망생이 법정변호사가 되는 데에는 논쟁하는 의지 이상이 필요하다는 것을 깨달았다.

A person looking for a fight is *contentious*.

걸핏하면 싸우려 드는 사람을 contentious(다투기 좋아하는)라고 표현한다.

Two people having a fight are *contentious*.

싸우고 있는 두 사람은 contentious(분쟁 중인)라고 표현한다.

To be *contentious* in a discussion is to make a lot of noisy objections.

토론에서 contentious인 것은 시끄러운 소리가 많이 오가며 '서로의 의견에 반대하는' 것이다.

A *contender* is a fighter. To *contend* is to fight or argue for something. Someone who breaks the law may have to *contend* with the law.

contender는 '싸우고 있는 사람'이다. contend는 무언가를 위해서 '싸우다', '논쟁하다'라는 뜻이다. 법을 위반하는 사람은 법과 contend해야 할 것이다.

CONTIGUOUS [kəntígjuəs] adj **side by side; adjoining** 인접한

Two countries that share a border are *contiguous*; so are two events that happened one right after the other.

국경선을 같이 나누고 있는 두 나라는 contiguous(인접한)라고 할 수 있다. 연달아 일어난 두 사건에도 마찬가지로 contiguous(연속된)라는 표현을 쓴다.

If two countries are *contiguous*, the territory they cover is *contiguous*. That is, it spreads or continues across both countries without any interruption.

두 나라가 contiguous라면 그들의 영토가 인접한다는 뜻이다. 즉, 두 나라의 영토는 중간에 다른 것이 없이 계속 이어져 있다는 뜻이다.

CONTINGENT [kəntíndʒənt] adj **dependent; possible** ~에 좌우되는; 가능한

- Our agreement to buy their house is *contingent* upon the sellers' finding another house to move into. That is, they won't sell their house to us unless they can find another house to buy.
  우리가 그들의 집을 구입할 수 있는 계약의 성사 여부는 팔려고 내놓은 사람이 이사갈 새 집을 구하는 것에 달려 있다. 즉, 판매자가 새로 살 집을 구하지 못한다면, 우리에게 집을 팔려고 하지 않을 것이다.

- My happiness is *contingent* on yours; if you're unhappy, I'm unhappy.
  나의 행복은 전적으로 너의 행복에 달려 있다. 네가 불행하다면, 나 또한 불행하다.

- The Bowdens were prepared for any *contingency*. Their front hall closet contained a first-aid kit, a fire extinguisher, a life raft, a parachute, and a pack of sled dogs.
  보우던스네 가족들은 어떠한 우발적 사고에도 대비해 두었다. 현관 복도의 벽장에는 구급상자와 소화기, 구명보트, 낙하산과 한 떼의 썰매 개들이 들어 있었다.

A *contingency* is something that may happen but is at least as likely not to happen.
contingency(우연성, 우발 사건)는 일어날 수도 있지만 동시에 같은 정도로 일어나지 않을 수도 있는 일을 뜻한다.

- Several *contingencies* stand between us and the successful completion of our business proposal; several things could happen to screw it up.
  우리가 업무를 성공적으로 완수하기까지는 몇 가지 가능성들이 도사리고 있다. 몇몇 사건들이 발생해 일을 망칠 수도 있을 것이다.

CONTRITE [kəntráit] adj **admitting guilt; especially feeling remorseful**
죄를 인정하는; 특히 양심의 가책을 느끼는

To be *contrite* is to admit whatever terrible thing you did.
contrite는 자신이 저지른 나쁜 일이 무엇이든지 간에 그것을 인정하는, 즉 '죄를 뉘우치는'의 뜻이다.

- Mira was *contrite* about her mistake, so we forgave her.
  미라는 자신의 실수를 인정했다. 그래서 우리는 그녀를 용서했다.

Criminals who won't confess their crimes are not *contrite*.
자신의 죄를 자백하려 하지 않는 범인들은 죄를 contrite하지 않는 것이다.

Saying that you're sorry is an act of *contrition* [kəntríʃən].
미안하다고 말하는 것은 contrition(회개)의 행동이다.

CONTRIVED [kəntráivd] adj **artificial; labored** 인위적인; 부자연스러운

- Sam's acting was *contrived*: no one in the audience believed his character or enjoyed his performance.
  샘의 연기는 부자연스러웠다. 그가 연기하는 인물에 공감하거나 그의 연기에 빠져드는 관객들은 아무도 없었다.

- The artist was widely admired for her originality, but her paintings seemed *contrived* to me.
  사람들은 그 화가가 독창성이 있다고 많이 칭찬했지만, 내 눈에는 그녀의 그림들이 부자연스러웠다.

- No one laughed at Mark's *contrived* attempt at humor.
  마크가 억지로 웃음을 유도하려 했지만, 아무도 웃지 않았다.

A *contrivance* is a mechanical device, usually something rigged up.
contrivance는 대개 무언가 임시방편으로 만든 기계 장치, '고안품'이다.

CONVENTIONAL [kənvénʃənl] adj **common; customary; unexceptional**
상투적인; 관습적인; 예외가 아닌, 판에 박힌

- The architect's *conventional* designs didn't win him awards for originality.
  그 건축가의 디자인은 상투적이었기 때문에 창의성 부족으로 수상권에 들지 못했다.

Tipping the server in a restaurant is a *conventional* courtesy.
레스토랑에서 서버에게 팁을 주는 것은 conventional courtesy(관례)이다.

Conventional wisdom is what everyone thinks.
conventional wisdom은 누구나 생각할 수 있는 일반적인 통념이다.

- The bland politician maintained her popularity by never straying far from the *conventional* wisdom about any topic.
  부드러운 성격의 정치가는 어떠한 주제에 대해서도 일반적인 사람들이 생각하는 방식을 결코 벗어나지 않음으로써 인기를 유지했다.

CONVIVIAL [kənvívial] adj fond of partying; festive   파티를 좋아하는; 축제의, 연회의

▶ 발음에 주의할 것.

A *convivial* gathering is one in which the people present enjoy eating, drinking, and being together.
convivial gathering은 참석자들이 함께 모여 먹고 마시고 노는 것을 즐기는 연회를 의미한다.

To be *convivial* is to be an eager but generally well-behaved party animal.
convivial은 열렬히 파티를 좋아하는 것이지만 보통은 품행이 단정한 파티족에게 쓴다.

A *convivial* person is the opposite of an antisocial person.
convivial person(사교적인 사람)은 비사교적인 사람의 반대 개념이다.

COPIOUS [kóupiəs] adj abundant; plentiful   풍부한

- The champagne at the wedding reception was *copious* but not very good.
  결혼식 피로연에 나온 샴페인은 양은 풍족했지만 맛은 그다지 좋지 않았다.

- Matt had a *copious* supply of nails in his workshop. Everywhere you stepped, it seemed, there was a pile of nails.
  매트의 작업실에는 못이 아주 많았다. 발을 내딛는 곳 어디에나 산더미 같은 못이 쌓여 있는 것 같았다.

- Pill ate *copiously* at the banquet and went home feeling quite sick.
  필은 잔치에 가서 너무 많이 먹어서 불쾌감을 느낄 정도가 되어 집으로 돌아왔다.

QUICK QUIZ

Match each word in the first column with its definition in the second column. Check your answers in the back of the book.

1. construe
2. consummate
3. contentious
4. contiguous
5. contingent
6. contrite
7. contrived
8. conventional
9. convivial
10. copious

a. admitting guilt
b. interpret
c. perfect
d. labored
e. dependent
f. abundant
g. adjoining
h. argumentative
i. festive
j. common

COROLLARY [kɔ́:rəlèri] n something that follows; a natural consequence
(필연적으로) 뒤따르는 것; 당연한 결과

In mathematics, a *corollary* is a law that can be deduced without further proof from a law that has already been proven.
수학에서 corollary(계, 따름정리)는 이미 증명된 기존의 법칙으로부터 더 이상의 증명 없이도 유추할 수 있는 법칙을 의미한다.

- Bloodshed and death are *corollaries* of any declaration of war.
  어떠한 선전 포고에도 유혈 참사와 죽음은 따르기 마련이다.

- Higher prices were a *corollary* of the two companies' agreement not to compete.
  두 회사가 경쟁하지 않기로 담합하자, 당연하게도 가격 상승이 뒤따랐다.

CORROBORATE [kərɑ́bərèit] v to confirm; to back up with evidence
확인하다; 명백한 증거로 뒷받침하다

▶ 발음에 주의할 것.

- I knew my statement was correct when my colleague *corroborated* it.
  동료가 확실하게 확인을 해 주어서 나는 내 진술이 옳다는 것을 알았다.

- Henny Penny's contention that the sky was falling could not be *corroborated*. That is, no one was able to find any fallen sky.
  하늘이 무너질 거라는 헤니 페니의 주장은 결코 확인될 수 없었다. 즉, 하늘이 무너진 것을 본 사람은 아무도 없었다.

- The police could find no evidence of theft and thus could not *corroborate* Greg's claim that he had been robbed.
  경찰은 절도의 증거를 찾을 수가 없었다. 그래서 도둑맞았다는 그렉의 주장을 확인할 수 없었다.

COSMOPOLITAN [kɑ̀zməpɑ́lətn] adj at home in many places or situations; internationally sophisticated 많은 장소나 상황에서 편안한; 국제적으로 세련된

- Marcello's interests were *cosmopolitan*—he liked Greek wine, German beer, Dutch cheese, Japanese cars, and French fries.
  마르첼로의 기호는 국제적이었다. 그는 그리스 와인과 독일 맥주, 네덜란드 치즈, 일본제 차, 프랑스식 감자튀김을 좋아했다.

- A truly *cosmopolitan* traveler never feels like a foreigner anywhere on Earth.
  진정한 세계 여행가는 지구 어느 곳에서도 결코 이방인처럼 느끼지 않는다.

- New York is a *cosmopolitan* city; you can hear nearly every language spoken there.
  뉴욕은 국제적인 도시이다. 그 도시에서는 거의 모든 언어를 들을 수 있다.

COUNTENANCE [kɑ́untənəns] n face; facial expression, especially an encouraging one
용모; 표정, 특히 격려해 주는 표정

- Her father's confident *countenance* gave Liz the courage to persevere.
  아버지의 확신에 찬 표정을 보고, 리즈는 끝까지 인내할 수 있는 용기를 얻었다.

- Ed's harsh words belied his *countenance*, which was kind and encouraging.
  에드는 친절하고 호의적인 표정과는 반대로 거친 말을 사용했다.

Countenance can also be a verb. To *countenance* something is to condone it or tolerate it.
countenance는 동사로도 쓰여 어떤 것을 '묵인하다', '용서하다'라는 뜻을 나타낸다.

- Dad *countenanced* our backyard rock fights even though he didn't really approve of them.
  아빠는 실제적으로는 우리가 뒷마당에서 돌싸움하는 것을 허락하지는 않았지만 그것을 묵인하셨다.

COUP [ku:] n a brilliant victory or accomplishment; the violent overthrow of a government by a small internal group

찬란한 승리나 업적; 소수의 내부 그룹의 폭력에 의한 정부 전복(쿠데타)

▶ 발음에 주의할 것.

- Winning a gold medal at the Olympics was a real *coup* for the fifty-year-old man.
  쉰 살이나 먹은 사람이 올림픽에서 금메달을 획득했다는 것은 대단한 성공이었다.

- The student council's great *coup* was persuading Drake to play at our prom.
  학교 댄스파티에서 공연을 하도록 드레이크를 설득한 것은 학생회의 대단한 성과였다.

- In the attempted *coup* in the Philippines, some army officers tried to take over the government.
  필리핀에서 몇 명의 군장교들이 정권을 찬탈하려 쿠데타를 기도했다.

The full name for this type of *coup* is *coup d'état*[kùːdeitáː]. A *coup de grace*[kuːdəgráːs] is a final blow or concluding event.

coup의 완전한 명칭은 coup d'état(쿠데타)이다. coup de grace는 '최후의 일격' 또는 '결정적 사건'을 의미한다.

COVENANT [kávənənt] n a solemn agreement; a contract; a pledge 엄숙한 합의; 계약(서); 맹세

- The warring tribes made a *covenant* not to fight each other anymore.
  전쟁을 벌이던 부족들은 더 이상 서로 싸우지 않겠다고 맹세했다.

- We signed a *covenant* never to drive Masha's father's car without permission again.
  우리는 다시는 허락 없이 마샤 아버지의 차를 끌고 나가지 않겠다고 서약서에 사인했다.

COVERT [kávərt] adj secret; hidden 비밀의; 숨겨진

To be *covert* is to be covered.
covert는 '숨겨진'의 뜻이다.

Covert activities are secret activities.
covert activities는 '비밀 활동'을 의미한다.

A *covert* military operation is one the public knows nothing about.
covert military operation은 일반 대중에게는 전혀 공개되지 않는 비밀 군사 작전을 뜻한다.

▶ 반의어는 overt[ouvə́ːrt](공개된)이다.

COVET [kávit] v to wish for enviously 부러워서 탐내다

- To *covet* thy neighbor's wife is to want thy neighbor's wife for thyself.
  네 이웃의 아내를 탐한다는 것은 너의 이기심으로 이웃의 아내를 원한다는 뜻이다.

- Any position at MTV is a highly *coveted* job.
  MTV에서는 어떤 위치도 무척 부러워하는 직업이다.

▶ covetous는 '부러워하는', '탐내는'의 뜻이다.

Match each word in the first column with its definition in the second column. Check your answers in the back of the book.

1. corollary
2. corroborate
3. cosmopolitan
4. countenance
5. coup
6. covenant
7. covert
8. covet

a. worldly and sophisticated
b. face
c. wish for enviously
d. confirm
e. solemn agreement
f. brilliant victory
g. natural consequence
h. secret

CREDULOUS [krédʒuləs] adj **eager to believe; gullible** 믿고 싶어하는; 잘 속는

- The *credulous* housewife believed that she had won a million dollars through an email scam.
  남의 말을 잘 믿는 그 주부는 이메일 사기로 자기가 백만 달러의 상금을 받게 되었다고 믿었다.

- Judy was so *credulous* that she simply nodded happily when Kirven told her he could teach her how to fly. Judy's *credulity* [kridʒúːləti] was limitless.
  주디는 워낙 남의 말을 잘 믿기 때문에, 커빈이 하늘을 나는 방법을 가르쳐 줄 수 있다고 했을 때 즐거운 마음으로 쉽게 고개를 끄덕였다. 주디는 무한정으로 남의 말을 잘 믿는다.

Credulous should not be confused with *credible*. To be *credible* is to be believable. Almost anything, however *incredible*, is *credible* to a *credulous* person.
credulous와 credible을 혼동하지 마라. credible은 '믿을 수 있는'이라는 뜻이다. 아무리 incredible(믿을 수 없는)인 일들도 credulous(잘 속는)인 사람들에게는 거의 모두 credible(믿을 만한)인 것이 된다.

- Larry's implausible story of heroism was not *credible*. Still, *credulous* old Louis believed it.
  래리가 이야기한 믿기 어려운 영웅담은 신뢰할 게 못 되었다. 그러나 남의 말에 잘 속는 루이스 노인은 그 이야기를 믿었다.

A story that cannot be believed is *incredible*. If you don't believe that story someone just told you, you are *incredulous*. If something is *credible*, it may gain *credence* [kríːdəns], which means belief or intellectual acceptance.
믿을 수 없는 이야기는 incredible이라고 표현한다. 누군가가 당신에게 한 이야기를 믿지 않는다면, 당신은 incredulous(의심이 많은)인 사람이다. 만약 어떤 것이 credible이라면, 그것은 '믿음'이나 '지적인 수용'을 의미하는 credence를 얻을 것이다.

- No one could prove Frank's theory, but his standing at the university helped it gain *credence*.
  아무도 프랭크의 이론을 증명할 수 없었다. 그러나 대학에서의 그의 지위가 그의 이론이 신용을 얻는 데 도움이 되었다.

Another similar word is *creditable*, which means worthy of credit or praise.
또 다른 비슷한 단어로, '신용할 만한' 또는 '칭찬받을 만한'이라는 뜻의 creditable이 있다.

- Our record in raising money was very *creditable*; we raised several thousand dollars every year.
  기금 모금에서 우리가 세운 기록은 아주 칭찬받을 만했다. 우리는 매년 수천 달러의 돈을 모았다.

CRITERION [kraitíəriən]　n　**standard; basis for judgment**　기준; 판단의 근거

- When Norm judges a meal, he has only one *criterion*: is it edible?
  노엄은 음식을 평가할 때 오로지 한 가지 기준을 사용한다. 그것은 먹을 수 있는 것인가이다.

- In choosing among the linemen, the most important *criterion* was quickness.
  (미식축구의) 라인 맨을 선택하는 데 있어서 가장 중요한 기준은 민첩성이었다.

The plural of *criterion* is *criteria*. You can't have *one criteria*; you can only have one *criterion*. If you have two or more, you have *criteria*. There is no such thing as *criterions* and no such thing as *a criteria*.
criterion의 복수형은 criteria이다. one criteria라는 말은 있을 수 없다. one criterion이 맞는 표현이다. 두 개나 그 이상의 기준을 갖고 있다면, criteria를 갖고 있는 것이다. criterions라는 표현도 a criteria이라는 표현도 있을 수 없다.

CRYPTIC [kríptik]　adj　**mysterious; mystifying**　수수께끼 같은, 신비한; 사람을 미혹시키는

- Elaine's remarks were *cryptic*; Jerry was baffled by what she said.
  일레인의 말은 수수께끼 같았다. 그녀가 말하는 것에 제리는 당황했다.

A *cryptic* statement is one in which something important remains hidden.
cryptic statement는 무언가 중요한 내용이 숨겨져 있는 진술을 의미한다.

- The ghost made *cryptic* comments about the *crypt* from which she had just emerged; that is, no one could figure out what the ghost meant.
  유령은 자신이 방금 나타난 지하 납골당에 대하여 수수께끼 같은 말을 했다. 다시 말해서, 아무도 유령이 뜻하는 바를 이해할 수 없었다.

CULINARY [kjú:lənèri]　adj　**relating to cooking or the kitchen**　요리나 부엌에 관계된

▶ 발음에 주의할 것.

A cooking school is sometimes called a *culinary* institute.
요리 학교를 때때로 culinary institute라고 부른다.

- Allison pursued his *culinary* interests by attending the *culinary* institute. Her first meal, which was burned beyond recognition, was a *culinary* disaster.
  앨리슨은 요리에 대한 호기심을 충족시키기 위해 요리 학교에 다녔다. 그녀가 처음으로 만든 음식은 알아볼 수도 없이 타 버려서 실패작이 되었다.

CULMINATE [kʌ́lmənèit]　v　**to climax; to reach full effect**　최고조에 달하다; 완전한 결과에 이르다

- Connie's years of practice *culminated* in a great victory at the international juggling championship.
  코니는 수년간에 걸친 연습 덕분에 마침내 세계 저글링 선수권 대회에서 위대한 승리를 했다.

- The masquerade ball was the *culmination* of our fund-raising efforts.
  가면무도회로 우리의 모금 활동은 절정에 이르렀다.

Match each word in the first column with its definition in the second column. Check your answers in the back of the book.

1. credulous		a.	related to cooking
2. credible		b.	believable
3. incredible		c.	believability
4. incredulous		d.	worthy of praise
5. credence		e.	eager to believe
6. creditable		f.	unbelieving
7. criterion		g.	unbelievable
8. cryptic		h.	climax
9. culinary		i.	standard
10. culminate		j.	mysterious

CULPABLE [kʌ́lpəbl] adj **deserving blame; guilty** 비난받을 만한; 유죄의

- The accountant's failure to spot the errors made her *culpable* in the tax-fraud case.
  틀린 부분을 찾아내지 못함으로써 회계사는 세금 사기 사건 연루된 것으로 의심받게 되었다.

- We all felt *culpable* when the homeless old man died in the doorway of our apartment building.
  집도 없이 떠돌던 노인이 우리 아파트 입구에서 죽어 있는 것을 보고 우리는 모두 죄의식을 느꼈다.

A person who is *culpable* (a *culprit*) is one who can be blamed for doing something.
culpable인 사람(a culprit)은 비난받을 만한 일을 한 사람이다.

To decide that a person is not *culpable* after all is to *exculpate* [ékskʌlpèit] that person.
마침내 어떤 사람이 culpable이지 않다고 결론을 내리는 것은 그 사람을 exculpate(죄를 면하게 하다)한다는 뜻이다.

- Lou's confession didn't *exculpate* Bob, because one of the things that Lou confessed was that Bob had helped him do it.
  루가 자백한 것 중에는 밥이 그 일을 하는 것을 도왔다는 내용이 포함되어 있기 때문에, 루의 자백은 밥의 무죄를 증명하지 못했다.

▸ exculpate의 반의어는 inculpate로, 누군가에게 어떤 '죄를 씌우다'라는 뜻이다.

CURSORY [kə́:rsəri] adj **hasty; superficial** 서두르는; 피상적인

- To give a book a *cursory* reading is to skim it quickly without comprehending much.
  cursory reading은 책을 깊이 이해하지 못하고 빨리 대강대강 읽는 것이다.

- The *cursor* on Dave's computer made a *cursory* sweep across the data as he scrolled down the page.
  데이브가 컴퓨터의 화면 내용을 순차적으로 내리자 컴퓨터의 커서는 데이터를 빠르게 휙 지나갔다.

To make a *cursory* attempt at learning French is to memorize a couple of easy words and then give up.
프랑스어 공부에 cursory attempt 한다는 것은 쉬운 단어 두어 개를 암기해 보고는 포기해 버리는 식이다.

CURTAIL [kərtéil] v to shorten; to cut short 줄이다; 짧게 하다

- Curt had so much homework to do that night that he *curtailed* the amount of television he wanted to watch.
  커트는 그날 밤 해야 할 숙제가 너무 많아서 보고 싶던 TV 시청의 양을 줄였다.

To *curtail* a tale is to cut it short.
to curtail a tale은 이야기를 짧게 줄이다라는 뜻이다.

CYNIC [sínik] n one who deeply distrusts human nature; one who believes humans are motivated only by selfishness
인간의 본성을 깊게 불신하는 사람; 인간이 오직 이기심만으로 움직인다고 믿는 사람, 냉소주의자

- When the pop star gave a million dollars to the museum, *cynics* said he was merely trying to buy himself a reputation as a cultured person.
  팝 스타가 박물관에 백만 달러를 기부하자 냉소주의자들은 그가 단지 교양 있는 사람이라는 평판을 사려하고 있을 뿐이라고 비꼬았다.

To be *cynical* is to be extremely suspicious of the motivations of other people.
cynical은 다른 사람의 행동의 동기에 대해서 매우 의심스러워 하는'의 뜻이다.

Cynicism is general grumpiness and pessimism about human nature.
cynicism(냉소, 냉소주의)은 온통 불만투성이이고 인간의 본성에 대해 비판적인 태도를 의미한다.

QUICK QUIZ

Match each word in the first column with its definition in the second column. Check your answers in the back of the book.

1. culpable	a. free from guilt
2. exculpate	b. shorten
3. cursory	c. one who distrusts humanity
4. curtail	d. hasty
5. cynic	e. guilty

D

DAUNT [dɔːnt] v to make fearful; to intimidate   두려워하게 만들다; 위협하다

- The steepness of the mountain *daunted* the team of amateur climbers, because they hadn't realized what they were in for.

  무엇이 그들을 기다리고 있는지 알지 못했기 때문에 아마추어 등반 팀은 그 산의 험준함에 기가 꺾였다.

- The size of the players on the visiting team was *daunting*; the players on the home team began to perspire nervously.

  원정 팀 선수들의 체격은 위협적이었다. 홈 팀의 선수들은 초조해져서 식은땀을 흘리기 시작했다.

To be *dauntless* or *undaunted* is to be fearless or unintimidated.

dauntless나 undaunted는 '겁이 없는'이나 '두려워하지 않는'의 뜻이다.

- The rescue crew was *undaunted* by the flames and ran into the burning house to look for survivors. The entire crew was *dauntless* in its effort to save the people inside.

  구조대원들은 화염을 겁내지 않고 생존자를 찾기 위해 불길에 휩싸인 집으로 뛰어들었다. 전 대원들은 집 안에 남아 있던 사람들을 구하기 위해 아주 용감하게 행동했다.

DEARTH [dəːrθ] n lack; scarcity   부족; 결핍

- There is no *dearth* of comedy at a convention of clowns.

  익살꾼들이 모인 곳에 유머의 결핍이란 있을 수 없다.

- When there is a *dearth* of food, many people may starve.

  먹을 것이 부족해지면 많은 사람들이 굶어 죽게 될 것이다.

- There was a *dearth* of gaiety at the boring Christmas party.

  그 따분한 크리스마스 파티에서는 기분이 나지 않았다.

DEBACLE [dibáːkl/deibáːkl] n violent breakdown; sudden overthrow; overwhelming defeat
격렬한 붕괴; 갑작스러운 멸망; 대패

- A political debate would become a *debacle* if the candidates began screaming and throwing dinner rolls at each other.

  후보자들이 고함을 치고 서로에게 식탁 위의 빵을 집어 던지기 시작하면 정치 토론은 급격히 붕괴될 것이다.

DEBAUCHERY [dibɔ́ːtʃəri] n wild living; excessive intemperance   방종한 삶; 지나친 방종

- *Debauchery* can be expensive; fortunately for Jeff, his wallet matched his appetite for extravagant pleasures. He died a poor, albeit happy, man.

  방탕한 생활은 돈이 많이 들 수도 있다. 다행히도 제프의 지갑은 사치스러운 쾌락을 추구하는 그의 욕구와 맞아떨어질 만큼 두둑했다. 그는 행복하기는 했지만 결국 가난하게 죽었다.

To *debauch* is to seduce or corrupt. Someone who is *debauched* has been seduced or corrupted.

debauch는 나쁜 길로 '유혹하다' 또는 타락시키다라는 뜻이다. debauched인 사람은 유혹을 당했거나 타락한 것이다.

DEBILITATE [dibílətèit] v to weaken; to cripple 약화시키다; 무능하게 만들다

- The football player's career was ended by a *debilitating* injury to his knee.
  무릎을 못쓰게 만든 부상으로 그 풋볼 선수의 선수 생명은 끝이 났다.

To become *debilitated* is to suffer a *debility*, which is the opposite of an ability.
debilitated는 debility(쇠약)를 겪는 것이다. debility는 ability(능력)의 반의어이다.

- A surgeon who becomes *debilitated* is one who has lost the ability to operate on the *debilities* of other people.
  무능력해진 외과 의사란 다른 사람의 신체적 쇠약을 수술해 주던 능력을 상실한 사람이다.

DECADENT [dékədənt] adj decaying or decayed, especially in terms of morals
특히 도덕적인 면에서 부패시키거나 부패한

A person who engages in *decadent* behavior is a person whose morals have decayed or fallen into ruin.
decadent(퇴폐적인)인 행동에 빠져 있는 사람은 도덕성이 썩었거나 황폐해진 사람이다.

- Carousing in local bars instead of going to class is *decadent*.
  학교에는 가지 않고 동네 술집에서 흥청망청 술을 마셔대는 것은 썩어 빠진 행동이다.

Decadent behavior is often an affectation of bored young people.
decadent behavior(퇴폐적인 행동)는 종종 권태를 느끼는 젊은이들의 가식적인 태도이기도 하다.

▸ 명사형은 decadence(타락, 퇴폐)이다.

DECIMATE [désəmèit] v to kill or destroy a large part of ~의 대부분을 죽이거나 파괴하다

To *decimate* an army is to come close to wiping it out.
군대를 decimate하는 것은 그 군대를 거의 전멸시키는 것이다.

- When locusts attack a crop, they sometimes *decimate* it, leaving very little that's fit for human consumption.
  메뚜기 떼가 농작물을 공격하면, 때로는 인간이 먹을 수 있는 것을 거의 남기지 않고 황폐화시킨다.

- You might say in jest that your family had *decimated* its turkey dinner on Thanksgiving, leaving nothing but a few crumbs and a pile of bones.
  추수 감사절에 가족들이 저녁으로 칠면조 요리를 먹을 때, 농담 삼아 몇몇 부스러기와 수북이 쌓인 뼈다귀 외에는 아무것도 남기지 않고 칠면조를 완전히 해치웠다고 말할 수도 있다.

▸ 명사형은 decimation(다수의 인명을 앗음)이다.

DECOROUS [dékərəs] adj proper; in good taste; orderly 예의 바른; 품위 있는; 단정한

Decorous behavior is good, polite, orderly behavior.
decorous behavior은 '훌륭하고 예의 바르고 단정한 행동'이다.

To be *decorous* is to be sober and tasteful.
decorous는 '진지하고 점잖은'을 의미한다.

- The New Year's Eve crowd was relatively *decorous* until midnight, when they went wild.
  새해 전날에 군중들은 자정까지는 비교적 품위를 지켰지만 마침내 자정이 되자 이성을 잃고 열광했다.

To behave *decorously* is to behave with *decorum* [dikɔ́:rəm].
to behave decorously는 '예의 바르게(with decorum) 행동하다'의 뜻이다.

DEDUCE [didʤúːs] v to conclude from the evidence; to infer 증거를 가지고 결론을 내리다; 추론하다

To *deduce* something is to conclude it without being told it directly.

deduce는 직접적으로 말을 듣지 않고 그에 대한 결론을 내리다, 즉 '추론하다'의 뜻이다.

- From the footprints on the ground, Clarice *deduced* that the criminal had feet.

  땅에 찍힌 발자국을 보고 클라리스는 그것이 범인의 발자국이라는 결론을 내렸다.

- Daffy *deduced* from the shape of its bill that the duck was really a chicken. That the duck was really a chicken was Daffy's *deduction*.

  대피는 부리의 모양을 보고 그것이 오리가 아니라 사실은 닭이라는 결론을 내렸다. 그 오리가 사실은 닭이었다는 것이 대피의 추론이었다.

DEFAME [diféim] v to libel or slander; to ruin the good name of
중상하거나 비방하다; 명예를 훼손하다

To *defame* someone is to make accusations that harm the person's reputation.

defame은 어떤 사람의 명예를 손상시키는 비방을 하다'라는 뜻이다.

- The local businessman accused the newspaper of *defaming* him by publishing an article that said his company was poorly managed.

  지역 실업가는 그의 회사가 경영난을 겪고 있다는 기사를 실은 신문사를 출판물에 의한 명예 훼손으로 고소했다.

To *defame* is to take away fame, to take away a good name.

defame은 명예나 좋은 평판을 '훼손하다'의 뜻이다.

To suffer such a loss of reputation is to suffer *defamation*.

그런 명예의 실추를 겪는 것은 defamation(명예 훼손)을 당하는 것이다.

- The businessman who believed he had been *defamed* by the newspaper sued the paper's publisher for *defamation*.

  그 신문 때문에 명예가 실추됐다고 믿고 있는 그 실업가는 신문사를 명예 훼손죄로 고소했다.

QUICK QUIZ

Match each word in the first column with its definition in the second column. Check your answers in the back of the book.

1. daunt	a. conclude from evidence
2. dearth	b. lack
3. debacle	c. kill a large part of
4. debauchery	d. libel or slander
5. debilitate	e. make fearful
6. decadent	f. decaying or decayed
7. decimate	g. proper
8. decorous	h. weaken
9. deduce	i. violent breakdown
10. defame	j. wild living

DEFERENCE [défərəns]　n　submission to another's will; respect; courtesy
다른 사람의 의지에 복종함; 존경; 경의

To show *deference* to another is to place that person's wishes ahead of your own.
다른 사람에게 deference를 표하는 것은 그 사람이 원하는 바를 자신의 바람보다 앞에 두는 것이다.

- Dean showed *deference* to his grandfather: he let the old man have first dibs on the birthday cake.
  딘은 할아버지께 경의를 표했다. 그는 할아버지가 먼저 생일 케이크를 드시도록 했다.

- Danielle stopped texting at the dinner table in *deference* to the wishes of his mother.
  다니엘은 어머니의 바람을 존중하여 저녁을 먹으면서 문자하는 것을 그만두었다.

To show *deference* to another is to *defer* to that person.
다른 사람에게 deference를 표하는 것은 그 사람에게 defer(경의를 표하다)하는 것이기도 하다.

- Joe was supposed to go first, but he *deferred* to Steve, who had been waiting longer.
  조는 먼저 가기로 되어 있었지만 더 오래 기다린 스티브에게 양보했다.

To show *deference* is also to be *deferential* [dèfərénʃəl].
deference를 표하는 것은 deferential(공손한)이라고 표현할 수도 있다.

- Joe was being *deferential* when he allowed Steve to go first.
  스티브를 먼저 가도록 배려했을 때 조는 경의를 표한 것이었다.

DEFINITIVE [difínətiv]　adj　conclusive; providing the last word　결정적인; 최종적인 말을 하는

- Walter wrote the *definitive* biography of Keats; nothing more could have been added by another book.
  월터는 (존) 키이츠의 최종적인 전기를 썼다. 다른 책이 나온다고 해도 더 덧붙일 것은 없을 터였다.

- The army completely wiped out the invaders; its victory was *definitive*.
  그 군대는 침략자들을 완전 소탕했다. 그 승리는 결정적이었다.

- No one could find anything to object to in Cindy's *definitive* explanation of how the meteorite had gotten into the bathtub.
  신디는 운석이 어떻게 목욕통으로 떨어지게 되었는가에 대해서 결정적인 설명을 했다. 아무도 그녀의 설명에 이의를 제기할 수 없었다.

DEGENERATE [didʒénərèit]　v　to break down; to deteriorate　쇠퇴하다; 타락하다

- The discussion quickly *degenerated* into an argument.
  토론은 급속도로 말싸움으로 변질됐다.

- Over the years, the nice old neighborhood had *degenerated* into a terrible slum.
  수년에 걸쳐 깨끗하고 고풍스러운 동네는 끔찍한 빈민가로 변질되었다.

- The fans' behavior *degenerated* as the game went on.
  경기가 지속됨에 따라 팬들의 행동은 점점 악화되었다.

A person whose behavior has *degenerated* can be referred to as a *degenerate* [didʒénərit].
행동이 degenerated된 사람은 degenerate(타락한 사람)라고 표현할 수 있다.

- The mood of the party was spoiled when a drunken *degenerate* wandered in from off the street.
  술에 만취하여 엉망이 된 사람이 거리에서 들어와 돌아다니며 파티의 분위기를 망쳐놓았다.

Degenerate [didʒénərit] can also be an adjective, meaning *degenerated*.
degenerate는 타락한이란 의미의 형용사로도 쓰인다.

- The slum neighborhood was *degenerate*.
  빈민가는 타락했다.

- The fans' *degenerate* behavior prompted the police to make several arrests.
  팬들의 타락한 행동 때문에 경찰은 몇몇 사람을 체포하게 되었다.

▶ 이 단어들의 발음에 주의할 것.

DELETERIOUS [dèlitíəriəs] adj **harmful** 해로운

- Smoking cigarettes is *deleterious* to your health.
  흡연은 건강에 해롭다.

- Is watching a lot of TV really *deleterious*? Of course not.
  TV를 많이 보는 게 정말 해로운가요? 물론 아닙니다.

DELINEATE [dilínièit] v **to describe accurately; to draw in outline**
정확하게 묘사하다; 윤곽을 그리다

- After Jack had *delineated* his plan, we had no doubt about what he intended to do.
  잭이 그의 계획을 상세히 설명하고 나자, 우리는 그가 무엇을 하려 하는지 확실히 알았다.

- Sharon's peculiar feelings about her pet gorilla were *delineated* in the newspaper article about her.
  애완용 고릴라에 대한 샤론의 각별한 애정은 그녀에 대한 신문 기사에서 상세히 다루어졌다.

- The portrait artist *delineated* Sarah's features then filled in the shading.
  그 초상화가는 사라의 얼굴의 윤곽선을 먼저 그리고 나서 명암을 넣었다.

▶ 명사형은 delineation(묘사, 서술)이다.

DELUDE [dilúːd] v **to deceive** 속이다

- The con man *deluded* us into thinking that he would make us rich. Instead, he tricked us into giving him several hundred dollars.
  그 사기꾼은 우리를 속여 그가 우리를 부자로 만들어 줄 것이라고 믿게끔 만들었다. 대신 그는 우리를 속여서 수백 달러를 받아 냈다.

- The *deluded* mental patient believed that he was a chicken sandwich.
  그 망상적 정신병 환자는 자신이 닭고기 샌드위치라고 믿었다.

- Lori is so persuasive that she was able to *delude* Leslie into thinking she was a countess.
  로리는 뛰어난 말솜씨로 레즐리를 속여서 자신이 백작 부인이라고 믿게끔 만들 수 있었다.

To be *deluded* is to suffer from a *delusion*.
to be deluded는 delusion(망상)에 빠지는 것이다.

- That she was a great poet was the *delusion* of the English teacher, who could scarcely write two complete sentences in a row.
  자신이 위대한 시인이라는 것은 영어 선생님의 망상이었다. 그녀는 연달아서 두 개의 완전한 문장을 좀처럼 쓰지 못하는 사람이었다.

- Todd, the well-known jerk, suffered from the *delusion* that he was a genuinely nice man.
  유명한 얼간이인 토드는 자신이 진짜로 좋은 사람이라는 망상에 빠져 있었다.

DELUGE [déljuːdʒ] n **a flood; an inundation** 홍수; 범람, 쇄도

▶ 발음에 주의할 것.

A *deluge* is a flood, but the word is often used figuratively.
deluge는 '홍수'를 의미한다. 그러나 deluge는 비유적인 의미로 자주 사용된다.

- The $1 million reward for the lost poodle brought in a *deluge* of hot leads. The distraught owner was *deluged* by phone calls all week.

  잃어버린 푸들을 찾기 위해 백만 달러의 현상금을 걸자 최신의 단서를 주겠다는 연락이 쇄도했다. 마음이 산란한 개 주인은 일주일 내내 전화 벨소리에 묻혀 살았다.

DEMAGOGUE [déməgàg] n a leader who uses prejudice to get more power
민중 선동가, 더 많은 힘을 갖기 위해 이념을 이용하는 지도자

A *demagogue* is a leader, but not in a good sense of the word. Demagogues manipulate the public to support their aims, but they are little different from dictators. A *demagogue* is often a despot.

demagogue는 '지도자'를 의미하지만 좋은 의미에서의 지도자가 아니다. 그들은 자신의 목적을 지지하도록 대중을 조종하지만 독재자들과 거의 차이가 없다. demagogue는 흔히 '폭군'이다.

This word can also be spelled *demagog*. The methods a *demagogue* uses are *demagoguery* [démagàgəri] or *demagogy* [démagàdʒi].

demagogue는 demagog로 표기할 수도 있다. demagogue가 사용하는 방법을 demagoguery(민중 선동) 또는 demagogy라 한다.

DENIZEN [dénəzən] n inhabitant 주민, 거주자

To be a *denizen* of a country is to live there. A citizen of a country is usually also a *denizen*.

어느 나라의 denizen(주민)이 된다는 것은 그곳에 산다는 의미이다. 한 나라의 국민은 일반적으로 그 나라의 denizen(거주자)이기도 하다.

To be a *denizen* of a restaurant is to go there often—so often that people begin to wonder whether you live there.

어떤 레스토랑의 denizen이 된다는 것은 그 레스토랑에 사는 것이 아닌가 하고 다른 사람들이 의구심을 품을 정도로 너무 자주 간다는 의미이다.

Fish are sometimes referred to as "*denizens* of the deep." Don't refer to them this way yourself; the expression is a cliché.

물고기는 때로 "denizens of the deep(심해의 주민들)"라고 불린다. 여러분은 이런 표현을 사용하지 마라. 이것은 진부한 표현이다.

DEPRAVITY [diprǽvəti] n extreme wickedness or corruption 극단적인 악행이나 부패

- Mrs. Prudinkle wondered whether the *depravity* of her class of eight-year-olds was the result of their watching Saturday morning television.

  프루딩클 여사는 그녀가 가르치는 반의 여덟 살짜리 꼬마들의 못된 행동이 토요일 아침에 텔레비전을 시청하기 때문이 아닐까 생각했다.

▶ 형용사형은 depraved[dipréivd] (타락한, 부패한)이다.

DEPRECATE [déprikèit] v to express disapproval of 반대나 비난을 표현하다

- To *deprecate* a colleague's work is to risk making yourself unwelcome in your colleague's office.

  동료의 일을 비난하는 것은 동료의 사무실에서 환영받지 못하리라는 것을 감수하는 것이다.

"This stinks!" is a *deprecating* remark.

'이거 형편없구먼!'이라는 말은 deprecating remark(비하하는 발언)이다.

- The critic's *deprecating* comments about my new novel put me in a bad mood for an entire month.

  그 비평가는 나의 새 소설에 대해 비난조의 논평을 했다. 그 일로 나는 한 달 내내 심기가 불편했다.

- To be *self-deprecating* is to belittle one's own efforts, often in the hope that someone else will say, "No, you're wonderful!"

  자기비하는 스스로 자신의 노력을 하찮게 여기는 것이며, 종종 다른 누군가가 "그렇지 않아, 너는 훌륭해!"라고 말해 주기를 바라는 것이다.

A very similar word is *depreciate* [diprí:ʃièit]. To *depreciate* a colleague's work would be to represent it as being of little value.

아주 유사한 단어로 depreciate(평가 절하하다)가 있다. 동료의 작품을 depreciate한다는 말은 그 작품을 가치가 없는 것으로 여긴다는 뜻이다.

▸ depreciate의 또 다른 의미들을 알고 싶으면 appreciate(가치가 오르다)를 참조할 것.

DERIDE [diráid] v to ridicule; to laugh at contemptuously 비웃다; 경멸하는 의미로 비웃다

- Gerald *derided* Diana's driving ability after their hair-raising trip down the twisting mountain road.

  머리칼이 곤두설 정도로 무서워하면서 구불구불한 산길을 내려온 후, 제럴드는 다이애나의 운전 실력을 비웃었다.

- Sportswriters *derided* Columbia's football team, which hadn't won a game in three years.

  스포츠 담당 기자들은 3년 동안 한 번도 이긴 적이 없는 콜럼비아 대학의 풋볼 팀을 비웃었다.

- The boss *derided* her secretary mercilessly, so he quit his job. He was someone who could not accept *derision* [diríʒən].

  사장은 그녀의 비서를 무자비하게 조롱했다. 그래서 그는 일을 그만뒀다. 그는 조롱을 참아낼 수 없는 사람이었다.

QUICK QUIZ

Match each word in the first column with its definition in the second column. Check your answers in the back of the book.

1. deference	a. deteriorate
2. definitive	b. ridicule
3. degenerate	c. describe accurately
4. deleterious	d. respect
5. delineate	e. conclusive
6. delude	f. express disapproval of
7. deluge	g. harmful
8. demagogue	h. inhabitant
9. denizen	i. deceive
10. depravity	j. flood
11. deprecate	k. extreme wickedness
12. deride	l. rabble-rousing leader

DEROGATORY [dirágətɔ̀:ri] adj disapproving; degrading 비난하는; 품위를 떨어뜨리는

Derogatory remarks are negative remarks expressing disapproval. They are nastier than merely critical remarks.

derogatory remarks는 비난의 의미를 담은 부정적인 말들, 즉 '욕설'을 의미한다. 그 말들은 단순한 비판의 말보다 더 불쾌한 표현이다.

- Stephen could never seem to think of anything nice to say about anyone; virtually all of his comments were *derogatory*.

  스티븐은 어느 누구에 대해서도 좋은 말을 할 줄 모르는 것 같았다. 사실상 그가 하는 모든 말은 남을 비난하는 것이었다.

DESICCATE [désikèit] v **to dry out** 완전히 말리다

- The hot wind *desiccated* the few grapes remaining on the vine; after a day or two, they looked like raisins.

  더운 바람이 포도나무에 그나마 조금 남아 있던 포도를 다 말려 버렸다. 하루나 이틀쯤 지나자 포도는 마치 건포도처럼 보였다.

- After a week without water, the *desiccated* plant fell over and died.

  물을 주지 않은 채로 일주일이 지나자 말라 버린 식물은 축 늘어지더니 죽어 버렸다.

Plums become prunes through a process of *desiccation*.

서양자두는 desiccation(건조) 과정을 거쳐 말린 자두가 된다.

DESPONDENT [dispándənt] adj **extremely depressed; full of despair**
몹시 의기소침한; 절망으로 가득한

- The cook became *despondent* when the wedding cake fell on the floor fifteen minutes before the reception.

  피로연이 열리기 15분 전에 웨딩 케이크가 바닥에 떨어져서 요리사는 낙담했다.

- After the death of his wife, the man was *despondent* for many months.

  아내가 죽은 이후 그 남자는 여러 달 동안 몹시 우울해했다.

- The team fell into *despondency* after losing the state championship game by a single point.

  주 선수권 대회 경기에서 일 점 차로 지고 난 후 팀은 의기소침했다.

DESPOT [déspət] n **an absolute ruler; an autocrat** 절대적인 통치자; 독재자

- Stephen was a *despot*; workers who disagreed with him were fired.

  스티븐은 독재자였다. 그의 의견에 반대하는 직원들은 해고되었다.

- The island kingdom was ruled by a ruthless *despot* who executed suspected rebels at noon each day in the village square.

  그 섬나라 왕국은 무자비한 폭군이 통치하고 있었다. 그는 반역의 혐의가 있는 사람들을 매일 정오에 마을 광장에서 처형했다.

To act like a *despot* is to be despotic [dispátik].

despot(폭군)처럼 행동한다는 것은 despotic(독재적인)이다.

- There was cheering in the street when the country's *despotic* government was overthrown.

  그 나라의 독재정권이 전복되자 거리에는 환호성이 넘쳐흘렀다.

DESTITUTE [déstətjùːt] adj **extremely poor; utterly lacking** 매우 가난한; 아주 부족한

Destitute people are people who don't have, or severely lack, money and possessions.

destitute인 사람들은 돈이나 소유 재산이 없거나 심히 부족한 사람들을 의미한다.

To be left *destitute* is to be left without money or property. The word can also be used figuratively. A teacher might accuse her students of being *destitute* of brains or intellectually *destitute*.

to be left destitute는 '돈이나 재산이 하나도 없이 남겨지다'라는 의미이다. 이 단어는 비유적인 의미로도 사용할 수 있다. 선생님은 학생들에게 머리가 destitute(부족한)이라거나 지적으로 destitute(모자란)이라고 꾸짖을 수도 있다.

DESULTORY [désəltɔ̀ːri] adj without a plan or purpose; disconnected; random
목적이나 계획이 없는; 일관성이 없는; 되는 대로의

▶ 발음에 주의할 것.

- Aadi made a few *desultory* attempts to start a garden, but nothing came of them.
  아아디는 계획성도 없이 되는대로 정원 만들기를 시작했다. 그러나 하나도 결실을 거두지 못했다.

- In his *desultory* address, Rizal skipped from one topic to another and never came to the point.
  리잘은 요점을 전혀 짚지 못하고 이 얘기 저 얘기를 오가며 일관성 없게 연설을 했다.

- The discussion at our meeting was *desultory*; no one's comments seemed to bear any relation to anyone else's.
  우리 모임의 토론은 산만했다. 모든 사람의 의견이 서로 연관성이 없이 모두 제각각 달랐다.

DEXTROUS [dékstrəs] adj skillful; adroit 숙련된; 능숙한

Dextrous often, but not always, connotes physical ability. Like *adroit*, it comes from the Latin word for right (as in the direction), because right-handed people were once considered physically and mentally superior.
Dextrous는 항상은 아니지만 자주 육체적인 능력을 포함한다. adroit처럼 라틴 어 right(오른쪽 (방향에서))에서 유래하는데, 이는 오른손잡이 사람들이 육체적으로나 정신적으로 뛰어나다고 여겨졌기 때문이다.

- Though not imposing in stature, Rashid was the most *dextrous* basketball player on the court; he often beat taller competitors with his nimble management of the ball.
  비록 키가 두드러지지는 않았지만 라시드는 코트에서 최고로 능숙한 농구 선수였다. 재빠른 볼 운영으로 그는 그보다 키가 큰 경쟁자도 자주 이겼다.

- Alexandra was determined not to sell the restaurant on eBay; even the most *dextrous* negotiator could not sway her.
  알렉산드라는 이베이에서 레스토랑을 팔지 않기로 결정했다. 가장 능숙한 협상가조차도 그녀의 결정을 바꾸지 못했다.

You may also see this word spelled *dexterous*. *Dexterity* is the noun form. For an antonym, see *gauche*.
이 단어를 dexterous라고 표기할 수도 있다. 명사형은 dexterity(재주)이고, 반대말은 gauche(서투른)이다.

DIALECTICAL [dàiəléktikəl] adj relating to discussions; relating to the rules and methods of reasoning; approaching truth in the middle of opposing extremes
토론과 관계있는; 추론의 방법과 규칙에 관련된; 서로 반대되는 극단의 중립에서 진리에 접근해 가는, 변증법적인

The game of Twenty Questions is *dialectical*, in that the participants attempt to narrow down a chosen object by asking a series of ever more specific questions.
스무고개 게임은 변증법적인 게임이다. 게임의 참가자는 이전의 질문보다 더 구체적인 질문을 차례로 해나가면서 정답의 범위를 좁히려고 시도한다.

▶ 명사형은 dialectics(변증법)이다.

DICTUM [díktəm] n an authoritative saying; an adage; a maxim; a proverb
권위가 인정되는 말; 금언; 격언; 속담

"No pain, no gain" is a hackneyed *dictum* of sadistic coaches everywhere.
"고통이 없으면 얻는 것도 없다"는 말은 세상 어느 곳에서나 가학적 성향의 운동 코치들이 써먹는 진부한 dictum(격언)이다.

DIDACTIC [dɑidǽktik] adj intended to teach; morally instructive; pedantic
가르치기 위한; 도덕적으로 교훈적인; 아는 체하는, 현학적인

- Natalia's seemingly amusing talk had a *didactic* purpose; she was trying to show her listeners the difference between right and wrong.

  나탈리아의 이야기는 표면적으로는 우스갯소리 같지만 교훈적인 의도를 담고 있었다. 그녀는 듣는 사람들에게 옳고 그름의 차이를 알리려고 노력했다.

- The priest's conversation was always *didactic*. He never said anything that wasn't intended to teach a lesson.

  그 신부님의 이야기는 항상 교훈적이었다. 그는 교훈을 가르치려는 의도가 담기지 않은 이야기는 결코 하지 않았다.

- The new novel is painfully *didactic*; the author's aim is always to instruct and never to entertain.

  새로 나온 그 소설은 지겨울 정도로 교훈적이다. 그 작가의 목적은 즐거움을 주기 위한 것이 아니라 항상 교육에 있다.

DIFFIDENT [dífədənt] adj timid; lacking in self-confidence 소심한; 자신감이 부족한

Diffident and *confident* are opposites.

diffident(자신 없는)와 confident(자신 있는)는 서로 반의어이다.

- The *diffident* student never made a single comment in class.

  소심한 그 학생은 수업 시간에 결코 발표를 하는 일이 없었다.

- Sebastian's stammer made him *diffident* in conversation and shy in groups of strangers.

  세바스찬은 말을 더듬는 버릇 때문에 낯선 사람들을 보면 수줍어하고 대화를 할 때면 자신 없어했다.

- Carla's *diffidence* led many participants to believe she hadn't been present at the meeting, even though she had.

  칼라의 자신감 없는 태도 때문에 실제로 그녀가 모임에 참석했음에도 불구하고 많은 참가자들은 그녀가 나오지 않았었다고 생각하게 되었다.

DIGRESS [dɑigrés] v to stray from the main subject 본 주제에서 옆길로 빗나가다

Speaking metaphorically, to *digress* is to leave the main highway in order to travel aimlessly on back roads. When a speaker *digresses*, he or she departs from the main topic and tells a story only distantly related to it.

은유적으로 말하자면, digress는 목적 없이 여행하기 위하여 주 고속도로를 떠나 뒷길로 다니는 것이다. 이야기를 하고 있는 사람이 digress하는 것은 본 주제를 벗어나 관계가 별로 없는 이야기를 하는 것이다.

Such a story is called a *digression*. Sometimes a writer's or speaker's *digressions* are more interesting than his or her main points.

위와 같은 이야기를 digression(여담)이라고 한다. 글쓴이나 화자의 여담이 그들이 진짜 말하려고 하는 본론보다 가끔은 더 재미있을 때도 있다.

- After a lengthy *digression*, the lecturer returned to his speech and brought it to a conclusion.

  장황한 여담이 이어진 후, 강사는 본론으로 돌아와 강연의 결론을 내렸다.

DILETTANTE [dílità:nti] n someone with superficial knowledge of the arts; an amateur; a dabbler 예술에 대해 표피적인 지식을 갖고 있는 사람; 비전문가; 취미 삼아 하는 사람

To be a *dilettante* is to dabble in something rather than doing it in a serious way.

dilettante가 되는 것은 어떤 일을 진지하게 하기보다는 그 일을 취미 삼아 하는 것이다.

- Reginald said he was an artist, but he was merely a *dilettante*; he didn't know a pencil from a paintbrush.

  레지널드는 자신이 화가라고 말했지만, 사실 그는 단지 아마추어일 뿐이었다. 그는 연필과 화필도 구별하지 못했다.

- Antonella dismissed the members of the ladies' sculpture club as nothing more than a bunch of *dilettantes*.

  안토넬라는 아마추어들의 모임에 지나지 않는다는 이유로 여성 조각가 클럽을 해산시켰다.

Match each word in the first column with its definition in the second column. Check your answers in the back of the book.

1. derogatory
2. desiccate
3. despondent
4. despot
5. destitute
6. desultory
7. dextrous
8. dialectical
9. dictum
10. didactic
11. diffident
12. digress
13. dilettante

a. without purpose
b. extremely depressed
c. amateur
d. stray from main subject
e. extremely poor
f. timid
g. dry out
h. disapproving
i. absolute ruler
j. intended to teach
k. relating to discussions
l. authoritative saying
m. skillful

DISCERN [disə́:rn] v to have insight; to see things clearly; to discriminate; to differentiate 통찰하다; 사물을 분명하게 알다; 식별하다; 구별 짓다

To *discern* something is to perceive it clearly. A writer whose work demonstrates *discernment* is a writer who is a keen observer.

무엇인가를 discern하는 것은 그것을 분명하게 인지하는 것이다. 작품을 통해서 discernment(안목)를 드러내는 작가는 날카로운 판찰력을 가진 작가이다.

- The ill-mannered people at Tisha's party proved that she had little *discernment* when it came to choosing friends.

  티샤의 파티에서 무례하게 행동했던 사람들은 그녀가 친구들을 선택하는 데 있어 분별력이 없다는 사실을 증명했다.

DISCREET [diskrí:t] adj prudent; judiciously reserved 신중한; 사리분별이 있는

To make *discreet* inquiries is to ask around without letting the whole world know you're doing it.

to make discreet inquiries는 세상이 다 알도록 떠들썩하게 굴지 않고 신중하게 물어보는 것이다.

- The psychiatrist was very *discreet*; no matter how much we pestered him, he wouldn't gossip about the problems of his famous patients.

  그 정신과 의사는 매우 신중했다. 우리가 많이 괴롭혔음에도 불구하고, 그는 유명한 자신의 환자들의 문제에 대해서 떠들고 다니지 않았다.

He had *discretion* [diskréʃən].

그는 discretion(분별력)이 있는 사람이었다.

To be *indiscreet* is to be imprudent and especially to say or do things you shouldn't.

형용사형 indiscreet는 '경솔한'이란 뜻이며, 특히 하지 말아야 할 말이나 행동을 하는 것을 의미한다.

- It was *indiscreet* of Laura to tell Salima how much she hated Bailey's new hairstyle, because Salima always tells Bailey everything.

  베일라의 새로운 헤어스타일이 혐오스럽다고 살리마에게 얘기한 것은 로라의 경솔한 행동이었다. 왜냐하면 살리마는 항상 모든 것을 베일라에게 말하기 때문이다.

- When Laura told Salima, she committed an *indiscretion*.

  로라가 살리마에게 말을 했다면, 그녀는 무분별한 행동을 저지른 것이다.

DISCRETE [diskrí:t] adj unconnected; separate; distinct 연결되지 않은; 분리된; 별개의

Do not confuse *discrete* with *discreet*.

discrete과 discreet을 혼동하지 말 것.

- The twins were identical but their personalities were *discrete*.

  그 쌍둥이들은 똑같아 보였지만 성격은 서로 달랐다.

- The drop in the stock market was not the result of any single force but of many *discrete* trends.

  주가 하락은 어떤 하나의 요인에 의한 결과가 아니라 수많은 개별적인 흐름이 합쳐진 결과였다.

When things are all jumbled up together, they are said to be *indiscrete*, which means not separated or sorted.

모든 것들이 한 덩어리로 뒤범벅되었을 때, 분리되거나 구분되어 있지 않다는 의미로 indiscrete라는 표현을 사용한다.

DISCRIMINATE [diskrímənèit] v to notice or point out the difference between two or more things; to discern; to differentiate

둘이나 그 이상의 사물에서 차이점을 인지하거나 지적하다; 식별하다; 구별 짓다

A person with a refined aesthetic sense is able to *discriminate* subtle differences where a less observant person would see nothing. Such a person is *discriminating*. This kind of *discrimination* is a good thing. To *discriminate* unfairly, though, is to dwell on differences that shouldn't make a difference. It is unfair and illegal to *discriminate* based on ethnicity when selling a house. Such a practice is not *discriminating* (which is good), but *discriminatory* (which is wrong).

관찰력이 뛰어나지 못한 사람들이 아무것도 찾아내지 못하는 곳에서도, 미적 감각이 세련된 사람은 미묘한 차이점을 discriminate할 수 있다. 그와 같은 사람을 discriminating(안목 있는)이라고 한다. 이런 종류의 discrimination(식별력)은 좋은 자질이다. 그러나 부당하게 discriminate하는 것은 차별을 두지 말아야 할 '차이점'을 강조하는 것이다. 집을 판매하는 데 있어서 민족성에 기반을 두고 discriminate하는 것은 부당하고도 불법적인 일이다. 그와 같은 행위는 좋은 의미의 discriminating(안목 있는)이 아니라 나쁜 의미로 discriminatory(차별적인)라고 말할 수 있다.

Indiscriminate means not *discriminating*; in other words, random or haphazard.

indiscriminate는 discriminating이 없다는 의미이다. 다시 말해서, 닥치는 대로의 또는 함부로의라는 의미이다.

DISDAIN [disdéin] n arrogant scorn; contempt 거만하게 경멸함; 멸시

- Bertram viewed the hot dog with *disdain*, believing that to eat such a disgusting food was beneath him.

  버트럼은 핫도그를 경멸했다. 핫도그 같은 혐오식품을 먹는 것은 자신의 품위를 떨어뜨리는 일이라고 믿었다.

- The millionaire looked upon the poor workers with evident *disdain*.

  그 백만장자는 가난한 노동자들을 눈에 보일 정도의 멸시로 무시했다.

Disdain can also be a verb. The millionaire in the previous example could be said to have *disdained* those workers.

disdain은 동사로도 사용한다. 앞의 예문은 The millionaire have disdained those workers.(그 백만장자는 그 노동자들을 멸시했다.)라고도 표현할 수 있다.

▶ 형용사형은 disdainful(무시하는)이다.

DISINTERESTED [disíntərèstid] adj **not taking sides; unbiased** 어느 편으로 치우치지 않는; 공평한

Disinterested should not be used to mean *uninterested*. If you don't care about knowing something, you are *uninterested*, not *disinterested*.

disinterested는 uninterested(무관심한)의 의미로 사용할 수 없다. 어떤 일에 대해서 알고자 하는 마음이 없을 때는 uninterested라고 하지 disinterested라고 하지 않는다.

- A referee should be *disinterested*. He or she should not be rooting for one of the competing teams.

  심판은 공평해야 한다. 심판은 서로 겨루고 있는 팀 중에서 어느 한 편을 지지해서는 안 되는 것이다.

A *disinterested* observer is one who has no personal stake in or attachment to what is being observed.

disinterested observer는 관찰되고 있는 대상에게 개인적인 이해관계나 애착이 전혀 없는 '공평한 관찰자'를 의미한다.

- Meredith claimed that the accident had been Louie's fault, but several *disinterested* witnesses said that Meredith had actually bashed into his car after jumping the median and driving in the wrong lane for several miles.

  메레디스는 루이의 잘못으로 사고가 일어났다고 주장했다. 그러나 몇 명의 공평한 목격자들은 사실 메레디스가 중앙선을 넘어 잘못된 차선으로 수 마일을 달리다가 루이의 차를 들이받았다고 증언했다.

DISPARAGE [dispǽridʒ] v **to belittle; to say uncomplimentary things about, usually in a somewhat indirect way** 얕보다; 일반적으로 약간 간접적으로 헐뜯는 말을 하다

- The mayor *disparaged* our efforts to beautify the town square when she said that the flower bed we had planted looked somewhat worse than the bed of weeds it had replaced.

  우리는 도시 광장의 미화 작업에 애를 썼지만, 시장은 우리의 노력을 헐뜯었다. 그는 우리가 심고 가꾼 화단이 교체되기 전의 잡초보다 더 형편없어 보인다고 말했던 것이다.

- My guidance counselor *disparaged* my high school record by telling me that not everybody belongs in college.

  진로 상담 선생님은 누구나 대학에 갈 수 있는 것은 아니라는 말로 나의 고등학교 성적을 깔보았다.

QUICK QUIZ 33

Match each word in the first column with its definition in the second column. Check your answers in the back of the book.

1. discern		a. have insight
2. discreet		b. belittle
3. discrete		c. not separated
4. indiscrete		d. not taking sides
5. discriminate		e. arrogant scorn
6. disdain		f. prudent
7. disinterested		g. unconnected
8. disparage		h. differentiate

DISPARATE [díspərit] adj **different; incompatible; unequal** 다른; 양립할 수 없는; 같지 않은

▶ 발음에 주의할 것.

- **Our interests were *disparate*: Cathy liked to play with dolls, and I liked to throw her dolls out the window.**
  우리의 관심사는 제각각 달랐다. 캐시는 인형놀이를 좋아하고, 나는 그녀의 인형을 창문 밖으로 던져 버리기를 좋아했다.

- **The *disparate* interest groups were united only by their intense dislike of the candidate.**
  제각기 이해관계가 다른 집단들이 단지 그 후보자를 아주 싫어한다는 이유 하나만으로 연합을 결성했다.

- **The novel was difficult to read because the plot consisted of dozens of *disparate* threads that never came together.**
  그 소설은 합일점이 없는 수십 여 개의 개별적인 이야기들로 구성이 짜여 있어서 읽기가 쉽지 않았다.

▶ 명사형은 disparity [dispǽrəti] (불평등)이다. disparity의 반의어는 parity (동등)이다.

DISSEMINATE [disémənèit] v **to spread the seeds of something; to scatter; to make widely known** 어떤 것의 씨를 뿌리다; 흩뿌리다; 널리 알려지게 만들다

News is *disseminated* through many media: internet, radio, television, newspapers, magazines, and gossips.
뉴스는 여러 매체, 즉 인터넷, 라디오, 텔레비전, 신문, 잡지, 그리고 소문을 통해서 disseminated된다.

DISSIPATE [dísəpèit] v **to thin out, drift away, or dissolve; to cause to thin out, drift away, or dissolve; to waste or squander** 없어지다, 떠내려가다, 용해되다; 없어지다, 떠내려가다, 용해되게 만들다; 낭비하다, 탕진하다

- **The smoke *dissipated* as soon as we opened the windows.**
  우리가 창문을 열자마자 곧 연기는 사라졌다.

- **Ilya's anger *dissipated* as the day wore on, and he gradually forgot what had upset him.**
  날이 저물면서 자신을 화나게 했던 일도 조금씩 잊혀지고 일리아의 분노도 눈 녹듯 사라졌다.

- **The police *dissipated* the riotous crowd by spraying the demonstrators with fire hoses and firing rubber bullets over their heads.**
  경찰은 폭동을 일으킨 시위 군중에게 소방 호스로 물을 뿌리고 머리 위로 고무탄을 발사해 시위대를 해산시켰다.

- **Alex won the weekly lottery but *dissipated* the entire winnings in one abandoned, fun-filled weekend.**
  알렉스는 주마다 하는 복권 추첨에 당첨됐다. 그러나 모든 상금을 주말 동안에 흥청망청 노는 데 다 탕진했다.

We can also say that a person is *dissipated*, by which we mean that he or she indulges in wild living. Alex is *dissipated*.
제멋대로 '방탕한' 생활을 하는 사람을 표현할 때도 dissipated를 쓸 수 있다. 알렉스는 방탕하다.

DISSOLUTION [dìsəlúːʃən] n **the breaking up or dissolving of something into parts; disintegration** 해산, 또는 사물을 여러 부분으로 분해하는 것; 분열, 붕괴

- **Nothing could prevent the *dissolution* of the famous actor's fan club after he retired to seek a political career.**
  유명 배우가 정치계에 입문하려고 은퇴하자 그의 팬클럽도 해산이 불가피했다.

A person who is *dissolute* has lived life in the fast lane too long. *Dissolute* and *dissipated* are synonyms in this sense.
dissolute인 사람은 너무나 오랫동안 '방탕한' 삶을 살아온 사람이다. dissolute와 dissipated가 이와 같은 의미로 쓰일 때 서로 같은 뜻이다.

DISTEND [disténd] v to swell; to extend a great deal 부풀다; 대단한 양으로 확장하다

- The tire *distended* alarmingly as the forgetful gas station attendant kept pumping more and more air into it.
  주유소 직원이 깜박하고 타이어에 공기를 계속해서 주입하는 바람에 타이어는 놀랄 만큼 부풀어 올랐다.

- A *distended* belly is one symptom of malnutrition.
  불룩하게 부풀어 오른 배는 영양실조 증상 중의 하나이다.

▶ swelling은 distension과 동의어로, 의미는 '팽창'이다.

DISTINGUISH [distíŋgwiʃ] v to tell apart; to cause to stand out
구별하다; (특색을 나타내) 눈에 띄게 하다

- The rodent expert's eyesight was so acute that she was able to *distinguish* between a shrew and a vole at more than a thousand paces.
  그 설치동물 전문가는 워낙 예리한 시각을 갖고 있어서 천 보 이상 떨어진 거리에서도 뾰족뒤쥐와 들쥐를 구별할 수 있었다.

- I studied and studied but I was never able to *distinguish* between *discrete* and *discreet*.
  나는 정말 열심히 공부하고 또 했지만 discrete(별개의)와 discreet(신중한)를 구별할 수가 없었다.

- His face had no *distinguishing* characteristics; there was nothing about his features that stuck in your memory.
  그의 얼굴은 남과 구별되는 특징이 없었다. 그의 외모는 기억에 남을 만한 부분이 없었다.

- Lou's uneventful career as a dogcatcher was not *distinguished* by adventure or excitement.
  들개 사냥꾼으로서 별다를 것 없이 평탄하게 사는 루의 삶에 모험이나 새로운 자극이 나타나는 일은 전혀 없었다.

DOCILE [dásəl] adj easily taught; obedient; easy to handle 가르치기 쉬운; 순종하는; 다루기 쉬운

▶ 발음에 주의할 것.

- The *docile* students quietly memorized all the lessons their teacher told them.
  그 순종적인 학생들은 선생님이 말하는 모든 내용을 말없이 암기했다.

- The baby raccoons appeared *docile* at first, but they were almost impossible to control.
  미국너구리 새끼들은 처음에는 순종적인 것처럼 보였다. 그러나 그것들은 거의 통제가 불가능했다.

- Mia's *docility* [dɑsíləti] fooled the professor into believing that she was incapable of thinking for herself.
  미아의 유순함 때문에 교수는 그녀가 스스로는 생각할 줄도 모른다고 믿게 되었다.

DOCTRINAIRE [dɑ̀ktrinέər] adj inflexibly committed to a doctrine or theory without regard to its practicality; dogmatic
실용성 여부는 따지지 않고 교리나 이론을 무조건적으로 헌신하고 옹호하는; 교조적인

A *doctrinaire* supporter of manned space flights to Pluto would be someone who supported such space flights even though it might be shown that such lengthy journeys could never be undertaken.
명왕성으로의 유인 우주 비행에 doctrinaire인 지지자는 그처럼 장기간의 여행이 실제로는 실행될 수 없다는 것이 밝혀진다고 해도 흔들림 없이 그런 우주 비행 계획을 지지할 것이다.

A *doctrinaire* opponent of fluoridation of water would be someone whose opposition could not be shaken by proof that fluoride is good for teeth and not bad for anything else.
수돗물에 불소를 첨가하자는 안에 doctrinaire인 반대자는 불소 성분이 치아를 건강하게 도와줄 뿐 다른 부분에는 아무런 해가 없다는 증거에도 불구하고 결코 반대 의견을 철회하지 않을 것이다.

A person with *doctrinaire* views can be called a *doctrinaire*.
doctrinaire인 견해를 갖고 있는 사람을 doctrinaire(공론가)라고 한다.

DOGMATIC [dɔ:gmǽtik] adj **arrogantly assertive of unproven ideas; stubbornly claiming that something (often a system of beliefs) is beyond dispute**
증명되지 않은 견해를 오만할 정도로 고집하는; 무엇인가(흔히 어떤 신념 체계)가 논쟁의 여지가 없이 분명하다고 고집스럽게 주장하는

A *dogma* is a belief. A *dogmatic* person, however, is stubbornly convinced of his or her beliefs.
dogma는 신념이다. 그렇지만 dogmatic(독단적인)인 사람은 고집스럽게 자신의 신념을 확신하는 사람이다.

- Marty is *dogmatic* on the subject of the creation of the world; he sneers at anyone whose views are not identical to his.
  마티는 세상의 창조라는 주제에 대해 독단적인 입장을 갖고 있다. 그는 자신의 생각과 다른 의견을 가진 사람은 누구든지 비웃는다.

- The philosophy professor became increasingly *dogmatic* as she grew older and became more firmly convinced of her strange theories.
  그 철학 교수는 나이가 들어감에 따라 점점 더 독단적이 되어, 자신의 기묘한 이론을 점점 더 굳게 확신하게 되었다.

The opinions or ideas *dogmatically* asserted by a *dogmatic* person are known collectively as *dogma*.
dogmatic인 사람이 dogmatically(고집스럽게) 주장하는 의견이나 이론을 한데 뭉뚱그려 dogma(신조)라 한다.

DOMESTIC [dəméstik] adj **having to do with the household or family; not foreign**
가족 또는 가정과 관계있는; 외국이 아닌

A home that enjoys *domestic* tranquillity is a happy home.
domestic tranquillity(집안의 평화)를 즐기는 가정이 행복한 가정이다.

A maid is sometimes referred to as *domestic* engineer or simply as a *domestic*.
가정부는 때때로 domestic engineer(관리사)나 간단하게 domestic(가사 도우미)이라고 불리기도 한다.

To be *domestic* is to enjoy being at home or to be skillful at doing things around the house.
domestic은 집에 있는 것을 즐기거나 집안일에 능숙한, 즉 '가정적인'의 뜻이다.

Domestic wine is wine from this country, as opposed to wine imported from, say, France.
domestic wine은 이를테면 프랑스 같은 외국에서 수입된 와인에 대립되는 개념으로 '국내에서 생산된 와인'을 의미한다.

The *domestic* steel industry is the steel industry in this country.
domestic steel industry는 '국내의 철강 산업'을 뜻한다.

A country that enjoys *domestic* tranquillity is a happy country on the homefront.
domestic tranquillity(국내 평화)를 즐기는 나라가 행복한 나라이다.

Match each word in the first column with its definition in the second column. Check your answers in the back of the book.

1. disparate		a.	committed to a theory
2. disseminate		b.	thin out
3. dissipate		c.	of the household
4. dissolution		d.	firmly held system of ideas
5. distend		e.	easily taught
6. distinguish		f.	arrogantly assertive
7. docile		g.	swell
8. doctrinaire		h.	tell apart
9. dogmatic		i.	incompatible
10. dogma		j.	spread seeds
11. domestic		k.	disintegration

DORMANT [dɔ́ːrmənt] adj **inactive; as though asleep; asleep**
활동하지 않는; 마치 잠자는 것 같은; 잠자는

Dormant, like *dormitory*, comes from a root meaning sleep.
dormant도 dormitory(기숙사)처럼 잠을 의미하는 어근에서 나온 단어이다.

- Mt. Vesuvius erupted violently and then fell *dormant* for several hundred years.
  베수비오 산은 맹렬하게 폭발한 뒤 수백 년 동안 휴지기에 들어갔다.

Many plants remain *dormant* through the winter; that is, they stop growing until spring.
많은 식물들은 겨울 동안 dormant인 상태에 있게 된다. 다시 말해서, 식물들은 봄이 올 때까지 성장을 멈춘다.

- Frank's interest in playing the piano was *dormant* and quite possibly, dead.
  피아노 연주에 대한 프랭크의 관심은 가라앉은 듯했다. 아마도 완전히 없어졌다.

- The snow fell silently over the *dormant* village, which became snarled in traffic jams the following morning.
  고요한 마을에 눈이 소리 없이 내렸다. 다음날 아침, 마을은 교통 체증으로 혼란에 빠졌다.

▶ 명사형은 dormancy(휴면, 비활동 상태)이다.

DUBIOUS [djúːbiəs] adj **full of doubt; uncertain** 의심하는; 확신하지 못하는

- I was fairly certain that I would be able to fly if I could merely flap my arms hard enough, but Mary was *dubious*; she said I'd better flap my legs as well.
  팔을 날개처럼 아주 열심히 흔들 수만 있다면, 분명히 날 수 있을 것이라고 나는 확신했다. 그러나 메리는 믿지 않는 듯했다. 그녀는 다리도 퍼덕거리는 게 좋겠다고 말했다.

- We were *dubious* about the team's chance of success and, as it turned out, our *dubiety* [djuːbáiəti] was justified: the team lost.
  우리는 그 팀이 성공할 가망성이 있는지 의심스러웠다. 결국 우리의 의구심은 현실로 드러났다. 그 팀은 패배했다.

Dubious and *doubtful* don't mean exactly the same thing. A *dubious* person is a person who has doubts. A *doubtful* outcome is an outcome that isn't certain to occur.

dubious와 doubtful이 정확하게 같은 의미는 아니다. dubious person은 '의심을 하고 있는 사람'이다(doubtful person은 수상쩍은 사람). doubtful outcome은 반드시 일어난다고 확신할 수 없는 결과'이다.

- Sam's chances of getting the job were *doubtful* because the employer was *dubious* of his claim that he had been president of the United States while in high school.

  샘이 그 직업을 얻을 가능성은 의심스러웠다. 고등학교 시절에 자신이 미국 대통령이었다는 샘의 주장을 고용주가 믿지 않았기 때문이었다.

Something beyond doubt is *indubitable*. A dogmatic person believes his or her opinions are *indubitable*.

'의심할 나위 없는'은 indubitable이다. 독단적인 사람은 자신의 견해가 의심할 나위 없이 확실하다고 믿는다.

DUPLICITY [dʒuːplísəti]   n   **the act of being two-faced; double-dealing; deception**
이중적인 행동; 표리부동한 언행; 속임수

- Dave, in his *duplicity*, told us he wasn't going to rob the bank and then went right out and robbed it.

  데이브는 표리부동하게도 우리에게는 은행을 털지 않을 것이라고 말하고는 곧장 은행으로 가서 강도질을 했다.

- Liars engage in *duplicity* all the time; they say one thing and do another.

  거짓말쟁이들은 언제나 표리부동한 언행을 한다. 그들은 말과 행동이 다른 사람들이다.

- The *duplicitous* salesman sold the red sports car to someone else even though he had promised to sell it to us.

  이중적인 세일즈맨은 빨간색 스포츠카를 우리에게 팔겠다고 약속했음에도 불구하고 다른 사람에게 팔아 버렸다.

QUICK QUIZ

Match each word in the first column with its definition in the second column. Check your answers in the back of the book.

1. dormant	a. uncertainty
2. dubiety	b. double-dealing
3. duplicity	c. inactive

E

EBULLIENT [ibʌ́ljənt] adj boiling; bubbling with excitement; exuberant
끓어 넘치는; 흥분으로 들끓는; 기운이 넘치는

▸ 발음에 주의할 것.

A boiling liquid can be called *ebullient*. More often, though, this word describes excited or enthusiastic people.

끓고 있는 액체를 ebullient라고 말할 수 있다. 그러나 이 단어는 흥분 상태이거나 열광적인 사람들을 묘사할 때 더 많이 사용된다.

The roaring crowd in a full stadium before the World Series might be said to be *ebullient*.

월드 시리즈가 시작되기 전 야구장에 가득 들어찬 열광적인 관중들을 ebullient라고 표현할 수 있다.

A person overflowing with enthusiasm might be said to be *ebullient*.

열정이 넘치는 사람도 ebullient라고 말할 수 있을 것이다.

- Cammie was *ebullient* when her fairy godmother said she could use one of her three wishes to wish for three more wishes.

  세 가지 소원 중 한 가지를 사용해 세 가지 소원을 더 빌 수 있다고 요정이 말하자 카미는 흥분되었다.

▸ 명사형은 ebullience(격발)이다.

ECCENTRIC [ikséntrik] adj not conventional; a little kooky; irregular
통상적이지 않은; 다소 괴벽스러운; 상도를 벗어난

- The *eccentric* inventor spent all her waking hours fiddling with what she said was a time machine, but it was actually just an old telephone booth.

  그 별난 발명가는 그녀가 타임머신이라고 부르는, 하지만 실제로는 단지 낡은 전화 부스에 불과한 기계를 만드느라 깨어 있는 모든 시간을 허비했다.

- Fred's political views are *eccentric*: he believes that we should have kings instead of presidents and that the government should raise money by holding bake sales.

  프레드의 정치적 견해는 별스럽다. 그는 대통령제보다는 왕정을 해야 하며 정부는 빵 판매장을 열어 돈을 거두어야 한다고 생각한다.

- The rocket followed an *eccentric* course; first it veered in one direction, then it veered in another, then it crashed.

  로켓은 괴상한 궤도를 따르게 되었다. 먼저 한쪽 방향으로 가다가는 다른 방향으로 바꾸었으며, 그리고 나서 곧 추락했다.

▸ 명사형은 eccentricity(기이한 행동)이다.

ECLECTIC [ikléktik] adj choosing the best from many sources; drawn from many sources
많은 자료 중에서 가장 좋은 것을 선택하는; 많은 자료 중에서 끄집어낸

- Adolfo's taste in art was *eclectic*. He liked the Old Masters, the Impressionists, and Walt Disney.
  아돌포의 예술적 취향은 이것저것 폭이 넓었다. 그는 고전적 대가의 작품, 인상파의 작품, 그리고 월트 디즈니의 만화도 좋아했다.

- The *eclectic* menu included dishes from many different countries.
  그 절충적인 메뉴는 많은 나라의 서로 다른 음식을 포함하고 있었다.

- Giulia's *eclectic* reading made her well-rounded.
  폭넓은 독서 덕분에 줄리아는 다방면에 걸친 균형 잡힌 지식을 갖게 되었다.

EDIFY [édəfài] v to enlighten; to instruct, especially in moral or religious matters
계몽하다; 교육하다, 특히 도덕적이거나 종교적인 문제에 관하여

- We found the pastor's sermon on the importance of not eating beans to be most *edifying*.
  콩을 먹지 않는 것의 중요성에 대한 목사님의 설교는 아주 계몽적이었다.

- The teacher's goal was to *edify* her students, not to force a handful of facts down their throats.
  선생님의 목적은 학생들에게 한 줌의 지식을 억지로 집어 넣어주는 데 있는 것이 아니라 그들을 교화하는 데 있었다.

- We would have felt lost at the art show had not the excellent and informative programs been provided for our *edification*.
  우리의 교화를 위해 훌륭하고 유익한 프로그램이 제공되지 않았다면, 우리는 예술 박람회에서 어쩔 줄을 몰랐을 것이다.

EFFACE [iféis] v to erase; to rub away the features of 지우다; 모양을 문질러 없애다

- The inscription on the tombstone had been *effaced* by centuries of weather.
  묘비의 비문은 수세기에 걸친 풍화작용으로 닳아 없어졌다.

- The vandals *effaced* the delicate carving by rubbing it with sandpaper.
  예술품 파괴자들이 그 섬세한 조각품을 사포로 마구 문질러 훼손했다.

- We tried to *efface* the dirty words that had been written on the front of our house, but nothing would remove them.
  우리는 집 앞에 낙서해 놓은 상스러운 말들을 지우려고 했다. 그러나 아무리 해도 낙서들을 지울 수가 없었다.

To be *self-effacing* is to be modest.
self-effacing은 것은 '겸손한'의 뜻이다.

- John is *self-effacing*: when he won an Olympic gold medal, all he said was, "Aw, shucks. I'm just a regular fella."
  존은 겸손하다. 올림픽에서 금메달을 땄을 때 그가 한 말이라곤 "이런, 나는 그저 평범한 남자일 뿐이에요."가 전부였다.

EFFUSION [ifjú:ʒən] n a pouring forth 유출, 흘러나옴

- When the child was rescued from the well, there was an intense *effusion* of emotion from the crowd that had gathered around the hole.
  아이가 우물에서 구출되자 그 주변에 몰려 있던 사람들은 열광적으로 감격의 기쁨을 토로했다.

- The madman's writings consisted of a steady *effusion* of nonsense.
  그 미친 남자는 작품에다 한결같이 말도 안 되는 이야기만을 토로해 놓았다.

To be *effusive* is to be highly emotional.

effusive는 '감정이 매우 고양되어 있는'의 뜻이다.

- Anna's *effusive* thanks for our silly little present made us feel somewhat embarrassed, so we decided to move to a different lunch table.

  안나가 우리의 보잘것없는 작은 선물에 지나친 감사를 표시해서 우리는 조금 당황했다. 그래서 우리는 다른 점심 테이블로 옮기기로 결정했다.

EGALITARIAN [igæ̀litέəriən] adj believing in the social and economic equality of all people
모든 사람의 사회적 · 경제적 평등을 믿는, 인류 평등주의의

- People often lose interest in *egalitarian* measures when such measures interfere with their own interests.

  사람들은 그들 자신의 이해관계와 충돌하는 평등주의의 조치에 대해서는 흔히 흥미를 잃는다.

Egalitarian can also be used as a noun to characterize a person.

egalitarian은 '평등주의자'를 의미하는 명사로도 쓰인다.

- An *egalitarian* advocates *egalitarianism*.

  평등주의자는 평등주의를 옹호한다.

EGOCENTRIC [ìːgouséntrik] adj selfish; believing that one is the center of everything
이기적인; 자신이 모든 것의 중심이라고 믿는

- Nellie was so *egocentric* that she could never give anyone else credit for doing anything.

  넬리는 워낙 자기중심적인 인간이라 어떠한 일에 대해서도 남에게 공로를 돌리는 법이 없었다.

- *Egocentric* Lou never read the newspaper unless there was something in it about him.

  루는 자기중심적인 사람이어서 자신에 대한 기사가 실리지 않으면 결코 신문을 보지 않았다.

- It never occurred to the *egocentric* musician that her audiences might like to hear someone else's songs every once in a while.

  그녀의 청중들이 이따금 다른 사람의 노래를 듣고 싶어 할 수도 있다는 생각이 그 자기중심적인 음악가에게는 한 번도 떠오르지 않았다.

- An *egoist* is an *egocentric* person. He or she believes the entire universe exists for his benefit.

  이기주의자란 자기중심적인 사람이다. 그 사람은 온 세상이 자신의 이익을 위해서 존재한다고 믿는다.

An *egotist* is another type of *egocentric*. An *egotist* is an *egoist* who tells everyone how wonderful he is.

egotist는 egocentric인 사람의 또 다른 유형이다. egotist는 모든 사람들에게 자신이 얼마나 잘났는가를 말하고 다니는 egoist(자기중심주의자)이다.

EGREGIOUS [igríːdʒəs] adj extremely bad; flagrant 몹시 나쁜; 악명 높은

Save this word for things that are worse than bad.

단순히 나쁘다는 뜻보다 더 나쁜 것을 말하고자 할 때 이 단어를 사용하라.

- The mother's *egregious* neglect was responsible for her child's accidental cross-country ride on the freight train.

  아이가 대륙 횡단 화물 열차를 타게 된 사고는 아이에게 전혀 신경 쓰지 않은 태만한 엄마에게 책임이 있었다.

- Eric's manners were *egregious*; he ate his mashed potatoes with his fingers and slurped the peas right off his plate.

  에릭의 매너는 아주 끔찍했다. 그는 감자 으깬 것을 손으로 집어먹었을 뿐만 아니라 접시에 입을 대고 소리 내어 콩을 먹었다.

Match each word in the first column with its definition in the second column. Check your answers in the back of the book.

1. ebullient		a.	pouring forth
2. eccentric		b.	self-obsessed person
3. eclectic		c.	extremely bad
4. edify		d.	not conventional
5. efface		e.	drawn from many sources
6. effusion		f.	bubbling with excitement
7. egalitarian		g.	erase
8. egocentric		h.	selfish
9. egotist		i.	enlighten
10. egregious		j.	believing in social equality

ELICIT [ilísit] v to bring out; to call forth 이끌어 내다; 유도해 내다

- The interviewer skillfully *elicited* our true feelings by asking us questions that got to the heart of the matter.
  인터뷰를 하는 사람은 문제의 핵심을 찌르는 질문을 해서 우리가 진짜 심경을 말하도록 교묘하게 유도했다.

- The defendant tried to *elicit* the sympathy of the jury by appearing at the trial in a wheelchair, but the jury convicted her anyway.
  피고인은 재판정에 휠체어에 앉아 있는 모습으로 나타나 배심원의 동정을 유도하려고 했다. 그러나 그럼에도 불구하고 배심원단은 어쨌든 그녀의 유죄를 선언했다.

▶ illicit(불법의)과 혼동하지 말 것.

ELLIPTICAL [ilíptikəl] adj oval; missing a word or words; obscure
타원형의; 말을 빼먹는(생략법의); 뜻이 모호한

This word has several meanings. Consult a dictionary if you are uncertain.
이 단어는 몇 가지 뜻이 있다. 확실히 알지 못하면 사전을 찾아보라.

- The orbit of the earth is not perfectly round; it is *elliptical*.
  지구의 공전 궤도는 완벽한 원은 아니다. 그것은 타원이다.

An egg may have an *elliptical* shape.
달걀은 elliptical인 형태일 것이다.

An *elliptical* statement is one that is hard or impossible to understand, either because something is missing from it or because the speaker or writer is trying to be hard to understand.
elliptical statement는 이해하기 어렵거나 혹은 이해가 불가능한 진술이다. 그 안에 생략된 내용이 있어서인 경우도 있고, 또 화자나 글쓴이가 일부러 이해하기 어렵게 만들려 하고 있기 때문이기도 하다.

- The announcement from the State Department was purposely *elliptical*—the government didn't really want reporters to know what was going on.
  국무성의 발표문은 고의적으로 모호한 표현을 사용했다. 사실 정부는 현재 진행되고 있는 일을 기자들에게 알리고 싶어 하지 않았다.

ELUSIVE [ilúːsiv] adj hard to pin down; evasive 묶어두기 어려운, 달아나는; 회피하는

To be *elusive* is to *elude*, which means to avoid, evade, or escape.

elusive의 동사형은 elude로, '피하다', '모면하다', '달아나다'의 뜻이다.

- The answer to the problem was *elusive*; every time the mathematician thought she was close, she discovered another error. (Or, one could say that the answer to the problem *eluded* the mathematician.)

  그 문제의 정답을 찾아내는 것은 어려웠다. 정답에 접근했다고 생각이 들 때마다 언제나 그 수학자는 또 다른 실수를 발견했다. (또는 '문제의 정답은 교묘하게 수학자를 피해갔다'라고 표현할 수도 있을 것이다.)

- The *elusive* criminal was next to impossible for the police to catch. (The criminal *eluded* the police.)

  경찰이 교묘하게 법망을 피해 달아나는 그 범죄자를 잡기는 거의 불가능했다. (범죄자는 경찰을 따돌렸다.)

- The team played hard, but victory was *elusive* and they suffered another defeat. (Victory *eluded* the hard-playing team.)

  팀은 열심히 경기에 임했지만 승리는 그들을 외면했다. 그들은 또 한 번 패배의 아픔을 겪었다. (승리는 열심히 뛴 그 팀을 빗겨갔다.)

EMIGRATE [émigrèit] v to leave a country permanently; to expatriate 한 나라를 영원히 떠나다; 외국으로 이주하다

- Pierre *emigrated* from France because he had grown tired of speaking French. Pierre became an *émigré* [éməgrè].

  피에르는 프랑스 어를 쓰는 게 지겨워져서 프랑스 밖으로 이민 갔다. 피에르는 이민자가 되었다.

- The Soviet dissidents were persecuted by the secret police, so they sought permission to *emigrate*.

  소련의 반체제 인사들은 비밀경찰의 박해를 받았다. 그래서 그들은 국외 이민 허가를 구했다.

At the heart of this word is the word *migrate*, which means to move from one place or country to another. *Emigrate* adds to migrate the sense of moving *out of* some place in particular.

이 단어의 핵심은 한 장소나 특정 나라에서 다른 곳으로 옮긴다는 뜻의 migrate라는 단어에 있다. emigrate는 특히 어떤 장소 밖으로 옮긴다는 의미를 migrate에 더한다.

On the other end of every *emigration* is an *immigration* (think of this as "in-migration"). See *immigration*.

모든 종류의 emigration에 대한 반의어는 immigration이다("in-migration"을 생각해 보자). immigration 참고.

- When Solange *emigrated* from France, she *immigrated* to the United States.

  솔란지는 프랑스를 떠나 미국으로 이주해 왔다.

EMINENT [émənənt] adj well-known and respected; standing out from all others in quality or accomplishment; outstanding 유명하고 존경받는; 자질이나 업적이 다른 모든 사람들에 앞서는; 현저한

- The visiting poet was so *eminent* that our English teacher asked the poet for his autogragh. Our English teacher thought the poet was *preeminent* in his field.

  우리를 방문 중인 시인은 대단히 유명한 사람이어서 영어 선생님은 사인을 부탁했다. 영어 선생님은 그 시인을 자신의 분야에서 탁월한 사람이라고 생각했다.

- The entire audience fell silent when the *eminent* musician walked onto the stage and picked up her banjo and bongo drums.

  저명한 그 음악가가 무대 위로 걸어 나와 밴조와 봉고 드럼을 집어 들자 청중들은 모두 조용해졌다.

▶ imminent(임박한)와 혼동하지 말 것.

EMPIRICAL [empírikəl] adj **relying on experience or observation; not merely theoretical**
경험이나 관찰에 의존하는; 단지 이론만은 아닌

- The apple-dropping experiment gave the scientists *empirical* evidence that gravity exists.
  사과의 낙하 실험은 과학자들에게 중력의 존재에 대한 경험적 증거를 제시해 주었다.

- Nicky's idea about the moon being made of pizza dough was not *empirical*.
  달이 피자 반죽으로 만들어졌다는 니키의 생각은 경험에 의하지 않은 상상이었다.

- We proved the pie's deliciousness *empirically*, by eating it.
  우리는 그 파이의 맛을 시식을 통해 경험적으로 확인했다.

QUICK QUIZ

Match each word in the first column with its definition in the second column. Check your answers in the back of the book.

1. elicit	a. well-known
2. elliptical	b. bring out
3. elusive	c. hard to pin down
4. emigrate	d. relying on experience
5. immigration	e. move from a country
6. eminent	f. moving into a country
7. empirical	g. obscure

EMULATE [émjulèit] v **to strive to equal or excel, usually through imitation**
대개 모방을 통해서 동등하거나 뛰어나려고 애쓰다, ~에 필적하다

To *emulate* someone is to try to be just as good as, or better than, him or her.
누군가를 emulate하는 것은 그 사람에 필적하거나 능가하려고 노력하는 것이다.

- The American company *emulated* its successful Japanese competitor but never quite managed to do as well.
  그 미국 회사는 성공을 거둔 경쟁사인 일본계 회사를 뛰어넘으려고 안간힘을 썼다. 그러나 결코 그렇게 잘 되지 않았다.

- Little Joey imitated his athletic older brother in the hope of one day *emulating* his success.
  어린 조이는 언젠가 형의 성공을 능가하겠다는 희망으로 운동선수인 형을 열심히 흉내 냈다.

- I got ahead by *emulating* those who had succeeded before me.
  나보다 먼저 성공한 사람들을 열심히 쫓아가서 나는 선두가 되었다.

ENCROACH [inkróutʃ] v **to make gradual or stealthy inroads into; to trespass**
서서히 또는 몰래 침입하다; 침해하다

- As the city grew, it *encroached* on the countryside surrounding it.
  도시가 성장함에 따라 점차로 도시 주변의 시골을 잠식해 들어갔다.

- With an *encroaching* sense of dread, I slowly pushed open the blood-spattered door.
  점점 조여 오는 공포감으로, 나는 피범벅이 된 문을 천천히 밀어 열었다.

- My neighbor *encroached* on my yard by building her new stockade fence a few feet on my side of the property line.

  이웃 사람은 마당의 경계선에서 우리 쪽으로 몇 피트 정도 들어온 지점에 새 울타리를 설치해서 우리 마당을 침범했다.

ENDEMIC [endémik] adj native; restricted to a particular region or era; indigenous
토착의; 특정 지역이나 시기에 국한된; 지역 고유의

- You won't find that kind of tree in California; it's *endemic* to our part of the country.

  캘리포니아에서는 그런 종류의 나무는 발견하지 못할 것이다. 그 나무는 우리 고장에만 있는 것이다.

- That peculiar strain of influenza was *endemic* to a small community in South Carolina; there were no cases anywhere else.

  그 특이한 변종의 인플루엔자는 남부 캐롤라이나의 작은 마을에서만 발병하는 것이었다. 다른 곳에서는 발병 사례가 없었다.

- The writer Tom Wolfe coined the term "Me Decade" to describe the egocentricity *endemic* in the 1970s.

  톰 울프라는 작가는 1970년대 특유의 자기중심적 사고방식을 묘사하는 'Me Decade(나'의 시대)'라는 새로운 용어를 만들어 냈다.

ENERVATE [énərvèit] v to reduce the strength or energy of, especially to do so gradually
힘이나 에너지를 감소시키다, 특히 차츰차츰 그렇게 하다

- Sander felt *enervated* by his long ordeal and couldn't make himself get out of bed.

  샌더는 오랜 기간 시련을 겪으면서 기력이 점점 쇠약해져서 혼자서는 침대에서 일어날 수조차 없었다.

- Clinging to a flagpole for a month without food or water *enervated* me, and one day I fell asleep and ended up on the ground.

  한 달 동안이나 음식이나 물도 없이 깃대에 매달려 있던 탓에 나는 기력이 쇠했다. 그러던 어느 날 잠이 들어 그만 바닥에 떨어지고 말았다.

- Life itself seemed to *enervate* the old woman. She grew weaker and paler with every breath she drew.

  삶 자체가 노부인의 기운을 빼앗는 것 같았다. 그녀는 숨을 쉴 때마다 점점 더 약해지고 더 창백해졌다.

ENFRANCHISE [infrǽntʃaiz] v to grant the privileges of citizenship, especially the right to vote 시민으로서의 특권, 특히 선거권을 주다

- In the United States, citizens become *enfranchised* on their eighteenth birthdays. American women were not *enfranchised* until the adoption of the Nineteenth Amendment in 1920, which gave them the right to vote.

  미국에서는 모든 시민에게 열여덟 번째 생일이 되면 투표할 수 있는 권리를 부여한다. 비로소 여성에게 투표할 수 있는 권리를 부여한 1920년의 열아홉 번째 헌법 수정안이 채택될 때까지 미국의 여성들은 참정권이 없었다.

To *disfranchise* (or *disenfranchise*) someone is to take away the privileges of citizenship or take away the right to vote.

누군가를 disfranchise(또는 disenfranchise)하는 것은 시민으로서의 권리나 선거에 참여할 수 있는 권리를 박탈하는 것이다.

- One of the goals of the reform candidate was to *disfranchise* the bodies at the cemetery, which had somehow managed to vote for the crooked mayor.

  개혁파 후보의 당면 목표 중의 하나는 묘지에 누워 있는 시신에게서 시민권을 박탈하는 것이었다. 그 시신들은(죽은 사람을 이용해서 찬성표를 만들어내는) 부정 선거를 저지르는 시장에게 어떻게든 투표해 왔던 사람들이기 때문이었다.

ENGENDER [indʒéndər] v to bring into existence; to create; to cause
발생시키다; 만들어내다; 야기하다

- My winning lottery ticket *engendered* a great deal of envy among my co-workers; they all wished that they had won.

  내가 복권에 당첨되자 동료들은 대단히 부러워했다. 그들은 모두 자신들이 복권에 당첨되었더라면 하고 바랐다.

- Smiles *engender* smiles.

  미소는 미소를 낳는다.

- The bitter lieutenant *engendered* discontent among his troops.

  중위의 혹독함이 부대 내에 불만을 야기했다.

ENIGMA [ənígmə] n **a mystery** 수수께끼

- Ben is an *enigma*; he never does any homework but he always gets good grades.

  벤은 수수께끼 같은 인물이다. 그는 숙제 한번 하는 일이 없지만 언제나 좋은 성적을 받는다.

- The wizard spoke in riddles and *enigmas*, and no one could understand what he was saying.

  마법사가 불가사의하고 수수께끼 같은 말을 해서 아무도 그가 말하는 것을 이해할 수가 없었다.

▶ 형용사형은 enigmatic[ènigmǽtik] (수수께끼 같은)이다.

- Ben's good grades were *enigmatic*. So was the wizard's speech.

  벤이 좋은 성적을 받았다는 사실은 불가사의했다. 마법사의 말도 마찬가지였다.

ENORMITY [inɔ́ːrməti] n **extreme evil; a hideous offense; immensity**
극도의 사악함; 극악무도한 범죄; 엄청남

- Hitler's soldiers stormed through the village, committing one *enormity* after another.

  히틀러의 병사들은 마을을 습격해서 극악무도한 범죄 행위를 계속해서 저질렀다.

"Hugeness" or "great size" is not the main meaning of *enormity*. When you want to talk about the gigantic size of something, use *immensity* instead.

'광대함'이나 '거대한 크기'는 enormity의 주요 의미가 아니다. 거대한 크기에 관해서 말하고 싶을 때는 immensity를 대신 사용한다.

EPHEMERAL [ifémərəl] adj **lasting a very short time** 아주 짧은 시간 동안 지속되는, 순식간의

Ephemeral comes from the Greek and means lasting a single day. The word is usually used more loosely to mean lasting a short time.

Ephemeral은 단 하루만 이어지는'이란 의미의 그리스 어에서 유래한 말이다. 그러나 대개는 좀 더 막연하게 짧은 시간 동안 지속된다는 의미로 사용된다.

Youth and flowers are both *ephemeral*. They're gone before you know it.

젊음과 꽃은 둘 다 ephemeral이라고 표현할 수 있다. 그것들은 당신이 깨닫지 못하는 사이에 사라져 버린다.

Some friendships are *ephemeral*.

어떤 우정은 ephemeral이다.

- The tread on those used tires will probably turn out to be *ephemeral*.

  그 중고 타이어의 지면과 접하는 면은 아마도 얼마 못 갈 것이다.

Match each word in the first column with its definition in the second column. Check your answers in the back of the book.

1. emulate		a.	cause to exist
2. encroach		b.	mystery
3. endemic		c.	remove voting rights
4. enervate		d.	reduce the strength of
5. enfranchise		e.	native
6. disfranchise		f.	grant voting rights
7. engender		g.	strive to equal
8. enigma		h.	lasting a very short time
9. enormity		i.	extreme evil
10. ephemeral		j.	trespass

EPIGRAM [épəgræm] n a brief and usually witty or satirical saying
짧고 재기 넘치거나 풍자적인 말, 경구

People often find it difficult to remember the difference between an *epigram* and these similar-looking words:
사람들은 epigram과 비슷하게 생긴 다음 단어들의 차이점을 기억하는 데 종종 어려움을 겪는다.

epigraph: an apt quotation placed at the beginning of a book or essay
epigraph : 책이나 글의 서두에 놓이는 적절한 인용, 제사, 표제어

epitaph: a commemorative inscription on a grave
epitaph : 묘지에 새기는 죽은 사람을 기념하는 비문

epithet: a term used to characterize the nature of something; sometimes a disparaging term used to describe a person.
epithet : 사물의 성질을 묘사할 때 사용되는 용어. 사람을 멸시하는 느낌으로 묘사할 때 쓰이는 용어, 별명, 통칭

▶ 형용사형은 epigrammatic[èpəgrəmǽtik] (경구적인, 풍자적인)이다.

EPITOME [ipítəmi] n a brief summary that captures the meaning of the whole; the perfect example of something; a paradigm
전체의 의미를 포착하여 짧게 요약한 것, 개요; 완벽한 예; 모범, 전형

▶ 발음에 주의할 것.

- The first paragraph of the new novel is an *epitome* of the entire book; you could read it and understand what the author is trying to get across.
  새로 나온 그 소설의 첫 단락은 책 전체의 개요를 드러낸다. 그것을 읽어 보면 작가가 전달하고자 하는 바를 이해할 수 있을 것이다.

- Luke's freshman year was the *epitome* of a college experience; he made friends, joined a fraternity, and ate too much pizza.
  루크의 1학년 신입생 시절은 그가 경험한 대학 생활의 전부가 다 들어 있었다. 그는 친구들을 사귀고 남학생 클럽에 가입하고 엄청 많은 피자를 먹었다.

- Eating corn dogs and drinking root beer is the *epitome* of the good life, as far as Kara is concerned.

  카라에게 있어서, 옥수수 핫도그를 먹고 저알코올 맥주를 마시는 것은 안락한 생활의 축도인 셈이다.

EQUANIMITY [ì:kwəníməti] n **composure; calm** 평정, 침착함; 평온함

- The entire apartment building was crumbling, but Rachel faced the disaster with *equanimity*. She ducked out of the way of a falling beam and continued searching for an exit.

  아파트 건물 전체가 힘없이 무너져 내렸지만, 레이첼은 그러한 재난에 침착하게 대처했다. 그녀는 기둥이 무너지는 길을 용케 피해 나와 출구를 계속해서 찾았다.

- John's mother looked at the broken glass on the floor with *equanimity*; at least he didn't hurt himself when he knocked over the vase.

  존의 어머니는 침착하게 마루에 깨진 유리 조각을 보았다. 적어도 존이 꽃병을 깨뜨릴 때 그는 다치지 않았다.

EQUITABLE [ékwətəbl] adj **fair** 공정한

- King Solomon's decision was certainly *equitable*; each mother would receive half the child.

  솔로몬 왕의 판결은 아주 공정했다. 두 엄마에게 각각 아이의 반씩을 갖도록 했다.

- The pirates distributed the loot *equitably* among themselves, so each one received the same share.

  해적들은 전리품을 서로가 공정하게 나눠 가졌다. 그래서 각각 똑같이 분배받았다.

- The divorce settlement was quite *equitable*. Sheila got the right half of the house and Tom got the left half.

  이혼 협의는 아주 공정했다. 실라가 집의 오른쪽 반을 갖고, 톰이 왼쪽 반을 갖게 되었다.

Equity is fairness; *inequity* is unfairness. *Iniquity* and *inequity* both mean unfair, but *iniquity* implies wickedness as well. By the way, *equity* has a meaning in business.

equity는 '공평함'을, inequity는 '불공정'을 의미한다. iniquity와 inequity는 둘 다 공정하지 못하다는 의미를 갖고 있지만, iniquity는 거기에 덧붙여서 사악하다는 의미가 함축되어 있다. 한편 equity는 비즈니스와 관련되어 쓰인다.

▶ PART C의 '10. Finance(재정)'를 참조할 것.

EQUIVOCAL [ikwívəkəl] adj **ambiguous; intentionally confusing; capable of being interpreted in more than one way**
모호한; 고의적으로 혼동시키는; 여러 가지 의미로 해석될 수 있는

Ambiguous means unclear. To be *equivocal* is to be intentionally ambiguous.

ambiguous는 '분명하지 않은'이라는 의미이다. equivocal은 '고의적으로 모호한'의 뜻이다.

- Joe's response was *equivocal*; we couldn't tell whether he meant yes or no, which is precisely what Joe wanted.

  조의 대답은 분명하지 않았다. 우리는 그가 의미하는 것이 긍정인지 부정인지 알 수가 없었는데, 그것이 바로 조가 바랐던 것이다.

- Dr. Festen's *equivocal* diagnosis made us think that she had no idea what Mrs. Johnson had.

  페스턴 박사가 애매모호한 진단을 내렸기 때문에, 우리는 그녀가 존슨 부인의 병명을 모르고 있다는 생각이 들었다.

To be *equivocal* is to *equivocate*. To *equivocate* is to mislead by saying confusing or ambiguous things.

equivocal의 동사형은 equivocate(얼버무리다)이다. equivocate는 분명치 않거나 혼란을 야기하는 말을 써서 오해하게 만드는 것이다.

- When we asked Harold whether that was his car that was parked in the middle of the hardware store, he *equivocated* and asked, "In which aisle?"

  철물점 중간에 주차되어 있는 차가 그의 것이냐고 우리가 물었을 때, 해롤드는 얼버무리면서 "어느 통로에 있는 것?" 하고 물었다.

ERUDITE [érjudàit] adj **scholarly; deeply learned** 박식한; 학식이 깊은

- **The professor said such *erudite* things that none of us had the slightest idea of what he was saying.**
  그 교수는 박식한 것들에 대해 말해서 우리 중에 그가 말하고 있는 것을 조금이라도 아는 사람은 아무도 없었다.

- **The *erudite* biologist was viewed by many of her colleagues as a likely winner of the Nobel Prize.**
  그 생물학자는 대단히 학식이 깊어서 대다수의 동료들은 그녀를 노벨상 감이라고 여겼다.

To be *erudite* is to possess *erudition* [èrjudíʃən], or extensive knowledge.
erudite는 erudition(학식)이나 광범위한 지식을 가지고 있다는 뜻이다.

- **Mr. Fernicola's vast library was an indication of his *erudition*.**
  페르니콜라 씨의 방대한 서재는 그의 박식함을 말해 주었다.

▸ 이 두 단어의 발음에 주의할 것.

Match each word in the first column with its definition in the second column. Check your answers in the back of the book.

1. epigram		a.	brief summary
2. epigraph		b.	fair
3. epitaph		c.	composure
4. epithet		d.	intentionally confusing
5. epitome		e.	apt quotation
6. equanimity		f.	say confusing things
7. equitable		g.	inscription on a grave
8. equivocal		h.	scholarly
9. equivocate		i.	brief, witty saying
10. erudite		j.	characterizing term

ESOTERIC [èsətérik] adj **hard to understand; understood by only a select few; peculiar**
난해한; 선택된 소수에게만 이해되는; 특별한

- **Chicken wrestling and underwater yodeling were just two of Bob's *esoteric* hobbies.**
  닭싸움과 수중 요들송은 특이한 밥의 취미 중 두 가지였다.

- **The author's books were so *esoteric* that even her mother didn't buy any of them.**
  그 작가의 책들은 너무나 난해해서 그녀의 엄마조차 그녀의 책들을 사지 않았다.

ESPOUSE [ispáuz] v to support; to advocate 지지하다; 주장하다

- Some cultures used to *espouse* polygamy, or marriage to more than one woman.
  어떤 문화권은 일부다처제나 한 여성 이상과의 결혼을 주의로 채택했었다.

- Alex *espoused* so many causes that he sometimes had trouble remembering which side he was on.
  알렉스는 너무나 많은 사회 운동을 지지하고 있어서 때로는 자신이 어느 편인지 헷갈려 애를 먹을 때가 있었다.

- The candidate for governor *espoused* a program in which all taxes would be abolished and all the state's revenues would be supplied by income from bingo and horse racing.
  주지사 후보는 모든 세금 제도를 폐지하고 주의 세입은 빙고 게임과 경마에서 들어오는 수입으로 충당하자는 공약을 내걸었다.

ETHEREAL [iθíəriəl] adj heavenly; as light and insubstantial as a gas or ether
천상의; 기체나 에테르같이 가볍고 실체가 없는

- The *ethereal* music we heard turned out to be not angels plucking on their harps but the wind blowing through the slats of the metal awning.
  우리가 들었던 천상의 음악은 천사가 하프를 뜯는 소리가 아니라 바람이 금속 차양의 널을 통해 지나가는 소리로 밝혀졌다.

- The *ethereal* mist on the hillside was delicate and beautiful.
  산허리에 걸친 희뿌연 안개는 섬세하고 아름다웠다.

EUPHEMISM [júːfəmìzm] n a pleasant or inoffensive expression used in place of an unpleasant or offensive one
불쾌감을 주거나 무례한 표현 대신에 사용하는 완곡한 표현

- Aunt Angie, who couldn't bring herself to say the word *death*, said that Uncle George had taken the big bus uptown. "Taking the big bus uptown" was her *euphemism* for dying.
  '죽음'이라는 단어를 결코 사용하지 않는 앤지 숙모는 조지 삼촌이 높은 곳으로 가는 버스를 탔다고 말했다. '높은 곳으로 가는 버스를 타는 것'은 그녀가 죽음을 완곡어법으로 표현한 것이었다.

- The sex-education instructor wasn't very effective. She was so embarrassed by the subject that she could only bring herself to speak *euphemistically* about it.
  강사의 성교육 강의는 별 효과가 없었다. 그녀는 그 주제가 너무 난처해서 단지 완곡한 표현만을 사용했던 것이다.

EVANESCENT [èvənésnt] adj fleeting; vanishing; happening for only the briefest period
덧없는; 사라지는; 아주 짧은 순간에만 발생하는

- Meteors are *evanescent*: they last so briefly that it is hard to tell whether one has actually appeared.
  별똥별은 순간적으로 사라진다. 그것은 너무나 빨리 사라지기 때문에 실제로 나타난 건지 아닌지 구별하기 어렵다.

EXACERBATE [igzǽsərbèit] v to make worse 악화시키다

- Dipping Austin in lye *exacerbated* his skin condition.
  오스틴을 알칼리성 세제에 담가 씻겼더니 그의 피부병이 더 악화되었다.

- The widow's grief was *exacerbated* by the minister's momentary inability to remember her dead husband's name.
  목사가 한순간 죽은 그녀의 남편 이름을 기억하지 못하자 미망인의 슬픔은 더욱 커졌다.

- The fender-bender was *exacerbated* when two more cars plowed into the back of Margaret's car.
  마가렛의 차 뒤로 두 대가 더 추돌 사고를 일으키는 바람에 경미한 접촉 사고는 대형 사고로 바뀌었다.

EXACTING [igzǽktiŋ] adj extremely demanding; difficult; requiring great skill or care
매우 극단적으로 무리한 요구를 하는; 어려운; 대단한 기술이나 주의를 요하는

- The *exacting* math teacher subtracted points if you didn't show every step of your work.

  아주 가혹한 수학 선생은 풀이의 모든 과정을 보여주지 않으면 가차 없이 감점 처리했다.

- The surgeon's *exacting* task was to reconnect the patient's severed eyelid.

  외과 의사에게 맡겨진 고난도의 임무는 환자의 손상된 눈꺼풀을 다시 연결하는 것이었다.

EXALT [igzɔ́:lt] v to raise high; to glorify 높이 올리다; 칭찬하다

- The manager decided to *exalt* the lowly batboy by asking him to throw the first pitch in the opening game of the World Series.

  감독은 월드 시리즈 첫 경기의 시구로 팀의 잡일을 보는 소년을 지명해서 그의 지위를 올려 주기로 결정했다.

The adjective *exalted* is used frequently.

형용사형인 exalted는 자주 사용된다.

- Being queen of England is an *exalted* occupation.

  영국의 여왕이라는 것은 고귀한 자리이다.

- Diamante felt *exalted* when he woke up to discover that his great-uncle had left him $100 million.

  어느 날 깨어나서 종조부가 1억 달러를 남겨 주었다는 사실을 알게 되었을 때, 디아망테는 신바람이 났다.

- Cleaning out a septic tank is not an *exalted* task.

  오수 정화조를 청소하는 일은 고상한 업무는 아니다.

▶ 후에 나오는 exult(의기양양하다)라는 단어와 혼동하지 않도록 주의할 것.

EXASPERATE [igzǽspərèit] v to annoy thoroughly; to make very angry; to try the patience of 대단히 화나게 하다; 매우 화나게 하다; ~의 인내심을 시험하다

- The child's insistence on hopping backward on one foot *exasperated* her mother, who was in a hurry.

  아이는 한 발로 껑충껑충 뛰면서 뒤로 가려고 고집을 부려서 황급히 서두르고 있던 엄마를 화나게 만들었다.

- The algebra class's refusal to answer any questions was extremely *exasperating* to the substitute teacher.

  대수학 시간의 학생들이 어떤 질문에도 대답하기를 거부해서 그 대리 교사는 무척이나 화가 났다.

EXEMPLIFY [igzémpləfài] v to illustrate by example; to serve as a good example
예를 들어 설명하다; 좋은 예가 되다

- Fred participated in every class discussion and typed all of his papers. Her teacher thought Fred *exemplified* the model student; Fred's classmates thought he was sycophantic.

  프레드는 학급 회의에 매번 참여했으며 숙제도 모두 타이프를 쳐서 제출했다. 선생님은 프레드가 모범적인 학생의 본보기라고 생각했다. 프레드의 같은 반 친구들은 그녀를 아첨꾼이라고 생각했다.

An *exemplar* [igzémplər] is an ideal model or a paradigm. *Exemplary* [igzémpləri] means outstanding or worthy of imitation.

exemplar는 '이상적인 본보기'나 '전형'이라는 뜻이다. 형용사형 exemplary는 '뛰어난' 또는 '본받을 만한'이라는 의미이다.

EXHAUSTIVE [igzɔ́:stiv] adj **thorough; rigorous; complete; painstaking**
철저한; 엄밀한; 완전한; 수고를 아끼지 않는

- Before you use a parachute, you should examine it *exhaustively* for defects. Once you jump, your decision is irrevocable.

  낙하산을 사용하기 전에 결함이 없는지 속속들이 검사를 해 봐야 한다. 일단 뛰어내리고 나면 결과는 돌이킬 수 없다.

EXHORT [igzɔ́:rt] v **to urge strongly; to give a serious warning to**
강력하게 권하다; 심각하게 경고하다

- The coach used her bullhorn to *exhort* us to try harder.

  코치는 확성기를 사용하여 우리에게 더 열심히 노력하라고 재촉했다.

- The fearful forest ranger *exhorted* us not to go into the cave, but we did so anyway and became lost in the center of the earth.

  무시무시한 산림 경비원이 우리에게 동굴 속으로 들어가지 말라고 경고했지만, 우리는 어쨌든 들어가 보았고 땅속에서 길을 잃었다.

▶ 형용사형은 hortatory[hɔ́:rtətɔ̀:ri] (충고의, 권고적인)이다.

QUICK QUIZ

Match each word in the first column with its definition in the second column. Check your answers in the back of the book.

1. esoteric		a. peculiar	
2. espouse		b. make worse	
3. ethereal		c. extremely demanding	
4. euphemism		d. raise high	
5. evanescent		e. inoffensive substitute term	
6. exacerbate		f. urge strongly	
7. exacting		g. annoy thoroughly	
8. exalt		h. heavenly	
9. exasperate		i. advocate	
10. exemplify		j. fleeting	
11. exhaustive		k. illustrate by example	
12. exhort		l. thorough	

EXIGENCY [éksədʒənsi] n **an emergency; an urgency** 비상사태; 긴급 사태

- An academic *exigency*: You haven't opened a book all term and the final is tomorrow morning.

  학업의 위기는 학기 내내 책 한 번 펼쳐 보지 않았는데, 기말 시험이 내일 아침일 때이다.

▶ 형용사형은 exigent(위급한, 급박한)이다.

EXISTENTIAL [ègzisténʃəl] adj **having to do with existence; having to do with the body of thought called existentialism, which basically holds that human beings are responsible for their own actions**
존재에 관한; 실존주의라 불리는 일단의 사상에 관한, 실존주의란 인간은 자기 자신의 행동에 책임을 져야 한다는 내용을 기본으로 하는 사상이다.

This word is overused but under-understood by virtually all of the people who use it. Unless you have a very good reason for throwing it around, you should probably avoid it.
이 단어를 남용하는 경향이 있다. 그러나 사실 이 단어를 사용하는 사람들 모두 그 뜻을 제대로 이해하고 있지는 않다. 이 단어를 사용해야 할 아주 적합한 상황이 아니라면 아마도 피하는 것이 좋을 것이다.

EXONERATE [igzánərèit] v **to free completely from blame; to exculpate**
책임을 완전히 면제해 주다; 무죄로 하다

- The defendant, who had always claimed he wasn't guilty, expected to be *exonerated* by the testimony of his best friend.
  항상 자신이 무죄라고 주장했던 피고인은 가장 친한 친구의 증언으로 혐의가 벗겨지기를 기대했다.

- Our dog was *exonerated* when we discovered that it was in fact the cat that had eaten all the doughnuts.
  도넛을 몽땅 먹어 치운 놈이 사실은 고양이였다는 사실이 밝혀지면서 우리 집 개의 무죄가 입증되었다.

EXPATRIATE [ekspéitrièit] v **to throw (someone) out of his or her native land; to move away from one's native land; to emigrate**
조국에서 추방하다; 조국을 떠나 외국으로 이주하다; 이민하다

- The rebels were *expatriated* by the nervous general, who feared that they would cause trouble if they were allowed to remain in the country.
  소심한 장군은 반란군을 국외로 추방했다. 그는 반란군을 그대로 국내에 있게 하면, 말썽을 일으킬 것이라고 두려워했다.

- Hugo was fed up with his native country, so he *expatriated* to America. In doing so, Hugo became an *expatriate* [ekspéitriət].
  휴고는 자신의 고국에 싫증이 나서 미국으로 이민을 갔다. 그렇게 해서 휴고는 국외 거주자가 되었다.

To *repatriate* [ri:péitrièit] is to return to one's native citizenship; that is, to become a *repatriate* [ri:péitriət].
repatriate은 '고국의 시민으로 돌아가다'의 의미이다. 다시 말해서, repatriate(귀국자)이 된다는 뜻이다.

EXPEDIENT [ikspí:diənt] adj **providing an immediate advantage; serving one's immediate self-interest; practical** 즉시 편의를 제공하는; 즉각적인 이익을 주는; 실용적인

- Because the basement had nearly filled with water, the plumber felt it would be *expedient* to clear out the drain.
  지하실에 물이 거의 가득 들어찼기 때문에, 배관공은 빨리 배수로를 뚫어 주는 게 상책이라고 생각했다.

- The candidate's position in favor of higher pay for teachers was an *expedient* one adopted for the national teachers' convention and abandoned shortly afterward.
  그 후보가 교사들의 임금 인상안을 찬성하는 입장을 취한 것은 전국 교사 대회에 대비해 정략적 방편으로 채택한 것이었고 얼마 안 있어 그는 자신의 입장을 포기했다.

▶ expedient는 '방책'이라는 뜻의 명사로도 쓰인다.

- The car repairman did not have his tool kit handy, so he used chewing gum as an *expedient* to patch a hole.
  차량 정비사는 주변에 쓸 만한 도구들을 가지고 있지 않았다. 그래서 그는 임시방편으로 구멍을 메우기 위해 껌을 사용했다.

The noun *expedience* or *expediency* is practicality or being especially suited to a particular goal.
명사형은 expedience 또는 expediency로, '실용성' 또는 '특정 목적에 특히 적합함'의 뜻이다.

EXPEDITE [ékspədàit] v to speed up or ease the progress of
더 신속하게 하다, ~의 과정을 빠르게 진척시키다

- The post office *expedited* mail delivery by hiring more letter carriers.
  우체국은 집배원을 더 많이 고용해서 우편물 배달을 더 신속하게 했다.

- The lawyer *expedited* the progress of our case through the courts by bribing a few judges.
  변호사는 몇몇 판사에게 뇌물을 주는 방법으로 우리 재판 진행을 진척시켰다.

- Our wait for a table was *expedited* by a waiter who mistook Angela for a movie star.
  식당에서 안젤라를 영화배우로 착각한 웨이터 덕분에 우리는 기다리지 않고 빨리 자리를 얻었다.

EXPLICIT [iksplísit] adj clearly and directly expressed 분명하고도 직접적으로 표현된, 명백한

- The sexually *explicit* movie received an X rating.
  그 영화는 노골적인 성애 영화라서 X 등급을 받았다.

- The machine's instructions were *explicit*—they told us exactly what to do.
  기계 설명서는 분명했다. 무엇을 해야 할지 정확하게 일러 주었다.

- No one *explicitly* asked us to set the barn on fire, but we got the impression that that was what we were supposed to do.
  아무도 우리에게 헛간에 불을 지르라고 드러내 놓고 당부하지는 않았지만, 우리는 그게 바로 우리가 할 일이라는 인상을 받았다.

Implicit means indirectly expressed or implied.
implicit는 '간접적으로 표현된' 또는 '암시된'이라는 의미이다.

- Gerry's dissatisfaction with our work was *implicit* in his expression, although he never criticized us directly.
  게리는 결코 우리를 직접적으로 비난하지는 않았지만, 그의 표현에는 우리가 한 일에 대한 불만이 함축되어 있었다.

EXTOL [ikstóul] v to praise highly; to laud 격찬하다; 칭송하다

- The millionaire *extolled* the citizen who returned her gold watch but the only reward was a heartfelt handshake.
  백만장자는 자신의 금시계를 돌려준 시민을 매우 칭찬하고 보답으로 고작 그와 진심에서 우러난 악수를 했다.

EXTRANEOUS [ikstréiniəs] adj unnecessary; irrelevant; extra 불필요한; 관계없는; 여분의

- Extra ice cream would never be *extraneous*, unless everyone had already eaten so much that no one wanted any more.
  모든 사람들이 이미 아이스크림을 충분히 많이 먹어서 아무도 더 먹고 싶어 하지 않는 상황이 아니라면, 여분의 아이스크림은 불필요한 것이 아니다.

- The book's feeble plot was buried in a lot of *extraneous* material about a talking dog.
  그 책의 허술한 구성은 말하는 개에 대한 수많은 불필요한 소재 속에 묻혔다.

- The salad contained several *extraneous* ingredients, including hair, sand, and a single dead fly.
  샐러드에는 죽은 파리 한 마리를 비롯해서 머리카락과 모래 등 몇 가지 불필요한 성분들이 들어 있었다.

To be *extraneous* is to be *extra* and always with the sense of being unnecessary.
extraneous는 extra의 의미인데, 여기에는 언제나 불필요하다는 의미를 가지고 있다.

EXTRAPOLATE [ikstrǽpəlèit] v to project or deduce from something known; to infer
알려진 사실로부터 추정하거나 추론하다; 추측하다

- George's estimates were *extrapolated* from last year's data; he simply took all the old numbers and doubled them.
  조지가 내린 견적은 지난해의 데이터에서 추정한 것이었다. 그는 단순히 이전의 숫자들을 빌려와 두 배로 계산한 것이다.

- Emeril came up with a probable recipe by *extrapolating* from the taste of the cookies he had eaten at the store.
  에머릴은 가게에서 먹었던 쿠키의 맛에서 추론하여 그럴듯한 요리법을 만들어냈다.

- By *extrapolating* from a handful of pottery fragments, the archaeologists formed a possible picture of the ancient civilization.
  부서진 도자기 조각들로부터 추정하여, 고고학자들은 그럴싸한 고대 문명의 모습을 만들어 냈다.

To *extrapolate*, a scientist uses the facts he or she has to project to facts outside; to *interpolate* [intə́:rpəlèit], the scientist tries to fill the gaps within data.
extrapolate(추론하다)하기 위해서 과학자는 알고 있는 사실들을 이용하여 외부 사실들에 투사하며, interpolate(삽입하다)하기 위해서 자신이 가지고 있는 자료들로 공백을 메우려 한다.

EXTRICATE [ékstrəkèit] v to free from difficulty 곤경에서 벗어나게 하다

- It took two and a half days to *extricate* the little girl from the abandoned well into which she had fallen.
  버려진 우물에 빠진 어린 소녀를 구하는 데 이틀하고도 반나절이나 걸렸다.

- Yoshi had to pretend to be sick to *extricate* himself from the blind date with the ventriloquist who brought her puppet on the date with her.
  데이트에 인형을 가지고 오는 복화술사와의 소개팅에서 벗어나기 위해 요시는 아픈 척해야만 했다.

- Monica had no trouble driving her car into the ditch, but she needed a tow truck to *extricate* it.
  모니카는 별 어려움 없이 차를 몰아 도랑 속으로 들어갔지만, 거기에서 벗어나기 위해서는 견인 트럭이 필요했다.

Something that is permanently stuck is *inextricable* [inékstrəkəbl].
영구히 헤어날 수 없는 것을 inextricable(불가분한)이라고 표현한다.

EXTROVERT [ékstrəvə̀:rt] n an open, outgoing person; a person whose attention is focused on others rather than on himself or herself
개방적이고 사교적인 사람, 외향적인 사람; 자신보다는 남에게 더 많이 관심을 두고 있는 사람

- Maria was quite an *extrovert*; she walked boldly into the roomful of strange adults and struck up many friendly conversations.
  마리아는 상당히 외향적이었다. 그녀는 낯선 어른들로 가득한 방에 대담하게 걸어 들어가 상냥하게 많은 대화를 시작했다.

- Damian was an *extrovert* in the sense that he was always more interested in other people's business than in his own.
  자신의 일보다는 항상 남의 일에 더 많이 관심을 갖는다는 의미에서 볼 때, 다미안은 외향적인 사람이었다.

An *introvert* [íntrəvə̀:rt] is a person whose attention is directed inward and who is concerned with little outside himself or herself.
introvert는 관심이 자신의 내부에만 머물러 있고 자기 외부에는 관심을 거의 드러내지 않는 내성적인 사람이다.

- Ryan was an *introvert*; he spent virtually all his time in his room, writing in his diary and talking to himself. An *introvert* is usually introspective.
  라이언은 내성적인 사람이었다. 그는 거의 대부분의 시간을 자신의 방안에서 일기를 쓰거나 자기 자신과 대화하면서 보냈다. 내성적인 사람은 대개 자기 성찰적인 성향을 갖고 있다.

EXULT [igzʌ́lt] v **to rejoice; to celebrate** 기뻐하다; 축제 기분에 젖다

- The women's team *exulted* in its victory over the men's team at the badminton finals. They were *exultant.*

  여성 팀은 배드민턴 결승전에서 남성 팀을 누르고 승리하여 무척 기뻤다. 그들은 의기양양했다.

QUICK QUIZ

Match each word in the first column with its definition in the second column. Check your answers in the back of the book.

1. exigency	a. free from blame
2. existential	b. clearly expressed
3. exonerate	c. indirectly expressed
4. expatriate	d. having to do with existence
5. expedient	e. outgoing person
6. expedite	f. speed up
7. explicit	g. infer
8. implicit	h. free from difficulty
9. extol	i. immediately advantageous
10. extraneous	j. unnecessary
11. extrapolate	k. inwardly directed person
12. extricate	l. throw out of native land
13. extrovert	m. emergency
14. introvert	n. rejoice
15. exult	o. praise highly

F

FABRICATION [fæbrikéiʃən]   n   **a lie; something made up**   거짓말; 조작된 것

- My story about being the prince of Wales was a *fabrication*. I'm really the king of Denmark.

  내가 영국의 황태자라는 얘기는 거짓말이었다. 나는 실제로는 덴마크의 왕이다.

- The suspected murderer's alibi turned out to be an elaborate *fabrication*; in other words, he was lying when he said that he hadn't killed the victim.

  살인 용의자의 알리바이는 정교하게 조작된 것임이 드러났다. 다시 말해서 피해자를 죽이지 않았다는 그의 말은 거짓말이었다.

▶ fabrication의 동사형은 fabricate이다.

FACETIOUS [fəsí:ʃəs]   adj   **humorous; not serious; clumsily humorous**

우스운; 진지하지 않은; 우스꽝스러운

- David was sent to the principal's office for making a *facetious* remark about the intelligence of the French teacher.

  프랑스 어 선생님의 지능에 관한 우스갯소리를 해서 데이비드는 교장실로 불려갔다.

- Our proposal about shipping our town's garbage to the moon was *facetious*, but the first selectman took it seriously.

  마을의 쓰레기를 달로 운반하자는 우리의 제안은 그저 웃자고 한 소리였다. 그러나 도시 행정 위원장은 그 안을 진지하게 받아들였다.

FACILE [fǽsil]   adj   **fluent; skillful in a superficial way; easy**   유창한; 표면적으로는 능숙한; 쉬운

▶ 발음에 주의할 것.

To say that a writer's style is *facile* is to say both that it is skillful and that it would be better if the writer exerted himself or herself more. The word *facile* almost always contains this sense of superficiality.

작가의 문체가 facile이라는 말은, 솜씨가 뛰어나다는 뜻과 작가가 좀 더 노력한다면 훨씬 더 좋아질 것이라는 뜻 두 가지를 모두 말하는 것이다. facile이란 단어는 거의 언제나 이처럼 '표면적인'이라는 의미를 담고 있다.

- Paolo's poems were *facile* rather than truly accomplished; if you read them closely, you soon realized they were filled with clichés.

  파올로의 시들은 조예가 깊다기보다는 쉽게 만들어진 것이었다. 자세히 읽어 보면, 진부한 표현으로 가득하다는 것을 금방 알 수 있을 것이다.

- The CEO of the company was a *facile* speaker. She could speak engagingly on almost any topic with very little preparation. She spoke with great *facility*.

  그 회사의 CEO는 달변가였다. 그녀는 준비가 거의 없이도 어떤 주제에 대해서든 남의 마음을 끌 수 있게 말할 수 있었다. 그녀는 대단히 유창한 달변가였다.

FACTION [fǽkʃən] n **a group, usually a small part of a larger group, united around some cause; disagreement within an organization**
파벌, 대개 어떤 목적을 위해서 모인 큰 그룹 내의 소규모 모임; 조직 내의 분쟁, 내분

- At the Republican National Convention, the candidate's *faction* spent much of its time shouting at the other candidate's *faction*.
공화당 전당대회에서 그 후보 파는 다른 쪽 후보 파에 소리만 질러대느라 많은 시간을 허비했다.

- The faculty was relatively happy, but there was a *faction* that called for higher pay.
교직원들은 비교적 만족했다. 그러나 임금 인상을 요구하는 집단도 있었다.

- When the controversial topic of the fund drive came up, the committee descended into bitterness and *faction*. It was a *factious* topic.
기금 모금에 관해 논란의 여지가 있는 주제가 제기되자, 위원회는 내분과 상호 비방으로 이어졌다. 그것은 내분을 낳는 주제였다.

FARCICAL [fáːrsikəl] adj **absurd; ludicrous** 터무니없는; 우스꽝스러운

- The serious play quickly turned *farcical* when the leading man's belt broke and his pants fell to his ankles.
주인공의 허리띠가 끊어져 바지가 발목까지 흘러내리자 심각하던 연극은 우스꽝스럽게 변해 버렸다.

- The formerly secret documents detailed the CIA's *farcical* attempt to discredit the dictator by sprinkling his shoes with a powder that was supposed to make his beard fall out.
과거의 비밀문서에는 신발에 파우더를 뿌려놓아 수염을 떨어지게 함으로써 그 독재자를 웃음거리로 만들려고 했던 CIA의 터무니없는 작전에 대해서 자세히 적혀 있다.

Farcical means like a *farce*, which is a mockery or a ridiculous satire.
farcical은 익살극(farce) 같은'이라는 의미로, 조롱거리나 우스꽝스러운 풍자극 같다는 뜻이다.

FASTIDIOUS [fæstídiəs] adj **meticulous; demanding; finicky** 지나치게 세심한; 요구사항이 많은; 까다로운

- Mrs. O'Hara was a *fastidious* housekeeper; she cleaned up our crumbs almost before they hit the floor.
오하라 여사는 지나치게 세심한 주부였다. 그녀는 빵 부스러기가 마룻바닥에 떨어지기가 무섭게 깨끗이 치웠다.

- Jeb was so *fastidious* in his work habits that he needed neither a wastebasket nor an eraser.
제브는 쓰레기통도 지우개도 필요 없을 만큼 작업 습관이 지나치게 세심했다.

- The *fastidious* secretary was nearly driven mad by her boss, who used the floor as a file cabinet and her desk as a pantry.
지나치게 깔끔했던 비서는 사장 때문에 거의 미칠 지경이었다. 사장은 마룻바닥에 서류를 아무렇게나 쌓아두고 책상을 식품 저장실처럼 사용했다.

FATALIST [féitəlist] n **someone who believes that future events are already determined and that humans are powerless to change them**
미래의 일은 이미 결정되어 있고 인간은 그것을 바꿀 힘이 없다고 믿는 사람, 운명론자

- The old man was a *fatalist* about his illness, believing there was no sense in worrying about something he could not control.
자신이 통제할 수 없는 일에 대해서 걱정하는 것은 의미 없는 일이라고 믿으면서 노인은 자신의 병을 운명이라고 받아들였다.

- Carmen was such a *fatalist* that she never wore a seat belt; she said that if she were meant to die in a car accident, there was nothing she could do to prevent it.
카르멘은 결코 안전벨트를 매지 않는 철저한 운명론자였다. 그녀는 자신이 교통사고로 죽을 운명이라면 그것을 막을 수 있는 방법은 아무것도 없다고 말했다.

Fatalist is closely related to the word *fate*. A *fatalist* is someone who believes that *fate* determines everything.

fatalist는 fate(운명)라는 단어와 밀접한 관련이 있다. fatalist는 fate(운명)가 모든 것을 결정한다고 믿는 '운명론자'이다.

▶ 형용사형은 fatalistic(운명론적인)이다.

FATUOUS [fǽtʃuəs] adj **foolish; silly; idiotic** 바보 같은; 어리석은; 천치 같은

- Pauline is so pretty that her suitors are often driven to *fatuous* acts of devotion. They are *infatuated* with her.

  폴라인이 너무나 예쁘기 때문에 구혼자들은 종종 바보처럼 헌신적인 행동을 한다. 그들은 그녀에게 넋이 나가 있다.

FAUNA [fɔ́:nə] n **animals** 동물들

- We saw little evidence of *fauna* on our walk through the woods. We did, however, see plenty of *flora*, or plants.

  숲 속을 걷고 있는 동안에 우리는 동물들의 흔적을 거의 보지 못했다. 반면에 식물은 많이 보았다.

The phrase *flora* and *fauna* means plants and animals. The terms are used particularly in describing what lives in a particular region or environment.

flora와 fauna라는 말은 식물군과 동물군을 의미한다. 이 용어들은 특히 특정 지역이나 환경에서 사는 것들을 지칭할 때 사용된다.

Arctic *flora* are very different from tropical *flora*.

극지방의 flora는 적도 지방의 flora와 매우 다르다.

- In Jim's yard, the *flora* consists mostly of weeds.

  짐의 마당에는 식물이라고 해 봐야 거의 잡초뿐이다.

It's easy to remember which of these words means what. Just replace *flora* and *fauna* with *flowers* and *fawns*.

이들 단어가 각각 무엇을 의미하는지를 암기하는 것은 쉽다. 그저 flora와 fauna 자리에 flowers(꽃들)와 fawns(새끼 사슴들)로 교체하라.

FECUND [fí:kənd/fékənd] adj **fertile; productive** 비옥한; 다산의, 생산적인

- The *fecund* mother rabbit gave birth to hundreds and hundreds of little rabbits.

  다산성인 어미 토끼들은 수백 마리의 새끼를 낳고 또 낳았다.

- The child's imagination was so *fecund* that dozens of stories hopped out of him like a bunch of baby rabbits.

  그 아이의 상상력은 대단히 풍부해서 아주 많은 새끼 토끼처럼 수많은 이야기가 퐁퐁 솟아 나왔다.

- Our compost heap became increasingly *fecund* as it decomposed.

  퇴비 더미는 썩어가면서 점점 비옥해졌다.

▶ 명사형은 fecundity[fikʌ́ndəti](생산력, 다산, 비옥)이다.

Match each word in the first column with its definition in the second column. Check your answers in the back of the book.

1. fabrication	a. plants
2. facetious	b. fertile
3. facile	c. absurd
4. faction	d. one who believes in fate
5. farcical	e. humorous
6. fastidious	f. animals
7. fatalist	g. superficially skillful
8. fatuous	h. group with a cause
9. fauna	i. lie
10. flora	j. meticulous
11. fecund	k. foolish

FELICITY [fIlísəti] n **happiness; skillfulness, especially at expressing things; adeptness**

행복; 능숙한 솜씨, 특히 표현 방법에 있어; 숙련

- Love was not all *felicity* for Judy and Steve; they argued all the time. In fact their relationship was characterized by *infelicity*.

  주디와 스티브의 사랑은 행복한 것만은 아니었다. 그들은 내내 싸웠다. 사실 그들 관계의 특징은 불행 그 자체라고 할 수 있었다.

- Shakespeare wrote with great *felicity*. His works are filled with *felicitous* expressions.

  셰익스피어는 대단히 솜씨 있게 글을 썼다. 그의 작품은 적절한 표현으로 가득하다.

FERVOR [fə́:rvər] n **great warmth or earnestness; ardor; zeal** 대단한 열의나 진지함; 열정; 열중, 열의

- Avid baseball fans frequently display their *fervor* for the game by throwing food at bad players.

  광적인 야구팬들은 실력 없는 선수들에게 음식물을 집어던져 경기에 대한 자신들의 열정을 보이는 경우가 종종 있다.

FETTER [fétər] v **to restrain; to hamper** 제한하다, 억제하다; 방해하다

- In her pursuit of an Olympic gold medal, the runner was *fettered* by multiple injuries.

  그 달리기 선수는 올림픽에서 금메달을 따기를 원했지만, 다양한 부상으로 인해 메달을 따지 못했다.

To be *unfettered* is to be unrestrained or free of hindrances.

unfettered는 '제약이 없거나 방해받지 않는'의 뜻이다.

- After the dictator was deposed, the novelist produced a fictional account of the dictatorship that was *unfettered* by the strict rules of censorship.

  독재자가 물러난 후 소설가는 엄격한 검열의 족쇄에서 벗어나 독재 정권에 대한 소설을 썼다.

A *fetter* is literally a chain (attached to the foot) that is used to restrain a criminal or, for that matter, an innocent person. A figurative *fetter* can be anything that hampers or restrains someone.

fetter는 말 그대로 원래 범죄자이든 아니면 무고한 사람이든 간에 구속하기 위해 사용했던 발에 감는 '족쇄'를 의미한다. 비유적인 의미로 쓰인 fetter는 누군가를 방해하거나 속박하는 모든 것을 의미할 수 있다.

- The housewife's young children were the *fetters* that prevented her from pursuing a second master's degree.

  두 번째 석사 학위를 받으려는 주부에게는 어린 자식들이 족쇄가 되었다.

FIDELITY [fidélǝti] n faithfulness; loyalty 성실; 충성심

- The motto of the United States Marine Corps is *semper fidelis*, which is Latin for always loyal.

  미 해병의 좌우명은 변함없는 충성을 의미하는 라틴 어인 semper fidelis(항상 충실한)이다.

A *high-fidelity* record player is one that is very faithful in reproducing the original sound of whatever was recorded.

high-fidelity record player란 어떤 소리가 녹음되더라도 원음을 아주 충실하게 재생할 수 있는 오디오를 의미한다.

- The crusader's life was marked by *fidelity* to the cause of justice.

  그 개혁 운동가의 삶은 정의를 위한 투쟁으로 점철되어 있었다.

- The soldiers couldn't shoot straight, but their *fidelity* to the cause of freedom was never in question.

  군인들은 총조차 똑바로 쏠 수 없었지만, 자유를 향한 충성심은 결코 의문의 여지가 없었다.

Infidelity means faithlessness or disloyalty. Marital *infidelity* is another way of saying adultery.

infidelity는 배신, '불충'을 의미한다. 부부 간의 infidelity는 간통이라는 말의 또 다른 표현이다.

- Early phonograph records were marked by *infidelity* to the original.

  초기의 축음기는 원음을 제대로 재생하지 못했다.

FIGURATIVE [fígjurǝtiv] adj based on figures of speech; expressing something in terms usually used for something else; metaphorical
말의 상징에 기초한; 일반적으로 다른 사물을 일컫는 용어로 표현하는; 은유의

- When the mayor said that the housing market had sprouted wings, she was speaking *figuratively*. The housing market hadn't really sprouted wings; it had merely risen so rapidly that it had almost seemed to fly.

  시장은 비유적인 표현을 사용해 주택 시장이 날개를 달았다고 말했다. 주택 시장이 실제로 날개를 달 수는 없다. 주택 시장의 성장 속도가 아주 빨라서 거의 날아가는 것 같았다는 의미이다.

To say that the autumn hillside was a blaze of color is to use the word *blaze* in a *figurative* sense. The hillside wasn't really on fire, but the colors of the leaves made it appear (somewhat) as though it were.

가을 언덕이 색채의 불꽃이었다'고 하는 것은 '불꽃'라는 단어를 figurative인 의미로 사용한 것이다. 산등성이에 실제로 불이 난 것은 아니고 나뭇잎의 색깔이 마치 불붙는 것처럼 보였던 것이다.

A *figurative* meaning of a word is one that is not *literal*. A *literal* statement is one in which every word means exactly what it says. If the housing market had *literally* sprouted wings, genuine wings would somehow have popped out of it.

단어의 figurative인 의미란 literal(문자 그대로)이 아닌 것이다. literal statement는 모든 단어들이 바로 글자 그대로의 의미를 갖고 있는 표현이다. 주택 시장이 literally(문자 그대로) 날개가 생겼다면'진짜 날개가 불쑥 튀어나와야 했을 것이다.

People very, very often confuse these words, using one when they really mean the other.

사람들은 매우 자주 이런 단어들을 혼동하며, 진짜 말하고 싶은 것에 이 표현을 쓴다.

- Desmond could *literally* eat money if he chewed up and swallowed a dollar bill. Desmond's car eats money only *figuratively*, in the sense that it is very expensive to operate.

  만약 데스몬드가 1달러짜리 지폐를 씹어 삼킨다면, 그는 글자 그대로 돈을 먹을 수도 있는 것이다. 데스몬드의 차가 돈을 먹는다는 것은 자동차 운영비가 매우 비싸게 든다는 의미를 단지 비유적으로 표현한 것뿐이다.

FINESSE [finés] n skillful maneuvering; subtlety; craftiness 교묘한 처리; 교묘함; 교활함, 술책, 책략

- The doctor sewed up the wound with *finesse*, making stitches so small one could scarcely see them.
  의사는 사람들이 거의 알아볼 수 없을 정도로 작은 바느질로 상처를 아주 정교하게 꿰맸다.

- The boxer moved with such *finesse* that his opponent never knew what hit him.
  그 권투 선수는 아주 교묘하게 움직여서 상대편 선수는 무엇이 자신을 때리는지도 알지 못했다.

FLAGRANT [fléigrənt] adj glaringly bad; notorious; scandalous
지독히 나쁜; 악명 높은; 명예롭지 못한

An example of a *flagrant* theft would be stealing a car from the parking lot of a police station. A *flagrant* spelling error is a very noticeable one.
flagrant인 절도 행각이란, 예를 들자면 경찰서 뒷마당에서 차를 훔치는 일 같은 것이다. flagrant인 철자법 실수란 아주 눈에 띄는 실수를 말한다.

▶ blatant(야단스러운)를 참조할 것. 이 두 단어는 자주 혼동된다.

FLAUNT [flɔːnt] v to show off; to display ostentatiously 과시하다; 여봐란 듯이 내보이다

- The brand-new millionaire annoyed all his friends by driving around his old neighborhood to *flaunt* his new Rolls-Royce.
  신흥 백만장자는 이전에 살던 곳에 자신의 새 롤스로이스를 과시라도 하듯이 몰고 와서 친구들을 화나게 했다.

- Colleen *flaunted* her engagement ring, shoving it in the face of almost anyone who came near her.
  콜린은 가까이 있는 거의 모든 사람들의 면전에 대고 약혼반지를 내밀어 자랑했다.

This word is very often confused with *flout*.
flaunt는 flout(모욕하다)와 흔히 혼동된다.

FLOUT [flaut] v to disregard something out of disrespect 경멸하듯 무시하다, 멸시하다

- A driver *flouts* the traffic laws by driving through red lights and knocking down pedestrians.
  운전자가 교통 법규를 무시하고 적색등에서 달리다가 보행자를 치는 사고를 낸다.

To *flaunt* success is to make certain everyone knows that you are successful. To *flout* success is to be contemptuous of success or to act as though it means nothing at all.
성공을 flaunt(과시하다)한다는 말은 자신의 성공을 모든 사람들이 알 수 있게 만드는 것이다. 성공을 flout하는 것은 성공을 경멸하거나 또는 성공이 아무 의미도 없다는 것처럼 행동하는 것이다.

FOIBLE [fɔ́ibl] n a minor character flaw 사소한 성격적 결함, 약점

- Patti's *foibles* included a tendency to prefer dogs to people.
  사람보다 개를 더 좋아하는 성향은 패티의 결점 중의 하나였다.

- The delegates to the state convention ignored the candidates' positions on the major issues and concentrated on their *foibles*.
  주 전당 대회에 파견된 대표들은 주요 쟁점에 관한 후보자들의 견해는 무시하고 그들의 약점에만 관심을 쏟았다.

FOMENT [foumént] v to stir up; to instigate 자극하다; 선동하다

- The bad news from abroad *fomented* pessimism among professional investors.
  외국으로부터 들어온 나쁜 소식이 전문 투자자들 사이에 비관론을 조장했다.

- The radicals spread several rumors in an effort to *foment* rebellion among the peasants.
  급진파는 농민 폭동을 선동하기 위해 몇 개의 헛소문들을 퍼뜨렸다.

Match each word in the first column with its definition in the second column. Check your answers in the back of the book.

1. felicity		a.	loyalty
2. fervor		b.	stir up
3. fetter		c.	restrain
4. fidelity		d.	meaning exactly what it says
5. figurative		e.	minor character flaw
6. literal		f.	show off
7. finesse		g.	based on figures of speech
8. flagrant		h.	to disregard contemptuously
9. flaunt		i.	skillful maneuvering
10. flout		j.	happiness
11. foible		k.	glaringly bad
12. foment		l.	zeal

FORBEAR [fɔːrbɛ̀ər] v to refrain from; to abstain 삼가다; 억제하다

- Stephen told me I could become a millionaire if I joined him in his business, but his lack of integrity makes me nervous so I decided to *forbear*.

  스티븐은 내가 그의 사업에 동참하면 백만장자가 될 수 있을 거라고 말했지만, 그의 진실함이 부족해서 불안했기 때문에 결국 동업을 자제하기로 했다.

- Grace *forbore* to punch me in the nose, even though I told her that I thought she was a sniveling idiot.

  내가 그레이스를 코나 훌쩍이는 바보 천치로 생각한다고 본인에게 직접 말했음에도 불구하고 그녀는 내 얼굴에 주먹을 날리지 않았다.

▸ 명사형은 forbearance(관용)이다.

A *forebear*[fɔːrbɛ̀ər]—sometimes also spelled *forbear*—is an ancestor.

forebear(때론 forbear로 표기되기도 한다)는 '조상'이라는 뜻이다.

FOREGO [fɔːrgóu] v to do without; to forbear ~없이 살다; 삼가다

- We had some of the chocolate cake, some of the chocolate mousse, and some of the chocolate cream pie. But we were worried about our weight, so we decided to *forego* the chocolate-covered potato chips. That is, we *forewent* them.

  우리는 약간의 초콜릿 케이크와 초콜릿 무스와 초콜릿 크림 파이를 먹었다. 그러나 몸무게가 걱정이 돼서, 우리는 초콜릿을 바른 포테이토칩은 자제하기로 결심했다. 다시 말해서, 우리는 포테이토칩을 먹지 않고 버텼다.

▸ forgo라고 쓰기도 한다.

FORSAKE [fərséik] v to abandon; to renounce; to relinquish 버리다; 포기하다; 내주다, 넘기다

- We urged Buddy to *forsake* his life with the alien beings and return to his job at the drugstore.
  우리는 버디에게 외계인들과 사는 생활은 이제 그만두고 약국에서의 그의 일로 돌아오라고 권했다.

- All the guru's followers had *forsaken* her, so she became a real estate developer and turned her temple into an apartment building.
  그 스승의 추종자들이 모두 그녀를 버리고 떠나자, 그녀는 부동산 개발업자가 되어 자신의 사원을 아파트로 바꾸었다.

FORTUITOUS [fɔːrtjúːətəs] adj accidental; occurring by chance 우연한; 우연히 일어나는

- The program's outcome was not the result of any plan but was entirely *fortuitous*.
  프로그램의 결과는 계획된 것이 아니라 전적으로 우연에 의한 것이었다.

- The object was so perfectly formed that its creation could not have been *fortuitous*.
  그 물체는 너무나 완벽한 모습을 하고 있어서 결코 우연에 의해 만들어진 것일 수가 없었다.

FOUNDER [fáundər] v to fail; to collapse; to sink 실패하다; 붕괴하다; 가라앉다

- The candidate's campaign for the presidency *foundered* when it was revealed that she had once been married to a drug addict.
  그녀가 한때 마약 중독자와 결혼한 적이 있다는 사실이 드러나자 그 후보자의 대통령 선거전은 실패로 끝났다.

- Zeke successfully struggled through the first part of the course but *foundered* when the final examination was given.
  지크는 그 과목의 앞부분을 고군분투하며 용케도 끝마쳤다. 그러나 기말시험에서는 실패하고 말았다.

- The ship *foundered* shortly after it hit the iceberg.
  빙산에 부딪힌 후 얼마 안 가 배는 가라앉았다.

Be careful not to confuse this word with *flounder*, which means to move clumsily or in confusion.
이 단어를 flounder와 혼동하지 않도록 주의하라. flounder는 '허우적거리다' 또는 '당황하여 허둥대다'의 의미이다.

- Our field hockey team *floundered* helplessly around the field while the opposing team scored goal after goal.
  상대팀이 계속해서 점수를 올리는 동안 우리 필드하키 팀은 속수무책으로 허둥대며 운동장을 돌아다녔다.

- The witness began to *flounder* as the attorney fired question after question.
  검사가 연달아 질문을 해대자 목격자는 당황하여 허둥대기 시작했다.

If you want to remember the difference between the two words, think that when a person *flounders*, he is flopping around like a *flounder*.
두 단어 사이의 차이를 암기하기를 원한다면 '사람이 flounder(당황하다)할 때 flounder(도다리)처럼 퍼덕거린다'라고 생각하라.

FRATERNAL [frətə́ːrnl] adj like brothers 형제 같은

- The *fraternal* feelings of the group were strengthened by the monthly fishing trips.
  그 모임은 매달 낚시 여행을 하면서 형제애가 깊어졌다.

- A *fraternity* is an organization of men who have bound themselves together in a relationship analogous to that of real brothers.
  남학생 사교 클럽이란 진짜 형제들과 비슷한 관계로 서로를 단결시킨 남자들의 조직체이다.

FRENETIC [frənétik] adj frantic; frenzied 광란의; 열광한

- There was a lot of *frenetic* activity in the office, but nothing ever seemed to get accomplished.
  사무실에서는 열성적인 많은 활동이 있었지만, 지금까지 제대로 완성된 일은 아무것도 없는 것처럼 보였다.

- The bird's *frenetic* attempt to free itself from the thorn bush only made the situation worse.
  새는 가시덤불을 빠져나가려고 미친 듯이 몸부림쳤지만 상황을 더 안 좋게 할 뿐이었다.

FRUGAL [frúːgəl] adj **economical; penny-pinching** 절약하는; 인색하게 구는

- Laura was so *frugal* that she even tried to bargain with the checkout girl at the discount store.
  로라는 워낙 아끼는 편이라 심지어 할인 매장의 계산원에게 깎아 달라고 흥정을 하기도 했다.

- We were as *frugal* as we could be, but we still ended up several thousand dollars in debt.
  우리는 할 수 있는 한 최선을 다해 절약을 했지만, 그럼에도 수천 달러의 빚을 지고 말았다.

- Hannah's *frugality* annoyed her husband, who loved spending money on tech gadgets.
  기술 기기들에 돈 쓰는 것을 너무 좋아하는 한나의 남편은 아내의 구두쇠 노릇에 화가 났다.

FURTIVE [fɔ́ːrtiv] adj **secretive; sly** 은밀한; 교활한

- Cal wiggled his ears while the countess was talking to him in a *furtive* attempt to catch our attention.
  백작 부인이 칼에게 얘기하는 동안 칼은 우리의 주의를 끌려는 은밀한 시도로 자신의 귀를 흔들었다.

- The burglars were *furtive*, but not *furtive* enough; the alert policeman grabbed them as they carried the TV through the Rubestein's back door.
  밤도둑들은 은밀하게 행동했지만 완벽하지는 못했다. 그들은 루베스테인 씨네 뒷문으로 TV를 내가다가 순찰 중인 경찰에게 붙잡혔다.

FUTILE [fjúːtl] adj **useless; hopeless** 쓸모없는; 가망 없는

- A D+ average and no extracurricular interests to speak of meant that applying to Harvard was *futile*, but Lucinda hoped against hope.
  특별한 과외 활동도 하지 않았으며 성적도 평점 D+밖에 되지 않는다는 것은 하버드대에 지원해 봐야 가망 없다는 것이었다. 그러나 루신다는 될 법하지도 않은 일에 희망을 걸었다.

▶ 명사형은 futility[fjuːtíləti] (공허, 헛됨)이다.

- Lucinda doesn't know what a *futility* it is.
  루신다는 그것이 얼마나 쓸데없는 일인지 알지 못한다.

Match each word in the first column with its definition in the second column. Check your answers in the back of the book.

1. forbear   a. economical

2. forebear   b. ancestor

3. forgo   c. move in confusion

4. forsake   d. do without

5. fortuitous   e. refrain from

6. founder   f. sink

7. flounder   g. secretive

8. frenetic   h. accidental

9. frugal   i. abandon

10. furtive   j. frantic

G

GARRULOUS [gǽrələs] adj **talkative; chatty** 말 많은; 수다스러운

- Gabriella is gregarious and *garrulous*; she loves to hang out with the gang and gab.
  가브리엘라는 사교적이고 수다스럽다. 그녀는 사람들과 어울려서 수다를 떠는 것을 좋아한다.

GAUCHE [gouʃ] adj **unskillful; awkward; maladroit** 미숙한; 서투른; 솜씨 없는

Remember *dextrous*? Well, *gauche* is pretty much the exact opposite. It is the French word for left—the connection is that left-handed people were once thought to be clumsy (this was clearly before the invention of left-handed scissors) and perverse, even evil. These days, *gauche* tends to describe social, rather than physical, ineptness.
dextrous(능숙한)를 기억하는가? gauche는 정확하게 그 반대말이다. left(왼쪽)'를 의미하는 프랑스 어에서 온 말로, 어설프다거나(왼손잡이용 가위가 발명되기 전) 뜻대로 안 되거나 심지어 사악하다고 여겨졌던 왼손잡이들과 관계가 있다. 요즘에는 gauche를 육체적이라기보다는 사회적인 서투름을 묘사할 때 사용하는 경향이 있다.

- Smadar had a poor sense of comic timing, and her *gauche* attempts to mock her left-handed friends soon left her with none.
  스마다르는 유머적인 타이밍 감각이 형편없었다. 왼손잡이 친구들을 조롱하는 서투른 시도들로 그녀에게는 친구가 남지 않았다.

GENRE [ʒáːnrə] n **a type or category, especially of art or writing**
유형이나 범주, 특히 예술이나 문학 분야에서

The novel is one literary *genre*. Poetry is another.
소설은 하나의 문학 genre이다. 시는 또 다른 genre이다.

- Daoyen displayed a great talent for a particular *genre*: the bawdy limerick.
  다오옌은 특이한 장르인 음란한 오행시 분야에서 뛰어난 재능을 보였다.

GENTEEL [dʒentíːl] adj **refined; polite; aristocratic; affecting refinement**
품위 있는; 예의 바른; 귀족적인; 고상한 척하는

- The ladies at the ball were too *genteel* to accept our invitation to the wrestling match.
  무도회장의 숙녀분들은 고상한 척하느라 레슬링 경기를 보러 가자는 우리의 제안을 받아들일 수 없었다.

▶ 명사형은 gentility(고상함, 품위)이다.

GESTICULATE [dʒestíkjulèit] v to make gestures, especially when speaking or in place of speaking 특히 말할 때나 말 대신에 제스처를 사용하다

- Massimo *gesticulated* wildly on the other side of the theater in an attempt to get our attention.
  마시모는 우리의 주의를 끌려고 극장 반대편에서 요란하게 제스처를 보냈다.

- The after-dinner speaker *gesticulated* in such a strange way that the audience paid more attention to her hands than to her words.
  식후 연설을 한 사람은 아주 이상한 제스처를 사용하며 얘기를 해서 청중들은 그녀의 말보다는 제스처에 더 주목했다.

▶ 명사형은 gesticulation(손짓, 몸짓)이다.

GLUT [glʌt] n surplus; an overabundance 과다; 남아돌아갈 만큼의 양

- The international oil shortage turned into an international oil *glut* with surprising speed.
  국제적 원유 부족난은 놀랄 만한 속도로 국제간 원유 공급 과잉으로 돌아섰다.

- We had a *glut* of contributions but a *dearth*, or scarcity, of volunteers; it seemed that people would rather give their money than their time.
  우리는 넘칠 정도로 많은 기부금을 받았다. 그러나 자원봉사자는 매우 부족했다. 사람들은 시간을 들이기보다는 돈을 기부하려는 것 같았다.

GRANDILOQUENT [grændíləkwənt] adj pompous; using a lot of big, fancy words in an attempt to sound impressive 과장하는; 깊은 인상을 남기기 위해 과장하거나 터무니없는 말을 하는

- The governor's speech was *grandiloquent* rather than eloquent; there were some six-dollar words and some impressive phrases, but she really had nothing to say.
  주지사의 연설은 웅변적이라기보다는 과장이 심했다. 장황한 말과 인상적인 문구들도 있었지만 실제로 말하고자 하는 내용이 하나도 담겨 있지 않았다.

- The new minister's *grandiloquence* got him in trouble with deacons, who wanted him to be more restrained in his sermons.
  신임 목사는 과장된 어법 때문에 집사들과 충돌이 생겼다. 집사들은 목사가 설교를 좀 더 차분하게 하기를 원했다.

GRANDIOSE [grǽndiòus] adj absurdly exaggerated 불합리하게 과장된, 웅대한

- The scientist's *grandiose* plan was to build a huge shopping center on the surface of the moon.
  그 과학자의 웅대한 계획은 달 표면에 거대한 쇼핑센터를 건립하는 것이었다.

- Their house was genuinely impressive, although there were a few *grandiose* touches: a fireplace the size of a garage, a kitchen with four ovens, and a computerized media center in every room.
  조금 과장된 면이 있긴 했지만, 그들의 집은 정말 인상적이었다. 차고만 한 크기의 벽난로에, 부엌에는 오븐이 네 개나 있었으며, 모든 방마다 컴퓨터 설비를 갖춘 통신 장치가 있었다.

▶ 명사형은 grandiosity[grændiásəti] (웅장함, 과장)이다.

GRATUITOUS [grətjú:ətəs] adj given freely (said of something bad); unjustified; unprovoked; uncalled for (나쁜 의미로) 무료로 주어지는; 정당성이 없는; 이유 없는; 불필요한

- The scathing review of the movie contained several *gratuitous* remarks about the love life of the director.
  그 영화에 대한 무자비한 논평에는 감독의 연애 생활에 대한 근거 없는 이야기들도 들어 있었다.

- Their attack against us was *gratuitous*; we had never done anything to offend them.
  우리에 대한 그들의 공격은 정당하지 못했다. 우리는 결코 그들의 감정을 상하게 한 적이 없었다.

Gratuitous is often misunderstood because it is confused with gratuity. A *gratuity* is a tip, like the one you leave in a restaurant. A *gratuity* is a nice thing. *Gratuitous*, however, is not nice. Don't confuse these words.

gratuitous는 gratuity(선물, 보수, 팁)와 혼동하기 쉬워서 자주 잘못 이해된다. gratuity는 사람들이 레스토랑에서 주는 것 같은 팁을 의미한다. gratuity는 좋은 것이지만 gratuitous는 좋지 않은 것이다. 이 단어들을 혼동하지 마라.

GRAVITY [grǽvəti] n **seriousness** 심각함

- The newsanchor's nervous giggling was entirely inappropriate, given the *gravity* of the situation.

  심각한 상황에서 뉴스 앵커가 신경에 거슬리는 웃음소리로 킬킬대는 것은 정말이지 부적절한 행동이었다.

- No one realized the *gravity* of Myron's drug addiction until it was much too late to help him.

  너무 늦어서 어쩔 수 없게 될 때까지, 마이런의 약물중독의 심각성을 아무도 알지 못했다.

Gravity is the force that makes apples fall down instead of up, and the word also carries a different sort of weightiness.

gravity는 사과를 위가 아닌 아래로 떨어뜨리는 힘으로, 다른 종류의 무거움을 이동시키는 단어이다.

At the heart of the word *gravity* is the word *grave*, which means serious.

gravity라는 단어의 핵심은 '심각한'이라는 뜻의 grave에 있다.

GREGARIOUS [griɡɛ́əriəs] adj **sociable; enjoying the company of others**
사교적인; 다른 사람과의 교류를 즐기는

- Dirk was too *gregarious* to enjoy the fifteen years he spent in solitary confinement.

  더크는 남들과 어울리기를 좋아하는 사람이라서 혼자 고립되어 보내야 하는 15년 세월은 견디기가 힘이 들었다.

- Kylie wasn't very *gregarious*; she went to the party, but she spent most of her time hiding in the closet.

  카일리는 그다지 사교적이지 못한 사람이었다. 그녀는 파티에 갔지만 대부분의 시간을 화장실 안에 숨어서 보냈다.

In biology, *gregarious* is used to describe animals that live in groups. Bees, which live together in large colonies, are said to be *gregarious* insects.

생물학에서 gregarious는 군집을 이루어 사는 동물을 묘사할 때 쓰인다. 큰 집단을 이루어 생활하는 꿀벌을 gregarious insects(군생 곤충)라고 한다.

GUILE [ɡail] n **cunning; duplicity; artfulness** 교활함; 사기; 간특함

- José used *guile*, not intelligence, to win the spelling bee; he cheated.

  호세는 철자법 대회에서 우승하기 위해 실력이 아니라 교활한 방법을 썼다. 그는 부정행위를 했던 것이다.

- Stuart was shocked by the *guile* of the automobile mechanic, who had poked a hole in his radiator and then told him that it had sprung a leak.

  자동차 정비사는 일부러 구멍을 내고는 라디에이터가 샌다고 스튜어트에게 말했다. 스튜어트는 그의 교활함에 충격을 받았다.

To be *guileless* is to be innocent or naive. *Guileless* and *artless* are synonyms.

guileless는 '악의 없는' 또는 '순진한'이라는 뜻이다. guileless와 artless(꾸밈없는)는 동의어이다.

The word *beguile* also means to deceive, but in a charming and not always bad way.

beguile라는 단어 역시 '속이다'라는 뜻이지만, '매료시키다'라는 의미도 있어서 항상 나쁜 의미로만 사용되는 것은 아니다.

- Clarence found Mary's beauty so *beguiling* that he did anything she asked of him.

  클라렌스는 메리의 아름다움에 너무나 매료돼서 그녀가 부탁하는 것은 무엇이든 들어주었다.

Match each word in the first column with its definition in the second column. Check your answers in the back of the book.

1. futile	a. chatty
2. garrulous	b. surplus
3. gauche	c. cunning
4. genre	d. unjustified
5. genteel	e. seriousness
6. gesticulate	f. make gestures
7. glut	g. hopeless
8. grandiloquent	h. refined
9. grandiose	i. sociable
10. gratuitous	j. pompous
11. gravity	k. absurdly exaggerated
12. gregarious	l. type of art
13. guile	m. awkward

H

HACKNEYED [hǽknid] adj **overused; trite; stale** 너무 흔하게 사용되는; 진부한; 신선하지 못한

- Michael's book was full of clichés and *hackneyed* phrases.

  마이클의 책은 진부한 표현과 낡아빠진 문구로 가득했다.

- The intelligent design issue had been discussed so much as to become *hackneyed*.

  지적 설계에 관한 주제는 진부해질 만큼 많이 논의되어 왔다.

"As cold as ice" is a *hackneyed* expression.

"얼음처럼 차갑다"라는 문구는 hackneyed expression(진부한 표현)이다.

HAPLESS [hǽplis] adj **unlucky** 불운한

- Joe's *hapless* search for fun led him from one disappointment to another.

  조는 즐거운 일을 찾았지만 불행히도 실망의 연속이었다.

- Beatriz led a *hapless* existence that made all her friends' lives seem fortunate by comparison.

  비트리즈는 상대적으로 친구들의 삶이 운이 좋은 것처럼 보이게 만들 정도로 불운한 삶을 살았다.

HARBINGER [háːrbindʒər] n **a forerunner; a signal of** 전조; 조짐

▶ 발음에 주의할 것.

Warm weather is the *harbinger* of spring.

따뜻한 날씨는 봄의 harbinger이다.

- A cloud of bad breath and body odor, which preceded him by several yards everywhere he went, was Harold's *harbinger*.

  어느 곳을 가든지 몇 야드 정도 앞서서 나타나는 불쾌한 입 냄새와 나쁜 체취는 헤롤드의 등장을 알리는 신호였다.

HEDONISM [híːdənìzm] n **the pursuit of pleasure as a way of life** 삶의 한 방식으로 쾌락을 추구하는 것, 쾌락주의

A *hedonist* practices *hedonism* twenty-four hours a day.

hedonist(쾌락주의자)는 하루 24시간 내내 hedonism(쾌락주의)을 실천한다.

- Yoshi's life of *hedonism* came to an end when his lottery winnings ran out; his massaging armchair and wide-screen TV were repossessed, he had to eat macaroni and cheese instead of champagne and lobster, and he could no longer pay to have models fan him with palm fronds and feed him grapes.

  요시의 쾌락주의 삶은 그의 복권 상금이 바닥났을 때 끝났다. 그의 마사지 의자와 와이드 스크린 TV는 반환되었고, 샴페인과 로브스터 대신 마카로니와 치즈를 먹어야만 했다. 그는 더 이상 모델들이 그에게 종려나무 잎으로 부채질해 주거나 포도를 먹여 주도록 할 비용이 없었다.

HEGEMONY [hidʒémǝni] n leadership, especially of one nation over another
주도권, 특히 한 국가의 다른 국가에 대한

▶ 발음에 주의할 것.

- America once held an unchallenged nuclear *hegemony*.
  미국은 한때 핵에 관하여 절대적인 주도권을 잡고 있었다.

- Japan and Germany vie for *hegemony* in the foreign-car market.
  일본과 독일은 외제 차 시장에서 주도권 싸움을 하고 있다.

HERESY [hérǝsi] n any belief that is strongly opposed to established beliefs
기존의 신념에 강력하게 대립하는 다른 신념

Galileo was tried for the *heresy* of suggesting that the sun did not revolve around Earth. He was almost convicted of being a *heretic* [héritik], but he recanted his *heretical* [hǝrétikǝl] view.
갈릴레오는 태양이 지구의 주위를 도는 것이 아니라는 heresy를 주장했기 때문에 이단으로 몰려 재판을 받았다. 그는 heretic(이단자)으로 거의 유죄 판결을 받을 뻔했지만 스스로 자신의 heretical(이단의) 견해를 철회했다.

HERMETIC [hǝːrmétik] adj impervious to external influence; airtight 외부 영향을 받지 않는; 밀폐된

- The president led a *hermetic* existence in the White House, as her advisers attempted to seal her off from the outside world.
  참모진들이 대통령을 바깥 세계와 완전히 격리시키려 했기 때문에 대통령은 백악관 내에서 외부와 단절된 생활을 했다.

- The old men felt vulnerable and unwanted outside the *hermetic* security of their club.
  안전하고 외부와 단절되어 있는 그들만의 클럽을 벗어나면, 노인들은 스스로를 상처받기 쉽고 쓸모없는 것처럼 느꼈다.

- The poisonous substance was sealed *hermetically* inside a glass cylinder.
  유독 물질은 유리 실린더 안에 완전히 밀봉되어 있었다.

HEYDAY [héidèi] n golden age; prime 황금기; 전성기

- In his *heyday*, Vernon was a world-class athlete; today he's just Vernon.
  전성기 때 버논은 세계적인 선수였다. 오늘날 그는 그저 버논이라는 사람일 뿐이다.

- The *heyday* of the British Navy ended a long, long time ago.
  영국 해군의 전성기는 아주 오래 전에 끝이 났다.

HIATUS [hɑiéitǝs] n a break or interruption, often from work 작업 도중의 휴식이나 일시적 중지

▶ 발음에 주의할 것.

- Spencer looked forward to spring break as a welcome *hiatus* from the rigors of campus parties.
  학교 파티의 고됨을 피해서 휴식을 얻기 위해 스펜서는 봄방학을 애타게 기다렸다.

HIERARCHY [háiǝrɑ̀ːrki] n an organization based on rank or degree; pecking order
지위나 등급에 기반을 둔 조직체계; 사회의 서열

- Kendra was very low in the State Department *hierarchy*. In fact, her phone number wasn't even listed in the State Department directory.
  켄드라는 국무성의 지위 체계에서 말단이었다. 사실상 그녀의 전화번호는 국무성 전화번호부에 나와 있지도 않았다.

- There appeared to be no *hierarchy* in the newly discovered tribe; there were no leaders and, for that matter, no followers.
  최근에 발견된 부족 내에는 계급 체계가 없는 것 같았다. 지도자도 부하들도 없었다.

▶ 형용사형은 hierarchical[hɑ̀iərɑ́:rkikəl] (계급에 따른)이다.

HISTRIONIC [hìstriánik]　adj　**overly dramatic; theatrical**　지나치게 연극적인; 연극의

- Adele's *histrionic* request for a raise embarrassed everyone in the office. She gesticulated wildly, jumped up and down, pulled out handfuls of hair, threw herself to the ground, and groaned in agony.
  임금 인상을 요구하는 아델의 극적인 행동은 사무실의 모든 사람들을 놀라게 했다. 그녀는 거친 손짓을 하며 팔딱팔딱 뛰어다니다가 머리칼을 쥐어뜯더니 바닥에 쓰러져 고통에 찬 신음소리를 냈다.

- The chairman's *histrionic* presentation persuaded no one.
  의장의 극적인 발표는 아무도 설득하지 못했다.

- The young actor's *histrionics* made everyone in the audience squirm.
  신출내기 배우의 연극은 모든 관객들을 어색하게 만들었다.

Histrionic behavior is referred to as *histrionics*.
'연극 같은 행동'을 histrionics라 한다.

HOMILY [hɑ́məli]　n　**a sermon**　설교

- The football coach often began practice with a lengthy *homily* on the virtues of clean living.
  풋볼 팀 코치는 종종 깨끗한 삶의 미덕에 관한 장황한 설교로 훈련을 시작하곤 했다.

HOMOGENEOUS [hòuməd͡ʒí:niəs]　adj　**uniform; made entirely of one thing**
균일한; 완전히 하나의 것으로 만들어진

- The kindergarten class was extremely *homogeneous*: all the children had blond hair and blue eyes.
  그 유치원은 극도로 균일적이었다. 모든 아이들은 금발머리에 푸른 눈을 하고 있었다.

Homogenized[həmɑ́d͡ʒənáizd] milk is milk in which the cream, which usually floats on top, has been permanently mixed with the rest of the milk. (Skim milk is milk from which the layer of cream has been skimmed off.) When milk is *homogenized*, it becomes a *homogeneous* substance—that is, it's the same throughout, or uniform.
homogenized milk(균질 우유)란 우유 표면에 뜨는 우유 지방분이 나머지 부분과 완전히 섞여 있는 우유를 의미한다. (skim milk(탈지 우유)는 우유에서 이 지방분을 걷어낸 우유이다.) 우유가 homogenized(균질화)되면 homogeneous(균등질의)인 물질이 된다. 다시 말해서, 우유 전체가 완전히 동일하거나 일정하다는 의미이다.

To be *heterogeneous*[hètərəd͡ʒí:niəs] is to be mixed or varied.
heterogeneous는 '혼합된' 또는 '다양화된'의 뜻이다.

- On Halloween the children amassed a *heterogeneous* collection of candy, chewing gum, popcorn, and cookies.
  아이들은 핼러윈 날에 사탕과 껌과 팝콘과 쿠키를 다양하게 모았다.

▶ 명사형은 각각 homogeneity[hòuməd͡ʒəní:əti] (동종성, 균질성)와 heterogeneity[hètəroud͡ʒəní:əti] (이종, 이질성)이다.

HUSBANDRY [hʌ́zbəndri]　n　**thrifty management of resources; livestock farming**
자산의 알뜰한 관리; 목축

Husbandry is the practice of conserving money or resources. To *husband* is to economize.
husbandry는 '돈이나 자원을 보존하는 일'이다. 동사 husband는 '절약하다'라는 뜻이다.

- Everyone *husbanded* oil and electricity during the energy crisis of the 1970s.
  1970년대의 에너지 위기 당시, 모든 사람들은 석유와 전기를 아껴 사용했다.

HYPERBOLE [haipə́ːrbəli] n **an exaggeration used as a figure of speech; exaggeration**
수사법으로 사용되는 과장법; 과장된 표현

▶ 발음에 주의할 것.

- When Joe said "I'm so hungry I could eat a horse," he was using *hyperbole* to convey the extent of his hunger.
  "너무 배가 고파 말이라도 먹을 수 있겠다."라고 조가 말했을 때 그는 배고픔의 정도를 알리기 위해 과장법을 사용한 것이었다.

- The candidate was guilty of *hyperbole*; all the facts in her speech were exaggerated.
  그 후보자는 과장된 표현에 관한 한 유죄였다. 그녀의 연설에 나오는 사실들은 모두 과장된 것이었다.

HYPOTHETICAL [hàipəθétikəl] adj **uncertain; unproven** 불확실한; 증명되지 않은

- There were several *hypothetical* explanations for the strange phenomenon, but no one could say for certain what had caused it.
  이상 현상에 대한 몇 개의 가설이 있었다. 그러나 아무도 이상 현상의 원인에 대해 확실하게 말할 수 있는 사람이 없었다.

A *hypothetical* explanation is a *hypothesis* [haipáθisis], the plural of which is *hypotheses* [haipáθisìːz].
hypothesis는 가설(hypothetical explanation)을 뜻한다. 복수형은 hypotheses이다.

QUICK QUIZ

Match each word in the first column with its definition in the second column. Check your answers in the back of the book.

1. hackneyed		a. leadership
2. hapless		b. uniform
3. harbinger		c. airtight
4. hedonism		d. forerunner
5. hegemony		e. pecking order
6. heresy		f. overused, trite
7. hermetic		g. exaggeration
8. heyday		h. golden age
9. hiatus		i. varied
10. hierarchy		j. unlucky
11. histrionic		k. uncertain; unproven
12. homily		l. overly dramatic
13. homogeneous		m. break
14. heterogeneous		n. sermon
15. husbandry		o. thrifty management of resources
16. hyperbole		p. lifelong pursuit of pleasure
17. hypothetical		q. strongly contrary belief

I

ICONOCLAST [aikánəklæ̀st] n one who attacks popular beliefs or institutions
우상이나 관습을 공격하는 사람

Iconoclast comes from Greek words meaning image breaker. The original *iconoclasts* were opponents of the use of *icons*, or sacred images, in certain Christian churches. Today the word is used to refer to someone who attacks popular figures and ideas—a person to whom "nothing is sacred."

iconoclast는 '성상을 깨뜨리는 사람'이란 뜻의 그리스 어에서 유래한 단어이다. iconoclasts는 원래 특정의 기독교 교회에서 '성상이나 icon(우상)의 사용을 반대하던 사람들'이었다. 오늘날 이 단어는 우상과 관습을 공격하는 사람, 즉 '성스러운 것은 없다'고 생각하는 사람'을 가리키는 말로 쓰인다.

- The popular columnist was an inveterate *iconoclast*, avidly attacking public figures no matter what their party affiliations.

  그 칼럼니스트는 인기는 있었지만, 정파에 관계없이 공인들을 열심히 공격하는 상습적인 우상 파괴자였다.

- To study and go to class is to be an *iconoclast* on that particular campus, which has a reputation for being the biggest party school in the country.

  수업 시간에 들어가 공부하는 것이, 국내에서는 최대 규모의 정당 학교로 유명한 그 특정 대학에서는 곧 인습 타파자가 되는 것이다.

- Herbert's *iconoclastic* [aikɑ̀nəklǽstik] views were not popular with the older members of the board.

  구습을 타파하자는 허버트의 견해는 평의회의 나이 든 의원들에게는 인기가 없었다.

IDEOLOGY [àidiáləʤi / ìdiáləʤi] n a system of social or political ideas 사회적, 정치적 사상 체계

Conservatism and liberalism are competing *ideologies*.

보수주의와 자유주의는 대립적인 ideologies(사상들)이다.

- The candidate never managed to communicate his *ideology* to the voters, so few people were able to grasp what he stood for.

  그 후보자는 결코 자신의 이데올로기를 유권자들에게 제대로 전달하지 못했다. 그래서 그가 표방하고 있는 노선을 아는 사람들이 거의 없었다.

- The senator's tax proposal had more to do with *ideology* than with common sense; her plan, though consistent with her principles, was clearly impractical.

  그 상원 의원의 조세 법안은 일반의 상식보다는 이데올로기와 더 많은 관련이 있었다. 비록 원칙을 고수하고 있기는 하지만, 그녀의 계획안은 명백하게 비실용적이었다.

A dogmatic person attached to an *ideology* is an *ideologue* [áidiəlɔ̀:g]. An *ideologue* is doctrinaire.

ideology를 고수하는 독단적인 사람을 ideologue라고 하며, 뜻은 '공론가'이다.

IDIOSYNCRASY [ìdiəsíŋkrəsi] n **a peculiarity; an eccentricity** 특징; 기벽

- Eating green beans drenched in ketchup for breakfast was one of Jordana's *idiosyncrasies*.

  아침 식사로 케첩에 담근 강낭콩을 먹는 것은 조르다나의 별난 습관 중의 하나였다.

- The doctor's interest was aroused by an *idiosyncrasy* in Bill's skull: there seemed to be a coin slot in the back of his head.

  의사는 빌의 두개골에서 발견된 특이한 현상에 흥미를 느꼈다. 그의 머리 뒷부분에는 자동판매기의 동전 넣는 구멍 같은 홈이 있는 것 같았다.

A person who has an *idiosyncrasy* is said to be *idiosyncratic* [ìdiousinkrǽtik].

idiosyncrasy(기벽)를 지닌 사람을 가리킬 때 idiosyncratic(기이한, 특유한)이라는 말을 쓴다.

- Tara's driving was somewhat *idiosyncratic*; she sometimes seemed to prefer the sidewalk to the street.

  타라는 다소 기이하게 운전을 했다. 때때로 그녀는 도로보다는 인도를 더 좋아하는 것 같았다.

IDYLLIC [aidílik] adj **charming in a rustic way; naturally peaceful**
매력적인 전원풍의; 자연 그대로 평온한

- They built their house on an *idyllic* spot. There was a babbling brook in back and an unbroken view of wooded hills in front.

  그들은 전원에 집을 지었다. 뒤로는 시냇물이 졸졸 흘렀고, 앞으로는 관목이 우거진 야산의 풍경이 그대로 들어왔다.

- Our vacation in the country was *idyllic*; we went for long walks down winding dirt roads and didn't watch television all week.

  우리는 시골에서 목가적으로 휴가를 보냈다. 오랫동안 구불구불하게 굽은 비포장도로를 걸어 내려가기도 하고, 일주일 내내 텔레비전도 보지 않았다.

An *idyllic* time or place could also be called an *idyll* [áidəl].

목가적인 시간이나 장소는 idyll(전원)이라고도 부른다.

IGNOMINY [ígnəmìni] n **deep disgrace** 심각한 불명예

▶ 발음에 주의할 것.

- After the big scandal, the formerly high-flying investment banker fell into a life of shame and *ignominy*.

  엄청난 스캔들이 터지고 난 후, 지금까지 야심만만하던 투자 은행가는 치욕과 불명예의 나락으로 떨어졌다.

- The *ignominy* of losing the spelling bee was too much for Arnold, who decided to give up spelling altogether.

  아놀드는 철자법 대회에서 패배하자 너무나 깊은 수치심을 느꼈다. 그래서 그는 철자법 공부 자체를 포기하기로 했다.

Something that is deeply disgraceful is *ignominious* [ìgnəmíniəs].

매우 불명예스러운 것을 ignominious(수치스러운)라고 표현한다.

- Lola's plagiarizing of Nabokov's work was an *ignominious* act that got her suspended from school for two days.

  나보코프의 작업을 로라가 표절한 것은 경멸할 만한 일로, 그 일로 그녀는 학교에서 이틀 동안 정학 당했다.

ILLICIT [ilísit] adj **illegal; not permitted** 불법의; 허가 받지 않은

Criminals engage in *illicit* activities.

범죄자란 illicit(불법적인)인 활동에 종사하는 사람이다.

Don't confuse this word with *elicit*, listed previously.

이 단어를 앞서 나온 elicit(이끌어내다)라는 단어와 혼동하지 말 것.

- **The police interviewed hundreds of witnesses, trying to *elicit* clues that might help them stop an *illicit* business.**

  경찰은 불법적인 사업을 막는 데 도움이 될 만한 단서를 얻기 위해 수백 명의 목격자를 조사했다.

IMMIGRATE [íməgrèit] v **to move permanently to a new country** 새로운 나라로 영원히 이주하다

It's easy to confuse this word with *emigrate*. To avoid this, just remember that *emigrate* means exit, and *immigrate* means come *in*.

이 단어를 emigrate와 혼동하기 쉬운데, 이를 피하기 위해서 그냥 emigrate는 '나가다', immigrate는 '들어오다'라는 의미가 있음을 기억하라.

- **Edwin *immigrated* to Canada, thinking the move would give his two-year-old daughter a better shot at attending the University of Toronto preschool.**

  에드윈은 이사를 가는 것이 그의 두 살 난 딸이 토론토 대학 유치원에 입학하는 것에 더 유리하다고 생각해서 캐나다로 이주했다.

▶ 명사형은 immigration(이주, 이민)이다.

IMMINENT [ímənənt] adj **just about to happen** 곧 일어날 것 같은, 임박한

- **The pink glow in the east made it clear that sunrise was *imminent*.**

  동쪽에 번진 분홍빛은 일출이 곧 있을 것임을 분명하게 보여주었다.

- **Patrice had a strange feeling that disaster was *imminent*, and then her bathroom ceiling collapsed.**

  파트리스는 재앙이 임박했다는 이상한 감정이 들었다. 곧이어 욕실의 천장이 무너졌다.

▶ 앞서 나온 eminent(저명한, 탁월한)와 혼동하지 말 것.

IMMUTABLE [imjú:təbl] adj **unchangeable** 불변의

- **Jerry's mother had only one *immutable* rule: no dancing on the dinner table.**

  제리의 어머니는 변하지 않는 단 한 가지 규칙을 가지고 있었다. 식탁 위에서 춤추지 않기.

- **The statue of the former principal looked down on the students with an *immutable* scowl.**

  전임 교장의 동상은 변함없이 찌푸린 얼굴로 학생들을 굽어보고 있었다.

Something that is changeable is said to be *mutable*.

'바뀔 수 있는'것은 mutable이라고 한다.

- **The *mutable* shoreline shifted continually as the tides moved sand first in one direction and then in another.**

  잘 변하는 해안선은 조류가 밀려와 모래를 이리저리 이동시켜 끊임없이 모양을 바꿨다.

- **Sonrisa's moods were *mutable*; one minute she was kind and gentle, the next minute she was screaming with anger.**

  손리사의 기분은 변화무쌍했다. 어느 순간에는 친절하고 예의 바르다가 다음 순간에는 갑자기 화를 내며 소리를 질렀다.

Both *immutable* and *mutable* are based on a Latin root meaning change. So are *mutation* and *mutant*.

immutable과 mutable은 '변화'를 의미하는 라틴 어에 뿌리를 두고 있다. mutation(돌연변이)과 mutant(돌연변이의)도 마찬가지이다.

IMPARTIAL [impáːrʃəl] adj fair; not favoring one side or the other; unbiased
공정한; 어느 한쪽으로 치우치지 않는; 편견이 없는

- Jurors are supposed to be *impartial* rather than *partial*; they aren't supposed to make up their minds until they've heard all the evidence.

  배심원은 편파적이지 않고 공정해야 한다. 그들은 모든 증언을 다 듣고 난 후에 비로소 결정을 내려야 한다.

- Beverly tried to be an *impartial* judge at the beauty contest, but in the end she couldn't help selecting her own daughter to be the new Honeybee Queen.

  비벌리는 미인 대회에서 공정한 심사를 하려고 애썼다. 그러나 결국엔 그녀도 자신의 딸을 새로운 허니비 퀸으로 선정하지 않을 수 없었다.

▶ 명사형은 impartiality[impàːrʃiǽləti](공명정대)이다.

IMPECCABLE [impékəbl] adj flawless; entirely without sin 흠이 없는; 전적으로 무죄인

- The children's behavior was *impeccable*; they didn't pour dye into the swimming pool.

  아이들의 행동은 나무랄 데가 없었다. 아이들은 수영장에 물감을 풀어놓는 일 따위는 하지 않았다.

- Hal's clothes were always *impeccable*; even the wrinkles were perfectly creased.

  할의 의상은 언제나 나무랄 데가 없었다. 주름마저도 완벽하게 잡혀 있었다.

By the way, *peccable* means liable to sin. And while we're at it, a *peccadillo* is a minor sin.

한편 peccable은 '죄를 짓기 쉬운'이라는 뜻이다. 그리고 말이 나온 김에 덧붙이자면 peccadillo는 가벼운 죄를 의미한다.

IMPERIAL [impíəriəl] adj like an emperor or an empire 황제나 제국 같은, 제국의

Imperial, *emperor*, and *empire* are all derived from the same root. England's *imperial* days are over, now that the British Empire has broken apart.

imperial, emperor(황제), empire(제국)는 모두 같은 어원에서 유래한 단어들이다. 영국의 imperial 시대가 무너졌으므로 이제 영국의 제국 시대는 끝났다.

- The palace was decorated with *imperial* splendor.

  궁전은 제국의 호화로움으로 꾸며져 있었다.

- George's *imperial* manner was inappropriate because he was nothing more exalted than the local dogcatcher.

  조지의 황실 매너는 가당찮은 것이었다. 그는 지방의 들개 사냥꾼에 지나지 않았다.

A similar word is *imperious*[impíəriəs], which means bossy and, usually, arrogant.

비슷한 단어인 imperious는 대개 '거만한', '으스대는'이라는 뜻이다.

- The director's *imperious* style rubbed everyone the wrong way. She always seemed to be giving orders, and she never listened to what anyone said.

  거만한 스타일인 감독은 모든 사람들을 화나게 했다. 그녀는 명령만 내리는 것 같았고 남의 말은 전혀 듣지 않았다.

Match each word in the first column with its definition in the second column. Check your answers in the back of the book.

1. iconoclast		a. peculiarity
2. ideology		b. naturally peaceful
3. idiosyncrasy		c. like an emperor
4. idyllic		d. flawless
5. ignominy		e. attacker of popular beliefs
6. illicit		f. just about to happen
7. imminent		g. fair
8. immutable		h. system of social ideas
9. impartial		i. bossy
10. impeccable		j. deep disgrace
11. imperial		k. unchangeable
12. imperious		l. illegal

IMPERVIOUS [impə́:rviəs] adj **not allowing anything to pass through; impenetrable**
통과를 허락하지 않는; 꿰뚫을 수 없는

- A raincoat, if it is any good, is *impervious* to water. It is made of an *impervious* material.
  좋은 제품이라면 우비는 물이 스며들지 않는다. 우비는 방수 천으로 만들어진다.

- David was *impervious* to criticism—he did what he wanted to do no matter what anyone said.
  데이비드는 비평에 무감각했다. 그는 남들이 뭐라고 하든 자기가 하고 싶은 일을 했다.

IMPETUOUS [impétʃuəs] adj **impulsive; extremely impatient** 충동적인; 지독히 참을성이 없는

- *Impetuous* Dick always seemed to be running off to buy a new car, even if he had just bought one the month before.
  바로 한 달 전에 새 차를 구입했다고 하더라도 딕은 연달아 새 차를 또 구입하려 들 만큼 충동적인 것 같았다.

- Samantha was so *impetuous* that she never took more than a few seconds to make up her mind.
  사만다는 어떤 일을 결정하는 데 단 몇 초도 걸리지 않을 만큼 충동적이었다.

IMPLEMENT [ímpləmənt] v **to carry out** 수행하다

- Leo developed a plan for shortening the grass in his yard, but he was unable to *implement* it because he didn't have a lawn mower.
  레오는 마당의 잔디를 깎아야겠다는 생각이 들었다. 그러나 그에게는 잔디 깎는 기계가 없었기 때문에 계획을 실천할 수가 없었다.

- The government was better at creating new laws than it was at *implementing* them.
  정부는 법을 실행하기보다는 새 법안을 만드는 데 더 능했다.

IMPOTENT [ímpətənt] adj powerless; helpless; unable to perform
힘이 없는; 무기력한; 무언가를 할 수 없는

▶ 발음에 주의할 것.

Impotent means not *potent*—not powerful.
impotent는 potent하지 않은, 즉 '힘이 없는'의 의미이다.

- Joe and Olga made a few *impotent* efforts to turn aside the steamroller, but it squished their vegetable garden anyway.
  조와 올가는 스팀롤러를 돌려놓으려고 힘에 부치는 노력을 했지만 결국엔 채소밭만 망쳐놓았다.

- We felt *impotent* in the face of their overpowering opposition to our plan.
  우리가 세운 계획이 강력한 반대에 부딪혔기 때문에 우리는 기운을 잃었다.

Omnipotent [ɑmnípətənt] means all powerful.
omnipotent는 '절대적인 힘이 있는'의 뜻이다.

- After winning a dozen games in a row, the football team began to feel *omnipotent*.
  연속으로 수십 번의 경기에서 승리하고 난 후에 풋볼 팀은 무엇이든지 할 수 있다는 절대적인 힘을 느끼기 시작했다.

IMPUGN [impjú:n] v to attack, especially to attack the truth or integrity of something
공격하다, 특히 무엇인가의 진실성이나 정직성을 공격하다

- The critic *impugned* the originality of Jacob's novel, claiming that long stretches of it had been lifted from the work of someone else.
  비평가는 제이콥의 소설에 대하여 독창성에 관한 이의를 제기했다. 그는 제이콥의 소설 중 상당 부분이 다른 사람의 작품에서 온 것이라고 주장했다.

- Fred said I was *impugning* his honesty when I called him a dirty liar, but I told him he had no honesty to *impugn*. This just seemed to make him angrier.
  프레드를 더러운 거짓말쟁이라고 부르자, 그는 내가 자신의 정직성을 공격했다고 말했다. 그러나 그에게는 공격할 정직성조차 없다고 나는 잘라 말했다. 이 말이 그를 더 화나게 만든 것 같았다.

INANE [inéin] adj silly; senseless   어리석은; 지각없는

- Their plan to make an indoor swimming pool by flooding their basement was *inane*.
  지하실에 물을 채워 실내 수영장을 만든다는 그들의 계획은 어리석다.

- Mel made a few *inane* comments about the importance of chewing only on the left side of one's mouth and then he passed out beneath the table.
  멜은 입안에서 왼쪽으로만 씹는 것이 중요하다는 것에 대해 쓸데없는 이야기를 몇 마디 하고는 식탁 밑에서 취해 떨어졌다.

▶ 명사형은 inanity [inǽnəti] (어리석은 짓)이다.

INAUGURATE [inɔ́:gjurèit] v to begin officially; to induct formally into office
공식적으로 시작하다; 정식으로 취임시키다

- The mayor *inaugurated* the new no-smoking policy and then celebrated by lighting up a big cigar.
  시장은 공식적으로 새로운 금연 정책을 시작하면서 기념으로 커다란 시가를 피워 물었다.

- The team's loss *inaugurated* an era of defeat that lasted for several years.
  그 팀의 패배는 수년간 이어지는 패배의 시대를 여는 서막이었다.

To *inaugurate* a U.S. president is to make him or her take the oath of office and then give him or her the keys to the White House.
미국 대통령을 inaugurate하는 것은 당선자가 대통령 선서를 하고 백악관의 열쇠를 받는 것이다.

Match each word in the first column with its definition in the second column. Check your answers in the back of the book.

1. impervious		a.	begin officially
2. impetuous		b.	carry out
3. implement		c.	powerless
4. impotent		d.	impenetrable
5. impugn		e.	silly
6. inane		f.	attack the truth of
7. inaugurate		g.	impulsive

INCANDESCENT [ìnkəndésnt] adj brilliant; giving off heat or light 빛나는; 열이나 빛을 발산하는

An *incandescent* light bulb is one containing a wire or filament that gives off light when it is heated. An *incandescent* person is one who gives off light or energy in a figurative sense.

incandescent light bulb란 열을 내면서 빛을 발산하는 철사나 필라멘트가 들어 있는 '백열전구'를 말한다. 비유적인 의미로 빛이나 에너지를 발산하는 사람을 가리킬 때 incandescent person이라 한다.

- Jan's ideas were so *incandescent* that simply being near her made you feel as though you understood the subject for the first time.

  잔의 아이디어는 무척 빛나서 단순히 잔의 근처에 있기만 해도 마치 그 문제에 관하여 처음으로 이해한 듯한 느낌을 갖게 했다.

INCANTATION [ìnkæntéiʃən] n a chant; the repetition of statements or phrases in a way reminiscent of a chant 노래, 주문; 타령조로 말하는 어구나 문장의 반복

- Much to our delight, the wizard's *incantation* eventually caused the small stone to turn into a sleek black BMW.

  정말 기쁘게도 마법사의 주문으로 마침내 작은 돌은 윤기 나는 검은색 BMW로 변했다.

- The students quickly became deaf to the principal's *incantations* about the importance of school spirit.

  학생들은 학교 정신의 중요성에 관한 교장의 타령을 금세 새겨듣지 않게 되었다.

INCENSE [inséns] v to make very angry 매우 화나게 하다

- Jeremy was *incensed* when I told him that even though he was stupid and loathsome, he would always be my best friend.

  나는 제레미에게 그의 어리석은 성격이 지겹기는 하지만 그래도 언제나 가장 좋은 친구라고 말해 주었다. 그러자 그는 나의 말에 화를 냈다.

- My comment about the lovely painting of a tree *incensed* the artist, who said it was actually a portrait of her mother.

  나무 한 그루를 그린 멋진 그림에 대해서 나는 호평을 했지만, 그 말이 화가를 화나게 만들었다. 그녀의 말에 의하면 사실 그 그림은 자신의 어머니의 초상화였던 것이다.

INCESSANT [insésnt] adj **unceasing** 끊임없는

- I will go deaf and lose my mind if your children don't stop the *incessant* bickering.
  당신의 아이들이 끊임없는 말다툼을 멈추지 않는다면 나는 귀머거리가 되고 미치게 될 것입니다.

- The noise from the city street was *incessant*; there always seemed to be a fire engine or a police car screaming by.
  도심의 도로에서 들려오는 소음은 끝이 없었다. 항상 소방차나 경찰차가 비명을 지르며 지나가는 것 같았다.

▶ 명사형은 cessation(중지)이다.

INCIPIENT [insípiənt] adj **beginning; emerging** 시작하는; 초기의

- Sitting in class, Henrietta detected an *incipient* tingle of boredom that told her she would soon be asleep.
  교실에 앉아 있으면서, 헨리에타는 곧 잠에 빠질 것임을 알려주는 권태의 초기 증상을 탐지했다.

- Support for the plan was *incipient*, and the planners hoped it would soon grow and spread.
  그 계획안에 대한 지지가 시작되었다. 입안자들은 그 지지가 곧 발전을 거듭해 널리 확산되기를 바랐다.

The *inception* of something is its start or formal beginning.
inception은 어떤 것의 '시작'이나 공식적인 '개시'를 의미한다.

INCISIVE [insáisiv] adj **cutting right to the heart of the matter** 문제의 핵심을 바로 찌르는, 날카로운

When a surgeon cuts into you, he or she makes an *incision*. To be *incisive* is to be as sharp as a scalpel in a figurative sense.
외과 의사가 수술을 하려면 incision(절개)를 해야 한다. incisive는 비유적인 의미로 수술용 메스만큼 '날카로운', '예리한'이라는 의미이다.

- After hours of debate, Luisa offered a few *incisive* comments that made it immediately clear to everyone how dumb the original idea had been.
  몇 시간의 논쟁 끝에 루이자는 상당히 날카로운 결론을 내렸다. 그녀의 말을 듣자마자 곧 사람들은 처음의 생각이 얼마나 어리석었는지 분명히 알게 되었다.

- Lloyd's essays were always *incisive*; he never wasted any words, and his reasoning was always sharp and persuasive.
  로이드의 수필은 언제나 날카로웠다. 그는 단어를 함부로 사용하는 법이 없었으며, 논법은 항상 예리하고 설득력이 있었다.

INCONGRUOUS [inkáŋgruəs] adj **not harmonious; not consistent; not appropriate; not fitting in** 조화되지 않은; 일치하지 않는; 적절하지 않은; 맞지 않는

- The ultramodern kitchen seemed *incongruous* in the restored 18th-century farmhouse. It was an *incongruity* [ìnkɑŋgrú:əti].
  복원된 18세기 농가에 초현대식 부엌이 있는 것은 어울리지 않았다. 그것은 부조화의 전형이었다.

- Bill's membership in the motorcycle gang was *incongruous* with his mild personality and his career as a management consultant.
  빌이 폭주족의 일원이라는 사실은 그의 온화한 성품으로 보나 경영 컨설턴트라는 직업으로 보나 어울리지가 않았다.

INCORRIGIBLE [inkɔ́:ridʒəbl] adj **incapable of being reformed** 교정시킬 수 없는, 제멋대로 구는

- The convict was an *incorrigible* criminal; as soon as he got out of prison, he said, he was going to rob another doughnut store.

  피고인은 상습범이었다. 그는 감옥에서 나오자마자 또 다른 도넛 가게를 털러 갈 것이라고 말했다.

- Bill is *incorrigible*—he eats three bags of potato chips every day even though he knows that eating two would be better for him.

  빌은 개선의 여지가 없다. 그는 두 봉지만 먹는 것이 자신에게 좋다는 것을 잘 알고 있으면서도 날마다 포테이토칩을 세 봉지씩이나 먹어 치운다.

- The ever-cheerful Annie is an *incorrigible* optimist.

  언제나 즐거운 애니는 바뀔 수 없는 낙관론자이다.

Think of *incorrigible* as incorrectable. The word *corrigible* is rarely seen or used these days.

incorrigible을 incorrectable(교정 불가능한)로 생각해라. corrigible이라는 단어는 오늘날에는 거의 보이지도 않고 잘 쓰이지도 않는다.

INCREMENT [ínkrəmənt] n **an increase; one in a series of increases**
증가; 일련의 증가한 것, 이득, 증가량

- Bernard received a small *increment* in his salary each year, even though he did less and less work with every day that passed.

  날이 갈수록 일은 점점 더 적게 했음에도 불구하고 버나드의 급료는 매년 조금씩 증가했다.

- This year's fund-raising total represented an *increment* of 1 percent over last year's. This year's total represented an *incremental* change from last year's.

  올해의 총 기금 모금액은 지난해보다 1퍼센트의 증가량을 보였다. 올해 기금의 합계가 지난해와 비교해 증가했다는 뜻이다.

- Viola built up her savings account *incrementally*, one dollar at a time.

  비올라는 한 번에 1달러씩 그녀의 예금을 늘려 나갔다.

INDIFFERENT [indífərənt] adj **not caring one way or the other; apathetic; mediocre**
어떤 일에 관심을 두지 않는; 냉담한; 그저 그런

- Pedro was *indifferent* about politics; he didn't care who was elected to office so long as no one passed a law against Monday Night Football.

  페드로는 정치에 무관심했다. 그는 Monday Night Football이라는 프로그램을 반대하는 법안을 통과시키는 사람만 아니라면 누가 선출되어도 상관없었다.

- Henry's *indifference* was extremely annoying to Melissa, who loved to argue but found it difficult to do so with people who had no opinions.

  헨리의 무관심에 멜리사는 화가 났다. 그녀는 논쟁하기를 무척 좋아했지만, 아무런 의견도 없는 사람과 논쟁을 할 수는 없다는 것을 깨달았다.

- We planted a big garden but the results were *indifferent*—only about half of the flowers came up.

  우리는 넓은 정원에 꽃을 심었다. 하지만 결과는 별로 신통치 않았다. 겨우 반 정도만이 꽃을 피웠다.

- The painter did an *indifferent* job, but it was good enough for Susan, who was *indifferent* about painting.

  화가는 대단찮은 그림을 그렸지만, 그림에 무의한인 수잔에게는 충분히 괜찮은 작품이었다.

Match each word in the first column with its definition in the second column. Check your answers in the back of the book.

1. incandescent		a.	increase
2. incantation		b.	make very angry
3. incense		c.	beginning
4. incessant		d.	chant
5. incipient		e.	not harmonious
6. incisive		f.	incapable of being reformed
7. incongruous		g.	not caring ; mediocre
8. incorrigible		h.	cutting right to the heart
9. increment		i.	unceasing
10. indifferent		j.	brilliant

INDIGENOUS [indídʒənəs] adj native; originating in that area 토착의; 그 지역 원산의

- Fast-food restaurants are *indigenous* to America, where they were invented.

  패스트푸드 식당은 미국이 원산지이다. 그것은 미국에서 처음 시작되었다.

- The grocer said the corn had been locally grown, but it didn't appear to be *indigenous*.

  점원은 그 옥수수가 그 지역에서 자란 것이라고 말했지만, 그 지역 고유의 것으로는 보이지 않았다.

- The botanist said that the small cactus was *indigenous* but that the large one had been introduced to the region by Spanish explorers.

  작은 선인장은 재래종이지만, 큰 것은 스페인 정복자에 의해 이 지역에 전래된 것이라고 식물학자는 설명했다.

INDIGENT [índidʒənt] adj poor 가난한

- The *indigent* family had little to eat, nothing to spend, and virtually nothing to wear.

  그 빈곤 가정에는 먹을 것도 거의 없었으며, 쓸 돈은 전혀 없었고, 입을 옷도 거의 없었다.

- Rusty had once been a lawyer but now was *indigent*; he spent most of his time sleeping on a bench in the park.

  러스티는 한때 변호사였지만 이제는 빈털터리였다. 그는 공원 벤치에 누워 잠을 자면서 대부분의 시간을 보냈다.

▶ 위에 나온 indigenous(토착의)와 혼동하지 말 것.

INDIGNANT [indígnənt] adj angry, especially as a result of something unjust or unworthy; insulted 성난, 특히 공정치 못한 일이나 가치 없는 일의 결과로; 모욕감을 느끼는

- Ted became *indignant* when the policewoman accused him of stealing the nuclear weapon.

  테드는 핵무기를 훔쳤다는 죄목으로 여자 경관이 기소하자 무척 화가 났다.

- Isabel was *indignant* when we told her all the nasty things that Blake had said about her over the public address system.

  이자벨은 우리가 블레이크가 확성기에 대고 공개적으로 이사벨에 관하여 늘어놓았던 추잡한 말들을 모두 그녀에게 전해 주자 몹시 화를 냈다.

INDOLENT [índələnt] adj **lazy** 게으른

- The *indolent* teenagers slept late, moped around, and never looked for summer jobs.
  나태한 십대들은 늦게까지 자고 할 일 없이 거리를 배회하면서도, 여름 방학에 할 만한 일자리를 찾으려 하지 않았다.

- Inheriting a lot of money enabled Rodney to do what he loved most: pursue a life of *indolence*.
  로드니는 상속받은 돈 덕분에 그가 가장 하고 싶어 하던 일을 할 수 있게 되었다. 나태한 생활의 영위가 바로 그것이다.

INDULGENT [indʌ́ldʒənt] adj **lenient; yielding to desire** 관대한; 요구를 다 들어주는

- The nice mom was *indulgent* of her children, letting them have all the candy, cookies, and ice cream that they wanted, even for breakfast.
  마음씨 좋은 엄마는 관대해서 아이들이 원하는 것을 다 들어주었다. 사탕이나 과자, 아이스크림 등을 원하는 대로, 심지어 아침 식탁에서도 먹을 수 있도록 허락했다.

- Our *indulgent* teacher never punished us for not turning in our homework. He didn't want us to turn into ascetic automatons.
  관대한 우리 선생님은 숙제를 제출하지 않았다고 해서 우리에게 벌을 주지는 않으셨다. 선생님은 우리가 고행하는 로봇 같은 사람이 되기를 바라지는 않으셨다.

Someone who is *self-indulgent* yields to his or her every desire.
self-indulgent인 사람은 자신의 모든 욕구에 굴복하는 사람이다.

INEFFABLE [inéfəbl] adj **incapable of being expressed or described** 이루 말할 수 없는

- The simple beauty of nature is often so *ineffable* that it brings tears to our eyes.
  자연의 소박한 아름다움은 종종 눈물이 날 만큼 말로 다 표현할 수 없다.

The word *effable*—expressible—is rarely used.
'표현할 수 있는'이라는 뜻의 effable은 거의 사용되지 않는 단어이다.

INEPT [inépt] adj **clumsy; incompetent; gauche** 서투른; 무능한; 세련되지 못한

- Joshua is an *inept* dancer; he is as likely to stomp on his partner's foot as he is to step on it.
  조슈아는 춤 솜씨가 형편없다. 마치 파트너의 발 위가 스텝을 찍어야 하는 곳이라도 되는 듯 파트너의 발을 밟을 것 같다.

- Julia's *inept* attempt at humor drew only groans from the audience.
  관객을 웃겨 보려는 줄리아의 어색한 시도는 단지 비웃음만 샀다.

To be *inept* is to be characterized by *ineptitude*, which is the opposite of aptitude.
inept는 aptitude(재능, 적성)의 반대말인 ineptitude(기량 부족)의 특징을 지닌, 즉 '솜씨 없는'이란 뜻이다.

- The woodworking class's *ineptitude* was broad and deep; there was little that they were able to do and nothing that they were able to do well.
  목공반의 어리석음은 넓고도 깊었다. 그들이 할 수 있는 일은 거의 없었고 잘할 수 있는 일이란 아예 없었다.

The opposite of *inept* is *adept* [ədépt]. *Adept* and *adroit* are synonyms.
inept의 반의어는 adept(숙달한)이다. adept와 adroit(노련한)는 동의어이다.

INERT [inə́ːrt] adj **inactive; sluggish; not reacting chemically**
활동적이지 못한; 게으른; 화학적인 반응이 없는

- The baseball team seemed strangely *inert*; it was as though they had lost the will to play.
  야구팀은 이상하게도 활동이 둔했다. 그들은 경기를 할 의욕도 잃어버린 것 같았다.

- Having colds made the children *inert* and reluctant to get out of bed.
  감기 때문에 아이들은 기운이 없어서인지 침대 밖으로 나오려 하지 않았다.

- Helium is an *inert* gas: it doesn't burn, it doesn't explode, and it doesn't kill you if you inhale it.

  헬륨은 불활성 기체이다. 타지도 않고 폭발하지도 않으며 들이마신다고 해도 사람을 죽일 만큼 치명적이지 않다.

To be *inert* is to be characterized by *inertia*. As it is most commonly used, *inertia* means lack of get-up-and-go, or an inability or unwillingness to move.

inert는 inertia에 의해 특징지어지는, '활발하지 못한'이라는 뜻이다. 흔히 쓰이는 것처럼 inertia는 적극성이 부족하거나 움직일 수 있는 힘이나 의지가 없는 것을 의미한다.

In physics, *inertia* refers to an object's tendency to continue doing what it's doing (either moving or staying still) unless it's acted on by something else.

물리학에서의 inertia는 외부의 힘이 작용하지 않는다면 움직이던 물체는 계속 움직이려 하고 정지해 있던 물체는 계속 정지하려는 경향(관성)을 의미한다.

INEXORABLE [inéksərəbl] adj relentless; inevitable; unavoidable   냉정한; 필연의; 피할 수 없는

▶ 발음에 주의할 것.

- The *inexorable* waves pounded the shore, as they have always pounded it and as they always will pound it.

  무정한 파도만이 해안을 때렸다. 과거에도 항상 그랬던 것처럼 또 앞으로도 언제나 그러할 것처럼.

- Eliot drove his father's car slowly but *inexorably* through the grocery store, wrecking aisle after aisle despite the manager's anguished pleading.

  엘리어트는 아버지의 차를 천천히 운전했다. 그러나 지배인의 간곡한 부탁에도 불구하고 무정하게 통로마다 충돌 사고를 내며 식품점을 돌아다녔다.

- *Inexorable* death finds everyone sooner or later.

  피할 수 없는 죽음은 일찍 오는가 늦게 오는가의 문제일 뿐 누구에게나 찾아오는 것이다.

INFAMOUS [ínfəməs] adj shamefully wicked; having an extremely bad reputation; disgraceful   무서울 정도로 사악한; 지독히 악명 높은; 불명예스러운

▶ 발음에 주의할 것.

To be *infamous* is to be *famous* for being evil or bad. An *infamous* cheater is one whose cheating is well known.

infamous는 '사악함'이나 나쁜 것으로 유명한'이라는 뜻이다. infamous cheater는 '사기 행각으로 악명 높은 사람'이다.

- Deep within the prison was the *infamous* torture chamber, where hooded guards tickled their prisoners with feathers until they confessed.

  감옥 깊은 곳에 악명 높은 고문실이 있었다. 그곳에서는 두건을 쓴 간수들이 깃털을 가지고 죄수들이 자백할 때까지 간지럼을 태웠다.

Infamy is the state of being *infamous*.

infamy(악명, 오명)는 '불명예스러운 상태'이다.

- The former Nazi lived the rest of his life in *infamy* after the court convicted him of war crimes and atrocities.

  전 나치 당원은 전쟁 범죄와 잔혹한 행위에 대하여 법정에서 유죄를 받은 후 남은 생애를 불명예스럽게 살았다.

- President Roosevelt said that the date of the Japanese attack on Pearl Harbor would "live in *infamy*."

  루즈벨트 대통령은 일본이 진주만을 공격했던 날은 치욕스럽게 기억될 것이라고 말했다.

INFATUATED [infǽtʃuèitid] adj foolish; foolishly passionate or attracted; made foolish; foolishly in love   바보 같은; 바보 같을 정도로 열정적이거나 푹 빠져 있는; 바보가 되어 버린; 어리석도록 사랑에 빠진

To be *infatuated* is to be *fatuous* or foolish.

infatuated는 '얼빠진' 또는 '바보 같은'이라는 의미이다.

162

- I was so *infatuated* with Polly that I drooled and gurgled whenever she was near.

  나는 폴리가 근처에만 있으면 침이 나와 목으로 꿀꺽 넘어갈 정도로 그녀에게 바보같이 푹 빠져 있었다.

- The *infatuated* candidate thought so highly of himself that he had the walls of his house covered with his campaign posters.

  그 후보자는 집의 벽을 자신의 선거 포스터로 도배를 할 만큼 바보같이 자신을 과대평가하고 있었다.

- My ride in Corinne's racing car *infatuated* me; I knew immediately that I would have to have a racing car, too.

  코린의 경주용 자동차를 타 보고 나는 완전히 반해 버렸다. 곧바로 나도 경주용 자동차를 가져야겠다는 생각이 들었다.

QUICK QUIZ

Match each word in the first column with its definition in the second column. Check your answers in the back of the book.

1. indigenous	a. native
2. indigent	b. inactive
3. indignant	c. lazy
4. indolent	d. foolish
5. indulgent	e. shamefully wicked
6. ineffable	f. poor
7. inept	g. relentless
8. inert	h. angry
9. inexorable	i. clumsy
10. infamous	j. lenient
11. infatuated	k. inexpressible

INFER [infə́:r] v **to conclude; to deduce** 결론짓다; 추론하다

- Raizel said she loved the brownies, but I *inferred* from the size of the piece left on her plate that she had actually despised them.

  레이즐은 브라우니를 좋아한다고 말했다. 하지만 접시에 남아 있는 양을 보고서 나는 그녀가 사실은 그것들을 싫어한다는 결론을 내렸다.

- She hadn't heard the score, but the silence in the locker room led her to *infer* that we had lost.

  그녀는 경기의 득점 상황을 듣지는 못했지만, 조용한 탈의실의 분위기를 보고서 우리가 경기에 졌다는 것을 눈치챘다.

Infer is often confused with *imply*. To *imply* something is to hint at it, suggest it, or state it indirectly. To *infer* something is to figure out what it is without being told directly.

infer는 imply(함축하다, 암시하다)와 자주 혼동된다. imply는 무언가를 내비치다, 암시하다, 간접적으로 설명하다라는 뜻이다. 반면에 infer는 직접적으로 듣지 않고도 무엇인지 알아내다라는 뜻이다.

▶ 명사형은 inference(추론, 결론)이다.

INFINITESIMAL [ìnfinətésəməl] adj **very, very, very small; infinitely small**
아주, 아주, 아주 작은; 무한히 작은

▶ 발음에 주의할 것.

Infinitesimal does not mean huge, as some people incorrectly believe.
infinitesimal은 몇몇 사람들이 잘못 생각하는 것처럼 '거대한'이라는 의미가 아니다.

- An *infinitesimal* bug of some kind crawled into Heather's ear and bit her in a place she couldn't scratch.
  아주 작은 종류의 벌레가 헤더의 귀 안으로 기어들어 갔다. 그러고는 손이 닿지 않는 깊숙한 곳을 깨물었다.

- Our chances of winning were *infinitesimal*, but we played our hearts out anyway.
  우리가 우승할 가능성은 거의 없었다. 그러나 우리는 어쨌든 최선을 다해 경기에 임했다.

INGENUOUS [indʒénjuəs] adj **frank; without deception; simple; artless; charmingly naive**
솔직한; 속이지 않는; 순수한; 꾸밈이 없는; 소박해서 마음이 끌리는

- Young children are *ingenuous*. They don't know much about the ways of the world, and certainly not enough to deceive anyone.
  어린아이는 순수하다. 아이는 세상의 질서에 대해 많은 것을 알지 못하고, 적어도 남을 속일 만큼 아는 것이 없다는 사실만은 확실하다.

- An *ingenue*[ǽnʒənú:] is a somewhat naive young woman; generally a stock character in film or literature.
  ingenue는 다소 순수한 여성, 일반적으로 영화나 문학 속의 전형적인 인물을 일컫는다.

Disingenuous means crafty or artful.
disingenuous는 '교활한'이나 '약삭빠른'이라는 뜻이다.

- The movie producer was being *disingenuous* when he said, "I don't care about making money on this movie. I just want every man, woman, and child in the country to see it."
  영화 제작자는 "나는 이 영화로 돈을 벌 수 있을지는 신경 쓰지 않아요. 그저 이 나라의 모든 남자와 여자와 아이들이 이 영화를 보기를 바랄 뿐이에요."라고 말하는 교활함을 보였다.

INHERENT [inhíərənt] adj **part of the essential nature of something; intrinsic**
본질적 천성의 한 부분; 고유의

▶ 발음에 주의할 것.

Wetness is an *inherent* quality of water. (You could also say that wetness is *inherent* in water.)
습기는 물의 inherent quality(본질적인 성질)이다. (또한 '습기는 물에 inherent(본질적인)이다'라고도 표현할 수 있다.)

- There is an *inherent* strength in steel that cardboard lacks.
  마분지에는 부족한 본질적인 강도가 철에는 있다.

- The man's *inherent* fatness, jolliness, and beardedness made it easy for him to play the part of Santa Claus.
  그 남자는 원래 비만 체질인 데다 명랑하고 수염까지 길러서 산타클로스 역할에 딱 들어맞았다.

INJUNCTION [indʒʌ́ŋkʃən] n **a command or order, especially a court order**
명령이나 지시, 특히 법원의 명령

- Wendy's neighbors got a court *injunction* prohibiting her from playing her radio.
  웬디의 이웃들은 그녀가 라디오를 틀어놓지 못하도록 하는 법원의 명령을 얻어냈다.

- Herbert, lighting up, disobeyed his doctor's *injunction* to stop smoking.
  허버트는 담배에 불을 붙이며 금연을 하라는 의사의 지시를 어겼다.

INNATE [inéit] adj **existing since birth; inborn; inherent** 출생과 함께 가지고 있는; 타고난; 선천적인

- Joseph's kindness was *innate*; it was part of his natural character.

  조셉의 친절함은 타고난 것이었다. 그것은 그의 본성의 일부분이었다.

- Fiona has an apparently *innate* ability to throw a football. You just can't teach someone to throw a ball as well as she can.

  피오나는 축구공을 던지는 데 확실히 천부적인 재능이 있다. 여러분은 누구를 가르쳐도 피오나만큼 잘 던질 수는 없을 것이다.

- There's nothing *innate* about good manners; all children have to be taught to say "please" and "thank you."

  좋은 매너란 절대 타고나는 것이 아니다. 모든 아이들은 "부탁합니다"와 "고맙습니다"라고 말하는 법을 배워야만 한다.

INNOCUOUS [inʌ́kjuəs] adj **harmless; banal** 해롭지 않은; 평범한

Innocuous is closely related, in both origin and meaning, to *innocent*.

innocuous는 innocent(순결한)와 어원이나 의미에 있어서 밀접한 관련이 있다.

- The speaker's voice was loud but his words were *innocuous*; there was nothing to get excited about.

  연사의 목소리는 컸지만, 내용은 평범했다. 흥분할 만한 내용은 아무것도 없었다.

- Meredith took offense at Bruce's *innocuous* comment about the saltiness of her soup.

  메러디스는 수프가 짜다는 브루스의 별것 아닌 말에 화를 냈다.

INORDINATE [inɔ́ːrdənət] adj **excessive; unreasonable** 과도한; 불합리한

- The math teacher paid an *inordinate* amount of attention to the grammar rather than algebra.

  수학 선생은 대수학보다 문법에 지나친 관심을 보였다.

- The limousine was *inordinately* large, even for a limousine; there was room for more than a dozen passengers.

  아무리 리무진이라고는 하지만 그 차는 지나치게 거대했다. 열두 명이 타고도 남을 만큼 실내가 넓었다.

- Romeo's love for Juliet was perhaps a bit *inordinate*, given the outcome of their relationship.

  로미오의 줄리엣에 대한 사랑은 그 결과를 놓고 볼 때 다소 지나친 감이 있는 것 같았다.

INSATIABLE [inséiʃəbl] adj **hard or impossible to satisfy; greedy; avaricious**
만족시키기 어렵거나 불가능한; 욕심 많은; 탐욕스러운

- Peter had an *insatiable* appetite for chocolate macadamia ice cream; he could never get enough. Not even a gallon of chocolate macadamia was enough to *sate* [seit] or *satiate* [séiʃièit] his craving.

  피터는 초콜릿 마카다미아 아이스크림을 계속 탐했다. 그는 결코 만족을 몰랐다. 1갤런의 초콜릿 마카다미아도 그의 탐욕을 만족시킬 수는 없었을 것이다.

- Peter's addiction never reached *satiety* [sətáiəti/séiʃiəti].

  피터의 탐닉은 절대 포만감을 느끼지 못했다.

▶ 이 단어들의 발음에 주의할 것.

Match each word in the first column with its definition in the second column. Check your answers in the back of the book.

1. infer		a.	hard or impossible to satisfy
2. imply		b.	part of the nature of
3. infinitesimal		c.	hint at
4. ingenuous		d.	artless
5. inherent		e.	inborn
6. injunction		f.	conclude
7. innate		g.	excessive
8. innocuous		h.	harmless
9. inordinate		i.	infinitely small
10. insatiable		j.	court order

INSIDIOUS [insídiəs] adj **treacherous; sneaky** 배반하는; 속이는, 몰래 하는

- Winter was *insidious*; it crept in under the doors and through cracks in the windows.
  겨울은 모르는 사이에 다가왔다. 문 밑의 틈으로, 창문의 깨진 틈을 통해서 살며시 기어 들어왔다.

- Cancer, which can spread rapidly from a small cluster of cells, is an *insidious* disease.
  암은 작은 세포 조직에서부터 급속도로 확산되는 잠행성 질병이다.

INSINUATE [insínjuèit] v **to hint; to creep in** 넌지시 알리다; 살며시 스며들다

- When I told her that I hadn't done any laundry in a month, Valerie *insinuated* that I was a slob.
  내가 한 달 동안 빨래를 한 번도 하지 않았다고 말을 하니까 발레리는 나보고 굼벵이라고 넌지시 말했다.

- He didn't ask us outright to leave; he merely *insinuated*, through his tone and his gestures, that it was time for us to go.
  그는 우리가 떠나 달라고 드러내 놓고 부탁하지는 않았다. 단지 그는 말투와 행동으로 우리가 떠날 때가 되었음을 암시해 주었다.

- Jessica *insinuated* her way into the conversation by moving her chair closer and closer to where we were sitting.
  제시카는 우리가 앉아 있는 곳으로 의자를 점점 더 가까이 끌어당겨 슬며시 대화에 끼어들었다.

▶ 명사형은 insinuation(암시)이다.

INSIPID [insípid] adj **dull; bland; banal** 무미건조한; 재미없는; 평범한

- Barney's jokes were so *insipid* that no one in the room managed to force out so much as a chuckle.
  바니의 농담이 너무나 재미가 없었기 때문에 방 안에 있던 어느 누구에게서도 킥킥 웃는 웃음조차 나오지 않았다.

- We were bored to death at the party; it was full of *insipid* people making *insipid* conversation.
  우리는 파티가 지겨워 죽을 지경이었다. 파티에는 무미건조한 대화를 나누는 재미없는 사람들만이 가득했다.

- The thin soup was so *insipid* that all the spices in the world could not have made it interesting.
  멀건 수프는 워낙 맛이 없어서 세상의 어떠한 양념을 넣는다 해도 그 맛을 개선할 수 없었을 것이다.

INSOLENT [ínsələnt] adj **arrogant; insulting** 오만한; 무례한

- The ill-mannered four-year-old was so *insolent* that his parents had a hard time finding a babysitter.
  네 살배기 꼬마가 워낙 무례하고 버릇이 없어서 부모가 아이 보는 사람을 찾는 데 고생할 정도였다.

- The *insolent* sales clerk clearly didn't like answering customers' questions.
  무례한 점원은 확실히 고객들의 질문들에 대답하는 것을 좋아하지 않았다.

INSTIGATE [ínstəgèit] v **to provoke; to stir up** 유발하다; 선동하다

- The strike was *instigated* by the ambitious union president, who wanted to get her name into the newspapers.
  자신의 이름을 신문에 내고 싶어하는 야심만만한 노조 조합장이 그 파업을 선동했다.

- The CIA tried unsuccessfully to *instigate* rebellion in the tiny country by distributing pamphlets that, as it turned out, were printed in the wrong language.
  CIA는 그 작은 나라에 팸플릿을 뿌려 반란을 조장하다가 실패했다. 알려진 바에 따르면, 팸플릿은 잘못된 언어로 적혀 있었다고 한다.

INSULAR [ínsələr] adj **like an island; isolated** 섬 같은; 고립된

The Latin word for island is *insula*. From it we get the words *peninsula* ("almost an island"), *insulate* (insulation makes a house an island of heat), and *insular*, among others.
island(섬)'에 대한 라틴 어는 insula이다. insula에서 peninsula(반도로 대부분이 바다로 둘러싸여 섬 같은, 예를 들면 한반도), insulate(고립된 집은 열섬 현상이 있게 된다), insular 같은 단어가 생긴 것이다.

- The *insular* little community had very little contact with the world around it.
  그 작은 섬마을은 외부 세상과의 연계가 거의 없었다.

Something that is *insular* has *insularity*.
insular인 것은 insularity(섬나라 근성)가 있는 것이다.

- The *insularity* of the little community was so complete that it was impossible to buy a big-city newspaper there.
  작은 마을은 섬나라 근성이 아주 심해서 대도시의 신문을 구할 수 없을 정도로 완벽하게 고립되어 있었다.

INSURGENT [insə́ːrdʒənt] n **a rebel; someone who revolts against a government**
반역자; 정부에 대항하여 반란을 일으키는 사람

- The heavily armed *insurgents* rushed into the presidential palace, but they paused to taste the fresh blueberry pie on the dinner table and were captured by the president's bodyguards.
  중무장한 반란군이 대통령궁으로 돌진했다. 그러나 반란군은 식탁 위에 놓인 신선한 블루베리 파이를 먹기 위하여 잠시 멈추었다가 대통령 경호원들에게 붙잡혔다.

▸ insurgent는 형용사로도 쓰인다.

- A rebellion is an *insurgent* activity.
  반란은 반역적인 행동이다.

Insurgency is another word for rebellion; so is *insurrection*.
insurgency, rebellion, insurrection은 '폭동'이나 '반란'을 의미하는 동의어이다.

INTEGRAL [íntigrəl] adj essential 본질적인, 필수의

- A solid offense was an *integral* part of our football team; so was a strong defense.

  충실한 공격은 우리 풋볼 팀의 필수 조건이었다. 철저한 수비도 마찬가지였다.

- Dave was *integral* to the organization; it could never have gotten along without him.

  데이브는 그 조직에서 없어서는 안 될 사람이었다. 조직은 데이브 없이는 잘 굴러가지 않았을 것이다.

INTEGRATE [íntəgreit] v to combine two or more things into a whole
두 개나 그 이상을 하나로 통합하다

This word is related to *segregate*, *aggregate*, and *congregate*, all of which describe joining or separating. It has the same root as *integer*, which means a whole number.

이 단어는 segregate(분리하다), aggregate(모으다), congregate(집합하다)와 관련이 있다. 이 단어들은 모두 결합하거나 분리하는 것을 묘사한다. '정수'라는 의미인 integer라는 동일한 어원을 가지고 있다.

- Marisol's school offered an *integrated* history and language curriculum so that students learned Roman history and Latin in the same classroom.

  마리솔의 학교는 통합된 역사와 언어 교과 과정을 가지고 있어서 학생들은 같은 교실에서 로마 역사와 라틴 어를 배웠다.

The noun form is *integration*, which often refers to the end of racial segregation.

명사형은 integration인데, 이 단어는 종종 인종 차별의 철폐를 의미한다.

INTRACTABLE [intræktəbl] adj uncontrollable; stubborn; disobedient
통제할 수 없는; 고집스러운; 순종하지 않는

- The *intractable* child was a torment to his nursery school teacher.

  고집이 센 그 아이는 유아원 선생님의 골칫거리였다.

- Lavanya was *intractable* in her opposition to pay increases for the library employees; she swore she would never vote to give them a raise.

  라바니아는 도서관 직원에 대한 임금을 인상하자는 안에 고집스럽게 반대했다. 그녀는 결코 임금 인상안에 찬성하지 않겠다고 다짐했다.

- The disease was *intractable*. None of the dozens of medicines the doctor tried had the slightest effect on it.

  그 병은 고치기 어려운 난치병이었다. 의사는 수십 가지 처방을 했지만 어느 것도 효과가 없었다.

▸ intractable의 반의어는 tractable(다루기 쉬운)이다.

INTRANSIGENT [intrǽnsədʒənt] adj uncompromising; stubborn 비타협적인; 완고한

- Vijay was an *intransigent* hard-liner, and he didn't care how many people he offended with his views.

  비자이는 비타협적인 강경파였다. 그는 자신의 견해가 얼마나 많은 사람을 불쾌하게 만드는가에는 신경 쓰지 않았다.

- The jury was unanimous except for one *intransigent* member, who didn't believe that anyone should ever be forced to go to jail.

  어느 한 사람도 억지로 감옥에 가면 안 된다고, 비타협적인 한 사람을 제외하고는, 배심원은 모두 의견의 일치를 보았다.

▸ 명사형은 intransigence(비타협적인 태도)이다.

Match each word in the first column with its definition in the second column. Check your answers in the back of the book.

1. insidious		a.	hint
2. insinuate		b.	uncontrollable
3. insipid		c.	treacherous
4. insolent		d.	essential
5. instigate		e.	provoke
6. insular		f.	like an island
7. insurgent		g.	rebel
8. integral		h.	dull
9. integrate		i.	uncompromising
10. intractable		j.	arrogant
11. intransigent		k.	combine

INTRINSIC [intrínsik] adj part of the essential nature of something; inherent
본질적인 천성의 일부분인; 고유의

- Larry's *intrinsic* boldness was always getting him into trouble.
  래리는 타고난 대담함 때문에 항상 문제를 일으켰다.

- There was an *intrinsic* problem with Owen's alibi: it was a lie.
  오웬의 알리바이는 본질적으로 문제가 있었다. 알리바이는 거짓이었다.

▶ 반의어는 extrinsic(비본질적인, 외부로부터의)이다.

INTROSPECTIVE [ìntrəspéktiv] adj tending to think about oneself; examining one's feelings
자신에 대하여 생각하는 경향이 있는, 내성적인; 자신의 감정을 고찰하는, 자기반성의

- The *introspective* six-year-old never had much to say to other people but always seemed to be turning something over in her mind.
  내성적인 여섯 살짜리 소녀는 다른 사람들에게 말을 많이 하지 않았다. 대신에 항상 속으로만 무언가를 곰곰이 생각하는 것 같았다.

- Randy's *introspective* examination of his motives led him to conclude that he must have been at fault in the breakup of his marriage.
  랜디는 자신의 행동을 성찰한 결과, 결혼 생활 파탄의 책임은 자신에게 있었다는 결론을 내렸다.

▶ 앞서 나온 extrovert(외향적인 사람)를 참조할 것.

INUNDATE [ínʌndèit] v to flood; to cover completely with water; to overwhelm
범람하다; 물로 완전히 덮다, 가라앉히다; 압도하다, 쇄도하다

- The tiny island kingdom was *inundated* by the tidal wave. Fortunately, no one died from the deluge.
  작은 섬 왕국은 해일이 덮쳐 물에 잠겼다. 다행히도 침수로 인해 죽은 사람은 아무도 없었다.

- The mother was *inundated* with telegrams and gifts after she gave birth to octuplets.
  엄마는 여덟 쌍둥이를 낳은 후 쇄도하는 전보와 선물에 파묻혔다.

INVECTIVE [invéktiv]　n　insulting or abusive speech　모욕적인 말이나 독설

- The critic's searing review was filled with bitterness and *invective*.
  그 비평가의 신랄한 평론에는 비난과 독설이 난무했다.

- Herman wasn't much of an orator, but he was brilliant at *invective*.
  허먼은 말이 많은 연설가는 아니었지만 독설에는 뛰어났다.

INVETERATE [invétərət]　adj　habitual; firm in habit; deeply rooted　습관적인; 상습적인; 뿌리 깊은

- Erica was such an *inveterate* liar on the golf course that when she finally made a hole-in-one, she marked it on her score card as a zero.
  에리카는 골프를 치는 중에 워낙 상습적으로 거짓말을 하곤 했는데, 마침내 홀인원을 하자 점수 카드에 0이라고 기입할 정도였다.

- Larry's practice of spitting into the fireplace became *inveterate* despite his wife's protestations.
  아내의 숱한 항의가 있었음에도 불구하고 래리의 벽난로에 침 뱉는 행동은 고질적인 습관이 되었다.

IRASCIBLE [iræsəbl]　adj　easily angered or provoked; irritable
쉽게 화를 내거나 흥분하는; 화를 잘 내는, 민감한

A grouch is *irascible*.
잘 토라지는 사람을 irascible이라고 표현할 수 있다.

- The CEO was so *irascible* that her employees were afraid to talk to her for fear she might hurl paperweights at them.
  최고 경영자는 너무나 화를 잘 내는 사람이라, 직원들은 그녀가 문진이라도 집어던질까 봐 무서워서 그녀와 이야기하기를 꺼렸다.

IRONIC [airánik]　adj　meaning the opposite of what you seem to say; using words to mean something other than what they seem to mean
말하고 있는 것과는 반대 내용을 의미하는; 뜻과는 다른 의미를 담고 있는 단어를 사용하는

- Eddie was being *ironic* when he said he loved Peter like a brother; in truth, he hated him.
  에디는 반어적인 의미로 피터를 형제처럼 사랑한다고 말했다. 사실 에디는 피터를 미워했다.

- Credulous Carol never realized that the speaker was being *ironic* as she discussed a plan to put a nuclear-missile silo in every backyard in America.
  남의 말을 잘 믿는 캐롤은 연설자가 미국의 모든 집 뒷마당마다 핵미사일 발사대를 설치할 거라는 내용의 연설이 반어적으로 표현되었다는 것을 깨닫지 못했다.

IRREVOCABLE [irévəkəbl]　adj　irreversible　철회할 수 없는

▶ 발음에 주의할 것.

To *revoke* [rivóuk] is to take back. Something *irrevocable* cannot be taken back.
revoke는 '철회하다'라는 뜻이다. irrevocable은 '되돌릴 수 없는'이라는 의미이다.

- My decision not to wear a Tarzan costume and ride on a float in the Macy's Thanksgiving Day Parade is *irrevocable*; there is absolutely nothing you could do or say to make me change my mind.
  나는 메이시스 백화점의 추수감사절 행진에 타잔 의상을 입고 뗏목을 타는 역할을 하지 않겠다는 결정을 철회할 수 없다. 네가 어떤 말이나 행동을 한다고 해도 내 마음은 절대로 바뀌지 않을 것이다.

- After his friend pointed out that the tattoo was spelled incorrectly, Tom realized that his decision to get a tattoo was *irrevocable*.

  그의 친구가 문신의 철자가 부정확하다고 지적한 후에야, 톰은 문신을 받기로 한 결정을 철회할 수 없다는 것을 깨달았다.

Something that can be reversed is *revocable* [révəkəbl].

revocable은 '취소할 수 있는'이다.

ITINERANT [aitínərənt] adj moving from place to place 이곳저곳을 돌아다니는, 순회하는

- The life of a traveling salesman is an *itinerant* one.

  이곳저곳을 돌아다니는 외판원 생활은 순회하는 삶이다.

- The *itinerant* junk dealer passes through our neighborhood every month or so, pulling his wagon of odds and ends.

  여기저기 돌아다니는 고물장수는 왜건에 잡동사니를 잔뜩 싣고서 대략 매달 한 번씩 우리 동네를 다녀간다.

- The international banker's *itinerant* lifestyle began to seem less glamorous to her after her first child was born.

  첫아이가 태어난 후 은행원은 세계를 돌아다니며 일하는 자신의 생활 방식이 덜 매력적으로 보이기 시작했다.

A closely related word is *itinerary*, which is the planned route or schedule of a trip.

밀접한 관련이 있는 단어로 itinerary가 있다. 이 단어는 '여행 스케줄'이나 '예정된 경로'를 의미한다.

- The tour guide handed the travelers an *itinerary* of the tour bus route so they would know what to expect throughout the day.

  그 투어 가이드는 여행객들에게 그들이 하루 동안 무엇을 할지 알 수 있도록 투어 버스 노선 일정표를 나눠 줬다.

QUICK QUIZ 53

Match each word in the first column with its definition in the second column. Check your answers in the back of the book.

1. intrinsic	a. irreversible
2. introspective	b. insulting speech
3. inundate	c. planned trip route
4. invective	d. flood
5. inveterate	e. inherent
6. irascible	f. examining one's feelings
7. ironic	g. meaning other than what's said
8. irrevocable	h. moving from place to place
9. itinerant	i. irritable
10. itinerary	j. habitual

J

JUDICIOUS [ʤuːdíʃəs] adj **exercising sound judgment** 현명한 판단을 하는

- The judge was far from *judicious*; he told the jury that he thought the defendant looked guilty and said that anyone who would wear a red bow tie into a courtroom deserved to be sent to jail.
  판사는 결코 현명한 판단을 하는 사람이 아니었다. 그는 배심원에게 피고인이 유죄인 것 같다는 자신의 생각을 전했을 뿐만 아니라 법정에 빨간 나비넥타이를 매고 온 사람은 모두 감옥으로 보내야 한다고 말했다.

- The firefighters made *judicious* use of flame-retardant foam on the bush fire before it spread to nearby homes.
  덤불에 붙은 불이 인근 주택들에 번지기 전에 소방관들은 현명하게 화염을 억제하는 포말을 사용했다.

- The mother of twin boys *judiciously* used an electron microscope and a laser to divide the ice cream into equal parts.
  쌍둥이 사내아이들의 엄마는 아이스크림을 똑같이 나누어 주기 위해 현명하게도 전자 현미경과 레이저를 이용했다.

The word *judicial* is obviously closely related, but there is a critically important difference in meaning between it and *judicious*. A judge is *judicial* simply by virtue of being a judge; *judicial* means having to do with judges, judgment, or justice. But a judge is *judicious* only if he or she exercises sound judgment.
judicial(사법의)은 judicious와 확실히 밀접한 관련이 있는 단어이다. 그러나 의미상 결정적으로 judicious와 중요한 차이가 있다. 판사는 단순히 판사임으로 인해서 judicial이라 할 수 있는데, 여기서 judicial은 '법관, 재판, 사법권과 관련이 있는'이라는 의미이다. 그러나 judicious는 판사가 현명한 판결을 내릴 때에만 사용할 수 있다.

JUXTAPOSE [ʤʌ́kstəpòuz] v **to place side by side** 나란히 놓다

- Comedy and tragedy were *juxtaposed* in the play, which was alternately funny and sad.
  그 연극에는 희극과 비극이 나란히 배치되어 있어서 번갈아 가며 웃겼다 울렸다 했다.

- *Juxtaposing* the genuine painting and the counterfeit made it much easier to tell which was which.
  진품과 위조된 그림을 나란히 배치해 두어서 어느 것이 진짜인지, 어느 것이 가짜인지 더 쉽게 알 수 있었다.

▶ 명사형은 juxtaposition[ʤʌ̀kstəpəzíʃən] (병렬)이다.

K

KINETIC [kinétik] adj **having to do with motion; lively; active** 움직임과 관련된; 활발한; 활동적인

Kinetic energy is energy associated with motion. A speeding bullet has a lot of *kinetic* energy.

kinetic energy(운동 에너지)는 움직임과 관련된 에너지이다. 빠른 속도로 날고 있는 총알은 다량의 kinetic energy를 갖고 있다.

Kinetic art is art with things in it that move. A mobile is an example of *kinetic* art.

Kinetic art(키네틱 아트)는 예술 작품 안에 움직이는 어떤 요소가 들어 있는 것이다. 모빌은 Kinetic art의 한 예이다.

A *kinetic* personality is a lively, active, moving personality.

kinetic personality는 생동감 있고 활동적이며 직접 움직이기 좋아하는 성격을 뜻한다.

L

LABYRINTH [lǽbərinθ] n **a maze; something like a maze** 미로; 미로 같은 것

- Each of the fifty floors in the office building was a *labyrinth* of dark corridors and narrow passageways.
  50층짜리 업무용 건물은 층마다 어두운 복도와 좁은 통로로 되어 있어 미로 같았다.

- The bill took many months to pass through the *labyrinth* of congressional approval.
  그 법안이 미로 같은 국회의 승인 절차를 통과하는 데 여러 달이 걸렸다.

▸ 형용사형은 labyrinthine[læbərínθən/læbərínθɑin]으로, '미로의', '복잡한'의 뜻이다.

- Before beginning construction on the new house, the contractor had to weave his way through the *labyrinthine* bureaucracy in order to obtain a building permit.
  새 집을 짓는 공사를 착수하기 전에 도급업자는 건축 허가를 얻기 위해서 관료 조직의 미로와도 같은 복잡한 절차를 거쳐야 했다.

LACONIC [ləkánik] adj **using few words, especially to the point of seeming rude**
말을 적게 사용하는, 특히 무례하게 보일 정도로

- The manager's *laconic* dismissal letter left the fired employees feeling angry and hurt.
  사장이 내린 간단한 해고 통지서는 해당 직원들에게 마음의 상처를 입히고 분노케 했다.

- When she went backstage, June discovered why the popular rock musician was so *laconic* in public: her voice was high and squeaky.
  무대 뒤로 가서야 준은 인기 있는 록 가수가 왜 그토록 대중 앞에서 말이 없었는지 알게 되었다. 그녀의 목소리는 톤이 높아 새된 소리가 났다.

LAMENT [ləmént] v **to mourn** 애도하다

- From the balcony of the bullet-pocked hotel, the foreign correspondents could hear hundreds of women and children *lamenting* the fallen soldiers.
  외국의 특파원들은 총알구멍이 나 있는 호텔의 발코니에서 수백 명의 여자와 어린이들이 전사한 군인들을 애도하는 소리를 들을 수 있었다.

- As the snowstorm gained in intensity, Stan *lamented* his decision that morning to dress in shorts and a T-shirt.
  눈보라가 강해지자 스탄은 반바지에 티셔츠만 입고 나온 아침의 결정을 깊이 후회했다.

Lamentable [lǽməntəbl] or [ləméntəbl] means regrettable.
lamentable은 '유감스러운', '후회되는'이라는 의미이다.

▸ 위 단어의 두 가지 발음에 주의할 것.

LAMPOON [læmpúːn] v to satirize; to mock, to parody 풍자하다; 흉내 내서 조롱하다, 흉내 내서 풍자하다

- The irreverent students mercilessly *lampooned* their Latin teacher's lisp in a skit at the school talent show.

  학생들은 학교 장기자랑에서 불손하게도 라틴 어 선생님의 혀 짧은소리를 가차 없이 흉내 냈다.

- *The Harvard Lampoon*, the nation's oldest humor magazine, has *lampooned* just about everything there is to *lampoon*.

  미국에서 가장 오래된 유머 잡지인 The Harvard Lampoon은 112년의 역사 속에서 풍자할 만한 것은 모두 풍자했다.

LANGUISH [léŋgwiʃ] v to become weak, listless, or depressed
약해지거나 활기가 없어지고 기분이 가라앉다

- The formerly eager and vigorous accountant *languished* in her tedious job at the international conglomerate.

  전에는 열정적이고 활기가 넘쳤던 그 회계사는 국제적 복합 기업에서 지루한 업무를 맡으면서 생기가 없어졌다.

- The longer Jill remained unemployed, the more she *languished* and the less likely it became that she would find another job.

  질은 실직 상태가 오래 지속될수록 점점 더 가라앉아서 다른 직장을 구할 것 같지 않게 되었다.

▸ 형용사형은 languid(힘없는, 나른한)이다.

- The child seemed so *languid* that his father thought he was sick and called the doctor. It turned out that the little boy had simply had an overdose of television.

  아이가 너무나 기운이 없는 듯 보여서 아버지는 아이가 아픈 것이 아닌가 싶어 의사를 불렀다. 그러나 단순히 아이가 텔레비전을 너무 많이 봤기 때문인 것으로 밝혀졌다.

LARGESS [lɑːrdʒés] n generous giving of gifts (or the gifts themselves); generosity; philanthropy 아낌없이 주는 선물(혹은 선물 그 자체); 관대한 자선; 자선 행위

▸ 발음에 주의할 것.

- Sam was marginally literate at best. Only the *largess* of his uncle got Sam into the Ivy League school.

  샘은 기껏해야 조금 읽고 쓸 줄 아는 게 고작이었다. 단지 삼촌의 기부금 덕분에 아이비리그 대학에 들어갈 수 있었다.

▸ largesse로 표기하기도 한다.

LATENT [léitnt] adj present but not visible or apparent; potential
눈으로 볼 수 있거나 확실하지는 않지만 존재하는; 잠재적인

- At four, Maria was a *latent* shopaholic; she learned to read by browsing the descriptions in clothing catalogs.

  네 살인 마리아는 잠재적인 쇼핑 중독자였다. 그녀는 옷 카탈로그에 있는 설명을 보면서 읽는 것을 배웠다.

A photographic image is *latent* in a piece of exposed film; it's there, but you can't see it until the film is developed.

사진에 나타나는 상은 노출된 필름에 latent이다. 상은 분명 거기에 있지만, 필름이 현상되기 전에는 볼 수 없다.

LAUD [lɔːd] v to praise; to applaud; to extol; to celebrate 칭찬하다; 환호하다; 격찬하다; 찬양하다

- The bank manager *lauded* the hero who trapped the escaping robber. The local newspaper published a *laudatory* editorial on this intrepid individual.

  은행장은 도주하던 강도를 잡은 영웅을 극구 칭찬했다. 지역 신문도 이 용감한 인물에 대해 격찬하는 사설을 실었다.

▸ 형용사형은 laudatory(칭찬하는)이다.

Giving several million dollars to charity is a *laudable* act of philanthropy. *Laudable* means praiseworthy.

수백만 달러를 자선 단체에 기부하는 것은 laudable인 박애적 행위이다. laudable은 '칭찬받을 만한'이란 뜻이다.

LEGACY [légəsi] n something handed down from the past; a bequest
과거로부터 물려받은 것; 유산

- The *legacy* of the corrupt administration was chaos, bankruptcy, and despair.

  부패한 정부로부터 물려받은 것은 혼란과 파산과 절망뿐이었다.

- A shoebox full of baseball cards was the dead man's only *legacy*.

  야구 카드가 가득 들어 있는 신발 상자가 망자의 유일한 유품이었다.

- To be a *legacy* at a college sorority is to be the daughter of a former sorority member.

  대학 내 여학생 클럽에서 legacy라는 것은 전 회원의 딸을 가리키는 말이다.

LETHARGY [léθərdʒi] n sluggishness; laziness; drowsiness; indifference
게으름; 나태함; 나른함; 무관심

- After a busy week of sports, homework, and work, the student relished the *lethargy* of Saturday morning.

  운동, 숙제, 볼일 등으로 바빴던 한 주가 지나고 그 학생은 나른한 토요일 아침을 즐겼다.

- The *lethargy* of the staff caused what should have been a quick errand to expand into a full day's work.

  직원의 게으름 때문에 벌써 끝났어야 할 일이 하루 종일 지연되었다.

To be filled with *lethargy* is to be *lethargic*.

lethargy로 가득한 상태를 lethargic(무기력한)이라고 한다.

- The *lethargic* [ləθá:rdʒik] teenagers took all summer to paint the Hendersons' garage.

  게으른 10대 아이들이 헨더슨네 차고를 새로 페인트칠하는 데 여름 내내 걸렸다.

LEVITY [lévəti] n lightness; frivolity; unseriousness 가벼움; 경솔함; 경박스러움

To *levitate* something is to make it so light that it floats up into the air. *Levity* comes from the same root and has to do with a different kind of lightness.

levitate는 대상이 너무 가벼워서 공중에 뜰 정도로 만들다라는 뜻이다. levity는 어원은 같지만 다른 종류의 가벼움과 관계가 있다.

- The speaker's *levity* was not appreciated by the convention of funeral directors, who felt that a convention of funeral directors was no place to tell jokes.

  장례식 관계자들은 그들의 회의가 농담하기에는 적절치 못한 곳이라고 생각하기 때문에 발표자의 농담은 인정받지 못했다.

- The judge's attempt to inject some *levity* into the dreary court proceedings (by setting off a few firecrackers in the jury box) was entirely successful.

  판사는 따분한 재판이 진행되는 도중 긴장을 해소하는 약간의 가벼운 장난(배심원석에 폭죽을 조금 터뜨리는 것)을 했는데, 그것은 아주 성공적이었다.

Match each word in the first column with its definition in the second column. Check your answers in the back of the book.

1. judicious		a.	sluggishness
2. juxtapose		b.	lightness
3. kinetic		c.	using few words
4. labyrinth		d.	maze
5. laconic		e.	place side by side
6. lament		f.	present but not visible
7. lampoon		g.	bequest
8. languish		h.	active
9. latent		i.	become weak
10. laud		j.	satirize
11. legacy		k.	mourn
12. lethargy		l.	praise
13. levity		m.	exercising sound judgment

LIBEL [láibəl] n **a written or published falsehood that injures the reputation of, or defames, someone** 명예를 손상시키는 허위 사실을 쓰거나 출판하는 것, 문서 비방

- The executive said that the newspaper had committed *libel* when it called him a stinking, no-good, corrupt, incompetent, overpaid, lying, worthless moron. He claimed that the newspaper had *libeled* him, and that its description of him had been *libelous*. At the trial, the jury disagreed, saying that the newspaper's description of the executive had been substantially accurate.

  이사는 그 신문이 자신의 명예를 훼손했다고 말했다. 그가 저질이며 고약하고 부패했으며 무능력하면서 월급만 많이 받고 거짓말쟁이에다 가치 없는 얼간이라고 신문은 썼던 것이다. 그는 신문이 자신의 명예를 훼손했다고 주장했다. 재판에서 배심원은 그에 대한 신문 기사가 대체로 사실이라고 인정하면서 그의 말에 동의하지 않았다.

Don't confuse this word with *liable*, which has an entirely different meaning.
이 단어를 전혀 다른 의미를 갖고 있는 liable(~하기 쉬운)과 혼동하지 말 것.

Slander **is just like *libel* except that it is spoken instead of written.**
글이 아니라 말로 하는 것이라는 점만 제외하면 slander는 libel과 같은 뜻이다.

To *slander* someone is to say something untrue that injures that person's reputation.
slander는 어떤 사람의 명예를 훼손하는 허위 사실을 말하다, 즉 '중상모략하다'의 뜻이다.

LITIGATE [lítəgèit] v to try in court; to engage in legal proceedings 제소하다; 법적 소송에 들어가다

- His lawyer thought a lawsuit would be fruitless, but the client wanted to *litigate*. He was feeling *litigious* [litídʒəs]; that is, he was feeling in a mood to go to court.

  그의 변호사는 소송이 성과 없이 끝날 것이라고 생각했다. 하지만 의뢰인은 소송하기를 원했다. 그는 소송이 꼭 필요하다고 생각했다. 다시 말해서 그는 법정까지 반드시 가야 할 상황이라고 느끼고 있었던 것이다.

- When the company was unable to recover its money outside of court, its only option was to *litigate*.

  법정 밖에서는 돈을 되찾을 수 없게 되자 회사의 남은 유일한 선택은 소송을 거는 것뿐이었다.

To *litigate* is to engage in *litigation*; a court hearing is an example of *litigation*.

litigate는 'litigation(소송)에 참여하다'의 뜻이다. 법정 청문회는 litigation의 일종이다.

▶ litigious(소송을 일삼는)의 발음에 주의할 것.

LOQUACIOUS [loukwéiʃəs] adj talking a lot or too much 말을 너무 많이 하는

- The child was surprisingly *loquacious* for one so small.

  아이는 그렇게 적은 나이에도 놀라울 정도로 말이 많았다.

- Mary is so *loquacious* that Belinda can sometimes put down the telephone receiver and run a load of laundry while Mary is talking.

  메리는 워낙 말이 많아서 벨린다는 때때로 그녀가 얘기하는 동안에 수화기를 내려놓고 빨래를 할 수 있을 정도이다.

A *loquacious* person is one who is characterized by *loquaciousness* or *loquacity* [loukwǽsəti].

loquacious인 사람은 loquaciousness나 loquacity(수다스러움)의 특징을 가진 사람이다.

- The English teacher's *loquacity* in class left little time for any of the students to speak, which was fine with most of them.

  수업 시간에 영어 선생님이 워낙 말이 많았던 탓에 학생들이 발표할 시간은 거의 남아 있지 않았다. 대부분의 학생들은 그런 상황을 좋아했다.

LUCID [lúːsid] adj clear; easy to understand 명쾌한; 이해하기 쉬운

- The professor's explanation of the theory of relativity was so astonishingly *lucid* that even I could understand it.

  상대성 이론에 관한 교수의 설명은 나도 이해할 수 있을 정도로 놀랍도록 명쾌했다.

- Hubert's remarks were few but *lucid*: he explained the complicated issue with just a handful of well-chosen words.

  허버트의 설명은 짧지만 명쾌했다. 그는 복잡한 문제를 몇 개의 적절한 단어로 쉽게 설명했다.

- The extremely old man was *lucid* right up until the moment he died; his body had given out but his mind was still going strong.

  그 사람은 나이가 아주 많았지만 죽는 순간까지도 명석했다. 그의 몸은 쇠약했지만 정신만은 여전히 튼튼했다.

To *elucidate* something is to make it clear, to explain it.

elucidate는 어떤 것을 '명확히 하다', '자세하게 설명하다'라는 뜻이다.

LUGUBRIOUS [lugjúːbriəs] adj exaggeratedly mournful 지나치게 슬퍼하는

▸ 발음에 주의할 것.

To be mournful is to be sad and sorrowful. To be *lugubrious* is to make a big show of being sad and sorrowful.

mournful은 '슬퍼서 비탄에 잠긴'의 의미이고, lugubrious는 '슬픔과 비탄에 잠긴 것을 과장해서 보이는'의 의미이다.

- Harry's *lugubrious* eulogy at the funeral of his dog eventually made everyone start giggling.

  개의 장례식에서 해리의 과장된 애도사 때문에 사람들은 낄낄거리기 시작했다.

- The valedictorian suddenly turned *lugubrious* and began sobbing and tearing her hair at the thought of graduating from high school.

  졸업생 대표는 고등학교를 졸업한다는 생각에 갑자기 슬픔이 복받쳐 머리를 뜯으며 흐느끼기 시작했다.

LUMINOUS [lúːmənəs] adj giving off light; glowing; bright 빛을 내는; 빛나는; 밝은

- The moon was a *luminous* disk in the cloudy nighttime sky.

  달은 구름 낀 밤하늘에서 밝은 빛을 내는 둥근 원반이었다.

- The snow on the ground appeared eerily *luminous* at night—it seemed to glow.

  밤이 되면 땅 위의 눈은 기괴한 빛을 발하는 듯했다. 마치 반짝이는 것 같았다.

- The dial on my watch is *luminous*; it casts a green glow in the dark.

  내 시계의 바늘은 야광이다. 그것은 어둠 속에서 녹색의 빛을 발한다.

QUICK QUIZ

Match each word in the first column with its definition in the second column. Check your answers in the back of the book.

1. libel	a. giving off light
2. slander	b. try in court
3. litigate	c. exaggeratedly mournful
4. loquacious	d. easy to understand
5. lucid	e. written injurious falsehood
6. lugubrious	f. spoken injurious falsehood
7. luminous	g. talking a lot

M

MACHINATION [mæ̀kənéiʃən] n scheming activity for an evil purpose
나쁜 목적을 위한 활동을 계획하는 것, 음모

▶ 발음에 주의할 것.

This word is almost always used in the plural—*machinations*—in which form it means the same thing.
이 단어는 거의 언제나 복수형인 machinations로 사용되며, 뜻은 같다.

- The ruthless *machinations* of the mobsters left a trail of blood and bodies.
  잔혹한 음모를 세운 폭력배들은 피와 시체의 흔적을 남겼다.

- The *machinations* of the conspirators were aimed at nothing less than the overthrow of the government.
  음모가들의 계획은 바로 정부 전복을 목표로 했다.

This word is often used imprecisely to mean something like "machinelike activity." It should not be used in this way.
machination은 막연하게 기계 같은 행위라는 뜻으로 잘못 쓰이는 경우가 많은데, 이런 식으로 쓰면 안 된다.

MAGNANIMOUS [mægnǽnəməs] adj forgiving; unresentful; noble in spirit; generous
관대히 용서하는; 관대한; 영혼이 고결한; 아량 있는

- The boxer was *magnanimous* in defeat, telling the sports reporters that his opponent had simply been too talented for him to beat.
  권투 선수는 패배에도 관대했다. 그는 상대 선수가 워낙 뛰어나서 자신이 질 수밖에 없었다고 스포츠 기자들에게 말했다.

- Mrs. Jones *magnanimously* offered the little boy a cookie when he came over to confess that he had accidentally broken her window while playing baseball.
  존슨 부인은 야구를 하다가 유리창을 깨뜨린 소년이 사실을 고백하러 찾아왔을 때 넓은 아량으로 어린 소년에게 과자까지 주었다.

▶ 명사형은 magnanimity [mæ̀gnəníməti] (아량, 관대함)이다.

- The *magnanimity* of the conquering general was much appreciated by the defeated soldiers.
  적군을 함락시킨 장군은 관대함을 베풀어서 패전국 병사들로부터 많은 감사를 받았다.

MAGNATE [mǽgneit] n a rich, powerful, or very successful businessperson
돈 많고 권력 있는, 또는 아주 성공한 사업가

- John D. Rockefeller was a *magnate* who was never too cheap to give a shoeshine boy a dime for his troubles.
  존 D. 록펠러는 거물이었다. 문제를 일으켰다는 이유로 구두닦이 소년에게 수고비도 주지 않는 그런 사람이 절대 아니었다.

MALAISE [mæléiz] n a feeling of depression, uneasiness, or queasiness
의기소침이나 불안, 또는 불쾌함

- *Malaise* descended on the calculus class when the teacher announced a quiz.
  미적분학 시간에 선생님이 시험을 보겠다고 하자 불안감이 교실을 엄습했다.

MALFEASANCE [mælfíːzns] n an illegal act, especially by a public official
불법적 행위, 특히 공무원이 행하는

- President Ford officially pardoned former president Nixon before the latter could be convicted of any *malfeasance*.
  포드 대통령은 닉슨 전 대통령이 부정부패로 유죄 판결을 받기 전에 공식적으로 그를 사면했다.

MALIGNANT [məlígnənt] adj causing harm 손해를 야기하는

Many words that start with *mal-* connote evil or harm, just as words that begin with *ben-* generally have good connotations. *Malignant* and *benign* are often used to describe tumors or physical conditions that are either life-threatening or not.

mal-로 시작하는 많은 단어들이 악이나 해의 의미를 내포한다. 반면 ben-으로 시작하는 단어들은 일반적으로 좋은 의미를 갖고 있다. malignant(악성의)와 benign(양성의)은 종종 종양이나 신체적 상태가 생명에 위협적인지 아닌지를 나타낼 때 사용한다.

- Lina has had recurring tumors since the operation; we're just glad that none of them have proved *malignant*.
  리나는 수술 후에 다시 종양이 생겼다. 다행히도 그것들 중 어느 것도 악성은 아닌 것으로 밝혀졌다.

MALINGER [məlíŋgər] v to pretend to be sick to avoid doing work
일하기 싫어 아픈 척하다, 꾀병 부리다

- Indolent Leon always *malingered* when it was his turn to clean up the house.
  게으른 레온은 자신이 집 안을 청소할 차례가 되면 항상 꾀병을 부렸다.

- Angie is artful and she always manages to *malinger* before a big exam.
  교활한 앤지는 항상 큰 시험 전에는 꾀병을 부린다.

MALLEABLE [mǽliəbl] adj easy to shape or bend 모양을 만들거나 구부리기 쉬운

- Modeling clay is very *malleable*. So is Stuart. We can make him do whatever we want him to do.
  만들기용 찰흙은 변형이 아주 쉽다. 스튜어트도 찰흙처럼 그렇다. 우리가 원하는 것은 무엇이나 하도록 그를 조종할 수 있다.

MANDATE [mǽndeit] n a command or authorization to do something; the will of the voters as expressed by the results of an election
명령, 또는 뭔가를 할 수 있는 권한; 선거의 결과로 표현된 유권자들의 의지, 권한의 위임

- Our *mandate* from the executive committee was to find the answer to the problem as quickly as possible.
  이사회에서 내려온 지시는 가능한 한 빨리 문제의 해결책을 찾으라는 것이었다.

- The newly elected president felt that the landslide vote had given her a *mandate* to do whatever she wanted to do.
  새로 선출된 대통령은 투표에서 압도적인 승리를 하게 되자 원하는 것은 무엇이나 할 수 있는 권한을 자신에게 부여하는 것으로 생각했다.

Mandate can also be a verb. To *mandate* something is to command or require it.

mandate는 동사로도 쓰이며, 어떤 것을 명령하다, '요구하다'의 뜻이다.

A closely related word is *mandatory*, which means required or obligatory.

밀접한 관련이 있는 단어로 '필수적인', '강제적인'이라는 뜻의 mandatory가 있다.

MANIFEST [mǽnəfèst] adj **visible; evident** 분명한; 명백한

- Daryl's anger at us was *manifest*: you could see it in his expression and hear it in his voice.

  대릴은 우리에게 화를 내고 있음이 분명했다. 표정에서도 알 수 있고 그의 목소리를 들어 봐도 알 수 있었다.

There is *manifest* danger in riding a pogo stick along the edge of a cliff.

절벽 끝을 따라서 a pogo stick(주. 우리나라의 스카이 콩콩 같은 놀이기구)을 타는 것은 manifest(명백한)인 위험이다.

Manifest can also be a verb, in which case it means to show, to make visible, or to make evident.

manifest는 동사로도 쓰이며, '보여주다', '보이게 하다', '분명히 하다'의 의미이다.

- Lee has been sick for a very long time, but it was only recently that he began to *manifest* symptoms.

  리는 아주 오랫동안 앓고 있었지만, 뚜렷한 증상이 드러난 것은 겨우 최근의 일이었다.

- Rebecca *manifested* alarm when we told her that the end of her ponytail was dipped into the bucket of paint.

  우리가 레베카의 묶은 머리끝이 페인트 통에 빠졌다고 하자, 그녀는 분명히 놀랐다.

▶ 명사형은 manifestation(조짐, 징후)이다.

- A lack of comfort and luxury is the most obvious *manifestation* of poverty.

  안락함과 향락의 결핍은 명백히 가난함의 징후이다.

MANIFESTO [mænəféstou] n **a public declaration of beliefs or principles, usually political ones** 신념이나 원칙에 관한 공식적인 선언서, 대개 정치적인 선언(성명서)

The *Communist Manifesto* was a document that spelled out Karl Marx's critique of capitalistic society.

the Communist Manifesto(공산당 선언)는 칼 마르크스가 자본주의 사회에 대한 비판을 제시한 성명서였다.

- Jim's article about the election was less a piece of reporting than a *manifesto* of his political views.

  선거에 대한 짐의 기사는 취재 기사라기보다는 자신의 정치적 견해를 담은 성명서의 성격이 더 많았다.

MARSHAL [má:rʃəl] v **to arrange in order; to gather together for the purpose of doing something** 순서대로 정렬하다; 목적을 가지고 한데 모으다

- The statistician *marshaled* her facts numerous times before making her presentation.

  통계학자는 발표를 하기 전에 수 차례 사실부터 늘어놓았다.

- The general *marshaled* his troops in anticipation of making an attack on the enemy fortress.

  적의 요새를 공격하기 위한 준비로 장군은 미리 군대를 정렬시켰다.

- We *marshaled* half a dozen local groups in opposition to the city council's plan to bulldoze our neighborhood.

  우리 동네를 불도저로 밀어 버리려는 시의회의 계획에 반대해서, 우리는 여섯 개의 지역 단체를 하나로 결집했다.

MARTIAL [mɑ́ːrʃəl] adj **warlike; having to do with combat** 전쟁의; 전투와 관련된

Martial is often confused with *marital*[mǽritəl], which means having to do with marriage. Marriages are sometimes *martial*, but don't confuse these words.

martial은 '결혼의', '부부의'라는 뜻인 marital과 자주 혼동된다. 결혼 생활이 때때로 martial(전쟁의)이긴 하지만, 두 단어를 혼동하지는 말 것.

Karate and judo are often referred to as *martial* arts.

가라테와 유도를 종종 martial art(격투기, 무술)라고 한다.

- The parade of soldiers was *martial* in tone; the soldiers carried rifles and were followed by a formation of tanks.

  군인들의 행진은 호전적이었다. 그들은 라이플총을 소지하고 있었으며 탱크의 대열이 뒤를 따르고 있었다.

- The school principal declared *martial* law when food riots erupted in the cafeteria.

  카페테리아에 음식 소동이 일어나자 교장은 계엄령을 선포했다.

MARTYR [mɑ́ːrtər] n **someone who gives up his or her life in pursuit of a cause, especially a religious one; one who suffers for a cause; one who makes a show of suffering in order to arouse sympathy**

이상을 추구하기 위해 자신의 삶을 포기한 사람, 특히 종교적 이상을 위해(순교자); 소명 때문에 고통 받는 사람(희생자); 공감을 불러일으키기 위해 고통 받는 모습을 보이는 사람(수난자)

Many of the saints were also *martyrs*; they were executed, often gruesomely, for refusing to renounce their religious beliefs.

성인들의 대부분은 또한 martyrs(순교자들)이기도 했다. 그들은 자신들의 종교적 신념을 부인하기를 거부했다는 이유로 종종 처참하게 처형당했다.

- Jacob is a *martyr* to his job; he would stay at his desk 24 hours a day if his wife and the janitor would let him.

  제이콥은 자신의 일에 목숨을 거는 사람이다. 아내와 사무실 관리인만 허락한다면, 그는 하루 24시간이라도 사무실 책상을 지키고 있을 사람이다.

- Eloise played the *martyr* during hay-fever season, trudging wearily from room to room with a jumbo box of Kleenex in each hand.

  엘로이즈는 때만 되면 건열(주: 열병의 일종)에 시달렸다. 양손에 화장지를 들고 이 방 저 방으로 녹초가 되어 몸을 끌고 다녔다.

MATRICULATE [mətríkjuleìt] v **to enroll, especially at a college** 입학하다, 특히 대학에

- Benny told everyone he was going to Harvard, but he actually *matriculated* to the local junior college.

  베니는 모든 사람들에게 하버드에 갈 거라고 떠들어댔지만, 정작 지방의 전문대에 입학했다.

Match each word in the first column with its definition in the second column. Check your answers in the back of the book.

1. machination	a. forgiving
2. magnanimous	b. easy to shape
3. magnate	c. depression
4. malaise	d. command to do something
5. malevolent	e. scheming evil activity
6. malfeasance	f. public declaration
7. malignant	g. pretend to be sick
8. malinger	h. visible
9. malleable	i. one who dies for a cause
10. mandate	j. arrange in order
11. manifest	k. illegal act
12. manifesto	l. enroll
13. marshal	m. warlike
14. martial	n. rich businessperson
15. martyr	o. harmful
16. matriculate	p. wishing to do evil

MAUDLIN [mɔ́:dlin] adj silly and overly sentimental 어리석고 지나치게 감상적인

• The high school reunion grew more and more *maudlin* as the participants shared more and more memories.

참가자들이 점점 더 기억을 공유하면서 고등학교 동창회는 더욱 더 감상적이 되어 갔다.

• Magdalen had a *maudlin* concern for the worms in her yard; she would bang a gong before walking in the grass in order to give them a chance to get out of her way.

마그달렌은 정원의 벌레들에게조차 지나치게 연민을 가지고 신경을 썼다. 그녀는 잔디를 걷기 전에 벌레들이 비켜갈 수 있도록 종을 쳐서 미리 소리를 내곤 했다.

MAVERICK [mǽvərik] v a nonconformist; a rebel 동조하지 않는 사람; 반역자

The word *maverick* originated in the Old West. It is derived from the name of Samuel A. Maverick, a Texas banker who once accepted a herd of cattle in payment of a debt. Maverick was a banker, not a rancher. He failed to confine or brand his calves, which habitually wandered into his neighbors' pastures. Local ranchers got in the habit of referring to any unbranded calf as a *maverick*. The word is now used for anyone who has refused to be "branded"—who has refused to conform.

maverick이라는 단어는 서부 시대에 처음 생긴 단어로, 사무엘 A. 매버릭이라는 사람의 이름에서 유래한 말이다. 이 사람은 채무를 변제받기 위해 수십 마리의 소를 대신 받기도 했던 텍사스의 은행가였다. 그는 목장주가 아니라 은행가였으므로 송아지에게 낙인을 찍거나 가두는 일을 잘 못했다. 그래서 그의 소들은 시도 때도 없이 이웃 목장을 돌아다녔다. 그 이후로 근처의 목장주들은 낙인이 찍히지 않은 소를 maverick이라고 부르게 되었다. 이 단어는 오늘날 '낙인 찍혀' 한데 묶이는 것을 거부하는 사람, 즉 '규칙이나 관습에 순응하지 않는 사람'이라는 뜻으로 쓰인다.

• The political scientist was an intellectual *maverick*; most of her theories had no followers except herself.

그 정치학자는 지적인계의 이단아였다. 그녀의 이론은 대부분 그녀 자신을 제외하곤 지지하는 사람이 없었다.

Maverick can also be an adjective.

maverick은 형용사이기도 하다.

- The *maverick* police officer got in trouble with the department for using illegal means to track down criminals.

  독불장군인 경찰관은 범인을 추적하는 과정에서 비합법적인 방법을 사용했다는 이유로 부서에서 문제를 일으켰다.

MAXIM [mǽksim] n a fundamental principle; an old saying 기본이 되는 원칙, 좌우명; 격언

- We always tried to live our lives according to the *maxim* that it is better to give than to receive.

  우리는 항상 받는 것보다는 주는 것이 더 낫다라는 좌우명을 지키며 살려고 노력했다.

- No one in the entire world is entirely certain of the differences in meaning among the words *maxim*, *adage*, *proverb*, and *aphorism*.

  격언, 금언, 속담, 경구의 의미상 차이점을 확실하게 아는 사람은 전 세계에 아무도 없다.

MEDIATE [mí:dièit] v to help settle differences 의견 차이를 조절하기 위해 돕다, 중재하다

- The United Nations representative tried to *mediate* between the warring countries, but the soldiers just kept shooting at one another.

  유엔 대표부는 전쟁 중인 나라들을 중재하기 위해 애썼다. 그러나 군인들은 오로지 서로를 향해 계속해서 총을 쏘아댈 뿐이었다.

- Joe carried messages back and forth between the divorcing husband and wife in the hope of *mediating* their differences.

  이혼하려는 부부를 중재하기 위해 조는 둘 사이를 왔다 갔다 하며 서로의 의견을 조율했다.

To *mediate* is to engage in *mediation*. When two opposing groups, such as a trade union and the management of a company, try to settle their differences through *mediation*, they call in a *mediator* to listen to their cases and to make an equitable decision.

mediate의 명사형은 mediation(중재)이다. 노동조합과 회사의 경영진 같은 두 단체가 mediation을 통해서 서로의 의견을 조율하려 할 때 그들은 자신들의 입장을 잘 들어주고 적절한 합의를 끌어낼 수 있는 mediator(중재자)를 요청한다.

MELLIFLUOUS [melífluəs] adj sweetly flowing 달콤하게 흐르는, 감미로운

Mellifluous comes from Greek words meaning, roughly, "honey flowing." We use the word almost exclusively to describe voices, music, or sounds that flow sweetly, like honey.

mellifluous는 대략 'honey flowing(꿀이 흘러넘치는)'이라는 뜻의 그리스 어에서 유래한 단어이다. 우리는 이 단어를 꿀처럼 감미로운 목소리, 음악, 소리를 묘사할 때에만 제한적으로 사용한다.

- Melanie's clarinet playing was *mellifluous*; the notes flowed smoothly and beautifully.

  멜라니의 클라리넷 연주는 감미로웠다. 부드럽고 아름다운 선율이 물결쳤다.

MENDACIOUS [mendéiʃəs] adj lying; dishonest 거짓말하는; 정직하지 못한

Thieves are naturally *mendacious*. If you ask them what they are doing, they will automatically answer, "Nothing."

도둑들은 천성적으로 mendacious이다. 무엇을 하고 있냐고 물어보면, 그들은 자동적으로 "아무것도 안 해요."라고 대답할 것이다.

- The jury saw through the *mendacious* witness and convicted the defendant.

  배심원은 정직하지 못한 증인을 꿰뚫어보고서 피고인의 유죄를 확정했다.

To be *mendacious* is to engage in *mendacity*, or lying. I have no flaws, except occasional *mendacity*. Don't confuse this word with *mendicant*, listed below.

mendacious의 명사형은 mendacity(거짓된 행동, 허위)이다. 가끔의 mendacity를 빼면 나는 결점이 없는 사람이다. 바로 다음에 나오는 mendicant(동냥아치)와 이 단어를 혼동하지 말 것.

MENDICANT [méndəkənt] n a beggar 거지

- The presence of thousands of *mendicants* in every urban area is a sad commentary on our national priorities.

  모든 도시들마다 수천 명의 거지가 있다는 사실은 우리나라의 정책의 우선순위에 있어서 슬픈 현실이다.

MENTOR [méntɔːr] n a teacher, tutor, counselor, or coach; especially in business, an experienced person who shows an inexperienced person the ropes
선생님, 교사, 조언자, 또는 코치; 특히 사업에 있어서 신참에게 비결을 가르쳐주는 경험 많은 사람

Mentor is too big a word to apply to just any teacher. A student might have many teachers but only one *mentor*—the person who taught him or her what was really important.

mentor는 평범한 선생에게 적용하기에는 너무 뜻이 큰 단어이다. 한 학생에게는 여러 명의 선생님이 있을 수 있지만, 오직 한 분의 mentor만 있을 수 있다. mentor는 그 학생에게 정말로 중요한 것을 가르쳐 준 사람이다.

- Chris's *mentor* in the pole vault was a former track star who used to hang out by the gym and give the students pointers.

  크리스의 장대높이뛰기 코치는 전 육상 스타로 체육관 옆에 살면서 학생들을 지도했었다.

- Young men and women in business often talk about the importance of having a *mentor*—usually an older person at the same company who takes an interest in them and helps them get ahead by showing them the ropes.

  젊은 직장인들은 선배를 갖는다는 것의 중요성에 관해 자주 이야기한다. 여기서의 선배란 신참들에게 관심을 갖고, 비법을 가르쳐주며 잘 해나갈 수 있도록 도와주는 같은 직장 내의 나이 많고 경험이 풍부한 사람을 일컫는다.

MERCENARY [mɔ́ːrsənèri] n a hired soldier; someone who will do anything for money
고용된 군인, 용병; 돈을 위해서라면 무슨 일이든 하는 사람

If an army can't find enough volunteers or draftees, it will sometimes hire *mercenaries*. The magazine *Soldier of Fortune* is aimed at *mercenaries* and would-be *mercenaries*; it even runs classified advertisements by soldiers looking for someone to fight.

군대는 충분한 지원자나 징집자를 확보하지 못하면 때로는 mercenaries(용병들)를 고용하기도 한다. Soldier of Fortune이라는 잡지는 mercenaries(용병들)와 그것이 되고자 하는 사람들을 겨냥하여 발행된다. 이 잡지에는 심지어 싸울 대상을 찾고 있는 군인들의 광고란이 별도로 마련되어 있을 정도이다.

You don't have to be a soldier to be a *mercenary*. Someone who does something strictly for the money is often called a *mercenary*.

mercenary가 반드시 '용병'만을 의미하는 것은 아니다. 오직 '돈'을 위해서 일을 하는 사람'도 종종 mercenary라고 불린다.

- Our business contains a few dedicated workers and many, many *mercenaries*, who want to make a quick buck and then get out.

  우리 회사에는 헌신적인 직원은 소수이고 오직 돈을 목적으로 일하는 사람들만 아주 많이 있다. 그들은 빨리 돈을 벌어 회사를 떠날 생각만 하는 사람들이다.

- Larry's motives in writing the screenplay for the trashy movie were strictly *mercenary*—he needed the money.

  래리가 쓰레기 같은 영화의 시나리오를 집필하게 된 것은 순전히 돈 때문이었다. 그는 정말로 돈이 필요했던 것이다.

▸ mercenary는 형용사로도 사용된다.

MERCURIAL [mərkjúəriəl] adj emotionally unpredictable; rapidly changing in mood
감정 변화를 예측하기 어려운, 변덕스러운; 기분이 급작스럽게 바뀌는

A person with a *mercurial* personality is one who changes rapidly and unpredictably between one mood and another.

mercurial(변덕스러운)인 성격을 가진 사람은 예측할 수 없을 정도로 급속히 기분이 바뀌는 사람이다.

- *Mercurial* Helen was crying one minute, laughing the next.

  변덕스러운 헬렌은 금방 울었다가 다음 순간에 웃고 있었다.

METAMORPHOSIS [mètəmɔ́ːrfəsis] n a magical change in form; a striking or sudden change
마법 같은 형태의 변화; 두드러진, 또는 갑작스러운 변화

- When the magician passed her wand over Eileen's head, she underwent a bizarre *metamorphosis*: she turned into a hamster.

  마법사의 지팡이가 에일린의 머리 위를 스치고 지나가자 그녀에게 기괴한 변화가 일어났다. 에일린이 햄스터로 변해 버린 것이다.

- Damon's *metamorphosis* from college student to Hollywood superstar was so sudden that it seemed a bit unreal.

  데이몬의 대학생에서 할리우드 슈퍼스타로의 변신은 너무 갑작스럽게 일어나서 약간 비현실적인 것처럼 보였다.

▸ 동사형은 metamorphose(변하다)이다.

QUICK QUIZ

Match each word in the first column with its definition in the second column. Check your answers in the back of the book.

1. maudlin	a. teacher
2. maverick	b. fundamental principle
3. maxim	c. lying
4. mediate	d. help settle differences
5. mellifluous	e. sweetly flowing
6. mendacious	f. nonconformist
7. mendicant	g. emotionally unpredictable
8. mentor	h. magical change in form
9. mercenary	i. overly sentimental
10. mercurial	j. hired soldier
11. metamorphosis	k. beggar

MICROCOSM [máikrəkàzm] n the world in miniature 축소된 세계

The *cosmos* is the heavens, *cosmopolitan* means worldly, and a *microcosm* is a miniature version of the world. All three words are related.

cosmos는 '천체', cosmopolitan은 '세상의', microcosm은 '세상의 축소판'이다. 이들 세 단어는 서로 관련이 있다.

- Our community, which holds so many different communities, institutions, businesses, and types of people, is a *microcosm* of the larger world.

  우리 사회는 많은 다양한 공동체, 사회 제도, 사업체와 다양한 사람들이 유지하고 있는데 이는 커다란 세상의 축소판이다.

The opposite of *microcosm* is a *macrocosm*[mǽkrəkàzm]. A *macrocosm* is a large-scale representation of something, or the universe at large.

microcosm의 반의어는 macrocosm(거대 모형, 대우주)이다.

MILIEU [miljú] n environment; surroundings 환경; 주위 상황

- A caring and involved community is the proper *milieu* for raising a family.

  애정과 포용이 있는 사회 분위기는 가족을 성장시키기 위한 적절한 환경이다.

- The farmer on vacation in the big city felt out of his *milieu*.

  대도시에서 휴가 중인 농부는 자신의 환경을 벗어난 듯한 느낌이 들었다.

MINUSCULE [mínəskjùːl] adj very tiny 매우 작은

Be careful with the spelling of this word. People tend to spell it "miniscule." Think of *minus*.

이 단어의 철자법에 주의하라. miniscule이라고 잘못 쓰는 경향이 있다. minus를 생각하면 된다.

- Hank's salary was *minuscule*, but the benefits were pretty good: he got to sit next to the refrigerator and eat all day long.

  행크의 급료는 너무 작았다. 그러나 부수적인 이득이 꽤 괜찮았다. 그는 냉장고 옆자리에 앉게 되어서 하루 종일 먹을 수 있었다.

Minute [mainjúːt] is a synonym for *minuscule*. The small details of something are the *minutiae* [minjúːʃiiː].

minute와 minuscule은 서로 동의어이다. 아주 작고 상세한 것은 minutiae라 한다.

MISANTHROPIC [mìsənθrápik] adj hating mankind 인간을 증오하는, 염세적인

A *misogynist* [misádʒənist] hates women. A *misanthropic* person doesn't make distinctions; he or she hates everyone. The opposite of a *misanthrope* [mísənθròup] is a *philanthropist* [filǽnθrəpist]. Curiously, there is no word for someone who hates men only.

misogynist는 '여성 혐오자'이다. misanthropic person은 남녀를 구별하지 않고 모든 인류를 다 혐오하는 사람이다. misanthrope의 반의어는 philanthropist(박애주의자)이다. 이상하게도 오로지 남성만을 혐오하는 사람을 가리키는 단어는 존재하지 않는다.

MITIGATE [mítəgèit] v to moderate the effect of something 영향력을 완화하다, 누그러뜨리다

- The sense of imminent disaster was *mitigated* by the guide's calm behavior and easy smile.

  안내원의 침착한 행동과 편안한 미소가 임박한 재난에 대한 불안감을 덜어 주었다.

- The effects of the disease were *mitigated* by the experimental drug treatment.

  실험적인 약물치료 덕분에 질병의 영향은 완화되었다.

- Nothing Joel said could *mitigate* the enormity of forgetting his mother-in-law's birthday.

  장모의 생일을 잊어버리는 실수를 범한 조엘은 무슨 말을 해도 자신의 과오를 만회할 수 없었다.

Unmitigated means absolute, unmoderated, or not made less intense or severe.

unmitigated는 '절대적인', '완화할 수 없는', '호되거나 엄격한 것을 덜하게 할 수 없는'이란 뜻이다.

MOLLIFY [máləfài] v to soften; to soothe; to pacify 부드럽게 하다; 누그러뜨리다; 달래다

- Lucy *mollified* the angry police officer by kissing his hand.

  루시는 경찰관의 손에 키스를 해서 그의 화를 달랬다.

- My father was not *mollified* by my promise never to crash his car into a brick wall again.

  다시는 아버지의 차를 담벼락에다 박지 않겠다고 약속했지만, 아버지의 화는 가라앉지 않았다.

- The babysitter was unable to *mollify* the cranky child, who cried all night.

  보모는 밤새 울면서 떼를 쓰는 아이를 달랠 수가 없었다.

MONOLITHIC [mànəlíθik] adj **massive, solid, uniform, and unyielding**
거대하고 강하며 균일하고 단단한

A *monolith* is a huge stone shaft or column. Many other things can be said to be *monolithic*.
monolith는 거대한 돌기둥을 의미한다. 다른 많은 것들도 monolithic(단일체의)이라는 표현을 쓴다.

A huge corporation is often said to be *monolithic*, especially if it is enormous and powerful and all its parts are dedicated to the same purpose.
거대 기업체, 특히 그 기업이 크고 세력이 있으며 모든 부문별 사업이 같은 목적을 지향하고 있다면 종종 monolithic이라고 표현한다.

If the opposition to a plan were said to be *monolithic*, it would probably consist of a large group of people who all felt the same way.
어떤 계획안에 대한 반대 세력을 monolithic이라고 한다면, 그것은 아마도 같은 뜻을 가진 사람들이 큰 집단을 이루고 있을 것이다.

MORIBUND [mɔ́:rəbʌ̀nd] adj **dying** 죽어 가는

- The steel industry in this country was *moribund* a few years ago, but now it seems to be reviving somewhat.
  이 나라의 철강 산업은 몇 년 전까지는 빈사 상태였다. 그러나 지금은 다소나마 되살아나고 있는 듯하다.

- The senator's political ideas were *moribund*; no one thinks that way anymore.
  그 상원 의원의 정치적 이념은 소멸됐다. 더 이상 아무도 그런 식으로 생각하지 않는다.

A dying creature could be said to be *moribund*, too, although this word is usually used in connection with things that die only figuratively.
moribund는 비록 대개 비유적인 의미로 소멸하고 있는 것에 사용되지만, 죽어 가는 생명체를 표현할 때도 moribund라고 표현할 수 있다.

MOROSE [məróus] adj **gloomy; sullen** 우울한; 음침한

- Louise was always so *morose* about everything that she was never any fun to be with.
  루이스는 매사에 언제나 우울해서 같이 있어 보면 결코 즐겁지가 않았다.

- New Yorkers always seemed *morose* to the writer who lived in the country; she thought they seemed beaten down by the city.
  시골에 살고 있는 저자가 보기에 뉴욕에 사는 사람들은 언제나 우울한 것 같았다. 그녀가 생각하기에 그들은 도시에 두들겨 맞아 나가떨어진 사람들처럼 보였다.

MORTIFY [mɔ́:rtəfài] v **to humiliate** 굴욕감을 주다, 욕보이다

- I was *mortified* when my father asked my girlfriend whether she thought I was a dumb, pathetic wimp.
  아버지는 내 여자 친구에게 나를 멍청하고 불쌍한 겁쟁이라고 생각지 않느냐고 물어보았을 때 나는 자존심이 상했다.

- We had a *mortifying* experience at the opera; when Stanley's cell phone rang, the entire orchestra stopped playing and stared at him for several minutes.
  오페라 공연장에서 우리는 창피한 일을 경험했다. 스탠리의 휴대폰이 울리자 전 오케스트라 단원이 연주를 멈추고 몇 분 동안 그를 노려보았던 것이다.

MUNDANE [mʌndéin] adj **ordinary; pretty boring; not heavenly and eternal**
보통의; 꽤 지루한; 천상과 영원의 모습이 아니라 세속적인

- My day was filled with *mundane* chores: I mowed the lawn, did the laundry, and fed the dog.
  나의 일상은 지루한 잡일로 가득했다. 나는 잔디를 깎고, 세탁을 하고, 개 먹이를 주는 일을 했다.

- Dee's job was so *mundane* she sometimes had trouble remembering whether she was at work or asleep.
  디의 일은 워낙 지루해서 때때로 그녀 스스로도 자신이 졸고 있는 것인지 일을 하고 있는 것인지 헷갈릴 때가 있었다.

- The monk's thoughts were far removed from *mundane* concerns; he was contemplating all the fun he was going to have in heaven.
  그 스님의 사상은 일상적인 관심사에서 너무 멀리 벗어나 있었다. 그는 천상에서 누릴 즐거움에 대해서만 생각하고 있었다.

MUNIFICENT [mju:nífəsnt] adj **very generous; lavish** 매우 관대한; 아낌없이 주는

- The *munificent* millionaire gave lots of money to any charity that came to her with a request.
  매우 관대한 백만장자는 기부금을 요청하러 온 자선 단체마다 많은 돈을 주었다.

- Mrs. Bigelow was a *munificent* hostess; there was so much wonderful food and wine at her dinner parties that the guests had to rest between courses. She was known for her *munificence*.
  비겔로우 부인은 인심이 후한 안주인이었다. 그녀의 디너파티에는 훌륭한 음식과 와인이 많이 준비되어 있어서 손님들은 요리가 나오는 사이사이에 (충분히 먹으려면) 휴식을 취해야만 했다. 그녀는 인심이 후하기로 유명했다.

MYOPIA [maióupiə] n **nearsightedness; lack of foresight** 근시; 선견지명이 부족함

Myopia is the fancy medical name for the inability to see clearly at a distance. It's also a word used in connection with people who lack other kinds of visual acuity.
myopia는 먼 거리에서는 사물을 또렷하게 보지 못하는 근시를 일컫는 복잡한 의학 용어이다. 또한 다른 의미로 예리한 시각이 부족한 사람들과 관련지어 사용되기도 한다.

- The president suffered from economic *myopia*; he was unable to see the consequences of his fiscal policies.
  대통령은 경제에 대한 식견 부족으로 고통받고 있었다. 그는 자신의 재정 정책의 결과도 알 수가 없었다.

- The workers' dissatisfaction was inflamed by management's *myopia* on the subject of wages.
  임금 문제에 관한 경영진의 근시안적인 생각 때문에 노동자들의 불만에 불이 붙었다.

To suffer myopia is to be *myopic* [maiápik]. Some people who wear glasses are *myopic*. So are the people who can't see the consequences of their actions.
myopic은 '근시의'라는 뜻이다. 안경을 착용한 사람들 중 일부는 myopic이다. 자신들의 행동의 결과를 예측할 수 없는 사람들도 myopic이라고 할 수 있다.

MYRIAD [míriəd] n **a huge number** 아주 큰 수

▶ 발음에 주의할 것.

- A country sky on a clear night is filled with a *myriad* of stars.
  맑은 날 시골의 밤하늘에는 무수히 많은 별들이 가득하다.

- There are *myriad* reasons why I don't like school.
  내가 학교를 싫어하는 이유는 무수히 많다.

This word can also be used as an adjective. *Myriad* stars is a lot of stars. The teenager was weighted down by the *myriad* anxieties of adolescence.
myriad는 형용사로도 쓰인다. myriad stars는 '무수한 별'을 뜻한다. 사춘기의 수많은 불안감이 10대를 짓누르고 있었다.

Match each word in the first column with its definition in the second column. Check your answers in the back of the book.

1. microcosm		a.	a huge number
2. milieu		b.	moderate the effect of
3. minuscule		c.	massive and unyielding
4. misanthropic		d.	humiliate
5. mitigate		e.	ordinary
6. mollify		f.	soften
7. monolithic		g.	nearsightedness
8. moribund		h.	very tiny
9. morose		i.	gloomy
10. mortify		j.	environment
11. mundane		k.	very generous
12. munificent		l.	dying
13. myopia		m.	world in miniature
14. myriad		n.	hating mankind

N

NARCISSISM [nάːrsəsìzm]   n   excessive love of one's body or oneself
자신의 육체나 자아에 대한 지나친 사랑

- In Greek mythology, Narcissus was a boy who fell in love with his own reflection. To engage in *narcissism* is to be like Narcissus.

  그리스 신화에 보면, 나르시스는 물에 비친 자신의 그림자와 사랑에 빠진 소년이었다. 나르시시즘에 빠진다는 것은 신화의 나르시스처럼 행동하는 것이다.

- Throwing a kiss to your reflection in the mirror is an act of *narcissism*—so is filling your living room with all your bowling trophies or telling everyone how smart and good-looking you are. You are a *narcissist* [nάːrsəisist].

  거울에 비친 자신의 반영에 키스를 보내는 것은 나르시시즘의 행동이다. 볼링 시합에서 받은 트로피를 거실에 몽땅 걸어놓거나 만나는 모든 사람에게 자신을 근사하고 잘 생겼다고 떠드는 것도 마찬가지로 자기애가 강한 행동이다. 당신이 그러하다면, 바로 나르시시스트이다.

Someone who suffers from *narcissism* is said to be *narcissistic* [nάːrsəsístik].
narcissism(나르시시즘)을 겪고 있는 사람을 narcissistic(자애적인)이라고 표현한다.

- The selfish students were bound up in *narcissistic* concerns and gave no thought to other people.

  이기적인 학생들은 자기 자신을 위한 일에만 관심을 쏟고 다른 사람들을 전혀 배려하지 않았다.

NEBULOUS [nébjuləs]   adj   vague; hazy; indistinct   막연한; 어렴풋한; 희미한

- Oscar's views are so *nebulous* that no one can figure out what he thinks about anything.

  오스카의 견해는 너무나 막연해서 아무도 그의 생각을 이해할 수 없다.

- The community's boundaries are somewhat *nebulous*; where they are depends on whom you ask.

  그 사회의 경계는 다소 모호하다. 그것은 누구에게 물어보는가에 달려 있다.

- Molly's expensive new hairdo was a sort of *nebulous* mass of wisps, waves, and hair spray.

  몰리의 새 헤어스타일은 값만 비쌀 뿐 그저 머리카락 한 줌과 웨이브와 헤어스프레이를 적당히 섞어 놓은 것에 불과했다.

A *nebula* [nébjələ] is an interstellar cloud, the plural of which is *nebulae* [nébjəlài].
nebula는 '성운(星雲)'으로, 복수형은 nebulae[nébjəlài]이다.

NEFARIOUS [nifέəriəs]   adj   evil; flagrantly wicked   사악한; 극악한

- The radicals' *nefarious* plot was to destroy New York by filling the reservoir with strawberry Jell-O.

  급진주의자들의 사악한 음모는 Jell-O라는 딸기 젤리를 저수지에 집어넣어 뉴욕을 파괴하는 것이었다.

- The convicted murderer had committed myriad *nefarious* acts.

  수많은 극악한 범죄를 저질렀던 살인자는 유죄가 확정되었다.

NEOLOGISM [niːálədʒìzm] n a new word or phrase; a new usage of a word
새로운 단어 또는 관용구; 신조어

Pedants don't like *neologisms*. They like the words we already have. But at one time every word was a *neologism*. Someone somewhere had to be the first to use it.

학자인 척하는 사람은 neologisms(신조어들)를 좋아하지 않는다. 그들은 기존의 사용하던 단어를 좋아한다. 그러나 지금 쓰이는 모든 단어도 처음에는 neologism(신조어)였다. 어느 곳에서 누군가는 그 단어를 최초로 사용하는 사람이 되어야만 했다.

NEPOTISM [népətìzm] n showing favoritism to friends or family in business or politics
정치나 사업에 있어 가족 또는 친구에게 편애를 보이는 것(친족 등용, 족벌주의)

- Clarence had no business acumen, so he was counting on *nepotism* when he married the boss's daughter.

  클라렌스는 사업적 통찰력이 부족했다. 그가 사장의 딸과 결혼한 것은 친족 등용에 의존하려는 것이었다.

NIHILISM [náiəlìzm] n the belief that there are no values or morals in the universe
세상에는 도덕이나 가치가 없다는 신념(허무주의)

▸ 발음에 주의할 것.

- A *nihilist* does not believe in any objective standards of right or wrong.

  허무주의자는 옳고 그름의 어떠한 객관적인 기준도 믿지 않는다.

NOMINAL [námənl] adj in name only; insignificant; A-OK (during rocket launches)
단지 이름뿐인; 대수롭지 않은; 더할 나위 없이 좋은(로켓 발사 중에)

- Bert was the *nominal* chair of the committee, but Sue was the one who ran things.

  버트가 위원회의 의장이라는 것은 이름뿐이었고, 모든 것을 운영하는 실질적인 의장은 수였다.

- The cost was *nominal* in comparison with the enormous value of what you received.

  네가 얻은 막대한 가치에 비하면 그깟 희생은 대수롭지 않았다.

- "All systems are *nominal*," said the NASA engineer as the space shuttle successfully headed into orbit.

  우주선이 성공적으로 궤도에 진입하자 NASA의 엔지니어는 "모든 시스템은 더할 나위 없이 좋다."라고 말했다.

NOSTALGIA [nɑstǽldʒə] n sentimental longing for the past; homesickness
과거에 대한 감상적인 동경; 향수병

- A wave of *nostalgia* overcame me when the song came on the radio; hearing it took me right back to 1997.

  그 노래가 라디오에서 흘러나왔을 때, 향수의 물결이 나를 덮쳤다. 그 노래는 나를 곧장 1997년으로 되돌려 놓았다.

- Some people who don't remember what the decade was really like feel a misplaced *nostalgia* for the 1950s.

  1950년대의 그 10년 동안이 실제로 어떠했는지를 기억하지 못하는 사람들은 1950년대에 대해 당치 않은 향수를 느낀다.

▸ 형용사형은 nostalgic(향수에 잠긴)이다.

- As we talked about the fun we'd had together in junior high school, we all began to feel a little *nostalgic*.

  중학교 시절 우리가 함께 했던 놀이에 대해서 이야기하면서 우리 모두는 조금씩 향수에 젖어 들었다.

NOTORIOUS [noutɔ́ːriəs] adj famous for something bad 나쁜 것으로 유명한

A well-known actor is famous; a well-known criminal is *notorious*.

잘 알려진 배우는 유명하다. 잘 알려진 범죄자는 notorious(악명이 높은)하다.

- No one wanted to play poker with Jeremy because he was a *notorious* cheater.

  제레미는 악명 높은 사기꾼이었기 때문에 그와 포커 게임을 하려는 사람은 아무도 없었다.

- Rana's practical jokes were *notorious*; people always kept their distance when she came into the room.

  라나의 장난은 악명이 높았다. 그녀가 방에 들어서면 사람들은 항상 멀찍이 떨어져 있었다.

▶ 명사형은 notoriety [nòutəráiəti] (악명, 악평)이다.

- Jesse's *notoriety* as a bank robber made it difficult for him to find a job in banking.

  제시는 은행 강도로 악명이 높았기 때문에 은행 관련 업무에서 직업을 찾기가 어려웠다.

NOVEL [návəl] adj new; original 새로운; 독창적인

- Ray had a *novel* approach to homework: he did the work before the teacher assigned it.

  레이는 숙제에 대해 새로운 접근을 시도했다. 그는 선생님이 숙제를 내 주기 전에 이미 해 버리는 방법을 택했다.

- There was nothing *novel* about the author's latest novel; the characters were old, and the plot was borrowed.

  저자의 최근 소설에는 새로운 것이 아무것도 없었다. 인물들은 구태의연하고 구성은 어디선가 빌린 것이었다.

NOXIOUS [nákʃəs] adj harmful; offensive 유해한; 불쾌한

- Smoking is a *noxious* habit in every sense.

  흡연은 모든 의미에서 나쁜 습관이다.

- Poison ivy is a *noxious* weed.

  덩굴 옻나무는 독초이다.

- The mothers' committee believed that rock 'n' roll music exerted a *noxious* influence on their children.

  어머니회는 로큰롤 음악이 아이들에게 나쁜 영향을 끼친다고 믿었다.

NUANCE [njúːɑːns] n a subtle difference or distinction 미세한 차이 또는 구별

- The artist's best work explored the *nuance* between darkness and deep shadow.

  그 화가의 최고의 작품은 어둠과 깊은 그늘의 미세한 차이를 탐구했다.

- Harry was incapable of *nuance*; everything for him was either black or white.

  해리는 미세한 차이를 알 수 없었다. 그에게 있어 모든 것은 검은색 아니면 흰색이었다.

In certain Chinese dialects, the difference between one word and its opposite is sometimes nothing more than a *nuance* of inflection.

어떤 중국 방언에는 단어와 그 단어의 반대말 사이에 억양의 nuance(미묘한 차이)만 있는 경우가 가끔 있다.

Match each word in the first column with its definition in the second column. Check your answers in the back of the book.

1. narcissism		a.	excessive love of self
2. nebulous		b.	in name only
3. nefarious		c.	harmful
4. neologism		d.	original
5. nepotism		e.	evil
6. nihilism		f.	subtle difference
7. nominal		g.	famous for something bad
8. nostalgia		h.	vague
9. notorious		i.	longing for the past
10. novel		j.	favoritism
11. noxious		k.	belief in the absence of all values and morals
12. nuance		l.	new word

O

OBDURATE [ábdʒurət]　adj　**stubborn and insensitive**　완고하고 무감각한

▶ 발음에 주의할 것.

Obdurate contains one of the same roots as *durable* and *endurance*; each word conveys a different sense of hardness.
obdurate는 durable(오래 견디는)과 endurance(내구성)와 같은 어근을 갖고 있다. 각 단어는 각기 다른 의미에서의 단단함을 뜻한다.

- The committee's *obdurate* refusal to listen to our plan was heartbreaking to us because we had spent ten years coming up with it.
  위원회가 우리의 계획안을 듣기를 완강하게 거부해서 우리는 애가 달았다. 우리는 그 안을 마련하기 위해 10년을 보냈던 것이다.

- The child begged and begged to have the bubble-gum machine installed in his bedroom, but his parents were *obdurate* in their insistence that it should go in the kitchen.
  아이는 자기 방에 풍선껌 기계를 설치해 달라고 조르고 또 졸랐지만, 아이의 부모는 기계는 주방으로 가야 한다는 주장을 굽히지 않았다.

OBFUSCATE [abfáskeit]　v　**to darken; to confuse; to make confusing**
어둡게 하다; 혼란시키다; 혼란스럽게 만들다

- The spokesman's attempt to explain what the president had meant merely *obfuscated* the issue further. People had hoped the spokesman would elucidate the issue.
  대변인은 대통령의 의중을 설명하려 했지만 단지 논점만 더 흐리게 할 뿐이었다. 사람들은 대변인이 그 문제를 해명해 줄 것을 원했었다.

- Too much gin had *obfuscated* the old man's senses.
  진토닉을 너무 마셔서 노인의 이성이 마비되었다.

- The professor's inept lecture gradually *obfuscated* a subject that had been crystal clear to us before.
  교수의 서투른 강의 때문에 전에는 명료했던 주제가 점차로 혼란스러워졌다.

To *obfuscate* something is to engage in *obfuscation*.
obfuscate는 뭔가를 obfuscation(혼미) 상태로 만드는 것이다.

- Lester called himself a used-car salesman, but his real job was *obfuscation*: he sold cars by confusing his customers.
  레스터는 자신을 중고차 세일즈맨이라고 불렀지만, 그의 진짜 직업은 바람잡이였다. 그는 소비자를 혼란하게 해서 차를 팔았다.

OBLIQUE [əblíːk]　adj　**indirect; at an angle**　간접적인; 비스듬한

In geometry, lines are said to be *oblique* if they are neither parallel nor perpendicular to one another. The word has a related meaning outside of mathematics. An *oblique* statement is one that does not directly address the topic at hand, that approaches it as if from an angle.
기하학에서는 두 개의 선이 평행하지도 직각으로 만나지도 않을 때 oblique(사선의)라고 한다. 이 단어는 수학 이외의 분야에서도 연관된 뜻을 갖고 있다. oblique statement란 마치 사선처럼 비스듬히 주제에 접근하여 말하고자 하는 바를 간접적으로 설명하는 진술이다.

An allusion could be said to be an *oblique* reference.

암시를 oblique reference(간접적인 언급)라고 할 수 있다.

An *oblique* argument is one that does not directly confront its true subject.

oblique argument란 직접적으로 진짜 주제를 다루지 않는 논의이다.

To insult someone *obliquely* is to do so indirectly.

to insult someone obliquely는 누군가를 '간접적으로' 모욕하는 것이다.

- Essence sprinkled her student council speech with *oblique* references to the principal's new toupee. The principal is so dense that he never figured out what was going on, but the rest of us were rolling on the floor.

  에슨스는 학생 회의 시간에 교장의 새 가발에 대해서 간접적으로 언급하면서 떠들어댔다. 교장은 워낙 둔한 사람이라 무슨 일이 일어나고 있는지 알지 못했다. 그러나 우리들은 배꼽을 잡고 웃었다.

OBLIVION [əblíviən] n **total forgetfulness; the state of being forgotten**

완전한 잊음(망각); 잊힌 상태

- A few of the young actors would find fame, but most were headed for *oblivion*.

  젊은 배우 중 몇몇은 명성을 얻곤 했지만 대부분은 잊혀져갔다.

- After tossing and turning with anxiety for most of the night, Marisol finally found the *oblivion* of sleep.

  마리솔은 걱정 때문에 거의 밤새 엎치락뒤치락하다가 겨우 망각의 잠에 들 수 있었다.

To be *oblivious* is to be forgetful or unaware.

oblivious는 '잊어버린' 또는 '의식하지 못하는'이란 뜻이다.

- Old age had made the retired professor *oblivious* of all his old theories.

  퇴직한 교수는 노령이 되어 자신의 옛날 이론들을 몽땅 잊어버렸다.

- The workers stomped in and out of the room, but the happy child, playing on the floor, was *oblivious* of all distraction.

  일하는 사람들이 구둣발 소리를 내며 방을 드나들었지만, 마루에서 놀고 있는 행복한 아이는 이 모든 소동을 모르는 듯했다.

It is also acceptable to say "oblivious to" rather than "oblivious of."

oblivious of 외에 oblivious to라고 말하는 것도 가능하다.

OBSCURE [əbskjúər] adj **unknown; hard to understand; dark** 알려지지 않은; 이해하기 힘든; 어두운

- The comedy nightclub was filled with *obscure* comedians who stole one another's jokes and seldom got any laughs.

  그 코미디 나이트클럽에는 무명의 코미디언이 많이 있었다. 그들은 서로의 우스갯소리를 도용해 보지만 거의 아무도 웃지 않았다.

- The artist was so *obscure* that even her parents had trouble remembering her name.

  그 예술가는 워낙 무명이어서 심지어 부모조차도 그녀의 이름을 기억하기가 힘들 정도였다.

- The noted scholar's dissertation was terribly *obscure*; it had to be translated from English into English before anyone could make head or tail of it.

  저명한 그 학자의 학술 논문은 끔찍할 정도로 어려웠다. 논문의 내용이 무엇인지 알 수 있으려면 먼저 영어를 (이해하기 쉬운) 영어로 번역해야만 했다.

- Some contemporary poets apparently believe that the only way to be great is to be *obscure*.

  몇몇 현대 시인들은 위대한 시를 쓰는 유일한 방법은 어렵게 쓰는 것이라고 믿고 있다.

- The details of the forest grew *obscure* as night fell.

  숲의 자세한 모습은 밤이 깊어지자 더 희미해졌다.

The state of being *obscure* in any of its senses is called obscurity.

어떤 의미에서든 obscure인 상태를 obscurity(모호함)이라고 한다.

OBSEQUIOUS [əbsíːkwiəs] adj fawning; subservient; sucking up to
아양 떠는; 아첨하는, 비굴한; 알랑거리는

- Ann's assistant was so *obsequious* that she could never tell what he really thought about anything.
  앤의 조수는 워낙 아첨꾼이라 그녀는 조수의 실제 생각을 결코 알아낼 수가 없었다.

- My *obsequious* friend seemed to live only to make me happy and never wanted to do anything if I said I didn't want to do it.
  아첨꾼인 내 친구는 오직 나를 즐겁게 해 주기 위해 사는 것 같았다. 그는 내가 싫다고 말하는 일은 결코 하지 않았다.

OBTUSE [əbtúːs] adj insensitive; blockheaded 둔감한; 멍청한

- Karen was so *obtuse* that she didn't realize for several days that Caleb had asked her to marry him.
  카렌은 워낙 둔감해서 케일럽이 자기에게 프러포즈했다는 사실을 며칠 동안이나 깨닫지 못했다.

- The *obtuse* student couldn't seem to grasp the difference between addition and subtraction.
  멍청한 그 학생은 덧셈과 뺄셈의 차이점도 이해하지 못하는 듯했다.

OFFICIOUS [əfíʃəs] adj annoyingly eager to help or advise
성가실 정도로 도와주거나 충고하려 하는, 참견하기 좋아하는

▶ 발음에 주의할 것.

- The *officious* officer could never resist sticking his nose into other people's business.
  주제넘은 경찰관은 남의 일에 쓸데없이 참견하는 것을 그만둘 수가 없었다.

- The *officious* salesperson refused to leave us alone, so we finally left without buying anything.
  참견하기 좋아하는 판매원은 우리를 그냥 내버려두지 않았다. 그래서 우리는 아무것도 사지 않고 나와 버렸다.

ONEROUS [ánərəs/óunərəs] adj burdensome; oppressive 부담이 되는, 귀찮은; 압박하는

- We were given the *onerous* task of cleaning up the fairgrounds after the carnival.
  우리는 축제가 끝난 자리를 청소하는 귀찮은 일을 맡게 되었다.

- The job had long hours, but the work wasn't *onerous*. Bill spent most of his time sitting with his feet on the desk.
  그 직업은 긴 시간을 근무해야 하지만 일 자체는 부담스럽지 않았다. 그래서 빌은 대부분의 시간을 빈둥거리며 보냈다.

OPAQUE [oupéik] adj impossible to see through; impossible to understand
불투명한; 이해할 수 없는

- The windows in the movie star's house were made not of glass but of some *opaque* material intended to keep her fans from spying on her.
  영화배우의 집 창문은 팬들이 그녀를 엿보는 것을 막으려고 유리가 아니라 안을 들여다볼 수 없는 재료로 만들어졌다.

- We tried to figure out what Horace was thinking, but his expression was *opaque*: it revealed nothing.
  우리는 호레이스의 생각을 이해하려 애썼지만, 그의 표현은 분명치가 않았다. 그것으론 아무것도 드러나지 않았다.

- Jerry's mind, assuming he had one, was *opaque*.
  제리에게 생각이라는 것이 있다고 해도, 어떤지 알 수가 없었다.

- The statement was *opaque*; no one could make anything of it.
  설명은 불분명했다. 그것을 조금이라도 이해하는 사람은 아무도 없었다.

▶ 명사형은 opacity[oupǽsəti] (불투명함)이다.

OPULENT [ápjulənt] adj **luxurious** 화려한, 쾌락을 추구하는, 풍부한

- Everything in the *opulent* palace was made of gold—except the toilet-paper holder, which was made of platinum.

  호화로운 그 궁전에는 모든 것들이 금으로 만들어졌다. 단 화장실 휴지걸이만 예외였는데, 그것은 백금이었다.

- The investment banker had grown so accustomed to an *opulent* lifestyle that he had trouble adjusting to the federal penitentiary.

  그 투자 은행가는 풍족한 생활에 너무 익숙해진 탓으로 연방 교도소에 적응하는 데 애를 먹었다.

Opulence is often ostentatious.

opulence(부유함)는 종종 의도적으로 과시된다.

ORTHODOX [ɔ́:rθədàks] adj **conventional; adhering to established principles or doctrines, especially in religion; by the book**

인습적인; 특히 종교에 있어 확립된 원칙이나 교리를 고집하는; 책에 따르는

- The doctor's treatment for Lou's cold was entirely *orthodox*: plenty of liquids, aspirin, and rest.

  루의 감기에 대한 의사의 처방은 아주 전통적이었다. 다량의 물약과 아스피린, 그리고 충분한 휴식이다.

- Austin's views were *orthodox*; there was nothing shocking about any of them.

  오스틴의 견해는 진부했다. 그중에 놀랄 만한 것은 아무것도 없었다.

The body of what is *orthodox* is called *orthodoxy*.

orthodox인 것의 본체를 orthodoxy(정설)라 한다.

- The teacher's lectures were characterized by strict adherence to orthodoxy.

  선생님 강의의 특징은 정설을 엄격하게 고수하는 것이었다.

To be unconventional is to be *unorthodox*.

'관습을 따르지 않는'은 unorthodox이다.

- "Swiss cheese" is an *unorthodox* explanation for the composition of the moon.

  "스위스 치즈"는 달의 성분에 대한 비정통적인 설명이다.

OSTENSIBLE [ɑsténsəbl] adj **apparent (but misleading); professed**

외견상의(그러나 현혹시키는); 표명된

- Blake's *ostensible* mission was to repair a broken telephone, but his real goal was to eavesdrop on the boss's conversation.

  블레이크의 임무는 외견상으론 고장 난 전화를 수리하는 것이었지만 그의 진짜 목적은 그 보스의 대화를 엿듣는 것이었다.

- Tracee's *ostensible* kindness to squirrels belied her deep hatred of them.

  트레이시는 겉으로 다람쥐에게 친절함을 베풀어 다람쥐에 대한 혐오를 감추었다.

OSTENTATIOUS [àstəntéiʃəs] adj excessively conspicuous; showy
지나치게 드러내는; 드러내는

- The designer's use of expensive materials was *ostentatious*; every piece of furniture was covered with silk or velvet, and every piece of hardware was made of silver or gold.

  디자이너는 남들에게 자랑하려고 값비싼 재료들을 사용했다. 모든 가구는 실크나 벨벳으로 덮어놓았고, 모든 금속 기구는 은이나 금을 사용해서 만들었다.

- The donor was *ostentatious* in making his gift to the hospital. He held a big press conference to announce it and then walked through the wards to give patients an opportunity to thank him personally.

  기증자는 병원에 기부금을 낸 데 대해서 자랑삼아 드러냈다. 그는 대형 기자 회견을 열어 그 사실을 발표하고, 그러고 나서 환자들이 개인적으로 감사의 표시를 할 수 있도록 병동으로 걸어 들어갔다.

- The young lawyer had *ostentatiously* hung her Harvard diploma on the door to her office.

  신출내기 변호사는 사무실 문에다 여봐란듯이 하버드 대학의 졸업장을 걸어놓았다.

To be *ostentatious* is to engage in *ostentation*.

ostentatious는 ostentation(겉치레)를 '과시하는'의 뜻이다.

- Lamar wore solid-gold shoes to the party; I was shocked by his *ostentation*.

  라마르는 파티에 순금으로 된 신발을 신고 나타났다. 나는 그의 허영심에 충격을 받았다.

QUICK QUIZ

Match each word in the first column with its definition in the second column. Check your answers in the back of the book.

1. obdurate	a. forgetfulness
2. obfuscate	b. hard to understand
3. oblique	c. stubborn
4. oblivion	d. insensitive
5. obscure	e. burdensome
6. obsequious	f. luxurious
7. obtuse	g. indirect
8. officious	h. misleadingly apparent
9. onerous	i. showing off
10. opaque	j. impossible to see through
11. opulent	k. confuse
12. orthodox	l. fawning
13. ostensible	m. conventional
14. ostentatious	n. annoyingly helpful

P

PACIFY [pǽsəfài]　v　**to calm someone down; to placate**　누군가를 달래다; 진정시키다

A parent gives a baby a *pacifier* to *pacify* him or her. A *pacifist* is someone who does not believe in war.
부모는 아이를 pacify(달래다)하기 위해 pacifier(고무젖꼭지)를 준다. pacifist(평화론자)는 전쟁의 효용을 믿지 않는 사람들이다.

PAINSTAKING [péinstèikiŋ]　adj　**extremely careful; taking pains**　매우 조심스러운; 수고로운, 애쓰는

▶ *Painstaking* = pains-taking = taking pains

- The jeweler was *painstaking* in his effort not to ruin the $50 million diamond necklace.
  보석상은 5천만 달러짜리 다이아몬드 목걸이를 망가뜨리지 않기 위해 매우 조심했다.

PALLIATE [pǽlièit]　v　**to relieve or alleviate something without getting rid of the problem; to assuage; to mitigate**　문제점을 완전히 제거하지 않고 완화시키다; 덜어 주다; 누그러뜨리다

- You take aspirin in the hope that it will *palliate* your headache.
  여러분은 두통을 덜기 위해 아스피린을 복용한다.

Aspirin is a *palliative* [pǽlièitiv].
아스피린은 palliative(완화제)이다.

PALPABLE [pǽlpəbl]　adj　**capable of being touched; obvious; tangible**
만져서 알 수 있는; 명백한; 확실한

- The tumor was *palpable*; the doctor could feel it with her finger.
  종양이 분명했다. 의사는 손으로도 그것을 느낄 수 있었다.

- Harry's disappointment at being rejected by every college in America was *palpable*; it was so obvious that you could almost reach out and touch it.
  미국 내의 모든 대학에 불합격했기 때문에 해리의 실망은 불을 보듯 뻔했다. 해리의 실망은 너무나 명백해서 누구라도 손으로 만지는 듯 느낄 수 있었다.

- There was *palpable* danger in flying the kite in a thunderstorm.
  폭풍우와 번개가 치는 날 연을 날리는 것이 위험하다는 것은 너무도 명백하다.

▶ palpable의 반의어는 impalpable(만지거나 느낄 수 없는)이다.

PALTRY [pɔ́:ltri] adj **insignificant; worthless** 대수롭지 않은, 하찮은; 가치 없는

- The lawyer's efforts on our behalf were *paltry*; they didn't add up to anything.
  우리의 대리인으로서 변호사의 수고는 보잘것없었다. 요컨대 그의 수고는 아무것도 아니었다.

- The *paltry* fee he paid us was scarcely large enough to cover our expenses.
  그가 우리에게 지불한 얼마 안 되는 수수료는 겨우 우리가 들인 비용을 상쇄할 수 있을 정도였다.

PANACEA [pæ̀nəsíːə] n **something that cures everything** 만병통치약

▶ 발음에 주의할 것.

- The administration seemed to believe that a tax cut would be a *panacea* for the country's economic ills.
  정부는 세금 삭감이 국가의 경제적 병폐를 치유할 만병통치약이라고 믿는 것 같았다.

- Granny believed that her "rheumatiz medicine" was a *panacea*. No matter what you were sick with, that was what she prescribed.
  할머니는 자신의 '류머티즘 약'이 만병통치약이라고 믿었다. 어떤 병이 걸리더라도 그녀가 권하는 것은 바로 그 약이었다.

PARADIGM [pǽrədàim] n **a model or example** 모범 또는 예

▶ 발음에 주의할 것.

- Mr. Hufstader is the best teacher in the whole world; his classroom should be the *paradigm* for all classrooms.
  후프슈타더 씨는 세상에서 가장 훌륭한 선생님이다. 그의 학급은 모든 학급의 귀감이다.

- In selecting her wardrobe, messy Ana apparently used a scarecrow as her *paradigm*.
  옷을 고를 때, 지저분한 아나는 분명히 허수아비를 자신의 모델로 사용했을 것이다.

A *paradigm* is *paradigmatic* [pæ̀rədigmǽtik].
paradigm은 paradigmatic(전형적인)이다.

- Virtually all the cars the company produced were based on a single, *paradigmatic* design.
  사실상 그 회사가 생산한 모든 차는 한 가지의 전형적인 디자인에 기초한 것이었다.

PARADOX [pǽrədàks] n **a true statement or phenomenon that nonetheless seems to contradict itself; an untrue statement or phenomenon that nonetheless seems logical**
모순되어 보이지만 옳은 말이나 현상; 논리적인 것 같지만 사실은 틀린 말이나 현상, 역설

- Mr. Cooper is a political *paradox*; he's a staunch Republican who votes only for Democrats.
  쿠퍼 씨는 정치적 패러독스이다. 그는 골수 공화당원이지만 오로지 민주당에만 투표한다.

- One of Xeno's *paradoxes* seems to prove the impossibility of an arrow's ever reaching its target: if the arrow first moves half the distance to the target, then half the remaining distance, then half the remaining distance, and so on, it can never arrive.
  제노의 역설 중 하나는 날아가는 화살은 결코 과녁에 다다를 수 없다는 것을 증명하는 것처럼 보인다. 만약 화살이 과녁까지 반을 날아간다면, 다음에는 반이 남아 있다. 그리고 나서 또 반을 날아간다면, 또 그것의 반이 남아 있게 된다. 계속해도 마찬가지. 화살은 결코 과녁에 도달할 수 없다.

A *paradox* is *paradoxical*.
paradox(역설)은 paradoxical(역설적인)이다.

- Pasquale's dislike of ice cream was *paradoxical* considering that he worked as an ice-cream taster.
  아이스크림 감별사로 일하는 것을 고려하면, 파스콸이 아이스크림을 싫어하는 것은 역설적이었다.

PAROCHIAL [pəróukiəl] adj narrow or confined in point of view; provincial
관점의 폭이 좁은 또는 제한된; 지방의, 편협한

- The townspeople's concerns were entirely *parochial*; they worried only about what happened in their town and not about the larger world around it.
  마을 사람들의 관심사는 아주 폭이 제한되어 있었다. 그들은 오로지 마을 안에서 발생하는 일에만 관심을 쏟고, 더 큰 세계에 대해서는 신경 쓰지 않았다.

- The journalist's *parochial* point of view prevented her from becoming a nationally known figure.
  그 기자는 편협한 관점을 가지고 있어서 전국적인 유명 인사가 될 수 없었다.

A lot of people think a *parochial* school is a religious school. Traditionally, a *parochial* school is just the school of the parish or neighborhood. In other contexts *parochial* has negative connotations.
많은 사람들은 parochial school(천주교구 부설 학교)을 종교적인 학교라고 생각한다. 전통적으로 parochial school은 교구 내에 있거나 또는 근처에 있다. 다른 문맥에서는 parochial은 부정적인 의미를 내포하고 있다.

PARODY [pǽrədi] n a satirical imitation 풍자적인 모방, 패러디

- At the talent show the girls sang a terrible *parody* of a Beatles song called "I Want to Hold Your Foot."
  연예 오락 쇼에서 소녀들은 비틀즈의 노래를 "I Want to Hold Your Foot(원제목은 foot이 아니라 hand)"로 끔찍하게 패러디해서 불렀다.

Some *parodies* are unintentional and not very funny.
어떤 parodies(패러디들)에는 고의성도 없고 재미도 없다.

- The unhappy student accused Mr. Benson of being not a teacher but a *parody* of one.
  불만스러운 학생들은 벤슨 씨가 선생님이 아니라 선생 흉내만 내고 있다고 비난했다.

Parody can also be a verb. To *parody* something is to make a *parody* of it. A *parody* is *parodic* [pərɔ́dik].
parody는 '풍자하다'라는 뜻의 동사로도 쓰인다. 형용사형은 parodic(풍자적인)이다.

PARSIMONIOUS [pàːrsəmóuniəs] adj stingy 인색한, 극도로 절약하는

- The widow was so *parsimonious* that she hung used teabags out to dry on her clothesline so that she would be able to use them again.
  미망인은 한 번 사용한 차 봉지를 다시 사용하기 위해 빨랫줄에 넣어서 말릴 정도로 아주 절약하며 살았다.

- We tried to be *parsimonious*, but without success. After just a few days at the resort we realized we had spent all the money we had set aside for our entire month-long vacation.
  우리는 아껴 쓰려고 노력했지만, 실패하고 말았다. 휴양지에서 단 며칠 만에 우리는 한 달간의 휴가를 위해 비축해 두었던 돈을 몽땅 써 버렸다는 사실을 깨달았다.

▶ 명사형은 parsimony(절약)이다.

PARTISAN [páːrtizən] n one who supports a particular person, cause, or idea
특정한 사람이나 대의명분 또는 이념을 지지하는 사람

- Henry's plan to give himself the award had no *partisan* except himself.
  자신을 수상자로 하려던 헨리의 계획은 자신을 제외하고는 동조자가 아무도 없었다.

- I am the *partisan* of any candidate who promises not to make promises.
  공약을 위한 공약을 내걸지 않는 후보라면 누구라도 나는 그의 지지자이다.

- The mountain village was attacked by *partisans* of the rebel chieftain.
  그 산골 마을은 반란군 지도자의 지지자들에게 습격당했다.

Partisan can also be used as an adjective meaning biased, as in *partisan* politics. An issue that everyone agrees on regardless of the party he or she belongs to is a *nonpartisan* issue. *Bipartisan* means supported by two (bi) parties.

partisan은 'partisan politics(당파 정치)'에서처럼 '편견을 가진'이란 의미의 형용사로도 쓰인다. 자신이 속한 정당에 관계없이 모든 사람들이 동의하는 안건을 nonpartisan issue(초당파적 사안)라고 한다. bipartisan은 '두 개의 당파로부터 지지를 받는'이라는 의미이다.

- Both the Republican and Democratic senators voted to give themselves a raise. The motion had *bipartisan* support.

  민주당과 공화당의 상원 의원들은 모두 자신들의 세비 인상에 찬성 투표했다. 그 발의는 양당의 지지를 받았다.

QUICK QUIZ 61▶

Match each word in the first column with its definition in the second column. Check your answers in the back of the book.

1. pacify	a. obvious
2. painstaking	b. model
3. palliate	c. supporter of a cause
4. palpable	d. narrow in point of view
5. paltry	e. contradictory truth
6. panacea	f. stingy
7. paradigm	g. calm someone down
8. paradox	h. cure for everything
9. parochial	i. insignificant
10. parody	j. extremely careful
11. parsimonious	k. satirical imitation
12. partisan	l. alleviate

PATENT [pǽtnt] adj **obvious** 명백한

- To say that the earth is flat is a *patent* absurdity because the world is obviously spherical.

  지구가 평평하다고 말하는 것은 명백한 잘못이다. 지구는 분명히 둥글게 생겼기 때문이다.

- It was *patently* foolish of Lee to think that she could sail across the Pacific Ocean in a washtub.

  세탁용 대야를 타고 태평양을 횡단할 수 있을 것이라는 리의 생각은 명백히 어리석었다.

PATERNAL [pətə́:rnl] adj **fatherly; fatherlike** 아버지의; 아버지다운

- Rich is *paternal* toward his niece.

  리치는 조카딸에게 아버지와 같다.

Maternal[mətə́:rnəl] means motherly or momlike.

maternal은 '어머니의' 또는 '어머니 같은'을 의미한다.

PATHOLOGY [pəθáləɾʒi] n the science of diseases 질병에 관한 학문, 병리학

Pathology is the science or study of diseases, but not necessarily in the medical sense. *Pathological* means relating to *pathology*, but it also means arising from a disease. So if we say Brad is an inveterate, incorrigible, *pathological* [pæ̀θəláɾʒikəl] liar, we are saying that Brad's lying is a sickness.

pathology(병리학)는 질병에 관한 학문이지만 반드시 의학적 의미로만 사용하는 것은 아니다. pathological은 '병리학적인'을 의미하지만, 병으로부터 야기된'이라는 뜻도 있다. 만약 "브래드는 상습적이고 구제할 수 없는 pathological(병적인)인 거짓말쟁이다."라고 말한다면, 그것은 브래드의 거짓말 습관이 병이라는 뜻이다.

PATRIARCH [péitrià:rk] n the male head of a family or tribe 가족이나 부족의 우두머리 남성, 가장, 족장

- The *patriarch* of the Murphy family, Jacob V. Murphy, made millions selling cobra fillets and established the Murphy family's empire in the snake meat business.
  머피 가족의 가장 제이콥 V. 머피는 100만 개의 코브라 필릿(뼈 없는 살 토막)을 만들어 팔아서 뱀 고기 사업에 머피 가족 제국을 만들었다.

▶ 형용사형은 patriarchal [pèitriá:rkəl] (가부장제의)이다.

- In the *patriarchal* country of Spambulia, the ruling monarch can never be a woman, though the current king is such a numbskull that his sister runs things behind the scenes.
  스팜불리아 가부장제의 부족에서는 비록 현재 왕이 얼간이어서 그의 누나가 섭정하고 있다고 해도 절대 지배자는 여자가 될 수 없다.

A female head of a family is a *matriarch*, and such a family would be described as *matriarchal*.
'여자 가장'은 matriarch이고, 이런 가족은 matriarchal(모계 중심의)이라고 표현한다.

- Spambulia is considering becoming a *matriarchy* [méitrià:rki].
  스팜불리아는 가모장제가 되고 있다고 여겨진다.

PATRICIAN [pətríʃən] n a person of noble birth; an aristocrat 귀족으로 태어난 사람; 귀족

- Mr. Perno was a *patrician*, and he was never truly happy unless his place at the dinner table was set with at least half a dozen forks.
  페르노 씨는 귀족이었다. 그는 저녁 식사를 할 때 그의 자리에 최소한 여섯 개의 포크가 마련돼 있지 않으면 결코 만족하지 않았다.

▶ patrician은 형용사로도 쓰인다.

- Polo is a *patrician* sport.
  폴로는 귀족적인 스포츠이다.

- The noisy crowd on the luxury ocean liner was *patrician* in dress but not in behavior; rioters were wearing tuxedos and gowns but throwing deck chairs into the ocean.
  호화로운 쾌속 유람선 위에서 떠들고 있는 사람들은 옷은 정장을 갖춰 입은 귀족이었지만 행동은 그렇지 못했다. 폭도들은 턱시도와 드레스를 입고 있었지만 갑판 의자를 바다에 함부로 버리고 있었다.

PATRONIZE [péitrənàiz] v to treat as an inferior; to condescend to
아랫사람으로 다루다, 선심 쓰는 척 도와주다; 자신을 낮추다

- Our guide at the art gallery was extremely *patronizing*, treating us as though we wouldn't be able to distinguish a painting from a piece of sidewalk without her help.
  가이드는 화랑에서 우리를 그녀의 도움 없이는 길거리 그림과 작품도 구별할 수 없는 사람들인 것처럼 다루면서 선심이라도 쓰는 듯이 오만하게 굴었다.

- We felt *patronized* by the waiter at the fancy restaurant; he ignored all our efforts to attract his attention and then pretended not to understand our accents.
  우리는 멋진 레스토랑에서 웨이터에게 무시당하고 있다고 느꼈다. 웨이터는 그의 주의를 끌려는 우리의 노력을 모두 무시했을 뿐만 아니라 나중에는 우리의 발음을 알아듣지 못하는 척했다.

Patronize also means to frequent or be a regular customer of. To *patronize* a restaurant is to eat there often, not to treat it as an inferior.

patronize는 '자주 가다' 또는 '정기적인 손님(단골)이 되다'라는 뜻도 있다. to patronize a restaurant는 식당을 열등한 것으로 다룬다는 뜻이 아니라 '식당에 자주 식사하러 가다'라는 뜻이다.

PAUCITY [pɔ́:səti] n scarcity 소수, 부족

- There was a *paucity* of fresh vegetables at the supermarket, so we had to buy frozen ones.
  슈퍼마켓에는 신선한 채소가 거의 없어서 우리는 할 수 없이 냉동된 것을 사야만 했다.

- The plan was defeated by a *paucity* of support.
  그 계획은 지원 부족으로 수포로 돌아갔다.

- There is no *paucity* of water in the ocean.
  바다에서 물 부족이란 있을 수 없다.

PECCADILLO [pèkədílou] n a minor offense 가벼운 범죄, 위반

- The smiling defendant acted as though first-degree murder were a mere *peccadillo* rather than a hideous crime.
  피고인은 실실 웃으며, 일급 살인이 끔찍한 범죄가 아니라 단순한 파오라도 되는 듯이 행동했다.

- The reporters sometimes seemed more interested in the candidates' sexual *peccadillos* than in their inane programs and proposals.
  기자들은 간혹 후보자들의 빈말뿐인 공약이나 계획보다도 그들의 성추문에 더 흥미를 보이는 것 같았다.

PEDANTIC [pədǽntik] adj boringly scholarly or academic 지루할 정도로 학구적인 또는 학문적인

- The discussion quickly turned *pedantic* as each participant tried to sound more learned than all the others.
  각 참가자들이 다른 사람보다 더 박식하게 보이려고 애썼기 때문에 토론은 급속도로 학구적으로 바뀌었다.

- The professor's interpretation of the poem was *pedantic* and empty of genuine feeling.
  그 시에 관한 교수의 해석은 학문적이었지만 순수한 느낌은 빠져 있었다.

A *pedantic* person is called a *pedant* [pédənt]. A *pedant* is fond of *pedantry* [pédəntri].
pedantic인 사람을 pedant(학자티를 내는 사람, 공론가)라고 부른다. pedant는 pedantry(탁상공론)를 좋아한다.

PEDESTRIAN [pədéstriən] adj unimaginative; banal 상상력이 없는; 평범한, 진부한

A *pedestrian* is someone walking, but to be *pedestrian* is to be something else altogether.
pedestrian을 명사로 쓰면 '보행자'라는 의미이지만, 형용사 pedestrian은 전적으로 다른 뜻이 된다.

- Mary Anne said the young artist's work was brilliant, but I found it to be *pedestrian*; I've seen better paintings in kindergarten classrooms.
  메리 앤은 그 신인 화가의 작품이 훌륭하다고 말했지만 내가 보기엔 그저 평범했다. 나는 유치원 교실에서도 그보다 더 나은 그림들을 본 적이 있었다.

- The menu was *pedestrian*; I had encountered each of the dishes dozens of times before.
  메뉴는 단조로웠다. 나는 전에도 수십 번이나 똑같은 음식을 먹었었다.

PEJORATIVE [pidʒɔ́:rətiv] adj negative; disparaging 부정적인; 얕보는, 멸시하는

"Hi, stupid" is a *pejorative* greeting. "Loudmouth" is a nickname with a *pejorative* connotation.
'Hi, stupid!(야, 멍청이야!)'는 pejorative(멸시적인)인 인사이다. Loudmouth(떠버리)'는 pejorative(부정적인)인 의미를 함축한 별명이다.

- Abe's description of the college as "a pretty good school" was unintentionally *pejorative*.
  에이브는 그 대학을 '비교적 괜찮은 학교'라고 묘사했는데 이는 고의는 아니지만 멸시의 의미가 담겨 있었다.

PENCHANT [péntʃənt] n **a strong taste or liking for something; a predilection**
강한 기호 또는 애호; 편애

- Dogs have a *penchant* for chasing cats and mail carriers.
  개는 고양이나 우체부를 쫓아다니는 것을 아주 좋아한다.

PENITENT [pénətənt] adj **sorry; repentant; contrite** 후회하는; 참회하는; 죄를 뉘우치는

- Julie was *penitent* when Kanye explained how much pain she had caused him.
  칸예가 줄리 때문에 얼마나 고통스러웠는지를 설명하자 그녀는 후회했다.

- The two boys tried to sound *penitent* at the police station, but they weren't really sorry that they had herded the sheep into Mr. Ingersoll's house. They were impenitent.
  경찰서에서 두 소년은 죄를 뉘우치는 것처럼 보이려고 했지만, 잉게솔 씨의 집에 양떼를 풀어놓은 사실에 대해 정말로 미안해하고 있는 것은 아니었다. 그들은 참회하고 있지 않았다.

PENSIVE [pénsiv] adj **thoughtful and sad** 시름에 젖은 그리고 슬픈

- Norton became suddenly *pensive* when Jack mentioned his dead father.
  잭이 돌아가신 아버지의 얘기를 하자 노턴은 갑자기 슬퍼졌다.

QUICK QUIZ

Match each word in the first column with its definition in the second column. Check your answers in the back of the book.

1. patent		a. male head of a family
2. paternal		b. minor offense
3. pathology		c. unimaginative
4. patriarch		d. thoughtful and sad
5. patrician		e. boringly scholarly
6. patronize		f. science of diseases
7. paucity		g. treat as an inferior
8. peccadillo		h. negative
9. pedantic		i. obvious
10. pedestrian		j. aristocrat
11. pejorative		k. scarcity
12. penchant		l. fatherly
13. penitent		m. sorry
14. pensive		n. strong liking

PEREMPTORY [pərémptəri] adj **final; categorical; dictatorial**   최종적인; 무조건적인, 절대적인; 독재적인

▶ 발음에 주의할 것.

Someone who is *peremptory* says or does something without giving anyone a chance to dispute it.

peremptory(독단적인)인 사람은 다른 사람에게 반론의 기회를 주지 않고 말하거나 행동한다.

- Asher's father *peremptorily* banished him to his room.

  애셔의 아버지는 독단적으로 그를 그의 방으로 쫓았다.

PERENNIAL [pərénial] adj **continual; happening again and again or year after year**

계속적인; 반복해서 또는 해마다 발생하는

- Mr. Lorenzo is a *perennial* favorite of students at the high school because he always gives everyone an A.

  로렌조 선생님은 고등학교에서 항상 누구에게나 A 학점을 주기 때문에 학생들에게 늘 인기가 있다.

- Milton was a *perennial* candidate for governor; every four years he printed up another batch of his campaign bumper stickers.

  밀턴은 여러 해 계속해서 주지사 후보로 나섰다. 4년마다 그는 또 한 묶음의 캠페인 차량용 스티커를 인쇄했다.

Flowers called *perennials* are flowers that bloom year after year without being replanted.

perennials(다년생 화초)는 해마다 다시 심지 않아도 매년 계속해서 꽃을 피운다.

Biennial [baiéniəl] and *centennial* [senténiəl] are related words. *Biennial* means happening once every two years (biannual means happening twice a year). *Centennial* means happening once every century.

biennial과 centennial은 관련이 있는 단어다. biennial은 '2년마다 한 번씩' 발생하는 것이다(biannual은 '1년에 두 번씩'을 의미). centennial은 '1세기마다 한 번씩' 일어나는 것을 의미한다.

PERFIDY [pə́:rfədi] v **treachery**   배반, 불성실

- It was the criminals' natural *perfidy* that finally did them in, as each one became an informant on the other.

  구성원 각자가 나머지 사람들에 관한 정보를 제공하는 밀고자가 되었기 때문에, 궁극적으로 그 범죄 집단을 망하게 한 것은 그들 사이에 자연적으로 형성된 배신감이었다.

- I was appalled at Al's *perfidy*. He had sworn to me that he was my best friend, but then he asked my girlfriend to the prom.

  나는 알의 배신에 소름이 끼쳤다. 그는 가장 친한 친구가 되겠다고 내게 맹세해 놓고는 곧이어 댄스파티에 같이 가자고 내 여자 친구를 꼬셨다.

▶ 형용사형은 perfidious [pərfídiəs] (불성실한)이다.

PERFUNCTORY [pərfʌ́ŋktəri] adj **unenthusiastic; careless**   열의가 없는, 마지못해 하는; 아무렇게나 하는

- John made a couple of *perfunctory* attempts at answering the questions on the test, but then he put down his pencil, laid down his head, and slept until the end of the period.

  존은 마지못해 시험 시간에 두 번이나 답을 쓰려고 시도했지만, 곧 연필을 내려놓고 머리도 떨구고는 시험 시간이 끝날 때까지 잠이나 잤다.

- Sandra's lawn mowing was *perfunctory* at best: she skipped all the difficult parts and didn't rake up any of the clippings.

  산드라는 기껏해야 억지로 잔디를 깎았을 뿐이다. 그녀는 어려운 부분은 모두 빼놓고 깎았을 뿐 아니라 베어 놓은 풀을 긁어 모아놓지도 않았다.

PERIPATETIC [pèrəpətétik] adj **wandering; traveling continually; itinerant**
돌아다니는; 계속해서 여행하는; 순회하는

- Groupies are a *peripatetic* bunch, traveling from concert to concert to follow their favorite rock stars.
  소녀팬들은 자신들이 좋아하는 록가수의 뒤를 쫓아서 콘서트마다 돌아다니는 무리들이다.

PERIPHERY [pərifəri] n **the outside edge of something** 어떤 것의 바깥 테두리, 둘레, 표면

- José never got involved in any of our activities; he was always at the *periphery*.
  호세는 우리의 활동에 조금도 관여하지 않았다. 그는 항상 주변에만 있었다.

- The professional finger painter enjoyed her position at the *periphery* of the art world.
  손가락 끝으로 그림을 그리는 지두화법의 전문가인 그녀는 미술계에서 자신의 위치가 주변부에만 머물러 있다는 사실을 즐겼다.

To be at the *periphery* is to be *peripheral* [pərifərəl]. A *peripheral* interest is a secondary or side interest.
형용사형은 '주변에 있는', '주변적인'이라는 의미의 peripheral이다. peripheral interest란 '이차적인 또는 부수적인 관심'을 말한다.

Your *peripheral* vision is your ability to see to the right and left while looking straight ahead.
peripheral vision이란 직선으로 앞을 보면서도 좌우를 다 볼 수 있는 능력, 즉 '주변 시야'를 말한다.

PERJURY [pə́ːrdʒəri] n **lying under oath** 법정에서의 선서 하에서의 거짓말, 위증

- The defendant was acquitted of bribery but convicted of *perjury* because he had lied on the witness stand during his trial.
  피고는 뇌물 수수 혐의 부분에 대해서는 무죄를 인정받았지만 위증죄에 대해서는 유죄였다. 그가 재판이 진행되는 동안 목격자 진술에서 거짓말을 했기 때문이었다.

To commit *perjury* is to *perjure* oneself.
'perjury(위증죄)를 범하다'는 to perjure oneself라고 한다.

- The former cabinet official *perjured* herself when she said that she had not committed *perjury* during her trial for bribery.
  전직 장관은 뇌물 수수 혐의에 대한 재판이 진행되는 중에 자신은 위증죄를 범하지 않았다고 말함으로써 거짓 증언했다.

PERMEATE [pə́ːrmièit] v **to spread or seep through; to penetrate**
스며들다 또는 퍼지다; 스며들다, 침투하다, 통과하다

- A horrible smell quickly *permeated* the room after Jock lit a cigarette.
  작이 담배에 불을 붙이자 방 안에 고약한 냄새가 급속도로 퍼졌다.

- Corruption had *permeated* the company; every single one of its executives belonged in jail.
  그 회사에는 부패가 만연했다. 이사란 이사는 모두 감옥에 수감되었다.

Something that can be *permeated* is said to be *permeable*. A *permeable* raincoat is one that lets water seep through.
'침투할 수 있는'은 permeable이라고 말한다. permeable raincoat란 방수가 되지 않고 물이 그대로 스며드는 우비이다.

PERNICIOUS [pərníʃəs] adj **deadly; extremely evil** 치명적인; 매우 사악한, 흉악한

- The drug dealers conducted their *pernicious* business on every street corner in the city.
  마약업자들은 도시 안의 모든 길 구석구석에서 흉악한 그들의 사업을 펼쳤다.

- Lung cancer is a *pernicious* disease.
  폐암은 치명적인 병이다.

PERQUISITE [pə́ːrkwəzit] v a privilege that goes along with a job; a "perk"
직무에 따라오는 특권, 부수입, 팁; 구어에서는 "perk"

- Free access to a photocopier is a *perquisite* of most office jobs.
  사진 복사기를 자유롭게 이용할 수 있는 권리는 대부분의 관리직에 주어지는 특권이다.

- The big corporate lawyer's *perquisites* included a chauffeured limousine, a luxurious apartment in the city, and all the chocolate ice cream she could eat.
  큰 회사의 변호사는 운전기사가 딸린 리무진과 도시에 있는 호화 아파트, 그리고 원하는 대로 먹을 수 있는 초콜릿 아이스크림을 부수적으로 받았다.

A *perquisite* should not be confused with a *prerequisite* [prìrékwizit], which is a necessity.
perquisite을 prerequisite과 혼동하지 마라. prerequisite는 '필요', '필수품'이라는 뜻이다.

- Health and happiness are two *prerequisites* of a good life.
  건강과 행복은 좋은 삶을 영위하기 위한 두 가지 필수 조건이다.

- A college degree is a *prerequisite* for many high-paying jobs.
  보수가 많은 직업을 선택하기 위해서는 대학 학위가 필수다.

PERTINENT [pə́ːrtənənt] adj relevant; dealing with the matter at hand
관련된; 당면 문제를 다루는, 적절한

- The suspect said that he was just borrowing the jewelry for a costume ball. The cop said he did not think that was *pertinent*.
  용의자는 가장무도회에 참가하기 위해 단지 그 보석을 빌렸을 뿐이라고 진술했다. 경찰은 그 진술이 적절하다고 생각하지 않는다고 말했다.

▸ impertinent는 '무례한'이라는 뜻이다.

PERTURB [pərtə́ːrb] v to disturb greatly 심하게 혼란시키다

- Ivan's mother was *perturbed* by his aberrant behavior at the dinner table. Ivan's father was not bothered. Nothing bothered Ivan, Sr. He was *imperturbable*.
  이반의 어머니는 저녁 식사 때 이반의 비정상적인 행동 때문에 혼란스러웠다. 이반의 아버지는 신경 쓰지 않았다. 그를 신경 쓰이게 할 수 있는 것은 아무것도 없었다. 그는 침착한 사람이었다.

PERUSE [pərúːz] v to read carefully 주의하여 읽다, 정독하다

This word is misused more often than it is used correctly. To *peruse* something is not to skim it or read it quickly. To *peruse* something is to study it or read it with great care.
이 단어는 제대로 쓰이는 경우보다 잘못 사용되는 경우가 더 많다. peruse는 어떤 것을 대충 건너뛰며 읽거나 빠르게 읽는 것이 아니라 아주 주의 깊게 공부하거나 읽는 것을 말한다.

- The lawyer *perused* the contract for many hours, looking for a loophole that would enable her client to back out of the deal.
  변호사는 의뢰인이 그 계약을 해지할 수 있도록 허점을 찾기 위해 여러 시간에 걸쳐 계약서를 꼼꼼히 읽었다.

▸ 명사형은 perusal(정독)이다.

- My *perusal* of the ancient texts brought me no closer to my goal of discovering the meaning of life.
  나는 삶의 의미를 발견하고자 하는 목적을 가지고 고대의 원전을 정독했지만 별로 도움이 되지 않았다.

Match each word in the first column with its definition in the second column. Check your answers in the back of the book.

1. peremptory	a.	outside edge of something
2. perennial	b.	unenthusiastic
3. perfidy	c.	penetrate
4. perfunctory	d.	lying under oath
5. peripatetic	e.	job-related privilege
6. periphery	f.	continual
7. perjury	g.	disturb greatly
8. permeate	h.	necessity
9. pernicious	i.	read carefully
10. perquisite	j.	treachery
11. prerequisite	k.	final
12. pertinent	l.	wandering
13. perturb	m.	relevant
14. peruse	n.	deadly

PERVADE [pəːrvéid] v to spread throughout 널리 퍼지다

- A terrible smell *pervaded* the apartment building after the sewer main exploded.
  하수도 본관이 폭발한 후에 끔찍한 악취가 아파트 건물 전체에 퍼졌다.

- On examination day, the classroom was *pervaded* by a sense of imminent doom.
  시험 날 교실에는 곧 닥쳐올 불길한 운명의 그림자가 퍼져 있었다.

▶ 형용사형은 pervasive(만연하는)이다.

- There was a *pervasive* feeling of despair on Wall Street on the day the Dow-Jones industrial average fell more than 500 points.
  다우존스 주가지수가 평균 500포인트 이상 떨어진 날, 월스트리트 증권가에는 절망감이 확산되었다.

- There was a *pervasive* odor of mold in the house, and we soon discovered why: the basement was filled with the stuff .
  집 안에는 곰팡이 냄새가 퍼져 있었다. 우리는 곧 그 원인을 발견했다. 지하실에 곰팡이가 잔뜩 있었던 것이다.

PETULANT [pétʃulənt] adj rude; cranky; ill-tempered 거친, 버릇없는; 괴팍한; 성질 급한

- Gloria became *petulant* when we suggested that she leave her pet cheetah at home when she came to spend the weekend; she said that we had insulted her cheetah and that an insult to her cheetah was an insult to her.

  우리와 주말을 보내기 위해 올 때는 애완용 치타는 집에 두고 오는 게 어떠냐고 제안하자 글로리아는 성깔을 부렸다. 우리가 자기의 치타를 모욕했으며, 치타에 대한 모욕은 곧 자신에 대한 모욕이라고 그녀는 말했다.

- The *petulant* waiter slammed down our water glasses and spilled a tureen of soup onto Roger's kilt.

  성격이 괴팍한 웨이터는 물컵을 거칠게 내려놓은 뒤 수프 한 그릇을 로저의 킬트에다 엎질렀다.

▶ 명사형은 petulance(심술 사나움, 성마름)이다.

PHILANTHROPY [filǽnθrəpi] n love of mankind, especially by doing good deeds
인간에 대한 사랑, 특히 선행을 통해서 하는 사랑

- His gift of one billion dollars to the local orphanage was the finest act of *philanthropy* I've ever seen.

  그가 지역 고아원에 10억 달러를 기부한 것은 내가 지금까지 보아 온 자선 활동에서 가장 고귀한 행위이다.

A charity is a *philanthropic* [filənθrápik] institution. An altruist is someone who cares about other people. A *philanthropist* [filǽnθrəpist] is actively doing things to help, usually by giving time or money.

자선 단체란 philanthropic(박애주의의)인 기관이다. 이타적인 사람이란 다른 사람들을 걱정하는 사람이다. philanthropist(박애주의자)는 대체로 시간이나 돈을 투자해서 남을 돕는 일을 활발하게 한다.

PHILISTINE [fílistìːn] n a smugly ignorant person with no appreciation of intellectual or artistic matters
지적이거나 예술적인 것을 제대로 볼 줄 모르면서 잘난 체하는 무식한 사람, 교양 없는 사람, 속물

- The novelist dismissed her critics as *philistines*, saying they wouldn't recognize a good book if it crawled up and bit them on the nose. The critics, in reply, dismissed the novelist as a *philistine* who wouldn't recognize a good book if it crawled up and rolled itself into her typewriter.

  그 소설가는 비평가들을 무식한 놈들이라고 경멸했다. 비평가들이란 좋은 책이 제 발로 걸어와 코를 깨물어도 그 진가를 알아보지 못한다고 소설가는 말했다. 비평가들은 답변에서 그 소설가는 좋은 책이 제 발로 걸어와 스스로 타자기에 걸려도 좋은 책을 알아보지 못하는 무식한 놈이라고 반격했다.

▶ philistine은 '속물의', '교양 없는'이라는 뜻의 형용사로도 쓰인다.

PIOUS [páiəs] adj reverent or devout; outwardly (and sometimes falsely) reverent or devout; hypocritical 경건한, 독실한; 외견상(그리고 때로는 거짓으로) 경건한, 독실한; 위선적인

▶ 발음에 주의할 것.

This is a sometimes confusing word with meanings that are very nearly opposite each other.

이 단어는 거의 반대되는 의미를 동시에 갖고 있어서 가끔 혼동하게 된다.

Pious Presbyterians go to church every Sunday and say their prayers every night before bed. *Pious* in this sense means something like religiously dutiful.

pious인 장로교인들은 매주 일요일마다 교회에 가고, 매일 밤 잠자리에 들기 전에 기도를 한다. 이 경우 pious는 '종교적으로 충실한'이라는 의미이다.

Pious can also be used to describe behavior or feelings that aren't religious at all but are quite hypocritical.

pious는 신앙심이 전혀 없으면서 아주 위선적으로 '독실한 척하는' 행동이나 감정을 묘사할 때도 사용된다.

- The adulterous minister's sermon on marital fidelity was filled with *pious* disregard for his own sins.

  혼외정사를 일삼는 목사가 자신의 정절은 무시한 채 부부 정절에 관하여 설교를 하는 것은 위선적이었다.

The state of being *pious* is *piety* [páiəti]. The opposite of *pious* is *impious* [ímpəs].

'독실하고 경건한 상태'를 의미하는 명사형은 piety이고, pious의 반대말은 impious[ímpəs](불경건한)이다.

PIVOTAL [pívətl] adj crucial 중대한, 중추의

Pivotal is the adjective form of the verb *to pivot*. To *pivot* is to turn on a single point or shaft. A basketball player *pivots* when he or she turns while leaving one foot planted in the same place on the floor.

pivotal은 pivot의 형용사형이다. pivot을 동사로 쓰면 하나의 점이나 축을 기준으로 '돌다', '회전하다'라는 뜻이다. 농구 선수는 한 지점에서 방향을 바꿀 때 경기장 바닥에 한 발은 붙인 채로 pivot한다.

A *pivotal* comment is a comment that turns a discussion. It is an important comment.

pivotal comment는 토론의 방향을 트는 언급을 뜻하는 것으로써 매우 중요한 의견을 일컫는다.

A *pivotal* member of a committee is a crucial or important member of a committee.

pivotal member of a committee는 위원회에서 결정적인 역할을 하는 사람'이나 '위원회에서 중요한 사람'을 일컫는다.

- Sofia's contribution was *pivotal*; without it, we would have failed.
  소피아의 공헌이 결정적이었다. 그의 도움이 없었다면 우리는 실패했을 것이다.

PLACATE [pléikeit] v to pacify; to appease; to soothe 진정시키다; 누그러뜨리다; 달래다

- The tribe *placated* the angry volcano by tossing a few teenagers into the raging crater.
  그 부족은 분출하려는 화산의 분화구에 몇몇의 십대 아이들을 던져 넣는 방법으로 성난 화산을 진정시켰다.

- The beleaguered general tried to *placate* his fierce attacker by sending him a pleasant flower arrangement. His implacable enemy decided to attack anyway.
  포위당한 장군은 사나운 공격자에게 멋진 꽃꽂이를 보내서 그를 달래려고 했다. 무자비한 적은 어쨌든 공격하기로 결정했다.

PLAINTIVE [pléintiv] adj expressing sadness or sorrow 슬픔 또는 비애를 나타내는

- The lead singer's *plaintive* love song expressed his sorrow at being abandoned by his girlfriend for the lead guitarist.
  리드 싱어의 애처로운 사랑 노래는 리드 기타리스트에게 여자 친구를 빼앗긴 슬픔을 표현한 것이었다.

- The chilly autumn weather made the little bird's song seem *plaintive*.
  냉랭한 가을 날씨가 그 작은 새의 노랫소리를 애처롭게 했다.

You could also say that there was *plaintiveness* in that bird's song.

그 새의 노래에는 plaintiveness(애처로움)가 있었다고 표현할 수도 있다.

Don't confuse *plaintive* with *plaintiff*. A *plaintiff* is a person who takes someone to court—who makes a legal complaint.

plaintive를 plaintiff와 혼동하지 마라. plaintiff는 소송을 하기 위하여 누군가를 법정에 세우는 사람, 즉 '고소인'을 의미한다.

PLATITUDE [plǽtitʃùːd] n a dull or trite remark; a cliché 단조롭고 진부한 표현; 판에 박은 문구

- The principal thinks he is a great orator, but his loud, boring speech was full of *platitudes*.
  교장은 자신이 대단한 달변가라고 생각한다. 그러나 그의 시끄럽고 지루하기만 한 연설은 진부한 표현으로 가득했다.

- Instead of giving us any real insight into the situation, the lecturer threw *platitudes* at us for the entire period. It was a *platitudinous* speech.
  상황에 대한 진정한 통찰력을 제시해 주는 대신, 강사는 우리에게 강연 내내 진부한 내용만을 강의했다. 쓸데없는 말만 늘어놓은 강의였다.

PLEBEIAN [plibí:ən] adj **common; vulgar; low-class**   보통의; 저속한; 낮은 계급의

▸ 발음에 주의할 것.

▸ 반의어는 aristocratic(귀족적인)이다.

- Sarah refused to eat frozen dinners, saying they were too *plebeian* for her discriminating palate.
  사라는 자신의 뛰어난 미각에 냉동 음식은 너무나 저속하다고 말하면서 그 음식들을 거부했다.

PLETHORA [pléθərə] n **an excess**   과잉

▸ 발음에 주의할 것.

- We ate a *plethora* of candy on Halloween and a *plethora* of turkey on Thanksgiving.
  우리는 핼러윈에 너무나 많은 양의 사탕을, 추수감사절에 과다한 양의 칠면조를 먹었다.

- Letting the air force use our backyard as a bombing range created a *plethora* of problems.
  우리 뒷마당을 공군의 폭격 실험장으로 이용할 수 있도록 허용한 것은 너무나 많은 문제를 야기했다.

POIGNANT [pɔ́injənt] adj **painfully emotional; extremely moving; sharp or astute**
마음에 사무치는; 매우 감동시키는; 날카로운 또는 기민한

The words *poignant* and *pointed* are very closely related, and they share much of the same range of meaning.
poignant와 pointed(날카로운)라는 단어는 매우 밀접한 관련이 있다. 두 단어는 같은 뜻을 많이 갖고 있다.

A *poignant* scene is one that is so emotional or moving that it is almost painful to watch.
poignant scene이란 너무나 감성적이거나 감동적이어서 보기만 해도 가슴이 이려오는 장면을 말한다.

- All the reporters stopped taking notes as they watched the old woman's *poignant* reunion with her daughter, whom she hadn't seen in 45 years.
  모든 기자들이 고령의 할머니가 45년간이나 만나지 못했던 딸과 재회하는 감동적인 장면을 보느라 기사를 작성하는 것을 중단했다.

Poignant can also mean pointed in the sense of sharp or astute.
poignant는 '날카로운' 또는 '예리한'이라는 의미로서 pointed(날카로운)와 같은 의미이기도 한다.

A *poignant* comment might be one that shows great insight.
poignant comment는 대단한 통찰력을 보여주는 말이라고 할 수 있다.

▸ 명사형은 poignancy(날카로움, 신랄)이다.

Match each word in the first column with its definition in the second column. Check your answers in the back of the book.

1. pervade		a. painfully emotional
2. petulant		b. spread throughout
3. philanthropy		c. pacify
4. philistine		d. smugly ignorant person
5. pious		e. excess
6. pivotal		f. expressing sadness
7. placate		g. reverent
8. plaintive		h. trite remark
9. platitude		i. rude
10. plebeian		j. crucial
11. plethora		k. love for mankind
12. poignant		l. low class

POLARIZE [póuləràiz] v to break up into opposing factions or groupings
적대적인 파벌이나 그룹으로 분열시키다

- The issue of what kind of sand to put in the sandbox *polarized* the nursery school class; some students would accept nothing but wet, while others wanted only dry.
  어린이 모래 놀이 통에 어떤 종류의 모래를 넣을 것인가 하는 문제로 어린이집의 교실은 양분되었다. 어떤 아이들은 젖은 모래만을 고집했고 반면에 다른 아이들은 오로지 마른 모래만을 원했다.

- The increasingly acrimonious debate between the two candidates *polarized* the political party.
  두 후보자들 간의 논쟁이 점점 더 치열해지면서, 그 정당은 파벌을 좇아 분열되었다.

POLEMIC [pəlémik] n a powerful argument often made to attack or refute a controversial issue 논란 중인 의견을 반박하거나 공격하기 위해 자주 행해지는 강력한 주장

- The book was a convincing *polemic* that revealed the fraud at the heart of the large corporation.
  그 책은 대형 회사의 핵심 부서에서 사기 행위가 드러났다는 설득력 있는 주장을 펼쳤다.

- Instead of the traditional Groundhog Day address, the state senator delivered a *polemic* against the sales tax.
  주 상원 의원은 전통적인 성촉절(2월 2일) 인사말 대신에 판매세에 강하게 반대하는 주장을 펼쳤다.

▶ 형용사형은 polemical(결론)이다.

PONDEROUS [pándərəs] adj so large as to be clumsy; massive; dull
다루기 힘들 정도로 큰; 육중한; 지루한

- The wedding cake was a *ponderous* blob of icing and jelly beans.

  웨딩 케이크는 당의를 입히고 젤리 알을 얹은 아주 커다란 것이었다.

- The chairman, as usual, gave a *ponderous* speech that left half her listeners snoring in their plates.

  의장이 평소처럼 지루한 연설을 해서 청중들의 반은 자신들의 좌석에서 코를 골며 잠이 들었다.

PORTENT [pɔ́ːrtent] n an omen; a sign of something coming in the future
전조; 미래에 다가올 일의 신호

- The distant rumbling we heard this morning was a *portent* of the thunderstorm that hit our area this afternoon.

  오늘 아침에 멀리서 들려오던 우르르 소리는 오늘 오후에 우리 지역을 강타한 폭풍우를 동반한 번개의 전조였다.

- Stock market investors looked for *portents* in their complicated charts and graphs; they hoped that the market's past behavior would give them clues as to what would happen in the future.

  주식 시장의 투자가들은 복잡한 도표와 그래프에 나타나는 징후들을 찾았다. 그들은 과거의 주식 시장 흐름이 앞으로 전개될 시장 동향에 대한 실마리들을 줄 것이라고 생각했다.

Portentous [pɔːrténtəs] is the adjective form of *portent*, meaning ominous or filled with *portent*. But it is very often used to mean pompous, or self-consciously serious or ominous sounding. It can also mean amazing or prodigious.

portentous는 portent의 형용사형으로, '나쁜 징조의' 또는 'portent(불길한 조짐)로 가득한'이란 뜻이다. 그러나 이 단어는 아주 빈번하게 '점잔 빼는', '의식적으로 심각한 체하는', '불길하게 들리는'의 뜻으로도 사용된다. 또한 '놀라운', '경이로운'을 의미하기도 한다.

A *portentous* speech is not one that you would enjoy listening to.

portentous speech란 '귀 기울여 듣고 싶지 않은 말'을 일컫는다.

A *portentous* announcement might be one that tried to create an inappropriate sense of alarm in those listening to it.

portentous announcement란 그것을 듣는 사람들에게 적절치 못한 공포심을 유발하려는 발표문이 될 것이다.

Portentous can also mean amazing or astonishing. A *portentous* sunset might be a remarkably glorious one rather than an ominous or menacing one.

portentous는 또한 '굉장한', '놀라운'이란 뜻도 있다. portentous sunset은 불길하다거나 위협적인 것이라기보다는 놀랄 만치 찬란한 것일 것이다.

POSTULATE [pástʃulèit] n something accepted as true without proof; an axiom
증명 없이 사실로 인정한 것(가정); 자명한 이치, 원리

A *postulate* is taken to be true because it is convenient to do so.

postulate란 그렇게 하는 것이 편리하다는 이유로 사실로 받아들이는 것이다.

- We might be able to prove a *postulate* if we had the time, but not now. A theorem is something that is proven using *postulates*.

  만약 시간이 있다면 우리는 어떤 가정을 증명할 수도 있을 것이다. 그러나 지금은 아니다. 공리란 전제된 가정을 이용해서 증명된 것을 말한다.

▶ postulate [pástʃəlit]는 동사로 쓰이기도 한다.

- Sherlock Holmes rarely *postulated* things, waiting for evidence before he made up his mind.

  셜록 홈즈는 결론을 내리기 전에 증거를 기다리기만 할 뿐 사건을 미리 가정하는 방법은 거의 쓰지 않았다.

PRAGMATIC [prægmǽtik] adj **practical; down to earth; based on experience rather than theory** 실용적인; 현실적인; 이론보다는 경험에 근거한

A *pragmatic* person is one who deals with things as they are rather than as they might be or should be.

pragmatic person이란 매사를 그럴 것이라는 가정이나 그래야만 한다는 당위보다는 실제 현실에 맞게 처리하는 사람이다.

- Erecting a gigantic dome of gold over our house would have been the ideal solution to fix the leak in our roof, but the small size of our bank account forced us to be *pragmatic*; we patched the hole with a dab of tar instead.

  우리 집 전체를 덮을 수 있는 금으로 만든 거대한 돔을 건설하는 것은 지붕의 누수를 고칠 수 있는 이상적인 해결책이 될 수도 있었다. 그러나 형편없는 은행 잔고 덕분에 우리는 현실적이 될 수밖에 없었다. 대신에 우리는 소량의 타르로 지붕의 구멍을 때웠다.

Pragmatism[prǽgmətìzm] is the belief or philosophy that the value or truth of something can be measured by its practical consequences.

pragmatism이란 사물의 가치나 진실이 실리적인 중요성에 의해서 판단될 수 있다는 신념이나 철학, 즉 '실용주의'를 말한다.

PRECEDENT [présədnt] n **an earlier example or model of something** 전례 또는 어떤 것의 전형, 모범

Precedent is a noun form of the verb to *precede*, or go before. To set a *precedent* is to do something that sets an example for what may follow.

precedent는 '앞서 가다'라는 뜻의 동사인 precede의 명사형이다. to set a precedent는 '후에 따라 할 만한 본보기가 될 일을 하다'라는 뜻이다.

- Last year's million-dollar prom set a *precedent* that the current student council hopes will not be followed in the future. That is, the student council hopes that future proms won't cost a million dollars.

  지난해의 백만 달러짜리 댄스파티는 현 학생회가 앞으로는 절대 따라하지 않기를 희망하는 선례를 남겼다. 다시 말해서 학생회는 앞으로의 댄스파티에는 비용을 백만 달러나 들이지 않기를 바라고 있다.

To be *unprecedented* is to have no *precedent*, to be something entirely new.

unprecedented는 '전례가 없는', '완전히 새로운'이라는 뜻이다.

- Urvashi's consumption of 500 hot dogs was *unprecedented*; no one had ever eaten so many hot dogs before.

  우르바시가 핫도그를 500개나 먹어 치운 것은 전례가 없는 일이었다. 지금까지 그렇게 많은 핫도그를 먹은 사람은 아무도 없었다.

PRECEPT [príːsept] n **a rule to live by; a principle establishing a certain kind of action or behavior; a maxim** 삶에 따르는 규칙(좌우명); 어떤 종류의 행동이나 태도를 결정하는 원리 원칙; 격언

- "Love thy neighbor" is a *precept* we have sometimes found difficult to follow; our neighbor is a noisy oaf who painted his house electric blue and who throws his empty beer cans into our yard.

  '네 이웃을 사랑하라.'라는 가르침은 그대로 따르기가 쉽지 않다는 것을 때때로 발견하게 된다. 우리의 이웃은 집을 온통 자극적인 강청색으로 칠을 했을 뿐만 아니라 빈 맥주 깡통을 우리 집 마당으로 집어던지는 시끄러운 얼간이이기 때문이다.

PRECIPITATE [prisípətèit] v **to cause to happen abruptly** 갑자기 일을 발생하게 만들다(몰아대다)

- A panic among investors *precipitated* last Monday's crisis in the stock market.

  투자자들 사이의 공포감이 지난 월요일 주식 시장의 위기를 촉진시켰다.

- The police were afraid that arresting the angry protestors might *precipitate* a riot.

  항의 농성자를 체포하는 것으로 폭동이 촉발되지 않을까 경찰은 걱정하고 있었다.

Precipitate[prisípitit] can also be an adjective, meaning unwisely hasty or rash. A *precipitate* decision is one made without enough thought beforehand.

precipitate는 '경솔한', '무모한'이라는 뜻의 형용사로도 쓰인다. precipitate decision이란 미리 충분히 숙고하지 않고 내린 '경솔한 결정'이라는 뜻이다.

- The school counselor, we thought, was *precipitate* when she had the tenth grader committed to a mental hospital for saying that homework was boring.

  우리가 보기에 그 학교 상담사는 현명하지 못하고 분별력이 없었다. 그녀는 10학년 학생이 숙제가 지겹다고 말한 것을 가지고 정신 병원에 보내 버렸던 것이다.

PRECIPITOUS [prisípətəs] adj **steep** 가파른, 경사가 급한

Precipitous means like a precipice, or cliff. It and *precipitate* are closely related, as you probably guessed. But they don't mean the same thing, even though *precipitous* is often used loosely to mean the same thing as *precipitate*.

precipitous는 '낭떠러지 같은' 또는 '절벽 같은'이라는 뜻이다. 아마 눈치챘겠지만, 이 단어와 precipitate(느닷없는)는 밀접한 관련이 있다. 그러나 종종 precipitous가 막연히 precipitate와 같은 의미로 쓰이더라도, 원래 두 단어는 같은 의미는 아니다.

A mountain can be *precipitous*, meaning either that it is steep or that it comprises lots of steep cliffs.

경사가 급하거나 또는 여러 개의 가파른 절벽으로 구성되어 있다는 의미에서, 산에 대하여 precipitous라는 표현을 쓸 수 있다.

Precipitous can also be used to signify things that are only figuratively steep. For example, you could say that someone had stumbled down a *precipitous* slope into drug addiction.

precipitous는 단지 비유적인 의미로 경사가 급한 것을 표현하기 위해서 사용되기도 한다. 예를 들면, '누군가 마약 중독에 이르는 급경사 길을 비틀거리며 걸어 내려갔다'는 표현을 쓸 수도 있다.

QUICK QUIZ 65

Match each word in the first column with its definition in the second column. Check your answers in the back of the book.

1. polarize	a. massive and clumsy
2. polemic	b. rule to live by
3. ponderous	c. practical
4. portent	d. powerful refutation
5. portentous	e. steep
6. postulate	f. cause to happen abruptly
7. pragmatic	g. cause opposing positions
8. precedent	h. ominous
9. precept	i. earlier example
10. precipitate	j. omen
11. precipitous	k. axiom

PRECLUDE [priklú:d] v **to prevent something from ever happening**
어떤 일이 일어나지 않게 하다, 방해하다

- Ann feared that her abysmal academic career might *preclude* her becoming a brain surgeon.

  대학에서의 지독히도 나쁜 경력 때문에 앤은 뇌 수술 전문 외과 의사가 될 수 없을까 봐 두려워하고 있었다.

PRECURSOR [prikə́:rsər] n forerunner; something that goes before and anticipates or paves the way for whatever it is that follows

선구자; 앞서 나와서 미리 예견해 주는 것, 또는 뒤이어 오는 것을 위해 (쉽게 일이 진행될 수 있도록) 길을 닦아놓는 것

- The arrival of a million-dollar check in the mail might be the *precursor* of a brand-new car.
  우편으로 도착한 백만 달러짜리 수표는 당연히 새 차를 사게 될 전조일 것이다.

- A sore throat is often the *precursor* of a cold.
  목의 통증은 종종 감기의 전조이다.

- Hard work on the practice field might be the *precursor* of success on the playing field.
  훈련장에서의 고된 연습은 실전에서의 성공의 선구가 될 것이다.

PREDILECTION [prèdəlékʃən] n a natural preference for something

어떤 것에 대한 자연스러운 애호, 편애

- The impatient judge had a *predilection* for well-prepared lawyers who said what they meant and didn't waste her time.
  성격 급한 그 판사는 해야 할 말을 정확히 해서 판사의 시간을 많이 빼앗지 않는 철저히 준비된 변호사들을 편애했다.

- Joe's *predilection* for saturated fats has added roughly a foot to his waistline in the past twenty years.
  조는 포화 지방(동물성 지방)을 좋아해서 지난 20년 동안에 허리둘레가 대략 1피트 정도 늘어나게 되었다.

PREEMINENT [pri:émənənt] adj better than anyone else; outstanding; supreme

다른 어느 누구보다도 뛰어난; 현저한; 최고의

- The nation's *preeminent* harpsichordist would be the best harpsichordist in the nation.
  그 나라의 뛰어난 하프시코디스트는 그 나라에서 최고의 하프시코디스트일 것이다.
  (주: 하프시코드는 16, 17세기에 쓰인 건반 악기로 피아노의 전신이라고 할 수 있다.)

- The Nobel Prize-winning physicist was *preeminent* in his field but he was still a lousy teacher.
  노벨상을 수상한 그 물리학자는 자신의 분야에서는 최고였지만 여전히 별 볼 일 없는 선생이었다.

▶ eminent(저명한)를 참조할 것.

PREEMPT [pri:émpt] v to seize something by prior right 우선권에 의해 무언가를 잡거나 획득하다

When television show A *preempts* television show B, television show A is shown at the time usually reserved for television show B. The word *preempt* implies that television show A is more important than television show B and thus has a greater right to the time slot.
A라는 텔레비전 프로그램이 B라는 프로그램에 대하여 우선권을 획득하면, 일반적으로 B라는 프로그램이 예약된 시간대에 A 프로그램이 방영된다. preempt라는 단어는 A 프로그램이 B 프로그램보다 더 중요하기 때문에 결국 같은 시간대에서 더 큰 권리를 갖게 된다는 의미를 내포하고 있다.

A *preemptive* action is one that is undertaken in order to prevent some other action from being undertaken.
preemptive action은 다른 행위가 시작되는 것을 막기 위해서 먼저 착수하는 '선제 조치'이다.

- When the air force launched a *preemptive* strike against the missile base, the air force was attacking the missiles in order to prevent the missiles from attacking the air force.
  공군이 미사일 기지에 대한 선제공격을 시작했다면, (적의) 미사일이 공군을 공격하는 것을 막기 위해 먼저 미사일 기지를 공격한다는 것이다.

PREMISE [prémis] n an assumption; the basis for a conclusion 가정; 결론을 내기 위한 기초, 전제

- In deciding to eat all the ice cream in the freezer, my *premise* was that if I didn't do it, you would.

  냉장고의 아이스크림을 모두 먹어 버리로 결정했을 때, 내 전제 조건은 내가 먹지 않는다면 네가 먹어 버릴 것이라는 것이었다.

- Based on the *premise* that two wrongs don't make a right, I forgave him for insulting me rather than calling him a nasty name.

  잘못을 두 번 한다고 해서 일이 바로잡아지지는 않는다는 전제에 의거하여 나를 모욕한 것에 대해 그를 욕하는 대신 용서했다.

PREPOSSESS [prì:pəzés] v to preoccupy; to influence beforehand or prejudice; to make a good impression on beforehand
마음을 빼앗다; 미리 영향을 미치다 또는 선입견을 갖게 하다; 미리 좋은 인상을 주다

This word has several common meanings. Be careful.

이 단어는 몇 개의 일반적인 뜻이 있으니 주의하라.

When a person is *prepossessed* by an idea, he or she can't get it out of his or her mind.

사람이 어떤 생각에 prepossessed(사로잡히다)되어 있을 때는 마음속에서 그 생각을 몰아낼 수가 없다.

- My dream of producing energy from old chewing-gum wrappers *prepossessed* me, and I lost my job, my home, my wife, and my children.

  나는 사용하고 버린 껌 포장지로 에너지를 생산해 내려는 꿈에 사로잡혀 있었다. 그래서 나는 직장과 가정과 아내와 아이들을 잃게 되었다.

- Experience had *prepossessed* Larry's mother not to believe him when he said that someone else had broken the window. Larry had broken it every other time, so she assumed that he had broken it this time.

  이전의 경험이 래리의 엄마에게 선입견을 갖게 해서 다른 아이가 유리창을 깨뜨렸다고 말을 해도 래리의 엄마는 그를 믿지 않았다. 래리는 그 전에도 여러 번 유리창을 깨뜨린 적이 있어서 이번에도 래리가 유리창을 깨뜨렸을 것이라고 추측했던 것이다.

- The new girl in the class was extremely *prepossessing*. The minute she walked into the room, her classmates rushed over to introduce themselves.

  그 학급에 새로 전학 온 여학생은 아주 매력적이었다. 그녀가 교실에 들어서자마자 반 아이들이 자신들을 소개하기 위해 앞다투어 몰려들었다.

Unprepossessing means unimpressive, but the word is only mildly negative.

unprepossessing은 '인상적이지 않은'이라는 뜻이지만 약간 부정적인 의미를 담고 있다.

- The quaint farmhouse had an *unprepossessing* exterior, but a beautiful interior. Who would have imagined?

  그 기묘한 농가의 겉모양은 매력이 없었지만 내부는 아름다웠다. 누가 상상이나 할 수 있었겠는가?

PREROGATIVE [prirágətiv] n a right or privilege connected exclusively with a position, a person, a class, a nation, or some other group or classification
지위, 사람, 계급, 국가, 그 밖의 그룹이나 계층 등과 관련된 권리나 특권

- Giving traffic tickets to people he didn't like was one of the *prerogatives* of Junior's job as a policeman.

  자신이 싫어하는 사람들에게 교통위반 딱지를 발부하는 것이 경찰관으로서 하위 임무의 특권 중 하나였다.

- Sentencing people to death is a *prerogative* of many kings and queens.

  사람들에게 사형을 선고할 수 있는 것은 많은 왕과 여왕의 특권이다.

- Big mansions and fancy cars are among the *prerogatives* of wealth.

  대저택과 멋진 차들은 부자만이 누릴 수 있는 특권이다.

PREVAIL [privéil] v to triumph; to overcome rivals; (with on, upon, or with) to persuade
승리하다; 경쟁자를 이기다; (on, upon, with 등과 함께 쓰여) 설득하다

When justice *prevails*, it means that good defeats evil.
정의가 prevail(승리하다)하면 그것은 '선이 악을 물리치다'라는 의미이다.

- The prosecutor *prevailed* in the murder trial; the defendant was found guilty.
  검사는 살인자를 감옥으로 보내는 데 성공했다. 피고는 유죄였다.

- My mother *prevailed* on me to make my bed. She told me she would punish me if I didn't, so I did.
  엄마는 나에게 이불을 개라고 설득했다. 내가 이불을 개지 않는다면 혼낼 것이라고 엄마는 말했다. 그래서 나는 이불을 갰다.

The adjective *prevailing* means most frequent or predominant. The *prevailing* opinion on a topic is the one that most people hold. If the *prevailing* winds are out of the north, then the wind is out of the north most of the time. A *prevailing* theory is the one most widely held at the time. It is *prevalent* [prévələnt].
형용사 prevailing은 '가장 빈번한' 또는 '우세한'의 의미이다. 어떤 주제에 대해서 prevailing opinion이란 대부분의 사람들이 생각하고 있는 '지배적인 의견'이라는 뜻이다. 만약 prevailing winds(우세한 바람, 항풍)가 북쪽에서 불어오는 것이라면, 그 바람은 거의 언제나 일정하게 북쪽에서 불어온다. prevailing theory란 일정한 시기에 가장 폭넓게 지지받고 있는 '유력한 이론'을 일컬으며, 그것은 prevalent(유력한)라고 표현할 수 있다.

PRISTINE [prísti:n] adj original; unspoiled; pure   원래의; 오염되지 않은; 순수한

An antique in *pristine* condition is one that hasn't been tampered with over the years. It's still in its original condition.
pristine condition(최초의 상태)을 간직한 골동품이란 만들어진 이래로 손을 댄 흔적이 전혀 없는 것을 말한다. 그것은 여전히 원래의 상태에 있는 것이다.

A *pristine* mountain stream is a stream that hasn't been polluted.
pristine mountain stream은 전혀 오염되지 않은 계곡이다.

PRODIGAL [prádigəl] adj wastefully extravagant   흥청망청 마구 낭비하는

- The chef was *prodigal* with her employer's money, spending thousands of dollars on ingredients for what was supposed to be a simple meal.
  그 주방장은 고용주의 돈을 가지고 낭비가 심해서, 간단한 음식으로 생각되는 것에도 재료비로 수천 달러를 써 버렸다.

- The young artist was *prodigal* with his talents: he wasted time and energy on greeting cards that might have been devoted to serious paintings.
  젊은 화가는 자신의 재능을 함부로 사용했다. 그는 진정한 그림을 그리는 데 바쳤어야 할 시간과 정력을 축하 카드나 그리면서 소모하고 있었다.

- The *prodigal* gambler soon found that she couldn't afford even a two-dollar bet.
  방탕한 노름꾼은 단돈 2달러도 배팅할 여유가 없다는 사실을 곧 깨닫게 되었다.

▶ 명사형은 prodigality(낭비, 헤픔)이다.

Match each word in the first column with its definition in the second column. Check your answers in the back of the book.

1. preclude		a.	outstanding
2. precursor		b.	triumph
3. predilection		c.	seize by prior right
4. preeminent		d.	wastefully extravagant
5. preempt		e.	unspoiled
6. premise		f.	natural preference
7. prepossess		g.	preoccupy
8. prerogative		h.	right or privilege
9. prevail		i.	assumption
10. pristine		j.	forerunner
11. prodigal		k.	prevent

PRODIGIOUS [prədídʒəs] adj **extraordinary; enormous** 비상한; 거대한

- To fill the Grand Canyon with ping-pong balls would be a *prodigious* undertaking; it would be both extraordinary and enormous.

  그랜드 캐니언을 탁구공으로 가득 채운다는 것은 엄청난 일이 될 것이다. 그 일은 특이하고도 거창한 일일 것이다.

- The little boy caught a *prodigious* fish—it was ten times his size and might more easily have caught him had their situations been reversed.

  작은 소년이 거대한 물고기를 낚았다. 그 물고기는 소년보다 10배나 커서 입장이 거꾸로 되었더라면 물고기가 소년을 더 쉽게 잡았을 것이다.

▶ prodigy(영재)를 참조할 것.

PRODIGY [prádədʒi] n **an extremely talented child; an extraordinary accomplishment or occurrence** 대단한 재능을 가진 아이, 신동; 놀라운 업적 또는 사건, 일

- The three-year-old *prodigy* could play all of Beethoven and most of Brahms on her harmonica.

  세 살짜리 신동은 자신의 하모니카로 베토벤의 모든 곡과 브람스의 대부분의 곡을 연주할 수 있었다.

- Barry was a mathematical *prodigy*; he had calculated *pi* to 100 decimal places almost before he could walk.

  배리는 수학의 천재였다. 그는 걸음마를 배우기도 전에 파이(π)를 소수점 100자릿수까지 계산했었다.

- Josephine's tower of dominoes and Popsicle sticks was a *prodigy* of engineering.

  조세핀이 도미노 패와 아이스크림 막대기로 만든 탑은 공학의 불가사의였다.

PROFANE [prəféin] adj not having to do with religion; irreverent; blasphemous
종교와 관계가 없는(세속적인); 불손한; 불경스러운

Profane is the opposite of sacred. Worshiping the almighty dollar is *profane*. *Profane* can also mean disrespectful of religion. Cursing in class would be *profane*.

profane은 'sacred(성스러운)'의 반의어이다. 황금만능주의를 신봉하는 것은 profane(세속적인)이다. profane이라는 단어에는 '종교를 경멸하는'이라는 의미도 있다. 수업 시간에 악담하는 것은 profane(불손한)일 것이다.

Sticking out your tongue in church would be a *profane* gesture.
예배 중에 혀를 내미는 것은 profane(불경스러운)인 몸짓이 될 것이다.

▶ profane은 동사로도 쓰인다.

- You *profaned* the classroom by cursing in it.
  너는 수업 중에 욕을 해서 교실을 모독했다.

- Nick *profaned* his priceless Egyptian statue by using it as a doorstop.
  닉은 불경스럽게도 값을 매길 수 없을 정도로 귀중한 이집트의 조각상을 문을 고정하는 버팀 쇠로 잘못 사용했다.

▶ 명사형은 profanity[prəfǽnəti] (신성 모독, 불경)이다.

Spray painting the hallways at school would be an act of *profanity*.
학교 복도에 분무칠하는 것은 profanity(모독)의 행위가 될 것이다.

PROFESS [prəfés] v to declare; to declare falsely or pretend 공언하다; 거짓으로 선언하다, ~인 체하다

- Jason *professed* to have taught himself calculus.
  제이슨은 스스로 수학공부를 하겠다고 공언했다.

- No one in our town was fooled by the candidate's *professed* love for llama farmers; everyone knew she was just trying to win votes from the pro-llama faction.
  라마 축산업자들에게 애정을 갖고 있는 척하는 그 후보에게 속아 넘어가는 사람이 우리 마을에는 아무도 없었다. 그녀가 단지 라마 축산업을 옹호하는 파벌로부터 표를 얻기 위해 그럴 뿐이라는 것을 모든 사람들은 알고 있었다.

PROFICIENT [prəfíʃənt] adj thoroughly competent; skillful; good (at something)
완전하게 능력을 갖춘; 숙련된; (어떤 일에) 능한

- Lillian was a *proficient* cabinetmaker. She could make a cabinet that would make you sit back and say, "Now, there's a cabinet."
  릴리안은 능숙한 가구 제작자였다. 그녀는 당신이 깊숙이 앉아 "음, 진짜 가구가 여기 있군."이라고 말할 수 있을 만큼 좋은 가구를 만들 수 있었다.

- I fiddled around at the piano for many years but never became *proficient* at playing.
  나는 피아노 앞에서 빈둥거리며 여러 해를 보냈지만 연주하는 데는 결코 능숙해지지 못했다.

- Lucy was merely competent, but Molly was *proficient* at plucking canaries.
  루시는 단지 할 수 있을 뿐이었지만, 몰리는 카나리아 털 뽑는 데는 선수였다.

Proficiency is the state of being *proficient*.
proficiency는 '능숙한 상태'이다.

PROFLIGATE [práfligət] adj **extravagantly wasteful and, usually, wildly immoral**
지나치게 낭비하는, 일반적으로 심하게 비도덕적인

- The fraternity members were a *profligate* bunch; they held all-night parties on weeknights and nearly burned down their fraternity house with their shenanigans every weekend.

  그 남학생 사교 클럽의 회원들은 난봉꾼 패거리들이었다. 그들은 평일 밤에는 밤새도록 파티를 벌였고, 주말이 되면 언제나 그들의 모임 장소는 허튼소리의 열기에 휩싸였다.

- The young heir was *profligate* with her fortune, spending millions on champagne and racehorses.

  젊은 상속인은 술과 경마에 수백만 달러를 탕진하면서 유산을 흥청망청 낭비했다.

PROFOUND [prəfáund] adj **deep (in several senses)** (여러 가지 의미에서) 깊은

Profound understanding is deep understanding.

profound understanding은 깊이 있는 이해를 말한다.

To say something *profound* is to say something deeply intelligent or discerning.

to say something profound는 매우 지적이거나 통찰력 있는 말을 하다라는 뜻이다.

Profound respect is deep respect. *Profound* horror is deep horror.

profound respect는 깊은 존경심을 말한다. profound horror는 극심한 공포이다.

▶ 명사형은 profundity [prəfʌ́ndəti] (깊이, 심오함)이다.

PROFUSE [prəfjú:s] adj **flowing; extravagant** 넘치도록 많은; 낭비하는

- When we gave Marian our house, our car, and all our clothes, her gratitude was *profuse*.

  우리의 집, 차, 그리고 우리 옷의 전부를 마리안에게 주었을 때 그녀는 과분할 정도로 고마워했다.

- My teacher said I had done a good job, but his praise was far from *profuse*. I got the feeling he hadn't really liked my epic poem about two dinosaurs who fall in love just before they become extinct.

  선생님은 내가 좋은 작품을 썼다고 말했지만 결코 아낌없는 칭찬은 아니었다. 나는 선생님께서 멸종 직전에 사랑에 빠진 두 마리 공룡에 관한 나의 서사시를 실제로는 좋아하지 않는다는 느낌을 받았다.

- The grieving widow's tears were *profuse*. She had tears in *profusion*.

  몹시 슬퍼하던 미망인의 눈에 눈물이 넘쳐흘렀다. 그녀는 아주 많이 울었다.

PROLETARIAT [pròulitɛ́əriət] n **the industrial working class** 산업 노동자 계급

The *proletariat* is the laboring class—blue-collar workers or people who roll up their shirtsleeves to do an honest day's work.

proletariat(프롤레타리아)은 육체노동자들이나 정직한 그날의 노동을 위해 소매를 말아 올리는 노동 계급이다.

PROLIFERATE [prəlífərèit] v **to spread or grow rapidly** 빠르게 퍼지거나 자라다

- Honey bees *proliferated* when we filled our yard with flowering plants.

  정원에 화초들을 가득 심어 놓으니까 꿀벌들이 급격히 증가했다.

- Coughs and colds *proliferate* when groups of children are cooped up together during the winter.

  겨울 동안 아이들 집단을 함께 모아 놓으면 기침과 감기가 급속히 퍼진다.

- The police didn't know what to make of the *proliferation* of counterfeit money in the north end of town.

  경찰은 도시의 북쪽 끝에서 위조 화폐가 급속히 확산되는 이유가 무엇인지 알지 못했다.

PROLIFIC [prəlífik] adj **abundantly productive; fruitful or fertile** 생산력이 풍부한; 수확이 많은, 비옥한

A *prolific* writer is a writer who writes a lot of books. A *prolific* artist is an artist who paints a lot of pictures.

prolific writer는 다작을 하는 작가이다. prolific artist는 '그림을 많이 그려내는 화가'이다.

- The old man had been extraordinarily *prolific*; he had thirty children and more than one hundred grandchildren.

  그 노인은 자식을 엄청나게 많이 낳았다. 노인에게는 서른 명의 자식과 백 명이 넘는 손자들이 있었다.

QUICK QUIZ

Match each word in the first column with its definition in the second column. Check your answers in the back of the book.

1.	prodigious	a.	declare
2.	prodigy	b.	irreverent
3.	profane	c.	abundantly productive
4.	profess	d.	flowing
5.	proficient	e.	extremely talented child
6.	profligate	f.	extraordinary
7.	profound	g.	spread rapidly
8.	profuse	h.	deep
9.	proletariat	i.	thoroughly competent
10.	proliferate	j.	extravagantly wasteful
11.	prolific	k.	industrial working class

PROMULGATE [práməlgèit] v **to proclaim; to publicly or formally declare something**

선언하다; 공개적으로 또는 정식으로 무엇을 공표하다

- The principal *promulgated* a new dress code over the loudspeaker system: red, green, yellow, and blue were the only permissible artificial hair colors.

  교장은 확성기에 대고 새로운 복장 규범을 선포했다. 머리를 인위적으로 염색할 수 있는 색깔로 빨강, 초록, 노랑, 파랑만이 유일하게 허용되었다.

PROPENSITY [prəpénsəti] n **a natural inclination or tendency; a predilection**

타고난 기호 또는 경향; 편애

- Jessie has a *propensity* for saying stupid things: every time she opens her mouth, something stupid comes out.

  제시는 어리석은 말만 하는 경향이 있다. 그녀가 입을 열면 언제나 바보 같은 이야기가 튀어나온다.

- Edwin's *propensity* to sit around all day doing nothing came into conflict with his mother's *propensity* to kick him out of the house.

  하루 종일 아무것도 하지 않고 빈둥거리기를 좋아하는 에드윈의 성향과 그를 집 밖으로 내보내고 싶어하는 엄마의 성향이 충돌하게 되었다.

PROPITIOUS [prəpíʃəs] adj marked by favorable signs or conditions
호의적인 표시나 상황을 나타내는

- Rush hour is not a *propitious* time to drive into the city.

  출퇴근 시간은 시내에 차를 몰고 들어가기에는 좋은 시간이 아니다.

- The early negotiations between the union and the company had been so *propitious* that no one was surprised when a new contract was announced well before the strike deadline.

  노동조합과 회사 간의 초기 협상이 워낙 호의적이었기 때문에, 파업 개시 시한 훨씬 전에 새로운 합의안이 발표되었을 때 놀라는 사람은 아무도 없었다.

PROPONENT [prəpóunənt] n an advocate; a supporter of a position 주창자; 입장의 지지자, 대변인

Proponent and *opponent* are antonyms.

proponent(지지자)와 opponent(반대자)는 서로 반의어이다.

- The *proponents* of a tax increase will probably not be re-elected next fall.

  세금 인상을 지지하는 사람들은 아마도 다음 가을 선거에는 재선되지 못할 것이다.

PROPRIETARY [prəpráiətèri] adj characteristic of an owner of property; constituting property 재산 소유자에게 특징적인; 재산을 이루는

To take a *proprietary* interest in something is to act as though you own it.

어떤 것에 proprietary interest(독점적인 관심)를 갖는 것은 마치 그것을 소유하고 있는 것처럼 행동하는 것이다.

- George felt *proprietary* about the chocolate cookie recipe; he had invented it himself.

  조지는 초콜릿 쿠키 요리법에 대해 독점 의식을 갖고 있었다. 그 자신이 그 요리법을 만들어냈던 것이다.

- The company's design for musical toilet paper is *proprietary*. The company owns it, and outsiders are not allowed to examine it.

  음악 소리가 나는 화장실 휴지에 관한 설계도는 그 회사의 소유이다. 그 회사가 소유권을 갖고 있기 때문에 외부 사람들은 볼 수 없다.

A *proprietor* [prəpráiətər] is an owner.

proprietor는 '소유주'를 의미한다.

PROPRIETY [prəpráiəti] n properness; good manners 적절함; 예의 바름

- The old lady viewed the little girl's failure to curtsy as a flagrant breach of *propriety*. She did not approve of or countenance such *improprieties*.

  여성의 전통 인사법도 제대로 하지 못하는 소녀를 보고, 노부인은 그녀를 아주 버릇없는 아이라고 생각했다. 부인은 소녀의 무례를 용서하지도 모른 척하지도 않았다.

- *Propriety* prevented the young man from trashing the town in celebration of his unexpected acceptance by the college of his choice.

  청년은 지원한 대학으로부터 기대하지도 않았던 입학 허가서를 받고 합격을 축하하는 파티를 열었지만, 예의를 지키느라 마을을 소란스럽게 하지는 않았다.

Propriety derives from *proper*, not *property*, and should not be confused with *proprietary*.

propriety는 property(재산)가 아니라 proper(적절한)에서 파생한 단어로, proprietary(소유주의)와 혼동하지 않도록 주의한다.

PROSAIC [prouzéiik] adj dull; unimaginative; like prose (as opposed to poetry)
지루한; 상상력이 빈곤한; 산문 같은(시적인 것에 반대된다는 의미로)

- Her description of the battle was so *prosaic* that it was hard for her listeners to believe that any of the soldiers had even been wounded, much less blown to smithereens.

  그녀가 그 전투를 너무나 무미건조하게 설명했기 때문에 청중들은 그 전투에서 산산조각이 나서 날아간 것은 고사하고 부상당한 병사가 있었다는 사실조차 믿기 어려웠다.

- The little boy's ambitions were all *prosaic*: he wanted to be an accountant, an auditor, or a claims adjuster.

  소년의 꿈은 모두 상상력이 빈곤한 것들뿐이었다. 소년은 회계사나 회계 감사원, 아니면 보험 지급액 산정 계원이 되고 싶어 했다.

PROSCRIBE [prouskráib] v to outlaw; to prohibit 법률의 보호 밖에 두다; 금지하다

- Spitting on the sidewalk and shooting at road signs were both *proscribed* activities under the new administration.

  인도에 침을 뱉거나 도로 표지판에 총을 쏘는 행위는 새로운 정부 하에서는 모두 법에 저촉되는 행동이었다.

- The young doctor *proscribed* smoking in the waiting room of his office.

  신참 의사는 진료 대기실에서의 흡연을 금지시켰다.

The act of *proscribing* is *proscription*; an individual act of *proscribing* is also a *proscription*.

명사형은 proscription(금지)이다. (법과 기관에 의하지 않은) 사적인 제재도 역시 proscription이다.

PROSELYTIZE [prásəlitàiz] v to convert (someone) from one religion or doctrine to another; to recruit converts to a religion or doctrine
종교나 주의, 신조 등을 전향시키다; 종교나 주의, 신조의 전향자를 모집하다, 전도하다

- The former Methodist had been *proselytized* by a Lutheran deacon.

  이전에 감리교 신자였던 그 사람은 루터파의 한 집사에 의해 개종한 사람이었다.

- The airport terminal was filled with *proselytizers* from a dozen different sects, cults, and religions. They were attempting to *proselytize* the passengers walking through the terminal.

  수십여 개의 종파와 이교와 그밖에 다른 종교의 전도사들이 공항 터미널에 가득했다. 그들은 터미널을 오가는 승객들을 대상으로 포교 활동을 하고 있었다.

PROTAGONIST [proutǽgənist] n the leading character in a novel, play, or other work; a leader or champion
소설이나 연극, 기타 작품 속의 주역; 지도자 또는 우승자

- Martin Luther King Jr. was a *protagonist* in the long and continuing struggle for racial equality.

  마틴 루터 킹 2세는 인종 간의 평등을 향한 길고도 끊임없는 투쟁의 지도자였다.

- The *protagonist* of the movie was an eleven-year-old boy who saved his hometown from destruction by eating all the doughnuts that the mad scientist had been using to fuel his nuclear reactor.

  영화의 주인공은 고향을 파멸의 위기에서 구해낸 열한 살짜리 소년이었다. 소년은 미친 과학자가 원자로의 연료로 사용하고 있던 도넛들을 몽땅 먹어 치움으로써 고향을 구해낼 수 있었다.

- The mad scientist was the boy's chief *antagonist*. An *antagonist* is an opponent or adversary.

  미친 과학자는 소년의 주요한 상대역이었다. 여기서 antagonist는 '적대적으로 대립하는 인물'이나 '상대역'을 의미한다.

PROTRACT [proutrǽkt] v to prolong 연장하다

- **The trial was so *protracted* that one of the jurors died of old age.**
어느 배심원은 노환으로 사망했을 정도로 그 재판은 오래 끌며 진행되었다.

- **The commencement speaker promised not to *protract* her remarks, but then she spoke for two solid hours. It was a *protracted* speech.**
졸업식의 연사는 오래 끌지 않기로 약속을 했지만 정확히 두 시간이나 연설을 했다. 그야말로 질질 끈 연설이었다.

PROVIDENT [právədənt] adj preparing for the future; providing for the future; frugal
선견지명의; 미래에 대비하는; 검소한, 절약하는

- **We were *provident* with our limited food supplies, knowing that the winter ahead would be long and cold.**
다가올 겨울이 길고 추울 것이라는 사실을 알고 있었기 때문에 우리는 식량 공급을 제한해서 앞일에 대비했다.

- **The *provident* father had long ago set aside money for the college education of each of his children.**
선견지명이 있는 아버지는 자식들의 대학 교육을 위해 오래 전부터 저축을 하고 있었다.

To be *improvident* is to fail to provide for the future.
반의어 improvident는 '미래에 대비하지 않는'의 뜻이다.

- **It was *improvident* of the grasshopper not to store any food for the winter, unlike his acquaintance the *provident* ant.**
항상 미래를 준비하는 이웃의 개미와는 달리 베짱이는 앞일을 전혀 생각하지 않고 다가올 겨울에 대비한 식량을 하나도 모아놓지 않았다.

QUICK QUIZ 68

Match each word in the first column with its definition in the second column. Check your answers in the back of the book.

1. promulgate	a. natural inclination
2. propensity	b. good manners
3. propitious	c. advocate
4. proponent	d. prohibit
5. proprietary	e. prolong
6. propriety	f. leading character
7. prosaic	g. constituting property
8. proscribe	h. frugal
9. proselytize	i. dull
10. protagonist	j. marked by favorable signs
11. protract	k. convert
12. provident	l. proclaim

PROVINCIAL [prəvínʃəl] adj limited in outlook to one's own small corner of the world; narrow 자신의 작은 세계로 시야가 한정된; 좁은, 편협한, 제한된

- The farmers were very *provincial*; they had no opinions about anything but the price of corn and no interest in anything except growing more of it.

  농부들의 시각은 매우 제한적이었다. 그들은 옥수수의 가격에 관한 것 외에는 달리 의견도 없었고, 옥수수를 더 많이 재배하는 것 말고는 관심도 없었다.

- New Yorkers have reputations for being very sophisticated and cosmopolitan, but most of them are actually *provincial*; they act as though nothing of interest had ever happened west of the Hudson River.

  뉴욕 시민들은 대단히 세련되고 국제적인 것으로 유명하다. 그러나 사실상 그들 대부분은 상당히 편협한 편이다. 그들은 허드슨 강 서쪽에서는 아무런 흥미 있는 일이 일어난 적이 없는 듯이 행동한다.

PROVISIONAL [prəvíʒənl] adj conditional; temporary; tentative 잠정적인, 조건부의; 일시적인; 임시의

- Louis had been accepted as a *provisional* member of the club. He wouldn't become a permanent member until the other members had had a chance to see what he was really like.

  루이스는 그 클럽의 임시 회원으로 받아들여졌다. 다른 회원들이 그가 실제로 어떤 사람인지 알게 될 때까지는 루이스는 정규 회원이 될 수 없을 것이다.

- The old woman's offer to donate $10,000 to the charity was *provisional*; she said that she would give the money only if the charity could manage to raise a matching sum.

  노부인은 그 자선 단체에 조건부로 만 달러를 기부하겠다고 제의했다. 그녀는 자선 단체가 별도로 만 달러를 모금하게 되었을 때에만 그 돈을 기부하겠다고 말했다.

PROXIMITY [praksíməti] n nearness 가까움, 근접

- I can't stand being in the *proximity* of a kid's birthday party. There is just too much noise.

  나는 어린이의 생일 파티 장소 근처에는 있을 수가 없다. 너무 소음이 많다.

- In a big city, one is almost always in the *proximity* of a restaurant.

  큰 도시에서는 사람들 근처에 거의 언제나 레스토랑이 있다.

PRUDENT [prú:dnt] adj careful; having foresight 조심성 있는; 선견지명이 있는

- Joe is a *prudent* money manager. He doesn't invest heavily in racehorses, and he puts only a small part of his savings in the office football pool. Joe is the epitome of *prudence*.

  조는 조심성 있게 돈을 관리하는 사람이다. 그는 경마에 큰돈을 투자하는 법도 없고 실내 풋볼 도박에도 저축액 중에서 아주 적은 액수만을 판돈으로 건다. 조는 신중한 인간의 전형이다.

▶ 반의어는 imprudent(경솔한)이다.

- It was *imprudent* of us to pour gasoline all over the floor of our living room and then light a fire in the fireplace.

  우리는 경솔하게도 거실 바닥 전체에 휘발유를 쏟아놓고 나서 벽난로에 불을 붙였다.

PURPORTED [pərpɔ́:rtid] adj rumored; claimed 소문난; 주장하는

- The heiress is *purported* to have been kidnapped by adventurers and buried in a concrete vault beneath the busiest intersection in Times Square. No one believes this story except the psychic who was consulted by the police.

  상속녀는 돈을 노린 사기꾼들에게 납치되어 타임스퀘어 광장의 번잡한 교차로 밑에 있는 콘크리트 지하실에 묻혀있다는 소문이다. 경찰이 자문을 의뢰한 심령술사를 제외하고는 그 이야기를 믿는 사람은 아무도 없다.

To *purport* something is to claim or allege it.

purport는 어떤 일을 '주장하다' 또는 단언하다'라는 뜻이다.

PUTATIVE [pjúːtətiv] adj **commonly accepted; supposed; reputed**
일반적으로 인정되는; 추정상의; 일컬어지는

• The *putative* reason for placing the monument downtown is that nobody had wanted it uptown.
그 기념물을 도심지에 세우는 추정상의 이유는 그것을 주택지구에 세우는 것을 아무도 원하지 않았기 때문이다.

When you use the word *putative*, **you emphasize that the reason is only supposed, not proven.**
putative라는 단어를 사용하면 증명되지 않은 오로지 '추정에 의한' 판단임을 강조하는 것이다.

QUICK QUIZ

Match each word in the first column with its definition in the second column. Check your answers in the back of the book.

1. provincial   a. commonly accepted

2. provisional   b. nearness

3. proximity   c. narrow in outlook

4. prudent   d. rumored

5. purported   e. careful

6. putative   f. conditional

Q

QUALIFY [kwáləfài] v **to modify or restrict** 수식하거나 제한하다

You already know the primary meaning of *qualify*. Here's another meaning.
여러분은 이미 qualify의 주요한 의미(자격을 주다, 권한을 주다)를 알고 있다. 여기 또 다른 뜻이 있다.

- Susan *qualified* her praise of Judith by saying that her kind words applied only to Judith's skillful cooking and not to her abhorrent personality. Judith was upset by Susan's *qualification*.

  수잔은 자신의 칭찬이 단지 주디스의 능숙한 요리 솜씨에 관한 것일 뿐 그녀의 끔찍한 성격에 대한 것은 아니라고 말함으로써 주디스에 대한 칭찬의 범위를 제한했다. 주디스는 수잔의 반짜리 평가에 당황했다.

- The library trustees rated their fund-raiser a *qualified* success: many more people than expected had come, but virtually no money had been raised.

  도서관 관리자들은 기금 모금이 반짜리 성공이라고 평가했다. 예상보다 더 많은 사람들이 왔지만, 실제적으로 기금은 모이지 않았다.

An *unqualified* success is a complete, unrestricted success.
unqualified success는 '완전한, 제한이 없는 성공'이다.

QUALITATIVE [kwálitèitiv] adj **having to do with the quality or qualities of something (as opposed to the quantity)** 사물의 질과 관련된(양에 반대되는 개념으로)

If a school achieves a *qualitative* improvement in enrollment, it means the school is being attended by better students. If the school achieves a *quantitative* improvement, it means the school is being attended by more students.
학교 등록생들 차원에서 qualitative improvement(질적인 향상)가 있다면, 그것은 더 좋은 학생들이 생겼다는 의미이다. quantitative improvement(양적인 발전)를 이룬다면, 그 말은 학교의 학생 수가 더 많아졌다는 의미이다.

- The difference between the two restaurants was *quantitative* rather than *qualitative*. Both served the same dreadful food, but the second restaurant served more of it.

  두 식당의 차이점은 질적인 문제라기보다는 양적인 문제였다. 둘 다 음식 맛은 끔찍하지만, 그래도 두 번째 식당은 양이라도 많이 주었다.

QUERULOUS [kwérjuləs] adj **complaining; grumbling; whining** 불평하는; 툴툴대는; 푸념하는, 우는 소리를 하는

Although a *query* is a question, *querulous* does not mean questioning.
query는 '의문(question)'의 의미이지만, querulous가 '의심하는(questioning)'을 의미하지는 않는다.

- The exasperated mother finally managed to hush her *querulous* child.

  아이의 불평에 화가 난 어머니는 결국 툴툴대는 아이의 입을 다물게 했다.

- The *querulous* voices of the students, who believed that their quizzes had been graded too harshly, could be heard all the way at the other end of the school building.

  시험 점수가 너무 가혹하다고 생각하는 학생들의 불평에 찬 목소리가 학교 건물 다른 쪽 끝까지 들려왔다.

QUIXOTIC [kwiksátik] adj romantic or idealistic to a foolish or impractical degree
어리석거나 비현실적일 정도로 낭만적인, 또는 이상주의적인

The word *quixotic* is derived from the name of Don Quixote, the protagonist of Miguel de Cervantes's classic 17th-century novel. Don Quixote had read so many romances about the golden age of chivalry that he set out to become a knight himself and have chivalrous adventures. Instead, his romantic idealism almost invariably got him into trouble. To be *quixotic* is to be as foolish or impractical as Don Quixote in pursuing an Ideal.

quixotic이란 단어는 17세기 미구엘 드 세르반테스가 쓴 고전 소설의 주인공 이름인 Don Quixote(돈키호테)에서 유래한 것이다. 돈키호테는 기사도의 황금기에 관한 소설을 너무 많이 읽은 나머지 스스로 기사가 되기로 마음먹고 기사도 정신을 실천할 모험을 위해 길을 떠났다. 그러나 그의 낭만적인 생각은 거의 언제나 그를 곤경에 빠뜨렸다. quixotic은 이상만 추구한다는 점에서 돈키호테만큼 '어리석고 비현실적인'이라는 뜻이다.

- For many years Mr. Morris had led a *quixotic* effort to repeal the federal income tax.

  여러 해 동안 모리스 씨는 연방 정부의 소득세를 폐지하기 위해 어리석을 만치 애를 썼다.

- The political organization had once been a powerful force in Washington. However, its membership had dwindled, and its causes had become increasingly *quixotic*.

  그 정치 단체는 한때 워싱턴에서 막강한 힘을 발휘했었다. 그러나 회원 수는 점점 줄어들고 그들의 주장도 점점 현실성을 잃어 갔다.

QUICK QUIZ 70

Match each word in the first column with its definition in the second column. Check your answers in the back of the book.

1. qualify
2. qualitative
3. quantitative
4. querulous
5. quixotic

a. having to do with quantity
b. foolishly romantic
c. complaining
d. modify or restrict
e. having to do with quality

R

RAMIFICATION [ræ̀məfikéiʃən] n **a consequence; a branching out** 결과; 갈래, 가지, 분파

A tree could be said to *ramify*, or branch out, as it grows. A *ramification* is a consequence that grows out of something in the same way that a tree branch grows out of a tree trunk.

나무는 자라면서 가지를 낸다(ramify) 또는 가지를 뻗는다(branch out)고 말할 수 있다. ramification은 나무줄기에서 나뭇가지가 생겨나 자라는 것처럼 무엇에서 '파생한 결과'를 의미하는 단어이다.

- The professor found a solution to the problem, but there are many *ramifications*. Some experts are afraid that she has created more problems than she has solved.

  교수는 그 문제에 대한 해답을 찾았지만 결과는 다양하다. 몇몇 전문가들은 그녀가 풀어낸 해법보다 더 많은 문제를 만들어내지 않았을까 걱정하고 있다.

RANCOR [rǽŋkər] n **bitter, long-lasting ill will or resentment**
격렬하고 오래 지속되는 악의, 또는 원한, 증오

- The mutual *rancor* felt by the two nations eventually led to war.

  서로 간의 뿌리 깊은 증오가 결국 두 나라를 전쟁으로 이끌었다.

- Jeremy's success produced such feelings of *rancor* in Jessica, his rival, that she was never able to tolerate being in the same room with him again.

  제레미의 성공은 라이벌인 제시카에게 너무나 깊은 증오심을 남겨 주어서 그녀는 더 이상 그와 같은 방에서 지내는 것을 결코 참을 수가 없었다.

▶ 형용사형은 rancorous(원한이 있는)이다.

- The *rancorous* public exchanges between the two competing boxers are strictly for show; outside the ring, they are the best of friends.

  시합 중인 두 권투 선수가 공개적으로 악의가 가득한 언행을 서로 교환하는 것은 철저히 구경거리를 위한 것이다. 링을 벗어나면 그들은 둘도 없는 친구 사이이다.

RAPACIOUS [rəpéiʃəs] adj **greedy; plundering; avaricious** 탐욕스러운; 약탈하는; 욕심 많은

- Wall Street investment bankers are often accused of being *rapacious*, but they claim they are performing a valuable economic function.

  월스트리트의 투자 은행가들은 욕심이 과하다고 자주 비난받는다. 그러나 그들은 가치 있는 경제적 역할을 수행하고 있다고 주장한다.

▶ 명사형은 rapacity [rəpǽsəti] (강탈, 탐욕)이다.

REBUKE [ribjúːk] v **to criticize sharply** 신랄하게 비난(비평)하다

- We trembled as Mr. Solomon *rebuked* us for flipping over his car and taking off the tires.

  자신의 차를 뒤집어엎고 바퀴까지 빼 버렸다고, 솔로몬 씨가 우리를 매섭게 야단쳐서 우리는 겁이 나 벌벌 떨었다.

A piece of sharp criticism is called a *rebuke*.
'신랄한 비난'을 rebuke라 한다.

- When the students got caught cheating on their French test, the principal delivered a *rebuke* that made their ears twirl.

  학생들이 프랑스 어 시험에서 부정행위를 하다가 걸렸을 때 교장은 학생들의 귀가 빙빙 돌 정도로 매섭게 야단을 쳤다.

REBUT [ribʌt] v **to contradict; to argue in opposition to; to prove to be false**
반박하다; 반대하는 입장에서 주장하다; 거짓임을 입증하다

- They all thought I was crazy, but none of them could *rebut* my argument.

  그들은 모두 내가 미쳤다고 생각했다. 그러나 그들 중 어느 누구도 나의 주장을 반박하지 못했다.

- The defense attorney attempted to *rebut* the prosecutor's claim that the defendant's fingerprints, hair, clothing, signature, wallet, wristwatch, credit cards, and car had been found at the scene of the crime.

  피고 측 변호인은 피고인의 지문과 머리카락, 옷, 서명, 지갑, 손목시계, 신용카드, 그리고 자동차 등이 범죄 현장에서 발견되었다는 검사 측의 주장을 반박하고자 했다.

An act or instance of *rebutting* is called a *rebuttal*. *Rebut* and *refute* are synonyms.
rebutting(반박하기)의 행위나 사례를 rebuttal(반증)이라 한다. rebut와 refute(논박하다)는 서로 동의어이다.

RECALCITRANT [rikǽlsitrənt] adj **stubbornly defiant of authority or control; disobedient**
권위나 통제에 완강하게 반항하는; 순종하지 않는

- The *recalcitrant* cancer continued to spread through the patient's body despite every therapy and treatment the doctors tried.

  난치성 암은 의사들이 시도하는 모든 약물 요법과 치료에도 불구하고 환자의 몸 전체로 계속적으로 퍼져 갔다.

- The country was in turmoil, but the *recalcitrant* dictator refused even to listen to the pleas of the international representatives.

  그 나라는 혼란 상황이었다. 그러나 완강하게 버티고 있던 독재자는 심지어 국제 대표부의 탄원마저 들으려 하지 않았다.

RECANT [rikǽnt] v **to publicly take back and deny (something previously said or believed); to openly confess error**
공식적으로 철회하고 부인하다(이전에 말했던 것이나 믿었던 것을); 공개적으로 실수를 고백하다

- The chagrined scientist *recanted* his theory that mice originated on the moon; it turned out that he had simply mixed up the results of two separate experiments.

  그 과학자는 억울해하면서 쥐가 달에서 기원했다는 자신의 이론을 공식적으로 철회했다. 그가 두 개의 서로 다른 실험 결과를 단순히 혼동했을 뿐이라는 사실이 밝혀졌던 것이다.

- The secret police tortured the intellectual for a week, by tickling her feet with a feather duster, until she finally *recanted*.

  비밀경찰은 결국 그 지식인이 자신의 주장을 철회할 때까지 깃털로 만든 먼지떨이로 그녀의 발을 간질이는 방법으로 일주일 동안이나 고문했다.

▶ 명사형은 recantation(취소, 변설)이다.

RECIPROCAL [risíprəkəl] adj **mutual; shared; interchangeable**
상호 간의; 함께하는, 공유하는; 교환할 수 있는

- The Rochester Club had a *reciprocal* arrangement with the Duluth Club. Members of either club had full privileges of membership at the other.
  로체스터 클럽과 두러스 클럽은 상호간 협정을 맺었다. 어느 한 클럽의 회원은 상대 클럽의 정회원으로서의 모든 특권을 갖게 되었다.

- Their hatred was *reciprocal*; they hated each other.
  그들의 증오는 상호적이었다. 그들은 서로 상대방을 증오했다.

To *reciprocate* is to return in kind, to interchange, or to repay.

reciprocate는 '똑같이 돌려주다', '교환하다', '돈을 갚다'라는 뜻이다.

- Our new neighbors had us over for dinner several times, but we were unable to *reciprocate* immediately because our dining room was being remodeled.
  우리의 새 이웃은 여러 번 우리를 식사에 초대했다. 그러나 우리는 주방을 개조하는 중이었기 때문에 곧바로 답례를 할 수가 없었다.

Reciprocity [rèsəprásəti] is a *reciprocal* relation between two parties, often whereby both parties gain.

reciprocity는 양당 사이에서 '상호 주고받는 관계'를 의미하는데, 대개는 그것을 통하여 양쪽이 모두 이익을 얻게 된다.

RECLUSIVE [riklú:siv] adj **hermitlike; withdrawn from society** 은둔자 같은; 사회로부터 물러난

- The crazy millionaire led a *reclusive* existence, shutting herself up in her labyrinthine mansion and never setting foot in the outside world.
  정신이 나간 백만장자는 은둔자 같은 존재가 되었다. 그녀는 미궁 같은 대저택에 자신을 가둬 놓고 외부 세계로는 결코 한 발짝도 나오지 않았다.

- Our new neighbors were so *reclusive* that we didn't even meet them until a full year after they had moved in.
  우리의 새 이웃은 너무나 꽁꽁 숨어 있어서 그들이 이사 온 지 일 년이 되도록 우리는 한 번도 만나지 못했다.

A *reclusive* person is a *recluse*.

'은둔자'는 recluse라고 한다.

- After his wife's death, the grieving old man turned into a *recluse* and seldom ventured out of his house.
  아내의 죽음 이후 비탄에 잠긴 노인은 은둔자가 되어서 좀처럼 집 밖으로 나오지 않았다.

Emily Dickinson, one of America's most creative poets, became a *recluse* [réklu:s] after her father's death in 1894—she kept in contact with friends and family through cards and letters.

미국에서 가장 창의적인 시인 중 한 사람인 에밀리 디킨슨은 1894년 그녀의 아버지 죽음 이후로 recluse가 되어 카드나 편지로만 가족 및 친구와 연락을 유지했다.

RECONDITE [rékəndàit] adj **hard to understand; over one's head**
이해하기 어려운; ~에게 이해되지 않는

▶ 발음에 주의할 것.

- The philosopher's thesis was so *recondite* that I couldn't get past the first two sentences.
  그 철학자의 논문은 너무나 난해해서 나는 처음 두 문장에서 더 나아갈 수가 없었다.

- Every now and then the professor would lift his head from his desk and deliver some *recondite* pronouncement that left us scratching our heads and trying to figure out what he meant.
  때때로 교수님은 책상에서 고개를 들고는 이해할 수 없는 말을 하곤 했다. 그러면 우리는 머리를 긁적이며 교수님이 의미하는 것이 무엇인지 알아내려고 애를 썼다.

- The scholarly journal was so *recondite* as to be utterly incomprehensible.
  그 학술지는 너무나 난해해서 아예 이해가 불가능할 정도였다.

Match each word in the first column with its definition in the second column. Check your answers in the back of the book.

1. ramification   a. hard to understand

2. rancor   b. criticize sharply

3. rapacious   c. consequence

4. rebuke   d. mutual

5. rebut   e. hermitlike

6. recalcitrant   f. bitter resentment

7. recant   g. stubbornly defiant

8. reciprocal   h. publicly deny

9. reclusive   i. contradict

10. recondite   j. greedy

RECRIMINATION [rikrìmənéiʃən] n **a bitter counteraccusation, or the act of making a bitter counteraccusation**
가혹한 역비난, 또는 되받아서 비난하는 행위

- Melissa was full of *recrimination*. When I accused her of stealing my pen, she angrily accused me of being careless, evil, and stupid.
  멜리사의 역습은 대단했다. 내가 펜을 훔쳐 갔다고 그녀를 비난하자, 그녀는 화를 내며 내가 부주의하고 사악할 뿐만 아니라 어리석기까지 하다고 나를 비난했다.

▶ recrimination은 종종 복수형으로도 사용된다.

- The courtroom echoed with the *recriminations* of the convicted defendant as he was taken off to the penitentiary.
  피고인을 교도소로 이송하려 할 때 법정에는 유죄가 확정된 피고인이 (유죄를) 반박하는 목소리가 메아리쳤다.

▶ 동사형은 recriminate(되받아 비난하다), 형용사형은 recriminatory[rikrímənətori:] (되받아 비난하는)이다.

REDOLENT [rédələnt] adj **fragrant** 향기로운

- The air in autumn is *redolent* of wood smoke and fallen leaves.
  가을의 공기는 나무 때는 연기와 낙엽으로 향기롭다.

- The flower arrangements on the tables were both beautiful and *redolent*.
  탁자 위의 꽃꽂이는 아름답고 향기로웠다.

▶ 명사형은 redolence(방향, 향기)이다.

Redolent also means suggestive.
redolent는 또한 '~을 생각나게 하는'의 의미도 있다.

- The new play was *redolent* of one I had seen many years ago.
  새로 본 연극은 내가 수년 전에 보았던 연극을 생각나게 했다.

REDUNDANT [ridʌ́ndənt] adj **unnecessarily repetitive; excessive; excessively wordy**
불필요하게 되풀이하는; 과다한; 과다하게 말 많은, 장황한

- Erica had already bought paper plates, so our purchase of paper plates was *redundant*.
  에리카가 이미 종이 접시를 사 두었기 때문에 우리가 구입한 종이 접시는 남아돌게 되었다.

- Shawn's article was *redundant*—he kept saying the same thing over and over again.
  숀의 논문은 장황했다. 그는 똑같은 얘기를 자꾸 반복했다.

An act of being *redundant* is a *redundancy*. The title "Department of Redundancy Department" is *redundant*.
명사형은 redundancy(정리 해고)이다. Department of Redundancy Department(재고 관리부의 부서)'라는 명칭은 동어 반복이다.

REFUTE [rifjúːt] v **to prove to be false; to disprove** 거짓임을 증명하다; 논박하다

- His expensive suit and imported shoes clearly *refuted* his claim that he was poor.
  그가 입은 비싼 양복과 외제 신발은 자신이 가난하다는 그의 주장이 거짓임을 명백하게 증명하고 있었다.

- I *refuted* Billy's mathematical proof by showing him that it depended on two and two adding up to five.
  빌리의 수학적 증명이 2 더하기 2는 5라는 것에서 출발했다는 것을 제시함으로써 나는 그의 증명이 틀렸음을 밝혔다.

▶ 명사형은 refutation(논박, 반박)이다.

- The audience enjoyed the panelist's humorous *refutation* of the main speaker's theory about the possibility of building an antigravity airplane.
  청중들은 주 발표자가 내놓은 반중력 비행기의 제조 가능성에 관한 이론을 익살스럽게 반박하는 토론자의 얘기를 재미있어했다.

Something that is indubitable, something that cannot be disproven, is *irrefutable*.
'의심의 여지없이 명백한', '반박할 수 없는'은 irrefutable이라고 표현한다.

- Claudia's experiments with jelly beans and pencil erasers offered *irrefutable* proof that jelly beans taste better than pencil erasers.
  젤리 사탕과 연필 지우개를 이용한 클라우디아의 실험은 의심할 나위 없이 젤리 사탕이 연필 지우개보다 더 맛이 있다는 사실을 증명해 주었다.

REITERATE [riːítərèit] v **to say again; to repeat** 다시 말하다; 반복하다

- The candidate had *reiterated* his position so many times on the campaign trail that he sometimes even muttered it in his sleep.
  그 후보자는 선거 유세 중에 하도 여러 번 자신의 입장을 반복해서 말하고 다녀서, 때로는 잠을 자면서도 그 말을 중얼거릴 정도였다.

- To *reiterate*, let me say once again that I am very happy to have been invited to the birthday celebration of your adorable Pekingese.
  반복해서 다시 한 번 말하지만, 당신의 사랑스러운 강아지 생일 파티에 초대해 줘서 나는 너무 행복합니다.

▶ 명사형은 reiteration(반복)이다.

RELEGATE [réləgèit] v **to banish; to send away** 내쫓다; 멀리 보내다

- The most junior of the junior executives was *relegated* to a tiny, windowless office that had once been a broom closet.
  하급 관리직 중에서도 가장 말단은 전에는 청소 도구를 넣어 두는 창고로 쓰였던, 작고 창문도 없는 방으로 쫓겨났다.

- The new dad's large collection of jazz records was *relegated* to the cellar to make room for the new baby's larger collection of stuffed animals. The father objected to the *relegation* of his record collection to the cellar, but his objection did no good.
  아버지의 신종 수집품인 수많은 재즈 음반은 아이의 새로운, 그리고 규모가 더 큰 수집품인 박제 동물에게 방을 내주기 위해 지하실로 쫓겨났다. 아버지는 자신의 음반들이 지하실로 추방당하는 것에 반대했지만, 그의 반대는 받아들여지지 않았다.

RELENTLESS [riléntlis] adj continuous; unstoppable 끊임없는; 막을 수 없는

To *relent* is to stop or give up. *Relentless*, or *unrelenting*, means not stopping.
relent는 '멈추다' 또는 '포기하다'의 뜻이다. relentless와 unrelenting은 '멈추지 않는'의 의미이다.

- The insatiable rabbit was *relentless*; it ate and ate until nothing was left in the botanical garden.
  토끼의 탐욕스러움은 끝이 없었다. 토끼는 식물원에 아무것도 남지 않을 때까지 먹고 또 먹었다.

- The torrential rains were *relentless*, eventually creating a deluge.
  폭우가 그치지 않더니 결국은 홍수가 났다.

RELINQUISH [rilíŋkwiʃ] v to release or let go of; to surrender; to stop doing
놓아주다 또는 놓다; 넘겨주다; 하던 일을 그만두다

- The hungry dog refused to *relinquish* the enormous beef bone that he had stolen from the butcher's shop.
  굶주린 개는 정육점에서 훔친 커다란 쇠고기 뼈를 놓으려 하지 않았다.

- The retiring president *relinquished* control of the company only with the greatest reluctance.
  은퇴하는 사장은 몹시 못마땅해 하며 회사의 통제권을 양도했다.

- Sandra was eighty-five years old before she finally *relinquished* her view of herself as a glamorous teenaged beauty.
  산드라는 여든다섯 살이 되고 나서야 비로소 자신을 십대 같은 매력적인 미인으로 생각하는 착각을 그만두었다.

REMONSTRATE [rimánstreit] v to argue against; to protest; to raise objections
반대 의견을 주장하다; 항의하다; 이의를 제기하다

- My boss *remonstrated* with me for telling all the secretaries they could take off the rest of the week.
  사장은 내가 비서들에게 이번 주 남은 날들은 쉴 수 있을 것이라고 말한 것에 대해서 나에게 항의했다.

- The manager *remonstrated*, but the umpire continued to insist that the base runner had been out at third. When the manager continued to *remonstrate*, the umpire threw her out of the game.
  감독이 항의했지만, 심판은 계속해서 주자가 삼루에서 아웃 당했다고 주장했다. 감독이 계속해서 항의하자 심판은 감독을 퇴장시켰다.

▶ 명사형은 remonstration(간언, 충고, 항의)이다.

RENAISSANCE [rénəsà:ns] n a rebirth or revival 부활 또는 재생

The *Renaissance* was a great blossoming of art, literature, science, and culture in general that transformed Europe between the 14th and 17th centuries. The word is also used in connection with lesser rebirths.
Renaissance(르네상스)는 14세기에서 17세기 사이에 걸쳐 유럽을 변모시켰던, 미술과 문학과 과학, 그리고 문화 전반이 화려하게 꽃핀 것을 일컫는 말이다. 이 단어는 재생과 관련해서도 쓰인다.

- The declining neighborhood underwent a *renaissance* when a group of investors bought several crumbling tenements and turned them into attractive apartment buildings.
  몰락해 가던 인근 마을은 일단의 투자자들이 몇 개의 무너져 가고 있는 건물들을 사들여 근사한 아파트로 재개발하자 새로운 부흥기를 맞았다.

- The small college's football team had endured many losing seasons but underwent a dramatic *renaissance* when the new coach recruited half a dozen 400-pound freshmen.
  그 작은 대학의 풋볼 팀은 매년 시합에서 지기만 했다. 그러나 새로 온 코치가 400파운드나 나가는 신인들을 여섯 명이나 기용하자 극적인 부활을 경험하게 되었다.

▶ renaissance는 renascence[rinéisns]로 표기하기도 한다.

RENOUNCE [rináuns] v **to give up formally or resign; to disown; to have nothing to do with anymore** 공식적으로 포기하다, 사임하다; 관계를 부인하다; 더 이상 관계가 없다

- Despite the pleadings and protestations of her parents, Deborah refused to *renounce* her love for the leader of the motorcycle gang.

  부모님의 간청과 항의에도 불구하고, 데보라는 오토바이 폭주족 두목과의 사랑을 포기하지 않았다.

- The presidential candidate *renounced* his manager after it was revealed that the zealous manager had tried to murder the candidate's opponent in the primary.

  대통령 후보자는 열성적인 보좌관이 대통령 예비 선거에서 상대 후보를 살해하려고 했던 사실이 드러난 후에 그 보좌관과의 모든 관계를 끊었다.

▶ 명사형은 renunciation[rinʌnsiéiʃən] (포기, 금욕)이다.

QUICK QUIZ

Match each word in the first column with its definition in the second column. Check your answers in the back of the book.

1. recrimination		a. surrender
2. redolent		b. disown
3. redundant		c. rebirth
4. refute		d. argue against
5. reiterate		e. fragrant
6. relegate		f. banish
7. relinquish		g. say again
8. remonstrate		h. bitter counteraccusation
9. renaissance		i. unnecessarily repetitive
10. renounce		j. prove to be false

REPARATION [rèpəréiʃən] n **paying back; making amends; compensation**
배상; 보상; 보충, 보수

▶ 발음에 주의할 것.

To make a *reparation* is to *repair* some damage that has occurred. This word is often used in the plural.

to make a reparation은 '손상을 입힌 것에 대해 보상하다'라는 뜻이다. 이 단어는 종종 복수형으로도 사용된다.

- The defeated country demanded *reparations* for the destruction it had suffered at the hands of the victorious army.

  패전국은 전쟁의 승리로 도취된 군대에 의해서 야기된 파피 행위에 대해 배상할 것을 요구했다.

- After the accident we sought *reparation* in court. Unfortunately, our lawyer was not competent, so we didn't win a cent.

  그 사고 후에 우리는 법원에 배상을 요구하는 소송을 냈다. 불행하게도 우리 측 변호사가 능력이 모자란 탓에 우리는 한 푼도 받지 못했다.

Something that cannot be *repaired* is *irreparable* [irépərəbl].

'고칠 수 없는'은 irreparable이라고 표현한다.

REPERCUSSION [rì:pərkʌ́ʃən] n a consequence; an indirect effect 결과; 간접적인 결과나 효과

- One *repercussion* of the new tax law was that accountants found themselves with a lot of new business.
  새로운 조세법의 간접적인 결과 중의 하나는 회계사들에게 새로운 일거리가 많이 생겼다는 것이었다.

- The declaration of war had many *repercussions*, including a big increase in production at the bomb factory.
  선전 포고는 폭탄 공장의 생산량을 크게 증가시키는 것을 포함하여 많은 간접적인 효과가 있었다.

REPLENISH [ripléniʃ] v to fill again; to resupply; to restore 다시 채우다; 다시 공급하다; 회복시키다

- The manager of the hardware store needed to *replenish* his stock; quite a few of the shelves were empty.
  철물점 주인은 물건들을 보충할 필요가 있었다. 상당수의 선반이 비어 있었다.

- The commanding general *replenished* his army with a trainload of food and other supplies.
  사령관은 열차 한 대분의 식량과 그 외의 보급 물자를 자신의 군대에 다시 공급했다.

- After the big Thanksgiving meal, everyone felt *replenished*.
  추수감사절 성찬이 끝난 후 모든 사람들은 포만감을 느꼈다.

▶ 명사형은 replenishment(보충, 보급)이다.

- The *replenishment* of our firewood supply was our first thought after the big snowstorm.
  충분한 양의 땔나무를 다시 채워 둬야 한다는 것이 엄청난 폭설이 지나간 후 첫 번째로 든 생각이었다.

REPLETE [riplí:t] adj completely filled; abounding 충분히 채워진; 풍부한

- The once-polluted stream was now *replete* with fish of every description.
  한때 오염되었던 시내가 이제는 각종 물고기들로 다시 채워지게 되었다.

- The bride wore a magnificent sombrero *replete* with fuzzy dice and campaign buttons.
  신부는 보풀이 선 주사위와 캠페인용 배지들로 가득 채워진 멋진 솜브렐로 모자를 쓰고 있었다.
  (주: 솜브렐로는 테가 넓은 밀짚모자로 멕시코 등지에서 사용)

- Tim ate all nine courses at the wedding banquet. He was filled to the point of *repletion*.
  팀은 결혼 피로연에서 아홉 가지 코스의 음식을 모두 먹었다. 그는 너무나 많이 먹어서 더 이상 들어갈 데가 없을 때까지 먹었다.

REPREHENSIBLE [rèprihénsəbl] adj worthy of severe blame or censure
호된 비난이나 혹평을 받을 만한

- He put the cat in the laundry chute, tied the dog to the chimney, and committed several other *reprehensible* acts.
  그는 고양이를 세탁물 투입구에 집어넣고 개를 굴뚝에 묶어 두었으며 그 외에도 비난받을 만한 행동을 몇 가지 더 했다.

- Malcolm's manners were *reprehensible*: he ate his soup by drinking it from his empty wineglass and flipped his peas into his mouth with the back of his salad fork.
  말콤의 태도는 비난받을 만했다. 그는 빈 와인 잔에다 수프를 부어 마셨으며, 완두콩을 샐러드용 포크 등 쪽으로 튕겨서 입으로 받아먹었다.

REPRISAL [ripráizəl] n a military action undertaken in revenge for another; an act of taking "an eye for an eye" 상대에게 복수를 위해 취하는 군사 행동; '눈에는 눈, 이에는 이'식의 행동

- The raid on the Iranian oil-drilling platform was a *reprisal* for the Iranians' earlier attack on the American tanker.
  이란의 석유 굴착장에 대한 급습은 미국의 유조선에 선제공격을 감행한 이란에 대한 보복 차원에서 이루어진 것이었다.

- Fearing *reprisals*, the CIA beefed up its security after capturing the insurgent leader.

  CIA는 반란군의 지도자를 체포한 후 보복이 두려워서 안전장치들을 강화했다.

REPROACH [ripróutʃ]　v　to scold, usually in disappointment; to blame; to disgrace
일반적으로 실망해서 야단치다; 비난하다; 망신시키다

- The police officer *reproached* me for leaving my car parked overnight in a no-standing zone.

  경찰관은 정차 금지 구역에 밤새도록 차를 주차했다고 나에게 망신을 주었다.

Reproach can also be a noun. To look at someone with *reproach* is to look at that person critically or accusingly. To be filled with *self-reproach* can mean to be ashamed.

reproach는 명사형으로도 쓰인다. to look at someone with reproach는 어떤 사람을 비판적으로 또는 힐난조로 보는 것이다. to be filled with self-reproach는 '스스로 부끄러워하다'라는 의미이다.

Impeccable behavior that's beyond fault is *irreproachable*.

'결점이 없고 흠잡을 데 없는' 행동을 irreproachable이라고 표현한다.

- Even though Jerome did hit Mabel on the head, his motive was *irreproachable*: he had merely been trying to kill a fly perched on her hairnet.

  제롬이 비록 메이블의 머리를 때렸지만, 그 행동의 동기는 비난받을 만한 것이 아니었다. 그는 단지 그녀의 헤어네트에 올라앉은 파리를 죽이려고 했던 것이다.

REPROVE [riprúːv]　v　to criticize mildly　부드럽게 비평하다

- Aunt May *reproved* us for eating too much, but we could tell she was actually thrilled that we had enjoyed the meal.

  메이 아주머니는 우리가 너무 많이 먹는다고 부드럽게 나무랐다. 그러나 그녀가 실제로는 우리가 식사를 즐겁게 한 것에 대해서 몹시 기뻐하고 있다는 것을 알 수 있었다.

- My friend *reproved* me for leaving my dirty dish in the sink.

  내 친구는 내가 더러운 접시를 싱크대에 그냥 두었다고 나무랐다.

▶ 명사형은 reproof(책망)이다.

- The judge's decision was less a sentence than a gentle *reproof*; she put Jerry on probation and told him never to get in trouble again.

  판사의 판결은 온화한 질타에 지나지 않았다. 그녀는 제리에게 집행 유예를 선고하고 다시는 말썽을 부리지 말라고 말했다.

REPUDIATE [ripjúːdièit]　v　to reject; to renounce; to disown; to have nothing to do with
거절하다, 부인하다; 포기하다; 관계를 끊다; 관계가 없다

- Hoping to receive a lighter sentence, the convicted gangster *repudiated* his former connection with the mob.

  더 가벼운 형벌이 내려지기를 바라는 마음에서, 기결수인 폭력배는 과거 폭력 조직과의 관계를 부인했다.

REQUISITE [rékwəzit]　adj　required; necessary　필수의; 필요한

- Howard bought a hunting rifle and the *requisite* ammunition.

  하워드는 사냥용 소총 하나와 그에 필요한 탄약을 샀다.

- As the *requisite* number of members was not in attendance, the chairperson adjourned the meeting just after it had begun.

  정족수 미달로, 의장은 회의를 시작하자마자 휴회했다.

Requisite can also be a noun, meaning a requirement or a necessity. A hammer and a saw are among the *requisites* of the carpenter's trade.

requisite는 명사로도 쓰이는데, '필요조건' 또는 '필수품'의 뜻이다. 망치와 톱은 목수 일에 있어서 꼭 필요한 물건들 중의 두 가지이다.

A *prerequisite* is something required before you can get started. A high school diploma is usually a *prerequisite* to entering college.

prerequisite는 어떤 일을 시작하기 전에 요구되는 '전제 조건'을 뜻한다. 대학에 들어가기 위해서는 일반적으로 고등학교 졸업장이 prerequisite이다.

RESOLUTE [rézəlùːt] adj determined; firm; unwavering 단호한, 굳게 결심한; 굳은; 동요하지 않는

- Uncle Ted was *resolute* in his decision not to have a good time at our Christmas party; he stood alone in the corner and muttered to himself all night long.

  테드 삼촌은 우리의 크리스마스 파티에서 즐기지 않겠다는 결정을 단호하게 지켰다. 그는 구석에 혼자 서서 밤새도록 혼자 중얼거렸다.

- The other team was strong, but our players were *resolute*. They kept pushing and shoving until, in the final moments, they won the roller-derby tournament.

  상대 팀이 강하기는 했지만 우리 선수들도 흔들리지 않았다. 그들은 롤러더비 선수권에서 우승하는 마지막 순간까지 계속해서 있는 힘을 다해 싸웠다.

Someone who sticks to his New Year's *resolution* is *resolute*. *Resolute* and *resolved* are synonyms.

New Year's resolution(새해의 각오)을 굳게 고수하는 사람은 의지가 굳은(resolute) 사람이다. resolute와 resolved(단호한)는 동의어이다.

To be *irresolute* is to be wavering or indecisive.

irresolute는 '동요하는', '우유부단한'이라는 뜻이다.

- Our *irresolute* leader led us first one way and then the other way in the process of getting us thoroughly and completely lost.

  우유부단한 우리 리더는 처음에는 이 길로 이끌었다가 다음에는 다른 길로 바꾸곤 했는데, 우리는 결국 정말로 완벽하게 길을 잃고 말았다.

QUICK QUIZ 73

Match each word in the first column with its definition in the second column. Check your answers in the back of the book.

1. reparation	a. act of revenge
2. repercussion	b. determined
3. replenish	c. worthy of blame
4. replete	d. consequence
5. reprehensible	e. scold
6. reprisal	f. completely filled
7. reproach	g. paying back
8. reprove	h. necessary
9. repudiate	i. criticize mildly
10. requisite	j. fill again
11. resolute	k. reject

RESPITE [réspit] n a period of rest or relief 휴식 기간

▶ 발음에 주의할 것.

- We worked without *respite* from five in the morning until five in the afternoon.
  우리는 새벽 다섯 시부터 오후 다섯 시까지 휴식 시간 없이 일을 했다.

- The new mother fell asleep when her baby stopped crying. However, the *respite* was brief; the baby started up again almost immediately.
  초보 엄마는 아기가 울음을 그치자 잠이 들었지만 그 휴식은 짧았다. 아기는 거의 곧바로 다시 울기 시작했다.

RETICENT [rétisənt] adj quiet; restrained; reluctant to speak, especially about oneself
조용한, 과묵한; 말을 삼가는; 특히 자신에 대해서 말하기를 싫어하는

- Luther's natural *reticence* made him an ideal speaker: his speeches never lasted more than a few minutes.
  루터가 더할 나위 없이 이상적인 연설자가 된 것은 타고 난 과묵함 때문이었다. 그의 말은 결코 수 분 이상 지속되는 법이 없었다.

- Kaynard was *reticent* on the subject of his accomplishments; he didn't like to talk about himself.
  케이너드는 자신의 행적에 대해서 이야기하는 것을 아주 싫어했다. 그는 자신에 대해 얘기하는 것을 좋아하지 않았다.

▶ 명사형은 reticence(과묵)이다.

REVERE [rivíər] v to respect highly; to honor 매우 존경하다; 공경하다

- Einstein was a preeminent scientist who was *revered* by everyone, even his rivals. Einstein enjoyed nearly universal *reverence* [révərəns].
  아인슈타인은 모든 사람들에게, 심지어 경쟁자들에게서도 존경받는 뛰어난 과학자였다. 그는 거의 전 세계 사람들로부터 존경을 받았다.

To be *irreverent* is to be mildly disrespectful.
irreverent는 다소 '불손한'의 의미이다.

- Peter made jokes about his younger sister's painting. She was perturbed at his *irreverence* and began to cry.
  피터는 여동생의 그림에 대해서 농담을 했다. 그녀는 오빠의 무례함에 동요해서 울기 시작했다.

RHETORIC [rétərik] n the art of formal speaking or writing; inflated discourse
형식적인 말하기나 글쓰기의 기술, 수사학; 문체나 말투가 과장된 담화

A talented public speaker might be said to be skilled in *rhetoric*.
타고난 재능을 가진 대중 연설가는 rhetoric(웅변술)에 뛰어나다고 말할 수 있다.

The word is often used in a pejorative sense to describe speaking or writing that is skillfully executed but insincere or devoid of meaning.
rhetoric은 뛰어난 표현 기술을 갖고 있지만 내용상 의미가 없거나 거짓인 말이나 글을 비꼬아 표현할 때 종종 사용된다.

A political candidate's speech that was long on drama and promises but short on genuine substance might be dismissed as "mere *rhetoric*."
후보자의 정략적인 연설은 극적 효과와 공약만 길고 진실한 내용은 부족해서 "mere rhetoric(단순한 미사여구)"로 잊힐 것이다.

To use *rhetoric* is to be *rhetorical* [ritɔ́:rikəl]. A *rhetorical* question is one the speaker intends to answer himself or herself—that is, a question asked only for *rhetorical* effect.
rhetoric(수사법)을 사용하는 것을 rhetorical(수사적인)이라고 표현한다. rhetorical question이란 말하는 사람이 스스로 대답하고자 하는 '반문적 의문'을 말한다. 다시 말해서, 단지 말의 기교적 효과만을 위해서 하는 질문이다.

RIGOROUS [rígərəs] adj **strict; harsh; severe** 엄격한; 거친; 혹독한

To be *rigorous* is to act with *rigor*.
rigorous는 '엄격하게 행동하는' 것이다.

- Our exercise program was *rigorous* but effective; after just a few months, our eighteen minutes of daily exercise had begun to pay off.
  우리의 훈련 프로그램은 혹독하긴 했지만 효과는 있었다. 겨우 몇 달 지나지 않아서 하루 18분씩의 훈련은 그 성과가 나타나기 시작했다.

- The professor was popular largely because he wasn't *rigorous*; there were no tests in his course and only one paper, which was optional.
  그 교수는 그다지 엄격하지 않았기 때문에 널리 인기가 있었다. 그의 수업에는 시험도 없었고 단지 논문만 한 번 제출하면 되는데, 그것도 임의로 선택할 수 있었다.

ROBUST [roubʌ́st] adj **strong and healthy; vigorous** 강하고 건강한; 힘센, 활발한

- The ninety-year-old woman was still *robust*. Every morning she ran several miles down to the ocean and jumped in.
  아흔 살이나 먹은 노부인은 여전히 건강했다. 매일 아침마다 그녀는 바다까지 수 마일을 달려가 바다에 뛰어들곤 했다.

- The tree we planted last year isn't looking very *robust*. Most of the leaves have fallen off, and the bark has begun to peel.
  우리가 작년에 심은 나무는 별로 건강해 보이지 않는다. 대부분의 잎사귀는 떨어져 버렸고 나무껍질은 벗겨지고 있었다.

ROGUE [róug] n **a criminally dishonest person; a scoundrel**
법을 어기는 부정직한 사람; 불량배, 악당

A *rogue* is someone who can't be trusted. This word is often used, however, to characterize a playfully mischievous person.
rogue는 믿을 수 없는 사람이다. 그러나 이 단어는 종종 놀기 좋아하고 장난기가 있는 사람의 성격을 표현할 때도 쓰인다.

- Huckleberry Finn is a bit of a *rogue*; while his actions are technically criminal, he performs them with noble intentions and a humorous spirit.
  허클베리 핀은 다소 악당이었다. 그의 행동은 기술적으로는 부당했지만 고결한 의도와 익살스런 마음으로 행했다.

RUDIMENTARY [rùːdəméntəri] adj **basic; crude; unformed or undeveloped**
근본적인; 초기의; 미성숙한 또는 미개발의

- The boy who had lived with wolves for fifteen years lacked even the most *rudimentary* social skills.
  15년 동안 늑대들과 함께 생활했던 소년은 사회생활을 할 수 있는 가장 기초적인 능력도 결여돼 있었다.

- The strange creature had small bumps on its torso that appeared to be *rudimentary* limbs.
  그 이상한 생물체는 발달이 덜 된 팔다리처럼 보이는 작은 혹들을 몸통에 달고 있었다.

RUMINATE [rúːmənèit] v **to contemplate; to ponder; to mull over**
심사숙고하다; 깊이 생각하다; 궁리하다

Ruminate comes from a Latin word meaning to chew cud.
ruminate는 동물의 되새김질을 의미하는 라틴 어에서 나온 말이다.

Cows, sheep, and other cud-chewing animals are called *ruminants*. To *ruminate* is to quietly chew on or ponder your own thoughts.
소와 양, 그밖에 되새김질을 하는 동물들을 ruminants라 부른다. ruminate를 동사로 쓰면, '조용히 숙고하거나 자신의 생각에 깊이 빠져 있다'라는 뜻이다.

- The teacher's comment about the causes of weather set me to *ruminating* about what a nice day it was and to wishing that I were outside.

  선생님이 날씨의 원인에 관해 설명하자 나는 날씨가 참 좋다는 생각에 빠져들어 밖으로 나가고 싶어졌다.

▶ 명사형은 rumination(심사숙고)이다.

- Serge was a very private man; he kept his *ruminations* to himself.

  서지는 상당히 베일에 가려진 사람이었다. 그는 속마음을 남에게 드러내지 않았다.

RUSTIC [rʌ́stik] adj rural; lacking urban comforts or sophistication; primitive
촌스러운; 도시적 편리함이나 세련됨이 부족한; 원시적인, 구식의

- Life in the log cabin was too *rustic* for Leah; she missed hot showers, electricity, and ice.

  리는 통나무 오두막집에서의 생활이 너무나 불편했다. 뜨거운 목욕과 전기, 얼음이 아쉬웠다.

Rustic can be used as a noun. A *rustic* is an unsophisticated person from the country.

rustic은 명사로도 쓰인다. 뜻은 시골에서 온 세련되지 못한 사람, 즉 '시골뜨기'이다.

- We enjoyed the *rustic* scenery as we traveled through the countryside.

  우리는 시골을 여행하면서 전원 풍경을 즐겼다.

To *rusticate* is to spend time in the country.

rusticate는 '시골에서 시간을 보내다'라는 의미이다.

QUICK QUIZ

Match each word in the first column with its definition in the second column. Check your answers in the back of the book.

1. respite	a. basic
2. reticent	b. contemplate
3. revere	c. vigorous
4. rhetoric	d. formal writing or speaking
5. rigorous	e. restrained
6. robust	f. rural
7. rogue	g. period of rest
8. rudimentary	h. strict
9. ruminate	i. honor
10. rustic	j. scoundrel

S

SACCHARINE [sǽkərin] adj **sweet; excessively or disgustingly sweet**
단맛의; 지나치게 또는 넌더리나게 단

Saccharine is a calorie-free sweetener; *saccharine* means sweet. Except for the spelling, this is one of the easiest-to-remember words out there.

saccharine은 칼로리가 없는 감미료이다. saccharine은 단맛의라는 뜻도 있다. 철자법만 제외하면, 이 단어는 단어들 중에서 가장 기억하기 쉬운 단어 중의 하나다.

Saccharine can be applied to things that are literally sweet, such as sugar, *saccharine*, fruit, and so on. It can also be applied to things that are sweet in a figurative sense, such as children, personalities, and sentiments—especially things that are *too* sweet, or sweet in a sickening way.

saccharine은 문자 그대로 단것들, 즉 설탕, 사카린, 과일 등에도 적용될 수 있다. 또한 비유적인 의미에서 단것들, 즉 아이들, 사람의 성격, 감정 같은 것들 — 특히 너무 단것, 또는 넌더리나게 할 정도로 감미로운 것에도 적용된다.

- We wanted to find a nice card for Uncle Mo, but the cards in the display at the drugstore all had such *saccharine* messages that we would have been too embarrassed to send any of them.

  우리는 모 삼촌을 위해 좋은 카드를 찾고 싶었다. 그러나 약국에 전시된 카드들은 모두들 비위가 상할 정도로 달콤한 메시지들이 적혀 있어서 그중의 어느 것도 삼촌께 보내기가 아주 난처했다.

- The love story was so *saccharine* that I vowed never to see another sappy, predictable movie again.

  그 러브 스토리는 너무 지나치게 달콤해서 다시는 지나치게 감상적이고 예측 가능한 영화는 보지 않겠다고 맹세했다.

SACRILEGE [sǽkrəlidʒ] n **a violation of something sacred; blasphemy** 신성 모독; 신에 대한 불경

- The minister committed the *sacrilege* of delivering his sermon while wearing his golf shoes; he didn't want to be late for his tee-off time, which was just a few minutes after the scheduled end of the service.

  목사는 골프 신발을 신고 와서 설교를 하는 신성 모독의 죄를 범했다. 그는 예배가 끝나고 난 뒤 겨우 몇 분 후에 있을 골프 경기 시작 시간에 늦고 싶지 않았던 것이다.

- The members of the fundamentalist sect believed that dancing, going to movies, and watching television were *sacrileges*.

  정통 기독교 종파의 신도들은 춤추는 것이나 영화 보는 것, 텔레비전 보는 것 등을 불경스러운 것이라고 믿었다.

▶ 형용사형은 sacrilegious(신성을 더럽히는)이다. 철자에 유의할 것.

SACROSANCT [sǽkrousæ̀ŋkt] adj **sacred; held to be inviolable** 신성한; 신성불가침의

A church or temple is *sacrosanct*. So, for Christians, is belief in the divinity of Jesus. *Sacrosanct* is also used loosely, and often ironically, outside of religion.

교회나 사원을 sacrosanct(신성한)라고 표현할 수 있다. 기독교인들에게는 예수의 신성에 대한 믿음도 마찬가지이다. sacrosanct는 종교와 관련 없이 막연하게 사용되기도 하며 때로는 반어적으로 사용되기도 한다.

- Mr. Peters's lunchtime trip to his neighborhood bar was *sacrosanct*; he would no sooner skip it than he would skip his mother's funeral.

  피터스 씨가 점심시간마다 근처에 있는 술집으로 가는 것은 누구도 방해할 수 없는 신성불가침의 일이다. 그는 어머니의 장례식을 건너뛸지언정 그 일을 생략하지는 않을 것이다.

SAGACIOUS [səgéiʃəs] adj discerning; shrewd; keen in judgment; wise
총명한; 빈틈없는; 판단력이 날카로운; 현명한

- Edgar's decision to move the chickens into the barn turned out to be *sagacious*; about an hour later, the hailstorm hit.

  닭들을 헛간으로 옮기자는 에드가의 결정은 현명했던 것으로 드러났다. 약 한 시간 후에 우박을 동반한 폭풍이 닥쳤던 것이다.

- The announcer's *sagacious* commentary made the baseball game seem vastly more profound than we had expected it to be.

  아나운서의 빈틈없는 해설 덕분에 우리의 기대보다 야구 경기는 훨씬 심오한 것처럼 보였다.

To be *sagacious* is to have *sagacity* [səgǽsəti]. A similar word is *sage*, which means wise, possessing wisdom derived from experience or learning.

sagacious의 명사형은 sagacity(현명함)이다. 비슷한 단어로, '현명하고 경험이나 배움을 통해서 얻은 지혜를 지닌'이라는 뜻의 sage가 있다.

- When we were contemplating starting our own popcorn business, we received some *sage* advice from a man who had lost all his money selling candied apples.

  우리가 팝콘 장사에 뛰어드는 것에 대해서 심사숙고하고 있을 때, 설탕에 절인 사과 장사를 하다가 쫄딱 망한 사람으로부터 우리는 몇 가지 현명한 충고를 들었다.

- The professor's critique, which comprised a few *sage* comments, sent me back to my room feeling pretty stupid.

  날카로운 몇 개의 구절로 구성된 그 교수의 비평문 때문에 나는 다소 바보 같다고 느끼면서 내 방으로 돌아왔다.

Sage can also be a noun. A wise person, especially a wise old person, is often called a *sage*.

sage는 명사로도 쓰인다. '현명한 사람', 특히 나이가 많고 현명한 사람을 종종 sage(현자)라 부른다.

SALIENT [séiliənt] adj sticking out; conspicuous; leaping 돌출한; 뚜렷한, 두드러진; 뛰어오르는

A *salient* characteristic is one that leaps right out at you.

salient characteristic은 '눈에 바로 띄는 두드러진 특질'을 의미한다.

- Ursula had a number of *salient* features including, primarily, her nose, which stuck out so far that she was constantly in danger of slamming it in doors and windows.

  우슐라에게는 여러 가지 눈에 잘 띄는 특징이 있었다. 우선 문이나 창문이 닫힐 때 틈에 낄 위험에 항상 노출되어 있는 두드러진 코를 들 수 있다.

▶ 발음에 주의할 것.

SALUTARY [sǽljətèri] adj healthful; remedial; curative 건강에 좋은; 치료하는; 병에 잘 듣는

- Lowered blood pressure is among the *salutary* effects of exercise.

  혈압을 낮추는 것은 운동이 주는 건강 효과 중 하나다.

- The long sea voyage was *salutary*; when Elizabeth landed she looked ten years younger than she had when she set sail.

  장기간의 항해가 건강에 도움이 됐다. 엘리자베스가 배에서 내렸을 때, 그녀는 항해를 시작했을 때보다 십 년은 젊어 보였다.

SANCTIMONIOUS [sæ̀ŋktəmóuniəs] adj pretending to be devout; affecting religious feeling
독실한 신자인 척하는; 신앙심이 깊은 척하는

- The *sanctimonious* old bore pretended to be deeply offended when Lucius whispered a mild swear word after dropping the hammer on his bare foot.

  독실한 신자인 척하는 따분한 그 노인은 루시우스가 신발도 신지 않은 맨발에 망치를 떨어뜨리자 중얼거린 가벼운 욕(주: god damn 따위)에 깊이 상처라도 받은 것처럼 굴었다.

- Simon is an egoist who speaks about almost nothing but caring for one's fellow man. His altruism is *sanctimonious*.

  사이먼은 동료를 걱정하는 말만 하지만 사실은 이기주의자이다. 그의 이타심은 그런 척하는 것일 뿐이다.

SANGUINE [sǽŋgwin] adj **cheerful; optimistic; hopeful** 쾌활한; 낙천적인; 희망에 차 있는

- Miguel was *sanguine* about his chances of winning the Nobel Peace Prize, even though, as an eighth grader, he hadn't yet done anything to deserve it.

  8학년 학생으로서 미구엘은 사실상 노벨 평화상을 받을 만한 일을 한 것이 아직 없었음에도 불구하고, 수상에 대해서 낙관하고 있었다.

- The ebullient checkers champion remained *sanguine* in defeat; he was so sure of himself that he viewed even catastrophe as merely a temporary setback.

  성격이 활달한 챔피언은 체커 경기에 패배하고도 여전히 쾌활했다. 그는 워낙 자신감에 넘쳐서 참패조차도 그저 일시적인 후퇴로 여겼다.

Don't confuse *sanguine* (a nice word) with *sanguinary* (not a nice word). *Sanguinary* means bloodthirsty.

sanguine(좋은 의미)과 sanguinary(좋지 않은 의미)를 혼동하지 말 것. sanguinary는 '피에 굶주린', '잔인한'이라는 뜻이다.

SARDONIC [sɑːrdánik] adj **mocking; scornful** 조롱하는; 경멸하는, 비웃는

- Isabella's weak attempts at humor were met by nothing but a few scattered pockets of *sardonic* laughter.

  이사벨라는 유머를 사용해서 청중을 웃겨 보려고 했으나 여기저기서 냉소만이 터져 나올 뿐이었다.

- Even George's friends found him excessively *sardonic*: he couldn't discuss anything without mocking it, and there was almost nothing about which he could bring himself to say two nice words in a row.

  친구들조차도 조지가 아주 냉소적인 사람이라고 생각했다. 무엇인가에 대해 말할 때면 그는 반드시 그것을 비웃었고, 그가 두 마디 좋은 말을 계속해서 할 수 있는 것은 거의 없었다.

QUICK QUIZ 75

Match each word in the first column with its definition in the second column. Check your answers in the back of the book.

1. saccharine	a. blasphemy
2. sacrilege	b. wise
3. sacrosanct	c. sweet
4. sagacious	d. pretending to be devout
5. sage	e. healthful
6. salient	f. mocking
7. salutary	g. cheerful
8. sanctimonious	h. sacred
9. sanguine	i. sticking out
10. sardonic	j. discerning

SCINTILLATE [síntəlèit] v **to sparkle, either literally or figuratively**
문자 그대로 (불꽃 등이) 번쩍이다, 또는 비유적으로 재치가 번뜩이다

- Stars and diamonds *scintillate*—so do witty comments, charming personalities, and anything else that can be said to sparkle.

  별과 다이아몬드는 반짝거린다. 재치 있는 말이나 매력적인 성격, 그밖에 반짝인다고 말할 수 있는 것들도 마찬가지로 같은 표현을 쓸 수 있다.

- Stefan was a quiet drudge at home, but at a party he could be absolutely *scintillating*, tossing off witty remarks and charming everyone in the room.

  스테판은 집에서는 조용하고 재미없는 사람이었다. 그러나 파티에서의 그는 너무나 재치가 번뜩이고 기지 넘치는 말들을 쏟아내서 그곳에 모인 모든 사람들을 매혹시켰다.

- Jenny's grades last term weren't *scintillating*, to put it mildly; she had four Ds and an F.

  지난 학기에 제니의 성적은 부드럽게 표현하자면 별로 빛나지 못했다. 그녀는 D학점 네 개와 F학점 하나를 받았다.

▶ 명사형은 scintillation(섬광, 번뜩임)이다.

SCRUPULOUS [skrú:pjuləs] adj strict; careful; hesitant for ethical reasons
엄격한; 주의 깊은; 윤리적인 이유 때문에 망설이는, 양심적인

- Leela was *scrupulous* in keeping her accounts; she knew where every penny came from and where every penny went.

  릴라는 장부를 기재하는 데 있어서 철저한 사람이었다. 그녀는 작은 돈도 어디서 들어오고 어디로 나갔는지 모두 알고 있었다.

- We tried to be *scrupulous* about not dripping paint, but by the time the day was over there was nearly as much paint on the floor as there was on the walls.

  우리는 페인트를 마룻바닥에 떨어뜨리지 않으려고 매우 조심했다. 그러나 날이 저물 때쯤에는 벽에 칠한 페인트 양이나 마룻바닥에 흘린 페인트 양이 거의 같았다.

- Philip was too *scrupulous* to make a good used-car dealer; every time he started to lie, he was overcome by ethical doubts.

  필립은 너무나 양심적이어서 중고차 매매상이 될 수 없었다. 그는 거짓말을 할 때마다 언제나 도덕적 회의에 휩싸였다.

A *scruple* is a qualm or moral doubt. To have no *scruples*—to be *unscrupulous*—is to have no conscience.

scruple은 '양심의 가책' 또는 '도덕적 회의'를 의미한다. to have no scruples(달리 말해 to be unscrupulous)는 '양심이 없다'는 뜻이다.

SCRUTINIZE [skrú:tənàiz] v to examine very carefully 매우 세밀하게 조사하다

- I *scrutinized* the card catalog at the library but couldn't find a single book on the topic I had chosen for my term paper.

  나는 도서관의 목록 카드를 꼼꼼히 살펴보았지만, 학기 말 리포트 주제로 선택한 것과 관련된 책을 단 한 권도 찾을 수 없었다.

- The rocket scientists *scrutinized* thousands of pages of computer printouts, looking for a clue to why the rocket had exploded.

  로켓 과학자들은 그 로켓이 폭발한 원인에 대한 실마리라도 찾으려고 수천 페이지에 달하는 컴퓨터 출력 정보를 꼼꼼히 조사했다.

- My mother *scrutinized* my clothes and my appearance before I left for the evening, but even after several minutes of careful analysis, she was unable to find anything to complain about.

  밤에 내가 외출하려고 하자 어머니는 내 옷과 생김새를 꼼꼼히 조사했다. 그러나 수 분간의 세심한 분석에도 불구하고 어머니는 불만스러운 점을 찾을 수 없었다.

To *scrutinize* something is to subject it to *scrutiny*.

scrutinize는 어떤 것을 'scrutiny(정밀 검사)'를 하다'라는 뜻이다.

- The clever forgery fooled the museum curator but did not withstand the *scrutiny* of the experts; after studying for several weeks, the experts pronounced the painting to be a fake.

  교활한 위조범은 박물관 관리자는 속였지만, 정밀 검사를 하는 전문가들을 속일 수는 없었다. 수 주일 동안 정밀 검사가 이루어진 후에 전문가들은 그 그림이 위조품이라는 사실을 발표했다.

Something that cannot be examined is *inscrutable*. *Inscrutable* means mysterious, impossible to understand.

조사하여 알아낼 수 없는 것을 inscrutable이라고 표현한다. inscrutable은 '불가사의하고 이해할 수 없는'이라는 뜻이다.

- We had no idea what Bill was thinking because his smile was *inscrutable*. Poker players try to be *inscrutable* to their opponents.

  빌의 수수께끼 같은 미소 때문에 우리는 그가 무슨 생각을 하고 있는지 알 수가 없었다. 포커 노름꾼은 상대방에게 속셈이 드러나지 않으려고 애쓴다.

SECULAR [sékjulər] adj having nothing to do with religion or spiritual concerns
종교나 영혼의 문제와는 관련이 없는, 세속적인

- The group home had several nuns on its staff, but it was an entirely *secular* operation, run by the city, not the church.

  대용 수용 시설에는 여러 명의 수녀들이 근무하고 있었지만, 전적으로 비종교적인 시설이었고, 그곳은 교회가 아니라 시에서 운영하고 있었다.

- The priest's *secular* interests include German food and playing the trombone.

  신부님의 세속적인 관심사에는 독일 음식에 관한 것과 트롬본 연주도 끼어 있다.

SEDITION [sidíʃən] n treason; the incitement of public disorder or rebellion
반역; 사회적 무질서나 폭동을 선동하는 것

- The political group was charged with *sedition* because it had advocated burning the capital to the ground.

  그 정치 모임은 수도를 전복하는 것을 지지했기 때문에 선동에 책임이 있었다.

SEGREGATE [ségrigèit] v to separate 분리하다

- Rico kept his prize-winning poodle, Fluffy, *segregated* from his other two dogs, which were mixed breeds.

  리코는 그의 우승 푸들 플러피를 종이 섞인 다른 개 두 마리에게서 격리시켰다.

The noun form is *segregation*, which can also refer to periods in history when people of different races were kept apart by social norms or law. In other nations, *segregation* has been called by other names. See *apartheid*.

명사형은 segregation(격리)이다. 이 단어는 인종이 다른 사람들이 사회적 기준이나 법에 의해 분리되었던 역사의 시기를 언급할 때도 사용할 수 있다. 다른 나라에서는 segregation(격리)이 다른 이름으로도 불린다. apartheid(인종 차별 정책)를 참조할 것.

Integrate, *congregate*, *segregate*, and *aggregate*—all words about joining and separating—share a common root.

결합과 분리에 대한 단어들인 integrate(통합하다), congregate(집합하다), segregate(분리하다)와 aggregate(모으다)는 모두 같은 어원을 가진다.

SENSORY [sénsəri] adj having to do with the senses or sensation 감각이나 지각과 관련된

- Babies enjoy bright colors, moving objects, pleasant sounds, and other forms of *sensory* stimulation.

  아기들은 밝은 색깔과 움직이는 물체, 유쾌한 소리, 그 외에 감각을 자극하는 모든 것들을 좋아한다.

Your ears, eyes, and tongue are all *sensory* organs. It is through them that your *senses* operate.

귀와 눈과 혀는 모두 sensory(감각의) 기관이다. 이 기관들을 통해서 senses(감각)이 기능을 하는 것이다.

Extrasensory perception is the supposed ability of some people to perceive things without using the standard senses of sight, hearing, smell, touch, or taste.

extrasensory perception(초감각적인 인지)은 시각, 청각, 후각, 촉각, 미각이라는 표준적인 감각을 사용하지 않고도 사물을 감지할 수 있는 능력으로 소수의 사람들에게서 나타나는 가상의 능력이다.

Two similar-sounding and often confusing words are *sensual* and *sensuous*. To be *sensual* is to be devoted to gratifying one's senses through physical pleasure, especially sexual pleasure; to be *sensuous* is to delight the senses. A *sensual* person is one who eagerly indulges his or her physical desires. A *sensuous* person is one who stimulates the senses of others.

발음이 비슷하고 자주 혼동하는 단어로 sensual(관능적인)과 sensuous(감각적인)가 있다. sensual은 물리적 쾌락, 특히 '성적 쾌락을 통해서 사람의 감각을 만족시키는 것에 몰두하고 있는'이라는 뜻이고, sensuous는 '감각을 즐겁게 하는'이라는 뜻이다. sensual person은 '육체적 욕망에 열렬히 탐닉하는 사람'이다. sensuous person은 다른 사람들의 감각을 자극하는 사람'이다.

SENTIENT [sénʃənt] adj **able to perceive by the senses; conscious**
감각을 통해 인지할 수 있는; 지각이 있는

▶ 발음에 주의할 것.

Human beings are *sentient*. Rocks are not.

인간은 sentient(지각력이 있는)이다. 돌은 그렇지 못하다.

- While trees are not, strictly speaking, *sentient* beings, many credible people claim to have communicated with them.

  많은 믿을 만한 사람들이 나무는 정확하게는 말을 못 하지만 지각이 있어서 의사소통을 할 수 있다고 주장한다.

SEQUESTER [sikwéstər] v **to set or keep apart** 격리하다, 은퇴시키다

- Because much of the rest of the city had become a battle zone, the visiting entertainers were *sequestered* in the international hotel.

  그 도시의 대부분은 교전 지역이었기 때문에 이곳을 방문한 연예인들은 외국인 전용의 국제 호텔로 격리되었다.

- The struggling writer *sequestered* herself in her study for several months, trying to produce the next Great American Novel.

  작가는 수개월 동안 서재에 칩거하여 다음 '미국 최고의 소설'을 쓰느라 고군분투했다.

- Juries are sometimes *sequestered* during trials to prevent them from talking to people or reading newspapers.

  배심원들은 때때로 사람들과 이야기를 나누거나 신문을 읽는 등의 일을 막기 위하여 공판 중에는 격리되기도 한다.

QUICK QUIZ 76

Match each word in the first column with its definition in the second column. Check your answers in the back of the book.

1. scintillate	a. sparkle
2. scrupulous	b. having nothing to do with religion
3. scrutinize	c. treason
4. secular	d. having to do with the senses
5. sedition	e. set apart
6. segregate	f. strict
7. sensory	g. delighting the senses
8. sensual	h. examine very carefully
9. sensuous	i. devoted to pleasure
10. sentient	j. conscious
11. sequester	k. seperate

SERENDIPITY [sèrəndípəti] n accidental good fortune; discovering good things without looking for them 우연한 행운; 찾으려 애쓰지 않았는데도 발견하게 된 유익한 것

- It was *serendipity* rather than genius that led the archaeologist to his breathtaking discovery of the ancient civilization. While walking his dog in the desert, he tripped over the top of a buried tomb.

  그 고고학자가 고대 문명을 발견하여 세상을 놀라게 한 것은 그의 천재성 때문이라기보다는 운이 좋았던 것이다. 개와 함께 사막을 걷던 중에 묻혀 있던 고대 무덤의 꼭대기 부분에 발이 걸려 넘어졌던 것이다.

Something that occurs through *serendipity* is *serendipitous*.

serendipity(우연한 행운)에 의해서 발생하는 것을 serendipitous라고 표현한다.

- Our arrival at the airport *serendipitously* coincided with that of the queen, and she offered us a ride to our hotel in her carriage.

  공항에 도착했을 때 우리는 운 좋게도 여왕의 일행과 도착 시간이 같았다. 여왕은 우리에게 그녀의 마차로 호텔까지 태워다 주겠다고 제안했다.

SERVILE [sə́ːrvil] adj submissive and subservient; like a servant 복종하는, 비굴한; 하인 같은

- Cat lovers sometimes say that dogs are too *servile* because they follow their owners everywhere and slobber all over them at every opportunity.

  고양이 애호가들은 가끔 개는 주인이 어디를 가나 따라다니고, 기회가 있을 때마다 온통 침을 묻혀 놓아서 지나치게 순종적이라고 얘기한다.

- The horrible boss demanded *servility* from his employees; when he said, "Jump!" he expected them to ask, "How high?"

  지독한 사장은 직원들에게 노예와 같은 복종을 요구했다. 사장은 "높이 뛰어!"라는 자신의 명령에 직원들이 (왜?가 아니라) "얼마나 높이 뛸까요?"라고 반문하기를 원했다.

A similar word is *slavish* [sléiviʃ], which means even more subservient than *servile*. *Slavish* devotion to a cause is devotion in spite of everything. An artist's *slavish* imitator would be an imitator who imitated everything about the artist.

유사한 단어로 slavish가 있는데, slavish는 servile보다 훨씬 더 비굴하다는 의미를 담고 있다. 이념에 대한 slavish devotion은 모든 것을 제쳐두고 거기에만 맹목적으로 헌신하는 것이다. 화가의 slavish imitator란 그 화가에 관한 '모든 것을 흉내 내고 모방하는 사람'을 뜻한다.

SINGULAR [síŋgjulər] adj unique; superior; exceptional; strange 특이한; 뛰어난; 예외적인; 낯선

- Darren had the *singular* ability to stand on one big toe for several hours at a time.

  대런은 엄지발가락 하나로 버티고 서서 한 번에 몇 시간씩 서 있을 수 있는 특이한 재주가 있었다.

- The man on the train had a *singular* deformity: both of his ears were on the same side of his head.

  기차에 타고 있는 남자는 특이한 신체적 결함을 갖고 있었다. 그의 두 귀가 머리의 한쪽 면에 있었던 것이다.

A *singularity* is a unique occurrence. *Singularity* is also the quality of being unique.

singularity는 '특이한 일'을 의미한다. singularity는 또한 '특이성'을 의미하기도 한다.

SINISTER [sínistər] adj evil, wicked; foreshadowing evil, trouble, or wickedness 나쁜, 사악한; 재앙, 문제나 사악함을 예시하는

- The house on the hill is pretty by day, but at night it casts *sinister* shadows and emits frightening moans.

  언덕 위의 집은 낮에는 예뻐지만 밤에는 불길한 그림자를 드리우고 소름 끼치는 소리를 낸다.

SLANDER [slǽndər] v to speak badly about someone publicly; to defame; to spread malicious rumor 공개적으로 누군가를 나쁘게 말하다; 중상하다; 악의적인 소문을 퍼뜨리다

- Jonathan *slandered* Mr. Perriwinkle by telling everyone in school that the principal was a thief; Mr. Perriwinkle resented this *slander*. Because he was the principal, he expelled the *slanderous* student.

  조나단은 교장인 페리윙클 씨를 학교에 있는 모든 사람들에게 그가 도둑이라고 중상하는 말을 하고 다녔다. 페리윙클 씨는 그 중상모략에 분개했다. 자신이 교장이었기 때문에, 그는 소문을 내고 다닌 학생을 퇴학시켰다.

SLOTH [slɔ́:θ] n laziness; sluggishness 게으름; 나태

You may have seen a picture of an animal called a *sloth*. It hangs upside down from tree limbs and is never in a hurry to do anything. To fall into *sloth* is to act like a *sloth*.

sloth(나무늘보)라 불리는 동물의 사진을 본 적이 있을 것이다. 나무늘보는 나무에 네 다리를 붙이고 거꾸로 매달려서는 결코 뭔가를 하려고 서두르는 법이 없다. to fall into sloth는 나무늘보처럼 게으름에 빠져 살다라는 뜻이다.

- Yusuke's weekends were devoted to *sloth*. He never arose before noon, and seldom left the house before Monday morning.

  유수케는 주말을 아주 나태하게 보냈다. 그는 정오가 될 때까지 일어나지 않았을 뿐만 아니라 월요일 아침까지 집 밖에도 거의 나가지 않았다.

To be lazy and sluggish is to be *slothful*.

slothful은 게으르고 나태한'이라는 뜻이다.

- Ophelia's *slothful* husband virtually lived on the couch in the living room, and the television remote-control device was in danger of becoming grafted to his hand.

  오필리아의 남편은 하도 게을러서 거실 소파에서 거의 살다시피 했다. 그뿐만 아니라 손에 텔레비전 리모컨이 붙어 버린 것이 아닌가 걱정될 정도로 그것을 끼고 살았다.

SOBRIETY [səbráiəti] n the state of being sober; seriousness 술 취하지 않은 상태; 진지함

▶ 발음에 주의할 것.

A *sober* person is a person who isn't drunk. A *sober* person can also be a person who is serious, solemn, or not ostentatious. *Sobriety* means both "undrunkness" and seriousness or solemnity.

sober person은 '술에 취하지 않은 사람'이다. 또한 '진지하고 심각하고 허풍 떨지 않는 사람'을 의미하기도 한다. sobriety는 '술에 취하지 않음'이라는 뜻과 '진지함'이나 '엄숙함'이라는 뜻을 모두 갖고 있다.

- *Sobriety* was such an unfamiliar condition that the reforming alcoholic didn't recognize it at first.

  술에 취하지 않은 멀쩡한 정신은 워낙 익숙하지 않아서, 치료 중인 그 알코올 중독자는 처음에는 술을 마시지 않은 상황을 인지하지 못했다.

Sobriety of dress is one characteristic of the hardworking Amish.

sobriety of dress(옷차림의 검건함)은 근면한 암만교파의 특징이다.

SOLICITOUS [səlísətəs] adj eager and attentive, often to the point of hovering; anxiously caring or attentive 열망하고 주의를 기울이는, 새들이 보금자리를 떠나지 않고 배회하는 것처럼; 걱정스러워 관심을 갖고 돌보는

- Every time we turned around, we seemed to step on the foot of the *solicitous* salesman, who appeared to feel that if he left us alone for more than a few seconds, we would decide to leave the store.

  우리가 발걸음을 옮길 때마다 열성적인 판매원의 발길이 따라붙는 것 같았다. 판매원은 단 몇 초라도 우리를 그냥 놔두면 우리가 그 가게를 나가 버릴 것이라고 생각하는 사람처럼 보였다.

- When the sick movie star sneezed, half-a-dozen *solicitous* nurses came rushing into her hospital room.

  몸이 아픈 영화배우가 재채기를 했을 때 그녀를 걱정하는 열성적인 간호사들이 여섯 명이나 병실로 몰려왔다.

▶ 명사형은 solicitude(배려)이다.

SOLVENT [sálvənt] adj **not broke or bankrupt; able to pay one's bills**
파산하지 않은; 지불할 수 있는

- Jerry didn't hope to become a millionaire; all he wanted to do was remain *solvent*.
  제리는 백만장자가 되고 싶었던 것은 아니었다. 그가 원했던 것은 단지 지불 능력을 유지하는 것이었다.

To be broke is to be *insolvent*. An *insolvent* company is one that can't cover its debts.
insolvent는 '파산한'이란 뜻이다. insolvent company는 '채무를 변제할 능력이 없는 회사'이다.

The state of being *solvent* is called *solvency*; the state of being *insolvent* is called *insolvency*.
solvency는 '지불 능력이 있는 상태'를 말한다. '지불 능력이 없는 상태'는 insolvency이다.

SOPORIFIC [sàpərífik] adj **sleep inducing; boring; sleepy** 잠을 자게 만드는; 몹시도 지루한; 매우 졸리는

- The doctor calmed his hysterical patient by injecting him with some sort of *soporific* medication.
  의사는 일종의 최면제를 소량 투여해서 흥분한 환자를 진정시켰다.

- Sam's *soporific* address was acknowledged not by applause but by a chorus of snores.
  샘의 지루한 연설을 듣는 청중들은 박수 소리 대신 일제히 코고는 소리로 반응을 보였다.

- The *soporific* creature from the bottom of the sea lay in a gigantic blob on the beach for several days and then roused itself enough to consume the panic-stricken city.
  바다 밑바닥에서 올라온 그 생물은 며칠 동안 해변에서 커다란 물방울 속에 누워 졸린 듯이 잠만 자고 있었다. 그러다가 갑자기 공포에 떠는 도시를 잡아먹기라도 할 것처럼 우뚝 일어섰다.

QUICK QUIZ

Match each word in the first column with its definition in the second column. Check your answers in the back of the book.

1. serendipity	a.	accidental good fortune
2. servile	b.	sleep inducing
3. singular	c.	eager and attentive
4. sinister	d.	not bankrupt
5. slavish	e.	submissive
6. sloth	f.	broke
7. sobriety	g.	laziness
8. solicitous	h.	state of being sober
9. solvent	i.	extremely subsurvient
10. insolvent	j.	unique
11. soporific	k.	wicked

SORDID [sɔ́ːrdid] adj vile; filthy; squalid 비열한; 더러운; 지저분한

- The college roommates led a *sordid* existence, surrounded by dirty laundry, rotting garbage, and filthy dishes.

  대학 기숙사 생도들은 더러운 빨랫감과 썩은 쓰레기와 아주 더러운 접시들에 둘러싸여 지저분한 생활을 하고 있다.

- The conspirators plotted their *sordid* schemes at a series of secret meetings in an abandoned warehouse.

  공범들은 버려진 창고에서 일련의 비밀 회합을 갖고 비열한 계획을 세웠다.

- The leprosy blight had turned a once-pretty neighborhood into a *sordid* outpost of despair and crime.

  나병 발생이 한때는 멋진 곳이었던 마을을 절망과 범죄의 더러운 소굴로 바꿔 놓았다.

SPAWN [spɔ́ːn] v to bring forth; to produce a large number 낳다; 다량 생산하다

- A best-selling book or blockbuster movie will *spawn* dozens of imitators.

  베스트셀러나 초대형 히트 영화는 수십 가지의 아류작을 양산할 것이다.

SPECIOUS [spíːʃəs] adj deceptively plausible or attractive 속임수로 그럴듯하게 하거나 사람의 마음을 끄는

- The charlatan's *specious* theories about curing baldness with used tea bags charmed the studio audience but did not convince the experts, who believed that fresh tea bags were more effective.

  사용하고 난 차 봉지로 대머리 치료를 한다는 허풍선이의 그럴듯한 이론은 스튜디오에 모인 방청객들을 매료시켰다. 그러나 사용하지 않은 새 차 봉지가 더 효과적이라고 믿고 있는 전문가들에게는 그다지 신뢰를 주지 못했다.

- The river's beauty turned out to be *specious*; what had looked like churning rapids from a distance was, on closer inspection, some sort of foamy industrial waste.

  강의 경치는 외양만 그럴듯한 것으로 드러났다. 멀리서 봤을 때 거품을 일으키는 급류처럼 보이던 것은 가까이 다가가서 보니 공업용 폐수의 거품 덩어리일 뿐이었다.

▶ 명사형은 speciousness(그럴듯함)이다.

SPORADIC [spərǽdik] adj stopping and starting; scattered; occurring in bursts every once in a while 정지했다 발생했다 하는; 산재하는; 가끔가다 한 번씩 갑자기 발생하는

- Kyle's attention to his schoolwork was *sporadic* at best; he tended to lose his concentration after a few minutes of effort.

  카일은 기껏해야 어쩌다 한 번씩 수업에 주목할 뿐이었다. 그의 집중력은 겨우 몇 분을 지속하지 못하는 경향이 있었다.

SPURIOUS [spjúəriəs] adj false; fake 거짓의; 속임수의, 위조된

An apocryphal story is one whose truth is uncertain. A *spurious* story, however, is out-and-out false, no doubt about it.

apocryphal story는 진실 여부가 불확실한 것이다. 그러나 spurious story는 의심의 여지없이 전적으로 거짓 이야기이다.

- The political candidate attributed his loss to numerous *spurious* rumors that had hounded him throughout his campaign.

  그 후보자는 자신의 패배가 유세 기간 내내 그를 따라다니던 수없이 많은 날조된 소문 탓이라고 여겼다.

SQUALOR [skwάlər] n filth; wretched, degraded, or repulsive living conditions
불결함; 비참하거나 저급한, 또는 혐오감을 줄 만큼 형편없는 생활상

- If people live in *squalor* for too long, the ruling elite can count on an insurgency.

  민중의 궁핍한 생활이 너무 오랫동안 지속되면 지배 계층은 폭동에 직면할 수도 있다.

SQUANDER [skwándər] v to waste   낭비하다, 소모하다

- Jerry failed to husband his inheritance; instead, he *squandered* it on trips to Las Vagas.

  제리는 물려받은 유산을 아껴 쓰지 않았다. 그는 라스베이거스로 여행을 가는 것에 유산을 다 써 버렸다.

STAGNATION [stægnéiʃən] n motionlessness; inactivity   정지, 정체; 무기력

- The company grew quickly for several year; then it fell into *stagnation*.

  회사는 몇 년간 빠르게 성장했지만 곧 침체기에 들어섰다.

- Many years of carelessly dumping garbage next to the river led to the gradual *stagnation* of the water because the trash covered the bottom made an impromptu dam.

  몇 년간 강 옆에 무심코 버린 쓰레기들 때문에 물이 서서히 생명력을 잃어 갔다. 바닥의 쓰레기가 즉석에서 댐을 형성했기 때문이다.

▶ 동사형은 stagnate(침체되다)이고, 형용사형은 stagnant(침체된)이다.

STATIC [stætik] adj stationary; not changing or moving   정적인; 변화도 없고 움직이지도 않는

- Sales of the new book soared for a few weeks then became *static*.

  새 책의 판매량은 몇 주 동안은 급격한 상승 곡선을 그렸지만 곧 정지되었다.

- The movie was supposed to be a thriller, but we found it tediously *static*; nothing seemed to happen from one scene to the next.

  우리는 그 영화가 스릴러물인 줄 알았지만, 지루할 정도로 정적인 영화라는 것을 알게 되었다. 장면이 계속 바뀌어도 아무 일도 일어나는 것 같지 않았다.

STAUNCH [stɔ́:ntʃ] adj firmly committed; firmly in favor of; steadfast
확고한 태도를 가진; 확고하게 찬성하는; 신념 등이 확고한

A *staunch* Republican is someone who always votes for Republican candidates.

staunch Republican이란 항상 공화당 후보에게만 투표하는 '꼴수 공화당원'을 일컫는다.

A *staunch* supporter of tax reform would be someone who firmly believes in tax reform.

세제 개혁의 staunch supporter(든든한 지지자)란 조세 제도가 개혁되어야 한다고 '굳게 확신하는 사람'일 것이다.

To be *staunch* in your support of something is to be unshakable.

어떤 것을 지지함에 있어 staunch라는 것은 '흔들리지 않는' 것이다.

STEADFAST [stédfæst] adj loyal; faithful   충실한, 충성스러운; 성실한

- *Steadfast* love is love that never wavers. To be *steadfast* in a relationship is to be faithfully committed.

  steadfast love는 결코 흔들리지 않는 사랑이다. steadfast는 어떤 관계에 있어 성실한 태도를 견지한다는 뜻이다.

To be *steadfast* is to be like a rock: unchanging, unwavering, unmoving.

steadfast는 변함이 없고 흔들리지 않으며 이리저리 움직이지 않는, 즉 바위 같은이라고 말할 수 있다.

STIGMATIZE [stígmətàiz] v to brand with disgrace; to set a mark of disgrace upon
오명을 씌우다; 불명예의 낙인을 찍다

- Steve once went into the girls' bathroom by accident, and this mistake *stigmatized* him for the rest of his high school career.

  스티브는 실수로 딱 한 번 여자 화장실에 들어갔는데, 이 실수 때문에 남은 고등학교 학창 시절 내내 불명예가 따라다녔다.

A *stigma* is a mark of disgrace.

stigma는 불명예의 표시, 즉 '오명'이다.

STIPULATE [stípjulèit] v to require something as part of an agreement
계약의 조항으로 뭔가를 요구하다, 명문화하다

- You are well-advised to *stipulate* the maximum amount you will pay in any car-repair contract.
  차 수리 계약 시에는 네가 지불하게 될 금액의 최대치를 사전에 계약서에 명기해 두는 것이 현명할 것이다.

Guarantees often *stipulate* certain conditions that must be met if the guarantee is to be valid.
보증서에는 그것이 법적으로 유효하려면 반드시 충족되어야 하는 조건이 흔히 stipulate(명기하다)된다.

STOIC [stóuik] adj indifferent (at least outwardly) to pleasure or pain, to joy or grief, to fortune or misfortune
즐거움이나 고통, 슬픔이나 기쁨, 행운이나 불행 등에 무관심한 (적어도 외관상으로는)

- Nina was *stoic* about the death of her canary; she went about her business as though nothing sad had happened.
  니나는 카나리아의 죽음에 무관심했다. 그녀는 슬픈 일을 전혀 겪지 않은 사람처럼 일을 해 나갔다.

- We tried to be *stoic* about our defeat, but as soon as we got into the locker room, we all began to cry and bang our foreheads on our lockers.
  우리는 패배에 초연한 척했다. 그러나 라커룸에 들어서자마자 우리는 모두 이마를 라커에 찧으며 울기 시작했다.

STRATUM [strǽtəm/stréitəm] n a layer; a level 층; 단계, 수준

The middle class is one *stratum* of society.
중산층은 사회의 한 stratum(계층)이다.

The plural of *stratum* is *strata*. A hierarchy is composed of *strata*.
stratum의 복수형은 strata이다. 계급 구조는 strata(여러 계층)로 구성되어 있다.

To *stratify* is to make into layers.
동사 stratify는 '여러 계층으로 나누다'라는 뜻이다.

STRICTURE [stríktʃər] n a restriction; a limitation; a negative criticism
구속; 제한; 부정적인 비평

- Despite the *strictures* of apartment living, we enjoyed the eight years we spent in New York City.
  제한된 아파트 생활에도 불구하고, 우리는 뉴욕에서 8년간이나 즐겁게 살았다.

- The unfavorable lease placed many *strictures* on how the building could be used.
  임대차 계약은 빌딩 사용에 대해 많은 제약을 두고 있는 불리한 계약이었다.

- The poorly prepared violinist went home trembling after her concert to await the inevitable *strictures* of the reviewers.
  충분히 연습하지 못했던 바이올린 연주자는 콘서트가 끝난 후 비평가들의 피할 수 없는 혹평을 받아야 한다는 사실에 마음을 졸이며 집으로 돌아갔다.

Match each word in the first column with its definition in the second column. Check your answers in the back of the book.

1. sordid	a. disgrace
2. spawn	b. stopping and starting
3. specious	c. restriction
4. sporadic	d. inactivity
5. spurious	e. require
6. squander	f. indifferent to pain, pleasure
7. stagnation	g. bring forth
8. static	h. vile
9. staunch	i. firmly committed
10. steadfast	j. layer
11. stigmatize	k. stationary
12. stipulate	l. deceptively plausible
13. stoic	m. false
14. stratum	n. waste
15. stricture	

STRIFE [stráif] n **bitter conflict; discord; a struggle or clash** 격심한 투쟁; 의견 충돌; 투쟁 또는 분규

- Marital *strife* often leads to divorce.
  부부간의 strife(싸움)는 끈잘 이혼으로 치닫는다.

STRINGENT [stríndʒənt] adj **strict; restrictive** (규칙 등이) 엄격한; 제한적인

- The restaurant's *stringent* dress code required male diners to wear a suit coat and tie or they had to leave.
  그 레스토랑의 복장 규정은 남자 손님들에게 정장 상의를 입고 넥타이를 맬 것을 엄격하게 요구하며, 지키지 않으면 떠나야 한다고 했다.

- The IRS accountant was quite *stringent* in her interpretation of the tax code; she disallowed virtually all of Leslie's deductions.
  그 국세청 직원은 조세 규정을 너무나 엄격하게 해석했다. 그녀는 레슬리의 공제액을 사실상 하나도 인정하지 않았다.

STYMIE [stáimi] v **to thwart; to get in the way of; to hinder** 방해하다; 중간에 끼어들다; 훼방 놓다

Stymie is a golfing term. A golfer is *stymied* when another player's ball lies on the direct path between his or her own ball and the cup.
stymie는 골프 용어다. 다른 골퍼의 공이 본인의 공과 홀컵 사이의 직선거리 상에 놓이게 되었을 때 이 골퍼는 stymied되었다고 말한다.

Off the golf course, one might be *stymied* by one's boss.
골프에서가 아니라면, 사람들은 직장 상사에 의해서 stymied되는 경우가 있을 수 있다.

- In my effort to make a name for myself in the company, I was *stymied* by my boss, who always managed to take credit for all the good things I did and to blame me for his mistakes.

  회사 내에서 나의 명성을 높이려고 노력했지만 상사가 훼방을 놓았다. 그는 항상 내가 이룬 성과를 가로채 신용을 얻으면서도 자신의 실수는 언제나 내 탓으로 돌렸다.

SUBJUGATE [sʌ́bdʒugèit] v to subdue and dominate; to enslave
정복하여 지배하다; 노예로 만들다

- I bought the fancy riding lawn mower because I thought it would make my life easier, but it quickly *subjugated* me. All summer long, it seems, I did nothing but change its oil, sharpen its blades, and drive it back and forth between my house and the repair shop.

  내 생활이 좀 더 편리해지지 않을까 하는 생각으로, 나는 잘 빠진 자동 잔디 깎기 기계를 하나 샀다. 그러나 나는 곧 그 기계의 노예가 되었다. 여름 내내 오일을 교환하고 날을 갈아 주고 기계를 몰아 집과 수리점 사이를 왔다 갔다 하느라 나는 거의 아무것도 하지 못했다.

- The tyrant *subjugated* all the peasants living in the kingdom; once free, they were now forced to do her bidding.

  그 폭군은 자신의 영토 내에 살고 있는 모든 농민들을 노예로 만들었다. 한때는 자유인이었던 농민들은 이제는 그녀의 명령에 따라서 움직여야만 했다.

SUBLIME [səbláim] adj awesome; extremely exalted; lofty; majestic
장엄한; 매우 고귀한; 고상한; 웅대한

- After winning $70 million in the lottery and quitting our jobs as sewer workers, our happiness was *sublime*.

  7천만 달러짜리 복권에 당첨되고 하수도 배관공이라는 직업도 때려치우자 우리의 행복은 최고에 달했다.

- Theodore was a *sublime* thinker; after pondering even a difficult problem for just a few minutes, he would invariably arrive at a concise and elegant solution.

  테오도르는 대단한 사색가이다. 아무리 어려운 문제라도 잠깐만 곰곰이 생각하고 나면, 그는 언제나 그렇듯이 간명하고 품위 있는 해결책을 찾아내곤 했다.

- The soup at the restaurant was *sublime*. I've never tasted anything so good.

  그 레스토랑의 수프는 매우 탁월했다. 그처럼 맛있는 수프는 먹어 본 적이 없었다.

The noun form of *sublime* is *sublimity*[səblíməti]. Don't confuse *sublime* with *subliminal*[sʌblímənəl], which means subconscious, or *sublimate*, which means to suppress one's subconscious mind.

sublime의 명사형은 sublimity(장엄, 숭고)이다. sublime를 '잠재의식과 관련이 있는'이라는 뜻의 subliminal이나 '잠재의식을 억제하여 다른 것으로 승화시킨다'라는 뜻의 sublimate와 혼동하지 마라.

SUBORDINATE [səbɔ́ːrdənət] adj lower in importance, position, or rank; secondary
중요도, 지위, 등급 등에 있어 하위인; 부수적인

- My desire to sit on the couch and watch television all night long was *subordinate* to my desire to stand in the kitchen eating junk food all night long, so I did the latter instead of the former.

  소파에 편안히 앉아 밤새도록 텔레비전이나 봤으면 하는 생각도 들었지만, 주방에서 밤새도록 햄버거 같은 거나 먹고 있었으면 하는 생각이 더 간절했다. 그래서 나는 전자는 포기하고 후자를 선택했다.

A vice president is *subordinate* to a president.

부통령은 대통령에게 subordinate(하급의)이다.

Subordinate[səbɔ́ːrdənit] can also be a verb. To *subordinate* something in relation to something else is to make it secondary or less important.

subordinate는 동사로도 쓰인다. subordinate는 다른 것과의 관계에 있어서 대상을 '부차적으로 두거나 덜 중요하게 여기다'라는 뜻이다.

To be *insubordinate*[ìnsəbɔ́ːrdənit] is not to acknowledge the authority of a superior. An army private who says, "Bug off!" when ordered to do something by a general is guilty of being *insubordinate* or of committing an act of *insubordination*.

insubordinate는 '상급자의 권위를 인정하지 않는'이라는 뜻이다. 장군이 뭔가를 명령했을 때 이등병이 "꺼져 버려!"라고 말한다면, insubordinate (순종하지 않는)인 죄나 insubordination(반항)의 행동을 저지르는 죄를 범하는 것이다.

SUBSTANTIVE [sʌ́bstəntiv] adj having substance; real; essential; solid; substantial
실체가 있는; 현실의; 본질적인; 단단한; 실재하는

- The differences between the two theories were not *substantive*; in fact, the two theories said the same thing with different words.

  두 이론 간의 차이점은 실재하지 않았다. 사실상, 두 이론은 말만 다를 뿐 같은 내용을 말한 것이다.

- The gossip columnist's wild accusations were not based on anything *substantive*; her source was a convicted perjurer, and she had made up all the quotations.

  신문 가십난의 필자는 사실에 바탕을 두지 않고 맹렬한 비난을 퍼부었다. 그녀에게 얘깃거리를 제공한 사람은 유죄가 확정된 위증자로, 그녀가 인용한 말은 모두 지어낸 것이었다.

SUBTLE [sʌ́tl] adj not obvious; able to make fine distinctions; ingenious; crafty
뻔히 드러나지 않은; 좋은 성과를 낼 수 있는; 영리한; 교묘한

▶ 발음에 주의할 것.

- The alien beings had created a shrewd replica of Mr. Jenson, but his wife did notice a few *subtle* differences, including the fact that the new Mr. Jenson had no pulse.

  외계인은 젠슨 씨의 복제인간을 완벽하게 만들었다. 그러나 복제인간 젠슨이 맥박도 없다는 사실을 비롯해 (원래의 젠슨 씨와) 아주 미세한 차이점이 있다는 것을 그의 아내는 눈치챘다.

- Jim's *subtle* mind enables him to see past problems that confuse the rest of us.

  두뇌가 명석해서 짐은 우리를 당황하게 만드는 어려운 문제들도 해결할 수 있다.

- The burglar was *subtle*; she had come up with a plan that would enable her to steal all the money in the world without arousing the suspicions of the authorities.

  그 강도는 명석했다. 그녀는 당국의 의심을 받지 않고 세상의 모든 돈을 훔칠 수 있는 계획을 수립해 두었다.

▶ 명사형은 subtlety(교묘함)이다.

SUBVERSIVE [səbvə́ːrsiv] adj corrupting; overthrowing; undermining; insurgent
타락시키는; 전복시키는; 손상시키는; 반란의

- The political group destroyed the Pentagon's computer files, hijacked *Air Force One*, and engaged in various other *subversive* activities.

  정치적 목적을 가진 그 집단은 국방성의 컴퓨터 파일을 파괴하거나 대통령 전용기를 공중 납치 하기도 했으며, 그 밖에도 여러 가지 국가전복 활동을 벌여 왔다.

- Madeline's efforts to teach her first-grade students to read were thwarted by that most *subversive* of inventions, the television set.

  매들린은 1학년 학생들에게 읽기를 가르치려고 애를 썼지만, 텔레비전이라는 가장 파괴적인 발명품이 그녀를 훼방 놓았다.

SUCCINCT [səksíŋkt] adj brief and to the point; concise 간결하고 딱 들어맞는; 간명한

▶ 발음에 주의할 것.

- Aaron's *succinct* explanation of why the moon doesn't fall out of the sky and crash into the earth quickly satisfied even the most skeptical of the seventh graders.

  달이 하늘에서 떨어져 지구와 충돌하지 않는 이유에 대한 아론의 설명은 간결하면서도 핵심을 잘 짚었다. 7학년 학생 중 가장 의심 많은 학생까지도 그의 설명에 곧바로 안심했다.

- We were given so little room in which to write on the examination that we had no choice but to keep our essays *succinct*.

  우리는 답안지를 작성할 여유가 거의 없었기 때문에 간단명료하게 답을 명기하는 것 외에는 달리 할 일이 없었다.

Match each word in the first column with its definition in the second column. Check your answers in the back of the book.

1.	strife	a.	not obvious
2.	stringent	b.	awesome
3.	stymie	c.	brief and to the point
4.	subjugate	d.	thwart
5.	sublime	e.	subdue
6.	subordinate	f.	corrupting
7.	insubordinate	g.	not respectful of authority
8.	substantive	h.	strict
9.	subtle	i.	lower in importance
10.	subversive	j.	having substance
11.	succinct	k.	bitter conflict

SUCCUMB [səkám] v **to yield or submit; to die** 양보하다 또는 굴복하다; 죽다

- I had said I wasn't going to eat anything at the party, but when Ann held the tray of imported chocolates under my nose, I quickly *succumbed* and ate all of them.

  나는 파티에서 아무것도 먹지 않겠다고 말했었다. 그러나 앤이 내 코앞에다 수입산 초콜릿이 담겨 있는 쟁반을 내밀자 나는 유혹을 이기지 못하고 초콜릿을 몽땅 먹어 버렸다.

- The Martians in *The War of the Worlds* survived every military weapon known to man but *succumbed* to the common cold.

  '우주 전쟁'이라는 영화에서 화성인들은 인간에게 알려진 모든 무기의 공격에서도 살아남았지만, 평범한 감기에는 굴복했다.

- When Willard reached the age of 110, his family began to think that he would live forever, but he *succumbed* not long afterward.

  윌러드가 110살까지 살자 가족들은 그가 영원히 살지도 모른다고 생각하기 시작했다. 그러나 그는 그 후 얼마 살지 못했다.

SUPERCILIOUS [sùːpərsíliəs] adj **haughty; patronizing** 거만한; 선심 쓰는 체하는

- The *supercilious* Rolls-Royce salesman treated us like peasants until we opened our suitcase full of one-hundred-dollar bills.

  거만한 롤스로이스 세일즈맨은 100달러짜리 지폐가 가득한 가방을 열어 보이기 전까지는 우리를 시골뜨기 취급을 했다.

- The newly famous author was so *supercilious* that she pretended not to recognize members of her own family, whom she now believed to be beneath her.

  최근에 유명해진 그 작가는 너무나 거만해져서 자신의 가족조차 모른 척했다. 이제는 가족들이 자신의 품위를 떨어뜨린다고 그녀는 생각했다.

SUPERFICIAL [sùːpərfíʃəl] adj **on the surface only; shallow; not thorough**
단지 표면적인; 얕은; 철저하지 못한

- Tom had indeed been shot, but the wound was *superficial*—the bullet had merely creased the tip of his nose.

  톰은 진짜로 총에 맞았지만 상처는 그리 깊지 않았다. 총알은 단지 코끝에 찰과상을 남겼을 뿐이었다.

- The mechanic, who was in a hurry, gave my car what appeared to be a very *superficial* tune-up. In fact, if he checked the oil, he did it without opening the hood.

  조급한 정비사는 내 차를 점검하는 흉내만 내는 것 같았다. 어느 정도나 하면 오일을 검사한다면서 보닛도 열어 보지 않는 식이었다.

A person who is *superficial* can be accused of *superficiality*.

superficial(천박한)인 사람은 superficiality(천박함) 때문에 비난받을 수도 있다.

- The *superficiality* of the editor's comments made us think that she hadn't really read the manuscript.

  편집자의 천박한 논평 때문에 우리는 그가 정말로 그 원고를 읽었는지 의심하게 되었다.

SUPERFLUOUS [suːpə́ːrfluəs] adj **extra; unnecessary; redundant**
여분의, 남아도는; 불필요한; 과다한, 잉여의

▶ 발음에 주의할 것.

- Andrew's attempt to repair the light bulb was *superfluous*, since the light bulb had already been repaired.

  전구를 이미 수리했는데도 앤드류는 쓸데없이 전구를 고치려고 달려들었다.

- Roughly 999 of the book's 1,000 pages were *superfluous*.

  그 책의 1,000쪽 중 대략 999쪽은 불필요한 부분이었다.

▶ 명사형은 superfluity[sùːpərflúːəti] (여분)이다.

SURFEIT [sə́ːrfit] n **excess; an excessive amount; excess or over-indulgence in eating or drinking** 초과; 지나친 양; 먹거나 마시는 데의 지나친 탐닉

▶ 발음에 주의할 것.

Thanksgiving meals are usually a *surfeit* for everyone involved.

추수감사절 음식은 대개 모든 사람들이 즐길 수 있도록 surfeit(과다)이다.

SURREPTITIOUS [səːrəptíʃəs] adj **sneaky; secret** 몰래하는; 비밀의

- The babysitter made herself a *surreptitious* meal of lobster as soon as Mr. and Mrs. Robinson had driven away.

  그 보모는 로빈슨 부부가 차를 몰고 나가자마자 몰래 로브스터로 음식을 만들어 먹었다.

The word is sometimes used as an adverb.

이 단어는 간혹 부사로 쓰이기도 한다.

- The dinner guest *surreptitiously* slipped a few silver spoons into his jacket as he was leaving the dining room.

  그 손님은 식당을 나가면서 몰래 몇 개의 은 숟가락을 윗옷 속에 슬며시 넣었다.

SURROGATE [sə́ːrəgèit] adj **substitute** 대용하는, 대리인의

A *surrogate* mother is a woman who bears a child for someone else.

surrogate mother란 다른 누군가를 위해서 대신 아이를 낳는 대리모'이다.

This word is often a noun. A *surrogate* is a substitute.

surrogate는 명사로도 쓰인다. surrogate는 '대리인'이나 '대용품'을 의미한다.

- A kind parent offered to go to prison as a *surrogate* for his son, who had been convicted of extortion.

    친절한 그 아버지는 직무상 부당 이득 취득죄를 범한 아들을 대신해서 감옥에 가겠다고 제안했다.

SYCOPHANT [síkəfənt] n **one who sucks up to others** 남에게 아첨하는 사람

▸ 발음에 주의할 것.

- The French class seemed to be full of *sycophants*; the students were always bringing apples to the teacher and telling her how nice she looked.

    프랑스 어 반에는 아첨꾼들만 모여 있는 것 같았다. 학생들은 언제나 선생님에게 사과를 갖다 드리고 멋지다고 얘기하곤 했다.

A *sycophant* is *sycophantic* [sìkəfǽntik].

sycophant(아첨꾼)은 sycophantic(알랑거리는)이라고 표현할 수 있다.

- The exasperated boss finally fired her *sycophantic* secretary because she couldn't stand being around someone who never had anything nasty to say.

    듣기에 거북한 말이라곤 전혀 하지 않는 사람을 더 이상 곁에 두고 있을 수가 없었기 때문에 화가 난 사장은 마침내 아첨만 해대는 비서를 해고했다.

SYNTHESIS [sínθəsis] n **the combining of parts to form a whole**
부분들을 전체로 만들기 위해 결합시킴, 종합

- It seemed as though the meeting might end in acrimony and confusion until Raymond offered his brilliant *synthesis* of the two diverging points of view.

    레이몬드가 둘로 갈라진 의견들을 종합해서 현명한 의견을 내놓기 전까지는 회의는 독설과 혼란으로 끝을 낼 것처럼 보였다.

- A hot fudge sundae is the perfect *synthesis* of hot fudge and vanilla ice cream.

    핫 퍼지 선디는 뜨거운 초콜릿 캔디와 바닐라 아이스크림의 절묘한 조합이다.

QUICK QUIZ 80

Match each word in the first column with its definition in the second column. Check your answers in the back of the book.

1. succumb		a. haughty
2. supercilious		b. yield
3. superficial		c. flatterer
4. superfluous		d. substitute
5. surfeit		e. unnecessary
6. surreptitious		f. on the surface only
7. surrogate		g. sneaky
8. sycophant		h. excess
9. synthesis		i. combining of parts

T

TACIT [tǽsit] adj **implied; not spoken** 은연중의, 암시적인; 무언의

- Mrs. Rodgers never formally asked us to murder her husband, but we truly believed that we were acting with her *tacit* consent.

  로저 부인은 우리에게 남편을 죽여 달라고 공식적으로 부탁하지는 않았다. 그러나 우리는 정말로 그녀의 암묵적인 동의하에 행동을 했다고 믿었다.

▶ tacit는 '과묵한'이라는 뜻의 taciturn과 관계가 있다.

TACITURN [tǽsətəːrn] adj **untalkative by nature** 선천적으로 말수가 적은, 과묵한

- The chairman was so *taciturn* that we often discovered that we had absolutely no idea what he was thinking.

  회장은 워낙 말수가 적어서 무슨 생각을 하고 있는지 전혀 알 수 없을 때가 종종 있었다.

- The *taciturn* physicist was sometimes thought to be brilliant simply because no one had ever heard him say anything that wasn't intelligent. Everyone misconstrued his *taciturnity*; he was actually quite dumb.

  그 물리학자가 총명하지 못한 말을 하는 것을 들어 본 사람이 아무도 없다는 단순한 사실만으로, 가끔씩 사람들은 말수가 적은 그를 아주 똑똑한 사람으로 생각했다. 사람들이 그의 과묵함을 오해한 것이다. 그는 사실상 꽤나 우둔한 사람이었다.

▶ taciturn은 tacit와 관련이 있다.

TANGENTIAL [tændʒénʃəl] adj **only superficially related to the matter at hand; not especially relevant; peripheral** 단지 표면적으로만 관련 있는; 특별한 관련이 없는; 주변의

▶ 발음에 주의할 것.

- The vice president's speech bore only a *tangential* relationship to the topic that had been announced.

  부통령은 공고된 논제와는 별반 관계도 없는 연설을 하고 있었다.

- Stuart's connection with our organization is *tangential*. He once made a phone call from the lobby of our building, but he never worked here.

  스튜어트는 우리 단체와는 별반 관계가 없다. 그가 언젠가 우리 빌딩 로비에서 전화를 건 적은 있었지만, 그는 결코 여기서 일한 적이 없었다.

When a writer or speaker "goes off on a *tangent*," he or she is making a digression or straying from the original topic.

작가나 연사가 go off on a tangent한다는 것은 당사자가 원래의 주제에서 빗나가거나 여담을 하고 있다'는 뜻이다.

TANGIBLE [tǽndʒəbl] adj **touchable; palpable** 만져서 알 수 있는; 명백한

- A mountain of cigarette butts was the only *tangible* evidence that Luke had been in our house.

  산더미 같은 담배꽁초야말로 루크가 우리 집에 왔었다는 유일하고도 명백한 증거였다.

- There was no *tangible* reason I could point to, but I did have a sneaking suspicion that Ernest was a rodeo fan.

  어니스트를 로데오 팬이라고 할 수 있는 명백한 이유가 있는 것은 아니었지만, 나는 한 가지 혐의점을 가지고 있었다.

▸ tangible의 반의어는 intangible(무형의)이다.

TANTAMOUNT [tǽntəmàunt] adj **equivalent to** 동등한, 상당하는

- Waving a banner for the visiting team at that football game would be *tantamount* to committing suicide; the home-team fans would tear you apart in a minute.
  그 풋볼 경기에서 원정 팀을 응원하는 깃발을 흔드는 것은 자살행위나 마찬가지일 이다. 홈 팀의 팬들이 당신을 곧장 갈기리 찢어 놓을 것이다.

- Yvonne's method of soliciting donations from her employees was *tantamount* to extortion; she clearly implied that she would fire them if they didn't pitch in.
  이본느가 종업원들에게 기부금을 권유하는 방법은 강탈이나 다름없었다. 그들이 돈을 내지 않으면, 해고할 수도 있다는 사실을 이본느는 분명히 암시했다.

TAUTOLOGICAL [tɔ̀ːtəládʒikəl] adj **redundant; circular** 말이 많은, 중언부언의; 같은 말을 되풀이하는

"When everyone has a camera, cameras will be universal" is a *tautological* statement, because "everyone having a camera" and "cameras being universal" mean the same thing.
"모든 사람들이 카메라를 갖고 있다면 카메라는 만인에 공통하는 것이다."라는 말은 같은 말이 반복되는 표현이다. 왜냐하면 "모든 사람이 카메라를 가지고 있는 것"과 "카메라가 만인에 공통한 것"은 같은 뜻이기 때문이다.

- The testing company's definition of intelligence—"that which is measured by intelligence tests"—is *tautological*.
  테스트 회사가 지능을 "지능 테스트에 의해서 측정되는 것"이라고 정의했는데, 이는 동어가 중복된 표현이다.

A *tautology*[tɔːtáledʒi] is a needless repetition of words, or saying the same thing using different words. Here's an example:
tautology는 말을 쓸데없이 되풀이하는 것 또는 다른 단어를 사용해 같은 내용을 반복해서 말하는 것이다. 예시를 보자.

- The trouble with bachelors is that they aren't married.
  독신남의 문제는 그들이 결혼하지 않았다는 것이다. (이미 독신이라는 말 속에 결혼하지 않았다는 의미가 들어 있다.)

TEMERITY [təmérəti] n **boldness; recklessness; audacity** 대담함; 무모함; 대담성

- Our waiter at the restaurant had the *temerity* to tell me he thought my table manners were atrocious.
  레스토랑에서 우리를 시중들던 웨이터가 대담하게도 내게 식사 예절이 아주 형편없는 것 같다고 말했다.

- The mountain climber had more *temerity* than skill or sense. She tried to climb a mountain that was much too difficult and ended up in a heap at the bottom.
  그 등산가는 기술이나 감각이 있는 것이 아니라 오히려 무모한 편이었다. 그녀는 아주 나코스인 산을 오르려 했지만, 산 밑의 언덕에서 중단했다.

TEMPERATE [témpərət] adj **mild; moderate; restrained** 온화한; 삼가는; 절제하는

- Our climate is *temperate* during the spring and fall but nearly unbearable during the summer and winter.
  우리 기후는 봄과 가을에는 온화하지만, 여름과 겨울에는 거의 견디기 힘들 정도가 된다.

- The teacher's *temperate* personality lent a feeling of calm and control to the kindergarten class.
  선생님의 온화한 성품은 유치원 교실에 침착함과 자제력을 보태 주었다.

The opposite of *temperate* is *intemperate*, which means not moderate.
temperate의 반의어는 intemperate로, '적정하지 않은'이라는 뜻이다.

- Becky's *intemperate* use of oregano ruined the chili.
  베키는 오레가노 향신료의 무절제한 사용으로 칠리를 엉망으로 만들었다.

To *temper* something is to make it milder.
동사 temper는 '온건하게 조절하다'라는 뜻이다.

- Anna laughed and shrieked so loudly at every joke that even the comedian wished she would *temper* her appreciation.

  안나는 조크가 나올 때마다 너무나 큰 소리로 웃거나 소리 지르곤 해서 심지어 코미디언조차 그녀가 감정을 적절하게 조절해 줄 것을 바랄 정도였다.

Temperance is moderation, especially with regard to alcoholic drinks.

temperance는 특히 음주와 관련해서 '절주'의 뜻으로 많이 쓰인다.

TENABLE [ténəbl] adj **defensible, as in one's position in an argument; capable of being argued successfully; valid** 논쟁 중일 때 어떤 사람의 입장에서 방어(변호)할 수 있는; 성공적으로 주장할 수 있는, 조리 있는; 근거가 확실한

- Members of the Flat Earth Society continue to argue that the earth is flat, although even children dismiss their arguments as *untenable*.

  FES(평평한 지구 연구회)의 회원들은 심지어 어린아이들조차도 그들의 주장이 타당하지 않다고 무시하는데도 불구하고, 지구가 평평하다고 계속해서 주장한다.

▶ untenable은 '방어할 수 없는', '이치에 닿지 않는'이라는 뜻이다.

TENACIOUS [tənéiʃəs] adj **persistent; stubborn; not letting go** 고집하는; 완고한; 놓아 주지 않는

- The foreign student's *tenacious* effort to learn English won him the admiration of all the teachers at our school.

  우리 학교에 온 외국인 학생은 영어를 배우려는 끈기 있는 노력으로 모든 선생님들의 칭찬을 받았다.

- Louise's grasp of geometry was not *tenacious*. She could handle the simpler problems most of the time, but she fell apart on quizzes and tests.

  루이스의 기하학 실력은 단단하지 않았다. 그녀는 대부분의 시간동안 더 쉬운 문제들은 풀 수 있었지만, 퀴즈와 시험에서는 점수가 엉망이었다.

- The ivy growing on the side of our house was so *tenacious* that we had to tear the house down to get rid of it.

  우리 집 외벽을 타고 자라는 담쟁이덩굴은 워낙 서로 엉켜 붙어 있어서 집을 부숴야만 그것들을 없앨 수 있을 정도였다.

▶ 명사형은 tenacity[tənǽsəti] (고집, 끈기)이다.

QUICK QUIZ

Match each word in the first column with its definition in the second column. Check your answers in the back of the book.

1. tacit	a. persistent
2. taciturn	b. naturally untalkative
3. tangential	c. boldness
4. tangible	d. equivalent to
5. tantamount	e. not deeply relevant
6. tautological	f. redundant
7. temerity	g. mild
8. temperate	h. defensible
9. tenable	i. implied
10. tenacious	j. touchable

TENET [ténit] n **a shared principle or belief** 공유하는 원칙이나 신념

- The *tenets* of his religion prevented him from dancing and going to movies.
  그가 믿고 있는 종교의 교리는 춤을 추는 것과 영화 보는 것을 금하고 있었다.

- One of the most important *tenets* of our form of government is that people can be trusted to govern themselves.
  우리와 같은 정부 형태에서 가장 중요한 원칙 중의 하나는 주권이 국민에게 있다는 것이다.

TENTATIVE [téntətiv] adj **experimental; temporary; uncertain** 실험적인; 일시적인; 불확실한

- George made a *tentative* effort to paint his house by himself; he slapped some paint on the front door and his clothes, tipped over the bucket, and called a professional.
  조지는 집을 새로 페인트칠하려고 실험 삼아 혼자서 시도해 보았다. 그는 현관문과 옷에 페인트를 덕지덕지 발라 놓고, 페인트 통까지 거꾸로 엎었다. 결국 그는 전문가를 불러야 했다.

- Our plans for the party are *tentative* at this point, but we are considering hiring a troupe of accordionists to play polkas while our guests are eating dessert.
  파티에 관한 계획은 아직까지는 불확실하지만, 우리는 손님들이 디저트를 먹을 동안 아코디언 연주단을 고용해서 폴카를 연주하게 할까 생각 중이다.

- Hugo believed himself to be a great wit, but his big joke was rewarded by nothing more than a very *tentative* chuckle from his audience.
  휴고는 자신이 대단히 재치가 있다고 자신했다. 그러나 그의 대단한 농담에도 청중들은 단지 아주 짧은 순간 낄낄댔을 뿐이다.

TENUOUS [ténjuəs] adj **flimsy; extremely thin** 얇은, 보잘것없는; 아주 가는

- The organization's financial situation has always been *tenuous*; the balance of the checking account is usually close to zero.
  그 조직의 재정 상태는 항상 빈약한 상태에 있어 왔다. 당좌 예금의 계정 잔액은 대개 0에 가깝다.

To *attenuate* is to make thin. *Extenuating* circumstances are those that lessen the magnitude of something, especially a crime.
attenuate는 얇게 만들다라는 뜻이다. extenuating circumstances(정상 참작)란 어떤 것의 크기, 특히 범죄의 크기를 줄여 주는 것을 의미한다.

- Cherrie admitted that she stole the Cracker Jacks, but claimed that there were *extenuating* circumstances: she had no money to buy food for her dog.
  셰리는 크래커 잭을 훔친 것은 인정했지만, 정상을 참작해 줄 것을 주장했다. 그녀는 자신의 개에게 먹이를 사 줄 돈이 전혀 없었다는 것이다.

TERSE [tə́:rs] adj **using no unnecessary words; succinct** 불필요한 말은 사용하지 않는; 간결한

- The new recording secretary's minutes were so *terse* that they were occasionally cryptic.
  새로 온 기록 담당 서기는 의사록을 워낙 간결하게 써서 때로는 암호 같았다.

- *Terseness* is not one of Rex's virtues; he would talk until the crack of dawn if someone didn't stop him.
  간단명료하게 말하기는 렉스의 장점이 아니다. 그는 누군가 말리지 않으면 새벽 동이 틀 때까지 이야기를 할 것이다.

THEOLOGY [θiɑ́lədʒi] n **the study of God or religion** 신 또는 종교에 관한 학문

- Ralph was a paradox: he was an atheist yet he passionately studied *theology*.
  랄프는 모순적인 사람이다. 그는 무신론자이면서도 신학을 아주 열심히 공부했다.

TIRADE [táireid] n **a prolonged, bitter speech** 길고 신랄한 연설 또는 말

- Preston launched into a *tirade* against imitation cheese on the school lunch menu.
  프레스톤은 학교 급식에서 점심 메뉴로 나온 가짜 치즈를 성토하는 장광설을 늘어놓기 시작했다.

TORPOR [tɔ́:rpər] n sluggishness; inactivity; apathy   나태함; 무기력, 정지; 무관심

- After consuming the guinea pig, the boa constrictor fell into a state of contented *torpor* that lasted several days.

  기니피그를 다 먹어 치운 후 보아 구렁이는 만족해하며 며칠간이나 계속되는 휴면 상태에 빠져들었다.

- The math teacher tried to reduce the *torpor* of his students by banging on his desk, but the students scarcely blinked.

  수학 선생님은 그의 책상을 탕 쳐서 학생들의 관심을 끌어 보려고 애썼다. 하지만 학생들은 눈도 깜박하지 않았다.

▶ 형용사형은 torpid(무기력한)이다.

TOUCHSTONE [tʌ́tʃstòun] n a standard; a test of authenticity or quality
표준, 시금석; 진위 여부나 품질에 대한 테스트

- The size of a student's vocabulary is a useful *touchstone* for judging the quality of his or her education.

  학생들의 어휘력은 그들의 교육 수준을 판단할 수 있는 유용한 기준이다.

- A candidate's pronouncements about the economy provided a *touchstone* by which his or her fitness for office could be judged.

  경제에 관한 후보자의 의견은 그가 직무에 적합한 사람인가를 판단할 수 있는 기준을 제시해 주었다.

In its original usage, a *touchstone* was a dark stone against which gold and other precious metals were rubbed in order to test their purity. Now the word is used more loosely to describe a broad range of standards and tests.

원래 어법에서 touchstone(시금석)은 금이나 그 외 다른 귀중한 금속의 순도를 시험하기 위해 문질러 보는 짙은 색깔을 가진 돌이었다. 이 단어는 요즘은 보다 막연하게 광범위한 '표준'이나 '시험'의 의미로 사용된다.

TOUT [táut] v to praise highly; to brag publicly about   몹시 칭찬하다; 공공연히 자랑하다

- Advertisements *touted* the chocolate-flavored toothpaste as getting rid of your sweet tooth while saving your teeth.

  광고에서 초콜릿 맛이 나는 그 치약은 치아를 지켜 주면서 단것을 싫어하게 해 준다고 자랑하고 있었다.

TRANSCEND [trænsénd] v to go beyond or above; to surpass   초월하다, 능가하다; ~보다 낫다

- The man who claimed to have invented a perpetual motion machine believed that he had *transcended* the laws of physics.

  영구적으로 작동하는 기계를 발명했다고 주장하는 그 남자는 자신이 물리학의 법칙을 초월했다고 믿었다.

- The basketball player was so skillful that she seemed to have *transcended* the sport altogether; she was so much better than her teammates that she seemed to be playing an entirely different game.

  그 농구 선수는 워낙 탁월한 기량을 갖고 있어서 농구 경기를 완전히 초월한 사람 같았다. 그녀는 동료들보다 훨씬 더 뛰어나서 그들과는 전혀 다른 경기를 하고 있는 사람처럼 보였다.

To be *transcendent* is to be surpassing or preeminent. Something *transcendent* is *transcendental* [trænsendéntəl].

형용사 transcendent는 '뛰어난' 또는 '탁월한'이라는 뜻이다. transcendent와 transcendental(초월적인)은 동의어이다.

TRANSGRESS [trænsgrés] v to violate (a law); to sin 위반하다(법을); (종교상, 도덕상) 죄를 짓다

- The other side had *transgressed* so many provisions of the treaty that we had no choice but to go to war.

  상대편이 협의안을 너무나 많이 위반했기 때문에, 우리는 전쟁을 하는 것 외에는 달리 방법이 없었다.

- We tried as hard as we could not to *transgress* their elaborate rules, but they had so many prohibitions that we couldn't keep track of all of them.

  우리는 그들이 애써서 만든 규칙들을 위반하지 않으려고 가능한 한 노력을 다했다. 그러나 그 규칙에는 금지 조항이 지나치게 많아서 그것들을 모두 지킬 수는 없었다.

An act of *transgressing* is a *transgression*.

transgressing하는 행위를 transgression(위반)이라고 한다.

- The bully's innumerable *transgressions* included breaking all the windows in the new gymnasium and pushing several first graders off the jungle gym.

  그 불량배는 셀 수도 없이 많은 죄를 저질렀는데, 그중에는 새로 지은 체육관의 유리창을 몽땅 깨뜨린 것과 1학년 아이들 몇 명을 정글짐에서 밀어서 떨어지게 한 일도 들어 있었다.

TRANSIENT [trǽnʃənt/trǽnziənt] adj not staying for a long time; temporary
오래 머물지 않는; 일시적인

- The *transient* breeze provided some relief from the summer heat, but we were soon perspiring again.

  잠깐 동안의 산들바람이 한여름의 열기를 조금이나마 식혀 주었다. 그러나 금방 또다시 땀이 나기 시작했다.

- The child's smile was *transient*; it disappeared as soon as the candy bar was gone.

  아이는 아주 잠깐 미소를 지었다. 막대 사탕이 없어지자 아이의 미소도 곧 사라졌다.

- A hotel's inhabitants are *transient*; the population changes every night as they come and go.

  호텔 투숙객은 일시적인 거주자이다. 그들이 왔다 갔다 하는 것에 따라 매일 밤 바뀐다.

Transient can also be a noun. A *transient* person is sometimes called a *transient*. Hoboes, mendicants, and other homeless people are often called *transients*.

transient는 명사로도 쓰인다. 일시적으로 머무는 사람을 때때로 transient라 부른다. 부랑자나 거지, 그밖에 집이 없는 사람들을 종종 transients라 부른다.

A very similar word is *transitory*, which means not lasting long. A *transient* breeze might provide *transitory* relief from the heat.

아주 유사한 단어로 transitory가 있다. 이 단어는 '그다지 오래 지속되지 않는'이라는 의미이다. transient breeze(잠깐 동안의 산들바람)는 열기로부터 transitory relief(일시적인 위안)를 줄 것이다.

TREPIDATION [trèpədéiʃən] n fear; apprehension; nervous trembling
공포; 불안; 불안으로 인한 전율, 떨림

- The nursery school students were filled with *trepidation* when they saw the other children in their class dressed in their Halloween costumes.

  유아원 아이들은 다른 아이들이 핼러윈 의상을 입고 교실에 나타난 것을 보고 무서워서 어쩔 줄 몰라 했다.

- The *trepidation* of the swimming team was readily apparent: their knees were knocking as they lined up along the edge of the pool.

  수영 팀은 겉으로 보기에도 확연히 두려워하고 있었다. 수영장 가장자리를 따라 준비 자세를 취하고 있을 때 그들은 무릎을 부딪히며 떨고 있었다.

To be fearless is to be *intrepid*.

intrepid는 '두려워하지 않는'이라는 뜻이다.

- The *intrepid* captain sailed her ship around the world with only a handkerchief for a sail.

  용맹스러운 선장은 단지 손수건 한 장을 돛 삼아 달고 세계 일주를 위한 항해를 떠났다.

TURPITUDE [tə́ːrpətjùːd]   n **shameful wickedness; depravity**   부끄러운 악행; 타락

- Paul was sacked by his boss because of a flagrant act of *turpitude*: he was caught stealing office supplies.

  폴은 말도 안 되는 간악한 행위로 인하여 사장에게 해고당했다. 그는 사무실 용품을 훔치다 걸렸던 것이다.

QUICK QUIZ

Match each word in the first column with its definition in the second column. Check your answers in the back of the book.

1. tenet		a.	without unnecessary words
2. tentative		b.	go beyond
3. tenuous		c.	brag publicly about
4. terse		d.	fearless
5. torpor		e.	experimental
6. theology		f.	not lasting long (2)
7. tirade		g.	bitter speech
8. touchstone		h.	shared principle
9. tout		i.	wickedness
10. transcend		j.	sluggishness
11. transgress		k.	flimsy
12. transient		l.	fear
13. transitory		m.	study of religion
14. trepidation		n.	standard
15. intrepid		o.	violate
16. turpitude			

U

UBIQUITOUS [ju:bíkwətəs] adj **being everywhere at the same time** 동시에 도처에 있는

- The new beer commercial was *ubiquitous*—it seemed to be on every television channel at once.
  새로운 맥주 광고는 동시다발적으로 볼 수 있었다. 동시에 모든 텔레비전 채널에서 방송하는 것 같았다.

- Personal computers, once a rarity, have become *ubiquitous*.
  옛날에는 귀했던 개인용 컴퓨터가 지금은 도처에 널려 있다.

To be *ubiquitous* is to be characterized by *ubiquity* [ju:bíkwəti]. The *ubiquity* of fast-food restaurants is one of the more depressing features of American culture.
명사형은 ubiquity(도처에 있음)이다. 패스트푸드 식당의 ubiquity는 미국 문화의 저급한 측면 중의 하나다.

▶ 형용사, 명사 모두 발음에 주의할 것.

UNCONSCIONABLE [ʌnkánʃənəbl] adj **not controlled by conscience; unscrupulous**
양심의 통제를 벗어난; 파렴치한

- Leaving a small child unattended all day long is an *unconscionable* act.
  돌봐 주는 사람도 없이 어린아이를 하루 종일 방치해 두는 것은 비양심적인 행동이다.

- Stealing money from every citizen of that town was *unconscionable*. Bert should be ashamed of himself for doing it.
  그 도시의 모든 시민들의 돈을 훔친 것은 파렴치한 일이었다. 버트는 그 일에 대해서 스스로를 부끄러워해야 할 것이다.

▶ 이 단어를 unconscious(무의식적인)와 혼동하지 말 것.

UNCTUOUS [ʌ́ŋktʃuəs] adj **oily, both literally and figuratively; insincere**
기름진, 문자 그대로의 의미로나 비유적으로; 불성실한

Salad oil is literally *unctuous*. A used-car salesman might be figuratively *unctuous*—that is, oily in the sense of being slick, sleazy, and insincere.
샐러드 오일은 문자 그대로 unctuous(기름진)이다. 중고차 세일즈맨을 비유적으로 unctuous(번지르르한)라고 할지도 모른다. 즉, 번지르르하고 허우대만 좋고 성실하지 못하다는 의미이다.

UNIFORM [júːnəfɔːrm] adj **consistent; unchanging; the same for everyone**
고정적인; 불변의; 모든 사람에게 똑같은

- Traffic laws are similar from one state to the next, but they aren't *uniform*. Each state has its own variations.
  교통 법규는 어느 주나 비슷하다. 하지만 완전히 똑같지는 않다. 주마다 약간의 차이가 있다.

- The school did not have a *uniform* grading policy; each teacher was free to mark students according to any system that he or she thought appropriate.
  그 학교는 획일화된 방법으로 성적을 관리하지 않았다. 선생님들은 각자가 알아서 적당하다고 생각하는 방식으로 학생들의 성적을 관리했다.

Something that is *uniform* has *uniformity* [jùːnəfɔ́ːrməti].

어떤 것이 uniform(획일적인)이라면 uniformity(획일성)를 갖고 있는 것이다.

Uniforms are suits of clothing that are *uniform* in appearance from one person to the next.

uniform이 명사로 쓰이면, 이 사람 저 사람 모두 똑같이 보이도록 획일화해서 만든 옷이라는 뜻이다.

UNREMITTING [ʌ̀nrimítiŋ] adj **unceasing; unabated; relentless**
중단 없는; 약해지지 않는; 누그러지지 않는

- Superman waged an *unremitting* battle against evildoers everywhere.

  슈퍼맨은 도처에서 끊임없이 악의 무리들과 싸웠다.

UNWITTING [ʌ̀nwítiŋ] adj **unintentional; ignorant; not aware** 고의가 아닌; 부지불식간의; 알지 못하는

- When Leo agreed to hold open the door of the bank, he became an *unwitting* accomplice to the bank robbery.

  레오가 은행 문을 열어 두는 것에 동의했기 때문에 그는 자신도 모르는 새에 은행 강도를 도와준 셈이 되었다.

- My theft was *unwitting*; I hadn't meant to steal the car, but had absentmindedly driven it away from the automobile dealership and parked it in my garage.

  나는 도둑질하려고 했던 것이 아니다. 그 차를 훔치려고 했던 것이 아니라 무심코 대리점에서 몰고 나와 우리 집 주차장에 주차해 두었을 뿐이었다.

- On the camping trip, Josephine *unwittingly* stepped into a bear trap and remained stuck in it for several days.

  캠핑을 가던 중에 조세핀은 곰을 잡는 함정에 모르고 발을 내딛었다가 며칠 동안 그곳에 갇혀 있었다.

URBANE [əːrbéin] adj **poised; sophisticated; refined** 균형 잡힌; 순진하지 않은; 세련된

- The British count was witty and *urbane*; all the hosts and hostesses wanted to have him at their parties.

  영국인 백작은 세련되고 재치가 있었다. 파티를 개최하는 사람들은 여자든 남자든 모두 그 백작이 자신들의 파티에 참석해 주기를 바랐다.

- The new magazine was far too *urbane* to appeal to a wide audience outside the big city.

  새로 창간된 잡지는 도시풍으로 워낙 세련돼서 그 대도시를 벗어나서는 폭넓은 독자층을 얻을 수 없었다.

Urbanity [əːrbǽnəti] is a quality more often acquired in an *urban* setting than in a rural one.

urbanity(도시풍)는 대체로 시골보다는 도시적 환경에서 습득되는 특성이다.

USURP [juːsə́ːrp] v **to seize wrongfully** 부당한 방법으로 빼앗다

- The children believed that their mother's new boyfriend had *usurped* their father's rightful place in their family.

  아이들은 엄마의 새 남자 친구가 가족 내에서 자신들의 친아빠의 정당한 지위를 빼앗았다고 생각했다.

- The founder's scheming young nephew *usurped* a position of power in the company.

  회사 설립자의 교활한 젊은 조카가 회사의 실권을 빼앗았다.

▶ 명사형은 usurpation [jùːsərpéiʃən] (강탈, 권리 침해)이다.

UTILITARIAN [juːtílətɛ́əriən] adj stressing usefulness or utility above all other qualities; pragmatic 다른 어떤 자질보다 유용성이나 실용성을 강조하는(실리적인); 실용적인

- Jason's interior-decorating philosophy was strictly *utilitarian*; if an object wasn't genuinely useful, he didn't want it in his home.

  제이슨의 실내 장식 철학은 철저히 실용주의였다. 어떤 물건이 정말로 실용성이 없다면, 그는 그것을 결코 집 안에 들이지 않았다.

Utilitarian can also be a noun. Jason, just aforementioned, could be called a *utilitarian*.

utilitarian은 명사로도 쓰인다. 앞서 말한 제이슨을 utilitarian(실용주의자)이라고 부를 수 있다.

UTOPIA [juːtóupiə] n an ideal society 이상향

- A country where nobody had to work would be Quentin's idea of *utopia*.

  아무도 일할 필요가 없는 나라가 퀸틴이 꿈꾸는 이상향일 것이다.

- The little town wasn't just a nice place to live, as far as Edith was concerned; it was *utopia*.

  에디스의 생각엔 그 작은 마을은 단지 살기 좋은 곳만은 아니었다. 그곳은 이상 사회였다.

A *utopian* is someone with unrealistic or impractical plans or expectations for society. Such plans or expectations are *utopian* plans or expectations.

utopian은 사회에 대해 비현실적이고 비실용적인 계획이나 기대를 갖고 있는 이상주의자이다. 그런 계획이나 기대는 utopian(몽상적인)인 계획이나 기대이다.

▸ utopia의 반의어는 dystopia(반이상향)이다.

QUICK QUIZ 83▸

Match each word in the first column with its definition in the second column. Check your answers in the back of the book.

1. ubiquitous	a. oily; slick
2. unconscionable	b. poised and sophisticated
3. unctuous	c. everywhere at once
4. uniform	d. pragmatic
5. unremitting	e. seize wrongfully
6. unwitting	f. unscrupulous
7. urbane	g. an ideal society
8. usurp	h. unintentional
9. utilitarian	i. consistent
10. utopia	j. unceasing

V

VACILLATE [vǽsəlèit] v **to be indecisive; to waver** 우유부단하게 굴다; 동요하다

- We invited James to spend Thanksgiving with us, but he *vacillated* for so long that we finally became annoyed and disinvited him.

  추수감사절을 함께 보내기 위해 우리는 제임스를 초대했다. 그러나 그는 꽤 오랫동안 망설였다. 결국 우리는 화가 나서 그를 초대하지 않기로 했다.

- Tiffany *vacillated* about buying a new car. She couldn't decide whether to get one.

  티파니는 새 차 구입을 망설이고 있었다. 그녀는 새 차를 구입할 것인지 결정을 내릴 수가 없었다.

▶ 명사형은 vacillation(동요, 망설임)이다.

VAPID [vǽpid] adj **without liveliness; dull; spiritless** 활기 없는; 지루한; 기운 없는

An apathetic person just doesn't care about anything, and everything he or she does is *vapid*.

감정이라곤 없는 사람은 어떠한 것에도 관심을 갖지 않는다. 그런 사람이 하는 일이란 모두 vapid(따분한)이다.

- The novelist's prose was so *vapid* that Mary couldn't get beyond the first page.

  그 소설가의 글이 너무 지루한 탓에 메리는 첫 페이지에서 더 이상 나아가지 못했다.

VEHEMENT [víːəmənt] adj **intense; forceful; violent** 격렬한; 강한; (폭력 등이) 난폭한

- Shaking his fist and stomping his foot, Gerry was *vehement* in his denial.

  주먹을 흔들고 발까지 구르면서 게리는 격렬하게 거부 의사를 표현했다.

▶ 명사형은 vehemence(격렬함, 맹위)이다.

VENAL [víːnl] adj **capable of being bribed; willing to do anything for money; corrupt**
매수 할 수 있는; 돈을 위해서라면 뭐든지 하는; 부패한

- The *venal* judge reversed his favorable ruling when the defendant refused to make good on his promised bribe.

  부패한 판사는 피고인이 약속한 뇌물을 주지 않으려 하자, 그에게 유리하게 내렸던 판결을 번복했다.

- The young man's interest in helping the sick old woman was strictly *venal*. He figured that if he was kind to her, she would leave him a lot of money in her will.

  그 젊은이가 병든 할머니를 돌보겠다고 나선 것은 순전히 돈 때문이었다. 할머니를 친절히 돌봐주면 할머니가 유언으로 많은 돈을 그에게 남겨 줄 것이라고 청년은 생각했다.

A *venal* person is a person characterized by *venality* [viːnǽləti].

venal person은 venality(매수되기 쉬움)라는 특징을 가진 사람이다.

Don't confuse this word with *venial* [víːniəl], which means trivial or pardonable. A peccadillo is a *venial*, harmless sin.

이 단어를 '과실이 사소한', '용서할 수 있는'이라는 뜻의 venial과 혼동하지 마라. peccadillo는 사소하고 별로 해를 끼치지 않는 가벼운 죄나 실수를 의미한다.

274

VENERATE [vénərèit] v to revere; to treat as something holy, especially because of great age 존경하다; 특히 많은 나이 때문에 신성하게 다루다

- Lester *venerated* his grandfather; he worshiped the ground the old man limped on.
레스터는 할아버지를 극진히 모셨다. 그는 다리가 불편한 할아버지를 존경했다.

- The members of the curious religion *venerated* Elvis Presley and hoped that the pope would declare him a saint.
엘비스 프레슬리를 숭배하는 별난 종교의 신도들은 교황이 엘비스를 성인으로 공표해 주기를 원했다.

▶ 형용사형 venerable은 '존경받을 만한'이라는 뜻이다.

VERACITY [vəræsəti] n truthfulness 정직

- The *veracity* of young George Washington is apocryphal.
조지 워싱턴의 어린 시절의 정직에 관한 에피소드는 조작된 것인지도 모른다.

▶ 형용사형은 veracious[vəréiʃəs] (정직한)이다.

VERBOSE [vərbóus] adj using too many words; not succinct; circumlocutory 말이 많은; 간결하지 않은; 완곡한 표현의

Someone who is *verbose* uses too many words when fewer words would suffice.
verbose(수다스러운)인 사람은 몇 마디면 충분할 때에도 훨씬 더 많은 말을 한다.

- Lee handed in a 178-word final assignment; no one ever accused him of being *verbose*.
리는 178단어로 이루어진 학기 말 연구 과제를 제출했다. 그를 말이 많다고 욕하는 사람은 아무도 없었다.

VERISIMILITUDE [vèrəsimílətjùːd] n similarity to reality; the appearance of truth; looking like the real thing 사실 같음; 진실의 드러남; 진짜인 것처럼 보이는 것

- They used pine cones and old truck tires to make statues of Hollywood celebrities that were remarkable for their *verisimilitude*.
솔방울과 낡은 타이어를 이용해 그들이 만든 할리우드 명사들의 동상은 놀랄 만큼 사실적이었다.

- The *verisimilitude* of counterfeit eleven-dollar bills did not fool the eagle-eyed treasury officer, who recognized them immediately for what they were.
정말로 진짜 같은 11달러짜리 위조 청구서도 날카로운 눈을 가진 재무성 관리를 속이지는 못했다. 그는 수표가 가짜라는 사실을 단번에 알아차렸다.

VERNACULAR [vərnækjulər] n everyday speech; slang; idiom 일상어; 속어, 통용어; 관용어

- Our teacher said that we should save our *vernacular* for the street; in the classroom we should use proper grammar.
속어는 길거리에서나 사용하라고 선생님은 말했다. 우리는 교실에서만큼은 문법에 맞는 말만 사용해야 했다.

VESTIGE [véstidʒ] n a remaining bit of something; a last trace 남은 자취; 지난 과거의 흔적

- The unhappy young man found *vestiges* of his fiancée in the rubble, but the explosion had effectively ended their romance.
비참한 청년은 돌더미 속에서 약혼녀의 흔적을 발견했다. 폭발 때문에 그들의 사랑은 완전히 끝이 났다.

- An old uniform and a tattered scrapbook were the only *vestiges* of the old man's career as a professional athlete.
낡은 유니폼과 너덜해진 스크랩북만이 그 노인이 한때 프로 운동 선수였음을 말해 주는 유일한 흔적이었다.

Your appendix is a *vestige*: it used to have a function, but now this organ does nothing.

우리의 맹장은 옛날에는 기능이 있었지만 지금은 아무런 기능도 하지 않는 vestige(흔적 기관)이다.

The adjective form of *vestige* is *vestigial* [vestídʒiəl]. The appendix is referred to as a *vestigial* organ. It is still in our bodies, although it no longer has a function. It is a mere *vestige* of some function our digestive systems no longer perform.

vestige의 형용사는 vestigial(남아 있는)이다. 맹장은 vestigial(퇴화하고 흔적만 남은)인 기관이다. 비록 더 이상 아무 기능도 수행하고 있지 않지만, 여전히 우리의 몸 안에 남아 있다. 그것은 더 이상 기능하지 않는 소화기 계통의 vestige(흔적)에 지나지 않는다.

▶ 명사, 형용사 모두 발음에 주의할 것.

VEX [véks] v to annoy; to pester; to confuse 화나게 하다; 괴롭히다; 당황하게 하다

- Margaret *vexed* me by poking me with a long, sharp stick.

  마가렛이 길고 날카로운 막대기로 찔러서 나는 화가 났다.

- Stuck at the bottom of a deep well, I found my situation extremely *vexing*.

  깊은 우물 바닥에 갇히게 되었는데, 나는 내가 처한 상황이 매우 곤란하다는 것을 깨달았다.

The act of *vexing*, or the state of being *vexed*, is *vexation*. A *vexed* issue is one that is troubling or puzzling.

vexing(화나게 하는)인 행위나 vexed(화가 난)의 상태를 vexation(짜증)이라 한다. vexed issue는 골칫거리나 사람을 당황하게 하는 문제를 일컫는다.

VIABLE [váiəbl] adj capable of living; workable 생존할 수 있는; 실행할 수 있는

- When a doctor says that an organ is no longer *viable*, it means it can't be used as a transplant organ.

  어떤 장기가 더 이상 생존할 수 없다고 의사가 말한다면, 그 말은 장기 이식으로도 사용될 수 없다는 의미이다.

- A fetus is said to be *viable* when it has developed to the point when it is capable of surviving outside the womb.

  태아는 자궁 밖으로 나왔다고 하더라도 스스로 생존할 수 있을 때까지 성장한 뒤라야 비로소 생존 능력이 있다고 말하는 것이다.

- Lupe's plan for storing marshmallows in the dome of the Capitol just wasn't *viable*.

  국회 의사당의 둥근 지붕 안에 마시멜로를 가득 채우려던 루프의 생각은 정말로 실현 가능성이 없는 일이었다.

Something that is *viable* has *viability* [vàiəbíləti].

viable(살아갈 수 있는)인 것은 viability(생존 능력)가 있다는 뜻이다.

VICARIOUS [vaikɛ́əriəs] adj experienced, performed, or suffered through someone else; living through the experiences of another as though they were one's own experiences

다른 사람이 대신하여 경험하거나, 일을 하거나, 고통을 받는; 다른 사람의 경험을 마치 자신의 것인 양 사는

To take *vicarious* pleasure in someone else's success is to enjoy that person's success as though it were your own.

다른 사람의 성공을 보며 vicarious pleasure(대리 만족)를 느끼는 것은 타인의 성공을 마치 자신의 것인 양 즐기는 것이다.

- We all felt a *vicarious* thrill when the mayor's daughter won fourth prize in the regional kickboxing competition.

  시장의 딸이 지역 킥복싱 대회에서 4위에 입상했을 때 우리는 모두 자신의 승리인 양 짜릿한 스릴을 느꼈다.

VICISSITUDE [visísətʃùːd] n upheaval; natural change; change in fortune
격변; 자연의 변화; 부의 변화(흥망성쇠)

- The *vicissitudes* of the stock market were too much for Karen; she decided to look for a job that would stay the same from one day to the next.
  카렌은 주식 시장의 급격한 변화를 감당하기 힘들었다. 그녀는 날마다 같은 상태를 유지할 수 있는 새로운 직업을 찾아보기로 결심했다.

- The *vicissitudes* of the local political machine were such that one could never quite be certain whom one was supposed to bribe.
  지방 정치 조직은 하도 변화가 심한 탓에 누구에게 뇌물을 주어야 할지 확실히 알 수 없었다.

VILIFY [vílɪfài] v to say vile things about; to defame 나쁜 점을 말하다; 비방하다, 헐뜯다

- The teacher was reprimanded for *vilifying* the slow student in front of the rest of the class.
  학급 아이들 앞에서 성적이 부진한 학생을 헐뜯은 것 때문에 선생님은 징계를 받았다.

- Our taxi driver paused briefly on the way to the airport to *vilify* the driver of the car that had nearly forced him off the road.
  우리를 태우고 공항으로 가던 택시 운전사는 우리가 탄 택시를 거의 도로 밖으로 밀어낼 듯이 바싹 붙이고 달린 운전자를 욕하기 위해 잠깐 동안 멈추었다.

- The political debate was less a debate than a *vilification* contest. At first the candidates took turns saying nasty things about one another; then they stopped taking turns.
  정치 토론은 토론이라기보다는 욕설 대회 같았다. 처음에 후보자들은 차례대로 나와 상대 후보의 추잡한 면을 이야기했다. 그러더니 그들은 순서조차 지키지 않았다.

QUICK QUIZ 84▶

Match each word in the first column with its definition in the second column. Check your answers in the back of the book.

1. vacillate	a. annoy
2. vapid	b. be indecisive
3. vehement	c. defame
4. venal	d. capable of living
5. venerate	e. experienced through another
6. veracity	f. dull
7. verbose	g. upheaval
8. verisimilitude	h. revere
9. vernacular	i. last trace
10. vestige	j. similarity to reality
11. vex	k. truthfulness
12. viable	l. corrupt
13. vicarious	m. wordy
14. vicissitude	n. slang
15. vilify	o. intense

VINDICATE [víndəkèit] v to clear from all blame or suspicion; to justify
모든 비난과 의심으로부터 벗어나게 하다; 정당함을 증명하다

- Divya, having been accused of stealing money from the cash register, was *vindicated* when the store manager counted the money again and found that none was missing after all.
  디브야는 금전 등록기에서 돈을 훔쳤다고 의심받았다. 상점 지배인이 돈을 다시 세어 보고 나서 없어진 돈이 하나도 없다는 사실이 밝혀지자 토니는 마침내 의심에서 벗어났다.

- Tom's claim of innocence appeared to be *vindicated* when several dozen inmates at the state mental hospital confessed to the crime of which he had been accused.
  주립 정신 병원에 수용되어 있는 수십 명의 환자들이 범죄 사실을 자백하자, 그들 대신에 혐의를 받고 결백을 주장했던 톰의 무죄가 입증된 것처럼 보였다.

A person who has been *vindicated* is a person who has found *vindication*.
의심에서 벗어난 사람은 vindication(해명, 입증의 기회)을 찾은 사람이다.

VINDICTIVE [vindíktiv] adj seeking revenge 복수하려는

- Jeremy apologized for denting the fender of my car. However, I was feeling *vindictive*, so I made him buy me a new car.
  제레미는 내 차의 범퍼를 움푹 들어가게 한 일에 대해 사과를 했다. 하지만 나는 앙심을 품고 나에게 새 차를 사도록 만들었다.

- Samantha's *vindictive* ex drove all the way across the country just to put a stink bomb in her car.
  사만다의 전 남편은 그녀에게 앙심을 품고, 악취탄을 그녀의 차에 장착하기 위해 국토를 가로질러 그 먼 길을 달려왔다.

▶ 명사형은 vindictiveness(복수심이 강함)이다.

VIRTUOSO [vèːrtʃuóusou] n a masterful musician; a masterful practitioner in some other field 음악의 대가; 기타 다른 분야에서의 거장, 대가

- The concert audience fell silent when the *virtuoso* stepped forward to play the sonata on her electric banjo.
  거장이 그의 전자 밴조로 소나타를 연주하기 위해 무대로 걸어 나오자 청중들은 조용해졌다.

- As an artist, he was a *virtuoso*; as a husband, he was a chump.
  그는 예술가로서는 분명 거장이었지만, 남편으로서는 완전히 바보였다.

Virtuoso can also be an adjective. A *virtuoso* performance is a performance worthy of a *virtuoso*.
virtuoso는 형용사로도 쓰인다. virtuoso performance는 거장의 품격이 있는 공연을 의미한다.

VIRULENT [vírʃulənt] adj extremely poisonous; malignant; full of hate
아주 유독한; 해로운; 적의로 가득 찬

- The *virulent* disease quickly swept through the community, leaving many people dead and many more people extremely ill.
  유독성 질병이 온 마을에 퍼져 많은 사람들이 죽었으며 더 많은 수의 사람들이 위독한 상태였다.

- The snake was a member of a particularly *virulent* breed; its bite could kill an elephant.
  그 뱀은 특히 맹독을 가진 종류였다. 그 뱀이 한번 물면 코끼리라도 죽일 수 있었다.

- Jonathan is a *virulent* antifeminist; he says that all women should sit down and shut up.
  조나단은 여성들을 혐오하는 반페미니스트이다. 모든 여성들은 조용히 앉아 입을 다물고 있어야 한다고 그는 말한다.

To be *virulent* is to be characterized by *virulence*. *Virulent* is related to *virus*, not to *virile*, which means manly.
명사형은 virulence(독성, 증오)이다. virulent는 남자다운이라는 뜻의 virile이 아니라 virus(바이러스, 독성)와 관계가 있는 단어다.

VISIONARY [víʒənèri]　n　a dreamer; someone with impractical goals or ideas about the future　몽상가; 미래에 대해 비현실적인 목표나 이상을 가진 사람

- My uncle was a *visionary*, not a businessman; he spent too much time tinkering with his antigravity generator and not enough time working in his plumbing business.

  우리 삼촌은 비즈니스맨이 아니라 몽상가였다. 그는 자신의 반중력 발전기를 만지작거리면서 너무 많은 시간을 낭비하고는, 본업인 배관 일은 소홀히 했다.

- The candidate was a *visionary*; he had a lot of big ideas but no realistic plan for putting them into practice.

  그 후보는 몽상가였다. 그는 대단한 아이디어가 많았지만, 그것을 실현시킬 실제적인 계획은 전혀 없었다.

Visionary can also be an adjective. A *visionary* proposal is an idealistic and usually impractical proposal.

visionary는 형용사로도 쓰인다. visionary proposal이란 이상적이기만 해서 대체로 실현 가능성이 없는 안건이다.

VITIATE [víʃièit]　v　to make impure; to pollute　불순하게 만들다; 오염시키다

- For years a zealous group of individuals has campaigned against the use of fluoride in water, claiming that it has *vitiated* our bodies as well as our morals.

  오랫동안 열성적인 시민 단체는 플루오르화 물질이 우리의 육체뿐만 아니라 도덕까지도 오염시키고 있다고 주장하면서 식수에 플루오르화 물질을 넣는 것의 반대 캠페인을 벌여 왔다.

VITRIOLIC [vìtriálik]　adj　caustic; full of bitterness　신랄한, 황산 같은; 신랄함으로 가득찬

Vitriol is another name for sulfuric acid. To be *vitriolic* is to say or do something so nasty that your words or actions burn like acid.

vitriol은 황산의 다른 이름이다. vitriolic(독설에 찬)은 황산처럼 치명적일 정도로 말이나 행동을 신랄하게 하는 것을 의미한다.

- The review of the new book was so *vitriolic* that we all wondered whether the reviewer had some personal grudge against the author.

  신간에 대한 비평은 너무나 신랄해서 우리는 모두 그 비평가가 작가에게 개인적 원한이 있는 것이 아닌가 하는 의심이 들었다.

VOCATION [voukéiʃən]　n　an occupation; a job　일; 직업

Your *vocation* is what you do for a living.

your vocation이란 당신이 생계를 위하여 하고 있는 일을 의미한다.

- If Stan could figure out how to make a *vocation* out of watching television and eating potato chips, he would be one of the most successful people in the world.

  포테이토칩이나 먹으면서 텔레비전이나 보는 것을 직업으로 삼을 수만 있다면 스탄은 세계에서 가장 성공한 사람 중의 하나가 될 것이다.

Vocational training is job training. Because your *vocation* is your job, your *avocation* is your hobby.

vocational training은 직업상 훈련이다. vocation은 직업을 의미하므로, avocation은 취미를 뜻한다.

- The accountant's *vocation* bored her, but her *avocation* of mountain climbing did not.

  그녀는 회계사라는 자신의 직업을 지겨워했지만, 취미인 등산은 그렇지 않았다.

VOCIFEROUS [vousífərəs]　adj　loud; noisy　소리가 큰; 시끄러운

- Randy often becomes *vociferous* during arguments. He doesn't know what he believes, but he states it loudly nevertheless.

  랜디는 토론 중에 자주 목소리가 커진다. 잘 알지는 못한다고 해도 자신이 믿고 있는 것이면, 그는 큰 소리로 그것을 주장한다.

VOLATILE [válətil] adj quick to evaporate; highly unstable; explosive
재빨리 증발하는, 휘발성의; 대단히 불안정한; 폭발성의

A *volatile* liquid is one that evaporates readily. Gasoline is a *volatile* liquid. It evaporates readily, and then the vapor poses a great danger of explosion.

volatile liquid는 빠르게 증발하는 액체이다. 가솔린은 volatile liquid(휘발성 액체)이다. 그것은 빠르게 증발하며, 그렇게 해서 기체가 되면 폭발할 위험성이 높아진다.

A *volatile* crowd seemed to be in imminent danger of getting out of control.

volatile crowd는 통제를 벗어날 것 같은 일촉즉발의 상황에 처한 것으로 보였다.

- The situation in the Middle East was highly *volatile*; the smallest incident could have set off a war.

  중동지역은 일촉즉발의 상황이었다. 아주 사소한 사건이라도 전쟁의 도화선이 될 수 있는 상황이었다.

▶ 명사형은 volatility(휘발성, 변덕)이다.

VOLITION [voulíʃən] n will; conscious choice 의지; 결단력

- Insects, lacking *volition*, simply aren't as interesting to the aspiring anthropologists as humans are.

  인류학자 지망생들에게 곤충들은 '자신의 의지'라는 것이 없기 때문에 인간만큼 흥미롭지는 않다.

- The question the jury had to answer was whether the killing had been an accident or an act of *volition*.

  배심원단의 문제는 살인이 우발적으로 일어난 것인지 아니면 의지에 의한 행동이었는지에 답해야 하는 것이었다.

QUICK QUIZ

Match each word in the first column with its definition in the second column. Check your answers in the back of the book.

1. vindicate		a. extremely poisonous
2. vindictive		b. masterful musician
3. virtuoso		c. dreamer
4. virulent		d. caustic
5. visionary		e. clear from suspicion
6. vitiate		f. will
7. vitriolic		g. quick to evaporate
8. vocation		h. seeking revenge
9. vociferous		i. occupation
10. volatile		j. make impure
11. volition		k. noisy

WANTON [wɑ́ntən]   adj   **malicious; unjustifiable; unprovoked; egregious**
악의 있는; 부당한; 정당한 이유가 없는; 터무니없는

- Terrorists commit *wanton* acts on a helpless populace to make their point.
  테러리스트들은 목적을 달성하기 위해 힘없는 민중들에게 부당한 행위를 한다.

Wanton also means intemperate.
wanton은 또한 '무절제한'이라는 뜻도 있다.

- A hedonist lives a *wanton* life in the relentless, unremitting pursuit of pleasure; an ascetic does not.
  쾌락주의자는 끊임없이 집요하게 쾌락만을 추구하면서 무절제한 생활을 한다. 금욕주의자는 그렇지 않다.

WILLFUL [wílfəl]   adj   **deliberate; obstinate; insistent on having one's way**
고의적인, 계획적인; 고집 센; 제멋대로만 하려고 하는

▶ 이 단어의 철자법에 유의할 것.

- The mother insisted that the killing committed by her son had not been *willful*, but the jury apparently believed that he had known what he was doing.
  어머니는 아들이 저지른 살인이 계획적이 아니라고 주장했다. 그러나 배심원단은 그가 자신의 행동에 대해 사전에 인지하고 있었을 것이라고 확신하는 듯했다.

- When her mother told her she couldn't have a cookie, the *willful* little girl simply snatched the cookie jar and ran out of the room with it. She had stolen the cookies *willfully*.
  엄마가 쿠키를 먹지 말라고 하자 고집이 센 소녀는 쿠키 병을 낚아채서 들고는 방 밖으로 도망을 갔다. 소녀는 쿠키를 제멋대로 훔친 것이다.

WISTFUL [wístfəl]   adj   **yearning; sadly longing**   동경하는; 간절히 바라는

- I felt *wistful* when I saw Steve's fancy new car. I wished that I had enough money to buy one for myself.
  스티브의 멋진 차를 보니, 나는 그가 부러웠다. 나 역시 새 차를 살 수 있을 만큼 돈이 많다면 좋을 텐데 하고 생각했다.

- The boys who had been cut from the football team watched *wistfully* as the team put together an undefeated season and won the state championship.
  풋볼 팀에서 쫓겨났던 소년들은 팀이 한 번의 패배도 없이 주 챔피언 결정전에서 우승하는 모습을 부러워하며 지켜보았다.

Z

ZEALOUS [zéləs] adj **enthusiastically devoted to something; fervent**
정열적으로 뭔가에 몰두하는; 열렬한

- The *zealous* young policeman made so many arrests that the city jail soon became overcrowded.
  젊은 경찰관이 워낙 열성적으로 범법자들 체포에 나서서 시립 교도소는 곧 넘쳐날 지경이었다.

- The dictator's followers were so *zealous* that if he had asked them all to jump off a cliff, most of them would have done so.
  그 독재자의 추종자들은 너무나 열광적이었다. 만약 그가 절벽 아래로 뛰어내리라고 명령했다면 대부분의 추종자들은 그렇게 했을 것이다.

To be *zealous* is to be full of zeal, or fervent enthusiasm. An overly *zealous* person is a *zealot*.
zealous는 '열이나 뜨거운 정열이 가득한'이라는 뜻이다. 지나치게 zealous(열의가 넘치는)인 사람을 zealot(열성분자)라 한다.

QUICK QUIZ

Match each word in the first column with its definition in the second column. Check your answers in the back of the book.

1. wanton   a. fervent

2. willful   b. yearning

3. wistful   c. deliberate

4. zealous   d. malicious

The Final Exam

2

최종 테스트

THE FINAL EXAM

다음 테스트는 PART A의 모든 핵심 단어를 포함하고 있다. 답이 틀리면 다시 돌아가
공부하기 바란다. 신중히 생각하고 답을 고를 때 단어의 의미를 곱씹어 보기 바란다.

For each question below, choose the word that best completes the meaning of the sentence.

1 Because Stan had been preoccupied during his dynamite-juggling demonstration, the jury felt that he was not _____ for the destruction of the property.

   a. decorous
   b. decimated
   c. indiscreet
   d. culpable
   e. indiscrete

2 Sally was sad because Mr. Reeves, our English teacher, filled the margins of her term paper with _____ remarks about her spelling, grammar, and writing style.

   a. fatuous
   b. heretical
   c. ineffable
   d. prepossessing
   e. derogatory

3 The fans were _____ when the football team lost its fiftieth game in a row.

   a. irascible
   b. despondent
   c. rapacious
   d. stigmatized
   e. precipitous

4 Da-shawn and Harry were given jobs on the stage crew because their _____ voices ruined the sound of the chorus.

   a. unremitting
   b. paternal
   c. wanton
   d. laconic
   e. dissonant

5 The baby kittens were so _____ that the nursery school children were able to pick them up, carry them around by the scruffs of their necks, and dress them up in doll clothes.

   a. abashed
   b. peripatetic
   c. docile
   d. agrarian
   e. nefarious

For each question below, match the word on the left with the word most similar in meaning on the right.

1	litigious	a.	ingenuous
2	artless	b.	querulous
3	taciturn	c.	auspicious
4	refute	d.	perennial
5	perjure	e.	avow
6	allege	f.	reticent
7	gauche	g.	delude
8	officious	h.	rebut
9	chronic	i.	inept
10	propitious	j.	solicitous

Each question below consists of four words. Three of them are related in meaning. Find the word that does not fit.

1	address	infer	construe	extrapolate
2	rigorous	punctilious	integral	painstaking
3	consecrate	revere	venerate	delineate
4	abstain	relegate	forbear	forgo
5	insubordinate	willful	didactic	intransigent
6	labyrinthine	profane	secular	atheistic
7	acrid	amoral	sardonic	virulent
8	analogous	perfunctory	cursory	desultory
9	decadent	degenerate	profligate	magnanimous
10	connoisseur	virtuoso	malleable	aesthete

For each question below, decide whether the pair of words are roughly similar (S) in meaning, roughly opposite (O) in meaning, or unrelated (U) to each other.

1	sporadic	incessant
2	beget	spawn
3	malaise	subversion
4	coerce	compel
5	peccadillo	enormity
6	charismatic	insipid
7	countenance	condone
8	usurp	appropriate
9	espouse	extricate
10	arbitrate	mediate

For each question below, choose the word that best completes the meaning of the sentence.

1 The applicant's credentials were _____ , but I didn't like the color of his necktie so I didn't hire him.

   a. irreproachable
   b. aloof
   c. domestic
   d. vitriolic
   e. histrionic

2 Walter's skin took on a(n) _____ cast after his exposure to the pool of radioactive wastes.

   a. artful
   b. squalid
   c. luminous
   d. nebulous
   e. garrulous

3 The police spent seven months working on the crime case but were never able to determine the identity of the _____ .

   a. demagogue
   b. dilettante
   c. egotist
   d. malefactor
   e. patriarch

4 The portions at the restaurant were so _____ that immediately after dessert we drove to another restaurant and ordered a second full meal.

   a. pertinent
   b. minuscule
   c. exhaustive
   d. futile
   e. misanthropic

5 Xavier thought that throwing some scraps to the bear would _____ it, but instead the beast tore apart our campsite in search of more to eat.

   a. accost
   b. mollify
   c. preclude
   d. efface
   e. tout

For each question below, decide whether the pair of words are roughly similar (S) in meaning, roughly opposite (O) in meaning, or unrelated (U) to each other.

1	debacle	coup
2	amenity	injunction
3	cognizant	unwitting
4	emigrate	expatriate
5	concurrent	anachronistic
6	blithe	morose
7	disinterested	partial
8	anachronism	archaism
9	collusion	complicity
10	insular	hermetic

Each question below consists of four words. Three of them are related in meaning. Find the word that does not fit.

1	sacrilege	renaissance	blasphemy	desecration
2	ambiguous	equivocal	cryptic	requisite
3	apprehensive	martial	contentious	belligerent
4	arcane	esoteric	sacrosanct	recondite
5	incense	replenish	foment	antagonize
6	exacting	onerous	ponderous	arbitrary
7	circumspect	eclectic	scrupulous	fastidious
8	introverted	aloof	reclusive	elliptical
9	allocate	relinquish	capitulate	succumb
10	effusive	histrionic	avuncular	gesticulating

For each question below, decide whether the pair of words are roughly similar (S) in meaning, roughly opposite (O) in meaning, or unrelated (U) to each other.

1	abyss	chasm
2	substantive	ethereal
3	loquacious	taciturn
4	doctrinaire	dogmatic
5	colloquial	pedantic
6	encroach	transgress
7	amorphous	nebulous
8	domestic	endemic
9	cogent	incisive
10	lethargic	capricious

For each question below, choose the word or phrase that best completes the meaning of the sentence.

1 Mei _____ her daughter for putting the cat in the washing machine.

   a. expropriated
   b. disfranchised
   c. coerced
   d. broached
   e. chastised

2 David's salary was _____ his limited skills; he was paid nothing.

   a. as vapid as
   b. tenable despite
   c. vehement in view of
   d. commensurate with
   e. acerbic notwithstanding

3 After several decades of peace, the little country grew _____ about defense and let its army slowly drift away.

   a. dissolute
   b. partisan
   c. catholic
   d. adamant
   e. complacent

4 None of us had enough money to undertake the project alone, so we had to depend on the _____ of our parents.

   a. postulate
   b. vilification
   c. largess
   d. hedonism
   e. veracity

5 The court ruled that Ursula's covert discussions with the Russian ambassador did not _____ treason.

   a. comprise
   b. abnegate
   c. libel
   d. broach
   e. constitute

For each question below, decide whether the pair of words are roughly similar (S) in meaning, roughly opposite (O) in meaning, or unrelated (U) to each other.

1	bureaucracy	hierarchy
2	extrapolate	infer
3	mercurial	volatile
4	impeccable	culpable
5	corroborate	refute
6	expedient	utilitarian
7	censure	approbation
8	propriety	decorum
9	emulate	peruse
10	mandate	touchstone

For each question below, decide whether the pair of words are roughly similar (S) in meaning, roughly opposite (O) in meaning, or unrelated (U) to each other.

1	ameliorate	exacerbate
2	candor	equivocation
3	caricature	parody
4	scrupulous	mendacious
5	apartheid	mentor
6	bane	panacea
7	facile	arduous
8	philistine	erudite
9	absolute	commensurate
10	kinetic	stagnant

Each question below consists of four words. Three of them are related in meaning. Find the word that does not fit.

1	awry	overt	salient	manifest
2	duplicity	ascendancy	guile	chicanery
3	contrition	remorse	cadence	penitence
4	temperance	sobriety	celibacy	oblivion
5	nominal	amiable	affable	congenial
6	choleric	querulous	petulant	equitable
7	dormant	latent	nostalgic	inert
8	astute	bereft	sagacious	prudent
9	copious	bourgeois	profuse	myriad
10	ascetic	austere	frugal	pejorative

For each question below, decide whether the pair of words are roughly similar (S) in meaning, roughly opposite (O) in meaning, or unrelated (U) to each other.

1	serendipitous	hapless
2	lugubrious	facetious
3	espouse	appease
4	qualitative	pejorative
5	exigency	periphery
6	harbinger	precursor
7	profound	desecrated
8	despotic	autocratic
9	engender	decimate
10	pristine	unalloyed

Final Exam Drill **14** COMPLETIONS 적당한 단어 채워넣기

For each question below, choose the word that best completes the meaning of the sentence.

1 Jarel was as clever as he was unscrupulous, and he knew what he could not obtain by legitimate means he could always obtain through _____ .

a. chicanery
b. burlesque
c. nihilism
d. strife
e. theology

2 The visiting professor was so _____ her field that many of our faculty members became nervous in her presence.

a. antithetical
b. archetypal
c. eminent
d. plebeian
e. pathological

3 The orator _____ a bizarre economic program whose central tenet was the abolition of all forms of money.

a. scintillated
b. espoused
c. vacillated
d. emulated
e. inundated

4 "Kicking the bucket" is a humorous _____ for "dying."

a. dictum
b stipulation
c. incantation
d. conjecture
e. euphemism

5 The actor, pretending to be inebriated, made a(n) _____ attempt to open his umbrella in a telephone booth.

a. viable
b. enigmatic
c. farcical
d. cognitive
e. aphoristic

Final Exam Drill ⓵⑤ SYNONYMS 동의어 찾아 연결하기

For each question below, match the word on the left with the word most similar in meaning on the right.

1	opaque	a.	obscure
2	ostensible	b.	secular
3	avaricious	c.	mellifluous
4	mundane	d.	prudent
5	judicious	e.	venal
6	mercenary	f.	specious
7	ramification	g.	rapacious
8	saccharine	h.	repercussion
9	archaic	i.	dearth
10	paucity	j.	anachronism

Final Exam Drill ⓵⑥ RELATIONSHIPS 동의어, 반의어, 관련 없는 단어 구별하기

For each question below, decide whether the pair of words are roughly similar (S) in meaning, roughly opposite (O) in meaning, or unrelated (U) to each other.

1	belie	aggregate
2	legacy	bequest
3	aptitude	propensity
4	matriculate	purport
5	fatalist	cynic
6	fecund	desiccated
7	exhort	admonish
8	polarize	prevail
9	condescension	adulation
10	discreet	blatant

Each question below consists of four words. Three of them are related in meaning. Find the word that does not fit.

1 uniform	monolithic	existential	homogeneous
2 flaunt	malign	slander	libel
3 felicity	audacity	temerity	impetuosity
4 meager	tenuous	pivotal	paltry
5 indulgent	salutary	prodigal	profligate
6 disparate	incongruous	heterogeneous	ubiquitous
7 apprehensive	diffident	succinct	circumspect
8 cogent	eminent	potent	robust
9 farcical	affected	contrived	ostentatious
10 ennui	satiety	languor	volition

For each question below, decide whether the pair of words are roughly similar (S) in meaning, roughly opposite (O) in meaning, or unrelated (U) to each other.

1	zealous	catholic
2	aloof	nefarious
3	mitigate	assuage
4	agnostic	atheist
5	clique	consensus
6	coalition	faction
7	husbandry	itinerary
8	coalesce	dissipate
9	slavish	subservient
10	flaunt	reproach

For each question below, choose the word that best completes the meaning of the sentence.

1 The Sandersons viewed the flaming image of the devil, which hovered above their house for thirteen days, as a(n) _____ of evil to come.

a. stratum
b. portent
c. periphery
d. infidelity
e. aberration

2 There was nothing _____ about Herbert's scientific theories; in fact, they were quite shallow.

a. sentient
b. vociferous
c. peremptory
d. profound
e. nepotistic

3 The _____ author turned out a new book every week of her adult life.

    a. prolific
    b. canine
    c. dialectical
    d. implicit
    e. contiguous

4 The _____ girls stubbornly refused to call off their rock fight, despite the pleadings of their mothers.

    a. recalcitrant
    b. pacific
    c. egalitarian
    d. exemplary
    e. fervent

5 Hal's disappointed wife _____ him for being a lazy, foul-smelling, obnoxious slob.

    a. instigated
    b. reproached
    c. flaunted
    d. desecrated
    e. belied

Final Exam Drill ⑳ RELATIONSHIPS 동의어, 반의어, 관련 없는 단어 구별하기

For each question below, decide whether the pair of words are roughly similar (S) in meaning, roughly opposite (O) in meaning, or unrelated (U) to each other.

1	profess	espouse
2	extrovert	introspective
3	foible	hiatus
4	caricature	touchstone
5	debilitate	enervate
6	placid	frenetic
7	depravity	debauchery
8	infinitesimal	grandiose
9	grandiloquent	rhetorical
10	malefactor	benefactor

Final Exam Drill ㉑ ODD MAN OUT 관련 없는 단어 찾기

Each question below consists of four words. Three of them are related in meaning. Find the word that does not fit.

1 avaricious	covetous	officious	parsimonious
2 reprove	scrutinize	censure	rebuke
3 reprehensible	transient	ephemeral	transitory
4 belittle	depreciate	disparage	founder
5 palpable	resolute	tenacious	steadfast
6 absolve	condone	qualify	exculpate
7 civil	culinary	aristocratic	genteel
8 stricture	reproach	admonishment	corollary
9 fidelity	proximity	steadfastness	resolution
10 circumlocutory	redundant	tautological	vicarious

Final Exam Drill ㉒ RELATIONSHIPS 동의어, 반의어, 관련 없는 단어 구별하기

For each question below, decide whether the pair of words are roughly similar (S) in meaning, roughly opposite (O) in meaning, or unrelated (U) to each other.

1	elude	circumvent
2	rustic	urbane
3	circuitous	oblique
4	beset	beleaguered
5	imperial	servile
6	pedestrian	prosaic
7	reprisal	reparation
8	daunt	stymie
9	apotheosis	epitome
10	inaugurate	abort

Final Exam Drill ㉓ COMPLETIONS 적당한 단어 채워넣기

For each question below, choose the word that best completes the meaning of the sentence.

1 Sally had already eaten all her cookies, so she _____ mine.

a. permeated
b. mortified
c. protracted
d. appropriated
e. defamed

2 The country's _____ ruler required her citizens to receive official permission before changing channels on their television sets.

a. definitive
b. dubious
c. indigenous
d. autocratic
e. redolent

3 I don't enjoy oysters myself, but I'm not _____ to letting others eat them.

a. innate
b. averse
c. opaque
d. adverse
e. oblique

4 The president was so _____ by international crises that he found it difficult to watch an entire baseball game without being interrupted.

a. beset
b. belittled
c. bereaved
d. bequeathed
e. bemused

5 The representative had _____ so many losing causes that she fainted dead away when his proposal was unanimously adopted by the legislature.

a. championed
b. caricatured
c. misappropriated
d. flouted
e. mediated

Final Exam Drill ㉔ RELATIONSHIPS 동의어, 반의어, 관련 없는 단어 구별하기

For each question below, decide whether the pair of words are roughly similar (S) in meaning, roughly opposite (O) in meaning, or unrelated (U) to each other.

1	preempt	usurp
2	turpitude	confluence
3	incipient	culminating
4	burgeon	arbitrate
5	belittle	stymie
6	dictum	paradigm
7	luminous	incandescent
8	mortified	chagrined
9	precipitate	prudent
10	inscrutable	obscure

Each question below consists of four words. Three of them are related in meaning. Find the word that does not fit.

1	intrinsic	innate	omnipotent	inherent
2	fortuitous	gregarious	convivial	amicable
3	cliché	verisimilitude	maxim	epigram
4	belligerent	indignant	pertinent	contentious
5	inane	hackneyed	platitudinous	conducive
6	vitriolic	acrimonious	choleric	prolific
7	gravity	austerity	vicissitude	sobriety
8	noxious	obsequious	pernicious	deleterious
9	finesse	competence	proficiency	euphemism
10	incorrigible	recalcitrant	diffident	obdurate

For each question below, decide whether the pair of words are roughly similar (S) in meaning, roughly opposite (O) in meaning, or unrelated (U) to each other.

1	catalyst	coherence
2	concord	dissonance
3	discord	consonant
4	ingenuous	urbane
5	infatuated	beguiled
6	categorical	contingent
7	novel	banal
8	parsimony	munificence
9	permeate	pervade
10	tentative	definitive

For each question below, choose the word that best completes the meaning of the sentence.

1 The trees, vines, and other plants in the tropical forest were truly remarkable, but it was the exotic _____ that caught the zoologist's attention.

a. accolade
b. compendium
c. acumen
d. fauna
e. surfeit

2 Ernesto hated to pay extra for a fancy name, but he had discovered that he greatly preferred expensive brand-name products to the cheaper _____ ones.

a. generic
b. hypothetical
c. supercilious
d. amorphous
e. contentious

3 After several years of disappointing crops, the enormous harvest left the farmers confronting a(n) _____ of soybeans.

   a. alacrity
   b. blight
   c. glut
   d. chasm
   e. debacle

4 The previously undefeated team found it difficult to cope with the _____ of defeat.

   a. attrition
   b. ignominy
   c. prerequisite
   d. penchant
   e. neologism

5 The darkening sky indicated to all of us that a thunderstorm was _____ .

   a. ambivalent
   b. imminent
   c. conciliatory
   d. inherent
   e. lugubrious

Final Exam Drill 28 RELATIONSHIPS 동의어, 반의어, 관련 없는 단어 구별하기

For each question below, decide whether the pair of words are roughly similar (S) in meaning, roughly opposite (O) in meaning, or unrelated (U) to each other.

1	hegemony	heyday
2	fortuitous	nominal
3	deride	venerate
4	deduce	infer
5	supercilious	servile
6	placid	nonchalant
7	reverence	insolence
8	extraneous	extrinsic
9	levity	irony
10	onerous	exacting

Final Exam Drill 29 ODD MAN OUT 관련 없는 단어 찾기

Each question below consists of four words. Three of them are related in meaning. Find the word that does not fit.

1	comprise	placate	appease	mollify
2	beguile	bemuse	cajole	delude
3	provident	egregious	flagrant	unconscionable
4	adept	adroit	anecdotal	dexterous
5	iconoclast	insurgent	maverick	prodigy
6	cadence	incisiveness	acumen	acuity
7	gratuitous	superfluous	soporific	inordinate
8	incongruous	staunch	anomalous	eccentric
9	vacillate	incense	foment	instigate
10	aberration	vestige	anomaly	singularity

For each question below, decide whether the pair of words are roughly similar (S) in meaning, roughly opposite (O) in meaning, or unrelated (U) to each other.

1 mandate   martyr
2 laud   defame
3 belabor   complement
4 disdain   supercilious
5 distinguish   distend
6 eulogize   censure
7 apocalypse   covenant
8 segregate   sequester
9 quixotic   utopian
10 microcosm   magnate

For each question below, choose the word that best completes the meaning of the sentence.

1 The _____ salesperson bowed deeply and said, "Yes, ma'am, of course, ma'am," whenever I requested anything.

a. verbose
b. incumbent
c. evanescent
d. malingering
e. obsequious

2 Because he had never lost a tennis match, Luther believed himself to be _____ on the court.

a. ascetic
b. deleterious
c. omnipotent
d. inane
e. amorous

3 Our teacher was so _____ in his interpretation of the novel that it was difficult to believe he had taken any pleasure in reading it.

a. pedantic
b. laudable
c. intrepid
d. inveterate
e. coherent

4 The prisoners were all _____ as they were led off to the firing squad, but they were shot all the same.

a. perfunctory
b. concise
c. virulent
d. prosaic
e. penitent

5 The divisive issue _____ the community; half the residents seemed to be strongly for it, and half strongly against.

   a. circumscribed
   b. polarized
   c. assuaged
   d. castigated
   e. disseminated

Final Exam Drill ㉜ RELATIONSHIPS 동의어, 반의어, 관련 없는 단어 구별하기

For each question below, decide whether the pair of words are roughly similar (S) in meaning, roughly opposite (O) in meaning, or unrelated (U) to each other.

1	reverence	disdain
2	conjure	incant
3	profound	superficial
4	protract	curtail
5	fauna	glut
6	deprecate	lament
7	abridge	augment
8	eccentric	orthodox
9	iconoclast	maverick
10	idiosyncratic	conventional

Final Exam Drill ㉝ ODD MAN OUT 관련 없는 단어 찾기

Each question below consists of four words. Three of them are related in meaning. Find the word that does not fit.

1	infamous	abhorrence	innocuous	nefarious
2	assimilate	abate	mitigate	alleviate
3	laconic	unctuous	concise	terse
4	relinquish	renounce	forsake	exult
5	axiom	maxim	surrogate	precept
6	virulent	tantamount	adverse	baneful
7	catharsis	abhorrence	rancor	animosity
8	idiosyncrasy	eccentricity	complacency	affectation
9	antecedent	precursor	precedent	recrimination
10	exonerate	patronize	exculpate	vindicate

For each question below, decide whether the pair of words are roughly similar (S) in meaning, roughly opposite (O) in meaning, or unrelated (U) to each other.

1	slothful	assiduous
2	affluent	opulent
3	consummate	rudimentary
4	chastisement	amnesty
5	sycophant	cajoler
6	implication	allusion
7	quantitative	qualitative
8	agenda	itinerary
9	pragmatic	quixotic
10	paradox	anomaly

For each question below, match the word on the left with the word most similar in meaning on the right.

1	torpid	a.	subservient
2	sublime	b.	astuteness
3	recapitulate	c.	ingenuous
4	acuity	d.	subtlety
5	replete	e.	provincial
6	subordinate	f.	inert
7	parochial	g.	transcendent
8	credulous	h.	reiterate
9	recant	i.	satiated
10	nuance	j.	repudiate

For each question below, decide whether the pair of words are roughly similar (S) in meaning, roughly opposite (O) in meaning, or unrelated (U) to each other.

1	colloquial	contiguous
2	auspicious	portentous
3	moribund	viable
4	aristocratic	patrician
5	perquisite	prerogative
6	stagnation	metamorphosis
7	ebullient	roguish
8	turpitude	sordidness
9	cosmopolitan	urbane
10	denizen	lampoon

For each question below, choose the word that best completes the meaning of the sentence.

1 The _____ spring weather was a great relief to all of us who had struggled through the long, harsh winter.

   a. abortive
   b. volatile
   c. temperate
   d. pragmatic
   e. intrinsic

2 I made a(n) _____ effort to repair the leak, but my improvised patch didn't hold, and I soon realized that I would have to call a plumber.

   a. vindictive
   b. tentative
   c. pristine
   d. acrid
   e. caustic

3 The adoring members of the tribe _____ their old king even though he was blind and senile.

   a. squandered
   b. extrapolated
   c. beleaguered
   d. exacerbated
   e. venerated

4 The hikers were _____ by the billions of mosquitoes that descended upon them as soon as they hit the trail.

   a. extolled
   b. vitiated
   c. palliated
   d. vexed
   e. promulgated

5 Seeing the pictures of our old home made us feel _____ and nostalgic.

   a. adept
   b. fastidious
   c. wistful
   d. infamous
   e. impartial

For each question below, decide whether the pair of words are roughly similar (S) in meaning, roughly opposite (O) in meaning, or unrelated (U) to each other.

1	ardent	indifferent
2	adherent	forsaker
3	poignant	redolent
4	inundate	reconcile
5	abject	exalted
6	proselytize	implement
7	latent	manifest
8	burgeon	accost
9	immutable	static
10	perfidy	piety

Each question below consists of four words. Three of them are related in meaning. Find the word that does not fit.

1	quixotic	scintillating	chimerical	visionary
2	antipathy	malfeasance	digression	malevolence
3	absolute	unqualified	categorical	wistful
4	static	cerebral	inert	immutable
5	destitute	insolvent	affable	indigent
6	altruist	benevolent	philanthropic	ideological
7	vexed	unequivocal	unalloyed	unmitigated
8	comprehensive	stringent	rigorous	exacting
9	abstract	abstruse	intangible	impervious
10	discernment	tirade	discrimination	sagacity

For each question below, decide whether the pair of words are roughly similar (S) in meaning, roughly opposite (O) in meaning, or unrelated (U) to each other.

1	plethora	dearth
2	autonomy	subjugation
3	aggregate	augment
4	vocation	avocation
5	extraneous	intrinsic
6	implicit	inferred
7	invective	eulogy
8	acerbic	caustic
9	insinuation	hyperbole
10	adulterated	unalloyed

For each question below, choose the word that best completes the meaning of the sentence.

1 An _____ current of dissatisfaction among the soldiers indicated to the ambassador that revolution was becoming a possibility.

    a. incipient
    b. inert
    c. impervious
    d. impeccable
    e. inept

2 The _____ baker had burnt an entire batch of chocolate chip cookies.

    a. bucolic
    b. ursine
    c. cosmopolitan
    d. infinitesimal
    e. incompetent

3 Irene's _____ cure for her husband's snoring was a paper bag tied snugly around his head.

    a. agnostic
    b. congenital
    c. extrinsic
    d. ingenious
    e. diffident

4 Myron looked harmless, but there was nothing _____ about his plan to enslave the human race.

    a. terse
    b. innocuous
    c. mendacious
    d. nominal
    e. preeminent

5 Attempting to bask in reflected glory, the candidate _____ the names of eleven past presidents in his speech to the convention of schoolteachers.

    a. absolved
    b. implied
    c. litigated
    d. invoked
    e. allocated

For each question below, decide whether the pair of words are roughly similar (S) in meaning, roughly opposite (O) in meaning, or unrelated (U) to each other.

1	ambience	milieu
2	literal	figurative
3	hypothetical	empirical
4	subjugate	enfranchise
5	taciturn	integral
6	congenital	innate
7	enfetter	expedite
8	peripheral	tangential
9	usurp	abdicate
10	consummate	abortive

Each question below consists of four words. Three of them are related in meaning. Find the word that does not fit.

1	cacophony	antagonism	rancor	antipathy
2	discord	benefactor	contention	incongruity
3	apathy	indifference	manifesto	languor
4	amenable	tractable	docile	reciprocal
5	clandestine	surreptitious	provisional	furtive
6	intrepid	blithe	squalid	equanimity
7	callow	apocryphal	dubious	spurious
8	putative	overt	explicit	patent
9	desultory	derisory	cursory	perfunctory
10	conciliate	proscribe	appease	placate

For each question below, match the word on the left with the word most nearly its OPPOSITE on the right.

1	deferential		a.	irreverent
2	remonstrate		b.	assiduous
3	tacit		c.	amorous
4	clement		d.	explicit
5	indolent		e.	acquiesce
6	ambivalent		f.	intemperate
7	aloof		g.	aversion
8	lucid		h.	antagonist
9	partisan		i.	enigmatic
10	affinity		j.	resolute

For each question below, decide whether the pair of words are roughly similar (S) in meaning, roughly opposite (O) in meaning, or unrelated (U) to each other.

1	artifice	machination
2	obtuse	myopic
3	respire	premise
4	exalt	laud
5	assimilate	appreciate
6	edify	obfuscate
7	pensive	ruminating
8	narcissist	egocentric
9	precipitate	stigmatize
10	polemical	contentious

For each question below, choose the word that best completes the meaning of the sentence.

1 The three-year-old was _____ in her refusal to taste the broccoli.

a. recondite
b. didactic
c. fortuitous
d. resolute
e. genteel

2 We _____ the fine print in the document but were unable to find the clause the lawyer had mentioned.

a. scrutinized
b. reconciled
c. exculpated
d. cajoled
e. accrued

3 A state in which one can see, hear, feel, smell, and taste little or nothing is known as _____ deprivation.

a. aggregate
b. subversive
c. sensory
d. sensual
e. sensuous

4 The children tried to be _____ about the fact that their parents couldn't afford to give them Christmas presents, but you could tell that they were really quite depressed inside.

a. tangential
b. abysmal
c. stoic
d. disingenuous
e. eclectic

5 We felt repeatedly _____ by the impersonal and inflexible bureaucracy in our attempt to win an exemption to the rule.

- a. vindicated
- b. deluged
- c. stymied
- d. reiterated
- e. gesticulated

Final Exam Drill ㊼ RELATIONSHIPS 동의어, 반의어, 관련 없는 단어 구별하기

For each question below, decide whether the pair of words are roughly similar (S) in meaning, roughly opposite (O) in meaning, or unrelated (U) to each other.

1	cliché	platitude
2	malevolent	macroeconomic
3	juxtaposed	contiguous
4	defame	laud
5	idyllic	bucolic
6	inexorable	irrevocable
7	despondent	sanguine
8	lethargy	zeal
9	dogma	tenet
10	ebullient	stoic

Final Exam Drill ㊽ COMPLETIONS 적당한 단어 채워넣기

For each question below, choose the word that best completes the meaning of the sentence.

1 The gasoline spill had so thoroughly _____ the town's main well that it was possible to run an automobile on tap water.

- a. exulted
- b. exalted
- c. engendered
- d. adulterated
- e. preempted

2 Mr. Jones _____ the teenagers after they had driven the stolen car into his living room and put a dent in his new color TV.

- a. admonished
- b. usurped
- c. enervated
- d. alleged
- e. professed

3 Elsa's legs were so severely injured in the roller-skating accident that she didn't become fully _____ again until more than a year later.

- a. decadent
- b. exemplified
- c. querulous
- d. portentous
- e. ambulatory

4 The kitchen in the new house had an electronic vegetable peeler, an automatic dish scraper, a computerized meat slicer, and dozens of other futuristic _____ .

a. proponents
b. genres
c. amenities
d. mendicants
e. protagonists

5 When Joe began collecting stamps, he hoped that the value of his collection would _____ rapidly; instead, the collection has slowly become worthless.

a. qualify
b. appreciate
c. polarize
d. belabor
e. rebuke

The Answers

3

해답

THE ANSWERS

PART A의 QUICK QUIZ와 Final Exam의 정답을 모아 놓았다.

QUICK QUIZ ▶1

1 j
2 f
3 a
4 i
5 g
6 b
7 k
8 c
9 h
10 e
11 d

QUICK QUIZ ▶2

1 b
2 h
3 a
4 c
5 i
6 j
7 k
8 e
9 f
10 d
11 g

QUICK QUIZ ▶3

1 a
2 h
3 g
4 e
5 b
6 d
7 f
8 f
9 c

QUICK QUIZ ▶4

1 f
2 h
3 a
4 e
5 b
6 d
7 g
8 c
9 i

QUICK QUIZ ▶5

1 g
2 a
3 e
4 b
5 c
6 k
7 j
8 i
9 d
10 h
11 f

QUICK QUIZ ▶6

1 e
2 b
3 d
4 a
5 c
6 f

QUICK QUIZ ▶7

1 f
2 c
3 a
4 j
5 h
6 i
7 d
8 e
9 g
10 k
11 b

QUICK QUIZ ▶8

1 i
2 h
3 g
4 f
5 a
6 d
7 e
8 c
9 j
10 b

QUICK QUIZ ▶9

1 d
2 i
3 f
4 a
5 h
6 e
7 c
8 g
9 j
10 b

QUICK QUIZ ▶10

1 f
2 c
3 a
4 h
5 j
6 i
7 d
8 g
9 e
10 b

QUICK QUIZ ▶11

1 i
2 a
3 e
4 b
5 h
6 f
7 c
8 g
9 d

QUICK QUIZ ▶12

1 g
2 e
3 a
4 i
5 b
6 d
7 c
8 h
9 f

QUICK QUIZ ▶13

1 d
2 a
3 e
4 b
5 f
6 c

QUICK QUIZ ▶14

1 b
2 e
3 d
4 h
5 c
6 g
7 f
8 a

QUICK QUIZ ▶15

1 g
2 e
3 b
4 i
5 f
6 c
7 d
8 h
9 a
10 j

QUICK QUIZ ▶16

1 b
2 e
3 a
4 c
5 f
6 d

QUICK QUIZ ▶17

1 n
2 c
3 g
4 e
5 m
6 d
7 h
8 l
9 j
10 b
11 i
12 o
13 f
14 k
15 a
16 p

QUICK QUIZ ▶18

1 b
2 l
3 j
4 f
5 a
6 g
7 c
8 i
9 e
10 d
11 k
12 h

QUICK QUIZ ▶19

1 a
2 b
3 i
4 g
5 c
6 h
7 d
8 e
9 f

QUICK QUIZ ▶20

1 h
2 i
3 d
4 j
5 g
6 c
7 b
8 a
9 f
10 e

QUICK QUIZ ▶21

1 e
2 h
3 b
4 a

5 f
6 d
7 i
8 c
9 j
10 g

QUICK QUIZ ▶22

1 b
2 g
3 d
4 h
5 l
6 a
7 f
8 c
9 k
10 e
11 j
12 i

QUICK QUIZ ▶23

1 h
2 b
3 g
4 a
5 c
6 d
7 d
8 f
9 e

QUICK QUIZ ▶24

1 c
2 i
3 h
4 f
5 g
6 e
7 d
8 a
9 b

QUICK QUIZ ▶25

1 i
2 h
3 e
4 g
5 c
6 f
7 d
8 b
9 a

QUICK QUIZ ▶26

1 b
2 c
3 h
4 g

5 e
6 a
7 d
8 j
9 i
10 f

QUICK QUIZ ▶27

1 g
2 d
3 a
4 b
5 f
6 e
7 h
8 c

QUICK QUIZ ▶28

1 e
2 b
3 g
4 f
5 c
6 d
7 i
8 j
9 a
10 h

QUICK QUIZ ▶29

1 e
2 a
3 d
4 b
5 c

QUICK QUIZ ▶30

1 e
2 b
3 i
4 j
5 h
6 f
7 c
8 g
9 a
10 d

QUICK QUIZ ▶31

1 d
2 e
3 a
4 g
5 c
6 i
7 j
8 l
9 h
10 k

11 f
12 b

QUICK QUIZ ▶32

1 h
2 g
3 b
4 i
5 e
6 a
7 m
8 k
9 l
10 j
11 f
12 d
13 c

QUICK QUIZ ▶33

1 a
2 f
3 g
4 c
5 h
6 e
7 d
8 b

QUICK QUIZ ▶34

1 i
2 j
3 b
4 k
5 g
6 h
7 e
8 a
9 f
10 d
11 c

QUICK QUIZ ▶35

1 c
2 a
3 b

QUICK QUIZ ▶36

1 f
2 d
3 e
4 i
5 g
6 a
7 j
8 h
9 b
10 c

QUICK QUIZ ▶37

1 b
2 g
3 c
4 e
5 f
6 a
7 d

QUICK QUIZ ▶38

1 g
2 j
3 e
4 d
5 f
6 c
7 a
8 b
9 i
10 h

QUICK QUIZ ▶39

1 i
2 e
3 g
4 j
5 a
6 c
7 b
8 d
9 f
10 h

QUICK QUIZ ▶40

1 a
2 i
3 h
4 e
5 j
6 b
7 c
8 d
9 g
10 k
11 l
12 f

QUICK QUIZ ▶41

1 m
2 d
3 a
4 l
5 i
6 f
7 b
8 c
9 o
10 j
11 g
12 h

13 e
14 k
15 n

QUICK QUIZ ▶42

1 i
2 e
3 g
4 h
5 c
6 j
7 d
8 k
9 f
10 a
11 b

QUICK QUIZ ▶43

1 j
2 l
3 c
4 a
5 g
6 d
7 i
8 k
9 f
10 h
11 e
12 b

QUICK QUIZ ▶44

1 e
2 b
3 d
4 i
5 h
6 f
7 c
8 j
9 a
10 g

QUICK QUIZ ▶45

1 g
2 a
3 m
4 l
5 h
6 f
7 b
8 j
9 k
10 d
11 e
12 i
13 c

QUICK QUIZ ▶46

1 f
2 j
3 d
4 p
5 a
6 q
7 c
8 h
9 m
10 e
11 l
12 n
13 b
14 i
15 o
16 g
17 k

QUICK QUIZ ▶47

1 e
2 h
3 a
4 b
5 j
6 l
7 m
8 f
9 k
10 g
11 d
12 c
13 i

QUICK QUIZ ▶48

1 d
2 g
3 b
4 c
5 f
6 e
7 a

QUICK QUIZ ▶49

1 j
2 d
3 b
4 i
5 c
6 h
7 e
8 f
9 a
10 g

QUICK QUIZ ▶50

1 a
2 f
3 h
4 c

5 j
6 k
7 i
8 b
9 g
10 e
11 d

QUICK QUIZ ▶51

1 f
2 c
3 i
4 d
5 b
6 j
7 e
8 h
9 g
10 a

QUICK QUIZ ▶52

1 c
2 a
3 h
4 j
5 e
6 f
7 g
8 d
9 k
10 b
11 i

QUICK QUIZ ▶53

1 e
2 f
3 d
4 b
5 j
6 i
7 g
8 a
9 h
10 c

QUICK QUIZ ▶54

1 m
2 e
3 h
4 d
5 c
6 k
7 j
8 i
9 f
10 l
11 g
12 a
13 b

QUICK QUIZ ▶55

1 e
2 f
3 b
4 g
5 d
6 c
7 a

QUICK QUIZ ▶56

1 e
2 a
3 n
4 c
5 p
6 k
7 o
8 g
9 b
10 d
11 h
12 f
13 j
14 m
15 i
16 l

QUICK QUIZ ▶57

1 i
2 f
3 b
4 d
5 e
6 c
7 k
8 a
9 j
10 g
11 h

QUICK QUIZ ▶58

1 m
2 j
3 h
4 n
5 b
6 f
7 c
8 l
9 i
10 d
11 e
12 k
13 g
14 a

QUICK QUIZ ▶59

1 a
2 h
3 e

4 l
5 j
6 k
7 b
8 i
9 g
10 d
11 c
12 f

QUICK QUIZ ▶60

1 c
2 k
3 g
4 a
5 b
6 l
7 d
8 n
9 e
10 j
11 f
12 m
13 h
14 i

QUICK QUIZ ▶61

1 g
2 j
3 l
4 a
5 i
6 h
7 b
8 e
9 d
10 k
11 f
12 c

QUICK QUIZ ▶62

1 i
2 l
3 f
4 a
5 j
6 g
7 k
8 b
9 e
10 c
11 h
12 n
13 m
14 d

QUICK QUIZ ▶63

1 k
2 f
3 j

4 b
5 l
6 a
7 d
8 c
9 n
10 e
11 h
12 m
13 g
14 i

QUICK QUIZ ▶64

1 b
2 i
3 k
4 d
5 g
6 j
7 c
8 f
9 h
10 l
11 e
12 a

QUICK QUIZ ▶65

1 g
2 d
3 a
4 j
5 h
6 k
7 c
8 i
9 b
10 f
11 e

QUICK QUIZ ▶66

1 k
2 j
3 f
4 a
5 c
6 i
7 g
8 h
9 b
10 e
11 d

QUICK QUIZ ▶67

1 f
2 e
3 b
4 a
5 i
6 j
7 h
8 d

9 k
10 g
11 c

QUICK QUIZ ▶68

1 l
2 a
3 j
4 c
5 g
6 b
7 i
8 d
9 k
10 f
11 e
12 h

QUICK QUIZ ▶69

1 c
2 f
3 b
4 e
5 d
6 a

QUICK QUIZ ▶70

1 d
2 e
3 a
4 c
5 b

QUICK QUIZ ▶71

1 c
2 f
3 j
4 b
5 i
6 g
7 h
8 d
9 e
10 a

QUICK QUIZ ▶72

1 h
2 e
3 i
4 j
5 g
6 f
7 a
8 d
9 c
10 b

QUICK QUIZ ▶73

1 g

2 d
3 j
4 f
5 c
6 a
7 e
8 i
9 k
10 h
11 b

QUICK QUIZ ▶74

1 g
2 e
3 i
4 d
5 h
6 c
7 j
8 a
9 b
10 f

QUICK QUIZ ▶75

1 c
2 a
3 h
4 j
5 b
6 i
7 e
8 d
9 g
10 f

QUICK QUIZ ▶76

1 a
2 f
3 h
4 b
5 c
6 k
7 d
8 i
9 g
10 j
11 e

QUICK QUIZ ▶77

1 a
2 e
3 j
4 k
5 i
6 g
7 h
8 c
9 d
10 f
11 b

QUICK QUIZ ▶78

1 h
2 g
3 l
4 b
5 m
6 n
7 d
8 k
9 i
10 i
11 a
12 e
13 f
14 j
15 c

QUICK QUIZ ▶79

1 k
2 h
3 d
4 e
5 b
6 i
7 g
8 j
9 a
10 f
11 c

QUICK QUIZ ▶80

1 b
2 a
3 f
4 e
5 h
6 g
7 d
8 c
9 i

QUICK QUIZ ▶81

1 i
2 b
3 e
4 j
5 d
6 f
7 c
8 g
9 h
10 a

QUICK QUIZ ▶82

1 h
2 e
3 k
4 a
5 j
6 m

7 g
8 n
9 c
10 b
11 o
12 f
13 f
14 l
15 d
16 i

QUICK QUIZ ▶83

1 c
2 f
3 a
4 i
5 j
6 h
7 b
8 e
9 d
10 g

QUICK QUIZ ▶84

1 b
2 f
3 o
4 l
5 h
6 k
7 m
8 j
9 n
10 i
11 a
12 d
13 e
14 g
15 c

QUICK QUIZ ▶85

1 e
2 h
3 b
4 a
5 c
6 j
7 d
8 i
9 k
10 g
11 f

QUICK QUIZ ▶86

1 d
2 c
3 b
4 a

Final Exam Drill 1

1 d
2 e
3 b
4 e
5 c

Final Exam Drill 2

1 b
2 a
3 f
4 h
5 g
6 e
7 i
8 j
9 d
10 c

Final Exam Drill 3

1 address
2 integral
3 delineate
4 relegate
5 didactic
6 labyrinthine
7 amoral
8 analogous
9 magnanimous
10 malleable

Final Exam Drill 4

1 O
2 S
3 U
4 S
5 O
6 O
7 S
8 S
9 U
10 S

Final Exam Drill 5

1 a
2 c
3 d
4 b
5 b

Final Exam Drill 6

1 O
2 U
3 O
4 S
5 O
6 O
7 O
8 S

9 S
10 S

Final Exam Drill 7

1 renaissance
2 requisite
3 apprehensive
4 sacrosanct
5 replenish
6 arbitrary
7 eclectic
8 elliptical
9 allocate
10 avuncular

Final Exam Drill 8

1 S
2 O
3 O
4 S
5 O
6 S
7 S
8 U
9 S
10 U

Final Exam Drill 9

1 e
2 d
3 e
4 c
5 e

Final Exam Drill 10

1 U
2 S
3 S
4 O
5 O
6 S
7 O
8 S
9 U
10 U

Final Exam Drill 11

1 O
2 O
3 S
4 O
5 U
6 O
7 O
8 O
9 U
10 O

315

Final Exam Drill 12

1 awry
2 ascendancy
3 cadence
4 oblivion
5 nominal
6 equitable
7 nostalgic
8 bereft
9 bourgeois
10 pejorative

Final Exam Drill 13

1 O
2 O
3 U
4 U
5 U
6 S
7 U
8 S
9 O
10 S

Final Exam Drill 14

1 a
2 c
3 b
4 e
5 c

Final Exam Drill 15

1 a
2 f
3 g
4 b
5 d
6 e
7 h
8 c
9 j
10 i

Final Exam Drill 16

1 U
2 S
3 S
4 U
5 S
6 O
7 S
8 U
9 O
10 O

Final Exam Drill 17

1 existential
2 flaunt
3 felicity

4 pivotal
5 salutary
6 ubiquitous
7 succinct
8 eminent
9 farcical
10 volition

Final Exam Drill 18

1 U
2 U
3 S
4 S
5 U
6 S
7 U
8 O
9 S
10 U

Final Exam Drill 19

1 b
2 d
3 a
4 a
5 b

Final Exam Drill 20

1 S
2 O
3 U
4 U
5 S
6 O
7 S
8 O
9 S
10 O

Final Exam Drill 21

1 officious
2 scrutinize
3 reprehensible
4 founder
5 palpable
6 qualify
7 culinary
8 corollary
9 proximity
10 vicarious

Final Exam Drill 22

1 S
2 O
3 S
4 S
5 O
6 S
7 O
8 S

9 S
10 O

Final Exam Drill 23

1 d
2 d
3 b
4 a
5 a

Final Exam Drill 24

1 S
2 U
3 O
4 U
5 U
6 U
7 S
8 S
9 O
10 S

Final Exam Drill 25

1 omnipotent
2 fortuitous
3 verisimilitude
4 pertinent
5 conducive
6 prolific
7 vicissitude
8 obsequious
9 euphemism
10 diffident

Final Exam Drill 26

1 U
2 O
3 O
4 O
5 S
6 O
7 O
8 O
9 S
10 O

Final Exam Drill 27

1 d
2 a
3 c
4 b
5 b

Final Exam Drill 28

1 U
2 U
3 O
4 S
5 O

6 S
7 O
8 S
9 U
10 S

Final Exam Drill 29

1 comprise
2 bemuse
3 provident
4 anecdotal
5 prodigy
6 cadence
7 soporific
8 staunch
9 vacillate
10 vestige

Final Exam Drill 30

1 U
2 O
3 U
4 S
5 U
6 O
7 U
8 S
9 S
10 U

Final Exam Drill 31

1 e
2 c
3 a
4 e
5 b

Final Exam Drill 32

1 O
2 S
3 O
4 O
5 U
6 S
7 O
8 O
9 S
10 O

Final Exam Drill 33

1 innocuous
2 assimilate
3 unctuous
4 exult
5 surrogate
6 tantamount
7 catharsis
8 complacency
9 recrimination
10 patronize

Final Exam Drill 34

1 O
2 S
3 O
4 O
5 S
6 S
7 O
8 S
9 O
10 U

Final Exam Drill 35

1 f
2 g
3 h
4 b
5 i
6 a
7 e
8 c
9 j
10 d

Final Exam Drill 36

1 U
2 O
3 O
4 S
5 S
6 O
7 U
8 S
9 S
10 U

Final Exam Drill 37

1 c
2 b
3 e
4 d
5 c

Final Exam Drill 38

1 O
2 O
3 U
4 U
5 O
6 U
7 O
8 U
9 S
10 O

Final Exam Drill 39

1 scintillating
2 digression
3 wistful
4 cerebral
5 affable
6 ideological
7 vexed
8 comprehensive
9 impervious
10 tirade

Final Exam Drill 40

1 O
2 O
3 S
4 O
5 O
6 S
7 O
8 S
9 O
10 O

Final Exam Drill 41

1 a
2 e
3 d
4 b
5 d

Final Exam Drill 42

1 S
2 O
3 O
4 O
5 U
6 S
7 O
8 S
9 O
10 O

Final Exam Drill 43

1 cacophony
2 benefactor
3 manifesto
4 reciprocal
5 provisional
6 squalid
7 callow
8 putative
9 derisory
10 proscribe

Final Exam Drill 44

1 a
2 e
3 d
4 f
5 b
6 j
7 c
8 i
9 h
10 g

Final Exam Drill 45

1 S
2 S
3 U
4 S
5 U
6 O
7 S
8 S
9 U
10 S

Final Exam Drill 46

1 d
2 a
3 c
4 c
5 c

Final Exam Drill 47

1 S
2 U
3 S
4 O
5 S
6 S
7 O
8 O
9 S
10 O

Final Exam Drill 48

1 d
2 a
3 e
4 c
5 b

PART

B

Warm-Up
Tests

1

준비 테스트

WARM-UP TESTS

이 책을 파고들기 전에 자신의 어휘력을 평가해 보고 싶은 사람을 위해서 약간의 테스트를 마련했다. 이 문제들은 재미있을 뿐만 아니라 어휘 공부에도 도움이 된다.

여러분은 다음에 제시된 단어들을 발음하는 법을 알고 있다고 생각하는가?

우리는 이 책을 위한 연구과정에서 의미는 정확하게 알고 있으면서도 발음은 제대로 하지 못하는 단어들이 많다는 사실에 놀랐다. PART A의 공부를 마치고 PART B의 공부를 시작하기 전에 PART B 내에서 임의로 추출한 예제를 통해 각자의 실력을 스스로 측정해 보기 바란다. 대단히 어려운 문제이므로 정답을 맞추지 못했다고 실망할 필요는 없다. 만약 모든 문제의 정답을 맞춘다면 여러분은 PART B를 공부할 필요가 없다.

Warm-Up Test 1 : PRONUNCIATIONS

Before looking at column a or column b, pronounce each of the following words. Then select the letter that comes closer to your pronunciation.

1. accede	a. [æksíːd]	b. [əsíːd]
2. antipodes	a. [æntípədìːz]	b. [ǽntipoudz]
3. apposite	a. [ǽpəzət]	b. [əpáːzit]
4. arsenal	a. [ɑ́ːrsnəl]	b. [ɑ́ːrsənəl]
5. balk	a. [bɔːk]	b. [bɔːlk]
6. concomitant	a. [kənkɑ́ːmətənt]	b. [kankəmíːtənt]
7. contretemps	a. [kɑ́ːntrətɑːn]	b. [kántərtemps]
8. homage	a. [ɑ́midʒ]	b. [hɑ́midʒ]
9. pastoral	a. [pǽstərəl]	b. [pæstɔ́ːrəl]
10. phantasm	a. [fǽntæzm]	b. [fæntǽzm]
11. psyche	a. [sáiki]	b. [saike]
12. remuneration	a. [rimjunəréiʃən]	b. [riːnuməráiʃən]
13. schism	a. [sízm] sízm	b. [skízm]
14. sovereign	a. [sɑ́ːvrən]	b. [sɑ́ːvərən]
15. vagaries	a. [vəgɑ́riːz]	b. [véigəriːz]

여러분은 다음의 단어들이 의미하는 바를 자신이 정말로 알고 있다고 생각하는가?

우리는 때로 이미 알고 있는 단어와 아주 비슷하다고 해서 그 단어의 의미를 알고 있다고 단정해 버린다. 다음에 나오는 단어들은 쉬워 보이는 단어들로서 모두 이 책에서 다루고 있는 것들이다.

경고 여기 제시된 단어들은 보이는 것만큼 쉬운 것이 하나도 없다. 어떤 단어들은 현저하게 다른 제2의 뜻을 가지고 있다.

Warm-Up Test 2a : DEFINITIONS

For each of the following words, match the word on the left with its definition on the right.

1. eclipse	a. unintelligent
2. vacuous	b. surpass
3. disconcert	c. unusual
4. singular	d. direct
5. channel	e. ignorant
6. benighted	f. hint
7. intimate	g. expressionless
8. inviolate	h. disturb greatly
9. temporize	i. stall
10. impassive	j. free from injury

Warm-Up Test 2b : DEFINITIONS

For each of the following words, match the word on the left with its definition on the right.

1. posture		a. worthy of admiration
2. conversant		b. act artificially
3. parallel		c. harmful action
4. estimable		d. similar
5. disservice		e. make uneasy
6. privation		f. alienate
7. captivate		g. poverty
8. cleave		h. familiar
9. disquiet		i. cling
10. disaffect		j. fascinate

Warm-Up Test 2c : DEFINITIONS

For each of the following words, match the word on the left with its definition on the right.

1. fuel		a. give
2. quizzical		b. highly significant
3. curb		c. teasing
4. insuperable		d. unable to be overcome
5. afford		e. plead
6. entreat		f. stimulate
7. conviction		g. unbearable
8. pregnant		h. strong belief
9. intrigue		i. restrain
10. insufferable		j. secret scheme

Warm-Up Test 2d : DEFINITIONS

For each of the following words, match the word on the left with its definition on the right.

1. appraise		a. combined action
2. resignation		b. estimate the value of
3. engaging		c. sudden attack
4. tortuous		d. impartial
5. concert		e. means by which something is conveyed
6. impregnable		f. preachy
7. sally		g. charming
8. dispassionate		h. winding
9. medium		i. submission
10. sententious		j. unconquerable

이제 두 가지 의미가 다 보이는가?

어휘가 어려운 이유는 어려운 단어를 비슷해 보이는 쉬운 단어와 혼동하기 때문이다. 아래에 있는 철자 바꾸기 놀이를 통해 혼동하기 쉬운 단어를 체크해 보자.

Warm-Up Test 3 : WORD SURGERY ON CONFUSABLES

For each of the following words on the left, follow the parenthetical directions to create the word defined on the right.(왼쪽의 단어에서 가운데의 지시사항을 지켜 오른쪽과 같은 뜻의 단어를 만드시오.)

Take this word	and do this	to form a word meaning this.
1. errant	(change one letter)	very bad
2. adverse	(delete one letter)	disliking
3. cachet	(delete one letter)	hiding place
4. cannon	(delete one letter)	rule or law
5. canvas	(add one letter)	seek votes or opinions
6. career	(change one letter)	to swerve
7. rational	(add one letter)	excuse
8. confident	(change one letter)	trusted person
9. corporal	(add one letter)	material, tangible
10. demure	(delete one letter)	object
11. disassemble	(delete two letters)	deceive
12. systematic	(delete two letters)	throughout a system
13. important	(change two letters)	urge annoyingly
14. climactic	(delete one letter)	having to do with the climate
15. epic	(delete one letter, add two)	era

철자 바꾸기 놀이

접두사 "ana"는 깨뜨린다는 의미이다. "gram"은 문자를 의미한다. 철자 바꾸기 놀이는 단어나 구에서 글자를 바꾸어 새로운 단어나 구를 만들어내는 것이다. 진짜 철자 바꾸기 놀이에서는 새로운 단어는 반드시 문제의 단어나 구에 있던 철자를 모두 사용해야만 한다. 예를 들어 eat와 bleat는 table이라는 단어에 있는 철자를 가지고 만들어낸 단어들이지만 bleat만이 table의 모든 철자를 사용한 것이다.

어휘력을 늘리기 위해서, 여러분은 매일 매일의 독서를 통해 단어와 철자 모두에 익숙해질 필요가 있다. 다음 단어들은 철자를 재배열하면 이 책에서 만날 수 있는 새로운 단어로 만들어질 수 있다.

이 테스트는 여러분이 재미있게 어휘를 학습할 수 있도록 한번 만들어 본 것이다. 행운을 빈다.

Warm-Up Test 4 : ANAGRAMS

For each of the words or phrases on the left, rearrange the letters to form a word defined on the right.

1. askew	trails	
2. dome	method of doing something	
3. a paint	surface discoloration caused by age	
4. lever	enjoy thoroughly	
5. a note	make amends	
6. raid	very dry	
7. a view	give up or put aside	
8. touts	plump or stocky	
9. a main	crazed excitement	
10. a tint	contaminate	
11. a mark	good or bad emanations from a person	
12. tints	duty or job	
13. diva	eager	
14. ride	disastrous	
15. told	stupid person	
16. beat	support someone in wrongdoing	
17. atoll	assign	
18. a cadre	arched passageway	
19. lamb	something that heals	
20. corns	contempt	
21. lotus	clods	
22. a hotel	despise	
23. tap	appropriate	
24. jaunt	small ruling group	
25. tapes	sudden outpouring	
26. fire	widespread	
27. lakes	quench or satisfy	

The
Words

2

주요 단어와
예문들

A

ABASE [əbéis] v to humiliate; to lower in esteem or dignity; to humble
굴욕감을 느끼게 하다; 품위나 가치를 떨어뜨리다; 낮추다

- After soaping all the windows in the old widow's mansion on Halloween, the eighth graders *abased* themselves and said that they were sorry (after the policeman told them he would arrest them if they didn't).
  8학년짜리 아이들은 핼러윈 날에 혼자 사는 할머니의 아파트 창문마다 비누칠을 잔뜩 해놓고 나서는 뒤늦게 수치심을 느꼈다. 그래서 (사과하지 않으면 그들을 체포하겠다는 경찰의 말을 듣고 난 후) 미망인에게 죄송하다고 사과했다.

- I *abased* myself before the principal because I figured I had to in order to keep from being expelled.
  쫓겨나지 않기 위해서는 그렇게 해야만 한다는 것을 알고 있었기 때문에 나는 교장 앞에서 비굴하게 행동했다.

▶ debase(저하시키다)를 참조할 것.

ABET [əbét] v to support or encourage someone, especially someone who has done something wrong
누군가를, 특히 옳지 못한 일을 하는 사람을 지지하거나 용기를 북돋우다, 부추기다, 교사하다

- *Abetting* a criminal by giving her a place to hide from the police is itself a criminal act.
  경찰을 피할 수 있도록 범죄자가 숨을 장소를 제공해서 범인을 도와주는 행위는 그것 자체로도 이미 범법행위이다.

- In their efforts to steal millions from their clients, the dishonest bankers were *abetted* by the greed of the clients themselves.
  부정한 은행원들은 고객들로부터 수백만 달러를 훔치려고 애를 썼는데, 이는 고객들의 탐욕이 은행원들을 부추겼던 것이었다.

You may often hear this word as part of the redundant phrase *aid* and *abet*. The two words really mean the same thing.
이 단어를 종종 중복적인 구문인 'aid and abet'의 일부로 들을 것이다. 이 두 단어는 사실상 같은 의미이다.

ABEYANCE [əbéiəns] n suspension; temporary cessation 중지; 일시적 정지

- Sally wanted to bite Mr. Anderson, but her father held her in *abeyance* by grabbing her suspenders and looping them over the doorknob.
  샐리는 앤더슨 씨를 물어뜯고 싶었지만, 그녀의 아버지가 샐리의 바지 멜빵을 붙잡아 문고리에다 묶는 바람에 중단하게 되었다.

- Joe's poverty kept his addiction to video games in *abeyance*.
  조의 비디오 게임에 대한 탐닉은 가난 때문에 중지되었다.

ABJURE [æbdʒúər] v to repudiate; to take back; to refrain from
(주의, 신앙 등을) 거부하다; 철회하다; 그만두다

- Under pressure from his teacher, Joe *abjured* his habit of napping in class and promised to keep his eyes open for the rest of the semester.
  선생님의 압력에 굴복해서, 조는 수업 시간에 잠자는 습관을 버리고 남은 학기 동안 반드시 눈을 뜨고 있겠다고 약속했다.

- Jerry *abjured* chocolate for several days after eating an entire Mississippi Mud cake and breaking out in hives.

  미시시피 머드 케이크를 전부 먹어치우고 나서 두드러기가 난 이후로, 제리는 며칠 동안 초콜릿을 끊기로 했다.

- For her New Year's resolution, Ellen decided to *abjure* from *abjuring* from anything that she enjoyed.

  새해의 결의를 다지기 위해, 엘렌은 좋아하는 것을 무엇이든 버리지 않기로 결심했다.

ABOMINATION [əbàmənéiʃən]   n   something despised or abhorred; extreme loathing
혐오하거나 몹시 싫어하는 것; 강한 혐오

- The lobby of the hotel was an *abomination*; there was garbage rotting in the elevator and there were rats running on the furniture.

  호텔 로비는 아주 혐오스러웠다. 엘리베이터에는 쓰레기가 썩어가고 있었고, 가구마다 쥐들이 돌아다녔다.

- Barret shuddered with *abomination* at the thought of eating Henry's fatty, salty, oily cooking.

  바렛은 헨리가 요리한 지방질도 많고, 맛도 짜고, 기름기도 많은 음식을 먹어야 한다는 생각에 너무 혐오스러워서 치를 떨었다.

To *abominate* something is to hate it, hate it, hate it.
abominate는 매우 싫어하다라는 뜻이다.

- Judy *abominated* the sort of hotels that have garbage rotting in their elevators and rats running on their furniture.

  주디는 엘리베이터에서 쓰레기가 썩어가고 있고 쥐들이 가구마다 돌아다니는 그런 유의 호텔을 아주 싫어했다.

ABORIGINAL [æbərídʒənəl]   adj   native; dating back to the very beginning
토착의; 시초로 거슬러 올라가는

- The *Aborigines* of Australia are the earliest known human inhabitants of the continent. They are that country's *aboriginal* inhabitants.

  호주 원주민은 인간으로서는 최초로 그 대륙에 거주한 사람들로 알려져 있다. 그들이야말로 바로 그 나라의 토착민이다.

- While working on a new subway tunnel, the construction workers found some fragments of pottery that may have belonged to the city's *aboriginal* residents.

  새 지하철 터널 공사를 하던 중에, 현장 인부들은 그 도시의 토착 원주민의 것으로 추측되는 도자기 파편들을 발견했다.

ABOUND [əbáund]   v   to be very numerous   아주 많이 있다

- Trout *abound* in this river; there are so many of them that you can catch them with your hands.

  이 강에는 송어가 아주 많이 있다. 송어가 워낙 지천으로 널려 있어서 손으로도 잡을 수 있을 정도이다.

To *abound* is to be abundant. *Abounding* and *abundant* mean the same thing.
abound는 '풍부하다'는 뜻이다. abounding(풍부한)은 abundant와 동의어이다.

- Susan's *abounding* love for Harry will never falter unless she meets someone nicer or Harry moves away.

  해리에 대한 수잔의 충만한 사랑은 그녀가 더 멋진 남자를 만나거나 해리가 멀리 가 버리지 않는 한 결코 꺾이지 않을 것이다.

ABROGATE [æbrəgèit]   v   to abolish or repeal formally; to set aside; to nullify
공식적으로 철회하거나 폐지하다; (판결을) 파기하다; 무효로 하다

- The commander of the ship had the power to *abrogate* certain laws in the event of an emergency.

  군함의 부함장은 비상사태에 직면할 경우 몇몇 법률은 무시할 수 있는 권한을 갖고 있었다.

When you see this word, you will often see the word "treaty" nearby. To *abrogate* a treaty is to repeal it. You can also *abrogate* a law, an agreement, or a ruling.
abrogate를 발견하게 될 때는 대개 treaty(협정)라는 단어를 함께 볼 수 있을 것이다. to abrogate a treaty는 '협정을 폐기하다'이다. 또한 법률이나 계약, 판결 등도 폐기하거나 무효로 할 수 있다.

ACCEDE [æksíːd] v **to give in; to yield; to agree**   굴복하다; 양보하다; 동의하다

▶ 발음에 주의할 것.

- Mary *acceded* to my demand that she give back my driver's license and stop pretending to be me.

  메리는 이제 그만 운전면허증을 돌려주고 더 이상 나를 사칭하지 말라는 나의 요구를 들어주었다.

- My mother wanted me to spend the holidays at home with my family instead of on the beach with my roommates, and a quick check of my bank balance convinced me that I had no choice but to *accede* to her desire.

  엄마는 내가 룸메이트와 해변에 가는 대신에 휴가를 집에서 가족과 함께 보내기를 원하셨다. 나는 은행 잔고를 재빨리 확인해 보고서, 엄마의 말을 따를 수밖에 없다는 사실을 확실히 깨달았다.

ACCENTUATE [ækséntʃuèit] v **to emphasize; to accent; to highlight**
강조하다; 강세를 주다; 돋보이게 하다

- Mr. Jones *accentuated* the positive by pointing out that his pants fit better after he lost his wallet.

  존스 씨는 지갑을 잃어버린 후 바지가 더 몸에 잘 맞는다는 점을 지적하며 그 긍정적인 측면을 강조했다.

- Dacia's pointed shoes *accentuated* the length and slenderness of her feet.

  끝이 뾰족하게 나온 다샤의 구두는 길고 날씬한 그녀의 발을 돋보이게 했다.

QUICK QUIZ 1

Match each word in the first column with its definition in the second column. Check your answers in the back of the book.

1. abase		a. support
2. abet		b. native
3. abeyance		c. suspension
4. abjure		d. be very numerous
5. abomination		e. abolish
6. aboriginal		f. give in
7. abound		g. something despised
8. abrogate		h. humiliate
9. accede		i. repudiate
10. accentuate		j. emphasize

ACCESS [ǽksès] n **the right or ability to approach, enter, or use**
접근이나 출입, 또는 사용할 수 있는 권리나 능력

- Cynthia was one of a few people to have *access* to the president; she could get in to see him when she wanted to.

  신시아는 대통령에게 가까이 접근할 수 있는 몇 안 되는 사람 중의 하나였다. 그녀는 자신이 원할 때 대통령을 방문할 수 있었다.

- I wanted to read my boss's written evaluation of my performance, but employees don't have *access* to those files.

  나는 사장이 쓴 나에 관한 업무 평가서를 읽고 싶었다. 그러나 피고용인들은 그러한 서류에 접근할 수 있는 권한이 없다.

- When the Joker finally gained *access* to Batman's secret Batcave, he redecorated the entire hideaway in more festive pastel colors.

  조커는 마침내 배트맨의 비밀 아지트인 배트케이브에 침투할 수 있게 되자, 좀 더 화려하고 예쁜 파스텔 색조로 그곳을 다시 치장해 놓았다.

▸ 오늘날에 access(접근하다)는 때때로 동사로도 쓰인다.

To *access* a computer file is to open it so that you can work with it. If you have *access* to someone or something, that person or thing is *accessible* to you. To say that a book is *inaccessible* is to say that it is hard to understand. In other words, it's hard to get into.

to access a computer file은 작업을 하기 위해 '파일을 열다'라는 뜻이다. 사람이나 사물에 대해 access(접근권)를 가지고 있다면, 그 사람이나 사물이 접근 가능하거나 이용할 수 있다는 뜻이다. 책이 inaccessible이라고 말하는 것은 그 책이 '이해하기 힘든', 다시 말해서 '파악하기 힘든'이라는 뜻이다.

ACCLAIM [əkléim] v to praise publicly and enthusiastically 공개적이고 열광적으로 칭찬하다

- The author's new book was *acclaimed* by all the important reviewers, and it quickly became a bestseller.

  그 작가의 신간은 모든 주요 평론가들로부터 격찬을 받았다. 그러고 나서 급속하게 베스트셀러가 되었다.

When the Congress or any other group of people approves a proposal by means of a voice vote, the proposal is said to have been approved by *acclamation*.

국회나 그 외의 단체에서 구두 표결이라는 방식으로 안건을 승인한다면, 그 안건은 'acclamation(구두 표결)'에 의해 통과되었다'고 표현한다.

▸ acclaim은 명사로도 쓰여, acclamation[æ̀kləméiʃən](환호)과 같은 뜻을 나타낸다.

- The author's new book was met with universal *acclaim*. The reviewers' response to the book was one of *acclamation*.

  작가의 신간은 전 세계의 찬사를 받았다. 그 책에 대한 평론가들의 반응은 환호 일색이었다.

ACCORD [əkɔ́ːrd] v to agree; to be in harmony; to grant or bestow
일치하다; 조화되다; 수여하다, 주다

- Sprawling on the couch and watching TV all day *accords* with my theory that intense laziness is good for the heart.

  소파에 팔다리를 쭉 뻗고 앉아 하루 종일 TV를 보는 일이야말로 지나치다 싶은 게으름이 심장에 좋다는 나의 이론에 딱 들어맞는 일이다.

ACCOUTERMENTS [əkúːtərmənts] n personal clothing, accessories, or equipment; trappings 개인의 옷차림이나 장신구 또는 비품; 장식(물)

- Alex is a light traveler; he had crammed all his *accouterments* into a single shopping bag.

  알렉스는 가벼운 차림의 여행가이다. 그는 모든 장비들을 한 개의 쇼핑백에 다 쑤셔 넣고 다녔다.

- Louanne had so many silly *accouterments* in her expensive new kitchen that there wasn't really much room for Louanne.

  루안느는 그녀의 사치스러운 새 주방에 쓸데없는 장식품들을 잔뜩 놔두어 정작 그녀 자신을 위한 공간은 별로 없었다.

ACCRUE [əkrúː] v to accumulate over time 시간이 경과할수록 쌓이다

- My savings account pays interest, but the interest *accrues* at such a slow pace that I almost feel poorer than I did when I opened it.

  나의 예금 구좌는 이자가 붙기는 하지만 대체로 구좌를 처음 개설할 당시에 느꼈던 것보다 더 가난하다고 느낄 만큼 느린 속도로 이자가 붙는다.

- Over the years, Emily's unpaid parking fines had *accrued* to the point at which they exceeded the value of her car.

  해가 지날수록 에밀리의 체납된 불법 주차 과태료는 그녀의 자동차의 가격을 초과할 만큼 불어났다.

ACQUISITIVE [əkwízitiv] adj seeking or tending to acquire; greedy
갖고 싶어 하거나 취득성이 있는; 탐욕스러운

- Children are naturally *acquisitive*; when they see something, they want it, and when they want something, they take it.
  아이들은 본디부터 욕심이 많다. 아이들은 뭔가를 보면 갖고 싶어 하고, 갖고 싶은 마음이 들면 그것을 가진다.

- The auctioneer tried to make the grandfather clock sound interesting and valuable, but no one in the room was in an *acquisitive* mood, and the clock went unsold.
  경매인은 그 괘종시계를 재미있고 가치 있는 것으로 설명하려고 애를 썼다. 그러나 그 방에 모인 사람들 중에는 아무도 탐내는 기색이 없었고, 시계는 팔리지 않았다.

- Johnny's natural *acquisitiveness* made it impossible for him to leave the junkyard empty-handed.
  조니는 타고난 욕심 때문에 고물 수집소에서 그냥 빈손으로 떠날 수가 없었다.

ACQUIT [əkwít] v to find not guilty; to behave or conduct oneself
죄가 없음을 밝히다; 처신하다, 행동하다

- The reputed racketeer had been *acquitted* of a wide variety of federal crimes.
  유명한 그 갈취범은 연방법상의 폭넓고 다양한 범죄에 대해 무죄를 선고받았다.

▶ 명사형은 acquittal[əkwítəl] (무죄 방면)이다.

  - The prosecutors were surprised and saddened by the jury's verdict of *acquittal*.
    검찰은 배심원들의 무죄 평결에 놀라움과 슬픔을 느꼈다.

Acquit can also have a somewhat different meaning. To *acquit* oneself in performing some duty is to do a decent job, usually under adverse conditions.
acquit에는 다소 다른 의미도 들어 있다. 어떤 의무 수행에 있어 to acquit oneself는 '불리한 상황에서도 상당히 업무를 잘 해내다'라는 뜻이다.

  - The apprentice carpenter had very little experience, but on his first job he worked hard; he *acquitted* himself like a pro.
    견습생 목수는 경험이 거의 없는데도 처음으로 맡은 일에 아주 열심히 일했다. 그는 마치 전문가처럼 일을 해냈다.

  - The members of the lacrosse team had spent the previous week goofing around instead of practicing, but they *acquitted* themselves in the game, easily defeating their opponents.
    라크로스 팀 선수들은 지난주에 연습은 하지 않고 빈둥거리며 시간을 보냈다. 그럼에도 그들은 경기를 훌륭하게 이끌고 상대 팀을 쉽게 이겼다. (라크로스는 하키와 비슷한 구기 종목)

ACRONYM [ǽkrənim] n a word made up of the initials of other words
여러 단어의 머리글자만 따서 만든 단어, 두문자어

Radar is an *acronym*. The letters that form it stand for Radio Detecting And Ranging. Radar is also a *palindrome*, that is, a word or expression that reads the same way from right to left as it does from left to right. According to the Guinness Book of World Records, the longest palindromic composition ever written—beginning "Al, sign it, 'Lover'..." and ending "...revolting, Isla"—is 100,000 words long.
radar는 머리글자를 따서 만든 단어, 즉 acronym이다. radar라는 단어를 이루는 각 글자는 Radio Detecting And Ranging(무선 전파 탐지기)을 나타낸다. radar는 또한 palindrome(회문)이기도 하다. 즉 오른쪽에서 왼쪽으로 읽거나 왼쪽에서 오른쪽으로 읽어도 같은 단어나 표현이 되는 것이다. 세계 최고를 기록하는 기네스북에 의하면, 가장 긴 회문식 작문은 "Al, sign it, 'Lover'..."로 시작해서 "... revolting, Isla"로 끝난다. 무려 십만 개의 단어로 쓰인 것이라고 한다.

ADAGE [ǽdidʒ] n a traditional saying; a proverb   전래되는 말; 격언, 속담

- There is at least a kernel of truth in the *adage* "*adages* usually contain at least a kernel of truth."
  "격언에는 대개 적어도 하나의 진리의 핵심이 담겨 있다."라는 격언에는 적어도 하나의 진리의 핵심이 담겨 있다.

- The politician promised to make bold new proposals in his campaign speech, but all he did was spout stale *adages*.
  그 정치가는 선거 유세에서 대담하게 새로운 제안을 하기로 약속했다. 그러나 그가 한 일이라곤 진부한 격언만을 쏟아냈을 뿐이다.

- The coach had decorated the locker room with inspirational *adages*, hoping that the sayings would instill a hunger for victory in his players.

  코치는 격언이 선수들에게 승리에 대한 욕구를 불어넣어 주리라는 희망으로 로커룸 여기저기에 정신을 고무시키는 격언들을 붙여놓았다.

ADDUCE [ədjúːs] v to bring forward as an example or as proof; to cite
보기나 증거로서 제시하다; 인용, 또는 예증하다

- Tabitha *adduced* so many reasons for doubting Tom's claims that soon even Tom began to doubt his claims.

  타비타가 톰의 주장이 미심쩍다고 너무나 많은 이유를 들어 설명했기 때문에 곧 톰 자신조차도 자기의 주장을 회의하기 시작했다.

- In support of his client's weak case, the lawyer *adduced* a few weak precedents from English common law.

  의뢰인의 설득력 없는 주장을 지지하면서, 그 변호사는 영국의 관습법에서 설득력 없는 몇 개의 판례만을 제시했을 뿐이다.

QUICK QUIZ

Match each word in the first column with its definition in the second column. Check your answers in the back of the book.

1.	access	a.	accumulate
2.	acclaim	b.	word made up of initials
3.	accord	c.	praise publicly
4.	accouterments	d.	agree
5.	accrue	e.	find not guilty
6.	acquisitive	f.	trappings
7.	acquit	g.	cite
8.	acronym	h.	right to approach
9.	adage	i.	proverb
10.	adduce	j.	greedy

ADJOURN [ədʒə́ːrn] v to suspend until another time 다음 시기까지 중지하다

In precise usage, *adjourn* implies that whatever is being *adjourned* will at some point be resumed. To *adjourn* a meeting is to bring it to an end for now, with the suggestion that another meeting will take place at a later time.

정확한 어법에서 adjourn은 연기되었던 일이 무엇이든지 간에 일정한 시점이 되면 다시 계속할 것이라는 의미를 담고 있다. 회의를 adjourn하는 것은 '진행 중인 회의를 지금 끝내고 나중에 다시 회의를 열겠다'는 내용을 암시하고 있는 것이다.

When Congress *adjourns* at the end of a year, it doesn't shut itself down permanently; it puts its business on hold until the next session. Thus, the baseball season *adjourns* each fall, while a single baseball game merely ends—unless it is delayed by rain or darkness.

국회가 연말에 adjourn한다고 했을 때, 그것은 국회가 영원히 문을 닫는다는 뜻이 아니다. 다음 회기 때까지 잠시 휴정에 들어간다는 뜻이다. 또한 개개의 야구경기는 비나 정전으로 인해 연기되지 않는 한 한 번으로 끝이 나지만, 야구 시즌은 매년 가을에 adjourn하고 다음 시즌에 계속된다.

ADJUNCT [ǽdʒʌŋkt] n **something added to or connected with something else; an assistant** 다른 것에 부가되거나 연결되어 있는 것; 보조물

- Cooking is just an *adjunct* to Michael's real hobby, which is eating.
  요리는 단지 마이클의 진짜 취미인 식도락에 따른 부수적인 취미일 뿐이다.

- The enthusiastic publisher released a set of audiotapes as an *adjunct* to its popular series of books.
  열의에 찬 출판사는 인기 시리즈 책자의 부록으로 녹음테이프 세트를 내놓았다.

An *adjunct* professor is one who lacks a permanent position on the faculty.
adjunct professor란 교수진에서 영구적인 지위가 없는 사람, 즉 '부교수'이다.

AD LIB [æd lib] v **to improvise; to speak or act spontaneously**
즉흥적으로 만들다; 자연스럽게 말하거나 행동하다

- Teddy hadn't known that he would be asked to speak after dinner, so when he was called to the microphone, he had to *ad lib*.
  테디는 식사가 끝난 후 인사말을 부탁받을 것이라는 사실을 모르고 있었다. 그래서 마이크 앞으로 불려나왔을 때, 그는 즉흥적으로 연설을 해야만 했다.

- The director complained that the lazy star hadn't memorized his lines; instead of following the script, he *ad libbed* in nearly every scene.
  감독은 게을러빠진 스타 배우가 자신의 대사도 외우지 못했다고 불평을 했다. 스타 배우는 대본을 따르는 대신 거의 모든 장면에서 즉흥적으로 지껄였던 것이다.

ADVENT [ǽdvent] n **arrival; coming; beginning** 출현; 도래; 시초

- The roar of gasoline-powered leaf-blowing machines signaled the *advent* of autumn.
  나뭇잎 모으는 휘발유 기계의 굉음이 가을의 시작을 알렸다.

- The rich industrialist responded to the *advent* of his estate's first income tax levy by hiring a new team of accountants.
  부유한 실업가는 그의 재산에 대하여 처음으로 소득세 부과가 시작되자 새로운 회계사들을 고용하여 대응했다.

For Christians, *Advent* is a season that begins four Sundays before Christmas. The word in that sense refers to the impending arrival of Jesus Christ. For some Christians, the word refers primarily to the second coming of Christ. In secular speech, *advent* can be used to refer to the arrival or beginning of anything.
기독교도들에게 Advent(강림절)는 '크리스마스 4주 전에 시작되는 시기'이다. 그런 의미에서 advent는 '예수 그리스도의 임박한 출현'을 의미하기도 한다. 어떤 기독교도들에게는 advent가 '예수 그리스도의 재림'을 의미한다. 비종교적인 언어에서 advent는 어떤 것의 '출현'이나 '시작'이라는 뜻으로 쓰일 수 있다.

ADVENTITIOUS [æ̀dvəntíʃəs] adj **accidental; connected to but nonetheless unrelated; irrelevant**
우연한; 연결되어 있지만 그럼에도 불구하고 관계가 있는 것이 아닌; 관계가 없는

- Arthur's skills as a businessman are *adventitious* to his position at the company; the boss hired him because he wanted a regular golf partner.
  아서의 직장인으로서의 능력은 회사에서의 그의 지위와는 무관한 것이다. 사장은 정기적으로 함께 할 골프 파트너를 원했기 때문에 아서를 고용했던 것이다.

ADVOCATE [ǽdvəkət] n **a person who argues in favor of a position**
어떤 입장을 지지하여 주장하는 사람, 주창자, 대변자

- Lulu believes in eliminating tariffs and import restrictions; she is an *advocate* of free trade.
  루루는 관세와 수입 제한 조치를 철폐해야 한다고 믿고 있다. 그녀는 자유무역의 주창자이다.

- The proposed law was a good one, but it didn't pass because it had no *advocate*; no senator stepped forward to speak in its favor.

  발의된 법률안은 유익한 것이기는 했지만, 지지하는 사람이 없었기 때문에 통과되지 못했다. 그 법률안을 옹호하는 연설을 하기 위해 앞으로 나서는 상원의원은 아무도 없었다.

▶ advocate[ǽdvəkèit]는 동사로도 쓰인다.

- The representative of the paint company *advocated* cleaning the deck before painting it, but we were in a hurry so we painted right over the dirt.

  페인트 회사의 대표는 페인트를 칠하기 전에 갑판을 깨끗하게 만들어 달라고 주장했지만, 우리는 매우 급했기 때문에 더러운 갑판 위에 곧바로 페인트칠을 했다.

Advocacy [ǽdvəkəsi] is support of or agreement with a position.

advocacy는 어떤 입장에 대한 '동의'나 '지지'를 의미한다.

▶ 이 단어들의 발음에 주의할 것.

AFFIDAVIT [æ̀fidéivit] n a sworn written statement made before an official
공직자 앞에서 만들어진 진실을 선서한 서면 진술서

- Deanna was too ill to appear at the trial, so the judge accepted her *affidavit* in place of oral testimony.

  디나는 너무나 아파서 재판정에 나갈 수 없었다. 그래서 판사는 구두 증언 대신에 서면으로 된 진술서를 받아들였다.

AFFILIATE [əfíliit] v to become closely associated with 친분을 맺다

- The testing company is not *affiliated* with the prestigious university, but by using a similar return address it implies a close connection.

  그 학력 테스트 회사는 유명 대학과 제휴를 맺고 있지 않지만 발신인의 주소로 비슷한 것을 사용해서 밀접한 관련이 있는 것처럼 꾸미고 있다.

- In an attempt to establish herself as an independent voice, the candidate chose not to *affiliate* herself with any political party.

  독자적인 목소리를 내고자 하는 마음에서 그 후보는 어떠한 정당에도 가입하지 않기로 했다.

If you are *affiliated* with something, you are an *affiliate* [əfíliət] and you have an *affiliation* [əfìliéiʃən].

어떤 단체에 가입되어 있다면, 여러분은 그곳의 affiliate(회원)이며 affiliation(소속)을 가지고 있는 것이다.

- The local television station is an *affiliate* of the major network; it carries the network's programs in addition to its own.

  그 지역 텔레비전 방송국은 전국 방송망과 제휴를 맺고 있다. 그들은 자체 프로그램과 전국 방송망의 프로그램을 받아서 함께 방송하고 있다.

- Wesley had a lifelong *affiliation* with the YMCA; he was a member all his life.

  웨슬리는 일생 동안 YMCA에 가입했다. 그는 평생 회원이었다.

AFFLICTION [əflíkʃən] n misery; illness; great suffering; a source of misery, illness, or great suffering 고통; 병; 크나 큰 괴로움; 고통, 병, 큰 괴로움의 근원

- Athlete's foot is an *affliction* that brings great pain and itchiness to its sufferers.

  무좀은 환자에게 심한 통증과 가려움증을 주는 병이다.

- Martha's eczema were an *affliction* to her; it never gave her a moment's peace from the itching.

  마사의 습진은 그녀에게 골칫거리였다. 너무 간지러워서 그녀는 잠깐의 휴식도 갖지 못했다.

- Working in the ghetto brought the young doctor into contact with many *afflictions*, few of which had medical cures.

  빈민가에서 일하면서 젊은 의사는 의학적인 치료법이 없는 수많은 질병들을 접하게 되었다.

AFFORD [əfɔːrd] v to give; to supply; to confer upon 주다; 공급하다; 수여하다

- The holiday season *afforded* much happiness to the children, who loved opening presents.

  축제 기간은 선물을 풀어 보기를 아주 좋아하는 아이들에게 크나 큰 기쁨을 주었다.

- The poorly organized rummage sale *afforded* a great deal of attention but little profit to the charitable organization.

  준비가 충분하지 못했던 자선 바자는 관심은 많이 끌었지만 자선 단체에는 별로 이익이 되지 못했다.

- Marilyn's busy schedule *afforded* little time for leisure.

  마릴린은 바쁜 일정 때문에 여가를 위한 시간이 거의 없었다.

QUICK QUIZ

Match each word in the first column with its definition in the second column. Check your answers in the back of the book.

1. adjourn	a. person arguing for a position
2. adjunct	b. accidental
3. ad-lib	c. become closely associated
4. advent	d. arrival
5. adventitious	e. misery
6. advocate	f. suspend
7. affidavit	g. sworn written statement
8. affiliate	h. give
9. affliction	i. improvise
10. afford	j. something added

AFFRONT [əfrʌnt] n insult; a deliberate act of disrespect 모욕; 고의적인 경멸의 행동

- Jim's dreadful score on the back nine was an *affront* to the ancient game of golf.

  후반 9홀에서의 짐의 끔찍한 점수는 골프라는 유구한 역사를 가진 게임에 대한 모욕이었다.

- Amanda thought she was paying Liz a compliment when she said that she liked her new hair color, but Liz took it as an *affront* because she was upset about the greenish spots the hair stylist couldn't cover.

  아만다는 그녀가 리즈의 새로운 머리색을 좋아한다고 말해서 그녀를 칭찬하고 있다고 생각했지만, 리즈는 미용사가 감추지 못한 머리의 푸르스름한 반점 때문에 속이 상해 있었으므로 그것을 모욕으로 받아들였다.

▶ affront는 동사로도 쓰인다.

- Laura *affronted* me by continually sticking out her tongue as I addressed the class.

  로라는 내가 수업 시간에 발표하는 동안에 계속해서 내게 혀를 내밀며 나를 모욕했다.

Rude and disrespectful behavior can be described as *effrontery* [ifrʌntəri].

'거칠고 무례한 행동'을 effrontery(뻔뻔스러움)라고 표현할 수 있다.

AFTERMATH [ǽftərmæ̀θ] n consequence; events following some occurrence or calamity
결과, 영향; 사건이나 재난에 따른 여파

This word comes from Middle English words meaning after mowing; the *aftermath* was the new grass that grew in a field after the field had been mowed. In current usage, this precise original meaning is extended metaphorically.

aftermath는 풀을 베고 난 후를 의미하는 중세 영어에서 유래한 말이다. aftermath는 모든 풀이 베어지고 난 후의 들판에서 다시 자라나는 '새로운 풀'을 의미했다. 오늘날의 어법에서 이러한 원뜻은 비유적인 의미로 확대된다.

- Sickness and poverty are often the *aftermath* of war.

  전쟁의 여파로 종종 질병과 빈곤이 따라온다.

- In the *aftermath* of their defeat at the state championship, the members of the football team fought endlessly with one another and ceased to function as a team.

  주 챔피언십 패배의 여파로 풋볼 팀의 선수들은 서로서로 계속해서 싸워댔고, 결국 한 팀으로서 존립할 수가 없었다.

AGGRANDIZE [əgrǽndɑiz] v to exaggerate; to cause to appear greater; to increase (something) in power, reputation, wealth, etc.
과장하다; 더 크게 보이게 하다; 권력이나 명예나 부 등에 있어서 뭔가를 증가시키다

- Michele couldn't describe the achievements of her company without *aggrandizing* them. That was too bad, because the company's achievements were substantial enough to stand on their own, without exaggeration.

  미첼은 회사의 업적에 대해서 이야기할 때 언제나 그것들을 과장하곤 했다. 그 회사의 업적은 그것 자체로도 충분히 내세울 만한 가치가 있었으므로 과장된 표현을 쓰는 것은 잘못된 일이었다.

To be *self-aggrandizing* is to aggressively increase one's position, power, reputation, or wealth, always with a distinctly negative connotation.

self-aggrandizing은 언제나 부정적인 의미를 내포하고 있는 것으로서, '적극적으로 자신의 지위나 권력, 명예나 부 따위를 확대하는'이라는 뜻이다.

- Harry doesn't really need thirty bathrooms; building that big house was merely an act of *self-aggrandizement*.

  해리는 정말로 서른 개나 되는 욕실은 필요가 없다. 그토록 큰 집을 지은 것은 단지 자신의 부를 과장하고픈 행동이었을 뿐이다.

AGGRIEVE [əgríːv] v to mistreat; to do grievous injury to; to distress
학대하다; ~에 고통스러운 위해를 가하다; 괴롭히다

- The ugly behavior of the juvenile delinquent *aggrieved* his poor parents, who couldn't imagine what they had done wrong.

  비행 청소년의 추악한 행동은 자신들이 무엇을 잘못했는지 상상조차 할 수 없었던 가련한 부모를 피롭게 만들었다.

To be aggrieved is to have a grievance.

aggrieved는 '부당한 취급 등에 의해 피해를 입은'이라는 뜻이다.

- The jury awarded ten million dollars to the *aggrieved* former employees of the convicted embezzler.

  배심원은 횡령죄로 유죄 판결을 받은 사장의 이전 종업원들에게 천만 달러의 배상금을 인정했다.

AGHAST [əgǽst] adj terrified; shocked 겁에 질린; 놀라서 충격을 받은

- Even the veterans were *aghast* when they saw the extent of the carnage on the battlefield.

  베테랑들조차도 그 전투에서 일어난 엄청난 대량 학살을 목격하고는 큰 충격을 받았다.

- The children thought their parents would be thrilled to have breakfast in bed, but both parents were *aghast* when they woke up to find their blankets soaked with orange juice and coffee.

  아이들은 부모님이 침대에서 자신들이 준비해 놓은 아침을 먹게 되면 깜짝 놀랄 것이라고 생각했다. 그러나 두 분 모두 아침에 일어나 오렌지 주스와 커피에 흠뻑 젖어 있는 담요를 보고는 혼비백산했다.

ALCHEMY [ǽlkəmi]　n　a seemingly magical process of transformation
마술처럼 보이는 변형 과정, 연금술

In the Middle Ages, *alchemists* were people who sought ways to turn base metals into gold, attempted to create elixirs that would cure diseases or keep people alive forever, and engaged in similarly futile pseudo-scientific quests. *Alchemy* today refers to any process of transformation that is metaphorically similar.

중세 시대에 alchemist(연금술사)는 비금속을 금으로 변화시키는 방법을 연구하고, 모든 질병을 치료하거나 불로장생할 수 있는 신비의 명약을 만들려고 애쓰는 등 쓸데없는 사이비 과학적 연구에 몰두하는 사람들을 가리키는 말이었다. 오늘날 alchemy는 비유적인 의미로 위와 비슷한 마법 같은 변형의 과정을 가리킨다.

- Through the *alchemy* of hairspray and makeup, Amelia transformed herself from a hag into a princess.

  헤어스프레이와 화장의 마법과도 같은 힘에 의해서, 아멜리아는 못생긴 마녀에서 공주로 변신했다.

ALIENATE [éiljənèit]　v　to estrange; to cause to feel unwelcome or unloved; to make hostile
이간하다; 환영받지 못하거나 사랑받지 못하는 것처럼 느끼게 만들다; 서로 적대하게 만들다

An alien is a foreigner or stranger, whether from another planet or not. To *alienate* someone is to make that person feel like an alien.

alien은 다른 행성에서 왔든 그렇지 않든 간에 '외국인'이나 '이방인'을 뜻한다. alienate은 어떤 사람으로 하여금 '이방인처럼 느끼게 만들다'라는 뜻이다.

- The brusque teacher *alienated* his students by mocking them when they made mistakes.

  무뚝뚝한 선생님은 학생들의 실수를 조롱하고 비웃었기 때문에 학생들과 사이가 좋지 않았다.

To be *alienated* is to be in a state of *alienation* [èiljənéiʃən].

alienated는 '사이가 좋지 않은', 즉 서로 '소원함(alienation)'의 상태에 있는 것을 뜻한다.

- Sharon found it nearly impossible to make friends; as a result, her freshman year in college was characterized primarily by feelings of *alienation*.

  샤론은 친구를 사귀는 것이 거의 불가능하다는 것을 깨달았다. 그 결과로 대학에서의 신입생 시절은 그녀에겐 주로 소외감의 시간이었다.

ALLEGIANCE [əlíːdʒəns]　n　loyalty　충성심

To pledge *allegiance* to the flag is to promise to be loyal to it.

to pledge allegiance to the flag는 '국기에 대해 충성을 맹세하다'라는 뜻이다.

- Nolan's *allegiance* to his employer ended when a competing company offered him a job at twice his salary.

  고용주에 대한 놀란의 충성심은 경쟁사가 두 배의 임금으로 스카우트를 제의했을 때 끝이 났다.

- The *allegiance* of the palace guard shifted to the rebel leader as soon as it became clear that the king had been overthrown.

  반란군에 의해 현 국왕이 타도되자마자 곧 왕궁 수비대의 충성심은 반란군의 지도자에게로 옮겨갔다.

ALLEGORY [ǽləgɔ̀ːri]　n　a story in which the characters are symbols with moral or spiritual meanings　등장인물이 도덕적·정신적 의미로 상징화된 이야기, 우화

- Instead of lecturing the children directly about the importance of straightening up their rooms, Mrs. Smith told them an *allegory* in which a little boy named Good was given all the candy in the world after making his bed, while a messy little girl named Bad had nothing to eat but turnips and broccoli.

  스미스 부인은 방을 깨끗하게 정리 정돈 하는 일의 중요성에 관해 아이들에게 직접적으로 훈계하는 대신에, 착한동이라는 이름을 가진 소년은 침대를 말끔히 정리한 후 세상의 모든 사탕을 선물로 받은 반면에 나쁜순이라는 이름을 가진 지저분한 소녀는 순무와 브로콜리 외에는 아무것도 먹을 것이 없었다는 우화를 들려주었다.

ALLOT [əlát] v to apportion, allocate, or assign 할당하다, 배분하다, 배당하다

- The principal *allotted* students to classrooms by writing their names on pieces of paper and throwing the paper into the air.
  교장은 학생들의 이름을 쓴 작은 종이를 공중으로 집어던지는 방법으로 학생들을 각 학급에 배치했다.

- The president *allotted* several ambassadorships to men and women who had contributed heavily to his campaign.
  대통령은 자신의 선거를 열심히 도와주었던 사람들에게 몇몇 대사 자리를 할당했다.

A group of things that have been *allotted* is referred to as an *allotment*.

할당받은 몫을 allotment(할당)이라고 한다.

- George didn't like his natural *allotment* of physical features, so he had them altered by a plastic surgeon.
  조지는 선천적으로 부여받은 자신의 신체적 용모를 좋아하지 않았다. 그래서 그는 성형 수술로 자신의 모습을 바꿨다.

QUICK QUIZ 4

Match each word in the first column with its definition in the second column. Check your answers in the back of the book.

1. affront		a.	consequence
2. aftermath		b.	mistreat
3. aggrandize		c.	estrange
4. aggrieve		d.	apportion
5. aghast		e.	terrified
6. alchemy		f.	seemingly magical transformation
7. alienate		g.	loyalty
8. allegiance		h.	symbolic story
9. allegory		i.	exaggerate
10. allot		j.	insult

ALTERCATION [ɔ̀ːltərkéiʃən] n a heated fight, argument, or quarrel 가열된 싸움, 논쟁, 불화

- Newlyweds Mary and Bill were fighting about the proper way to gargle mouthwash, and the sound of their *altercation* woke up several other guests in the hotel.
  신혼부부인 메리와 빌은 입안을 가시는 약으로 입을 올바르게 헹구는 방법에 관한 문제로 싸우고 있었다. 그들의 말다툼 소리는 같은 호텔에 있던 손님들의 잠을 깨웠다.

- Dr. Mason's lecture was so controversial and inflammatory that it led to an *altercation* among the members of the audience.
  메이슨 박사의 강연은 지나치게 논쟁적이고 선동적이어서 강연을 듣고 있던 사람들 간에 논쟁을 불러일으켰다.

AMASS [əmǽs] v to pile up; to accumulate; to collect for one's own use
쌓아 올리다; 축적하다; 자신을 위해 쓰려고 모으다

- By living frugally for fifty years, Jed *amassed* a large fortune.

  오십 년 동안의 검소한 생활로 제드는 큰 재산을 모았다.

- Billy collected bottle caps so assiduously that, before his parents realized what was happening he had *amassed* the largest collection in the world.

  빌리는 워낙 부지런히 병뚜껑을 모아서, 부모님이 생각지도 못한 사이에 세계에서 병뚜껑을 가장 많이 수집하게 되었다.

- By the end of the week, the protest groups had *amassed* enough signatures on their petitions to be assured of recognition at the convention.

  주말까지 항의 단체들은 탄원서를 만들어, 총회에서 자신들의 주장이 인정받을 수 있을 만큼 충분한 서명을 모았다.

AMID [əmíd] prep in the middle of ~의 중간에

- *Amid* the noise and bright lights of the Fourth of July celebration, tired old Taki slept like a log.

  독립기념일 행사의 시끄러운 소음과 번쩍이는 조명이 한창인 가운데 피곤하고 지친 타키 노인은 죽은 듯이 잠을 자고 있었다.

- When the store detective found her, the lost little girl was sitting *amid* a group of teddy bears in a window display.

  매장 감시원이 미아가 된 소녀를 발견했을 때 그 아이는 진열장 안 여러 마리의 곰 인형 한가운데 앉아 있었다.

The English say "*Amidst*" instead of *amid*, but you shouldn't. Unless, that is, you are in England. You can, however, say "In the midst."

영국 사람들은 amid 대신에 "Amidst"를 사용하지만, 영국에 있는 것이 아닌 이상 사용하지 않는 것이 좋다. 그러나 "In the midst"라고 쓰는 것은 무방하다.

ANATHEMA [ənǽθəmə] n something or someone loathed or detested
지독히 싫어하거나 몹시 혐오하는 사람 또는 사물, 저주

- Algebra is *anathema* to Dex; every time he sees an equation, he becomes sick to his stomach.

  대수학은 덱스가 저주하는 과목이다. 방정식만 보면 언제나 덱스는 배까지 아프게 된다.

- The parents became *anathema* to the greedy children as soon as the children realized they had been left out of the will.

  부모님이 유언도 없이 떠났다는 것을 알게 되자, 욕심 많은 자식들에게 부모는 저주의 대상이 되었다.

- The women in fur coats were *anathema* to the members of the animal-rights group.

  모피 코트를 입은 여자들은 동물 보호 단체 회원들에게는 혐오의 대상이었다.

ANCILLARY [ǽnsəlèri] adj subordinate; providing assistance 부수적인; 도움을 주는

- Although George earned his living as a high-powered Wall Street investment banker, selling peanuts at weekend Little League games provided an *ancillary* source of income.

  조지는 비록 월스트리트의 막강한 투자 은행의 직원으로서 생활비를 벌고 있었지만, 주말에는 어린이 야구 경기장에 나가 땅콩을 팔아서 부수입을 올리고 있었다.

An *ancillary* employee is one who helps another. Servants are sometimes referred to as *ancillaries* [ǽnsəlèriːz].

ancillary employee란 다른 직원을 도와주는 사람, 즉 '보조 직원'이다. 하인들을 때때로 ancillaries라고 한다.

▶ 이 단어들의 발음에 주의할 것.

ANGST [ɑːŋkst]　n **anxiety; fear; dread**　걱정; 불안; 공포

▶ 발음에 주의할 것.

This is the German word for anxiety. A closely related word is *anguish*. In English, it is a voguish word that is usually meant to convey a deeper, more down-to-the-bone type of dread than can be described with mere English words.

angst는 영어의 anxiety(걱정, 불안)에 해당하는 독일어이다. 밀접한 관련이 있는 단어로 anguish(고민, 고뇌)가 있다. angst는 대개 단순한 영어로 표현할 수 있는 것보다 더 심한, 뼈저린 걱정이나 공포를 의미하는 것으로 최근 유행하는 단어이다.

- The thought of his impending examinations, for which he had not yet begun to study, filled Herman with *angst*, making it impossible for him to study.

  아직 시험공부를 시작조차 하지 않았는데도, 헤르만은 곧 있을 시험에 대한 생각으로 지레 공포에 질려서 공부할 엄두도 못 내고 있었다.

ANNEX [ǽneks]　v **to add or attach**　더하다, 첨부하다

- Old McDonald increased the size of his farm by *annexing* an adjoining field.

  맥도날드 노인은 인근의 땅을 보태서 자신의 농장을 크게 만들었다.

A small connecting structure added to a building is often called an *annex*[ǽneks].

건물에 덧붙여진 작은 부속 건물을 종종 annex(별관)라고 부른다.

- The *annex* of the elementary school had a small gymnasium.

  그 초등학교의 별관에는 작은 체육관이 있었다.

▶ 이 두 가지 발음에 주의할 것.

ANNUITY [ənjúːəti]　n **an annual allowance or income; the annual interest payment on an investment; any regular allowance or income**
연간 수당이나 소득; 투자액에 대한 연간 이자 지급; 기타 정기적인 수당이나 소득

- The company's pension fund provides an *annuity* for its retired employees; each receives regular payments from the fund.

  그 회사는 연금 기금을 마련해 퇴직한 직원들에게 연금을 지급한다. 각각의 퇴직자들은 정기적인 연금을 기금으로부터 받는다.

- None of Herbert's books had been bestsellers, but all of them were still in print, and taken together their royalties amounted to a substantial *annuity*.

  허버트의 저서 중에 베스트셀러가 된 것은 하나도 없었지만, 그 책들 모두 여전히 발행되고 있었으므로 인세를 모두 합치면 상당한 소득이 되었다.

- The widow would have been destitute if her husband had not bought an insurance policy that provided a modest *annuity* for the rest of her life.

  미망인의 남편이 혼자 남을 아내의 여생을 위하여 적당한 이자 지급이 보장된 보험 증권을 사 두지 않았더라면, 그녀는 빈곤에 허덕였을 것이다.

ANTEDATE [ǽntidèit]　v **to be older than; to have come before**
~보다 더 오래되었다; ~에 앞서 와 있다

The root "ante" means before or in front of.

ante라는 접두어는 '~의 앞'이나 '~의 이전'을 의미한다.

To *antedate* is to be dated before something else.

antedate는 다른 것보다 선행한다는 뜻이다.

- The Jacksons' house *antedates* the Declaration of Independence; it was built in 1774.

  잭슨 가족의 집은 독립선언보다 더 오래되었다. 그 집은 1774년에 지어진 것이었다.

- Mrs. Simpson's birth *antedates* that of her daughter by twenty-four years.

  심슨 여사의 탄생은 그녀의 딸의 탄생보다 24년 앞선 것이다.

ANTERIOR [æntíəriər] adj **situated in front** 앞에 위치한

- The children enjoy sitting dumbly and staring at the *anterior* surface of the television set.
  아이들은 말없이 앉아 텔레비전 화면을 뚫어져라 보는 것을 즐긴다.

- Your chest is situated on the *anterior* portion of your body (The *anterior* end of a snake is its head).
  우리의 가슴은 몸의 앞부분에 위치하고 있다(뱀의 맨 앞쪽 끝에는 뱀의 머리가 있다).

▶ 반의어는 posterior(뒤에 위치한)이다.

You are sitting on the *posterior* end of your body.
우리는 우리 몸의 뒷부분의 끝(엉덩이)으로 앉아 있다.

QUICK QUIZ **5**

Match each word in the first column with its definition in the second column. Check your answers in the back of the book.

1. altercation		a.	something loathed
2. amass		b.	add
3. amid		c.	in the middle of
4. anathema		d.	annual allowance
5. ancillary		e.	heated fight
6. angst		f.	subordinate
7. annex		g.	situated in front
8. annuity		h.	pile up
9. antedate		i.	anxiety
10. anterior		j.	be older

ANTHOLOGY [ænθάlədʒi] n **a collection, especially of literary works** 특히 문학 작품의 모음집

To *anthologize* [ænθάlədʒàiz] a group of literary works or other objects is to collect them into an anthology.
문학 작품이나 다른 대상물을 anthologize하는 것은 작품을 선별하여 '선집(anthology)'을 만들다'라는 뜻이다.

- The *Norton Anthology of English Literature* is a collection of important works by English writers.
  The Norton Anthology of English Literature는 영국 작가들이 쓴 주요한 작품들의 모음집이다.

- The chief executive officer of the big company thought so highly of himself that he privately published an *anthology* of his sayings.
  대기업의 최고 경영자는 개인적으로 자신의 어록 모음집을 출판할 정도로 자신에 대한 자부심이 높았다.

- Mr. Bailey, a terrible hypochondriac, was a walking *anthology* of symptoms.
  지독한 우울증 환자인 베일리 씨는 걸어 다니는 질병 증상들의 모음집이었다.

ANTHROPOMORPHIC [æ̀nθrəpəmɔ́:rfik] adj ascribing human characteristics to nonhuman animals or objects

인간이 아닌 동물이나 사물에 인간적인 성격을 부여하는, 의인화된

This word is derived from the Greek word *anthropos*, which means man or human, and the Greek word *morphos*, which means shape or form.

anthropomorphic은 '인간'을 의미하는 그리스 어인 anthropos와 '형태'나 '형상'을 의미하는 morphos에서 유래된 것이다.

To be *anthropomorphic* is to see a human shape (either literally or metaphorically) in things that are not human. To speak of the hands of a clock, or to say that a car has a mind of its own, is to be *anthropomorphic*.

anthropomorphic은 (문자 그대로 또는 비유적인 의미로) 인간이 아닌 어떤 것에서 인간의 형상을 보는 것이다. 시계의 손에 대해서 이야기하거나 자동차도 자신 나름의 마음을 가지고 있다고 말하는 것은 사물을 anthropomorphic(의인화하는)하는 것이다.

▶ 명사형은 anthropomorphism(의인화)이다.

ANTIPODAL [æntípədl] adj situated on opposite sides of the Earth; exactly opposite

지구의 반대편에 위치한; 정확하게 반대되는

The north and south poles are literally *antipodal*; that is, they are exactly opposite each other on the globe. There is a group of islands near New Zealand called the *Antipodes* [æntípədì:z]. The islands were named by European explorers who believed they had traveled just about as far away from their home as they possibly could.

남극과 북극은 글자 그대로 antipodal이다. 다시 말해서, 지구 위에서 정확하게 서로가 반대의 위치에 있는 것이다. 뉴질랜드 근처에는 Antipodes라고 불리는 여러 개의 섬으로 이루어진 지역이 있다. 그 섬 지역은 자신들의 고향에서 할 수 있는 한 가장 멀리 여행을 왔다고 믿었던 유럽의 탐험가들이 이름을 붙인 것이었다.

Antipodal can also be used to describe opposites that have nothing to do with geography.

antipodal은 또한 지리학과 관계없는 정반대의 것을 표현할 때도 사용될 수 있다.

• John and Mary held *antipodal* positions on the subject of working. Mary was for it, and John was against it.

존과 메리는 당면 문제에 있어서 정반대의 입장을 견지했다. 메리가 그 문제에 찬성을 했고, 존은 반대를 했다.

▶ 명사형은 antipodes [æntípədì:z] (대척지)이다. 이 단어들의 발음에 주의할 것.

ANTIQUITY [æntíkwəti] n ancientness; ancient times 오래됨; 고대

• The slow speed at which Lawrence was driving was not surprising, considering the *antiquity* of his car.

로렌스가 느린 속도로 운전하는 것은 그의 차가 오래된 고물인 것을 생각하면 그리 놀랄 일도 아니었다.

• Tamasha loved studying ancient history so much that she didn't really pay much attention to the present; when she wasn't reading old volumes in the library, she walked around in a daze, her head spinning with dreams of *antiquity*.

타마샤는 현대사는 정말로 거들떠보지도 않을 정도로 고대사에 관해 공부하는 것을 아주 좋아했다. 도서관에서 낡은 장서들을 읽고 있지 않을 때, 그녀는 머릿속으로 고대에 관한 꿈을 꾸면서 멍한 상태로 걸어 다녔다.

Overpriced chairs and other furniture from the olden days are called antiques. Objects or ideas that are too old-fashioned to be of use anymore are said to be *antiquated* [æntikwèitid]. (Don't throw them out, though; sell them to an *antiques* dealer.)

옛날부터 전해오는 것으로 비싼 가격이 매겨진 의자나 가구들을 '골동품'이라고 부른다. 너무나 유행에 뒤떨어져서 더 이상 쓸모가 없는 물건이나 사상을 antiquated(낡고 고풍스러운)이라고 표현한다. (그렇다고 해도 그것들을 버리지 마라. 골동품 업자에게 그것들을 팔아라.)

A person who studies ancient things is called an *antiquary* [ǽntikwèri] or, less correctly, an *antiquarian* [æ̀ntikwέəriən].

골동품 연구가를 antiquary 또는 antiquarian(정확하지 않은 표현)이라고 부른다.

▶ 이 단어들의 발음에 주의할 것.

APERTURE [ǽpərtʃər] n an opening 구멍

- Macon's underpants were plainly visible through the *aperture* that suddenly appeared along the rear seam of his uniform.

  마꽁의 유니폼 엉덩이의 솔기가 갑자기 벌어져 틈이 생기면서 그 구멍을 통해 그의 속옷이 분명하게 보였다.

The opening inside a camera's lens is called its *aperture*. A photographer controls the amount of light that strikes the film by adjusting the size of the *aperture*.

카메라 렌즈 안의 구멍을 렌즈의 aperture(구경)라고 부른다. 사진사들은 aperture의 크기를 조절해서 필름에 들어오는 빛의 양을 조절한다.

APEX [éipeks] n highest point 정점, 극치

A mountain's summit is also its *apex*.

'산의 정상'도 apex라는 단어를 사용한다.

- Jerry's score of 162, though poor by most standards, was the *apex* of his achievement in bowling; it was the best score he earned in thirty years.

  대부분의 평균에서 한참 모자라기는 해도, 162라는 제리의 점수는 그가 볼링에서 이뤄낸 최고의 절정이었다. 그것은 제리가 삼십 년 동안 볼링을 치면서 얻은 최고의 점수였다.

- Mary Anne was at the *apex* of her career; she was the president of her own company, and everyone in her industry looked up to her.

  메리 앤은 그녀의 생애 최고의 정점에 올랐다. 그녀는 자신의 회사의 회장이 되었을 뿐만 아니라 그녀가 종사하는 산업 내의 모든 사람들로부터 존경을 받았다.

APOGEE [ǽpədʒì:] n the most distant point in the orbit of the moon or of an artificial satellite 달이나 인공위성의 궤도에서 가장 멀리 있는 지점, 원지점

Apogee is derived from Greek words meaning away from the earth. The *apogee* of the moon's orbit is the point at which the moon is farthest from the earth. The word can also be used figuratively, in which case it usually means pretty much the same thing as apex.

apogee는 '지구로부터 멀리 있음'을 의미하는 그리스 어에서 유래한 단어이다. 달 궤도의 apogee란 달이 지구로부터 가장 멀리 떨어지게 되는 지점이다. apogee는 비유적인 의미로도 쓰일 수 있는데, 그럴 경우 대체로 '절정'이나 '극치'와 거의 같은 뜻으로 사용된다.

- Though Mary Anne was at the *apogee* of her career, she didn't feel that her life was a success since she no longer seemed to be learning new skills.

  비록 메리 앤이 그녀의 일에서 정점에 있지만 그녀는 더 이상 새로운 기술을 배울 수 없을 것 같아서 그녀의 삶이 성공이라고 느껴지지 않았다.

The opposite of *apogee* is *perigee* [péridʒì:], which is derived from Greek words meaning near the Earth.

apogee의 반대말은 '지구에서 가까운 지점'을 의미하는 그리스 어에서 유래한 perigee이다.

- At *perigee*, the satellite was faintly visible on the Earth to anyone with a good pair of binoculars.

  인공위성이 근지점에 있게 되면, 지구 위에 있는 누구라도 품질 좋은 쌍안경으로 그 인공위성을 어렴풋하게 볼 수 있었다.

In careful usage, moons and other objects orbiting planets other than the Earth do not have *apogees* and *perigees*.

좀 더 엄밀하게 쓰자면, 지구가 아닌 다른 행성 주위를 도는 달과 기타 물체에 대해서는 '원지점'과 '근지점'이라는 말을 쓰지 않는다.

APOPLEXY [ǽpəplèksi] n stroke (that is, numbness and paralysis resulting from the sudden loss of blood flow to the brain)
뇌졸중(즉, 뇌로 들어가는 피의 흐름이 갑작스럽게 방해받아 생긴 감각 상실과 마비 증상), 발작

This word turns up repeatedly in old novels. Nowadays, its use is mostly figurative. If I say that I gave my boss *apoplexy* when I told him that I was going to take the rest of the day off, I mean that he became so angry that he seemed to be in danger of exploding.

apoplexy는 오래된 소설 속에서 반복적으로 나타난다. 오늘날 apoplexy는 거의 대부분 비유적인 의미로 사용한다. 내가 조퇴해야겠다고 사장에게 말해서 사장에게 apoplexy를 주었다고 말한다면, 그것은 폭발할 지경에 이를 정도로 사장을 화나게 했다는 의미이다.

To suffer from *apoplexy*, whether literally or figuratively, is to be *apoplectic* [ǽpəpléktik].

글자 그대로의 의미이건 비유적인 의미이건, 뇌졸중(혹은 발작)으로 고통 받는'을 apoplectic이라고 한다.

- The principal was *apoplectic* when he discovered that the tenth graders had torn up all the answer sheets for the previous day's SAT; he was so angry that his face turned bright red.

  전날 치른 SAT 답안지를 10학년 학생들이 모두 찢어 버렸다는 사실을 알게 된 교장은 발작을 일으킨 듯 몹시 흥분했다. 그는 몹시 화가 나서 얼굴이 발개졌다.

▶ 이 단어들의 발음에 주의할 것.

APOSTASY [əpástəsi] n abandonment or rejection of faith or loyalty
신념이나 충성심의 포기, 또는 거부

- The congregation was appalled by the *apostasy* of its former priest, who had left the church in order to found a new religion based on winning number combinations in the state lottery.

  주 복권의 당첨 번호 조합에 기초한 새로운 종교를 설립하기 위하여 교회를 떠나 버린 전임 목사의 배신행위는 신도들을 놀라게 했다.

- The president was hurt by the *apostasy* of his closest advisers, most of whom had decided to cooperate with the special prosecutor by testifying against him.

  대통령은 자신에게 불리한 증언을 함으로써 특별 검사에게 협력하기로 결정한, 절친했던 참모진들의 배신행위에 상처를 받았다.

A person who commits *apostasy* is called an *apostate* [əpásteit].

배신행위를 저지르는 사람'을 apostate라고 부른다.

- In the cathedral of English literature, Professor Hanratty was an *apostate*; he thought that Shakespeare was nothing more than an untalented old hack.

  영문학계에서 핸러티 교수는 배신자였다. 그는 셰익스피어를 그저 재능 없는 늙은 퇴물에 지나지 않는다고 생각했다.

▶ 이 단어들의 발음에 주의할 것.

APPALLING [əpɔ́:liŋ] adj causing horror or consternation 공포나 전율을 일으키는

- Austin's table manners were *appalling*; he chewed with his mouth wide open, and he picked his teeth with the tip of his knife while he ate.

  오스틴의 식사 예절은 소름끼치는 것이었다. 그는 입을 벌린 채로 음식을 씹었을 뿐만 아니라, 식사를 하는 중에 나이프 끝으로 이를 쑤시기도 했다.

The word *appall* comes from a French word meaning to make pale. To be *appalled* is to be so horrified that one loses the color in one's cheeks.

appall이라는 단어는 '창백하게 만드는'이라는 뜻의 프랑스 어에서 유래한 말이다. appalled는 '너무나 놀라서 얼굴의 색깔까지 변해 버린'이라는 뜻이다.

APPARITION [ǽpəríʃən] n a ghost or ghostly object 유령, 유령 같은 것

- Barb said that she had seen an *apparition* and that she was pretty sure that it had been the ghost of President Grant, but it turned out to be nothing more than a sheet flapping on the clothesline.

  바브는 유령을 본 적이 있으며, 그것은 그랜트 대통령의 유령임이 틀림없다고 말했다. 그러나 그것은 빨랫줄에서 펄럭이던 홑이불에 지나지 않은 것으로 드러났다.

- The bubbling oasis on the horizon was merely an *apparition*; there was nothing there but more burning sand.

  지평선 위로 방울방울 솟아나는 오아시스는 단지 신기루였을 뿐이다. 그곳에는 뜨거운 모래 말고는 아무것도 없었다.

APPELLATION [æ̀pəléiʃən] n **a name** 명칭, 이름

- Percival had a highly singular *appellation*; that is, he had an unusual name.

  퍼시발은 아주 희귀한 이름을 갖고 있었다. 즉, 그는 유별난 이름을 갖고 있었다.

QUICK QUIZ

Match each word in the first column with its definition in the second column. Check your answers in the back of the book.

1.	anthology	a.	causing horror
2.	anthropomorphic	b.	opening
3.	antipodal	c.	exactly opposite
4.	antiquity	d.	abandonment of faith
5.	aperture	e.	ascribing human characteristics to nonhumans
6.	apex	f.	highest point
7.	apogee	g.	stroke
8.	apoplexy	h.	ancientness
9.	apostasy	i.	literary collection
10.	appalling	j.	most distant point of orbit

APPENDAGE [əpéndidʒ] n **something added on to something else; a supplement**
다른 어떤 것에 덧붙여진 것, 부속물; 추가, 보충

To *append* is to add something on to something else. Your *appendix* [əpéndiks], if you still have one, is a small, apparently useless organ attached (or *appended*) to your intestine. You have no more than one *appendix*, but you have several *appendages*, including your arms and legs. Your arms and legs are *appended* to the trunk of your body.

append는 어떤 것을 다른 것에 덧붙이다라는 뜻이다. 여러분이 appendix를 아직도 몸에 지니고 있다면 그것은 창자에 붙어 있는 작고 명백히 쓸모없는 조직인 맹장을 의미할 것이다. 여러분의 appendix(맹장)는 단 한 개뿐이다. 그러나 팔과 다리를 비롯해서 appendage(부속 기관)들은 여러 개 있다. 여러분의 팔과 다리는 몸통에 붙어 있는(appended) 것들이다.

- Beth's husband never seemed to be more than an arm's length away from her. He seemed less like a spouse than like an *appendage*.

  베스의 남편은 그녀로부터 결코 팔 길이 이상 더 멀리 떨어지지 않는 것 같았다. 그는 배우자라기보다는 마치 부속 기관 같았다.

- Billy created a model of a spider with two extra *appendages*; the spider had ten legs instead of eight.

  빌리는 여덟 개가 아니라 열 개의 다리를 가진 두 개의 추가 부속 기관을 가진 모형 거미를 만들었다.

APPORTION [əpɔ́ːrʃən] v **to distribute proportionally; to divide into portions**
비례에 따라 분배하다; 몫으로 나누다

- There was nothing to eat except one hot dog, so Mr. Lucas carefully *apportioned* it among the eight famished campers.

  핫도그 한 개 말고는 먹을 것이 아무것도 없었다. 그래서 루카스 씨는 여덟 명의 굶주린 야영객들을 위해 신중하게 핫도그를 배분했다.

- Because the property had been *apportioned* equally among Mr. Smith's nine children, none had enough land on which to build a house.

  토지는 스미스 씨의 아홉 자녀들에게 균등하게 분배되었기 때문에, 누구도 집을 지을 만한 충분한 땅을 갖지 못했다.

- The grant money was *apportioned* in such a way that the wealthy schools received a great deal while the poor ones received almost nothing.

  정부 보조금은 가난한 학교에는 거의 지급되지 않은 반면에 부유한 학교에는 상당히 많은 돈을 지급하는 방식으로 할당되었다.

APPOSITE [ǽpəzit] adj **distinctly suitable; pertinent** 의심할 나위 없이 적절한; 꼭 들어맞는

▶ 발음에 주의할 것.

- The appearance of the mayor at the dedication ceremony was accidental but *apposite*; his great-grandfather had donated the land on which the statue had been erected.

  개관식에 시장이 나타난 것은 우연이긴 했지만 적절한 일이었다. 그의 증조부가 동상이 세워진 땅을 기증했던 것이다.

- At the end of the discussion, the moderator made an *apposite* remark that seemed to bring the entire disagreement to a happy conclusion.

  토론의 끝에, 의장은 지금까지의 모든 논쟁을 만족스러운 결론으로 이끄는 아주 적절한 말을 한마디 했다.

APPRAISE [əpréiz] v **to estimate the value or quality of; to judge**
~의 가치나 질을 평가하다; 감정하다

- When we had the beautiful old ring *appraised* by a jeweler, we were surprised to learn that the large diamond in its center was actually made of glass.

  보석상에게 오래된 아름다운 반지의 감정을 의뢰했을 때 우리는 반지의 중심부에 있는 커다란 다이아몬드가 실제로는 유리로 만들어졌다는 사실을 알게 되고 모두 놀랐다.

- The general coldly *appraised* the behavior of his officers and found it to be wanting.

  장군은 자신의 부하 장교들의 행동을 냉정하게 평가해 보고 기준에 모자란다는 결론을 내렸다.

An act of *appraising* is called an appraisal[əpréizəl].
appraising하는 것을 appraisal(평가, 사정)라고 한다.

- It is a good idea to seek an independent *appraisal* of an old painting before bidding many millions of dollars for it in an auction.

  경매에서 옛 그림에 대해 수백만 달러의 가격으로 입찰하기 전에 그림을 독자적으로 평가해 보는 것은 좋은 생각이다.

APPRISE [əpráiz] v **to give notice to; to inform** ~에게 통지를 보내다; 알리다

Be careful not to confuse this word with *appraise*. They don't mean the same thing, even though there's only one letter's difference between them.

apprise를 appraise(평가하다)와 혼동하지 않도록 주의한다. 단지 한 글자밖에 다르지 않지만, 두 단어는 결코 같은 의미가 아니다.

- The policeman *apprised* the suspect of his right to remain silent, but the suspect was so intoxicated that he didn't seem to notice.

  경찰은 용의자에게 묵비권을 행사할 수 있다고 알려 주었지만, 용의자는 워낙 만취 상태여서 제대로 듣지 못한 것 같았다.

- The president's advisers had fully *apprised* him of the worsening situation in the Middle East, and now he was ready to act.

  대통령의 참모진들은 악화되고 있는 중동의 상황을 대통령에게 충분히 알려 주었고, 이제 그는 행동할 준비가 되었다.

APPURTENANCE [əpə́ːrtənəns] n something extra; an appendage; an accessory
여분의 것; 부속물; 부속품

▸ 발음에 주의할 것.

- The salary wasn't much, but the *appurtenances* were terrific; as superintendent of the luxury apartment building, Joe got to live in a beautiful apartment and had free access to the tennis courts and swimming pool.

  봉급은 많지 않았지만, 부수적인 이익이 대단히 많았다. 그 호화 아파트의 관리인으로서, 조는 멋진 아파트에 살 수 있었고 테니스 코트와 수영장에 자유롭게 출입할 수 있었다.

APROPOS [æprəpóu] adj appropriate; coming at the right time 적절한; 정확한 때에 맞춰 오는

This word is close in meaning to *appropriate* [əpróupriət], to which it is closely related.

apropos는 매우 밀접한 관련이 있는 단어 appropriate(적절한)과 의미상 아주 비슷하다.

- Susan's loving toast at the wedding dinner was *apropos*; the clown suit she wore while making it was not.

  결혼 피로연에서의 수잔의 애정 어린 축배는 아주 시기적절했다. 반면에 그녀가 입고 있는 어릿광대 옷은 축배를 하기에는 적절치 못했다.

- The professor's speech was about endangered species, and the luncheon menu was perversely *apropos*; Bengal-tiger burgers and ostrich-egg omelets.

  교수의 강연은 멸종 위기에 처한 동물에 관한 내용이었는데, 점심 메뉴는 그 반대로 적절치 못한 것이었다. 벵골 호랑이 고기 햄버거와 타조 알 오믈렛이 점심 메뉴였다.

▸ 반의어는 malapropos(시기가 부적절한)이다. malapropism(말의 우스꽝스러운 오용)을 참조할 것.

APT [æpt] adj appropriate; having a tendency to; likely 적절한; ~하는 경향이 있는; ~할 것 같은

- The headmaster's harsh remarks about the importance of honesty were *apt*; the entire senior class had just been caught cheating on an exam.

  정직의 중요성에 관한 교장의 호된 훈시는 아주 적절했다. 전체 상급 학년 학생들이 시험에서 부정행위를 하다 발각되었던 것이다.

- Charlie is so skinny that he is *apt* to begin shivering the moment he steps out of the swimming pool.

  찰리는 워낙 비쩍 말라서 수영장 밖으로 나오자마자 몸을 벌벌 떨기 시작할 것 같다.

- If Ellen insults me again, I'm *apt* to leave the room.

  엘렌이 다시 한 번 나를 모욕한다면, 나는 방을 떠날 것 같다.

▸ apt, apropos, apposite는 모두 비슷한 의미이다. 각 단어의 뜻과 예문들을 주의 깊게 살펴보기 바란다.

Match each word in the first column with its definition in the second column. Check your answers in the back of the book. Note that "something extra" is the answer for two questions.

1. apparition		a.	something extra (2)
2. appellation		b.	give notice to
3. appendage		c.	ghost
4. apportion		d.	likely
5. appraise		e.	distribute proportionally
6. apprise		f.	appropriate
7. appurtenance		g.	name
8. apropos		h.	estimate the value of
9. apposite		i.	distinctly suitable
10. apt			

ARCADE [ɑːrkéid] **n a passageway defined by a series of arches; a covered passageway with shops on either side; an area filled with coin-operated games**
일련의 아치가 세워진 통로; 양쪽이 상점으로 되어 있는 지붕을 덮은 통로; 동전 투입식 게임기가 설치되어 있는 지역

In the most precise usage, an *arcade* is an area flanked by arches in the same way that a colonnade is an area flanked by columns. In fact, an *arcade* can be a colonnade, if the arches are supported by columns.
가장 정확한 의미로 말하자면, 콜로네이드가 측면에 기둥을 세운 복도 같은 곳을 의미하듯이 arcade(아케이드)는 측면을 반원형의 둥근 천장으로 만든 곳을 의미한다. 사실상, 반원형의 천장이 기둥으로 받혀 있는 형태라면, arcade는 콜로네이드도 될 수 있다.

- The new building consisted of a number of small *arcades* radiating like the spokes of a wheel from a large plaza containing a fountain.
  새로 생긴 건물은 분수가 있는 커다란 광장으로부터 수레바퀴의 바퀴살 모양으로 뻗어 있는 수많은 작은 아케이드로 구성되어 있었다.

- The penny *arcade* was misnamed, since none of the games there cost less than a quarter.
  25센트 이하로 할 수 있는 게임기는 아케이드에 설치되어 있지 않기 때문에 페니 아케이드는 틀린 명칭이었다.

ARCHIPELAGO [àːrkəpéləgòu] **n a large group of islands** 섬들이 많이 모여 있는 것, 군도

- Sumatra, Borneo, and the Philippines are among the numerous island nations that constitute the Malay *Archipelago*.
  수마트라와 보르네오와 필리핀은 말레이 군도를 구성하는 수많은 섬나라들 사이에 있다.

- The disgruntled taxpayer declared himself king of an uninhabited *archipelago* in the South Pacific, but his new country disappeared twice each day at high tide.
  세금 문제에 불만이 많았던 납세자는 자신이 남태평양에 있는 무인도의 왕임을 선언했지만 그의 새로운 왕국은 밀물 때가 되면 하루에 두 번씩 사라졌다.

- The children lay on their backs in the field and gazed up with wonder at the shimmering *archipelago* of the Milky Way.
  아이들은 들판에 등을 대고 누워 희미하게 반짝이는 은하수의 별무리를 감탄의 눈으로 바라보았다.

ARCHIVES [ɑ́ːrkɑivz] n a place where historical documents or materials are stored; the documents or materials themselves

역사적인 기록이나 자료들이 저장되어 있는 곳, 기록 보관소; 보관된 문서나 자료

In careful usage, this word is always plural.

엄밀하게 사용하자면, archives는 언제나 복수형으로 쓰인다.

- The historical society's *archives* were a mess; boxes of valuable documents had simply been dumped on the floor, and none of the society's records were in chronological order.

  역사학회의 기록 보관소는 뒤죽박죽이었다. 귀중한 문서들이 들어 있는 상자는 마룻바닥에 아무렇게나 버려져 있었고 학회의 기록 문서도 연대순으로 되어 있는 것이 하나도 없었다.

- The curator was so protective of the university's *archives* that he hovered behind the researcher and moaned every time he turned a page in one of the ancient volumes.

  그 관리자는 대학의 문서들을 워낙 아끼고 보호했기 때문에, 조사원의 뒤를 졸졸 따라다니면서 조사원이 고서적의 한 페이지를 넘길 때마다 끙 하고 신음 소리를 냈다.

Archive can also be a verb. To *archive* computer data is to transfer them(in careful usage, data is plural) onto disks or tapes and store them in a safe spot.

archive는 동사로도 쓰인다. to archive computer data는 컴퓨터 데이터(엄밀히 따지자면 data는 복수이다)를 디스크나 테이프로 옮겨서 안전한 곳에 저장하다라는 뜻이다.

A person who *archives* things in *archives* is called an *archivist*[ɑ́ːrkəvist]. Things that have to do with *archives* are said to be *archival*[ɑ́ːrkɑ́ivəl]. This word has other uses as well. In the world of photocopying, for example, a copy that doesn't deteriorate over time is said to be *archival*.

archives에서 '문서나 기록을 보관하는 사람'을 archivist라 한다. archives와 관계가 있는 것들을 archival(고문서의, 기록 보관소의)이라 한다. archival은 다른 뜻으로도 쓰인다. 예를 들면, 사진 복사 계통에서는 시간이 지나도 질이 떨어지지 않는 복사본에 대해서 archival이라고 한다.

- A Xerox copy is *archival*; a copy made on heat-sensitive paper by a facsimile machine is not.

  제록스로 한 복사물은 오래 보존된다. 팩시밀리에 쓰이는 감열용지에 의한 사본은 그렇지 않다.

▶ 이 단어들의 발음에 주의할 것.

ARID [ǽrid] adj very dry; lacking life, interest, or imagination

메마른; 생명, 흥미, 상상력 등이 부족한

- When the loggers had finished, what had once been a lush forest was now an *arid* wasteland.

  벌목이 끝나자, 한때 울창한 삼림이었던 곳이 이제는 생명력이 없는 황무지로 변해 버렸다.

- The professor was not known for having a sense of humor. His philosophical writings were so *arid* that a reader could almost hear the pages crackle as he turned them.

  그 교수는 유머 감각으로 유명한 사람은 아니었다. 그의 철학에 관한 저서들은 워낙 재미가 없고 무미건조해서 독자들이 책장을 넘길 때 책장이 바스락거리는 소리를 들을 수 있을 정도였다. (주: 내용이 무미건조하다는 것을 책장이 건조해서 바스락거린다는 식으로 은유적으로 표현함)

ARMAMENT [ɑ́ːrməmənt] n implements of war; the process of arming for war

전쟁 물자, 군비; 전쟁에 대비해 무장을 갖춤

This word is often used in the plural: armaments. The word *arms* can be used to mean weapons. To arm a gun is to load it and ready it for fire.

armament는 종종 복수형 armaments로 사용된다. 단어 arms는 '무기'라는 의미로도 사용될 수 있다. to arm a gun은 탄알을 장전하고 발사할 준비를 하다라는 뜻이다.

- In the sorry history of the relationship between the two nations, argument led inexorably to *armament*.

  두 국가 간의 유감스러운 역사적 관계 속에서, 논쟁은 가차 없이 무장 대치로 이어졌다.

- Sarah had dreams of being a distinguished professor of mathematics, but midway through graduate school she decided that she just didn't have the intellectual *armament*, so she became a waitress instead.

  사라는 저명한 수학 교수가 되겠다는 꿈을 갖고 있었다. 그러나 대학원 과정에서, 그녀는 자신이 그 분야에 관한 지식으로 무장되어 있지 않다는 결론을 내렸다. 그래서 그녀는 교수 대신 웨이트리스가 되었다.

- The megalomaniacal leader spent so much on *armaments* that there was little left to spend on food, and his superbly equipped soldiers had to beg in order to eat.

  과대망상증이 있는 그 지도자는 군비 확충에 너무나 많은 돈을 써 버린 나머지 식량 준비에 쓸 돈은 거의 남아 있지 않게 되었고, 뛰어난 장비를 갖춘 그의 병사들은 먹을 것을 위해 구걸을 해야만 했다.

ARMISTICE [ɑ́ːrmistis] n truce 휴전

- *Armistice* Day (the original name of Veterans Day) commemorated the end of the First World War.

  휴전 기념일('재향 군인의 날'의 원래 명칭)은 1차 세계 대전의 종식을 기념하는 날이었다.

- The warring commanders negotiated a brief *armistice* so that dead and wounded soldiers could be removed from the battlefield.

  전쟁을 수행 중인 사령관들은 부상자와 전사자를 전투 지역에서 이송하기 위하여 단기간의 휴전을 협정했다.

ARRAIGN [əréin] v to bring to court to answer an indictment; to accuse 법정에 소환하여 기소된 내용을 묻다; 비난하다

- The suspect was indicted on Monday, *arraigned* on Tuesday, tried on Wednesday, and sentenced on Thursday.

  용의자는 월요일에 기소되어 화요일에 법정에 소환되었고, 수요일에 재판을 받아 목요일에 형을 선고 받았다.

- The editorial in the student newspaper *arraigned* the administration for permitting the vandals to escape prosecution.

  학생 신문의 사설은 공공 기물을 파손한 범인을 기소하지 않은 학교 당국을 규탄하는 내용을 실었다.

▶ 명사형은 arraignment(비난, 규탄)이다.

- At his *arraignment* in federal court, Harry entered a plea of not guilty to the charges that had been brought against him.

  연방 법원의 심문에서 해리는 자신이 고발당한 내용에 대해 무죄임을 주장하는 탄원을 시작했다.

ARRANT [ǽrənt] adj utter; unmitigated; bad 대단한; 완화되지 않은; 아주 나쁜

This word is often followed by either nonsense or fool. *Arrant* nonsense is complete, total, no-doubt-about-it nonsense. An *arrant* fool is an absolute fool.

arrant는 빈번하게 nonsense나 fool이라는 단어와 함께 나온다. arrant nonsense는 '완전히 절대적으로 의심할 바 없이 말도 안 되는 어리석은 짓'이라는 뜻이다. arrant fool는 '순전히 형편없는 바보'라는 뜻이다.

Arrant should not be confused with *errant*[érənt], which means wandering or straying or in error. An *errant* fool is a fool who doesn't know where he's going.

'정처 없이 돌아다니는', '길을 잃고 헤매는', '실수하는'을 뜻하는 errant와 혼동하지 마라. errant fool은 '자신이 가고 있는 곳이 어디인지 모르는 어리석은 사람'을 의미한다.

ARREARS [əríərz] n the state of being in debt; unpaid debts 빚이 남아 있는 상태; 지불되지 않은 부채

- Amanda was several months in *arrears* with the rent on her apartment, and her landlord threatened to evict her.

  아만다가 아파트 집세를 여러 달째 못 내고 있었으므로 집주인은 집을 비워 달라고 그녀를 위협했다.

- After Jason settled his *arrears* at the club, the committee voted to restore his membership.

  제이슨이 밀린 클럽 회비를 모두 결제하고 난 후에야, 클럽 위원회는 그의 회원 자격 회복 문제에 대하여 표결에 들어갔다.

ARSENAL [ɑ́ːrsnəl] n a collection of armaments; a facility for storing or producing armament; a supply of anything useful

군수 물자를 모아놓은 것; 군수 물자를 생산, 또는 비축해 두는 시설; 물자 보급

▶ 발음에 주의할 것. 두 음절이다.

- The nation's nuclear *arsenal* is large enough to destroy the world several times over.

  그 나라의 핵무기 비축량은 온 세상을 여러 번 파괴하고도 남을 만큼 많았다.

- For obvious reasons, smoking was not permitted inside the *arsenal*.

  명백한 이유들 때문에 무기고 안에서는 흡연이 금지되어 있었다.

- Jeremy had an *arsenal* of power tools that he used in staging remodeling assaults against his house.

  제레미는 집을 개조하는 데 사용했던 전동 도구 창고를 갖고 있었다.

ARTICULATE [ɑːrtíkjəlit] v to pronounce clearly; to express clearly

또렷하게 발음하다; 명료하게 표현하다

- Sissy had a lisp and could not *articulate* the s sound; she called herself Thithy.

  시시는 혀가 짧아 s 발음을 또렷하게 하지 못했다. 그녀는 자신의 이름을 티티라고 불렀다.

- Saeed had no trouble *articulating* his needs; he had typed up a long list of toys that he wanted for Christmas, and he handed it to Santa Claus.

  사이드는 자신의 요구를 분명히 표현하는 데 어려움이 없었다. 그는 크리스마스 선물로 받고 싶은 장난감의 목록을 모두 작성하여 타이프로 친 다음 산타클로스에게 건넸다.

Articulate [ɑːrtíkjəlit] can also be an adjective. An *articulate* person is one who is good at *articulating*.

articulate는 형용사로도 쓰인다. articulate person이란 발음을 또렷하게 잘하는 사람'이다.

▶ 이 단어들의 발음에 주의할 것.

QUICK QUIZ 8

Match each word in the first column with its definition in the second column. Check your answers in the back of the book.

1. arcade	a. where documents are stored
2. archipelago	b. utter
3. archives	c. implements of war
4. arid	d. unpaid debts
5. armament	e. accuse
6. armistice	f. group of islands
7. arraign	g. very dry
8. arrant	h. truce
9. arrears	i. arched passageway
10. arsenal	j. supply of something useful

ARTISAN [ɑ́ːrtizən] n **a person skilled in a craft** 특별한 기술에 뛰어난 사람

- The little bowl—which the Andersons' dog knocked off the table and broke into a million pieces— had been meticulously handmade by a charming old *artisan* who had used a glazing technique passed down for generations.

  그 작은 사발은 앤더슨네 강아지가 탁자를 쓰러뜨리는 바람에 산산조각이 나 버렸는데 그것은 신기에 가까운 기술을 가진 늙은 장인이 여러 세대를 거쳐 전수된 유약칠 기술을 사용하여 손으로 직접 세심하게 만들어 낸 것이었다.

ASCERTAIN [æ̀sərtéin] v **to determine with certainty; to find out definitely**
확실하게 정하다; 명확하게 알아내다

▶ 발음에 주의할 것.

- With a quick flick of his tongue, Wendell *ascertained* that the pie that had just landed on his face was indeed lemon meringue.

  웬델은 잽싸게 혀를 내밀어 맛을 보고는 방금 얼굴에 떨어진 파이가 정말로 레몬 머랭이라는 것을 명확히 알았다.

- The police tried to trace the phone call, but they were unable to *ascertain* the exact location of the caller.

  경찰은 전화 통화를 추적하고자 했다. 그러나 그들은 전화 거는 사람의 정확한 위치를 확인할 수가 없었다.

- Larry believed his wife was seeing another man; the private detective *ascertained* that that was the case.

  래리는 자신의 아내가 다른 남자를 만나고 있다고 믿고 있었다. 사립 탐정은 그의 믿음이 사실임을 확인시켜 주었다.

ASCRIBE [əskráib] v **to credit to or assign; to attribute**
～에게 공로를 돌리다, ～의 탓으로 하다; ～의 것으로 생각하다

- Mary was a bit of a nut; she *ascribed* powerful healing properties to the gravel in her driveway.

  메리는 약간 괴짜였다. 그녀는 자기 집 앞 자동차 진출입로의 자갈에 강력한 질병 치유 효능이 있다고 생각했다.

- When the scholar *ascribed* the unsigned limerick to Shakespeare, his colleagues did not believe him.

  그 학자는 서명이 없는 그 오행시가 셰익스피어의 것이라고 생각했지만, 동료학자들은 그의 생각을 믿지 않았다.

ASKANCE [əskǽns] adv **with suspicion or disapproval** 의심스럽게, 비난하며

- When Herman said that he had repaired the car by pouring apple cider into its gas tank, Jerry looked at him *askance*.

  헤르만이 고장 난 차의 연료 탱크에 사과술을 부어 넣어서 차를 수리했다고 말을 하자, 제리는 의심스러운 눈초리로 쳐다보았다.

- The substitute teacher looked *askance* at her students when they insisted that it was the school's policy to award an A to any student who asked for one.

  학생이 원하기만 하면 누구에게나 A 학점을 주는 것이 이 학교의 방침이라고 학생들이 주장하자, 대리로 오신 선생님은 자기 반 학생들을 비난의 눈초리로 쳐다보았다.

ASPERSION [əspə́ːrʒən] n **a slanderous or damning remark** 비방하거나 매도하는 표현

To cast *aspersions* is to utter highly critical or derogatory remarks.
to cast aspersions는 '심한 비난의 말이나 명예를 손상하는 욕설을 퍼뜨리다'이다.

To call someone a cold-blooded murderer is to cast an *aspersion* on that person's character.
누군가를 피도 눈물도 없는 살인자라고 부르는 것은 그 사람의 인격에 대해서 aspersion을 던지는 것이다.

- The local candidate had no legitimate criticisms to make of his opponent's record, so he resorted to *aspersions*.

  지역구 후보자는 상대 후보의 경력에 대해 적법하게 흠잡을 내용이 없었다. 그래서 그는 중상모략에 의존할 수밖에 없었다.

ASSAIL [əséil] v to attack vigorously 맹렬히 공격하다

- With a series of bitter editorials, the newspaper *assailed* the group's efforts to provide free cosmetic surgery for wealthy people with double chins.

  그 신문은 신랄한 논조가 담긴 일련의 사설을 통해서 이중 턱을 가진 부자들에게 무료 성형 수술을 해 주고자 하는 그 단체의 움직임에 대해 맹렬히 비난했다.

- We hid behind the big maple tree and *assailed* passing cars with salvos of snowballs.

  우리는 커다란 단풍나무 뒤로 숨어서 지나가는 차를 향해 눈덩이를 만들어 일제히 공격했다.

An attacker is sometimes called an *assailant* [əséilənt], especially by police officers on television shows.

특히 텔레비전 프로그램에서 경찰들은 때때로 '공격을 가한 사람'을 가리켜 assailant라고 부르기도 한다.

ASSERT [əsə́:rt] v to claim strongly; to affirm 강력하게 주장하다; 단언하다

- The defendant continued to *assert* that he was innocent, despite the fact that the police had found a clear videotape of the crime, recovered a revolver with his fingerprints on it, and found all the stolen money in the trunk of his car.

  피고인은 경찰이 범죄 행위가 담긴 비디오테이프와 그의 지문이 묻어 있는 권총을 찾아냈으며, 도난당한 돈을 그의 자동차 트렁크에서 모두 발견했음에도 불구하고 자신이 무죄라고 계속해서 주장했다.

- When Buzz *asserted* that the UFO was a hoax, the little green creature pulled out a ray-gun and incinerated him.

  UFO는 단지 속임수일 뿐이라고 버즈가 열변을 토하고 있을 때, 그 작은 녹색의 생명체가 광선총을 발사해 그를 재로 만들었다.

To *assert* yourself is to express yourself boldly.

to assert yourself는 '스스로의 주장을 대담하게 드러내고 표현하다'라는 뜻이다.

- Mildred always lost arguments because she was too timid to *assert* herself.

  밀드리드는 너무나 소심해서 자신의 주장을 잘 드러내지 못했기 때문에 논쟁에서 지기만 했다.

ASSESS [əsés] v to evaluate; to estimate; to appraise (세금 등을) 사정하다; 평가하다; 값을 매기다

- When seven thugs carrying baseball bats began walking across the street toward her car, Dolores quickly *assessed* the situation and drove away at about a hundred miles per hour.

  야구 방망이를 든 일곱 명의 피한들이 도로를 가로질러 그녀의 차를 향해서 걷기 시작하자 돌로레스는 재빨리 상황을 따져 보고는 거의 시속 백 마일로 운전해 도망쳤다.

- *Assessing* the damage caused by the storm was difficult because the storm had washed away all the roads, making it nearly impossible to enter the area.

  이번 폭풍우에 의한 피해 상황을 집계하는 일은 폭풍우가 모든 도로를 휩쓸고 가 버려서 그 지역으로 들어가는 것이 거의 불가능했기 때문에 쉽지가 않았다.

- After *assessing* his chances in the election—only his parents would promise to vote for him—the candidate dropped out of the race.

  선거에서의 당선 가망성을 평가해 보고 난 후, 그에게 투표한다고 약속한 사람은 오로지 부모님뿐이었으므로 그는 후보직을 사퇴했다.

To *reassess* is to rethink or reevaluate something.

reassess는 '재고하다', '다시 평가하다'라는 뜻이다.

ASTRINGENT [əstríndʒənt] adj harsh; severe; withering 엄한; 호된; 위축시키는

- Edmund's *astringent* review enumerated so many dreadful flaws in the new book that the book quickly disappeared from the best-seller list.

  에드먼드가 새로 출간된 책에 드러난 많은 결함들을 가차 없는 비평문으로 일일이 열거해서 결국 그 책은 베스트셀러 목록에서 급속히 사라졌다.

- The coach's remarks to the team after losing the game were *astringent* but apparently effective: The team won the next three games in a row.
  경기에 지고 난 후 팀원들에게 해 준 코치의 훈시는 매우 호됐지만 확실히 효과는 있었다. 팀은 그 뒤로 연속해서 세 경기에 승리했다.

Astringent is related to *stringent*, which means strict.
astringent는 엄격한이라는 뜻을 가진 stringent와 관련이 있다.

▶ 명사형은 astringency(엄함)이다.

QUICK QUIZ

Match each word in the first column with its definition in the second column. Check your answers in the back of the book.

1. articulate	a. person skilled in a craft
2. artisan	b. slanderous remark
3. ascertain	c. credit to
4. ascribe	d. claim strongly
5. askance	e. harsh
6. aspersion	f. pronounce clearly
7. assail	g. with suspicion
8. assert	h. evaluate
9. assess	i. attack vigorously
10. astringent	j. determine with certainty

ASYLUM [əsáiləm] n **a mental hospital or similar institution; refuge; a place of safety**
정신 병원이나 그와 유사한 시설; 피난처; 보호 시설

- After Dr. Jones incorrectly diagnosed her nail-biting as the symptom of a severe mental illness, Stella was confined in a lunatic *asylum* for thirty-seven years.
  존스 박사가 스텔라의 손톱 깨무는 버릇을 심각한 정신 질환의 징후라고 잘못된 진단을 내린 이후로, 그녀는 37년 동안이나 정신병 환자 수용소에 갇혀 있었다.

- "The woods are my *asylum*," Marjorie said. "I go there to escape the insanity of the world."
  "숲은 나의 피난처랍니다. 세상의 광기로부터 도망치기 위해 그리로 가죠."라고 마조리가 말했다.

- The United States granted *asylum* to the political dissidents from a foreign country, thus permitting them to remain in the United States and not forcing them to return to their native country, where they certainly would have been imprisoned.
  미국은 외국으로부터 들어오는 정치적 망명자들에게 피난처를 제공했다. 그들이 돌아간다면 감옥에 갇히게 될 것임이 분명한 본국으로 강제로 추방하지 않고 그들이 미국 내에 남아 있을 수 있도록 허용했다.

ATONE [ətóun] v **to make amends** 보상하다, 속죄하다

The verb *atone* is followed by the preposition "for." To *atone* for your sins is to do something that makes up for the fact that you committed them in the first place.
atone이라는 동사는 전치사 for와 함께 쓰인다. to atone for your sins는 네가 애초에 죄를 저질렀다는 사실을 속죄하다라는 뜻이다.

- The pianist *atoned* for his past failures by winning every award at the international competition.

  그 피아니스트는 국제 대회의 모든 상을 휩쓸어서 과거의 실패를 만회했다.

▶ 명사형은 atonement(보상, 속죄)이다.

- The thief donated his ill-gotten cash to the orphanage as an *atonement* for stealing from the bank.

  그 강도는 은행을 턴 속죄로서 부정하게 얻은 현금을 고아원에 기부했다.

ATROPHY [ǽtrəfi] v to wither away; to decline from disuse 시들다; 사용하지 않아 쇠퇴하다

- The weightlifter's right arm was much thinner and less bulgy than his left; it had *atrophied* severely during the six weeks it had been in a cast.

  그 역도 선수의 오른팔은 왼팔보다 훨씬 더 가늘고 알통이 없었다. 깁스를 하고 있었던 지난 6주 동안 그의 오른팔은 심각하게 쇠약해졌던 것이다.

- The students' interest in algebra had *atrophied* to the point at which they could scarcely keep their eyes open in class.

  대수학에 대한 학생들의 관심도는 수업 시간에 거의 눈을 뜨고 있지 않을 정도로까지 감퇴되었다.

▶ 반의어는 hypertrophy[haipə́ːrtrəfi] (비대, 이상 발달)이다.

- Weightlifting makes a muscle grow, or experience *hypertrophy*.

  역도는 근육의 발달을 도와주기도 하고, 이상 발달을 초래하기도 한다.

▶ 이 단어들의 발음에 주의할 것.

ATTEST [ətést] v to give proof of; to declare to be true or correct; to give testimony
입증하다; 사실이거나 옳다고 선언하다; 증언하다

- Helen's skillful guitar playing *attested* to the endless hours she had spent practicing.

  헬렌의 뛰어난 기타 연주 솜씨는 그녀가 연습에 들인 무수한 시간들을 입증하는 것이었다.

To *attest* to something is to testify or bear witness.

to attest to something은 '~에 증언하거나 증인이 되다'라는 의미이다.

- At the parole hearing, the police officer *attested* to Henry's eagerness to rob more banks, and the judge sent Henry back to prison for at least another year.

  가석방 청문회에서 경찰은 은행을 더 많이 털고자 했던 헨리의 야욕에 대해 증언했다. 적어도 다음해까지는 감옥에 있도록 판사는 헨리를 돌려보냈다.

ATTRIBUTE [ǽtrəbjùːt] v to credit to or assign; to ascribe ~의 탓으로 돌리다; (공로를) ~에 돌리다

- Sally *attributed* her success as a student to the fact that she always watched television while doing her homework. She said that watching *Scooby-Doo* made it easier to concentrate on her arithmetic. Sally's parents were not convinced by this *attribution*.

  샐리는 학생으로서 자신의 뛰어난 성적은 항상 텔레비전을 보면서 숙제를 한 덕분이라고 생각했다. 그녀는 Scooby-Doo라는 프로그램을 보면서 하면 계산 문제에 더 쉽게 집중할 수 있었다고 얘기했다. 샐리의 부모는 이러한 원인 분석을 확신하지 못했다.

- The scientist, who was always making excuses, *attributed* the failure of his experiment to the fact that it had been raining that day in Phoenix, Arizona.

  항상 변명만 늘어놓던 과학자는 자신의 실험이 실패한 이유를 애리조나 주 피닉스에서 실험하던 그날 비가 온 탓으로 돌렸다.

Attribute [ǽtrəbjùːt] can also be a noun, in which case it means a characteristic or a distinctive feature.

attribute는 명사로 쓰일 경우 '특징이나 남들과 구별되는 모양'을 의미한다.

- Great big arms and legs are among the *attributes* of many professional football players.

  별나게 큰 팔과 다리는 대다수 프로 풋볼 선수들의 특징 중 하나이다.

▶ 이 단어들의 발음에 주의할 것.

AUGUR [ɔ́:gər] v to serve as an omen or be a sign; to predict or foretell
예시로 나타나다, 징조가 되다; 예언하다, 예시하다

- The many mistakes made by the dancers during dress rehearsal did not *augur* well for their performance later that night.

  무대 총연습 시간에 무용수들이 저지른 수많은 실수는 나중에 열린 그날 밤 공연의 불길한 징조였다.

- The eleven touchdowns and four field goals scored in the first quarter *augured* victory for the high school football team.

  첫 번째 쿼터에서 기록한 열한 번의 터치다운과 네 번의 필드골은 그 고등학교 풋볼 팀의 승리의 징조가 되었다.

The act of auguring is called *augury* [ɔ́:gjəri].
명사형 augury는 '전조', '점(占)'이라는 뜻이다.

- Elizabeth believed that most of the market consultants had no solid basis for their predictions, and that financial *augury* as practiced by them was mere hocus-pocus.

  엘리자베스는 대부분의 컨설턴트가 시장 예측을 위해 믿을 만한 기초 자료들을 가지고 있지 않을 뿐만 아니라 금융 상황에 대한 예견도 그저 남을 속이기 위한 속임수에 지나지 않는다고 믿고 있었다.

AUGUST [ɔ:ɡʌ́st] adj inspiring admiration or awe 감탄이나 경외감을 불러일으키는

- The prince's funeral was dignified and *august*; the wagon with his coffin was drawn by a dozen black horses, and the road on which they walked was covered with rose petals.

  왕자의 장례식은 품위 있고 존엄했다. 열두 마리의 검은 말들이 그의 관을 실은 마차를 끌고 있었고, 행렬이 지나가는 길은 장미 꽃잎으로 덮여 있었다.

- The queen's *august* manner and regal bearing caused everyone in the room to fall silent the moment she entered.

  여왕의 위엄 있는 태도와 왕족다운 몸짓은 그녀가 방에 들어서자 모든 사람들을 침묵하게 만들었다.

AUSPICES [ɔ́:spisiz] n protection; support; sponsorship 보호; 원조; 후원

You will find *auspice* in the dictionary, but this word is almost always used in the plural, and it is usually preceded by the words "under the."

사전에서 auspice라는 단어를 찾을 수는 있겠지만, auspices는 거의 언제나 복수의 형태로 쓰인다. 그리고 대개 "under the"라는 말이 앞에 붙어서 나온다.

- The fund-raising event was conducted under the *auspices* of the local volunteer organization, whose members sold tickets, parked cars, and cleaned up afterward.

  기금 마련 행사는 지역 자원봉사 조직의 도움으로 치러졌다. 봉사 단체의 회원들은 티켓을 팔고, 주차 안내를 하고, 행사가 끝난 후 청소를 했다.

The adjective *auspicious* [ɔ:spíʃəs] is closely related to *auspices*, but the most common meanings of the two words have little in common. *Auspicious* means promising, favorable, or fortunate. Weddings and political conventions are often referred to as *auspicious* occasions.

형용사 auspicious는 auspices와 밀접한 관계가 있다. 그러나 두 단어의 가장 일반적인 의미로만 따진다면 거의 공통점이 없다. auspicious는 '유망한', '순조로운', '상서로운' 등의 뜻을 갖고 있다. 결혼식이나 정치 집회는 종종 auspicious occasion(경사스러운 행사)으로 일컬어진다.

- The bright cloudless sky was an *auspicious* start to a full day of mountain hiking.

  구름 한 점 없이 밝은 하늘은 하루 꼬박 걸리는 등산의 순조로운 시작이었다.

- Harry and Bob hoped to play golf that morning, but the dark clouds, gale-force winds, and six inches of snow were *inauspicious*.

  해리와 밥은 그날 아침 골프를 치기로 했었다. 그러나 잔뜩 찌푸린 하늘과 거친 바람과 6인치나 쌓인 눈은 불길했다.

AUXILIARY [ɔ:gzíljəri] adj secondary; additional; giving assistance or aid
2차적인; 부가적인; 보조, 또는 도움이 되는

▶ 발음에 주의할 것.

- When Sam's car broke down, he had to switch to an *auxiliary* power source; that is, he had to get out and push.

  샘의 차가 고장 났을 때 그는 보조 동력으로 바꿔야만 했다. 다시 말해서, 그는 밖으로 나와 차를 밀어야만 했던 것이다.

- The spouses of the firefighters established an *auxiliary* organization whose purpose was to raise money for the fire department.

  소방수들의 부인들은 소방대원들을 위한 모금 활동을 목적으로 하는 보조 조직을 설립했다.

AVAIL [əvéil] v to help; to be of use; to serve 돕다; 유익하다; 봉사하다

- My preparation did not *avail* me on the test; the examination covered a chapter other than the one that I had studied. I could also say that my preparation *availed* me nothing, or that it was of no *avail*. In the second example, I would be using *avail* as a noun.

  시험에 대비한 준비가 나에게 아무런 도움이 되지 못했다. 시험은 내가 미리 공부했던 단원이 아닌 곳에서 출제되었다. 또는 다음과 같이 말할 수도 있다. 예습은 나를 전혀 돕지 못했다. 혹은 예습은 전혀 쓸모가 없었다. 두 번째 예문은 avail을 명사로 사용한 것이다.

To be *availing* is to be helpful or of use. To be *unavailing* is to be unhelpful or of no use.

availing은 '도움이 되거나 쓸모가 있는'의 의미이다. unavailing은 '유익하지 못하고 쓸모가 없는'의 뜻이다.

- The rescue workers tried to revive the drowning victim, but their efforts were *unavailing*, and the doctor pronounced him dead.

  구조대원들은 물에 빠진 조난자를 살리려고 애를 썼다. 그러나 그들의 노력은 헛수고가 되어버렸고, 의사는 조난자가 이미 사망했다고 진단했다.

AVANT-GARDE [əvàːnt gáːrd] n the vanguard; members of a group, especially of a literary or artistic one, who are at the cutting edge of their field

전위적인 사람들; 특히 문학이나 미술에서, 자기 분야에서 최첨단의 위치에 서 있는 사람들

- When his Off-off-off-off-Broadway play moved to Broadway, Harold was thrust against his will from the *avant-garde* to the establishment.

  그의 진정한 비주류 비상업적 연극이 브로드웨이에 입성하게 되자, 해롤드는 자신의 의지와는 상관없이 전위적인 예술가에서 기성 연극인으로 떠밀려졌다.

▶ avant-garde는 형용사로도 쓰인다.

- The *avant-garde* literary magazine was filled with empty pages to convey the futility of literary expression.

  전위적인 그 문학잡지는 문학적 표현의 공허함을 전달하기 위해 아무것도 쓰여 있지 않은 백지로 되어 있었다.

AVERSION [əvə́ːrʒən] n a strong feeling of dislike 혐오

- Many children have a powerful *aversion* to vegetables. In fact, many of them believe that broccoli is poisonous.

  많은 아이들이 채소에 대해 심한 혐오감을 갖고 있다. 그런 아이들의 대다수는 브로콜리에 독이 들어있다고 믿고 있다.

- I knew that it would be in my best financial interest to make friends with the generous, gullible millionaire, but I could not overcome my initial *aversion* to his habit of sucking his thumb in public.

  인심이 후하고 남의 말에 잘 속는 백만장자와 친해지는 것이 나의 경제적 이익을 위해서는 최선이라는 것을 나도 알고 있었다. 그러나 공공장소에서 엄지를 빠는 그의 버릇에 대한 혐오감을 극복할 수가 없었다.

▶ 형용사형은 averse[əvə́ːrs] (싫어하는)이다.

- I am *averse* to the idea of letting children sit in front of the television like zombies from morning to night.

  나는 아이들을 좀비처럼 아침부터 밤까지 텔레비전 앞에만 앉아 있게 두려는 생각을 아주 끔찍이 싫어한다.

Many people confuse *averse* with *adverse*[ædvə́:rs], but they are not the same word. Adverse means unfavorable. A field-hockey game played on a muddy field in pouring rain would be a field-hockey game played under *adverse* conditions.

대다수의 사람들이 averse와 adverse를 혼동하는 경향이 있다. 그러나 그 두 단어는 같은 단어가 아니다. adverse는 '호의적이지 않은', '불운한'이라는 의미이다. 비가 쏟아지는 가운데 진흙탕이 된 운동장에서 벌어진 필드하키 경기는 좋지 않은 조건에서 치러지는 경기라고 말할 수 있다.

▶ 명사형은 adversity(역경)이다.

AVERT [əvə́:rt] v to turn away; to prevent 돌리다; 막다

- Devi *averted* her eyes and pretended not to see Doug slip on the ice so he wouldn't be embarrassed.

  데비는 더그가 얼음 위에서 넘어진 것을 창피해 하지 않도록 못 본체 하며 눈을 다른 곳으로 돌렸다.

- The company temporarily *averted* disaster by stealing several million dollars from the employees' pension fund.

  회사는 종업원들의 연금 기금에서 수백 만 달러를 횡령하여 우선 임시로나마 회사의 큰 손실을 막았다.

AVID [ǽvid] adj eager; enthusiastic 열망하는; 열광적인

- Eloise is an *avid* bridge player; she would rather play bridge than eat.

  엘로이즈는 열렬한 브리지(카드놀이) 놀이의 추종자이다. 그녀는 먹는 것보다도 브리지 놀이를 더 좋아한다.

▶ 명사형은 avidity[əvídəti](욕망, 갈망)이다.

To be *avid* about playing bridge is to play bridge with *avidity*.

브리지 놀이에 열광적이라는 것은 욕망을 가지고 브리지 놀이를 한다는 것이다.

QUICK QUIZ

Match each word in the first column with its definition in the second column. Check your answers in the back of the book.

1. asylum	a. refuge
2. atone	b. strong feeling of dislike
3. atrophy	c. give proof of
4. attest	d. turn away
5. attribute	e. make amends
6. augur	f. credit to
7. august	g. help
8. auspices	h. wither away
9. auxiliary	i. inspiring awe
10. avail	j. vanguard
11. avant-garde	k. secondary
12. aversion	l. eager
13. avert	m. protection
14. avid	n. serve as an omen

B

BACCHANAL [bǽkənəl] n **a party animal; a drunken reveler; a drunken revelry or orgy**
떠들썩한 파티만 찾아다니는 사람; 술에 취해 흥청대는 사람; 술에 취해 흥청대기, 또는
떠들썩한 술잔치

▸ 발음에 주의할 것.

Bacchus[bǽkəs] was the Greek god of wine and fertility. To be a *Bacchanal* is to act like Bacchus. People
often use *bacchanal* as a word for the sort of social gathering that Bacchus would have enjoyed.
bacchus는 술과 비옥함을 의미하는 그리스의 신이었다. bacchanal은 '바커스 신처럼 행동하는' 것을 의미한다. 사람들은 바커스 신이라도 즐겼을 것이라고
생각되는 그러한 유의 사회적 모임에 흔히 baccus를 사용한다.

- The fraternity was shut down by the university after a three-day *bacchanal* that left a dozen
  students in the infirmary.
  남학생 사교 클럽은 십 수 명의 학생이 병원에 실려 가는 사태를 낳은 사흘간의 떠들썩한 파티가 끝난 후 대학 측에 의해 폐쇄되었다.

A good word for such a party would be *bacchanalia*[bæ̀kənéiliə].
이와 같은 떠들썩한 파티에 딱 들어맞는 단어가 bacchanalia(바커스 축제)일 것이다.

BALEFUL [béilfəl] adj **menacing; threatening** 위협하는; 협박하는

Almost every time you see this word, it will be followed by the word "glance". A *baleful* glance is a look
that could kill. Other things can be *baleful*, too.
여러분이 baleful을 접할 때는 거의 언제나 glance라는 단어와 함께일 것이다. baleful glance는 살인이라도 할 수 있을 것 같은 '위협적인 눈길'을 의미한다. 다른
것들도 위협적일 수 있다.

- The students responded to the professor's feeble joke by sitting in *baleful* silence.
  교수의 썰렁한 농담에 학생들은 싸늘한 침묵으로 응답했다.

BALK [bɔːk] v **to abruptly refuse (to do something); to stop short** 단호하게 거부하다; 잠깐 멈추다

▸ 발음에 주의할 것. 여기서 l은 묵음이다.

- Susan had said she would be happy to help out with the charity event, but she *balked* at the idea of
  sitting on a flagpole for a month.
  수잔은 자선 행사에 도움이 될 수 있다면 행복할 것이라고 이야기했지만 한 달 동안 깃대 위에 앉아 있어 달라는 의견에는 단호하게 거절했다.

- Vernon *balked* when the instructor told him to do a belly-flop from the high diving board; he did
  not want to do it.
  버논은 수영 강사가 높은 다이빙 보드에서 배치기로 수영장에 뛰어들라고 말했을 때 단호하게 거부했다. 그는 그렇게 하고 싶지 않았다.

In baseball, a *balk* occurs when a pitcher begins the pitching motion, but then interrupts it to do something
else, such as attempt to throw out a runner leading off from first base. In baseball, a *balk* is illegal.
야구에서의 balk(보크)는, 투수가 투구 동작을 시작했음에도 불구하고 투구가 아닌 다른 동작, 예를 들어 일루에서 달릴 준비를 하고 있는 주자를 잡기 위해 견제구를
시도하는 것과 같은 동작을 하기 위하여 투구 행위를 중단하는 것을 의미한다. 야구에서의 balk(보크)는 규칙에 어긋나는 것이다.

BALLYHOO [bǽlihùː] n sensational advertising or promotion; uproar
인기 위주의 과대광고나 판촉 활동; 야단법석

This is an informal word of unknown though distinctly American origin.
ballyhoo는 분명히 미국에서 시작된 것이기는 하지만 잘 알려지지 않은 구어체의 표현이다.

- Behind the *ballyhoo* created by the fifty-million-dollar promotional campaign, there was nothing but a crummy movie that no one really wanted to see.
  오천만 달러를 투자한 대대적이고 떠들썩한 선전용 행사 뒤에는, 아무도 보려 하지 않는 저질의 싸구려 영화만 남아 있을 뿐이었다.

- The public relations director could think of no legitimate case to make for her client, so she resorted to *ballyhoo*.
  공보 활동 담당관은 고객의 요구에 맞출 수 있는 적절한 방법을 생각해낼 수가 없었다. 그래서 그녀는 엉터리 과대 선전에 의존했다.

- The candidate tried to give his speech, but his words could not be heard above the *ballyhoo* on the convention floor.
  그 후보자는 연설을 하려고 했지만, 집회가 열리고 있는 강당에 울리는 떠들썩한 선전 소리에 묻혀 그의 말은 들리지가 않았다.

BALM [bɑːm] n something that heals or soothes 낫게 하거나 완화하는 것, 진통제

- After Ted had suffered through the endless concert by the New York Philharmonic Orchestra, the sound of the Guns N'Roses album played at full volume on his Walkman was a *balm* to his ears.
  뉴욕 필하모닉 오케스트라의 끝없는 콘서트로 고통 받은 후 워크맨을 통해서 최대 음량으로 듣는 건스 앤 로지스의 음악은 테드의 귀에 위안이 되었다. (주: 건스 앤 로지스는 80년대에 등장하여 90년대까지 활약한 정통 록음악을 하는 헤비메탈 그룹으로 호전적인 가사와 마약 중독 등 악동적인 이미지로 유명하다.)

Balmy[bɑ́ːmi] weather is mild, pleasant, wonderful weather. In slang usage, a *balmy* person is someone who is eccentric or foolish.
balmy weather는 '포근하고 상쾌하고 기분 좋은 날씨'를 의미한다. 속어적 쓰임으로 balmy person은 '괴벽스럽거나 멍청한 사람'을 의미한다.

▶ 이 단어들의 발음에 주의할 것. 여기서 l은 묵음이다.

BANDY [bǽndi] v to toss back and forth; to exchange 이리저리 흔들다; 교환하다

- Isadora sat on the hillside all day, eating M & Ms and watching the wind *bandy* the leaves on the trees.
  이사도라는 엠 앤 엠즈 초콜릿을 먹으면서 나뭇잎을 이리저리 흔드는 바람을 바라보며 산언덕에 하루 종일 앉아 있었다.

- The enemies *bandied* insults for a few minutes and then jumped on each other and began to fight.
  그 적대자들은 수분 동안 서로 욕설을 주고받았다. 그러고 나서 서로에게 달려들어 싸우기 시작했다.

BANTER [bǽntər] n an exchange of good-humored or mildly teasing remarks
기분 좋은 농담이나 짓궂지만 유화적인 표현의 교환

- The handsome young teacher fell into easy *banter* with his students, who were not much younger than he.
  젊고 잘생긴 선생님은 자신보다 그다지 어리지 않은 학생들과 부드러운 농담을 곧잘 했다.

- Phoebe was interested in the news, but she hated the phony *banter* of the correspondents.
  피비는 그 뉴스에 흥미를 갖고 있었지만, 특파원의 거짓으로 꾸민 농담은 싫어했다.

▶ banter는 '농담하다'라는 뜻의 동사로도 쓰인다.

- To *banter* with someone is to converse using *banter*.
  누군가와 농담한다는 것은 농담을 이용해 대화하는 것이다.

BAROQUE [bəróuk] adj **extravagantly ornate; flamboyant in style**
지나치게 장식이 많고 화려한; 화려한 스타일의

In the study of art, architecture, and music, *baroque*, or *Baroque*, refers to a highly exuberant and ornate style that flourished in Europe during the 17th and early 18th centuries. Except when used in this historical sense, the word now is almost always pejorative.
미술, 건축, 음악 등의 영역에 있어서, baroque(바로크)는 17세기에서 18세기까지 유럽에서 번성했던 대단히 화려하고 장식이 많은 스타일을 의미한다. 이러한 역사적 의미로 쓰이는 경우를 제외하면, 오늘날 baroque는 거의 언제나 멸시적인 의미로 쓰인다.

- Devins's writing style was a little *baroque* for my taste; he used so many fancy adjectives and adverbs that it was hard to tell what he was trying to say.

  내가 보기에 데빈의 문체는 다소 꾸밈이 많고 화려했다. 그는 너무나 많은 미사여구를 동원해서 그가 진정으로 말하려고 하는 바가 무엇인지 알 수가 없을 정도였다.

BARRAGE [bərá:ʒ] n **a concentrated outpouring of artillery fire, or of anything else**
대포나 미사일 기타 등등의 집중 사격

- To keep the enemy soldiers from advancing up the mountain the commander directed a steady *barrage* against the slope just above them.

  적군이 산으로 진격해 올라오지 못하도록 하기 위해서 지휘관은 적군 바로 위의 경사를 이룬 지점에 계속적인 집중 사격을 지시했다.

- Rhoda's new paintings—which consisted of bacon fat dribbled on the bottoms of old skillets— were met by a *barrage* of negative reviews.

  로다의 낡은 냄비 바닥에 흥건한 베이컨 기름으로 구성되어 있는 새로운 그림들은 집중적인 혹평을 받았다.

▶ barrage는 동사로도 쓰인다.

- At the impromptu press conference, eager reporters *barraged* the Pentagon spokesman with questions.

  즉석에서 마련된 기자 회견에서, 안달이 난 기자들은 국방성 대변인에게 연달아 질문 공세를 펼쳤다.

BAUBLE [bɔ́:bl] n **a gaudy trinket; a small, inexpensive ornament**
저속하고 값싼 물건; 작고 비싸지 않은 장신구

- The children thought they had discovered buried treasure, but the old chest turned out to contain nothing but cheap costume jewelry and other *baubles*.

  아이들은 자신들이 땅속에 묻혀 있는 보물을 발견했다고 생각했지만 그 낡은 상자 안에는 값싼 옛날 옷 장신구들과 저속한 싸구려 물건들만 들어 있음이 밝혀졌다.

- Sally tried to buy Harry's affection by showering him with *baubles*, but Harry held out for diamonds.

  샐리는 작고 비싸지 않은 장신구들을 계속 보내서 해리의 환심을 사려고 애썼지만, 해리는 강경하게 다이아몬드를 요구했다.

Match each word in the first column with its definition in the second column. Check your answers in the back of the book.

1. bacchanal	a.	extravagantly ornate
2. baleful	b.	menacing
3. balk	c.	toss back and forth
4. ballyhoo	d.	sensational advertising
5. balm	e.	outpouring of artillery fire
6. bandy	f.	exchange of teasing remarks
7. banter	g.	party animal
8. baroque	h.	gaudy trinket
9. barrage	i.	abruptly refuse
10. bauble	j.	something that heals

BEDLAM [bédləm] n **noisy uproar and chaos; a place characterized by noisy uproar and chaos** 야단법석과 무질서; 떠들썩함과 혼란이 있는 곳

In medieval London, there was a lunatic asylum called St. Mary of Bethlehem, popularly known as *Bedlam*. If a teacher says that there is *bedlam* in her classroom, she means that her students are acting like lunatics.
중세 시대의 런던에는 세간에 Bedlam으로 알려진 '베들레헴의 성모'라는 이름의 정신 이상자 수용 시설이 있었다. 선생님이 그녀의 교실 안에 bedlam이 있다고 말한다면, 그것은 학생들이 미치광이처럼 법석을 떤다는 의미인 것이다.

- A few seconds after Enron announced that it was going out of business, there was *bedlam* on the floor of the New York Stock Exchange.
  엔론이 사업을 그만두겠다고 발표하자마자 뉴욕 증권 거래소에는 큰 소동이 일어났다.

BEGRUDGE [bigrádʒ] v **to envy another's possession or enjoyment of something; to be reluctant to give, or to give grudgingly** 타인의 재산이나 권리를 부러워하다, 시기하다; 내주기 싫어하다, 마지못해 할 수 없이 내주다

- The famous author *begrudged* his daughter her success as a writer; he couldn't believe that she made the best-seller's list.
  그 유명 작가는 딸의 작가로서의 성공을 부러워했다. 그는 딸이 베스트셀러 목록에 올라 있다는 것을 믿을 수가 없었다.

BEHEST [bihést] n **command; order** 명령; 지시

- The president was impeached after the panel discovered that the illegal acts had been committed at his *behest*.
  불법적인 행위들이 대통령의 지시에 의해 저질러졌다고 배심원단이 알아내자 대통령은 탄핵을 받았다.

- At my *behest*, my son cleaned up his room.
  나의 명령으로 아들은 자신의 방을 깨끗이 청소했다.

BEMOAN [bimóun] v to mourn about; to lament   슬퍼하다; 애도하다

- West *bemoaned* the D he had received on his chemistry exam, but he didn't study any harder for future tests.

  웨스트는 화학 시험에서 D 학점을 받게 되어 애석해 했지만 다음 시험을 위해 더 열심히 공부하지는 않았다.

- Rather than *bemoaning* the cruelty and injustice of their fate, the hostages quietly dug a tunnel under the prison wall and escaped.

  인질들은 잔인하고 불공정한 자신들의 운명을 한탄만 하고 있는 것이 아니라 침착하게 감옥 담 밑으로 굴을 파서 밖으로 도망쳤다.

BENEDICTION [bènidíkʃən] n a blessing; an utterance of good wishes
축복의 말; 행운을 바라는 말

In certain church services, a *benediction* is a particular kind of blessing. In secular usage, the word has a more general meaning.

어떤 교회 예배 시간의 benediction은 특별한 의미의 '축복'을 의미한다. 그러나 종교 외적인 의미로 benediction이 사용될 때는 좀 더 일반적인 의미로 쓰인다.

- Jack and Jill were married without their parents' *benediction*; in fact, their parents had no idea that Jack and Jill had married.

  잭과 질은 부모님의 축복 없이 결혼했다. 사실 그들의 부모님은 잭과 질이 결혼했다는 것조차도 알지 못했다.

The opposite of *benediction* is *malediction*[mæ̀lidíkʃən], which means curse or slander.

반의어는 malediction(저주, 욕)이다.

- Despite the near-universal *malediction* of the critics, the sequel to *Gone with the Wind* became a huge bestseller.

  바람과 함께 사라지다'의 후편은 거의 보편적인 비평가들의 혹평에도 불구하고 대형 베스트셀러가 되었다.

BENIGHTED [bináitid] adj ignorant; unenlightened   무지한; 계몽되지 않은

To be *benighted* is to be intellectually in the dark—to be lost in intellectual nighttime.

benighted는 '지적으로 암흑 속에 있는', '무지몽매한'의 의미이다.

- Not one of Mr. Emerson's *benighted* students could say with certainty in which century the Second World War had occurred.

  에머슨 선생님 반의 낙제생들 중에는 제2차 세계 대전이 몇 세기에 발발했는지 자신 있게 말할 수 있는 학생이 하나도 없었다.

BESTOW [bistóu] v to present as a gift; to confer   선물로 주다; 수여하다

This word is usually used with 'on' or 'upon.'

bestow는 일반적으로 on이나 upon 등과 함께 쓰인다.

- Mary Agnes had *bestowed* upon all her children a powerful hatred for vegetables of any kind.

  메리 애그니스는 아이들에게 어떤 종류의 채소에 대해서도 강한 혐오를 갖게 해 주었다.

- Life had *bestowed* much good fortune on Lester; in his mind, however, that did not make up for the fact that he had never won more than a few dollars in the lottery.

  레스터의 삶에는 많은 행운이 따라 주었다. 그러나 그는 그러한 행운도 복권에서 겨우 몇 달러 이상은 얻지 못했다는 사실을 만회할 수는 없다고 생각했다.

BILIOUS [bíljəs] adj ill-tempered; cranky 성미가 까다로운; 괴팍한

▶ 발음에 주의할 것. 두 음절이다.

Bilious is derived from *bile*, a greenish yellow liquid excreted by the liver. In the Middle Ages, *bile* was one of several "humors" that were thought to govern human emotion. In those days, anger and crankiness were held to be the result of an excess of *bile*. *Bilious* today can be used in a specific medical sense to refer to excretions of the liver or to particular medical conditions involving those same secretions, but it is usually used in a figurative sense that dates back to medieval beliefs about humors.

bilious는 간에서 분비되는 초록빛이 도는 노란색의 액체를 가리키는 bile(담즙)이라는 단어에서 파생한 것이다. bile은 중세 시대에는 인간의 감정을 지배하는 것으로 여겨진 여러 "체액들" 중의 하나였다. 그 당시에는, 노여움이나 괴팍스러움이 bile이 과다하게 분비된 결과라고 생각했다. 오늘날 bilious는 간의 분비액들이나 그러한 분비액을 포함한 특수한 의학적 상태를 지칭하기 위해 의학용 전문 용어로 사용될 수 있다. 그러나 일반적으로는 중세 시대로 거슬러 올라가 인간의 성질을 비유적으로 표현하는 의미로 쓰인다.

- The new dean's *bilious* remarks about members of the faculty quickly made her one of the least popular figures on campus.
  신임 학장은 교직원에 대해 괴팍한 말들을 해대서 대학 내에서 가장 인기 없는 인물이 되었다.

- The speaker was taken aback by the *biliousness* of the audience; every question from the floor had had a nasty tone, and none of his jokes had gotten any laughs.
  강사는 청중들의 분노에 깜짝 놀랐다. 강연장에서 들려오는 질문은 모두 악의적인 것뿐이었고, 그의 농담에는 아무도 웃지 않았다.

- Norbert's wardrobe was distinctly *bilious*; almost every garment he owned was either yellow or green.
  노버트의 옷장 안은 정말로 담즙통 같았다. 그가 소유한 옷들은 거의 모두 노란색 아니면 녹색이었다.

BIVOUAC [bívuæ̀k] n a temporary encampment, especially of soldiers
임시 야영지, 특히 군대의 캠프

▶ 발음에 주의할 것.

- The tents and campfires of the soldiers' *bivouac* could be seen from the top of a nearby mountain, and the enemy commander launched a devastating barrage.
  임시 야영지에 설치된 병사들의 텐트와 모닥불은 가까운 산꼭대기에서 발각될 수 있었다. 그래서 적군의 지휘관은 무자비한 공격을 시작했다.

Bivouac can also be a verb, and it can be used to refer to people other than soldiers.

bivouac는 동사로도 쓰이는데, 그럴 경우 군인들이 아닌 일반 사람들과 관련하여 사용된다.

- Prevented by darkness from returning to their base camp, the climbers were forced to *bivouac* halfway up the sheer rock wall.
  칠흑 같은 어둠 때문에 베이스캠프로 돌아올 수가 없었으므로 등산을 하던 사람들은 가파른 암벽을 중간쯤 올라간 곳에서 야영을 할 수밖에 없었다.

BLANCH [blæntʃ] v to turn pale; to cause to turn pale 창백해지다; 하얗게 질리게 하다

- Margaret *blanched* when Jacob told her their vacation house was haunted.
  휴가를 보낼 집이 귀신 나오는 흉가라고 제이콥이 전해 주자 마가렛은 하얗게 질렸다.

- The hot, dry summer had left the leaves on the trees looking *blanched* and dry.
  뜨겁고 메마른 여름 때문에 나뭇잎들이 허옇고 건조하게 보이게 되었다.

Match each word in the first column with its definition in the second column. Check your answers in the back of the book.

1. bedlam		a.	blessing
2. begrudge		b.	command
3. behest		c.	noisy uproar
4. bemoan		d.	ignorant
5. benediction		e.	present as a gift
6. benighted		f.	envy
7. bestow		g.	ill-tempered
8. bilious		h.	turn pale
9. bivouac		i.	temporary encampment
10. blanch		j.	mourn about

BLAND [blænd] adj **mild; tasteless; dull; unlively** 순한; 맛없는; 무미건조한; 생동감이 없는

- George ate only *bland* foods because he believed that anything with too much flavor in it would make him tense and excitable.

  조지는 지나치게 강한 향신료가 들어 있는 음식들은 그를 긴장시키고 흥분하게 만든다고 믿고 있었기 때문에 오로지 순한 음식만 먹었다.

- After the censors had finished with it, the formerly X-rated movie was so *bland* and unexciting that no one went to see it.

  검열을 받고 난 후 이전에 X등급을 받았던 영화는 너무나 재미없게 되고 자극적인 부분도 사라져 아무도 그 영화를 보러 가지 않았다.

- Harriet's new boyfriend was *bland* in the extreme, but that was probably a good thing since her previous one was a circus performer.

  해리엇의 새로운 남자 친구는 극도로 순한 사람이었다. 그러나 그것은 어쩌면 잘된 일일 것이다. 왜냐하면 그녀의 전 남자 친구는 서커스 광대였다.

BLANDISHMENT [blǽndiʃmənt] n **flattery** 아첨, 아양, 감언

▸ 이 단어는 흔히 복수형으로 사용된다.

- Angela was impervious to the *blandishments* of her employees; no matter how much they flattered her, she refused to give them raises.

  엔젤라는 종업원들의 아첨이 잘 통하지 않는 사람이었다. 종업원들이 아무리 그녀에게 알랑거렸어도 엔젤라는 급료를 인상해 주지 않았다.

BLISS [blis] n **perfect contentment; extreme joy** 다시없는 만족; 최고의 행복

- After spending his vacation in a crowded hotel with throngs of noisy conventioneers, Peter found that returning to work was *bliss*.

  소란스러운 대회 참가자들로 붐비고 있는 복잡한 호텔에서 휴가를 보내고 난 후, 피터는 오히려 일하러 귀환하는 것이 다시없는 기쁨임을 깨닫게 되었다.

- Paul and Mary naively expected that every moment of their married life would be *bliss*; rapidly, however, they discovered that they were no different from anyone else.

  폴과 메리는 그저 단순하게 결혼만 하면 모든 순간순간이 천국일 것이라고 생각했었다. 그러나 그들도 다른 사람과 다르지 않다는 것을 깨닫는 데는 그리 오래 걸리지 않았다.

Anything that promotes feelings of *bliss* can said to be *blissful*. A *blissful* vacation would be one that made you feel serenely and supremely content.

bliss의 감정을 증진시키는 것들을 blissful(더없이 행복한)이라고 말할 수 있다. 천국과도 같은 휴가란 너에게 편안하고 다시없는 만족을 느끼게 해 주는 그런 휴가일 것이다.

BLUSTER [blʌ́stər] v to roar; to be loud; to be tumultuous 으르렁거리다; 큰소리를 지르다; 사납게 굴다

- The cold winter wind *blustered* all day long, rattling the windows and chilling everyone to the bone.

  차가운 겨울바람이 창문을 흔들며 사람들의 뼛속까지 오싹하게 하면서 하루 종일 거세게 불고 있었다.

A day during which the wind *blusters* would be a *blustery* [blʌ́stəri] day.

바람이 사납게 부는 날을 blustery day(바람이 거센 날)라고 한다.

- The golfers happily blamed all their bad shots on the *blustery* weather.

  그 골퍼들은 공이 잘 맞지 않는 것을 기꺼이 바람이 거세게 불던 날씨 탓으로 돌렸다.

▸ bluster는 명사로도 사용된다.

- Sadie was so used to her mother's angry shouting that she was able to tune out the *bluster* and get along with her work.

  사디는 엄마가 화나서 소리 지르는 것에 워낙 익숙했기 때문에 엄마의 고함 소리에는 아랑곳하지 않고 자신의 일을 할 수가 있었다.

BOMBAST [bámbæst] n pompous or pretentious speech or writing 과시하거나 잘난 척하는 말이나 글, 허풍, 호언장담

- If you stripped away the *bombast* from the candidate's campaign speeches, you would find nothing but misconceptions and lies.

  그 후보자의 선거 연설에서 허풍이나 허세를 제거한다면, 잘못된 생각과 거짓말을 제외하고는 아무것도 남아 있지 않다는 것을 알게 될 것이다.

- The magazine writer resorted to *bombast* whenever his deadline was looming; thoughtful opinions required time and reflection, but he could become pompous almost as rapidly as he could type.

  그 잡지 기자는 데드라인이 임박하면 언제나 겉치레뿐인 글에 의존했다. 사려 깊은 의견들은 충분한 시간과 심사숙고를 필요로 했지만 허세로 가득 찬 글은 거의 타이프를 칠 수 있는 속도만큼 빠르게 쓸 수 있었다.

▸ 형용사형은 bombastic [bɑmbǽstik] (과장한)이다.

BON VIVANT [bóun viːváːnt] n a person who enjoys good food, good drink, and luxurious living 맛있는 음식과 좋은 술, 쾌락적인 삶을 즐기는 사람

▸ 이 단어는 프랑스식 표현이다. 외래어의 발음에 주의할 것.

- Jacques played the *bon vivant* when he was with his friends, but when he was alone he was a drudge and a workaholic.

  자크는 친구들과 함께 있을 때는 유쾌하고 삶을 즐기는 사람인 척했다. 그러나 혼자가 되면 그는 단조로운 사람이자 일 중독자가 되었다.

BONA FIDE [bóunəfàid] adj sincere; done or made in good faith; authentic; genuine 성실한; 선의를 가지고 하는; 믿을 만한; 진실한

▸ 외래어의 발음에 주의할 것.

- The signature on the painting appeared to be *bona fide*; it really did seem to be Van Gogh's.

  그림에 나타난 서명은 진짜인 것 같았다. 그것은 정말로 반 고흐의 서명처럼 보였다.

BOON [buːn] v a blessing; a benefit 은혜; 이익

- Construction of the nuclear-waste incinerator was a *boon* for the impoverished town; the fees the town earned enabled it to repair its schools and rebuild its roads.

  핵폐기물 소각로의 건설은 가난했던 그 도시에 이익을 가져다주었다. 그 도시는 거기에서 벌어들이는 수입으로 학교를 보수하고 도로를 개축할 수 있게 되었다.

- The company car that came with Sam's new job turned out not to be the *boon* it had first appeared to be; Sam quickly realized that he was expected to spend almost all his time in it, driving from one appointment to another.

  샘의 새로운 직장에 딸려 있는 회사 차는 처음 생각했던 것만큼 이익이 되지 못하는 것으로 드러났다. 한 지점에서 다른 곳으로 운전할 때, 거의 모든 시간을 차 속에서 보내게 될 것이라는 것을 샘은 재빨리 알아차렸다.

BOOR [buər] v a rude or churlish person 거칠고 천한 사람

A *boor* is not necessarily a *bore*. Don't confuse these two words.

boor가 반드시 bore(따분한 사람)를 의미하는 것은 아니다. 두 단어를 혼동하지 말 것.

- The *boor* at the next table kept climbing up on his chair and shouting at the waitress.

  옆 테이블의 천박한 사람은 의자 위에 올라가 여자 종업원을 향해 소리를 질러댔다.

▶ 형용사형은 boorish[búəriʃ] (천박한)이다.

- "Don't be *boorish*," Sue admonished Charles at the prom after he had insulted the chaperone and eaten his dinner with his fingers.

  무도회에서 찰리가 감독관을 모욕하고 손가락으로 저녁을 먹어 버리자 수는 "촌스럽게 굴지 마라."라고 충고했다.

BOOTY [búːti] n goods taken from an enemy in war; plunder; stolen or confiscated goods 전쟁에서 적으로부터 얻은 물건들, 전리품; 약탈한 물건; 장물이나 몰수한 물건들

- The principal's desk was filled with *booty*, including squirt guns, chewing gum, slingshots, and candy.

  교장의 책상 위에는 물총을 비롯하여 껌, 새총, 사탕 등과 같은 학생들로부터 몰수한 물건들이 수북이 쌓여 있었다.

- The gear of the returning soldiers was so loaded down with *booty* that the commanding officer had to issue weight restrictions.

  귀환하는 병사들의 마차에는 너무나 많은 전리품이 실려 있어서, 지휘관은 무게를 제한하는 조치를 취해야만 했다.

Match each word in the first column with its definition in the second column. Check your answers in the back of the book.

1. bland		a.	pompous speech
2. blandishment		b.	one who lives luxuriously
3. bliss		c.	mild
4. bluster		d.	plunder
5. bombast		e.	flattery
6. bon vivant		f.	rude person
7. bona fide		g.	perfect contentment
8. boon		h.	sincere
9. boor		i.	roar
10. booty		j.	blessing

BOTCH [bɑtʃ]　v　to bungle; to ruin through poor or clumsy effort
서투르게 일하다; 형편없거나 서투른 솜씨로 일을 망치다

- Melvin *botched* his science project by pouring Coca-Cola into his ant farm.
  멜빈은 연구 중이던 개미 농장에 콜라를 쏟는 바람에 과학 숙제를 망쳐 버렸다.

- The carpenter had *botched* his repair of our old porch, and the whole thing came crashing down when Aunt Sylvia stepped on it.
  목수가 우리 집의 낡은 현관을 수리한 솜씨는 형편없었다. 그래서 실비아 숙모가 현관 바닥에 발을 내딛는 순간, 현관 전체가 무너져 내렸다.

BRACING [bréisiŋ]　adj　invigorating　기운을 돋우는

- Before breakfast every morning, Lulu enjoyed a *bracing* swim in the Arctic Ocean.
  매일 아침 식사를 하기 전에 루루는 북극해에서 기운을 돋우는 수영을 즐겼다.

- Andrew found the intellectual vigor of his students to be positively *bracing*.
  앤드류는 자신의 제자들에게서 정말로 기운을 북돋아 주는 지적 열의를 느꼈다.

- A *bracing* wind was blowing across the bay, causing Sally's sailboat to move so swiftly that she had difficulty controlling it.
  상쾌한 바람이 작은 만을 가로질러 불어와서 샐리의 요트가 갑자기 움직이게 되었기 때문에 그녀는 요트를 조종하느라 애를 먹었다.

BRANDISH [bréndiʃ]　v　to wave or display threateningly　위협적으로 흔들어 보이거나 드러내다

- *Brandishing* a knife, the robber told the frightened storekeeper to hand over all the money in the cash register.
  강도는 겁먹은 상점 주인에게 위협적으로 칼을 휘두르며 금전 등록기 안에 들어 있는 돈을 몽땅 내놓으라고 말했다.

- I returned to the garage *brandishing* a flyswatter, but the swarming insects were undeterred, and they continued to go about their business.
  나는 차고로 돌아와서 위협적으로 파리채를 휘둘렀지만, 몰려드는 벌레들을 막지 못했다. 벌레들은 여전히 저 하고 싶은 대로 계속 돌아다녔다.

BRAVADO [brəvάːdou] n a false show or ostentatious show of bravery or defiance
뽐내기, 또는 용감함이나 반항심으로 허세 부리기

- The commander's speech was the product not of bravery but of *bravado*; as soon as the soldiers left the room, he collapsed in tears.

  사령관의 말은 용감함의 소산이라기보다는 허세였을 뿐이었다. 병사들이 방을 나서자마자 그는 무너져 내려 눈물을 흘렸다.

- With almost unbelievable *bravado*, the defendant stood before the judge and told her that he had no idea how his fingerprints had gotten on the murder weapon.

  피고인은 믿기 어려운 허세를 부리며 판사 앞에 바로 서서 자신의 지문이 어떻게 살인에 사용된 무기에서 나오게 되었는지 모르겠다고 당당하게 말했다.

BRAWN [brɔːn] n big muscles; great strength 근육; 대단한 힘

- All the other boys in the class thought it extremely unfair that Sean had both brains and *brawn*.

  그 학급의 나머지 모든 학생들은 션이 두뇌와 힘을 모두 갖고 있다는 사실이 정말로 공평하지 않다고 생각했다.

- The old horse didn't have the *brawn* to pull the cart up the side of the steep hill.

  말이 늙어 힘이 없었기 때문에 경사가 급한 언덕으로 수레를 끌 수가 없었다.

▶ 형용사형은 brawny[brɔ́ːni](근육이 잘 발달한, 건장한)이다.

- The members of the football team were so *brawny* that each one needed two seats on the airplane in order to sit comfortably.

  풋볼 팀 선수들은 근골이 우람하고 건장해서 비행기에서 편안하게 앉기 위해서는 좌석이 두 개씩 필요했다.

BRAZEN [bréizən] adj impudent; bold 뻔뻔스러운; 대담한, 철면피한

Brazen comes from a word meaning brass. To be *brazen* is to be as bold as brass. (*Brazen* can also be used to refer to things that really are made of brass, or that have characteristics similar to those of brass. For example, the sound of a trumpet might be said to be *brazen*.)

brazen은 놋쇠를 의미하는 단어에서 파생된 것이다. brazen은 놋쇠만큼이나 '뻔뻔한'이라는 의미이다. (brazen은 실제로 놋쇠로 만들어진 물건이나 놋쇠(황동)와 유사한 성질을 가진 물체를 의미하기도 한다. 예를 들면, 트럼펫의 소리는 황동으로 만들어진 금관 악기류처럼 요란한 소리가 날 것이다.)

- The students' *brazen* response to their teacher's request was to stand up and walk out of the classroom.

  선생님의 요구에 대한 그 학생들의 뻔뻔스러운 반응은 일어나서 교실을 나가는 것이었다.

- The infantry made a *brazen* charge into the heart of the enemy position.

  보병 연대는 적의 진지의 심장부를 향해 대담하게 진군을 시작했다.

BREACH [briːtʃ] n a violation; a gap or break 침해; 틈새, 갈라진 틈

Breach is closely related to break, a word with which it shares much meaning.

breach는 break와 밀접한 관련이 있는 단어로 여러 의미를 공유하고 있다.

- Most of the senators weren't particularly bothered by the fact that one of their colleagues had been taking bribes, but they viewed his getting caught as an indefensible *breach* of acceptable behavior.

  대부분의 상원 의원은 그들의 동료 한 사람이 뇌물을 받았다는 사실에 특별히 신경을 쓰지 않았다. 그러나 그가 체포된 것은 용인될 수 있는 행위에 대한 변호의 여지가 없는 침해로 받아들였다.

- At first, the water trickled slowly through the *breach* in the dam, but it gradually gathered force, and soon both the dam and the town below it had been washed away.

  처음에는 댐의 갈라진 틈을 통해서 물이 느린 속도로 새어 나왔지만 점차로 힘을 받으면서 곧이어 댐과 아래 마을은 물에 휩쓸려 내려갔다.

BRINK [briŋk] n **edge** 가장자리, 테두리

- The mother became very nervous when she saw her toddler dancing along the *brink* of the cliff.

  아기가 낭떠러지 가장자리를 따라가며 춤을 추고 있는 것을 본 아기 엄마는 매우 불안해했다.

- The sputtering engine sent the airliner on a steep downward course that brought it to the *brink* of disaster; then the pilot woke up and pulled back on the throttle.

  엔진이 푸드득 소리를 내며 꺼지면서 여객기는 대형 사고가 나기 직전까지 가파르게 하강하기 시작했다. 그때에야 조종사가 깨어나 조절판을 뒤로 잡아당겼다.

Brinkmanship (often also *brinksmanship*) is a political term describing an effort by one country or official to gain an advantage over another by appearing willing to push a dangerous situation to the *brink*, such as by resorting to nuclear weapons. To engage in *brinkmanship* is to appear willing to risk the destruction of the world rather than to lose a particular conflict.

brinkmanship(종종 brinksmanship이라고도 한다. 극단정책)이란 한 국가나 관계 당국이 상대편을 이기고 이익을 얻기 위해서 '자발적으로 위험한 상황을 brink(벼랑 끝)까지 몰고 가는 행동을 나타내는 정치 용어이다. 예를 들면, 핵무기라는 수단에 의지하는 것과 같은 것들이다. brinkmanship(극단 정책)을 취하는 것은 특정한 분쟁에서 지기보다는 오히려 기꺼이 세계의 멸망을 감수하겠다는 의미가 있는 것이다.

BRISTLE [brísl] v **to stiffen with anger; to act in a way suggestive of an animal whose hair is standing on end; to appear in some way similar to hair standing on end**

화가 나서 뻣뻣해지다; 비유적인 의미로 동물의 털이 뻣뻣하게 곤두선 것 같은 행동을 하다; 머리카락이 곤두서는 것처럼 보이다

Bristles are short, stiff hairs. A *bristle* brush is a brush made out of short, stiff hairs from the backs of pigs or other animals. When a pig *bristles*, it makes the short, stiff hairs on its back stand up. When a person *bristles*, he or she acts in a way that is reminiscent of a *bristling* pig.

bristles는 짧고 뻣뻣한 털을 가리킨다. bristle brush는 돼지나 여타 다른 동물의 등에서 얻은 짧고 뻣뻣한 털로 만든 솔이다. 돼지가 bristle(화가 나다)하면, 등에 난 짧고 억센 털을 곤두세운다. 사람이 bristle(화가 나다)하면, 성이 나서 bristling pig(털이 곤두선 돼지)를 연상시키는 듯한 행동을 한다.

- Arnie is the sensitive type; he *bristled* when I told him his storytelling was merely okay.

  아니는 민감한 타입의 사람이다. 내가 그의 이야기가 그냥 괜찮았다고 말했더니, 그는 화가 나서 머리칼이 곤두선 것 같았다.

- The lightning bolt was so close it made my hair *bristle*.

  번개가 아주 가까운 곳에서 쳤으므로 나는 머리카락이 곤두서는 것 같았다.

- The captured vessel *bristled* with antennae, strongly suggesting that it was a spy ship, as the government contended, and not a fishing boat, as the government continued to claim.

  나포된 배에 달려 있는 안테나는 정부가 계속해서 주장하는 대로 그 배가 고깃배가 아니라 정찰선일 가능성을 강력히 시사하는 것이었다.

BROMIDE [bróumɑid] n **a dull, obvious, overfamiliar saying; a cliché**

재미없고, 너무 뻔하며, 지나치게 익숙한 표현; 진부한 표현

Bromide also refers to certain compounds containing the element *bromine* [bróumi:n]. Potassium *bromide* is a substance that was once used as a sedative. A *bromide* is a statement that is so boring and obvious that it threatens to sedate the listener.

bromide는 또한 원소 bromine(브롬)이 들어 있는 화합물을 가리킬 때도 쓰인다. potassium bromide(브롬화칼륨)는 한때 진정제로 사용된 적이 있었던 물질이다. bromide는 너무 지루하고 내용이 뻔해서 듣는 사람을 늘어지게 만드는 말을 의미한다.

- Mr. Patel seemed to speak exclusively in *bromides*. When you hand him his change, he says, "A penny saved is a penny earned." When he asks for help, he says, "Many hands make light work."

  파텔 씨는 오로지 진부한 표현만 쓰는 것 같았다. 그에게 잔돈을 거슬러주면, "한 푼을 아끼면 한 푼을 번 것이지요."라고 말한다. 그는 도움을 청할 때도, "일손이 많으면, 일이 빠른 법이지요."라고 말한다.

BROUHAHA [brú:hɑ:hɑ:] n **uproar; hubbub** 소동; 왁자지껄, 소란

- The *brouhaha* arising from the party downstairs kept the children awake for hours.

  아래층에서 들려오는 파티의 소란스러움 때문에 아이들은 몇 시간째 잠을 못 자고 깨어 있었다.

BRUSQUE [brʌsk] adj **abrupt in manner; blunt** 태도가 퉁명스러운; 무뚝뚝한

- The critic's review of the new play was short and *brusque*; he wrote, "It stinks."

  새로 공연된 연극에 대한 평론가의 비평은 짧고 퉁명스러웠다. 그는 "연극이 형편없다"라고 잘라 말했다.

- Samantha felt that the waiter had been *brusque* when he told her to put on shoes before entering the restaurant, so she spoke to the manager and had the waiter fired.

  사만다는 식당에 들어서기 전에 신발을 신으라고 말하는 웨이터의 태도가 상당히 퉁명스럽다는 느낌을 받았다. 그래서 매니저를 불러 그 웨이터를 해고시키게 했다.

BUFFOON [bəfúːn] n **a joker, especially one who is coarse or acts like an clown**

익살꾼, 특히 저속하거나 광대같이 행동을 하는 사람

- Maria seems to go out only with *buffoons*; her last boyfriend entertained us at Thanksgiving by standing on the table and reciting dirty limericks.

  마리아는 오로지 익살꾼들하고만 사귀는 것 같다. 그녀의 최근 남자 친구는 추수 감사절 파티에서 테이블 위에 올라가 저속한 오행시를 읊어서 우리를 즐겁게 해 주었다.

- Orville put on women's clothing and pretended to be Pippi Longstocking; he figured that someone at the wedding reception had to play the *buffoon* and that he might as well be the one.

  오빌은 여자 옷을 입고는 삐삐 롱스타킹 흉내를 냈다. 그는 결혼 피로연에서 누군가는 익살스러운 역할을 맡아야만 하므로 자신이 그 역할을 하는 것이 좋겠다고 생각했다.

BULWARK [búlwərk] n **a wall used as a defensive fortification; anything used as the main defense against anything else**

방어를 강화하기 위해 사용된 성벽; 어떤 것을 차단하기 위해 사용된 것

- The civilians used bulldozers to create an earthen *bulwark* around their town, but the attacking soldiers used larger bulldozers to destroy it.

  시민들은 도시를 둘러싸는 흙벽을 짓기 위해 불도저를 사용했다. 그러나 공격을 감행한 군인들은 그 흙벽을 무너뜨리기 위해 더 큰 불도저를 사용했다.

- As a *bulwark* against Billy, I turned off my phone, but he foiled me by coming over to my house and talking to me in person.

  빌리를 막기 위한 방편으로 나는 전화기를 꺼 놓았다. 그러나 그는 우리 집으로 달려와서 내 눈 앞에서 직접 말하는 방법으로 나를 어쩔 수 없게 만들었다.

- The Bill of Rights is the *bulwark* of American liberty.

  권리 장전은 미국 국민의 자유를 수호하는 것이다.

The *bulwarks* of a ship are the parts of the ship's sides that extend above the main deck.

배의 bulwarks(현장)은 가운데 갑판 위에 펼쳐져 있는 배의 양쪽 측면의 일부분'을 가리킨다.

BYZANTINE [bízəntìːn] adj **extremely intricate or complicated in structure; having to do with the Byzantine Empire**

구조가 매우 복잡하고 뒤얽혀 있는; 비잔티움(동로마 제국)과 관계가 있는

The *Byzantine* Empire consisted of remnants of the Roman Empire bordering on the Mediterranean Sea, and it lasted from roughly the middle of the 5th century until the middle of the 15th century. Its principal city was Constantinople, which is now Istanbul, Turkey. *Byzantine* architecture was (and is) characterized by domes, spires, minarets, round arches, and elaborate mosaics. When used in this precise historical sense, the word is always capitalized; when used in its figurative meaning, it often is not.

Byzantine Empire(동로마 제국)는 지중해 연안의 로마 제국의 남은 영토들로 성립되었으며, 대략 5세기 중엽부터 15세기 중엽까지 지속되었다. 지금은 터키의 이스탄불이 된 콘스탄티노플이 당시 Byzantine Empire의 수도였다. Byzantine의 건축 양식은 둥근 지붕과 첨탑, 회교 사원의 뾰족탑, 둥근 아치, 정교한 모자이크 등이 특징이었다. (오늘날에도) byzantine을 정확히 역사적인 의미로 사용할 때는 항상 첫 글자를 대문자로 써야만 한다. 비유적인 의미로 사용할 때는 그렇지 않다.

- Angela couldn't follow the book's *byzantine* plot, so she read the first and last chapters and tried to guess what happened in the middle parts.

  안젤라는 미로처럼 복잡한 그 책의 줄거리를 따라갈 수가 없었다. 그래서 그녀는 첫 장과 마지막 장만 읽고 중간 부분에 어떤 일이 일어났는지 추측하려고 했다.

- **The emperor's bodyguards uncovered a** *byzantine* **scheme in which his minister of defense had planned to kill him by infusing his cologne with poison.**

  황제의 경호원들은 향수에 독을 주입해서 왕을 살해하려는 계획을 세운 국방장관의 치밀한 음모를 밝혀냈다.

▸ byzantine은 여러 가지로 다르게 발음되기도 하며, 잘못 발음하기도 한다. 이 책에서는 우선적으로 많이 쓰이는 발음을 택했다.

QUICK QUIZ

Match each word in the first column with its definition in the second column. Check your answers in the back of the book.

1. botch	a. ostentatious show of bravery
2. bracing	b. stiffen with anger
3. brandish	c. invigorating
4. bravado	d. defensive fortification
5. brawn	e. extremely intricate in structure
6. brazen	f. bungle
7. breach	g. dull saying
8. brink	h. joker
9. bristle	i. display threateningly
10. bromide	j. violation
11. brouhaha	k. abrupt in manner
12. brusque	l. edge
13. buffoon	m. impudent
14. bulwark	n. uproar
15. byzantine	o. big muscles

C

CABAL [kəbǽl] n **a group of conspirators; the acts of such a group; a clique**
공모자들; 그들이 꾸민 음모; 도당

▶ 발음에 주의할 것.

- The despised new dictator had been a part of the *cabal* that for years had plotted the overthrow of the kindly old king.
  새로 등장한 괄시 받는 독재자는 온화했던 전 국왕을 몰아내기 위해 수년 동안 음모를 꾸며 왔던 패거리의 일원이었다.

- The high-level *cabal* against the company's president accelerated rapidly and resulted in her ouster.
  사장을 상대로 한 고단수 음모는 점차 빠르게 속도가 붙었으며, 결국 그녀를 축출할 수 있었다.

- Winifred wanted to be popular and go to parties on weekends, but she was never able to penetrate the *cabal* that controlled the limited supply of fun at her high school.
  위니프레드는 인기를 많이 얻어서 주말마다 파티에 가고 싶었다. 그러나 고등학교에서 열리는 소수의 재미있는 파티에 참가할 기회를 장악하고 있는 패거리 속에 끼어들 수가 없었다.

CACHE [kæʃ] n **a hiding place; the things hidden in a secret place**
은닉처; 비밀 장소에 숨겨둔 물건

▶ 이 단어는 '숨기다'라는 의미의 프랑스 어에서 유래한 것이다.

- The taxi driver kept his cash in a *cache* behind his CD player. Unfortunately, a robber who had merely intended to steal the CD player discovered the *cache* and also stole the cash.
  택시 운전사는 CD 플레이어 뒤의 비밀 장소에 현금을 숨겨 두었다. 불행히도 단순히 CD 플레이어만을 훔치러 들어왔던 도둑이 그 비밀 장소를 발견하게 되었고 현금마저 훔쳐가 버렸다.

- The bandits had a *cache* of weapons near their hideout in the mountains.
  산적들에게는 그 산맥에 있는 은신처 근처에 무기를 감춰두는 비밀 장소가 있었다.

CALAMITY [kəlǽməti] n **a disaster** 재난, 불행

- Trouble always seemed to follow Martha Jane Canary. That's why she was known as *Calamity* Jane.
  불행은 항상 마사 제인 캐너리를 따라다니는 것 같았다. 그것이 그녀가 '불행의 화신 제인'이라고 알려진 이유였다.

- During the first few months we lived in our house, we suffered one *calamity* after another: First the furnace exploded; then the washing machine stopped working; then the roof began to leak.
  우리 집에 살던 초기 몇 달 동안 우리는 계속되는 재난으로 고통을 겪었다. 맨 처음에 아궁이가 폭발했고 그 다음엔 세탁기가 작동을 멈췄다. 그러더니 지붕마저 새기 시작했다.

- Misfortune quickly turned into *calamity* when the burning car set off the hydrogen bomb.
  불이 붙은 차량이 수소 폭탄을 폭발시키자 불행은 급속하게 재난으로 바뀌었다.

CALLOUS [kǽləs] adj **insensitive; emotionally hardened** 무감각한; 감정이 무딘

- The *callous* biology teacher gave a B to the whining student, even though he swore that such a low grade would keep him out of medical school.

  둔감한 생물 선생님은 그렇게 낮은 학점을 받게 되면 의과 대학에서 쫓겨날 수밖에 없다고 하소연을 했음에도 불구하고 푸념을 늘어놓던 학생에게 B 학점을 주었다.

- Living in Arizona for ten years has made Sally so *callous* that she isn't even moved by the most beautiful sunset over the Grand Canyon.

  10년 동안 애리조나에 살면서, 샐리는 너무나 무감각해져서 그랜드 캐년 너머의 최고로 아름다운 노을을 보고도 감동조차 받지 않는다.

A *callus* [kǽləs] is a patch of thickened or roughened skin. A *callous* person is someone who has a metaphorical *callus* covering his or her emotions.

callus는 두껍고 거칠어진 피부 조각, 즉 '굳은살'을 의미한다. callous person이란 비유적인 의미로 마음이 두껍고 거친 막으로 덮혀 있는 사람을 의미한다.

CALUMNY [kǽləmni] n **slander; a maliciously false statement** 중상, 비방; 악의적인 거짓말

- The candidate resorted to *calumny* whenever he couldn't think of anything merely mean to say about his opponent.

  그 후보자는 상대 후보에 대해서 흠잡을 점을 생각해 낼 수 없을 때마다 언제나 악의적인 비방에 의존했다.

- When Mr. McCoy could no longer withstand the *calumnies* of his accusers, he told them the truth: The thief was actually his brother.

  맥코이 씨는 자신을 비난하는 사람들의 악의적인 거짓말을 더 이상 참아낼 수 없었을 때, 그 도둑이 사실은 그의 형이라고 진실을 말했다.

▶ 동사형은 calumniate [kəlʌ́mnièit] (비장하다)이다.

- The newspaper editorial writer had already *calumniated* everyone in town, so he started again from the top of the list.

  논설위원은 이미 그 도시의 모든 사람을 비방했던 터라 인명부의 처음으로 돌아가 다시 비방하기 시작했다.

▶ 이 단어들의 발음에 주의할 것.

CANON [kǽnən] n **a rule or law, especially a religious one; a body of rules or laws; an official set of holy books; an authoritative list; the set of works by an author that are accepted as authentic** 규칙이나 법, 특히 종교상의 법규; 법률이나 규칙들; 공인된 성서들; 위작이 아닌 권위를 인정받은 작품 목록; 진짜임을 인정받은 작가의 작품들

- Timothy tried to live in accordance with the *canons* of fairness, honesty, and responsibility that his parents laid down for their children.

  티모시는 부모님이 자식들을 위해 정하신 공정함과 정직, 책임감이라는 삶의 규범을 지키며 살기 위해 노력했다.

- *Brigadoon* is part of Shakespeare's *canon*.

  "Brigadoon"은 셰익스피어의 작품 중 하나이다.

Canon also has some specific meanings and usages within the Roman Catholic church.

canon은 또한 가톨릭교회 내에서 특별한 의미와 쓰임이 있다.

CANT [kænt] n **insincere or hypocritical speech** 거짓이나 위선적인 말

- The political candidate resorted to *cant* whenever he was asked about any of the substantial issues of the campaign.

  그 정당의 후보는 선거 유세에서 본질적인 문제에 대해서 질문을 받게 되면 언제나 거짓으로 일관했다.

CANVASS [kǽnvəs] v to seek votes or opinions; to conduct a survey
투표나 의견 등을 부탁하다; 조사하다

▶ 철자에 주의할 것.

This is not the same word as *canvas*, the rough cotton cloth that circus tents, among other things, used to be made of.

canvass는 무엇보다도 곡예단의 텐트를 만들던 거칠고 두꺼운 면으로 된 천을 의미하는 canvas(캔버스)와 같은 단어가 아니다.

- In the last few days before the election, the campaign volunteers spread out to *canvass* in key districts.

  선거가 있기 전 마지막 며칠 동안, 선거 운동 자원봉사자들은 중요한 지역을 다니며 유세를 펼쳤다.

- The polling organization *canvassed* consumers to find out which brand of drain cleaner made them feel most optimistic about the global economy.

  조사 기관은 소비자들에게 세계 경제적 측면에서 볼 때 가장 낙관적인 하수 정화제는 어떤 제품인지 찾아내려고 여론 조사를 했다.

Canvass can also be a noun. A *canvass* is an act of canvassing.

canvass는 '여론 조사'나 '선거 유세'를 의미하는 명사로도 쓰인다.

- After an exhaustive *canvass* of consumers, the polling organization discovered that Sludge-X made consumers feel most optimistic about the global economy.

  철저한 소비자 여론 조사를 거친 후, 조사 기관은 소비자들이 슬러자-X가 세계 경제에서 가장 유망할 것이라고 생각한다는 결론을 얻었다.

CAPACIOUS [kəpéiʃəs] adj spacious; roomy; commodious   드넓은; 넓은; 널찍한

Something that is *capacious* has a large capacity.

capacious는 '용량(capacity)이 큰' 것을 의미한다.

- Holly had a *capacious* mouth into which she poured the contents of a family-sized box of Milk Duds.

  홀리는 입이 아주 커서 대형 박스의 더즈 우유를 한 번에 다 쏟아 넣을 수 있었다.

- The Stones' house was *capacious* but not particularly gracious; it felt and looked like the inside of a barn.

  스톤 씨네 집은 아주 널찍했지만, 별반 품위는 없었다. 그 집의 내부는 마치 헛간처럼 보였다.

- Arnold's memory for insults was *capacious*; he could remember every nasty thing that anyone had ever said about him.

  아놀드는 모욕을 받은 일에 대한 기억을 많이 담고 있어서 누군가가 그에 대하여 불쾌한 얘기를 한 것은 모두 다 기억할 수 있었다.

CAPITAL [kǽpitəl] n the town or city that is the seat of government; money, equipment, and property owned by a business; wealth used in creating more wealth
정부가 위치하고 있는 도시, 수도; 자금, 설비, 회사가 정당하게 소유하고 있는 것들, 자산; 더 많은 부를 창출하기 위해 사용되는 재화, 자본

- Austin is the official *capital* of Texas; it is also the self-proclaimed live music *capital* of the world.

  오스틴은 텍사스의 공식적인 주도이자, 또한 자칭 세계적인 라이브 음악의 수도이다.

- Ivan inherited his family's business, but then, through foolish management, exhausted its *capital* and drove it into bankruptcy.

  이반은 기업을 물려받았지만, 부실한 경영으로 재산을 모두 탕진하고 파산 지경에 이르렀다.

- Orson wanted to buy a professional football team, but he was unable to come up with the necessary *capital*; in fact, he was able to raise only $400.

  오손은 프로 풋볼 팀을 매입하기를 원했지만 부족한 자금을 다 채울 수가 없었다. 사실 그는 겨우 400달러밖에 모으지 못했다.

- The Sterns didn't have much money, so they invested human *capital*; they built it themselves.

  스턴 씨네 사람들은 재산이 많지 않았다. 그래서 그들은 인적 자원에 투자를 했다. 그들은 스스로 일어섰다.

Don't confuse this word with *capitol*, which is the building legislatures meet in.

capital을 '의회 의사당'을 가리키는 capitol과 혼동하지 마라.

CAPTIVATE [kǽptəvèit] v to fascinate; to enchant; to enrapture
매혹하다; 요술을 걸어 사로잡다; 황홀하게 하다

- The magician *captivated* the children by making their parents disappear in a big ball of blue smoke.

  마술사는 푸른 연기가 나는 커다란 공 속으로 부모들을 사라지게 해서 아이들의 마음을 사로잡았다.

- Frank wasn't *captivating* when Melinda came to call on him; he was wearing Ninja Turtle pajamas, and he hadn't brushed his teeth.

  멜린다가 프랭크를 방문했을 때, 그는 매력적인 모습이 아니었다. 그는 닌자 거북이 잠옷을 입고 있었을 뿐만 아니라 이도 닦지 않은 상태였다.

CARCINOGENIC [kàːrsənoudʒénik] adj causing cancer   발암성의

- The tobacco industry has long denied that cigarette smoke is *carcinogenic*.

  담배 회사들은 담배 연기가 암을 유발한다는 사실을 오랫동안 부인해 왔다.

An agent that causes cancer is a *carcinogen* [kɑːrsínədʒən].

암을 유발하는 인자가 carcinogen(발암성 물질)이다.

- The water flowing out of the chemical factory's waste pipe was black, bubbling, and undoubtedly loaded with *carcinogens*.

  화학 공장의 하수관을 통해 배출되는 폐수는 시커멓고 거품이 일었으며, 의심의 여지없이 발암성 물질이 포함되어 있었다.

▸ 이 단어들의 발음에 주의할 것.

QUICK QUIZ

Match each word in the first column with its definition in the second column. Check your answers in the back of the book.

1. cabal	a. slander
2. cache	b. rule or law
3. calamity	c. hiding place
4. callous	d. seek votes or opinions
5. calumny	e. seat of government
6. canon	f. hypocritical speech
7. cant	g. roomy
8. canvass	h. group of conspirators
9. capacious	i. insensitive
10. capital	j. disaster

CARDINAL [kάːrdənl] adj **most important; chief** 가장 중요한; 최고의, 제1위의

▶ 발음에 주의할 것. 두 음절이다.

- The *cardinal* rule at our school is simple: no chewing gum in the building.
  우리 학교에서 가장 중요한 규칙은 단순한 것이다. 건물 내에서 껌을 씹지 말 것.

- The "*cardinal* virtues" are said to be fortitude, justice, prudence, and temperance.
  "가장 중요한 덕목"은 불굴의 의지, 정의, 신중한 태도, 절제이다.

CAREEN [kəríːn] v **to swerve; to move rapidly without control; to lean to one side**
빗나가다; 통제를 벗어나 빠르게 움직이다; 한쪽으로 기울다

- The drunk driver's automobile bounced off several lampposts as it *careened* along the waterfront, eventually running off the end of the pier and plunging into the harbor.
  만취한 운전자의 자동차는 해안을 따라서 통제할 수 없는 상태로 질주하다가 몇 개의 가로등 기둥을 들이받고 튕겨져 나왔으며, 결국 방파제 끝까지 달려 항구로 뛰어들었다.

- The ship *careened* heavily in the storm, causing all of the cargo in its hold to shift to one side.
  배는 폭풍 속에서 심하게 기울어져서 배에 실려 있던 모든 짐들이 한쪽으로 쏠렸다.

CARTOGRAPHY [kɑːrtάgrəfi] n **the art of making maps and charts** 지도와 도표를 만드는 기술

- The United States Department of State employs a large *cartography* department because the boundaries of the world's countries are constantly changing and maps must constantly be updated and redrawn.
  전 세계의 국가 간의 경계선은 끊임없이 변하고 있고, 그에 따라 지도도 지속적으로 갱신되고 새롭게 다시 그려야 하기 때문에 미 국무성 안에는 규모가 큰 지도 제작국이 있다.

A person who makes maps or charts is called a *cartographer* [kɑːrtάgrəfər].
'지도나 도표를 만드는 사람'을 cartographer라 한다.

CASCADE [kæskéid] n **a waterfall; anything resembling a waterfall** 폭포; 폭포를 닮은 것

- Water from the burst main created a *cascade* that flowed over the embankment and into our living room.
  파열된 수도 본관에서 쏟아진 물이 폭포를 이루어 흘러넘치다가 둑을 넘어 우리 집 거실까지 들이닥쳤다.

- When the young star of the movie stubbed his toe while putting on his ostrich-skin cowboy boots, his fans responded with a *cascade* of get-well cards.
  그 영화의 젊은 배우는 타조 가죽으로 만든 카우보이 부츠를 신고 있다가 돌부리에 발끝을 채였다. 그러자 그의 팬들에게서 치유를 기원하는 카드가 폭포처럼 쏟아졌다.

▶ cascade는 동사로도 쓰인다.

- Silver dollars *cascaded* from the slot machine when Christine said the magic word that she had learned in *Word Smart*.
  크리스틴이 (워드스마트)에서 배운 마법의 주문을 말하자 슬롯머신에서 은화가 폭포처럼 쏟아졌다.

CATACLYSM [kǽtəklìzəm] n **a violent upheaval; an earthquake; a horrible flood**
극심한 사회 변동; 지각 변동; 무서운 대홍수

- The government's attempts at economic reform initiated a *cataclysm* that left the country's structure in ruins.
  경제 개혁을 추진하고자 하는 정부는 국가의 조직을 완전히 해체하는 정치적 대변혁부터 시작했다.

- The earthquake's epicenter was in midtown Manhattan, but the effects of the *cataclysm* could be felt as far away as Chicago.

  지진의 진원지는 맨해튼의 중간 지구였다. 그러나 지진의 진동은 시카고같이 먼 곳에서도 느낄 수 있었다.

- Suddenly, the sky opened, and the clouds unleashed a *cataclysm* that nearly washed away the town.

  갑자기 하늘이 열리고, 구름이 갈라지더니 대홍수가 일어나 마을을 거의 휩쓸고 가 버렸다.

▶ 형용사형은 cataclysmic[kæ̀təklízmik](격변하는)이다.

- Early on Tuesday morning, fans were still celebrating the team's *cataclysmic* 105-7 defeat of the Tigers.

  화요일 아침 일찍, 팬들은 여전히 타이거즈 팀을 105대 7의 경이적인 점수로 이긴 것에 대해서 축하하고 있었다.

CAUCUS [kɔ́:kəs] n **a meeting of the members of a political party or political faction; a political group whose members have common interests or goals**

정당이나 정치적 파벌의 구성원들의 모임; 공통의 이해관계나 같은 목표를 가진 정치인들의 모임

- In some states, delegates to political conventions are elected; in other states, they are selected in *caucuses*.

  어떤 주에서는 정당 대회에 보낼 대의원을 투표로 선출한다. 반면 다른 주에서는 대의원을 간부 회의에서 지명한다.

- The women in the state legislature joined together in an informal women's *caucus* in order to increase their influence on equal pay issues.

  주 의회의 여성 의원들은 동일 임금 문제에 대하여 그들의 영향력을 높이기 위하여 비공식적인 여성 의원들의 모임을 만들어 힘을 합쳤다.

This word can also be a verb. To *caucus* is to hold a *caucus*.

caucus는 '모임을 개최하다'라는 뜻의 동사로도 쓰인다.

- The members of the *caucus* *caucused* for several days in the hope of agreeing on a new method for selecting new members of the *caucus*. They couldn't agree, so they disbanded.

  간부 회의의 구성원들은 새로운 회원의 선출 방법을 새롭게 바꾸는 문제에 관한 합의를 이루기 위해 며칠 동안 모임을 열었다. 결국 그들은 합의를 이루지 못한 채 해산했다.

CAVALIER [kæ̀vəlíər] adj **arrogant; haughty; carefree; casual**

거만한; 건방진; 태평스러운, 무관심한; 무심결의

- The vain actor was so *cavalier* that he either didn't notice or didn't care that he had broken Loretta's heart.

  자만심이 강한 그 배우는 너무나 거만해서 자신이 로레타의 마음을 상하게 했다는 사실을 아예 몰랐거나 전혀 신경 쓰지 않았다.

- Mrs. Perkins felt that her daughter and son-in-law were somewhat *cavalier* about their housework; she objected, for example, to the fact that they seldom did any laundry, preferring to root around in the laundry hamper for something clean enough to wear again.

  퍼킨스 부인은 딸과 사위가 그들의 집안일에 다소 무관심하다고 생각했다. 예를 들면 딸과 사위가 세탁물 바구니 속을 온통 헤집어 다시 입을 수 있을 만한 옷가지를 찾아내는 것을 더 좋아하고, 빨래는 거의 하지 않는다는 사실을 부인은 못마땅하게 여겼다.

CAVIL [kǽvəl] v **to quibble; to raise trivial objections** 흠잡다; 하찮은 이의를 제기하다

- Writing the organization's new by-laws would have been much simpler if it hadn't been the chairman's habit to *cavil* about every point raised.

  제기되는 모든 문제마다 시시콜콜 토를 다는 버릇을 가진 의장만 아니었으면, 그 협회의 새로운 내부 세칙을 작성하는 일은 훨씬 더 간단했을 것이다.

- The lawyer believed that he was raising important objections, but the judge felt that he was merely *caviling* and she told him to keep quiet.

  변호사는 자신이 중요한 이의 제기를 하고 있다고 확신했다. 그러나 판사는 변호사가 단지 괜한 트집을 잡고 있다고 생각했고 변호사에게 조용히 해 달라고 말했다.

▶ cavil은 명사로도 쓰인다.

- The critic raised a few *cavils* about the author's writing style, but on the whole the review was favorable.

  평론가는 작가의 문체에 대해서 약간의 트집을 잡았다. 그러나 전체적으로 비평은 우호적이었다.

CHAFF [tʃæf] n worthless stuff 가치 없는 물건

In agricultural usage, *chaff* is the husk left over after grain has been threshed. Outside of a wheat farm, *chaff* is any worthless stuff, especially any worthless stuff left over after valuable stuff has been separated out or removed.

농업과 관련해서 chaff는 탈곡을 하고 남은 '곡물의 껍데기'를 의미한다. 밀 농장을 벗어나면 chaff는 쓸모없는 허접쓰레기, 특히 가치가 있는 것은 분리되거나 제거되고 난 후에 남아 있는 '쓸모없는 것'을 의미한다.

- Any car in which young children regularly ride gradually fills up with crumbs, Cheerios, gum wrappers, bits of paper, and other *chaff*.

  아이들이 정기적으로 타는 차는 점차 빵 부스러기, 치리어스 과자 부스러기, 껌 종이, 종잇조각들과 그 밖의 여러 가지 허접쓰레기들로 가득 차게 된다.

- The mountain of crumpled paper on which Harry lay snoring was the *chaff* he had produced in his effort to write a term paper.

  해리가 위에 누워서 코를 골며 잠을 잔 산더미 같은 구겨진 종이들은 그가 학기 리포트를 쓰기 위해 낑낑대면서 만들어낸 쓰레기였다.

QUICK QUIZ

Match each word in the first column with its definition in the second column. Check your answers in the back of the book.

1. captivate	a. violent upheaval
2. carcinogenic	b. swerve
3. cardinal	c. political meeting
4. careen	d. waterfall
5. cartography	e. fascinate
6. cascade	f. quibble
7. cataclysm	g. most important
8. caucus	h. art of making maps
9. cavalier	i. arrogant
10. cavil	j. causing cancer

CHAMELEON [kəmíːliən] n a highly changeable person 대단히 변덕이 심한 사람, 카멜레온

In the reptile world, a *chameleon* is a lizard that can change its color to match its surroundings. In the human world, a *chameleon* is a person who changes his or her opinions or emotions to reflect those of the people around him or her.

파충류 중에서 카멜레온은 '주변 환경에 맞춰 몸의 색깔을 변화시키는 능력을 가진 도마뱀'을 일컫는다. 인간의 영역에서 카멜레온은 '주변 사람들의 영향을 받아 자신의 의견이나 감정을 자주 바꾸는 사람'을 가리킨다.

- Rita was a social *chameleon*; when she was with her swimming-team friends, she made fun of the students on the yearbook staff, and when she was with her yearbook friends, she made fun of the students on the swimming team.

  리타는 사교계의 카멜레온이었다. 그녀는 수영을 함께 하는 친구들과 있을 때는 연감을 만드는 친구들을 놀림거리로 삼았다. 반대로 연감을 함께 만드는 학생들과 있을 때는 수영반의 친구들을 흉보았다.

CHAMPION [tʃǽmpiən] v to defend; to support 옹호하다; 지지하다

- During his campaign, the governor had *championed* a lot of causes that he promptly forgot about once he was elected.

  선거 유세 기간 내내 주지사는 일단 선출되기만 하면 그 즉시 모두 잊어버릴 공약들을 역설하고 다녔다.

CHANNEL [tʃǽnl] v to direct; to cause to follow a certain path
관심 등을 어떠한 방향으로 돌리다; 어떤 길로 따르도록 유도하다

- When the dean asked Eddie to explain how he had managed to earn three Ds and a C minus during the previous semester, Eddie said, "Well, you know what can happen when you *channel* all your efforts into one course."

  학과장이 에디에게 어쩌다가 지난 학기의 학점을 D 세 개와 C- 하나를 받게 되었는지 설명해 보라고 요구하자 "모든 노력을 한 과목에만 쏟게 되면 어떻게 되는지 잘 아시면서 그러세요." 하고 에디가 대답했다.

- Young people arrested for painting graffiti on subway cars were placed in a rehabilitation program that attempted to *channel* their artistic abilities into socially acceptable pursuits, such as painting the interiors of subway-station bathrooms.

  지하철에 낙서를 한 죄로 체포된 젊은이들은 지하철역의 화장실 내부를 치장하는 일처럼, 사회적으로 용인된 활동에 예술적 재능을 쏟을 수 있게 하기 위하여 마련된 사회 복귀 프로그램 처분을 받았다.

CHASTE [tʃeist] adj pure and unadorned; abstaining from sex 순결하고 꾸밈이 없는; 섹스를 삼가는

- The novel's author had a *chaste* but powerful writing style; he used few adjectives and even fewer big words, but he nonetheless succeeded in creating a vivid and stirring portrait of a fascinating world.

  그 소설의 저자는 간결하지만 힘 있는 문체를 구사했다. 그는 형용사를 거의 사용하지 않았으며 더구나 거창한 단어들은 사용하지 않았지만, 그럼에도 불구하고 생생하고 환상적인 세계를 창조하는 데 성공했다.

- Felix enjoyed *Cinderella*, but he found the movie a bit *chaste* for his liking.

  펠릭스는 '신데렐라'를 보았지만, 그의 기호에 비하자면 그 영화는 다소 순수했다.

▶ 명사형은 chastity [tʃǽstəti] (순결)이다.

- Rick chose to live a life of *chastity* by becoming a monk.

  릭은 수도승으로서의 순결한 삶을 선택했다.

CHERUB [tʃérəb] n a cute chubby-cheeked child; a kind of angel
토실토실한 뺨을 가진 귀여운 아이; 일종의 천사

- The bank robber had the face of a *cherub* and the arrest record of a hardened criminal.

  은행 강도는 뺨이 토실토실한 아주 귀여운 얼굴을 하고 있었지만, 상습적인 범행으로 체포 기록을 지니고 있었다.

▸ 형용사형은 cherubic [tʃərúːbik] (천사의)이다.

Religiously speaking, a *cherub* is an angel of the sort you see depicted on valentines and Christmas cards: a small child, with wings and no clothes. In careful usage, the correct plural is *cherubim* [tʃérəbim], but most people just say *cherubs*.

종교적인 의미로 말할 때, cherub은 밸런타인데이나 크리스마스카드에서 그림으로 볼 수 있는 일종의 '천사'이다. 날개를 달고 옷은 입지 않은 채로 나오는 작은 아이의 모습을 한 천사. 문법적으로 세밀하게 따지면, 올바른 복수형은 cherubim이지만 대부분의 사람들은 그저 cherubs라고 쓴다.

▸ 이 단어들의 발음에 주의할 것.

CHORTLE [tʃɔ́ːrtl]   v to chuckle with glee   좋아서 낄낄 웃다

A *chortle* is a cross between a chuckle and a snort. The word was coined by Lewis Carroll in *Through the Looking Glass*.

chortle은 싱글싱글 웃는 것과 코로 씩씩거리는 것의 중간인 '깔깔 웃음'이다. chortle은 루이스 캐럴이 '거울 나라의 앨리스'라는 책에서 처음 사용한 것이다.

- The toddler *chortled* as he arranged his gleaming Christmas presents on the living-room couch.

  아기는 거실 소파 위에 놓여 있는 반짝거리는 크리스마스 선물을 늘어놓으며 좋아서 낄낄 웃었다.

- The children were supposed to be asleep, but I could tell that they were reading their new joke book because I could hear them *chortling* through the door.

  아이들은 자기로 되어 있었지만 문틈으로 낄낄거리는 소리가 들리는 것으로 보건대, 자지 않고 새로 나온 우스개 책을 읽고 있다는 것을 분명히 알 수 있었다.

▸ chortle은 명사로도 쓰인다.

- Professor Smith meant his lecture to be serious, but the class responded only with *chortles*.

  스미스 교수는 강의를 진지하게 한다고 했지만, 학생들은 그저 낄낄거리는 웃음으로 응답했다.

CHURL [tʃəːrl]   n a rude person; a boor   무례하고 거친 사람; 촌뜨기

- Too much wine made Rex act like a *churl*; he thumped his forefinger on the waiter's chest and demanded to speak to the manager.

  렉스는 와인을 너무 많이 마신 탓으로 무례한 사람처럼 행동했다. 그는 집게손가락으로 웨이터의 가슴을 치고는 지배인과 얘기하게 해 줄 것을 요구했다.

▸ 형용사형은 churlish [tʃə́ːrliʃ] (무례한)이다. churlish의 명사형은 churlishness(무례함)이다.

- Rex's *churlish* behavior toward the waiter made him unwelcome at the restaurant.

  웨이터에게 한 무례한 행동 때문에 그 식당은 렉스를 달가워하지 않았다.

- Everyone was appalled by Rex's *churlishness*.

  모든 사람들이 렉스의 거친 행동 때문에 겁을 먹었다.

CHUTZPAH [hútspə]   n brazenness; audacity   뻔뻔함; 무모한 짓

▸ 발음에 주의할 것.

This slang word comes from the Yiddish.

이 속어는 유럽과 미국의 유대인들이 많이 쓰는 이디시 말에서 유래한 것이다.

- The bank manager had so much *chutzpah* that during a recent robbery, he asked the stick-up men to sign a receipt for the money they were taking. And they did it!

  은행 지점장은 워낙 무모한 사람이라 최근 강도가 들었을 때, 총을 들고 있는 강도들에게 훔쳐 가는 돈에 대한 영수증에 사인해 줄 것을 부탁했다. 그런데 강도들은 놀랍게도 사인을 해 주었다!

CIPHER [sáifər] n **zero; a nobody; a code; the solution to a code** 영(0); 무명인; 암호; 암호 해독

- The big red *cipher* at the top of his paper told Harold that he hadn't done a good job on his algebra exam.

  시험지의 상단에 빨간 글씨로 크게 적혀 있는 0이라는 숫자는 해롤드가 대수학 시험에서 좋은 성적을 얻지 못했다는 사실을 알려 주고 있었다.

- Michael was a *cipher*; after he had transferred to a new school, no one could remember what he looked like.

  마이클은 보잘것없는 사람이었다. 마이클이 다른 학교로 전학한 뒤에, 그가 어떻게 생겼는지 기억하는 사람은 아무도 없었다.

- Heather loved codes, and she quickly figured out the simple *cipher* that the older girls had used to write one another secret messages about boys.

  헤더는 암호를 좋아했다. 그녀는 다른 나이 든 소녀들이 소년들에 관해 서로 비밀 쪽지를 주고받는 데 사용한 간단한 암호를 순식간에 해석해냈다.

To *decipher*[disáifər] a coded message is to decode it. To *encipher*[ensáifər] a message is to put it into code.

동사 decipher는 암호를 해독하다'이고, encipher는 메시지를 암호로 바꾸다'이다.

- Boris's emotions were hard to *decipher*; the expression on his face never gave one a clue as to what he was feeling or thinking.

  보리스의 감정은 해독하기가 어려웠다. 보리스의 얼굴에 나타난 표정은 그의 감정이나 생각을 알 수 있는 실마리를 결코 주지 않았다.

CIRCUMNAVIGATE [sə̀ːrkəmnǽvəgeit] v **to sail or travel all the way around**
일주 여행을 하거나 항해하다

- Magellan's crew was the first to *circumnavigate* the globe.

  마젤란의 승무원들은 세계 일주 항해를 한 최초의 사람들이었다.

- *Circumnavigating* their block took the little boys most of the morning because they stopped in nearly every yard to play with their new action figures.

  남자아이들은 그들이 맡은 구역을 다 돌아보는 데 그날 아침의 대부분을 허비했다. 왜냐하면 아이들은 새 전투 인형을 가지고 노느라 거의 1야드마다 멈춰 섰기 때문이었다.

▶ circumnavigate는 비유적인 의미로도 사용된다.

- Jefferson skillfully *circumnavigated* the subject of his retirement; in his hour-long speech, he talked about everything but it.

  제퍼슨은 자신의 은퇴라는 주제에 대해서 기술적으로 피해 갔다. 그는 한 시간에 걸친 연설에서 그 문제를 제외한 모든 것들을 이야기했다.

CITADEL [sítədl] n **a fortress defending a city; a stronghold; a bulwark**
도시를 방어하기 위한 요새; 성채; 보루

- From the *citadel* on top of the hill, the king's soldiers could fire down on the troops attacking the city.

  언덕 꼭대기의 요새에서 왕의 군사들은 도시를 공격해 오는 적군에게 포격을 가할 수 있었다.

- The president viewed the university as a *citadel* of learning, as a fortress against the forces of ignorance.

  대학 총장은 대학이야말로 무지라는 폭력에 대항할 수 있는 요새, 지식의 보루라고 생각했다.

Match each word in the first column with its definition in the second column. Check your answers in the back of the book.

1. chaff		a.	worthless stuff
2. chameleon		b.	highly changeable person
3. champion		c.	chuckle with glee
4. channel		d.	pure and unadorned
5. chaste		e.	zero
6. cherub		f.	supercute child
7. chortle		g.	direct
8. churl		h.	brazenness
9. chutzpah		i.	defend
10. cipher		j.	rude person

CLANDESTINE [klændéstin] adj **concealed or secret, usually for an evil or subversive purpose** 대체로 사악하거나 파괴적인 목적을 위해 은밀하고 비밀리에 진행되는

▶ 발음에 주의할 것.

- The meetings held by the terrorists were not as *clandestine* as they imagined; their meeting room had been bugged by the CIA.
  테러리스트들의 회합은 그들이 생각하는 것만큼 그렇게 비밀리에 진행되지는 못했다. 이미 CIA가 회합이 열리고 있는 방에 도청 장치를 해 놓았던 것이다.

- Unable to persuade Congress to back the cause, the White House conducted a *clandestine* fundraising campaign to raise money for the revolutionary faction.
  그 안건을 지지하도록 의회를 설득할 수 없었기 때문에, 백악관은 혁명 정당을 위한 기금을 마련하기 위해 비밀리에 모금 행사를 열었다.

CLASSIC [klǽsik] adj **top-notch; of the highest quality; serving as a standard or model**
최고의; 최고의 질을 갖춘; 모범이나 기준이 되는

- The baseball game was a *classic* contest; it was one of the finest games I have ever seen.
  그 경기는 최고의 야구 경기였다. 내가 지금까지 본 가장 멋진 경기 중의 하나였다.

- Little Rudolph is a *classic* example of what happens when parents give a child anything he wants; he is a whining, wheedling, annoying little brat.
  루돌프라는 꼬마는 부모들이 아이가 원하는 것이라면 무엇이든지 해 주었을 때 어떻게 되는가를 보여 주는 전형적인 본보기이다. 그 아이는 칭얼대고 거짓말하는 성가신 애물단지이다.

▶ classic은 명사로도 쓰인다.

- *The Adventures of Huckleberry Finn* is an American *classic*; many readers view it as the Great American Novel.
  '허클베리 핀의 모험'은 미국의 고전이다. 많은 독자들이 이 책을 전미 최고의 소설이라고 생각하고 있다.

The adjective *classical* is closely related but usually distinct in meaning. *Classical* literature is the literature of ancient Greece and Rome. Ancient Greek and Latin are *classical* languages. *Classical* history is the history of ancient Greece and Rome. The *neoclassical* period in American architecture was a period in which American builders were heavily influenced by the architecture of ancient Greece and Rome. (The Parthenon is a *classic* example of *classical* architecture.)

형용사 classical은 밀접한 관련이 있는 단어이기는 하지만, 대개의 경우 다른 의미로 사용된다. classical literature는 고대 그리스 로마의 문학이다. 고대 그리스 어와 라틴 어는 classical languages(고전어)이다. classical history는 고대 그리스 로마의 역사이다. 미국 건축에 있어서 neoclassical period(신고전주의 시대)란 미국의 건축가들이 고대 그리스 로마의 건축 양식에서 많은 영향을 받은 시기를 가리킨다. (파르테논 신전은 classic(고전적인) 건축 양식의 classical(전형적인) 예이다.)

In music, *classical* refers to European music of the second half of the 18th century. Mozart is an example of a *classical* composer.

음악 분야에서의 classical(고전주의의)이라 함은 18세기 후반의 유럽 음악을 가리킨다. classical(고전 음악의) 작곡자로는 모차르트가 있다.

When people in an academic setting refer to "the *classics*," they are almost always referring to the literature and languages of ancient Greece and Rome. A *classics* major is a student who concentrates in that literature and those languages.

사람들이 학문의 영역에서 'the classics(고전)'를 언급할 때는 거의 언제나 고대 그리스 로마의 언어와 문학을 이야기하는 것이다. classics major(고전 전공자)는 고대 그리스 로마의 문학과 그에 쓰인 언어를 전공하는 학생을 일컫는다.

CLEAVE [kliːv] v to cling; to split   집착하다, 붙다; 쪼개다, 나누다

This fascinating word can be its own opposite. When one thing *cleaves* to another, they stick together closely. But when you split them apart, you can also be said to be *cleaving* them (as with a *cleaver*).

이 매력적인 단어는 자신의 반대 의미로 될 수 있다. 한 사물이 다른 사물에 대하여 cleave라고 했을 때는 두 사물이 '서로 밀접하게 붙다'라는 의미이다. 그러나 두 사물을 쪼개서 분리하다라고 할 때에도 역시 (쪼개는 도구를 가지고) cleave를 사용할 수 있다.

- When a child is frightened, it *cleaves* to its parent, and no one is able to *cleave* them.

  아이는 겁을 먹게 되면 부모에게 달라붙는다. 부모와 아이를 떼어 놓을 수 있는 사람은 아무도 없다.

- The streamlined front of the automobile is designed to *cleave* the air, reducing wind resistance.

  앞부분을 유선형으로 만든 자동차는 바람의 저항을 줄이기 위해 공기를 가르며 나갈 수 있도록 고안된 것이다.

- The explorers had powerful machetes, but the jungle was so dense that they were unable to *cleave* a path through it.

  탐험가들에게는 잘 드는 칼이 있었지만, 밀림이 워낙 무성해서 길을 헤치며 나아갈 수가 없었다.

Something that has been split is *cleft* [kleft].

'갈라진 틈', '쪼개진 조각'을 의미하는 명사는 cleft이다.

CLIMATIC [klaimǽtik] adj having to do with the climate   기후와 관련된

- The buildup of carbon dioxide in the atmosphere appears to be causing pronounced *climatic* changes all over the world.

  대기 중의 이산화탄소의 증가가 전 세계에 걸쳐 일어나고 있는 뚜렷한 기후 변화의 원인으로 보인다.

▶ climax(절정)의 형용사형인 climactic[klaimǽktik]과 혼동하지 말 것.

CLOISTER [klɔ́istər] n a covered walk, with columns on one side, that runs along the perimeter of a courtyard, especially in a convent or monastery; a convent or monastery; a tranquil, secluded place

안뜰의 주위를 따라서 이어지는, 한쪽에는 기둥이 나열해 있으며, 특히 수녀원이나 수도원에 있는 복도, 회랑; 수녀원, 수도원; 조용하고 외딴 곳에 있는 장소

In its first two meanings, this word is of interest primarily to people who are interested in convents and monasteries. More generally the word is used in connection with places that suggest the tranquil seclusion of a convent or monastery.

앞의 두 가지 의미로 볼 때, 주로 수녀원이나 수도원에 관심을 갖고 있는 사람들이 cloister에 흥미가 있을 것이다. 좀 더 일반적인 의미로 보면, cloister는 조용하고 외진 곳에 있는 수도원이나 수녀원을 연상시키는 장소와 관련지어서 쓰인다.

- Virginia viewed her office as a *cloister* to which she could withdraw from the chaos of the production line.

  버지니아는 사무실을 혼란스러운 생산 라인으로부터 떠나 있을 수 있는 은둔지라고 생각했다.

- The little clearing in the woods was Billy's *cloister*; he went there to meditate and recharge his mental batteries.

  숲 속에 있는 작은 개간지는 빌리의 은둔지가 되었다. 그는 거기에 들어가 묵상을 하고 정신적 에너지를 재충전했다.

▶ cloister가 동사로 쓰이면 '격리하여 외진 곳에 가두다' 라는 뜻이다.

- After his hectic week, David *cloistered* himself on the golf course for the entire three-day weekend.

  데이비드는 열광적인 한 주를 보내고 난 뒤 주말의 사흘 동안을 온전히 골프 코스에 갇혀 있었다.

▶ 형용사형은 cloistral[klɔ́istrəl] (은둔한)이다.

CLONE [kloun] n an exact duplicate; an organism genetically identical to another
완벽한 복제; 유전 공학에 의해 다른 것과 똑같게 만들어낸 유기체

- The new store was a *clone* of the old one; even the sales clerks looked the same.

  새로 연 가게는 이전 가게와 똑같았다. 심지어 점원조차도 같은 사람인 것 같았다.

- Margaret's daughter Eloise looked so much like her that Eloise seemed less like her child than like her *clone*.

  마가렛의 딸인 엘로이즈는 엄마와 너무나 똑같이 생겨서 딸이 아니라 마가렛의 복제 인간처럼 보였다.

- Identical twins are *clones*.

  일란성 쌍둥이는 똑같이 생겼다.

▶ clone은 '완전히 똑같은 복제품을 만들다' 라는 뜻의 동사로도 쓰인다.

- Isaac spent his life trying to find a way to *clone* himself, because he believed that the world would be a better, more interesting place if it were filled with Isaacs.

  이삭은 자신을 복제하는 방법을 찾고자 일생을 바쳤다. 세상이 이삭이라는 인간으로 가득 찬다면, 더 재미있고 더 행복해질 것이라고 생각했기 때문이었다.

CLOUT [klɑut] n a blow; influence 때림, 강타; 영향

- When Winnona kept jumping higher and higher on the bed despite her father's warnings, her collision with the ceiling gave her a *clout* on the head that made her see stars.

  위노나가 아빠의 경고에도 불구하고 침대에서 점점 더 높이 점프를 계속했을 때, 천장에 머리를 심하게 부딪쳤고 별이 보였다.

- Jim has a lot of *clout* at the bank, perhaps because his father is the president.

  짐은 그 은행에 많은 영향력을 행사하고 있다. 아마도 그의 아버지가 은행장이기 때문일 것이다.

CLOY [klɔi] v to cause to feel too full, especially when indulging in something overly sweet; to become wearisome through excess
지나치게 많은 것처럼 느끼게 만들다, 특히 지나치게 단것을 탐닉했을 때 물리게 하다; 과잉으로 물리고 지루하게 되다

- After a few bites, the delicious dessert began to *cloy*, and Leo thought that he was going to be sick.

  몇 입 먹고 나니 맛있는 디저트도 물리기 시작했다. 그래서 레오는 구역질이 날 것 같다는 생각이 들었다.

- The new perfume was *cloying*; it smelled good at first, but soon the fragrance began to seem almost suffocating.

  새로 가져온 향수는 지겨워졌다. 처음에는 향이 좋았지만, 곧 그 향기에 숨이 막힐 것 같았다.

CODDLE [kádl] v to baby 응석을 받아주다

- Old Mrs. Smythe had dozens of cats, and she *coddled* them all by feeding them fresh cream, liver, and chocolate pudding.

  노령의 스미스 부인은 수십 마리의 고양이를 키우고 있었다. 그녀는 고양이들에게 신선한 크림과 간과 초콜릿 푸딩까지 먹이로 줘가며 귀하게 키웠다.

- Mr. Katz *coddled* his new employees because he didn't want them to quit as a group on the day before Christmas, as his previous employees had done.

  카츠 씨는 새로 온 종업원들의 요구를 다 받아주었다. 전에 있던 종업원들이 그랬던 것처럼 크리스마스 전날에 새로 온 종업원들이 단체로 그만두게 되는 사태가 일어나는 것을 원하지 않기 때문이다.

QUICK QUIZ

Match each word in the first column with its definition in the second column. Check your answers in the back of the book.

1. circumnavigate	a. having to do with the climate
2. citadel	b. blow
3. clandestine	c. cling
4. classic	d. sail all the way around
5. cleave	e. covered walk
6. climatic	f. secret
7. cloister	g. fortress defending a city
8. clone	h. exact duplicate
9. clout	i. top-notch
10. cloy	j. cause to feel too full

COGITATE [kádʒitèit] v to ponder; to meditate; to think carefully about
숙고하다; 명상하다; ~에 대하여 신중하게 생각하다

- When the professor had a particularly difficult problem to solve, he would climb a tree with a bag of jellybeans and *cogitate* until he had a solution.

  교수님은 특별히 해결해야 할 어려운 문제가 있을 때면, 젤리 사탕이 들어 있는 가방을 메고 나무에 올라가 해결책이 생길 때까지 명상을 하곤 했다.

- Jerry claimed that he was *cogitating*, but most people I know don't snore when they *cogitate*.

  제리는 명상을 하고 있었노라고 주장했다. 하지만 내가 아는 한 대부분의 사람들은 명상을 할 때 코를 골지는 않는다.

▶ 명사형은 cogitation[kàdʒitéiʃən](사고, 숙고)이다.

- *Cogitation* was apparently painful to Rebecca; whenever she thought carefully about something, her eyes squinted, her hands shook, and she broke into a sweat.

  명상은 레베카에게는 확실히 괴로운 일인 것 같았다. 그녀는 뭔가에 대해서 꼼꼼히 생각하려고 하면 언제나 눈은 사시가 되고 손은 떨리면서 갑자기 땀이 나기 시작했다.

COHORT [kóuhɔːrt] n a group 무리, 집단

In ancient Rome, a *cohort* was a military division of several hundred soldiers. In careful modern usage, *cohort* often retains a shade of this original meaning.

고대 로마에서의 cohort는 수백 명의 병사들을 군사적으로 구분한 것이다. 주의 깊은 현대 어법에서도 cohort는 이러한 본래의 의미를 유지하고 있다.

- The IRS office was surrounded by a *cohort* of disgruntled taxpayers demanding the head of the lead agent.

  국세청 사무실은 불만에 가득 차서 고위급 책임자를 요구하는 납세자의 무리에 둘러싸여 있었다.

Cohort is increasingly used to mean companion or accomplice, but many careful speakers and writers would consider this to be careless usage. An example: The armed robber and his *cohort* were both sentenced to hundreds of years in prison.

cohort는 점차로 '동료'나 '공범'을 가리키는 말로 사용되고 있다. 그러나 많은 수의 신중한 사람들은 말을 하거나 글을 쓸 때 이것을 부주의한 용법으로 간주할 것이다. 예: 무장 강도와 그의 공범은 둘 다 수백 년의 징역형을 선고받았다.

COMMEMORATE [kəmémərèit] v to honor the memory of; to serve as a memorial to
~을 기념하다; ~의 기념이 되다

- The big statue in the village square *commemorates* the founding of the town 250 years ago.

  마을 광장에 있는 커다란 동상은 250년 전 그 촌락을 건설한 것을 기념하는 것이다.

- The members of the senior class painted a mural on the cafeteria wall to *commemorate* their graduation.

  상급생들은 자신들의 졸업을 기념하여 식당 벽에 벽화를 그렸다.

▶ 명사형은 commemoration[kəmèməréiʃən] (기념)이다.

- The *commemoration* for the new building lasted so long that the weary participants forgot what they were supposed to be *commemorating*.

  새 건물에 대한 기념식은 너무 길어져서 따분해진 참석자들은 자신들이 무엇을 축하하러 모였는지조차 잊어버렸다.

COMMISERATE [kəmízərèit] v to express sorrow or sympathy for; to sympathize with; to pity 애도나 동정을 표하다; 동정하다; 불쌍히 여기다

To *commiserate* with someone is to "share the misery" of that person.

commiserate with는 누군가의 '불행을 함께 나누다'라는 뜻이다.

- My grandmother *commiserated* with me when I told her about the terrible day I had had at school.

  내가 학교에서 보냈던 끔찍한 하루에 대해서 할머니께 얘기하자 할머니는 내게 동정을 보내셨다.

- In the aftermath of the flood, the mayor was quick to *commiserate* but slow to offer any aid.

  홍수가 끝난 직후에 시장은 재빠르게 애도의 표시를 했다. 그러나 원조를 제공하는 일은 늦었다.

- The other members of the tennis team *commiserated* with their captain after his humiliating loss in the finals of the tournament.

  테니스 팀의 주장이 토너먼트 결승전에서 굴욕적인 패배를 하고 난 후, 팀 내의 다른 선수들은 그에게 동정을 보냈다.

▶ 명사형은 commiseration[kəmìzəréiʃən] (위로의 표현)이다.

- The new widow was weary of the *commiseration* of her friends and eager to get on with her life.

  최근 남편을 잃은 미망인은 친구들의 동정에 이골이 났다. 그녀는 자신의 삶을 영위하고 싶었다.

▶ 이 단어들의 발음에 주의할 것.

COMMODIOUS [kəmóudiəs] adj spacious; roomy; capacious 드넓은; 넓은; 용량이 큰

▶ 발음에 주의할 것.

- The rooms in the old hotel were so *commodious* that Sheila nearly got lost on her way to the bathroom.
  낡은 그 호텔의 방들은 너무나 넓어서 실라는 화장실 가는 길도 잃어버릴 정도였다.

- The millionaire's house was *commodious* but not particularly attractive; the big rooms were filled with ugly furniture.
  백만장자의 집은 대단히 넓기는 했지만, 특별히 사람의 마음을 끄는 데는 없었다. 큰 방들은 볼품없는 가구들로 채워져 있었다.

COMPATIBLE [kəmpǽtəbl] adj harmonious; capable of functioning, working, or living together in harmony; consistent
조화된; 기능이나 작업, 생존을 위해 함께 조화를 이룰 수 있는; 모순 없이 일관된

- My college roommate and I were completely *compatible*; we both liked to leave the lights and television on when we slept, and we both smoked cigars.
  대학 룸메이트와 나는 완벽하게 조화를 이루고 있었다. 우리는 둘 다 잠을 잘 때 불과 텔레비전을 켜놓는 것을 좋아했으며, 둘 다 시가를 피웠다.

- Urban's new computer was not *compatible* with his old printer; when he hooked the two of them together, they both exploded.
  어반의 새 컴퓨터는 구형의 프린터에는 작동하지 않았다. 그가 둘을 함께 연결하자 폭발해 버렸다.

▶ 반의어는 incompatible[inkəmpǽtəbl](양립할 수 없는)이다.

- Ken and Gina got divorced because they had decided, after thirty-five years of marriage and seven children, that they were simply *incompatible*.
  켄과 지나는 35년간의 결혼 생활에 일곱 명의 자녀를 둔 뒤, 성격이 맞지 않는다고 판단해서 이혼을 하게 되었다.

▶ 명사형은 compatibility(양립 가능성)이다.

COMPETENT [kámpitənt] adj capable; qualified 능력이 있는; 자질을 갖춘

- The plumber Melody hired to fix her leaky pipes was not *competent*; when the plumber had finished, the pipes were leakier than they had been before.
  새고 있는 파이프를 수리하기 위해 멜로디가 고용한 배관공은 능력이 없는 사람이었다. 그가 일을 마치고 난 후 파이프는 수리하기 전보다 누수가 더 많이 일어났다.

- Peter is a *competent* student but not an exceptional one; he earns average grades and he never makes observations that cause his teachers to gasp with wonder.
  피터는 유능한 학생이기는 하지만 뛰어난 학생은 아니다. 그는 평균 정도의 성적만을 받고, 선생님들을 놀라게 할 만한 관찰력을 보여 주지도 못한다.

- I didn't feel *competent* to rebuild my car's engine, so I let a trained mechanic do the job.
  나는 자동차 엔진을 개조하는 일에 별로 소질이 없는 것 같았다. 그래서 나는 숙련된 정비사에게 그 일을 맡겼다.

▶ 반의어는 incompetent(무능한)이다. 명사형은 competence[kámpitəns](능숙함)이다.

COMPILE [kəmpáil] v to gather together; to gather together into a book
함께 모으다; 함께 모아 책으로 만들다

- At the end of a long career, the company president *compiled* his thoughts about business in a booklet that was distributed to all the company's employees.
  오랜 직장 생활 끝에, 회사의 사장은 비즈니스에 관한 자신의 생각들을 모아 작은 책으로 펴내서 회사의 모든 직원들에게 배포했다.

- In a dozen years in the big leagues, the pitcher *compiled* a record of victories that placed him in contention for a spot in the Hall of Fame.
  12년 동안의 빅 리그에서, 그 투수는 명예의 전당에 이름이 올라갈 수 있을 만한 승리의 기록을 세웠다.

The result of an act of *compiling* is a *compilation*[kàmpəléiʃən].

편집해서 만들어낸 물건을 compilation이라 한다.

- At the end of the semester, the second-grade teacher sent each child home with a *compilation* of his or her classroom work.

  학기 마지막에 2학년 담임 선생님은 아이들이 학교에서 공부한 내용물을 편집해서 아이들의 가정으로 보냈다.

COMPLY [kəmplái] v to act or be in accordance (with) ~에 따르다, ~대로 행동하다

- The doctor *complied* with my wishes and told me that I had to stay in bed all day eating ice cream and watching TV.

  의사는 내가 원하는 대로 침대에 누워 하루 종일 아이스크림을 먹으며 텔레비전을 보고 있어야만 한다고 말했다.

- The company's most successful salesman refused to *comply* with a rule requiring all men to wear neckties, so the company changed the rule.

  회사에서 가장 성공한 세일즈맨은 모든 남성은 넥타이를 매야 한다는 필수 규정에 따르기를 거부했다. 그래서 회사는 규칙을 바꾸었다.

▶ 명사형은 compliance[kəmpláiəns] (준수)이다.

- The Internal Revenue Service doesn't have the resources to audit every tax return; for the most part, it depends on the voluntary *compliance* of taxpayers.

  국세청은 모든 세제 수입을 회계할 수 있는 자료를 가지고 있지 않다. 대부분의 경우엔 납세자의 자발적인 협력에 의존한다.

QUICK QUIZ

Match each word in the first column with its definition in the second column. Check your answers in the back of the book.

1. coddle	a. spacious
2. cogitate	b. honor the memory of
3. cohort	c. harmonious
4. commemorate	d. ponder
5. commiserate	e. capable
6. commodious	f. baby
7. compatible	g. gather together
8. competent	h. group
9. compile	i. act in accordance
10. comply	j. express sorrow for

COMPOSED [kəmpóuzd] adj calm; tranquil 침착한; 평온한

- The defendant was eerily *composed* when the judge read the jury's guilty verdict; he seemed to almost welcome his conviction.

  판사가 배심원들의 유죄 평결을 읽는 동안 피고인은 무서울 정도로 침착했다. 그는 거의 자신의 유죄 판결을 환영하는 것처럼 보였다.

- Billy's mother somehow managed to remain *composed* in the ticket line at Disneyland, despite the fact that Billy was clinging to her leg and crying at the top of his lungs.

  빌리가 엄마의 다리에 매달려서 목청이 터져라 큰 소리로 울어댔음에도 불구하고, 빌리의 엄마는 디즈니랜드 입장권을 사는 줄에 서서 평정을 유지하고 있었다.

▶ 명사형은 composure[kəmpóuʒər] (평정)이다.

- The judges were most impressed by the young dancer's *composure*; despite the pressure of the nationally televised recital, she remained calm and finished her routine without making a single error.

  심사위원들은 젊은 무용수의 침착함에 대단히 깊은 인상을 받았다. 전국적으로 방송되는 공연이라는 중압감에도 불구하고, 그녀는 평정을 유지하며 단 한 번의 실수도 없이 모든 과정을 끝마쳤다.

COMPROMISE [kámprəmàiz] n a settlement of differences in which each side gives up something 각자가 조금씩 양보하여 서로의 이견을 조정하는 것, 타협, 절충안

- Bill and Phil couldn't settle their argument about the composition of the moon, so they agreed to a *compromise*; on evenly numbered days they would believe that it was made of green cheese, and on oddly numbered days they would believe that it was made of Ivory soap.

  빌과 필은 달의 구성 성분에 대한 논쟁에서 결론을 내지 못하고 있었다. 그래서 그들은 타협점을 찾았다. 짝수 날에는 달이 푸른색의 치즈로 만들어졌다고 생각하고, 홀수 날에는 달이 아이보리 비누로 만들어졌다고 생각하기로 결정한 것이다.

▶ compromise는 동사로도 쓰인다. compromise＝make a compromise(타협하다)

- Even after a year of negotiations, the leaders of the two warring countries refused to *compromise*; each wished to be viewed as the victor in their dispute.

  일 년간이나 협상을 진행한 후에도, 교전 당사국의 지도자들은 타협에 이르지 못했다. 두 나라는 모두 이 분쟁에서 승자로 인식되기를 원했다.

To *compromise* can also mean to abandon or give up. To *compromise* one's principles is to do something in violation of one's principles.

compromise는 또한 abandon(그만두다), give up(포기하다)의 의미도 있다. to compromise one's principles는 '자신의 원리원칙을 침해하는 일을 하다'라는 뜻이다.

- Sally chose detention for violating her high school's dress code rather than *compromise* her belief in freedom of expression.

  샐리는 고등학교의 복장 규정을 위반한 벌로, 표현의 자유에 대한 자신의 신념을 버리기보다는 차라리 근신처분을 택했다.

COMPUNCTION [kəmpʌ́ŋkʃən] n remorse; a feeling of uneasiness at doing something wrong 후회; 잘못된 일을 한 것에 대해 느끼는 불편한 감정, 양심의 가책

- Mrs. Riley had no *compunction* about overeating if she thought that her meal was low in fat.

  라일리 부인은 그녀의 식사가 저지방 식단이라고 생각하면 과식을 해도 양심의 가책을 느끼지 않았다.

- The bank robber was absolutely without *compunction*; he filled his satchel with cash as calmly as if he had been filling it with groceries.

  은행 강도는 아주 뻔뻔스러웠다. 그는 마치 상점에서 식료품을 주워 담는 것처럼 태연하게 은행의 현금을 그의 가방 속에다 집어넣었다.

CONCAVE [kánkéiv] adj curved inward, like the inside of a circle or a sphere 오목한, 구나 원의 안쪽 같은

If you cut a volleyball in half, the inside surface of each half would be *concave*. The outside surface of each half would be *convex*[kɑnvéks]. It's easy to keep these two words straight. A *concave* surface goes in, the way a cave does. A *convex* surface goes out, in a way that will vex you if you don't remember the part about the cave.

배구공을 반으로 잘라 보면, 각각의 안쪽 표면은 concave(오목한)일 것이다. 각각의 바깥쪽 표면은 convex(볼록한)일 것이다. 이 두 개의 단어는 곧바로 기억하기가 쉽다. 동굴이 그러하듯이 concave surface(오목한 표면)는 '안으로 들어간' 것이다. 만약 동굴의 바깥 부분을 기억하지 못한다면 그 사실은 당신을 초조하게 만들(vex) 것이므로 convex surface(볼록한 면)는 '밖으로 볼록한'이라는 뜻이다.

- A big optical telescope is likely to have both a *concave* reflective surface and a number of *convex* lenses.

  대형 광학 망원경은 오목한 반사면과 다수의 볼록 렌즈를 둘 다 가지고 있기 마련이다.

CONCEDE [kənsíːd] v to acknowledge as true or right; to grant or yield
사실이라고, 혹은 정당하다고 인정하다; 시인하다, 양보하다

- The candidate *conceded* the election shortly before midnight, after it had become abundantly clear that his opponent was going to win by a landslide.

  상대 후보가 압도적인 차이로 당선될 것이라는 사실이 확실해지고 난 뒤, 그 후보는 자정 직전에 선거 결과를 인정했다.

- Jerry refused to *concede* defeat, even though his football team was losing 63-14.

  제리네 팀이 풋볼 경기에서 63대 14로 지고 있었음에도 불구하고 제리는 패배를 인정하지 않았다.

▶ 명사형은 concession[kənséʃən] (인정)이다.

- Despite his *concession* that he didn't know what he was talking about, Harry continued to argue his point as strongly as before.

  자신이 무슨 이야기를 하고 있는지도 모르겠다고 스스로 인정했음에도 불구하고, 해리는 이전만큼 강하게 계속해서 자신의 입장을 주장했다.

CONCENTRIC [kənséntrik] adj having the same center   같은 중심을 갖고 있는

- The inner and outer edges of a doughnut are *concentric* circles. So are the rings on an archery target.

  도넛의 안쪽 원과 바깥쪽 테두리는 중심이 같은 원이다. 양궁의 표적에 있는 원들도 마찬가지이다.

CONCERT [kánsəːrt] n combined action; agreement   연합을 이룬 행위; 협약

- By acting in *concert*, the three boys were able to lift the rock that none of them had been able to lift while acting alone.

  세 소년이 서로 힘을 합침으로서, 혼자서 할 때는 아무도 들 수 없었던 바위를 들 수 있게 되었다.

A *concerted* [kənsə́ːrtid] effort is one made by individuals acting in *concert*.

concerted effort는 개인들이 서로 concert(협조)하여 만든 것, 즉 '협력'을 의미한다.

CONCOCT [kɑnkákt] v to create by mixing ingredients; to devise
원료를 서로 섞어 만들어내다; 고안하다

- Using only the entirely unexciting groceries she found in the refrigerator, the master chef *concocted* a fabulous seven-course meal that left her guests shaking their heads.

  대가 주방장은 냉장고에서 찾아낸 아주 하찮은 식료품만을 사용하여 믿을 수 없을 만큼 굉장한 일곱 가지 코스 요리를 만들어내서, 그녀의 손님들은 고개를 저었다.

- Because so many of the streets were flooded from the rains, Sylvia had to *concoct* an elaborate plan to drive to the supermarket and back.

  많은 도로들이 비에 침수되어, 실비아는 슈퍼마켓까지 운전해서 갔다가 돌아올 정교한 계획을 짜야 했다.

A *concoction* [kənkákʃən] is something that has been *concocted*.

명사 concoction은 '혼합하여 만들어진 물질'을 의미한다.

- After proudly announcing that they had made dessert, the children brought in an unsettling *concoction* that appeared to contain nothing edible.

  디저트를 다 만들었다고 의기양양하게 알리고 나서, 아이들은 먹을 수 있는 것은 조금도 들어 있지 않은 것처럼 보이는 불안한 혼합물을 가져왔다.

CONCOMITANT [kɔnkámitənt]   adj **following from; accompanying; going along with**
결과로 따라오는; 붙어 나오는; 동반하는

▶ 발음에 주의할 것.

- Derek Jeter's success on the baseball field, and the *concomitant* increase in the size of his bank account, made him the envy of all professional baseball players.
  데릭 지터는 야구장에서의 승리와 그에 부수적으로 따라오는 은행 계좌의 예금 증가 덕분에 모든 프로 야구 선수들로부터 부러움을 샀다.

- Along with his large cash donation, the philanthropist made a *concomitant* promise to support the new library with smaller gifts in the coming years.
  많은 양의 현금을 기부함과 동시에, 그 자선 사업가는 앞으로는 적은 규모이지만 새 도서관을 지원하겠다는 부수적인 약속을 했다.

CONFEDERATE [kɔnfédərət]   n **an ally; an accomplice**   동맹자, 동맹국; 공모자

- The rebels had few *confederates* in the countryside; as a result, they were never able to field much of an army.
  그 마을에는 반란군들의 동맹군이 거의 없었다. 그 결과, 그들은 많은 수의 군대를 전투에 배치할 수가 없었다.

- It took the police several months to track down the embezzler's *confederates*, but they were eventually able to arrest most of them.
  횡령사건의 공모자들을 추적하는 데 여러 달이 걸렸지만, 경찰은 결국 공모자 대부분을 체포할 수 있었다.

▶ 명사형은 confederation[kɔnfèdəréiʃən](연합)이다.

The *Confederacy* [kɔnfédərəsi], formally known as the Confederate States of America, was the *confederation* of eleven southern states that seceded from the United States of America in 1860 and 1861, precipitating the Civil War.
미국의 남부동맹으로 알려진 Confederacy는, 1860과 1861년에 미연방에서 탈퇴하여 남북전쟁을 촉발시킨 남부 11개 주의 confederation(연합)을 의미한다.

▶ confederate는 동사가 되면 [kɔnfédəreit]로 발음된다.

CONFER [kɔnfə́ːr]   v **to exchange ideas; to consult with; to bestow**
생각을 교환하다; 협의하다; 주다, 수여하다

- The referees *conferred* briefly before ruling that the pass had been incomplete and that no touchdown had been scored.
  심판들은 잠깐 동안 의견을 교환한 뒤 패스가 불완전했기 때문에 터치다운을 점수로 인정하지 않는다는 판정을 내렸다.

- I told the salesman that I needed to *confer* with my wife by telephone before signing a formal agreement to buy the old ocean liner.
  나는 중고 원양 여객선을 구입하는 정식 계약서에 사인하기 전에 아내와 통화를 해서 협의할 필요가 있다고 세일즈맨에게 이야기했다.

- The administration decided to *confer* an honorary degree upon the old millionaire because it hoped doing so would cause him to leave a large donation to the university in his will.
  대학 당국은 고령의 백만장자에게 명예 학위를 수여할 것을 결정했다. 그렇게 하면 백만장자가 유언장을 통해 많은 기부금을 대학에 남겨 주게 될 것이라는 기대 때문이었다.

A *conference* [kánfərəns] is a meeting at which people *confer*.
명사형 conference는 '협의하기 위해 모인 모임'을 의미한다.

Match each word in the first column with its definition in the second column. Check your answers in the back of the book.

1. composed	a. ally
2. compromise	b. acknowledge as true
3. compunction	c. having the same center
4. concave	d. settlement of differences
5. concentric	e. following from
6. concert	f. combined action
7. concede	g. curved inward
8. concoct	h. calm
9. concomitant	i. create by mixing ingredients
10. confederate	j. remorse

CONFIDANT [kɑ̀nfidǽnt] n **a person with whom secrets or private thoughts are shared**
비밀이나 사적인 생각들을 나눌 수 있는 사람

A *confidant* is a person in whom one can *confide* [kənfáid].
confidant는 '신뢰할 수 있는 사람'이다.

- Sally's brother was also her *confidant*; when she had a problem that she felt she could discuss with no one else, she called him.
  샐리의 오빠는 그녀에게 절친한 친구와도 같은 존재였다. 그녀는 의논할 만한 사람이 아무도 없다고 생각되는 문제가 생기면 오빠에게 전화를 했다.

▶ confidant의 여성형은 confidante이고 발음은 동일하다.

CONFIGURATION [kənfìgjəréiʃən] n **arrangement** 배치, 배열

- The *configuration* of the seats was such that no one in the audience had a clear view of the stage.
  객석에서는 무대가 제대로 보이는 사람이 아무도 없을 정도로 좌석 배치가 엉망이었다.

- My wife and I loved the exterior of the house, but we hated the *configuration* of the rooms.
  아내와 나는 집의 외관이 아주 마음에 들었다. 그러나 방의 배치는 끔찍하게 싫었다.

- By slightly altering the *configuration* of chips on the motherboard of his laptop computer, Zach was able to turn it into a combination of death ray and time machine.
  휴대용 컴퓨터의 마더보드에서 칩의 배열을 조금만 바꾸는 방법으로, 자크는 타임머신과 살인 광선이 결합된 기계를 만들어낼 수 있었다.

To *configure* is to arrange.
동사 configure는 arrange(배열하다, 정돈하다)의 뜻이다.

CONFLAGRATION [kɑ̀nfləgréiʃən] n **a large fire** 대형 화재

- The smoldering rags in the dumpster ignited the drums of explosive chemicals, and the small fire rapidly became a *conflagration* that enveloped the entire block.
  쓰레기장의 버려진 옷가지에서 검은 연기가 나더니 폭발성 화학 물질이 담겨 있는 드럼통으로 불이 붙었다. 그렇게 시작한 작은 불은 삽시간에 그 구획 전체로 번져 대형 화재로 바뀌었다.

CONFLUENCE [kάnfluəns] n a flowing together 합류

▶ 발음에 주의할 것.

- St. Louis is situated at the *confluence* of the Missouri and Mississippi rivers.
세인트루이스는 미주리 강과 미시시피 강이 합류하는 지점에 위치해 있다.

- Pier's new book, *Angling in the Kitchen*, represented the *confluence* of his two main interests in life, fishing and cooking.
피어의 새 책 '주방에서 낚시하기'는 낚시와 요리라는 그의 두 가지 주요한 관심사를 접목한 것이었다.

CONFOUND [kαnfáund] v to bewilder; to amaze; to throw into confusion
당황하게 하다; 놀라게 하다; 당황하게 만들다

- The team's inability to score *confounded* the coach, who had expected an easy victory.
그 팀은 점수를 내지 못해서 쉽게 승리할 것이라고 생각하고 있었던 코치를 당황하게 만들었다.

- Allen's failure to understand his computer continues to *confound* his efforts to become computer-literate.
컴퓨터를 공부하는 데 있어서의 거듭된 실패가 컴퓨터에 익숙해지려는 알렌의 노력을 꺾어 버린다.

CONGEAL [kəndʒíːl] v to solidify; to jell 응고시키다; 젤리 모양으로 굳어지다

- The bacon grease *congealed* into a smooth white mass when we put the skillet in the freezer.
베이컨 기름은 냄비를 냉장고에 넣자 부드럽고 하얀 덩어리로 굳었다.

- It took several years for my ideas about invisibility to *congeal* to the point at which I could begin manufacturing and marketing vanishing pills.
투명성에 관한 아이디어가 안 보이게 하는 약의 제조와 마케팅을 시작할 수 있는 있을 만큼 구체화되는 데는 수년이 걸렸다.

CONJUGAL [kάndʒəgəl] adj having to do with marriage 결혼의

▶ 발음에 주의할 것.

- After twenty-eight years of *conjugal* bliss, May divorced Ben when Ben suddenly confessed that he never liked the way she flossed her teeth.
28년간의 다시없는 행복한 결혼 생활을 하고 나서, 벤이 갑자기 메이가 치실을 사용하여 이 닦는 것을 아주 싫어한다고 고백하자 그들은 이혼하게 되었다.

CONNIVE [kənáiv] v to conspire; to aid or encourage a wrong by feigning ignorance of it
공모하다; 모른 척 묵인함으로써 나쁜 일을 돕거나 격려하다

- An investigation revealed that virtually the entire police department had been *conniving* with the neighborhood drug dealers, giving them immunity in exchange for a cut of the profits.
조사 결과 이익의 일부를 나눠주는 조건으로 눈감아 줌으로써 사실상 경찰국 전체가 인근의 마약업자들과 공모했음이 드러났다.

▶ 명사형은 connivance[kənáivəns] (묵인)이다.

CONSERVATORY [kənsə́ːrvətɔ̀ːri] n a greenhouse, usually one attached to another structure; a music or drama school
일반적으로 다른 구조물에 부속되어 있는, 온실; 음악 학교나 연극 학교

- On sunny mornings, Mrs. Klein liked to have breakfast in the *conservatory*, surrounded by her orchids and miniature palm trees.
햇볕이 좋은 아침이면, 클라인 여사는 온실에서 난초와 야자수 분재에 둘러싸여 아침을 먹는 것을 좋아했다.

- After college, Hugo spent six years studying the violin at a Viennese *conservatory*.

  대학을 졸업한 후, 휴고는 비엔나의 음악 학교에서 6년 동안 바이올린을 공부했다.

CONSIGN [kənsáin] v to hand over; to assign; to entrust; to banish
건네주다; 할당하다; 맡기다; 내쫓다

- Upon her retirement, Dinah *consigned* to her coworkers the contents of her desk.

  퇴임을 앞두고 디나는 자신의 책상에 있는 물건을 동료들에게 넘겨주었다.

- Two decades after Frank's death, most critics *consigned* his novels to the literary trash heap.

  프랭크가 죽은 지 20년 뒤 대부분의 평론가들은 그의 작품을 문학의 쓰레기로 취급했다.

▶ 명사형은 consignment[kənsáinmənt] (위탁 판매)이다.

- The bookstore owner was waiting anxiously for the publisher to send her a new *consignment* of books; with no books to sell, she had little to do at work all day.

  서점 주인은 출판업자가 위탁 판매하는 신간을 보내주기를 애타게 기다리고 있었다. 판매할 책이 없었기 때문에 그녀는 하루 종일 거의 아무것도 하지 않고 있었다.

QUICK QUIZ 21 ▶

Match each word in the first column with its definition in the second column. Check your answers in the back of the book.

1. confer	a. solidify
2. confidant	b. having to do with marriage
3. configuration	c. greenhouse
4. conflagration	d. arrangement
5. confluence	e. large fire
6. confound	f. person with whom secrets are shared
7. congeal	g. conspire
8. conjugal	h. exchange ideas
9. connive	i. bewilder
10. conservatory	j. flowing together

CONSOLIDATE [kənsálidèit] v to combine or bring together; to solidify; to strengthen
합병하다, 함께 모으다; 결속하다; 강화하다

- The new chairman tried to *consolidate* the company's disparate operations into a single unit that would be easier to manage.

  새로 부임한 회장은 회사의 서로 다른 부서를 경영을 용이하게 해 줄 하나의 단일체제로 통합하려고 했다.

- I *consolidated* the money in my many bank accounts by withdrawing it from all of them and putting it in a box that I kept under my bed.

  나는 여러 은행에 나눠져 있는 계좌에서 돈을 모두 인출해서 침대 밑에 있는 상자에 넣어둠으로써 모든 은행 계좌를 통합 정리했다.

- The baseball team *consolidated* its hold on first place by winning all of its remaining games.

  그 야구팀은 남아 있는 모든 경기에 승리함으로써 1위 자리를 굳건히 하였다.

CONSPICUOUS [kənspíkjuəs] adj **easily seen; impossible to miss**
쉽게 보이는; (두드러져) 놓치기 어려운

- There was a *conspicuous* absence of good food at the terrible party, and many of the guests went out to a restaurant afterward.

  그 끔찍한 파티에는 먹을 만한 음식이 없다는 것이 확실히 보였다. 손님들 중 많은 수는 파티가 끝난 후에 식당을 찾아갔다.

- The former president made a *conspicuous* display of his gleaming wristwatch; he had just signed a promotional contract with the watch's manufacturer.

  전 회장은 번쩍거리는 손목시계를 눈에 띄게 보이고 다녔다. 그는 지금 막 시계업자와 판촉 계약을 맺었던 것이다.

- *Conspicuous* consumption is a variety of showing off that consists of making a public display of buying and using a lot of expensive stuff.

  과시적 소비란 비싼 물건들을 많이 사들이고 소비하는 것을 여러 사람들에게 보이고 싶어하는 현시 욕구의 한 형태이다.

▶ 반의어는 inconspicuous(눈에 잘 안 띄는)이다.

CONSTERNATION [kànstərnéiʃən] n **sudden confusion** 깜짝 놀람, 대경실색

- The *consternation* of the children during the fire drill was evident in their faces; their eyes were wide with fear and uncertainty.

  아이들은 화재 훈련 도중 아주 많이 놀랐다는 것이 얼굴에 역력했다. 아이들의 눈은 공포와 불안으로 커져 있었다.

CONSTITUENCY [kənstítʃuənsi] n **the group of voters represented by a politician; a group of supporters for anything**
정치가에 의해 대변되는 투표자 그룹, 유권자; 어떤 일에 대한 지지자 그룹

- The ninety-year-old candidate did most of his campaigning on college campuses, even though his natural *constituency* was the town's large population of senior citizens.

  본래 그의 유권자들은 그 도시의 대부분을 차지하는 장년층 시민들이었지만, 90살이나 먹은 후보자는 대부분의 선거 유세를 대학 내에서 했다.

- The company's president failed to build a *constituency* on the board to support his plan to raise his salary by 300 percent.

  회사의 사장은 중역회의에서 자신의 월급을 300퍼센트 인상하려는 계획을 지지해 줄 동조자를 얻는 데 실패했다.

A *constituency* is made up of *constituents* [kənstítʃuənt].

constituency(선거권자)는 constituents(유권자들)로 구성된다.

- The senator never forgot who had elected him; he spent most of his time in Washington doing favors for his *constituents*.

  상원 의원은 누가 자신을 뽑아 주었는지 결코 잊지 않았다. 그는 유권자들의 청을 들어주느라 워싱턴에서 대부분의 시간을 보내고 있었다.

CONTEMPT [kəntémpt] n **disdain; disgrace** 경멸; 불명예, 망신

- The lawyer's *contempt* for the judge was clear; when she said "Your honor," she had both thumbs in her ears and was twiddling her fingers at him.

  변호사가 판사를 경멸하고 있음은 분명했다. 그녀는 "존경하는 판사님"이라고 말하면서, 양쪽 엄지손가락을 귀에 꽂은 채로 판사를 향해 손가락들을 빙빙 돌려 보였다.

- I have nothing but *contempt* for people who say one thing and do another.

  나는 말과 행동이 다른 사람들을 단지 경멸할 뿐이다.

- The dishonest storekeeper was held in *contempt* by the townspeople, virtually all of whom began shopping somewhere else.

  정직하지 못한 가게 주인은 마을 사람들에게서 멸시를 받고 있었다. 거의 모든 이들이 다른 곳에서 쇼핑하기 시작했다.

You will often find this word used in a legal context in the phrase *contempt of court*. Someone is typically charged with contempt of court for being disrespectful of the judge or rules of legal procedure.

comtempt는 종종 법률 관련 용어 contempt of court, 즉 '법정 모독'이라는 말로 쓰인다. 판사나 법적 절차 규칙을 경멸해서 법정을 모욕하는 사람들에게 일반적으로 쓰인다.

CONTINUUM [kəntínjuəm]　n　a continuous whole without clear division into parts
부분으로 뚜렷이 구분되지 않는 연속체

▶ 철자에 주의할 것.

- The spectrum of visible light is a *continuum* in which each color blends into its neighbors.
  가시광선의 스펙트럼은 각각의 색깔이 이웃하고 있는 색깔과 섞여 있는 연속체이다.

- Einstein's theory of relativity holds that space and time are not distinct dimensions but inseparable aspects of a *continuum*.
  아인슈타인의 상대성 이론은 공간과 시간이 뚜렷이 구분되는 것이 아니라 분리되지 않는 연속체의 속성을 가지고 있다는 내용을 담고 있다.

CONTRABAND [kántrəbæ̀nd]　n　smuggled goods　밀수입된 물건들

- The military police looked for *contraband* in the luggage of the returning soldiers, and they found plenty of it, including captured enemy weapons and illegal drugs.
  헌병대는 밀수품을 찾기 위해 귀국하는 군인들의 짐을 조사했다. 그리하여 포획한 적군의 무기와 불법 마약을 포함하여 많은 양의 밀수품을 찾아냈다.

- The head of the dormitory classified all candy as *contraband* and then went from room to room confiscating it, so that he could eat it himself.
  기숙사의 사감은 모든 사탕을 금지 품목으로 분류했다. 그러고 나서 자신이 혼자 다 먹기 위해 방마다 다니며 사탕을 압수했다.

CONTRETEMPS [kántrətɑ̀ːn]　v　an embarrassing occurrence; a mishap
당황하게 만드는 사건의 발생; 불상사

▶ 발음에 주의할 것.

- Newell lost his job over a little *contretemps* involving an office party, the photocopier, and his rear end.
  뉴엘은 사무실 파티와 복사기, 그의 엉덩이를 포함하는 다소 뜻밖의 일로 직장을 잃게 되었다.

CONTUMELY [kántjuməli]　n　rudeness; insolence; arrogance　무례함; 건방짐; 오만불손

- In the opinion of the teacher, the student's sticking out his tongue during the Pledge of Allegiance was unforgivable *contumely*.
  선생님의 의견에 따르면, 충성에 대한 서약을 하는 도중 혀를 내민 학생의 태도는 용서받을 수 없는 오만불손한 행동이었다.

▶ 형용사형은 contumelious[kàntəmíːliəs] (오만불손한)이다.

- The *contumelious* prisoners stuck out their tongues at their jailers.
  무례하기 짝이 없는 죄수들은 교도관들을 향해 혀를 날름거렸다.

▶ 이 단어들의 발음에 주의할 것.

Match each word in the first column with its definition in the second column. Check your answers in the back of the book.

1. consign	a. combine
2. consolidate	b. embarrassing occurrence
3. conspicuous	c. continuous whole
4. consternation	d. hand over
5. constituency	e. group of voters
6. contempt	f. smuggled goods
7. continuum	g. disdain
8. contraband	h. sudden confusion
9. contretemps	i. rudeness
10. contumely	j. easily seen

CONUNDRUM [kənʌ́ndrəm] v a puzzle or problem without a solution 수수께끼, 답이 없는 문제

▶ 발음에 주의할 것.

- What to do about the dirty dishes piling up in the sink was a *conundrum* that the four roommates could not even begin to solve.
  싱크대에 잔뜩 쌓여있는 더러운 접시들을 어떻게 할 것인가 하는 문제는 네 명의 룸메이트가 해결할 시도조차 해 볼 수 없는 난제였다.

- English grammar was a *conundrum* to Marcia; she just couldn't figure out how to put two words together.
  마셔에게 있어 영어 문법은 해답이 없는 문제였다. 그녀는 도무지 두 단어를 어떻게 묶어야 할지 알 수가 없었다.

CONVENE [kənvíːn] v to gather together; to assemble; to meet 모으다; 소집하다; 회합하다

- For their annual meeting, the members of the physicians' organization *convened* on the first tee of the seaside golf course.
  내과 의사 협회의 회원들은 연례 회의를 위해 바닷가의 골프장에서 첫 번째 공을 치는 자리에 모여들었다.

- Mr. Jenkins *convened* the workers in the cafeteria to tell them they had all been fired.
  젠킨 씨는 노동자들을 카페테리아로 소집했다. 그들이 모두 해고되었다는 말을 하기 위해서였다.

A *convention* is an event at which people *convene* for the purpose of exchanging information, learning new skills, eating rich food, and going shopping.
convention은 정보를 교환하고, 새로운 기술을 배우며, 좋은 음식을 먹고, 쇼핑을 하는 등의 일을 목적으로 하여 '사람들이 convene(회합하다)하여 벌이는 행사이다.

CONVERSANT [kənvə́ːrsənt] adj familiar; experienced ~에 정통한; 경험이 많은

- After just two days on the job, Gloria was not yet *conversant* with the many rules laid down by her new employer.
  업무를 맡은 지 이틀밖에 안 되었기 때문에, 글로리아는 새 고용주가 정한 수많은 규칙에 아직 익숙해지지가 않았다.

- Several weeks' worth of watching the sports channel had made Omar *conversant* with the rules of football, even though he had never played the game himself.

  수주에 달하는 기간 동안 집중적으로 스포츠 채널을 시청한 덕분에 오마르는 결코 풋볼 경기를 해 본 적이 없었음에도 불구하고 풋볼 경기 규칙에 정통하게 되었다.

CONVERSE [kənvə́ːrs] n the opposite 반대

- Freddy followed not the rule but its *converse*; that is, he did the opposite of what he was supposed to do.

  프레디는 규칙을 따르지 않고 반대로 행동했다. 다시 말해서 그는 하기로 되어 있는 일을 반대로 했던 것이다.

CONVEY [kənvéi] v to transport; to conduct; to communicate 운송하다; 전도하다; 전달하다

- The train *conveyed* us across the border in the middle of the night.

  기차는 한밤중에 국경을 가로질러 우리를 실어 날랐다.

- The red pipes *convey* the hot water, and the blue ones *convey* the cold.

  붉은 파이프는 온수를 운반하며, 푸른 파이프는 냉수를 운반한다.

- The look on my mother's face is impossible for me to *convey*; her expression is indescribable.

  엄마의 얼굴에 드러난 표정을 나는 잘 전달할 수 없다. 그녀의 표정은 뭐라 말할 수 없이 막연하다.

A *conveyance* [kənvéiəns] is an act of transporting or a means of transporting, expecially a vehicle. A bus is a public *conveyance*.

conveyance는 '수송', 특히 '운송 수단에 의한 수송'을 의미한다. 버스는 대중적인 conveyance(운송 수단)이다.

CONVICTION [kənvíkʃən] n strong belief; a determination of guilt 확신; 유죄 판결

- It is Terence's *conviction* that the earth is the center of the universe, but Terence's *conviction* is wrong.

  지구가 우주의 중심이라는 것은 테렌스의 신념이다. 그러나 그의 확신은 잘못된 것이다.

- Ever since his *conviction* for first-degree murder, Lester has been spending quite a bit of time in jail.

  일급 살인에 관한 유죄 판결을 받은 이래로, 레스터는 상당히 긴 시간을 감옥에서 보내고 있다.

CONVOLUTION [kɑ̀nvəlúːʃən] n a twist or turn; the act of twisting or turning
꼬인 것, 둘둘 말린 것; 꼬임, 회전

- I couldn't follow all the *convolutions* in the plot of the murder mystery; every character seemed to have a dozen identities, and every occurrence turned out to be something other than what it had appeared to be at first.

  나는 살인을 다룬 추리소설의 얽히고설킨 구성을 따라갈 수가 없었다. 모든 등장인물은 십여 가지 이상의 다른 정체성을 갖고 있는 것처럼 보였고, 모든 사건은 처음에 짐작했던 것과는 다른 것으로 밝혀졌다.

- Locked within the *convolutions* of a DNA molecule is the secret of life.

  DNA 나선 구조 안에 고정되어 있는 미립자는 생명의 비밀이다.

A *convoluted* plot is a plot that has lots of twists and turns. A *convoluted* argument is one that is so complex that it is difficult to follow, just as a twisted path would be hard to follow. If you have a simple story to tell, don't *convolute* [kɑ́nvəlùːt] it by making it more complicated than it needs to be.

convoluted plot은 얽히고설킴이 많은 복잡한 구성이다. convoluted argument는 다니기 어려운 꼬불꼬불한 길처럼 너무나 복잡해서 따라가기 어려운 논법을 의미한다. 여러분이 간단한 이야기 한 편을 하고자 한다면, 필요 이상으로 이야기를 더 복잡하게 만들어서 뒤죽박죽을 만들지 말기 바란다.

COPIOUS [kóupiəs] adj **abundant; plentiful** 풍부한; 많은

- Minor head injuries sometimes produce *copious* amounts of blood because there are many blood vessels in the scalp.
  두피에는 많은 혈관이 있기 때문에 머리를 조금만 다쳐도 때때로 많은 양의 출혈을 동반한다.

- The *copious* harvest ensured that the villagers would survive another winter; there would be plenty of food for all.
  풍작은 마을 사람들에게 다가오는 겨울을 무사히 넘길 수 있다는 확신을 주었다. 그들 모두에게 식량은 충분할 것이다.

CORDIAL [kɔ́ːrdʒəl] adj **gracious; warm; sincere** 친절한; 따뜻한; 충심의

▸ 발음에 주의할 것.

- We received a *cordial* welcome from our host, who was clearly delighted that my wife and I had come to spend several months with him.
  우리들은 초대한 사람으로부터 진심에서 우러나온 환영을 받았다. 그는 나와 아내가 그와 함께 몇 달을 보내러 왔다는 사실을 정말로 기뻐했다.

- The police officer was *cordial*; he smiled and shook my hand before he led me off to jail.
  그 경찰관은 친절했다. 그는 나를 감옥으로 데려가기 전에 미소를 지으며 나와 악수를 했다.

▸ 부사형은 cordially [kɔ́ːrdʒəli] (다정하게), 명사형은 cordiality [kɔ̀ːrdʒiǽləti] (진심, 충정)이다.

COROLLARY [kɔ́ːrəlèri] n **a proposition that follows easily and obviously from another; a natural consequence or conclusion**
다른 것으로부터 쉽고도 명백하게 이끌어낼 수 있는 명제, 추론; 당연한 결론, 명백한 결말

▸ 발음에 주의할 것.

- A *corollary* of Susannah's rule that her children would be responsible for the cleanliness of their rooms was that their rooms were always filthy.
  아이들이 자신의 방을 깨끗이 청소할 책임이 있다는 수잔나의 규칙으로 인한 당연한 결과는 아이들의 방이 언제나 더럽다는 것이었다.

CORPOREAL [kɔːrpɔ́ːriəl] adj **material; tangible; having substance, like the body**
물질적인; 유형의; 신체처럼 실체가 있는

- Steve was mildly crazy; he believed that at night his thoughts became *corporeal* and wandered around his house eating potato chips and doing laundry.
  스티브는 약간 미쳐 있었다. 그는 자신이 상상한 것들이 밤이 되면 실체가 되어 빨래를 하고 포테이토칩을 먹으면서 집 주변을 돌아다닌다고 믿었다.

This word is often confused with *corporal* [kɔ́ːrpərəl], which means having to do with the body. Beating a criminal is *corporal* punishment. Someone who has a lot of body is fat or *corpulent* [kɔ́ːrpjələnt]. A body of people is called *corps* [kɔːr], like the army corps.

corporeal는 '육체(몸)에 관한' 의미를 갖고 있는 corporal이라는 단어와 자주 혼동된다. 범죄자를 때리는 것, 즉 태형은 corporal punishment이다. 몸에 살이 많은 사람은 비만한, 또는 corpulent(뚱뚱한)인 사람이다. 사람들의 조직체는 군대의 군단(army corps)과 마찬가지로 corps라는 용어를 사용한다.

▸ 이 단어들의 발음에 주의할 것.

Match each word in the first column with its definition in the second column. Check your answers in the back of the book.

1. conundrum		a.	twist or turn
2. convene		b.	puzzle
3. conversant		c.	familiar
4. converse		d.	natural consequence
5. convey		e.	transport
6. conviction		f.	strong belief
7. convolution		g.	gracious
8. copious		h.	opposite
9. cordial		i.	gather together
10. corollary		j.	abundant

CORRELATION [kɔ̀:rəléiʃən] n a mutual relation between two or more things
두 개 이상의 사물에서의 상호관계

- The *correlation* between cigarette smoking and lung cancer has been established to the satisfaction of everyone except the manufacturers of cigarettes.
  흡연과 폐암과의 상관관계는 담배 제조업자들을 제외한 모든 사람들이 만족할 만한 수준으로 밝혀졌다.

- There is a strong *correlation* between the quality of a football team and the number of games that it wins in a season. That is, the quality of a football team and its number of victories are strongly *correlated*.
  어느 풋볼 팀의 자질과 한 시즌 내에서 승리를 거두는 경기 횟수 사이에는 밀접한 상관관계가 있다. 다시 말해서, 한 풋볼 팀의 자질과 그들의 승리 횟수는 밀접하게 연관되어 있는 것이다.

CORROSIVE [kəróusiv] adj eating away; destructive 먹어 들어가는, 부식성의; 파괴적인

- Mary Ellen's chutney contained some *corrosive* ingredient that burned a hole in Jeremy's plate.
  메리 엘런의 처트니(주: 달콤하고 시큼한 인도의 조미료)에는 제레미의 접시에 구멍이 나게 한 부식성 재료가 들어 있었다.

- Large quantities of money have a *corrosive* effect on the morals of many people.
  아주 많은 양의 돈은 사람들의 도덕성을 파괴하는 결과를 낳는다.

A *corrosive* substance is one that *corrodes* something else.
corrosive substance는 다른 것을 '부식시키는 물질이다.

CORRUGATED [kɔ́:rəgèitid] adj shaped with folds or waves 주름 모양이나 물결 모양인

Corrugated sheet metal is sheet metal that has been shaped so that it has ridges and valleys, like a ridged potato chip. Corduroy pants could be said to be *corrugated*. Much of the paperboard used in making cardboard cartons is *corrugated*.
corrugated sheet metal은 포테이토칩처럼 봉우리와 계곡이 있도록 '(올록볼록하게) 모양을 만든 철판'을 의미한다. 코르덴 바지는 corrugated (올록볼록하게 물결 모양이 들어 있는)인 것이다. 마분지 상자를 만드는 데 쓰이는 대부분의 판지는 (골판지로) 물결 모양이 있다.

COTERIE [kóutəri] n a group of close associates; a circle (of friends or associates)
가깝게 친목을 나누는 그룹; 동아리(친구나 모임의)

- The visiting poet-in-residence quickly developed a large *coterie* of student admirers, all of whom hoped that the visitor would be able to help them find publishers for their poems.
  상주 시인이 대학을 방문하자 그의 시를 좋아하는 많은 학생들이 금세 생겨났다. 그들은 그 시인이 그들의 시를 출판해 줄 사람을 찾을 수 있도록 도와주기를 기대했다.

- In Mary's opinion, if you weren't a part of her *coterie*, then you weren't anybody at all.
  메리가 생각하기에, 그녀의 친구들 중의 하나가 아니라면 그 사람은 아무런 의미도 없는 사람이었다.

COWER [káuər] v to shrink away or huddle up in fear 움츠러들다, 두려움으로 위축되다

- The sound of her boss's footsteps in the hallway made Leah *cower* behind her desk like a wounded animal.
  복도에서 들려오는 사장의 발걸음 소리 때문에 리아는 상처 입은 짐승처럼 책상 뒤로 움츠러들었다.

- When Tyson turned on the lights, he found the children *cowering* behind the couch; the movie on TV had scared the wits out of them.
  타이슨은 불을 켜고 나서, 소파 뒤에 웅크리고 있는 아이들을 발견했다. 텔레비전에서 아이들의 혼을 빼놓을 정도로 무서운 영화가 방영되었던 것이다.

- In the morning, the children found their new puppy *cowering* in the corner of his box, afraid of his new environment.
  그날 아침, 아이들은 새로 온 강아지가 낯선 환경에 두려움을 느끼고 자신의 상자 구석에서 움츠러들어 있는 것을 발견했다.

CRASS [kræs] adj extremely unrefined; gross; stupid 지독히도 세련되지 못한; 둔감한; 어리석은

- Sending a get-well card to the man who had just died was a pretty *crass* gesture, in the opinion of his widow.
  이미 죽은 사람에게 쾌유를 비는 카드를 보내는 것은 미망인의 입장에서 보면 아주 둔감한 짓이었다.

- The seventh-grade mixer was spoiled by the *crassness* of the seventh-grade boys, who shouted rude remarks at the girls and then ran off to hide in the restroom.
  7학년들의 친목회는 소년들의 어리석은 행동 때문에 망치게 되었다. 소년들은 소녀들에게 큰 소리로 거친 말을 내뱉고는 화장실로 도망가 숨어 버렸다.

CRAVEN [kréivən] adj cowardly 겁이 많은

- The *craven* soldier turned his back on his wounded comrade and ran for the safety of the trenches.
  비겁한 병사는 상처 입은 전우에게서 등을 돌렸다. 그리고 안전한 참호를 향해 달려갔다.

- The second-grade bully was full of bluster when the kindergartners were on the playground, but he became quite *craven* when the third graders came out for their recess.
  유치원생들이 운동장에서 놀고 있을 때, 2학년생 싸움대장이 나타나 행패를 부렸다. 그러나 쉬는 시간에 3학년 학생들이 나타나자 그는 상당히 겁을 먹었다.

CRESCENDO [kriʃéndou] n a gradual increase in the volume of a sound; a gradual increase in the intensity of anything
점차 소리의 크기를 증대시키는 것; 세기가 점진적으로 증가함

- The concert ended with a stirring *crescendo* that began with a single note from a single violin and built up to a thunderous roar from every instrument in the orchestra.
  연주회는 바이올린 독주의 단음에서 시작해서 오케스트라의 모든 악기가 우레와 같은 굉음으로 고조되며 격정적인 크레센도로 막을 내렸다.

- The fund-raising campaign built slowly to a *crescendo* of giving that pushed the total well beyond the original goal.
  기금 마련 행사의 열기가 서서히 달아오르자 모금 총액이 원래의 목표액을 넘어서게 되었다.

CRESTFALLEN [kréstfɔ̀:lən] adj **dejected; dispirited** 풀이 죽은; 의기소침한

Your *crest*[krest] is the highest point of your body—your head. When your *crest* falls—when your head is drooping—you are dejected or dispirited. You are *crestfallen*.

crest는 신체 중에서 가장 높이 있는 부분, 즉 머리를 의미한다. crest가 땅으로 떨어졌다고 하면 머리가 축 늘어졌다, 즉 풀이 죽었거나 의기소침하다는 뜻이다. crestfallen(맥이 빠진) 상태인 것이다.

- The big red F on her science paper left Zoe *crestfallen*, until she realized that the F stood for "Fantastic."

  조는 시험지에 쓰여 있는 F가 Fantastic(멋지다)을 의미한다는 것을 알기 전까지 과학 시험지에 빨간색으로 커다랗게 적혀 있는 F라는 글씨 때문에 풀이 죽어 있었다.

- I was *crestfallen* when I opened my Christmas presents; all I got were underwear and socks.

  나는 크리스마스 선물을 열어보고는 실망했다. 내가 받은 것은 모두 속옷 아니면 양말이었다.

CREVICE [krévis] n **a narrow split, crack, or fissure** 좁은 틈, 갈라진 금, 찢어진 틈

- The winning lottery ticket I had found on the sidewalk fell into a *crevice* between the two buildings, and I never saw it again.

  인도를 걷다가 발견한 당첨 복권은 두 빌딩 사이의 좁은 틈으로 떨어져서 나는 다시는 그 복권을 보지 못했다.

A large *crevice* in a glacier on the earth's surface is usually called a *crevasse*[krəvǽs]. The tiny crack in a rock face from which a mountain climber hangs by his fingernails is a *crevice*; the deep crack in a glacier into which a mountain climber falls, never to be seen again, is a *crevasse*.

지구의 표면에 있는 빙하에서 large crevice(대단히 깊고 큰 틈)를 흔히 crevasse라고 부른다. 등산가들이 손톱을 넣어 겨우 매달릴 수 있는 정도인 바위 표면의 작은 균열은 crevice라고 한다. 등산가들이 빠져서 결코 살아 나오지 못하는 빙하의 깊은 균열은 crevasse라고 한다.

QUICK QUIZ

Match each word in the first column with its definition in the second column. Check your answers in the back of the book.

1. corporeal
2. correlation
3. corrosive
4. corrugated
5. coterie
6. cower
7. crass
8. craven
9. crescendo
10. crestfallen

a. destructive
b. cowardly
c. mutual relation
d. gradual increase in volume
e. tangible
f. dejected
g. extremely unrefined
h. group of close associates
i. shaped with folds
j. huddle in fear

CRINGE [krindʒ] v **to shrink back with fear; to cower; to be servile**
겁이 나서 움츠리다; 위축되다; 비굴하게 굴다

- Alison *cringed* when the doctor came striding toward her with an long hypodermic needle in his hand.
  앨리슨은 의사가 긴 주사 바늘을 손에 들고 성큼성큼 그녀에게로 걸어오자 겁이 나서 움츠렸다.

- The *cringing* jester eventually began to annoy the king, who told the jester to stop fawning.
  알랑거리던 어릿광대는 결국 왕을 화나게 만들었다. 왕은 알랑거림을 멈추라고 명령했다.

CRITIQUE [kritíːk] n **a critical review** 비평가의 평론

- The reviewer's brutal *critique* of my latest book made me reluctant ever to pick up a pen again.
  나의 최근 작품에 대한 그 평론가의 잔인한 비평 때문에 다시는 펜을 들고 싶은 마음이 없어졌다.

- Lloyd liked to help out around the kitchen by offering concise *critiques* of nearly every move his wife made.
  로이드는 주방을 어슬렁거리며 아내가 하는 거의 모든 움직임마다 짧막한 비평을 하는 방법으로 아내를 도와주는 것을 좋아했다.

▶ critique는 동사로도 쓰인다.

- The art teacher *critiqued* the students' projects in front of the entire class, making some of the students feel utterly miserable.
  미술 선생님은 전체 학생들 앞에서 학생들의 과제물을 평가했다. 학생들 중 몇몇은 아주 비참한 기분을 맛보아야 했다.

Critique is neutral—it doesn't necessarily have a negative connotation, though it is related to several words that typically do. A *critic* is one who expresses an opinion, often unfavorable, which is also called being *critical*.
critique는 중립적인 의미이다. 몇몇 단어들이 부정적인 의미와 관련이 있기는 하지만 반드시 부정적인 의미를 가지고 있는 것은 아니다. critic(비평가)은 종종 'critical(비판적인)'이거나 호의적이지 않은 의견을 내는 사람'을 일컫는다.

CRUX [krʌks] n **the central point; the essence** 중심점, 급소; 본질

The *crux* of an argument is the crucial part of it. *Crux* and *crucial* are related words.
논쟁의 crux(요지)란 가장 중요한 핵심사항'을 일컫는다. crux와 crucial은 서로 관련 있는 단어이다.

Often when you see this word, it will be followed by "*of the matter*." The *crux* of the matter is the heart of the matter.
crux를 접하는 경우의 대부분 of the matter라는 어구가 따라올 것이다. 문제의 crux(급소)라는 말은 문제의 핵심'을 일컫는다.

- Building a lot of atom bombs and dropping them on the capital was the *crux* of the renegade general's plan to topple the existing government.
  현 정부의 전복을 꾀하는 반역 장군의 계획의 핵심은 다량의 원자폭탄을 만들어 수도에 투하하는 것이었다.

CUISINE [kwizíːn] n **a style of cooking** 요리법

Cuisine is the French word for kitchen and cooking.
cuisine은 '주방'과 '요리'를 의미하는 프랑스 어이다.

A restaurant advertising French *cuisine* is a restaurant that serves food prepared in a French style. A restaurant advertising Italian *cuisine* is slightly absurd, since *cuisine* is French not Italian, but this usage is very common and everyone understands it.
French cuisine(프랑스식 요리)이라고 광고하는 레스토랑은 프랑스식으로 준비된 요리를 제공한다. Italian cuisine(이태리식 요리)라고 선전하는 레스토랑은 다소 부조리한 경우이다. cuisine이라는 단어는 이탈리아 어가 아니고 프랑스 어이기 때문이다. 그러나 이러한 어법은 매우 흔하게 사용되며, 모든 사람들이 그렇게 받아들이고 있다.

CULL [kʌl] v to pick out from among many; to select; to collect
많은 것 중에서 뽑아내다; 고르다; 모으다

- The farmer *culled* the very best raspberries from his new crop and sold them for twenty-five cents apiece.

  농부는 새로 수확한 농작물 중에서 최고의 나무딸기를 골라냈다. 그리고 한 개당 25센트씩을 받고 팔았다.

- The poet *culled* a few of his favorite poems from among his collected works and had them printed in a special edition.

  시인은 자신의 작품집 중에서 가장 좋아하는 시들을 추려내서 특별판을 출간했다.

- On the first day of school, the veteran teacher *culled* the troublemakers from her classroom and had them assigned to other teachers.

  학기가 시작된 첫날, 경험이 많은 선생님은 노련하게 자신의 반의 말썽꾸러기들을 가려냈다. 그리고 그 아이들은 다른 선생님들에게 맡겼다.

CURB [kə:rb] v to restrain or control 억제하다, 통제하다

- The best way I've found to *curb* my appetite is to eat a couple of pints of coffee ice cream; once I've done that, I'm not hungry anymore.

  내가 발견한 식욕을 억제하는 가장 좋은 방법은 1파인트짜리 커피 아이스크림 두 통을 먹는 것이다. 일단 그렇게 먹고 나면 더 이상 배가 고프지 않게 된다. (주: 파인트는 액체나 고체의 단위, 액체는 약 0.47리터, 고체는 0.55리터 정도)

- The scout leader did his best to *curb* the young scouts' natural tendency to beat up one another.

  스카우트의 인솔자는 나이 어린 스카우트 단원들이 서로 때리며 싸우려고 하는 본성적인 충동을 통제하느라 나름의 최선을 다했다.

A *curb* is something that curbs. The *curb* on a street is a barrier that *curbs* cars from driving onto the sidewalk.

curb는 명사로 쓰이면 '재갈'이나 '구속하는 것'을 의미한다. 거리에 설치된 인도와 차도 사이의 curb(연석)는 차가 인도로 뛰어드는 것을 막기 위한 장애물이다.

CURMUDGEON [kə:rmʌ́dʒən] n a difficult, bad-tempered person 까다롭고 심술궂은 사람

▶ 발음에 주의할 것.

- Old age had turned kindly old Mr. Green into a *curmudgeon*; he never seemed to see anything that didn't displease him, and he always had something nasty to say to the people who came to visit.

  친절한 사람이었던 그린 씨는 나이가 들어감에 따라 심술궂은 사람으로 변해 갔다. 그는 모든 것이 마음에 들지 않는 것 같았다. 그리고 언제나 손님으로 온 사람들에게 불쾌한 말을 해야 직성이 풀렸다.

The words "old" and *curmudgeon* often appear together. Sometimes *curmudgeon* is used affectionately, as when we refer to an elderly person who is humorously grumpy from the aches and pains of life.

흔히 old와 curmudgeon은 함께 붙어 다닌다. 때때로 삶의 고통과 시련에서 얻은 해학적인 심술궂음을 가진 연장자를 언급할 때처럼 curmudgeon은 애정이 담긴 표현으로 쓰이기도 한다.

▶ 형용사형은 curmudgeonly(심술궂은)이다.

CURSORY [kə́:rsəri] adj quick and unthorough; hasty; superficial
서두르며 마구잡이식인; 조급한; 천박한, 피상적인

- Stan had a photographic memory; after giving the book just a *cursory* glance, he knew the entire thing by heart.

  스탠은 사진 같은 세밀한 기억력을 갖고 있었다. 책을 그냥 한 번 빠르게 보기만 해도, 그는 모든 내용을 암기했다.

- The painter prepared the exterior of the house in such a *cursory* manner before painting it that all of the new paint peeled off almost immediately.

  칠장이는 집의 외관을 칠하기 전에 워낙 서두르느라 철저하게 준비를 하지 못했기 때문에 새로 칠한 페인트는 칠하기가 무섭게 곧 벗겨져 버렸다.

- **The doctor was so *cursory* in his examination that he failed to notice the large tumor at the base of the patient's spine.**

  의사는 진찰을 워낙 소홀하게 대강대강 했기 때문에, 환자의 척추에 생긴 커다란 종양을 발견하지 못했다.

QUICK QUIZ

Match each word in the first column with its definition in the second column. Check your answers in the back of the book.

1. crevice	a. restrain
2. cringe	b. pick out from among many
3. critique	c. critical review
4. crux	d. style of cooking
5. cuisine	e. shrink back with fear
6. cull	f. central point
7. curb	g. narrow split
8. curmudgeon	h. quick and unthorough
9. cursory	i. difficult, bad-tempered person

D

DEBASE [dibéis] v **to lower in quality or value; to degrade** 품질이나 가치를 떨어뜨리다; 지위를 낮추다

- To deprive a single person of his or her constitutional rights *debases* the liberty of us all.
  어떤 한 사람에게서 헌법에 보장된 권리를 박탈하는 것은 우리 모두의 자유를 훼손하는 것이다.

- The high school teacher's reputation as a great educator was *debased* when it was discovered that his students' test scores dropped by five points after they utilized his test-taking strategies.
  그 고등학교 교사의 훌륭한 교육자로서의 명성은 학생들이 그의 시험 보는 법 전략을 썼음에도 불구하고 5점이나 떨어졌다는 것이 밝혀졌을 때 실추되었다.

▶ 명사형은 debasement(저하)이다. abase(낮추다, 굴욕감을 느끼게 하다)를 참조할 것.

DEBUNK [di:bʌ́ŋk] v **to expose the nonsense of** ～이 거짓임을 폭로하다

- The reporter's careful exposé *debunked* the company's claim that it had not been dumping radioactive waste into the Hudson River.
  기자는 신중한 폭로 기사에서 방사성 폐기물을 허드슨 강에 투기하지 않았다는 회사의 주장이 허위임을 폭로했다.

- Paul's reputation as a philanthropist was a towering lie just waiting to be *debunked*.
  박애주의자로 이름난 폴의 명성은 단지 진실이 폭로되기를 기다리고 있는 높다란 거짓의 탑일 뿐이었다.

Bunk, by the way, is nonsense or meaningless talk.
bunk는 '터무니없는 말'이나 '의미 없는 말'을 의미한다.

DECREE [dikrí:] n **an official order, usually having the force of law**
공식적인 명령, 특히 법의 강제성이 있는 명령

- The crazy king's latest *decree* forbade the wearing of hats and the eating of asparagus.
  미치광이 왕이 최근 공표한 법령은 모자를 쓰는 것과 아스파라거스를 먹는 것을 금지하고 있었다.

To *decree* something is to declare it formally and officially.
decree는 동사로 쓰이면 '(형식을 갖춰) 공식적으로 선언하다'라는 의미이다.

- In a last-ditch attempt to win favor among wealthy voters, the president *decreed* that thenceforth only poor people would have to pay taxes.
  부유한 유권자들의 마음을 얻기 위한 마지막 시도로, 대통령은 이다음부터 가난한 사람들만 세금을 내야 할 것이라고 공식적으로 공표했다.

DECRY [dikrái] v **to put down; to denounce** 가치를 내리다; 비난하다

▶ 이 단어의 의미를 주의 깊게 볼 것.

- The newspaper editorial *decried* efforts by the police chief to root out corruption in the police department, saying that the chief was himself corrupt and could not be trusted.
  그 신문은 사설에서 경찰국장 자신이 부패한 인물이며 신뢰할 수 없는 사람이라는 말로, 경찰국 내의 부패를 뿌리 뽑으려는 국장의 노력을 비난했다.

- The environmental organization quickly issued a report *decrying* the large mining company's plan to reduce the entire mountain to rubble in its search for uranium.

  환경 단체는 대형 광산 회사가 우라늄을 찾기 위해 온 산을 조각조각 부수려는 계획을 갖고 있음을 비난하는 보고서를 냈다.

DEEM [di:m] v to judge; to consider 판단하다; 고찰하다, 여기다

- Mother *deemed* it unwise to lure the bear into the house by smearing honey on the front steps.

  엄마는 현관 계단에 꿀을 발라서 곰을 집 안으로 유인하는 것은 현명한 방법이 아니라고 생각했다.

- My paper was *deemed* to be inadequate by my teacher, and he gave it a failing grade.

  선생님은 내 논문이 불충분하다고 판단하셨고, 낙제점을 주었다.

- After taking but a single bite, Angus *deemed* the meal to be delectable.

  단지 한 입만 먹어 보고도, 앵거스는 그 음식이 아주 맛있다고 판단했다.

DEFICIT [défisit] n a shortage, especially of money 부족, 특히 돈의 부족

- The national *deficit* is the amount by which the nation's revenues fall short of its expenditures.

  국가의 재정 적자는 국가 전체의 세입이 세출보다 부족한 만큼의 양이다.

- Frank had forgotten to eat lunch; he made up the *deficit* at dinner by eating seconds of everything.

  프랭크는 점심 먹는 것을 잊어버렸다. 그는 저녁 식사 자리에서 모든 음식을 두 번씩 청해 먹음으로써 부족했던 양을 보충했다.

- Unexpectedly large legal fees left the company with a *deficit* in its operating budget.

  뜻밖에도 거액의 법률 비용이 드는 바람에, 회사는 경영 예산에서 적자를 안게 되었다.

▶ deficit의 동의어는 deficiency(결핍), defect(결함)이다.

DEFILE [difáil] v to make filthy or foul; to desecrate 더럽히다, 불결하게 만들다; ~의 신성을 더럽히다

- The snowy field was so beautiful that I hated to *defile* it by driving across it.

  눈 덮인 들판은 너무나 아름다워서 차를 몰아 가로지르며 들판을 더럽히는 것이 너무나 싫었다.

- In the night, vandals *defiled* the painting behind the altar by covering it with spray paint.

  한밤중에 공공 기물 파손자들은 제단 뒤의 그림에다 스프레이로 온통 색칠을 해놓아 신성을 모독했다.

DEFT [deft] adj skillful 솜씨 좋은, 숙련된

- The store detective was so *deft* in his capture of the shoplifter that none of the customers was aware of what was going on.

  매장 감시원은 상점의 좀도둑을 잡는 데는 워낙 솜씨가 좋은 사람이라 손님들은 무슨 일이 진행되고 있는지도 알지 못했다.

- In one *deft* move, the shortstop scooped the ball out of the dirt and flipped it to the second baseman.

  유격수는 한 번의 능숙한 동작으로, 진흙탕에서 공을 건져내어 이루수에게 휙 던졌다.

DEFUNCT [difʌ́ŋkt] adj no longer in effect; no longer in existence
더 이상 효력이 없는; 더 이상 존재하지 않는

- Most of the businesses in the oldest section of downtown were now *defunct*; the new specialty stores on the other side of the river had put them out of business.

  도심지의 가장 오래된 상업 지구에 있던 상점들의 대부분은 이제 남아 있지 않았다. 강의 다른 한편에 등장한 전문점들이 그들이 문을 닫게 만들었던 것이다.

- My already limited interest in cutting the grass was just about *defunct* by the time the grass was actually ready to cut, so I never got around to doing it.

  원래 잔디 깎기에는 흥미가 없는 데다 깎아야 할 만큼 잔디가 자랐을 때에는 그나마도 아예 관심이 없어져 버려서, 나는 잔디를 깎지 않고 내버려 두었다.

- The long spell of extremely hot weather left my entire garden *defunct*.

  아주 무더운 날씨가 오래 계속되자 정원 전체가 죽어 버렸다.

▸ defunct는 function(기능)이라는 단어와 관계가 있다.

DEGRADE [digréid]   v to lower in dignity or status; to corrupt; to deteriorate
품격이나 지위를 떨어뜨리다; 타락시키다; 악화시키다

- Being made to perform menial duties at the behest of overbearing male senior partners clearly *degrades* the law firm's female associates.

  고압적인 태도를 가진 선배 남자 동료들의 명령으로 시시한 업무나 하는 것은 법률회사 내의 여성 동료들의 지위를 떨어뜨리는 일이다.

- The former bank president felt *degraded* to work as a teller, but he was unable to find any other job. The former bank president felt that working as a teller was *degrading*.

  전 은행장은 출납계원으로 일하게 되자 자신의 위신이 떨어졌다고 느꼈으나, 다른 직업을 구할 수가 없었다. 전 은행장은 출납계원으로 일하는 것은 품위가 떨어지는 일이라고 생각했다.

- The secret potion had *degraded* over the years to the point at which it was no longer capable of turning a person into a frog.

  비밀의 물약은 해가 지날수록 더 이상 사람을 개구리로 변화시킬 수 없는 지경으로까지 나빠졌다.

▸ 명사형은 degradation[dègrədéiʃən] (비하, 수모)이다.

▸ 이 단어들의 발음에 주의할 것.

QUICK QUIZ   26▸

Match each word in the first column with its definition in the second column. Check your answers in the back of the book.

1. debase	a. judge
2. debunk	b. shortage
3. decree	c. official order
4. decry	d. expose the nonsense of
5. deem	e. skillful
6. deficit	f. make filthy
7. defile	g. degrade
8. deft	h. no longer in effect
9. defunct	i. lower in dignity
10. degrade	j. denounce

DEIGN [dein] v to condescend; to think it in accordance with one's dignity (to do something) 자신을 낮추다; 상대방의 품위(행동하는 것)에 맞추어 생각하다

- When I asked the prince whether he would be willing to lend me five bucks for the rest of the day, he did not *deign* to make a reply.
  내가 왕자에게 그날 하루 동안 5달러만 빌려줄 수 없겠느냐고 부탁을 하자, 그는 대답조차도 하지 않았다.

DEITY [díːəti] n a god or goddess 신, 여신

- Members of the ancient tribe believed that the big spruce tree in the middle of the forest was an angry *deity* that punished them by ruining crops and bringing bad weather.
  고대 부족사람들은 숲의 한가운데 있는 거대한 전나무가 농작물을 황폐화시키고 악천후를 일으켜서 자신들을 혼내 주려고 하는 신의 분노라고 생각했다.

- Many of Elvis's fans view him as a *deity*; a few even believe that listening to his records can cure cancer.
  많은 엘비스의 팬들은 그를 신이라고 생각한다. 심지어 몇몇 사람들은 그의 레코드를 들으면 암도 고칠 수 있다고 믿는다.

▸ 동사형은 deify [díːəfɑi] (신격화하다)이다.

- Sasha *deified* money; the "almighty dollar" was her god.
  사샤는 돈을 신성시했다. "전지전능한 돈"이 그녀에겐 신이었다.

DEJECTED [didʒéktid] adj depressed; disheartened 의기소침한; 낙심한

- Barney was *dejected* when he heard that Fred had gone to the lodge without him, but he cheered up later when Betty made him some brownies.
  프레드가 자신을 놔두고 오두막으로 가 버렸다는 소식을 듣고 바니는 풀이 죽었다. 그러나 나중에 베티가 브라우니를 만들어 주자 기분이 좋아졌다.

- The members of the losing field-hockey team looked *dejected*; their heads were bowed, and they were dragging their sticks.
  지고 있는 필드하키 팀 선수들은 풀이 죽은 듯이 보였다. 고개를 숙인 채로, 선수들은 하키 스틱을 질질 끌고 있었다.

▸ 명사형은 dejection [didʒékʃən] (낙담)이다.

Rejection often causes *dejection*.
거절은 흔히 dejection을 야기한다.

DELECTABLE [diléktəbl] adj delightful; delicious 즐거운; 맛있는

- Vince's success as a writer was made all the more *delectable* to him by the failure of his closest rival.
  작가로서 성공한 빈스는 가장 가까운 경쟁자의 실패를 통해 한결 더 큰 기쁨을 맛보았다.

- The Christmas turkey looked *delectable* from a distance, but it was so dry and leathery that it was nearly impossible to eat.
  크리스마스의 칠면조 요리는 멀리서 볼 때는 맛있는 것 같았다. 그러나 칠면조는 너무나 말라붙고 가죽같이 질겨서 거의 먹을 수 없을 정도였다.

DELINQUENT [dilíŋkwənt] adj neglecting a duty or law; late in payment 직무나 법을 태만히 하는; 체납된

- The *delinquent* father failed to show up for visits with his children from his first marriage.
  아버지로서의 직분을 태만히 하는 그는 첫 번째 결혼에서 얻은 아이들을 보는 자리에 나타나지 않았다.

- The city's motor vehicle bureau decided to impound the cars of drivers who had been *delinquent* in paying their traffic tickets.
  그 도시의 자동차 관련 기관은 교통 위반 벌금을 체납하고 있는 운전자들의 차를 압류한다는 결정을 내렸다.

- The telephone company charges a late fee for customers who are *delinquent* in paying their bills.
  전화회사는 전화요금을 체납한 소비자들에게 연체료를 물린다.

▸ delinquent는 명사로도 쓰인다.

A person who fails to pay his or her taxes is a tax *delinquent* and is subject to prosecution. A juvenile *delinquent* is a young person who habitually breaks the law.
세금을 내지 못한 '체납자'를 a tax delinquent라고 하며 기소 처분을 받게 된다. juvenile delinquent란 상습적으로 법을 위반하는 미성년자, 즉 '소년범'을 뜻한다.

DELVE [delv] v to search or study intensively 집중적으로 찾거나 탐구하다

Delve originally meant to dig, and you occasionally find the word still used in this way. A miner might be said to *delve* the earth for ore, for example. In its modern meaning, *delve* means to dig metaphorically. To *delve* into a subject is to dig deeply into it—not with a shovel, but with your mind.
delve는 원래 땅을 파다(dig)'라는 의미였으며, 지금도 간혹 그런 의미로 쓰인 경우를 볼 수 있다. 예를 들면, 광부는 광석을 캐기 위해 delve한다고 표현할 수 있다. 근래에 오면 delve는 비유적인 의미로 쓰인다. 한 가지 주제를 delve한다는 말은 삽이 아니라 정신적으로 문제를 깊게 파헤치다, 즉 탐구하다라는 의미이다.

- Janice was afraid to *delve* into her childhood memories because she was afraid of what she might remember.
  제니스는 자신이 기억해낼 것에 대해 두려워하고 있었으므로, 유년 시절의 추억 속으로 깊이 들어가는 것을 겁내고 있었다.

DEMEANOR [dimí:nər] n behavior; manner 행동; 태도

- You could tell by Barclay's *demeanor* that he was a jerk; he picked his nose two nostrils at a time, and he snorted loudly whenever he heard or saw something that he didn't like.
  여러분도 바클레이의 행동을 보면, 그가 어리석은 사람이라는 것을 알 수 있을 것이다. 그는 콧구멍 두 개를 동시에 후볐으며 싫어하는 것을 보거나 듣게 되면 언제나 큰 소리로 콧김을 내뿜었다.

- The substitute teacher was thrilled by the demeanor of the children until she realized that they had glued her coffee mug to her table.
  대리 교사는 아이들이 접착제로 그녀의 커피 잔을 테이블에 붙여 놓았다는 사실을 깨닫기 전까지 아이들의 행동을 보며 짜릿한 흥분을 느끼고 있었다.

▸ 동사형 demean[dimí:n] (위신을 떨어뜨리다), 형용사형 demeaning(비하하는)과 혼동하지 말 것.

To *demean* something is to lower its dignity or stature.
demean은 어떤 것의 가치나 품격을 떨어뜨리다라는 뜻이다.

DEMISE [dimáiz] n death 사망, 서거

- Aunt Isabel was grief-stricken about the *demise* of her favorite rose bush; that plant was the only friend she had ever had.
  이자벨 숙모는 가장 좋아하던 장미 나무가 죽어 버려서 비탄에 잠겼다. 그 나무는 숙모에게 지금까지 유일한 친구였다.

- Ever since the legislature had passed an income tax, Senator Jones had been working to bring about its *demise*.
  입법부가 소득세법을 통과시킨 이래로 지금까지 존스 상원 의원은 그 법안의 폐기를 이끌어내기 위해 일해 왔다.

- Oscar's arrest for possession of cocaine led quickly to the *demise* of his law practice.
  코카인 소지죄로 체포된 오스카는 곧바로 변호사직을 그만두어야 했다.

DEMOGRAPHY [dimágrəfi] v the statistical study of characteristics of populations
인구에 관련된 통계학

The prefix *demo-* means people or population. Therefore, *democracy* is rule by the people. The suffix *-graphy* refers to a written record. Therefore, *demography* is the study of characteristics shared by groups of people. When a magazine announces that 75 percent of its readers drink Scotch and that 53 percent of them earn more than $100,000 per year, it is referring to the results of a *demographic* [dì:məgrǽfik] study. The characteristics measured in such a study are referred to as the *demographics* of the group being studied.

접두사 demo-는 사람들이나 주민을 일컫는다. 그러므로 democracy(민주주의)는 국민에 의한 통치체제이다. 접미사 -graphy는 쓰여진 기록(학문)을 나타낸다. 그러므로 demography는 '사람들의 집단에서 공유되는 특질을 연구하는 학문'이다. 한 잡지사가 독자층의 75%가 스카치를 마시며, 53%가 매년 10만 달러 이상의 소득을 올리는 사람이라고 발표를 한다면, 이는 demographic(인구 통계학적) 연구의 결과를 언급하고 있는 것이다. 그 같은 연구에서 측정된 수치는 조사 대상이 된 그룹의 demographics(인구 통계)라고 일컬어진다.

- Computers have made it possible for companies to learn quite a bit about the *demographics* of their customers, such as how old they are, how much money they make, how many children they have, and what other products they buy.

  컴퓨터는 각종 회사들이 그들의 고객에 관한 통계 조사, 즉 고객들의 연령 분포는 어떻게 되며 소득은 얼마인지, 자녀들은 몇 명이나 있는지, 다른 어떤 상품을 구입하는지 등을 아주 쉽게 할 수 있도록 하는 데 큰 기여를 했다.

▶ demographer[dimágrəfər]는 '인구 통계학자'이다.

▶ 이 단어들의 발음에 주의할 것.

DEMUR [dimə́:r] v to object; to take exception 반대하다; 이의를 제기하다

- Diego *demurred* when I suggested that he eat the entire plate of "seriously spicy" chicken wings at Fred's Diner.

  디에고는 프레드의 식사에서 내가 '엄청나게 매운' 치킨 윙을 전부 먹기를 제안했지만 반대했다.

▶ 다음에 제시된 demure[dimjúər] (얌전한)라는 단어와 혼동하지 말 것.

QUICK QUIZ

Match each word in the first column with its definition in the second column. Check your answers in the back of the book.

1. deign	a. delightful
2. deity	b. death
3. dejected	c. god or goddess
4. delectable	d. take exception
5. delinquent	e. study of population characteristics
6. delve	f. depressed
7. demeanor	g. search intensively
8. demise	h. behavior
9. demography	i. condescend
10. demur	j. neglecting a duty

DEMURE [dimjúər] adj **shy; reserved; sedate** 숫기 없는; 수줍은; 침착한

▶ 이 단어를 demur(반대하다)와 혼동하지 말 것.

- Jenna was a *demure* child; she sat quietly next to her mother with her hands folded in her lap.
  제나는 숫기 없는 아이였다. 그녀는 두 손을 얌전히 무릎에 포개놓은 채로 엄마 옆에 조용히 앉아 있었다.

DENOMINATION [dinàmənéiʃən] n **a classification; a category name** 분류; 범주별 명명

Religious *denominations* are religious groups consisting of a number of related congregations. Episcopalians and Methodists represent two distinct Christian *denominations*.

종교의 denominations(분파들)는 수많은 관련 종교 모임으로 구성되어 있는 종교상의 파벌이다. 감독 교회와 감리 교회는 서로 다른 두 개의 기독교 denominations이다.

Denomination is often used in connection with currency. When a bank robber demands bills in small *denominations*, he or she is demanding bills with low face values: ones, fives, and tens.

denomination은 통화와 관계된 단어로 쓰이는 일이 종종 있다. 은행 강도가 액면 금액이 작은 denominations(지폐)를 요구한다면, 그는 지폐에 표시된 가치 금액이 낮은 현찰, 즉 1달러나 5달러, 10달러를 원하고 있는 것이다.

DENOTE [dinóut] v **to signify; to indicate; to mark** 나타내다; 가리키다; 표시하다

- Blue stains in the sink *denote* acidic water in the pipes.
  싱크대에 있는 파란색의 얼룩은 파이프 속에 산성 용액이 있음을 의미한다.

- The doll's name—Baby Wet 'n' Mess—*denotes* exactly what it does.
  Baby Wet 'n' Mess(기저귀를 적셔 엉망이 된 아기)라는 이름은 그 인형이 어떤 것인지 정확하게 나타내고 있다.

DENOUNCE [dináuns] v **to condemn** 비난하다

- The president publicly *denounced*, but privately celebrated, the illegal activities of the director of the Central Intelligence Agency.
  대통령은 CIA 국장의 불법적인 활동을 공개적으로 비난했다. 하지만 사적인 자리에서는 칭찬을 했다.

- In order to avoid being sent to jail, the political prisoner *denounced* the cause in which he believed.
  감옥에 가는 것을 피하기 위해서 정치범은 자신이 믿고 있던 이념을 비난했다.

▶ 명사형은 denunciation[dinÀnsiéiʃən](맹렬한 비난)이다.

DEPICT [dipíkt] v **to portray, especially in a picture; to describe** 묘사하다, 특히 그림으로; 설명하다

If you think you see the same root as in *picture*, you're right. To *depict* is to draw a *picture* in someone's mind.

picture(그림)와 같은 어근이 보이는 것 같다면, 그게 맞다. depicit은 마음속으로 picture를 그리는 것이다.

- The enormous mural *depicts* various incidents from the Bible.
  거대한 벽화는 성서에 나타난 다양한 사건을 묘사하고 있다.

- The candidate's brochures accurately *depicted* his opponent as a swindler and a charlatan, but his television commercials were distorted.
  그 후보자의 선거 팸플릿은 상대 후보를 사기꾼이자 협잡꾼으로 세밀하게 묘사했다. 그러나 그의 텔레비전 광고는 왜곡되었다.

▶ 명사형은 depiction(묘사, 서술)이다.

- The author's *depiction* [dipíkʃən] of New York was not believable to anyone who has ever been to the city; for one thing, she described the Empire State Building as being seven stories tall.
  뉴욕에 대한 작가의 서술은 그 도시에 가 본 적이 있는 사람들에게는 별로 신뢰감을 주지 못했다. 한 가지 예를 들자면, 그녀는 엠파이어 스테이트 빌딩을 7층 높이라고 서술하고 있었다.

DEPLETE [diplíːt] v to decrease the supply of; to exhaust; to use up
~의 공급을 감소시키다; 고갈시키다; 다 써 버리다

- After three years of careless spending, the young heir had *depleted* his inheritance to the point at which he was nearly in danger of having to work for a living. He regretted this *depletion*.
  3년 동안 경솔하게 되는 대로 돈을 소비하고 나자, 젊은 상속인은 생활비를 벌기 위하여 일을 해야만 하는 지경에 이를 정도로 물려받은 유산을 거의 모두 탕진해 버렸다. 그는 이런 식의 탕진을 후회했다.

- Irresponsible harvesting has seriously *depleted* the nation's stock of old-growth trees.
  무책임한 벌목으로 그 나라의 수령이 높은 나무들은 바닥이 나 버렸다.

- Illness has *depleted* Simone's strength to the point at which she could barely stand without assistance.
  도움 없이는 거의 서 있지도 못할 정도로 병이 시몬의 기운을 다 소진시켰다.

Replete means full. The noun is *repletion*[riplíːʃən].
replete는 '충만한'의 의미로, 명사형은 repletion(충만, 충실)이다.

- Ozzy's stomach was *replete* after consuming eleven pints of chocolate-chip ice cream.
  초콜릿 칩이 들어 있는 아이스크림을 11파인트나 먹었더니, 오지의 위가 가득 찼다.

DEPLORE [diplɔ́ːr] v to regret; to condemn; to lament   한탄하다; 비난하다; 비탄하다

- It is one thing to *deplore* waste; actually learning to be less wasteful is another.
  낭비를 개탄할 수는 있다. 그러나 실제로 절약하는 습관을 배우는 것은 별개의 문제이다.

- Maria claimed to *deplore* the commercialization of Christmas, but she did spend several thousand dollars on Christmas presents for each of her children.
  마리아는 크리스마스의 상업화를 비난하는 주장을 펼쳤다. 그러나 그녀도 아이들을 위한 크리스마스 선물을 사느라 수천 달러를 써 버렸다.

DEPLOY [diplɔ́i] v to station soldiers or armaments strategically; to arrange strategically
군인이나 군 장비를 전략적으로 배치하다; 전략적으로 배열하다

- The Soviet soldiers were *deployed* along the border of Afghanistan, ready to attack.
  소련 군인들은 공격 태세를 갖추어 아프가니스탄 국경에 배치되었다.

- The United States has nuclear missiles *deployed* all over Europe.
  미국은 유럽 전역을 포괄하는 핵미사일을 배치했다.

- At the banquet, the hostess *deployed* her army of waiters around the garden, hoping that none of the guests would have to wait more than a few seconds to receive a full glass of champagne.
  연회를 베풀면서, 안주인은 정원 주변에 시중드는 사람을 여러 명 배치했다. 그녀는 한 잔의 샴페인을 얻기 위해 수초 이상 기다려야 하는 불편을 겪는 손님들이 하나도 없기를 바랐던 것이다.

DEPOSE [dipóuz] v to remove from office or position of power   권력의 직위나 임무를 빼앗다

- The disgruntled generals *deposed* the king and then took him out to the courtyard and shot him.
  불만을 가진 장성들이 국왕을 자리에서 물러나게 하고 마당으로 끌고 가서 총살했다.

DEPREDATE [déprideit] v to prey upon; to plunder   착취하다; 약탈하다

A *predator* is someone who preys on others. To *depredate* is to take what belongs to others, by violence if necessary.
predator는 다른 사람들을 착취하는 사람'이다. depredate는 자신에게 필요하다면 폭력적인 방법을 사용하여 남의 소유물을 가져가다'라는 뜻이다.

- The greedy broker *depredated* his elderly clients, stealing many millions of dollars before he was finally caught and sent to jail.
  탐욕스러운 주식 중개인은 마침내 들통이 나서 감옥에 보내지기 전까지 나이가 지긋한 고객들의 돈을 수백만 달러나 약탈했다.

▶ 명사형은 depredation[dèpridéiʃən] (약탈), predation[pridéiʃən] (포식)이다.

- Despite the frequent *depredations* of the enemy soldiers, the villagers rebuilt their homes and went on with their lives.
  적군의 빈번한 약탈 행위에도 불구하고, 마을 사람들은 다시 집을 고치고 그들의 본래의 삶을 계속 영위했다.

▶ 이 단어들의 발음에 주의할 것.

DERELICT [dérəlikt] adj **neglectful; delinquent; deserted** 태만한; 직무 태만의; 버림받은

- The crack-addicted mother was *derelict* in her duty to her children; they were running around on the city streets in filthy clothes.
  마약에 중독되어 있던 엄마는 자녀들을 돌봐야 하는 자신의 의무를 태만히 했다. 아이들은 더러운 옷을 입은 채로 도심의 길거리를 뛰어다니고 있었다.
  (주: crack은 탄산수소나트륨과 물을 가하여 가열해서 만든 강력 코카인)

- Navigation was made difficult by the rotting hulls of the *derelict* ships that were scattered around the bay.
  만 주변에 흩어져서 버려진 채로 썩고 있는 배들 때문에 항해가 힘들었다.

▶ derelict는 명사로도 쓰인다.

- The only car in sight was a rusty *derelict* that had been stripped to its chassis by vandals.
  눈에 보이는 것이라곤 약탈자들에 의해서 내부 기계들이 모두 제거되고 차체만 남은 녹슨 폐차 한 대뿐이었다.

QUICK QUIZ 28▶

Match each word in the first column with its definition in the second column. Check your answers in the back of the book.

1. demure	a. decrease the supply of
2. denomination	b. condemn
3. denote	c. arrange strategically
4. denounce	d. classification
5. depict	e. prey upon
6. deplete	f. portray
7. deplore	g. signify
8. deploy	h. remove from office
9. depose	i. shy
10. depredate	j. lament

DESIST [dizíst] v **to stop doing (something)** ~을 그만두다

- For several hours, I *desisted* from eating any of the pumpkin pie, but then I weakened and ate three pieces.
  몇 시간 동안 나는 호박 파이를 하나도 먹지 않고 버티고 있었다. 그러나 이내 나는 약해져서 호박 파이를 세 조각 먹었다.

- The judge issued a cease-and-*desist* order that forbade Mr. Jones to paint obscene words on the garage door of his neighbor's house.
  판사는 존스 씨에게 이웃집의 차고 문에 음란한 말을 써놓지 말 것을 명령하는 정지 명령을 내렸다.

DEVOUT [diváut] adj **deeply religious; fervent** 신앙심이 깊은; 열렬한

- Mary was such a *devout* Catholic that she decided to become a nun and spend the rest of her life in a convent.
  메리는 워낙 독실한 가톨릭 신자였으므로, 남은 인생을 수녀가 되어 수녀원에서 보내기로 마음먹었다.

- Bill is a *devout* procrastinator; he never does anything today that he can put off until tomorrow—or, better yet, the day after that.
  빌은 진정으로 모든 일을 지연시킬 수 있는 사람이다. 그는 아무 일도 하지 않으면서 내일까지, 더욱 더 좋은 것은 그 다음날까지라도 연기시킬 수 있다.

Devout is relate to *devoted*. Someone who is *devoted* to something is a *devotee*.
devout은 devoted(헌신하다)와 관계가 있다. 어떤 일에 헌신적으로 몰두하는 사람을 가리켜 devotee라 한다.

DIATRIBE [dáiətràib] n **a bitter, abusive denunciation** 신랄하고 독설로 가득한 비난, 비평

- Arnold's review of Norman Mailer's new book rapidly turned into a *diatribe* against Mailer's writing.
  노먼 메일러의 새 책에 대한 아놀드의 평론은 순식간에 메일러의 작품에 대한 신랄하고 독설이 가득한 비난으로 변해 버렸다.

- The essay was more of a *diatribe* than a critique; you could almost hear the sputtering of the author as you read it.
  그 에세이는 비평이라기보다는 독설로 가득한 비난에 가까웠다. 여러분도 그 글을 읽다 보면, 침 튀기며 떠들어대는 저자의 흥분된 목소리가 들리는 듯할 것이다.

DICHOTOMY [dɑikátəmi] n **division into two parts, especially contradictory ones**
둘로, 특히 상반되는 것으로 나뉨, 분열

- There has always been a *dichotomy* between what Harry says and what he does; he says one thing and does the other.
  해리의 말과 행동은 항상 양극단을 달려 왔다. 그는 말과 행동이 다른 사람이다.

- Linda could never resolve the *dichotomy* between her desire to help other people and her desire to make lots and lots of money, so she decided just to make lots and lots of money.
  린다는 남을 돕고 싶어하는 마음과 아주 많은 돈을 벌고 싶은 욕심으로 양분된 희망을 해결하지 못하고 있었다. 결국 그녀는 많은 돈을 버는 쪽으로 마음을 굳혔다.

DIFFUSE [difjúːs] v **to cause to spread out; to cause to disperse; to disseminate**
널리 퍼지게 하다; 흩어지게 하다; 퍼뜨리다

- The tear gas *diffused* across the campus; students as far away as the library reported that their eyes were stinging.
  최루 가스가 대학 내에 널리 퍼졌다. 도서관처럼 먼 곳에 있던 학생들도 눈이 매웠다고 알려 왔다.

▶ 형용사형은 diffuse[difjúːs](널리 퍼진)이다.

- Resistance to the proposition was so *diffuse* that the opposition movement was never able to develop any momentum.
  그 계획안에 반대하는 사람들은 워낙 이곳저곳에 흩어져 있어서, 반대 운동이 하나의 세력으로 발전할 수가 없었다.

▶ 명사형은 diffusion(방산)이다.

DILAPIDATED [dilǽpideìtid] adj **broken-down; fallen into ruin** 무너진; 황폐한

This word comes from a Latin word meaning to pelt with stones.
dilapidated는 '돌을 던지다'라는 의미의 라틴 어에서 유래한 말이다.

A *dilapidated* house is one that is in such a state of ruin that it appears to have been attacked or pelted with stones.

dilapidated house는 마치 돌로 두들겨 맞거나 공격을 받은 것처럼 보일 정도로 파피되고 황폐화된 상태의 집을 일컫는다.

- Our car was so *dilapidated* that you could see the pavement whizzing past through the big holes in the rusty floor.

  우리 차는 녹슨 바닥에 있는 커다란 구멍을 통해서 도로가 윙 소리를 내며 지나가는 것을 볼 수 있을 정도로 낡은 폐물이었다.

DILATE [dɑiléit] v to make larger; to become larger; to speak or write at length
넓히다; 확장되다; 상세하게 쓰거나 말하다

- Before examining my eyes, the doctor gave me some eyedrops that *dilated* my pupils.

  눈을 검사하기 전에 의사는 동공을 확장시키는 안약을 내 눈에 떨어뜨려 주었다.

- The pores in the skin *dilated* in hot weather to cool the skin.

  피부의 털구멍은 날씨가 더워지면 피부를 시원하게 만들기 위해 확장된다.

- The evening speaker *dilated* on his subject for so long that most of the people in the audience fell asleep.

  저녁 모임의 연설자가 자신의 주제에 대해 너무나 오랫동안 상세하게 설명을 하는 바람에 참석했던 사람들의 대부분은 잠이 들어 버렸다.

▶ 명사형은 dilation(확장, 팽창)이다.

DILEMMA [dilémə] n a situation in which one must choose between two equally attractive choices; any problem or predicament
똑같이 매력적인 두 개의 일을 두고 하나만 선택해야 하는 상황, 진퇴양난, 딜레마; 골칫거리, 궁지

Dilemma comes from Greek words meaning double proposition. In careful usage, the word retains this sense and is used only when the choice is between two things. In less formal usage, though, the word is used to mean any problem or predicament. If you are stuck on the "horns of a *dilemma*," you are having trouble choosing between two equally attractive choices.

dilemma는 '두 가지 제안'을 의미하는 그리스 어에서 유래한 단어이다. 정확한 어법에서는, 이러한 의미를 유지하면서 두 가지 중에서 하나를 선택해야 하는 경우에만 사용된다. 공식적인 어법을 벗어나면, dilemma는 어떠한 난제나 궁지에 몰려있는 상황을 의미하기도 한다. 만약 여러분이 horns of a dilemma(딜레마의 뿔)에 빠져 있다면, 똑같이 매력적인 두 가지의 기회 중에서 하나를 선택해야 하는 문제에 봉착하고 있다는 의미이다. (주: horns of a dilemma란 어느 한쪽을 택해도 불리한 양도 논법의 뿔)

- Freddy wanted both a new car and a new boat, but had only enough money to buy one of them; he solved his *dilemma* by buying the car and charging the boat.

  프레디는 새 차와 새 보트 모두 갖고 싶었다. 그러나 그는 한 가지밖에 살 수 없는 정도의 돈만 있었다. 그는 자동차를 현금으로 사고, 보트는 외상으로 구입하는 방법으로 딜레마를 해결했다.

▶ dilemma는 guandary의 동의어이다.

DIMINUTION [dìmənjúːʃən] n the act or process of diminishing; reduction
줄이는 과정이나 감소정책; 삭감, 축소

- The process was so gradual that Basil didn't notice the *diminution* of his eyesight; it seemed to him that he had simply woken up blind one morning.

  시력이 점점 약해지는 과정은 너무나 점진적으로 일어나서 바질 자신은 깨닫지 못하고 있었다. 그에게는 정말로 어느 날 아침 일어나 보니 눈이 보이지 않게 된 것 같았다.

- The *diminution* of the value of savings means that I am not as wealthy as I used to be.

  저축액의 가치 하락은 내가 이전만큼 부자가 아니라는 사실을 의미한다.

Diminutive[dimíjutiv] means very small.

diminutive는 '매우 작은'이라는 뜻의 형용사이다.

- The giant's wife was surprisingly *diminutive*; when she stood beside her husband, she looked like his child.

  그 거인의 아내는 의외로 아주 작았다. 그녀가 남편 옆에 서면, 마치 아내가 아니라 딸인 것처럼 보였다.

▸ 이 단어들의 철자와 발음에 주의할 것.

QUICK QUIZ

Match each word in the first column with its definition in the second column. Check your answers in the back of the book.

1. derelict
2. desist
3. devout
4. diatribe
5. dichotomy
6. diffuse
7. dilapidated
8. dilate
9. dilemma
10. diminution

a. division into two parts
b. cause to spread out
c. stop doing
d. reduction
e. predicament
f. deeply religious
g. make larger
h. broken-down
i. neglectful
j. bitter denunciation

DIRE [dáiər] adj **disastrous; desperate** 비참한; 절망적인

- The tornado struck the center of town, with *dire* results; nearly every building was flattened, and all the beer poured into the streets.

  토네이도가 비참한 결과를 남기며 도시 한가운데를 휩쓸고 지나갔다. 거의 모든 빌딩들이 부서졌으며, 거리에는 온통 맥주가 쏟아져 있었다.

- The family's situation was quite *dire*; they had no clothes, no food, and no shelter.

  가족의 상황은 너무나 절망적이었다. 그들은 입을 것도, 먹을 것도, 쉴 곳도 없었다.

DIRGE [də:rdʒ] n **a funeral song** 장송곡

A *dirge* is a mournful song played at your funeral with the intention of making everyone who knew you feel terribly sad.

dirge는 죽은 이를 알고 있는 모든 사람들을 매우 슬프게 만들려는 의도로 장례식에서 연주되는 애도의 노래이다.

- Johann's new composition was so *dirgelike* that it sounded like it ought to be played at a funeral.

  조앤의 새로운 작품은 매우 장송곡 같아서 마치 장례식에서 연주해야만 될 것 같다.

DISAFFECT [dìsəfékt] v to cause to lose affection; to estrange; to alienate
호의를 잃게 만들다; 사람을 멀어지게 하다; 소원하게 만들다

▶ 이 단어의 의미를 주의 깊게 볼 것.

- With years of nitpicking, pestering, and faultfinding, Amanda *disaffected* her children.

  수년간에 걸쳐 사소한 것에 야단치고 들볶고 흠잡기를 일삼더니, 아만다는 아이들과 멀어지게 되었다.

- My students' nasty comments did not *disaffect* me; I gave them all A's anyway, to show them that I loved them.

  나의 제자들은 추잡한 말들을 했지만, 나는 불만을 갖지 않았다. 그러나 나는 내가 아이들을 사랑하고 있다는 것을 보여주기 위해 모두 A 학점을 주었다.

Disaffection [dìsəfékʃən] is the loss of affection—easy to remember. To be *disaffected* is to be no longer content or no longer loyal.

disaffection은 '애정의 상실', '민심 이탈'이라는 뜻이다. disaffected는 '더 이상 만족하지 않는', '더 이상 충실한 마음이 없는'의 뜻이다.

- The assassination attempt was made by a *disaffected* civil servant who felt that the government had ruined his life.

  정부가 자신의 삶을 황폐화시켰다고 생각하며 정부에 불만을 품은 공무원이 암살 사건을 기도했다.

DISARRAY [dìsəréi] n disorder; confusion 무질서; 혼란

An *array* is an orderly arrangement of objects or people. *Disarray* is the breakdown of that order.

array는 '사람이나 사물이 질서 있게 정돈된 것'을 의미하고, disarray는 '그러한 질서가 붕괴된 것'을 의미한다.

- My children played in my office for several hours yesterday, and they left the place in *disarray*, with papers and supplies scattered everywhere.

  아이들이 어제 내 사무실에서 몇 시간 놀았다. 아이들은 서류들과 물품을 여기저기 흩뜨려 놓아 사무실을 난장판으로 만들어 놓고 가 버렸다.

- The entire company had been in *disarray* ever since federal officers had arrested most of the vice presidents.

  회사 전체는 연방경찰이 대부분의 부사장들을 체포한 뒤로 혼란에 휩싸였다.

To *disarray* something is to throw it into *disarray*.

disarray는 'disarray(혼란)하게 하다'라는 뜻의 동사로도 쓰인다.

- The intermittent artillery bombardment *disarrayed* the soldiers, making it impossible for them to organize a counterattack.

  간헐적으로 계속되는 포병대의 포격은 군인들이 반격을 조직하는 것을 방해함으로써 병사들을 혼란스럽게 만들었다.

DISCLAIM [diskléim] v to deny any claim to; to renounce ~하는 주장을 부인하다; 포기하다

- The mayor publicly *disclaimed* any personal interest in his brother's concrete company, even though he was a major stockholder.

  시장은 형이 운영하는 콘크리트 회사의 대주주임에도 불구하고, 사적인 이해관계가 있다는 주장을 공식적으로 부인했다.

A disclaimer [diskléimər] is an act or statement that disclaims. An advertisement that makes a bold claim in large type ("Cures cancer!") will often also make a meek *disclaimer* in tiny type ("Except in living things") in order to keep it from violating truth-in-advertising laws.

disclaimer는 '부인', '기권'이라는 뜻이다. 큰 활자를 써서 대담한 주장을 하는 광고("암을 치료합니다!")는 흔히 작은 글씨로 부드럽게 앞 내용을 disclaimer(부인)하는 글("살아 있는 생명체를 제외하고")을 써서 광고의 진실성에 관한 법률을 위반하지 않으려 한다.

DISCOMFIT [diskʌ́mfit]   v   to frustrate; to confuse   좌절시키다; 당황하게 하다

- Sheila was *discomfited* by her secretary's apparent inability to type, write a grammatical sentence, answer the telephone, or recite the alphabet; in fact, she began to think that he might not be fully qualified for the job.

  셰일라는 비서가 정말로 타이프를 칠 줄도 모르고, 문법에 맞는 문장도 쓸 줄 모르며, 전화 응대법도 모르고, 심지어 알파벳조차도 외우지 못한다는 사실에 좌절했다. 실제로 그녀는 그가 비서직에 전혀 맞지 않을지도 모른다고 생각하기 시작했다.

To *discomfit* is not the same as to *discomfort*[diskʌ́mfərt], which means to make uncomfortable or to make uneasy, although the two words are used more or less interchangeably by many, many people.

비록 수많은 사람들이 discomfit와 discomfort를 어느 정도 상호 대체하여 사용하고 있는 것이 사실이기는 하지만, discomfit이 discomfort(불안하게 하다)와 같은 의미를 담고 있는 것은 아니다.

DISCONCERT [dìskənsə́ːrt]   v   to upset; to ruffle; to perturb   계획을 뒤집다; 교란하다; 혼란시키다

- Professor Jones used to *disconcert* his students by scrunching up his face and plugging his ears when one of them would begin to say something.

  존스 교수는 한 학생이 무엇인가를 말하기 시작하면, 귀를 틀어막고 얼굴을 긁어 대서 언제나 학생들을 당황하게 만들곤 했다.

- The jet's engine was making a *disconcerting* sound that reminded me of the sound of an old boot bouncing around inside a clothes dryer; I was worried that we were going to crash.

  제트기의 엔진은 빨래 건조기 안에서 낡은 부츠가 이리저리로 부딪치는 소리를 연상시키며 마음을 혼란스럽게 만드는 소음을 냈다. 나는 우리 비행기가 추락하지나 않을까 걱정되었다.

- The boos of the audience did not *disconcert* Bob; he droned on with his endless, boring speech regardless.

  관중들의 야유 소리도 밥을 당황하게 만들지는 못했다. 그는 아무런 상관도 하지 않고, 낮은 목소리로 지루하고 끝이 없는 연설을 계속했다.

If you think of a *concert* as an event in which musicians play together, it makes sense that *disconcert* means to cause to come apart.

concert가 뮤지션들이 '함께' 연주하는 것이라고 생각하면, disconcert는 '흩어 놓다'의 의미라는 것이 연상될 것이다.

DISCOURSE [dískɔːrs]   n   spoken or written expression in words; conversation
언어로 쓰이거나 말하는 표현; 대화

- The level of *discourse* inside the dining hall was surprisingly high; the students were discussing not drugs or sex but philosophy.

  식당에서 오가는 대화는 의외로 수준이 높았다. 학생들은 마약이나 섹스가 아니라 철학에 대해서 논하고 있었다.

- The company's imposing president was not one for *discourse*; when he opened his mouth, it was to issue a command.

  인상적인 그 회사의 사장은 대화에는 적합하지 못한 사람이었다. 그가 한 번 입을 열 때는 언제나 명령을 내리는 것이었다.

- There is no more *discourse* in American society anymore; there is only television.

  미국 사회에는 더 이상 대화라는 것이 존재하지 않는다. 단지 텔레비전만이 있을 뿐이다.

▸ discursive(광범위한)를 참조할 것.

DISCREPANCY [diskrépənsi]   n   difference; inconsistency   차이; 불일치

- There was a slight *discrepancy* between the amount of money that was supposed to be in the account and the amount of money that actually was; gradually the accountant concluded that Logan had stolen seven million dollars.

  계좌에 남아 있을 것이라고 생각했던 돈의 양과 실제 계좌에 들어 있는 금액 사이에는 약간의 차이가 있었다. 회계사는 일을 진행하면서 로건이 7백만 달러를 훔쳤다는 결론을 얻었다.

▸ 형용사형은 discrepant[diskrépənt](모순된)이다.

DISCURSIVE [diskə́:rsiv] adj rambling from one topic to another, usually aimlessly
대개 별다른 목적도 없이 다른 주제를 왔다 갔다 하며 두서가 없는

- Betty is an extremely *discursive* writer; she can't write about one thing without being reminded of another, and she can't write about that without being reminded of something else altogether.

  베티는 매우 산만하게 글을 쓴다. 그녀는 어떤 일에 대해서 글을 쓰면서, 언제나 또 다른 것을 생각한다. 그녀는 다른 것을 함께 생각하지 않고, 어떤 일에 대해서 글을 쓰는 법이 없었다.

- My mother's letter was long and *discursive*; if she had a point, she never got to it.

  엄마의 편지는 길고 두서가 없었다. 말하고 싶은 요점이 있다고 해도, 그녀는 결코 요점에 근접하지 못했다.

QUICK QUIZ

Match each word in the first column with its definition in the second column. Check your answers in the back of the book.

1.	dire	a.	renounce
2.	dirge	b.	cause to lose affection
3.	disaffect	c.	perturb
4.	disarray	d.	frustrate
5.	disclaim	e.	disorder
6.	discomfit	f.	difference
7.	disconcert	g.	funeral song
8.	discourse	h.	aimlessly rambling
9.	discrepancy	i.	conversation
10.	discursive	j.	disastrous

DISGRUNTLE [disgrʌ́ntl] v to make sulky and dissatisfied; to discontent
기분을 상하게 하다, 불만을 품게 하다; 비위를 거스르다

- Eileen had such a nasty disposition that she tended to *disgruntle* anyone who worked for her.

  에일린은 워낙 심술궂은 사람이라 그녀를 위해 일하는 사람들의 기분을 상하게 하는 경향이 있었다.

▶ 형용사형 disgruntled(언짢은)는 discontented, dissatisfied와 같은 뜻이다.

- The children were *disgruntled* by the lumps of coal in their Christmas stockings.

  아이들은 크리스마스 양말에 석탄 덩어리만 들어 있는 것을 보고 뿌루퉁해졌다.

- The rotten eggs on Alice's doorstep were placed there by a *disgruntled* former employee.

  앨리스의 현관 계단에 놓인 썩은 달걀들은 불만을 품은 전 종업원이 거기에 가져다 놓은 것이었다.

DISINFORMATION [disìnfərméiʃən] n **false information purposely disseminated, usually by a government, for the purpose of creating a false impression** 의도적으로 흘린 그릇된 정보, 대개 정부가 그릇된 인상을 낳을 목적으로 흘리는 정보

- The CIA conducted a *disinformation* campaign in which it tried to persuade the people of Cuba that Fidel Castro was really a woman.

  CIA는 피델 카스트로가 사실은 여자라는 것을 쿠바 국민들에게 믿게 할 목적으로 거짓정보를 흘리는 작전을 수행했다.

- The government hoped to weaken the revolutionary movement by leaking *disinformation* about it to the local press.

  정부는 지역 신문에 거짓 정보를 흘리는 방법으로 혁명 운동의 세력이 약해지기를 기대했다.

DISMAL [dízməl] adj **dreary; causing gloom; causing dread**

음울한; 우울하게 만드는; 두려움을 유발하는

- The weather has been *dismal* ever since our vacation began; a cold wind has been blowing, and it has rained almost every day.

  휴가가 시작된 이래로 날씨가 계속 음산했다. 차가운 바람이 계속 불고 거의 매일 비가 왔다.

- The new television show received *dismal* ratings and was canceled before its third episode had aired.

  새 텔레비전 쇼는 시청률이 저조했다. 그래서 3회가 방송되기도 전에 프로그램이 취소되었다.

- The view from the top of the hill was *dismal*; every house in the valley had been destroyed by the flood.

  언덕 위에서 바라다 보이는 풍경은 황량했다. 골짜기의 집들은 모두 홍수에 휩쓸려 파괴되었다.

DISMAY [disméi] v **to fill with dread; to discourage greatly; to perturb**

공포로 질리게 하다; 크게 낙담시키다; 혼란하게 하다

- The carnage in the field *dismayed* the soldiers, and they stood frozen in their steps.

  전장의 대학살은 군인들을 공포에 떨게 했다. 그들은 제자리에서 얼어붙은 채로 서 있었다.

- Peter *dismayed* his children by criticizing nearly everything they did and never finding anything nice to say about their schoolwork.

  피터는 아이들이 하는 모든 일에 대해서 비판만 하고, 학교 공부에 대해서도 좋은 말을 해 주는 법이 없이 자녀들을 낙심하게 만들었다.

- The new police officer has a *dismaying* tendency to help himself to the money in the cash registers of the stores on his beat.

  신임 경찰관은 담당 구역 내에 있는 상점의 금전 등록기에서 스스로 돈을 직접 가져가는 황당한 버릇이 있었다.

As a noun, *dismay* means dread, anxiety, or sudden disappointment.

명사 dismay는 '공포', '불안', '뜻밖의 실망'이라는 뜻이 있다.

DISPASSIONATE [dispǽʃənit] adj **unaffected by passion; impartial; calm**

감정에 좌우되지 않는; 공명정대한; 침착한

Impassioned[impǽʃənd] means passionate, emotional, all worked up. To be *dispassionate* is to be cool and objective, to not let judgment be affected by emotions.

impassioned는 '정열적인', '감동적인', '흥분으로 가득한'의 뜻이다. dispassionate은 냉정하고 객관적이며 판단력이 감정에 의해 흔들리지 않는' 것이다.

- The prosecutor's *dispassionate* enumeration of the defendant's terrible crimes had a far more devastating effect on the jury than a passionate, highly emotional speech would have had.

  검사는 침착하게 피고의 끔찍한 범죄 행위를 일일이 열거했다. 그것이 감정이 고조되어 격렬하게 열변을 토하는 것보다 훨씬 더 배심원들의 마음을 파고드는 효과가 있었다.

- The judge had no interest in either side of the dispute; she was a *dispassionate* observer.

  판사는 양측의 논의에서 어느 편에도 개인적인 이해관계를 갖고 있지 않았다. 그녀는 공명정대한 관찰자였다.

- Larry's *dispassionate* manner often fooled people into thinking he did not care.

  래리의 침착한 태도 때문에 사람들은 그가 무관심하다고 생각하는 오해를 하곤 했다.

Impassive [impǽsiv] is a related word that means revealing no emotions, or expressionless.

impassive는 '감정을 드러내지 않은', '무표정한'이라는 뜻이다.

▶ 이 단어들의 철자와 발음에 주의할 것.

DISPERSE [dispə́:rs] v to scatter; to spread widely; to disseminate
흩뿌리다; 넓게 퍼지다; 퍼뜨리다

- The crowd *dispersed* after the chief of police announced that he would order his officers to open fire if everyone didn't go home.

  군중들은 집으로 돌아가지 않으면 무차별적인 발포 명령을 내릴 것이라는 경찰서장의 발표가 있자 이리저리 흩어졌다.

- Engineers from the oil company tried to use chemical solvents to *disperse* the oil slick formed when the tanker ran aground on the reef and split in two.

  석유 회사에서 온 기술자는 유조선이 암초에 부딪혀 좌초된 뒤 두 조각이 나 버리자, 유출된 기름 막을 분해하기 위해 화학 용해제를 사용하려고 했다.

- When the seed pod of a milkweed plant dries and breaks apart, the wind *disperses* the seeds inside, and new milkweed plants sprout all over the countryside.

  유액을 분비하는 식물의 씨앗 꼬투리가 마르거나 쪼개지면, 바람은 그 씨앗을 널리 퍼뜨린다. 그리고 지역 전체에 퍼져 새로운 유액 분비 식물의 싹이 트게 된다.

▶ 명사형은 dispersion [dispə́:rʒən] (확산, 분산)이다.

- The fluffy part of a milkweed seed facilitates its *dispersion* by the wind.

  유액 분비 식물의 씨앗의 보풀보풀한 부분은 바람이 씨앗을 흩어지게 하는 작용을 용이하게 한다.

DISPIRIT [dispírit] v to discourage; to dishearten; to lose spirit
낙담시키다; 실망하게 만들다; 기를 꺾어 놓다

- The coach tried not to let the team's one thousandth consecutive defeat *dispirit* him, but somehow he couldn't help but feel discouraged.

  코치는 천 번이나 계속된 패배로 자신의 사기가 꺾이지 않도록 애를 썼다. 그러나 그도 다소 낙심하게 되는 것은 어쩔 수가 없었다.

- The campers looked tired and *dispirited*; it had rained all night, and their sleeping bags had all washed away.

  야영객들은 피곤하고 풀이 죽은 듯이 보였다. 밤새도록 비가 내려 침낭이란 침낭은 다 쓸려가 버렸기 때문이다.

DISPOSITION [dìspəzíʃən] n characteristic attitude; state of mind; inclination; arrangement
독특한 성향; 정신 상태; 경향, 기질; 배열

- Mary Lou had always had a sweet *disposition*; even when she was a baby, she smiled almost constantly and never complained.

  메리 루는 언제나 상냥한 성격이었다. 심지어 아기 때조차도 그녀는 언제나 방글거리고 짜증을 내는 법이 없었다.

- My natural *disposition* is to play golf all the time and not care about anything or anyone else. I am *disposed* [dispóuzd] to play golf all the time.

  나는 언제나 골프 치는 것을 좋아하며, 다른 일이나 다른 사람에게는 관심이 없는 편이다. 나는 항상 골프를 쳤으면 좋겠다.

- The seemingly random *disposition* of buildings on the campus suggested that no one had given much thought to how the campus ought to be laid out.

  대학 내의 건물들이 마구잡이로 배치가 되어 있다는 것은 대학 교정이 어떻게 배치되어야 하는가에 대해서 깊이 생각한 사람이 아무도 없다는 사실을 말해 주었다.

Predisposition is an attitude or state of mind beforehand.

predisposition은 '(이미 가지고 있는) 정신 상태'나 '성향'이다.

- The heavy-metal music of the warm-up band, the Snakeheads, did not favorably *predispose* the audience to enjoy the Barry Manilow concert.

  '스네이크 헤드'라는 신인 밴드의 헤비메탈 음악은 배리 매닐로우 콘서트를 보러 온 관중들에게 우호적인 인상을 심어 주지 못했다.

DISPROPORTIONATE [dìsprəpɔ́:rʃənət] adj out of proportion; too much or too little

균형이 맞지 않는; 너무 많거나 너무 적은

- Jenn's division of the candy was *disproportionate*; she gave herself more than she gave me.

  젠이 배분한 사탕은 균형이 맞지 않았다. 그녀는 나보다 더 많은 사탕을 가져갔다.

- My mother seemed to be devoting a *disproportionate* amount of her attention to my brother, so I sat down in the middle of the kitchen floor and began to scream my head off.

  엄마는 형에게 지나치게 많은 애정을 쏟고 있는 것 같았다. 그래서 나는 부엌 한가운데 주저앉아 있는 힘껏 소리를 질렀다.

▶ 반의어는 proportionate(균형 잡힌)이다.

DISQUIET [diskwáiət] v to make uneasy 불안하게 하다

▶ 이 단어의 의미를 주의 깊게 볼 것.

- The movie's graphic depiction of childbirth *disquieted* the children, who had been expecting a story about a stork.

  황새에 관한 이야기일 것이라고 생각했던 아이들은 영화의 생생한 출산 장면을 보고 불안해했다.
  (주: 아이를 다리 밑에서 주워 온다는 우리의 말처럼 미국에서는 황새가 갓난아이를 날라 온다고 아이들에게 이야기해 줌)

- The silence in the boss's office was *disquieting*; everyone was afraid that it was the calm before the storm.

  사장실이 조용한 것이 아무래도 불안했다. 사람들은 그것이 폭풍 전의 고요함이라고 겁먹고 있었다.

Disquiet can also be used as a noun meaning unease or nervousness.

disquiet는 '불안'이나 '신경과민'을 의미하는 명사로도 쓰인다.

Match each word in the first column with its definition in the second column. Check your answers in the back of the book.

1. disgruntle		a.	scatter
2. disinformation		b.	impartial
3. dismal		c.	dreary
4. dismay		d.	discourage
5. dispassionate		e.	false information purposely disseminated
6. disperse		f.	characteristic attitude
7. dispirit		g.	out of proportion
8. disposition		h.	make sulky
9. disproportionate		i.	fill with dread
10. disquiet		j.	make uneasy

DISSEMBLE [disémbl] v **to conceal the real nature of; to act or speak falsely in order to deceive** 진짜 본성을 숨기다; 속이기 위해 거짓된 행동이나 말을 하다

▶ 철자와 의미, 발음에 주의할 것.

- Anne successfully *dissembled* her hatred for Beth; in fact, Beth viewed Anne as her best friend.
  앤은 베스에 대한 증오를 용케도 숨기고 있었다. 사실 베스는 앤을 가장 좋은 친구라고 여겼다.

- When asked by young children about Santa Claus, parents are allowed to *dissemble*.
  어린아이들에게서 산타클로스에 관한 질문을 받았을 때, 부모들은 거짓말을 해도 좋다.

To *dissemble* is not the same thing as to *disassemble*, which means to take apart.
dissemble은 '해체하다', '분리하다'라는 뜻인 disassemble의 동의어가 아니다.

DISSENT [disént] v **to disagree; to withhold approval** 의견이 다르다; 찬성을 보류하다

- The chief justice *dissented* from the opinion signed by the other justices; in fact, he thought their opinion was crazy.
  재판장은 다른 판사들이 서명한 의견에 동의하지 않았다. 사실 그는 그들의 의견이 비정상적이라고 생각했다.

- Jim and Bob say I'm a jerk; I *dissent*.
  짐과 밥은 나를 세상물정 모르는 바보라고 말한다. 나는 그렇게 생각하지 않는다.

▶ '반대하는 사람'을 dissenter라고 한다.

- The meeting had lasted so long that when I moved that it be adjourned, there were no *dissenters*.
  회의는 너무나 오랫동안 질질 끌고 있어서 내가 휴회하고 다음으로 연기하자고 했을 때 반대하는 사람이 아무도 없었다.

▶ dissent는 명사로도 쓰인다.

- The *dissent* of a single board member was enough to overturn any proposal; every board member had absolute veto power.
  평의회에서는 단 한 명의 반대로도 어떤 계획안을 번복하는 것이 가능했다. 평의회의 모든 의원들은 절대적인 거부권을 행사할 수 있었다.

▶ dissent와 관계있는 단어로 consent(동의), assent(찬성) 등이 있다.

DISSERVICE [dissə́:rvis] n a harmful action; an ill turn 해를 끼치는 행위; 나쁜 짓

▶ 이 단어의 의미를 주의 깊게 볼 것.

- Inez did a *disservice* to her parents by informing the police that they were growing marijuana in their garden.

  이네즈는 정원에다 대마초를 재배하고 있다는 이유로 부모를 경찰에 신고하는 몹쓸 짓을 저질렀다.

- The reviewer did a grave *disservice* to the author by inaccurately describing what his book was about.

  그 평론가는 작가의 책에 대하여 정확하지 않은 내용을 서술함으로써 그에게 중대한 해를 끼쳤다.

DISSIDENT [dísidənt] n a person who disagrees or dissents 의견을 달리하는 사람

- The old Soviet regime usually responded to *dissidents* by imprisoning them.

  구 소비에트 정권은 일반적으로 반체제 인사들을 감옥에 집어넣는 것으로 대응했다.

- The plan to build a nuclear power plant in town was put on hold by a group of *dissidents* who lay down in the road in front of the bulldozers.

  도시에 원자력 시설을 건설하려는 계획은 일단의 반대자들이 도로의 불도저 앞에 드러누움으로써 보류되었다.

▶ dissident는 형용사로도 쓰인다.

A *dissident* writer is a writer who is a *dissident*.

dissident writer는 '의견이 다른 작가'이다.

DISSUADE [diswéid] v to persuade not to ~하지 않도록 설득하다

▶ 반의어는 persuade(설득하다)이다.

- The 100 degree heat and the 100 percent relative humidity did not *dissuade* me from playing tennis all afternoon.

  100도 정도 되는 고온과 100%라는 상대 습도도 내가 오후 내내 테니스 치는 것을 막지는 못했다.

▶ dissuasion[diswéiʒən]과 persuasion은 서로 반의어이다.

- Gentle *dissuasion* is usually more effective than hitting a person over the head with a two-by-four.

  점잖게 하지 말라고 타이르는 것이 대개는 막대기로 사람의 머리를 때리는 것보다 더 효과적이다.

DISTINCT [distíŋkt] adj separate; different; clear and unmistakable
별개의; 서로 다른; 분명하고 혼동할 우려가 없는

- The professor was able to identify eleven *distinct* species of ants in the corner of his backyard.

  교수는 뒷마당 구석에서 열한 종의 서로 다른 개미들을 확인할 수 있었다.

- The twins were identical, but the personality of each was *distinct* from that of the other.

  그 쌍둥이는 일란성이었다. 그러나 각각의 성격은 상대방과 확연히 달랐다.

To make a *distinction* [distíŋkʃən] between two things is to notice what makes each of them distinct from the other. A *distinction* can also be a distinguishing characteristic.

make a distinction은 두 가지 서로 다른 사물을 '구별하여 인식할 수 있다'는 의미이다. distinction은 다른 것과 구별되는 특질을 의미하기도 한다.

- Alan, Alex, and Albert had the *distinction* of being the only triplets in the entire school system.

  앨런과 알렉스와 앨버트의 특이한 점은 학교 전체를 통틀어 유일한 세쌍둥이라는 것이다.

▶ 반의어는 indistinct(또렷하지 않은)이다.

DIURNAL [daióːrnl] adj occurring every day; occurring during the daytime
날마다 일어나는; 낮 동안에 활동하는

▸ 반의어는 nocturnal(야행성의)이다.

A *nocturnal* animal is one that is active primarily during the night; a *diurnal* animal is one that is active primarily during the day.
nocturnal animal은 밤에 주로 활동하는 야행성 동물이다. diurnal animal은 주로 낮에 활동하는 동물이다.

- The rising of the sun is a *diurnal* occurrence; it happens every day.
  일출은 날마다 일어나는 현상이다. 그것은 매일 반복된다.

DIVINE [diváin] v to intuit; to prophesy 직관으로 알아내다; 예언하다

▸ 이 단어의 어법에 주의할 것.

- I used all of my best mind-reading skills, but I could not *divine* what Lester was thinking.
  나는 내가 가진 독심술을 모두 이용했지만, 레스터가 무슨 생각을 하고 있는지 알아낼 수가 없었다.

- The law firm made a great deal of money helping its clients *divine* the meaning of obscure federal regulations.
  법률 회사는 손님들이 모호한 연방 법규의 의미를 해독하도록 도와줌으로써 많은 돈을 벌었다.

▸ 명사형은 divination(예언, 점)이다.

DIVULGE [diváldʒ] v to reveal, especially to reveal something that has been a secret
드러내다, 특히 비밀로 남겨졌던 일을 알리다

- The secret agent had to promise not to *divulge* the contents of the government files, but the information in the files was so fascinating that he told everyone he knew.
  첩보원은 정부의 비밀 파일 내용을 누설하지 않겠다고 약속을 해야만 했다. 그러나 파일에 담긴 정보가 너무나 재미있어서 그는 자신이 알고 있는 모든 사람들에게 말해 버렸다.

- We begged and pleaded, but we couldn't persuade Lester to *divulge* the secret of his chocolate-chip cookies.
  아무리 간청도 하고 애원도 해 보았지만, 우리는 레스터가 초콜릿 칩 쿠키의 비밀을 공개하도록 설득하는 데 실패했다.

DOCUMENT [dákjəmənt] v to support with evidence, especially written evidence
증거, 특히 문서 형태로 쓰인 증거로 사실을 뒷받침하다

▸ 이 단어의 어법에 주의할 것.

- Arnold *documented* his record-breaking car trip around the world by taking a photograph of himself and his car every hundred miles.
  아놀드는 백 마일마다 자신과 자동차의 사진을 찍어 사상 유례가 없는 자동차 세계 일주 여행의 증거로 삼았다.

- The scientist made a lot of headlines by announcing that he had been taken aboard a flying saucer, but he was unable to *document* his claim, and his colleagues didn't believe him.
  그 과학자는 비행접시에 납치된 적이 있었다고 발표를 해서 수많은 신문의 헤드라인을 장식했다. 그러나 그는 자신의 주장을 뒷받침할 만한 증거를 제시하지는 못했다. 그의 동료들도 그를 믿지 않았다.

- The first *documented* use of the invention occurred in 1978, according to the encyclopedia.
  백과사전에 의하면, 그 발명품의 사용을 뒷받침할 수 있는 첫 번째 증거는 1978년에 있었다.

Match each word in the first column with its definition in the second column. Check your answers in the back of the book.

1. dissemble	a. disagree
2. dissent	b. support with evidence
3. disservice	c. conceal the real nature of
4. dissident	d. reveal
5. dissuade	e. person who disagrees
6. distinct	f. intuit
7. diurnal	g. persuade not to
8. divine	h. occurring every day
9. divulge	i. harmful action
10. document	j. separate

DOLDRUMS [dóuldrəmz] n **low spirits; a state of inactivity** 침울한 정신 상태; 무기력 상태

▶ 이 단어는 복수의 형태를 취하고 있지만 단수 취급한다. 더구나 항상 정관사 the와 함께 나온다.

To sailors, the *doldrums* is an ocean area near the equator where there is very little wind. A sailing ship in the *doldrums* is likely to be moving very slowly or not moving at all. To the rest of us, the *doldrums* is a state of mind comparable to that frustratingly calm weather near the equator.

배를 타는 사람들에게 있어, doldrums(무풍지대)는 바람이 거의 없는 적도 부근의 해양을 일컫는다. doldrums(무풍지대)에서 돛을 달고 항해하는 선박은 아주 천천히 움직이게 되거나 아예 움직이지도 않게 된다. 우리 같은 대부분의 사람들에게 있어, doldrums(정체 또는 침체 상태)라는 것은 적도 부근의 좌절감을 줄 만큼 잔잔한 날씨와 같은 마음의 상태를 비유해서 일컫는 말이다.

- Meredith has been in the *doldrums* ever since her pet bees flew away; she mopes around the house and never wants to do anything.

  메러디스는 애완용 벌이 날아가 버리고 난 뒤로 계속해서 침울해 했다. 그녀는 맥없이 집 주변을 돌아다니며 아무것도 하지 않으려 한다.

DOLEFUL [dóulfəl] adj **sorrowful; filled with grief** 슬픈; 비탄에 잠긴

- A long, *doleful* procession followed the horse-drawn hearse as it wound slowly through the village.

  장의 마차가 마을을 천천히 돌아나가자 길고 슬픔에 잠긴 행렬이 그 뒤를 따랐다.

- Aunt Gladys said she loved the pencil holder that her niece had made her for Christmas, but the *doleful* expression on her face told a different story.

  글래디스 숙모는 조카딸이 크리스마스 선물로 만들어 준 연필꽂이를 아주 좋아한다고 말했다. 그러나 그녀의 얼굴에 나타난 슬픈 표정은 다른 얘기를 하고 있었다.

▶ 서로 바꿔 쓸 수 있는 단어로 dolorous[dóulərəs] (비통한)가 있다.

DOLT [doult] n **a stupid person; a dunce** 멍청이; 열등생

- "*Dolts* and idiots." said Mrs. Wier when her husband asked her to describe her new students.

  위어 선생님은 남편이 새로 맡은 제자들에 대해서 물어보았을 때 "멍청이와 지진아들."이라고 대답했다.

▶ 형용사형은 doltish[dóultiʃ] (멍청한)이다.

- The farmer's *doltish* [dóultiʃ] son rode the cows and milked the horses.

  농부의 멍청한 아들은 소를 타고 다니고 말 젖을 짰다.

DOTAGE [dóutidʒ] n senility; foolish affection 망령; 어리석은 애정

To *dote* [dout] on something is to be foolishly or excessively affectionate toward it. For some reason, old people are thought to be especially prone to doing this. That's why *dotage* almost always applies to old people.

dote on은 '~에 대해 어리석을 정도로 지나치게 애정을 갖다'라는 뜻이다. 어떤 이유 때문인지 나이가 많은 사람들은 특히 이와 같은 행동에 빠지기 쉽다고 생각된다. dotage가 거의 언제나 나이가 많은 사람에게 일어나는 것이 그 때문이다.

- My grandmother is in her *dotage*; she spends all day in bed watching soap operas and combing the hair on an old doll she had as a little girl.

  나의 할머니는 노망이 들었다. 할머니는 연속극을 보고 어릴 적 가지고 놀았던 낡은 인형의 머리를 빗어 주면서 하루 종일 침대에 누워 계신다.

A senile person is sometimes called a *dotard* [dóutərd].

노망한 늙은이를 dotard라고 부른다.

DOUBLE ENTENDRE [dʌ́bl ɑːntɑ́ːndrə] n a word or phrase having a double meaning, especially when the second meaning is risqué
두 가지 의미를 담고 있는 단어나 어구, 특히 두 번째 의미는 외설적인 것

▶ 프랑스 어 표현이므로 발음에 주의할 것.

- The class president's speech was filled with *double entendres* that only the students understood; the teachers were left to scratch their heads as the students were doubled over with laughter.

  반장의 말에는 학생들만이 알아들을 수 있는 중의적인 단어나 어구가 매우 많았다. 선생님들은 학생들이 몸을 웅크리며 웃는 동안 그저 머리만 긁적이고 계셨다.

DOUR [dɑuər] adj forbidding; severe; gloomy 험악한; 엄격한; 음울한

▶ 발음에 주의할 것.

- The Latin teacher was a *dour* old man who never had a kind word for anyone, even in Latin.

  라틴 어 선생님은 어느 누구에게도, 심지어 라틴 어로조차도 친절한 말을 하는 법이 없는 엄격한 노인이었다.

- The police officer *dourly* insisted on giving me a traffic ticket, even though I promised to repair my rear headlight.

  내가 뒤쪽 헤드라이트를 고치겠다고 약속했는데도 경찰관은 험악하게 교통 위반 딱지를 떼겠다고 고집했다.

DOWNCAST [dáunkæst] adj directed downward; dejected 아래로 향한; 풀이 죽은

- The children's *downcast* faces indicated that they were sad that Santa Claus had brought them nothing for Christmas.

  아이들의 의기소침한 얼굴에서, 산타클로스가 아무런 크리스마스 선물도 가져다주지 않았다는 것을 슬퍼하고 있음을 알 수 있었다.

- The entire audience seemed *downcast* by the end of the depressing movie.

  침울한 영화가 끝나자 모든 관객들도 기분이 우울한 듯 보였다.

- My six-week struggle with the flu had left me feeling *downcast* and weak.

  독감에 6주간이나 시달리고 나서 나는 허약해지고 침울해졌다.

DOWNPLAY [dáunplèi]　v　to minimize; to represent as being insignificant
과소평가하다; 하찮게 여기다

- The doctor had tried hard to *downplay* the risks involved in the operation, but Harry knew that having his kidney replaced was not minor surgery.

  의사는 수술에서 일어날 수 있는 위험을 무시하려 애를 썼다. 그러나 신장을 건드리는 것은 손쉬운 수술이 아니라는 것을 해리도 알고 있었다.

- The parents tried to *downplay* Christmas because their daughter was very young and they didn't want her to become so excited that she wouldn't be able to sleep.

  부모는 딸이 아직 어리고, 또 너무 흥분해서 잠도 못 자는 것이 아닌가 하는 생각에 크리스마스를 무시하려고 했다.

- Superman *downplayed* his role in rescuing the children, but everyone knew what he had done.

  슈퍼맨은 아이들을 구하는 데 있어서 자신이 별로 큰 역할을 하지 않았다고 말했다. 그러나 모든 사람들이 그가 한 일을 알고 있었다.

DRACONIAN [dreikóuniən]　adj　harsh; severe; cruel　엄격한; 가혹한; 잔혹한

This word is often capitalized. It is derived from the name of Draco, an Athenian official who created a notoriously harsh code of laws. Because of this history, the word is most often used to describe laws, rules, punishments, and so forth.

draconian은 흔히 대문자로 시작한다. 이는 매우 가혹한 법률을 만든 것으로 악명 높은 아테네의 관리, 드레이코의 이름에서 유래한 것이다. 이러한 역사적 배경 때문에 draconian은 흔히 법이나 규칙, 형벌 등에 관해 설명할 때 자주 쓰인다.

- The judge was known for handing down *draconian* sentences; he had once sentenced a shoplifter to life in prison without parole.

  그 판사는 가혹한 판결을 내리기로 유명했다. 그는 언젠가는 단순한 좀도둑에게 가석방 없이 감옥에서 평생을 보내라고 판결을 한 적도 있었다.

- Mrs. Jefferson is a *draconian* grader; her favorite grade is D, and she has never given an A in her entire life.

  제퍼슨 부인은 학점을 가혹하게 주는 사람이다. 그녀가 흔히 주는 학점은 D이며, 전 생애를 통틀어 한 번도 A 학점을 준 적이 없었다.

DROLL [droul]　adj　humorous; amusing in an odd, often understated, way
우스운; 기묘하고, 종종 줄여 말하는 방식으로 재미있는

This word is slightly stilted, and it is not a perfect substitute for funny in every situation. The Three Stooges, for example, are not *droll*.

droll은 다소 과장의 의미가 있으며, 모든 상황에서 funny(웃기)라는 단어를 완벽하게 대체할 수 있는 것은 아니다. 예를 들면, The Three Stooges라는 TV프로그램을 droll이라고 말하지는 않는다.

- The children entertained the dinner guests with a *droll* rendition of their parents' style of arguing.

  아이들은 부모님이 논쟁하는 모습을 익살스럽게 연출하여 만찬에 모인 손님들을 즐겁게 해 주었다.

- The speaker's attempts to be *droll* were met with a chilly silence from the audience.

  연설자는 사람들을 웃기려고 농담을 했지만, 관객들은 냉랭한 침묵으로 응답할 뿐이었다.

This word is used frequently in classic English literature. For more vocabulary derived from the classics, see Chapter 10 at the end of this book.

droll은 고전적인 영문학에서 자주 쓰인다. 고전 문학에서 유래한 더 많은 어휘들을 PART C의 10. Classic Literature(고전 문학)에 정리해 두었다.

DROSS [dro:s]　n　worthless stuff, especially worthless stuff arising from the production of valuable stuff　쓸모없는 것, 특히 가치가 있는 상품의 생산에서 부수적으로 생기는 가치 없는 것

In metal smelting, the *dross* is the crud floating on top of the metal once it is molten. Outside of this precise technical meaning, the word is used figuratively to describe any comparably worthless stuff.

금속을 제련하는 데 있어서 dross는 1차 제련했을 때 '용해된 주철 표면에 뜨는 불순물'을 의미한다. 이러한 기술적인 의미에서 벗어나면, dross는 비유적으로 비교적 가치 없는 물건을 가리킬 때 사용된다.

- Hilary's new novel contains three or four good paragraphs; the rest is *dross*.

  힐러리의 새로운 소설에서 서너 개의 단락은 좋지만 나머지는 보잘것없다.

- The living room was filled with the *dross* of Christmas: mounds of wrapping paper and ribbon, empty boxes, and toys that no one would ever play with.

거실에는 크리스마스의 잔해로 가득했다. 산더미 같은 포장지와 리본, 빈 상자, 그리고 아무도 갖고 놀 것 같지 않은 장난감들이 있다.

DURESS [djuərés]   n   coercion; compulsion by force or threat   강압; 힘이나 협박으로 강제함

▸ 발음에 주의할 것. 이 단어는 흔히 under와 함께 쓰인다.

- Mrs. Maloney was under *duress* when she bought her son a candy bar; the nasty little boy was screaming and crying.

맬로니 부인은 아들에게 협박을 받아 어쩔 수 없이 막대사탕을 사 주었다. 심술궂은 아들이 소리를 지르고 울었던 것이다.

- The court determined that the old man had been under *duress* when he signed his new will, in which he left all his money to his lawyer; in fact, the court determined that the lawyer had held a gun to the old man's head while he signed it.

재판정은 그 노인이 협박을 받고 어쩔 수 없이 자신의 모든 재산을 변호사에게 남긴다는 새로운 유언장에 서명을 했다고 결론 내렸다. 사실 법정은 변호사가 노인의 머리에 총구를 들이대고 사인을 강요했다고 판단했다.

QUICK QUIZ

Match each word in the first column with its definition in the second column. Check your answers in the back of the book.

1. doldrums	a. forbidding
2. doleful	b. humorous
3. dolt	c. senility
4. dotage	d. double meaning
5. double entendre	e. stupid person
6. dour	f. harsh
7. downcast	g. worthless stuff
8. downplay	h. coercion
9. draconian	i. minimize
10. droll	j. sorrowful
11. dross	k. low spirits
12. duress	l. dejected

E

EBB [eb] v **to diminish; to recede** 줄다; 감퇴하다

Ebb comes from an old word meaning low tide, and it is still used in this way. When a tide *ebbs*, it pulls back or goes down. Other things can *ebb*, too.

ebb는 '썰물'을 의미하는 고어에서 유래한 것이다. 그리고 여전히 같은 의미로 사용되고 있다. 조수가 ebb한다는 표현은 물이 빠지거나 수위가 내려간다는 의미이다. 다른 것들도 줄어들 수 있다.

- My interest *ebbed* quickly when my date began to describe the joys of stamp collecting.
  데이트 상대가 우표 수집의 재미에 대해 설명하기 시작하자 흥미가 급속도로 없어졌다.

- The team's enthusiasm for the game *ebbed* as the other team ran up the score.
  그 팀의 경기에 대한 열정은 상대 팀이 점수를 올리자 식어 버렸다.

▶ 반의어는 flood(홍수) 또는 flow(밀물)이다.

- On a typical trading day, the Dow Jones Industrial Average *ebbs* and flows in a seemingly haphazard way.
  일상적으로 다우존스 지수는 겉으로는 우연에 의한 것처럼 보이는 방식으로 등락을 거듭한다.

ECCLESIASTICAL [iklì:ziǽstikəl] adj **having to do with the church** 교회의

- The priest had few *ecclesiastical* duties because he had neither a church nor a congregation.
  그 신부는 교회를 담당하지도 않고, 집회도 열지 않았기 때문에 성직의 의무를 거의 갖고 있지 않았다.

- The large steeple rising from the roof gave the new house an oddly *ecclesiastical* feel.
  지붕 위에 솟아 있는 커다란 첨탑은 새 집이 기묘한 교회 같다는 느낌을 주었다.

ECLIPSE [iklíps] v **to block the light of; to overshadow; to reduce the significance of; to surpass** ~의 빛을 가로막다; 그늘지게 하다; ~의 의미를 축소하다; 능가하다

In an *eclipse* of the moon, the sun, earth, and moon are arranged in such a way that the earth prevents the light of the sun from falling on the moon. In an *eclipse* of the sun, the moon passes directly between the earth and the sun, preventing the light of the sun from falling on the earth. In the first instance, the earth is said to *eclipse* the moon; in the second instance, the moon is said to *eclipse* the sun.

eclipse of the moon(월식)이 일어날 때는, 태양과 지구와 달이 일렬로 늘어서 지구가 태양의 빛을 가로막음으로써 빛이 달까지 닿지 않게 된다. eclipse of the sun(일식)은 달이 태양과 지구 사이를 직접 지나감으로써 태양의 빛이 지구에 닿는 것을 막는다. 첫 번째 사례에서는 지구가 달을 그늘지게 하는 것이고, 두 번째 사례에서는 달이 태양을 그늘지게 하는 것이다.

▶ eclipse는 비유적인 의미로도 쓰일 수 있다.

- Lois's fame *eclipsed* that of her brother, Louis, who made fewer movies and was a worse actor.
  로이스의 명성은 오빠인 루이스의 명성을 능가했다. 루이스는 영화 출연 편수도 더 적고, 연기도 더 못하는 배우였다.

- The spelling team's glorious victory in the state spelling championship was *eclipsed* by the arrest of their captain on charges of possessing cocaine.
  주 철자법 대회 결승전에서 그 팀이 거둔 영광스러운 승리는 주장이 코카인 소지죄로 기소되어 체포되는 바람에 그 빛을 잃었다.

ECOSYSTEM [ékousìstəm] n **a community of organisms and the physical environment in which they live** 유기체 집단과 그들이 살아가는 자연의 환경, 생태계

▸ 발음에 주의할 것. 첫 음절에서 'ek' 대신에 'eek'로 발음될 수도 있다.

- The big muddy swamp is a complex *ecosystem* in which the fate of each species is inextricably linked with the fate of many others.

  크고 질퍽한 늪지대는 각각의 생명체의 운명이 다른 많은 생명체들의 운명과 복잡하게 뒤얽혀 있는 복합 생태계이다.

Ecology is the science of the relationships between organisms and their environment.

ecology(생태학)는 생명체와 그들의 환경 사이의 연관 관계를 연구하는 학문이다.

▸ 형용사형은 ecological[èkəládʒikəl] (생태계의)이다.

EDICT [í:dikt] n **an official decree** 공식적인 포고, 칙령

- The new king celebrated his rise to power by issuing hundreds of *edicts* governing everything from curbside parking to the wearing of hats.

  새로 등극한 왕은 가두 주차장 설치에서 모자 착용에 이르기까지 모든 것을 관장하는 수백 개의 칙령을 선포함으로써 자신이 권좌에 오른 것을 기념했다.

- By presidential *edict*, all government offices were closed for the holiday.

  대통령령에 의해 모든 정부 기구는 휴일에 문을 닫았다.

EDIFICE [édəfis] n **a big, imposing building** 크고 인상적인 건물

- Mr. and Mrs. Stevens had originally intended to build a comfortable little cottage in which to spend their golden years, but one thing led to another and they ended up building a sprawling *edifice* that dwarfed all other structures in the area.

  스티븐스 부부는 처음에는 노후를 보낼 작고 편안한 시골집을 지으려고 했었다. 그러나 하나를 만들면 또 다른 것이 부족한 것 같아, 결국 집은 보기 흉하게 커다란 건물이 되어, 그 지역의 다른 구조물들은 모두 난쟁이처럼 보이게 만들었다.

An architect who designs massive or grandiose buildings is sometimes said to have an "*edifice* complex."

거대하고 웅장한 건물을 설계하는 건축가는 간혹 "edifice complex(거대 건물 콤플렉스)"를 갖고 있다고 일컬어진다.

EFFECTUAL [iféktʃuəl] adj **effective; adequate** 효과적인, 유능한; 알맞은

- Polly is an *effectual* teacher, but she is not a masterful one; her students come away from her class with a solid understanding of the subject but with little else.

  폴리는 유능한 선생님이긴 하지만 능수능란한 사람은 아니다. 그녀의 수업을 듣는 학생들은 그 과목에 대한 알찬 이해를 얻기는 하지만, 다른 것은 얻은 것이 거의 없는 채로 교실을 나온다.

- Even with all her years of experience, Mrs. Jones had not yet hit on an *effectual* method of getting her children to go to bed.

  수년간에 걸친 경험에도 불구하고, 존스 부인은 아직도 아이들을 잠자리에 들게 만드는 효과적인 방법을 찾지 못했다.

▸ 반의어는 ineffectual[ìniféktʃuəl] (비효과적인)이다.

- The plumber tried several techniques for stopping a leak, all of them *ineffectual*.

  배관공은 누수를 막기 위해 몇 가지 기술을 동원했다. 그러나 모두 효과가 없었다.

EFFICACY [éfəkəsi] n **effectiveness** 유효성

- Federal law requires manufacturers to demonstrate both the safety and the *efficacy* of new drugs. The manufacturers must prove that the new drugs are *efficacious*[èfəkéiʃəs].

  연방법은 새로운 약의 효능과 안전성을 입증할 것을 제조업자들에게 요구하고 있다. 제조업자들은 반드시 새로 개발된 약이 치료 효능이 있다는 것을 증명해야만 한다.

EFFIGY [éfidʒi] n **a likeness of someone, especially one used in expressing hatred for the person of whom it is a likeness**
누군가를 닮게 만든 것, 특히 그 사람과 똑같이 만들어서 증오를 표현하는 데 사용하는 것

- The company's founder had been dead for many years, but the employees still passed under his gaze because his *effigy* had been carved in the side of the building.
  회사의 설립자는 이미 수년 전에 죽었지만, 직원들은 아직도 그의 눈길을 받으며 지나다녔다. 그의 초상이 건물 측면에 새겨져 있기 때문이었다.

- The members of the senior class hanged the principal in *effigy*; they made a dummy out of some old burlap bags and strung it up in the tree beside the parking lot.
  고학년 학생들은 교장의 형상을 만들어 목을 매달았다. 그들은 낡은 마대자루를 모아 인체 모형을 만들고 줄을 묶어 주차장 옆에 있는 나무에 매달았다.

This word is often heard in the clichéd phrase *burned an effigy*, as in, "The chief of staff was so unpopular that White House staffers openly *burned an effigy* of him at the holiday party."
effigy는 진부한 표현인 "burned an effigy(화형식을 거행했다)"에서 자주 들을 수 있는데, "직원들 대표는 너무 인기가 없어서 백악관 직원들은 휴일 파티에서 공개적으로 그의 화형식을 거행했다."처럼 쓸 수 있다.

ELATION [iléiʃən] n **a feeling of great joy** 대단히 기분 좋게 느낌, 의기양양

- A tide of *elation* swept over the crowd as the clock ticked down to zero and it became clear that the college's team really had made it to the quarterfinals of the countywide tiddlywinks competition.
  시계가 0을 가리키고 그 대학 팀이 정말로 전국 원반 튕기기 경기 준준결승까지 올라갔다는 것이 확정되자 관중석에는 기쁨의 열기가 넘쳤다.

- Harry's brother's *elation* at having defeated him in the golf match was almost more than Harry could bear.
  골프 시합에서 해리를 이겼다고 의기양양해진 형의 모습은 해리가 참고 볼 수 없는 정도였다.

▸ 형용사형은 elated(의기양양한)이다.

- After rowing across the Pacific Ocean in a bathtub, I felt positively *elated*; I also felt a little tired.
  목욕통을 타고 태평양을 횡단한 후에 나는 정말로 우쭐해졌고 또한 약간 피곤했다.

QUICK QUIZ

Match each word in the first column with its definition in the second column. Check your answers in the back of the book.

1. ebb		a. official decree
2. ecclesiastical		b. feeling of great joy
3. eclipse		c. having to do with the church
4. ecosystem		d. big, imposing building
5. edict		e. likeness of someone
6. edifice		f. surpass
7. effectual		g. effective
8. efficacy		h. effectiveness
9. effigy		i. diminish
10. elation		j. organisms and their environment

ELECTORATE [iléktərit] n the body of people entitled to vote in an election; the voters
선거에서 투표를 할 자격이 있는 사람 전체, 유권자; 투표자

- In order to be elected, a candidate usually has to make a lot of wild, irresponsible promises to the *electorate*.

  선거에 당선되기 위해서 후보자는 대개 유권자들에게 떠들썩하고 무책임한 공약들을 많이 내놓아야 한다.

- The losing candidate attributed her loss not to any fault in herself but to the fickleness of the *electorate*.

  선거에서 패배한 후보자는 실패를 자기가 가진 결함 탓이 아니라 유권자의 변덕 탓으로 돌렸다.

▸ 형용사형은 electoral[iléktərəl] (선거의)이다.

▸ 이 단어들의 발음에 주의할 것.

ELEGY [élidʒi] n a mournful poem or other piece of writing; a mournful piece of music
슬픈 시, 슬픈 글; 슬픈 음악

- Most critics agreed that Stan's best poem was an *elegy* he wrote following the death of his pet pigeon.

  대부분의 평론가들이 스탠의 최고의 시는 애완용 비둘기가 죽은 뒤에 쓴 비가라는 사실에 동의했다.

- My new book is an *elegy* to the good old days—the days before everything became so terrible.

  나의 새 책은 좋았던 옛 시절, 모든 것이 그토록 끔찍하게 변하기 전의 그 시절에 대한 비가이다.

▸ 형용사형은 elegiac[èlədʒáiæk] (비가의)이다.

- The little article in the newspaper about Frank's retirement had an *elegiac* tone that Frank found disconcerting.

  신문에 실린 프랭크의 퇴직에 관한 작은 기사는 프랭크가 당혹스러울 정도로 슬퍼하는 듯한 논조였다.

ELITE [eilí:t] n the best or most select group   최고의 그룹, 극상의 사람들

- Alison is a member of bowling's *elite*; she bowls like a champion with both her right hand and her left.

  앨리슨은 뛰어난 볼링 솜씨를 가지고 있다. 그녀는 양손을 모두 사용하며 챔피언 같은 볼링 실력을 보인다.

- As captain of the football team, Bobby was part of the high school's *elite*, and he never let you forget it.

  풋볼 팀의 주장으로서 바비는 그 학교 엘리트의 일원이었으며, 남들이 그 사실을 잊지 못하게 했다.

▸ elite는 형용사로도 쓰인다.

- The presidential palace was defended by an *elite* corps of soldiers known to be loyal to the president.

  대통령궁은 충성심이 강하다고 알려진 정예 부대의 군인들이 호위하고 있었다.

To be an *elitist*[ilí:tist] is to be a snob; to be *elitist* is to be snobby.

elitist(엘리트주의자)는 '속물'이다. 엘리트주의자가 된다는 것은 속물적이 된다는 것이다.

ELOCUTION [èləkjú:ʃən] n the art of public speaking   대중 웅변술

- The mayor was long on *elocution* but short on execution; he was better at making promises than at carrying them out.

  시장은 웅변은 길고 실행은 짧았다. 그는 공약을 실행하는 것보다는 공약 자체를 남발하는 것을 더 잘했다.

- Professor Jefferson might have become president of the university if he had had even rudimentary skills of *elocution*.

  제퍼슨 교수는 기본적인 웅변술만 갖추었더라면 대학의 총장이 될 수도 있었을 것이다.

- In *elocution* class, Father Ficks learned not to yell, "SHADUPP!" when he heard whispering in the congregation.

  웅변 수업 시간에 픽스 신부님은 교회 목회 시간에 속삭이는 소리를 듣더라도 "입다악쳐!"라고 소리치지 말라고 배웠다.

A *locution*[loukjúːʃən] is a particular word or phrase. Someone who speaks well is *eloquent*[éləkwənt].

locution은 '특별한 단어나 어구'를 의미한다. eloquent는 '연설을 잘하는'이라는 뜻이다.

EMACIATE [iméiʃièit] v to make extremely thin through starvation or illness
기아나 병 때문에 매우 마르게 만들다

- A dozen years in a foreign prison had *emaciated* poor old George, who had once weighed more than three hundred pounds but now weighed less than ninety.

  불쌍하고 늙어 버린 조지는 12년간의 외국 감옥 생활로 매우 말랐다. 그는 한때 300파운드 이상 나갔지만, 이제는 90파운드도 되지 않았다.

▶ 명사형은 emaciation[iméiʃiéiʃən] (쇠약함, 수척함)이다.

- The saddest thing to see in the refugee camp was the *emaciation* of the children, some of whom had not had a real meal in many weeks.

  난민 수용소를 돌아보며 가장 슬펐던 일은 바싹 마른 아이들이었다. 몇몇 아이들은 몇 주 동안 음식다운 음식이라곤 먹어 보지 못했다.

▶ 이 단어들의 발음에 주의할 것.

EMANATE [émənèit] v to come forth; to issue   나오다; 분출하다

- Contradictory orders *emanated* from many offices in the government building, leaving the distinct impression that no one was in charge.

  정부 청사 안의 많은 기구에서 서로 반대되는 지시 사항이 나와서 책임자가 없다는 분명한 인상을 주었다.

- The dreadful sound *emanating* from the house up the street turned out to be not that of a cat being strangled but that of a violin being played by someone who didn't know how to play it.

  거리 위쪽에 위치한 집으로부터 흘러나온 끔찍한 소리는 목이 졸리고 있는 고양이의 소리가 아니라 아직 연주하는 방법도 모르는 누군가가 바이올린을 켜고 있는 소리인 것으로 밝혀졌다.

▶ 명사형은 emanation[èmənéiʃən] (발산)이다.

- The mystic claimed to be receiving mental *emanations* from the ghost of Alexander's long-dead aunt.

  그 신비주의자는 오래 전에 죽은 알렉산더의 숙모의 영혼으로부터 정신적 감응을 받고 있다고 주장했다.

EMANCIPATE [imǽnsəpèit] v to liberate; to free from bondage or restraint
석방하다; 구속이나 속박으로부터 자유롭게 해 주다

- Refrigerators, microwave ovens, and automatic dishwashers have *emancipated* modern homemakers from much of the drudgery of meal preparation and cleanup.

  냉장고, 전자레인지, 자동 식기세척기 덕분에 현대의 주부들은 식사 준비와 청소라는 고역으로부터 해방되었다.

- My personal computer has *emancipated* me from my office; I am now able to work out of my home.

  컴퓨터 덕분에 나는 사무실에서 해방되었다. 나는 지금 내 집 밖에서도 업무 처리를 할 수 있다.

▶ 명사형은 emancipation[imǽnsəpéiʃən] (해방)이다.

- President Lincoln announced that he had *emancipated* the slaves in his Emancipation Proclamation.

  링컨 대통령은 노예 해방 선언을 통해 노예들이 해방되었음을 천명했다.

EMBARGO [imbáːrgou] n **a government order suspending foreign trade; a government order suspending the movement of freight-carrying ships in and out of the country's ports**
외국과의 교역을 중지하라는 정부의 명령; 항구를 통해 화물선이 들어오고 나가는 것을 중지하라는 정부의 명령

- For many years, there has been an *embargo* in the United States on cigars produced in Cuba.
  수년 동안 미국은 쿠바에서 생산되는 시가에 대해 통상금지 조치를 취해 왔다.

- Jerry imposed a household *embargo* on rented movies; for the next six months, he said, no rented movies would be allowed in the house.
  제리는 가족들이 영화를 빌려 보는 것에 대해 금지 조치를 내렸다. 그는 이후 6개월 동안 집에서는 영화를 빌려 보는 것이 허락되지 않을 것이라고 말했다.

▶ 유의어 sanction(승인)의 두 번째 뜻을 참조할 것.

EMBELLISH [imbéliʃ] v **to adorn; to beautify by adding ornaments; to add fanciful or fictitious details to**
장식하다; 장식을 더해 아름답게 만들다; 기발하거나 꾸민 세부 묘사를 더하다

A *belle* is a beautiful young woman. To *embellish* is to make beautiful or to adorn.
belle은 젊고 아름다운 여성을 의미한다. embellish는 '아름답게 만들다' 또는 '치장하다'는 뜻이다.

Note that the word can have negative connotations, as when a person adds false facts to a story.
embellish는 이야기에 거짓을 보태 꾸며내는 사람처럼 부정적인 의미로도 쓰일 수 있음을 기억하라.

- Cynthia *embellished* her plain white wedding gown by gluing zirconium crystals to it.
  신시아는 평범한 흰색의 웨딩 가운에 지르코늄 결정체들을 붙여서 예쁘게 장식을 했다.

- Hugh could never leave well enough alone; when he told a story, he liked to *embellish* it with facts that he had made up.
  휴는 기왕에 들은 얘기를 그대로 두는 법이 없었다. 그가 이야기를 할 때면 자신이 꾸며낸 이야기로 덧붙이고 윤색하기를 좋아했다.

- Edward was guilty of *embellishing* his résumé by adding a college degree that he had not earned and a great deal of job experience that he had not had.
  에드워드는 실제로는 받아 보지 못한 대학 졸업장과 풍부한 업무 경험을 첨가해서 자신의 이력서를 꾸며내는 죄를 저질렀다.

EMBODY [embádi] v **to personify; to give physical form to** 구체화하다; 물리적인 형태를 주다

- Kindly old Mr. Benson perfectly *embodied* the loving philosophy that he taught.
  친절한 노인인 벤슨 씨는 그가 가르치는 사랑의 철학을 구체적으로 구현했다.

- The members of the club were a bunch of scoundrels who came nowhere near *embodying* the principles upon which their club had been founded.
  그 클럽의 회원들은 건달들 여럿으로, 클럽이 설립되었던 취지를 제대로 구현하고 있는 사람은 아무도 없었다.

▶ 명사형은 embodiment(전형)이다.

Match each word in the first column with its definition in the second column. Check your answers in the back of the book.

1. electorate	a. art of public speaking
2. elegy	b. body of voters
3. elite	c. government order suspending trade
4. elocution	d. adorn
5. emaciate	e. personify
6. emanate	f. mournful poem
7. emancipate	g. liberate
8. embargo	h. most select group
9. embellish	i. make extremely thin
10. embody	j. come forth

EMBROIL [imbrɔ́il] v to involve in conflict; to throw into disorder
분쟁에 관련시키다; 혼란스러운 상황에 빠뜨리다

- For the last twenty years, Mr. and Mrs. Brown have been *embroiled* in a legal battle with the city over the camels in their backyard.
  지난 20년 동안 브라운 부부는 뒷마당에서 낙타를 키우는 문제 때문에 시를 상대로 한 법적 분쟁에 휘말려 있었다.

- Fighting and shouting *embroiled* the classroom, leading the teacher to walk out of the room.
  교실 안은 싸움질과 고함 소리로 난장판이었고 선생님은 교실 밖으로 나갔다.

An *imbroglio* [imbróuljou] is a confused, difficult, or embarrassing situation.
imbroglio는 '혼란스럽고, 어렵고, 어쩔 줄 모르는 상황'이다.

EMBRYONIC [èmbriánik] adj undeveloped; rudimentary 미개발의; 형성기의, 초보의

An *embryo* [émbriou] is any unborn animal or unformed plant that is in the very earliest stages of development. *Embryonic* can be used to describe such an undeveloped organism, but it also has a broader meaning.
embryo는 '아직 태어나지 않은 동물이나 발생의 초기 단계에 있어서 형태를 다 갖추지 않은 식물'을 의미한다. embryonic은 덜 자란 유기체로 묘사될 수도 있지만, 더 폭넓은 의미를 지닐 수도 있다.

- The plans for the new building are pretty *embryonic* at this point; they consist of a single sketch on the back of a cocktail napkin.
  새로운 건물에 대한 계획안은 지금 시점에서는 아직 초기 단계이다. 계획안은 칵테일 받침 냅킨의 뒷면에 그린 한 장의 밑그림이 전부이다.

- Our fund-raising campaign has passed the *embryonic* stage, but it still hasn't officially gotten under way.
  우리의 기금 마련 행사는 초기 단계를 지났다. 그러나 공식적으로는 여전히 진행이 안 되고 있다.

EMISSARY [émisèri] n a messenger or representative sent to represent another
사자, 대표로 파견된 대리인

To *emit* is to send out. An *emission* is something sent out. An *emissary* person sent out as a messenger or representative.

emit는 '보내다'라는 뜻이다. emission은 '보내진 것'을 의미한다. emissary person은 '메신저'나 '대표로 보내진 사람'을 뜻한다.

- The king was unable to attend the wedding, but he sent an *emissary*: his brother.

  왕은 결혼식에 참석할 수가 없었다. 그래서 그는 대리인인 그의 형을 보냈다.

- The surrender of the defeated country was negotiated by *emissaries* from the two warring sides.

  두 교전 당사국에서 파견된 밀사들이 패배한 나라의 항복에 관한 문제를 협상했다.

- The company's president couldn't stand to fire an employee two days before his pension would have taken effect, so he sent an *emissary* to do it instead.

  그 회사의 사장은 연금이 개시되기 이틀 전에 종업원을 해고하는 짓을 할 수가 없었다. 그래서 그는 자기 대신에 대리인을 시켜 그 일을 하도록 했다.

EMPATHY [émpəθi] n identification with the feelings or thoughts of another
다른 사람의 생각이나 감정과 동일화되는 것, 감정 이입

- Shannon felt a great deal of *empathy* for Bill's suffering; she knew just how he felt.

  섀넌은 빌의 고통을 아주 깊게 공감할 수 있었다. 그녀는 그가 어떻게 느끼는지 알고 있었다.

▶ 동사형은 empathize[émpəθàiz] (공감하다)이고, 형용사형은 empathic[empǽθik] (감정 이입의)이다.

- Samuel's tendency to *empathize* with creeps may arise from the fact that Samuel himself is a creep.

  좀도둑들에게 공감을 하는 사무엘의 성향은 사무엘 자신이 바로 좀도둑이라는 사실에서 기인한 것일 수 있다.

This word is sometimes confused with *sympathy*, which is compassion or shared feeling, and *apathy*[ǽpəθi], which means indifference or lack of feeling. *Empathy* goes a bit further than *sympathy*; both words mean that you understand someone's pain or sorrow, but *empathy* indicates that you also feel the pain yourself.

empathy는 간혹 '동정'이나 '공감'을 뜻하는 sympathy와 혼동되기도 한다. 또한 '무관심'이나 '냉담함'을 의미하는 apathy와 혼동하는 일도 종종 있다. empathy는 sympathy보다 의미가 조금 더 강하다. 둘 다 상대방의 고통이나 슬픔을 이해하는 것이지만, empathy는 당신도 그 고통을 느끼고 있음을 보여 주는 것이다.

EMPOWER [impáuər] v to give power or authority to; to enable
권한이나 권력을 부여하다; 가능하게 하다

- The city council *empowered* the dog catcher to do whatever he wanted to with the dogs he caught.

  시의회는 개 잡는 사냥꾼에게 그가 잡은 개를 마음대로 처분할 수 있도록 했다.

- In several states, legislatures have *empowered* notaries to perform marriages.

  몇몇 주에서는 입법으로 공증인에게 결혼식을 주관할 수 있는 권한을 부여했다.

- The sheriff formed a posse and *empowered* it to arrest the fugitive.

  보안관은 민병대를 조직하고 탈주자를 체포할 수 있는 권한을 부여했다.

ENDEAR [indíər] v to make dear; to make beloved   귀염 받게 하다; 사랑받게 하다

- Merv *endeared* himself to Oprah by sending her a big box of chocolates on her birthday.

  머브는 오프라의 생일에 큰 초콜릿 한 상자를 선물로 보냄으로써 그녀의 사랑을 받게 되었다.

- I did not *endear* myself to my teacher when I put thumbtacks on the seat of her chair.

  나는 선생님의 의자에 압정을 올려놓았기 때문에 귀염을 받지 못했다.

- Edgar has the *endearing*[indíəriŋ] habit of giving hundred-dollar bills to people he meets.

  에드가는 만나는 사람들에게 100달러짜리 지폐를 주는 귀여운 습관이 있다.

An *endearment* [endíərmənt] is an expression of affection.

명사형 endearment는 '애정의 표시'를 의미한다.

- "My little pumpkin" is the *endearment* Arnold Schwarzenegger's mother uses for her little boy.

  "작은 내 호박"은 아놀드 슈왈제네거의 엄마가 어린 아들을 부르는 애칭이다.

ENGAGING [ingéidʒiŋ] adj **charming; pleasing; attractive** 매력적인; 애교 있는; 사람의 마음을 끄는

- Susan was an *engaging* dinner companion; she was lively, funny, and utterly charming.

  수잔은 식사를 같이 하기에 매력적인 사람이었다. 그녀는 생기가 넘치고 재미있으며 아주 매력적이었다.

- The book I was reading wasn't terribly *engaging*; in fact, it was one of those books that is hard to pick up.

  내가 읽고 있던 책은 지독하게도 사람의 마음을 끄는 데가 없었다. 사실 그 책은 선택하기 힘든 그런 책들 중의 하나였다.

ENMITY [énməti] n **deep hatred; animosity; ill will** 깊은 증오; 원한; 악의

▸ 발음에 주의할 것.

Enmity is what enemies feel toward each other. If this word reminds you of the word enemy, you have a built-in mnemonic.

enmity는 서로 적인 사람들이 상대방에 대하여 느끼는 감정이다. enemy라는 단어를 떠올린다면 머릿속에 연상 기호를 가지고 있는 것이다.

- The *enmity* between George and Ed was so strong that the two of them could not be in a room together.

  조지와 에드 사이의 적의는 너무나 깊어서 두 사람이 한 방에 있을 수조차 없었다.

- There was long-standing *enmity* between students at the college and residents of the town.

  그 도시의 주민과 대학의 학생들 간에는 아주 오래된 원한 같은 것이 있었다.

ENNUI [ɑːŋwíː] n **boredom; listless lack of interest** 권태; 흥미 없고 활기가 없는 생활

▸ 발음에 주의할 것.

Ennui is the French word for boredom. Studying French vocabulary words fills some people with *ennui*.

ennui는 '권태(boredom)'라는 뜻의 프랑스 어이다. 프랑스 어 어휘를 공부하는 것은 어떤 사람들에게는 ennui(따분)인 일이 될 것이다.

- The children were excited to open their Christmas presents, but within a few hours an air of *ennui* had settled on the house, and the children were sprawled on the living room floor, wishing vaguely that they had something interesting to do.

  아이들은 흥분으로 들떠서 크리스마스 선물을 개봉했지만, 시간이 얼마 흐르기도 전에 집 안에는 따분한 기운이 내려앉았다. 아이들은 거실 바닥에 팔다리를 쭉 펴고 드러누워 뭔가 재미있는 일이라도 했으면 좋겠다고 막연히 생각했다.

- The playwright's only real talent was for engendering *ennui* in the audiences of his plays.

  그 극작가의 진짜 유일한 재능은 그의 연극을 관람하는 관객에게 따분함을 선사한다는 것이었다.

ENSUE [insjúː] v **to follow immediately afterward; to result** ~뒤에 즉시 연달아 일어나다; 결과로써 생기다

- Janet called Debbie a liar, and a screaming fight *ensued*.

  자넷이 데비를 거짓말쟁이라고 부르자, 곧이어 소리를 지르는 싸움이 뒤를 이었다.

- I tried to talk my professor into changing my D into an A, but nothing *ensued* from our conversation.

  나는 교수님께 D 학점을 A로 바꿔 달라고 부탁을 해 보았지만, 우리의 대화로 달라진 것은 아무것도 없었다.

Match each word in the first column with its definition in the second column. Check your answers in the back of the book.

1. embroil   a. charming

2. embryonic   b. messenger or representative

3. emissary   c. make dear

4. empathy   d. involve in conflict

5. empower   e. identification with feelings

6. endear   f. boredom

7. engaging   g. undeveloped

8. enmity   h. give authority

9. ennui   i. follow immediately afterward

10. ensue   j. deep hatred

ENTAIL [intéil] v **to have as a necessary consequence; to involve**
필연적인 결과로써 수반하다; 포함하다

- Painting turned out to *entail* a lot more work than I had originally thought; I discovered that you can't simply take a gallon of paint and heave it against the side of your house.
  페인트 작업은 내가 처음에 생각했던 것보다 훨씬 더 많은 노동이 필요했던 것으로 드러났다. 단순히 1갤런의 페인트를 가져와 집 벽면에 대고 쏟아붓기만 하면 되는 것이 아니라는 것을 알게 되었다.

- Peter was glad to have the prize money, but winning it had *entailed* so much work that he wasn't sure the whole thing had been worth it.
  피터는 상금을 받게 되어 기뻤다. 그러나 상금을 획득하는 것은 너무나 힘든 노력의 결과이기 때문에, 그는 그것이 정말 그럴 만한 가치가 있는 일이었는지 확신을 가질 수가 없었다.

- Mr. Eanes hired me so quickly that I hadn't really had a chance to find out what the job would *entail*.
  이언스 씨가 워낙 급하게 나를 채용하는 바람에, 나는 그 업무가 어떤 일을 포함하고 있는 지 알아볼 기회조차 없었다.

ENTITY [éntəti] n **something that exists; a distinct thing** 존재하는 것; 개별적인 것, 실체

- The air force officer found an *entity* in the cockpit of the crashed spacecraft, but he had no idea what it was.
  공군 장교는 폭발한 우주선의 조종실에서 어떤 물체를 발견했다. 그러나 그는 그것이 무엇인지 알지 못했다.

- The identity card had been issued by a bureaucratic *entity* called the Office of Identification.
  신분증은 신분증 발급처라고 불리는 관료 기관에서 발행되었다.

- Mark set up his new company as a separate *entity*; it had no connection with his old company.
  마크는 분리 독립된 형태로 새 회사를 설립했다. 그 회사는 그의 전 회사와는 아무 관계가 없었다.

▶ 반의어는 nonentity(보잘것없는 사람)이다.

ENTREAT [intríːt] v to ask earnestly; to beg; to plead 진정으로 부탁하다; 간청하다; 탄원하다

- The frog *entreated* the wizard to turn him back into a prince, but the wizard said that he would have to remain a frog a little bit longer.

  개구리는 마법사에게 자신을 도로 왕자로 변하게 해 달라고 간청했다. 그러나 마법사는 왕자가 조금 더 오래 개구리로 남아 있어야 한다고 말했다.

- My nephew *entreated* me for money for most of a year, and in the end I gave him a few hundred dollars.

  내 조카는 거의 일 년 동안이나 나에게 돈을 달라고 간청을 했다. 결국 나는 조카에게 몇 백 달러의 돈을 주고 말았다.

▸ 명사형은 entreaty[intríːti] (간청, 애원)이다.

- My mother was deaf to my *entreaties*; she made me attend my cousin's wedding even though I repeatedly begged her not to.

  우리 엄마는 나의 간청을 들은 척도 안 했다. 내가 계속해서 빌고 빌었지만, 결국 사촌의 결혼식에 참석하게 만들었다.

ENTREPRENEUR [àːntrəprənə́ːr] n an independent business person; one who starts, runs, and assumes the risk of operating an independent business enterprise

자영업자; 독립적 기업을 설립하고 운영하며 위험 부담도 끌어안는 사람, 기업가

- Owen left his job at Apple to become an *entrepreneur*; he started his own computer company to make specialized computers for bookies.

  오웬은 독립적인 기업가가 되기 위해 직장인 애플을 떠났다. 그는 마권 업자들을 위한 전문 컴퓨터를 만드는 자신의 회사를 차렸다.

- A majority of beginning business school students say they would like to become *entrepreneurs*, but most of them end up taking high-paying jobs with consulting firms or investment banks.

  창업 스쿨의 대다수 학생들은 기업가가 되고 싶다고 얘기한다. 그러나 그들 중 대부분은 결국 컨설팅 회사나 투자 은행에서 높은 급료를 받는 직업을 얻는다.

▸ 형용사형은 entrepreneurial[àːntrəprənə́ːriəl] (기업가의)이다.

- Hector started his own jewelry business, but he had so little *entrepreneurial* ability that he soon was bankrupt.

  헥터는 보석을 취급하는 자신의 회사를 차렸다. 그러나 그는 기업가의 자질이 부족한 탓에 곧 파산하고 말았다.

▸ 이 단어들의 발음에 주의할 것.

ENUMERATE [injúːmərèit] v to name one by one; to list 일일이 이름을 부르다; 열거하다

- When I asked Beverly what she didn't like about me, she *enumerated* so many flaws that I eventually had to ask her to stop.

  비벌리에게 나의 어떤 점이 좋지 않느냐고 물었을 때, 그녀가 너무나 많은 결점을 일일이 나열하는 바람에 나는 결국 그만하라고 부탁을 해야만 했다.

- After the doctor from the public health department had *enumerated* all the dreadful sounding diseases that were rampant in the water park, I decided I didn't want to visit it after all.

  보건소에서 나온 의사가 워터파크에서 창궐해 무섭게 번지고 있는 질병들을 모두 일일이 나열하자, 나는 결국 그곳에 가고 싶지 않다고 결정했다.

Things too numerous to be listed one by one are *innumerable*[injúːmərəbl].

'너무 많아서 일일이 셀 수 없는' 것은 innumerable이다.

ENVISION [invíʒən] v to imagine; to foresee 상상하다; 예견하다

- Perry's teachers *envisioned* great things for him, so they were a little surprised when he decided to become a professional gambler.

  페리의 선생님들은 그가 대단한 인물이 될 것이라고 상상했다. 그래서 페리가 프로 도박사가 되겠다고 했을 때 다소 놀랐다.

This word is different from, but means pretty much exactly the same thing, as *envisage* [invízidʒ]. The two can be used interchangeably, although *envisage* is perhaps a bit more stilted.

envision은 envisage(마음에 그리다, 직시하다)라는 단어와 다르긴 하지만 상당히 비슷한 의미를 갖고 있다. 비록 envisage가 조금 더 과장의 의미가 있긴 하지만, 두 단어는 서로 바꿔 쓸 수 있다.

EPICURE [épəkjùər] n a person with refined taste in wine and food
와인과 음식에 세련된 기호를 가지고 있는 사람, 미식가

Epicurus was a Greek philosopher of the 4th century B.C. who believed that pleasure (rather than, say, truth or beauty) was the highest good. The philosophical system he devised is known as Epicureanism. A teeny shadow of Epicurus is retained in our word *epicure*, since an *epicure* is someone who takes an almost philosophical sort of pleasure from fine food and drink.

에피쿠로스는 기원전 4세기 경, 쾌락(말하자면 진실이나 아름다움보다도 오히려)이 최고의 선이라고 믿었던 그리스의 철학자이다. 그가 창안한 철학 체계는 에피쿠로스 학파(쾌락주의)로 알려져 있다. 에피쿠로스의 잔영이 오늘날 epicure라는 단어에 아주 조금 남아 있다. epicure는 맛있는 음식과 술로부터 철학적 의미의 즐거움을 얻는 사람'을 가리키는 단어이기 때문이다.

- Ann dreaded the thought of cooking for William, who was a well-known *epicure* and would undoubtedly be hard to please.
  윌리엄은 워낙 유명한 미식가인 데다가 그를 만족시키기가 어렵다는 것은 너무나 분명했으므로 앤은 그를 위해 요리를 할 생각에 두렵기만 했다.

▸ 형용사형은 epicurean [epikjúriːən] (쾌락주의의)이다.

EPILOGUE [épəlɔ̀ːg] n an afterword; a short concluding chapter of a book; a short speech at the end of a play
후기; 책에서 짧게 쓴 맺음말; 연극의 말미에 하는 짧은 말

In the theater, an *epilogue* is a short speech, sometimes in verse, that is spoken directly to the audience at the end of a play. In classical drama, the character who makes this concluding speech is called *Epilogue*. Likewise, a *prologue* [próulɔːg] is a short speech, sometimes in verse, that is spoken directly to the audience at the beginning of a play. A *prologue* sets up the play; an *epilogue* sums it up. *Epilogue* is also (and more commonly) used outside the theater.

연극에서 epilogue는 연극이 끝날 무렵에 관객들을 향해 직접적으로 하는 짧은 말이나 간혹 행해지는 시를 의미하는 말이다. 고전극에서는 이러한 '끝맺음 말을 하는 배우'를 Epilogue라고 불렀다. 마찬가지로 prologue는 연극의 초반에 관객에게 직접적으로 전달하는 짧은 말이나 시구를 의미한다. prologue가 연극의 시작을 열면, epilogue가 그것을 요약 정리한다. epilogue는 또한 (더 흔하게) 연극 외적으로 사용된다.

- In a brief *epilogue*, the author described what had happened to all the book's main characters in the months since the story had taken place.
  작가는 간단한 후기에서, 처음 사건이 벌어지기 시작한 다음부터 몇 달 동안 주요 등장인물들에게 일어났던 일들을 설명했다.

EPOCH [épək] n an era; a distinctive period of time 시대; 특별한 일이 있었던 시대

Don't confuse *epoch* with *epic*, which is a long poem or story.
서사시를 의미하는 epic과 혼동하지 마라.

- The coach's retirement ended a glorious *epoch* in the history of the university's football team.
  코치의 퇴직으로 대학의 풋볼 팀의 역사상 영광스러웠던 한 시대를 마감하게 되었다.

The adjective is *epochal* [épəkəl]. An *epochal* event is an extremely important one—the sort of significant event that might define an *epoch*.
형용사형은 epochal이다. epochal event는 '아주 중요하고 epoch(신기원)로 정의될 수 있을 만큼 의미가 있는 사건'을 뜻한다.

- The British Open ended with an *epochal* confrontation between Jack Nicklaus and Tom Watson, the two best golfers in the world at that time.
  브리티시 오픈은 당시 세계 최고의 두 골퍼, 잭 니클라우스와 탐 왓슨의 획기적인 대결로 막을 내렸다.

▸ 이 단어들의 발음에 주의할 것.

EQUESTRIAN [ikwéstriən] adj **having to do with horseback riding** 승마의

Equus, a famous play by Peter Shaffer, portrays a troubled stable boy and his relationship with horses. *Equine* [í:kwɑin] means horselike or relating to horses.

피터 쉐퍼의 유명한 연극, Equus(에쿠스)는 말썽 많은 마구간 소년과 말들과의 관계를 그리고 있다. equine은 '말 같은', '말에 관한'이라는 뜻이다.

- I've never enjoyed the equestrian events in the Olympics because I think people look silly sitting on the backs of horses.

    나는 사람들이 말 등에 올라타고 있는 모습이 어리석어 보인다고 생각했기 때문에 올림픽에서 승마 경기를 본 적이 한 번도 없었다.

- Billy was very small but he had no *equestrian* skills, so he didn't make much of a jockey.

    빌리는 체구는 매우 작았지만 승마 기술이 없었다. 그래서 그는 썩 훌륭한 기수가 되지는 못했다.

Equestrian can also be used as a noun meaning one who rides on horseback.

equestrian은 명사로도 쓰이는데 이때는 '기수'를 의미한다.

▶ 이 단어들의 발음에 주의할 것.

QUICK QUIZ

Match each word in the first column with its definition in the second column. Check your answers in the back of the book.

1.	entail	a.	having to do with horseback riding
2.	entity	b.	era
3.	entreat	c.	independent businessperson
4.	entrepreneur	d.	imagine
5.	enumerate	e.	something that exists
6.	envision	f.	person with refined taste
7.	epicure	g.	plead
8.	epilogue	h.	afterword
9.	epoch	i.	have as a necessary consequence
10.	equestrian	j.	name one by one

ESTIMABLE [éstəməbl] adj **worthy of admiration; capable of being estimated**
존경할 만한; 평가할 수 있는

- The prosecutor was an *estimable* opponent, but Perry Mason always won his cases.

    그 검사는 존경할 만한 적수이기는 했지만, 페리 메이슨은 항상 소송을 승리로 이끌었다.

- He swallowed a hundred goldfish, ate a hundred hot dogs in an hour, and drank a dozen beers, among other *estimable* achievements.

    존경할 만한 그의 업적 중에는 한 시간 동안 백 마리의 금붕어를 꿀꺽하고, 백 개의 핫도그를 먹었으며, 열두 병의 맥주를 마신 일도 있었다.

- The distance to the green was not *estimable* from where the golfers stood because they could not see the flag.

    골퍼들이 서있는 곳에서 그린까지의 거리는 가늠하기가 힘들었다. 그들에게는 (홀컵의) 깃발이 보이지 않았기 때문이었다.

Something that cannot be estimated is *inestimable* [inéstəməbl].

'측정할 수 없는'을 의미하는 형용사형은 inestimable이다.

- The precise age of the dead man was *inestimable* because the corpse had thoroughly decomposed.

  시체가 완전히 부패했기 때문에 사망한 사람의 정확한 나이는 측정할 수가 없었다.

▶ 이 단어들의 발음과 의미에 주의할 것.

ESTRANGE [istréindʒ] v to make unfriendly or hostile; to cause to feel removed from

소원하게, 또는 적대적으로 만들다; 멀어진 느낌을 갖게 하다

- Tereza's *estranged* husband had been making unkind comments about her ever since the couple had separated.

  테레자와 사이가 멀어진 남편은 부부가 별거에 들어간 이후로 그녀에 대해서 나쁜 말을 하고 다녔다.

- Isaac had expected to enjoy his twenty-fifth reunion, but once there he found that he felt oddly *estranged* from his old university; he just didn't feel that he was a part of it anymore.

  이삭은 25회 동창회를 즐길 기대감에 부풀어 있었다. 그러나 일단 그곳에 가서는 그는 옛 대학 친구들에게서 기묘한 거리감을 느꼈다. 그는 더 이상 그 동창회의 한 구성원으로 느껴지지 않았다.

ETHICS [éθiks] adj moral standards governing behavior 행위를 통제하는 도덕적 기준, 윤리

- Irene didn't think much of the *ethics* of most politicians; she figured they were all taking bribes.

  아이린은 대부분의 정치가들이 그다지 윤리적인 사람이 아니라고 생각했다. 그녀는 그들이 모두 뇌물의 기회를 노리는 사람이라고 이해했다.

- The dentist's habit of stealing the gold dentalwork of his patients was widely considered to be a gross violation of dental *ethics*.

  금으로 된 환자들의 치아 장치를 훔치는 습관을 가진 치과 의사는 치과계의 윤리를 위반한 추잡한 사람으로 널리 알려지게 되었다.

▶ 형용사형은 ethical [éθikəl] (윤리적인)이다.

Stealing gold dentalwork is not *ethical* behavior. It is *unethical* [ʌnéθikəl] behavior.

금으로 된 치아 장치를 훔치는 것은 ethical behavior(도덕적인 행동)이 아니다. 그것은 unethical behavior(비도덕적인 행동)이다.

EULOGY [júːlədʒi] n a spoken or written tribute to a person, especially a person who has just died 어떤 사람에게 말이나 글로 하는 칭송, 특히 이제 막 죽은 사람에 대한 찬사

- The *eulogy* Michael delivered at his father's funeral was so moving that it brought tears to the eyes of everyone present.

  아버지의 장례식에서 마이클이 읽은 헌사는 너무나 감동적이어서 참석한 사람들을 모두 눈물짓게 만들었다.

- Mildred was made distinctly uncomfortable by Merle's *eulogy*; she didn't appreciate Merle pointing out her late father's flaws.

  멀리의 칭찬은 의심할 바 없이 밀드리드를 불편하게 만들었다. 그녀는 멀리가 그녀의 선친의 흠을 콕 집어 말하는 것이 전혀 고맙지 않았다.

▶ 동사형은 eulogize [júːlədʒàiz] (칭송하다)이다. 애절한 노래나 시를 의미하는 elegy와 헷갈리지 말자. 유의어로 panegyric 참고.

EVINCE [ivíns] v to demonstrate convincingly; to prove 수긍이 가도록 보여주다; 증명하다

- Oscar's acceptance speech at the awards ceremony *evinced* an almost unbearable degree of smugness and self-regard.

  수상식에서 들려준 오스카의 수락 연설은 거의 참을 수 없을 정도로 잘난 척하는 태도와 오만함을 드러냈다.

- The soldiers *evinced* great courage, but their mission was hopeless, and they were rapidly defeated.

  군인들은 대단한 용기를 보여 주었지만, 그들의 임무는 절망적이었고 그들은 순식간에 패배했다.

EVOKE [ivóuk] v to summon forth; to draw forth; to awaken; to produce or suggest
앞으로 불러내다; 끌어내다; 깨우다; 만들어내다, 제안하다

- The car trip with our children *evoked* many memories of similar car trips I had taken with my own parents when I was a child.
  아이들과 함께 하는 자동차 여행은 내가 어렸을 때 부모님과 함께 하던 자동차 여행에 대한 기억을 많이 생각나게 했다.

- Professor Herman tried repeatedly but was unable to *evoke* any but the most meager response from his students.
  허먼 교수는 반복해서 설명했지만, 학생들에게서는 아주 썰렁한 반응만 돌아올 뿐, 분위기를 환기시킬 수가 없었다.

- Paula's Christmas photographs *evoked* both the magic and the crassness of the holiday.
  폴라의 크리스마스 사진은 성스러운 크리스마스 휴일의 매력과 볼썽사나움을 동시에 상기시켰다.

▶ 명사형은 evocation[èvəkéiʃən] (환기, 불러냄)이다.

A visit to the house in which one grew up often leads to the *evocation* of old memories.
자신이 성장했던 옛 집으로의 방문은 오래된 기억을 evocation(환기)시킨다.

▶ 형용사형은 evocative[ivákətiv] (환기시키는)이다.

- The old novel was highly *evocative* of its era; when you read it, you felt as though you had been transported a hundred years into the past.
  오래된 그 소설은 당시의 시대를 잘 그려내고 있었다. 그 책을 읽게 된다면, 마치 백년을 건너뛰어 과거로 이동한 것 같은 느낌을 받을 것이다.

▶ 이후에 나오는 invoke(간청하다)와 혼동하지 말 것.

EXCISE [éksaiz] v to remove by cutting, or as if by cutting   잘라서 혹은 자른 것처럼 제거하다, 삭제하다

- Tevy's editor at the publishing house *excised* all of the obscene parts from his novel, leaving it just eleven pages long.
  출판사에서 테비의 편집자는 소설을 편집하는 과정에서 단 11페이지만 남기고 외설적인 부분을 모두 삭제했다.

- The surgeon used a little pair of snippers to *excise* Alice's extra fingers.
  외과 의사는 앨리스의 필요 없는 손가락을 절단하기 위해 작고 날카로운 가위를 사용했다.

▶ 명사형은 excision(삭제, 적출)이다.

- The *excision* [eksíʒən] of Dirk's lungs left him extremely short of breath.
  더크는 폐 절단 수술을 받고 호흡이 극도로 짧아졌다.

EXEMPT [igzémpt] adj excused; not subject to   면제된, 용서를 받은; ~을 면한

- Certain kinds of nonprofit organizations are *exempt* from taxation.
  어떤 종류의 비영리 단체들은 세금을 면제받는다.

- David was *exempt* from jury duty because he was self-employed.
  데이비드는 자영업자였기 때문에 배심원의 의무에서 면제되었다.

▶ exempt는 '면제하다'라는 뜻의 동사로도 쓰인다.

- Doug's flat feet and legal blindness *exempted* him from military service.
  더그는 평발이고 법이 정하는 문맹이기 때문에 병역의 의무에서 면제되었다.

Exemption [igzémpʃən] is the state of being *exempt*. An *exemption* is an act of *exempting*.
명사형은 exemption으로 면제받은 상태 혹은 면제를 주는 행위 자체를 일컫는다.

EXHUME [igzú:m] v to unbury; to dig out of the ground 발굴하다; 땅에서 파내다

- Grave robbers once *exhumed* freshly buried bodies in order to sell them to physicians and medical students.

  언젠가 도굴꾼들이 매장된 지 얼마 안 되는 시신들을 내과 의사나 의과 대학생들에게 팔아먹기 위해 묘를 파헤친 적이 있었다.

- Researchers *exhumed* the body of President Garfield to determine whether or not he had been poisoned to death.

  조사자들은 가필드 대통령의 독살 여부를 판단하기 위해 그의 시신을 무덤에서 파냈다.

- While working in his garden, Wallace *exhumed* an old chest filled with gold coins and other treasure.

  월리스는 정원에서 일을 하다가 금화와 각종 보물이 가득 들어 있는 오래된 상자를 하나 발굴하게 되었다.

▶ 관련 단어로 posthumous(사후의)를 참조할 것.

EXODUS [éksədəs] n a mass departure or journey away 집단 탈출, 집단 여행

▶ 발음에 주의할 것.

Exodus is the second book of the Bible. It contains an account of the *Exodus*, the flight of Moses and the Israelites from Egypt. When the word refers to either the book of the Bible or the flight of Moses, it is capitalized. When the word refers to any other mass departure, it is not.

Exodus(출애굽)는 성경 제2권이다. 그 안에는 이집트를 떠나는 모세와 이스라엘 민족의 대이동을 의미하는 Exodus에 관한 이야기가 나온다. 이처럼 성서 중의 한 권이나 모세의 대이동을 말할 때는 첫 글자를 대문자로 써야 한다. 그 외에 '집단 이동'이나 탈출'을 의미할 때는 대문자로 시작하지 않는다.

- Theodore's boring slide show provoked an immediate *exodus* from the auditorium.

  테오도르의 따분하기 그지없는 슬라이드 전시는 곧 강당을 빠져나가는 관객들의 대이동을 야기했다.

- City planners were at a loss to explain the recent *exodus* of small businesses from the heart of the city.

  도시 계획자들은 최근 벌어지고 있는 도심에서 벗어나는 소기업들의 대이동을 어떻게 설명해야 할지 몰랐다.

QUICK QUIZ 38

Match each word in the first column with its definition in the second column. Check your answers in the back of the book.

1. estimable		a. summon forth
2. estrange		b. remove by cutting
3. ethics		c. excused
4. eulogy		d. spoken or written tribute
5. evince		e. unbury
6. evoke		f. mass departure
7. excise		g. demonstrate convincingly
8. exempt		h. moral standards
9. exhume		i. make hostile
10. exodus		j. worthy of admiration

EXORBITANT [igzɔ́ːrbitənt]　adj　**excessively costly; excessive**　엄청나게 비싼; 과도한

This word literally means out of orbit. Prices are *exorbitant* when they get sky-high.

exorbitant는 문자 그대로 orbit(궤도)을 벗어났다는 의미이다. 천정부지로 가격이 오르면, 가격이 exorbitant(엄청나게 비싼)인 것이다.

- **Meals at the new restaurant were *exorbitant*; a garden salad cost seventy-five dollars.**

  새로운 레스토랑의 음식 값은 터무니없이 비쌌다. 가든 샐러드 한 접시에 75달러나 되었다.

- **The better business bureau cited the discount electronic store for putting an *exorbitant* mark-up on the new smartphones.**

  상업 개선 협회는 그 전자제품 할인 매장이 신상 휴대폰들의 가격을 터무니없이 올렸다고 지적했다.

- **The author was *exorbitant* in his use of big words; nearly every page in the book sent me to the dictionary.**

  작가는 거창한 단어들을 엄청 많이 사용했다. 그의 책을 보려면 모든 페이지마다 사전을 찾아야 했다.

EXPIATE [ékspièit]　v　**to make amends for; to atone for**　보상하다; 속죄하다

- **The convicted murderer attempted to *expiate* his crime by making pot holders for the family of his victim.**

  기소된 살인자는 희생자의 가족에게 삼발이를 만들어 줌으로써 자신의 죄를 속죄하고자 했다.

▶ 명사형은 expiation[èkspiéiʃən](속죄)이다.

- **Wendell performed many hours of community service in *expiation* of what he believed to be his sins as a corporate lawyer.**

  웬델은 회사의 변호사로서 자신이 잘못했다고 생각하는 과실을 속죄하는 마음으로 많은 시간을 사회봉사에 할애했다.

EXPLICATE [ékspləkèit]　v　**to make a detailed explanation of the meaning of**
~의 의미에 대해 상세한 설명을 하다

- **The professor's attempt to *explicate* the ancient text left his students more confused than they had been before the class began.**

  교수는 고대의 원본을 상세하게 설명하려고 했지만, 학생들은 수업을 듣기 전보다 더 혼란스러워졌다.

▶ 명사형은 explication[èkspliéiʃən](설명)이다.

- **Explication of difficult poems was one of the principal activities in the English class.**

  어려운 시에 대한 해설은 영어 수업 시간의 주요한 활동 중 하나였다.

Something that cannot be explained is *inexplicable*.

inexplicable은 '설명할 수 없는'이라는 뜻이다.

EXPOSITION [èkspəzíʃən]　n　**explanation; a large public exhibition**　설명; 대규모의 전시회, 박람회

- **The master plumber's *exposition* of modern plumbing technique was so riveting that many of the young apprentice plumbers in the audience forgot to take notes.**

  현대 배관 기술에 관한 일급 배관공의 설명은 너무나 매혹적이어서 강의를 듣던 젊은 수습 배관공들의 대다수는 필기를 하는 것조차 잊고 있었다.

- **Charlie was overwhelmed by the new fishing equipment he saw displayed and demonstrated at the international fishing *exposition*.**

  찰리는 국제 낚시 박람회에서 전시하여 선전하고 있는 새로운 낚시 도구를 보고는 놀라움을 금치 못했다.

To *expound* is to give an exposition.

expound는 '상세한 설명을 하다'라는 뜻이다.

▶ 형용사형은 expository[ikspázitɔ̀ːri](설명적인)이다.

EXPOSTULATE [ikspástʃəlèit] v to reason with someone in order to warn or dissuade
경고하거나 단념시키기 위하여 누군가를 설득하다, 따지다, 훈계하다

- When I told my mother that I was going to live in a barrel on the bottom of the sea, she *expostulated* at great length, hoping she could persuade me to stay at home.
  바다의 바닥에 내려가 둥그런 통 안에서 살 계획이라고 엄마께 말씀드렸더니, 엄마는 나를 집에 있도록 설득하기 위해 아주 오랜 시간에 걸쳐 훈계를 하셨다.

EXPUNGE [ikspʌ́ndʒ] v to erase; to eliminate any trace of 삭제하다; ~의 흔적을 제거하다

- Vernon's conviction for shoplifting was *expunged* from his criminal record when lightning struck the police computer.
  좀도둑질에 대한 버논의 유죄 판결은 번개가 경찰서 컴퓨터를 망가뜨리는 바람에 범죄 기록에서 삭제되었다.

- The blow to Wyman's head *expunged* his memory of who he was and where he had come from.
  와이먼은 머리에 가해진 충격으로 그는 자신이 누구이며 어디서 왔는지에 대한 기억을 모두 잃어버렸다.

- It took Zelda five years and several lawsuits to *expunge* the unfavorable rating from her credit report.
  젤다는 자신의 신용 기록에서 불량 거래자라는 등급을 삭제하는 데 5년이나 걸려 여러 번의 민사 소송을 치렀다.

EXQUISITE [íkskwizit] adj extraordinarily fine or beautiful; intense
아주 훌륭한, 아주 아름다운; 격렬한

▶ 발음에 주의할 것.

- While we had cocktails on the porch, we watched an *exquisite* sunset that filled the entire sky with vivid oranges and reds.
  베란다에서 칵테일을 마시다가 우리는 선명한 오렌지 빛과 붉은 빛이 온통 하늘을 수놓는 아주 아름다운 일몰을 보게 되었다.

- The weather was *exquisite*; the sun was shining and the breeze was cool.
  날씨는 더할 나위 없이 좋았다. 태양은 빛나고 산들바람은 상쾌했다.

- Pouring the urn of hot coffee down the front of his shirt left Chester in *exquisite* agony.
  뜨거운 커피 주전자를 그의 셔츠 앞자락에 쏟았기 때문에, 체스터는 격렬한 고통을 느꼈다.

EXTANT [ékstənt] adj still in existence 여전히 현존하는

- Paul rounded up all *extant* copies of his embarrassing first novel and had them destroyed.
  폴은 부끄러운 자신의 첫 소설의 남아 있는 사본을 모두 끌어모았다. 그리고 그것들을 모두 파기해 버렸다.

- So many copies of the lithograph were *extant* that none of them had much value.
  그 석판화의 복사본은 아직도 너무나 많이 남아 있었기 때문에 그다지 가치가 없었다.

EXTORT [ikstɔ́ːrt] v to obtain through force, threat, or illicit means
폭력이나 위협, 불법적인 수단을 통해서 얻다

The root "tort" means to twist. To *extort* is to twist someone's arm to get something.
'tort'라는 어근은 비틀다의 의미가 있다. extort는 뭔가를 얻기 위해 누군가의 팔을 비틀다이다.

- Josie *extorted* an A from her teacher by threatening to reveal publicly that he gave all the athletes As on their final exams.
  조시는 기말고사에서 선생님이 모든 운동부 학생들에게 A를 줬다는 사실을 공개적으로 폭로하겠다고 협박을 해서 A를 얻어 냈다.

▶ 명사형은 extortion[ikstɔ́ːrʃən] (강탈)이다.

- Joe's conviction for *extortion* was viewed as an impressive qualification by the mobsters for whom he now worked.
  강도 행각에 대한 조의 유죄 판결은 그가 현재 몸담고 있는 갱단들의 세계에서는 감동적인 자격증으로 여겨졌다.

▶ tortuous(구불구불한)를 참조할 것.

EXTREMITY [ikstréməti]   n   **the outermost point or edge; the greatest degree; grave danger; a limb or appendage of the body**
가장 멀리 있는 지점, 혹은 가장자리; 가장 최고의 등급; 심각한 위험; 신체의 팔다리나 부속 기관

- The explorers traveled to the *extremity* of the glacier then fell off.
  탐험가들은 빙하의 끝까지 갔다. 그리고 추락했다.

- Even in the *extremity* of his despair, he never lost his love for tennis.
  지독한 절망에 시달리면서도, 그는 결코 테니스에 대한 사랑을 잃어버리지 않았다.

- Ruth was at her best in *extremity*; great danger awakened all her best instincts.
  루스는 궁지에 몰리자 최고의 능력을 발휘했다. 심각한 위험이 그녀의 최고의 잠재 능력을 일깨웠다.

- During extremely cold weather, blood leaves the *extremities* to retain heat in the vital organs.
  극도로 추운 날씨에서는, 피는 생명 유지에 중요한 기관들에 열을 유지하기 위하여 팔다리를 방치한다.

EXUBERANT [igzjúːbərənt]   adj   **highly joyous or enthusiastic; overflowing; lavish**
대단히 즐겁고 열광적인; 넘쳐흐르는; 풍부한

- The children's *exuberant* welcome brought tears of joy to the eyes of the grumpy visitor.
  아이들의 열광적인 환영에 심술궂은 성격의 손님 눈에도 기쁨의 눈물이 맺혔다.

- Quentin was nearly a hundred years old, but he was still in *exuberant* health; he walked twelve miles every morning and lifted weights every evening.
  퀜틴은 거의 백 살이나 먹었지만, 여전히 기력이 넘쳐흘렀다. 그는 매일 아침 12마일이나 걸었으며, 밤마다 역기로 운동을 했다.

- The flowers in Mary's garden were *exuberantly*[igzúːbərəntli] colorful; her yard contained more bright colors than a box of crayons.
  메리의 정원에 핀 꽃들은 화려한 색깔을 자랑했다. 그녀의 정원은 크레파스의 색깔보다도 더 선명한 빛깔을 갖고 있었다.

▶ 명사형은 exuberance[igzújúːbərəns] (풍부)이다.

- The *exuberance* of her young students was like a tonic to the jaded old teacher.
  어린 학생들의 생기발랄함은 늙고 지친 선생님에게는 청량제와 같았다.

Match each word in the first column with its definition in the second column. Check your answers in the back of the book.

1.	exorbitant	a.	excessively costly
2.	expiate	b.	highly joyous
3.	explicate	c.	make amends for
4.	exposition	d.	outermost point
5.	expostulate	e.	make a detailed explanation of
6.	expunge	f.	obtain through force
7.	exquisite	g.	explanation
8.	extant	h.	still in existence
9.	extort	i.	reason in order to dissuade
10.	extremity	j.	extraordinarily fine
11.	exuberant	k.	erase

F

FACADE [fæsáːd] n **the front of a building; the false front of a building; the false front or misleading appearance of anything**
건물의 전면; 건물의 그릇된 모습; 사물의 그릇된 인상을 주는 허울뿐인 외관

▶ 발음에 주의할 것. 이 단어는 종종 façade라고 쓰기도 한다.

- The building's *facade* was covered with so many intricate carvings that visitors often had trouble finding the front door.
  그 건물의 외관은 너무나 복잡한 조각물로 덮여 있어서, 방문자들은 종종 현관을 찾지 못해 애를 먹었다.

- What appeared to be a bank at the end of the street was really a plywood *facade* that had been erected as a set for the motion picture.
  도로 끝에 은행처럼 보이는 것은 사실은 영화를 찍기 위해서 세트장으로 만든, 합판으로 만든 건물이었다.

- Gretchen's kindness is just a *facade*; she is really a hostile, scheming bully.
  그레첸의 상냥함은 단지 겉으로만 그럴 뿐이다. 그녀는 사실 적개심이 많은 교활한 불한당이다.

FACET [fǽsit] n **any of the flat, polished surfaces of a cut gem; aspect**
깎은 보석의 평평하고 광택이 있는 단면; 면

- Karen loved to admire the tiny reflections of her face in the *facets* of the diamonds in her engagement ring.
  카렌은 약혼반지에 있는 다이아몬드의 깎은 면에 작게 투영된 자신의 얼굴을 황홀하게 바라보는 것을 좋아했다.

- The two most important *facets* of Dan's personality were niceness and meanness.
  댄의 성격에서 가장 중요한 두 가지 측면은 친절함과 야비함이었다.

Anything that has many *facets* can be said to be *multifaceted*[mÀltifǽsitid].
'다면적인 성격을 가지고 있는'의 뜻의 형용사형은 multifaceted이다.

- Lonnie is a *multifaceted* performer; she can tell jokes, sing songs, juggle bowling balls, and dance.
  로니는 여러 가지 재능이 있는 연기자이다. 그녀는 코미디도 하고, 노래도 부르며, 볼링공으로 저글링도 하고 춤도 춘다.

FALLACY [fǽləsi] n **a false notion or belief; a misconception**   그릇된 생각이나 믿음; 오해

- Peter clung to the *fallacy* that he was a brilliant writer, despite the fact that everything he had ever written had been rejected by every publisher to whom he had sent it.
  피터는 지금까지 자신이 집필한 모든 작품들이 출판사로부터 투고한 족족 거부를 당했음에도 불구하고, 자신이 뛰어난 작가라는 그릇된 생각을 고집했다.

- That electricity is a liquid was but one of the many *fallacies* spread by the incompetent science teacher.
  전기가 액체라는 것은 그 무능한 과학 선생님이 퍼뜨리는 많은 오해 중의 하나일 뿐이었다.

▶ 형용사형은 fallacious[fəléiʃəs] (잘못된)이다.

FATHOM [fǽðəm]　v　to understand; to penetrate the meaning of　이해하다; ~의미를 꿰뚫다

At sea, a *fathom* is a measure of depth equal to six feet. *Fathoming*, at sea, is measuring the depth of the water, usually by dropping a weighted line over the side of a boat. On land, to *fathom* is to do the rough figurative equivalent of measuring the depth of water.

바다에서 fathom은 깊이를 측정하는 단위로 6피트와 같다. fathoming은 바다에서 쓰일 때는 '수심을 측정하는' 것이며, 대개 배 위에서 추를 매달은 줄을 바다 밑으로 떨어뜨려 수심을 잰다. 육지에서라면 fathom은 비유적인 의미로 수심을 측정하는 것처럼 '속을 알다'라는 의미이다.

- I sat through the entire physics lecture, but I couldn't even begin to *fathom* what the professor was talking about.

  물리학 강의 시간 내내 앉아 있었지만, 나는 교수가 얘기하고 있는 것을 조금도 이해할 수가 없었다.

- Arthur hid his emotions behind a blank expression that was impossible to *fathom*.

  아서는 도저히 꿰뚫어 볼 수 없는 무표정으로 자신의 감정을 숨겼다.

FAUX [fou]　adj　false　모조의, 가짜의

▶ 이 단어의 프랑스식 발음에 주의할 것.

Faux marble is wood painted to look like marble. A *faux pas* [fou pɑ:] literally means false step, but is used to mean an embarrassing social mistake.

faux marble은 대리석처럼 보이도록 색깔을 입힌 나무이다. faux pas는 문자 그대로는 '잘못된 발걸음'의 뜻이지만, 난처한 사교적 실수'라는 뜻으로 쓰인다.

- Susannah's necklace is made of *faux* pearls, as the mugger found out when he got to the pawn shop.

  강도는 수잔나의 목걸이가 모조 진주로 만들어졌다는 것을 전당포에 가져가서야 알았다.

- At the royal banquet, Derik committed the minor *faux pas* of eating salad with the wrong fork.

  왕궁 연회에서 데릭은 샐러드를 먹을 때 잘못된 포크를 사용하는 난처한 실수를 저질렀다.

FAWN [fɔ:n]　v　to exhibit affection; to seek favor through flattery; to kiss up to someone
호의를 보이다; 아첨을 해서 애정을 구하다; 누군가에게 아첨하다

- The old women *fawned* over the new baby, pinching its cheeks and making little gurgling sounds.

  나이가 많은 여자들은 아이의 볼을 꼬집기도 하고 작은 소리로 '까꿍' 소리를 내며 새로운 아기에게 관심을 보였다.

- The king could not see through the *fawning* of his court; he thought all the counts and dukes really liked him.

  왕은 궁정 사람들의 아첨을 제대로 꿰뚫어 볼 수가 없었다. 그는 백작과 공작들이 정말로 자신을 좋아하고 있다고 생각했다.

FEIGN [fein]　v　to make a false representation of; to pretend
거짓 표현을 하다, 가장하다; ~인 체하다

- Ike *feigned* illness at work in order to spend the day at the circus.

  아이크는 서커스를 보러 가기 위해 작업 중 아픈 척을 했다.

- The children *feigned* sleep in the hope of catching a glimpse of Santa Claus.

  아이들은 산타클로스의 모습을 보기 위해 자는 척했다.

- Agony of the sort that Frances exhibited cannot be *feigned*; she had obviously been genuinely hurt.

  프란시스가 보여 준 그러한 모습의 고통은 결코 거짓일 리가 없다. 그녀는 정말로 심각한 상처를 입었다.

A *feigning* motion, gesture, or action is a *feint* [feint], which can also be used as a verb.

feigning(가장하여 남을 속이는) 동작이나 제스처, 행동을 feint라고 한다. 이것은 동사로도 쓰인다.

- The boxer *feinted* with his right hand and then knocked out his distracted opponent with his left.

  그 권투 선수는 오른손을 쓰는 척했다. 그러나 다음 순간, 속아 넘어간 상대 선수를 왼손으로 KO시켰다.

FESTER [féstər] v to generate pus; to decay; to cause increasing irritation or bitterness
곪다; 부패하다; 짜증 또는 억울함을 증가시키다

- Mr. Baker had allowed the wound on his arm to *fester* for so long that it now required surgery.
  베이커 씨는 팔에 난 상처가 다 곪도록 너무나 오래 동안 방치해 두어서 이제는 수술을 해야 할 판이었다.

- For many years, resentment had *festered* beneath the surface of the apparently happy organization.
  여러 해 동안, 겉으로 드러난 화목함 밑으로 조직 내의 적개심은 썩어 문드러지고 있었다.

FETISH [fétiʃ] n an object of obsessive reverence, attention, or interest
도가 지나친 경외감이나 애정, 관심의 대상물

- Jeff had made a *fetish* of his garage; he even waxed the concrete floor.
  제프는 지나칠 정도로 차고에 집착했다. 그는 심지어 콘크리트 바닥까지 왁스로 닦았다.

- Clown shoes were Harriet's *fetish*; whenever she saw a pair, she had to buy it.
  해리엇의 성적 대상물은 어릿광대의 신발이었다. 한 켤레의 신발을 보고 있을 때면, 그녀는 사야만 했다.

Though many people associate the word *fetish* with an object of sexual desire (and that is one definition), the original meaning is actually a religious one. A *fetish* was an object that was worshipped because it was believed to have magical powers or because it was believed to be the incarnation of a particular spirit, similar to an idol.
비록 많은 사람들이 fetish를 '성적 욕망의 대상'으로 연상하지만 (물론 이런 의미도 있지만) 원래 의미는 종교적인 것이다. fetish는 그것이 신비한 힘이 있거나 특별한 정신, 혹은 우상의 환생이라고 믿어지기 때문에 '숭배 받는 대상'이다.

FIASCO [fiǽskou] n a complete failure or disaster; an incredible screwup
완전한 실패, 큰 재난; 믿어지지 않는 중대한 실수

▶ 발음에 주의할 것. 복수형은 fiascoes이다.

- The tag sale was a *fiasco*; it poured down rain all morning, and nobody showed up.
  차고에서 여는 벼룩시장은 완전히 실패였다. 아침 내내 비가 쏟아졌으므로 아무도 구경하러 오지 않았다.

- The birthday party turned into a *fiasco* when the candles on the cake exploded.
  케이크의 초가 폭발하는 바람에 생일 파티는 엄청난 재난으로 변했다.

FIAT [fíət] n an arbitrary decree or order 독단적인 법령이나 명령

▶ 발음에 주의할 것.

- The value of the country's currency was set not by the market but by executive *fiat*.
  그 나라의 통화 가치는 시장이 아니라 행정부의 독단적인 명령에 의해서 결정되었다.

- The president of the company ruled by *fiat*; there was no such thing as a discussion of policy, and disagreements were not allowed.
  그 회사의 사장은 독단적인 명령으로 경영을 해 나갔다. 정책 토론 같은 것은 있지도 않았을 뿐더러 이의를 제기하는 것도 허용되지 않았다.

FICKLE [fíkl] adj likely to change for no good reason 별다른 이유도 없이 잘 변하는, 변덕스러운

- Cats are *fickle*: One day they love you; the next day they hiss at you.
  고양이들은 변덕스럽다. 오늘은 당신을 좋아하다가도, 다음날에는 당신에게 하악질을 할지도 모른다.

- The weather had been *fickle* all day: One moment the sun was shining; the next it was pouring down rain.
  하루 종일 날씨가 변덕을 부렸다. 잠깐 해가 비치더니, 다음 순간 비가 쏟아지기 시작했다.

- The Taylors were so *fickle* that their architect finally told them he would quit the job if they made any more changes in the plans for their new house.

  테일러 씨 가족들이 너무나 변덕을 부렸기 때문에, 새 집을 짓기 위해 고용된 건축가는 마침내 설계도를 더 이상 바꾸면 아예 집 짓는 일을 그만두겠다고 말했다.

QUICK QUIZ

Match each word in the first column with its definition in the second column. Check your answers in the back of the book.

1. facade	a. object of obsessive reverence
2. facet	b. exhibit affection
3. fallacy	c. complete failure
4. fathom	d. make a false representation of
5. faux	e. front of a building
6. fawn	f. decay
7. feign	g. arbitrary decree
8. fester	h. misconception
9. fetish	i. penetrate the meaning of
10. fiasco	j. likely to change for no good reason
11. fiat	k. aspect
12. fickle	l. false

FIGMENT [fígmənt] n **something made up or invented; a fabrication**
지어내거나 꾸며낸 것; 거짓말, 지어낸 이야기

- The three-year-old told his mother there were skeletons under his bed, but they turned out to be just a *figment* of his overactive imagination.

  세 살짜리 꼬마가 자기 침대 밑에 해골들이 있다고 엄마에게 얘기했다. 그러나 그것들은 모두 아이의 지나친 상상력이 만들어 낸 허구에 지나지 않는 것으로 밝혀졌다.

- These French-speaking hummingbirds inside my head—are they real, or are they a *figment*?

  내 머리 안에서 프랑스 어로 말하는 벌새들, 그들의 존재는 진짜일까? 허구일까?

FISCAL [fískəl] adj **pertaining to financial matters; monetary** 재정 문제에 관한; 재정의, 회계의

- Having no sense of *fiscal* responsibility, he was happy to waste his salary on a life-size plastic flamingo with diamond eyes.

  재정 문제에 관한 책임감이라곤 없었기 때문에, 그는 다이아몬드로 눈을 만든 실물 크기의 홍학 모형을 사는 데 월급을 다 쓰면서도 그저 행복하기만 했다.

- A *fiscal* year is any twelve-month period established for accounting purposes.

  회계 연도는 회계를 목적으로 하여 확립된 12개월간을 의미한다.

- Scrooge Enterprises begins its *fiscal* year on December 25 to make sure that no one takes Christmas Day off.

  스크루지 기업은 크리스마스 날 아무도 놀지 못하게 하려는 방편으로 회계 연도를 12월 25일에 시작한다.

FLEDGLING [flédʒliŋ] adj **inexperienced or immature** 경험이 없는, 미숙한

A *fledgling* bird is one still too young to fly; once its wing feathers have grown in, it is said to be *fledged*.
fledgling bird는 날기에는 아직 너무 어린 새이다. 새의 날개 깃털이 다 자라게 되면, 이제 새는 날 수 있는 fledged(성숙한)인 새가 되었다고 말한다.

- Lucy was still a *fledgling* caterer when her deviled eggs gave the whole party food poisoning.
  겨자를 발라 구운 계란으로 파티의 음식을 모두 못 쓰게 만들어 버린 것을 보니 루시는 아직 초보 케이터러(요리 조달자)였다.

Full-fledged means complete, full-grown.
full-fledged는 '완전하게 성숙한'이라는 의미이다.

- Now that Lucy is a *full-fledged* gourmet chef, her deviled eggs poison only a couple of people annually.
  루시의 겨자를 발라 구운 계란에 질겁하는 사람도 매년 두 사람밖에 없을 정도이니, 그녀도 이제 맛을 잘 아는 완벽한 요리 조달자이다.

FLIPPANT [flípənt] adj **frivolously disrespectful; saucy; pert; flip** 경박한; 건방진; 방자한; 무례한

- I like to make *flippant* remarks in church to see how many old ladies will turn around and glare at me.
  나는 교회에서 무례한 말을 하고 얼마나 많은 할머니들이 얼굴을 돌려 나를 쳐다보는지 알아보는 것을 좋아한다.

▶ 명사형은 flippancy[flípənsi](경솔)이다.

- The *flippancy* of the second graders was almost more than the substitute teacher could stand.
  2학년 학생들의 버릇없는 행동은 그 임시 교사가 도저히 참을 수 없을 정도였다.

FLORID [flɔ́:rid] adj **ruddy; flushed; red-faced** 불그스레한; 홍조를 띤; 얼굴을 붉히는

- Ike's *florid* complexion is the result of drinking a keg of beer and eating ten pounds of lard every day.
  아이크의 붉어진 얼굴빛은 날마다 한 통의 맥주와 10파운드의 돼지기름을 먹어댄 결과이다.

Florid is related to floral and florist, so it also means excessively flowery, overdramatic, or ornate.
florid는 floral(꽃그림의)과 florist(꽃집 주인)와 관련된 단어로, '지나치게 꽃이 많고 극적이며 장식적으로 화려하게 꾸민' 것을 의미한다.

- My brother is still making fun of that *florid* love poem Ted sent me.
  오빠는 여전히 테드가 나에게 보낸 미사여구의 사랑시를 놀리고 있다.

FODDER [fádər] n **coarse food for livestock; raw material**
가축에게 주는 거친 음식, 사료; 가공하지 않은 날것의 재료

- The cattle for some reason don't like their new *fodder*, which is made of ground-up fish bones and cabbage.
  소들은 어떤 이유 때문인지 가루로 만든 생선 가시와 양배추로 만든 새로운 사료를 좋아하지 않는다.

- Estelle was less embarrassed than usual when her father acted stupidly in public because his behavior was *fodder* for her new stand-up comedy routine.
  에스텔은 아버지가 다른 사람들 앞에서 바보 같은 행동을 했는데도 평소보다 놀라지 않았다. 아버지의 행동은 그녀가 하는 재담 코미디 연기를 위한 새로운 재료가 되었기 때문이었다.

▶ fodder와 food는 같은 어근을 가지고 있다.

FOLLY [fáli] n foolishness; insanity; imprudence 어리석음; 미친 짓; 경솔함

- You don't seem to understand what *folly* it would be to design a paper raincoat.
  너는 종이로 된 비옷을 만든다는 것이 얼마나 어리석은 일인지 잘 모르고 있는 것 같다.

- The policeman tried to convince Buddy of the *folly* of running away from home; he explained to him that his bed at home was more comfortable than a sidewalk, and that his mother's cooking was better than no cooking at all.
  경찰은 버디에게 집에서 도망치는 것이 얼마나 어리석은 일인지를 납득시키려고 애를 썼다. 그는 집 안에 있는 침대가 길거리보다 더 편안하며, 그의 엄마의 요리가 전혀 먹을 요리가 없는 것보다 낫다는 것을 버디에게 설명했다.

▶ folly와 fool은 같은 어근에서 유래한 것이다.

FORAY [fɔ́:rei] n a quick raid or attack; an initial venture
빠른 습격이나 공격; 새로운 것에 대한 최초의 도전

▶ 발음에 주의할 것.

- The minute Shelly left for the party, her younger sisters made a *foray* on her makeup; they ended up smearing her lipstick all over their faces.
  셸리가 파티에 가자마자 곧 여동생들은 그녀의 화장품에 손대기 시작했다. 그들은 마침내 언니의 립스틱으로 얼굴을 온통 문질렀다.

- My *foray* into the world of advertising convinced me that my soul is much too sensitive for such a sleazy business.
  광고 시장으로의 진출을 통해서, 나는 그처럼 타락한 사업을 하기에는 나의 영혼이 너무나도 섬세하다는 것을 확인할 수 있었다.

- The young soldier's ill-fated *foray* into the woods ended with his capture by an enemy patrol.
  젊은 병사는 처음으로 그 숲에 들어갔지만, 불행하게도 적군의 경비병에게 체포되고 말았다.

FOREBODE [fɔ́:rbóud] v to be an omen of; to predict; to foretell 예시하다; 예견하다; 예언하다

- The baby's purple face, quivering chin, and clenched fists *forebode* a temper tantrum.
  아기의 자줏빛 얼굴과 떨리는 턱, 움켜진 주먹은 울화통을 터뜨릴 것이라는 것을 말해 준다.

Sometimes to *forebode* means to predict or *prophesy* [práfəsài].
때때로 forebode는 '예언하다', '앞일을 예견하다'를 의미한다.

- Bea *forebodes* tragedy every time she gazes into her crystal ball, unless the person paying for her fortune-telling wants only the good news.
  베아는 그녀의 점에 돈을 지불하는 사람이 오로지 좋은 소식만을 원하는 것이 아니라면, 언제나 수정 구슬을 들여다보면서 비극만을 예언한다.

A *foreboding* is the feeling that something awful is about to happen.
foreboding은 어떤 두려운 일이 막 일어날 것 같은 느낌, 즉 예감이다.

- When Rafi saw the killer shark leap toward him with a gun under one fin and a knife under the other, he had a *foreboding* that something not particularly pleasant was about to happen to him.
  라피는 한쪽 지느러미에는 총을, 다른 쪽에는 칼을 숨긴 식인 상어가 자신을 향해 달려드는 것을 보았을 때, 뭔가 좋지 못한 일이 막 일어나려고 한다는 불길한 예감이 들었다.

▶ bode(징조가 되다)와 forebode는 동의어이다.

FORECLOSE [fɔːrklóuz] v **to deprive a mortgagor of his or her right to redeem a property; to shut out or exclude**

재산을 되찾을 수 있는 저당자의 권리를 박탈하다; 들어오지 못하게 하다, 배제하다

- If you don't make the mortgage payments on your house, the bank may *foreclose* on the loan, take possession of the house, and sell it in order to raise the money you owe.

  만약 여러분이 주택을 담보로 얻은 대출금을 갚지 않는다면, 은행은 대출금에 대한 권리를 박탈하고 집에 대한 소유권을 가져가서, 여러분이 빚진 돈을 회수하기 위해 그 집을 팔아 버릴 것이다.

- Even though he never made a single payment on his house, Tom still can't understand why the bank *foreclosed* on the mortgage.

  톰은 집을 담보로 한 대출금을 단 한 번도 갚지 않았으면서도, 왜 은행이 저당물에 대하여 권리를 박탈했는지 여전히 이해하지 못하고 있다.

- When Tom developed an allergy to it, he was *foreclosed* from eating his favorite food, corn on the cob.

  톰의 알레르기가 점점 심해지자, 그는 그가 가장 좋아하는 음식인 옥수수 통구이를 못 먹게 되었다.

▸ 명사형은 foreclosure[fɔːrklóuʒər] (압류)이다.

QUICK QUIZ

Match each word in the first column with its definition in the second column. Check your answers in the back of the book.

1. figment		a. foolishness
2. fiscal		b. inexperienced
3. fledgling		c. something made up
4. flippant		d. raw material
5. florid		e. quick raid
6. fodder		f. monetary
7. folly		g. flushed
8. foray		h. be an omen of
9. forebode		i. frivolously disrespectful
10. foreclose		j. shut out

FORENSIC [fərénsik] adj **related to or used in courts of law** 법정에서 사용되는, 법에 관계된

▸ 발음에 주의할 것.

- Before seeking an indictment, the prosecutor needed a report from the *forensic* laboratory, which he felt certain would show that the dead man had been strangled with his belt.

  기소에 앞서 검사에게는 법의학 실험실에서 온 보고서가 필요했다. 그 보고서가 사망한 사람이 자신의 허리띠로 목이 졸렸다는 사실을 알려줄 것이라고 검사는 확신했다.

Forensics can also be the study or practice of debate.

forensics는 '토론 연습'이라는 뜻도 있다.

- Because she likes to argue, Brooke assumed she would be the star of the *forensics* team; however, she soon found that the competition involved much more than shouting.

  브룩은 논쟁을 좋아해서 법정 팀의 스타가 될 것이라고 확신했지만, 경쟁이 소리 지르는 것 이상을 수반한다는 것을 곧 알게 되었다.

FORESTALL [fɔːrstɔ́ːl] v **to thwart, prevent, or hinder something from happening; to head off** 훼방 놓다, 방해하다, 어떤 일이 일어나는 것을 미리 손써서 막다; 가로막다

- To *forestall* embarrassing questions about her haircut, Ann decided to wear a bag over her head until the hair grew in.
  그녀의 머리 모양에 대한 곤란한 질문들을 피하기 위해서, 앤은 머리가 자랄 때까지 머리에 자루를 쓰고 다니기로 결심했다.

- Let's *forestall* a depressing January by not spending any money on Christmas presents this year.
  올해는 크리스마스 선물에 한 푼도 쓰지 않는 방법으로 우울한 1월이 되는 것을 막아 보자.

FORSWEAR [fɔːrswéər] v **to retract, renounce or recant; to take back** 취소하다, 단념하다, 철회하다; 되돌아가다

- The thief had previously testified that he had been in Florida during the theft, but a stern glance from the judge quickly made him *forswear* that testimony.
  절도범은 절도 사건이 있던 시간에 자신은 플로리다에 있었다고 이미 증언했다. 그러나 판사가 준엄하게 한 번 쳐다보자 재빨리 자신의 증언을 철회했다.

- For my New Year's resolution, I decided to *forswear* both tobacco and alcohol; then I lit a cigar and opened a bottle of champagne to celebrate the new me.
  새해의 각오로서, 나는 담배와 술 모두를 끊기로 결심했다. 그러고 나서 새로 태어나는 나를 기념하기 위해 샴페인을 따고 담배에 불을 붙였다.

- *Forswear* your gluttonous ways! Go on a diet!
  게걸스럽게 먹는 습관을 버려라! 다이어트를 시작하라!

FORTE [fɔːrt] n **a person's strong point, special talent, or specialty** 개인의 강점, 특별한 재능, 특기

- Lulu doesn't have a *forte*; she doesn't do anything particularly well.
  루루는 특기가 없다. 그녀는 특별히 잘하는 게 아무것도 없다.

- Uncle Joe likes to knit, but his real *forte* is needlepoint.
  조 삼촌은 털실 뜨개질을 좋아한다. 그러나 그의 진짜 특기는 바느질이다.

FORTHRIGHT [fɔːrθràit] adj **frank; outspoken; going straight to the point** 솔직한; 거리낌 없이 말하는; 직설적인

- When the minister asked Lucy whether or not she would take Clay as her lawfully wedded husband, she answered with a *forthright*, "No!"
  목사가 합법적인 결혼으로 클레이를 남편으로서 받아들일지 루시에게 물었을 때, 그녀는 솔직하게 "아니요!"라고 대답했다.

- I know I asked for your honest opinion on my dress, but I didn't expect you to be that *forthright*.
  내 옷에 대한 너의 솔직한 의견을 듣고 싶다고 했던 것은 사실이다. 그러나 네가 그렇게 직설적으로 얘기하리라고는 생각 못했다.

FOSTER [fɔ́ːstər] v **to encourage; to promote the development of** 육성하다; ~의 발달을 촉진하다

- Growing up next door to a circus *fostered* my love of elephants.
  서커스단 바로 이웃에서 성장했기 때문에 나는 코끼리를 사랑하게 되었다.

- By refusing to be pressured into burning its "controversial" books, the library will *foster* new ideas instead of smothering them.
  '물의를 일으키고 있는' 책들을 불태우려는 압력을 거부함으로써 도서관은 새로운 생각들을 억누르는 대신 오히려 장려할 것이다.

- The wolves who raised me lovingly *fostered* my ability to run on my hands and knees.
  애정으로 나를 길러 준 늑대들이 양손과 무릎으로 달릴 수 있는 능력을 길러 주었다.

FRAGMENTARY [frǽgməntèri] adj **incomplete; disconnected; made up of fragments**
불완전한; 따로 떨어진; 파편으로 이루어진

- Since the coup leaders refuse to allow the press into the country, our information is still *fragmentary* at this point.
  쿠데타의 지도자들이 외국 기자들의 입국을 허락하지 않기 때문에 지금 시점에서 우리의 정보는 여전히 불완전하고 단편적이다.

- She has only a *fragmentary* knowledge of our national anthem; she can sing the first, fifth, and eleventh lines, and that's all.
  그녀는 우리의 국가를 부분적으로만 알고 있다. 그녀는 첫 번째, 다섯 번째, 열한 번째 소절만 노래할 수 있다. 그것이 전부이다.

To *fragment* [frægmént] is to break into pieces.
동사 fragment는 '여러 조각으로 부수다'라는 뜻이다.

▶ 동사의 발음에 주의할 것.

Fragmented means split up or divided. *Fragmentary* and *fragmented* are not quite synonyms.
형용사 fragmented는 '쪼개진', '나뉜'이라는 뜻이다. fragmentary와 fragmented(분열된)는 동의어가 아니다.

FRUITFUL [frúːtfəl] adj **productive; producing good or abundant results; successful**
생산적인; 좋은 또는 풍부한 결과를 낳는; 성공적인

▶ 발음에 주의할 것.

- The collaboration between the songwriter and the lyricist proved so *fruitful* that last year they won a Tony for Best Musical.
  작곡가와 작사자의 협력은 아주 성공적이어서 지난해 토니상의 최고 뮤지컬 상을 받았다.

- Our brainstorming session was very *fruitful*; we figured out how to achieve world peace and came up with a way to convert old socks into clean energy.
  아이디어 개발 회의는 아주 성과가 좋았다. 우리는 세계 평화를 쟁취할 수 있는 방법을 마련했고, 낡은 양말을 청정에너지로 전환할 수 있는 방법을 제출했다.

Fruitless [frúːtlis] means unproductive, pointless, or unrewarding. A cherry tree without any cherries is *fruitless* in both the literal and the figurative sense of the word. A *fruitless* search turns up nothing.
fruitless는 '쓸모없는', '무의미한', '보답이 없는', '수확이 없는'이라는 뜻이다. 버찌가 열리지 않는 벚나무는 글자 그대로, 또 비유적인 의미에서도 fruitless(결실이 없는)이다. fruitless search(결실을 맺지 못한 탐구)는 아무것도 찾아내지 못한 것이다.

To reach *fruition* [fruːíʃən] is to accomplish or fulfill what has been sought or striven for.
fruition(결실)에 이른다는 것은 노력하여 찾고 있거나 추구하던 목표를 '성취' 또는 '완수'한다는 의미이다.

- The *fruition* of all Diana's dreams arrived when Charles asked her to be his wife.
  찰스가 다이애나에게 구혼했을 때, 그녀의 모든 꿈들은 실현되었다.

FUEL [fjúːəl] v **to stimulate; to ignite; to kindle, as if providing with fuel**
자극하다; ~에 불을 붙이다; 연료를 제공함으로써 타오르게 하다

- Her older sister's sarcasm only *fueled* Wendy's desire to live several thousand miles away.
  언니의 빈정거림은 단지 수천 마일 떨어진 먼 곳에서 살고 싶다는 웬디의 갈망을 자극할 뿐이었다.

- Juan *fueled* Juana's suspicions by telling her out of the blue that he was not planning a surprise party for her.
  후안은 후아나에게 그녀를 위한 깜짝 파티를 계획하고 있지 않다고 느닷없이 말하는 바람에 후아나의 의심만 증폭시켰다.

- The taunts of the opposing quarterback backfired by *fueling* our team's quest for victory.
  상대편 쿼터백의 조롱 작전은 우리 선수들의 승리에 대한 의지를 불붙게 해서 오히려 실패로 돌아갔다.

FULMINATE [fʌ́lmənèit] v **to denounce vigorously; to protest vehemently against something**
격렬하게 비난하다; 무엇인가를 반대하여 격렬하게 항의하다

- In every sermon, the bishop *fulminates* against the evils of miniskirts, saying that they are the sort of skirt that the devil would wear.
  설교 때마다 매번 주교는 미니스커트의 사악함에 대해 맹렬히 비난을 퍼붓는다. 그는 미니스커트야말로 악마가 입을 종류의 치마라고 말한다.

- The old man never actually went after any of his numerous enemies; he just sat in his room *fulminating*.
  노인은 수많은 자신의 적들 중 누구도 실제로 뒤쫓지는 않았다. 그는 단지 방 안에 앉아 맹렬히 비난을 퍼부을 뿐이었다.

- The principal's *fulminations* [fʌ̀lmənéiʃəns] had no effect on the naughty sophomores; they went right on smoking cigarettes and blowing their smoke in his face.
  교장의 성난 부르짖음도 말썽꾸러기 2학년생들에게는 효과가 없었다. 그들은 곧장 담배를 피우더니 교장의 얼굴에다 담배 연기를 내뿜었다.

▶ fulmination은 diatribe와 동의어이다.

QUICK QUIZ

Match each word in the first column with its definition in the second column. Check your answers in the back of the book.

1. forensic	a. used in courts of law
2. forestall	b. outspoken
3. forswear	c. special talent
4. forte	d. thwart
5. forthright	e. stimulate
6. foster	f. encourage
7. fragmentary	g. retract
8. fruitful	h. productive
9. fuel	i. denounce vigorously
10. fulminate	j. incomplete

G

GAFFE [gæf]　n　**a social blunder; an embarrassing mistake; a faux pas**
　　　　　사교상의 큰 실수; 난처한 실수; 과실, 실책

- In some cultures, burping after you eat is considered a sign that you liked the meal. In our culture, it's considered a *gaffe*.
  어떤 문화권에서는 식사 후의 트림을 당신이 음식을 잘 먹었다는 신호로 받아들인다. 우리 문화권에서는 그러한 모습을 난처한 실수로 여긴다.

- You commit a *gaffe* when you ask a man if he's wearing a toupee.
  남자에게 가발을 썼느냐고 묻는다면, 그것은 대단히 실례를 범하는 것이다.

- Michael Kinsley defines a politician's *gaffe* as "the inadvertent telling of the truth."
  마이클 킨슬리는 정치가의 실수를 "정치가가 부지불식중에 진실을 말하는 것"이라고 정의한다.

GALVANIZE [gǽlvənàiz]　v　**to startle into sudden activity; to revitalize**
　　　　　놀라게 해서 갑자기 활기를 띠게 하다; 소생시키다

- The student council president hoped his speech would *galvanize* the student body into rebelling against standardized tests. But his speech was not as *galvanic* [gælvǽnik] as he would have liked, and his listeners continued to doze in their seats.
  학생회장은 자신의 연설이 학생들의 기운을 북돋아 규격화된 시험에 반대하는 저항 운동을 일으키기를 원했다. 그러나 그의 연설은 그가 원했던 만큼 활력을 주지 못했으며, 연설을 듣는 학생들은 자리에서 계속 졸기만 했다.

- Dullsville was a sleepy little town until its residents were *galvanized* by the discovery that they all knew how to whistle really well.
  주민들이 모두 휘파람을 정말로 잘 분다는 사실을 알게 되어 활력을 찾기 전까지 덜스빌은 생기 없는 작은 마을에 불과했다.

To *galvanize* something is literally to cover it in zinc, which protects it and makes it stronger. But its figurative definition is much more common in everyday speech.
galvanize는 글자 그대로는 어떤 것을 보호하고 더 강하게 하기 위해서 '이연 도금하다'라는 뜻이다. 하지만 비유적인 의미가 평소에 훨씬 많이 쓰인다.

GAMBIT [gǽmbit]　n　**a scheme to gain an advantage; a ploy**　유리한 입장에 서기 위한 책략; 계획

- Bobby's opening *gambit* at the chess tournament allowed him to take control of the game from the beginning.
  바비는 체스 선수권 대회에서 경기 초반 첫 수로 인해, 시작부터 경기의 주도권을 잡게 되었다.

- Meg's *gambit* to get a new car consisted of telling her father that everyone else in her class had a new car.
  새 차를 얻기 위한 메그의 술책은 아빠에게 자신의 반 아이들은 모두 새 차를 갖고 있다고 말하는 것이었다.

- My young son said he wanted a drink of water, but I knew that his request was merely a *gambit* to stay up later.
  어린 아들은 물을 마시고 싶다고 말했지만, 나는 아들의 부탁이 순전히 더 늦게까지 자지 않고 있으려는 술책이라는 것을 알고 있었다.

GAMUT [gǽmət] n the full range (of something) 전 범위

- The baby's emotions run the *gamut* from all-out shrieking to contented cooing.

  아이의 감정은 전력을 다해 소리를 지르는 것부터 시작해서 만족한 옹알이에 이르기까지 갖은 표현을 다 한다.

- Charlotte's professor said that her essay covered the *gamut* of literary mistakes, from bad spelling to outright plagiarism.

  샬롯의 교수는 그녀의 수필이 철자법이 틀린 것부터 시작해서 공공연한 표절에 이르기까지 온갖 문학적 오류로 가득하다고 말했다.

GARNER [gáːrnər] v to gather; to acquire; to earn 모으다; 획득하다; 얻다

- Steve continues to *garner* varsity letters, a fact that will no doubt *garner* him a reputation as a great athlete.

  스티브는 대학 팀의 초청장을 계속해서 획득하고 있다. 그러한 사실은 의심할 바 없이 그에게 최고의 선수라는 명예를 얻게 해 줄 것이다.

- Mary's articles about toxic waste *garnered* her a Pulitzer Prize.

  메리는 유독성 폐기물에 관한 기사로 퓰리처상을 수상했다.

GASTRONOMY [gæstránəmi] n the art of eating well 잘 먹는 기술, 미식

- The restaurant's new French chef is so well versed in *gastronomy* that she can make a pile of hay taste good. In fact, I believe that hay is what she served us for dinner last night.

  레스토랑의 프랑스 인 새 주방장은 미식에 관해 대단히 조예가 깊은 사람이라 건초 더미라 하더라도 맛있는 것으로 만들어낼 수 있다. 사실 나는 지난밤에 그녀가 우리에게 저녁 식사로 제공했던 것이 건초라고 믿고 있다.

- I have never eaten a better meal. It is a *gastronomic* [gæstrənámik] miracle.

  나는 이보다 더 좋은 음식을 먹어 본 적이 없다. 그것은 요리법의 기적이다.

GENERIC [dʒenérik] adj general; common; not protected by trademark
전반적인; 공통적인; 특정 상표로 보호되지 않는

- The machinery Pedro used to make his great discovery was entirely *generic*; anyone with access to a hardware store could have done what he did.

  페드로가 그의 위대한 발명품을 만드는 데 사용한 기계는 아주 흔한 것이었다. 철물점에 갈 수 있는 사람은 누구나 그가 발명한 것을 발명할 수 있었을 것이다.

- The year after he graduated from college, Paul moved to New York and wrote a *generic* first novel in which a young man graduates from college, moves to New York, and writes his first novel.

  폴은 대학을 졸업한 해에 뉴욕으로 이사를 갔으며, 대학을 졸업한 젊은이가 뉴욕으로 이사 가서 자신의 첫 번째 소설을 쓴다는 상식적인 내용의 첫 소설을 썼다.

- Instead of buying expensive name-brand cigarettes, Rachel buys a *generic* brand and thus ruins her health at far less expense.

  값이 비싼 유명 상표의 담배를 사는 대신에 레이첼은 상표가 없는 담배를 산다. 훨씬 적은 비용으로 건강을 망치는 것이다.

GENESIS [dʒénisis] n origin; creation; beginning 기원; 창조; 시작

Genesis is the name of the first book of the Bible. It concerns the *genesis* of the world, and in it Adam and Eve realize that it is never wise to listen to the advice of serpents.

Genesis(창세기)는 성경의 첫 번째 권의 명칭이다. 창세기는 천지 창조에 관한 이야기를 다루고 있으며, 아담과 이브가 뱀의 말을 듣는 것이 결코 현명하지 못하다는 것을 깨닫는 내용이 들어 있다.

- It's hard to believe that the *Boeing 747* has its *genesis* in the flimsy contraption built by the Wright brothers.

  보잉 747 여객기의 기원이 라이트 형제가 만든 보잘것없는 기계였다는 사실은 믿기가 힘들 정도이다.

GENOCIDE [dʒénəsàid] n **the extermination of a national, racial, or religious group**
민족이나 인종, 종교적 단체에 대한 말살

- Hitler's policy of *genocide* made him one of the most hated men in history.
  히틀러는 인종 말살 정책으로 인류 역사상 가장 미움을 받는 사람 중의 하나가 되었다.

When a word ends with the suffix "cide," it generally has to do with some form of murder. *Homicide* [hámisàid] means murder; *matricide* [mǽtrəsàid] means mother-murder; *patricide* [pǽtrəsàid] means father-murder; *suicide* [súːəsàid] means self-murder. An *insecticide* [inséktəsàid] is a substance that "murders" insects.

접미사 "cide"로 끝나는 단어는 일반적으로 살인의 형태와 관련이 있는 경우가 많다. homicide는 '살인'을 의미한다. matricide는 '어머니를 살해하는 것'을 의미하고 patricide는 '아버지를 살해하는 것'을 의미하며, suicide는 '자살'이라는 뜻이다. insecticide는 곤충을 죽이는 물질, 즉 '살충제'를 의미한다.

GERMANE [dʒəːrméin] adj **applicable; pertinent; relevant** 적절한; 꼭 들어맞는; 관련된

- "Whether or not your mother and I give you too small an allowance," said Cleo's father sternly, "is not *germane* to my suggestion that you clean up your room more often."
  "엄마와 내가 너에게 너무 적은 용돈을 주는지 아닌지는, 네가 좀 더 자주 네 방을 청소한다는 내 말과는 별 관계가 없다."라고 클레오의 아버지는 엄격하게 말했다.

- One of the many *germane* points he raised during his speech was that someone is going to have to pay for all these improvements.
  연설을 하는 도중 그가 제기한 여러 가지 적절한 요점 중의 하나는 이 모든 진보에 대해 누군가는 그 대가를 지불해야 한다는 것이었다.

- Claiming that Arnold's comments were not *germane* to the discussion at hand, the president of the company told him to sit down and remain silent.
  아놀드의 견해는 그 논쟁과는 직접적인 관련이 없었다고 소리치면서, 사장은 그에게 앉아서 조용히 있으라고 말했다.

QUICK QUIZ

Match each word in the first column with its definition in the second column. Check your answers in the back of the book.

1.	gaffe	a.	full range
2.	galvanize	b.	gather
3.	gambit	c.	startle into sudden activity
4.	gamut	d.	art of eating well
5.	garner	e.	social blunder
6.	gastronomy	f.	extermination of a national, racial, or religious group
7.	generic	g.	origin
8.	genesis	h.	scheme to gain an advantage
9.	genocide	i.	common
10.	germane	j.	applicable

GHASTLY [gǽstli] adj **shockingly horrible; frightful; ghostlike** 엄청나게 무서운; 무시무시한; 귀신 같은

- The most *ghastly* crime ever recorded in these parts was committed by One-Eye Sam, and it was too horrifying to describe.

  이곳에서 지금까지 기록된 가장 무시무시한 범죄는 애꾸눈 샘이 저지른 것이다. 그 범죄는 너무나 끔찍해서 입에 담기도 무섭다.

- You have a rather *ghastly* color all of a sudden. Have you just spotted One-Eye Sam?

  너 갑자기 파랗게 질려 있어. 애꾸눈 샘이라도 본 거니?

GRATIS [grǽitis] adj **free of charge** 무료로, 무료의

- Since Gary drove his car through the Whitney's plateglass living room window, he provided her with a new one, *gratis*.

  게리는 자동차를 운전하다가 휘트니네 거실 창문 판유리를 깨뜨렸기 때문에, 한 푼도 받지 않고 새 유리로 갈아 주었다.

- I tried to pay for the little mint on my pillow, but the chambermaid explained that it was *gratis*.

  나는 베개 값으로 약간의 돈을 지불하려고 했으나, 호텔 종업원은 그 베개가 무료라고 말해 주었다.

- When the waiter told Herbert that the drink was *gratis*, Herbert started to shout. He said, "I didn't order any damned *gratis*. I want some brandy, and I want it now!"

  웨이터가 와서 이 음료는 무료라고 말하자, 허버트는 소리치기 시작했다. "난 빌어먹을 무료를 주문한 적이 없단 말이오. 나는 브랜디를 마시고 싶소. 그것도 지금 당장!"이라고 허버트가 말했다.

If something *gratis* is freely given, then it makes sense that a *gratuity* is an amount that is paid by choice, and that *gratuitous* violence in a movie is violence that is unwarranted, or not essential to the plot.

만약 gratis인 것이 대량으로 주어졌다면, 그것은 gratuity(팁)가 선택에 의해 주어졌다고 하는 게 맞다. 그리고 gratuitous violence(이유 없는 폭력)가 영화에서 나온다면 그것은 '부당한 것'이거나 '줄거리와 별로 상관없는 것'이다.

GRIEVOUS [gríːvəs] adj **tragic; agonizing; severe** 비극적인; 괴로운; 통렬한

- When Sarah found out that Thomas didn't have her money, she threatened to do him *grievous* harm.

  토마스가 사라의 돈을 가지고 있지 않다는 것을 사라가 알았을 때, 그녀는 그에게 심각한 해를 끼치겠다고 협박했다.

- The memory of all the times I've yelled at my children is *grievous* to me.

  아이들에게 호통치던 때의 기억이 나를 괴롭게 한다.

GRIMACE [griméis] v **to make an ugly, disapproving facial expression** 추하고 못마땅한 표정을 짓다

- Don't *grimace*, Daniel, or your face will freeze that way!

  다니엘, 얼굴을 찌푸리지 마라. 그렇지 않으면 얼굴이 그런 모양으로 굳어져 버릴 거야!

- Tom couldn't help *grimacing* when he heard that the Pettibones were coming over for supper; he had hated the Pettibones ever since they had borrowed his riding lawn mower and ridden it into the lake.

  페티본가 사람들이 저녁 식사에 올 것이라는 얘기를 듣고, 톰은 얼굴을 찌푸리지 않을 수 없었다. 페티본가 사람들이 자동 잔디 깎기 기계를 빌려가서 호수에 처박아 버린 뒤로 톰은 그들을 증오해 왔다.

The expression on the face of a person who is grimacing is called a *grimace*.

grimace는 명사로도 쓰이며, '얼굴에 나타난 찌푸린 표정'을 의미한다.

- The *grimace* on the face of the judge when Lila played her violin did not bode well for her chances in the competition.

  리라가 바이올린 연주를 할 때, 심사위원의 얼굴에 나타난 찌푸린 표정은 경연대회에서 좋은 성적을 낼 가망이 없다는 것을 의미하는 것이었다.

GUISE [gaiz] n appearance; semblance 외형; 모습, 변장, 가장

- Every night the emperor enters the princess's room in the *guise* of a nightingale, and every night the princess opens her window and shoos him out.

  황제는 매일 밤 나이팅게일이라는 새의 모습을 하고 공주의 방으로 찾아가고, 공주는 매일 밤 창문을 열어 그를 쉬이 하고 쫓아낸다.

A *guise* can also mean a false appearance or a pretense.

guise는 '거짓된 모습'이나 '변장'을 의미하기도 한다.

- How was I supposed to know that I couldn't trust Hortense? She had the *guise* of an angel!

  어떻게 오르탕스를 믿지 않을 수 있다고 생각했겠는가? 그녀는 천사로 가장하고 있었는데!

QUICK QUIZ

Match each word in the first column with its definition in the second column. Check your answers in the back of the book.

1. ghastly	a. free of charge
2. gratis	b. shockingly horrible
3. grievous	c. make an ugly face
4. grimace	d. tragic
5. guise	e. appearance

H

HABITUATE [həbítʃuèit]　v　**to train; to accustom to a situation**　길들이다; 상황에 익숙해지게 하다

- Putting a clock in a puppy's bed is supposed to help *habituate* it to its new home, but most puppies become homesick anyway.

  강아지의 침대에 시계를 놓아두면 새로운 집에 길들이는 데 도움이 된다고 알려져 있다. 그러나 대부분의 강아지들은 그렇게 하더라도 향수병에 걸린다.

- The best way to *habituate* yourself to daily exercise is to work out first thing in the morning.

  매일 매일 운동하는 습관을 들이는 가장 좋은 방법은 아침에 일어나자마자 제일 먼저 운동부터 하는 것이다.

If you are a frequent visitor to a place, you may be said to be a *habitué* [həbítʃuèi] of that place.

만약 어떤 장소에 아주 빈번하게 찾아가는 사람이 있다면 그런 사람을 habitué라고 부른다.

- Alice is a *habitué* of both the bar at the end of her street and the gutter in front of it.

  앨리스는 골목 끝과 그 앞의 빈민가에 있는 술집의 단골이다.

▶ habitué의 악센트에 주의할 것.

HALCYON [hǽlsiən]　adj　**peaceful; carefree; serene**　평화스러운; 태평한; 조용한

▶ 발음에 주의할 것.

- Why does everyone talk about the *halcyon* days of youth? Most of the kids I know don't exactly live serene, carefree lives.

  왜 사람들은 자신의 평화로운 젊은 날에 대해 얘기하는가? 내가 아는 대부분의 아이들은 반드시 조용하고 평화로운 삶을 사는 것이 아니다.

- These *halcyon* skies are a good harbinger of a pleasant vacation.

  평화로운 하늘은 즐거운 휴가가 되리라는 신호이다.

HARASS [hərǽs]　v　**to attack repeatedly; to torment or pester**

　반복적으로 괴롭히다; 고통을 주다, 못살게 굴다

- The unruly students so *harassed* their uncoordinated physical education teacher that she finally went crazy and quit.

  말썽꾸러기 학생들이 그들과 조화되지 않는 체육 선생님을 너무도 괴롭힌 나머지, 결국 선생님은 격분해서 학교를 그만두었다.

- Warren's female employees are victims of sexual *harassment* [hǽrəsmənt]. If People outside his company ever find out about Warren's record of sexual *harassment*, he'll never be able to get another job. Good!

  워렌의 여직원들은 성희롱의 희생자이다. 회사의 외부 사람들이 워렌의 성희롱에 관한 이야기를 알게 된다면, 그는 더 이상 다른 직업을 얻을 수는 없을 것이다. 당연하다!

HARBINGER [háːrbindʒər] n a precursor; an indication; an omen 선구자; 징후; 조짐

▶ 발음에 주의할 것.

- When a toilet overflows, it is usually a *harbinger* of plumbing problems to come.
  화장실이 넘친다면, 그것은 대개 배관 설비에 문제가 생길 것이라는 징후이다.

- Priscilla found a silver dollar on the floor, and she viewed it as a *harbinger* of the good luck she was certain to have on the slot machines that night.
  프리실라는 마룻바닥에서 은화를 발견했다. 그녀는 그 사실을 그날 밤 슬롯머신에서 얻게 될 확실한 행운의 조짐이라고 생각했다.

- The vultures circling overhead were viewed as a *harbinger* of doom by the starving, thirst-stricken settlers trying to claw their way across the sweltering desert floor several hundred feet below.
  머리 위에서 회전하고 있는 대머리 수리들은 수백 피트 아래의 찌는 듯한 사막 바닥을 필사적으로 손으로 헤치며 건너가려고 애쓰고 있는, 굶주리고 목마른 개척자들에게 나쁜 운명의 징후로 여겨졌다.

HARP [haːrp] v to repeat tediously; to go on and on about something
지루하게 되풀이하다; 뭔가를 계속해서 반복하다

- "Will you quit *harping* on my hair?" Tim shouted at his mother. "I don't have to get it cut if I don't want to!"
  "머리에 대한 잔소리 좀 그만할 수 없나요?" 팀이 엄마에게 소리쳤다. "원하지 않는 한 머리를 꼭 잘라야 할 필요는 없단 말이에요!"

Don't confuse *harp* with *carp* [kaːrp]. Carping is complaining excessively or finding unreasonable fault with something. If you were to complain that someone had been *harping* on something when they actually hadn't been, you would be carping.
harp와 carp를 혼동하지 마라. carping은 과도한 불평이나 이유 없이 트집을 잡는 것이다. 실제로는 그렇지 않은데 누군가가 반복해서 지루하게 되풀이한다고 불평을 한다면, 여러분은 괜한 트집을 잡는 것이다.

HARRY [hǽri] v to harass; to annoy 괴롭히다; 성가시게 굴다

- The soldiers vowed to *harry* their opponents until they finally surrendered the town.
  병사들은 그 도시를 기어이 함락시킬 때까지 적들을 끝까지 괴롭힐 것을 맹세했다.

▶ 형용사형은 harried(곤란을 겪는)이다.

- No wonder that mother has a *harried* look. She's been taking care of six children all day.
  엄마가 엉망인 모습으로 있는 것도 그리 놀랄 일은 아니다. 그녀는 하루 종일 여섯 아이들을 돌보고 있는 중이다.

HEINOUS [héinəs] adj shockingly evil; abominable; atrocious
지독하게 사악한; 혐오스러운; 극악한

▶ 발음에 주의할 것.

- Bruno is a *heinous* villain; his crimes are so horrible that people burst into tears at the mere sound of his name.
  브루노는 극악무도한 악당이다. 그의 범죄 행위는 너무도 끔찍해서 사람들은 단지 그의 이름만 들어도 울음을 터트린다.

- Gertrude's treatment of her cat was *heinous*; she fed him dry food for nearly every meal, and she never gave him any chicken livers.
  거트루드가 고양이를 다루는 법은 잔인하기 짝이 없었다. 그녀는 매번 끼니때마다 고양이에게 마른 음식을 먹였으며, 닭고기 간 같은 것은 한 번도 준 적이 없었다.

HERALD [hérəld] n a royal proclaimer; a harbinger 왕의 전달자; 선구자

- The queen sent a *herald* to proclaim victory.
  여왕은 승리를 선언하도록 전령사를 보냈다.

- A robin is sometimes viewed as a *herald* of spring; its song announces that winter has finally ended.

  개똥지빠귀는 때때로 봄의 전령사로 여겨진다. 개똥지빠귀의 노래는 겨울이 마침내 물러갔음을 알리는 것이다.

To *herald* something is to be a herald of it, to proclaim news of it, to announce it, to proclaim it.

herald는 '선언하다', '공표하다', '소식을 전하다'라는 뜻의 동사로도 쓰인다.

- The members of the football team *heralded* their victory through the town by honking their car horns continuously while driving slowly up and down the street for several hours.

  풋볼 팀 선수들은 몇 시간 동안이나 위아래 모든 도로를 천천히 달리면서 계속해서 차 경적을 울려대며 온 시가지에 승리의 소식을 전했다.

HOARY [hɔ́ːri] adj gray or white with age; ancient; stale 나이 들어 회백색이 된; 고색창연한; 진부한

- The dog's *hoary* muzzle and clouded eyes betrayed her advanced age.

  회백색의 주둥이와 흐릿한 눈은 그 개가 나이가 많다는 것을 은연중에 드러내고 있었다.

- The college's philosophy department was a bit on the *hoary* side; the average age of those professors must have been at least seventy-five.

  그 대학의 철학과 교수들이 좀 늙은 편이었다. 교수들의 평균 연령이 적어도 75세는 되었음에 틀림없었다.

- Don't you think that joke's getting a little *hoary*? You must have told it twenty times at this party alone.

  그 농담, 좀 진부하다고 생각하지 않니? 오늘 파티에서만 스무 번이나 얘기한 것 같은데.

HOMAGE [ámidʒ] n reverence; respect 경의; 존경

▶ 발음에 주의할 것. h는 묵음이다.

- Every year, thousands of tourists travel to Graceland to pay *homage* to Elvis Presley; thousands more stay home and pay *homage* to him in their local supermarkets and pizza parlors, where they catch glimpses of him ducking into the men's room or peering through the windows.

  매년 수천 명의 관광객들이 엘비스 프레슬리에게 경의를 표하기 위하여 그레이스 랜드를 방문한다. 그보다 더 많은 사람들은 집을 떠나지 않고도 자기 동네의 슈퍼마켓이나 피자 가게에서 엘비스에게 경의를 표한다. 그곳에서 사람들은 엘비스가 화장실을 들락거리거나 창문을 통해서 안을 들여다보는 모습을 목격하곤 한다.

- Sanford erected the new office building in *homage* to himself; he had a statue of himself installed in the lobby, and he commissioned a big sign proclaiming the building's name: the Sanford Building.

  샌포드는 자신을 기념하기 위해 새로운 사무용 빌딩을 세웠다. 그는 로비에 자신의 동상을 설치하고, 건물의 이름인 샌포드 빌딩을 알리는 커다란 현판을 달았다.

HUBRIS [hjúːbris] n arrogance; excessive pride 오만; 지나친 자만

▶ 발음에 주의할 것.

- If you're ever assigned to write an essay about why the hero of a play comes to a tragic end, it's a safe bet to say that it was *hubris* that brought about his downfall.

  왜 연극의 주인공이 비극적 결말을 맞이해야 하는지에 대해서 평론을 쓰는 숙제를 받았다면, 그의 몰락을 가져온 것은 오만함이었다고 말하는 것이 가장 안전한 대답이 될 것이다.

- Steven has a serious case of *hubris*; he's always claiming to be the handsomest man on the beach when he's really a ninety-seven-pound weakling.

  스티븐은 심각할 정도로 자만심이 강한 성격이다. 실제로는 97파운드의 약골이면서 그는 항상 자신이 해변 최고의 매력적이고 잘생긴 사람이라고 주장한다.

HYPOCRISY [hipákrəsi] n insincerity; two-facedness 불성실; 두 얼굴을 가짐, 위선

- The candidate's most obvious qualification for office was his *hypocrisy*; he gave speeches in praise of "family values," even though his own family was in a shambles.

  직책에 대한 그 후보의 두드러진 자질은 바로 그의 위선이었다. 자신의 가족은 황폐해졌음에도 불구하고, 그는 가족의 가치를 찬양하는 연설을 했다.

- Oki despises *hypocrisy* so much that she sometimes goes too far in the other direction. When Julia asked whether Oki liked her new dress, Oki replied, "No. I think it's ugly."

  오키는 워낙 위선을 혐오하기 때문에 때때로 그 반대의 극단으로 치닫곤 한다. 줄리아가 자신의 새 옷이 어떠냐고 물었을 때, 오키는 "별로. 옷이 형편없는걸." 하고 대답했다.

A person who practices *hypocrisy* is a *hypocrite* [hípəkrit]. A *hypocrite* is a person who says one thing and does another.

hypocrisy를 실행하는 사람을 hypocrite(위선자)이라고 한다. hypocrite은 말과 행동이 다른 사람'이다.

▶ 형용사형은 hypocritical [hìpəkrítikəl] (위선의)이다.

It's *hypocritical* to praise someone for her honesty and then call her a liar behind her back.

본인 앞에서는 정직하다고 칭찬해 놓고 그가 없는 곳에서는 거짓말쟁이라고 욕하는 것은 hypocritical(위선적)이다.

▶ 이 단어들의 발음에 주의할 것.

QUICK QUIZ

Match each word in the first column with its definition in the second column. Check your answers in the back of the book. Note that "attack repeatedly" is the answer for two questions.

1. habituate	a. arrogance
2. halcyon	b. peaceful
3. harass	c. royal proclaimer
4. harbinger	d. insincerity
5. harp	e. gray or white with age
6. harry	f. attack repeatedly (2)
7. heinous	g. reverence
8. herald	h. repeat tediously
9. hoary	i. accustom to a situation
10. homage	j. shockingly evil
11. hubris	k. precursor
12. hypocrisy	

I

IDIOM [ídiəm] n **an expression whose meaning is different from the literal meaning of the words; a language or dialect used by a group of people**
문자 그대로의 의미와는 다른 의미를 담고 있는 표현, 관용어; 특정한 사람들이 사용하는 말이나 방언

It's sometimes hard for foreigners to grasp all the *idioms* we use in English. They have special trouble with expressions like "letting the cat out of the bag." To let the cat out of the bag is to give away a secret, not to let a cat out of a bag. The expression is an *idiom*, not a literal statement of fact. Other languages have *idioms*, too. In French, "my little cabbage" is a term of endearment.
외국인이 우리가 영어에서 사용하는 idiom(관용어)들을 모두 이해한다는 것은 어려운 일이다. 그들은 'letting the cat out of the bag' 같은 표현을 만나면 특히 어려움을 겪는다. 이것은 고양이를 가방 밖으로 나오게 하는 것이 아니라 비밀을 누설하다'라는 뜻이다. 이러한 표현을 idiom이라 하는데, 문자 그대로의 의미와는 관계가 없다. 다른 언어에도 idioms들은 많이 있다. 프랑스 어에서 'my little cabbage'는 친밀감을 표시하는 용어이다.

This word can also be used to refer to a language, dialect, or even jargon spoken by a group of people.
idiom은 특정 사람들이 말하는 language(언어), dialect(사투리), 심지어 jargon(은어)을 가리키는 것으로 사용되기도 한다.

- Jerry didn't get along very well with the people in the computer department because he didn't understand their *idiom*.
  제리는 컴퓨터과 사람들이 쓰는 독특한 언어들을 잘 알지 못하기 때문에 그들과 그다지 친하게 지내지 못했다.

▸ 형용사형은 idiomatic(관용구가 든)이다.

- This rule of grammar may seem peculiar to everyone else in the country because it is only *idiomatic* to the people living in that small region.
  이 문법 규칙은 한정된 작은 지역에서만 관용적으로 쓰이기 때문에 다른 사람들에게는 특이하게 보일 수도 있다.

IMBUE [imbjú:] v **to inspire; to permeate or tinge** (감정 등을) 불어넣다; 스며들다, 물들이다

- Was it the young poet's brilliant writing or his dashing appearance that *imbued* the girls with such a love of poetry?
  소녀들에게 그처럼 시를 사랑하는 마음을 불어넣어 준 것은 젊은 시인의 훌륭한 작품 때문인가, 아니면 그의 화려한 용모 때문인가?

- Henrietta soaked her white dress in a bathtub of tea to *imbue* it with a subtle tan color.
  헨리에타는 하얀색의 옷을 신비한 황갈색으로 물들이기 위해 홍차가 들어 있는 욕조에 넣었다.

▸ imbue는 infuse와 동의어이다.

IMPASSE [ímpæs] n **a deadlock; a situation from which there is no escape**
막다른 골목; 더 이상 도망갈 데 없는 상황, 난국

- After arguing all day, the jury was forced to admit they had reached an *impasse*; they had examined and reexamined the evidence, but they still could not reach a unanimous verdict.
  하루 종일 토론을 한 후에, 배심원단은 그들이 막다른 골목에 다다랐다는 것을 받아들이지 않을 수 없었다. 그들은 증거를 가지고 검토에 검토를 거듭했지만, 만장일치의 평결을 내릴 수가 없었다.

- We seem to have reached an *impasse*. You want to spend the money on a pair of hockey skates for yourself, while I want to donate it to charity.

  우리는 막다른 골목에 몰린 것 같다. 너는 하키용 스케이트를 사는 데 돈을 쓰기를 원하지만, 나는 그 돈을 자선 단체에 기부했으면 한다.

IMPEACH [impíːtʃ] v to accuse or indict; to challenge; call into question
비난하다, 기소하다; 이의를 제기하다; 의심을 품다

- Congress is still trying to decide whether to *impeach* the president for spilling fingerpaint in the Oval Office.

  의회는 대통령 집무실에서 물감을 엎지른 일에 대하여 대통령을 탄핵할 것인지 결론을 내리기 위해 여전히 고심하고 있다.

To *impeach* a political figure is not to throw the person out of office; it is to accuse him or her of an offense for which he or she will be thrown out of office if found guilty. President Clinton was *impeached*, but he was not convicted. Had President Nixon been *impeached*, he would have been tried by the Senate. If found guilty, he would have been given the boot. Instead, realizing the jig was up, he resigned.

정치인을 impeach(탄핵하다)하는 것은 그를 직책에서 내쫓은 것이 아니라 유죄가 분명하다면 직책에서 쫓겨날 만한 위법 사실에 대해 그 죄를 추궁하는 것이다. 클린턴 대통령은 탄핵을 받았지만 그의 유죄가 입증되지 않았다. 닉슨 대통령이 탄핵을 받았더라면, 상원에서 심리 절차를 거쳤을 것이다. 유죄가 인정이 되었더라면, 그는 해임되었을 것이다. 그러나 닉슨 대통령은 모든 것이 다 끝났다는 사실을 깨닫고 나서 스스로 사임했다.

Impeach also has a meaning that has nothing to do with removing political figures from office.

impeach는 정치적인 인물을 직책에서 제거하는 것과는 관계가 없는 의미도 담고 있다.

- It's not fair to *impeach* my morals just because I use swear words every once in a while.

  단지 가끔씩 신의 이름을 더럽히는 욕을 사용한다는 이유로 나의 도덕성을 비난하는 것은 옳지 못하다.

To be *unimpeachable* is to be above suspicion or impossible to discredit.

unimpeachable은 '의심의 여지가 없는', '비난할 수 없는'이라는 뜻이다.

- If the president proves to be a man of *unimpeachable* honor, he will not be impeached.

  대통령이 비난받을 여지가 없는 명예로운 사람으로 판명된다면, 그는 탄핵을 받지 않을 것이다.

IMPECUNIOUS [ìmpəkjúːniəs] adj without money; penniless   돈이 없는; 무일푼의

- Can you lend me five million dollars? I find myself momentarily *impecunious*.

  내게 오백만 달러를 빌려 주시겠습니까? 제가 당장은 무일푼이라서 말이죠.

- When his dream of making a fortune selling talking T-shirts evaporated, Arthur was left *impecunious*.

  말하는 티셔츠를 팔아서 부자가 되겠다는 꿈이 산산조각 났을 때 아서는 무일푼이 되었다.

The word *pecuniary* [pikjúːnièri] means relating to money. To *peculate* [pékjəlèit] is to embezzle or steal money.

pecuniary는 '돈과 관련이 있는'의 의미이다. peculate는 '공금을 횡령하거나 돈을 훔치다'라는 뜻이다.

IMPEDE [impíːd] v to obstruct or interfere with; to delay   방해하다, 훼방 놓다; 지체시키다

- The faster I try to pick up the house, the more the cat *impedes* me; he sees me scurrying around, and thinking I want to play, he runs up and winds himself around my ankles.

  내가 집을 빨리 치우려 하면 할수록 고양이는 점점 더 나를 방해한다. 내가 허둥대는 모습을 보고 고양이는 내가 놀고 싶어한다고 생각하는지 내게로 달려와 발목에 몸을 감는다.

- The fact that the little boy is missing all his front teeth *impedes* his speaking clearly.

  소년은 앞니가 전부 빠져서 분명하게 발음하는 데 방해를 받고 있다.

Something that *impedes* is an *impediment* [impédəmənt].

명사형 impediment는 '장애물'이라는 뜻이다.

- Irene's inability to learn foreign languages was a definite *impediment* to her mastery of French literature.

  아이린이 외국어를 배울 수 없는 것은 프랑스 문학을 숙달하는 데 명확한 장애가 되었다.

IMPENDING [impéndiŋ]   adj   approaching; imminent; looming
가까이 다가와 있는; 임박한; 불안한 일이 다가오는

- Jim's *impending* fiftieth birthday filled him with gloom; he was starting to feel old.

  오십 번째 생일이 다가오면서 짐은 우울한 기분이 되었다. 그는 자신이 늙었다는 것을 깨닫기 시작했다.

- The scowl on her husband's face alerted Claire to an *impending* argument.

  남편의 얼굴에 나타난 험악한 표정은 클레어에게 곧 터질 싸움을 경고하는 듯했다.

- The reporter didn't seem to notice his rapidly *impending* deadline; he poked around in his office as if he had all the time in the world.

  기자는 빠르게 다가오는 마감 시간을 전혀 깨닫지 못하는 것 같았다. 그는 마치 세상의 모든 시간을 다 가지고 있는 듯이 사무실에서 어슬렁거렸다.

▸ 동사형은 impend(임박하다)이다.

IMPENETRABLE [impénitrəbl]   adj   incapable of being penetrated; impervious; incomprehensible
꿰뚫을 수 없는; 통과시키지 않는; 이해할 수 없는

- The fortress on the top of the hill was *impenetrable* to the poorly armed soldiers; although they tried for days, they were unable to break through its thick stone walls.

  언덕 위에 있는 요새는 무장이 완벽하지 않은 병사들이 뚫고 들어갈 수가 없었다. 며칠 동안 계속 시도를 했지만, 그들은 요새의 두터운 돌담을 깨뜨릴 수가 없었다.

- For obvious reasons, knights in the Middle Ages hoped that their armor would be *impenetrable*.

  몇 가지 분명한 이유 때문에, 중세의 기사들은 그들의 갑옷이 절대 뚫을 수 없는 것이기를 원했다.

- This essay is utterly *impenetrable*. There isn't one word in it that makes sense to me.

  이 에세이는 전혀 이해할 수가 없다. 내가 보기에 이 글에는 이치에 합당한 말이 하나도 없다.

- I was unable to guess what Bob was thinking; as usual, his expression was *impenetrable*.

  밥이 무엇을 생각하고 있는지 짐작조차 할 수 없었다. 여느 때처럼 그의 표정은 이해하기가 힘들었다.

▸ impenetrable은 impregnable(난공불락의)과 동의어이다.

IMPERATIVE [impérətiv]   adj   completely necessary; vitally important   반드시 필요한; 너무나 중요한

- The children couldn't quite accept the idea that cleaning up the playroom was *imperative*; they said they didn't mind wading through the toys strewn on the floor, even if they did occasionally fall down and hurt themselves.

  놀이방을 청소하는 것이 반드시 해야만 하는 일이라는 생각을 아이들은 정말로 수긍할 수가 없었다. 아이들은 종종 넘어지고 다치기도 하지만, 바닥에 잔뜩 흩어져 있는 장난감 사이를 걸어 다니는 일에 별로 개의치 않는다고 말했다.

This word can also be used as a noun, in which case it means a command, order, or requirement. A doctor has a moral *imperative* to help sick people instead of playing golf—unless, of course, it's his day off, or the people aren't very sick.

imperative는 명사로 쓰일 경우, 명령이나 '지시', '요구', '의무', '책임' 등을 의미한다. 의사는 골프를 치기보다는 아픈 사람을 돌보아야 한다는 도덕적 의무를 가지고 있다. 물론 비번이거나 사람들이 그다지 아프지 않다면 그렇지 않겠지만 말이다.

IMPETUOUS [impétʃuəs] adj **rash; overimpulsive; headlong** 성급한; 지나치게 충동적인; 경솔한

▶ 발음에 주의할 것.

- Jeremy is so *impetuous* that he ran out and bought an engagement ring for a girl who smiled at him in the subway.

  제레미는 지하철에서 자신을 보고 미소 짓던 소녀를 위해 약혼반지를 사러 달려 나갔을 정도로 성격이 급하다.

- Olive's decision to drive her car into the lake to see whether it would float was an *impetuous* one that she regretted as soon as water began to seep into the passenger compartment.

  차가 호수에서 뜰 수 있는지를 알기 위해 차를 몰고 호수로 달려 나가려는 올리브의 결심은 너무나 충동적인 것이었다. 그녀는 좌석으로 물이 스며들기 시작하자마자 곧 자신의 경솔함을 후회했다.

QUICK QUIZ

Match each word in the first column with its definition in the second column. Check your answers in the back of the book.

1.	idiom	a.	accuse
2.	imbue	b.	approaching
3.	impasse	c.	nonliteral expression
4.	impeach	d.	obstruct
5.	impecunious	e.	without money
6.	impede	f.	inspire
7.	impending	g.	rash
8.	impenetrable	h.	completely necessary
9.	imperative	I.	deadlock
10.	impetuous	j.	impervious

IMPLICATION [ìmpləkéiʃən] n **something implied or suggested; ramification**

함축되거나 암시된 것; 지류

- When you said I looked healthy, was that really meant as an *implication* that I've put on weight?

  나보고 건강해 보인다고 말한 것, 사실은 내가 뚱뚱하다는 것을 암시하는 말이었니?

- A 100 percent cut in our school budget would have troubling *implications*; I simply don't think the children would receive a good education if they didn't have teachers, books, or a school.

  학교 예산이 100% 삭감되었다는 것은 곤란한 의미를 담고 있다. 나는 아이들이 선생님이나 책, 학교 등이 없어도 좋은 교육을 받을 수 있다고는 생각하지 않는다.

▶ intimation은 implication의 동의어이다.

▶ 동사형 imply는 뭔가를 '제안하다'라는 뜻이다.

- When Peter's girlfriend said, "My, you certainly know how to drive a car fast, don't you?" in a trembling voice, she was *implying* that Peter was really going too fast.

  피터의 여자 친구가 "너 정말로 차를 빠르게 운전하는 법을 알고 있구나. 그렇지 않니?"라고 떨리는 목소리로 말했을 때 그녀가 암시하는 것은 피터가 너무 빨리 달리고 있다는 것이었다.

To *imply* something is not at all the same thing as to *infer*[infɔ́ːr] it, even though many people use these two words interchangeably. To *infer* is to figure out what is being *implied*. The act of inferring is an *inference*[ínfərəns].

imply(암시하다)라는 것은 어떤 일에 대해서 추측한다(infer)는 것은 결코 아니다. 그럼에도 많은 사람들은 이 두 단어를 상호 대체하여 사용하기도 한다. infer는 암시된 내용을 이해하다라는 뜻이다. infer하는 것을 inference(추론)라고 한다.

- Peter was so proud of his driving that he did not *infer* the meaning of his girlfriend's *implication*.

  피터는 자신의 운전 솜씨가 너무나 자랑스러웠기 때문에 여자 친구가 암시하는 내용의 진짜 의미를 이해하고 있지 못했다.

IMPORTUNE [ìmpɔːrtjúːn] v to urge with annoying persistence; to trouble
성가시게 고집을 부려 재촉하다; 괴롭히다

- "I hate to *importune* you once again," said the woman next door, "but may I please borrow some sugar, eggs, milk, flour, butter, jam, and soup?"

  이웃집 여자가 "다시 한번 당신을 괴롭히고 싶지는 않아요. 그러나 제발 부탁이니, 설탕과 계란과 우유와 밀가루와 버터와 잼과 수프 좀 빌려 주시겠어요?"라고 말했다.

- The ceaseless *importuning* of her children finally drove Sophie over the brink; she stuffed the entire brood in the car and left them with her mother-in-law.

  아이들이 끊임없이 졸라대는 통에, 소피는 마침내 벼랑 끝까지 몰렸다. 그녀는 아이들을 모두 차에 넣은 뒤 그녀의 시어머니와 함께 버려 두었다.

▶ 형용사형은 importunate[impɔ́ːrtʃənit] (성가시게 조르는)이다.

- Leslie's *importunate* boyfriend called her day and night to ask her if she still loves him; after the hundredth such phone call, she understandably decided that she did not.

  귀찮게 추근거리는 레슬리의 남자 친구는 그녀에게 밤낮으로 전화를 걸어, 아직도 자신을 사랑하고 있는지 묻는다. 그런 전화가 백 번째 온 뒤에, 그녀는 당연하게도 자신이 남자 친구를 사랑하지 않는다는 결론을 내렸다.

▶ 이 단어들의 철자와 발음에 주의할 것.

IMPOVERISH [impávəriʃ] v to reduce to poverty; to make destitute   곤궁하게 하다; 가난하게 만들다

- Mr. DeZinno spent every penny he had on lottery tickets, none of which was a winner; he *impoverished* himself in his effort to become rich.

  드지노 씨는 갖고 있던 돈을 모두 복권을 사는 데 써 버렸다. 당첨된 복권은 하나도 없었다. 그는 부자가 되고 싶어 한 행동 때문에 오히려 가난해졌다.

- The ravages of the tornado *impoverished* many families in our town and placed a heavy strain on our local government's already limited resources.

  토네이도의 파괴력은 우리 시의 많은 가정을 빈곤의 경지로 몰아넣었으며, 이미 제한된 자치 정부의 재원에 큰 부담을 안겨 주었다.

▶ 명사형 impoverishment[impávəriʃmənt]는 가난하거나 곤궁하게 되는 것, 즉 '빈곤화'를 의미한다.

- The Great Depression led to the *impoverishment* of many formerly well-off families in America.

  미국의 대공황은 이전에는 부유했던 많은 가정들을 빈곤층으로 만들었다.

IMPREGNABLE [imprégnəbl] adj unconquerable; able to withstand attack; impenetrable
난공불락의; 공격을 견뎌낼 수 있는; 뚫고 들어갈 수 없는

- Again and again, the army unsuccessfully attacked the fortress, only to conclude that it was *impregnable*.

  다시 또 계속해서 군대는 그 요새를 공격했지만 실패만 거듭하고, 결국 그 요새는 함락시킬 수 없다는 결론을 내렸다.

- There's no point in trying to change Mr. Roberts's attitude about hairstyles; you will find that his belief in a link between long hair and communism is utterly *impregnable*.

  헤어스타일에 대한 로버트 씨의 태도를 변화시키려고 애쓰는 것은 쓸데없는 짓이다. 긴 머리와 공산주의가 관련이 있다고 생각하는 그의 신념은 정말로 견고하다는 것을 당신도 알게 될 것이다.

- Thanks to repeated applications of Turtle Wax, my car's finish is *impregnable*; the rain and snow bounce right off it.

  거북이표 왁스를 반복해서 칠해 준 덕분에, 내 차는 무엇에도 상하지 않을 만큼 손질이 잘 되어 있다. 비와 눈이 곧바로 튕겨 나갈 정도다.

IMPRESARIO [ìmprisá:riòu] n **a person who manages public entertainments (especially operas, but other events as well)**
공연 행사를 주관하는 사람(특히 오페라, 다른 행사도 마찬가지)

- Monsieur Clovis, the *impresario* of the Little Rock Operetta House, is as temperamental as some of his singers; if he doesn't get his way, he holds his breath until he turns blue.

  Little Rock Operetta House의 감독인 클로비스 씨는 몇몇 가수들만큼이나 성격이 급하다. 그는 자기가 원하는 방법대로 되지 않으면, 얼굴이 파랗게 되도록 숨을 쉬지 못한다.

- Val calls himself an *impresario*, but he is really just a lazy guy who likes to hang around rock concerts making a nuisance of himself.

  발은 자신을 감독이라고 말하지만, 사실 그는 단지 남에게 페나 끼치며 록 콘서트 주변을 배회하기를 즐기는 게으른 사람일 뿐이다.

IMPROMPTU [imprámptju:] adj **done without preparation, on the spur of the moment**
사전 준비 없이 이루어지는, 즉흥적인

- When Dimitri's mother-in-law dropped in without warning, he prepared her an *impromptu* meal of the foods he had on hand—coffee and tomato sauce.

  디미트리의 장모가 예고도 없이 불시에 방문하자, 디미트리는 마침 가지고 있는 커피와 토마토소스로 즉석에서 음식을 만들어 대접했다.

- The actress did her best to pretend her award acceptance speech was *impromptu*, but everyone could see the notes tucked into her dress.

  여배우는 수상 소감을 즉석에서 하는 것처럼 보이기 위해 최선을 다했다. 그러나 소감을 메모한 노트가 그녀의 드레스 안에 있다는 것을 누구나 알 수 있었다.

IMPROVISE [ímprəvàiz] v **to perform without preparation; to make do with whatever materials are available**
준비 없이 즉석에서 연주하다; 이용할 수 있는 재료는 무엇이나 이용해서 일을 하다

- Forced to land on a deserted island, the shipwrecked sailors *improvised* a shelter out of driftwood and sand.

  어쩔 수 없이 무인도에 정박을 해서, 난파한 배의 선원들은 떠내려오는 나무와 모래를 이용해서 즉석에서 오두막을 지었다.

- When the choir soloist forgot the last verse of the hymn, she hastily *improvised* a version of her own.

  성가대의 독창자는 찬송가의 마지막 가사를 잊어버리자, 재빨리 즉석에서 독자적으로 가사를 지어 불렀다.

Improvisation[impràvəzéiʃən] is the act or an instance of *improvising*.
improvisation은 즉석에서 지어낸 상황이나 행동을 의미한다.

- The forgetful choir soloist fortunately had a knack for *improvisation*.

  곡을 잊어버린 성가대 독창자는 다행히도 즉석에서 가사를 지어낼 수 있는 솜씨가 있었다.

IMPUNITY [impjú:nəti] n **freedom from punishment or harm** 처벌이나 해를 입지 않음

- Babies can mash food into their hair with *impunity*; no one gets angry at them because babies aren't expected to be polite.

  아기들은 음식을 짓이겨 머리에 발라 놓아도 벌을 받지 않는다. 아기들이 예의 바르게 행동할 것이라고 기대하지 않기 때문에 사람들은 아무도 아기들에게 화를 내지 않는다.

INADVERTENT [ìnədvə́ːrtənt] adj **unintentional; heedless; not planned**
고의가 아닌; 부주의한; 계획적이지 않은

- Paula's snub of Lauren was entirely *inadvertent*; she hadn't meant to turn up her nose and treat Lauren as though she were a piece of furniture.

  폴라가 로렌을 푸대접한 것은 정말이지 고의가 아니었다. 그녀는 콧대를 세우려는 것도 아니었고, 로렌을 마치 가구인 양 모른 척하려던 것도 아니었다.

- Isabelle's *inadvertent* laughter during the sad part of the movie was a great embarrassment to her date.

  이사벨은 영화가 슬픈 장면인데도 부주의하게 웃음을 터뜨려서 데이트 상대를 난처하게 만들었다.

- While ironing a shirt, Steven *inadvertently* scorched one sleeve; it was really the collar that he had meant to scorch.

  셔츠를 다림질하면서 스티븐은 의도와는 다르게 한쪽 소매를 태웠다. 그가 정말로 태우려고 했던 것은 사실은 깃이었다.

INALIENABLE [inéiljənəbl] adj **sacred; incapable of being transferred, lost, or taken away**
신성한; 양도하거나 잃어버리거나 빼앗길 수 없는

- In my household, we believe that people are born with an *inalienable* right to have dessert after meals.

  우리 집안에서는 누구나 식사 후에 디저트를 먹을 수 있는 신성한 권리를 가지고 태어났다고 믿고 있다.

- According to the religion Jack founded, all left-handed people have an *inalienable* right to spend eternity in paradise; needless to say, Jack is left-handed.

  잭이 설립한 종교에 의하면, 모든 왼손잡이들은 천국에서 영원을 누릴 수 있는 불가침의 권리를 가지고 있다. 말할 필요도 없이 잭은 왼손잡이이다.

QUICK QUIZ

Match each word in the first column with its definition in the second column. Check your answers in the back of the book.

1. implication	a. unintentional
2. importune	b. urge with annoying persistence
3. impoverish	c. person who manages public entertainments
4. impregnable	d. something suggested
5. impresario	e. freedom from punishment
6. impromptu	f. unconquerable
7. improvise	g. done on the spur of the moment
8. impunity	h. unassailable
9. inadvertent	i. reduce to poverty
10. inalienable	j. perform without preparation

INCARNATION [ìnkɑ:rnéiʃən] n embodiment 구체화

- Nina is the *incarnation* of virtue; she has never done anything wrong since she was born.

  니나는 미덕의 화신이다. 그녀는 태어났을 때부터 옳지 않은 일이라는 것을 해 본 적이 없다.

- Nina's brother Ian, however, is so evil that some people consider him the devil *incarnate* [inkɑ́:rnit]. That is, they consider him to be the embodiment of the devil, or the devil in human form.

  그러나 니나의 오빠인 이안은 너무나 사악해서 어떤 사람들은 그를 악마가 사람의 모습을 하고 나타난 것이라고 생각한다. 다시 말해서 사람들은 그를 악마의 화신, 즉 인간의 형상을 한 악마일 것이라고 생각한다.

If you believe in *reincarnation* [rì:inkɑ:rnéiʃən], you believe that after your body dies, your soul will return to earth in another body, perhaps that of a housefly. In such a case, you would be said to have been *reincarnated* [rì:inkɑ́:rneitid], regrettably, as a housefly.

만일 여러분이 reincarnation(환생)을 믿는다면, 혹여 그것이 집파리 같은 것일지라도 육체가 죽은 후에 영혼은 다른 육체를 빌어 이 세상에 다시 오게 된다는 설을 믿는 것이다. 그런 경우에는 유감스럽긴 하지만, 여러분은 집파리로 reincarnate(환생하다)되었다고 말할 수 있을 것이다.

▶ 이 단어들의 발음에 주의할 것.

INCENDIARY [inséndièri] adj used for setting property on fire; tending to arouse passion or anger; inflammatory
자산을 방화하는 데 사용된; 열정이나 분노를 일으키는 경향이 있는; 선동적인

- Although the inspector from the arson squad found a scorched *incendiary* device in the gutted basement of the burned-down house, the neighbors insisted that the fire was accidental.

  화재 감식반에서 조사원이 나와 불에 타서 재가 되어 버린 집의 파괴된 지하실에서 검게 그을린 방화 장치를 발견했음에도 불구하고, 이웃 주민들은 화재가 실화였다고 주장했다.

- The lyrics of the heavy-metal star's songs are so *incendiary* that his fans routinely trash the auditorium during his performances.

  그 헤비메탈 가수가 부르는 노래의 내용은 너무나 선동적이어서 그의 팬들은 공연이 진행되는 동안 상습적으로 공연장을 무차별 파괴한다.

- On July 3, the newspaper published an *incendiary* editorial urging readers to celebrate the nation's birthday by setting flags on fire.

  7월 3일에 그 신문은 국기를 태우는 행위를 통해 독립 기념일을 기념할 것을 독자들에게 촉구하는 선동적인 사설을 실었다.

▶ 동사형 incense[inséns]는 '성나게 만들다'라는 뜻이다.

INCLINATION [ìnklənéiʃən] n tendency; preference; liking 경향; 선호; 애호

- My natural *inclination* at the end of a tiring morning is to take a long nap rather than a brisk walk, even though I know that the walk would be more likely than the nap to make me feel better. It could also be said that I have a *disinclination* [dìsìnklənéiʃən] to take walks.

  피곤한 아침의 말미에 나는 활기 있게 산책을 하기보다는 선잠이라도 더 오래 자려는 경향이 있다. 물론 나도 선잠보다는 산책을 하는 것이 기분을 더 좋게 할 수 있다는 것을 알고는 있다. 또한 나는 산책하는 것을 싫어하는 경향이 있다고 말할 수도 있을 것이다.

- Nudists have an *inclination* to ridicule people who wear clothes, while people who wear clothes have the same *inclination* toward nudists.

  나체주의자들은 옷을 입는 사람들을 비웃는 경향이 있다. 반면에 옷을 입고 사는 사람들도 나체주의자들에 대하여 같은 태도를 보인다.

▶ 형용사형은 inclined[inkláind] (하고 싶은)이다.

- I am *inclined* to postpone my study of vocabulary in order to take a nap right now.

  나는 지금 낮잠을 자기 위해서 어휘 공부는 뒤로 미루고 싶다.

If you picture someone physically learning, or *inclining*, toward something, you have a built-in memory device for this word.

어떤 사람이 뭔가에 대해 몸으로 체득하거나 incline(기울이다)하는 것을 상상한다면, 당신은 머릿속에 이 단어에 대한 기억 장치가 있는 것이다.

INCULCATE [inkʌ́lkeit] v to instill or implant by repeated suggestions or admonitions
반복되는 암시나 훈계로 (사상 등을) 주입하거나 심다

▶ 발음에 주의할 것.

- It took ten years, but at last we've managed to *inculcate* in our daughter the habit of shaking hands.
  십 년이 걸리기는 했지만, 마침내 우리는 우리 딸에게 악수하는 습관을 심어 줄 수 있게 되었다.

- The preacher who believes that stern sermons will *inculcate* morals in his congregation frequently finds that people stop coming to church at all.
  엄격한 설교가 신도들에게 도덕성을 심어 줄 것이라고 믿는 그 전도사는 사람들이 전혀 교회에 나오지 않는 것을 자주 발견하게 된다.

INCUMBENT [inkʌ́mbənt] adj currently holding an office; obligatory
현재 직책을 맡고 있는; 의무적인

- The *incumbent* dog warden would love to surrender his job to someone else, but no one else is running for the job.
  현직 개 관리인은 다른 사람에게 그 일을 넘기고 싶어 하지만 아무도 그 일에 지원하려고 하지 않는다.

- An *incumbent* senator usually has a distinct advantage over any opponent because being in office makes it easier for him or her to raise the millions of dollars needed to finance a modern political campaign.
  현직 상원 의원은 일반적으로 다른 상대 후보를 능가하는 명백한 이점이 있다. 왜냐하면, 오늘날과 같은 현대적인 선거 운동의 시대에 꼭 필요한 수백만 달러의 자금을 모금하는 데 있어서 현직에 있는 사람이 더 유리하기 때문이다.

▶ incumbent는 명사로도 쓰인다.

In a political race, the *incumbent* is the candidate who already holds the office. When *incumbent* means obligatory, it is usually followed by upon.
정치권의 선거에 있어서 incumbent는 이미 그 직책을 맡고 있는 후보자, 즉 '현직자'를 의미한다. incumbent가 obligatory(의무를 가진)의 뜻일 경우, 대개 upon과 함께 나온다.

- It is *incumbent* upon me, as Lord High Suzerain of the Universe, to look out for the welfare of all life forms.
  세상의 창조주 하나님으로서, 모든 생명체의 행복에 주의를 기울이는 것은 나의 의무이다.

INCURSION [inkə́ːrʒən] n a hostile invasion; a raid 적국의 침입; 습격

- After repeated *incursions* into the town, the enemy soldiers finally realized that the townspeople would never surrender.
  적국의 병사들은 반복적인 침략을 거듭한 후에 결국은 시민들이 결코 항복하지 않을 것이라는 사실을 깨달았다.

- Todd's midnight *incursions* on the refrigerator usually meant that at breakfast time no one else in the family had anything to eat.
  토드가 한밤중에 수차례에 걸쳐서 냉장고를 습격하고 나면, 그것은 다음날 아침 식사에 가족들이 먹을 음식이 하나도 남아 있지 않는다는 것을 의미했다.

INDICT [indáit] v to charge with a crime; to accuse of wrongdoing
범죄 행위로 기소하다; 나쁜 행위에 대하여 고발하다

▶ 철자와 발음에 주의할 것.

- After a five-day water fight, the entire freshman dorm was *indicted* on a charge of damaging property.
  5일간에 걸친 물싸움을 벌인 후에, 모든 신입생 기숙사 생도들은 기물을 파손한 죄로 기소되었다.

- The mob boss had been *indicted* many times, but he had never been convicted because his high-priced lawyers had always been able to talk circles around the district attorney.
  폭력단의 두목은 여러 번 기소되었지만 비싼 돈을 받고 일하는 그의 변호사들이 지방 검찰보다 몇 배는 말을 더 잘했기 때문에 항상 유죄 판결을 면할 수 있었다.

481

▸ 명사형은 indictment[indáitmənt] (기소)이다.

- The broken fishbowl and missing fish were a clear *indictment* of the cat.

  깨진 어항과 어디론가 없어진 물고기는 고양이의 범행이라는 명백한 증거였다.

INDUCE [indjúːs] v to persuade; to influence; to cause 설득하다; 영향을 미치다; 야기하다

- "Could I *induce* you to read one more chapter?" the little boy asked his father at bedtime; the father was so astonished that his little boy understood such a big, important-sounding word that he quickly complied with the request.

  "한 단원 더 읽어 줄 수 있으시겠어요?" 작은 소년이 잠자리에서 아빠에게 부탁했다. 아버지는 자신의 어린 아들이 그토록 점잖고 중요한 의미를 갖는 단어를 이해하고 있다는 것에 너무나 놀라서 재빨리 아이의 요청에 응해 주었다.

Something that persuades is an *inducement*.

inducement(유인책)는 '설득해서 유인함'이라는 뜻이다.

- The dusty, neglected-looking mannequins in the store window were hardly an *inducement* to shop there.

  상점 창문에 있는 먼지 끼고 볼썽사나운 그 마네킹은 그곳에서 쇼핑하도록 유인하는 역할을 거의 하지 못했다.

INELUCTABLE [ìnilʌ́ktəbl] adj inescapable; incapable of being resisted or avoided
피할 수 없는; 저항하거나 도망갈 수 없는

- The overmatched opposing football team could not halt our *ineluctable* progress down the field, and we easily scored a touchdown.

  풋볼 경기에서 실력이 한참 모자라는 상대 팀은 운동장을 내달리는 우리 팀의 불가항력적인 공격을 막을 수가 없었다. 우리는 쉽게 터치다운에 성공해 점수를 올렸다.

- If you keep waving that sword around in this crowded room, I'm afraid a tragedy will be *ineluctable*.

  네가 사람들로 붐비는 이 방에서 계속 그 검을 휘두른다면, 불가피하게 비극적인 상황이 발생할 수도 있어 걱정이 된다.

- With slow but *ineluctable* progress, a wave of molasses crept across the room, silently engulfing the guests at the cocktail party.

  천천히, 그러나 불가항력적인 진행 속도로 당밀의 물결이 방 안에 슬며시 퍼져, 칵테일파티를 즐기고 있던 손님들을 조용히 삼켜 버렸다.

INERADICABLE [ìnirǽdəkəbl] adj incapable of being removed or destroyed or eradicated
제거하거나 파괴하거나 근절할 수 없는

- The subway officials did their best to scrub the graffiti off the trains, but the paint the vandals had used proved to be *ineradicable*; not even cleaning fluid would remove it.

  지하철 직원들은 열차에 그려진 낙서들을 지우려고 갖은 애를 다 썼다. 그러나 무뢰한들이 사용한 페인트는 제거가 불가능한 것으로 밝혀졌다. 클리닝 용액으로도 낙서를 지울 수가 없었다.

- Tim wore saddle shoes and yellow socks on the first day of high school, garnering himself an *ineradicable* reputation as a nerd.

  고등학교에 처음 가던 날 팀은 끈을 매게 되어 있는 새들 슈즈와 노란 양말을 신었고, 그로 인해 괴짜라는 씻을 수 없는 불명예를 얻게 되었다.

INFLAMMATORY [inflǽmətɔ̀ːri] adj fiery; tending to arouse passion or anger; incendiary
불같은; 열정이나 분노를 일으키는; 선동적인

- Maxine's *inflammatory* speech about animal rights made her listeners so angry that they ran out of the building and began ripping the fur coats off passersby.

  동물의 권리에 관한 맥신의 불같은 연설에 너무나 격앙되어서, 청중들은 건물 밖으로 뛰쳐나가 지나가는 사람의 모피 코트를 벗겨 버리기 시작했다.

Inflammatory should not be confused with *inflammable*[inflǽməbl] or *flammable*, both of which mean capable of literally bursting into flames. An angry speech is *inflammatory*, but fortunately it is not *inflammable*. (In careful usage, *inflammable* is preferred; *flammable* was coined to prevent people from thinking that things labeled *inflammable* were incapable of catching on fire.)

inflammatory는 inflammable이나 flammable과 혼동하지 말아야 한다. 뒤의 두 단어는 모두 문자 그대로 '쉽게 불이 붙는'이라는 뜻이다. 분노에 가득 찬 연설은 inflammatory(선동적인)이지만, 다행히도 inflammable(인화성이 있는)인 것이 아니므로 화재가 나는 것은 아니다. (좀 더 정확한 어법에서는, inflammable을 더 많이 사용한다. flammable(타기 쉬운)은 사람들이 inflammable이라는 표가 붙은 물건을 불이 붙지 않는다는 뜻으로 오해하지 않도록 하기 위해 만들어진 신조어이다.)

▸ 동사형은 inflame[infléim] (흥분시키다)이다.

QUICK QUIZ

Match each word in the first column with its definition in the second column. Check your answers in the back of the book.

1.	incarnation	a.	hostile invasion
2.	incendiary	b.	instill
3.	inclination	c.	used for setting properly on fire
4.	inculcate	d.	currently holding office
5.	incumbent	e.	charge with a crime
6.	incursion	f.	tendency
7.	indict	g.	embodiment
8.	induce	h.	persuade
9.	ineluctable	i.	incapable of being removed
10.	ineradicable	j.	inescapable

INFLUX [ínflʌks] n **inflow; arrival of large numbers of people or things; inundation**

유입; 많은 수의 사람들이나 사물이 밀어닥치는 것, 쇄도; 범람

- The *influx* of ugly clothes in the stores this fall can only mean that fashion designers have lost their minds once again.

  이번 가을 상점마다 추한 모양의 옷이 범람하는 것은 단지 패션 디자이너들이 다시 한번 미쳐 버렸다는 의미일 것이다.

- Heavy spring rains brought an *influx* of mud to people's basements.

  집중적으로 쏟아진 봄비 때문에 집집마다 지하실에 진흙탕이 유입되었다.

If you see the two words *in flux*, the meaning is quite different. *In flux* means in a state of change.

두 단어로 된 in flux는 완전히 다른 의미이다. in flux는 '끊임없이 변화하는'이라는 의미이다.

INFRACTION [infrǽkʃən] n **violation; infringement; the breaking of a law**

위반; 위배; 법을 어기는 것, 위법

To *fracture* is to break. An *infraction* is breaking a rule or law.

fracture는 '깨다'라는 뜻이며, infraction은 법이나 규칙을 깨는 행위, 즉 '위반'을 의미한다.

- "I'm warning you, Prudence," said the headmistress. "Even the slightest *infraction* of school rules will get you expelled."

  "프루던스, 너에게 경고한다. 아주 조금이라도 학교 규칙을 위반할 경우에는 퇴학당할 것이다."라고 여교장이 말했다.

- Driving seventy miles an hour in a thirty-mile-an-hour zone is what Fred would call a minor *infraction* of the traffic laws, but the policeman did not agree, and Fred's license was suspended for a year.

  시속 30마일로 운전해야 하는 지역에서 시속 70마일로 운전하는 것에 대해 프레드는 교통 법규를 크게 위반한 것은 아니라고 말했지만 경찰은 그 말에 동의하지 않았다. 프레드는 일 년간의 면허 정지 처분을 받았다.

INFRASTRUCTURE [ínfrəstrλ̀ktʃər] n the basic framework of a system; foundation
조직의 기본적인 구성; 기초, 토대

- The country's political *infrastructure* was so corrupt that most of the citizens welcomed the coup.

  그 나라의 정치 구조는 너무나 부패한 탓에 대부분의 시민들은 쿠데타를 환영했다.

- When people talk about "the nation's crumbling *infrastructure*," they are usually referring to deteriorating highways, crumbling bridges, poorly maintained public buildings, and other neglected public resources.

  사람들이 "붕괴되고 있는 국가의 기간 시설"에 대해서 이야기하고 있다면, 그들이 얘기하고 있는 것은 대개 열악한 고속도로, 붕괴되는 교량, 불완전한 공공시설, 그 외에 낙후된 공공 자원에 관한 것이다.

INFRINGE [infríndʒ] v to violate; to encroach or trespass 위반하다; 침해하거나 침입하다

- The court ruled that the ugly color of Zeke's neighbor's house did not *infringe* on any of Zeke's legal rights as a property owner.

  법정은 제크의 이웃이 자신의 집에 불쾌한 색깔을 칠한 것은 사적 재산 소유자로서의 제크의 법적 권리를 침해한 일이 아니라는 판결을 내렸다.

- Whenever Patrick comes into her room, Liz always shouts, "Mom! He's *infringing* on my personal space!"

  패트릭이 리즈의 방으로 들어가기만 하면 리즈는 언제나 "엄마! 패트릭이 나의 사적인 공간에 침입해요!"라고 소리친다.

▶ 명사형은 infringement(위반)이다.

- It is a clear *infringement* of copyright to photocopy the entire text of a book and sell copies to other people.

  책의 전체 내용을 복사해서 다른 사람들에게 파는 행위는 명백하게 저작권을 침해하는 것이다.

INFUSE [infjúːz] v to introduce into; to instill; to imbue ~에 불어넣다; 주입시키다; 물들이다

- Everyone in the wedding party was nervous until the subtle harmonies of the string quartet *infused* them with a sense of tranquillity; of course, they had also drunk quite a bit of champagne.

  현악 4중주의 매력적인 화음이 사람들에게 평온한 감정을 불어넣어 주기 전까지 결혼 피로연에 참석한 모든 사람들은 예민해져 있었다. 물론 그들은 샴페인을 꽤 마시기도 했다.

- The couple's redecoration job somehow managed to *infuse* the whole house with garishness; before, only the kitchen had been garish.

  집을 새로 장식하는 두 사람의 작업은 그럭저럭 집 전체에 화려함이 스며들게 했다. 전에는 겨우 부엌만이 화려함을 갖추고 있었다.

▶ 명사형은 infusion(투입)이다.

- Whenever I have a cough, my grandmother steeps an *infusion* of herbs that cures me right away.

  내가 기침을 할 때마다 할머니는 언제나 허브를 우려낸 물에 담뿍 적셔 주시는데, 그러면 곧 낫게 된다.

INGRATIATE [ingréiʃièit] v to work to make yourself liked
자신을 좋아하게 만들기 위해 (남에게) 뭔가를 하다, 환심을 사다

- Putting tacks on people's chairs isn't exactly the best way to *ingratiate* yourself with them.
  사람들의 의자에 압정을 놓아두는 일은 결단코 그 사람들의 환심을 살 수 있는 최선의 방법이 아니다.

- Licking the hands of the people he met did not *ingratiate* Rashid with most of the guests at the cocktail party, although he did make quite a favorable impression on the poodle.
  만나는 사람마다 손을 핥는 라시드의 행동은, 비록 라시드가 푸들에게는 상당히 좋은 인상을 주었다고는 해도 칵테일파티에 모인 대부분의 손님들의 환심을 살 수 없었다.

▶ 명사형은 ingratiation[ingrèiʃiéiʃən] (영합)이다.

- Bella's attempts at *ingratiation* were unsuccessful; her teacher could tell she was being insincere when she told him how nice he looked.
  남들에게 잘 보이려고 하는 벨라의 시도는 실패로 끝났다. 벨라가 선생님께 아주 멋져 보인다고 말을 했을 때, 선생님은 그녀가 거짓말을 하고 있다는 것을 알아차렸다.

- "That's the loveliest, most flattering dress I've ever seen you wear, Miss Ford," the class goody-goody told the teacher *ingratiatingly*.
  "포드 선생님, 내가 지금까지 본 선생님의 옷 중에서 그 옷이 가장 사랑스럽고, 가장 실물을 돋보이게 하는 옷이네요." 착한 체하는 학생이 선생님에게 아양을 떨며 말했다.

INIMICAL [inímikəl] adj unfavorable; harmful; detrimental; hostile
호의적이지 않은; 해로운; 불리한; 적대적인

- All that makeup you wear is *inimical* to a clear complexion; it smothers your pores and prevents your skin from breathing.
  네가 하고 있는 모든 화장법은 깨끗한 얼굴빛과는 어울리지 않는다. 화장은 털구멍을 막히게 해서 피부가 숨 쉬는 것을 방해한다.

- The reviews of his exhibition were so *inimical* that Charles never sculpted again.
  전시회에 관한 비평이 너무나 적대적이었기 때문에, 찰스는 다시는 조각을 하지 않았다.

▶ 관련 단어인 enemy에서 철자가 i로 바뀌면서 달라지는 발음에 주의할 것.

INIMITABLE [inímitəbl] adj impossible to imitate; incomparable; matchless; the best
흉내 낼 수 없는; 비길 데 없는; 상대할 수 없는; 최고의

▶ 발음에 주의할 것.

- Dressed in a lampshade and a few pieces of tinsel, Frances managed to carry off the evening in her usual *inimitable* style.
  반짝이는 작은 조각을 장식한 갓 모양의 드레스를 입고, 프란시스는 평소와 같은 흉내 낼 수 없는 스타일로 그 밤을 성공적으로 보냈다.

- Fred's dancing style is so *inimitable* that anyone who follows his act looks like a drunk elephant by comparison.
  프레드의 춤추는 스타일은 워낙 비길 데 없이 뛰어나다. 그에 비하면, 그의 동작을 따라 하는 사람들은 모두 술 취한 코끼리 같다.

INNUENDO [ìnjuéndou] n an insinuation; a sly hint 풍자; 교활한 말

- I resent your *innuendo* that I'm not capable of finishing what I start.
  내가 시작한 것을 끝내지도 못한다는 너의 빈정거림에 분개할 뿐이다.

- Oscar tried to hint that he wanted a new fishing pole for his birthday, but Maxine didn't pick up on the *innuendo*, and she gave him a bowling ball instead.
  오스카는 생일에 새로운 낚싯대를 받고 싶다는 것을 넌지시 알리려고 애를 썼다. 그러나 맥신은 속뜻을 감춘 그 말을 이해하지 못했다. 대신 그녀는 오스카에게 볼링공을 사 주었다.

▶ 복수형은 innuendos이다.

- Although his opponent never actually said Senator Hill cheated on his wife, the public *innuendos* were enough to ruin Hill's chances for reelection.

  비록 상대 후보가 힐 상원 의원이 아내를 속였다는 얘기를 실제로 한 적은 없었다고 해도, 그 일을 암시하는 공공연한 말들은 힐의 재선 가능성을 깎아먹기에 충분했다.

INQUISITION [ìnkwizíʃən] n ruthless questioning; an official investigation characterized by cruelty 무자비한 심문; 무자비한 성격의 공식적인 조사

- I keep telling you that I got home late because I missed the bus! What is this, some kind of *inquisition*?

  내가 집에 늦게 온 이유는 버스를 놓쳤기 때문이라고 계속해서 말하지 않는가! 도대체, 이것은 일종의 심문인가?

- During the Spanish *Inquisition*, people were substantially better off if they were not found to be heretics. The Spanish *inquisitors* weren't fond of heresy.

  스페인의 종교 재판 동안 사람들은 이교도였다는 것만 밝혀지지 않는다면 대체로 더 잘 살게 되었다. 스페인의 종교 재판관은 이교를 인정하지 않았다.

An *inquisitive* [ìnkwízitiv] person is a person who has a lot of questions. This word does not connote cruelty or ruthlessness. When a five-year-old asks where babies come from, he is being *inquisitive*; he is not behaving like an *inquisitor*.

inquisitive person은 '호기심이 많은 사람'을 의미한다. 이 단어에는 잔혹함이나 무자비함 같은 뜻을 내포하고 있지 않다. 다섯 살짜리 꼬마가 아기는 어디서 오느냐고 묻는다면, 그 아이는 inquisitive(호기심이 많은)인 것이다. inquisitor(심문자)처럼 행동하고 있는 것이 아니다.

QUICK QUIZ

Match each word in the first column with its definition in the second column. Check your answers in the back of the book.

1. inflammatory	a. basic framework of a system
2. influx	b. violate
3. infraction	c. tending to arouse passion or anger
4. infrastructure	d. violation
5. infringe	e. insinuation
6. infuse	f. harmful
7. ingratiate	g. inflow
8. inimical	h. work to make yourself liked
9. inimitable	i. introduce into
10. innuendo	j. impossible to imitate

INSOUCIANT [insú:siənt] adj nonchalant; lighthearted; carefree 무관심한; 태평한; 걱정이 없는

▶ 발음에 주의할 것.

- Sebastian delighted in observing the *insouciant* play of children, but he didn't want any children of his own.

  세바스찬은 태평스럽게 놀고 있는 아이들의 모습을 보면 마음이 즐거웠다. 그러나 그는 자신의 아이를 갖고 싶지는 않았다.

- She is so charmingly *insouciant*, with her constant tap dancing and her little snatches of song, that no one can stand to be in the same room with her. Her *insouciance* [insú:siəns] drives people crazy.

  그녀는 이상할 정도로 무신경해서, 계속해서 탭댄스를 추어대고 짧은 노래들을 불러대는 통에, 더 이상 아무도 그녀와 함께 같은 공간에 있는 것을 참아낼 수가 없다. 그녀의 무신경은 사람들을 미치게 만든다.

- "I don't care whether you marry me or not," Mike said *insouciantly*. "I've decided to join the circus anyway."

  "네가 나와 결혼하든지 안 하든지 신경 쓰지 않아. 어쨌든 서커스단에 입단하기로 결정했으니까."라고 마이크가 무신경하게 말했다.

INSUFFERABLE [insʌ́fərəbl] adj **unbearable; intolerable** 참을 수 없는; 견딜 수 없는

▶ 발음에 주의할 것.

- The smell of cigar smoke in this room is absolutely *insufferable*; I'm afraid I'll suffocate if I remain here for another minute.

  이 방의 담배 연기 냄새는 정말이지 참을 수 없다. 여기에 몇 분이라도 더 있다가는 숨 막힐까 걱정된다.

- Gretchen's husband is an *insufferable* boor; he chews with his mouth open and wipes his nose on the tablecloth.

  그레첸의 남편은 참을 수 없을 정도로 촌뜨기이다. 그는 입을 벌리고 음식을 씹기도 하고, 테이블보로 코를 닦기도 한다.

INSUPERABLE [insú:pərəbl] adj **unable to be overcome; insurmountable; overwhelming**
극복할 수 없는; 이겨낼 수 없는; 저항할 수 없는

▶ 발음에 주의할 것.

- There are a number of *insuperable* obstacles in my way, beginning with that mile-high boulder directly in my path.

  내가 가는 길에는 바로 앞에 1마일 높이의 암석부터 시작해서 극복하기 힘든 수많은 장애물이 놓여 있다.

- Against seemingly *insuperable* odds, the neighborhood touch-football team made it all the way to the Super Bowl.

  도저히 극복할 수 없을 것 같던 실력 차이를 딛고, 마을의 터치 풋볼 팀은 슈퍼볼까지 진출했다.

- Henry believes that no task is *insuperable*; the key to success, he says, is to break the task into manageable steps.

  헨리는 극복할 수 없는 일이란 없다고 믿는다. 그의 말에 의하면, 성공의 열쇠는 어려운 일을 가능한 단계로 나누어서 하면 된다는 것이다.

INSURRECTION [insərékʃən] n **an act of open rebellion against authority; a revolt**
권력에 대항하는 공개된 반란; 폭동

- When their mother denied them TV privileges for a week, the Eisenman twins organized an *insurrection* in which they stormed the den, dragged the TV into their bedroom, and barred the door.

  엄마가 일주일 동안 TV를 볼 수 있는 권한을 빼앗자, 아이즈먼 쌍둥이들은 반란군을 조직하여 소굴(TV가 있는 곳)을 공격했다. 그리고 TV를 자기들의 방으로 끌고 와서 문을 잠가 버렸다.

INTEGRAL [íntəgrəl] adj **essential; indispensable** 본질적인; 필수 불가결한

- Knitting needles are an *integral* part of knitting a sweater. So is wool.

  뜨개질용 바늘은 스웨터를 짜는 데 있어서 꼭 필요한 요소이다. 털실도 마찬가지이다.

- After opening the case, Harry discovered why his new computer didn't work: Several *integral* parts, including the microprocessor, were missing.

  뚜껑을 열어 보고 나서 해리는 새 컴퓨터가 작동하지 않은 이유를 알아냈다. 중앙 처리 장치를 포함하여 몇 가지 꼭 필요한 부분들이 없었던 것이다.

Integral is related to *integrate*, which means to make whole, and *integer*, which is a whole number. *Integral* sometimes also means whole, fulfilled, or perfect.

integral은 '모아서 전체를 만들다'라는 의미의 integrate, '완전수'를 의미하는 integer와 관련이 있다. integral은 때때로 '전체의'나 '완전한', '완벽한'을 뜻하기도 한다.

- For me, no day is *integral* unless I can eat chocolate at some point during it.

  나에게 있어 하루 중 어느 때라도 초콜릿을 먹지 않으면 완전한 날이 아니다.

INTERIM [íntərim] n meantime; an intervening time; a temporary arrangement
한동안; 중간의 시기; 일시적인 조치

▶ 발음에 주의할 것.

- Miss Streisand will not be able to give singing lessons until her laryngitis is better. In the *interim*, Miss Midler will give lessons instead.

  스트레이샌드 선생님은 후두염이 낫기 전에는 음악 수업을 할 수 없을 것이다. 그동안 미들러 선생님이 대신 수업을 진행할 것이다.

▶ interim는 형용사로도 쓰인다.

- The *interim* professor had an easier time with the unruly students than did his predecessor because he carried a large club to class with him every day.

  임시로 강의를 맡은 교수님은 전임자보다 통제가 힘든 말썽꾸러기 학생들과 더 쉽게 잘 지내셨다. 그가 매일 수업에 들어올 때 커다란 곤봉을 가지고 들어왔기 때문이었다.

INTERLOPER [ìntərlóupər] n intruder; trespasser; unwanted person
침입자; 불법 침입자; 원하지 않았던 사람

- I love deer in the wild, but when they get into my backyard I can't help thinking of them as *interlopers*.

  나는 야생의 사슴을 좋아한다. 그러나 사슴들이 우리 마당에 들어올 때는 나도 그들을 침입자로 생각하지 않을 수 없다.

- The year-round residents of the resort town viewed summertime visitors as *interlopers* who contributed nothing to the town except traffic jams and trash.

  휴양 도시에서 일 년 내내 살고 있는 주민들은 여름휴가기의 방문객들을 교통 체증과 쓰레기만 야기하는, 도시에 아무런 도움도 되지 않는 침입자라고 생각했다.

INTERLUDE [íntərljùːd] n an intervening episode; an intermission; a pause
중간에 삽입되어 있는 에피소드; 휴식 시간; 일시 중지

- Wasn't that a pleasant *interlude*? I just love getting away from my office and shooting the rapids for an hour or two.

  그것은 재미있는 휴식이 아니었는가? 나는 사무실을 벗어나 한 시간이나 두 시간쯤 급류 타는 것을 너무 좋아한다.

- "Clara's *Interlude*" is a musical piece written by—who else?—Clara.

  "클라라의 간주곡"은 누구도 아닌 클라라가 쓴 음악 소품곡이다.

- Miss Prince's School for Young Ladies is so genteel that during games they call halftime "the *interlude*."

  젊은 여성을 위한 미스 프린스의 학교는 너무나 고상한 척하는 터라 경기 중간의 하프타임도 '막간(the interlude)'이라고 부른다.

▶ prelude(서곡, 전주곡)를 참조할 것.

INTERMINABLE [intə́ːrmənəbl] adj seemingly unending; tediously long
끝이 없는 것 같은; 지루할 정도로 긴

To *terminate* is to end, as in the movie Terminator. *Interminable* means unending.

terminate는 영화 Terminator(터미네이터)에서처럼 '끝내다'라는 뜻이다. interminable은 '끝나지 않는'이라는 의미이다.

- The meeting was supposed to be short, but Ted's *interminable* lists of statistics dragged it out for three hours.

  회의는 짧게 할 예정이었다. 그러나 테드가 끝없이 긴 통계 자료를 가져와서 회의를 세 시간 동안 질질 끌었다.

- Winter must seem *interminable* in Moscow; the weather usually starts getting cold in September and doesn't warm up until April.

  모스크바에서는 겨울이 한없이 지루하게 계속되는 것 같다. 대개 9월에 추위가 시작돼서 4월까지는 좀처럼 따뜻해지지 않는다.

INTERMITTENT [ìntərmítənt] adj occasional; repeatedly starting and stopping; recurrent
이따금씩 진행되는; 작동과 중지를 반복하는; 정기적으로 재발하는

- The *intermittent* hooting of an owl outside my window made it hard for me to sleep last night; every time I would begin to drop off, the owl would start up again.

  창밖으로 이따금씩 들리는 올빼미의 울음소리 때문에 지난밤에는 잠을 자기가 힘들었다. 잠이 들려고 할 때마다 올빼미는 다시 울기 시작하곤 했다.

- *Intermittent* rain showers throughout the day kept the lawn too wet for croquet.

  하루 종일 간헐적으로 퍼부어 대던 소나기가 크로켓을 할 수 없을 정도로 잔디밭을 적셔 놓았다.

- Alan's three-year-old is only *intermittently* polite to grown-ups; sometimes he answers the questions they ask him, and sometimes he throws blocks at them.

  앨런의 세 살짜리 아이는 단지 이따금씩만 어른들에게 예의를 차린다. 때때로 아이는 어른들의 질문에 대답을 하기도 하지만, 더러는 블록 장난감을 던지기도 한다.

INTERSPERSE [ìntərspə́:rs] v to place at intervals; to scatter among
간격을 두고 놓아두다; 여기저기 뿌려 두다

- When I plant a row of tomatoes, I always *intersperse* a few marigold plants because even a scattering of marigolds helps to keep pests away.

  나는 토마토를 줄지어 심을 때, 사이사이에 항상 금잔화를 조금 심어 둔다. 드문드문 심어진 금잔화라도 해충을 쫓아내는 데 도움이 되기 때문이다.

- The wildly unpredictable company had had periods of enormous profitability *interspersed* with periods of near-bankruptcy.

  대강의 예측도 할 수 없는 그 회사는 막대한 수익을 올렸던 시기가 있었지만, 간간이 파산할 지경으로 몰린 시기도 있었다.

- The place mats are made of straw *interspersed* with ribbon.

  그 식탁용 접시받침들은 간간이 매듭이 있는 짚으로 만들어져 있다.

Match each word in the first column with its definition in the second column. Check your answers in the back of the book.

1. inquisition		a. nonchalant
2. insouciant		b. unbearable
3. insufferable		c. unable to be overcome
4. insuperable		d. act of open rebellion
5. insurrection		e. intruder
6. integral		f. seemingly unending
7. interim		g. meantime
8. interloper		h. ruthless questioning
9. interlude		i. essential
10. interminable		j. intervening episode

INTERVENE [ìntərvíːn] v **to come between opposing groups; to mediate; to take place; to occur between times** 서로 적대하고 있는 그룹 사이에 끼어들다; 중재하다; 일어나다, 발생하다; 두 시간대 사이에 일어나다

- Barry and his sister might have argued all day if their mother hadn't *intervened*; she stepped between them and told them she would knock their heads together if they didn't stop bickering.
  배리와 그의 여동생은 엄마가 끼어들지 않았더라면 하루 종일 싸우고 있었을 것이다. 엄마는 둘 사이에 들어와서, 둘 다 말다툼을 그만두지 않는다면 서로의 머리를 부딪치게 할 것이라고 말했다.

- Don't hesitate to *intervene* if you see a cat creeping toward a bird; the cat is up to no good, and the bird will thank you for butting in.
  고양이가 새를 향해 천천히 기어가고 있는 것을 보게 된다면, 망설이지 말고 끼어들어라. 그 고양이는 좋지 않은 일을 하려고 하는 중이므로 새는 당신의 간섭에 감사할 것이다.

- Al and Mike were having a pretty good time in their sailboat until the hurricane *intervened*.
  알과 마이크는 허리케인이 발생하기 전까지 요트를 타고 아주 즐거운 시간을 보내고 있었다.

- So much had happened to Debbie in the *intervening* years that she felt a little nervous on her way to her twenty-fifth high school reunion.
  몇 년 사이에 데비에게 너무나 많은 일들이 일어나서, 그녀는 25회 고등학교 동창회로 가는 길이 다소 불안했다.

INTIMATE [íntəmeit] v **to hint or imply** 넌지시 알리거나 암시하다

▸ 발음에 주의할 것. 형용사형은 "[íntəmət]"로 발음된다.

- Rosie said she was fine, but her slumped, defeated-looking posture *intimated* otherwise.
  로지는 괜찮다고 말했지만, 그녀의 구부정하고 좌절한 듯한 자세는 괜찮지 않다는 것을 은연중에 보여 주었다.

- Are you *intimating* that I'm not strong enough to lift these measly little barbells?
  작고 하찮은 이 바벨도 들어 올리지 못할 만큼 내가 힘이 없다는 것을 암시하는 것이니?

INTRICATE [íntrəkit] adj **complicated; sophisticated; having many parts or facets**
복잡한; 정교한; 여러 부분, 여러 면이 존재하는

- It's always a mistake to put off assembling *intricate* toys until Christmas Eve.
  크리스마스이브까지 복잡한 장난감을 조립하는 것을 미루는 것은 항상 잘못된 일이다.

- The details of the agreement were so *intricate* that it took four lawyers an entire year to work them out.
  협정의 세부 조항은 너무나 복잡해서 네 명의 변호사가 그것을 이해하는 데 꼬박 일 년이 걸렸다.

- The *intricately* carved prism cast a beautiful rainbow across the ceiling.
  여러 면으로 깎아 만든 프리즘은 천장을 가로질러 아름다운 무지갯빛을 만들어냈다.

▶ 명사형은 intricacy[íntrəkəsi] (복잡함)이다.

INTRIGUE [íntriːg] n **a secret scheme; a crafty plot** 음모; 간사한 계획

▶ 발음에 주의할 것, 동사는 [intríːg]로 발음된다.

- When the king learned of the duke's *intrigue* against him, he had the duke thrown into the dungeon.
  왕에게 반기를 들려는 공작의 음모를 알게 되자, 왕은 공작을 지하 감옥에 가둬 버렸다.

- Monica loves *intrigue*; she's never happier than when she's reading a long, complicated spy story.
  모니카는 복잡한 음모를 좋아한다. 그녀는 복잡하고 긴 탐정소설을 읽고 있을 때보다 더 행복한 적이 결코 없다.

INVIDIOUS [invídiəs] adj **causing envy or resentment; offensively harmful**
질투나 원한을 사는; 불쾌할 정도로 해로운

- Under the guise of paying them a compliment, Stephanie made an *invidious* comparison between the two girls, causing them to feel jealous of each other instead of flattered.
  겉으로는 그들을 칭찬하는 것처럼 가장해서, 스테파니는 중간에서 두 소녀를 불쾌할 정도로 비교했다. 그리하여 두 소녀가 우쭐해지는 기분을 갖는 대신 서로를 질투하게 만들었다.

- The racist candidate brought the crowd's simmering hatred to a boil with an *invidious* speech in which he referred to whites as "the master race."
  인종 차별주의자인 후보는 백인을 "지배 종족"이라고 표현하며 불쾌한 연설을 함으로써 폭발 직전의 군중들의 증오를 끓어 넘치게 만들었다.

INVIOLATE [inváiələt] adj **free from injury; pure** 상해를 입지 않는; 순수한

▶ 의미와 발음에 주의할 것.

- The tiny church remained *inviolate* throughout the entire war; although bombs dropped all around it, not a stone in its facade was harmed.
  그 작은 교회는 전쟁 기간 내내 손상을 입지 않고 남아 있었다. 비록 교회 주변으로 폭탄들이 많이 떨어지기는 했지만, 교회 내에 있는 돌 하나도 손상되지 않았다.

- Her morals are *inviolate* even after four years in college; in fact, she was a senior before she even saw a keg of beer.
  대학에서 4년을 지낸 후에도 그녀의 도덕성은 순수하다. 사실 그녀가 맥주 통을 구경하게 된 것도 4학년이 되고 난 이후였다.

A related word is *inviolable* [inváiələbl], which means unassailable or incapable of being violated.
관련 단어 inviolable은 '불가침의', '거역할 수 없는'이라는 뜻이다.

- There's no such thing as an *inviolable* chain e-mail; sooner or later, someone always breaks the chain.
  거역할 수 없는 연쇄 이메일(주: 행운의 편지 같은 것) 같은 것은 존재하지 않는다. 늘 조만간에 누군가가 그 연쇄 고리를 깨기 마련이다.

INVOKE [invóuk] v to entreat or pray for; to call on as in prayer; to declare to be in effect
간청하다, 기원하다; 기도로써 간청하다; 효력이 발생함을 선포하다

- Oops! I just spilled cake mix all over my mother's new kitchen carpet. I'd better go *invoke* her forgiveness.

  아이고! 나는 지금 엄마의 새 부엌 카펫 위에 케이크 반죽을 쏟았다. 엄마에게 용서를 빌러 가는 것이 좋을 것 같다.

- This drought has lasted for so long that I'm just about ready to *invoke* the Rain God.

  이번 가뭄은 너무나 오랫동안 지속되어서, 나는 비의 신께 언제라도 기도로써 간청할 준비가 되어 있다.

- The legislature passed a law restricting the size of the state's deficit, but it then neglected to *invoke* it when the deficit soared above the limit.

  입법부는 주 정부의 적자 규모를 제한하는 법률을 통과시켰다. 그러나 재정 적자가 한계점 이상으로 늘어났을 때, 정작 법을 적용하는 일에는 소홀했다.

▶ 명사형은 invocation[ìnvəkéiʃən] (단원)이다.

IRIDESCENT [ìridésənt] adj displaying glowing, changing colors
강렬한 빛을 드러내는, 색깔을 바꾸는

This word is related to iris, the colored part of your eye.

iridescent는 '눈의 색깔이 있는 부분'을 가리키는 iris(홍채)와 관련이 있다

- It's strange to think that plain old gasoline can create such a lovely *iridescent* sheen on the water's surface.

  평범하고 오래된 석유가 물 표면에서 그토록 멋지고 강렬한 빛깔의 광채를 만들어낼 수 있다고 생각하면 참으로 기묘한 일이다.

- An appraiser judges the quality of an opal by its color and *iridescence* [ìridésəns] more than by its size.

  감정사는 크기보다는 색깔과 광채를 보고서 오팔의 품질을 평가한다.

QUICK QUIZ

Match each word in the first column with its definition in the second column. Check your answers in the back of the book.

1. intermittent	a.	secret scheme
2. intersperse	b.	displaying glowing, changing colors
3. intervene	c.	pray for
4. intimate	d.	complicated
5. intricate	e.	hint
6. intrigue	f.	come between opposing groups
7. invidious	g.	occasional
8. inviolate	h.	causing resentment
9. invoke	i.	place at intervals
10. iridescent	j.	free from injury

J

JARGON [dʒɑ́ːrgən] n the specialized language or vocabulary of a particular job or trade; meaningless or pretentious language; a local dialect or idiom or vernacular

특별한 직업이나 업종에서 쓰는 전문화된 언어나 어휘; 무의미하거나 걸치레의 말; 방언, 관용어, 전문용어

- This contract is full of legal *jargon*; there are so many heretofores and whereinafters that I can't figure out where I'm supposed to sign it.

  이 계약서는 전문적인 법률어로 되어 있다. '지금까지는(heretofores)'과 '그 이후(whereinafters)' 같은 전문어가 워낙 많아서 나는 어디에 사인을 해야 할지 알 수 없을 정도다.

- Ever since she went into therapy, Liz has been talking about "healingness" and "connectedness" and spouting so much other self-help *jargon* that it's sometimes hard to listen to her.

  치료를 시작한 이래로 리즈는 '치료'와 '연관성'에 대해서 계속 이야기하고 있으며, 그 외에도 자신만이 아는 전문적인 언어를 워낙 많이 늘어놓기 때문에 때때로 그녀의 말을 알아듣기가 힘들다.

- If you pad a term paper with big words and convoluted phrases, your professor may say you've been writing *jargon*.

  만약 네가 학기말 보고서에 허풍 섞인 말과 복잡한 문구를 넣어 길게 늘어놓는다면, 교수는 네가 횡설수설하고 있다고 말할지도 모른다.

- When he visited a tiny island off the coast of France, Phil commented, "I've studied French for twenty years, but I'll be damned if I can make out a word of the *jargon* on this island."

  프랑스 연안의 작은 섬을 방문했을 때, 필은 '나는 20년 동안이나 프랑스 어를 공부했다. 그런데도 이 섬에서 쓰는 사투리는 한 마디도 이해할 수 없다.'라고 언급했다.

JAUNT [dʒɔːnt] n a short pleasure trip 짧고 유쾌한 여행, 소풍

- My uncle never stays home for long; he's always taking off on *jaunts* to hot new vacation spots.

  우리 삼촌은 결코 장시간 집에 머무르는 법이 없다. 그는 항상 최신의 새로운 휴양지를 찾아 짧은 여행을 떠난다.

▶ jaunt는 동사로도 쓰인다.

- If my uncle keeps *jaunting* off to all these hot new vacation spots, he'll spend all the money I'm hoping to inherit from him.

  우리 삼촌이 이 모든 최신의 새로운 휴가 장소들을 계속해서 여행한다면, 그는 내가 유산으로 받을 것이라고 기대했던 돈을 다 써 버릴 것이다.

Jaunty[dʒɔ́ːnti] means lighthearted, sprightly, or dapper.

jaunty는 '근심 걱정 없이 마음이 편한', '유쾌한', '활기가 넘치는'이라는 의미이다.

- The happy young girl walked down the street with a *jaunty* step.

  행복한 소녀는 경쾌한 발걸음으로 거리를 활보했다.

JINGOISM [dʒíŋgouìzəm]   n   belligerent, chauvinistic patriotism; war-mongering
호전적이고 국수주의적인 애국심; 전쟁 도발

- The president's aggressive foreign policy betrays the *jingoism* that hides below his genial surface.
  대통령의 공격적인 외교 정책은 그의 온화한 얼굴 밑으로 숨기고 있는 광신적 애국심을 은연중에 드러내는 것이다.

- The skinheads marched down the street, chanting, "Foreigners Go Home!" and other *jingoistic* [dʒìŋgouístik] slogans.
  스킨헤드족은 "외국인은 물러가라!"는 말과 그 외 다른 국수주의적인 슬로건을 되풀이하며 거리 행진을 벌였다.

JOCULAR [dʒákjələr]   adj   humorous; jolly; fond of joking   익살스러운; 명랑한; 농담을 좋아하는

- Even her husband's *jocular* mood doesn't cheer up Angela on her birthday.
  안젤라의 생일에 남편의 익살스러운 분위기도 그녀를 즐겁게 하지는 못한다.

- Annabelle's *jocular* nature was evident in the grin that was almost always on her face.
  애너벨의 쾌활한 본성은 거의 언제나 그녀의 얼굴에서 떠나지 않는 싱긋 웃음에 분명히 드러났다.

The meaning of *jocund*[dʒákənd] is similar to that of *jocular*, but it is not exactly the same. *Jocund* means cheerful, merry, or pleasant rather than overtly funny.
jocund의 뜻은 jocular와 유사하지만 정확히 같은 의미는 아니다. jocund는 명백하게 웃기는 것이라기보다는 '유쾌한', '즐거운', '쾌활한'이라는 뜻이다.

Jocose[dʒoukóus] is another word with a similar meaning; it is slightly stronger than *jocular*. (The root of *jocose* derives from the Latin for "joke," while the root of *jocular* derives from the Latin for "little joke.") A *jocose* man might be considered funnier than a *jocular* man, but both would give a party a *jocund* atmosphere.
jocose도 비슷한 의미의 단어로 jocular보다 조금 더 강한 의미이다.(jocular가 little joke를 의미하는 라틴어에서 유래한 반면에, jocose는 joke를 의미하는 라틴어에서 유래한 것이다.) jocose man(익살맞은 사람)은 jocular man(웃긴 사람)보다 더 웃기다고 여겨진다. 그러나 둘 다 파티에 jocund(명랑한)인 분위기를 가져온다.

▸ 이 단어들의 발음에 주의할 것.

JUBILATION [dʒùːbəléiʃən]   n   exultant joy   큰 기쁨, 환희

- In an excess of *jubilation* at the good news, Rebecca flung her arms around a total stranger.
  좋은 소식을 듣고 지나치게 환호를 하다가, 레베카는 전혀 모르는 사람을 얼싸안았다.

- The *jubilation* of the crowd was palpable when the mayor announced that the rich old lady had given the town seven million dollars toward the construction of a new zoo.
  시장이 부자인 노부인이 새로운 동물원을 건설할 7백만 달러를 시에 기부했다는 소식을 발표하자, 군중들이 기뻐하는 것은 누가 보아도 알 수 있었다.

▸ 형용사형은 jubilant[dʒúːbələnt](환호하는, 기쁨에 넘치는)이다.

New Year's Eve parties are supposed to be *jubilant*.
새해를 맞이하는 전날 밤 파티는 jubilant(기쁨에 넘치는)일 것이다.

A *jubilant* celebration, especially one connected with an important anniversary, is a *jubilee*[dʒuːbəlíː].
jubilant celebration(축하 축제), 특히 중요한 기념일과 관계된 축제를 jubilee(기념 축제)라고 한다.

JUNCTION [dʒʌ́ŋkʃən] n convergence; linkup; the act or state of being joined together
합류점; 연결; 연합

- I was supposed to turn left after the *junction* of Elm Street and Apple Avenue, but I never found the spot where they intersected.
  나는 엘름가와 애플로가 만나는 지점에서 왼쪽 방향으로 갈 예정이었지만, 그 길들이 교차하는 지점을 찾을 수가 없었다.

- As a child, Tommy spent most of his time at the railroad *junction* hoping he'd spot a passing boxcar he could jump into.
  아이였을 때 토미는 기차선로가 교차하는 지점에서 자신이 뛰어오를 수 있을 만한 화차를 발견하기를 바라면서 대부분의 시간을 보냈다.

Juncture[dʒʌ́ŋktʃər] can mean the same thing as *junction*, but more often it refers to an important point in time or crucial state of affairs.
juncture는 junction과 같은 뜻이기는 하지만, 사건의 중대성이나 시간상으로 중요한 시점을 언급하는 데 더 자주 쓰인다.

- "At this *juncture*, we can't predict when she'll come out of the coma," the doctor said soberly.
  "이 시점에서는 그녀가 언제 혼수상태에서 깨어날 수 있을지 아무도 예측할 수 없습니다."라고 의사가 진지하게 말했다.

Conjunction[kəndʒʌ́ŋkʃən] means concurrence, combination, or union.
conjunction는 '협력', '연합', '결합'을 의미한다.

- The Ham Radio Club and the Chess Club are working in *conjunction* to prepare the second annual Nerds' Jamboree.
  무선 방송 클럽과 체스 클럽은 두 번째 연례 얼간이 대회를 준비하기 위해 협력하여 일하고 있다.

JUNTA [húntə] n a small group ruling a country after a coup d'état
쿠데타 후에 나라를 통치하는 소수의 그룹, 임시 군사 정부

▶ 발음에 주의할 것.

- After the rebels had executed the king, they installed a *junta* of former generals to lead the country until elections could be held.
  왕의 사형을 집행한 후에, 반란군은 새로운 선거가 열릴 수 있을 때까지 나라를 이끌기 위해 전임 장성들을 모아 임시 정부를 구성했다.

- The first thing the *junta* did after seizing power was to mandate ice cream at breakfast.
  임시 군사 정부가 권력을 잡은 후에 처음으로 한 일은 아침 식사로 아이스크림을 지시한 것이었다.

- The president's principal advisers were so secretive and so protective of their access to the president that reporters began referring to them as the *junta*.
  중요한 측근들의 대통령에 대한 접근이 워낙 비밀리에 외부에 알려지지 않고 이루어졌기 때문에 기자들은 그들을 임시 정부라고 부르기 시작했다.

K

KARMA [kάːrmə] n **good or bad emanations from someone or something**
사람이나 사물에서 나오는 좋거나 나쁜 분위기, 인과응보, 업

In Hindu or Buddhist belief, *karma* has to do with the idea that a person's actions in life determine his or her fate in a future existence.

힌두교나 불교에서 karma(업)라고 하는 것은 현세에서의 사람의 행동이 다음 생의 운명을 결정한다는 사상과 관련이 있는 말이다.

- "If you keep on messing up your rooms," the babysitter warned the children, "it will be your *karma* to come back to earth as a pig."

  "네 방을 엉망인 채로 계속 놔둔다면, 다음 세상에서 돼지로 태어나는 것은 바로 너의 업보일 거야."라고 베이비시터가 아이들에게 경고했다.

In popular usage, *karma* is roughly the same thing as vibes.

일반적인 어법에서 karma는 대략적으로 vibes(감정적 반응, 직감적으로 느끼는 분위기 등)와 같은 뜻이다.

- "This house has an evil *karma*," the same babysitter told her charges. "Children who don't go to bed on time end up with a mysterious curse on their heads."

  "이 집은 사악한 기운이 느껴져 자야 할 시간에 잠자리에 들지 않는 아이들은 결국은 머리 위로 알 수 없는 저주가 내릴 거야."라고 베이비시터가 자신이 돌보고 있는 아이들에게 말했다.

▶ 종교와 관련된 더 많은 단어는 PART C의 13. Religion(종교)를 참조할 것.

QUICK QUIZ

Match each word in the first column with its definition in the second column. Check your answers in the back of the book.

1. jargon
2. jaunt
3. jingoism
4. jocular
5. jubilation
6. junction
7. junta
8. karma

a. humorous
b. specialized language
c. good or bad emanations
d. belligerent patriotism
e. small ruling group
f. exultant joy
g. short pleasure trip
h. convergence

L

LARCENY [láːrsəni]　n **theft; robbery**　절도; 도둑질

- Bill's ten previous convictions for *larceny* made the judge unwilling to suspend his latest jail sentence.

  빌은 열 번이나 절도죄로 유죄 판결을 받은 적이 있었기 때문에, 판사는 그의 최근 징역형에 대해 집행 유예를 선고하고 싶지 않았다.

- Helping yourself to a few cookies is not exactly *larceny*, but just try explaining that to Aunt Edna, who believes that if people want to eat in her house they should bring their own food.

  쿠키 몇 개 정도 맛보는 것은 엄밀하게 말해서 절도 행위는 아니다. 그러나 사람들이 그녀의 집에서 먹기를 원한다면, 자신의 음식을 가져와서 먹어야 한다고 생각하는 에드나 아줌마에게는 반드시 해명을 해야 한다.

The strict legal definition of *larceny* is theft without breaking in, or without the use of force. *Grand larceny* is major theft.

larceny의 정확한 법률적 정의는 침입하는 행위 없이 무력을 사용하지 않고 '도둑질을 하는 것을 의미한다. grand larceny는 대형 절도 사건이다.

▶ 형용사형은 larcenous[láːrsənəs] (절도의)이다.

- Amy and Tim felt almost irresistibly *larcenous* as they walked through their rich aunt's house admiring paintings and antiques that they hoped to inherit someday; it was all they could do to keep from backing their car up to the front door and making off with a few pieces of furniture.

  에이미와 팀은 부자인 숙모의 집을 돌아다니다가 언젠가는 그들이 물려받을 것이라고 기대하는 그림들과 골동품들에 감탄하여 훔치고 싶은 억누를 수 없는 충동을 느꼈다. 그들이 할 수 있었던 일은 차를 현관문 앞에 밀리지 않도록 해놓고 몇 가지 가구를 훔쳐 달아나는 것이 고작이었다.

LASCIVIOUS [ləsíviəs]　adj **lustful; obscene; lewd**　호색의; 음란한; 음탕한

▶ 발음에 주의할 것.

- Clarence's *lascivious* comments made his female associates extremely uncomfortable.

  클래런스의 음란한 말들은 여자 동료들을 아주 불편하게 만들었다.

LAVISH [lǽviʃ]　v **to spend freely or bestow generously; to squander**
　　　　　　　마음 놓고 돈을 낭비하거나 손 크게 주다; 탕진하다

- My father *lavishes* so many birthday presents on his relatives that they panic when it's time for them to give him something in return.

  아버지는 친척들의 생일에 인심을 후하게 쓰며 너무나 많은 선물을 해서, 친척들은 보답으로 아버지에게 무엇을 주어야 하는 때가 되면 공포를 느낄 정도이다.

- City Hall has *lavished* money on the street-cleaning program, but our streets are dirtier than ever.

  시청은 거리 청소 사업에 많은 돈을 들였다. 그러나 거리는 이전보다 더 더럽다.

▶ lavish는 형용사로도 쓰인다.

- Don't you think Miss Woodstone is a little too *lavish* with her praise? She slathers so much positive reinforcement on her students that they can't take her seriously at all.

  미스 우드스톤이 다소 지나칠 정도로 칭찬을 남발하는 것 같지 않은가? 그녀는 학생들에게 긍정적인 격려를 지나칠 정도로 많이 해서 학생들은 그녀를 전혀 진지하게 받아들이지 못한다.

LAX [læks] adj negligent; lazy; irresponsible 태만한; 게으른; 무책임한

- Mike is a rather *lax* housekeeper; he washes dishes by rinsing them in cold water for a couple of seconds and then waving them gently in the air.
  마이크는 상당히 게으른 가정부이다. 그는 그릇들을 찬물에 2초 동안 헹군 다음 물 밖에서 조용히 한 번 흔들어 주는 방법으로 설거지를 끝낸다.

- I hate to say it, but Carol's standards are too *lax*; anyone who would hire a slob like Mike as a housekeeper can't be serious about wanting a clean house.
  나는 그렇게 말하기는 싫지만, 캐롤의 기준은 너무나 느슨하다. 마이크 같은 지저분한 사람을 가정부로 고용하는 사람이 깨끗한 집을 원한다는 것은 진심일 리가 없다.

▶ 명사형은 laxity [lǽksəti] (부주의)이다.

LAYMAN [léimən] n a nonprofessional; a person who is not a member of the clergy
비전문가; 성직자가 아닌 사람, 평신도

- The surgeon tried to describe the procedure in terms a *layman* could understand, but he used so much medical jargon that I had no idea what he was talking about.
  외과 의사는 비전문가들도 알아들을 수 있는 용어로 경과를 설명하려고 했지만, 그가 전문적인 의학 용어를 너무나 많이 사용했기 때문에, 나는 그가 말하고 있는 내용에 대해 이해하지 못했다.

- Shakira considered herself an excellent painter, but she was distinctly a *layman*; she couldn't make much headway on any canvas that didn't have numbers printed on it.
  샤키라는 자신을 뛰어난 화가라고 생각했지만 그녀는 정말로 아마추어에 지나지 않았다. 그녀는 번호가 인쇄되어 있지 않은 캔버스에서 그다지 나아가지 못했다.

Laymen are known collectively as the *laity* [léiəti].
'평신도'나 '비전문가'를 집합적으로 일컬을 때는 the laity라고 쓴다.

- The new minister tried hard to involve the *laity* in his services; unfortunately, the last time a *layman* preached a sermon, he spent most of the time talking about his new boat. Perhaps that's just the risk you run when you use a *lay* preacher.
  새로 온 목사는 평신도들을 예배에 참가시키려고 열심히 노력했다. 불행히도 지난번에 평신도가 설교를 했을 때, 그는 대부분의 시간을 자신의 새 보트에 관한 이야기에 할애했다. 아마도 그것이 평신도를 설교자로 세울 때 감수해야 하는 위험일 것이다.

LIAISON [líːəzɑn] n connection; association; alliance; secret love affair
연락; 연합; 동맹, 제휴; 밀통, 간통

▶ 철자와 발음에 주의할 것.

- In her new job as *liaison* between the supervisor and the staff, Anna has to field complaints from both sides.
  감독관과 직원들 사이의 연락을 맡는 새로운 업무에서 애나는 양측의 불평을 처리해야만 한다.

- The condor breeders worked in *liaison* with zoo officials to set up a breeding program in the wild.
  콘도르 사육사는 야생에서 번식할 수 있는 프로그램을 완수하기 위해 동물원 직원들과 제휴하여 일했다.

- You mean you didn't know that the conductor and the first violinist have been having an affair? Believe me, that *liaison* has been going on for years.
  지휘자와 제1바이올린 연주자가 불륜 관계에 있다는 것을 모르고 있었습니까? 내 말을 믿으세요. 그들의 불륜은 이미 수년 동안 계속되고 있는걸요.

LICENTIOUS [laisénʃəs] adj lascivious; lewd; promiscuous; amoral
음탕한; 외설의; 난잡한; 도덕관념이 없는

- Barney's reputation as a *licentious* rake makes the mothers of teenage girls lock their doors when he walks down the street.
  바니가 성적으로 방탕하다는 평판이 있어서, 십대의 딸을 가진 엄마들은 바니가 길거리에 나타나기만 해도 문을 잠근다.

- Ashley said the hot new novel was deliciously *licentious*, but I found the sex scenes to be dull and predictable.

  애슐리는 최근에 나온 소설이 외설적인 내용의 재미있는 책이라고 말했다. 그러나 나는 그 책의 성애 장면이 지루하고 평범하다는 것을 알게 되었다.

▶ 명사형은 licentiousness(음탕함, 방탕함)이다.

The Puritans saw *licentiousness* almost everywhere.

청교도들은 거의 모든 곳에서 licentiousness(방탕함)를 보았다.

▶ 이 단어들의 발음에 주의할 것.

LIMPID [límpid] adj **transparent; clear; lucid** 투명한; 맑은; 명료한, 알기 쉬운

- The river flowing past the chemical plant isn't exactly *limpid*; in fact, it's as opaque as paint, which is apparently one of its principal ingredients.

  화학 공장을 거쳐 흘러가는 강물은 반드시 맑지는 않다. 사실 물은 페인트만큼이나 불투명한데, 그것이 더러운 강물을 구성하는 한 요소이다.

- Theodora's poetry has a *limpid* quality that makes other writers' efforts sound stiff and overformal.

  테오도라의 시는 명료한 특징이 있어서, 다른 작가들의 작품을 경직되고 지나치게 형식 위주의 글인 것처럼 보이게 만든다.

- In bad writing, eyes are often described as "*limpid* pools."

  서투른 글에서, 눈은 흔히 '맑은 호수'라고 묘사된다.

LISTLESS [lístlis] adj **sluggish; without energy or enthusiasm** 활기가 없는; 힘이나 열정이 없는

- You've been acting *listless* today. Are you sure you're feeling well?

  너는 오늘 활기 없이 움직이더구나. 몸은 괜찮은 거니?

- The children had been dragged to so many museums that by the time they reached the dinosaur exhibit, their response was disappointingly *listless*.

  아이들은 너무나 많은 박물관으로 끌려다녔기 때문에 공룡 전시관에 도착했을 때에는 실망스러울 정도로 무관심한 반응을 보였다.

- Harry's *listless* prose style constantly threatens to put his readers soundly to sleep.

  해리의 단조로운 산문체는 그의 책을 읽는 독자들을 곤한 잠에 빠뜨릴 우려가 끊임없이 있다.

▶ 명사형은 listlessness(무관심)이다.

LITANY [lítəni] n **recital or list; tedious recounting** 낭송, 목록; 지루하게 나열하는 것

- Ruth's *litany* of complaints about her marriage to Tom is longer than most children's letters to Santa.

  톰과의 결혼에 대해 늘어놓고 있는 루스의 불평은 대부분의 아이들이 산타클로스에게 보내는 편지보다도 더 길다.

- She's so defensive that if she suspects even a hint of criticism, she launches into a *litany* of her accomplishments.

  그녀는 워낙 자신을 변호하는 데 뛰어나서, 어떤 비판의 기색이라도 눈치채게 되면 자신의 재능을 장황하게 설명하기 시작한다.

Match each word in the first column with its definition in the second column. Check your answers in the back of the book. Note that "lewd" is the answer for two questions.

1. larceny		a.	negligent
2. lascivious		b.	theft
3. lavish		c.	connection
4. lax		d.	nonprofessional
5. layman		e.	to spend freely
6. liaison		f.	lewd (2)
7. licentious		g.	tedious recounting
8. limpid		h.	transparent
9. listless		i.	sluggish
10. litany			

LIVID [lívid] adj **discolored; black and blue; enraged** 변색된, 퇴색된; 검푸른, 멍든; 격노한

- Proof of George's clumsiness could be seen in his *livid* shins; he bumped into so many things as he walked that his lower legs were deeply bruised.

  조지의 서투름을 드러내는 증거는 멍이든 정강이를 보면 알 수 있었다. 그는 걸을 때마다 워낙 많이 부딪히기 때문에 다리 아래쪽은 심하게 타박상을 입었다.

- When Christopher heard that his dog had chewed up his priceless stamp collection, he became *livid*, and he nearly threw the poor dog through the window.

  크리스토퍼는 자신의 개가 값으로도 환산할 수 없는 귀중한 우표 수집품을 씹었다는 얘기를 듣고 노발대발했다. 그리고는 불쌍한 개를 거의 창문 밖으로 집어던지려 했다.

People often use *livid* to mean pale, which is almost the opposite of what the word really means. When you see a ghost, your face does not become *livid*; it becomes pallid.

livid를 pale(창백한)과 같은 의미로 쓰는 경향이 있다. 이는 그 단어의 실제 의미와 거의 반대되는 의미로 쓰이게 되는 것이다. 유령을 만나게 되면 사람들의 얼굴이 livid(검푸른)가 되지는 않는다. '창백해지는' 것이다.

LOATH [louθ] adj **extremely unwilling; reluctant** 매우 싫은; ~하기를 꺼려하는

- Edward was *loath* to stir out of his house on the freezing cold morning, even though he had signed up to take part in the Polar Bear Club's annual swim.

  에드워드는 매년 열리는 북극곰 클럽의 수영 대회에 참가하겠다고 등록을 했었지만, 얼어붙을 듯이 추운 아침이 되자 집 밖으로 나가기가 정말 싫었다.

- I am *loath* to pull my finger out of the dike, because I am afraid that the countryside will flood if I do.

  만일 내가 손가락을 뺀다면 온 마을이 물에 잠길까 봐 걱정이 되기 때문에 둑에서 손가락을 빼낼 수가 없다.

Loath is an adjective that describes a person's mood. *Loathsome* is an adjective to describe someone or something thoroughly disgusting or repellent.

loath는 사람의 감정을 묘사하는 형용사이다. loathsome은 엄청나게 혐오스럽고 역겨운 것을 묘사하는 형용사이다.

- Cold water is so *loathsome* to Edward that no one knows why he even joined the Polar Bear Club.

  에드워드는 차가운 물을 끔찍이도 싫어했기 때문에, 그가 북극곰 클럽에 참가한 이유를 아무도 모른다.

Don't confuse *loath* with *loathe*, which is a verb meaning to despise or hate.

loath와 loathe를 혼동하지 마라. 후자는 '혐오하다', '증오하다'라는 의미의 동사이다.

- I *loathe* eggplant in every form. It is so *loathsome* to me that I won't even look at it.

  나는 어떤 형태로 있건 가지를 무척 싫어한다. 가지는 내게 너무 혐오스러운 것이기 때문에 그것을 보려고 하지도 않을 것이다.

LOBBY [lábi] v to urge legislative action; to exert influence
법률적인 조치를 취하도록 설득하다; 영향력을 행사하다

- The Raisin Growers' Union has been *lobbying* Congress to make raisins the national fruit.

  건포도 재배 협회는 건포도를 국가를 상징하는 과일로 책정하도록 의회에 로비 활동을 해 오고 있다.

- Could I possibly *lobby* you for a moment about the possibility of turning your yard into a parking lot?

  당신네 마당을 주차장으로 전환하는 문제에 대해서 잠시 동안만 당신에게 설명을 해도 되겠습니까?

A person who *lobbies* is a *lobbyist* [lábiist]. A *lobbyist* works for a special interest group, or lobby.

lobbyist는 '로비 활동을 하는 사람'이다. lobbyist는 '특별한 이익 집단이나 압력 단체를 위해서 일하는 사람'이다.

- The *lobbyist* held his thumb up as the senator walked passed him to indicate how the senator was supposed to vote on the bill that was then before the Senate.

  그 로비스트는 당시 상원에 상정된 법안에 대해 어떻게 투표해야 할 것인지를 지시하기 위해서 그 상원 의원이 자신의 앞을 지나쳐 갈 때 엄지손가락을 위로 들었다.

LOUT [laut] n boor; oaf; clod 시골뜨기; 멍청이; 바보

- The visiting professor had been expecting to teach a graduate seminar, but instead he found himself stuck with a class of freshman *louts* who scarcely knew how to write their own names.

  초빙된 교수는 대학원 세미나를 가르치기를 원했지만, 원하는 것과는 달리 자신의 이름 쓰는 법도 제대로 모르는 멍청한 1학년 학생들을 맡게 되었다는 사실을 알게 되었다.

- That stupid *lout* has no idea how to dance. I think he broke my foot when he stepped on it.

  저 멍청한 시골뜨기는 춤추는 법도 모른다. 그가 내 발을 밟았을 때 내 발 뼈가 부러진 것 같다.

▶ 형용사형은 loutish(촌스러운)이다.

- Jake's *loutish* table manners disgust everyone except his seven-year-old nephew, who also prefers to chew with his mouth open.

  제이크의 촌뜨기 같은 식사 태도는 그처럼 입을 벌리고 음식을 씹기 좋아하는 그의 일곱 살 된 조카를 제외하고는 다른 모든 사람들에게 혐오감을 준다.

LUDICROUS [lú:dəkrəs] adj ridiculous; absurd 우스꽝스러운; 어리석은

- It was *ludicrous* for me to have expected my three puppies to behave themselves while I was out; every pair of shoes I own has become a chew toy.

  내가 나가 있는 동안 나의 세 강아지들이 얌전히 있기를 기대한 것은 어리석은 짓이었다. 내 신발들은 전부 개 껌이 되어 버렸다.

- Wear glass slippers to a ball? Why, the idea is *ludicrous*! One false dance step and they would shatter.

  무도회에 유리로 된 덧신을 신는다고? 음, 너무나 어리석은 생각이야! 한번 스텝이 엉키면 신발은 박살이 나고 말 거야.

LYRICAL [lírikəl] adj melodious; songlike; poetic 선율이 있는; 노래 같은; 시적인

Lyrics are the words to a song, but *lyrical* can be used to apply to other things.

lyrics는 '노래의 가사'이다. 그러나 lyrical은 다른 것에도 적용될 수 있다.

- Even the sound of traffic is *lyrical* to the true city lover.

  심지어 자동차 같은 교통수단의 소리도 진실로 도시를 사랑하는 사람들에게는 노래일 수 있다.

- Albert is almost *lyrical* on the subject of baked turnips, which he prefers to all other foods.

  앨버트는 잘 익은 순무라는 주제에 대해서 거의 시를 만들어낸다. 순무는 그가 다른 어떤 음식보다도 좋아하는 것이다.

- The Jeffersons' *lyrical* description of the two-week vacation in Scotland made the Washingtons want to pack their bags and take off on a Scottish vacation of their own.

  스코틀랜드에서 보낸 2주일간의 휴가에 대한 제퍼슨 가족의 시적인 묘사 때문에, 워싱턴 가족은 자신들 역시 스코틀랜드에서 휴가를 보내기 위해 짐을 꾸려 떠나고 싶어졌다.

QUICK QUIZ

Match each word in the first column with its definition in the second column. Check your answers in the back of the book.

1. livid		a. extremely unwilling
2. loath		b. ridiculous
3. lobby		c. black and blue
4. lout		d. oaf
5. ludicrous		e. melodious
6. lyrical		f. urge legislative action

M

MALAPROPISM [mǽləprɑpìzəm]　n　**humorous misuse of a word that sounds similar to the word intended but has a ludicrously different meaning**
발음은 비슷하지만 그 의미가 우스운 뜻을 가진 단어를 의도적으로 잘못 사용하여 익살스럽게 하는 것

In Richard Sheridan's 1775 play, *The Rivals*, a character named Mrs. Malaprop calls someone "the pineapple of politeness" instead of "the pinnacle of politeness." In Mrs. Malaprop's honor, similar verbal boo-boos are known as *malapropisms*. Another master of the *malapropism* was Emily Litella, a character played by Gilda Radner on the television show *Saturday Night Live*, who thought it was ridiculous for people to complain that there was "too much violins" on television. Incidentally, Sheridan derived Mrs. Malaprop's name from *malapropos*, a French import that means not apropos or not appropriate.

리차드 셰리던의 1775년 희곡 '경쟁자들'에 보면, 말라프롭 부인이라는 인물은 어떤 사람을 가리켜 '우아함의 극치'라고 해야 할 것을 '우아함의 파인애플'이라고 부른다.(pinnacle과 pineapple의 발음이 비슷하므로) 말라프롭 부인을 기념하여, 이와 비슷한 말실수를 malapropism이라고 부르게 되었다. 또 다른 단어의 malapropism(오용)의 대가는 Saturday Night Live라는 TV 프로그램에서 질다 래드너가 연기한 에밀리 리텔라라는 인물이다. 래드너는 사람들이 TV에 '너무나 많은 바이올린'(violence와 violins의 발음이 비슷하므로)이 있다고 불평하는 것은 웃기는 것이라고 생각했다. 덧붙여 말하자면, 셰리던은 말라프롭 부인의 이름을 적절하지 못하다는 의미를 가진 프랑스 어 malapropos에서 따왔다.

▶ apropos(적절한, 알맞은)를 참조할 것.

MANIA [méiniə]　n　**crazed, excessive excitement; insanity; delusion**
광적으로, 지나치게 흥분함; 광기; 환상

- At Christmas time, a temporary *mania* descended on our house as Mother spent hour after hour stirring pots on the stove, Father raced around town delivering presents, and we children worked ourselves into a fever of excitement about what we hoped to receive from Santa Claus.
  크리스마스가 되면, 일시적인 광적 흥분이 우리 집을 급습했다. 어머니는 난로 위에 올려놓은 냄비를 몇 시간이고 계속해서 휘젓고, 아버지는 선물을 전달하러 온 마을을 뛰어다녔다. 그리고 우리 아이들은 산타클로스에게 받고 싶은 선물을 생각하며 흥분의 도가니에 빠져들었다.

- Molly's *mania* for cleanliness makes the house uncomfortable—especially since she replaced the bedsheets with plastic dropcloths.
  몰리의 광적인 결벽증은 집을 편안하지 못한 곳으로 만든다. 특히 그녀가 침대 시트를 플라스틱 시트로 교체했기 때문에 더욱 그랬다.

- The *mania* of the Roman emperor Caligula displayed itself in ways that are too unpleasant to talk about.
  로마의 황제 칼리굴라의 광기는 말로 표현할 수도 없을 만큼 역겨운 형태로 펼쳐졌다.

A person with a *mania* is said to be a *maniac* [méiniæ̀k].
'mania(광기)를 가지고 있는 사람'을 maniac이라고 한다.

- Molly, the woman with the *mania* for cleanliness, could also be said to be a *maniac* for cleanliness, or to be a cleanliness maniac.
  몰리는 광적인 결벽증을 가지고 있는 여성으로, 청결함에 대한 편집증 환자 또는 광적인 청결 애호가라고 할 수도 있다.

A *maniac* is often said to be *maniacal* [mənáiəkəl]. A *maniacal* football coach might order his players to sleep with footballs under their pillows, so that they would dream only of football.

maniac은 maniacal(미친 듯한)이라고 표현하기도 한다. maniacal(광적인)인 축구 코치라면 오직 축구에 관한 꿈만 꾸도록 하기 위해 선수들의 베개 밑에 축구공을 넣고 자라고 명령할지도 모른다.

A person with a *mania* can also be said to be *manic* [mǽnik]. A *manic-depressive* is a person who alternates between periods of excessive excitement and deep depression. A *manic* tennis player is one who rushes frantically around the court as though her shoes were on fire.

mania(광기)를 가진 사람을 manic이라고 표현하기도 한다. manic-depressive(조울병 환자)란 지나친 흥분과 깊은 우울함의 시기가 번갈아 나타나는 사람이다. manic(광기가 있는)인 테니스 선수는 마치 자신의 신발에 불이라도 붙은 것처럼 코트 위를 미친 것처럼 돌아다니는 사람이다.

▶ 이 단어들의 발음에 주의할 것.

MARGINAL [máːrdʒənəl] adj related to or located at the margin or border; at the lower limit of quality; insignificant
변두리 또는 경계에 위치한, 혹은 그에 관계된; 최저 한계에 달하는; 하찮은

- The *marginal* notes in Sue's high school Shakespeare books are really embarrassing to her now, especially the spot in *Romeo and Juliet* where she wrote "How profound!"

  수가 고등학교 시절에 셰익스피어 책의 가장자리에 써넣은 문구들은 오늘날 그녀를 정말로 당황하게 만든다. 특히 "로미오와 줄리엣"에 그녀가 써넣은 "얼마나 심오한가!"라는 글은 더욱 그러하다.

- Mrs. Hoadly manages to eke out a *marginal* existence selling the eggs her three chickens lay.

  호들리 부인은 세 마리의 닭이 낳는 달걀을 팔아서 최저 생활을 근근이 유지하고 있다.

- Sam satisfied the *marginal* requirements for the job, but he certainly didn't bring anything more in the way of talent or initiative.

  샘은 업무에서 요구하는 최소한의 필요조건을 갖추고 있었지만, 재능이나 창의력이라는 부분에서 그 이상이 부족했다.

- The difference in quality between these two hand towels is only *marginal*.

  이 두 개의 손수건의 질적인 차이는 아주 하찮은 것이다.

▶ 부사형은 marginally(아주 조금)이다.

- Arnie was *marginally* better off after he received a ten-dollar-per-week raise.

  아니는 주당 10달러의 급료 인상을 받게 된 이후 생활이 아주 조금 더 나아졌다.

MATERIALISTIC [mətìəriəlístik] adj preoccupied with material things; greedy for possessions 물질적인 것에 몰두하는; 소유욕이 많은

- All young children are innocently *materialistic*; when they see something that looks interesting, they don't see why they shouldn't have it.

  나이가 어린 아기들은 철없이 물욕을 갖는다. 그들은 재미있어 보이는 것을 보게 되면, 그것을 가지면 왜 안 되는지 그 이유를 알지 못한다.

- The *materialistic* bride-to-be registered for wedding presents at every store in town, including the discount pharmacy.

  물질적인 것에 욕심이 많은 예비 신부는 할인 약국을 비롯하여 도시 내의 모든 상점마다 받고 싶은 결혼 선물을 점찍어 두었다.

- People are always going on and on about today's *materialistic* society, but the craving to own more stuff has probably been with us since prehistoric times.

  사람들은 오늘날의 물질적인 사회에 대해 언제나 떠들어대곤 한다. 그러나 더 많은 것을 소유하고자 하는 욕망은 아마도 선사 시대부터 우리와 함께 있었을 것이다.

MAWKISH [mɔ́ːkiʃ] adj overly sentimental; maudlin 지나치게 감상적인(역겨운); 걸핏하면 우는

- It's hard to believe that Trudy's *mawkish* greeting card verses have made her so much money; I guess people really do like their greeting cards to be filled with mushy sentiments.

  트루디의 감성적인 안부 카드 문구들로 그녀가 그렇게 많은 돈을 벌었다는 것은 믿을 수 없다. 나는 사람들이 감상으로 가득한 안부 카드를 정말로 좋아한다고 생각한다.

- I would have liked that movie a lot better if the dog's death scene, in which a long line of candle-bearing mourners winds past the shrouded doghouse, hadn't been so *mawkish*.

  촛불을 든 조문객들이 길게 줄을 서서 수의로 덮은 개집을 돌아나가는 것으로 묘사된 개의 죽음에 관한 장면을 그토록 감상적으로 처리하지 않았더라면, 나는 그 영화를 훨씬 더 좋아했을 것이다.

MEANDER [miǽndər] v to travel along a winding or indirect route; to ramble or stray from the topic
구불구불한 길이나 우회로를 따라가다; 본 주제를 벗어나다, 두서없이 말하다

- Since I hadn't wanted to go to the party in the first place, I just *meandered* through the neighborhood, walking up one street and down another, until I was pretty sure everyone had gone home.

  무엇보다도 나는 파티에 가고 싶지 않았기 때문에, 모든 사람이 집으로 돌아갔을 것이라는 확신이 서게 될 때까지 여기저기를 걸어 다니며 온 동네를 어슬렁거리고 다녔다.

- The river *meanders* across the landscape in a series of gentle curves.

  강은 부드러운 곡선을 그리며 주변의 경치를 가로질러 굽이쳐 흐른다.

- Professor Jones delivered a *meandering* lecture that touched on several hundred distinct topics, including Tina's hairstyle, the disappearance of the dinosaurs, Latin grammar, and quantum mechanics.

  존스 교수는 수백 가지 서로 다른 주제를 언급하면서 강의를 두서없이 했다. 그중에는 티나의 헤어스타일이나 공룡의 멸종, 라틴어 문법, 양자역학 같은 주제도 들어 있었다.

MEDIUM [míːdiəm] n the means by which something is conveyed or accomplished; a substance through which something is transferred or conveyed; the materials used by an artist
어떤 일을 전달하거나 성과를 내게 하는 수단, 방편, 매체; 어떤 물질이 변환하거나 전달되는 과정을 돕는 물질, 매개물; 화가들이 사용하는 재료

- We are trying to decide whether print or television will be a better *medium* for this advertisement.

  우리는 이번 광고에 더 알맞은 매체로 인쇄물이 좋을지 아니면 텔레비전 방송이 좋을지 결정하기 위해 고심하고 있다.

- Coaxial cable is the *medium* by which cable television programming is distributed to viewers.

  동축 케이블은 유선 방송을 시청자에게 전달하기 위한 수단이다.

- Phil is an unusual artist; his preferred *medium* is sand mixed with corn syrup.

  필은 별난 화가이다. 그가 선호하는 미술 재료는 옥수수 시럽을 섞은 모래이다.

▶ medium의 복수형은 media이다.

When people talk about the *media*, they're usually talking about the communications *media*: television, newspapers, radio, and magazines.

사람들이 media(미디어)에 대해서 얘기를 할 때, 대개 그들이 얘기하는 것은 텔레비전, 신문, 라디오, 잡지 같은 통신 수단으로서의 media(매체)를 의미한다.

- The *media* instantly seized on the trial's lurid details.

  매체들은 재판에서 드러난 소름끼치는 세부 내용들을 즉각적으로 포착했다.

In careful usage, *media* takes a plural verb, even when the word is being used in a collective sense as the rough equivalent of press.

정확한 어법에서 media는 대략적으로 언론처럼 집합명사로 사용될 때도 복수를 취한다.

- The *media* have a responsibility to report the facts fairly and without favor.

  대중매체는 편파적이지 않고 공정하게 진실만을 보도해야 하는 의무가 있다.

MELANCHOLY [mélənkὰli] adj **gloomy; depressed and weary** 우울한; 의기소침한, 지쳐 있는

- Thomas always walks around with as *melancholy* an expression as he can manage, because he thinks that a gloomy appearance will make him seem mysterious and interesting to girls.

  토마스는 언제나 될 수 있는 한 우울한 얼굴 표정으로 돌아다닌다. 우울한 모습을 하고 있으면 자신이 신비스럽게 보이고 소녀들의 관심을 끌 수 있을 것이라고 생각하기 때문이다.

- The *melancholy* music in the restaurant basically killed what was left of my appetite; the songs made me feel so sad I didn't want to eat.

  우울한 음악이 흐르는 레스토랑이 내게 남아 있던 식욕마저 완전히 앗아갔다. 그 노래들이 나를 너무나 슬프게 해서 음식을 먹고 싶지 않았다.

▸ melancholy는 명사로도 쓰인다.

- The spider webs and dead leaves festooning the wedding cake brought a touch of *melancholy* to the celebration.

  웨딩 케이크에 장식으로 꾸며놓은 거미줄과 말라붙은 잎은 그 결혼식을 우울하게 만들었다.

▸ 형용사 melancholic[mélənkὰ:lik](우울한)과 명사 melancholia[mèlənkóuliə](우울증)도 간혹 위의 melancholy 대신에 사용되기도 한다.

▸ 이 단어들의 발음에 주의할 것.

MELEE [méilei] n **a brawl; a confused fight or struggle; a violent free-for-all; tumultuous confusion** 싸움; 혼란스러운 싸움이나 분쟁; 격렬한 난상 토론; 소란스러운 혼란 상태

▸ 발음에 주의할 것.

- A *melee* broke out on the football field as our defeated players vented their frustrations by sticking their tongues out at the other team's cheerleaders.

  경기에 패한 우리 팀이 좌절감을 발산하느라 상대 팀의 치어리더들에게 혀를 내밀었기 때문에, 풋볼 경기장에는 난투극이 벌어졌다.

- In all the *melee* of shoppers trying to get through the front door of the department store, I got separated from my friend.

  백화점 현관을 통과하려고 애쓰는 쇼핑객들의 혼란한 틈바구니 속에서 나는 내 친구를 잃어버렸다.

MENAGERIE [mənǽdʒəri] n **a collection of animals** 동물의 무리, 동물원

In olden times, kings kept royal *menageries* of exotic animals. These were the first zoos.

옛날에는 왕들이 이국적인 동물들을 모아놓은 menageries가 있었다. 이것이 바로 최초의 동물원이었다.

- The Petersons have quite a *menagerie* at their house now that both the cat and the dog have had babies.

  이제 개와 고양이가 새끼를 낳았으므로 피터슨네는 집 안에다 아주 상당한 규모의 동물원을 갖게 된 셈이다.

- Doug referred to his office as "the *menagerie*" because his co-workers acted like animals.

  더그는 회사 동료들이 동물처럼 행동하기 때문에 그의 사무실을 '동물원'이라고 부른다.

Match each word in the first column with its definition in the second column. Check your answers in the back of the book.

1. malapropism	a. travel along a winding route
2. mania	b. humorous misuse of a word
3. marginal	c. the means by which something is conveyed
4. materialistic	d. preoccupied with material things
5. mawkish	e. crazed excitement
6. meander	f. gloomy
7. medium	g. insignificant
8. melancholy	h. overly sentimental
9. melee	i. collection of animals
10. menagerie	j. brawl

MILLENNIUM [miléniəm] n a period of 1,000 years; a thousandth anniversary
천년의 시기; 천 번째 기념일

- Purists say that the new *millennium* began in 2001, but the fear of widespread computer problems actually made 2000 the more important new year.
  까다로운 사람들은 새 천년이 2001년부터 시작되었다고 말하지만, 광범위한 컴퓨터 오류에 대한 두려움이 2000년을 더 중요한 해로 만들었다.

- In the first *millennium* after the birth of Christ, humankind made great progress—but pre-sweetened cereals didn't appear until close to the end of the second millennium.
  예수의 탄생 후 첫 천 년 동안 인류는 위대한 발전을 이룩했다. 그러나 설탕을 가미한 시리얼은 두 번째 천 년이 끝나갈 무렵이 되어서야 겨우 나타났다.

▶ 형용사형은 millennial[miléniəl](천 년간의)이다.

MIRE [máiər] n marshy, mucky ground 늪지, 더러운 땅

- Walking through the *mire* in stiletto heels is not a good idea; your shoes are liable to become stuck in the muck.
  끝이 뾰족하고 높은 굽의 신발을 신고 더러운 땅을 걷는 것은 좋은 생각이 아니다. 그런 신발은 쓰레기 더미 속에 박히기가 쉽다.

- So many cars had driven in and out of the field that the grass had turned to *mire*.
  워낙 많은 차들이 운동장을 들락날락했기 때문에, 잔디는 이미 진창으로 변했다.

▶ mire는 비유적인 의미나 원래 뜻 그대로의 동사로도 쓰인다.

- The horses were so *mired* in the pasture that they couldn't go another step.
  말들은 목장의 진흙탕에 빠져서 한 발짝도 나갈 수가 없었다.

- I'd love to join you tonight, but I'm afraid I'm *mired* in a sewing project and can't get away.
  오늘 밤 너와 함께 어울리고 싶지만, 나는 재봉 일을 해야 하기 때문에 빠져나갈 수가 없어서 정말이지 유감이다.

A *quagmire* is a swamp or marsh or, figuratively, a complicated predicament.
quagmire는 '늪지'나 '진창', 또는 비유적인 의미로 헤어날 수 없는 곤경을 의미한다.

- They say that twenty people sank into the *quagmire* behind Abel's Woods and their bodies were never found.

  아벨의 숲 뒤에 있는 수렁에 스무 명의 사람들이 빠졌으며, 시신은 하나도 발견되지 않았다고 한다.

- Because she was afraid that everyone would hate her if she told the truth, Louise entangled herself in a *quagmire* of lies and half-truths, and everybody hated her.

  그녀가 진실을 말하면 사람들이 모두 자기를 미워할 것이라고 생각했기 때문에, 루이스는 절반의 진실과 거짓의 수렁 속으로 숨어 버렸고, 결국 사람들은 모두 그녀를 미워했다.

MODE [moud] n method of doing; type; manner; fashion　일의 방법; 유형; 방식; 양식

- Lannie's *mode* of economizing is to spend lots of money on top-quality items that she thinks will last longer than cheap ones.

  래니의 절약 방법은 싸구려 물건보다 오래 쓸 수 있을 것이라고 생각되는 최고 품질의 물건에 많은 돈을 지불하는 것이다.

- When a big tree fell across the highway, Draco shifted his Jeep into four-wheel *mode* and took off across country.

  큰 나무가 고속도로 중간에 넘어졌을 때, 드레이코는 자신의 지프차를 사륜구동 방식으로 바꾸어 시골길을 달렸다.

- I'm not interested in dressing in the latest *mode*; a barrel and a pair of flipflops are fashionable enough for me.

  나는 최신 유행의 옷을 입는 데에는 관심이 없다. 기름 한 통(즉, 자동차)과 한 켤레의 고무 슬리퍼면 나로서는 충분히 유행을 따른 것이다.

MODULATE [mádʒəlèit] v to reduce or regulate; to lessen the intensity of　줄이다, 규제하다; ~의 강도를 줄이다

▶ 발음에 주의할 것.

- Please *modulate* your voice, dear! A well-bred young lady doesn't scream obscenities at the top of her lungs.

  목소리 좀 줄여 주세요! 예의 바른 숙녀라면 목청이 터져라 하고 큰 소리로 음담패설을 말하지 않는답니다.

- Milhouse *modulated* his sales pitch when he realized that the hard sell wasn't getting him anywhere.

  밀하우스는 강매를 하는 방법이 어디에서도 통하지 않는다는 것을 알게 되자 자신의 판매 방법을 조절했다.

MOMENTUM [mouméntəm] n force of movement; speed; impetus　추진력; 속도; 힘

- The locomotive's *momentum* carried it through the tunnel and into the railroad terminal.

  기관차의 추진력은 터널을 지나 철도의 마지막 종착역까지 기차를 몰아갔다.

- She starts out small, with just a little whimpering. Then her bad mood picks up *momentum*, and in no time at all she's lying on the floor kicking and screaming.

  그녀는 처음에는 작고 나지막한 흐느낌으로 시작한다. 곧이어 우울한 기분은 추진력을 얻게 되고 얼마 지나지 않아 그녀는 마룻바닥에 누워 발을 구르며 절규하고 있다.

- Even when they're both being driven at the same speed, a big car is harder to stop than a small one because the big car has more *momentum*.

  두 대의 차량이 같은 속도로 달려가고 있다 할지라도, 큰 차는 더 큰 타성을 갖고 있기 때문에 작은 차보다 정지하기가 더 힘들다.

MORATORIUM [mɔ̀:rətɔ́:riəm] n a suspension of activity; a period of delay　활동의 중지; 유예 기간

- The president of the beleaguered company declared a *moratorium* on the purchase of office supplies, hoping that the money saved by not buying paper clips might help to keep the company in business a little bit longer.

  곤경에 처한 회사의 사장은 사무용품의 구입에 대해 일시적 정지를 선언했다. 그는 서류용 클립을 구입하지 않음으로써 절약되는 돈이 회사의 경영을 조금이라도 더 연장하는 데 도움이 되기를 원했다.

- The two countries agreed to a *moratorium* on the production of new nuclear weapons while their leaders struggled to work out the terms of a permanent ban.

  지도자들이 핵무기 개발의 지속적인 금지라는 협의안을 내기 위해 애쓰는 동안, 두 나라는 새로운 핵무기의 생산을 잠정 중지하자는 안에 동의했다.

MORES [mɔ́ːreiz] n **customary moral standards** 관습적인 도덕 기준

▶ 이 단어는 항상 복수형으로 쓰인다. 발음에 주의할 것.

- According to the *mores* of that country, women who wear revealing clothing are lewd and licentious.

  그 나라의 관습에 의하면, 노출이 있는 옷을 입는 여자들은 음탕하고 방종한 것이다.

MOTIF [moutíːf] n **a recurring theme or idea** 반복적으로 나오는 주제나 사상

- The central *motif* in Barry's first novel seems to be that guys named Barry are too sensitive for other people to appreciate fully.

  배리의 첫 번째 소설의 중심 주제는 배리라는 이름을 가진 남자들은 너무나 섬세해서 다른 사람들이 그들을 완전하게 알 수는 없다는 내용인 것 같다.

- Andrea's new apartment is okay-looking, but it would be more impressive if owls weren't the main decorative *motif*.

  안드레아의 새 아파트는 아주 좋아 보인다. 그러나 아파트 장식의 주요 테마가 올빼미가 아니라면 인상이 더 좋았을 것이다.

MOTLEY [mátli] adj **extremely varied or diverse; heterogeneous; multicolored**
아주 다양한, 매우 잡다한; 이질적인; 다양한 색깔로 되어 있는

- Louise's friends are a *motley* group of artists, bankers, and sanitation engineers.

  루이스의 친구들은 화가들이나 은행원들, 보건 위생 기술자 등 아주 다양하다.

- One glance at her date's *motley* tuxedo convinced Cathy that she didn't want to go to the prom after all; the jacket looked more like a quilt than like a piece of formal clothing.

  데이트 상대의 매우 잡다한 턱시도를 힐끗 한 번 보고 나서, 캐시는 댄스파티에 정말로 가고 싶지 않다는 확신이 들었다. 그의 상의는 정식 야회복이 아니라 누비이불에 더 가까워 보였다.

MUNICIPAL [mjunísəpəl] adj **pertaining to a city (or town) and its government**
시와 시 정부에 소속된

- All the *municipal* swimming pools close after Labor Day because the city doesn't have the staff to keep them open any longer.

  모든 시립 수영장은 노동절 이후에 문을 닫는다. 시에는 더 이상 수영장을 관리할 직원들이 없기 때문이다.

- The town plans to build a *municipal* birdhouse to keep its pigeons off the streets.

  그 도시는 비둘기들이 도로에 나오지 못하도록 하기 위해 시에서 관리하는 새장을 만들 계획이다.

A *municipality* [mjunìsəpǽləti] is a distinct city or town, and usually one that has its own government. The government of such a city or town is often referred to as an *municipal* government.

municipality는 자신만의 고유한 행정부를 가지고 있는 별개의 '시'나 '읍' 등을 의미한다. municipal government는 그러한 자치 단체의 '행정부'를 의미한다.

MUSE [mjuːz] v **to ponder; to meditate** 숙고하다; 묵상하다

- "I wonder whether I'll win the flower-arranging prize," Melanie *mused*, staring pensively at her vaseful of roses and licorice sticks.

  "내가 과연 꽃꽂이 대회에서 우승할 수 있을까." 멜라니는 자신이 장미와 감초 줄기로 장식한 꽃병을 바라보며 깊은 생각에 잠겼다.

- Fred meant to get some work done, but instead he sat at his desk *musing* all afternoon, and then it was time to go home.

  프레드는 몇 가지 처리해야 할 일이 있었지만 오후 내내 명상을 하면서 책상에 앉아 있었다. 그리고 이제 집에 갈 시간이었다.

▶ muse는 명사로도 쓰인다.

In Greek mythology, the nine Muses were patron goddesses of the arts. In modern usage, a *muse* is anyone who inspires an artist's creativity.

그리스 신화에 보면, 아홉 명의 뮤즈 여신은 예술을 보호하는 여신들이었다. 현대 어법에서 muse는 '예술가의 창조에 영감을 불어넣는 누군가'를 일컫는 단어이다.

- "Beatrice, you are my *muse*. You inspire all my best poetry," John said to his pet guinea pig.

  '베아트리체, 당신은 나의 뮤즈요. 그대는 모든 나의 시에 아름다운 숨결을 불어넣는다네.' 존은 그의 애완용 기니피그에게 말했다.

To be *bemused* is to be preoccupied or engrossed.

bemused는 '몰두하고 있는', '정신이 팔려 있는'이라는 뜻이다.

- Charlie was too *bemused* to notice that wine from a spilled goblet was dripping into his lap.

  찰리는 너무나 몰두한 나머지 쓰러진 술잔에서 와인이 흘러나와 무릎에 뚝뚝 떨어지고 있다는 사실을 깨닫지 못했다.

MUSTER [mʌ́stər] v to assemble for battle or inspection; to summon up
전투나 점검을 위해 소집하다; 불러내다

- The camp counselor *mustered* the girls in her cabin for bunk inspection. She really had to *muster* up all her courage to do it, because the girls were so rowdy they never did what she told them. Luckily, the cabin passed *muster*; the camp director never noticed the dust under the beds.

  캠프 지도원은 침대 점검을 하기 위해 그녀의 오두막에 소녀들을 소집했다. 사실 그녀는 그 일을 하기 위해서 모든 용기를 다 불러내야만 했다. 소녀들이 너무나 난폭한 탓에 결코 그녀가 지시한 대로 하지 않았기 때문이었다. 다행히도 그 오두막은 점검에 통과했다. 캠프 감독관은 침대 밑의 먼지를 보지 못했다.

"To pass *muster*" is an idiomatic expression that means to be found to be acceptable.

to pass muster는 '만족할 만해서 허락되다'라는 의미의 관용적 표현이다.

MYSTIC [místik] adj otherworldly; mysterious; enigmatic   내세의; 신비한; 수수께끼 같은

- The swirling fog and the looming stalactites gave the cave a *mystic* aura, and we felt as though we'd stumbled into Arthurian times.

  소용돌이치는 안개와 희미하게 보이는 종유석 탓에 동굴에는 신비한 분위기가 감돌았다. 우리는 마치 아서왕의 시대로 걸어 들어간 것 같은 기분이었다.

▶ 동의어는 mystical[místikəl] (신비주의의)이다.

- The faint, far-off trilling of the recorder gave the music a *mystical* quality.

  아득히 멀리서 들려오는 희미한 리코더 소리가 음악에 신비감을 더했다.

▶ mystic은 명사로도 쓰인다.

A *mystic* is a person who has, or seems to have, contact with other worlds.

mystic은 다른 세상과 접촉하는 사람, 즉 '신비주의자'를 의미한다.

- Michaela the *mystic* stared into her clouded crystal ball and remarked, "Time to get out the Windex."

  신비한 힘을 가진 미셀라는 뿌연 수정 구슬을 들여다보았다. 그리고 나서 '윈덱스를 떠나야 할 시간'이라고 말했다.

Mysticism[místisìzəm] is the practice or spiritual discipline of trying to reach or understand God through deep meditation.

mysticism(신비주의적 신앙)은 깊은 명상을 통해 '신에게 도달하거나 신을 이해하려는 훈련'이나 '영적인 수양'을 의미한다.

Match each word in the first column with its definition in the second column. Check your answers in the back of the book.

1. millennium		a.	method of doing
2. mire		b.	reduce or regulate
3. mode		c.	extremely varied
4. modulate		d.	force of movement
5. momentum		e.	period of one thousand years
6. moratorium		f.	recurring theme
7. mores		g.	otherworldly
8. motif		h.	customary moral standards
9. motley		i.	marshy, mucky ground
10. municipal		j.	assemble for battle
11. muse		k.	ponder
12. muster		l.	suspension of activity
13. mystic		m.	pertaining to a city or town

N

NEBULOUS [nébjuləs]　adj　**vague or indistinct; unclear; hazy**　희미한, 불분명한; 명백하지 않은; 흐릿한

- Jake's ideas about a career are a little *nebulous* at this point. He says he wants to have a job that will entitle him to have a telephone on his desk, but that's all he's figured out so far.

  직업에 대한 제이크의 생각은 현재로선 약간 막연하다. 그는 자신의 책상 위에 전화를 둘 수 있는 정도의 지위가 있는 일자리를 원한다고 말한다. 그러나 지금까지 그가 구체화하고 있는 것은 그것이 전부이다.

- The stage lighting was so poor that you could see only a few *nebulous* outlines of the set.

  무대 조명이 너무나 빈약하기 때문에, 겨우 무대 장치의 희미한 윤곽만 볼 수 있었다.

A *nebula* [nébjulə] is a cloud of interstellar gas and dust, and, from our vantage point here on earth, it is just about as *nebulous* as you can get. The plural of *nebula* is *nebulae* [nébjuli:].

nebula(성운)는 별들 사이에 존재하는 가스나 먼지의 뿌연 덩어리이다. 여기 지구의 한 지점에서 그것은 여러분이 보는 것처럼 nebula(뿌옇게 보이는) 이다. 복수형은 nebulae이다.

▶ nebulae의 발음에 주의할 것.

NEMESIS [néməsis]　n　**unconquerable opponent or rival; one who seeks just compensation or revenge to right a wrong**
극복하기 어려운 상대나 경쟁자; 잘못된 것을 바로잡기 위해 보상이나 복수를 하려고 하는 사람

- In Greek mythology, *Nemesis* was the goddess of divine retribution. If you were due for a punishment, she made sure you got it.

  그리스 신화에서 네메시스는 하늘의 응징을 관장하는 여신이었다. 벌을 받을 만한 일을 했다면, 네메시스는 반드시 응징을 했다.

- Nacho-flavored tortilla chips are the dieter's *nemesis*; one bite, and you don't stop eating till the bag is gone.

  나초 향이 가미된 또띠아 칩은 다이어트를 하는 사람에게는 극복할 수 없는 유혹이다. 한 입만 먹으면 봉지가 바닥날 때까지 멈출 수가 없다.

- Betsy finally met her *nemesis*, in the form of a teacher who wouldn't accept any excuses.

  벳시는 마침내 어떠한 변명도 절대 용납하지 않는 선생님이라는 최고의 강적을 만났다.

NEOPHYTE [níːəfàit]　n　**beginner; novice**　초보자; 풋내기

▶ 발음에 주의할 것.

- The student librarian was such a *neophyte* that she reshelved all the books upside down.

  학생 사서는 새로 온 신참이었기 때문에 위에 있는 모든 책을 다시 아래로 내리는 선반 정리를 했다.

- I'm not being fussy. I just don't like the idea of having my cranium sawn open by a *neophyte* surgeon!

  나는 야단법석을 떨고 있는 것이 아니다. 나는 단지 신출내기 외과 의사가 내 두개골을 톱으로 절개한다는 생각이 끔찍할 뿐이다!

The prefix "neo" means new, recent, or revived. A *neologism* [niːǽlədʒìzəm], for example, is a new word or an old word used in a new way. A *neonate* [níːənèit] is a newborn. *Neoprene* [níːəprìːn] is a new kind of synthetic rubber—or at least it was new when it was invented. (It's the stuff that wet suits are made of.)

"neo"라는 접두사는 '새로운', '최근의', '다시 태어남'을 의미한다. 예를 들면, neologism은 '신조어'나 '새로운 방식으로 쓰이는 옛말'을 뜻한다. neonate는 '신생아'를 의미한다. neoprene은 '신종 합성고무'이다. 적어도 발명 당시에는 새로운 물질이었기 때문이다.(네오프렌은 잠수용 옷을 만드는 재료이다.)

NIRVANA [niərváːnə]   n   a blissful, painless, worry-free state
더없이 행복하고 고통 없고 걱정 없는 상태, 해탈

According to Buddhist theology, you reach *nirvana* once you have purged your soul of hatred, passion, and self-delusion. Once you have reached *nirvana*, you will no longer have to undergo the cycle of reincarnation.

불교의 이론에 의하면, 증오와 욕심과 망상의 망령을 버리면 nirvana(열반의 경지)에 이를 수 있다. 한번 nirvana(열반의 경지)에 이르게 되면, 더 이상 윤회의 사슬에 얽매이지 않게 된다.

In common English usage, the word's meaning is looser, and *nirvana* often refers to a mental state rather than a physical one.

일반적인 영어 어법에서, 더 막연한 의미로 사용되어 nirvana는 흔히 육체적인 상태보다는 정신적인 상태를 가리키는 것으로 많이 사용된다.

- Though many thought the band's sound was annoying, listening to it sent me to a state of pure *nirvana*.

  밴드 음악이 짜증난다는 사람들이 많긴 하지만, 나는 그것을 듣고 있을 때 순수한 정신적 안정 상태가 된다.

- *Nirvana* for Judy consisted of a hot bubble bath and a hot fudge sundae at the end of a long day.

  주디의 정신적 안정은 긴 하루 끝의 뜨거운 거품 목욕과 핫 퍼지 선디(주: 아이스크림의 일종)를 먹는 것이다.

NOISOME [nóisəm]   adj   offensive or disgusting; stinking; noxious   불쾌한; 악취가 나는; 유해한

- When I opened the refrigerator after returning from vacation, such a *noisome* odor leaped out at me that I bolted from the apartment.

  휴가를 마치고 돌아와서 냉장고를 열어 보니, 아주 고약한 냄새가 나를 덮쳐서 나는 아파트에서 도망쳐 버렸다.

- The *noisome* brown liquid seeping out of the floor of my bathroom certainly isn't water. At any rate, it doesn't taste like water.

  욕실 바닥에서 새어나오는 고약한 악취가 나는 갈색 액체는 확실히 물은 아니다. 어쨌거나 그것은 물맛도 나지 않는다.

▶ 의미에 주의할 것. noise(소음)와는 아무런 관계가 없다.

NOMADIC [noumǽdik]   adj   wandering from place to place; without a permanent home
이곳저곳을 옮겨 다니는; 정착하고 사는 집이 없는

A *nomad* [nóumæd] is one of a group of wandering people who move from place to place in search of food and water for themselves and for their animals. The Bedouins, members of various Arab tribes that wander the deserts of North Africa and elsewhere, are *nomads*. To be *nomadic* is to be like a *nomad*.

nomad는 자신들과 가축들이 먹을 식량과 물을 찾아서 이곳저곳을 돌아다니며 생활하는 '유목민'을 말한다. 북아프리카의 사막 지대와 다른 곳을 옮겨 다니는 다양한 아랍 종족 가운데 하나인 베두인족들도 nomads이다. nomadic은 nomad와 같은 것을 말한다.

- Lila spent her senior year living in a tent with a *nomadic* tribe of sheep herders.

  리라는 졸업반 때 양을 치는 유목 민족과 함께 천막에서 생활했다.

- Ever since he graduated from college, my brother has been living a *nomadic* life; his only home is his car, and he moves it every day.

  대학을 졸업한 이후로 형은 방랑 생활을 계속하고 있다. 그의 유일한 집은 자동차이고, 매일 다른 곳으로 옮겨 다닌다.

NOMENCLATURE [nóumənklèitʃər] n a set or system of names; a designation; a terminology
명칭의 체계; 명칭; 용어

- I'd become a botanist in a minute, except that I'd never be able to memorize all that botanic *nomenclature*.

  모든 식물의 학명 체계를 암기할 수 없다는 것만 제외한다면, 나는 언제라도 식물학자가 될 수 있을 것이다.

In the Bible, Adam invented *nomenclature* when he gave all the animals names. You could call him the world's first *nomenclator* [nóumənklèitər]. A *nomenclator* is a giver of names.

성서에 의하면 아담은 모든 동물들에게 이름을 지어줌으로써 nomenclature(명명법)를 만들었다. 우리는 아담을 세계 최초로 nomenclator라고 불러도 좋을 것이다. nomenclator는 '이름을 붙인 사람'이다.

NONCHALANT [nànʃəlá:nt] adj indifferent; coolly unconcerned; blasé
무관심한; 냉담하고 관심이 없는; 무감동한

- Omar was acting awfully *nonchalant* for someone who had just been invited to dinner at the White House; he was yawning and using a corner of the invitation to clean his nails.

  오마르는 백악관의 만찬에 지금 막 초대받은 사람치고는 아주 무관심한 것처럼 행동했다. 그는 하품을 하면서 초대장의 귀퉁이로 손톱 소제를 하고 있었다.

- "I don't care that my car was stolen," Blanca said in a *nonchalant* voice. "Daddy will buy me a new one."

  "차를 도둑맞은 사실에 신경 쓰지 않아. 아빠가 새 차를 사주실걸."이라고 블랑카는 아무렇지도 않은 목소리로 말했다.

- Unconcerned with all the worry his disappearance had caused, the cat sat down and *nonchalantly* began to wash his face.

  고양이의 실종 때문에 야기되었던 온갖 걱정에는 나 몰라라 하며, 그 고양이는 주저앉아 무관심하게 세수를 하기 시작했다.

▶ 명사형은 nonchalance[nànʃəlá:ns] (냉담)이다.

NULLIFY [nʌ́ləfài] v to repeal; to cancel; to void 무효로 하다; 취소하다; 폐지하다

Null means empty or ineffective. In math a null set is a set without numbers. To *nullify* means to make empty or ineffective.

null은 '아무것도 없는' 또는 '효과가 없는'이라는 의미이다. 수학에서 null set은 하나도 없는 집합, 즉 '공집합'을 뜻한다. nullify는 '무효로 하다', '효력을 없게 만들다'라는 뜻이다.

- A moment after the ceremony, the bride asked a lawyer to *nullify* the prenuptial contract she had signed the day before; she no longer felt that $50,000 a month in alimony would be enough.

  결혼식이 끝나자마자 신부는 변호사에게 전날 서명했던 혼전 계약서를 무효로 하겠다고 말했다. 그녀는 한 달에 5만 달러라는 별거 수당이 충분하지 않다고 마음을 바꿨던 것이다.

- It's hard to believe that Saudi Arabia still hasn't *nullified* the law that prohibits women to drive.

  사우디아라비아가 여성들의 운전을 금지하는 법률을 여전히 폐지하지 않고 있다는 사실은 믿기가 어렵다.

To *annul* is to cancel or make void a marriage or a law.

annul은 '결혼이나 법률을 폐지하거나 취소하다'라는 뜻이다.

Match each word in the first column with its definition in the second column. Check your answers in the back of the book.

1. nebulous   a. wandering from place to place

2. nemesis   b. vague

3. neophyte   c. blissful, worry-free state

4. nirvana   d. system of names

5. noisome   e. downfall

6. nomadic   f. repeal

7. nomenclature   g. indifferent

8. nonchalant   h. beginner

9. nullify   i. offensive or disgusting

O

OBEISANCE [oubéisəns] n **a bow or curtsy; deep reverence** 인사, 절; 깊은 존경

▶ 발음에 주의할 것.

- When the substitute teacher walked into the room, the entire class rose to its feet in mocking *obeisance* to her.
  보조 선생님이 교실로 들어왔을 때 학생들은 그녀를 조롱하는 인사로 일어섰다.

- "You'll have to show me *obeisance* once I'm elected queen of the prom," Diana proclaimed to her servile roommates, who promised that they would.
  "내가 댄스파티의 여왕으로 뽑힌다면, 너희들은 내게 복종하는 모습을 보여 주어야 해."라고 다이애나는 신하가 되겠다고 약속한 룸메이트들에게 공언했다.

▶ 관련 단어로 obedience(복종)와 obey(따르다)가 있다.

OBJECTIVE [əbdʒéktiv] adj **unbiased; unprejudiced** 공평한; 편견이 없는

- It's hard for me to be *objective* about her musical talent because she's my daughter.
  그녀의 음악적 재능을 편견 없이 평가하기란 어려운 일이다. 그녀가 내 딸이기 때문이다.

- Although the judges at the automobile show were supposed to make *objective* decisions, they displayed a definite bias against cars with tacky hood ornaments.
  자동차 쇼의 심사위원들은 공평한 결정을 내리기로 했음에도 불구하고, 보닛을 볼품없이 꾸민 차량에는 명확하게 반감을 드러냈다.

Someone who *objective* is said to have *objectivity* [àbdʒektívəti]. *Objective* can also be a noun, in which case it means goal, destination, or aim.
objective(공평한)인 사람은 objectivity(객관성, 타당성)를 가지고 있다고 한다. objective는 명사로도 쓰이는데, 이때는 '목표', '목적지', '의도', '계획' 등을 의미한다.

- My life's one *objective* is to see that my father never embarrasses me in public again.
  내 인생의 한 가지 목표는 아버지가 다시는 다른 사람들 앞에서 나를 면박하는 것을 보지 않게 되는 것이다.

▶ 반대말은 subjective(주관적인)이다.

OBTRUSIVE [əbtrú:siv] adj **interfering; meddlesome; having a tendency to butt in**
간섭하는; 지겹게 참견하는; 참견하기 좋아하는

- I like to walk up and down the halls of my dorm checking up on my friends' grades after midterms. People call me *obtrusive*, but I think of myself as caring and interested.
  나는 중간고사가 끝난 후, 내 친구들의 성적을 확인하면서 기숙사 복도를 오르락내리락하기를 좋아한다. 사람들은 나를 주제넘은 참견꾼이라고 부르지만 나는 다정하고 호기심이 많은 사람이라고 생각한다.

- The taste of anchovies would be *obtrusive* in a birthday cake; it would get in the way of the flavor of the cake.
  앤초비 향은 생일 케이크와는 너무 어울리지 않을 것이다. 그것은 생일 케이크의 맛을 방해할 것이다.

▶ 동사형은 obtrude(끼어들다)이고 intrude(침범하다)와 관계가 있다.

OBVIATE [ábvièit] v to make unnecessary; to avert 무용지물로 만들다; (위험 등을) 막다

- Their move to Florida *obviated* the need for heavy winter clothes.
  플로리다로 이사하자 두꺼운 겨울옷들은 필요가 없어졌다.

- My worries about what to do after graduation were *obviated* by my failing three of my final exams.
  졸업 후에 무엇을 할 것인가 하는 걱정은 마지막 시험에서 세 과목이나 낙제하는 바람에 쓸데없는 일이 되었다.

- Robert *obviated* his arrest for tax evasion by handing a blank check to the IRS examiner and telling him to fill in any amount he liked.
  로버트는 국세청 조사원에게 백지 수표를 내밀고 그에게 원하는 액수를 쓰라고 함으로써 탈세 행위에 대한 구속을 피했다.

OCCULT [əkʌ́lt/ákʌlt] adj supernatural; magic; mystical 초자연적인; 마법 같은; 신비로운

- I don't mind having a roommate who's interested in *occult* rituals, but I draw the line at her burning chicken feathers under my bed.
  나는 초자연적인 종교 의식에 관심을 갖고 있는 같은 방 친구에게 그다지 신경 쓰지 않지만, 그녀가 내 침대 밑에서 닭 깃털을 태우는 행위는 인정하지 않는다.

- There's a store on Maple Street called Witch-O-Rama; it sells crystal balls, love potions, and other *occult* supplies.
  메이플가에는 Witch-O-Rama(라마의 마녀)라는 이름의 가게가 있다. 그 가게는 수정 구슬이나 사랑의 묘약, 그 밖의 신비한 물품들을 판다.

▸ occult는 명사로도 쓰인다.

- Marie has been interested in the *occult* ever since her stepmother turned her into a gerbil.
  마리는 계모가 그녀를 게르빌루스쥐로 만들어 버린 이후로 초자연적인 마술에 대해 관심을 갖고 있었다.

ODIOUS [óudiəs] adj hateful; evil; vile 미운; 사악한; 야비한

- Don won the election by stooping to some of the most *odious* tricks in the history of politics.
  돈은 부끄러운 줄도 모르고 정치 역사상 가장 비열한 수법을 몇 가지 동원하여 선거에서 승리하였다.

Odium [óudiəm] is hatred, deep contempt, or disgrace.
odium은 '증오', '깊은 경멸', '불명예'를 의미한다.

ODYSSEY [ádəsi] n a long, difficult journey, usually marked by many changes of fortune 많은 운명의 변화를 겪게 되는 길고 힘든 여행

In Homer's epic poem *The Odyssey*, Odysseus spends ten years struggling to return to his home in Ithaca, and when he finally arrives, only his dog recognizes him. In modern usage, an *odyssey* is any long and difficult journey.
호머의 서사시인 "오디세이"를 보면, 오디세우스는 이타카에 있는 자신의 고향으로 돌아오기 위해 힘든 과정을 거치며 십 년을 보낸다. 그가 마침내 집으로 돌아왔을 때는 오직 그의 개만이 그를 알아본다. 현대 어법에서 odyssey는 '장기간의 힘든 여행'을 의미한다.

- Any adolescent making the *odyssey* into adulthood should have a room of his own, preferably one that's not part of his parents' house.
  어른으로 성장하기 위해 장기간의 방황을 겪는 청소년들은 가급적이면 부모의 집에 속해 있는 방이 아니라 자신만의 공간을 가져야만 할 것이다.

- My quick trip up to the corner hardware store to buy a new shower head turned into a day-long *odyssey* that took me to every plumbing-supply store in the metropolitan area.
  새 샤워 꼭지를 사러 모퉁이의 철물점에 잠깐 다녀오려던 외출은 하루 종일 대도시 전역의 수도관 수리 용품 가게를 모두 뒤지고 다니는 긴 방랑이 되었다.

OLFACTORY [ɑlfǽktəri] adj pertaining to the sense of smell 후각에 관계된

- That stew's appeal is primarily *olfactory*; it smells great, but it doesn't have much taste.
  저 스튜 요리의 매력은 주로 그 냄새에 있다. 냄새는 아주 좋지만 그다지 맛은 좋지 않다.

- I have a very sensitive *olfactory* nerve. I can't be around cigarettes, onions, or people with bad breath.

  나는 상당히 후각 신경이 예민하다. 나는 담배나 양파나 나쁜 냄새가 나는 숨을 쉬는 사람들 근처에는 있을 수가 없다.

For a related word, see our entry for *gustatory*. It's much like *olfactory*, but for the sense of taste.

관련 단어로 gustatory를 참조할 것. 이것은 olfactory와 매우 유사한데, '미각에 관계된'이라는 뜻이다.

OLIGARCHY [áləgàːrki] n government by only a very few people
소수의 사람들에 의해서 통치되는 정권, 과두정치

- They've set up a virtual *oligarchy* in that country; three men are making all the decisions for twenty million people.

  그들은 그 나라에 사실상의 소수 독재 정치를 수립했다. 세 명의 사람이 2천만 국민의 모든 결정권을 행사하고 있다.

- Whenever Rick's parents tell him that they're in charge of the family, he tells them that he can't survive under an *oligarchy*.

  부모님이 가족을 모두 책임지고 있다고 릭에게 말할 때마다, 릭은 부모님에게 독재 정치 밑에서는 살 수 없다고 대꾸한다.

An *oligarch* [áləgàːrk] is one of the few ruling leaders.

oligarch는 '소수의 지배자 중의 어느 한 사람', 즉 '독재자'를 의미한다.

OMINOUS [ámənəs] adj threatening; menacing; portending doom
험악한; 위협적인; 파멸을 예고하는

- The sky looks *ominous* this afternoon; there are black clouds in the west, and I think it is going to rain.

  오늘 오후의 하늘은 험악한 날씨를 예고하는 듯하다. 서쪽 하늘에는 먹구름이 있고, 나는 비가 올 것이라고 생각한다.

- Mrs. Lewis's voice sounded *ominous* when she told the class that it was time for a little test.

  학생들에게 쪽지 시험을 볼 시간이라고 말하는 루이스 선생님의 목소리는 불길한 운명을 예고하는 듯했다.

▶ 관련 단어로 omen(예시, 징조)이 있다.

QUICK QUIZ

Match each word in the first column with its definition in the second column. Check your answers in the back of the book.

1. obeisance	a. make unnecessary
2. objective	b. unbiased
3. obtrusive	c. pertaining to the sense of smell
4. obviate	d. threatening
5. occult	e. deep reverence
6. odious	f. government by only a very few people
7. odyssey	g. interfering
8. olfactory	h. long, difficult journey
9. oligarchy	i. hateful
10. ominous	j. supernatural

OMNISCIENT [ɑmníʃənt] adj all-knowing; having infinite wisdom
모든 것을 다 아는; 무한한 지혜를 가진

Omni- is a prefix meaning all. To be *omnipotent*[ɑmnípətənt] is to be all-powerful. An *omnivorous*[ɑmnívərəs] animal eats all kinds of food, including meat and plants. Something *omnipresent*[ɑ́mnəprèzənt] seems to be everywhere. In March, mud is *omnipresent*.

접두사 omni–는 '모든 것'을 의미한다. omnipotent는 '전능한'이라는 뜻이다. omnivorous animal은 고기와 채소를 포함해서 모든 것을 먹는 잡식성 동물을 가리킨다. omnipresent는 '모든 곳에 다 있는'이라는 뜻이다. 3월에는 진흙은 omnipresent이다.

"Sci" is a word root meaning knowledge or knowing. *Prescient*[préʃənt] means knowing beforehand; *nescient*[néʃənt] means not knowing, or ignorant.

'Sci'는 '지식', '앎'을 의미하는 어근이다. prescient는 '미리 아는'이라는 뜻이며, nescient는 '알 수 없는', '무지한'이라는 뜻이다.

- When Lucy was a small child, she thought her parents were *omniscient*. Now that she's a teenager, she realizes they don't know anything at all.

  루시가 어렸을 때 그녀는 부모님이 모든 것을 다 아는 줄 알았다. 이제 그녀가 십대가 되고 보니 그들은 아무것도 모른다는 것을 깨달았다.

- The novel's narrator has an *omniscient* point of view, so his parts often clue the reader in to things the characters in the story don't know.

  그 소설의 화자는 전지전능한 관점을 가지고 있어서, 그의 파트는 종종 이야기 안의 등장인물들이 모르는 것들에 대해 독자들에게 정보를 제공했다.

▶ 이 단어들의 발음에 주의할 것.

OPPROBRIOUS [əpróubriəs] adj damning; extremely critical; disgraceful
비난하는; 혹독하게 비난하는; 수치스러운

- The principal gave an *opprobrious* lecture about apathy, saying that the students' uncaring attitude was ruining the school.

  교장은 학생들의 무관심이 학교를 망치고 있다는 내용으로 학생들의 무관심에 대해서 혹독하게 비난하는 설교를 했다.

Opprobrium[əpróubriəm] is reproach, scorn, or disgrace.

opprobrium은 '망신'이나 '비난', '불명예'의 뜻이다.

- Penny brought *opprobrium* on herself by robbing the First National Bank and spray painting naughty words on its marble walls.

  페니는 퍼스트 내셔널 은행을 털고 스프레이로 은행 대리석 벽에 외설적인 낙서를 한 것 때문에 비난을 받았다.

▶ 이 단어들의 발음에 주의할 것.

ORDINANCE [ɔ́:rdənəns] n law; regulation; decree 법령; 규칙; 포고

- I'm sorry, but you'll have to put your bathing suit back on; the town passed an *ordinance* against nude swimming at this beach.

  유감스럽게도 여러분은 수영복을 다시 입어야만 할 것이다. 그 도시는 이 해변에서 나체로 수영하는 것을 금지하는 법안을 통과시켰다.

- According to a hundred-year-old local *ordinance*, two or more people standing on a street corner constitutes a riot.

  백 년이나 이어져 온 자치 단체 법령에 의하면, 길모퉁이에 둘 또는 그 이상의 사람들이 모여 있는 것은 소요죄에 해당한다.

Don't confuse *ordinance* with *ordnance*[ɔ́:rdnəns]. *Ordnance* is military weapons or artillery.

ordinance와 ordnance를 혼동하지 마라. ordnance는 '군대의 무기'나 '대포'를 일컫는다.

OSCILLATE [ɑ́səlèit] v to swing back and forth; to pulsate; to waver or vacillate between beliefs or ideas 앞뒤로 흔들리다; 진동하다; 종교나 이념의 문제에서 동요하거나 흔들리다

- We watched the hypnotist's pendulum *oscillate* before our eyes, and soon we became sleepy.

  우리는 눈앞에서 진동하고 있는 최면술사의 진자를 쳐다보았다. 그러자 우리는 곧 잠에 빠져들었다.

- Mrs. Johnson can't make up her mind how to raise her children; she *oscillates* between strictness and laxity depending on what kind of mood she's in.

  존슨 부인은 아이들을 어떻게 양육할 것인지 마음을 정하지 못하고 있다. 그녀는 기분에 따라 엄격함과 관대함 사이에서 왔다 갔다 한다.

OSMOSIS [azmóusis] n **gradual or subtle absorption** 점진적이고 미세한 흡수, 삼투

In science, *osmosis* is the diffusion of a fluid through a membrane. It is *osmosis* that controls the flow of liquids in and out of cells. In general usage, *osmosis* is a figurative instance of absorption.

과학 분야에서의 osmosis는 '유동체가 얇은 막을 통해 퍼지는 것'을 의미한다. '세포를 통한 액체의 흐름을 조절하는 것'도 osmosis이다. 일반적인 어법에서 osmosis는 흡수에 대한 비유적인 예로 쓰인다.

- I learned my job by *osmosis*; I absorbed the knowledge I needed from the people working around me.

  나는 다른 것에서 흡수하는 방법으로 업무를 배웠다. 내 주변의 일하는 사람들에게서 내가 필요로 하는 지식을 흡수했다.

OSTRACIZE [ástrəsàiz] v **to shun; to shut out or exclude a person from a group**
배척하다; 집단에서 한 사람을 내쫓다, 추방하다

- After she'd tattled to the counselor about her bed being short-sheeted, Tracee was *ostracized* by the other girls in the cabin; they wouldn't speak to her, and they wouldn't let her join in any of their games.

  자신의 침대에 누군가 장난을 쳤다고 지도원에게 고자질하고 난 후, 트레이시는 야영지의 오두막에서 다른 소녀들에게 따돌림을 당했다. 다른 소녀들은 트레이시에게 말도 하지 않으려 했으며, 그녀를 어떤 놀이에도 끼워 주려 하지 않았다.

- That poor old man has been *ostracized* by our town for long enough; I'm going to visit him today.

  그 불쌍한 노인은 우리 마을에서 너무나 오랫동안 배척을 당해왔다. 나는 오늘 그를 방문할 예정이다.

▶ 명사형은 ostracism[ástrəsìzm] (외면, 배척)이다.

- Carl's letter to the editor advocating a cut in the school budget led to his *ostracism* by the educational committee.

  칼은 학교 예산의 삭감을 옹호하는 편지를 편집자에게 보낸 일 때문에 교육위원회에서 추방당했다.

OUST [aust] v **to eject; to expel; to banish** 축출하다; 내쫓다; 추방하다

- Robbie was *ousted* from the Cub Scouts for forgetting his Cub Scout manual thirty-seven times.

  로비는 컵스카우트 안내서를 서른일곱 번이나 잊어버렸기 때문에 컵스카우트에서 쫓겨났다.(Cub Scout는 Boy Scouts 중의 어린이 단원.)

- If the patrons at O'Reilly's get rowdy, the bartender *ousts* them with a simple foot-to-behind maneuver.

  오릴리에 오는 단골들이 싸움을 하게 되면, 그 집의 바텐더는 돌려차기 한 방으로 손님들을 쫓아낸다.

▶ 명사형은 ouster[áustər] (축출)이다.

- After the president's *ouster* by an angry mob, the vice president moved into his office and lit one of his cigars.

  성난 폭도들에 의해 대통령이 축출된 이후, 부통령은 대통령의 집무실로 들어가 그의 시가를 하나 꺼내 불을 붙였다.

OVERRIDE [óuvərràid] v **to overrule; to prevail over** 무효로 하다; 압도하다

- The legislature threatened to *override* the governor's veto of the bill creating the state's first income tax.

  입법부는 주 최초의 소득세를 신설하는 법안에 대해 주지사가 거부권을 행사해도 그 거부권을 무시할 것이라고 큰 소리를 쳤다.

- My mother *overrode* my decision to move into my girlfriend's house.

  어머니는 여자 친구의 집으로 이사하겠다는 내 결정을 무시했다.

- Greed *overrode* common sense yesterday as thousands of frenzied people drove through a major blizzard to catch the post-holiday sales.

  수천 명의 사람들이 휴일이 끝난 후의 세일 판매를 놓치지 않기 위해 심한 눈보라도 마다 않고 미친 듯이 차를 몰고 몰려간 것을 보니, 어제는 탐욕이 상식을 압도한 날이었다.

OVERTURE [óuvərtʃər] n opening move; preliminary offer 개시 동작; 예비로 제시되는 것, 제의

In music, an *overture* is a composition that introduces a larger work, often by weaving together bits and pieces of what is to come. (Most people think it's okay to talk through the *overture*, even though it's not.) Outside of music, the word has a related but distinct meaning.

음악에서 overture는 긴 작품을 소개하는 '전주곡'이다. 흔히 뒤에 나올 곡에서 여러 부분들을 짜 맞추는 것으로 '서곡'이라 한다.(대부분의 사람들은 꼭 그런 것만은 아닌데도 overture부터 시작해야 좋은 것이라고 생각한다.) overture는 음악 분야를 벗어나면 관련은 있지만 전혀 다른 의미를 가지고 있다.

- The zoo bought a new male gorilla named Izzy to mate with Sukey, its female gorilla, but Sukey flatly rejected Izzy's romantic *overtures*, and no new gorillas were born.

  동물원은 암컷 고릴라인 수키와 짝을 지어 주기 위해 이지라는 이름의 수컷 고릴라를 한 마리 샀다. 그러나 수키는 이지의 구애를 단호하게 거절했고, 새로운 아기 고릴라들은 태어나지 못했다.

- At contract time, management's *overture* to the union was instantly rejected, since the workers had decided to hold out for significantly higher wages.

  협상을 하면서 노조는 경영자 측의 제안을 즉석에서 거부했다. 노동자들이 상당한 수준의 임금 인상안을 계속 고수하기로 결정했기 때문이다.

OXYMORON [àksimɔ́ːrɑn] n a figure of speech in which two contradictory words or phrases are used together
두 개의 반대되는 단어나 문구를 동시에 사용하는 말의 표현 기법, 모순 어법

"My girlfriend's sweet cruelty" is an example of an *oxymoron*. Other examples of *oxymorons* are "jumbo shrimp," "fresh-squeezed juice from concentrate," "live recording."

'내 여자 친구의 달콤한 잔인성'이라는 표현은 모순 어법의 한 예이다. 또 다른 예로 "코끼리 새우"나 "농축액에서 새로 짜낸 신선한 주스"나 "생생한 녹음" 등의 표현이 있다.

QUICK QUIZ 59▶

Match each word in the first column with its definition in the second column. Check your answers in the back of the book.

1. omniscient		a.	exclude from a group
2. opprobrious		b.	swing back and forth
3. ordinance		c.	eject
4. oscillate		d.	damning
5. osmosis		e.	gradual or subtle absorption
6. ostracize		f.	law
7. oust		g.	figure of speech linking two contradictory words or phrases
8. override		h.	all-knowing
9. overture		i.	opening move
10. oxymoron		j.	prevail over

PALATABLE [pǽlətəbl] adj **pleasant to the taste; agreeable to the feelings**
맛이 좋은; 기분이 좋은

- You can certainly drink hot chocolate with lobster soufflé if you want to, but champagne might be a more *palatable* alternative.
  원한다면 바다가재 수플레와 함께 뜨거운 초콜릿을 마셔도 괜찮습니다. 그러나 그것보다는 샴페인이 더 맛이 좋을 것입니다.

- Rather than telling Frank that his essay was worthless, Hilary told him that his essay was not quite worthy of his talents; by diluting her criticism she made it more *palatable* to Frank.
  에세이가 형편없다고 프랭크에게 말하는 대신, 힐러리는 그의 에세이가 그의 재능을 따라가지 못했다고 말했다. 비평의 수위를 낮춤으로써 힐러리는 프랭크의 기분을 한결 좋게 만들었다.

The word *palate*[pǽlit] refers both to the roof of the mouth and, more commonly, to the sense of taste. A gourmet is said to have a finely developed *palate*; someone who finds even the most exotic foods boring is said to have a jaundiced *palate*.
palate라는 단어는 입천장과 함께 좀 더 흔하게 '미각'도 의미한다. 미식가는 정교하게 발달된 palate를 가지고 있다고 할 수 있다. 최고의 이국적인 음식조차도 따분할 뿐이라고 하는 사람은 편견에 치우친 palate를 갖고 있는 사람이다.

PALLOR [pǽlər] n **paleness; whiteness** 창백함; 순백

- Regina's ghostly *pallor* can only mean one thing: She just caught sight of her blind date for the evening.
  유령처럼 창백하게 질린 레지나의 얼굴이 의미하는 것은 오직 한 가지이다. 그녀는 방금 그날 밤의 소개팅 상대를 보았던 것이다.

- The pediatrician was concerned by the child's *pallor* but could find no other symptoms of illness.
  소아과 의사는 아이의 창백한 안색이 걱정되었지만 다른 증상은 발견할 수 없었다.

- In the 19th century, a *pallid*[pǽlid] look was fashionable among European and American women. To maintain an attractive *pallor*, women kept out of the sun and sometimes took drugs to lighten their complexions.
  19세기의 유럽과 미국 여성들에게는 하얀 얼굴이 유행이었다. 매력적인 흰 얼굴을 유지하기 위해서 여성들은 태양을 피했고, 때로는 얼굴색을 밝게 하기 위해 약을 먹기도 했다.

PANDEMIC [pændémik] adj **prevalent throughout a large area** 전 지역에 널리 퍼진

- The Black Plague was virtually *pandemic* throughout Europe during the 14th century.
  14세기의 전 유럽에 걸쳐 사실상 흑사병이 광범위하게 퍼졌다.

- Cheating was *pandemic* on the campus of the military academy; cadets were carrying more crib sheets than books.
  군사 학교의 캠퍼스에는 부정행위가 널리 퍼져 있었다. 사관생도들은 책보다는 커닝 페이퍼를 더 많이 들고 다녔다.

▶ pandemic은 명사로도 쓰인다. pandemic은 epidemic[èpidémik] (유행성의)보다 규모가 더 큰 것이다.

- The shortage of vaccine turned the winter flu *epidemic* into a *pandemic*.
  백신의 부족으로 동절기 독감이 소규모 유행에서 전 지역으로 확대되었다.

Like the Latin "omni," the Greek prefix "pan" means all. A *panacea* [pæ̀nəsí:ə] is a cure for all ills. A *panoramic* [pæ̀nərǽmik] view is one that seems to surround you. The *Pan-American* Games are open to contestants from throughout the Western Hemisphere.

라틴 어 "omni"처럼, 그리스 어 접두어인 "pan"도 '모든'을 의미한다. panacea는 만병통치약을, panoramic view는 '우리를 둘러싸고 보이는 전경'을 의미한다. The Pan-American Games(전미 체전)의 문은 서반구 전 지역에서 오는 선수들에게 열려 있다.

A closely related word is *endemic* [endémik], which means peculiar to a particular place or people.

관련 단어로 endemic이 있는데 이는 특정한 장소나 사람에게 고유한, 즉 '풍토성의'를 의미한다.

PANEGYRIC [pæ̀nidʒírik] n **elaborate praise; eulogy** 공들인 칭찬; 찬양

- As the Soviet official's brief introductory speech turned into a three-hour *panegyric* on the accomplishments of Lenin, the members of the audience began to snooze in their seats.
  소비에트 당국자의 짧은 인사말이 레닌의 업적을 찬양하는 세 시간짜리 연설로 바뀌자 청중들은 의자에 앉아 졸기 시작했다.

- Dan has been in advertising for too long; he can't say he likes something without escalating into *panegyric*.
  댄은 너무나 오랫동안 광고를 해 오고 있다. 그는 무엇인가를 좋아한다고 말하면 결국은 그것에 대한 찬사로 발전시킨다.

- "All these *panegyrics* are embarrassing me," lied the actress at the dinner in her honor.
  "이 모든 찬사는 나를 당황하게 합니다."라고 그녀를 위한 만찬에서 그 여배우는 거짓말을 했다.

PARABLE [pǽrəbl] n **religious allegory; fable; morality tale** 종교적인 비유; 우화; 교훈적인 이야기

- The story of the tortoise and the hare is a *parable* about the importance of persistent effort.
  토끼와 거북에 관한 이야기는 끊임없는 노력의 중요성에 대해 이야기하는 우화이다.

- Early religious lessons were often given in the form of *parables* because the stories made the lessons easier to understand.
  초기의 종교적인 교훈은 우화의 형태로 많이 이루어졌다. 이는 우화가 종교적인 교훈을 더 쉽게 이해할 수 있게 해 주었기 때문이다.

PARAGON [pǽrəgàn] n **a model or pattern of excellence** 뛰어난 모범, 혹은 전형

- Irene is a such a *paragon* of virtue that none of her classmates can stand her; they call her a goody-goody.
  아이린은 대단한 도덕적 순결함의 전형이라서 급우들은 그녀를 참을 수가 없다. 그들은 그녀를 독실한 척하는 얼간이라고 부른다.

- The new manual is unusual in the computer world in that it is a *paragon* of clear writing; after reading it, you understand exactly how the software works.
  새 안내서는 컴퓨터 업계에서는 보기 드문 것이다. 그 안내서는 쉬운 글쓰기의 본보기이다. 안내서를 읽고 나면 여러분도 그 소프트웨어가 어떻게 작동하는지 정확하게 이해할 수 있다.

- Mario named his fledgling restaurant *Paragon* Pizza, hoping that the name would make people think his pizzas were better than they actually were.
  마리오는 신장개업한 자신의 레스토랑에 Paragon Pizza라는 이름을 붙였다. 그 이름 덕분에 사람들이 그 집의 피자가 실제보다 더 맛있다고 생각하게 되기를 바랐다.

PARALLEL [pǽrəlèl] adj **similar; comparable** 비슷한; 대등한

- Before they learn to cooperate, young children often engage in what psychologists call *parallel* play; rather than playing one game together, they play separate games side by side.
  아이들은 협력하는 것을 배우기 전에, 심리학자들이 병렬놀이라고 부르는 놀이 방법에 몰두하는 경향이 있다. 아이들은 한 가지 놀이를 함께 하기보다는 서로 다른 놀이를 하며 따로따로 논다.

- Bill and Martha have *parallel* interests in the yard; Bill's favorite activity is mowing, and Martha's is pruning.
  빌과 마사는 정원에 대해서 비슷한 관심을 가지고 있다. 빌이 좋아하는 것은 잔디 깎기이며, 마사가 좋아하는 것은 가지치기이다.

Parallel can also be a noun, in which case it refers to something identical or similar in essential respects.

parallel은 명사로 쓰일 경우, 본질적인 면에서 볼 때 '동일하거나 비슷한 것'을 의미한다.

- Pessimistic economists sometimes say that there are many disturbing *parallels* between today's economy and the Great Depression of the thirties.

    비관적인 경제학자들은 간혹 오늘날의 경제와 30년대의 대공황 사이에는 무서울 정도로 동일한 면이 많이 있다고 말한다.

▶ parallel은 동사로도 쓰인다.

- To say that two murder cases *parallel* each other is to say that they are similar in many ways.

    두 개의 살인 사건이 서로 닮았다고 말하는 것은 사건의 많은 측면이 비슷하다는 뜻이다.

PARANOIA [pæ̀rənɔ́iə] n a mental illness in which the sufferer believes people are out to get him; unreasonable anxiety

다른 사람들이 자신을 괴롭히려 한다고 생각하는 정신질환, 편집증; 합리적이지 못한 걱정, 망상

- Margaret's *paranoia* has increased to the point at which she won't even set foot out of the house because she is afraid that the people walking by are foreign agents on a mission to assassinate her.

    마가렛의 편집증은 집 밖으로는 한 발짝도 나가지 않으려는 지경에까지 이르렀다. 거리에서 스쳐지나가는 사람들이 자신을 암살하는 임무를 띠고 온 외국의 스파이라고 두려워하기 때문이다.

- Worrying that one is going to die someday is not *paranoia*; it's just worrying, since one really is going to die someday.

    언젠가 죽을지도 모른다고 걱정하는 것은 편집증이 아니다. 실제로 누구나 언젠가는 죽게 되므로 그것은 단지 걱정일 뿐이다.

A person with *paranoia* is said to be *paranoid*[pǽrənɔ̀id]. The word has a precise clinical meaning, but it is often used loosely or figuratively.

형용사형은 paranoid(편집증의, 피해망상의)로, 이 단어는 엄밀하게 의학적인 의미를 가지지만 흔히 비유적으로 사용된다.

- Harry told Sally that she was *paranoid* to believe her dinner guests hated her cooking; in fact, her guests enjoyed her lasagna.

    해리는 저녁 식사에 초대받은 손님들이 샐리가 요리한 음식을 꺼린다고 생각하는 것은 과대망상이라고 그녀에게 말했다. 사실 손님들은 그녀의 라자냐를 맛있게 먹었다.

PARANORMAL [pæ̀rənɔ́ːrməl] adj having to do with an event or events that can't be explained scientifically; supernatural

어떤 사건 등이 과학적으로 설명할 수 없는; 초자연적인, 불가사의한

- Numerous *paranormal* events have occurred in that house since the Austins bought it; last night, an umbrella opened itself and began flying around the room, and just this morning the dining-room table turned into a little man with a long gray beard.

    오스틴네가 그 집을 구입한 이래로 과학적으로는 도저히 설명할 수 없는 사건들이 무수히 일어났다. 지난밤에는 우산이 저절로 펴지더니 방 안을 날아다니기 시작했고, 오늘 아침만 해도 주방의 식탁이 회색의 긴 수염을 기른 작은 난쟁이로 변했다.

Extrasensory perception, clairvoyance, and the ability to bend spoons with one's thoughts are said to be examples of *paranormal* phenomena.

감각적 감지 능력이나 투시력, 염력으로 숟가락을 구부리는 능력 등은 paranormal(과학적으로 설명할 수 없는)인 현상의 예이다.

Paranormal is often a polite synonym for *phony*.

paranormal은 흔히 phony(가짜의)를 고상하게 부를 때도 쓰인다.

PAROXYSM [pǽrəksìzm] n a sudden, violent outburst; a severe attack
갑자기 일어나는 격렬한 폭발; 맹렬한 공격

▸ 발음에 주의할 것.

- Sheldon flew into a *paroxysm* of rage and threw books across the room after finding that his apartment has been burglarized.
  쉘던은 그의 아파트가 도둑맞았다는 것을 알고는 벌컥 격분해서, 책들을 방을 가로질러 집어던졌다.

- Forty years of cigarette smoking had made John prone to agonizing *paroxysms* of coughing.
  40년간 담배를 피운 것 때문에 존은 고통스러운 기침 발작에 시달리기 일쑤였다.

PARTITION [pɑːrtíʃən] n division; dividing wall 분할; 칸막이

- The teacher's *partition* of the class into "smarties" and "dumbies" may not have been educationally sound.
  학생들을 '우수한 아이들'과 '모자라는 아이들'로 구분하는 선생님의 방식은 교육적으로 올바르지 않았을 것이다.

- In the temporary office there were plywood *partitions* rather than real walls between the work areas.
  임시 사무실은 각 부서 간에 진짜 벽이 있는 것이 아니라 베니어합판으로 만들어진 칸막이로 구분을 두었다.

▸ partition은 동사로도 쓰인다. 칸막이를 만들어 어떤 것을 '분할하다'라는 뜻이다.

- After the Second World War, Germany was *partitioned* into two distinct countries, East Germany and West Germany.
  제2차 세계 대전이 끝난 후, 독일은 동독과 서독이라는 두 개의 독립된 나라로 분할되었다.

- Ann and David used a wall of bookcases to *partition* off a study from one corner of their living room.
  앤과 데이비드는 거실 한쪽 구석에서 서재를 분리하기 위해 책장을 벽으로 사용했다.

QUICK QUIZ

Match each word in the first column with its definition in the second column. Check your answers in the back of the book.

1. palatable	a. model of excellence
2. pallor	b. pleasant to the taste
3. pandemic	c. supernatural
4. panegyric	d. prevalent throughout a large area
5. parable	e. morality tale
6. paragon	f. sudden, violent outburst
7. parallel	g. paleness
8. paranoia	h. unreasonable anxiety
9. paranormal	i. similar
10. paroxysm	j. elaborate praise

PASTORAL [pǽstərəl]   adj **rural; rustic; peaceful and calm, like the country**
시골의; 전원의; 시골처럼 평화롭고 조용한

▶ 발음에 주의할 것.

- When I'm in the city, I long for the *pastoral* life, but the second I get into the country, I almost die of boredom.

  나는 도시에 있을 때에는 전원생활을 그리워한다. 그러나 시골에 가게 되면 곧 나는 지루해서 죽을 지경이다.

- Lyme disease has made people a little less intrigued with living in *pastoral* splendor than they used to be.

  리임 질환 탓에 사람들은 전원의 태양 속에서 사는 것에 대한 관심을 전보다 조금 덜 갖게 되었다.

- Bruce is writing the *pastoral* movement of his symphony now. The harps will symbolize the gentle patter of rain pattering down on the fields and spoiling everyone's vacation.

  브루스는 요즘 그의 교향곡의 전원 악장을 작곡 중이다. 하프는 대지 위에 떨어져서 사람들의 휴가를 망치는 부드러운 빗방울의 후두둑 소리를 상징하게 될 것이다.

▶ 동의어는 halcyon[hǽlsiən] (평온한)이다. pastoral이 더 시골 느낌을 가지고 있다.

PATHOS [péiθɑs]   n **that which makes people feel pity or sorrow**
사람들에게 연민이나 슬픔을 느끼게 만드는 것, 파토스

- Laura's dog gets such a look of *pathos* whenever he wants to go for a walk that it's hard for Laura to turn him down.

  로라의 개는 산책이 나가고 싶어지면 너무나 애절한 모습을 보이기 때문에 로라는 거부하기가 어렵다.

- There was an unwitting *pathos* in the way the elderly shopkeeper had tried to spruce up his window display with crude decorations cut from construction paper.

  연세가 있는 상점 주인이 공작용 색판지를 잘라서 만든 볼품없는 장식으로 가게 진열장을 꾸며 보려고 애쓴 것에는 부지중의 비애가 들어 있었다.

Don't confuse *pathos* with *bathos*[béiθɑs]. *Bathos* is trite, insincere, sentimental *pathos*.

pathos와 bathos를 혼동하지 마라. bathos는 '진부하고, 성의 없으며, 정에 호소하는 싸구려 정서'를 의미한다.

- Terry said the new novel was deeply moving, but I found it to be filled with *bathos*, and I didn't shed a tear.

  테리는 새 소설이 아주 감동적이라고 말했지만 나는 그 책이 값싼 감상으로 가득하다는 것을 알게 되었다. 나는 눈물 한 방울 흘리지 않았다.

▶ 이 단어들의 발음에 주의할 것.

PATINA [pǽtənə/pətíːnə]   n **surface discoloration caused by age and oxidation**
오랜 세월과 산화 작용으로 인한 표면의 변색, 고색

▶ 발음에 주의할 것.

- Antiques dealers don't refer to the tarnish on old silver as tarnish; they call it *patina*, and say that it adds value to the silver.

  골동품 상인들은 오래된 은에 생긴 변색을 변색이라고 말하지 않는다. 그들은 그것을 고색창연한 퇴색이라고 부르며, 그것이 은제품의 가치를 더 높여 준다고 말한다.

- The Statue of Liberty's distinctive green color is due to its *patina*; the statue is made of copper, not cheese.

  자유의 여신상은 치즈가 아니라 구리로 만들어졌기 때문에 오래된 변색으로 인한 특유의 녹색을 띤다.

- Long use and exposure to sunlight give old furniture a *patina* that is impossible to reproduce in modern imitations; the color of a new piece never looks quite as rich and dark as the color of an old one.

  오랫동안 햇빛에 노출되고 오래 사용하게 되면, 고가구는 현대의 모조품에서는 만들어낼 수 없는 고색창연한 모습을 갖게 된다. 새로 만든 가구에서는 오래된 가구의 색깔과 같은 짙고 거무스름한 빛을 절대 볼 수가 없다.

PATRIMONY [pǽtrəmòuni]   n   an inheritance, especially from a father; a legacy
특히 아버지로부터 물려받은 세습 재산; 유산

- This thorny patch of ground isn't much, but it's my *patrimony*; it's all that my father left to me in his will.
  이 거친 땅 덩어리는 크지는 않지만, 나의 세습 재산이다. 그것이 아버지가 유언을 통해 내게 물려주신 전부이다.

- If Bob keeps spending at this rate, he will have exhausted his entire *patrimony* by the end of the year.
  밥이 지금처럼 계속해서 돈을 낭비한다면, 올해가 가기 전에 아버지로부터 물려받은 재산은 모두 바닥이 나고 말 것이다.

Patronage is a related word that means support (particularly financial support). *Patronage* is given by a *patron*.
patronage는 '후원(정확히는 금전적인 후원)'과 관계있는 단어이다. patron(후원자)으로부터 받는 것이 patronage이다.

PECULIAR [pikjú:ljər]   adj   unusual; bizarre; individual; belonging to a particular region
비범한; 기괴한; 독특한; 특정 지역에 속한

- There's a *peculiar* smell in this room. Are you wearing perfume made from floor wax and old socks?
  이 방에는 기괴한 냄새가 난다. 마루 닦는 왁스와 오래 묵은 양말로 만든 향수라도 사용하니?

- The *peculiar* look in his eye just before he opened the door was what tipped me off to the surprise party awaiting me inside.
  문을 열기 바로 직전에 그의 눈에 드러난 이상한 표정은 안에서 나를 위한 깜짝 파티가 기다리고 있다는 것을 넌지시 암시하는 것이었다.

- That method of cooking shrimp is *peculiar* to this region; it isn't done anywhere else.
  그 새우 요리법은 이 지역에만 있는 독특한 방식이다. 다른 곳에서는 전혀 그렇게 하지 않는다.

- Marlene's way of pronouncing "orange" is *peculiar* to a tiny region in Upstate New York.
  마린느의 "orange" 발음은 뉴욕 주의 북부에 있는 작은 시골 특유의 발음이다.

PEREGRINATION [pèrəgrənéiʃən]   n   wandering; traveling; expedition   방랑; 여행; 원정

- The baby made a wavering *peregrination* around the room in search of all the raisins she had dropped during her previous wavering *peregrination*.
  아기는 자기가 돌아다니면서 흘린 건포도를 찾아서 뒤뚱거리며 온 방 안을 돌아다녔다.

- Matthew's *peregrinations* across Europe have given him a vaguely continental accent and a walletful of unusable currency.
  유럽 전역을 돌아다닌 여행으로 인해 매튜에게 남은 것은 희미한 유럽 악센트와 지갑의 쓸모없는 화폐이다.

PERPETRATOR [pə́:rpətrèitər]   n   the one who commits an act   행위를 한 사람

- Police officers sometimes refer to the *perpetrator* of a crime simply as the "perp."
  경찰관들은 때때로 범죄 행위를 저지른 사람을 간단히 줄여서 "perp(범인)"라고 부른다.

- When Miss Walsh found glue on her chair, she speedily apprehended the *perpetrator* and sent him to the principal.
  왈쉬 선생님은 의자에 접착제가 있는 것을 발견하자 재빨리 범인을 붙잡아서 교장 선생님께 보냈다.

- The restaurant critic so disliked his meal at Pierre's restaurant that he referred to Pierre not as the meal's chef but as its *perpetrator*.
  레스토랑 비평가는 피에르의 레스토랑에서 먹은 음식이 너무나 마음에 들지 않았기 때문에 그를 그 음식을 만든 요리사가 아니라 그 음식을 만든 범인이라고 불렀다.

PERPETUATE [pərpétʃuèit] v to make something perpetual; to keep from perishing
영속시키다; 죽지 않게 하다

- By calling his secretary Fluffy, Quentin helped *perpetuate* the stereotype of office personnel as unskilled employees.

  퀜틴은 자신의 비서를 얼간이라고 부름으로써 사무실 직원들은 서툰 사람들이라는 고정 관념이 지속되는 데 일조했다.

- The new forestry bill contained conservation measures intended to help *perpetuate* the nation's timber resources.

  새로운 심림 법안은 국가의 심림 자원을 영구적으로 지키기 위한 보존 방법에 대한 내용을 포함하고 있었다.

PERVERSE [pərvə́ːrs] adj contrary; stubborn 심술궂은; 완고한

- It is *perverse* of Steve to insist on having the window seat, since looking down from great heights makes him airsick.

  높은 곳에서 아래를 내려다보면 멀미가 나는 데도 불구하고, 창가 자리에 앉겠다고 우기는 걸 보면 스티브는 아주 고집이 세다.

- Ralph takes a *perverse* pleasure in making his garden the ugliest on the block; it pleases him to know that he deeply annoys his neighbors.

  랩프는 동네에서 가장 지저분한 정원을 만들어 놓고는 심술궂게 즐거워한다. 그는 이웃 사람들을 깊이 화나게 만든다는 사실을 알게 되면 즐거워한다.

QUICK QUIZ

Match each word in the first column with its definition in the second column. Check your answers in the back of the book.

1. partition	a. keep from perishing
2. pastoral	b. division
3. pathos	c. rural
4. patina	d. the one who commits the act
5. patrimony	e. stubborn
6. peculiar	f. surface discoloration
7. peregrination	g. wandering
8. perpetrator	h. that which makes people feel pity or sorrow
9. perpetuate	i. unusual
10. perverse	j. inheritance

PHANTASM [fǽntæzm] n apparition; ghost; phantom 도깨비; 유령; 환영

▶ 발음에 주의할 것.

- The fountain that seemed to be gurgling on the horizon turned out to be a *phantasm*; after hours and hours of driving, Meredith was still surrounded by nothing but sand.

  지평선 위로 콸콸 솟아나는 것처럼 보였던 샘물은 환영일 뿐이었다. 차를 몰고 몇 시간을 헤매고 다녔는데도, 메러디스는 여전히 모래 말고는 아무것도 없는 사막 한가운데에 있었다.

- Though Aaron seems confident, fear and insecurity hover in his background like *phantasms* ready to haunt him again at any moment.

  아론은 자신감이 있는 듯 보이지만 언제라도 그를 다시 덮치려고 하는 유령 같은 공포와 불안이 그의 주위를 맴돌고 있다.

PHLEGMATIC [flegmǽtik] *adj* **calm or indifferent; not easily roused to excitement**

조용한, 무관심한; 쉽게 흥분하지 않는

Phlegmatic derives from *phlegm*[flem]. According to medieval lore, *phlegm* was one of the four "bodily humors" and caused sluggishness. Nowadays, *phlegm* means mucus, but a *phlegmatic* person is not someone with a runny nose.

phlegmatic은 phlegm(담, 점액)에서 유래한 단어이다. 중세의 민간요법에 의하면, phlegm은 네 가지 '체액' 중의 하나로 기능을 둔화시키는 역할을 했다고 한다. 오늘날에도 phlegm은 '점액'을 의미하기는 하지만, phlegmatic person이라고 하면 '코에서 점액이 흐르고 있는 사람'을 뜻하는 것이 아니다.

- It must be true that opposites attract; Debbie becomes upset at the slightest provocation, while Webbie is so *phlegmatic* that nothing seems to bother him at all.

  서로 반대되는 것끼리 끌어당기는 것은 틀림없는 사실인 것 같다. 데비는 아주 작은 자극에도 화를 내는 반면에, 웨비는 여간해서는 흥분하지 않는 사람이라 그를 성가시게 할 일이라는 것은 아무것도 없어 보인다.

- Vinnie tried to be *phlegmatic* about his eleven last-place finishes on field day, but as soon as he got home, he broke down and cried like a baby.

  비니는 운동회 날 열한 번이나 꼴등으로 들어온 것에 대해서 냉정해지려고 애를 썼다. 그러나 집에 도착하자마자 곧 그는 쓰러져서 아기처럼 울부짖었다.

▶ 동의어 stolid(침착한)를 참조할 것.

PILGRIMAGE [pílgrəmidʒ] *n* **religious or spiritual journey; excursion; peregrination**

종교적 여행, 정신적 편력; 여행; 방랑

A *pilgrim* is someone who takes a long journey from home for a religious or spiritual reason. A *pilgrim* makes a *pilgrimage*.

pilgrim은 종교적이거나 정신적인 이유로 '집을 떠나서 오랜 여행을 하는 사람'을 말한다. pilgrimage는 순례 여행이다.

- Every year, thousands of tone-deaf people make a *pilgrimage* to the shrine of St. Piano, hoping that musical ability will be restored to them.

  해마다 수천 명의 음치들이 자신들의 음악적 재능이 돌아오기를 희망하면서 성 피아노의 묘소를 순례한다.

- Someday I'm going to make a *pilgrimage* back to the most important spots of my childhood, beginning with the McDonald's across the street from my old house.

  나는 옛집의 길 건너편에 있는 맥도날드부터 시작해서, 어린 시절의 가장 중요했던 곳으로 언젠가는 순례 여행을 떠날 것이다.

PLACEBO [pləsí:bou] *n* **a fake medication; a fake medication used as a control in tests of the effectiveness of drugs**

위약; 약의 유효성 테스트에서 대조 표준으로 사용된 거짓 약물

▶ 발음에 주의할 것.

- Half the subjects in the experiment received the real drug; half were given *placebos*. Of the subjects given *placebos*, 50 percent reported a definite improvement, 30 percent reported a complete cure, and 20 percent said, "Oh, I bet you just gave us a placebo."

  실험 대상자의 반은 진짜 약을 받았다. 나머지 반에게는 가짜 약을 주었다. 가짜 약을 받은 사람의 50%는 뚜렷한 치료 효과가 있었으며, 30%는 완치가 되었고, 나머지 20%는 "당신이 우리에게 가짜 약을 주었다는데 돈을 걸겠소."라고 말했다.

- Mrs. Walters is a total hypochondriac; her doctor prescribes several *placebos* a week just to keep her from calling him so often.

  월터스 부인은 심한 우울증 환자이다. 담당 의사는 단지 그녀의 빈번한 전화를 막기 위해서 일주일에 몇 개의 가짜 약을 처방한다.

PLATONIC [plətánik] adj **nonsexual; purely spiritual** 성적인 면이 없는; 순수하게 정신적인

Platonic love is love that never gets physical. It is supposed to be free from desire and possessiveness, which is why you hardly ever see it in real life. The word is derived from the name of the Greek philosopher Plato, who believed, among other things, that physical objects are just the impermanent representations of unchanging ideas.

platonic love는 결코 '육체를 탐하지 않는 사랑'이다. 그것은 성욕과 소유욕에서 자유로운 것으로 여겨지는데 실제 삶에서 그러한 사랑을 거의 볼 수 없는 것은 이 때문이다. platonic은 그리스의 철학자, 플라톤의 이름에서 유래한 것이다. 그는 무엇보다도 육체적 대상은 변하지 않는 이성의 일시적인 표현에 지나지 않는다고 믿었다.

- "Let's keep our relationship *platonic* for a while," Ken told his would-be girlfriend. "After all, we only met five minutes ago, and it won't be dark for several hours."

  "당분간 우리의 관계를 순수하게 정신적인 것으로 하자." 켄이 장래 여자 친구에게 말했다. "아무튼 우리는 단지 5분 전에 만났을 뿐이고, 어두워지려면 아직 몇 시간이나 남았으니까."

- Ravi and Gina's marriage is entirely *platonic*; they live in separate cities, and they seldom even speak to each other.

  라비와 지나의 결혼은 전적으로 정신적인 것이다. 그들은 서로 다른 도시에 살고 있고, 서로 말을 하는 일도 거의 없다.

PLAUSIBLE [plɔ́ːzəbl] adj **believable; convincing** 믿을 수 있는; 설득력 있는, 수긍이 가는

- "You're going to have to come up with a more *plausible* alibi," Doris told her drunken husband sternly after he told her he had been working late and then fell face forward into the living room.

  "당신은 좀 더 설득력 있는 알리바이를 만들어내야 할 거예요." 도리스는 남편이 늦도록 일하고 거실에서 앞으로 엎어졌다고 말하는 것을 듣고 난 후, 술 취한 남편에게 단호하게 말했다.

- Irene's excuse is hardly *plausible*; how could a parakeet chew up someone's homework?

  아이린의 변명은 거의 믿을 수가 없다. 어떻게 잉꼬가 사람의 숙제를 씹어 먹을 수 있었겠는가?

▶ 반의어는 implausible(믿기 어려운)이다.

- The theory that tiny little men move the pictures around inside the television is interesting but *implausible*; for one thing, you never see anyone putting food in a TV.

  아주 작은 사람들이 텔레비전 안에서 사진을 움직인다는 이론은 재미는 있지만 믿기 어려운 이야기이다. 한 가지 예를 들자면, 아무도 텔레비전 안으로 음식을 넣어 주는 것을 본 적이 없다.

▶ 명사형은 plausibility(그럴듯함)이고, 그 반의어는 implausibility(믿기 어려움)이다.

PLIABLE [plái əbl] adj **flexible; easy to bend; easy to convince, persuade, or mold**
유연한; 구부리기 쉬운; 납득시키거나 설득하거나 모양을 만들기 쉬운

- If you work the modeling clay until it is *pliable*, you will find that it is easier to mold into shapes.

  만약 여러분이 공작용 찰흙이 유연해질 때까지 작업을 한다면, 형상을 만들기가 더 쉬워진다는 것을 알게 될 것이다.

- The tennis coach preferred working with very young children, because he found them to be more *pliable* than older players, who had often become set in their ways.

  테니스 코치는 아주 어린아이들과 운동하는 것을 더 좋아했다. 흔히 자신의 방식대로 굳어져 있는 어른들보다 아이들이 더 가르치기 쉽다는 것을 알게 되었기 때문이었다.

- Sharon was so *pliable* that she would instantly change her mind whenever anyone disagreed with her.

  샤론은 워낙 남의 말을 잘 따르기 때문에 다른 사람이 자신의 의견과 다를 때는 언제나 즉시 마음을 바꾸곤 했다.

▶ 명사형은 pliability[plàiəbíləti] (유연함)이다.

- William's heavy vinyl gloves lost their *pliability* in the cold weather, and he found it difficult to move his fingers.

  윌리엄의 두꺼운 비닐장갑은 추운 날씨 속에서 유연성이 없어졌다. 그는 손가락조차 움직이기 어렵다는 것을 깨달았다.

PLIGHT [plɑit] n a dangerous, distressing or unpleasant situation
위험하고 비참하며 불쾌한 상황, 곤경, 궁상

- Whenever the heroine finds herself in a seemingly hopeless *plight* in an old-fashioned movie—whether it's being tied to railroad tracks or hanging on to a cliff edge—it's pretty certain she'll be rescued soon.

  오래된 옛날 영화를 보면 여자 주인공이 겉으로 드러난 절망적인 곤경에 빠질 때마다, 즉 철도 선로에 묶여 있는 상황이든 절벽에 매달려 있는 상황이든 간에 그녀가 곧 구출될 것임은 너무나 분명하다.

- "What a *plight* you're in," Claudia observed as she watched her sister cowering in a corner surrounded by rabid dogs.

  "너 곤경에 처해 있구나." 여동생이 광견병에 걸린 개들에게 둘러싸여 구석에서 잔뜩 움츠리고 있는 것을 보고 클라우디아는 말했다.

- Moved by the *plight* of the hostages, the rich man assembled an army of mercenaries to rescue them.

  인질들의 비참한 상황에 연민을 느끼고, 그 부자는 인질들을 구출하기 위해 용병을 모집했다.

PLUNDER [plʌ́ndər] v to loot; to ransack 약탈하다; 빼앗다

- Mrs. Ort told her son to stop *plundering* the refrigerator before he ate up all the food that she had prepared for her guests.

  오트 부인은 아들에게 손님들을 위해서 준비한 음식을 모두 먹어치우기 전에 냉장고 약탈을 그만두라고 말했다.

- The victorious soldiers *plundered* the town until there was nothing left to steal.

  전투에서 승리한 병사들은 그 도시에서 더 이상 훔칠 것이 남아 있지 않을 때까지 약탈을 자행했다.

▶ plunder는 명사로도 쓰인다.

- The pirates' ship was loaded with *plunder*, all of which had been stolen from merchant vessels.

  해적선은 약탈에서 얻은 물건들을 잔뜩 실었다. 그것들은 모두 상인들의 배에서 훔친 것이었다.

PLURALISM [plúərəlìzm] n a condition of society in which distinct groups exist and function together yet retain their own identities
서로 다른 그룹들이 함께 존재하고 맡은 바 기능을 하면서도 자신만의 고유한 정체성을 유지하는 사회 형태, 다원주의

- *Pluralism* is the only hope for American society; our country is made up of too many different kinds of people for a single culture to prevail.

  다원주의는 미국 사회의 유일한 희망이다. 미국은 수많은 서로 다른 인종으로 구성되어 있어서 어느 하나의 문화가 우세를 점할 수 없다.

- Anne's reading habits reflected a healthy *pluralism*; she read all the classics, but she also enjoyed murder mysteries and historical novels.

  앤의 독서 습관은 건전한 다원주의를 반영했다. 그녀는 고전을 모두 읽었고 추리 소설이나 역사 소설도 좋아했다.

▶ 형용사형은 pluralistic[plùərəlístik](다원론의)이다.

- The members of a *pluralistic* society must accommodate themselves to a broad range of cultural peculiarities.

  다원적 사회의 구성원은 다양한 형태의 독특한 문화에 적응해야 한다.

PONTIFICATE [pɑntífəkit] v to speak pompously or dogmatically
거드름을 피우며 말하다, 독단적으로 말하다

- Whenever my next-door neighbor begins *pontificating* about zoning laws, I quietly tiptoe back inside; I am tired of being lectured by that pompous jerk.

  옆집에 사는 이웃이 도시 계획법에 대하여 거드름을 피우며 말하기 시작하면, 나는 언제나 발뒤꿈치를 들고 조용히 집 안으로 돌아온다. 그 잘난 척하는 멍청이의 설교를 듣는 것은 정말 지겹다.

- **Mr. Burgess doesn't so much speak as *pontificate*; he makes even "hello" sound like a proclamation from on high.**
  버제스 씨는 거드름을 피우며 말한다. 그가 "이봐요" 하는 말조차도 높은 곳에서 선언하는 것처럼 들린다.

▸ 명사형은 pontification[pɑntìfikéiʃən](거드름)이다.

Match each word in the first column with its definition in the second column. Check your answers in the back of the book.

1. phantasm		a.	fake medication
2. phlegmatic		b.	nonsexual
3. pilgrimage		c.	coexistence of distinct groups
4. placebo		d.	religious journey
5. platonic		e.	calm or indifferent
6. plausible		f.	flexible
7. pliable		g.	believable
8. plight		h.	dangerous situation
9. plunder		i.	apparition
10. pluralism		j.	ransack

POROUS [pɔ́:rəs] adj **filled with many tiny holes; permeable; absorbent**
작은 구멍으로 가득한; 투과할 수 있는; 흡수하는

- **You just can't build a *porous* boat and expect it to float.**
  구멍이 뚫린 배를 만들어서 그것이 물에 뜨기를 기대할 수는 없다.

- **If my socks were not made of a *porous* material, my feet would be soaking wet with perspiration.**
  내 양말이 흡수하는 재료로 만들어지지 않았다면, 내 발은 땀으로 흠뻑 젖어 있을 것이다.

- **They're advertising a paper towel so *porous* that one sheet can soak up a whole sinkful of water.**
  그들은 종이 타월이 워낙 흡수성이 좋아서 한 장만으로도 싱크대 한 통의 물을 다 빨아들일 수 있다고 광고하고 있다.

▸ 명사형은 porousness(침투성) 또는 porosity[pɔːrásəti](다공성)이다.

- **_Porosity_ is not a desirable quality in an umbrella.**
  다공성은 우산에는 바람직하지 못한 특성이다.

▸ 이 단어들의 발음에 주의할 것.

POSTERITY [pɑstérəti] n future generations; descendants; heirs 미래 세대; 자손; 상속자들

- Richard necessarily paints for *posterity*; nobody alive has any interest in his pictures.

  리차드는 어쩔 수 없이 다음 세대를 위해 그림을 그린다. 동시대의 사람들은 아무도 그의 그림에 관심을 보이지 않는다.

- There's no point in protecting the world's oil reserves for *posterity* if we don't also leave posterity any air to breathe.

  우리가 우리 자손에게 숨 쉴 공기를 남겨 두지 않는다면 자손을 위해 세계의 석유 보유지를 보호한다는 것은 의미 없는 일이다.

- Samantha is saving her diaries for *posterity*; she hopes that her daughters and granddaughters will enjoy them.

  사만다는 후손을 위하여 일기를 보관하고 있다. 그녀는 딸과 손녀들이 그 일기들을 읽어 주기를 바라고 있다.

POSTHUMOUS [pɑstʃuməs] adj occurring after one's death; published after the death of the author 사후에 발생하는; 저자의 사망 후에 출판된

▶ 발음에 주의할 것.

- The *posthumous* publication of Hemingway novels has become a minor literary industry, even though Hemingway clearly had good reasons for keeping the novels unpublished.

  헤밍웨이의 소설 가운데 사후 출판된 것은 문학계에서 그다지 빛을 보지 못했다. 헤밍웨이가 그 소설들을 출판하지 않은 것에는 분명히 충분한 이유가 있었음에도 불구하고 (후세 사람들이) 출판했던 것이다.

POSTURE [pɑstʃər] v to act or speak artificially or affectedly 인위적으로나 꾸며서 말하거나 행동하다

▶ 의미에 주의할 것.

- Jessica is always *posturing* about the plight of farm workers, even though she has never set foot on a farm in her life.

  제시카는 태어나서 한 번도 농장에 발을 디뎌 본 적도 없으면서, 언제나 농부들의 고통에 대해서 짐짓 아는 척을 한다.

- The creative writing workshop quickly disintegrated into an orgy of *posturing* by the self-important student poets, all of whom were trying to prove that they were tortured geniuses.

  창작 연구 모임은 곧 오만한 학생 시인들이 허세를 부리는 떠들썩한 난장판으로 변했다. 그들은 모두 자신들의 천재성 때문에 괴로움을 받고 있다는 것을 증명하려고 애썼다.

PRATTLE [prǽtl] v to chatter on and on; to babble childishly 계속해서 재잘거리다; 아이처럼 더듬거리다

- Billie Jean *prattles* ceaselessly about the only things that interest her: makeup, shopping, and her weight.

  빌리 진은 화장과 쇼핑과 몸무게같이 오로지 자신이 흥미를 가지고 있는 것에 대해서만 끊임없이 재잘댄다.

▶ prattle은 명사로도 쓰인다.

- A baby's *prattle* is utterly adorable unless you have to listen to it all day long.

  아이의 혀짤배기소리는 하루 종일 그것을 듣고 있어야만 하는 상황이 아니라면 상당히 귀엽다.

PRECARIOUS [prikέəriəs] adj dangerously insecure or unsteady 위태로울 정도로 불확실하거나 불안정한

- The boulder was balanced in a *precarious* position over the lip of the cliff, and it threatened to fall at any moment onto the heads of the heedless skiers below.

  둥근 돌이 절벽 가장자리 끝의 불안정한 지점에 균형을 잡고 놓여 있었다. 그 돌은 절벽 아래에서 스키를 타고 있는 조심성 없는 누군가의 머리 위로 언제라도 떨어질 것처럼 위태롭게 보였다.

- Juliet is earning a *precarious* living as a strolling knife-sharpener; her position would be considerably less *precarious* if more people were interested in having their knives sharpened by someone strolling down the street.

  떠돌이 칼갈이 일을 하는 줄리엣의 수입은 불안정하다. 사람들이 길거리를 다니며 칼 가는 사람에게 자신들의 칼을 갈도록 더 많은 관심을 기울인다면, 그녀의 처지도 불확실함에서 상당히 벗어날 수 있을 것이다.

PRECOCIOUS [prikóuʃəs]   adj   unusually mature; uncommonly gifted
보통과는 달리 성숙한; 특별히 재능을 부여받은

- The *precocious* child could tie her shoes five minutes after she was born and tap dance before she was a month old.

  상당히 발달이 빠른 그 아기는 태어나서 5분 만에 신발 끈을 묶었으며, 한 달이 되기도 전에 탭댄스를 출 수 있었다.

- Beethoven's father was so proud of his son's *precocious* musical genius that he used to wake the boy up in the middle of the night and make him play the piano for guests.

  베토벤의 아버지는 아들의 천부적인 음악적 재능을 너무나 자랑스러워했다. 그래서 그는 손님들을 위해서 피아노를 치라고 한밤중에도 아들을 깨우곤 했다.

▶ 명사형은 precociousness(조숙) 또는 precocity[prikásəti](조숙)이다.

- Mr. and Mrs. Sherman were alarmed by the *precocity* of their son; at age fourteen, he was busy planning for his retirement.

  쉐르먼 부부는 아들의 조숙함에 놀라고 있었다. 아들은 열네 살에 은퇴를 계획하느라 바빴던 것이다.

PREDECESSOR [prédisèsər]   n   someone or something that precedes in time
시간적으로 앞선 사람이나 사물, 선배, 전임자

- "My *predecessor* left this office rather messy," Mr. Griggs apologized as he led his associates past a pile of dusty boxes.

  "전임자가 이 사무실을 상당히 지저분하게 사용했어요." 그릭스 씨는 동료들을 데리고 먼지투성이 상자 더미 옆을 지나면서 동료들에게 해명을 했다.

- His *predecessor* had been so beloved by the nation that the new president resigned himself to being viewed as inferior.

  전임자가 온 국민들로부터 너무나 많은 사랑을 받았기 때문에, 새로 취임한 대통령은 그보다 모자란 사람으로 취급받는 것을 감수할 수밖에 없었다.

- The new model of the minivan is a wonderful vehicle, but its *predecessor* was riddled with engineering flaws.

  새로운 모델의 미니밴은 굉장히 멋진 차이다. 그러나 전 모델은 기계적 결함이 많이 있었다.

Just as a *predecessor* comes before, a *successor* [səksésər] comes after.
predecessor가 먼저 온 것이라면 successor는 '후에 온 것이다.

- People who hadn't liked the old minivan were pleased by its *successor* because the manufacturer had eliminated most of the engineering flaws that had plagued the earlier vehicle.

  구형 미니밴을 좋아하지 않던 사람들은 후에 나온 신형 모델에 만족했다. 제조업자가 이전의 미니밴을 괴롭힌 기계적 결함을 대부분 제거했기 때문이었다.

PREDICAMENT [pridíkəmənt]   n   a dangerous or unpleasant situation; a dilemma
위험하고 불쾌한 상태; 궁지, 딜레마

- Lisa's kitten is always having to be rescued from one *predicament* or another; yesterday, she got stuck inside a hollow log, and the day before, Lisa closed her in the automatic garage door.

  리사의 새끼 고양이는 계속되는 곤경에서 언제나 구해 주어야만 한다. 어제는 속이 빈 통나무에 끼이기도 했고, 그제는 리사가 자동식 차고 문 안에 고양이를 가두기도 했다.

- "Now, let's see. How will I escape from this *predicament*?" asked Monty as he stared at the tiger charging toward him.

  "자, 생각해 보자. 어떻게 이 곤경에서 빠져나가지?" 몬티는 자신을 향해 달려드는 호랑이를 보며 중얼거렸다.

PREDISPOSE [prìːdispóuz] v **to make susceptible; to put in a frame of mind for; to incline toward** ~하기 쉽게 만들다; ~을 좋아하도록 하다; ~에 기울게 하다

- The fact that Selma grew up in the desert probably *predisposed* her to working with cactuses.

  사막에서 성장했다는 사실 때문에, 아마도 셀마는 선인장을 관리하는 일을 즐기게 되었을 것이다.

- Since the little boy was used to moving, he arrived in the new neighborhood already *predisposed* to make new friends.

  그 작은 소년은 이사 다니는 것에 익숙했기 때문에 새로운 마을에 도착해서 벌써 새 친구를 쉽게 사귈 수 있었다.

▶ 명사형은 predisposition [prìːdispəzíʃən] (성향)이다.

- Mr. Bigelow had a strong *predisposition* against eating lunch, but when he saw the sumptuous banquet laid out in the conference room, he pushed his way to the head of the line and made a pig of himself.

  비젤로우 씨는 점심을 먹지 않는 고집스러운 성향이 있었다. 그러나 연회장에 차려진 진수성찬을 보고는, 그는 사람들을 밀치고 늘어선 줄의 맨 앞으로 나아가 돼지처럼 먹어댔다.

QUICK QUIZ

Match each word in the first column with its definition in the second column. Check your answers in the back of the book.

1. pontificate	a. occurring after one's death
2. porous	b. future generations
3. posterity	c. unusually mature
4. posthumous	d. filled with many tiny holes
5. posture	e. dangerously insecure
6. prattle	f. chatter on and on
7. precarious	g. speak pompously
8. precocious	h. dangerous situation
9. predecessor	i. speak artificially
10. predicament	j. something that precedes in time

PREDOMINANT [pridámənənt] adj **most important; dominant; having power over others** 가장 중요한; 지배적인, 유력한; 다른 사람을 지배하는 힘이 있는

- The *predominant* quality of Luther's painting is its boring grayness; he calls it "Fog at Dusk."

  루터의 그림에서 가장 두드러진 특징은 지루하게 만드는 회색이다. 그는 그 색을 "황혼 무렵의 안개"라고 부른다.

- Miranda's speech ranged over many topics, but its *predominant* subject was the need for more vending machines in the student lounge.

  미란다의 연설은 여러 가지 문제를 언급했다. 그러나 연설의 주된 주제는 학생 휴게실에 자동판매기가 더 많이 필요하다는 내용이었다.

- The admiral's audience was composed *predominantly* of penguins; there were a few polar bears here and there, but for the most part it was penguins, penguins, penguins.

  그 해군 장성의 청중들은 펭귄이 압도적인 다수를 차지하고 있었다. 여기저기에 북극곰들이 조금 있었지만, 절대다수를 차지하고 있는 것은 펭귄, 펭귄, 펭귄이었다.

▶ 동사형은 predominate[pridámənèit] (지배적이다)이다.

- Deep discounts *predominated* the week before Christmas as retailers tried frantically to boost sales at the end of a disappointing holiday season.

  소매상인들이 별 볼 일 없는 휴일의 말미에 판매를 촉진하기 위해 몹시 혈안이 되어 있어서 크리스마스 전 주에는 대폭적인 할인 행사가 주를 이뤘다.

▶ 이 단어들의 발음에 주의할 것.

PREGNANT [prégnənt] adj highly significant; overflowing 의미심장한; 넘쳐흐르는

Biologically speaking, to be *pregnant* is to carry a developing fetus in one's uterus; outside of this precise usage, the word has a more general, figurative meaning.

생물학적으로 말해서 pregnant는 사람의 자궁 속에 성장 중인 태아를 '임신하고 있는' 상태를 의미한다. 이러한 정확한 의미를 벗어나면, pregnant는 좀 더 일반적이고 비유적인 의미로 사용된다.

- There was a *pregnant* pause in the room as the elves considered the alarming implications of Santa's announcement that from now on all toys would be bought from Toys "R" Us.

  산타가 앞으로는 계속해서 모든 장난감을 토이스알어스 사에서 사겠다고 선언하자, 꼬마 요정들은 이 놀라운 선언이 함축하고 있는 의미를 깊이 생각하느라 방에는 의미심장한 침묵이 감돌았다.

- India's message to her boyfriend contained only one sentence, yet that one sentence was *pregnant* with meaning ("I am *pregnant*").

  남자 친구에게 보낸 인디아의 편지에는 단지 한 문장만 적혀 있었다. 그러나 그 한 문장은 대단히 의미심장한 내용이었다('나 임신했어').

PRELUDE [préljuːd] n introduction; something that precedes something else
서론; 다른 것에 앞서 나온 것

▶ 발음에 주의할 것.

- As a *prelude* to her recital, Mrs. Oliver lectured for about an hour on some of the finer points of the composition she was about to sing.

  공연에 들어가기에 앞서 올리버 부인은 이제 부르려고 하는 곡목의 몇 가지 장점에 대해 한 시간이나 설명을 했다.

- Stretching exercises should be a *prelude* to any long bout of exercise; stretching muscles before exerting them helps protect them from injury.

  어떤 운동이든지 오랜 시간 운동을 하기 전에는 준비운동으로 스트레칭 운동이 반드시 필요하다. 힘을 쓰기 전에 근육을 펴 주면 근육의 손상을 막을 수 있다.

PREMEDITATED [priːmédəèitid] adj planned beforehand; prearranged; plotted
사전에 계획된; 사전에 협의된; 계획된

To *meditate* is to think long and hard about something. To *premeditate* is to think or plan something carefully before doing it. *Premeditated* murder is considered worse than just killing someone on the spur of the moment because deliberate violence is viewed as being more heinous than spontaneous fury.

meditate는 뭔가에 대해서 '오랫동안 심각하게 생각하다'의 뜻이고, premeditate는 어떤 일을 하기 전에 '용의주도하게 계획을 세우거나 생각하다'라는 뜻이다. Premeditated murder(계획적인 살인)는 순간적인 우발적 충동에 의한 살인보다 더 나쁜 것으로 여겨진다. 계획적인 폭력은 무의식적인 격분보다 더 극악한 것으로 생각되기 때문이다.

- Tomas's seemingly fortuitous rise to the presidency had actually been carefully *premeditated*; for twenty years, he had been quietly sucking up to anyone in the company whom he felt could advance his career.

  겉보기에는 우연인 것 같던 토마스의 사장 승진은 실제로는 용의주도한 사전 계획에 의한 것이었다. 20년 동안 그는 자신의 출세에 도움이 될 것이라고 생각한 회사 내의 사람들에게 보이지 않게 아첨을 떨어 왔던 것이다.

PREPONDERANCE [pripándərəns] n **superiority in weight, number, size, extent, influence, etc.; majority; predominance**
무게, 수량, 크기, 넓이, 영향력 등등에 있어서의 우세, 우위; 다수, 우위의 세력; 탁월함

- Looking around the well-dressed crowd at the ball, Richard was surprised to notice a *preponderance* of women wearing baseball caps.
  무도회에서 잘 차려입은 사람들을 둘러보다가 리차드는 야구 모자를 쓴 여성들이 대다수라는 것을 발견하고 깜짝 놀랐다.

- The *preponderance* of onions in the stew made us suspect that our host had been trying to save money when he made it because onions were its least expensive ingredient.
  스튜 요리 속에 양파만 잔뜩 있는 것을 보고 우리는 주인이 요리를 하면서 돈을 아끼려고 한 것은 아닌가 하는 생각이 들었다. 양파야말로 가장 싼 재료였기 때문이다.

PRESAGE [présidʒ] v **to portend; to foreshadow; to forecast or predict**
~의 전조가 되다; 징조를 보이다; 예언하다, 예상하다

▶ 발음에 주의할 것.

- Patty's sullen looks *presage* yet another family battle.
  패티의 부루퉁한 모습은 또 한 번 가족 싸움이 벌어질 징조이다.

- They say a bad dress rehearsal *presages* a good performance, but I have found that often a bad dress rehearsal is followed by an equally bad show.
  총연습에서의 실수는 실제 공연이 성공할 것이라는 징조라고 사람들은 말한다. 그러나 나는 총연습에서의 실수가 실제 공연으로 이어지는 것을 흔히 보아 왔다.

- The meteorologist's record at *presaging* the weather was not impressive; he was correct only about half the time.
  날씨를 예측하는 데 있어 그 기상학자의 기록은 신통치 않았다. 그의 예보는 절반 정도만 맞았다.

PRESENTIMENT [prizéntəmənt] n **the feeling that something(especially something bad) is about to happen** 어떤 일(특히 나쁜 일)이 곧 닥칠 것 같은 느낌, 육감

- My *presentiment* that I was about to be fired turned out to be incorrect; my boss had asked to see me only because he wanted to tell me that he had given me a raise.
  내가 곧 해고될 것 같은 예감은 틀린 것으로 드러났다. 단지 사장은 나의 급료를 올려 주었다는 얘기를 하고 싶어서 나에게 만나자고 했던 것이었다.

- "I knew the boat would sink," Aunt Louise said triumphantly. "I just had a *presentiment* about it when I saw that leaky bottom."
  "나는 그 배가 가라앉을 것을 알고 있었다." 루이즈 숙모는 의기양양하여 말했다. "바닥이 새는 것을 보고 그런 예감이 들었던 것뿐이야."

PRESUMABLY [prizjú:məbli] adv **probably; the assumption is that; doubtless**
아마도; 가정하건대; 아마

- *Presumably* Elsie would have worn her glasses if she had known that her driver's test was today.
  운전면허 시험이 오늘이라는 것을 알았더라면, 엘시는 아마도 안경을 썼을 것이다.

- The gardener said he would come a little early next week, *presumably* to rake up all the dead leaves before mowing.
  아마도 잔디를 깎기 전에 낙엽부터 치워야 할 것 같으므로, 정원사는 다음 주에 조금 일찍 오겠다고 말했다.

PRESUPPOSE [prìːsəpóuz] v **to assume beforehand; to take for granted in advance; to require as a prior condition**

미리 추정하다; 미리 앞서서 당연한 것으로 생각하다; 전제 조건으로 요구하다

- We mustn't *presuppose* that the new headmaster hates girls just because he's always been in charge of boys' schools before; after all that time spent living with boys, it may actually be boys whom he hates.

  단지 신임 교장이 이전에는 항상 남자 학교만 맡았다는 이유로, 그가 여학생들을 싫어한다고 함부로 추정해서는 안 된다. 남학생들과 생활하고 나서 교장이 정말로 싫어하게 된 것은 남학생일지도 모른다.

- A high score does not *presuppose* good play by either team; sometimes sloppy teams run up a big score through carelessness.

  높은 점수를 보고 어느 한쪽 팀이 아주 좋은 경기를 했다고 함부로 추정해서는 안 된다. 때로는 별 볼 일 없던 팀이 아무 생각 없이 경기를 하다가 높은 점수를 얻기도 한다.

- Because his father is a famous actor, Phil often encounters the *presupposition* that he can act, too.

  아버지가 유명한 배우이기 때문에, 필은 그도 당연히 연기를 할 수 있을 거라는 추측들과 흔히 만나게 된다.

QUICK QUIZ 64▶

Match each word in the first column with its definition in the second column. Check your answers in the back of the book.

1. predispose		a. majority
2. predominant		b. portend
3. pregnant		c. most important
4. prelude		d. feeling that something is about to happen
5. premeditated		e. introduction
6. preponderance		f. make susceptible
7. presage		g. planned beforehand
8. presentiment		h. highly significant
9. presumably		i. assume beforehand
10. presuppose		j. probably

PRIMAL [práiməl] adj **first; original; of the greatest importance** 최초의; 처음의; 가장 중요한

- All of us can trace our ancestry back to one-celled creatures swimming about in a sort of *primal* soup of water, amino acids, gunk, and who knows what else.

  우리 모두는 조상을 밟아 올라가다 보면 물과 아미노산과 끈적끈적한 오물과 그 밖에 다른 것들이 섞인 원시적 형태의 수프 속에서 유영하던 단세포 생물에 이른다.

- The throbbing music engendered a sort of *primal* excitement in the crowd, causing people to bang their chests and jump up and down on their seats.

  역동적인 음악은 군중들에게 원시적인 형태의 흥분을 유발해서 사람들이 자기의 가슴을 치며 자리에서 팔짝팔짝 뛰게 만들었다.

- *Primal* among a puppy's needs is access to expensive shoes that it can chew.

  강아지의 욕구 중에서 가장 주요한 욕구는 씹을 수 있는 값비싼 신발에 접근하는 것이다.

PRISTINE [prísti:n] adj perfectly clean and untouched; uncontaminated
매우 깨끗하고 손대지 않은; 오염되지 않은

▶ 발음에 주의할 것.

- We had thought the forest was *pristine* until we spotted the tin cans buried under the moss.
  우리는 이끼 밑에 묻혀 있는 깡통을 발견하기 전까지, 그 숲이 아주 깨끗한 천연의 상태일 거라고 생각했다.

- My mother likes her kitchen so *pristine* that she'd really prefer that no one use it at all.
  어머니는 깨끗한 주방을 너무나 좋아해서 아예 아무도 주방을 사용하지 않는 것을 더 좋아할 정도이다.

- The *pristine* page in his typewriter seemed to taunt the struggling author, who couldn't think of anything whatsoever to write.
  타자기에 걸린 순백의 종이가 무엇을 써야 할지 아무것도 생각나지 않아 발버둥치는 작가를 조롱하는 것처럼 보였다.

PRIVATION [praivéiʃən] n lack of comforts or necessities; poverty
편리시설이나 필수품의 부족; 가난

- Oh, come on, Karen! Not having an indoor swimming pool isn't exactly a *privation*, you know!
  자, 캐런! 실내 수영장이 없다는 것은 반드시 가난하다는 것을 의미하는 것은 아니란다. 알겠지!

- In wartime, most people readily accustom themselves to a level of *privation* that they would never accept under ordinary circumstances.
  전쟁 중에는 대부분의 사람들이 보통의 상황이라면 결코 적응하지 못했을 정도의 결핍에도 쉽게 익숙해진다.

- For Owen, the fact that he never had to make his bed more than made up for the numerous *privations* of life in a pup tent.
  오웬에게 있어서는 잠자리를 정리하지 않아도 된다는 사실이 소형 텐트에서 생활하면서 겪는 여러 가지 결핍을 보상해 주고도 남았다.

Deprivation[déprəveiʃən] is the state of being *deprived* of things, especially things important to one's well-being.
명사 deprivation은 특히 인간의 기본적인 복지를 위해서 중요한 것들의 결핍된 상황이다.

▶ 이 단어들의 발음에 주의할 것.

PROCLAIM [proukléim] v to announce; declare; make known 선언하다; 공표하다; 알리다

- "I hereby *proclaim* that today is Hot Dog Day," announced the befuddled governor on the first day of Hot Dog Week.
  "이에 의거하여 선언하노니 오늘은 핫도그의 날이다."라고 엉망으로 취한 주지사가 핫도그 주간의 첫날 이렇게 선언했다.

- The blossoms on the cherry trees *proclaimed* spring from every branch.
  벚나무의 개화는 모든 가지마다에서 봄을 알리고 있었다.

Ordinary people don't usually *proclaim* things, unless they're trying to throw their weight around.
보통의 사람들은 자신의 중요성을 과시하는 경우가 아니라면, 일반적으로 뭔가를 proclaim(선언하다)하지 않는다.

- The king *proclaimed* that taxes would be raised throughout the realm. Mr. Bendel reported the king's *proclamation*[pràkləméiʃən] to his family.
  왕은 전 왕국에서 세금을 올릴 것이라고 선언했다. 벤들 씨는 왕의 선언 내용을 가족들에게 전했다.

PROCURE [prəkjúər] v to obtain or acquire by special means 특별한 방법으로 조달하다, 획득하다

- It took a lot of effort and know-how to *procure* Oreos at the health spa, but Stuart bribed the chief chef.
  헬스 센터에서 오레오스를 조달하는 데는 많은 노력과 기술이 필요했다. 그러나 스튜어트는 주방장을 뇌물로 매수했다.

- Our efforts to *procure* a thousand cases of champagne in time for the party ended in failure; we were able to find only nine hundred.

  우리는 파티에 사용할 천 상자의 샴페인을 시간 안에 구하기 위해 노력했지만 결국 실패했다. 우리는 단지 900개밖에 못 찾았다.

- The bookstore manager said that the bestseller was sold out, and that additional copies were not *procurable* [proukjúərəbl].

  서점 지배인은 그 베스트셀러가 다 팔렸으며 추가로 나온 책들은 구할 수 없다고 말했다.

▶ 명사형은 procurement(조달, 입수)이다.

- The practical joker seemed listless and depressed while he waited for the novelty company to ship his next *procurement* of exploding cigars.

  짓궂은 장난꾼은 신 고안품 회사가 그의 다음 조달 품목인 폭발하는 시가를 선적하기를 기다리는 동안에는 생기를 잃고 의기소침해진 것 같았다.

PROGENY [prádʒəni] n offspring; descendants 자손; 후예

- Mr. March is rich in nothing but *progeny*; he says he'd rather have a million children than a million dollars.

  마치 씨는 오로지 자손들만 아주 많다. 그는 백만 달러보다 백만 명의 아이들을 갖는 것이 더 낫다고 말한다.

- The first release of the word-processing software was balky and unreliable, but its *progeny* have been quite impressive.

  워드프로세서 소프트웨어가 처음 세상에 나왔을 때는 갑자기 멈추기도 하고 신뢰할 수가 없었다. 그러나 그 후예들은 매우 인상적이었다.

- A single rabbit may be the *progenitor* [proudʒénitər] of hundreds of offspring in his lifetime.

  한 마리의 토끼는 일생 동안 수백 마리의 자손을 둘 수도 있다.

PROPAGATE [prápəgèit] v to reproduce; to multiply; to spread or disseminate 번식하다; 증식시키다; 확장하다, 퍼뜨리다

- It shocked the nation when Tom gave up his career in professional basketball and devoted his life to *propagating* tree fungi.

  톰이 프로 농구 선수 생활을 그만두고 균류 재배에 일생을 바치겠다고 했을 때 온 국민이 충격을 받았다.

- The Cold Sun Society is dedicated to *propagating* the theory that the sun is a huge iceball, and its members wear winter coats all year long to protect them from icy blasts of sunlight.

  Cold Sun Society는 태양이 거대한 얼음 덩어리라는 이론을 전파하는 데 헌신적이다. 그 단체의 회원들은 햇빛의 차가운 바람을 피하기 위해 일 년 내내 겨울 코트를 입고 다닌다.

▶ 명사형은 propagation[prɑ̀pəgéiʃən] (번식)이다.

- Because there are so many endangered plants nowadays, many gardeners have become interested in the *propagation* of rare seeds to keep old strains from disappearing.

  오늘날에는 멸종 위기에 처한 식물들이 아주 많기 때문에, 원예가들은 오래된 혈통이 사라지지 않도록 하기 위해서 희귀한 종자의 번식에 많은 관심을 갖게 되었다.

PROPOUND [prəpáund] v to set forth or propose; to offer for consideration 발표하다, 제안하다; 고려해 볼 것을 제의하다

Propound, *propose*, and *proposition* have the same root: a Latin word meaning to set forth.

propound, propose, proposition은 앞으로 나가다라는 의미의 라틴 어에 뿌리를 두고 있다.

- "This evening," began the scientist, "I plan to *propound* my hypothesis that trees grow because invisible giants pull them out of the ground."

  과학자가 "오늘밤 나는 나무가 자라는 까닭은 보이지 않는 거인들이 지표면 밖으로 나무를 끌어내기 때문이라는 가설을 제안할 생각입니다."라고 말하기 시작했다.

PROTÉGÉ [próutəʒèi] n a person under the care of someone interested in his welfare or career 자신의 복지나 업무에 관심을 가지고 있는 누군가의 보호를 받고 있는 사람, 피보호자, 부하

▶ 이 단어의 프랑스 어 발음과 철자에 주의할 것.

- "I would like you to meet my *protégé*, Dirk Simpson," said Miss Charlton. "I am training him to manage my estate and will leave the bulk of my fortune to him when I pass away."

  "당신이 나의 심복, 덕 심슨을 만나 보았으면 좋겠습니다. 나는 그에게 내 재산을 관리하도록 훈련시키고 있으며, 내가 죽게 되면 그에게 재산의 대부분을 주려고 합니다."라고 미스 찰튼이 말했다.

- Walter is always approaching important men in the company and asking them to be his mentor. But nowadays most executives don't have time for *protégés*; they're too busy looking after their own jobs.

  월터는 항상 회사 내의 중요한 간부들에게 접근해서 좋은 조언을 해 달라고 부탁한다. 그러나 오늘날의 대부분의 간부들은 부하를 위한 시간을 갖지 못한다. 그들은 자신들의 업무만 따라가기에도 너무 바쁘다.

In careful usage, a female *protégé* is a *protégée*.

좀 더 정확하게 말하면, '여성 피보호자'는 protégée라고 쓴다.

- Under the watchful eye of her mentor, the *protégée* flourished and eventually became the second female executive in the company.

  조언자의 철저한 보살핌 속에서 소녀는 무럭무럭 자라났고 결국 그녀는 회사의 두 번째 여성 경영진이 되었다.

PROTOCOL [próutəkɔ̀ːl] n diplomatic etiquette and customs 외교상의 예절이나 관습

▶ 발음에 주의할 것.

- When she was made ambassador to France, she spent months studying French *protocol* before she felt comfortable with her new role.

  그녀는 프랑스로 파견되는 대사가 되자, 새로운 역할이 편안하게 느껴질 때까지 몇 달에 걸쳐 프랑스의 외교상의 예절과 관습을 공부했다.

- It isn't exactly *protocol*, but diplomats' children can generally behave as badly as they want and not get punished for it.

  외교적 관례는 아니지만, 외교관의 자녀들은 자신들이 일반적으로 원하는 만큼 나쁜 짓을 해도 그것으로 처벌받지 않을 수 있다.

QUICK QUIZ 65

Match each word in the first column with its definition in the second column. Check your answers in the back of the book.

1. primal		a. reproduce
2. pristine		b. set forth
3. privation		c. original
4. proclaim		d. person under the care of someone
5. procure		e. lack of comforts
6. progeny		f. announce
7. propagate		g. diplomatic etiquette
8. propound		h. perfectly clean and untouched
9. protégé		i. offspring
10. protocol		j. obtain by special means

PROVOCATION [prὰvəkéiʃən] n the act of provoking; incitement; cause
자극하는 행위; 선동; 원인

- That stupid dog starts barking at any *provocation*, including the sound of a window washer clearing his throat.
  바보 같은 그 개는 창문 청소하는 사람의 헛기침 소리를 비롯해서 어떤 자극에도 짖기 시작한다.

- The police arrested the young man without *provocation*; he had been doing nothing illegal.
  경찰은 정당한 이유도 없이 그 젊은이를 체포했다. 그는 불법적인 일을 한 적이 없었다.

- Despite the bully's *provocations*, Tony refused to be drawn into a fight.
  깡패의 집적거림에도 불구하고, 토니는 싸움에 말려들지 않았다.

To *provoke* [prəvóuk] is to incite someone to anger.
동사형 provoke는 '누군가를 화나게 만들다'라는 뜻이다.

▸ 이 단어들의 발음에 주의할 것.

PROWESS [práuis] n exceptional skill or strength; uncommon bravery
특별한 기술이나 힘; 보기 드문 용감성

- Annie is famous all across the country for her *prowess* on horseback; in fact, some people say she's one of the most talented trick riders in the world.
  애니의 말 타는 솜씨는 그 지역에서 아주 유명하다. 사실 어떤 사람들은 그녀가 세계에서 가장 뛰어난 승마 기술을 가지고 있는 사람 중의 하나라고 말한다.

- Although he boasts of having great *prowess* in the kitchen, Dudley knows how to make nothing but toast.
  더들리는 조리 분야에서 뛰어난 기술을 가지고 있다고 자랑하지만, 사실 그가 할 줄 아는 것이라고는 토스트를 굽는 것뿐이다.

PRURIENT [prúəriənt] adj having lustful thoughts or desires; causing lust
외설적인 생각이나 욕구를 지닌; 성적인 욕구를 야기하는

- Since Miss Goggins was afraid that art books with naked statues in them would appeal to teenagers' *prurient* interests, she had all the art books removed from the library shelves.
  미스 고긴스는 벌거벗은 조각상이 들어 있는 미술 책들이 십대들의 성적인 호기심을 자극할까 봐 걱정이 되었기 때문에 그녀는 도서관 서가에서 모든 미술 책들을 치워 버렸다.

▸ 명사형은 prurience [prúəriəns] (호색, 열망)이다.

- Gael's love of exotic foods almost amounted to *prurience*; she eats them with an eagerness that can only be described as lust.
  게일의 외국 음식에 대한 애정은 거의 성적인 열망에 가까울 정도였다. 그녀는 거의 성욕이라고밖에 표현할 수 없는 열정을 가지고 음식들을 먹는다.

▸ 이 단어들의 발음에 주의할 것.

PSEUDONYM [súːdənim] n a false name; an alias 가명; 별명

- Dr. Seuss was the *pseudonym* of Theodor Seuss Geisel.
  세우스 박사는 테오도르 세우스 지젤의 별명이었다.

- The philandering couple used *pseudonyms* when they checked into the hotel for the afternoon because they didn't want anyone to know what they were up to.
  연애 중인 두 연인은 오후에 호텔에 들어갈 때 가명을 사용했다. 다른 사람들이 그들의 일을 알게 되기를 원하지 않았기 때문이었다.

- "I'm going to use a *pseudonym* so as not to attract people's attention when I go out in public," announced the famous actor. "I'll call myself Rumblebumble Wart."
  "나는 대중 앞에 나설 때 사람들의 관심을 끌지 않기 위해서 가명을 사용할 것이다. 덜커덕 웡웡 사마귀라는 이름을 가명으로 할 것이다."라고 그 유명한 배우가 말했다.

The prefix "pseudo" [súːdou] means false. A *pseudointellectual* is someone who pretends to be interested in intellectual things.

pseudo라는 접두사는 '거짓'을 의미한다. pseudointellectual은 '지적인 일에 관심이 있는 척하는 사람'을 가리키는 말이다.

▶ 이 단어들의 발음에 주의할 것.

PSYCHE [sáiki] n the human soul; the mind; the spirit 인간의 영혼; 마음; 정신

▶ 발음에 주의할 것. 두 음절이다.

- While in medical school, Nancy noticed that she was far more interested in her patients' *psyches* than in their bodies, so she decided to become a psychiatrist.

  의과 대학원에 다니는 동안, 낸시는 환자의 신체보다는 그들의 정신에 훨씬 더 많은 관심이 있다는 것을 깨닫게 되었다. 그래서 그는 정신과 의사가 되기로 마음먹었다.

- Mel has a very fragile *psyche*; when anyone criticizes him, he pouts for days and refuses to eat.

  멜은 매우 상처받기 쉬운 영혼의 소유자이다. 누군가 그를 비난하기라도 하면 그는 며칠 동안 토라져서 먹는 것조차도 거부한다.

PUMMEL [pʌ́məl] v to pound or punch with the fists 주먹으로 난타하다, 치다

- Unable to think of a clever rejoinder to her brother's taunts, Tracy decided to *pummel* him.

  오빠의 조롱에 현명한 대답이 생각나지 않았기 때문에 트레이시는 오빠를 주먹으로 때리기로 했다.

- You often have to *pummel* bread dough in order to knead it correctly.

  빵을 만들 때 제대로 반죽하기 위해서는 흔히 반죽을 연달아 쳐 주어야 한다.

- The unprepared football team suffered an embarrassing *pummeling* in the opening round of the state tournament; they lost by a score of 58-0.

  준비가 안 된 그 풋볼 팀은 주 선수권 대회의 첫 번째 경기에서 창피할 정도로 두들겨 맞았다. 58대 0으로 졌다.

PUNCTILIOUS [pʌŋktíliəs] adj meticulously attentive to detail; scrupulously exact
사소한 일에도 세심하게 신경을 쓰는; 꼼꼼하고 정확한

- Mr. Richards's secretary drives him crazy with her *punctilious* habit of going through his correspondence and correcting grammatical errors in the letters people send to him.

  사람들이 자신에게 보내는 편지들을 샅샅이 훑어보고, 문법적 오류를 일일이 교정할 정도로 꼼꼼한 습관을 갖고 있는 비서 때문에 리처드는 미칠 지경이다.

- The prosecutor's *punctilious* recitation of the case against the defendant left the jury no choice but to convict.

  피고인에게 불리한 사건 내용에 대해 검사가 꼼꼼하고 정확하게 진술했기 때문에 배심원단은 유죄를 평결하는 것 말고는 달리 선택할 길이 없었다.

- The new architect was hardly *punctilious*; when he drew the plans for the new skyscraper, he forgot to put in any floors.

  새로 온 건축가는 꼼꼼함이라는 것이 거의 없었다. 새로운 고층 건물의 도면을 그리면서도 건물의 바닥면을 그려 넣는 것을 잊어버렸다.

Punctilious is a more erudite way to say *anal-retentive*.

punctilious는 동의어 anal-retentive보다 학구적인 표현이다.

PUNDIT [pʌ́ndit] n an expert; an authority; a learned person 전문가; 권위자; 학식이 깊은 사람

- I can never decide what the most important issues of the day are, so I let the *pundits* who write the columns on the editorial page tell me.

  나는 그날의 주제를 무엇으로 해야 할지 결정할 수가 없다. 그래서 사설란에 칼럼을 쓰는 전문가에게 조언을 해 달라고 부탁한다.

PUNGENT [pʌ́ndʒənt] adj **sharp-tasting or sharp-smelling; acrid; caustic**
자극적인 맛 또는 자극적인 냄새가 나는; 신랄한; 통렬한

- Peter's parents are such bland eaters that every time they come to dinner he purposely serves them some incredibly *pungent* dish.

  피터의 부모님은 부드러운 음식만 먹는 사람들이기 때문에 피터는 부모님이 식사를 하실 때 일부러 아주 자극적인 음식을 준비한다.

- The simmering soup gave off a *pungent* aroma that stung the nostrils of the cook.

  부글부글 끓고 있는 수프는 요리사의 코를 찌르는 자극적인 향을 발산했다.

- Rachel's wit is a little too *pungent* for me; there is a tinge of cruelty in the jokes she tells about her friends.

  레이첼의 기지는 내게는 조금 지나칠 정도로 독설적이다. 그녀가 자신의 친구에 대해서 이야기하는 우스갯소리는 조금 잔인한 감이 있다.

PUNITIVE [pjúːnətiv] adj **inflicting a punishment** 벌을 가하는

▸ 발음에 주의할 것.

- Zoe's father was incredibly *punitive*; once, he grounded her for breathing too loudly.

  조의 아버지는 대단히 가혹했다. 한번은 그녀의 숨소리가 시끄럽다는 이유로 외출금지를 시켰다.

- Claude designs clothes so tight that wearing them is almost *punitive*.

  클라우드는 옷들을 너무 꽉 조이게 디자인하기 때문에 그의 옷을 입는다는 것은 거의 형벌이나 다름없다.

- Todd was ordered to pay a one-thousand-dollar fine plus three thousand dollars in *punitive* damages for having written insulting graffiti on the Purvises' garage door.

  토드는 퍼바이스네 차고 문에 모욕적인 낙서를 한 것에 대해서 천 달러의 벌금과 명예훼손에 따른 보상으로 삼천 달러를 내도록 판결을 받았다.

PURBLIND [pɔ́ːrblàind] adj **dim-sighted; practically blind; lacking understanding or imagination** 시력이 약한; 거의 소경과 다름없는; 상상력이나 이해력이 부족한

- Surgery is not a job for the *purblind*; last week, the myopic Dr. Jones sewed his watch inside someone's abdomen.

  외과는 시력이 약한 사람에게는 맞는 업종이 아니다. 지난주, 근시인 존스 박사는 어떤 사람의 복부에 자신의 시계를 넣고 꿰맸다.

- "I can no longer live with such a *purblind* woman," moaned the famous tenor. "She actually finds it embarrassing when I break into song in the middle of the street."

  "나는 그렇게 이해력이 부족한 여자와 더 이상 살 수 없어요. 내가 길 한가운데서 노래를 부르기 시작하면 그녀는 정말로 창피하게 여깁니다."라고 유명한 테너는 개탄했다.

PURITANICAL [pjùəritǽnikəl] adj **severe and strict about morals**
도덕관념이 엄격하고 철저한

In the 16th and 17th centuries, the *Puritans* were a group of Protestants who viewed pleasure and luxury as sinful and adhered strictly to simple and severe religious beliefs. With a capital *P*, *Puritanical* means having to do with the Puritans; with a lower-case *p*, *puritanical* has a broader meaning, and it is almost never a compliment.

16-17세기 puritans(청교도들)은 신교도의 한 분파로 쾌락과 사치를 죄라고 생각하여 단순하고 매우 엄한 종교적 신념을 엄격하게 고수했다. 대문자 P로 시작하는 Puritanical은 '청교도와 관련이 있는'이라는 의미이다. 소문자 p로 시작하는 puritanical은 더 넓은 의미로 사용되며, 이 단어는 그다지 칭찬의 의미가 아니다.

- Ursula's parents are quite *puritanical*; they won't let her talk to boys and won't let her stay out past seven-thirty without a chaperon.

  우르술라의 부모님은 아주 엄격하신 분들이다. 그들은 딸이 남자들과 말도 할 수 없게 하며 7시 반 이후로는 보호자 없이 외출하는 것도 허락하지 않으려 한다.

- Molly was so anxious not to be thought *puritanical* that she told the Hell's Angels she would love to spend the week with them in Las Vegas.

  몰리는 금욕적이라고 생각되는 게 너무나 싫었기 때문에 '지옥의 천사들'이라는 오토바이 폭주족에게 라스베이거스에서 함께 일주일을 보내고 싶다고 말했다.

Match each word in the first column with its definition in the second column. Check your answers in the back of the book.

1. provocation		a.	false name
2. prowess		b.	having lustful thoughts or desires
3. prurient		c.	dim-sighted
4. pseudonym		d.	incitement
5. psyche		e.	very severe about morals
6. pummel		f.	inflicting a punishment
7. punctilious		g.	exceptional skill or strength
8. pundit		h.	pound with fists
9. pungent		i.	learned person
10. punitive		j.	meticulously attentive to detail
11. purblind		k.	human soul or mind
12. puritanical		l.	sharp-tasting

Q

QUAINT [kweint]　adj　**pleasantly old-fashioned; picturesque**　유쾌하게 고풍스러운; 멋있어 보이는

- Janet had always longed to live in a *quaint* old cottage, so when she bought her split-level ranch house she glued moss and hollyhocks all over the outside.

  자넷은 항상 예스러운 정취가 있는 낡은 오두막에서 살기를 원했었다. 그래서 난평면(주: 1층과 2층 사이에 중간 2층이 있는 집)의 농가를 사들였을 때, 그녀는 집 바깥 전체에 이끼와 접시꽃을 심었다.

- In this town people have the *quaint* custom of throwing their plates at the hostess when they've finished eating.

  이 도시의 사람들은 식사가 끝나고 나면 초대한 여주인에게 접시를 던지는 기이한 풍습이 있다.

QUANDARY [kwándəri]　n　**state of perplexity; predicament; dilemma**　당황한 상태; 곤경; 딜레마

▶ 발음에 주의할 것.

- Joe is in a *quandary*; tomorrow he's scheduled to marry three different women in three different towns, and he can't decide whether to try to pull it off or move to another country.

  조는 어찌할 바를 모르고 있다. 그는 내일 서로 다른 세 도시에서 서로 다른 세 명의 여자와 결혼을 하기로 되어 있다. 그는 어떻게 하든 그 일을 무사히 해내야 할지 아니면, 다른 나라로 도망이라도 가야 할지 결정을 내릴 수가 없다.

- "You place me in a *quandary*," observed the professor to his pleading student. "If I don't give you an A, you'll be expelled—even though your work deserves no higher than a D-plus." Then the professor remembered that Candy almost never came to class, and decided he wasn't in much of a *quandary* after all.

  "너는 나를 난처하게 만드는구나. 비록 너의 작품이 D⁺이상을 받을 만한 가치가 없지만, 그래도 내가 너에게 A학점을 주지 않는다면, 너는 쫓겨날 거야." 교수는 간청하는 학생에게 말했다. 그러고 나서 교수는 캔디가 거의 수업에 들어오지 않았다는 것을 상기하고, 마침내는 더 이상 곤란해 할 필요가 없다는 결론을 내렸다.

QUASI [kwá:zi]　adv　**almost; near; resembling**　거의; 가까운; 닮은, 유사한
　　　　 [kwéizɑi]　adj

▶ 이 단어는 항상 다른 단어와 결합하여 사용된다. 발음에 주의할 것.

- She managed to come up with a *quasi-plausible* excuse for being out all night, so the headmistress decided to give her one more chance.

  그녀는 외박을 한 것에 대해서 거의 그럴듯한 변명을 만들어냈다. 그래서 여교장은 그녀에게 한 번 더 기회를 주기로 결정했다.

- Claire makes all her own clothes; as a result, she always looks *quasi-fashionable* instead of truly stylish.

  클레어는 자신의 옷을 모두 손수 만든다. 그렇기 때문에 그녀는 사실 맵시는 없지만 항상 거의 최신 유행에는 맞게 보인다.

- Our invention was a *quasi-success*; it didn't do what we wanted it to do, but it also didn't blow up.

  우리의 발명은 거의 성공한 것이었다. 그것은 우리가 원했던 대로 작동하지는 않았지만, 그렇다고 폭발하지도 않았다.

QUAY [ki:] n a landing on the edge of the water; wharf; pier
물가에 만들어 놓은 상륙장; 부두; 방파제

▶ 발음에 주의할 것.

- The party is being held on the *quay*; that means that at least five people will get pushed into the water at some point during the evening.
  파티는 방파제 위에서 진행 중이다. 그것은 저녁에 적어도 다섯 명의 사람이 물속으로 떠밀려 갈 것이라는 사실을 의미한다.

- The hurricane washed away every boat moored along the *quay*, but the boats that had been pulled onto dry land before the storm were undamaged.
  허리케인은 부두에 정박하고 있던 모든 배들을 쓸어갔다. 그러나 폭풍이 오기 전에 육지 위로 끌어 놓았던 배들은 손상을 입지 않았다.

QUELL [kwel] v to put an end to; to squelch; to suppress 끝을 내다; 진압하다; 억압하다

- Only his girlfriend could *quell* Whit's wrath at not having been chosen for the varsity team.
  오직 여자 친구만이 대학 대표 팀에 발탁되지 못한 윗의 분노를 진정시킬 수 있었다.

- A mutiny arose when the cafeteria ran out of ice cream, but the food service manager *quelled* it by offering chocolate pudding instead.
  카페테리아의 아이스크림이 바닥나자 소동이 일어났다. 그러나 지배인은 아이스크림 대신에 초콜릿 푸딩을 제공하여 소동을 진정시켰다.

QUERY [kwíri] n a question; an inquiry 의문; 질문

- Please save any *queries* for the end of the lecture, or the professor will lose his train of thought and start singing the national anthem.
  강의가 무사히 끝날 수 있도록 질문을 자제해 주세요. 그렇지 않으면 교수님은 생각의 흐름을 놓치고 애국가를 부르기 시작할 수도 있어요.

- The manuscript was so covered with *queries* from her editor that Nancy could see that she had a major revision ahead of time.
  원고에는 편집자가 쓴 질문들이 잔뜩 있어서 낸시는 예정보다 빨리 편집자가 교정을 했다는 사실을 깨달을 수 있었다.

▶ query는 동사이기도 하다.

- "Do you really think the earth is round?" Doug *queried* scornfully.
  "정말로 지구가 둥글다고 생각하니?" 비웃는 표정으로 더그가 물었다.

QUEUE [kju:] n a line or file 줄, 열

- The British are famous for waiting patiently in long *queues*, while the Germans are notorious for pushing to the head of the line.
  영국 사람들은 긴 줄에서도 느긋하게 기다리는 것으로 유명하다. 반면에 독일인들은 새치기하는 것으로 악명 높다.

▶ queue는 동사로도 쓰인다.

- People were so eager for tickets that they started to *queue* up the night before the box office opened.
  사람들은 너무나 간절히 입장권을 원했기 때문에 매표소가 문을 열기 전날 밤부터 미리 줄을 서기 시작했다.

QUIESCENT [kwaiésənt] adj **motionless; at rest; still** 정지한; 휴식 중인; 움직이지 않는

- Clear your brain of all irrelevant thoughts; let your mind become *quiescent*. Then, and only then, will you truly be ready to learn why I should take over the world.

  모든 무의미한 생각들을 머릿속에서 지워 버려라. 너의 영혼을 쉬게 하라. 오직 그렇게 했을 때만이 진정으로 내가 세상을 접수해야 하는 이유를 알 준비가 된 것이다.

- Theodore was bubbling over with energy as a young man, but in old age he settled into a peaceful *quiescence*[kwaiésns].

  젊었을 때의 테오도르는 혈기가 넘쳤다. 그러나 나이가 들자 그도 편안한 휴식에 안주했다.

QUINTESSENTIAL [kwintəsénʃəl] adj **being the most perfect example of**
가장 완벽한 본보기가 되는, 전형의

- Lacey is the *quintessential* volunteer; she works twenty-three hours per day on different charitable causes.

  레이시는 자원봉사자의 전형이다. 그녀는 여러 가지 자선의 명분으로 하루에 스물세 시간씩 일을 한다.

▶ 명사형은 quintessence[kwintésəns] (전형, 진수, 본질)이다.

When you have reduced something to its most pure and concentrated form, you have captured its *quintessence*.

어떤 사물을 가장 순수하고 농축된 형태로 줄였을 때, 우리는 그 사물의 quintessence(진수)를 얻은 것이다.

QUIZZICAL [kwízikəl] adj **teasing; mocking; questioning; inquisitive**
짓궂은; 조롱하는; 미심쩍어 하는; 캐묻는

▶ 발음에 주의할 것.

In archaic English, to *quiz* someone was to make fun of him or her. Our word *quizzical* often retains vestiges of this meaning.

고대 영어에서 quiz는 '다른 사람을 조롱하다'라는 의미였다. 여기에 나온 단어 quizzical은 고대에 쓰였던 의미의 흔적이 남아 있는 것이다.

- Josh gave Jennifer's waistline a *quizzical* glance as she reached for her third piece of pie.

  조시는 제니퍼가 세 번째 파이 조각에 손을 뻗는 것을 보고 그녀의 허리선을 조롱하듯이 힐끗 쳐다보았다.

Increasingly in modern usage, *quizzical* also means questioning or inquisitive.

현대 어법에서 갈수록 quizzical은 '미심쩍은'이나 '질문을 많이 하는'이라는 의미로 많이 쓰인다.

- The policeman's *quizzical* expression hinted that perhaps I hadn't explained very well why I had to speed on the highway.

  경찰의 미심쩍어 하는 표정을 보고 나는 내가 고속도로에서 과속을 해야 했던 이유를 제대로 설명하지 못했다는 것을 눈치 챘다.

QUOTIDIAN [kwoutídiən] adj **daily; everyday; ordinary** 매일의; 날마다의; 평범한

- Having an airplane crash in your backyard isn't exactly a *quotidian* event; in fact, for most people it isn't even a weekly one.

  뒷마당에 비행기가 추락하는 것은 날마다 일어나는 사건이 아닌 것만은 분명하다. 사실 대부분의 사람들에게 있어서 그 일은 일주일에 한 번 정도 일어날 수 있는 사건도 아니다.

- Marvin's diary was dull to read; it was filled almost entirely with thoroughly *quotidian* observations about meals and the weather.

  마빈의 일기는 지루해서 읽을 수가 없었다. 일기는 한결같이 식사와 날씨에 대한 아주 시시한 관찰 내용을 적어 놓은 것이었다.

Match each word in the first column with its definition in the second column. Check your answers in the back of the book.

1. quaint	a. pleasantly old-fashioned
2. quandary	b. question
3. quasi	c. motionless
4. quay	d. being the most perfect example of
5. quell	e. put on end to
6. query	f. a landing on the edge of the water
7. queue	g. teasing
8. quiescent	h. state of perplexity
9. quintessential	i. daily
10. quizzical	j. almost
11. quotidian	k. line

R

RAMPANT [rǽmpənt] adj **widespread; uncontrollable; prevalent; raging**
만연한; 통제할 수 없는; 유행하는; 사나운

- A rumor the princess is expecting triplets is running *rampant* through the village; by noon, everyone in the county will have heard it.
  공주가 세쌍둥이를 임신했다는 소문은 온 마을에 급속도로 퍼지고 있다. 정오가 되면 나라 안의 모든 사람들이 그 소문을 듣게 될 것이다.

- Crime was *rampant* in the high school building; every locker had been broken into.
  고등학교 건물에는 범죄 행위가 만연했다. 모든 사물함은 부서졌다.

- A *rampant* horde of squealing fans swarmed the rock star.
  한 무리의 맹렬하고 요란스러운 팬들이 그 록 가수에게로 몰려들었다.

RAPTURE [rǽptʃər] n **ecstasy; bliss; unequaled joy** 황홀경; 최고의 행복; 다시없는 기쁨

- Nothing could equal the Americans' *rapture* on spotting a Burger King in Calcutta; they had been terrified that they were going to have to eat unfamiliar food.
  캘커타에서 버거킹을 만났을 때처럼 그 미국 사람들에게 최고의 기쁨을 선사하는 일은 없었다. 그들은 생소한 음식을 먹어야만 한다는 사실에 겁을 먹고 있었던 것이다.

- Winning an Oscar sent Dustin into a state of *rapture*. "I can't believe this is happening to me!" he exclaimed.
  오스카상 수상으로 더스틴은 다시없는 최고의 기쁨을 누렸다. "이런 일이 나에게도 일어나다니 정말 믿을 수 없어요!"라고 그는 큰 소리로 외쳤다.

▶ 형용사형은 rapturous[rǽptʃərəs] (황홀해하는)이다.

- Omar doesn't go in for *rapturous* expressions of affection; a firm handshake and a quick punch on the shoulder is enough for him.
  오마르는 열광적인 애정 표현을 좋아하지 않는다. 그에게는 굳은 악수와 살짝 어깨를 치는 것으로 충분하다.

Rapt is an adjective meaning entranced or ecstatic.
rapt는 '무아경에 빠진', '희열이 넘치는'이라는 의미로 쓰이는 형용사이다.

- The children listened with *rapt* attention to the storyteller; they didn't notice the pony standing in the hallway behind them.
  아이들은 이야기를 해 주는 사람에게 넋이 빠진 채 집중해서 귀를 기울이고 있었다. 아이들은 그들 뒤의 복도에 조랑말이 서 있는 것도 알아채지 못했다.

To be *enraptured* [enrǽptʃərd] is to be enthralled or in a state of rapture.
enraptured는 '황홀경에 빠진', '누군가에게 홀린' 것을 의미한다.

- *Enraptured* by Danielle Steele's thrilling prose style, Frank continued reading until the library was ready to close.
  다니엘 스틸의 스릴 넘치는 문체에 빠져서, 프랭크는 도서관이 문을 닫을 준비를 할 때까지 계속해서 책을 읽었다.

RAREFIED [rέərəfàid] adj esoteric; interesting to a select group only; exalted; thin
심원한; 오직 선택된 소수만이 흥미를 갖는; 고귀한; 얇은

- Wendell's musical compositions are so *rarefied* that only a few people can really appreciate them.

  웬델의 음악들은 너무나 심오해서 소수의 사람들만이 진짜 가치를 알고 감상할 수 있다.

- Your book is too *rarefied* to reach a mass audience; why don't you take out the Old French epics and throw in a few car chases or something?

  네 저서는 너무나 심오해서 일반 대중에게는 맞지 않아. 옛 프랑스의 영웅담을 빼고 자동차 추격 장면 같은 것들을 넣는 게 어떠니?

- The atmosphere atop Mount Everest was so *rarefied* that the climber could hardly breathe.

  에베레스트 산의 꼭대기는 공기가 희박해서 등산가들은 거의 숨을 쉴 수가 없었다.

▶ 동사형은 rarefy[rέərəfài] (희박해지다, 세련되게 하다)이다. 그래서 rarefied에는 '희박한'이라는 의미도 있다.

▶ 이 단어들의 발음에 주의할 것.

RATIFY [rǽtəfài] v to confirm; to approve something formally 확증하다; 공식적으로 승인하다

- If the latest version of the disarmament treaty isn't *ratified* soon, we must prepare for the possibility of war.

  최근에 벌어지고 있는 군비 축소 협약이 비준을 받지 못한다면, 즉시 우리는 전쟁의 가능성에 대비해야 한다.

- The powerless legislature had no choice but to *ratify* the edicts of the dictator.

  권력이 없는 입법부는 독재자의 명령을 공식적으로 승인하는 것 외에는 달리 선택권이 없었다.

- According to the rules of P.S. 49, the student council president cannot take office until the entire student body has *ratified* his election. That is why P.S. 49 has never had a student council president.

  공립학교 49의 규칙에 의하면, 학생회장은 모든 학생 구성원들이 그의 당선을 인준하기 전에는 업무를 시작할 수 없다. 그것이 공립학교 49가 학생회장을 한 번도 가져 보지 못한 이유이다.

▶ 명사형은 ratification(비준)이다.

▶ 동의어는 sanction(공식적인 승인)의 첫 번째 뜻을 참조할 것.

RATIOCINATION [ræ̀ʃiásənéiʃən] n logical reasoning 논리적인 추론

- Winning the love of Wilma was clearly not a problem that could be solved by *ratiocination* alone; Fred decided to turn off his computer and ask her out.

  윌마의 사랑을 얻는 것은 논리적인 추론에 의해서만 해결될 수 있는 문제가 분명히 아니었다. 프레드는 컴퓨터를 끄고 그녀를 밖으로 불러내기로 결심했다.

▶ 동사형은 ratiocinate[ræ̀ʃiásənèit] (추론하다)이다.

▶ 이 단어들의 발음에 주의할 것.

RATIONALE [ræ̀ʃənǽl] n underlying reason; basis; reasoning 근본적인 이유; 논거; 추론

- "My *rationale* is simple," the doctor explained as he rummaged around in his drawer for a larger spoon. "If one dose of medicine is good, fifty doses must be better."

  "내 논리는 간단합니다. 1회 분량의 약이 효과가 있다면, 50회분의 약은 틀림없이 더 큰 효과가 있다는 것이죠."라고 의사는 서랍 속에서 더 큰 숟가락을 찾으며 말했다.

- Alice's *rationale* for buying a new coat was sound; her old coat had a broken zipper.

  앨리스가 새 코트를 사려는 근본적인 이유는 말이 되었다. 낡은 코트의 지퍼가 고장 났기 때문이다.

To *rationalize* [rǽʃənəlàiz] is to give a reason, but more in the sense of offering an excuse.

동사 rationalize는 '합리화하다'라는 뜻이지만, '변명을 하다'라는 의미를 더 많이 담고 있다.

▶ 이 단어들의 발음에 주의할 것.

RAUCOUS [rɔ́ːkəs] adj **stridently loud; harsh; rowdy** 귀에 거슬리는 소리가 나는; 거친; 떠들썩한

- Crows are my least favorite bird in the early morning; their *raucous* cawing wakes me, and I can't get back to sleep.

  이른 아침의 까마귀는 내가 가장 싫어하는 새이다. 귀에 거슬리는 까마귀의 까악까악 소리는 단잠을 깨우고, 그러고 나면 나는 다시 잠을 이루지 못한다.

- "If you don't stop that *raucous* behavior, I'll—I'll put you in the corner!" said the new teacher in a quavering voice as the students got increasingly rowdy.

  학생들이 점점 소란스러워질 때, 새로 온 선생님은 "거친 행동을 그만두지 않는다면 정말로 구석으로 보내 버릴 거야."라고 떨리는 목소리로 말했다.

- Jed laughed *raucously* when his sister toppled off her chair.

  제드는 여동생이 의자에서 뒤뚱거리다 넘어지자 거칠게 웃음을 터뜨렸다.

REACTIONARY [riǽkʃənèri] adj **ultraconservative; right-wing; backward-thinking** 극단적 보수주의의; 우익의, 보수적인; 과거 회귀적인 사상의

- Grandpa Gus is so *reactionary* that he doesn't think women should be allowed to vote.

  구스 할아버지는 너무나 보수적이어서 여자들에게는 투표권을 주지 말아야 한다고 생각한다.

- There's no point in proposing a welfare bill as long as this *reactionary* administration remains in power.

  이 보수적인 정권이 계속 권력을 유지하는 한 복지 법안을 제안해 봐야 소용없다.

▶ reactionary는 명사로도 쓰인다.

- I am a *reactionary* on the subject of candy; I believe that the old, established kinds are the best.

  나는 사탕 문제에 관한 한 복고 주의자이다. 나는 옛날 오래 전에 나왔던 사탕이 최고라고 생각한다.

REBUFF [ribʌ́f] v **to snub; to reject** 상대하지 않다; 거절하다

- Ashley has been trying to tame the squirrels in her yard, but so far they've *rebuffed* her efforts; she hasn't even been able to get them to eat the food she leaves for them on her porch.

  애슐리는 마당에서 다람쥐를 길들이려고 애쓰고 있었다. 그러나 다람쥐들은 지금까지도 그녀의 온갖 노력을 거부하고 있다. 심지어 그녀는 다람쥐를 위해 현관에 내놓은 음식을 먹일 수조차 없었다.

- Don't be surprised if Willie *rebuffs* your advances; if you want him to kiss you, you're just going to have to invest in some false teeth.

  윌리가 너의 구애를 거절하더라도 놀라지 마라. 그가 너에게 키스하기를 바란다면 의치에 투자를 해야만 할 것이다.

▶ rebuff는 명사로도 쓰인다.

- I invited my parents to the Metallica concert, but I met with a horrified *rebuff*; in fact, my parents said they would rather die than go.

  나는 메탈리카의 콘서트에 부모님을 초대했다. 그러나 나는 충격적인 거부 의사에 직면했다. 사실 부모님은 거기에 가느니 차라리 죽는 것이 더 낫겠다고 말했던 것이다.

RECIDIVISM [risídəvìzm] n **the act of repeating an offense** 상습적인 범법 행위

- There's not much evidence that imprisoning people reforms them; the rate of *recidivism* among released convicts is high.

  범법자를 교도소에 수감하는 것이 그들을 교화시킨다는 증거는 많지 않다. 교도소를 나온 사람들의 재범률은 높다.

A person who repeats an offense is a *recidivist*[risídəvist].

recidivist는 재차 범법 행위를 저지르는 사람'이다.

- "My son is quite a *recidivist*," Mrs. Korman told her friends ruefully. "Every time I turn my back, he sneaks up to watch more TV."

  "내 아들은 상습범이야. 내가 안 보일 때마다, 그 애는 몰래 텔레비전을 봐."라고 코먼 부인은 친구들에게 애처로이 말했다.

▶ 이 단어들의 발음에 주의할 것.

RECLAIM [rikléim/ri:kléim] v **to make uncultivated areas of land fit for cultivation; to recover usable substances from refuse; to claim again; to demand the restoration of**

미개척지를 농사를 지을 수 있는 땅으로 개간하다; 쓰레기에서 유용한 물질을 다시 찾아내다, 쓰레기를 재활용하다; 다시 요구하다; ~의 회복을 요구하다

- A century ago, turning a swamp into cropland was called *reclaiming* it; now it is called destroying wetlands.

  백 년 전에는 습지를 농경지로 바꾸는 일을 reclaiming(개간하는)이라고 말했다. 오늘날에는 그런 일을 '습지대를 파괴하는' 행위라고 말한다.

- At the recycling facility, massive electromagnets are used to *reclaim* steel and iron from scrap metal.

  거대한 전자석은 재활용 공장에서 고철 더미 속 강철과 철을 다시 찾아내는 데 사용된다.

- Anthony was able to *reclaim* his briefcase from the lost-and-found after accurately describing its contents to the clerk.

  안토니는 분실물 센터에서 사무원에게 가방의 내용물을 정확하게 설명한 후에, 자신의 서류 가방을 회수할 수 있었다.

▶ 명사형은 reclamation[rèkləméiʃən] (개간)이다.

REDEEM [ridíːm] v to buy back; to fulfill; to make up for; to rescue from sin
되사다; 약속 등을 이행하다; 보충하다; 죄로부터 구원하다

- When I heard that my husband had pawned my mink coat in order to buy me a birthday present, I went straight to the pawnshop and *redeemed* it with some money I had been going to spend on a birthday present for him.

  남편이 나에게 생일 선물을 사 주기 위해 내 밍크코트를 저당 잡혔다는 소리를 들었을 때, 나는 곧장 전당포로 달려가 그의 생일 선물을 사기 위해 마련해 두었던 돈을 가지고 코트를 되찾았다.

- The troubled company *redeemed* its employees' shares for fifty cents on the dollar.

  곤경에 처한 회사는 직원들의 주식 지분을 달러당 50센트씩 주고 되사들였다.

- I won't marry you until you *redeem* your promise to build a roof over our heads.

  우리가 살 집을 짓겠다는 약속을 이행하기 전까지는 나는 너와 결혼하지 않을 것이다.

- Barbara will never *redeem* herself in her boss's eyes until she returns every single paper clip she "borrowed."

  바바라는 그녀가 '빌려 쓴' 모든 클립을 마지막 하나까지 반환하기 전에는 사장의 감시의 눈동자에서 벗어나지 못할 것이다.

- Reverend Coe is obsessed with *redeeming* the souls of the people who play cards. His favorite tactic is crashing a bridge party and asking, "Who will bid for the *redemption* [ridémpʃən] of your souls?"

  코에 목사님은 카드놀이를 하는 사람들의 영혼을 구원하는 일에 몰두하고 있다. 그가 가장 많이 쓰는 방법은 카드놀이를 망치고 나서 "당신의 영혼을 구원하는 일에 누가 돈을 거시겠습니까?"라고 묻는 것이다.

Someone who is so evil that they cannot be rescued from sin or wrongdoing is *irredeemable* [ìridíːməbl].

너무나 사악해서 죄나 악행에서 구원받을 수 없는 사람은 irredeemable(구제 불능의)이라고 한다.

REDRESS [ridrés] v to remedy; to make amends for 교정하다; 배상 또는 보상하다

- The head of the environmental group explained that by suing the chemical factory for violating clean air laws, he was using the courts to *redress* a civil wrong.

  환경 단체의 회장은 공해 방지법을 위반한 화학 공장을 고소함으로써 그가 사회의 부정을 바로잡기 위해 법정을 이용하고 있다고 설명했다.

Redress, pronounced [ríːdres], is a noun meaning reparation, compensation, or making amends for a wrong.

redress는 [ríːdres]로 발음하면 '교정, 배상' 등을 의미하는 명사가 된다.

- "Of course, there is no *redress* for what you've suffered," the lawyer told his client, who was wearing a neck brace and pretending to limp. "Still, I think we should ask for seven and a half million dollars and see what happens."

  "물론 당신이 고통 받은 부분에 대한 보상은 없다. 그러나 나는 아직도 우리가 705만 달러를 요구해야 하며, 무슨 일이 일어나는지 지켜보아야 한다고 생각한다."라고 목에 부목을 대고 다리를 저는 척하는 의뢰인에게 변호사가 말했다.

▶ 두 가지 발음에 주의할 것.

REFERENDUM [rèfəréndəm] n a public vote on a measure proposed or passed by a legislature 입법부가 제안하거나 통과시킨 법안에 대한 국민 투표

- At the very last minute, the state legislators snuck a large pay raise for themselves into the appropriations bill, but voters got wind of the scheme and demanded a *referendum*.

  바로 방금 전에, 주 입법부 의원들은 자신들의 급료를 대폭적으로 인상하는 내용을 세출 예산안에 몰래 포함시켰다. 그러나 유권자들은 그들의 음모를 소문으로 듣고 국민 투표에 부칠 것을 요구했다.

▶ referendum과 refer(회부하다)는 밀접한 관련이 있는 단어이다.

In a *referendum*, a bill from the legislature is *referred* to the electorate for approval.

referendum(일반 투표)에서 주 의회로부터 상정된 법안은 승인을 위해 유권자들에게 회부된다.

REFRACTORY [rifrǽktəri] adj disobedient and hard to manage; resisting treatment
순종하지 않아서 다루기 힘든; 치료가 듣지 않는, 난치의

- Bobby is such a *refractory* little boy when it comes to haircuts that he has to be tied up and hoisted into the barber's chair.
  바비는 아주 다루기 힘든 어린아이이다. 머리를 자르려면 단단히 묶어서 이발용 의자에 끌어다 앉혀야 한다.

- The old man viewed all children as drooling, complaining, *refractory* little monsters.
  그 노인은 모든 아이들을 침을 흘리고 불평만 많고 다루기 힘든 작은 괴물이라고 생각했다.

- The doctors prescribed ten antibiotics before finding one that worked on Helen's *refractory* infection.
  의사들은 헬렌의 난치성 감염에 효과가 있는 한 가지 물질을 발견하기 전에 10가지 항생 물질을 처방했다.

REGIME [rəʒíːm] n a governing power; a system of government; a period during which a government is in power 정권; 정부의 체계; 한 정부가 권력을 잡고 있는 기간

- According to rules issued by the new *regime*, anyone caught wearing red shoes will be arrested and thrown into the penitentiary.
  새로운 정권이 발표한 규정에 의하면, 빨간 구두를 신은 사람들은 체포되어 교도소로 보내질 것이라고 한다.

- The older reporters spent much of their time reminiscing bitterly about how much better things had been during the previous *regime*, when the newspaper had been owned by a private family instead of a corporate conglomerate.
  나이가 많은 기자들은 지난 정권 기간 동안 좋은 일들이 얼마나 많았던가에 대해서 씁쓸한 추억에 잠기며 대부분의 시간을 보냈다. 그 당시에는 신문이 지금처럼 집단의 공동 소유가 아니라 한 개인 일가의 소유였던 것이다.

REGIMEN [rédʒəmən] n a regulated course 조정된 섭생, 양생법, 꾸준하고 엄한 훈련

- Mrs. Stewart is having trouble following the new *regimen* her doctor gave her; she can handle the dieting and exercise, but sleeping on a bed of nails is hard for her.
  스튜어트 부인은 의사가 제안한 새로운 양생법을 지키느라 애를 먹고 있다. 그녀는 식이요법과 운동을 조절하는 것은 할 수 있다. 그러나 징이 박힌 침대에서 자는 것만은 견디기가 어렵다.

- It takes most new students a long time to get used to the *regimen* at boarding school; that is why this headmaster doesn't allow children to write letters home until the beginning of the second semester.
  대부분의 새로 온 학생들은 기숙 학교의 관리법에 익숙해지는 데 오랜 시간이 걸린다. 이 학교의 교장이 두 번째 학기가 시작될 때까지 집으로 편지를 쓰지 못하게 하는 것도 그런 이유 때문이다.

REMISSION [rimíʃən] n the temporary or permanent disappearance of a disease; pardon
일시적인 또는 영구적인 질병의 소멸; 용서, 사면

- Isabel's cancer has been in *remission* for several years now—long enough for most people to have trouble remembering the dark period when she was gravely ill.
  이사벨의 암은 지금까지 몇 년 동안 소멸한 상태였다. 그 기간은 그녀가 심각하게 아팠던 우울한 시기가 정말로 있었는지 대부분의 사람들이 기억하기 힘들 정도로 충분히 긴 시간이다.

- The appeals court granted Ronnie a partial *remission* of his crimes; it threw out two of his convictions, but it upheld the third.
  상고심은 로니의 범죄에 대한 부분적인 사면을 인정했다. 법원은 유죄 판결 가운데 두 가지는 원심을 파기하고, 세 번째 것은 판결을 확정지었다.

One of the meanings of *remit* is to send back or pay; a *remission*, then, can also mean payment.

remit의 뜻 중 하나는 '보내다', '송금하다'이다. remission에도 '송금'의 의미가 있다.

- When companies ask for prompt *remissions* of their bills, I just laugh and put the bills away in a drawer.

  회사가 계산서에 대해서 신속한 송금을 요청할 때, 나는 그저 웃기만 한 다음 그 계산서를 서랍에 던져 넣는다.

REMUNERATION [rimjùːnəréiʃən] n **payment; recompense** 보수, 보상; 보답

▶ 철자와 발음에 주의할 것.

- "You mean you expect *remuneration* for working here?" the magazine editor asked incredulously when the young college graduate inquired as to what sort of salary she might expect to earn as an editorial assistant.

  '여기서 일하면서 보수를 바란다는 의미인가요?' 대학을 졸업한 젊은이가 편집장의 조수로 일하면서 받게 될 급료의 형태에 관하여 물었을 때, 그 잡지사의 편집장은 의심스럽다는 듯이 되물었다.

- There is a strong positive correlation between people's satisfaction with their jobs and their level of *remuneration*; the more they're paid, the better they like their work.

  사람들의 직업에 대한 만족도와 급료 수준 사이에는 아주 밀접한 관련이 있다. 사람들은 보수를 많이 받으면 받을수록 자신들의 직업도 더 많이 좋아한다.

- The firefighter viewed the child's hug as more than adequate *remuneration* for crawling through the burning building to save her.

  아이를 구하기 위해서 불타고 있는 건물을 기어 다녀야 했던 소방수는 아이가 해 준 포옹을 웬만한 보상보다도 더 값진 것이라고 생각했다.

Remuneration may be one way to *redress* a crime.

remuneration은 범죄를 redress(제거하다)하는 한 방법일 것이다.

REND [rend] v **to tear; to rip** 찢다; 벗겨내다

- A *heart-rending* story is one that is so very terribly sad that it tears a reader's heart in two.

  가슴이 찢어지는 듯한 이야기란 아주 지독히도 슬퍼서 독자의 가슴을 두 갈래로 찢는 슬픈 이야기라는 것이다.

- I realize you're upset about not being invited to the dance, but *rending* your clothing and tearing out your hair is getting a little too emotional, don't you think?

  네가 댄스파티에 초대받지 못해서 화가 나 있다는 것은 알고 있다. 그러나 옷을 찢고, 머리카락을 쥐어뜯는 행동은 다소 지나치게 감정적으로 된 것 같다. 그렇게 생각하지 않니?

Something ripped or torn can be described as *rent*[rent].

해어지거나 찢어진 것은 rent로 묘사할 수 있다.

Match each word in the first column with its definition in the second column. Check your answers in the back of the book.

1.	reclaim	a.	remedy
2.	redeem	b.	disobedient
3.	redress	c.	public vote
4.	referendum	d.	make fit for cultivation
5.	refractory	e.	disappearance of a disease
6.	regime	f.	regulated course
7.	regimen	g.	payment
8.	remission	h.	buy back
9.	remuneration	i.	rip
10.	rend	j.	governing power

RENDER [réndər] v **to make; to cause to be; to provide; to depict**
~하게 하다; ~가 되도록 만들다; 제공하다; 묘사하다

- Steve's funny faces *rendered* his sister incoherent with laughter.

  스티브의 익살맞은 얼굴 표정은 여동생을 가만히 있지 못하고 폭소를 터뜨리게 했다.

- "We can *render* some form of financial assistance, if that is what you desire," the official suggested delicately.

  "우리는 모종의 재정적인 원조를 제공할 수 있습니다. 그것이 당신이 원하는 것이라면요."라고 그 공무원은 부드럽게 제안했다.

- Sitting all night on the bottom of the pond had *rendered* the car useless for almost anything except continuing to sit on the bottom of the pond.

  연못 바닥에 밤새도록 가라앉아 있더니, 차는 그저 연못 바닥에 가라앉아 있는 것 말고는 아무짝에도 쓸모없는 것이 되어 버렸다.

- Benson decided to *render* his mother in oil after determining that watercolor wasn't a substantial enough medium for the portrait of such a sourpuss. Benson's mother was not pleased with his *rendering*.

  수채화는 그처럼 항상 찌푸리고 있는 사람의 초상화를 그리기에는 그다지 좋은 수단은 아니라는 결론을 내린 후에, 벤슨은 어머니를 유화로 표현하기로 결정했다. 벤슨의 어머니는 아들의 표현 방식이 마음에 들지 않았다.

REPARTEE [rèpərtí:] n **a quick, witty reply; witty, spirited conversation full of quick, witty replies** 빠르고 재치 있는 응답; 빠르고 재치 있는 응답으로 가득한 재기 발랄한 대화

▶ 발음에 주의할 것.

- "Toilethead" is four-year-old Max's preferred *repartee* to almost any question.

  "똥통간"은 네 살배기 맥스가 거의 모든 질문에 맞받아서 하는 대답이다.

- When Annette first came to college, she despaired of ever being able to keep up with the *repartee* of the clever upperclassmen, but eventually she, too, got the hang of being insufferable.

  아네트가 처음 대학에 왔을 때, 그녀는 똑똑한 상급생들의 말재간을 따라잡을 수 없다는 사실에 아주 절망적이었다. 그러나 마침내 그녀도 역시 맞받아치는 요령을 터득하게 되었다.

REPLICATE [réplikeit]　v　to reproduce exactly; to duplicate; to repeat
그대로 재생하다; 복사하다; 되풀이하다

▶ 명사형은 replica[réplikə](복제품)이다.

- Other scientists were unable to *replicate* Harold's startling experimental results, and in short order Harold was exposed as a fraud.

  다른 과학자들은 해롤드의 놀라운 실험 결과를 완벽하게 재현할 수 없었다. 곧 해롤드는 사기꾼인 것으로 밝혀졌다.

- At his weekend house in the country, Arthur tried to *replicate* the cozy English cottage in which he had been raised; his first step was to replace the asphalt shingles with thatch.

  아서는 그가 어릴 때 살았던 편안하고 작은 영국식 오두막집을 시골에 있는 주말 별장에 그대로 재현하고 싶었다. 그가 제일 먼저 한 일은 아스팔트 재료로 만든 지붕을 짚으로 바꿔 놓은 것이었다.

- Some simple organisms *replicate* by splitting themselves in two.

  단세포 생물은 자신을 둘로 쪼개는 분열을 통해서 복제된다.

REPOSE [ripóuz]　n　rest; tranquillity; relaxation　휴식; 평정; 휴양

- As Carol struggled to pack the enormous crates, her husband lolled back on the sofa in an attitude of *repose*; as a matter of fact, he was sound asleep.

  캐럴이 수많은 나무 상자를 포장하느라 애를 쓰고 있는데도, 그녀의 남편은 휴식을 취하는 자세로 소파에 축 늘어져 있었다. 사실을 말하자면 그는 깊은 잠에 빠져 있었다.

- "Something attempted, something done, has earned a night's *repose*" is a favorite saying of Ruby's grandmother; it means she's tired and wants to go to bed.

  "하다 만 일이든 다 한 일이든 밤에는 중지하는 법이다."라는 속담은 루비의 할머니가 좋아하는 말이다. 그것은 할머니가 피곤하니까 자고 싶다는 뜻이다.

REPRESS [riprés]　v　to hold back; to conceal from oneself; to suppress
억누르다; 자신을 감추다; 진압하다

- Stella could not *repress* her feeling of horror at the sight of her neighbor's wallpaper.

  스텔라는 이웃의 벽지를 보고 느낀 혐오감을 감출 수가 없었다.

- The government's crude attempt to *repress* the rebellion in the countryside only made it easier for the rebels to attract new recruits.

  그 지역에 발생한 반란을 정부가 거친 방법으로 진압하려 했기 때문에, 폭도들은 오히려 새로운 동조자를 끌어들이기가 더 쉬워졌다.

- *Repressing* painful memories is often psychologically harmful; the painful memories tend to pop up again when one is least prepared to deal with them.

  고통스러운 기억을 억누르는 것은 종종 정신적인 손상을 부른다. 고통스러운 기억은 그것에 맞설 준비가 거의 되지 않았을 때 다시 터져 나오는 경향이 있다.

▶ 명사형은 repression[ripréʃən](탄압, 진압)이다.

REPRIMAND [réprəmænd]　n　stern reproof; official rebuke　엄한 꾸지람; 공식적인 비난, 견책

- David was relieved to see that the officer intended to give him a verbal *reprimand* instead of a speeding ticket.

  데이비드는 경찰관이 속도위반 딱지를 떼는 대신 말로 야단을 치려는 기색을 보이자 안심이 되었다.

- Otto received his father's *reprimand* in stony silence because he did not want to give that mean old man the satisfaction of seeing his son cry.

  오토는 굳은 침묵으로 아버지의 질책을 받았다. 그토록 비열한 늙은이에게 자신이 우는 꼴을 보는 흡족함을 주고 싶지 않았기 때문이었다.

▶ reprimand는 동사로도 쓰인다.

- Ned's governess threatened to *reprimand* him and his friends if they continued to throw water balloons at the neighbor's house.
  네드의 가정교사는 네드와 친구들이 이웃집에 계속해서 물 풍선을 던진다면 혼내 줄 거라고 위협했다.

REPRISAL [ripráizəl] n retaliation; revenge; counterattack   보복; 복수; 반격

- We knocked over their snowman, and in *reprisal* they spray painted our clubhouse.
  우리가 그들의 눈사람을 쓰러뜨리자, 그에 대한 복수로 그들은 우리의 모임 공간에다 스프레이 칠을 했다.

- The rebels issued a statement announcing that yesterday's kidnapping had been a *reprisal* for last month's bombing of a rebel stronghold.
  반란군은 지난달에 자신들의 본거지를 폭격한 것에 대한 보복으로 어제의 납치가 이루어졌음을 알리는 성명서를 발표했다.

▶ 동사형은 reprise이다.

REPROBATE [réprəbèit] n a depraved, wicked person; a degenerate
타락하고 사악한 사람; 타락자

▶ 발음에 주의할 것.

- My Uncle Bob was a well-known old *reprobate*; he spent most of his time lying drunk in the gutter and shouting obscenities at women and children passing by.
  밥 삼촌은 유명한 난봉꾼이었다. 그는 빈민굴에서 술에 전 채로 지나가는 여자와 아이들에게 음탕한 소리나 질러대면서 인생의 대부분을 보냈다.

- Everyone deplored the *reprobate*'s behavior while he was alive, but now that he's dead everyone wants to read his memoirs.
  그가 살아 있는 동안 사람들은 모두 그 난봉꾼의 행실을 개탄했다. 그러나 그가 세상을 떠난 지금 사람들은 그의 회고록을 읽고 싶어한다.

REPUGNANT [ripʌ́gnənt] adj repulsive; offensive; disgusting   불쾌한; 싫은; 혐오스러운

- The thought of striking out on his own is absolutely *repugnant* to Allan; he would much prefer to continue living in his old room, driving his parents' car, and eating meals prepared by his mother.
  앨런은 자기 자신의 힘으로 새로운 길을 개척해야 한다는 생각에 대해 무조건적인 반감을 가지고 있다. 그는 계속해서 자신의 오래된 방에서 살며, 부모님의 차를 빌려 쓰고, 어머니가 준비해 주는 식사를 먹으며 사는 것을 더 좋아할 것이다.

- Even the tiniest lapse in etiquette was *repugnant* to Mrs. Mason; when little Angela picked her nose and wiped it on the tablecloth, Mrs. Mason nearly burst her girdle.
  메이슨 부인은 예절에 어긋나는 아주 작은 실수조차도 싫어했다. 어린 안젤라가 코를 후비고 식탁보에 그것을 닦는 것을 보자, 메이슨 부인은 거의 그 애의 거들을 찢으려 했다.

- Kelly's roommate, a classical music major, found Kelly's love of hip-hop totally *repugnant*.
  고전 음악을 전공하는 켈리의 룸메이트는 켈리가 좋아하는 힙합이 아주 혐오스럽다고 생각했다.

RESIGNATION [rèzignéiʃən] n passive submission; acquiescence   수동적인 순종, 체념; 인종

- No one had expected that Warren would take being kicked off the team with so much *resignation*; he simply hung up his uniform and walked sadly out of the locker room.
  워렌이 그렇게 쉽게 체념하고 그 팀을 떠나리라고는 아무도 생각지 않았었다. 그는 얌전히 유니폼을 벗어 걸어 놓고는 로커룸을 애처로이 빠져나갔다.

- There was *resignation* in Alex's voice when he announced at long last that there was nothing more that he could do.
  마침내 발표한 연설에서 그가 할 수 있는 일은 더 이상 아무것도 없다고 하는 알렉스의 목소리에 체념이 들어 있었다.

▶ 형용사형은 resigned[rizáind] (받아들이는)이다. 의미에 주의할 것.

- **After collecting several hundred rejection slips, Darla finally *resigned* herself to the fact that her novel would never be published.**
  수백 개의 거절 통지를 받은 후에, 달라는 마침내 그녀의 소설이 결코 출판될 수 없다는 사실을 받아들였다.

QUICK QUIZ

Match each word in the first column with its definition in the second column. Check your answers in the back of the book.

1. render	a. stern reproof
2. repartee	b. reproduce exactly
3. replicate	c. quick, witty reply
4. repose	d. depraved, wicked person
5. repress	e. retaliation
6. reprimand	f. cause to be
7. reprisal	g. repulsive
8. reprobate	h. hold back
9. repugnant	i. passive submission
10. resignation	j. tranquillity

RESPLENDENT [rispléndənt] adj **brilliantly shining; radiant; dazzling**
눈부시게 빛나는; 찬란한; 휘황찬란한

- **In the morning sunlight, every drop of dew was *resplendent* with color; unfortunately, no one was awake to see it.**
  아침의 햇살 속에 이슬방울이 영롱한 빛으로 빛나고 있었다. 불행히도 깨어나서 그것을 본 사람은 아무도 없었다.

- **Betsy's gown looked *resplendent* in the candlelight; the gown was made of nylon, and it was so shiny you could practically see your reflection in it.**
  벳시의 가운은 촛불 아래서 반짝거리는 것처럼 보였다. 그 가운은 나일론으로 만들어진 것으로 너무나 번쩍거려서 들여다보면 상대방의 모습도 볼 수 있을 정도였다.

RESURRECTION [rèzərékʃən] n **return to life; revival** 부활; 재생

In Christian belief, the *Resurrection* is Jesus's return to life on the third day after his crucifixion. In general usage, the word refers to any revival.
기독교 신앙에서 Resurrection은 십자가에 못 박힌 예수가 삼일 만에 '부활'하는 것을 의미한다. 일반적인 어법에서는 여러 의미의 '재생'을 뜻한다.

- **Polly's tablecloth has undergone quite a *resurrection*; the last time I saw it, she was using it as a dress.**
  폴리의 식탁보는 상당한 재생 과정을 거친 것이다. 지난번에 봤을 때 그녀는 그것을 옷으로 이용하고 있었다.

- **The new chairman brought about the *resurrection* of the company by firing a few dozen vice presidents and putting a lock on the office supplies.**
  신임 회장은 수십 명의 부사장들을 해고하고 모든 사무용품의 사용을 제한함으로써 회사가 다시 부흥하는 계기를 만들었다.

RETORT [ritɔ́ːrt] v to make a sharp reply 신랄한 대답을 하다, 말대꾸하다

▶ 발음에 주의할 것.

- "Twinkle, twinkle, little star—what you say is what you are," Leslie *retorted* hotly when her playmate called her a doo-doo brain.

  "반짝반짝 작은 별, 네가 하는 말이 곧 너에게로 가는 거야." 레슬리는 놀이친구가 자신을 똥멍청이라고 부르자 불같이 화가 나서 반박했다.

- When Laurie accused Peggy of being drunk, Peggy *retorted*, "Whoeryooshayingsdrunk?" and fell over on the sidewalk.

  로리가 술에 취한 페기를 비난하자, 페기는 "누가아술이엉 취했다고하는거냐~앙!" 하고 맞받아치고 인도에 쓰러져 버렸다.

▶ retort는 명사로도 쓰인다.

- Jeff can never think of a good *retort* when he needs one; the perfect line usually comes to him only later, usually in the middle of the night.

  제프는 반박을 할 필요가 있을 때 적당한 말을 결코 생각해낼 수가 없다. 딱 들어맞는 말은 언제나 뒤늦게, 그것도 대개는 한밤중에 생각이 난다.

RETROSPECT [rétrəspèkt] n looking backward; a review 회고, 반성; 재음미

- In *retrospect*, I was probably out of line when I yelled at my mother for telling me she liked what I was wearing and saying that she hoped I would have a nice day.

  되돌아보면, 내가 입고 있는 옷이 좋다는 말을 하고 즐거운 하루를 보내라는 인사를 하는 엄마를 향해 화를 내며 소리를 질렀을 때는 아마도 내가 제정신이 아니었던 것 같다.

A *retrospective*[rètrəspéktiv] is an exhibition of an artist's work from over a period of years.

retrospective(회고전)란 지난 '수년간에 걸친 화가의 작품을 전시하는 것'이다.

- Seeing an advertisement for a *retrospective* of his films made the director feel old.

  영화 회고전 광고물을 보고서 그 감독은 자신이 늙었다는 것을 실감했다.

Prospect[práspèkt] is the opposit of *retrospect*. A *prospect* is a view—either literal or figurative—that lies before you, or in the future.

prospect는 retrospect의 반의어이다. prospect는 문자 그대로나 비유적인 의미로 당신 앞이나 미래에 놓여 있는 '전망'이다.

- George's heart sings at the *prospect* of being a game-show contestant; he believes that answering questions on television is the true path to enlightenment.

  조지는 게임쇼에 참가한다는 생각에 가슴이 설렌다. 그는 텔레비전에 나가 퀴즈를 푸는 것이 자기 계발의 진정한 길이라고 믿고 있다.

- The Emersons named their new house *Prospect* Point because it offered magnificent views of the surrounding countryside.

  에머슨가 사람들은 새 집을 '전망대'라고 이름을 붙였다. 집에서 보면 주변의 멋진 시골의 풍광이 들어오기 때문이었다.

REVAMP [riːvǽmp] v to revise; to renovate 교정하다; 혁신하다

- The struggling college's *revamped* curriculum offers such easy electives as Shakespeare's Furniture and Spelling for Spokesmodels.

  산고 끝에 혁신된 교과 과정에는 셰익스피어의 작품집과 말하는 모델을 위한 철자법 같은 쉬운 선택 과목들이 들어 있다.

- Susan is *revamping* her résumé to make it seem more impressive; she's getting rid of the part that describes her work experience, and she's adding a part that is entirely made up.

  수잔은 좀 더 강한 인상을 주기 위해 이력서를 수정하고 있다. 그녀는 자신의 경력을 서술한 부분을 지우고, 대신 완전히 날조한 부분을 첨가하고 있다.

REVEL [révəl] v to enjoy thoroughly; to take delight in; to carouse
한껏 즐기다; ~을 즐기다; 흥청망청 놀다

- Ken is *reveling* in luxury now that he has finally come into his patrimony.
  켄은 마침내 아버지로부터 재산을 물려받게 되었으므로 호화로운 생활을 한껏 즐기고 있다.

- Tammy *reveled* in every bite of the forbidden dessert; it had been so long since she had eaten chocolate cake that she wanted it to last as long as possible.
  태미는 금지된 디저트를 한 입씩 먹을 때마다 한껏 빠져들었다. 그녀는 초콜릿 케이크를 먹어 본 지가 하도 오래되어서 그 맛이 가능한 한 오래도록 지속되기를 원했다.

▶ 명사형은 revelry[révəlri](흥청대며 놀기)이다.

- The sounds of *revelry* arising from the party below kept the children awake until all of their parents' guests had gone. (To *revel* is not to engage in *revelation*; *revelation* is the noun form of *reveal*.)
  아래층 파티에서 들려오는 떠들썩한 흥청거림 때문에 아이들은 부모님의 손님들이 모두 돌아갈 때까지 깨어 있었다. (revel은 revelation과 관계가 없다. revelation은 reveal의 명사로 '폭로', '뜻밖의 비밀을 누설함'이라는 뜻이다.)

A person who *revels* is a *reveler*[révələr].
revel하는 사람은 reveler(술 마시고 흥청대는 사람)이다.

- Amanda thought that all her guests had gone home, but then she found one last drunken *reveler* snoring in her bedroom closet.
  아만다는 모든 손님들이 집으로 돌아갔다고 생각했다. 그러나 그녀는 침실 벽장에서 술에 취한 마지막 사람 한 명이 코를 골며 남아 있는 것을 발견했다.

REVILE [riváil] v to scold abusively; to berate; to denounce
욕설을 퍼부으며 꾸짖다; 몹시 꾸짖다; 비난하다

- In Dickens's *Oliver Twist*, poor Oliver is *reviled* for daring to ask for more gruel.
  디킨즈의 소설 "올리버 트위스트"에서, 불쌍한 올리버는 대담하게 오트밀 죽을 조금 더 달라고 했다가 심한 꾸지람을 듣는다.

- The president of the sorority *reviled* the newest member for not wearing enough makeup.
  여성 클럽의 회장은 충분한 화장을 하지 않았다는 이유로 새로 들어온 회원을 무섭게 나무랐다.

REVULSION [riváljən] n loathing; repugnance; disgust 극도의 혐오감; 반감; 혐오

- The princess pulled back in *revulsion* when she realized that her kiss hadn't turned the frog into a prince after all.
  공주는 자신의 키스가 결국 개구리를 왕자로 변신시키지 못하자 극도의 혐오감을 느끼며 물러났다.

- "Please don't talk about dead lizards while I'm eating," said Sally with *revulsion*.
  "제발, 내가 먹고 있을 때는 죽은 도마뱀에 대해서 이야기하지 마라."라고 샐리가 심한 혐오감을 나타내며 말했다.

▶ revulse라는 단어는 없다.

RHAPSODIZE [rǽpsədàiz] v to speak extremely enthusiastically; to gush
매우 열정적으로 말하다; 신이 나서 떠벌리다

- Danielle *rhapsodized* about the little dog, saying that she had never seen a more beautiful, friendly, fabulous little dog in her entire life.
  다니엘은 그 작은 개에 대해 전 인생을 통틀어 그보다 더 아름답고, 더 친근하고, 더 멋진 개를 본 적이 없다고 열변을 토했다.

- Hugh never has a kind word to say about anything, so when he *rhapsodized* about the new restaurant we figured that we probably ought to try it.
  휴는 결코 어떤 것에 대해 말할 때 좋게 말하는 법이 없다. 그래서 그가 새 레스토랑에 대해 매우 열정적으로 말했을 때 우리는 아마도 거기에 가 봐야 한다고 생각했다.

▶ 형용사형은 rhapsodic[ræpsɑ́dik] (열광적인)이다.

- The review of the play was far from *rhapsodic*. In fact, it was so harshly negative that the play closed the next day.

  그 연극에 관한 평은 열광적인 것과는 거리가 있었다. 사실 그 내용은 가혹할 정도로 부정적인 것이어서 연극은 그 다음날 막을 내렸다.

▶ 이 단어들의 발음에 주의할 것.

RIBALD [ríbəld] adj indecent or vulgar; off-color 추잡하거나 저속한; 상스러운

- Most of the songs on that new album have *ribald* lyrics that will give heart attacks to mothers all over the nation.

  새 앨범에 들어 있는 곡들 대부분은 전국의 엄마들이 심장마비를 일으킬 저속한 가사들로 되어 있다.

Ribald language or horsing around is called *ribaldry*[ríbəldri].

ribaldry는 '상스러운 말'이나 '저속한 희롱'을 뜻한다.

- The freshman dormitory was characterized primarily by *ribaldry* and beer.

  상스러운 농담과 맥주는 신입생 기숙사의 기본적인 특징이었다.

▶ 이 단어들의 발음에 주의할 것.

RIFE [rɑif] adj occurring frequently; widespread; common; swarming 자주 발생하는; 만연된; 흔한; 수없이 많은

- Fistfights were *rife* in that part of town, largely because there was an all-night bar in nearly every storefront.

  주먹다짐은 도시의 그 지역에서는 아주 흔한 일이었다. 그것은 주로 거의 모든 길거리에 면한 빌딩의 정면에 밤새도록 영업하는 술집이 있기 때문이었다.

- The committee's planning sessions were *rife* with backstabbing and petty quarrels.

  위원회의 회기 동안에는 상호 비방과 사소한 언쟁들이 만연했다.

- Below decks, this ship is *rife* with rats and other pests.

  이 배의 갑판 아래는 쥐를 비롯한 온갖 해충들이 아주 많이 있다.

RIVET [rívit] v to engross; to hold firmly 몰두시키다; 굳게 유지하다

On a construction site, a *rivet* is a metal pin that is used to fasten things together, and *riveting* is the act of fastening things in this manner. Outside of a construction site, *rivet* means much the same thing, except figuratively.

건설 현장에서 말하는 rivet은 물건들을 함께 붙여 고정시키기 위해 사용되는 '철로 만든 못'을 의미하며, riveting은 위와 같은 방법으로 '사물을 고정시키는 행위'를 말하는 것이다. 건설 현장을 벗어나도 rivet은 비유적인 의미로 쓰이는 경우를 제외하면 거의 같은 의미로 쓰인다.

- After reading the first paragraph, I was *riveted* to the murder mystery until I had finished the final one.

  첫 번째 단락을 읽고 난 후, 나는 마지막 단락을 끝낼 때까지 그 추리 소설에 몰두했다.

- Dr. Connors *riveted* the attention of his audience with a description of his method of turning himself into a lizard.

  코너스 박사는 자신을 도마뱀으로 변하게 하는 비법을 설명함으로써 청중들의 주의를 집중시켰다.

If something *rivets* in this way, it is said to be *riveting*.

어떤 것의 마음을 붙드는 것에도 riveting이라는 표현을 쓴다.

- Shayla has the most *riveting* green eyes I've ever seen—or perhaps those are contact lenses.

  샤일라는 지금까지 내가 보아온 사람 중에 가장 매혹적인(사람의 마음을 끄는) 녹색의 눈동자를 가지고 있다. 진짜가 아니라면, 아마도 그 눈은 콘택트렌즈일 것이다.

The figurative definition of *rivet* is close to *transfix*.

비유적인 의미로 rivet은 transfix와 비슷하다.

ROUT [raut] v to put to flight; to scatter; to cause a huge defeat
패주시키다; 적을 쫓아버리다; 크게 패하게 만들다

- Brighton High School's debate team *routed* the team from Pittsford, leaving the Pittsford captain sobbing among his notecards.

  브라이튼 고등학교의 토론반은 피츠포드에서 온 팀을 대파했다. 그래서 피츠포드 팀의 주장을 메모장들 사이에서 울게 만들었다.

- *Routing* the forces of pestilence and famine turned out to be a bigger job than Mark had anticipated, so he stopped trying and went to law school instead.

  막강한 흑사병과 기아를 물리치는 일은 마크가 일찍이 예상했던 것보다 더 큰 문제였다. 그래서 그는 시도를 그만두고 대신 로스쿨로 갔다.

▶ rout는 명사로도 쓰인다.

- Last week's basketball game was a *rout*, not a contest; our team lost by a margin of more than fifty points.

  지난주의 농구 시합은 경기가 아니라 완전한 패배였다. 우리 팀은 50점 이상 졌다.

RUE [ru:] v to mourn; to regret 슬퍼하다; 후회하다

- I *rue* the day I walked into this place; nothing even remotely good has happened to me since then.

  나는 이곳에 왔던 날을 후회하고 있다. 그때 이후로 나에게는 아주 작은 행운조차도 일어나지 않았다.

- The middle-aged man *rued* his misspent youth—all that time wasted studying, when he could have been meeting girls.

  중년의 남자는 놓쳐 버린 젊은 시절에 공부하느라 보내 버린 그 모든 시간들, 여자들을 만날 수도 있었을 시간들을 후회했다.

▶ 형용사형은 rueful (후회하는)이다.

- It's hard for Howie not to feel *rueful* when he remembers the way he fumbled the ball in the last two seconds of the game, ending his team's thirty-year winning streak.

  경기 종료 마지막 2초를 남겨놓고 공을 실수로 놓친 일이 머리에 떠오를 때면, 호위는 안타까운 마음을 가눌 수가 없다. 그의 실수로 팀은 30년간의 연승 행진의 막을 내린 것이다.

- Whenever Olga's mother gets a *rueful* look in her eye, Olga knows she's about to make some kind of remark about how fast time passes.

  어머니의 눈에 슬픈 기색이 보일 때마다, 올가는 엄마가 세월이 얼마나 빨리 흘러가는지에 대해서 몇 말씀 하려는 신호라는 것을 알고 있다.

Match each word in the first column with its definition in the second column. Check your answers in the back of the book.

1. resplendent	a.	enjoy thoroughly
2. resurrection	b.	scold abusively
3. retort	c.	brilliantly shining
4. retrospect	d.	occurring frequently
5. revamp	e.	revise
6. revel	f.	looking backward
7. revile	g.	engross
8. revulsion	h.	mourn
9. rhapsodize	i.	make a sharp reply
10. ribald	j.	put to flight
11. rife	k.	return to life
12. rivet	l.	indecent
13. rout	m.	speak extremely enthusiastically
14. rue	n.	loathing

S

SALLY [sǽli] n **a sudden rushing attack; an excursion; an expedition; a repartee; a clever rejoinder** 갑작스러운 돌격; 소풍; 여행; 재치 있는 말대꾸; 답변

- Our cat made a lightning-fast *sally* into the TV room, then dashed out of the house with the parakeet squawking in his mouth.

  우리 집 고양이는 번개처럼 빠른 동작으로 TV가 있는 방으로 가서는 입에 꽥꽥거리는 잉꼬를 물고 집밖으로 달려 나갔다.

- Let's take a little *sally* down Newbury Street; there are some very nice, expensive shops there I've been meaning to peek into.

  뉴베리가로 소풍을 가자. 그곳에는 내가 살짝 들여다보고 싶은 멋지고 값비싼 상점들이 있단다.

- Tony didn't know the answer to the professor's question, but his quick-witted *sally* made the whole class laugh, including the professor.

  토니는 교수가 한 질문의 정답을 알지 못했다. 그러나 재치 있는 답변으로 교수와 모든 학생들을 웃게 만들었다.

▶ sally는 동사로도 쓰인다.

- The first sentence of the mystery is, "One fine morning, Randall Quarry *sallied* forth from his Yorkshire mansion and was never seen again."

  그 추리 소설의 첫 번째 문장은 이렇게 시작한다. "어느 상쾌한 아침, 랜달 퀘리는 요크셔에 있는 자신의 집에서 뛰쳐나간 뒤 다시는 볼 수 없었다."

SALUTATION [sæ̀ljutéiʃən] n **greeting; welcome; opening words of greeting** 인사; 환영의 인사말; 인사할 때 처음 쓰는 말

- "Hello, you stinking, stupid swine" is not the sort of warm, supportive *salutation* James had been expecting from his girlfriend.

  "이봐! 비열하고 멍청한 욕심쟁이야."라는 말은 제임스가 여자 친구에게 듣기를 기대했던 따뜻하고 우호적인 인사말과는 거리가 멀다.

- Unable to recognize the man coming toward her, Lila waved her hand in *salutation* and hoped the gesture would fool him into thinking she knew who he was.

  다가오고 있는 사람을 알아볼 수가 없었기 때문에, 리라는 인사의 표현으로 손을 흔들었다. 그녀는 그 손짓으로 자신이 그가 누구인지 알고 있다고 믿게 할 수 있을 것이라고 생각했다.

A *salutatory* [səlú:tətɔ̀:ri] is a welcoming address given to an audience. At a high school commencement, it is the speech given by the *salutatorian* [səlù:tətɔ́:riən], the student with the second-highest grade point average in the graduating class. (The student with the highest average is the valedictorian.)

salutatory는 관객들에게 하는 인사말이다. 고등학교 졸업식에서는, 전체 차석을 한 salutatorian(학생 대표)이 인사말로 하는 연설을 말한다. (최고 수석 학생은 valedictorian이다.)

SANCTION [sǽŋkʃən] n **official permission or approval; endorsement; penalty; punitive measure** 공식적인 승인이나 허가; 승인; 제재; 징벌의 수단

- Without the *sanction* of the historical commission, Cynthia was unable to paint her house purple and put a flashing neon sign over the front door.

  역사 위원회의 승인 없이는 신시아는 자신의 집을 자주색으로 칠하거나 현관에 번쩍거리는 네온사인을 설치할 수 없었다.

- The babysitter wasn't sure whether it was okay for Alex to knock over Andy's block tower, so she called the boys' parents and received their *sanction* first.

  베이비시터는 알렉스가 앤디의 블록 탑을 부셔도 되는지 확신을 할 수가 없었다. 그래서 그녀는 아이들의 부모에게 전화를 걸어 먼저 그들의 허락부터 받았다.

Strangely, *sanction* also has a meaning that is nearly opposite to approval or permission. (*Cleave* is another word that is very nearly its own antonym.)

이상하게도, sanction이라는 단어는 '승인'이나 '허가'라는 의미와 거의 반대되는 개념도 함께 갖고 있다. (cleave도 반대되는 뜻을 동시에 가지고 있는 단어이다.)

- "Unless your puny little nation stops selling poisoned fruit to other nations," the secretary of state threatened, "we'll impose so many *sanctions* on you that you won't know which way is up."

  "당신의 작은 나라가 다른 나라에 유독성 파일을 판매하는 것을 그만두지 않는다면, 우리는 당신네 나라가 어떤 길도 찾을 수 없도록 많은 제재 조치들을 내릴 것이오."라며 국무장관이 위협했다.

- For many years international *sanctions* on South Africa included the banning of its athletes from competing in the Olympics.

  수년 동안 남아프리카에 내려진 국제적 제재 조치는 올림픽 경기에 선수들을 출전하지 못하게 하는 내용도 포함되어 있었다.

▶ sanction는 동사로도 쓰인다.

- The manager of the apartment complex won't *sanction* your flooding the weight room to make a swimming pool.

  아파트 건물의 관리인은 네가 체력 단련실에 물을 채워 수영장으로 만드는 것을 승인하지 않을 것이다.

SARCASM [sάːrkæzəm] n a tone used to convey irony, or the fact that the intended meaning is opposite from the written or spoken one
빈정대는 말투, 또는 의도된 의미가 쓰이거나 말해진 것과 정반대인 것

- Hank believes that *sarcasm* is the key to breaking the ice with girls. "Is that your real hair, or did you just join the circus?" he asked Jeanette.

  행크는 여자들과의 어색함을 녹이는 열쇠는 비꼬는 농담이라고 생각한다. "그거, 너의 진짜 머리 맞아? 아니면, 막 서커스단에 들어간 거니?"라고 행크가 자넷에게 물었다.

▶ 형용사형은 sarcastic[sɑːrkǽstik] (빈정대는)이다.

- The mayor was enraged by the *sarcastic* tone of the newspaper's editorial about his arrest for possession of cocaine.

  그가 코카인 소지죄로 체포된 것에 대해서 신문이 빈정대는 투로 사설을 쓰자 시장은 화를 냈다.

- "Nice outfit," Martin said *sarcastically* as he eyed his sister's faded bathrobe, fluffy slippers, and knee-high nylons.

  "멋진 옷이야!" 마틴은 여동생이 빛바랜 목욕용 가운에다 보풀이 일어난 슬리퍼, 무릎까지 오는 나일론 양말을 입은 것을 보고 빈정대듯이 말했다.

SAVANT [sævάːnt] n a scholar; a knowledgeable and learned person
학자; 지식과 학식이 높은 사람

- Bertrand is a real *savant* about architecture. You can't go on a walk without him stopping to point out every architectural point of interest he sees. That's why no one will go on walks with him anymore.

  버트랜드는 건축학 분야의 진정한 학자이다. 그와 함께 걸을 때면 언제나 보는 것마다 흥미 있는 건축학적 요점을 지적하기 위해 멈추곤 한다. 아무도 더 이상 그와 함께 걷지 않는 것이 그 이유다.

- The abbot of the monastery is a great *savant* in the fields of church history and religious art.

  그 수도원의 원장님은 교회의 역사와 종교 미술 분야에 대단히 학식이 높은 사람이다.

Perhaps because *savant* is a French word (it derives from the French *savoir*, to know), it tends to be used in association with more sophisticated feats of knowledge. You're unlikely to hear someone described as a baseball *savant*, for example.

아마도 savant라는 단어가 프랑스 어(알다'라는 뜻을 가진 프랑스 어 savoir)이기 때문에 한 단계 높은 지식의 수준이라는 면과 연관해서 사용되는 경향이 있다. 예를 들면, 누군가 야구계의 학자라는 말을 듣기는 쉽지 않을 것이다.

An *idiot savant* is a person who, though mentally handicapped, has an astonishing mastery of one particular subject.

idiot savant는 지적 장애가 있지만, '특정한 한 가지 주제에 대해서는 놀랄 만한 능력을 가지고 있는 사람'을 일컫는 말이다.

- Ed is an *idiot savant*; he can't speak, read, or dress himself, but he is capable of playing intricate piano pieces after hearing them just once.

  에드는 천치 석학이다. 그는 말할 줄도 읽을 줄도 스스로 옷을 입을 줄도 모르지만, 아무리 난해한 곡도 한 번만 들으면 피아노로 연주할 수 있는 능력이 있다.

Savoir faire [sæ̀vwɑːrfέ∂r] is a French phrase that has been adopted into English. It is social grace, or the knowledge of what to do and how to behave in any situation.

savoir-faire는 영어에 차용된 프랑스 숙어이다. 이것은 '사교 예절 또는 '어떤 상황에서 무엇을 하고 어떻게 행동해야 할지를 아는 것'이라는 뜻이다.

- Priscilla was nervous at the diplomat's party, but her instinctive *savoir faire* kept her from making major blunders.

  프리실라는 외교관들의 파티에서 신경이 쓰였지만 그녀의 본능적인 사교술 덕분에 큰 실수를 하지 않고 넘어갔다.

▶ 이 단어들의 발음에 주의할 것.

SCANT [skænt] adj limited; meager; barely sufficient 제한된; 빈약한; 간신히 충족이 되는

- Soap and water are in *scant* supply around here. You'll be able to take a shower only once per month.

  이곳에서는 비누와 물이 제한적으로 공급되고 있다. 한 달에 한 번 정도만 목욕을 할 수 있을 것이다.

- Finding the recipe too bland, she added a *scant* tablespoonful of lemon juice to the mixture.

  요리가 너무 순하고 맛이 없다는 것을 알고서, 그녀는 부족한 레몬주스를 한 스푼 가득 더 섞어 넣었다.

- Mrs. Doudy has rather *scant* knowledge of home economics. She's been teaching her students to hem things with tape and safety pins.

  두디 부인은 가정 경제에 대한 지식이 상당히 부족하다. 그녀는 물건들을 테이프와 안전핀으로 싸 두라고 가르쳐 왔다.

▶ scant는 동사로도 쓰인다.

- Don't *scant* me on mashed potatoes—you know they're my favorite.

  으깬 감자 가지고 나에게 인색하게 굴지 마라. 알다시피 그것은 내가 가장 좋아하는 것이다.

Scant and *scanty* [skǽnti] have similar but not quite identical meanings. *Scant* means barely sufficient in amount, while *scanty* means barely sufficient in number, extent, or quantity.

scant와 scanty는 비슷하기는 하지만 완전히 동일한 의미를 갖고 있지는 않다. scant는 간신히 합계에 도달하는'의 뜻이지만, 반면에 scanty는 '숫자나 범위, 수량이 간신히 되는'의 뜻이다.

- The beggar has *scant* food and *scanty* clothes.

  그 거지는 먹을 것은 부족하고 옷은 몇 벌 없다.

SCHISM [sízm] n division; separation; discord or disharmony 분열; 분리; 불화, 부조화

▶ 발음에 주의할 것.

- There's been a *schism* in the ranks of the Flat Earth Society; one faction believes that the earth is flat because it was created that way, while the other faction believes the earth used to be round but was rolled flat by beings from outer space.

  '평평한 지구 학회'의 구성원들 사이에도 불화는 있어 왔다. 한 파벌은 지구는 처음부터 평평하게 만들어졌기 때문에 지금 평평하다고 믿고 있고, 반면에 다른 파벌은 지구가 원래는 둥근 모양이었으나 외계인이 지구를 굴려서 평평하게 만들었다고 믿고 있다.

SCORN [skɔːrn] v to disdain; to find someone or something contemptible
경멸하다; 치사하게 생각하다

- "I *scorn* your sweaty, mindless athletics," said the president of the literary club to the captain of the football team. "I prefer spending a quiet afternoon by myself reading the works of the great poets."

  "땀 냄새 나고 지적인 데라곤 하나도 없는 너의 운동을 경멸해. 나는 혼자서 위대한 시인의 작품이나 읽으면서 조용한 오후를 보내는 것이 더 좋아."라고 문학부의 회장이 풋볼 팀의 주장에게 말했다.

- Morris *scorns* every kind of cat food except the most expensive brand.

  모리스는 가장 비싼 상표를 제외하고는 모든 종류의 고양이 먹이를 다 싫어한다.

▶ scorn은 명사로 혹은 형용사로도 쓰인다.

- "Your clothes are totally pathetic, Dad," said Reba, her voice dripping with *scorn*. Her father gave her a *scornful* look and said, "Do you really believe I care what a five-year-old thinks of the way I dress?"

  "아빠의 옷은 너무 우스꽝스러워요."라고 경멸이 묻어나는 목소리로 레바가 말했다. 그녀의 아빠는 레바에게 비웃는 표정을 보이며 "너 설마 내가 옷 입는 것에 대해서 다섯 살짜리 꼬마의 생각에 신경 쓰리라고 생각하는 것은 아니겠지?"라고 말했다.

SEAMLESS [síːmlis] adj without a seam; without anything to indicate where two things were joined together; smooth
솔기가 없는; 두 부분이 함께 봉합되었다는 표시가 없는; 매끄러운

- After lots of revision, Jennifer succeeded in reworking the two halves of her novel into a *seamless* whole.

  여러 번의 수정을 거친 후에야 제니퍼는 소설의 두 부분을 표 나지 않게 완전한 하나로 개정하는 데 성공했다.

- The most interesting thing Beth said all evening was that her new, *seamless* underpants were considerably less bulky than the kind she had formerly worn.

  베스가 밤새도록 얘기한 것 중에서 가장 재미있는 일은 솔기 없이 매끄러운 그녀의 새 속바지가 이전에 입었던 것보다 상당히 부피가 더 작다는 얘기였다.

- His excuse is *seamless*, I have to admit; I know he's lying, but I can't find a hole in his story.

  그의 변명은 그럴듯하다. 나는 받아들일 수밖에 없다. 나는 그가 거짓말을 하고 있다는 것을 알지만, 그의 변명 속에서 허점을 찾을 수가 없다.

SECEDE [sisíːd] v to withdraw from an alliance 동맹에서 탈퇴하다

- When the southern states *seceded* from the Union, they probably never expected to create quite as much of a ruckus as they did.

  남부의 주들은 미 연방에서 탈퇴하면서, 아마도 그들이 한 일 때문에 그토록 요란한 소동이 일어나리라고는 생각지도 못했을 것이다.

- If taxes keep rising, our state is going to *secede* from the nation and become a tax-free society financed by revenues from bingo and horse racing.

  만약 세금이 계속 인상된다면, 우리 주는 국가에서 탈퇴를 해서 복권과 경마에서 얻어지는 수입으로 재정을 운영하는 비과세 공동체를 만들 것이다.

- When Edward's mother made him clean his room, he *seceded* from his family and moved into the basement, where he could keep things as messy as he wanted.

  어머니가 에드워드에게 방을 청소하라고 시키셨을 때, 그는 가족들에게서 벗어나 지하실로 이사 갔다. 거기서 그는 원하는 만큼 마음대로 지저분하게 늘어놓고 살 수 있었다.

▶ 명사형은 secession[siséʃən] (분리, 독립)이다.

- Edward's mother refused to recognize his *secession*. She made him clean up the basement, too.

  에드워드의 어머니는 그의 독립을 인정하지 않았다. 어머니는 지하실도 깨끗이 청소하라고 시키셨다.

SECLUSION [siklúːʒən] n aloneness; withdrawal from other people
고립; 다른 사람들로부터 벗어남

- The poet spent her final years in *seclusion*, remaining alone in a darkened room and listening to "Stairway to Heaven" over and over again.

  그 시인은 어두운 방에 혼자 앉아서 "천국의 계단"을 반복해서 들으며, 말년을 은둔 생활을 하며 보냈다.

- Some people can study better with other people around, but I need total *seclusion* and an endless supply of coffee.

  어떤 사람들은 다른 사람들과 함께 어울려야 공부를 더 잘할 수 있지만, 나는 완전한 격리와 충분한 커피 공급만 있으면 된다.

- The prisoner was causing so much trouble that his guards agreed it would be best to put him in *seclusion* for the time being.

  그 죄수는 워낙 말썽을 많이 부렸기 때문에, 당분간 독방에 격리 수용하는 것이 최선이라는 생각에 담당 교도관도 동의했다.

▶ 형용사형은 secluded[siklúːdid] (외딴)이다.

- Roberta lives in a *secluded* house at the end of a dead-end street; the lots on either side of hers are empty.

  로베르타는 막다른 골목 끝에 있는 외딴집에 살고 있다. 그녀의 집 양쪽에 있는 부지는 모두 비어 있다.

▶ 동사형은 seclude[siklúːd] (은둔하다)이다.

QUICK QUIZ

Match each word in the first column with its definition in the second column. Check your answers in the back of the book.

1. sally		a.	biting irony
2. salutation		b.	scholar
3. sanction		c.	sudden rushing attack
4. sarcasm		d.	withdraw from an alliance
5. savant		e.	smooth
6. scant		f.	disdain
7. schism		g.	official permission or approval
8. scorn		h.	greeting
9. seamless		i.	division
10. secede		j.	limited

SECT [sekt] n a small religious subgroup or religion; any group with a uniting theme or purpose 종교 내의 작은 소그룹 또는 종파; 같은 주제나 목적으로 모인 그룹

- Jack dropped out of college and joined a religious *sect* whose members were required to live with animals and surrender all their material possessions to the leaders of the *sect*.

  잭은 대학을 중퇴하고, 동물과 생활하며 모든 물질적 재산을 지도자들에게 넘길 것을 요구하는 종교 분파에 합류했다.

- After the schism of 1949, the religious denomination split up into about fifty different *sects*, all of them with near identical beliefs and none of them speaking to the others.

  1949년 분파 독립 이후로, 그 종파는 다시 50개의 서로 다른 분파로 갈라졌다. 그들 모두 거의 동일한 신앙 체계를 가지고 있으면서도 서로 전혀 교류하지 않았다.

Matters pertaining to *sects* are *sectarian* [sektέəriən].

sect들에 관련된 일들은 sectarian(종파의)이다.

- The company was divided by *sectarian* fighting between the research and marketing departments, each of which had its own idea about what the new computer should be able to do.

  회사는 연구부와 마케팅 부서 간에 파벌 싸움으로 나뉘어져 있었다. 그들은 새로운 컴퓨터의 기능에 대해서 각자의 생각을 고집하고 있었다.

To be *sectarian* is also to be single-mindedly devoted to a *sect*. *Nonsectarian* means not pertaining to any particular *sect* or group.

sectarian은 형용사로 쓰이면 '한 sect에 한결같은 마음으로 헌신하는'의 뜻이다. nonsectarian은 '어떠한 특별한 그룹이나 sect(분파)에 소속되지 않는'의 뜻이다.

- Milly has grown so *sectarian* since becoming a Moonie that she can't really talk to you anymore without trying to convert you.

  밀리는 통일교 신자가 된 이후로 당파심이 아주 강한 사람이 되어서, 앞으로는 그녀가 당신에게 이야기를 할 때면 반드시 당신을 개종시키려 할 것이다.

SEDENTARY [sédəntèri] adj largely confined to sitting down; not physically active
주로 앉아서 생활하는; 육체적인 움직임이 없는

- Writing is a *sedentary* life; just about the only exercise you get is walking to the mailbox to see whether anyone's sent you a check, and you don't even need to do that often.

  글쓰기는 앉아서 하는 생활이다. 할 수 있는 유일한 운동이라는 것은 단지 누군가가 수표를 보냈는가 알아보기 위해서 우편함까지 걸어가는 것이다. 그런데 그 일은 자주 할 필요는 없는 일이다.

- When people get older, they tend to become more *sedentary*; my octogenarian aunt even uses her car to visit her next-door neighbor.

  사람들은 나이가 들어감에 따라서 점점 더 잘 안 움직이는 경향이 있다. 80대인 우리 숙모만 해도 바로 옆집에 사는 이웃을 방문할 때조차 차를 타고 간다.

- If you want to stay in shape with that *sedentary* job, you'll have to make sure to get lots of exercise in your spare time.

  만약 당신이 앉아서만 일하는 업종에 종사하면서 건강한 몸을 유지하고 싶다면, 여가 시간에 반드시 운동을 많이 해야 할 것이다.

SELF-MADE [self meid] adj having succeeded in life without help from others
다른 사람의 도움 없이 성공적인 삶을 사는

- John is a *self-made* man; everything he's accomplished, he's accomplished without benefit of education or support from powerful friends. Like most *self-made* men, John can't stop talking about how much he's managed to accomplish despite his humble origins.

  존은 자수성가한 사람이다. 그가 이룩한 모든 것은 교육의 혜택이나 권력 있는 친구의 도움 없이 이루어낸 것이다. 대부분의 자수성가한 사람들처럼 존도 보잘것없이 시작했음에도 불구하고 자신이 얼마나 많은 것을 이룩했는지 끊임없이 얘기하고자 한다.

- Being a wildly successful *self-made* politician, Maggie had little sympathy with the idea of helping others who hadn't gotten as far as she. "I pulled myself up by my own bootstraps; why can't they?" she would say, staring out her limousine window at the wretched souls living in cardboard boxes on the streets.

  매기는 힘들게 성공한 자수성가형 정치가였기 때문에, 자신보다 못한 사람을 도와주려는 동정심이 거의 없었다. '나는 정말 나 혼자의 힘으로 나 자신을 끌어올렸어. 그들은 왜 그렇게 못하는 거지?'라고 그녀는 길거리에서 판자 상자에 의존해 살고 있는 불쌍한 사람들을 리무진 창밖으로 노려보며 말하곤 했다.

Self-esteem [self istí:m] is the opinion one has of oneself.

self-esteem은 '자존심', '자신에 대한 평가'이다.

- Patty's *self-esteem* is so low that she can't even bring herself to say hello to people in passing because she can't imagine why they would want to talk to her.

  패티는 자신을 너무나 비천하게 생각했기 때문에 지나가는 사람들에게 인사를 하고 싶은 마음이 생기지 않았다. 그들이 왜 그녀와 말을 하고 싶어하는지 상상도 할 수 없었기 때문이었다.

Something is *self-evident* [self évidənt] if it is obvious without needing to be pointed out.

self-evident는 다시 한 번 지적할 필요도 없이 '명백한'이라는 뜻이다.

- Most Americans believe that certain rights, such as the right to speak freely, are *self-evident*.

  대부분의 미국인들은 자유롭게 말하는 것 같은 권리들은 자명하다고 생각한다.

A *self-possessed* [self pəzést] person is one who has good control of his or her feelings.

self-possessed person은 '자신의 감정을 잘 다스릴 줄 아는 사람'이다.

- The only time Valerie's *self-possession* [self pəzéʃən] ever breaks down is when someone in the audience yawns.

  발레리의 침착함이 무너지는 유일한 때는 청중 중 누군가가 하품을 할 때이다.

A *self-righteous* [self ráitʃəs] person is sanctimonious, smug, and intolerant of others, believing that everything he or she does is right.

self-righteous person은 신성한 체하며, 잘난 체하고, 자신과 다른 것을 참지 못하며, 자신이 하는 것만 옳다고 믿는 '독선적인 사람'이다.

- "It's a good thing some of us have proper respect for others' possessions," said Tiffany *self-righteously* after discovering that her roommate had wiped her nose on the handkerchief that Tiffany had bought.

  "남의 물건에 대해서도 어느 정도는 존중해 줘야 모두에게 좋은 일이지."라고 티파니는 같은 방을 쓰는 친구가 자신이 구입한 손수건에 코를 닦은 것을 알고 독선적으로 말했다.

A *self-satisfied* [self sǽtisfàid] person is, obviously, satisfied—oversatisfied—with himself or herself.

self-satisfied person은 '눈에 띌 정도로 자신에 대해서 만족하고 있는 사람'이다.

- My *self-satisfied* sister announced to my mother that she had done a much better job of making her bed than I had.

  자기만족이 강한 여동생은 침대를 정리하는 일에 있어서 나보다 자신이 훨씬 더 잘했다고 엄마에게 자랑했다.

A *self-starter* [self stáːrtər] takes initiative and doesn't need the help of others to get going.

self-starter는 '솔선해서 하는 것 또는 작동을 하는 데 다른 것의 도움이 필요하지 않은 것'이다.

- Sandra is a great *self-starter*. The second the professor gives a paper assignment, she rushes out to the library and checks out all the books she'll need. I'm not a good *self-starter* at all. I prefer to sit around watching TV until the day of the deadline and then ask the professor for an extension.

  샌드라는 대단히 솔선하는 사람이다. 교수가 과제를 내주는 순간 곧장 도서관으로 달려가 필요한 책들을 대출한다. 나는 솔선수범하는 사람이 전혀 아니다. 마감 날이 될 때까지 눌러앉아 TV를 보다가 교수에게 날짜를 연기해 달라고 부탁한다.

SENTENTIOUS [senténʃəs] adj preachy; pompous; excessively moralizing; self-righteous
설교조의; 젠체하는; 지나칠 정도로 도덕적인; 독선적인

- The new headmistress made a *sententious* speech in which she urged the student body to follow her illustrious example.

  신임 여 교장은 학생들에게 자신을 본받을 것을 강조하는 훈시를 했다.

- I can stand a boring lecture, but not a *sententious* one, especially when I know that the professor giving it has absolutely nothing to brag about.

  나는 지루한 강의는 참을 수 있지만 잘난 체하는 강의, 특히 전혀 자랑할 만한 것이 없는 교수가 하는 젠체하는 강의는 참을 수가 없다.

SERENE [səríːn] adj calm; peaceful; tranquil; untroubled 고요한; 평화로운; 조용한; 침착한

- In the lake's *serene* blue depths lie the keys my father hurled off the deck in a fit of temper a couple of days ago after learning that I had totaled his car.

  고요하고 푸른 호수 깊은 곳에, 이틀 전 내가 그의 차를 완전히 박살냈다는 것을 아신 아버지가 갑판에서 홧김에 집어던진 열쇠가 있다.

- "Try to look *serene*, dear," said the pageant director to the girl playing the Virgin Mary. "Mary should not look as though she wants to punch Joseph out."

  "침착하게 보이도록 애 좀 써 봐. 마리아는 요셉에게 주먹이라도 날릴 듯이 쳐다보면 안 되는 거야."라고 야외극 연출자가 동정녀 마리아 역을 맡은 소녀에게 말했다.

▸ 명사형은 serenity[sərénəti] (고요함)이다.

- Kelly was a nervous wreck for an hour before the guests arrived, but as soon as the doorbell rang she turned into *serenity* itself.

  켈리는 손님들이 오기 전 한 시간 동안 신경과민이 되었다. 그러나 현관 벨이 울리자마자 곧 그녀는 침착함 그 자체로 변했다.

SERPENTINE [sə́ːrpəntìːn] adj snakelike in either shape or movement; winding, as a snake travels 형태나 움직임이 뱀 같은; 뱀이 지나가는 길처럼 구불구불한

A *serpent*[sə́ːrpənt] is a snake. To be *serpentine* is to be like a *serpent*.

serpent는 '뱀'이라는 단어이다. serpentine은 'serpent(뱀) 같은'이라는 뜻이다.

- Dan despises interstate highways, preferring to travel on *serpentine* state roads that wind through the hills and valleys.

  댄은 언덕과 계곡을 휘감고 도는 뱀처럼 구불구불한 국도를 여행하는 것을 더 좋아하기 때문에, 각 주를 이어주는 고속도로를 멸시한다.

▸ 동의어는 tortuous(구불구불한)이다.

SHACKLE [ʃǽkl] n a manacle; a restraint 수갑; 속박

- As soon as the bad guys left the room, the clever detective slipped out of his *shackles* by using his teeth to fashion a small key from a ballpoint pen.

  불량배들이 방을 나가자마자, 영리한 탐정은 치아를 사용해서 볼펜을 작은 열쇠로 만들어서 수갑을 풀었다.

- "Throw off the *shackles* of your restrictive upbringing and come skinny-dipping with me!" shouted Andy as he stripped off his clothes and jumped into the pool, but everyone else just stood quietly and stared at him.

  "너를 구속하는 교육의 족쇄를 벗어던져 버리고 나와 함께 맨몸으로 물에 들어가자!"라고 앤디는 옷을 모두 벗고 수영장으로 뛰어들면서 소리쳤다. 그러나 다른 모든 사람들은 말없이 서서 그저 그를 쳐다볼 뿐이었다.

▸ shackle은 동사로도 쓰인다.

- The circus trainer used heavy iron chains to *shackle* his bears when they weren't performing.

  서커스의 조련사는 곰들이 재주 부리는 공연을 하지 않을 때는 무거운 쇠사슬을 이용하여 족쇄를 채워 두었다.

SHIBBOLETH [ʃíbəliθ] n a distinctive word, pronunciation, or behavior that typifies a particular group; a slogan or catchword 특정한 집단을 대표하는 특이한 단어나 발음이나 행동; 슬로건, 표어

- That large government programs are inherently bad is a *shibboleth* of the Republican party.

  큰 정부를 지향하는 것은 본질적으로 좋지 않다는 것이 공화당의 슬로건이다.

A *shibboleth* can also be a common saying that is essentially meaningless.

shibboleth는 본질적으로는 별 의미가 없는 '상식적인 격언'을 의미한다.

- The old housewife's *shibboleth* that being cold makes a person more likely to catch a cold has been discredited by modern medical experts.

  '춥게 하면 사람들이 감기에 더 잘 걸린다'라는 나이 든 주부의 말을 현대의 의료계 전문가들은 신용하지 않았다.

SHREWD [ʃruːd] adj wily; cunning; sly 약삭빠른; 교활한; 음흉한

- Foxes actually are every bit as *shrewd* as they're portrayed to be in folklore; hunters say foxes under pursuit are often able to trick even trained foxhounds into following a false trail.

  여우들은 옛날 얘기에 그려진 것처럼 실제로도 아주 약삭빠른 동물이다. 추격을 받고 있던 여우는 종종 가짜 흔적을 만들어 잘 훈련된 여우 사냥개를 속이는 일도 있다고 사냥꾼들은 말한다.

- There was a *shrewd* look in the old shopkeeper's eye as he watched the city slickers venture into his country store and calculated the percentage by which he would be able to overcharge them for junk that none of the locals would have given a second glance.

  잘 차려입은 도시 사람들이 시골 상점으로 들어오려고 했을 때, 늙은 상점 주인의 눈에는 교활한 기색이 역력했다. 상점 주인은 그 지역 사람들은 누구도 거들떠보지 않았을 허접쓰레기 같은 상품들을 도시 사람들에게 얼마나 바가지를 씌워 팔 수 있을지 계산하고 있었다.

SINGULAR [síŋgjulər] adj exceptional; unique; unusual 예외적인; 특이한; 별난

- Nell has a *singular* talent for getting into trouble; the other morning, she managed to break her leg, insult a woman at the post office, drop some eggs at the grocery store, paint her bedroom green, and cut down the big maple tree in the next-door neighbor's front yard.

  넬은 말썽을 부리는 데는 남다른 재능이 있다. 어느 날 아침에는 다리를 부러뜨렸고, 우체국에서 어떤 여자에게 무례하게 굴었으며, 식품점에서는 계란을 떨어뜨리고, 침실을 녹색 페인트로 칠해 놓고, 옆집 앞마당에 있는 커다란 단풍나무까지 베어 버렸다.

- Theodore's *singular* facility with numbers makes life difficult for his teacher, who finds it embarrassing to be corrected by a first grader.

  테오도르는 숫자에 관한 특별한 재능 때문에 선생님의 생활을 힘들게 만든다. 1학년 학생인 그가 선생님의 잘못을 정정하는 바람에 선생님이 무척 당황하는 것이다.

Singular does not mean single. To be *singular* is to be exceptional; it is not to be alone.

singular는 단 하나를 의미하지 않는다. singular는 '예외적인'이라는 뜻이며, 하나만 있다는 뜻이 아니다.

QUICK QUIZ

Match each word in the first column with its definition in the second column. Check your answers in the back of the book.

1. seclusion		a. wily
2. sect		b. snakelike
3. sedentary		c. preachy
4. self-made		d. calm
5. sententious		e. largely confined to sitting down
6. serene		f. having succeeded without help from others
7. serpentine		g. small religious subgroup
8. shackle		h. manacle
9. shibboleth		i. aloneness
10. shrewd		j. catchword

SKIRMISH [skə́:rmiʃ] n **a fight between small numbers of troops; a brief conflict**
소수의 군대들이 싸우는 작은 접전; 작은 분쟁

- I was expecting a couple of *skirmishes* during the Scout camp-out—arguments about who got to shower first, and things like that—but not this out-and-out war between the girls in the different patrols.
  스카우트에서 야영 활동을 하는 동안에, 누가 먼저 샤워를 할 것인가 하는 문제나 그와 비슷한 형태의 문제들에 관하여 약간의 사소한 다툼이 있을 것이라는 것은 예상하고 있었다. 그러나 다른 반 여학생들 사이에 있었던 이런 완전한 전쟁은 예상하지 못했었다.

- Soldiers on both sides felt insulted when the CNN reporter referred to their recent battle as a "*skirmish.*"
  CNN 기자가 최근의 전투를 "사소한 접전"이라고 말했을 때, 양측의 병사들은 모두 모욕감을 느꼈다.

- A *skirmish* broke out at the hockey game when a player threw a punch at the opposing team's goalie.
  하키 경기 중에 선수가 상대편 골키퍼에게 주먹을 날리는 바람에 작은 다툼이 일어났다.

▶ skirmish는 동사로도 쓰인다.

- The principal *skirmished* with the students over the issue of hair length.
  교장은 머리 길이에 관한 문제로 학생들과 작은 언쟁을 벌였다.

SKITTISH [skítiʃ] adj **nervous; easily startled; jumpy** 신경질적인; 쉽게 놀라는; 신경과민의

- The farm animals all seemed *skittish*, and no wonder—a wolf was walking back and forth outside their pen, reading a cookbook and sharpening his knife.
  농장의 동물들은 모두 신경이 예민해진 것 같았다. 놀랄 일도 아니었던 것이, 늑대 한 마리가 요리 책을 읽으며 칼을 갈면서 축사 앞을 이리저리 돌아다녔다.

- "Why are you so *skittish* tonight?" the babysitter asked the young children. "Is it my pointed teeth, or is it the snake in my knapsack?"
  "오늘 너희들 왜 그렇게 겁을 내는 거지? 내 송곳니 때문이니, 아니면 내 가방 속에 있는 뱀 때문이니?"라고 베이비시터가 아이들에게 물었다.

SLAKE [sleik] v **to quench; to satisfy; to assuage** 불을 끄다; 충족시키다; 진정시키다

- Soda doesn't *slake* your thirst as well as plain old water.
  소다수는 맹물만큼 갈증을 덜어주지는 못한다.

- Irene's thirst for companionship was *slaked* by her next-door neighbor, who spent most of every day drinking coffee with her in her kitchen.
  아이린의 교제에 대한 목마름은 거의 매일 부엌에서 함께 커피를 마시면서 보내는 이웃집 여자로 충족되었다.

- My hairdresser's admiration *slaked* my fear that shaving my head hadn't been the best move.
  머리를 미는 게 최선의 방법이 아니었다는 나의 걱정은 미용사의 칭찬으로 진정되었다.

SOLACE [sálɨs] n **consolation; comfort** 위로; 위안

- The broken-hearted country—western singer found *solace* in a bottle of bourbon; then he wrote a song about finding *solace* in a bottle of bourbon.
  비탄에 잠긴 컨트리 가수는 한 병의 버번위스키에서 위안을 찾았다. 곧 그는 버번위스키에서 위안을 찾는다는 내용의 노래를 썼다.

- The Red Sox just lost the pennant, and there is no *solace* for baseball fans in the city of Boston tonight.
  레드삭스 팀은 방금 우승기를 놓쳤다. 오늘 밤 보스턴 시의 야구팬들을 위로할 수 있는 것은 아무것도 없다.

▶ solace는 동사로도 쓰인다.

- I've heard a lot of come-ons in my day, but "May I *solace* you?" has to be a first.
  한창때 나는 수많은 유혹의 말을 들었다. 그러나 "당신을 위로해 줄까요?"라는 말이 최고의 말임에 틀림없다.

SOLIDARITY [sὰlidǽrəti] n sense of unity; a sense of sharing a common goal or attitude
연대감; 공통의 목표나 사고방식을 가지고 있다는 느낌, 결속력

- Working on New Year's Eve wasn't as depressing as Russell had been fearing; there was a sense of *solidarity* in the newsroom that was at least as enjoyable as any New Year's Eve party he had ever been to.

  새해의 전날에 일하는 것은 러셀이 걱정했던 것만큼 그렇게 우울한 일은 아니었다. 편집실에는 함께 일하고 있는 동료들의 연대감이 있었는데 그것은 그가 지금까지 보아 왔던 어떤 새해맞이 파티만큼이나 즐거운 것이었다.

- To promote a sense of *solidarity* among our campers, we make them wear ugly uniforms and wake them up early; they don't have a good time, but they learn to stick together because they hate our rules so much.

  캠프의 구성원들 사이에 결속력을 높이기 위해서 우리는 모두에게 보기 흉한 유니폼을 입게 하고 아침 일찍 일어나게 한다. 그들은 즐거운 시간을 보내지는 못하지만 우리가 만든 규칙들을 너무나 싫어하기 때문에 함께 단결하는 법을 배우게 된다.

- *Solidarity* was an appropriate name for the Polish labor union since it represented a decision by workers to stand up together against their government.

  자유노조는 폴란드 노동조합을 일컫는 고유 명칭이었다. 이 단어는 정부에 대항하여 함께 일어섰던 노동자들의 결단을 표현하게 된 이후로 그렇게 쓰이게 되었다.

SOPHOMORIC [sὰfəmɔ́:rik] adj juvenile; childishly goofy 미숙한, 젊은; 유치하게 얼간이 짓을 하는

- The dean of students suspended the fraternity's privileges because its members had streaked through the library wearing togas, soaped the windows of the administration building, and engaged in other *sophomoric* antics during Parents' Weekend.

  학생부장은 학생 단체의 특권을 정지시켰다. 단체의 회원들이 부모님 참관 수업 일에 예복을 입고 도서관 안을 내달렸으며, 행정본부 건물 유리창에 비누칠을 하고 그 외에도 점잖지 못한 괴상한 행동들을 했기 때문이었다.

- "I expect the best man to be *sophomoric*—but not the groom. Now, give me that slingshot, and leave your poor fiancée alone!" the minister scolded Andy at his wedding rehearsal.

  "나는 신랑 들러리는 까불 수 있다고 생각하지만 신랑은 아니네. 자, 그 새총은 내게 주고, 가엾은 자네 약혼녀를 가만히 내버려 두게."라고 목사는 결혼식 리허설을 하면서 앤디를 꾸짖었다.

- The misbehaving tenth graders didn't mind being called *sophomoric*; after all, they were *sophomores* [sάfəmɔ̀:rz].

  품행이 좋지 못한 10학년 학생들은 유치하다는 말을 듣는 것에 개의치 않았다. 결국 그들은 2학년짜리밖에 안 되는 것이었다.

▶ 이 단어들의 발음에 주의할 것.

SORDID [sɔ́:rdid] adj morally vile; filthy; squalid 도덕적으로 타락한; 불결한; 비열한

- "What a *sordid* little story I read in the newspaper this morning," Aunt Helen said to her nephew. "Do you think they'll ever find the man who–" She whispered the rest into his ear so that her impressionable young niece wouldn't hear the terrible things the man had done.

  "오늘 아침 신문에서 읽은 작은 기사는 너무나 부도덕한 이야기이구나."라고 헬렌 숙모는 조카에게 말했다. "그들이 그 남자를 찾을 것이라고 생각하니? 그는 …" 숙모는 감수성이 예민한 어린 조카딸이 그 남자의 끔찍한 행위에 대해서 듣지 못하게 하기 위해서 나머지 얘기를 조카의 귀에 대고 속삭였다.

- For many years, it turned out, Mr. Rubble had been involved in a *sordid* affair with the daughter of Mr. and Mrs. Flintstone.

  수년 동안, 러블 씨가 플린스톤 부부의 딸과 부도덕한 관계를 맺어 왔다는 사실이 밝혀졌다.

- This is just about the most *sordid* cottage I've ever seen. Look at that mold on the walls! Look at the slime on the floor! When I track down that rental agent, I'm going to give her a piece of my mind.

  이 집은 내가 지금까지 보아 온 것 중에서 가장 불결한 별장이다. 벽의 저 곰팡이 좀 봐라! 바닥의 진흙은 또 어떻고! 임대해 준 중개인을 쫓아가서 내 생각을 전해야겠다.

SOVEREIGN [sávərin]   n   **supreme ruler; monarch**   최고 통치권자; 군주

- Wouldn't the people in this country be surprised to learn that their *sovereign* is not a human but a mynah bird?

  이 나라의 국민은 그들의 통치권자가 인간이 아니라 한 마리 구관조라는 것을 알게 되면 놀라지 않을까?

Sovereign can also be used as an adjective, in which case it means *principal* or *foremost*.

sovereign은 형용사로 쓰일 경우 principal(주요한)이나 foremost(가장 최고의)라는 뜻으로 쓰인다.

- Getting those kids to school safely should be the bus driver's *sovereign* concern, but I'm afraid he's really more interested in finding a place to stop for a doughnut as soon as he has finished his route.

  아이들이 안전하게 학교에 도착할 수 있도록 하는 것이 스쿨버스 운전사의 가장 중요한 임무가 되어야 한다. 그러나 나는 그가 운행을 마치자마자 도넛을 먹기 위해 차를 세울 곳을 찾는 데만 더 관심을 두고 있는 것은 아닌지 걱정이 된다.

Sovereignty [sávərənti] means supremacy of authority—it's what kings exercise over their kingdoms.

sovereignty는 '최고의 권위'를 의미한다. 왕이 자신의 왕국에 대하여 행사할 수 있는 권한 같은 것이다.

- The disgruntled Californians declared *sovereignty* over some rocks in the middle of the Pacific Ocean and declared their intention of establishing a new nation.

  불만을 품은 캘리포니아 인들은 태평양 한가운데 있는 몇몇 바위섬들에 대해서 주권 통치를 선언하고, 새로운 국가 건설의 의지를 천명했다.

▶ 이 단어들의 발음에 주의할 것.

SPATE [speit]   n   **a sudden outpouring**   갑작스러운 범람, 쏟아져 나옴

- Julia has received a *spate* of media coverage in the days since her new movie was released; last week, her picture was on the covers of both *Time and Newsweek*.

  줄리아의 새 영화가 상영되고 난 뒤 요즘 그녀에게 미디어로부터 갑작스러운 관심이 쏟아져 왔다. 지난주, 타임지와 뉴스위크지의 표지에는 그녀의 사진이 실렸다.

- "The recent *spate* of pickpocketing in the area makes me think that Gotham's citizens are ignoring our public awareness ad campaign," bemoaned Police Commissioner Gordon.

  "최근 이 지역에 소매치기가 범람하는 것은 고담 시민들이 우리의 국민 의식 캠페인을 무시한다는 생각이 들게 해."라고 경찰청장 고든이 불만을 토로했다.

In British usage, a *spate* is a literal flood.

영국식 영어에서 spate는 문자 그대로 '홍수'라는 뜻이다.

- When the *spate* had abated, the villagers were horrified to discover how hard it is to remove mud from upholstered furniture.

  홍수의 세력이 약해지면서, 마을 사람들은 집에 설치된 가구에서 진흙을 치우는 것이 쉽지 않은 일이라는 것을 알고 모두 충격을 받았다.

▶ 동의어는 influx(밀어닥침)이다.

Match each word in the first column with its definition in the second column. Check your answers in the back of the book.

1. singular	a. consolation
2. skirmish	b. sudden outpouring
3. skittish	c. fight between small numbers of troops
4. slake	d. quench
5. solace	e. exceptional
6. solidarity	f. juvenile
7. sophomoric	g. nervous
8. sordid	h. sense of unity
9. sovereign	i. supreme ruler
10. spate	j. morally vile

SPECIOUS [spí:ʃəs] adj **something that seems correct or appropriate but that lacks real worth; deceptive; misleading; not genuine**

옳거나 적절한 것처럼 보이지만 실제로는 가치가 없는, 그럴듯한, 허울 좋은; 현혹시키는; 오해시키는; 진짜가 아닌

- That's *specious* reasoning, Olivia; the fact that both roses and blood are red does not mean that roses contain blood.

  올리비아, 그것은 그럴듯한 추리이기는 해. 그러나 장미와 피가 모두 빨갛다는 사실이 장미에 피가 들어 있다는 것을 의미하지는 않아.

- Medical doctors have long viewed chiropractic as a *specious* discipline, but that attitude has changed somewhat in recent years as a number of careful studies have demonstrated the effectiveness of certain chiropractic techniques.

  의학 박사들은 오랫동안 척추 지압 요법을 겉과 그럴듯한 이론으로 생각했다. 그러나 그러한 태도는 최근 몇몇 신중한 연구들이 확실한 척추 교정 기술의 효과를 입증해서 다소 바뀌었다.

SPECTER [spéktər] n **ghost; phantom** 유령; 도깨비

- The *specter* of old Miss Shaffer still haunts this house, making mysterious coughing noises and leaving tattered issues of *TV Guide* in unexpected spots.

  노처녀 쉐퍼의 유령이 기묘한 기침 소리를 내거나, 예기치 않은 장소에 너덜너덜해진 TV 가이드 잡지를 놓아두는 등 아직도 이 집에 출몰하고 있다.

- As the girls gazed at him, transfixed with horror, he gradually shriveled up and turned into a *specter* before their eyes. "I told you we shouldn't touch that switch," Suzy snapped at Muffy.

  소녀들은 그를 보자 공포에 질려 그 자리에 얼어붙고 말았다. 그는 점점 줄어들더니 소녀들 앞에서 귀신으로 변했다. "그 스위치를 만지면 안 된다고 내가 말했잖아."라고 수지가 머피에게 퍼부었다.

A *specter* doesn't have to be a literal ghost.

specter는 반드시 글자 그대로의 유령만을 의미하지는 않는다.

- The *specter* of the Great Depression continued to haunt the Reeses, making them reluctant to spend money on anything that seemed even remotely frivolous.

  대공황의 유령이 계속해서 리즈가 사람들을 피롭혔다. 그들은 조금만 쓸데없다고 보여도 그 물건에 돈을 쓰기를 주저하게 되었다.

To be *spectral* [spéktrəl] is to be ghostly or specterlike.

형용사형 spectral은 '유령이 나올 법한', '유령 같은'이라는 뜻이다.

- The ladies in the Library Club were hoping to give the Halloween funhouse a thoroughly *spectral* atmosphere, but their limited budget permitted them to buy only a couple of rolls of orange and black crepe paper and some candy corn.

  독서 클럽의 여성들은 할로윈 유령의 집을 진짜로 유령이 나올 법한 분위기로 만들고 싶었다. 그러나 예산이 제한되어 있었기 때문에, 그들은 오렌지색과 검은색의 주름 종이 두 롤과 캔디 콘만 조금 살 수 있었다.

SPECTRUM [spéktrəm] n a broad sequence or range of different but related things or ideas 서로 다르지만 관계있는 사물이나 생각들의 연속, 혹은 범위

- The entire *spectrum* of acting theories is represented in this workshop, from the notion that all you have to do to act is act to the belief that you must truly become the character in order to be convincing.

  이번 강습회에서는 연기하기 위해 해야 하는 모든 것이 연기라는 개념에서부터, 설득력을 가지기 위해서는 진정으로 자신이 맡은 인물 그 자체가 되어야만 한다는 신념에 이르기까지, 연기 이론의 모든 것을 배우게 된다.

- If the *spectrum* of political beliefs were an actual line, Rob's views would occupy a point slightly left of center. He's liberal enough to irritate his parents, but too conservative to earn the total trust of his leftist friends.

  정치적 신념의 범위를 구체적인 선으로 표현한다면, 롭의 관점은 중앙에서 약간 왼쪽에 있는 점에 위치할 것이다. 그는 부모님을 초조하게 할 정도로 개방적이고 자유주의적이지만, 충분히 보수적인 면이 있어서 좌파 친구들의 전폭적인 신뢰를 받지는 못한다.

SPURN [spə:rn] v to reject disdainfully; to scorn 경멸하여 거부하다; 경멸하다

- The female peacock *spurned* the male's advances day after day; she took so little notice of him that he might as well have sold his tail feathers and tried to make time with the chickens.

  암컷 공작은 수컷 공작의 구애를 날마다 거부했다. 암컷 공작이 수컷에게 거의 눈길 한 번 주지 않았기 때문에, 수컷은 꼬리 깃털을 팔아 버리고 차라리 암탉들과 데이트하는 것이 더 나을 것 같았다.

- Preschoolers usually *spurn* their parents' attempts to serve them healthy meals; they turn up their noses at nice, wholesome fruits and vegetables and ask where the chips are.

  취학 전의 아이들은 몸에 좋은 음식을 먹이고자 하는 부모들의 의도를 대개 무시하고 거부한다. 아이들은 맛도 좋고, 건강에도 좋은 과일이나 야채에는 콧방귀를 뀌면서 포테이토칩이 있는 곳만 찾아댄다.

- Elizabeth *spurned* Jeff's apologies; she could see that he wasn't sorry at all, and that he was, in fact, on the verge of laughing.

  엘리자베스는 제프의 사과를 무시했다. 그녀는 제프가 전혀 미안해하고 있지 않고 사실은 웃음을 터뜨리기 직전이라는 것을 알 수 있었다.

STALWART [stɔ́:lwərt] adj sturdily built; robust; valiant; unwavering 튼튼한 체격의; 강건한; 용감한; 확고한

- "Don't forget," Elbert droned to Frieda, "that those brawny, *stalwart* youths you seem to admire so much have little to recommend them, intellectually speaking."

  "지적인 면으로 말하자면, 네가 그토록 동경해 마지않는 것 같은 건장하고 힘이 넘치는 저 젊은이들은 다른 사람의 호감을 살 만한 사람들이 아니라는 사실을 잊지 말아라."라고 엘버트가 프리다에게 말했다.

- The chipmunk made a *stalwart* effort to defend her babies from the sallies of the cat, but it was my own efforts with a water pistol that finally drove the attacker away.

  다람쥐는 고양이의 공격에 맞서 새끼들을 지키느라 온갖 노력을 다했다. 그러나 결국 그 공격자를 물러나게 한 것은 내가 열심히 쏘아댄 물총이었다.

- Ernie has been a *stalwart* friend through thick and thin, even when I used to pretend not to recognize him as I passed him in the hall.

  강당에서 내가 그의 옆을 지나치면서 모른 척하곤 했는데도, 어니는 시종일관 충실한 친구가 되어 주었다.

STARK [stɑ:rk] adj **utter; unmitigated; harsh; desolate** 순전한; 완전한; 엄한; 황량한

- *Stark* terror leaped into the babysitter's eyes when she realized that both the car and the triplets were missing.

  자동차와 세쌍둥이를 잃어버렸다는 사실을 알게 된 베이비시터의 눈에 극심한 공포가 떠올랐다.

- A lump rose in Bly's throat when she saw the view out her apartment window for the first time; the room faced a *stark*, deserted alley whose only adornment was a rusty old fire escape.

  방에서 처음으로 아파트 창밖의 풍경을 내다보았을 때, 블라이는 복받치는 감정으로 목이 메었다. 그 방은 낡고 녹슨 비상구 하나 달랑 있는 황폐하고 인적이 끊긴 골목과 면하고 있었다.

This word can also be an adverb, in which case it means utterly and absolutely.

stark는 부사로 쓰일 경우 '완전히', '절대적으로'라는 뜻이다.

- Billy used to answer the door *stark* naked, just to see what would happen; lots of things happened.

  빌리는 무슨 일이 일어나는지 보기 위해서 완전히 벌거벗고 현관으로 방문객을 맞으러 나가곤 했다. 많은 일들이 일어났다.

- If you play that song one more time, I will go *stark* raving mad, and throw the stereo out the window.

  네가 그 노래를 한 번 더 튼다면, 나는 정말로 완전히 미쳐서 스테레오를 창밖으로 집어던질 것이다.

STINT [stint] v **to restrict or hold back on; to be frugal** 제한하다, 자제하다; 절약하다

- "Please don't *stint*, ladies," wheedled the con man as he waved his jar around drunkenly. "Every penny you give me goes to support the orphanage."

  "숙녀분들, 돈을 아끼지 마세요. 제게 주시는 모든 돈은 고아원을 돕는 데 쓰입니다."라고 사기꾼이 술에 취해서 항아리를 흔들며 사람들을 속이고 있었다.

- David's eyes glowed as he beheld his hot fudge sundae; the waiter certainly had not *stinted* on the hot fudge, which was flowing out of the bowl and onto the tablecloth.

  자신의 핫 퍼지 선디(주: 아이스크림의 일종)를 보았을 때 데이비드의 눈이 기쁨으로 빛났다. 웨이터는 확실히 핫 퍼지를 아끼지 않고 넣었다. 그것은 잔에서 넘쳐 식탁보에 흘러내렸다.

▶ 형용사형은 stinting(절약하는) 또는 unstinting이다.

When *stint* is used as a noun, it means a period of time spent doing a job or special duty.

stint는 명사로 쓰일 경우, '일정 기간 동안의 특별한 임무'나 '직업적인 노동'을 의미한다.

- Ed would have done a *stint* in the military, but he didn't like the thought of having to keep his sergeant's shoes polished.

  에드는 군대에서 할당된 일을 했을 것이다. 그러나 그는 하사관의 구두를 번쩍거릴 정도로 닦아 놓아야 한다는 생각은 좋아하지 않았다.

STIPEND [stáipend] n **income; allowance; salary** 수입; 수당; 봉급

▶ 발음에 주의할 것.

- The *stipend* this university pays its teaching assistants is so low that some of them are forced to rummage for food in the dumpster behind McDonald's.

  이 대학이 조교들에게 지급하는 수당은 너무 낮아서, 강사들 몇몇은 먹을 것을 찾아 맥도널드 뒷골목의 쓰레기통이라도 뒤지지 않으면 안 될 지경이다.

- In addition to his commissions, the salesman received a small *stipend* to cover his travel expenses.

  그 세일즈맨은 판매 수수료에 덧붙여서 교통비로 쓸 수 있는 약간의 수당을 더 받았다.

- An allowance is a *stipend* that a child receives from his or her parents. It is always too small.

  용돈이란 아이가 부모에게서 받은 일종의 수당이다. 용돈은 언제나 너무 적은 법이다.

STOLID [stálid] adj not easily roused to emotion; impassive; apathetic; phlegmatic
감정의 변화가 쉽지 않은, 둔감한; 무감각한; 냉담한; 차분한, 침착한

- Not a ripple of emotion passed across her brother's *stolid* countenance when she told him that his best friend had just asked her to marry him. "That's nice," he said, without looking away from the TV.

  오빠의 가장 친한 친구가 자신에게 구혼을 했다고 여동생이 말을 했는데도 그녀의 오빠의 무감각한 표정에는 아무런 감정의 변화도 나타나지 않았다. 그는 TV에서 눈을 떼지 않은 채 "좋구나."라고 말했다.

- Our local veterinarian no longer treats farm animals because the *stolid* expressions of cows make him feel uneasy and depressed.

  소의 무표정 때문에 불안하고 의기소침해진 우리 동네 수의사는 더 이상 농장의 동물들을 치료하지 않는다.

- In professional football, the *stolid* performers sometimes have longer careers than the flashy superstars, who have a tendency to burn themselves out after a few years.

  프로 축구에서는 때때로 몇 년 안에 자신의 모든 기량을 소진시키는 경향이 있는 화려한 슈퍼스타보다 기복이 없는 선수들이 더 오래 선수 생활을 한다.

STOUT [stʌut] adj plump; stocky; substantial 포동포동한; 단단한; 내용이 알찬

- Mr. Barton was built a little bit like a beach ball; he was *stout* in the middle and skinny at either end.

  바튼 씨는 비치볼처럼 약간 부풀어 올랐다. 그는 가운데 배 부분은 불룩하고, 양쪽 끝은 살이 없었다.

- Mr. Reardon never goes for a walk without carrying a *stout* stick along; he uses it to steady his balance, knock obstacles out of his path, and scare away dogs and small children.

  레어든 씨는 튼튼한 지팡이를 가지지 않고는 절대 산책을 나가는 법이 없다. 그는 그 지팡이를 균형을 유지하고 길거리에 있는 장애물을 치우며, 개나 아이들을 쫓아버리는 데 사용한다.

Stout also means brave, plucky, or resolute. The "*stout-hearted* men" in the well-known song are courageous men.

stout는 '용감한', '왕성한', '단호한'이라는 뜻도 있다. 유명한 노래에 나오는 "stout-hearted men"은 '용기 있는 남자'를 말한다.

- "I don't mind walking home over Haunted Hill," the little boy said *stoutly*.

  "나는 귀신 나오는 언덕을 지나서 집에 걸어가는 것이 두렵지 않아요." 작은 소년이 용감하게 말했다.

QUICK QUIZ ◀75▶

Match each word in the first column with its definition in the second column. Check your answers in the back of the book.

1. specious	a. stocky
2. specter	b. reject
3. spectrum	c. robust
4. spurn	d. restrict
5. stalwart	e. phantom
6. stark	f. desolate
7. stint	g. not easily roused to emotion
8. stipend	h. deceptive
9. stolid	i. broad sequence
10. stout	j. allowance

STRATAGEM [strǽtədʒəm] n a maneuver designed to outwit an enemy; a scheme; a ruse
적을 속이기 위한 계획적 조치, 전략; 계략; 책략

- The Pied Piper's *stratagem* was successful; entranced by the sound of his pipe, the rats followed him out of town and never came back.
  피리 부는 사람의 전략은 성공적이었다. 그의 피리 소리에 정신이 나간 쥐들은 그를 따라 마을을 떠나 다시는 돌아오지 않았다.

- Our *stratagem* for replacing the real newspaper with a parody issue involved kidnapping the driver of the delivery truck and taking over the delivery route ourselves.
  진짜 신문 대신에 패러디 간행물을 넣으려는 우리의 계획에는 배달 트럭의 운전사를 납치하여 배달 구역을 넘겨받는 것까지 포함되어 있었다.

- Jordan has devised a little *stratagem* to test whether Easter Bunny really exists; the next time he writes him a letter, he's going to drop it in the mailbox without showing it to his parents first.
  조단은 정말로 부활절 토끼가 있는지 알아보기 위해 약간의 전략을 짰다. 다음에 그가 부활절 토끼에게 편지를 쓸 때에는 먼저 부모에게 보여 주지 않고 바로 우체통에 넣을 것이다.

To devise *stratagems* toward a particular goal is to develop a *strategy*.
to develop a strategy는 '특별한 목적을 위해 stratagems(전략들)를 짜다'라는 뜻이다.

STUPENDOUS [stjuːpéndəs] adj remarkable; extraordinary; remarkably large or extraordinarily gigantic
놀랄 만한; 보통이 아닌; 몹시 크거나 기이할 정도로 거대한

- Everyone had told Chet to expect a *stupendous* view from the top of the Empire State Building, but the weather was foggy on the day he visited, and all he could see was clouds.
  엠파이어 스테이트 빌딩 꼭대기에서 보면 놀라운 광경이 보일 것이라고 사람마다 쳇에게 말했다. 그러나 그가 찾아간 날은 안개가 끼어서 그가 볼 수 있었던 것은 구름뿐이었다.

- A *stupendous* pile of laundry awaited Phyllis when she returned from her business trip; she had forgotten to tell her children that they should do their own wash while she was gone.
  필리스가 출장을 마치고 집으로 돌아왔을 때, 그녀를 기다리고 있는 것은 거대한 빨래더미였다. 그녀는 자신이 없는 동안 빨래는 스스로 알아서 해야만 한다고 아이들에게 말하는 것을 잊었던 것이다.

- To climb Mount Everest on a bicycle would be a *stupendous* accomplishment.
  자전거를 타고 에베레스트 산을 오른다면, 그것은 대단한 업적이 될 것이다.

STUPOR [stjúːpər] n a stunned condition; near-unconsciousness; apathy; inertia
기절한 상태; 거의 의식이 없는 상태, 인사불성; 무감각; 무력증

- After Thanksgiving dinner, we were all too full to do anything except lie around on the floor in a *stupor* and watch the dog walk in circles in front of the fireplace.
  추수감사절 만찬 후에, 우리는 모두 너무나 많이 먹었기 때문에, 무기력하게 마룻바닥에 널브러져 벽난로 앞의 개가 제자리를 맴도는 것을 보는 것 말고는 아무것도 할 수 없었다.

- Polls indicated that the new anchorman was sending viewers into a *stupor* of boredom, so he was quickly replaced by a baton twirler and relegated to doing the weather report.
  새로운 앵커맨은 시청자들을 지루해서 망연자실하게 만든다는 여론조사가 나왔다. 그래서 곧 그는 새로운 인물에게 바통을 넘기고 일기 예보를 하는 자리로 좌천되었다.

▶ 형용사형은 stuporous[stúːpərəs] (인사불성의), 동사형은 stupefy[stúːpəfài] (깜짝 놀라게 하다)이다.

SUBSIDE [səbsáid] v to sink or settle; to diminish; to lessen 가라앉다, 앉다; 감소하다; 줄어들다

- The house's foundation *subsided* to the point at which the first floor windows were in danger of disappearing from view.
  일층 창문이 거의 보이지 않을 지경으로 집의 지반이 가라앉았다.

- Mrs. Bailey eyed her students sternly until their chattering had *subsided* and they were ready to hear her views on linguistic development.

  베일리 여사는 학생들의 재잘거림이 가라앉고 언어의 발달에 관한 그녀의 강의를 들을 준비가 될 때까지 매서운 눈으로 학생들을 쳐다보았다.

- The popular new drug helps anxieties to *subside*, but it does not eliminate them completely.

  인기를 끌고 있는 신종 약품은 불안을 가라앉히는 데는 효과가 있다. 그러나 불안을 완전히 제거하지는 못한다.

- Cornelia's homesickness *subsided* rapidly, and by the end of the first week, she found that she had come to prefer being at camp to being at home.

  코넬리아의 향수병은 급속도로 가라앉았다. 첫 주가 끝날 무렵이 되자 그녀는 집에 있는 것보다 야영에 참가한 것을 더 좋아하게 된 자신을 발견했다.

SUBSIDIARY [səbsídièri] adj supplemental; additional; secondary or subordinate
보충하는; 추가된; 보조적인, 부수적인, 하급자의

- The Watsons pay their kids both a weekly allowance and a *subsidiary* sum for doing particular chores; the system worked until the children decided they would rather be broke than do chores.

  왓슨 씨 부부는 아이들에게 일주일에 한 번씩 용돈을 주고 있고, 특별한 집안일을 했을 때는 그 대가로 추가 용돈을 지급한다. 이러한 방식은 아이들이 집안일을 하기보다는 무일푼이 되는 것이 더 낫겠다고 결정할 때까지 운영되었다.

- Poor Carrie doesn't seem to realize that she's stuck in a *subsidiary* position for at least the near future; Mr. Vitale will never promote her unless someone quits, and no one's going to quit with the job market the way it is.

  가엾게도 캐리는 당분간 자신이 보조적인 위치에 머물러 있게 된다는 것을 모르고 있는 듯하다. 비테일 씨는 누군가가 그만두지 않는다면 그녀를 결코 승진시키지 않을 것이다. 그리고 인력 시장이 지금과 같다면 아무도 그만두려 하지 않을 것이다.

This word can also be a noun, in which case it often refers to a small company owned by or closely associated with a larger company.

subsidiary는 명사로 쓰일 경우, '큰 회사에 소속되어 있거나 연합하고 있는 업체'를 가리키는 말로 종종 쓰인다.

- Acme Corp's main business is manufacturing boomerangs, but it has *subsidiaries* that make everything from tennis balls to french fries.

  악미 법인의 주요 사업은 부메랑을 제조하는 것이다. 그러나 테니스공에서 감자튀김에 이르기까지 모든 상품을 생산하는 자회사들을 두고 있다.

SUBSIDIZE [sʌ́bsidàiz] v to provide financial aid; to make a financial contribution
재정적인 도움을 주다; 재정적인 지원이나 기부를 하다

- The professor's assertion that cigarette smoking can be healthful was discredited when a reporter discovered that the tobacco industry had *subsidized* his research.

  흡연이 건강에 도움이 된다는 교수의 주장은 담배 회사가 그 교수의 연구에 보조금을 지급했다는 사실이 한 기자에 의해 밝혀지면서 불신을 받게 되었다.

- The school lunch program is *subsidized* by the state; the school system is reimbursed by the state for a portion of what it spends on pizza and peach cobbler.

  학교 급식 프로그램은 주 정부의 보조를 받고 있다. 학교는 피자와 복숭아 음료를 사는 데 들이는 돈의 일부를 주 정부로부터 지원받는다.

SUBSTANTIATE [səbstǽnʃièit] v to prove; to verify; to confirm 증명하다; 입증하다; 확실하게 하다

- Experts from the transit department were unable to *substantiate* the woman's assertion that little men from the center of the earth had invaded the subway system and were planning to take over the world.

  교통국에서 나온 전문가들은 지구의 중심에서 나온 작은 사람들이 지하철 운영을 방해했으며, 전 세계를 정복하려고 했다는 그 여성의 주장을 입증할 수가 없었다.

- The prosecutor did her best to *substantiate* the charge against the defendant, but it was an uphill job; she couldn't find a single witness willing to testify against him.

  검사는 피고인의 유죄를 입증하려고 최선을 다했으나 그것은 쉽지 않은 일이었다. 그녀는 기꺼이 그의 유죄를 증언해 줄 목격자를 단 한 사람도 찾을 수가 없었다.

- Lawrence's entire scientific career is built on *unsubstantiated* theories; a case in point is his ten-year study of communication between rocks.

  로렌스의 과학적인 경력은 전부 입증되지 않은 이론에 입각해 있다. 그 적절한 사례가 돌들 사이의 의사소통에 관한 그의 십 년간의 연구이다.

Substantial is a related word that means of significant size, worth, or importance. You could say that by *substantiating* something, you make it more *substantial*.

substantial은 크기, 가치, 중요성이 '상당한'의 의미이다. substantiate함으로써 뭔가를 더욱 substantial인 것으로 만든다고 말할 수 있다.

SUBTERFUGE [sʌ́btərfjùːdʒ] n artifice; a trick or stratagem; a ruse 술책; 속임수; 책략; 계략

- Pearl isn't allowed to wear jeans to school, so she has gotten into the habit of leaving a pair of jeans in the bushes behind her house and changing into them in her best friend's garage. This little *subterfuge* is about to be discovered, however, because Pearl's mother is dropping in on the school unexpectedly today to bring her the lunchbox she left at home this morning.

  펄은 학교에 갈 때 청바지를 입는 것이 금지되어 있다. 그래서 그녀는 집 뒤의 나무숲에다 청바지를 감추어 놓고, 가장 친한 친구네 차고에서 바지를 갈아입곤 하는 습관을 갖게 되었다. 그러나 이 작은 속임수는 오늘 아침 펄이 집에 점심 도시락을 두고 가는 바람에 엄마가 도시락을 들고 예기치 않게 학교를 방문할 예정이기에 발각될 처지에 놓였다.

SUFFICE [səfáis] v to be sufficient; to be enough 족하다; 충분하다

- At Thanksgiving dinner, Grandma said that she wasn't very hungry, and that a crust of bread and a few drops of water would *suffice*.

  추수감사절 만찬에서 할머니는 그다지 배가 고프지 않다고 하시면서, 딱딱한 빵 조각과 약간의 물이면 충분하다고 말씀하셨다.

- Instruction in reading and writing alone will not *suffice* to prepare our children for the real world; they must also be given a solid grounding in mathematics, and a passing familiarity with the martial arts.

  읽기와 쓰기 교육만으로는 우리의 아이들이 현실 세계를 준비하는 데 충분하지 않을 것이다. 그들은 수학의 확고한 기초와 무술에 정통하는 법도 배워야 한다.

SUFFRAGE [sʌ́fridʒ] n the right to vote 투표권

- Women who advocated the extension of *suffrage* to women were known as *suffragettes*[sʌ̀frədʒéts].

  투표권을 여성에게로 확장해야 한다는 주장을 한 여성들을 여성 참정권 운동가라고 불렀다.

- Amazing though it seems today, *suffrage* for woman was a hotly contested issue at the beginning of the 20th century. Many men—and many women, for that matter—seriously believed that choosing among political candidates would place too great a strain on women's supposedly feeble intellects, and women were not guaranteed the right to vote until 1920.

  오늘날에는 놀랄 만한 일이겠지만 20세기 초반만 해도 여성의 투표권은 뜨거운 논쟁을 불러일으킨 주제였다. 많은 남성들은, 이 문제에 관한 한 많은 여성들도 마찬가지였겠지만, 정치 지도자를 선택하는 일은 미약할 것으로 여겨지는 여성의 지적 능력이 감당하기에는 너무나 큰 부담이 될 것이라고 굳게 믿고 있었다. 그리하여 여성들은 1920년이 될 때까지 투표권을 보장받지 못했다.

- Universal *suffrage* is the right of all people to vote, regardless of race, sex, ownership of property, and so forth.

  보통 선거권은 인종과 성과 재산 유무 등에 관계없이 누구나 투표할 수 있는 권리를 말한다.

▶ 이 단어들의 발음에 주의할 것.

Match each word in the first column with its definition in the second column. Check your answers in the back of the book.

1. stratagem		a.	prove
2. stupendous		b.	stunned condition
3. stupor		c.	artifice
4. subside		d.	maneuver designed to outwit an enemy
5. subsidiary		e.	provide financial aid
6. subsidize		f.	remarkable
7. substantiate		g.	sink
8. subterfuge		h.	supplemental
9. suffice		i.	be sufficient
10. suffrage		j.	right to vote

SUFFUSE [səfjúːz] v to cover; to overspread; to saturate 뒤덮다; 온통 펼쳐져 있다; 가득 채우다

- A crimson blush *suffused* the timid maiden's ivory cheeks as she realized that she had forgotten to put on clothes before leaving the house.

  집을 떠나기 전에 옷 입는 것을 잊었다는 사실을 깨닫게 되자, 부끄러워서 소녀의 상아빛 뺨이 온통 진홍색으로 물들었다.

- The room that was once filled with dazzling sunbeams is now *suffused* with the ugly grayish light of a fluorescent lamp.

  한때는 눈부신 햇살이 가득했던 방이, 지금은 형광등의 불쾌하고 희끄무레한 빛이 가득 채우고 있다.

- *Suffusing* the meat with a marinade will add flavor, but it won't tenderize the meat.

  매리네이드에 고기를 담뿍 적시면 향이 좋아진다. 그러나 고기를 연하게 하지는 못한다. (주: 매리네이드는 식초와 포도주 향신료를 넣은 액체)

▶ 형용사형은 suffuse[səfjúːs](퍼지는)이다. 발음이 다른 것에 주의할 것.

SUMPTUOUS [sʌmptʃuəs] adj luxurious; splendid; lavish 사치스러운; 화려한; 헤픈

- The walls were covered with *sumptuous* silk tapestries, the floors with the finest Eastern rugs, and I felt stupid standing there, because I was wearing cutoffs.

  벽에는 화려한 실크 태피스트리가 가득했고, 바닥에는 최고급의 동양식 융단이 깔려 있었다. 나는 무릎에서 대충 자른 청바지를 입고 있었기 때문에 거기에 서 있는 것이 어리석게 느껴졌다.

- A *sumptuous* feast awaited the travelers when they reached the great hall of the king's castle.

  여행자들이 왕의 성에 있는 대형 식당에 들어서자, 호화로운 음식들이 그들을 기다리고 있었다.

SUPERSEDE [sjùːpərsíːd] v to take the place of; to supplant; to make (something) obsolete
~을 대신하다; 대체하다; ~을 폐물로 만들다

▶ 철자에 주의할 것.

- Every few minutes, someone introduces a new antiaging cream that allegedly *supersedes* all the existing antiaging creams on the market; it's a wonder we haven't all turned into babies.

  수분마다 한 번씩, 누군가는 기존에 있던 모든 노화 방지 크림을 대체한다고 주장하는 새로운 노화 방지 크림을 시장에 내놓는다. 우리가 다시 아기로 돌아가지 않은 것이 이상할 뿐이다.

- Your new address list *supersedes* the address list you were given last week, which *superseded* the list of the previous week, and will be *superseded* next week by an updated list to be distributed at that time.

  새로운 주소록은 지난주에 받은 주소록을 무용지물로 만든다. 이것은 그 전 주의 주소록을 폐기하게 했고, 다음 주에 배포되는 최신 개정판 주소록 때문에 다시 폐기될 것이다.

SUPINE [sjuːpáin] adj **lying on one's back** 등을 바닥에 대고 누운

- Shirley lay *supine* on her deck chair, soaking up the sunshine and, in the process, turning her complexion into leather.

  셜리는 접이의자에 반듯하게 누워서 햇살을 담뿍 받고 있다. 그렇게 하는 동안 그녀의 안색은 가죽처럼 변해 간다.

- When you have both broken legs in traction, you'd better stay *supine* or you'll be awfully uncomfortable.

  부러진 양쪽 다리의 견인 치료에 들어가면, 반듯이 누워 있는 것이 좋다. 그렇지 않으면 대단히 불편할 것이다.

Supine is sometimes used figuratively to describe a person who is inert or inactive. A Chinese legend speaks of a man so *supine* that he starved to death because he couldn't be bothered to turn around a necklace of biscuits his wife had placed around his neck. The opposite of *supine* is *prone* [proun]. To be *prone* is to be lying face down.

supine은 '활동력이 없거나 행동이 느린' 사람을 비유적으로 표현할 때도 쓰인다. 중국의 옛날이야기에 한 남자가 너무 supine(게으른)한 나머지 아내가 그의 목에 걸어 놓은 비스킷 목걸이를 돌리는 것이 귀찮아서 그만 굶어 죽었다는 얘기가 있다. supine의 반의어는 prone이다. prone은 엎드려 누운 것을 말한다.

▶ 이 단어들의 발음에 주의할 것.

SUPPLICATION [sʌ̀pləkéiʃən] n **humble prayer; earnest entreaty** 겸손한 기도; 진지한 탄원

- It's almost frightening to walk through the streets of any city nowadays, since there are so many people making *supplications* for food or spare change.

  오늘날, 어떤 도시든지 거리를 걸어 다니는 것은 거의 공포에 가까운 일이다. 음식이나 잔돈을 구걸하는 사람들이 너무나 많기 때문이다.

- The priest asked our prayers and *supplications* for the sick and dying of the parish.

  신부님은 우리에게 교구 내의 병들고 죽어 가는 사람들을 위해 기도와 탄원을 해 달라고 부탁했다.

To make a *supplication* is to *supplicate* [sʌ́pləkèit]. A person who does so is a *supplicant* [sʌ́pləkənt].

동사형은 supplicate(탄원하다)이다. supplicant는 탄원하는 사람이다.

- The king has set aside a part of every day to hear the petitions of his *supplicants*, some of whom have journeyed hundreds of miles in order to ask him favors.

  왕은 탄원하러 온 사람들의 사정을 듣기 위해 날마다 하루 중 약간의 시간을 할애했다. 그들 중에는 왕에게 자신의 청을 부탁하기 위해 수백 마일을 온 사람들도 있었다.

SUPPRESS [səprés] v **to overpower; to subdue; to quash** 억누르다; 정복하다; 진압하다

- Mom and Dad *suppressed* our brief show of rebellion by threatening to hold our hands in public if we didn't behave.

  엄마와 아빠는 우리가 그만두지 않는다면 사람들 앞에서 손을 묶어 두겠다고 위협해서 우리의 잠깐 동안의 반란군 놀이를 진압하셨다.

- Everyone had expected the Soviet army to *suppress* the uprisings against the coup, but for once the army was behind the populace. The soldiers' refusal to quash the demonstrators effectively ended the coup.

  모든 사람들이 소련의 군대가 쿠데타에 반대하는 폭동을 진압하리라고 예상했지만, 이번 한 번만은 군대도 국민을 지지했다. 시위대 진압을 거부한 군대 덕분에 사실상 쿠데타는 막을 내렸다.

▶ repress(억누르다)를 참조할 것.

SURMISE [sərmáiz] v to conjecture; to guess 추측하다; 추정하다

- From the messages the eight-ball has been sending me, I *surmise* that someone's going to give me a present soon.

  8번 공이 내게로 보내졌다는 메시지를 보고, 나는 누군가가 곧 내게 선물을 보낼 것이라고 추측한다.

- Gazing at the group with a practiced eye, the tour guide *surmised* that 25 percent of the tourists would want to see famous people's houses, 25 percent would want to visit museums and cathedrals, and the remaining 50 percent would spend most of the tour wondering when they would have a chance to go to the bathroom.

  경험이 많은 눈빛으로 사람들을 응시하면서, 여행 안내인은 관광객들의 25%는 유명한 사람들의 생가를 보기를 원할 것이고, 다른 25%는 박물관과 대성당을 보고 싶어하며, 나머지 50%는 언제 욕실에 들어갈 기회가 생길지 궁금해 하면서 여행의 대부분을 보낼 것이라고 추측했다.

This word can also be a noun, in which case it means guess or supposition. As Keats wrote, Cortez's men looked at each other "with a wild *surmise*" when they first saw the Pacific Ocean and realized that they had achieved their goal. Or, rather, they had achieved the goal of Balboa, who, as Keats either didn't know or didn't care, was actually the first European to see the Pacific from this spot.

surmise는 명사로 쓰일 경우 '추측', '가정'의 의미를 갖는다. 키이츠가 썼던 것처럼, 태평양을 처음 보고 코테즈의 부하들은 "황당한 surmise(추측)"를 하며 서로를 바라보았다. 그리고는 목표를 달성했다는 사실을 깨닫게 되었다. 아니 좀 더 정확하게 말하자면, 그들은 키이츠가 알지도 못했고 관심도 없었던, 실제적으로 이 지점에서 태평양을 본 최초의 유럽인이었던 발보아의 목적지에 도달했었던 것이다.

▶ 명사로 쓸 때의 발음은 "[sə́rmaiz]"이다. 이 단어들의 발음에 주의할 것.

SURREAL [sərí:əl] adj having an unreal, fantastic quality; hallucinatory; dreamlike
실재하지 않는, 환상적인 것의; 환각적인; 꿈같은

- Bob was so tired when he stepped off the train that his first view of India had a faintly *surreal* quality; the swarming crowds, the strange language, and, above all, the cows walking in the streets made him feel as though he'd stumbled into a dream.

  기차에서 내리자 밥은 너무나 피곤했다. 그래서 인도에 대한 그의 첫인상은 희미하고 환상적인 모습이었다. 무수한 사람들, 이질적인 언어, 그리고 무엇보다도 거리를 돌아다니는 소떼는 꿈속에라도 온 듯한 느낌을 갖게 했다.

- *Alice's adventures in Wonderland* were rather *surreal*, perhaps because it turned out (disappointingly) that they actually were part of a dream.

  "이상한 나라의 앨리스"에 나오는 모험은 상당히 비현실적이었다. 아마도 실망스럽긴 하지만 앨리스의 모험이 실제로 꿈이었다는 것이 밝혀졌기 때문일 것이다.

SUSCEPTIBLE [səséptəbl] adj capable of being influenced by something; vulnerable or receptive to 영향 받기 쉬운; 상처 입기 쉬운, 잘 받아들이는

- In *The Wizard of Oz*, the emotionally *susceptible* Tin Man begins to cry every time a remotely sad thought passes through his hollow head.

  "오즈의 마법사"에서 양철 인간은 감성이 풍부해서, 텅 빈 머리에 약간만 슬픈 생각이 떠올라도 언제나 눈물을 터뜨리기 시작한다.

▶ 명사형은 susceptibility[səsèptəbíləti] (영향 받기 쉬움, 걸리기 쉬움)이다.

- Ray's *susceptibility* [səsèptəbíləti] to new fads hasn't diminished in recent years; he now spends much of his time sitting on an aluminum foil mat in order to "metallicize" his joints and ligaments.

  새로운 유행에 민감한 레이의 취향은 최근 몇 년 동안에도 결코 줄어들지 않았다. 그는 요즘 자신의 관절과 인대를 금속화하기 위해 대부분의 시간을 알루미늄박을 입힌 돗자리에 앉아 있는 것으로 보낸다.

SWEEPING [swí:piŋ] adj far-reaching; extensive; wide-ranging
(효과 등이) 멀리까지 미치는; 광범위한; 대규모의

- The new CEO's promise to bring *sweeping* change to the company basically amounts to him saying, "A lot of you had better be ready to get the ax."

  회사에 대대적인 변화를 가져오겠다고 공언한 신임 최고 경영자의 약속은 본질적으로 다음과 같은 의미이다. "여러분의 대다수는 감원될 준비를 하는 것이 좋을 것이다."

- I wish Matthew wouldn't make such *sweeping* judgments; what gives him the right to decide that an entire continent is in bad taste?

  매튜가 그토록 광범위한 평가를 내리지 않는다면 좋을 텐데. 무엇이 그에게 전체 대륙이 멋이 없다는 결론을 내릴 수 있는 권리를 부여하는 거지?

- The principal's *sweeping* gaze made every kid in the lunchroom tremble.

  교장이 학생들을 쭉 훑어보자 학교 식당에 있던 아이들은 모두 벌벌 떨었다.

SYNTAX [síntæks] n the patterns or rules governing the way grammatical sentences are formed in a given language

주어진 언어에서 문법에 맞는 문장을 만드는 방식을 지배하는 양식이나 규칙

- Poor *syntax* is the same thing as bad grammar, ain't it?

  빈약한 구문론은 서툰 문법과 같다. 그렇지 않은가?

SYSTEMIC [sistémik] adj affecting the entire system, especially the entire body

전체 조직, 특히 몸 전체에 영향을 미치는

- The consultant said that the problem was not isolated to one department, but was *systemic*; that is, it affected the entire company.

  컨설턴트는 문제점이 한 부분에만 있는 것이 아니라 전체에 퍼져 있다고 말했다. 다시 말해서, 회사 전체에 영향을 미치고 있다는 것이었다.

- "*Systemic* circulation" is another term for the circulatory system in vertebrates.

  "체순환"은 척추동물의 혈액 순환 체계를 의미하는 용어이다.

- A *systemic* illness is one that affects the entire body. *Systemic* lupus erythematosus, for example, is an autoimmune disease in which the body essentially becomes allergic to itself.

  전신 질환은 몸 전체에 영향을 미치는 병을 말한다. 예를 들면, 전신성 홍반성 낭창은 몸이 본질적으로 그 자체에 알레르기를 갖게 되는 자기면역성 질병이다.

Don't confuse this word with *systematic* [sìstəmǽtik], which means orderly or meticulous.

systematic과 혼동하지 마라. systematic은 '정돈된'이나 '세심한'이라는 의미이다.

▶ 이 단어들의 발음에 주의할 것.

Match each word in the first column with its definition in the second column. Check your answers in the back of the book.

1. suffuse	a. humble prayer
2. sumptuous	b. overpower
3. supersede	c. lying on the back
4. supine	d. overspread
5. supplication	e. grammar
6. suppress	f. take the place of
7. surmise	g. far-reaching
8. surreal	h. luxurious
9. susceptible	i. hallucinatory
10. sweeping	j. affecting the entire system
11. syntax	k. conjecture
12. systemic	l. capable of being influenced

T

TACTICAL [tǽktikəl] adj having to do with tactics, especially naval or military tactics; marked by clever tactics or deft maneuvering
전술의, 특히 해군이나 육군의 전술의; 슬기로운 작전이나 교묘한 조치로 특징지어지는

- The admiral made a *tactical* error when he ordered his men to drag their ships across the desert as part of the surprise attack.

  해군 제독은 부하들에게 기습 공격의 일부로 함선을 사막을 가로질러 끌고 가라는 명령을 내렸다. 이는 전술상의 오류였다.

- "Tell me about that, Georgina," began Mr. Hopp—and then, realizing that the use of her first name so early in the evening had been a *tactical* blunder, he quickly added, "Miss Bringhurst, I mean."

  "조지아나, 그것에 대해서 얘기해 줘."라고 호프 씨가 시작했다. 그러고는 곧 그날 밤 너무나 일찍 그녀의 이름을 부른 것은 전술상의 큰 실수였다는 것을 깨닫고 "내 말은, 미스 브링허스트."라고 재빨리 덧붙였다.

TAINT [teint] n contaminant; a trace of something spoiled, contaminated, off-flavor, or otherwise offensive 오염 물질; 망치고 오염되고 향이 없어지고 불쾌한 것의 흔적

- The flavor of the rich, buttery sauce picked up a slight *taint* from the mouse that had fallen into the sauceboat and drowned.

  소스 그릇에 풍덩 빠져 버린 쥐한테서 기름진 버터 소스의 향이 조금 흔적을 남기고 있었다.

- There's a *taint* of madness in that family; they're okay for a generation or two, and then suddenly one of them forsakes the comforts of the family house for the chicken coop.

  그 가문에는 정신착란의 기미가 있다. 한 세대나 두 세대는 괜찮다가도 갑자기 가족 중에서 어느 한 사람이 닭장 때문에 가족이 사는 집의 편안함을 저버리기도 한다.

▶ taint는 동사로도 쓰인다.

- I'm sure my mother-in-law meant well, but as far as I'm concerned her peacemaking efforts are *tainted* by my knowledge that she tried to pay her daughter not to marry me.

  나는 장모가 좋은 사람이라고 확신한다. 그러나 나로서는 그녀가 딸과의 결혼을 반대했었다는 사실을 알고 있기 때문에, 그녀의 우호적인 노력도 오명을 쓸 수밖에 없다.

TEDIUM [tíːdiəm] n dullness; monotony; boredom 지루함; 단조로움; 권태

- Oh, gosh, another evening at Gwen's house—always the same bland food, always the same people with nothing to say, always the same slide show of Gwen's tropical fish! I don't think I can stand the *tedium*.

  어휴, 맙소사, 그웬네 집에서 또 하루저녁이라니. 항상 똑같은 밍밍한 음식에, 아무 할 말도 없는 항상 똑같은 식구들, 그리고 매일 똑같은 열대어의 움직임! 나는 도저히 그 권태로움을 참을 수가 없을 것 같다.

- The initial excitement of summer vacation had gradually turned to *tedium*, and by the end of August, the children were ready to go back to school.

  여름휴가가 시작될 때 가졌던 흥분은 점차 권태로 변해 갔다. 그리고 8월이 끝나갈 무렵에는 아이들도 학교로 돌아갈 준비를 했다.

- Although some find the composer's work brilliant, others find it *tedious* [tí:diəs]; for example, there is his seven-hour composition in which a single note is played over and over.

  몇몇 사람들은 그 작곡가의 작품이 뛰어나다는 것을 알고 있지만, 다른 사람들은 그의 음악이 지루하다고 생각한다. 예를 들면, 그의 작품에는 한 음표가 계속적으로 반복되는 일곱 시간짜리 음악도 있다.

TEEM [ti:m] v to swarm; to be inundated; to overrun 많이 있다; 충만하다; 넘치다

- When the waiter brought Bob the cheese course, Bob gasped the cheese was *teeming* with maggots.

  웨이터가 치즈 요리를 내왔을 때 밥은 놀라서 숨이 막혔다. 치즈 안에 구더기가 우글거리고 있었다.

- On a clear night high in the mountains, the sky *teems* with stars.

  맑은 날 밤 산 높은 곳에서 보면, 하늘이 수많은 별들로 빛난다.

- We'd better hire some extra security for the concert; it's going to be *teeming* with hopped-up kids, and they'll be furious when they find out that the main act canceled last night.

  콘서트를 위해서 안전 요원을 더 고용하는 것이 좋을 것 같다. 흥분한 아이들도 수없이 많을 것이고, 지난밤에 주요 공연이 취소되었다는 것을 알게 되면 아이들은 사납게 날뛸 것이다.

TEMPORAL [témpərəl] adj pertaining to time; pertaining to life or earthly existence; noneternal; short-lived

시간의, 인생의; 현세에 존재하는; 유한한; 일시적으로 사는

▶ 발음에 주의할 것.

- Jet lag is a kind of *temporal* disorientation; rapid travel across several time zones can throw off a traveler's sense of time.

  시차로 인한 피로는 일종의 일시적인 시간 감각 상실이다. 여러 시간대를 빠른 속도로 여행하게 되면, 여행자의 시간 감각이 흐트러지게 된다.

- Why is it that *temporal* pleasures seem so much more fun than eternal ones? I'd rather eat a hot-fudge sundae than sit on a cloud playing a harp.

  왜 순간의 쾌락이 영원의 쾌락보다 훨씬 더 즐거운 것처럼 보일까? 나는 구름 위에 앉아 하프를 연주하기보다는 맛있는 핫 퍼지 선디(주: 아이스크림의 일종)를 먹겠다.

- As the rich old man approached ninety, he grew less concerned with *temporal* matters and devoted more and more energy to deciding which of his children should be left out of his will.

  상당히 부자인 그 노인은 90살이 가까워지자, 현생의 문제에는 관심을 덜 갖게 되었다. 대신 그는 그의 아이들 중 누구를 유언장에서 제외할 것인지를 결정하는 데 점점 더 많은 힘을 쏟았다.

TEMPORIZE [témpəràiz] v to stall; to cause delay through indecision

교묘하게 시간을 벌다; 우유부단해서 일을 지연시키다

- An important skill required of television newscasters is an ability to *temporize* during technical difficulties so that viewers don't become bored and switch channels.

  텔레비전 뉴스를 방송하는 사람에게 요구되는 중요한 자질은, 기술적인 문제가 생겼을 때 시청자들이 지루해져서 채널을 돌리지 않게 하기 위해 임기응변으로 시간을 벌 수 있는 능력이다.

- The co-op board was afraid to tell the actress flat out that they didn't want her to buy an apartment in their building, so they *temporized* by saying they had to look into some building restrictions first.

  협동조합 간부들은 그 여배우에게 자신들의 건물에 있는 아파트를 구입하지 않기를 바란다는 내용을 솔직히 전달하지 못해 안절부절못했다. 그래서 그들은 먼저 빌딩에 관한 몇 가지 제한 규정을 조사해야만 한다고 말하는 것으로 시간을 벌었다.

- "All right, all right, I'll open the safe for you," Clarence *temporized*, hoping that the police would arrive soon. "But in order to do it, I'll need lots of hot water and some birthday candles."

  "좋아요, 좋아. 당신을 위해서 금고를 열도록 하죠. 그러나 그렇게 하기 위해서는 많은 양의 뜨거운 물과 약간의 생일 양초가 필요합니다."라고 클라렌스는 경찰이 곧 도착하기를 기대하면서 시간을 끌었다.

TEPID [tépid] adj **lukewarm; halfhearted** 미지근한; 마음이 내키지 않는

- Pizza is best when it's served piping-hot, while some salads taste better *tepid* or at room temperature.

  피자는 갓 구워냈을 때 먹어야 맛이 가장 좋다. 반면에, 어떤 샐러드는 미지근하거나 실내 온도와 같을 때 더 맛이 좋다.

- A baby's bathwater should be *tepid*, not hot; you can test it with your elbow before you put the baby in.

  아기의 목욕물은 뜨겁지 않고 미지근해야만 한다. 아기를 목욕물에 담그기 전에 팔꿈치로 온도를 테스트하면 된다.

- The teacher's praise of Tina's painting was *tepid*, perhaps because Tina's painting was an unflattering caricature of the teacher.

  티나의 그림에 대한 선생님의 칭찬은 미온적이었다. 아마도 티나의 그림이 선생님을 매우 노골적으로 풍자한 만화였기 때문일 것이다.

- "Oh, I guess I'll go to the prom with you," Mona said *tepidly*, "but I reserve the right to change my mind if something better comes along."

  "너와 함께 댄스파티에 갈 수 있을 것이라고 생각해. 하지만 더 좋은 일이 생긴다면 마음을 바꿀 수도 있는 권한이 내게 있는 거야."라고 미온적인 태도로 모나가 말했다.

THESIS [θíːsis] n **a theory to be proven; a subject for a composition; a formal paper using original research on a subject** 증명되어야 할 이론, 명제; 작문의 주제; 한 가지 주제에 관해 독창적인 연구를 활용한 공식적인 논문, 학위 논문 등

- At the first Conference on Extraterrestrials, Caroline Riggs advanced her controversial *thesis* that aliens operate most of our nation's bowling alleys.

  첫 번째 지구 대기권 밖의 생물에 관한 연구 회의에서, 캐롤라인 리그는 외계인이 우리나라에 있는 볼링장의 대부분을 운영하고 있다는 내용의, 논쟁의 여지가 있는 주제를 내놓았다.

- The *thesis* statement of a written composition is a sentence that states the theme of the composition.

  thesis statement는 '작문의 주제'를 언급하는 문장'이다.

- Stu is writing his senior *thesis* on Anglo-Saxon building techniques, a topic he's fairly certain no one else in the senior class will be working on; the *thesis* of his *thesis* is that Anglo-Saxon building techniques were more sophisticated than modern scholars generally believe.

  스투는 앵글로색슨족의 건축 기술에 관한 졸업 논문을 쓰고 있다. 졸업반 학생 중 아무도 이 같은 주제를 다루는 사람이 없다고 그는 분명히 확신하고 있다. 그의 졸업 논문 주제는 앵글로색슨족의 건축 기술이 현대 학자들의 일반적인 생각보다 훨씬 더 기교가 뛰어났다는 것이다.

▶ 복수형은 theses[θíːsiːz] 이다.

Antithesis[æntíθəsiːs] is a direct opposite, as in the *antithesis* of good is evil.

'선의 anthesis(반대)는 악'이라는 문구처럼, antithesis는 '정반대'를 의미한다.

▶ 이 단어들의 발음에 주의할 것.

THORNY [θóːrni] adj **full of difficulties; tough; painful** 어려운 일이 많은; 곤란한; 괴로운

A rosebush is literally *thorny*; a problem may be figuratively so.

장미 덤불은 문자 그대로 가시가 많다. 곤란한 문제는 비유적인 의미에서 그럴 것이다.

- Before we go any further, we'll have to resolve the *thorny* question of who's going to pay for the next round.

  더 진행하기 전에 우리는 누가 다음에 값을 지불할 것인가 하는 곤란한 문제를 먼저 풀어야만 할 것이다.

- Whether to let children go out alone after dark is a *thorny* topic for the parents of urban teenagers. Is it more important to keep them safe at home or to allow them to develop a sense of independence?

  해가 진 뒤 아이들을 혼자 내보내는 것은 도시에서 십대 자녀를 둔 부모에게는 곤란한 문제이다. 안전하게 아이들을 집에만 묶어 두는 것이 더 중요한가, 아니면 독립심을 기르기 위해 밖으로 나가는 것을 허용하는 것이 더 중요한가?

THRESHOLD [θréʃhould] n **the sill of a doorway; a house's or building's entrance; any point of beginning or entering**
문지방; 집이나 건물의 출입구; 시작이나 진입하는 시점

- No matter how many times I see home videos of a new groom dropping his bride when he tries to carry her over the *threshold*, I still laugh.
  신부를 안고 문지방을 넘어가려던 새신랑이 신부를 떨어뜨리는 홈 비디오는 아무리 여러 번 봐도 여전히 웃음이 나온다.

- Ambrose hung a sheaf of grain over the *threshold* of his house to keep demons away; to keep burglars away, he put a leghold trap just inside the door.
  앰브로즈는 마귀를 멀리 쫓기 위해 곡물 한 다발을 집 현관 문턱 위에 걸어 두었다. 강도를 쫓기 위한 방법으로 그는 문 바로 안쪽에 다리를 잡는 덫을 설치했다.

- The dean told the new graduates that they stood at the *threshold* of a great adventure; what he didn't say was that for many of them the adventure would be unemployment.
  학장은 새로운 졸업생들은 큰 모험의 세계로 나아가는 문턱에 서 있는 것이라고 말했다. 그가 빼놓고 말하지 않은 것은 그 모험의 세계가 대다수 학생들에게는 실업을 의미한다는 사실이었다.

QUICK QUIZ

Match each word in the first column with its definition in the second column. Check your answers in the back of the book.

1. tactical	a. pertaining to time
2. taint	b. stall
3. tedium	c. having to do with tactics
4. teem	d. dullness
5. temporal	e. full of difficulties
6. temporize	f. sill of a doorway
7. tepid	g. swarm
8. thesis	h. contaminant
9. thorny	i. theory to be proven
10. threshold	j. lukewarm

THROTTLE [θrátl] v **to choke; to strangle; to work a fuel lever or feed the flow of fuel to an engine** 질식시키다; 목을 조르다; 연료 장치를 작동하다, 엔진에 연료를 공급하다

- "If that cat jumps onto the counter one more time, I'm going to *throttle* her," said Bryce, rising grimly to his feet.
  "그 고양이가 한 번만 더 계산대로 뛰어오르면 목을 졸라 버릴 거야."라고 험악하게 일어서면서 브라이스가 말했다.

- The pilot's frantic *throttling* was to no avail; the engine would not respond because the airplane was out of fuel.
  비행사는 서둘러 연료 공급 장치를 가동시켰지만 소용이 없었다. 그 비행기는 연료가 바닥났기 때문에, 엔진은 좀처럼 가동되지 않았다.

▶ throttle은 명사로도 쓰인다.

A car's *throttle* is its gas pedal. To make a car go faster, you step on the *throttle*. To run an engine at full *throttle* is to run it at full speed. To do anything else at full *throttle* is to do it rapidly and with single-mindedness.

자동차의 연료 공급 장치는 가속기 페달(액셀러레이터)이다. 차를 더 빨리 몰기 위해서는 throttle(가속기 페달)을 밟아야 한다. to run an engine at full throttle은 전속력으로 달리다라는 뜻이다. to do anything else at full throttle은 전력을 다하여 빠르게 일을 하다이다.

- When Nicky has an idea for a poem, she runs to her desk and works at full *throttle* until the poem is finished; she doesn't even stop to answer the phone or go to the bathroom.

  시상이 떠오를 때면, 나키는 책상으로 달려가 다 쓸 때까지 오직 시에만 몰두하며 빠른 속도로 써내려 간다. 그녀는 전화도 받지 않고 화장실에도 가지 않는다.

THWART [θwɔːrt] v to prevent from being accomplished; to frustrate; to hinder
일의 진행을 방해하다; 좌절시키다; 방해하다

- I wanted to do some work today, but it seemed as though fate *thwarted* me at every turn; first someone on the phone tried to sell me a magazine subscription, then my computer's printer broke down, and then I discovered that my favorite movie was on TV.

  오늘 일을 좀 하려고 했지만, 매번 운명이 나를 방해하는 것 같았다. 처음에는 누군가가 잡지 정기구독을 권하는 전화를 했었고, 그 다음엔 내 컴퓨터의 프린터가 고장이 났다. 그러고 나자 이번에는 텔레비전에서 내가 좋아하는 영화가 방송 중이라는 사실을 알게 되었다.

- There's no *thwarting* Yogi Bear once he gets it into his mind that he wants a picnic basket; he will sleep till noon, but before it's dark, he'll have every picnic basket that's in Jellystone Park.

  요기 베어가 일단 한번 소풍 바구니가 필요하다는 생각을 마음에 새기면, 그를 방해할 수 있는 것은 아무것도 없다. 그는 정오까지 자겠지만 어두워지기 전까지 젤리스톤 공원에 있는 모든 소풍 바구니를 갖게 될 것이다.

TIMOROUS [tímərəs] adj fearful; easily frightened 겁내는; 쉽게 놀라는

- "Would you mind getting off my foot, sir?" the wizened old lady asked in a tiny, *timorous* voice.

  "선생님, 제 발을 치워도 되겠습니까?"라고 주름진 얼굴의 나이 많은 여자가 작고 겁먹은 듯한 목소리로 말했다.

- On Halloween night, the DeMados decorate their house with skeletons and bats, and *timorous* trick-or-treaters are afraid to approach their door.

  할로윈 날 밤에, 데마도스 씨네는 해골과 박쥐로 집을 장식한다. 그러면 장난을 치며 과자를 얻으러 다니던 겁 많은 아이들은 무서워서 그 집에 오지도 않는다.

- Hannah's *timorous* boyfriend broke up with her by asking her friend Tina to do it for him.

  한나의 소심한 남자 친구는 한나 친구 티나에게 부탁해서 그를 위해 헤어지라고 얘기하게 한 뒤 결별하게 되었다.

▶ timorous와 timid(소심한)는 서로 관련이 있는 단어이다.

TITILLATE [títəlèit] v to excite; to stimulate; to tease 흥분시키다; 자극하다; 애타게 하다

- It's really cruel to *titillate* a friend's curiosity by starting to share a choice piece of gossip and then abruptly saying, "No, I really shouldn't spread this around."

  소문의 일부를 함께 나누다가 단호하게 "안 돼, 난 정말로 이 이야기를 널리 퍼뜨리지 말아야 돼."라고 말함으로써 친구의 호기심을 자극하는 것은 정말로 잔인한 짓이다.

- Appetizers are supposed to *titillate* people's appetites, not stuff them to the gills.

  애피타이저는 배를 채우는 것이 아니라 사람들의 식욕을 자극하는 것이어야 한다.

▶ 명사형은 titillation(기분 좋은 자극)이다.

- Despite the *titillation* of the advertising, the movie itself was such a turkey that it failed after the first weekend.

  광고의 자극에도 불구하고, 그 영화는 첫 주말이 지나고 실패했기 때문에 쓸모없는 것이 되었다.

TITULAR [títʃulər] adj **in title or name only; nominal** 단지 이름뿐인, 명의상의; 명목상의

▶ 발음에 주의할 것.

- The *titular* head of the company is Lord Arden, but the person who's really in charge is his secretary; she tells him whom to hire, whom to fire, and whom to meet for lunch.
  회사의 명목상 사장은 로드 아덴이다. 그러나 실질적 권한을 가지고 있는 사람은 그의 비서이다. 그녀는 그에게 고용이나 해고 문제, 점심에 누구와 함께 식사할 것인가 하는 문제에 대해 알려 준다.

- The family's *titular* breadwinner is my father, but it's Mom's trust fund that actually puts food on the table.
  명목상 가족의 생계를 책임지는 사람은 아버지이다. 그러나 실제적으로 식탁에 음식을 올릴 수 있는 것은 어머니의 신탁 자금 덕분이다.

Titular also means bearing the same name as the title.
titular는 '제목과 같은 이름을 가진'이라는 의미로 쓰이기도 한다.

- Flipper, the *titular* star of the TV show *Flipper*, was in reality a female dolphin named Suzy.
  텔레비전 쇼 '플리퍼'와 같은 이름을 가진 스타 플리퍼는, 사실은 수지라는 이름을 가진 암컷 돌고래였다.

TOIL [tɔil] n **hard work; labor; drudgery; exhausting effort** 노역; 노동; 고역; 몹시 힘든 노력

- Meeting the manufacturing deadline required weeks of unremitting *toil* from the designers, some of whom worked past midnight nearly every night.
  제조 기일을 맞추기 위해서 디자이너들은 쉬지도 못하고 수주일 동안 계속 힘든 일을 해야 했기 때문에, 그들 중 몇몇은 거의 매일 밤 자정 너머까지 일을 했다.

This word can also be a verb. To *toil* is to engage in hard labor.
toil은 동사로 쓰일 경우 '힘든 노동을 하다'라는 뜻이다.

- "Am I going to have to *toil* in the fields like this all day?" asked Celia plaintively after being asked by her mother to pick some chives from the garden.
  "하루 종일 지금처럼 들판에서 노역을 해야만 하나요?"라고 실리아는 채소밭에서 쪽파를 캐오라는 엄마의 부탁을 받고 애처롭게 물었다.

TORTUOUS [tɔ́ːrtʃuəs] adj **winding; twisting; serpentine; full of curves**
구불구불한; 비비 꼬인; 뱀처럼 구불구불한; 곡선으로 많이 구부러진

▶ 발음에 주의할 것.

Don't confuse this word with *torturous* [tɔ́ːrtʃərəs]. which means torturing or excruciating. A movie with a *tortuous* plot is one that is hard for a viewer to follow; a movie with a *torturous* plot is one that is agonizing for a viewer to watch.
tortuous를 torturous와 혼동하지 마라. torturous는 '고문하는', '고통스러운'이라는 뜻이다. 전체 구성이 비비 꼬인 영화는 관객들이 따라가기 힘든 영화이다. 고통스러운 구성을 가진 영화는 영화를 보는 관객들을 고통스럽게 만든다는 것이다.

- On the *tortuous* path through the woods to the tent, one or two of the Cub Scouts always managed to get lost.
  막사로 가는 구불구불한 숲길 위에서는 언제나 컵 스카우트의 어린이 단원 한둘이 길을 잃고 헤매기 마련이었다.

- Sybil had to use *tortuous* reasoning to persuade herself that it was really all right to shoplift, but after a bit of mental gymnastics she was able to accomplish the task.
  시빌은 좀도둑질 정도는 정말로 괜찮다고 자신을 납득시키기 위해 비뚤어진 합리화를 이용해야만 했다. 그러나 약간의 정신적인 갈등을 겪은 후 그녀는 그 일을 해낼 수 있었다.

TOXIC [táksik] adj **poisonous** 유독한

- After the storm, the beach was covered with spilled oil, spent nuclear fuel, contaminated medical supplies, and other *toxic* wastes.

  폭풍이 지나가고 난 후, 해변은 유출된 기름과 핵연료 폐기물과 오염된 의료용품과 그 밖의 유독성 쓰레기들로 가득했다.

- *Toxic* residues from pesticides can remain on or in fruits and vegetables even after they have been washed with soap.

  세제로 씻었다고 할지라도 살충제에 들어 있는 유독성 물질은 과일과 채소의 겉이나 안에 그대로 남아 있을 수 있다.

- It is now clear that cigarettes are *toxic* not only to smokers but also to nonsmokers who breathe in exhaled smoke.

  담배가 흡연가들뿐만 아니라 내뿜어진 담배 연기를 호흡하게 되는 비흡연자들에게도 해롭다는 것은 오늘날 명백한 사실이다.

▶ 명사형은 toxin[táksin](독소)이다.

- Some shellfish contain a *toxin* that can make diners violently ill.

  몇몇 조개에는 사람을 치명적인 병에 걸리게 할 수도 있는 독소가 들어 있다.

TRANSFIX [trænsfíks] v **to cause to stand motionless with awe, amazement, or some other strong emotion; to rivet**
두려움이나 놀람, 또는 그 밖의 강한 감정으로 사람을 꼼짝 못하게 하다; 시선 등을 고정시키다

- The children stood *transfixed* at the astonishing sight of Mary Poppins rising into the air with her umbrella.

  메리 포핀스가 우산을 타고 하늘로 날아오르는 것을 본 아이들은 놀라서 꼼짝도 못하고 서 있었다.

- The hunter aimed his flashlight at the eyes of the bullfrog, hoping to *transfix* his prey so that it would be easier to catch.

  사냥꾼은 황소개구리를 움직이지 못하게 해서 더 쉽게 잡으려는 생각으로 손전등을 개구리의 눈에다 비추었다.

- The students were *transfixed* with disgust at the sight of their gym teacher setting up square dance equipment.

  학생들은 체육 선생님이 스퀘어 댄스(주: 한 쌍씩 짝을 지어 네 쌍이 마주 보고 추는 춤) 장비를 설치하는 것을 보고 이연실색하여 못 박힌 듯 꼼짝도 하지 않았다.

TRAUMA [trɔ́ːmə] n **severe shock or distress; a violent wound; a wrenching experience**
심한 충격이나 고통; 심한 상처; 고통스러운 경험

- Ella needs some spoiling right now to help her recover from the *trauma* of her parents' divorce.

  엘라는 부모님의 이혼으로 받은 심한 충격에서 회복되기 위해서는 바로 지금 어느 정도의 응석을 받아주는 일이 필요하다.

In medical terms, a *trauma* is a serious wound or shock to the body.

의학적인 용어로 trauma는 신체에 가해진 '심각한 외상'이나 '충격'을 말한다.

- The gunshot victim was hurried to the hospital's new *trauma* center, which was staffed by physicians experienced in treating life-threatening wounds.

  총에 맞은 사람은 새로 지은 병원의 외상 센터로 서둘러 옮겨졌다. 그곳에는 생명에 위협적인 상처를 치료하는 데 경험이 많은 의사들이 포진해 있었다.

▶ 형용사형은 traumatic[trɔːmǽtik](대단히 충격적인)이다.

- Having their carpets cleaned is a *traumatic* experience for people who believe that their carpets have suffered enough.

  카펫이 형편없이 훼손되었다고 생각하는 사람들에게 카펫을 깨끗이 청소하는 일은 고통스러운 경험이다.

To induce trauma is to *traumatize* [trɔ́ːmətàiz].

동사형 traumatize는 '상처를 입히다'라는 뜻이다.

- The fox *traumatized* the hens by sneaking into the henhouse and licking his lips.
  여우는 닭장으로 몰래 들어와 입맛을 다심으로써 닭들에게 정신적 충격을 주었다.

QUICK QUIZ 79

Match each word in the first column with its definition in the second column. Check your answers in the back of the book.

1. throttle		a.	severe shock
2. thwart		b.	prevent from being accomplished
3. timorous		c.	choke
4. titillate		d.	poisonous
5. titular		e.	in name only
6. toil		f.	excite
7. tortuous		g.	fearful
8. toxic		h.	winding
9. transfix		i.	cause to stand motionless
10. trauma		j.	hard work

TRAVESTY [trǽvisti] n **a grotesque or shameful imitation; a mockery; a perversion**
우스꽝스럽거나 졸렬하게 모방한 것; 조롱을 목적으로 한 흉내; 왜곡

- The defense lawyer complained that the continual snickering of the judge had turned his client's trial into a *travesty*, and he demanded that the case be thrown out.
  피고측 변호사는 판사의 계속적인 낄낄거림이 의뢰인의 공판을 웃음거리로 만들었다고 불만을 표시했다. 그리고 그는 재판을 끝낼 것을 요구했다.

- Every year at homecoming, the college glee club puts on a *travesty* of a popular play or movie, and their show is always popular with alumni.
  매년 동창회에서 대학 합창단은 인기 있는 연극이나 영화를 희화한 쇼를 상연한다. 그리고 그들의 쇼는 언제나 동창생들의 환호를 받는다.

TRENCHANT [tréntʃənt] adj **concise; effective; caustic** 간명한; 효과적인; 신랄한

- The reporter's *trenchant* questions about the national deficit unhinged the White House spokesman, and after stumbling through a halfhearted response, he declared the press conference over.
  기자의 국가 재정 적자에 관한 날카로운 질문은 백악관 대변인을 당황하게 했다. 그래서 내키지 않는 대답으로 말을 더듬거린 후에 대변인은 기자 회견이 모두 끝났다고 선언했다.

- Joellen's presentation was *trenchant* and well researched; that was not surprising since she had paid her clever new assistant to write it.
  조엘렌의 발표문은 간결하고 잘 조사된 것이었다. 그녀가 똑똑한 새 조수를 시켜 발표문을 쓰게 했으니, 그리 놀랄 일도 아니었다.

- As the landlord showed the couple around, Meave managed to sound most appreciative about the new apartment, but her *trenchant* asides to her husband made it clear that she thought the place was a dump.
  집주인이 두 사람에게 집을 구경시키자, 미브는 새 아파트를 입에 침이 마르도록 칭찬했다. 그러나 그녀가 남편에게 한 신랄한 귓속말을 보면, 새 아파트를 지저분한 집으로 생각하는 것이 분명했다.

TRIUMVIRATE [trɑiʌ́mvərət] n a ruling coalition of three officials; any group of three working jointly 세 명의 관리에 의한 연합 통치, 삼두 정치; 세 명이 함께 일하는 그룹

- The dying emperor appointed a *triumvirate* to succeed him because he said, he wanted to make sure that no single person ever again held all the power in the realm.

  임종을 앞둔 황제는 자신을 계승할 3인의 통치자를 지목했다. 그의 말에 따르면, 황제는 이후에 다시는 단 한 사람이 왕국의 모든 권력을 잡는 일이 없도록 대책을 마련하고 싶었기 때문이다.

- Mother Goose Land is ruled by a *triumvirate* consisting of the butcher, the baker, and the candlestick maker.

  마더 구스랜드는 푸줏간 주인과 빵 굽는 사람과 촛대를 만드는 사람으로 구성된 3인 위원회가 통치하고 있다.

- Those three girls have been a *triumvirate* of best friends ever since the first day of nursery school, when all three of them had potty accidents at once.

  저 세 소녀는 유아원에 들어간 첫날 만난 이래로 가장 친한 친구가 된 삼인조이다. 세 명 모두 그날 동시에 소변을 실수했다.

TRYST [trist] n a secret meeting of lovers 연인들의 비밀스러운 만남, 밀회

- Jane and Greg were always arranging *trysts* that didn't work out; either it rained when they were going to meet under the stars or Greg's parents came home early when they were going to meet in his backyard swimming pool.

  제인과 그레그는 항상 지켜지지 못할 밀회를 약속하곤 했다. 그들이 별빛 아래서 만나자고 하면 비가 왔고, 그레그네 뒷마당의 수영장에서 만나자고 하면 그레그의 부모가 일찍 집으로 돌아오시곤 했다.

- "I'm perfectly happy for alley cats to have a little romance in their lives," groaned Barry, "but why do their *trysts* always have to be under my bedroom window?"

  "도둑고양이들이 자신들의 삶에서 작은 사랑을 나누는 것에 나는 정말이지 아무런 불만도 없어. 하지만 왜 그들은 항상 내 침실 창문 밑에서 밀회를 가져야만 하는 것일까?"라고 배리는 투덜거렸다.

- In romance novels, the characters never have mere dates; they have *trysts*.

  연애 소설을 보면, 주인공들은 단순한 데이트만 즐기지는 않는다. 그들은 밀회를 나눈다.

TUMULT [tjúːməlt] n violent, noisy commotion; uproar; outbreak
격렬하고 소란스러운 소동; 야단법석; 폭동

- In the *tumult* of the rock concert, Bernice was unable to find her dropped contact lens.

  요란한 록 콘서트의 현장에서 버니스는 떨어진 콘택트렌즈를 찾을 수가 없었다.

- Such a *tumult* breaks out when the end-of-school bell rings that the teachers have learned to jump onto their desks to avoid being trampled.

  수업이 끝났음을 알리는 종이 울리면 대단한 소동이 벌어지므로, 선생님들은 밟히지 않으려면 책상 위로 올라가야 한다는 것을 알게 되었다.

▸ 형용사형은 tumultuous[tjumʌ́ltʃuəs] (떠들썩한)이다.

- The fans' *tumultuous* celebration at the end of the football game left the field a muddy mess.

  축구 경기가 끝난 뒤, 팬들의 떠들썩한 축하 때문에 경기장은 진흙으로 엉망진창이 되었다.

▸ 이 단어들의 발음에 주의할 것.

TURBID [tə́ːrbid] adj murky; opaque; unclear 안개 등이 짙은; 불분명한; 명백하지 않은

- The boys were reluctant to jump into the *turbid* water; mud stirred up by the flood had turned the water in their swimming hole the color of chocolate milk.

  소년들은 탁한 물속으로 뛰어드는 것이 너무나 싫었다. 밀물로 진흙이 흘러 들어와 뒤섞이는 바람에 수영할 구덩이의 물이 초콜릿 우유 색깔로 변했던 것이다.

- The air was *turbid* with an oily black smoke that coated everything in soot and made noon look like midnight.

  하늘에는 기름이 있는 검은 연기가 자욱해서 모든 것을 시커멓게 만들고, 정오의 풍경을 한밤중처럼 보이게 했다.

Turbid can also be used figuratively to mean confused or muddled.

turbid는 또한 비유적인 의미로 '혼란스러운'이나 '어리둥절한'이라는 의미이다.

- The professor was easily able to refute my *turbid* argument in favor of not having a final exam.

  내가 기말 시험을 치르지 않기 위하여 엉터리 주장을 하자 교수님은 간단히 반박을 할 수 있었다.

▸ 명사형은 turbidity [tə́ːrbidəti] (흐림, 혼탁)이다.

TURMOIL [tə́ːrmɔil] n state of great confusion or commotion

대단히 혼란스럽거나 동요가 일어난 상태

- The president's sudden death threw his administration into *turmoil*, as his former deputies and assistants vied with one another for power.

  대통령의 갑작스러운 죽음으로 정부는 혼란에 빠졌다. 그의 전 보좌관들과 부통령들이 권력을 차지하려고 서로서로 다투었기 때문이었다.

- "Ever since the baby was born we've been in kind of a *turmoil*," Donna said cheerfully, kicking a pair of dirty socks under the table as she led her visitor on a tour of the house.

  "아기가 태어난 이래로 우리는 좀 혼란한 상태에서 지내고 있는 셈이죠." 집을 방문한 사람에게 안내를 하는 동안, 도나는 더러운 양말 한 컬레를 탁자 밑으로 차 넣으면서 쾌활하게 말했다.

QUICK QUIZ 80▸

Match each word in the first column with its definition in the second column. Check your answers in the back of the book.

1. travesty	a. secret meeting of lovers
2. trenchant	b. ruling coalition of three
3. triumvirate	c. murky
4. tryst	d. concise
5. tumult	e. violent, noisy commotion
6. turbid	f. grotesque imitation
7. turmoil	g. state of great confusion

U

UNCANNY [ʌnkǽni] adj **extraordinary; unimaginable; seemingly supernatural**
비정상적인; 상상조차 할 수 없는; 초자연적인 것으로 보이는

- Jessica has an *uncanny* ability for sniffing out the most expensive item in a store.
  제시카는 상점에서 가장 비싼 물건을 찾아내는 데 비상한 재주가 있다.

- People often say that the similarity between Ted's and Fred's mannerisms is *uncanny*, but since the two men are identical twins who have lived together all their lives, it actually isn't all that unusual.
  테드와 프레드의 버릇이 서로 비슷한 것은 엄청나다고 사람들은 말한다. 그러나 두 사람은 태어난 뒤로 계속해서 함께 살아온 일란성 쌍둥이기 때문에, 사실 그 일이 반드시 이상한 것만은 아니다.

Uncanny is not the opposite of *canny*, which means artful, wily, or shrewd (and which, by the way, derives from the word *can*).
uncanny는 can에서 파생된 단어 canny(기교 있는, 교활한, 약삭빠른)의 반의어가 아니다.

UNDERLYING [ʌndərlàiiŋ] adj **basic; fundamental; only noticeable under scrutiny**
기초적인; 근본적인; 정밀한 조사를 통해서만 알 수 있는, 잠재적인

- The *underlying* cause of the cult's disintegration was not faithlessness but homesickness on the part of its members.
  광신도들의 붕괴를 가져온 근본적인 원인은 신앙의 상실 때문이 아니라 신도들의 향수병 때문이었다.

- Albert seems dopey at first, but there's a keen intelligence *underlying* those vacuous mannerisms of his.
  앨버트는 처음에 멍청하게 보이지만 그의 멍청한 듯한 행동 뒤에는 예리한 지성이 숨어 있다.

UNDERMINE [ʌndərmáin] v **to impair; to subvert; to weaken by excavating underneath**
손상시키다; 파괴하다; ~밑을 파서 약화시키다

- The children's adamant refusal to learn French considerably *undermines* their teacher's efforts to teach it to them.
  프랑스 어를 배우지 않겠다는 아이들의 단호한 거절이 프랑스 어를 가르치려는 선생님의 의지를 적지 않게 무너뜨린다.

- The rushing waters of the flood had *undermined* the north end of the foundation, and the house was now leaning in that direction.
  갑자기 밀어닥친 홍수로 북쪽 끝의 지반이 무너졌다. 그래서 이제는 집이 그쪽 방향으로 기울고 있었다.

UNDERPINNING [ˌʌndərpìniŋ] n a system of supports beneath; a foundation or basis
아래에서 받치고 있는 것, 받침대; 토대, 기초

- The *underpinning* of Shing and Dyan's long-lasting marriage was a shared enthusiasm for bowling.
  싱과 다이안이 지속적인 결혼 생활을 할 수 있었던 근본 토대는 볼링에 대한 열정을 공유하고 있었기 때문이었다.

- The *underpinnings* of our friendship extend back to childhood, when I helped Kristie sew a purse for her mother.
  우리의 우정의 기초는 어린 시절에서 연유한 것이다. 당시 나는 엄마의 지갑을 꿰매려는 크리스티를 도와주었다.

UNDERSCORE [ˌʌndərskɔ́ːr] v to underline; to emphasize 밑줄을 긋다; 강조하다

- Heidi was so nervous about the exam that she ended up *underscoring* her entire textbook in yellow marker.
  하이디는 시험 때문에 너무나 신경이 예민해져서 마침내 교과서를 온통 노란 펜으로 밑줄을 그어 놓았다.

- "I hate you!" Ryan shouted. To *underscore* his point, he added, "I think you stink!"
  "당신이 미워!"라고 리안이 소리쳤다. 핵심을 강조하기 위해서 그는 "당신은 역겨워!"라고 덧붙였다.

- Harold's terrible hunger *underscores* the importance of remembering to eat.
  지독한 배고픔이 해럴드에게 먹는 것을 기억하는 일의 중요성을 일깨워준다.

UNDERWRITE [ˌʌndərráit] v to sponsor; to subsidize; to insure
후원하다; 보조금을 지원하다; 보증하다

- There would be no such thing as public television in this country if rich American oil companies were not willing to *underwrite* the rebroadcast of expensive British television shows.
  부유한 미국 석유 회사가 값비싼 영국 텔레비전 프로그램의 중계방송을 지원하지 않으려 한다면, 이 나라에서 공영 텔레비전 방송 같은 것은 더 이상 없을 것이다.

- The local bank agreed to *underwrite* the high school production of *South Pacific*, providing money for props, costumes, and the rental of a theater.
  지역 은행은 소품들과 의상과 극장 임대에 필요한 경비를 제공함으로서 사우스 퍼시픽이라는 고등학교 영화 제작소를 지원하기로 약속했다.

A person or company that *underwrites* something is called an *underwriter*.
underwriter은 '보증인'이라는 뜻이다.

UNILATERAL [jùːnəlǽtərəl] adj involving one side only; done on behalf of one side only; one-sided; not mutual
오직 한편에만 해당되는, 일방적인; 한쪽 편만을 위하여 하는; 한쪽으로 치우친; 상호적이지 않은

- In my family, there was *unilateral* agreement on the subject of curfews; my parents agreed that I should be home by midnight, and I did not.
  야간 외출 금지라는 문제에 대하여 우리 가족은 일방적인 약속을 해 버렸다. 부모님은 내가 자정까지는 집으로 돌아와야 한다고 합의를 보았지만, 나는 합의하지 않았다.

- *Unilateral* disarmament is the decision by one side in a conflict to lay down its arms.
  일방적인 군비 축소는 분쟁의 한쪽 당사자가 군사력을 축소하는 결정을 내리는 것이다.

In law, a *unilateral* contract is a contract in which only one of the signers bears any obligation.
법률에서 unilateral contract(편무 계약)란, 계약서에 서명한 사람들 중 '어느 한쪽'만이 모든 책임을 지는 계약을 말한다.

As might be expected, *bilateral*[bɑilǽtərəl] means two-sided. In biology, a body whose left and right sides are mirror images of each other is said to exhibit *bilateral* symmetry. People's bodies are not *bilaterally* symmetrical—you have a spleen on only one side of your gut, for example—but worms' bodies are. Good for worms.

짐작했겠지만, bilateral은 '양측의'라는 뜻이다. 생물학에서는 왼쪽과 오른쪽이 거울에 비친 것처럼 똑같은 신체를 가리켜 좌우 대칭을 보여 준다고 말한다. 사람의 몸은 완전한 좌우 대칭은 아니다. 예를 들면, 비장은 내장 중에서도 어느 한쪽에만 있다. 그러나 벌레의 몸은 좌우 대칭이다. 벌레에겐 잘된 일이다.

As might further be expected, *multilateral*[mʌltilǽtərəl] means many-sided. In a *multilateral* treaty, many nations participate. And *lateral*[lǽtərəl] means of or pertaining to a side.

짐작했던 대로 multilateral은 '다방면에 걸쳐 있는'이라는 뜻이다. multilateral treaty는 '많은 국가가 참여하는 조약'이다. lateral은 '측면의', '측면에 관계된'이라는 뜻이다.

- A *lateral* move in a career is one in which you switch jobs without ascending or descending the corporate hierarchy.

  직업에서의 측면 이동이라는 것은 회사 조직 내에서의 승진이나 좌천 없이 업무를 바꾸는 것이다.

USURY [júːʒəri] n lending money at an extremely high rate of interest
고율의 이자로 돈을 빌려 주는 것, 고리대금

- My sister said she would lend me ten dollars if I would clean her room for a week, a bargain that I considered to be *usury*.

  언니는 일주일 동안 자신의 방을 청소해 준다면 10달러를 빌려 주겠다고 말했다. 내 생각에는 상당히 고율의 이자를 받는 거래였다.

A *usurer*[júːʒərər] is someone who practices usury.

usurer는 '고리대금업을 하는 사람'이다.

- Eight-year-old Chuck is quite a little *usurer*; if a kid in his class borrows a dime for milk money, Chuck makes him pay back a quarter the next day.

  여덟 살짜리 소년 척은 아주 어린 고리대금업자이다. 그의 반에서 어떤 아이가 우유 살 돈으로 10센트를 빌리면, 척은 그 다음날 15%를 갚게 만든다.

▸ 형용사형은 usurious[juːʒúəriəs] (고리대금업의)이다.

▸ 이 단어들의 발음에 주의할 것.

QUICK QUIZ 81▸

Match each word in the first column with its definition in the second column. Check your answers in the back of the book.

1. uncanny		a. system of supports beneath
2. underlying		b. involving one side only
3. undermine		c. basic
4. underpinning		d. impair
5. underscore		e. sponsor
6. underwrite		f. extraordinary
7. unilateral		g. lending money at extremely high rates
8. usury		h. underline

V

VACUOUS [vǽkjuəs] adj **empty of content; lacking in ideas or intelligence**
내용이 없는; 생각이나 지성이 부족한

- I don't think that woman understands a word you're saying; her expression is as *vacuous* as a rabbit's.
  저 여성이 네가 하고 있는 말을 이해하고 있다고는 생각지 않는다. 그녀의 표정은 토끼의 표정처럼 멍하다.

- If Gail has to spend one more hour cooped up with Karen and her *vacuous* observations, she cannot answer for the consequences.
  만약 게일이 카렌의 얼빠진 관찰을 받으며 그녀와 한 시간 더 갇혀 있어야 한다면, 그 결과를 책임질 수 없을 것이다.

Vacuous and *vacant*[véikənt] both refer to emptiness, but not the same kind of emptiness. *Vacant* is generally used to mean literally empty; an apartment with no tenant is *vacant*, not *vacuous*.
vacuous와 vacant는 둘 다 '비어 있는' 것을 의미한다. 그러나 같은 의미의 '비어 있음'이 아니다. vacant는 일반적으로 글자 뜻 그대로 '비어 있는' 것을 의미한다. 거주자가 없는 아파트를 표현하는 것은 vacant이다.

Similarly, a dull person's thoughts can be *vacuous*, even though his skull is not literally *vacant*. However, a *vacant* expression and a *vacuous* expression are the same thing.
같은 방법으로, 멍청한 사람의 사고를 의미할 때는 그의 뇌가 문자 그대로 vacant(비어 있는)인 것은 아니라 할지라도 vacuous를 쓴다. 그러나 vacant expression과 vacuous expression은 둘 다 멍청한 표정을 가리킨다.

VAGARY [vəgɛ́ːəri] n **whim; unpredictable action; wild notion**
변덕; 예측할 수 없는 행동; 괴팍한 생각

- "This meal was a little *vagary* of your father's," said Mrs. Swain grimly as she sat the children down to plates of steak topped with whipped cream.
  "다소 엉뚱한 아빠의 취향이 음식을 이렇게 만들었다." 스웨인 부인은 생크림을 얹은 스테이크 접시 앞으로 아이들을 앉히면서 잔인하게 말했다.

- Thanks to the *vagaries* of fashion, everyone is wearing tennis rackets instead of shoes this summer.
  변덕스러운 유행 탓에, 올 여름에는 사람들이 모두 신발 대신에 테니스 라켓을 신고 있다.

- The *vagaries* of Sean's boss are a little unsettling; one day he'll tell Sean that he is in line to become president of the company, and the next day he'll tell him to scrub the executive washroom.
  선의 회사 사장의 변덕은 다소 그를 불안하게 한다. 어떤 날은 선에게 회사의 회장이 될 가망이 있다고 말하다가도, 그 다음날이면 이사들의 화장실이나 박박 문질러 닦아 놓으라고 말하곤 한다.

▸ 흔히 복수형 vagaries[véigəriz]로 쓰인다.

▸ 이 단어들의 발음에 주의할 것.

VANQUISH [vǽŋkwiʃ] v to conquer; to overpower 정복하다; 극복하다

- Nancy finally *vanquished* her nail-biting habit by coating her nails with a distasteful chemical.

  낸시는 손톱에 역겨운 악물을 발라놓는 방법으로 손톱 깨무는 버릇을 이겨냈다.

- "Nyah, nyah, we *vanquished* you!" the unsportsmanlike soldiers sang as their enemies retreated.

  "이야호, 우리가 너희를 이겼다!" 적군이 퇴각하자, 스포츠맨답지 않은 군인들이 노래를 불렀다.

VENEER [vəníər] n facade; coating; outward appearance 겉보기; 겉에 입히는 것; 외부로 드러난 모습

To a woodworker, a *veneer* is a thin sheet or strip of wood that has been sliced or peeled from a larger piece of wood; plywood, for example, is a sandwich of *veneers*.

목수들에게 veneer는 '큰 나무에서 껍질을 벗겨낸 얇은 단판'이나 '얇게 저민 나뭇조각'을 의미한다. 예를 들면, 합판은 베니어판을 여러 겹 붙여 놓은 것이다.

In general usage, a *veneer* is any thin outward surface.

일반적인 용법으로 쓰이면 veneer는 얇은 바깥 표면을 의미한다.

- Under her *veneer* of sophistication—acquired, at great expense to her parents, at a Swiss finishing school—Holly is actually a shy, nervous hick.

  스위스 교양 학교에서 부모가 막대한 비용을 들여 얻게 된 홀리의 세련된 겉모습 뒤로는, 사실 수줍음 많고 소심한 시골뜨기의 모습이 있다.

VERDANT [vɔ́ːrdənt] adj covered with green plants; leafy; inexperienced
초록의 식물로 덮여 있는; 잎이 무성한; 미숙한

Verdant is derived from the French word for green.

verdant는 '초록'을 의미하는 프랑스 어에서 파생한 단어이다.

- In springtime, the *verdant* hills seem to whisper, "Skip school and come for a walk!"

  "학교는 빠지고 산책하러 가자."라고 봄날의 푸른 언덕이 속삭이는 것 같다.

- When the movie crew reached their destination, they were dismayed to find the landscape still *verdant*; they were supposed to be making a movie about skiing.

  영화 제작팀은 목적지에 도착한 뒤에 경치가 여전히 초록 일색인 것을 보고 실망했다. 그들은 스키에 관한 영화를 만들 예정이었다.

VERGE [vɔːrdʒ] n border; brink; edge 변두리; 가장자리; 가

- On the *verge* of the pond is a mushy spot where it's not safe to skate.

  연못 가장자리에는 스케이트 타기에 안전하지 않은 질척한 곳이 있다.

- Eleanor has been on the *verge* of tears ever since her mother told her that she would not be allowed to attend the prom.

  엘리노어는 댄스파티에 가는 것을 허락하지 않겠다고 어머니가 말한 뒤로 거의 눈물을 쏟으려고 했다.

▶ verge는 동사로도 쓰인다.

- Nick's surly answer *verged* on rudeness, but his father decided not to punish him.

  닉의 퉁명스러운 대답은 거의 무례함에 가까웠다. 그러나 그의 아버지는 그를 벌 주지 않기로 마음먹었다.

To *converge* [kənvɔ́ːrdʒ] is to come together or meet.

converge는 '함께 오거나 만나다'라는 뜻이다.

- The water is churning and frothy at the spot where the two rivers *converge*.

  두 강이 함께 만나는 지점에서는 강물이 부딪히며 거품을 낸다.

To *diverge* [diváːrdʒ] is to separate.

diverge는 '갈라지다'라는 뜻이다.

- A fork in a road is a place where two roads *diverge*.

  길에 관하여 fork(분기점)라는 말은 '두 갈래 길로 갈라지는 지점'을 말한다.

VERITY [vérəti] n **the quality of being true; something true** 진실성; 진실한 것

- You could hardly doubt the *verity* of her story, especially when she had documents to prove her point.

  여러분은 그녀가 요점을 증명할 서류를 가지고 있었기 때문에, 그녀의 이야기의 진실성 여부에 의심을 가질 필요가 없다.

Many truth-related words derive from the Latin root "*verus*" which means true. *Verisimilar* [vèrisímələr] means having the appearance of truth, and *verisimilitude* [vèrisimílitjùːd] is the quality of being *verisimilar*.

진실에 관련된 많은 단어들은 '진실하다'는 뜻의 라틴 어 어근인 "verus"에서 파생한 것이다. verisimilar는 '진실의 모습을 한'이고 verisimilitude는 '진실에 가까움'이라는 의미이다.

- The plastics company had found a way to make fake leather of shocking *verisimilitude*.

  플라스틱 회사는 가짜 가죽을 놀랄 만큼 진짜인 것처럼 만드는 방법을 발견했다.

Veracious [vəréiʃəs] means habitually truthful.

veracious는 '습관으로 고정된 진실한'을 의미한다.

- It would be easier to trust Charlotte if she had a reputation for being *veracious*—but she doesn't. In fact, she's been called a liar many times before.

  샬롯이 진실한 성격으로 유명하다면 그녀를 더 쉽게 믿었을 것이다. 그러나 그녀는 진실하지 않다. 사실 그녀는 여러 번 거짓말쟁이로 불린 적이 있다.

To *aver* [əváːr] is to state with confidence, as though you know it to be the truth.

aver는 마치 그것이 진실이라는 것을 알고 있는 것처럼 '확신을 가지고 주장하다'라는 뜻이다.

- "Yes, that's the man," Charlotte *averred*. "I recognize him for sure."

  "그래요, 바로 저 사람이에요. 확실히 그를 알아볼 수 있어요." 샬롯은 단언했다.

To *verify* [vérəfài] is to prove that something is true, to confirm it.

verify는 그것이 '사실임을 증명하다', '확증을 주다'라는 뜻이다.

- The police were able to *verify* Olin's claim that he had been out of the country at the time of the crime, so they let him go.

  경찰은 범죄가 있던 시간에 외국에 나가 있었다는 올린의 주장을 확인할 수 있었다. 그래서 그는 무죄로 풀려났다.

VIE [vai] v **to compete; to contest; to struggle** 경쟁하다; 우열을 다투다; 싸우다

- Sheryl *vied* with her best friend for a promotion.

  셰릴은 가장 친한 친구와 승진 경쟁을 했다.

- The two advertising agencies *vied* fiercely for the Lax-Me-Up account, which was worth $100 million a year in billings.

  두 광고 대행사는 연간 1억 달러에 달하는 Lax-Me-Up 광고 수주를 두고 치열한 경쟁을 벌였다.

VIGILANT [vídʒələnt] adj **constantly alert; watchful; wary**
계속적으로 경계하는; 방심하지 않는; 조심성 있는

- Miss Grimble is *vigilant* against grammatical errors; when she spots a misplaced modifier, she pounces like a tiger.

  미스 그림블은 문법적인 실수를 계속 경계하고 있다. 그녀는 수식어구의 위치라도 잘못된 것을 발견하면 맹렬히 비난한다.

- Dad *vigilantly* guarded the door of the living room to keep the children from seeing the Easter bunny at work.

  아빠는 한창 만들고 있는 부활절 토끼를 아이들이 보는 것을 막기 위해 경계를 늦추지 않고 거실 문을 지키고 있었다.

▸ 명사형은 vigilance[vídʒələns] (경계)이다.

- Distracted by the loud noise in the hallway, the guard let his *vigilance* slip for a moment, and the prisoner quickly escaped.

  복도에서 나는 시끄러운 소음에 마음이 산란해진 교도관은 잠시 경계 임무를 소홀히 했다. 그 사이 그 죄수는 재빨리 탈주했다.

Vigil is a related word that means a period of staying awake or peacefully protesting, as if *vigilantly* standing watch.

vigil은 마치 자지 않고(vigilantly) 불침번을 서는 것처럼 깨어있는 기간이나 평화 시위를 의미하는 단어이다.

VIGNETTE [vinjét] n a small, decorative design or drawing; a short literary sketch; a brief but expressive scene in a play or movie
장식을 위한 작은 도안이나 그림; 짧은 문학 소품; 연극이나 영화에 있어서 짧지만 표현이 풍부한 장면

▸ 발음에 주의할 것.

- Lauren decorated the top of each thank-you note with a tiny *vignette* of a dolphin leaping gracefully out of the water.

  로렌은 감사장의 상단을 돌고래가 물속에서 우아하게 도약하는 작은 그림으로 장식했다.

- The editor at the publishing company told Mrs. Proutie that the *vignettes* she had written about her garden would be unlikely to sell many more copies if published as a book.

  출판사의 편집장은 프루티 여사가 정원에 대하여 쓴 짧은 글은 책으로 출판된다고 해도 더 많은 판본이 팔리지는 않을 것 같다고 말했다.

- The boring movie was enlivened somewhat by half a dozen sexy *vignettes* sprinkled through it.

  따분한 그 영화는 영화 전반에 걸쳐 몇 번 나오는 성과 관련된 장면 덕분에 약간이나마 생기를 띠게 되었다.

QUICK QUIZ 82

Match each word in the first column with its definition in the second column. Check your answers in the back of the book.

1. vacuous		a. whim
2. vagary		b. border
3. vanquish		c. conquer
4. veneer		d. compete
5. verdant		e. covered with green plants
6. verge		f. facade
7. verity		g. empty of content
8. vie		h. quality of being true
9. vigilant		i. constantly alert
10. vignette		j. short literary sketch

VISCOUS [vískəs] adj **thick; gluey; sticky** 걸쭉한; 들러붙는; 끈적거리는

- I rapidly lost my thirst as I watched the water ooze from the tap in a *viscous*, brownish stream.

  수도꼭지에서 끈적거리며 갈색을 띤 물줄기가 흘러나오자, 나는 순식간에 목마른 것도 잊어버렸다.

- That *viscous* sap dripping from the gash in the trunk of the pine tree may one day harden into amber.

  소나무 줄기의 상처 난 틈에서 떨어지고 있는 끈적끈적한 수액은 언젠가는 딱딱하게 굳어져 호박이 된다.

▶ 명사형은 viscosity[viskásəti] (점도)이다.

- Motor oils are rated according to their *viscosity*; less *viscous* oils are usually used in the winter because cold weather can cause more *viscous* grades to become excessively thick.

  자동차 윤활유는 점도에 따라 등급이 구분된다. 점도가 낮은 오일은 대개 겨울에 사용되는데, 이는 추운 날씨에 점도가 높은 윤활유는 지나칠 정도로 진해질 수 있기 때문이다.

VIVACIOUS [vivéiʃəs] adj **lively; animated; full of pep** 생기가 넘치는; 활기가 넘치는; 기운이 넘치는

▶ 발음에 주의할 것.

- The eighth-grade girls became bubbly and *vivacious* whenever a cute boy walked by, but as soon as he was out of sight they settled back into their usual grumpy lethargy.

  8학년 소녀들은 귀여운 소년이 옆으로 지나갈 때마다 발랄하고 생기가 넘쳤다. 그러나 그가 눈에 안 보이게 되자마자 곧 평소의 모습대로 뿌로통하고 기운 없는 상태로 돌아갔다.

▶ 명사형은 vivacity[vivǽsəti] (생기, 활기)이다.

- Beatrice's *vivacity* dimmed noticeably when she realized that the news she was waiting for would not be good.

  베아트리스의 쾌활하던 모습은 자신이 기다리던 소식이 좋은 내용이 아니라는 것을 알게 되었을 때 눈에 띄게 줄어들었다.

VOGUE [voug] n **fashion; style** 유행; 스타일

- Never throw away old clothes; outdated styles inevitably come back in *vogue*.

  오래된 옷들을 버리지 마라. 유행이 지난 것도 언젠가는 다시 유행하기 마련이다.

- *Vogue* is a famous magazine filled with fashion photographs, clothing advertisements, and articles about whatever is in *vogue* at the moment.

  보그는 패션 사진과 의류 광고와 당시에 유행하고 있는 모든 것에 대한 기사를 싣는 유명한 잡지이다.

- The goldfish were sorry to learn that the campus *vogue* for swallowing live goldfish is back.

  금붕어는 살아 있는 금붕어를 삼키는 유행이 대학에 다시 돌아왔다는 것을 알게 되자 슬퍼졌다.

▶ 형용사형은 voguish[vóugiʃ] (유행의)이다.

VOLUMINOUS [vəljú:mənəs] adj **large; extensive; having great volume**
큰; 광대한; 대단히 양이(또는 권수가) 많은

- Kate frantically searched through her *voluminous* lecture notes for the phone number of the boy sitting next to her.

  케이트는 옆에 앉아 있는 소년의 전화번호를 찾기 위해 여러 권의 강의 노트를 미친 듯이 뒤졌다.

- Hidden in the folds of her *voluminous* skirts are a potted plant, a small child, an electric fan, three pairs of snowshoes, and a bag of breath mints.

  그녀의 폭넓은 치맛자락 안에 숨겨진 것은 화분에 담긴 식물과 작은 꼬마 아이와 전기 프라이팬과 세 켤레의 눈 신과 구취를 제거하는 민트 캔디 한 봉지이다.

- After Stacy's death, Henry burned their *voluminous* correspondence because he didn't want anyone to find out that he and Stacy had been exchanging letters for years.

  스테이시가 죽은 뒤에, 헨리는 그들 사이에 오간 많은 양의 편지를 태웠다. 그와 스테이시가 수년 동안 서로 편지를 주고받아 왔다는 사실을 누군가가 알게 되는 것이 싫었기 때문이었다.

VOLUPTUOUS [vəlʌ́ptʃuəs] adj **pleasant to the senses; luxurious; pleasure-seeking; extra full and shapely**

감각을 즐겁게 하는; 관능적인 쾌락을 추구하는; 방탕한; 아주 풍만하고 맵시가 있는, 육감적인, 요염한

- The restaurant's most popular dessert is called Sinfully *Voluptuous* Chocolate Torte; each serving contains a pound each of chocolate and butter.

  그 식당에서 가장 인기가 있는 디저트는 '지독하게 관능적인 초콜릿 과자'라는 이름으로 불린다. 그 각각에는 1파운드씩의 초콜릿과 버터가 들어 있다.

- Doreen's figure has passed the point of being *voluptuous* and reached the point of fat.

  도린의 몸매는 풍만하고 육감적으로 보이는 정도를 지나 뚱뚱하다고 말할 만한 정도에 도달했다.

A person addicted to *voluptuous* things is a *voluptuary* [vəlʌ́ptʃuèri].

'관능적인 쾌락을 탐닉하는 사람'을 voluptuary라고 한다.

VORACIOUS [vɔːréiʃəs] adj **having a huge appetite; ravenously hungry**

대단한 식탐을 가진; 몹시 굶주려 있는

- Whenever he goes skiing, Reed comes home *voracious*; once he even ate an entire uncooked meat loaf that his mother had intended to prepare for dinner.

  스키를 타러 갈 때마다 리드는 언제나 몹시 굶주려서 집에 온다. 한 번은 어머니가 저녁을 위해 준비해 두었던 날고기 덩어리를 전부 다 먹은 적도 있었다.

- The *voracious* lions circling outside her tent made Patty hesitant to step outside.

  텐트 밖에서 몹시 굶주린 사자들이 어슬렁거리고 있었기 때문에, 페티는 밖으로 한 발짝도 못 나가고 있었다.

- Clay is a *voracious* reader; he always has his nose buried in a book.

  클레이는 독서광이다. 그는 항상 책 속에 코를 박고 산다.

QUICK QUIZ

Match each word in the first column with its definition in the second column. Check your answers in the back of the book.

1. viscous	a. having a huge appetite
2. vivacious	b. pleasant to the senses
3. vogue	c. large
4. voluminous	d. fashion
5. voluptuous	e. lively
6. voracious	f. thick

W

WAFT [wæft] v to float; to drift; to blow 떠돌다; 표류하다; 바람이 불다

- First a gentle little breeze *wafted* through the window, then a typhoon blew the house down.
  처음에는 부드럽고 약한 미풍이 창문을 타고 넘어왔다. 그러나 곧이어 태풍이 불어와 집을 무너뜨렸다.

- Rick closed the kitchen door to keep the smell of popcorn from *wafting* upstairs because he didn't want his sister to know that he was making a snack.
  릭은 팝콘 냄새가 이층으로 흘러가지 않도록 하기 위해 부엌문을 닫았다. 그가 간식거리를 만들고 있다는 것을 여동생에게 들키기 싫었기 때문이었다.

WAIVE [weiv] v to relinquish (a right); to forgo; to put aside for the time being
권리를 포기하다; 보류하다; 당분간 제쳐두다

- The murder suspect *waived* his right to have a lawyer present during his questioning, saying that he had nothing to hide.
  살인 용의자는 감출 것이 아무것도 없다고 말하면서, 심문이 진행되는 동안 변호사를 대동할 수 있는 권리를 포기했다.

▶ 명사형은 waiver[wéivər] (포기)이다.

WAKE [weik] n an all-night vigil kept over a dead body before it is buried; the trail a boat leaves behind it in the water; a track or path left behind something
죽은 사람을 땅에 묻기 전에 그 앞에서 밤을 새워 지키는 것; 배가 지나가면서 뒤에 남기는 흔적; 무언가 지나간 흔적 또는 길

- Ryan's old friends turned his *wake* into a party on the assumption that if he had been present he would have been the first to break out the beer.
  라이언의 오랜 친구들은 라이언이 여기에 있었다면 그가 제일 먼저 축하의 맥주를 꺼냈을 것이라는 가정 아래, 그의 초상 전 밤샘을 파티로 바꾸었다.

- Jonathan loves to stand at the back of the ferry so he can watch the churning, roiling *wake* behind the boat.
  조나단은 거품을 내며 소용돌이치는 배 위로 남은 흔적을 보기 위해서 연락선의 뒷쪽에 서 있는 것을 좋아한다.

- What started out as an honest, pull-no-punches discussion left terribly hurt feelings in its *wake*, and the participants didn't speak to one another for many days afterward.
  정직하고 격렬하지 않은 토론으로 시작되었던 것이 끝나고 난 후에는 깊은 마음의 상처를 남기게 되었다. 참가자들은 그 후로 여러 날 동안 서로에게 말도 걸지 않았다.

WANE [wein] v to decrease in strength or intensity; to fade away; to decline in power
힘이나 강도가 약해지다; 희미해지다; 권력이 쇠퇴하다

- Congressman Boote's political influence *waned* dramatically following his announcement that he had been kidnapped by creatures in a flying saucer.
  비행접시의 외계 생명체에게 납치를 당했었다는 그의 발표와 함께, 하원 의원인 부트의 정치적 영향력은 급속하게 약화되었다.

- A trip to Greece did little to revive Barry's *waning* interest in Greek history; in fact, it strengthened his new conviction that Greece was boring.

  그리스 여행은 배리에게 그리스 역사에 대해 잃어 가던 흥미를 되찾게 하지는 못했다. 사실 이번 여행은 그리스가 따분한 곳이라는 확신을 새롭게 강화시켜 주었다.

▸ 반의어는 wax[wæks] (커지다, 증대하다)이다.

- As the moon grows full, it is said to *wax*; as it turns into a sliver, it is said to *wane*.

  달이 점점 보름달이 되는 것을 달이 차다라고 표현하고, 달이 점점 가늘게 변하는 것을 달이 이지러지다라고 표현한다.

WARRANT [wɔ́:rənt] v to justify; to provide grounds for; to guarantee
정당화하다; ~에 대한 근거를 대다; 보증하다

- Mac's writing doesn't *warrant* a second glance; it's unreadable garbage.

  맥의 작품은 두 번 볼 만한 이유가 전혀 없다. 그것은 읽을 가치가 없는 쓰레기이다.

- The employment agency *warrants* that its temporary secretaries can type 100 words per minute and that they don't mind making coffee.

  그 직업소개소는 그곳의 임시 비서들이 타이프로 1분에 100단어를 칠 수 있으며, 커피 타는 것도 꺼리지 않는다고 장담한다.

When *warrant* is used as a noun, it means an authorization or official permit.

warrant가 명사로 사용될 경우, 권한이나 '공식적인 인가'를 의미한다.

- It is illegal for the police to enter someone's home uninvited unless they have a search *warrant*.

  경찰이 수색 영장도 없이, 초대받지도 않고 누군가의 집에 들어가는 것은 불법이다.

A *warranty*[wɔ́:rənti] is a written guarantee.

warranty는 '서면으로 된 보증서'이다.

- Did the store provide any kind of *warranty* with that vacuum cleaner? I hope so because it's already broken.

  상점에서 그 진공청소기에 대해 어떤 종류이든지 보증서를 발급해 주었습니까? 청소기는 이미 고장 났기 때문에 그러기를 바랍니다.

WARY [wɛ́əri] adj cautious; watchful; careful   조심성 있는; 주의 깊은; 신중한

- Billy Green is *wary* of new babysitters; he hides behind his father's legs and cries when it's time for his parents to go.

  빌리 그린은 새로운 베이비시터들에게 경계심을 품고 있다. 부모들이 나갈 시간이 되자, 그 애는 아버지의 다리 뒤에 숨어 울기 시작한다.

- The mouse cast a *wary* eye out of its hole and, seeing no cat, scampered into the living room.

  쥐는 쥐구멍 바깥을 조심스럽게 내다보더니, 고양이가 보이지 않자 쏜살같이 거실로 뛰어 들어갔다.

- Ann is *wary* about picking up the telephone these days; she is afraid that a collection agency may be on the other end.

  앤은 요즘 전화 받는 일에 상당히 조심하고 있다. 미수금 처리 대행사가 전화를 건 것은 아닌지 걱정이 되기 때문이다.

▸ 동사형은 beware[biwɛ́ər] (조심하다)이다.

So *beware*.

그러니 조심해라.

WIZENED [wíznd] adj shriveled; withered; shrunken   주름진; 말라빠진; 시든

▸ 발음에 주의할 것.

- The prince was horrified when he lifted his new bride's veil and found not the princess he had been expecting but a *wizened* old crone.

  신부의 베일을 들어 올리고 나서, 왕자는 신부가 자신이 생각했던 공주가 아니라 늙고 쭈글쭈글한 쭈그렁 할망구라는 것을 깨닫고는 너무나 충격을 받았다.

- A few *wizened* apples were all we found on the tree; all the nice ones had already been picked.

  우리가 나무에서 찾아낸 것은 말라빠진 몇 개의 사과뿐이었다. 좋은 사과들은 모두 이미 다 따 가고 없었다.

- Having seen wizards only in the movies, I expected Mervin to be bent and *wizened* with age, but actually he was young and quite attractive.

  영화에서 마법사로 나왔었다는 이유만으로, 나는 멀빈이 늙어서 허리가 굽고 주름졌을 거라 생각했지만 사실 그는 젊고 꽤 매력적이었다.

WOE [wou] n suffering; affliction; distress 고통; 괴로움; 고뇌

- If I told you all the *woes* that have befallen Karl this year, you'd think I was making them up; no one could have that much bad luck.

  올 한 해 칼에게 밀어닥친 고통을 너에게 모두 말한다면, 너는 내가 지어낸 얘기라고 생각할 것이다. 아무도 그처럼 많은 불행을 경험하지는 못할 것이다.

- Jamie gazed up at his mother with a look of *woe*, pointing to the ant farm he had just dropped on the carpet.

  제이미는 방금 카펫에 떨어뜨린 개미집을 가리키면서 괴로운 얼굴로 엄마를 쳐다보았다.

- "Oh, *woe* is me," moaned Libby. "I'm turning forty tomorrow, and no one has planned a surprise party for me!"

  "아, 슬프구나. 내일이면 마흔 살이 되는데, 아무도 나를 위해 깜짝 파티를 준비하지 않았잖아!"라고 리비가 한탄했다.

▶ 형용사형은 woeful(몹시 슬픔)이다.

WRATH [ræθ] n deep anger; fury 심한 노여움; 격분

- Dawn's *wrath* knew no bounds when she realized that Ron had started the dishwasher during her shower.

  샤워를 하고 있는 동안 론이 식기 세척기를 가동했다는 것을 알게 된 돈의 분노는 끝이 없었다.

- The *wrathful* vampire lurched toward Marlene and bared his pointy fangs.

  몹시 화가 난 흡혈귀는 마를렌을 향해서 비틀거리며 걸어가서 날카로운 송곳니를 드러냈다.

- "Why are you treating me this way?" Catherine demanded *wrathfully*. "I'll bet I'm the only girl in the whole sixth grade who has to pay rent to live in her own house!"

  "왜 나를 이런 식으로 다루는 거죠? 장담하건대, 나는 아마도 자신의 집에 살면서 집세를 내야 하는 유일한 6학년 학생일걸요!"라고 캐서린은 몹시 화가 나서 힐문했다.

Z

ZEITGEIST [tsáigàist] n **the mood or spirit of the times** 시대정신, 시대사조

▶ 발음에 주의할 것.

▶ zeitgeist는 글자 그대로 '시대정신'을 의미하는 독일어이다.

- It's interesting to see how Americans always assume the *zeitgeist* changes automatically with the arrival of a new decade. The eighties were allegedly the decade of greed; then, on the first day of 1990, greed supposedly went out of style, and old-fashioned niceness became the order of the day. What did all those formerly greedy people do with their stuff?

  미국인들이 어떻게 새로운 10년의 도래와 함께 자동적으로 시대정신의 변화를 수용하는지 살펴보는 것은 재미있는 일이다. 알려진 바에 의하면, 80년대는 탐욕의 시대였다. 그 뒤를 이어 1990년의 첫날, 탐욕은 유행을 벗어나게 되고 고풍스러운 친절함이 그날의 새 유행이 되었다. 이전의 탐욕스러운 사람들은 모두 그들의 탐욕을 어떻게 처리했을까?

ZENITH [zíːniθ] n **highest point; peak; pinnacle** 정점; 절정; 꼭대기

- The *zenith* of my career as a singer came when I was asked to give a recital in Carnegie Hall for the royal family, the president, Madonna, and a boy in high school whom I'd always had a crush on; since then, it's all sort of been downhill.

  가수로서의 내 인생의 정점은 카네기 홀에서의 리사이틀을 부탁받았을 때였다. 거기서 나는 왕실 가족과 대통령과 마돈나와 언제나 반해 있었던 한 남자 고등학생을 위해서 공연했다. 그때 이후로, 모든 것이 내리막길이었다.

▶ zenith의 반의어는 apex와 apogee를 참조할 것.

Match each word in the first column with its definition in the second column. Check your answers in the back of the book.

1. waft		a.	justify
2. waive		b.	cautious
3. wake		c.	deep anger
4. wane		d.	float
5. warrant		e.	suffering
6. wary		f.	shriveled
7. wizened		g.	spirit of the times
8. woe		h.	highest point
9. wrath		i.	all-night vigil
10. zeitgeist		j.	decrease in strength
11. zenith		k.	relinquish

The Final Exam

3

최종 테스트

THE FINAL EXAM

다음 테스트는 PART B의 모든 핵심 단어를 포함하고 있다. 답이 틀리면 다시 돌아가
공부하기 바란다. 신중히 생각하고 답을 고를 때 단어의 의미를 곱씹어 보기 바란다.

For each question below, match the word on the left with its definition on the right.

1	suffrage	a.	arched passageway
2	bauble	b.	difference
3	enumerate	c.	gaudy trinket
4	arcade	d.	greedy
5	acquisitive	e.	right to vote
6	clandestine	f.	secret
7	shibboleth	g.	name one by one
8	deign	h.	catchword
9	discrepancy	i.	fashion
10	vogue	j.	condescend

For each question below, match the word on the left with the word most nearly its opposite on the right.

1	denunciation	a.	dotage
2	embroil	b.	ingratiate
3	depose	c.	verdant
4	cordial	d.	endearment
5	conspicuous	e.	emancipate
6	contumely	f.	champion
7	alienate	g.	cloistered
8	precocity	h.	abasement
9	stark	i.	effrontery
10	compunction	j.	brusque

For each question below, match the word on the left with its definition on the right.

1	regimen	a.	perform without preparation
2	toil	b.	regulated course
3	supine	c.	lying on the back
4	quell	d.	familiar
5	prelude	e.	hard work
6	tumult	f.	introduction
7	impasse	g.	belligerent patriotism
8	jingoism	h.	put an end to
9	improvise	i.	violent, noisy commotion
10	conversant	j.	deadlock

For each question below, match the word on the left with the word most nearly its opposite on the right.

1	explication	a.	depleted
2	wizened	b.	anathema
3	puritanical	c.	expunged
4	appalling	d.	demise
5	dismay	e.	estimable
6	extant	f.	prurient
7	resurrection	g.	corpulent
8	benediction	h.	dissuade
9	induce	i.	exuberance
10	rife	j.	inquisition

Pronounce each of the following words without looking at column a or column b. Then select the column that comes closer to your pronunciation.

1	vacuity	a.	[vǽkjuːəti]	b.	[vækjúːəti]
2	draconian	a.	[drækóuniən]	b.	[dreikóunìən]
3	tumult	a.	[tʌ́məlt]	b.	[tjúːməlt]
4	explicable	a.	[eksplíkəbl]	b.	[éksplikəbl]
5	patina	a.	[pətíːnə]	b.	[pǽtənə]
6	presage	a.	[priséi]	b.	[présidʒ]
7	grimace	a.	[griméis]	b.	[gríməs]
8	licentious	a.	[laisénʃəs]	b.	[laiséntiəs]
9	cabal	a.	[kəbǽl]	b.	[kéibl]
10	auxiliary	a.	[ɔːgzíləri]	b.	[ɔːgzíljəri]

For each question below, match the word on the left with the word most nearly its opposite on the right.

1	fledgling	a.	influx
2	advent	b.	defunct
3	integral	c.	aftermath
4	emanation	d.	auxiliary
5	suppress	e.	affiliate
6	aghast	f.	fuel
7	secede	g.	flippant
8	acquit	h.	forestall
9	accede	i.	stupefy
10	galvanize	j.	arraign

For each question below, match the word on the left with its definition on the right.

1	antipodal	a.	make filthy
2	partition	b.	division
3	parallel	c.	tedious recounting
4	implication	d.	sink
5	subside	e.	harmful
6	resplendent	f.	exactly opposite
7	inimical	g.	abolish
8	abrogate	h.	something suggested
9	degrade	i.	similar
10	litany	j.	brilliantly shining

For each question below, choose the word that is least similar in meaning to the other two.

1	a. lobby	b. abrogate	c. nullify
2	a. pristine	b. nebulous	c. turbid
3	a. quell	b. repress	c. impending
4	a. apparition	b. equestrian	c. phantasm
5	a. obeisance	b. supplication	c. ascertain
6	a. predicament	b. predominant	c. preponderance
7	a. nonchalant	b. nirvana	c. tepid
8	a. karma	b. augur	c. herald
9	a. neophyte	b. pundit	c. fledgling
10	a. elegy	b. dirge	c. impasse

For each question below, match the word on the left with the word most nearly its opposite on the right.

1	slake	a.	emaciate
2	antedate	b.	posturing
3	exodus	c.	ensue
4	impassioned	d.	nebulous
5	drollery	e.	repugnant
6	insouciance	f.	angst
7	distinct	g.	confluence
8	redeeming	h.	consternation
9	cohort	i.	dispassionate
10	forthright	j.	nemesis

For each question below, match the word on the left with its definition on the right.

1	deploy	a.	cite
2	consign	b.	line
3	olfactory	c.	hand over
4	adduce	d.	something that heals
5	mode	e.	temporary encampment
6	balm	f.	method of doing
7	bivouac	g.	pertaining to the sense of smell
8	accouterments	h.	trappings
9	queue	i.	reduction
10	diminution	j.	arrange strategically

For each question below, match the word on the left with the word most nearly its opposite on the right.

1	fallacy	a.	entity
2	insuperable	b.	verity
3	doleful	c.	pluralism
4	porous	d.	superseded
5	chaste	e.	dejected
6	cipher	f.	sordid
7	gratis	g.	exorbitant
8	jubilant	h.	elated
9	bravado	i.	impenetrable
10	solidarity	j.	being demure

Pronounce each of the following words without looking at column a or column b. Then select the column that comes closer to your pronunciation.

1	diminution	a. [dìmənjúːʃən]	b. [dimjuːníʃən]
2	insuperable	a. [insʌ́pərəbl]	b. [insúːpərəbl]
3	hypertrophy	a. [háipətroufi]	b. [haipə́ːrtrəfi]
4	triumvirate	a. [traiʌ́mvərət]	b. [traiʌmváireit]
5	junta	a. [húntə]	b. [dʒʌ́ːntə]
6	bivouac	a. [bívuæ̀k]	b. [bívuːæk]
7	atrophy	a. [ǽtrəfi]	b. [atróufi]
8	wizened	a. [wáizənd]	b. [wíznd]
9	adjunct	a. [ǽddʒəŋkt]	b. [ǽdʒʌŋkt]
10	posthumous	a. [pousthə́məs]	b. [pástʃuməs]

Final Exam Drill ⓭ SYNONYMS 동의어 찾아 연결하기

For each question below, match the word on the left with the word most similar in meaning on the right.

1	capacious	a.	noisome
2	expostulate	b.	propound
3	allegory	c.	nomadic
4	armistice	d.	voluminous
5	citadel	e.	accord
6	spurn	f.	arsenal
7	curb	g.	bulwark
8	armament	h.	rebuff
9	errant	i.	avert
10	odious	j.	parable

Final Exam Drill ⓮ DEFINITIONS 단어 정의 연결하기

For each question below, match the word on the left with its definition on the right.

1	annuity	a.	model of excellence
2	paragon	b.	funeral song
3	engaging	c.	ascribing human characteristics
4	intervene	d.	far-reaching
5	sanction	e.	annual allowance
6	bilious	f.	charming
7	anthropomorphic	g.	person skilled in a craft
8	dirge	h.	come between opposing groups
9	artisan	i.	official permission or approval
10	sweeping	j.	ill-tempered

Final Exam Drill ⓯ SYNONYMS 동의어 찾아 연결하기

For each question below, match the word on the left with the word most similar in meaning on the right.

1	zenith	a.	nescient
2	facade	b.	crescendo
3	spate	c.	surmise
4	purblind	d.	epicurean
5	ascribe	e.	impunity
6	crux	f.	attribute
7	sumptuous	g.	cascade
8	ratiocinate	h.	ribald
9	titillating	i.	motif
10	exemption	j.	facet

For each question below, choose the word that is least similar in meaning to the other two.

1	a. emissary	b. incursion	c. liaison
2	a. generic	b. implication	c. corollary
3	a. dissident	b. posterity	c. refractory
4	a. propound	b. advocate	c. supersede
5	a. fickle	b. downcast	c. doleful
6	a. enumerate	b. litany	c. innuendo
7	a. repartee	b. banter	c. oxymoron
8	a. prurient	b. placebo	c. sordid
9	a. cull	b. scorn	c. spurn
10	a. foray	b. overture	c. menagerie

For each question below, match the word on the left with its definition on the right.

1	avant-garde	a.	fake medication
2	underlying	b.	unbury
3	invoke	c.	summon forth
4	classic	d.	vanguard
5	exhume	e.	pray for
6	evoke	f.	top-notch
7	mire	g.	marshy, mucky ground
8	trenchant	h.	basic
9	placebo	i.	tendency
10	inclination	j.	concise

For each question below, match the word on the left with the word most similar in meaning on the right.

1	abeyance	a.	rend
2	melee	b.	replica
3	lout	c.	cowering
4	fragment	d.	cataclysm
5	clone	e.	boor
6	craven	f.	altercation
7	millennium	g.	verge
8	threshold	h.	moratorium
9	skirmish	i.	disarray
10	conflagration	j.	epoch

Final Exam Drill ⑲ PRONUNCIATIONS 알맞은 발음 연결하기

Pronounce each of the following words without looking at column a or column b. Then select the column that comes closer to your pronunciation.

1 halcyon	a. [hǽlsiən]	b. [hǽlkjən]
2 hubris	a. [hə́bris]	b. [hjúːbris]
3 protégé	a. [próutəʒèi]	b. [próutidʒ]
4 inviolate	a. [inváiələt]	b. [inváiəleit]
5 hypocrisy	a. [hipáːkrəsi]	b. [háipɔkrisi]
6 rhapsodic	a. [rǽpsədik]	b. [ræpsáːdik]
7 motif	a. [móutif]	b. [moutíːf]
8 fiasco	a. [fiǽskou]	b. [fɑiǽskou]
9 rationale	a. [rǽʃənəl]	b. [ræ̀ʃənǽl]
10 fruition	a. [fruːíʃən]	b. [fruːiʃən]

Final Exam Drill ⑳ SYNONYMS 동의어 찾아 연결하기

For each question below, match the word on the left with the word most similar in meaning on the right.

1 tryst	a. reactionary
2 concession	b. dilemma
3 dissidence	c. resignation
4 crux	d. divination
5 conservative	e. punctilious
6 augury	f. plight
7 decry	g. dissent
8 meticulous	h. abound
9 teem	i. deplore
10 affliction	j. liaison

Final Exam Drill ㉑ DEFINITIONS 단어 정의 연결하기

For each question below, match the word on the left with its definition on the right.

1 amid	a. incitement
2 fiscal	b. system of names
3 delinquent	c. largely confined to sitting down
4 double entendre	d. word made up of initials
5 nomenclature	e. in the middle of
6 acronym	f. gray or white with age
7 provocation	g. monetary
8 concomitant	h. neglecting a duty
9 sedentary	i. following from
10 hoary	j. double meaning

For each question below, match the word on the left with the word most similar in meaning on the right.

1	uncanny	a.	elocution
2	deft	b.	quaint
3	primal	c.	gambit
4	articulation	d.	forswear
5	peculiar	e.	repartee
6	abjure	f.	inexplicable
7	impassive	g.	presume
8	retort	h.	aboriginal
9	stratagem	i.	canny
10	presuppose	j.	objective

For each question below, match the word on the left with its definition on the right.

1	reprobate	a.	rule or law
2	exposition	b.	make an ugly face
3	rationale	c.	greeting
4	canon	d.	seemingly unending
5	interminable	e.	depraved, wicked person
6	salutation	f.	force of movement
7	ebb	g.	explanation
8	momentum	h.	diminish
9	materialistic	i.	underlying reason
10	grimace	j.	preoccupied with material things

For each question below, choose the word that is least similar in meaning to the other two.

1	a. baroque	b. serene	c. halcyon
2	a. spectrum	b. gamut	c. interim
3	a. stolid	b. avid	c. phlegmatic
4	a. melancholy	b. crestfallen	c. solace
5	a. progeny	b. stratagem	c. gambit
6	a. conundrum	b. jingoism	c. quandary
7	a. harbinger	b. ominous	c. discursive
8	a. diatribe	b. epicure	c. fulminate
9	a. emanate	b. expiate	c. disperse
10	a. inculcate	b. dissent	c. perverse

Final Exam Drill ㉕ SYNONYMS 동의어 찾아 연결하기

For each question below, match the word on the left with the word most similar in meaning on the right.

1	lobby	a.	consolidate
2	muster	b.	subsidiary
3	entrepreneurial	c.	advocate
4	ennui	d.	cull
5	serpentine	e.	highest caste
6	elite	f.	self-made
7	adjunct	g.	commiseration
8	pathos	h.	pristine
9	garner	i.	tortuous
10	untainted	j.	doldrums

Final Exam Drill ㉖ PRONUNCIATIONS 알맞은 발음 연결하기

Pronounce each of the following words without looking at column a or column b. Then select the column that comes closer to your pronunciation.

1	bacchanal	a.	[bǽkənəl]	b.	[bətʃǽnəl]
2	schism	a.	[sízm]	b.	[skízm]
3	reclamation	a.	[rekləméiʃən]	b.	[ri:klæméiʃən]
4	punitive	a.	[pə́nitiv]	b.	[pjú:nətiv]
5	degradation	a.	[dègrədéiʃən]	b.	[dəgrèidéiʃən]
6	integral	a.	[intégrəl]	b.	[íntigrəl]
7	ennui	a.	[á:ŋwí:]	b.	[enwí]
8	apostasy	a.	[ǽpɔsteisi]	b.	[əpástəsi]
9	prescient	a.	[prí:siənt]	b.	[préʃənt]
10	mores	a.	[mɔːrs]	b.	[mɔ́:reiz]

Final Exam Drill ㉗ ANTONYMS 반의어 찾아 연결하기

For each question below, match the word on the left with the word most nearly its opposite on the right.

1	singular	a.	tedious
2	bracing	b.	serenity
3	jaunty	c.	rarefied
4	rampant	d.	hypertrophy
5	festering	e.	anterior
6	attest	f.	generic
7	wane	g.	dismal
8	bedlam	h.	query
9	posterior	i.	wake
10	harbinger	j.	remission

Final Exam Drill 28 DEFINITIONS 단어 정의 연결하기

For each question below, match the word on the left with its definition on the right.

1	careen	a.	shockingly horrible
2	discursive	b.	classification
3	apprise	c.	group of close associates
4	sovereign	d.	crazed excitement
5	ghastly	e.	supreme ruler
6	denomination	f.	aimlessly rambling
7	coterie	g.	swerve
8	embargo	h.	display threateningly
9	mania	i.	give notice to
10	brandish	j.	government order suspending trade

Final Exam Drill 29 SYNONYMS 동의어 찾아 연결하기

For each question below, match the word on the left with the word most similar in meaning on the right.

1	lascivious	a.	reprimand
2	inflammatory	b.	herald
3	override	c.	occult
4	revile	d.	eclipse
5	perverse	e.	disposition
6	demeanor	f.	prurient
7	harp	g.	cavil
8	mysticism	h.	incendiary
9	apropos	i.	refractory
10	presage	j.	apt

Final Exam Drill 30 DEFINITIONS 단어 정의 연결하기

For each question below, match the word on the left with its definition on the right.

1	apposite	a.	political meeting
2	caucus	b.	direct
3	channel	c.	biting irony
4	impresario	d.	pertaining to a city or town
5	commemorate	e.	distinctly suitable
6	archipelago	f.	person who manages public entertainments
7	municipal	g.	honor the memory of
8	sarcasm	h.	group of islands
9	pastoral	i.	rural
10	divulge	j.	reveal

For each question below, match the word on the left with the word most nearly its opposite on the right.

1	confound	a.	averse
2	genesis	b.	epilogue
3	aver	c.	discourse
4	prattle	d.	premeditated
5	abet	e.	debunk
6	enmity	f.	confederacy
7	avid	g.	throttle
8	inadvertent	h.	vigilant
9	perpetuate	i.	envision
10	impromptu	j.	thwart

For each question below, choose the word that is least similar in meaning to the other two.

1	a. abeyance	b. fiat	c. interlude
2	a. pregnant	b. august	c. rife
3	a. ennui	b. listless	c. ludicrous
4	a. inviolate	b. licentious	c. ribald
5	a. timorous	b. cower	c. demur
6	a. alienate	b. mystic	c. estrange
7	a. decry	b. deplore	c. depose
8	a. duress	b. tortuous	c. convolution
9	a. figment	b. pungent	c. trenchant
10	a. harp	b. transfix	c. rivet

Pronounce each of the following words without looking at column a or column b. Then select the column that comes closer to your pronunciation.

1	foray	a. [fɔ́ːrei]	b. [fɔːréi]
2	bilious	a. [bíliəs]	b. [bíljəs]
3	dour	a. [dauər]	b. [duər]
4	deprivation	a. [dèprivéiʃən]	b. [dəpráivéiʃən]
5	titular	a. [títjuːlər]	b. [títʃulər]
6	insouciant	a. [insúːsiənt]	b. [insúːʃiənt]
7	paroxysm	a. [pərɑ́ːksəm]	b. [pǽrəksìzm]
8	retort	a. [ritɔ́ːrt]	b. [rítɔːrt]
9	liaison	a. [líːəzɑn]	b. [liːéizɑn]
10	olfactory	a. [ɑlfǽktəri]	b. [ɔ́lfæktəri]

For each question below, match the word on the left with the word most nearly its opposite on the right.

1 mawkish	a. convene
2 corrugated	b. explicable
3 conundrumlike	c. callous
4 boon	d. jocular
5 dour	e. adversity
6 adjourn	f. concerted
7 embellish	g. vivacity
8 listlessness	h. seamless
9 quintessence	i. dross
10 unilateral	j. dilapidate

For each question below, match the word on the left with its definition on the right.

1 canvass	a. shortage
2 vagary	b. free from injury
3 inviolate	c. disaster
4 patrimony	d. seek votes or opinions
5 revamp	e. inheritance
6 calamity	f. whim
7 entreat	g. revise
8 balk	h. diplomatic etiquette
9 deficit	i. ask earnestly
10 protocol	j. refuse abruptly

For each question below, match the word on the left with the word most nearly its opposite on the right.

1 paranoid	a. ancillary
2 halcyon	b. harried
3 timorous	c. waive
4 repose	d. disquiet
5 impending	e. brazen
6 assert	f. stalwart
7 exquisite	g. botched
8 apoplexy	h. posthumous
9 embryonic	i. composure
10 cardinal	j. retrospective

For each question below, match the word on the left with its definition on the right.

1	precarious	a.	a landing on the edge of the water
2	duress	b.	float
3	critique	c.	dangerous
4	waft	d.	currently holding office
5	brouhaha	e.	stridently loud
6	muse	f.	reproduce
7	propagate	g.	coercion
8	quay	h.	ponder
9	incumbent	i.	uproar
10	raucous	j.	critical review

For each question below, match the word on the left with the word most nearly its opposite on the right.

1	foreclose	a.	infraction
2	sophomoric	b.	opprobrium
3	bland	c.	foster
4	limpid	d.	august
5	obeisance	e.	quiescence
6	conviction	f.	hubris
7	fawning	g.	pungent
8	acclaim	h.	traumatize
9	avail	i.	turbid
10	paroxysm	j.	oscillation

Pronounce each of the following words without looking at column a or column b. Then select the column that comes closer to your pronunciation.

1	satyr	a.	[séitər]	b.	[sǽtər]
2	quasi	a.	[kwéizɑi]	b.	[kwɑ́ːzi]
3	exquisite	a.	[ekskwízit]	b.	[ékskwizit]
4	electoral	a.	[iːlektɔ́ːrəl]	b.	[iléktərəl]
5	emaciate	a.	[iméiʃièit]	b.	[iméisiːèit]
6	remuneration	a.	[rimjùːnəréiʃən]	b.	[riːnùːməréiʃən]
7	crevasse	a.	[krəvǽs]	b.	[krévəs]
8	pathos	a.	[péiθɑs]	b.	[pǽθɔs]
9	quay	a.	[kiː]	b.	[kwei]
10	trauma	a.	[trɔ́ːmə]	b.	[tráumə]

For each question below, choose the word that is least similar in meaning to the other two.

1	a. veneer	b. facade	c. queue
2	a. baleful	b. vigilant	c. wary
3	a. enmity	b. exuberant	c. elation
4	a. quiescent	b. pastoral	c. lavish
5	a. apogee	b. aspersion	c. antipodal
6	a. prowess	b. atrophy	c. wizened
7	a. germane	b. converse	c. apposite
8	a. flippant	b. sarcasm	c. eulogy
9	a. embody	b. diffuse	c. propagate
10	a. oligarchy	b. demography	c. triumvirate

For each question below, match the word on the left with the word most nearly its opposite on the right.

1	impregnable	a.	homage
2	affront	b.	woe
3	allegiance	c.	aspersion
4	replete	d.	scant
5	copious	e.	vacuous
6	bliss	f.	empower
7	loathe	g.	panegyric
8	eulogy	h.	estrangement
9	diatribe	i.	susceptible
10	nullify	j.	rhapsodize

For each question below, match the word on the left with its definition on the right.

1	arid	a.	loathing
2	cloy	b.	out of proportion
3	revulsion	c.	cause to feel too full
4	equestrian	d.	very dry
5	chaff	e.	displaying glowing, changing colors
6	inimitable	f.	impair
7	undermine	g.	worthless stuff
8	disproportionate	h.	impossible to imitate
9	devout	i.	having to do with horseback riding
10	iridescent	j.	deeply religious

For each question below, match the word on the left with the word most nearly its opposite on the right.

1	wax	a.	atrophy
2	discretionary	b.	imperative
3	plausible	c.	perigee
4	downplay	d.	insufferable
5	captivate	e.	harass
6	dissembling	f.	aggrandizement
7	compatible	g.	ludicrous
8	diminution	h.	disaffect
9	coddle	i.	ballyhoo
10	apex	j.	forthright

For each question below, match the word on the left with its definition on the right.

1	elite	a.	most select group
2	obviate	b.	remove by cutting
3	corrosive	c.	make unnecessary
4	stint	d.	restrict
5	excise	e.	smuggled goods
6	lyrical	f.	melodious
7	contraband	g.	affecting the entire system
8	demographics	h.	study of population characteristics
9	ascertain	i.	determine with certainty
10	systemic	j.	eating away

For each question below, match the word on the left with the word most similar in meaning on the right.

1	interlude	a.	famine
2	toxic	b.	rhapsodic
3	ineluctable	c.	interim
4	elegiac	d.	carcinogenic
5	privation	e.	jocose
6	crevice	f.	booty
7	cabal	g.	oxymoron
8	antithesis	h.	cohort
9	plunder	i.	ineradicable
10	lyrical	j.	aperture

Pronounce each of the following words without looking at column a or column b. Then select the column that comes closer to your pronunciation.

		a	b
1	psyche	a. [sáiki]	b. [saike]
2	harass	a. [hǽrəs]	b. [hərǽs]
3	ascertain	a. [æsə́rtən]	b. [æsərtéin]
4	antiquity	a. [ǽntɑikwiti]	b. [æntíkwəti]
5	calumny	a. [kələ́mni]	b. [kǽləmni]
6	placebo	a. [pléisbou]	b. [pləsí:bou]
7	panegyric	a. [pǽnədʒírik]	b. [peingáirik]
8	balm	a. [bɑlm]	b. [bɑ:m]
9	melee	a. [méilei]	b. [míl:li]
10	cordial	a. [kɔ́:rdʒəl]	b. [kɔ́:rdiəl]

For each question below, match the word on the left with the word most similar in meaning on the right.

1	pallid	a.	derelict
2	bestow	b.	melancholy
3	ostracize	c.	infringe
4	arrears	d.	blanched
5	accentuate	e.	confer
6	assess	f.	bandy
7	banter	g.	aggrandize
8	breach	h.	rebuff
9	rueful	i.	assay
10	amass	j.	underscore

For each question below, choose the word that is least similar in meaning to the other two.

	a	b	c
1	a. presentiment	b. forebode	c. evince
2	a. puritanical	b. moratorium	c. adjourn
3	a. doldrums	b. raucous	c. stupor
4	a. marginal	b. apex	c. zenith
5	a. chaste	b. reprobate	c. lascivious
6	a. diurnal	b. quotidian	c. singular
7	a. commodious	b. contumely	c. capacious
8	a. privation	b. odious	c. anathema
9	a. blanch	b. pallor	c. mire
10	a. chaff	b. wane	c. dross

For each question below, match the word on the left with its definition on the right.

1	inculcate	a.	causing resentment
2	denote	b.	mournful poem
3	suffice	c.	be sufficient
4	ecosystem	d.	instill
5	referendum	e.	organisms and their environment
6	affidavit	f.	harmful action
7	elegy	g.	signify
8	titular	h.	in name only
9	disservice	i.	public vote
10	invidious	j.	sworn written statement

For each question below, match the word on the left with the word most similar in meaning on the right.

1	reassess	a.	phlegmatic
2	defile	b.	precocious
3	importune	c.	meditate
4	rout	d.	supplicate
5	vanquish	e.	decree
6	stolid	f.	fiasco
7	electorate	g.	surmount
8	cogitate	h.	constituency
9	shrewd	i.	debase
10	ordinance	j.	reappraise

For each question below, match the word on the left with its definition on the right.

1	alchemy	a.	envy
2	contretemps	b.	embarrassing occurrence
3	forebode	c.	be an omen of
4	apostasy	d.	with suspicion
5	impoverish	e.	humorous misuse of a word
6	punitive	f.	abandonment of faith
7	askance	g.	reduce to poverty
8	malapropism	h.	seemingly magical transformation
9	habituate	i.	accustom to a situation
10	begrudge	j.	inflicting a punishment

For each question below, match the word on the left with the word most similar in meaning on the right.

1	infrastructure	a.	savant
2	baroque	b.	spectrum
3	pundit	c.	underpinning
4	entailment	d.	underwrite
5	subsidize	e.	corollary
6	shackle	f.	appellation
7	gamut	g.	meander
8	pseudonym	h.	convoluted
9	peregrinate	i.	impetuous
10	fickle	j.	impede

For each question below, match the word on the left with its definition on the right.

1	obtrusive	a.	severe shock
2	overture	b.	interfering
3	trauma	c.	raw material
4	fodder	d.	humorous
5	concoct	e.	collection of animals
6	aggrieve	f.	created by mixing ingredients
7	menagerie	g.	opening move
8	droll	h.	mistreat
9	motley	i.	extremely varied
10	congeal	j.	solidify

Pronounce each of the following words without looking at column a or column b. Then select the column that comes closer to your pronunciation.

1	importune	a. [impɔ́ːrtuːn]	b. [ìmpɔːrtjúːn]
2	ratiocination	a. [ræ̀ʃiousənéiʃən]	b. [reiʃiousineiʃən]
3	bravado	a. [brəvάːdou]	b. [bréivɑdou]
4	savant	a. [sǽvənt]	b. [sævάːnt]
5	sophomoric	a. [sὰfmɔ́ːrik]	b. [sὰfəmɔ́ːrik]
6	schematic	a. [skəmǽtik]	b. [skiːmǽtik]
7	inculcate	a. [ínkʌlkeit]	b. [inkʌ́lkeit]
8	vivacity	a. [vivǽsəti]	b. [vaivǽsəti]
9	stipend	a. [stáipend]	b. [stípənd]
10	byzantine	a. [bάizæntiːn]	b. [bízəntìːn]

For each question below, match the word on the left with the word most similar in meaning on the right.

1	dolt	a.	phantom
2	antiquity	b.	transfix
3	rivet	c.	bemoaning
4	odyssey	d.	rapture
5	disgruntled	e.	delectable
6	nirvana	f.	pilgrimage
7	voluptuous	g.	quotidian
8	diurnal	h.	posterity
9	wraith	i.	lavish
10	palatable	j.	buffoon

For each question below, choose the word that is least similar in meaning to the other two.

1	a. modulate	b. influx	c. teem
2	a. cabal	b. junta	c. motley
3	a. altercation	b. melee	c. bombast
4	a. draconian	b. insouciant	c. astringent
5	a. fiasco	b. excise	c. disarray
6	a. conspicuous	b. meticulous	c. punctilious
7	a. entreat	b. imbue	c. importune
8	a. affront	b. attribute	c. ascribe
9	a. incarnation	b. corporeal	c. vagary
10	a. assail	b. barrage	c. cloister

For each question below, match the word on the left with its definition on the right.

1	deity	a.	ignorant
2	figment	b.	seat of government
3	zeitgeist	c.	spacious
4	commodious	d.	something made up
5	fulminate	e.	god or goddess
6	benighted	f.	insignificant
7	ad-lib	g.	spirit of the times
8	marginal	h.	denounce vigorously
9	capital	i.	person with whom secrets are shared
10	confidant	j.	improvise

For each question below, match the word on the left with the word most similar in meaning on the right.

1	preponderant	a.	incursion
2	mores	b.	depredation
3	extortion	c.	brusque
4	clout	d.	dispirited
5	churl	e.	ethics
6	foray	f.	dominant
7	callous	g.	curmudgeon
8	appurtenance	h.	appendage
9	downcast	i.	impecunious
10	impoverished	j.	prowess

For each question below, match the word on the left with its definition on the right.

1	barrage	a.	beginner
2	neophyte	b.	accumulate
3	medium	c.	highly significant
4	accrue	d.	means by which something is conveyed
5	cant	e.	false information purposely disseminated
6	specious	f.	cautious
7	guise	g.	deceptive
8	wary	h.	outpouring of artillery fire
9	disinformation	i.	appearance
10	pregnant	j.	insincere speech

For each question below, match the word on the left with the word most similar in meaning on the right.

1	annexation	a.	cache
2	empathy	b.	pontificating
3	allot	c.	osmosis
4	dire	d.	bromide
5	adage	e.	disclaim
6	ratify	f.	crest
7	asylum	g.	apportion
8	sententious	h.	solace
9	apogee	i.	warrant
10	demur	j.	grievous

Pronounce each of the following words without looking at column a or column b. Then select the column that comes closer to your pronunciation.

		a	b
1	forte	a. [fɔːrtéi]	b. [fɔːrt]
2	vagaries	a. [vəgɛ́əriz]	b. [véigəriz]
3	repartee	a. [rèpərtéi]	b. [rèpərtíː]
4	apostasy	a. [əpɑ́stəsi]	b. [ǽpousteisi]
5	epochal	a. [épəkəl]	b. [əpɑ́kl]
6	dolorous	a. [dəlɔ́ːrəs]	b. [dóulərəs]
7	heinous	a. [híːnis]	b. [héinəs]
8	jocose	a. [dʒóukous]	b. [dʒoukóus]
9	feign	a. [fíːgən]	b. [fein]
10	obeisance	a. [óubisəns]	b. [oubéisəns]

For each question below, match the word on the left with the word most similar in meaning on the right.

1	fathom	a.	livid
2	proclaim	b.	underscore
3	compliant	c.	pummel
4	surreal	d.	ominous
5	baleful	e.	arrant
6	cavalier	f.	pliable
7	assail	g.	paranormal
8	heinous	h.	competent
9	bristling	i.	nonchalant
10	effectual	j.	delve

For each question below, match the word on the left with its definition on the right.

1	edifice	a.	sail all the way around
2	redress	b.	mutual relation
3	circumnavigate	c.	protection
4	auspices	d.	cling
5	cleave	e.	remedy
6	conservatory	f.	having to do with marriage
7	efficacy	g.	big, imposing building
8	conjugal	h.	extermination of a race or religion or people
9	genocide	i.	effectiveness
10	correlation	j.	greenhouse or music school

Final Exam Drill 64 ODD ONE OUT 관련 없는 단어 찾기

For each question below, choose the word that is least similar in meaning to the other two.

1	a. derelict	b. depredate	c. delinquent
2	a. loath	b. aversion	c. rarefied
3	a. vivacious	b. objective	c. dispassionate
4	a. impecunious	b. arrears	c. vacuous
5	a. opprobrious	b. marginal	c. denounce
6	a. verdant	b. meander	c. peregrination
7	a. infrastructure	b. expostulate	c. underpinning
8	a. subterfuge	b. pontificate	c. sententious
9	a. dissemble	b. ebb	c. feign
10	a. degrade	b. defile	c. devout

Final Exam Drill 65 SYNONYMS 동의어 찾아 연결하기

For each question below, match the word on the left with the word most similar in meaning on the right.

1	suffuse	a.	subterfuge
2	intrigue	b.	disperse
3	contempt	c.	gaffe
4	impeach	d.	brink
5	discomfit	e.	wrath
6	sally	f.	disconcert
7	abomination	g.	indict
8	threshold	h.	scorn
9	folly	i.	lax
10	cursory	j.	reprisal

Final Exam Drill 66 DEFINITIONS 단어 정의 연결하기

For each question below, match the word on the left with its definition on the right.

1	bona fide	a.	demonstrate convincingly
2	underpinning	b.	cause to spread out
3	evince	c.	judge
4	emissary	d.	human soul or mind
5	deem	e.	eject
6	diffuse	f.	thick and sticky
7	karma	g.	good or bad emanations
8	viscous	h.	sincere
9	psyche	i.	system of supports beneath
10	oust	j.	messenger or representative

For each question below, match the word on the left with the word most similar in meaning on the right.

1	compilation	a.	incarnate
2	astringent	b.	edict
3	fiat	c.	expiate
4	quandary	d.	depict
5	specter	e.	anthology
6	pandemic	f.	draconian
7	corporeal	g.	predicament
8	atone	h.	veneer
9	patina	i.	rampant
10	render	j.	phantasm

Pronounce each of the following words without looking at column a or column b. Then select the column that comes closer to your pronunciation.

1	reprobate	a. [réprəbèit]	b. [ri:próubèit]
2	depredation	a. [dəprèidéiʃən]	b. [dèprədéiʃən]
3	prophesy	a. [práfəsài]	b. [práfəsi]
4	cardinal	a. [kádənəl]	b. [kɑ́:rdənl]
5	deity	a. [déiəti]	b. [dí:əti]
6	chutzpah	a. [tʃútzpə]	b. [hútspə]
7	dissemble	a. [disémbl]	b. [disəsémbl]
8	fiat	a. [fi:ət]	b. [fáiət]
9	prelude	a. [prélju:d]	b. [préilu:d]
10	tryst	a. [trist]	b. [trɑist]

For each question below, match the word on the left with the word most similar in meaning on the right.

1	oligarchy	a.	dissemble
2	florid	b.	triumvirate
3	feign	c.	substantiate
4	document	d.	intricate
5	usurious	e.	implication
6	stipend	f.	bacchanal
7	prescience	g.	exorbitant
8	gastronomy	h.	remuneration
9	licentious	i.	presentiment
10	innuendo	j.	cuisine

For each question below, match the word on the left with its definition on the right.

1 chortle	a.	short, literary sketch
2 cherub	b.	hint
3 vignette	c.	full of difficulties
4 access	d.	intruder
5 omniscient	e.	chuckle with glee
6 intimate	f.	accidental
7 interloper	g.	brazenness
8 chutzpah	h.	supercute child
9 adventitious	i.	right to approach
10 thorny	j.	all-knowing

For each question below, match the word on the left with the word most similar in meaning on the right.

1 ostracism	a.	tactic
2 brawn	b.	intermittent
3 bluster	c.	bombast
4 idiom	d.	jargon
5 interspersed	e.	omnivorous
6 voracious	f.	infuse
7 imbue	g.	hypertrophy
8 schism	h.	dichotomy
9 embodiment	i.	effigy
10 connivance	j.	seclusion

For each question below, match the word on the left with its definition on the right.

1 epilogue	a.	pertaining to time
2 modulate	b.	afterword
3 temporal	c.	reduce or regulate
4 cartography	d.	command
5 behest	e.	having to do with the church
6 ecclesiastical	f.	highly changeable person
7 callous	g.	insensitive
8 bon vivant	h.	art of making maps
9 chameleon	i.	one who lives luxuriously
10 travesty	j.	grotesque imitation

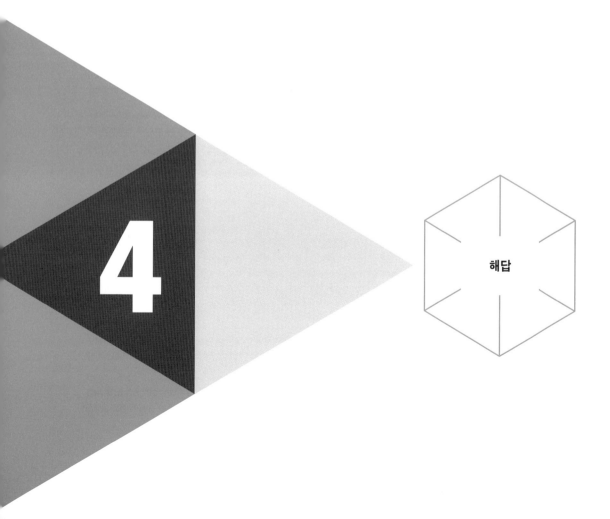

The Answers

4

해답

THE
ANSWERS

PART B의 Warm-UP Tests와 QUICK QUIZ, 그리고 Final Exam의 정답을 모아 놓았다.

Warm-UP Test 1

All the answers are a.
Sorry about that.

Warm-UP Test 2a

1 b
2 a
3 h
4 c
5 d
6 e
7 f
8 j
9 i
10 g

Warm-UP Test 2b

1 b
2 h
3 d
4 a
5 c
6 g
7 j
8 i
9 e
10 f

Warm-UP Test 2c

1 f
2 c
3 i
4 d
5 a
6 e
7 h
8 b
9 j
10 g

Warm-UP Test 2d

1 b
2 i
3 g
4 h
5 a
6 j
7 c
8 d
9 e
10 f

Warm-UP Test 3

1 arrant
2 averse
3 cache
4 canon
5 canvass
6 careen
7 rationale
8 confidant
9 corporeal
10 demur
11 dissemble
12 systemic
13 importune
14 climatic
15 epoch

Warm-UP Test 4

1 wakes
2 mode
3 patina
4 revel
5 atone
6 arid
7 waive
8 stout
9 mania
10 taint
11 karma
12 stint
13 avid
14 dire
15 dolt
16 abet
17 allot
18 arcade
19 balm
20 scorn
21 louts
22 loathe
23 apt
24 junta
25 spate
26 rife
27 slake

QUICK QUIZ ▶1

1 h
2 a
3 c
4 i
5 g
6 b
7 d
8 e
9 f
10 j

QUICK QUIZ ▶2

1 h
2 c
3 d
4 f
5 a
6 j
7 e
8 b
9 i
10 g

QUICK QUIZ ▶3

1 f
2 j
3 i
4 d
5 b
6 a
7 g
8 c
9 e
10 h

QUICK QUIZ ▶4

1 j
2 a
3 i
4 b
5 e
6 f
7 c
8 g
9 h
10 d

QUICK QUIZ ▶5

1 e
2 h
3 c
4 a
5 f
6 i
7 b
8 d
9 j
10 g

QUICK QUIZ ▶6

1 i
2 e
3 c
4 h
5 b
6 f
7 j
8 g
9 d
10 a

QUICK QUIZ ▶7

1 c
2 g
3 a
4 e
5 h
6 b
7 a
8 f
9 i
10 d

QUICK QUIZ ▶8

1 i
2 f
3 a
4 g
5 c
6 h
7 e
8 b
9 d
10 j

QUICK QUIZ ▶9

1 f
2 a
3 j
4 c
5 g
6 b
7 i
8 d
9 h
10 e

QUICK QUIZ ▶10

1 a
2 e
3 h
4 c
5 f
6 n
7 i
8 m
9 k
10 g
11 j

12 b
13 d
14 l

QUICK QUIZ ▶11

1 g
2 b
3 i
4 d
5 j
6 c
7 f
8 a
9 e
10 h

QUICK QUIZ ▶12

1 c
2 f
3 b
4 j
5 a
6 d
7 e
8 g
9 i
10 h

QUICK QUIZ ▶13

1 c
2 e
3 g
4 i
5 a
6 b
7 h
8 j
9 f
10 d

QUICK QUIZ ▶14

1 f
2 c
3 i
4 a
5 o
6 m
7 j
8 l
9 b
10 g
11 n
12 k
13 h
14 d
15 e

QUICK QUIZ ▶15

1 h
2 c
3 j
4 i
5 a
6 b
7 f
8 d
9 g
10 e

QUICK QUIZ ▶16

1 e
2 j
3 g
4 b
5 h
6 d
7 a
8 c
9 i
10 f

QUICK QUIZ ▶17

1 a
2 b
3 i
4 g
5 d
6 f
7 c
8 j
9 h
10 e

QUICK QUIZ ▶18

1 d
2 g
3 f
4 i
5 c
6 a
7 e
8 h
9 b
10 j

QUICK QUIZ ▶19

1 f
2 d
3 h
4 b
5 j
6 a
7 c
8 e
9 g
10 i

QUICK QUIZ ▶20

1 h
2 d
3 j
4 g
5 c
6 f
7 b
8 i
9 e
10 a

QUICK QUIZ ▶21

1 h
2 f
3 d
4 e
5 j
6 i
7 a
8 b
9 g
10 c

QUICK QUIZ ▶22

1 d
2 a
3 j
4 h
5 e
6 g
7 c
8 f
9 b
10 i

QUICK QUIZ ▶23

1 b
2 i
3 c
4 h
5 e
6 f
7 a
8 j
9 g
10 d

QUICK QUIZ ▶24

1 e
2 c
3 a
4 i
5 h
6 j
7 g
8 b
9 d
10 f

QUICK QUIZ ▶25

1 g
2 e
3 c
4 f
5 d
6 b
7 a
8 i
9 h

QUICK QUIZ ▶26

1 g
2 d
3 c
4 j
5 a
6 b
7 f
8 e
9 h
10 i

QUICK QUIZ ▶27

1 i
2 c
3 f
4 a
5 j
6 g
7 h
8 b
9 e
10 d

QUICK QUIZ ▶28

1 i
2 d
3 g
4 b
5 f
6 a
7 j
8 c
9 h
10 e

QUICK QUIZ ▶29

1 i
2 c
3 f
4 j
5 a
6 b
7 h
8 g
9 e
10 d

9 j
10 e

QUICK QUIZ ▶50

1 h
2 a
3 b
4 c
5 d
6 i
7 g
8 e
9 j
10 f

QUICK QUIZ ▶51

1 g
2 i
3 f
4 e
5 d
6 a
7 h
8 j
9 c
10 b

QUICK QUIZ ▶52

1 b
2 g
3 d
4 a
5 f
6 h
7 e
8 c

QUICK QUIZ ▶53

1 b
2 f
3 e
4 a
5 d
6 c
7 f
8 h
9 i
10 g

QUICK QUIZ ▶54

1 c
2 a
3 f
4 d
5 b
6 e

QUICK QUIZ ▶55

1 b
2 e
3 g
4 d
5 h
6 a
7 c
8 f
9 j
10 i

QUICK QUIZ ▶56

1 e
2 i
3 a
4 b
5 d
6 l
7 h
8 f
9 c
10 m
11 k
12 j
13 g

QUICK QUIZ ▶57

1 b
2 e
3 h
4 c
5 i
6 a
7 d
8 g
9 f

QUICK QUIZ ▶58

1 e
2 b
3 g
4 a
5 j
6 i
7 h
8 c
9 f
10 d

QUICK QUIZ ▶59

1 h
2 d
3 f
4 b
5 e
6 a
7 c
8 j
9 i

10 g

QUICK QUIZ ▶60

1 b
2 g
3 d
4 j
5 e
6 a
7 i
8 h
9 c
10 f

QUICK QUIZ ▶61

1 b
2 c
3 h
4 f
5 j
6 i
7 g
8 d
9 a
10 e

QUICK QUIZ ▶62

1 i
2 e
3 d
4 a
5 b
6 g
7 f
8 h
9 j
10 c

QUICK QUIZ ▶63

1 g
2 d
3 b
4 a
5 i
6 f
7 e
8 c
9 j
10 h

QUICK QUIZ ▶64

1 f
2 c
3 h
4 e
5 g
6 a
7 b
8 d
9 j

10 i

QUICK QUIZ ▶65

1 c
2 h
3 e
4 f
5 j
6 i
7 a
8 b
9 d
10 g

QUICK QUIZ ▶66

1 d
2 g
3 b
4 a
5 k
6 h
7 j
8 i
9 l
10 f
11 c
12 e

QUICK QUIZ ▶67

1 a
2 h
3 j
4 f
5 e
6 b
7 k
8 c
9 d
10 g
11 i

QUICK QUIZ ▶68

1 e
2 c
3 g
4 a
5 b
6 h
7 f
8 d
9 i
10 j

QUICK QUIZ ▶69

1 d
2 h
3 a
4 c
5 b
6 j

7 f
8 e
9 g
10 i

QUICK QUIZ ▶70

1 f
2 c
3 b
4 j
5 h
6 a
7 e
8 d
9 g
10 i

QUICK QUIZ ▶71

1 c
2 k
3 i
4 f
5 e
6 a
7 b
8 n
9 m
10 l
11 d
12 g
13 j
14 h

QUICK QUIZ ▶72

1 c
2 h
3 g
4 a
5 b
6 j
7 i
8 f
9 e
10 d

QUICK QUIZ ▶73

1 i
2 g
3 e
4 f
5 c
6 d
7 b
8 h
9 j
10 a

QUICK QUIZ ▶74

1 e
2 c
3 g
4 d
5 a
6 h
7 f
8 j
9 i
10 b

QUICK QUIZ ▶75

1 h
2 e
3 i
4 b
5 c
6 f
7 d
8 j
9 g
10 a

QUICK QUIZ ▶76

1 d
2 f
3 b
4 g
5 h
6 e
7 a
8 c
9 i
10 j

QUICK QUIZ ▶77

1 d
2 h
3 f
4 c
5 a
6 b
7 k
8 i
9 l
10 g
11 e
12 j

QUICK QUIZ ▶78

1 c
2 h
3 d
4 g
5 a
6 b
7 j
8 i

9 e
10 f

QUICK QUIZ ▶79

1 c
2 b
3 g
4 f
5 e
6 j
7 h
8 d
9 i
10 a

QUICK QUIZ ▶80

1 f
2 d
3 b
4 a
5 e
6 c
7 g

QUICK QUIZ ▶81

1 f
2 c
3 d
4 a
5 h
6 e
7 b
8 g

QUICK QUIZ ▶82

1 g
2 a
3 c
4 f
5 e
6 b
7 h
8 d
9 i
10 j

QUICK QUIZ ▶83

1 f
2 e
3 d
4 c
5 b
6 a

QUICK QUIZ ▶84

1 d
2 k
3 i

4 j
5 a
6 b
7 f
8 e
9 c
10 g
11 h

Final Exam Drill 1

1. e
2. c
3. g
4. a
5. d
6. f
7. h
8. j
9. b
10. i

Final Exam Drill 2

1. d
2. e
3. f
4. j
5. g
6. h
7. b
8. a
9. c
10. i

Final Exam Drill 3

1. b
2. e
3. c
4. h
5. f
6. i
7. j
8. g
9. a
10. d

Final Exam Drill 4

1. j
2. g
3. f
4. e
5. i
6. c
7. d
8. b
9. h
10. a

Final Exam Drill 5

1. b
2. b
3. b
4. b
5. b (a is also acceptable)
6. b
7. either is acceptable
8. a
9. a
10. b

Final Exam Drill 6

1. b
2. c
3. d
4. a
5. f
6. g
7. e
8. j
9. h
10. i

Final Exam Drill 7

1. f
2. b
3. i
4. h
5. d
6. j
7. e
8. g
9. a
10. c

Final Exam Drill 8

1. a
2. a
3. c
4. b
5. c
6. a
7. b
8. a
9. b
10. c

Final Exam Drill 9

1. a
2. c
3. g
4. i
5. f
6. h
7. d
8. e
9. j
10. b

Final Exam Drill 10

1. j
2. c
3. g
4. a
5. f
6. d
7. e
8. h
9. b
10. i

Final Exam Drill 11

1. b
2. d
3. h
4. i
5. f
6. a
7. g
8. e
9. j
10. c

Final Exam Drill 12

1. a
2. b
3. b
4. a
5. a (b is marginally acceptable)
6. a
7. a
8. b
9. b
10. b

Final Exam Drill 13

1. d
2. b
3. j
4. e
5. g
6. h
7. i
8. f
9. c
10. a

Final Exam Drill 14

1. e
2. a
3. f
4. h
5. i
6. j
7. c
8. b
9. g
10. d

Final Exam Drill 15

1. b
2. j
3. g
4. a
5. f
6. i
7. d
8. c
9. h
10. e

Final Exam Drill 16

1. b
2. a
3. b
4. c
5. a
6. c
7. c
8. b
9. a
10. c

Final Exam Drill 17

1. d
2. h
3. e
4. f
5. b
6. c
7. g
8. j
9. a
10. i

Final Exam Drill 18

1. h
2. i
3. e
4. a
5. b
6. c
7. j
8. g
9. f
10. d

Final Exam Drill 19

1. a
2. b
3. a
4. a
5. a
6. b
7. b
8. a
9. b
10. a

Final Exam Drill 20

1. j
2. c
3. g
4. b
5. a
6. d
7. i
8. e
9. h
10. f

Final Exam Drill 21

1 e
2 g
3 h
4 j
5 b
6 d
7 a
8 i
9 c
10 f

Final Exam Drill 22

1 f
2 i
3 h
4 a
5 b
6 d
7 j
8 e
9 c
10 g

Final Exam Drill 23

1 e
2 g
3 i
4 a
5 d
6 c
7 h
8 f
9 j
10 b

Final Exam Drill 24

1 a
2 c
3 b
4 c
5 a
6 b
7 c
8 b
9 b
10 a

Final Exam Drill 25

1 c
2 a
3 f
4 j
5 i
6 e
7 b
8 g
9 d
10 h

Final Exam Drill 26

1 a
2 a
3 a
4 b
5 a
6 b
7 a
8 b
9 b
10 b

Final Exam Drill 27

1 f
2 a
3 g
4 c
5 j
6 h
7 d
8 b
9 e
10 i

Final Exam Drill 28

1 g
2 f
3 i
4 e
5 a
6 b
7 c
8 j
9 d
10 h

Final Exam Drill 29

1 f
2 h
3 d
4 a
5 i
6 e
7 g
8 c
9 j
10 b

Final Exam Drill 30

1 e
2 a
3 b
4 f
5 g
6 h
7 d
8 c
9 i
10 j

Final Exam Drill 31

1 i
2 b
3 e
4 c
5 j
6 f
7 a
8 h
9 g
10 d

Final Exam Drill 32

1 b
2 b
3 c
4 a
5 c
6 b
7 c
8 a
9 a
10 a

Final Exam Drill 33

1 a
2 b
3 b
4 a
5 b
6 a
7 b
8 a
9 a (b is also acceptable)
10 a

Final Exam Drill 34

1 c
2 h
3 b
4 e
5 d
6 a
7 j
8 g
9 i
10 f

Final Exam Drill 35

1 d
2 f
3 b
4 e
5 g
6 c
7 i
8 j
9 a
10 h

Final Exam Drill 36

1 f
2 b
3 e
4 d
5 j
6 c
7 g
8 i
9 h
10 a

Final Exam Drill 37

1 c
2 g
3 j
4 b
5 i
6 h
7 f
8 a
9 d
10 e

Final Exam Drill 38

1 c
2 d
3 g
4 i
5 a
6 j
7 f
8 b
9 h
10 e

Final Exam Drill 39

1 a
2 a
3 b
4 b
5 a
6 a
7 a
8 a
9 a
10 a (b is marginally acceptable)

Final Exam Drill 40

1 c
2 a
3 a
4 c
5 b
6 a
7 b
8 c
9 a
10 b

Final Exam Drill 41

1 i
2 a
3 h
4 e
5 d
6 b
7 j
8 c
9 g
10 f

Final Exam Drill 42

1 d
2 c
3 a
4 i
5 g
6 h
7 f
8 b
9 j
10 e

Final Exam Drill 43

1 a
2 b
3 g
4 i
5 h
6 j
7 d
8 f
9 e
10 c

Final Exam Drill 44

1 a
2 c
3 j
4 d
5 b
6 f
7 e
8 h
9 i
10 g

Final Exam Drill 45

1 c
2 d
3 i
4 e
5 a
6 j
7 h
8 g
9 f
10 b

Final Exam Drill 46

1 a
2 a (b is marginally acceptable)
3 b
4 b
5 b
6 b
7 a
8 b
9 a
10 a

Final Exam Drill 47

1 d
2 e
3 h
4 a
5 j
6 i
7 f
8 c
9 b
10 g

Final Exam Drill 48

1 c
2 a
3 b
4 a
5 a
6 c
7 b
8 a
9 c
10 b

Final Exam Drill 49

1 d
2 g
3 c
4 e
5 i
6 j
7 b
8 h
9 f
10 a

Final Exam Drill 50

1 j
2 i
3 d
4 f
5 g
6 a
7 h
8 c
9 b
10 e

Final Exam Drill 51

1 h
2 b
3 c
4 f
5 g
6 j
7 d
8 e
9 i
10 a

Final Exam Drill 52

1 c
2 h
3 a
4 e
5 d
6 j
7 b
8 f
9 g
10 i

Final Exam Drill 53

1 b
2 g
3 a
4 c
5 f
6 h
7 e
8 d
9 i
10 j

Final Exam Drill 54

1 b
2 a
3 a
4 b
5 b
6 b
7 b (a is marginally acceptable)
8 a
9 a
10 b

Final Exam Drill 55

1 j
2 h
3 b
4 f
5 c
6 d
7 i
8 g
9 a
10 e

Final Exam Drill 56

1 a
2. c
3 c
4 b
5 b
6 a
7 b
8 a
9 c
10 c

Final Exam Drill 57

1 e
2 d
3 g
4 c
5 h
6 a
7 j
8 f
9 b
10 i

Final Exam Drill 58

1 f
2 e
3 b
4 j
5 g
6 a
7 c
8 h
9 d
10 i

Final Exam Drill 59

1 h
2 a
3 d
4 b
5 j
6 g
7 i
8 f
9 e
10 c

Final Exam Drill 60

1 c
2 h
3 g
4 j
5 d
6 i
7 a
8 b
9 f
10 e

Final Exam Drill 61

1 b
2 a
3 b
4 a
5 a
6 b
7 b
8 b
9 b
10 b

Final Exam Drill 62

1 j
2 b
3 f
4 g
5 d
6 i
7 c
8 e
9 a
10 h

Final Exam Drill 63

1 g
2 e
3 a
4 c
5 d
6 j
7 i
8 f
9 h
10 b

Final Exam Drill 64

1 b
2 c
3 a
4 c
5 b
6 a
7 b
8 a
9 b
10 c

Final Exam Drill 65

1 b
2 a
3 h
4 g
5 f
6 j
7 e
8 d
9 c
10 i

Final Exam Drill 66

1 h
2 i
3 a
4 j
5 c
6 b
7 g
8 f
9 d
10 e

Final Exam Drill 67

1 e
2 f
3 b
4 g
5 j
6 i
7 a
8 c
9 h
10 d

Final Exam Drill 68

1 a
2 b
3 a
4 b
5 b
6 b
7 a
8 b
9 a
10 a

Final Exam Drill 69

1 b
2 d
3 a
4 c
5 g
6 h
7 i
8 j
9 f
10 e

Final Exam Drill 70

1 e
2 h
3 a
4 i
5 j
6 b
7 d
8 g
9 f
10 c

Final Exam Drill 71

1 j
2 g
3 c
4 d
5 b
6 e
7 f
8 h
9 i
10 a

Final Exam Drill 72

1 b
2 c
3 a
4 h
5 d
6 e
7 g
8 i
9 f
10 j

PART

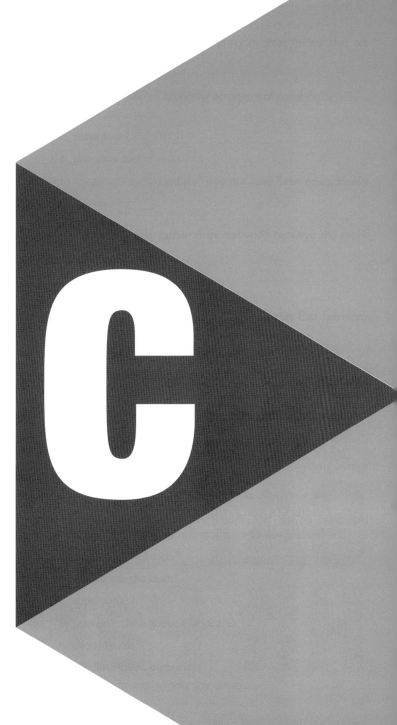

1

The
SAT
Hit Parade

SAT 빈출 어휘

SAT(미국 대학 입학 자격 시험)에서 가장 많이 출제되는 단어를 철자순으로 정리한 것이다.
여기에 제시된 단어의 정의는 SAT에서 출제된 용례에 따른 것이기 때문에
사전적 의미와 우리 책에 제시된 정의가 반드시 일치하는 것은 아니다. 잘 익혀 두기 바란다.

abstract	theoretical; lacking substance (the opposite of concrete) 이론적인; 실체가 없는(concrete(구체적인)의 반대말)	
acute	sensitive; sharp; discerning 민감한; 예리한; 분별력을 가진	
adapted	modified; altered; changed; revised 수정된; 변경된; 변화된; 개정된	
admonition	caution; warning; reprimand 주의; 경고; 질책	
advocate *(n.)*	supporter; backer; promoter; campaigner 지지자; 후원자; 장려자; 운동가	
advocate *(v.)*	support; encourage; back; promote 지지하다; 장려하다; 후원하다; 촉진하다	
aesthetic	having to do with artistic beauty; artistic (not to be confused with ascetic) 예술적 미와 관련이 있는; 예술적인(ascetic(근본적인)과 혼동하지 말 것)	
affluent	rich; wealthy; comfortable; well-off 부자인; 부유한; 안정된; 유복한	
alleviate	to relieve, especially pain 특히 고통을 완화시키다	
alludes	refers; mentions; indicates; suggests 말하다; 언급하다; 가리키다; 암시하다	
amass	to accumulate 쌓다, 모으다	
ambition *(n.)*	drive; determination; motivation; desire 의욕; 결단; 동기; 욕망	
ambition *(n.)*	goal; aim; objective; aspiration; desire 목표; 목표; 목적; 포부; 욕망	
ambivalent	simultaneously feeling opposing feelings; uncertain 동시에 반대의 감정을 느끼는; 불확실한	
analogy	a comparison 비교	
anarchy	absence of government or control; lawlessness; disorder 정부 또는 통제의 부재; 무법; 무질서	
anecdote	a short account of an interesting incident 짧은 사건에 대한 짧은 설명	
animated	alive; moving 살아 있는; 움직이는	
anomaly	something that is abnormal or irregular 비정상적이거나 불규칙한 것	
antipathy	opposition; aversion; hostility; antagonism; hatred; dislike 반대; 혐오; 적대감; 적대; 증오; 혐오	
apathy	lack of emotion or interest 감정이나 관심의 결여	
apparition	ghost; spirit; specter; phantom 유령; 신령; 망령; 환영	
appease	to soothe; to pacify by giving in to 달래다; ~에게 양보해서 진정시키다	
apprehensive	fearful about the future 미래를 두려워하는	
arraying *(v.)*	arranging; displaying; organizing; exhibiting 배열하다; 드러내다; 정리하다; 전시하다	
arraying *(v.)*	clothing; dressing; attiring; draping 옷을 입다; 옷을 차려 입다; 차려입다; 꾸미다	
arrogant	feeling superior to others; snooty 남들보다 우월하다고 느끼는; 잘난 체하는	
articulate	speaking clearly and well 똑똑하고 분명하게 말하는	
ascending *(adj.)*	climbing; uphill; rising; mounting 오르는; 오르막의; 상승하는; 올라가는	

SAT

ascending (v.)	rising; climbing; soaring; arising 오르다; 등반하다; 치솟다; 피어오르다	
ascending (v.)	climbing; mounting; scaling; leading 승진하다; (지위 등이) 오르다; 이르다; (어떤 결과에) 도달하다	
ascertain	to determine with certainty 확실하게 밝히다	
asymmetric	unequal; uneven; irregular; disproportionate 같지 않은; 고르지 않은; 불규칙한; 불균형의	
atop (prep.)	on; over; above; upon ~위에	
attribution	ascription; credit; acknowledgement; provenance 탓으로 함; ~덕분으로 돌리기; 감사; 유래	
authentic	real 진짜의	
autocratic	dictatorial; domineering; high-handed; overbearing; bossy 독재적인; 거만한; 독단적인; 고압적인; 거만한	
belittle	to make to seem little 하찮게 만들다	
belligerent	combative; quarrelsome; waging war 투쟁적인; 호전적인; 대전	
benevolent	kind; good-hearted; generous 친절한; 따뜻한; 관대한	
benign	gentle; not harmful; kind; mild 친절한; 해를 입히지 않는; 상냥한; 온화한	
besieged (adj.)	overwhelmed; inundated; beleaguered; plagued 압도된; 범람한; 곤경에 처한; 괴로운	
besieged (v.)	surrounded; sieged; encircled; blockaded 둘러싸다; 포위하다; 에워싸다; 봉쇄하다	
bias	prejudice; tendency; tilt 편견; 성향; 경사, 기울기	
brevity	the quality or state of being brief in duration 지속 시간이 짧은 특성 또는 상태	
broached	proposed; presented; submitted; raised; introduced 제안하다; 내놓다; 제출하다; 제기하다; 도입하다	
calibrate	standardize; adjust, regulate; attune; bring into line 표준화하다; 조정하다; 조절하다; 맞추다; 일치시키다	
candidacy	application; contention; entry; submission; candidature 지원; 논쟁; 참가; 제출; 입후보 자격	
candor	completely honest, straightforward 아주 정직하고 솔직한	
cloisters	monasteries; abbeys, friaries; convents; walkways; doorways; arches 수도원; 수도원; 수도원; 수도원; 통로; 현관; 아치	
clout (n.)	thump; wallop; whack; smack (세게) 치기; 강타; 구타; 찰싹 때리기	
clout (n.)	influence; power; pull; authority 영향력; 힘; 당기는 힘; 권위	
clout (v.)	hit; strike; thump; bash 때리다	
coercive (adj.)	forced; forcible; intimidating; bullying 강압적인; 강제적인; 협박적인; 겁을 주는	
colloquial (adj.)	informal; idiomatic; conversational; everyday 비공식적인; 관용적인; 회화체의; 일상적인	
commodity	product; service; goods 상품	
complacent	satisfied with the current situation and unconcerned with changing it 현재 상황에 만족하고 변화에 무관심한	

complementary	balancing; opposite; harmonizing; corresponding; matching 균형 잡힌; 상반하는; 잘 어울리는; 상응하는; 조화되는	
compliant	yielding; submissive 말을 잘 듣는; 순종적인	
concedes	allows; acknowledges; grants; admits; accepts 허락하다; 인정하다; 승인하다; 허용하다; 받아들이다	
concise	brief and to the point; succinct 짧고 적절한; 간결한	
condone	to overlook; to permit to happen 묵과하다; 일이 일어나게 놔두다	
conducive	favorable; helpful; encouraging; advantageous; beneficial 호의적인; 도움이 되는; 격려하는; 유리한; 이로운	
congenial	agreeably suitable; pleasant 기분 좋게 어울리는; 유쾌한	
consecrated *(adj.)*	holy; sacred; sanctified; hallowed; blessed 신성한; 성스러운; 축성된; 신성시되는; 축복 받은	
consecrated *(v.)*	dedicated; devoted; set apart; made holy 바치다; 헌신하다; 구별하다; 신성하게 하다	
conspicuous	easy to notice; obvious (antonym: inconspicuous) 눈에 띄기 쉬운; 명백한 (inconspicuous(눈에 띄지 않는)의 반대말)	
constisutions	compositions; structures; make-ups; components 구성; 구조; 구성 방식; 구성 요소	
construe	interpret; take; read; see; understand 해석하다; 받아들이다; (특정 방식으로) 이해하다; 알다; 이해하다	
contempt	reproachful disdain 비난하는 듯한 경멸	
contingent *(adj.)*	depending; liable; reliant; conditional ~을 조건으로 하는; ~하기 쉬운; 의존적인; 조건부의	
contingent *(n.)*	commission; legation; committee; party; group 위임; 사절 파견; 위원회; 정당; 그룹	
convened	assembled; summoned; organized; arranged 모으다; 소환하다; 조직하다; 정리하다	
conventional	conservative; conformist; straight; predictable; unadventurous; usual 보수적인; 순응적인; 직진하는; 예측 가능한; 모험적이 아닌; 보통의	
correctitude	correct behavior; properness; propriety 올바른 행동; 적절함; 예의 바름	
cowed *(adj.)*	intimidated; browbeaten; scared; frightened 겁에 질린; 위협 받은; 겁 먹은; 무서워하는	
cowed *(v.)*	bullied; scared; frightened; overawed 겁주다; 무섭게 하다; 섬뜩하게 하다; 위압하다	
critical *(adj.)*	dangerous; serious; grave; perilous 위험한; 심각한; 위험이 따르는; 위기에 처한	
critical *(adj.)*	analytical; judicious; diagnostic; detailed 분석적인; 분별력 있는; 진단하는; 상세한	
critical *(adj.)*	significant; decisive; vital; important 중요한; 결정적인; 절대 필요한; 중요한	
debilitate	to weaken 약하게 하다	
deference	submission or courteous respect 복종 혹은 정중한 존경	
denomination	value; quantity; money; coinage 가치; 양; 돈; 동전	

denounce	to condemn openly 공개적으로 비난하다	
deplete	to use up; to reduce; to lessen 다 써 버리다; 삭감하다; 줄이다	
despondent	depressed 우울한	
deter	to prevent; to stop; to keep from doing something 방해하다; 멈추게 하다; 어떤 것을 못하게 방해하다	
digress	to go off the subject 주제에서 벗어나다	
diligent	hardworking 열심히 일하는	
discernment	insight; ability to see things clearly 통찰력; 사물을 명확히 볼 줄 아는 능력	
discriminate	to differentiate; to make a clear distinction; to see the difference 구별하다; 분명하게 식별하다; 다른 점을 알아보다	
disdain	to regard with contempt 경멸하다는 태도로 보다	
dismay (n.)	disappointment; shock; consternation; apprehension 실망; 충격; 경악; 염려	
dismay (v.)	disappoint; shock; sadden; depress; perturb 실망시키다; 충격을 주다; 슬프게 하다; 낙담시키다; 혼란시키다	
disparage	to speak of negatively; to belittle 부정적으로 말하다; 무시하다	
dispassionate	without passion; objective; neutral 감정을 갖지 않은; 객관적인; 중립적인	
dissent	disagreement 의견 차이, 불일치	
distinguish	to tell apart; to cause to stand out 구별하다; 눈에 띄게 하다	
diverge	deviate; wander; depart; swerve; separate 빗나가다; 방랑하다; 벗어나다; 일탈하다; 갈라지다	
diverse	varied 다양한	
divert	to change the direction of; to alter the course of; to amuse 방향을 바꾸다; 진로를 수정하다; 즐겁게 하다	
dread (n.)	fear; terror; trepidation; anxiety 두려움; 공포; 공포; 불안	
dread (v.)	fear; be afraid of; not look forward to 무서워하다; 두려워하다; 기대하지 않다	
dreary	dull; boring; monotonous; tedious 따분한; 지루한; 단조로운; 싫증나는	
dubious	doubtful; of unlikely authenticity 의심스러운; 확실한 것 같지 않은	
earnestness	sincerity; seriousness; solemnity; intensity 성실함; 진지함; 엄숙함; 집중	
eccentric	not conventional; a little kooky; irregular 전통적인 것을 벗어난; 다소 괴벽한; 불규칙한	
egocentrism	self-absorbed; self-obsessed 자기 도취의; 자기 중심의	
elaborate	detailed; careful; thorough 상세한; 신중한; 철저한	
eloquent	well-spoken 능변의	

empirical	derived from observation or experiment 관찰 혹은 실험에서 얻어진
enacted	passed; ratified; endorsed; decreed; sanctioned 통과하다; 재가하다; 승인하다; 포고하다; 인가하다
encroach	to make gradual inroads; to trespass 점진적으로 침입하다; 침입하다
endow	award, donate; bestow; give; bequeath 수여하다; 기부하다; 증여하다; 주다; 유언으로 증여하다
endured	tolerate; suffered; underwent; withstood; sustained; lasted 참다; 겪다; 견디다; 견뎌내다; 굽히지 않다; 지속하다
engender	produce; cause; create; stimulate; provoke 생산하다; 야기하다; 창조하다; 자극하다; 선동하다
enhance	to make better; to augment 향상시키다; 증가시키다
entrenched (adj.)	rooted; engrained; fixed; imbedded; embedded 뿌리 박힌; 뿌리 깊은; 고정된; 깊숙이 박힌; 파묻힌
entrenched (v.)	established; ensconced; cemented 안정시키다; 편히 앉히다; 굳히다
esthetic	artistic; visual; appealing; beautiful 예술적인; 시각적인; 매력적인; 아름다운
evinced	showed; demonstrated; displayed; revealed; exhibited 보여주다; 설명하다; 진열하다; 드러내다; 전시하다
evoke	to summon or draw forth 소환하거나 끌어내다
explicit	fully and clearly expressed 완전하고 명확하게 표현된
extraneous	irrelevant; extra; unnecessary; unimportant 관계 없는; 추가의; 불필요한; 하찮은
faculties (n.)	abilites; facilities; talents; aptitudes; knacks 능력; 재능; 재주, 장기; 소질; 솜씨
fanatic	one who is extremely devoted to a cause or idea 이념이나 사상에 극단적으로 빠져 있는 사람
feasibility (n.)	viability; possibility; probability; likelihood 실현 가능성; 가능성; 가망; 있음직 함
ferocity (n.)	fierceness; ferociousness; cruelty; wildness; viciousness 사나움; 흉포함; 잔인함; 난폭; 광포함
fickle	capricious; whimsical; unpredictable 급변하는; 변덕스러운; 예측 불가한
fiscal (adj.)	economic; financial; monetary 경제의; 재정적인; 재정의
forum	opportunity; medium; environment, setting; meeting; conference 기회; 매체; 환경; 회의; 회의
frivolous	not serious; not solemn with levity 사소한; 경솔해서 진지하지 못한
futile	hopeless; without effect 희망 없는; 효과 없는
glistening	gleaming; shining; sparkly; glittering 반짝반짝 빛나는
grave (adj.)	serious; severe; weighty; crucial; critical 진지한; 심각한; 중대한; 중요한; 결정적인
gullible	overly trusting; willing to believe anything 지나치게 잘 믿는; 아무거나 기꺼이 믿는
heed	to listen to 귀 기울여 듣다
hypothetical	uncertain; unproven 확실하지 않은; 증명되지 않은
ignominious	degrading; disgraceful; dishonorable; shameful 품위를 떨어뜨리는; 수치스러운; 불명예스러운; 부끄러운

immured	secluded; confined; imprisoned; incarcerated	격리하다; 가두다; 수감하다; 감금하다
impartial	unbiased; neutral	편파적이지 않은; 중립의
imperactive	completely necessary	꼭 필요한
implicit	implied	함축된
imprudent *(adj.)*	foolish; impulsive; indiscreet; irresponsible	어리석은; 충동적인; 부주의한; 무책임한
inability	incapability; incapacity; powerlessness; helplessness	무능; 무능력; 무력; 무력함
inadvertent	lax; careless; without intention	해이한; 부주의한; 우연한
incessant	unceasing; never-ending	끊임없는; 영원한
inclined *(adj.)*	motivated; persuaded; tending; disposed 의욕적인; 설득하는; ~하는 경향이 있는; ~할 마음이 내키게 하는	
incoherent	jumbled; chaotic; impossible to understand	난잡한; 혼란한; 이해할 수 없는
inconstancy *(n.)*	infidelity; faithlessness; fickleness	불신; 충실하지 못함; 변덕스러움
incredulous	disbelieving; skeptical; unbelieving; doubtful; dubious 믿지 않는; 회의적인; 못 믿겠다는 듯한; 의심하는; 의심을 품은	
indifferent	having no interest or concern	흥미나 걱정이 없는
indignation	anger aroused by something perceived as unjust	부당하다고 인식되는 것에 의해 야기되는 분노
indulgent	lenient; yielding to desire	너그러운; 욕구를 쉽게 들어주는
inevitable	unavoidable; bound to happen	피할 수 없는; 반드시 일어나게 되어 있는
inexorable	unstoppable; inevitable; unavoidable; inescapable	막을 수 없는; 어쩔 수 없는; 피할 수 없는; 불가피한
ingenious	clever; resourceful; original; inventive	영리한; 지략이 있는; 독창적인; 창의적인
innate	existing since birth; inborn; inherent	타고난; 선천적인; 고유의
innovation	the act of introducing something new	새로운 것을 도입하는 일
insolent	impudent; impertinent; rude; disrespectful	무례한
instigate	to provoke; to stir up	자극하다; 선동하다
intermittent	sporadic; recurrent; erratic; irregular; alternating	우발적인; 재발하는; 변덕스러운; 불규칙적인; 교대의
intuitive	instinctive; spontaneous; innate; natural	본능적인; 자연적인; 타고난; 선천적인
inversion	overturn; upturn; transposal; downturn	전복; 상승; 전위; 하강
irksome	annoying; irritating; exasperating; tiresome	성가신; 짜증 나는; 화가 나는; 성가신
ironic	satiric; unexpected	풍자적인; 예기치 못한
jeopardy	danger	위험
keen	intense; strong; acute; deep	강렬한; 강한; 예리한; 깊은

lacquer	polish; gloss; varnish	윤내다; 광내다; 광택을 내다
lament	to mourn	애도하다
lethargy	sluggishness; laziness; drowsiness; indifference	무기력; 나태; 졸음; 무관심
magnitude	greatness in scale; importance; size; significance	규모의 거대함; 중요성; 크기; 중요
malicious	deliberately harmful	고의적으로 해로운
malignity	enmity; evil; hate; ill will; indignity	적개심; 악; 혐오; 악의; 경멸
malleable	capable of being shaped	형체로 만들어질 수 있는
mediation	a settlement between conflicting parties	대립하는 당사자들 사이의 합의
meekness	humbleness; quietness; docility; gentleness	겸손함; 조용함; 온순; 점잖음
merger	a joining or marriage	합병, 결혼
mired	delayed; stalled; hindered; stuck	지연하다; 꼼짝 못하게 하다; 방해하다; 꼼짝 못하게 하다
modest	shy; diffident; unsure; uncertain; ordinary	수줍은; 소심한; 자신 없는; 확신이 없는; 평범한
monotonous	dull; repetitious; uninteresting; boring	따분한; 반복적인; 재미없는; 지루한
negligence	carelessness	부주의
neutral	unbiased; not taking sides; objective	선입견이 없는; 편을 들지 않는; 객관적인
nostalgia	a bittersweet longing for things of the past	과거의 것에 대한 달콤 쌉쌀한 그리움
novel	fresh; original; new	신선한; 창의적인; 새로운
nuisance	irritation; pain; annoyance; pest	짜증나는 것; 고통; 성가심; 성가신 사람
objective	uninfluenced by emotions; a goal	감정에 영향받지 않는; 목표
obscure	not readily noticed; vague	쉽게 알아채지 못하는; 애매한
obstinacy	stubbornness; determination; wrongheadedness, inflexibility	완강함; 결단력; 완고함; 단호한 태도
ominous	menacing; threatening	위협적인; 협박하는
omnipotence	authority; power; supremacy; influence	권위; 권력; 주권; 영향력
opine (v.)	harangue; preach; orate; lecture	열변을 토하다; 설교하다; 연설하다; 강연하다
optimistic	hopeful; positive; bright; cheerful	희망적인; 긍정적인; 밝은; 쾌활한
ornate	decorative; overelaborate; baroque; lavish	장식적인; 지나치게 정교한; 지나치게 화려한; 사치스러운
peripheral	unimportant	중요치 않은
perspective	viewpoint; standpoint; outlook; perception	견해
phenomenon	occurrence; observable fact; experience; happening; incident	사건; 관찰 가능한 사실; 경험; 일
plumes	trails; clouds; spirals; columns	오솔길; 구름; 나선형; 기둥

poignant	moving; emotional; touching; distressing	마음을 뭉클하게 하는; 감정을 자극하는; 감동적인; 애처로운
postulate	assume; guess; hypothesize; suggest	가정하다; 추측하다; 가설을 세우다; 제안하다
practical	applied; real-world; everyday; real; sensible	실제로 적용된; 현실 세계의; 일상의; 진짜의; 실용 위주의
pragmatic	practical; down-to-earth; based on experience rather than theory 실용적인; 현실적인; 이론보다 경험에 기초를 둔	
predecessor	someone or something that came before another	전임자 또는 앞선 것
preposterous	outrageous; absurd; ridiculous; ludicrous	아주 별난; 부조리한; 웃기는; 터무니없는
pressed *(v.)*	surged; crowded; swarmed; clustered	밀어닥치다; 군집하다; 많이 모여들다; 밀집하다
prevade	to be present throughout	도처에 존재하다
probable	likely; credible; possible; feasible	있을 법한; 신뢰할 수 있는; 가능성 있는; 있음직한
procession	march; parade; demonstration; sequence; succession	행진; 퍼레이드; 시위; 연속; 계속
proclaim	announce; declare; state; decree	발표하다; 선언하다; 표명하다; 포고하다
profound	deep; insightful (the opposite of superficial)	심오한; 통찰력이 있는(superficial(피상적인)의 반대말)
profuse	flowing; extravagant	넘치도록 많은; 사치스러운
provocative	giving rise to action or feeling	행동이나 감정을 일으키는
proxy	substitute; alternative; stand-in	대리
prudent	careful; wise	신중한; 현명한
pulpit	podium; dais; stand; platform; stage	연설대; 연단; 연단; 강단; 무대
queer	anomalous; atypical; questionable; remarkable	기묘한; 전형적이 아닌; 미심쩍은; 이상한
ramified	branched; forked; divided; split	가지를 내다; 분기하다; 갈라지다; 쪼개지다
rashly	hastily; impulsively; recklessly; impetuously	성급하게; 충동적으로; 무모하게; 충동적으로
receptive	open; amenable; accessible; interested	개방적인; 순종하는; 접근하기 쉬운; 관심이 있는
reciprocate	to mutually take or give; to respond in kind	상호간에 받거나 주다; 마찬가지로 응답하다
redundant	repetitive; unnecessary; excessively wordy	중복되는; 불필요한; 지나치게 장황한
refute	to disprove; to prove to be false	반박하다; 잘못된 것을 증명하다
rejuvenate	to make young and strong again	다시 젊고 강하게 만들다
relevant	important; pertinent	중요한; 적절한
relish (v.)	enjoy; savor; like; appreciate	즐기다; 음미하다; 좋아하다; 감상하다
reluctant	unwilling; unenthusiastic; disinclined; hesitant 마음 내키지 않는; 열성이 없는; ~ 하고 싶지 않은; 주저하는	
reminisce	recall; evoke; recollect; ponder	상기하다; 불러내다; 회상하다; 곰곰이 생각하다

remorse	sadness; regret 비애; 후회	
repress	to hold down 억누르다	
repudiate	to reject; to deny 거절하다; 부인하다	
resignation	unresisting acceptance; submission 저항하지 않는 수용; 복종	
retract	to take back; to withdraw; to pull back 철회하다; 뒤로 물리다; 후퇴하다	
reverberate	echo; resound; vibrate; resonate 반향을 보이다; 울려 퍼지다; 반향하다; 공명하다	
reverence	respect; admiration; worship; awe 존경; 찬양; 숭배; 경외	
rigid	unbending; inflexible; severe; strict 구부러지지 않는; 경직된; 엄격한; 엄한	
rigorous	strict; harsh; severe 엄격한; 가혹한; 심한	
scanty	inadequate; minimal 불충분한; 최소한의	
scope	possibility; choice; room; opportunity 가능성; 선택의 범위; 여지; 기회	
scrutinize	to examine closely 면밀히 조사하다	
scuttling	scurrying; scampering; darting; dashing 허둥지둥하는; 급히 사라지는; 돌진하는; 돌진하는	
sheer	pure; utter; absolute; total 순전한; 전적인; 완벽한; 완전한	
shuttered	closed; secured; boarded up; covered up 닫다; 안전하게 하다; 판자로 막다; 온통 덮다	
skeptical	doubting (antonym: gullible) 의심 많은(gullible(잘 속는)의 반대말)	
solemn	serious; grave 진지한; 중대한	
sparingly	frugally; carefully; cautiously; scarcely 검소하게; 신중하게; 조심성 있게; 겨우	
squander	to waste 낭비하다	
stagnation	motionlessness; inactivity 정체; 무기력	
static	still; stationary; motionless; inert 정지한; 움직이지 않는; 부동의; 활성이 없는	
stringent	strict; restrictive 엄격한; 제한적인	
subjugate	conquer; vanquish; subdue; defeat 정복하다; 완파하다; 진압하다; 패배시키다	
subordinate	secondary; lesser; minor; subsidiary 보조의; 보다 중요하지 않은; 이류의; 보조적인	
substantiate	to support with proof or evidence; verify 증거나 근거로 뒷받침하다; 증명하다	
subtle	not obvious; not able to make fine distinctions; ingenious; crafty 분명치 않은; 쉽게 구별할 수 없는; 기발한; 교묘한	
subversion	rebellion; sedition; treason; mutiny 반란; 선동; 반역; 폭동	
superficial	on the surface only; shallow; not thorough 단지 표면적인; 얕은; 철저하지 못한	
survey *(v.)*	plot; chart; measure; gauge 측량하다; 도표로 만들다; 재다; 측정하다	

symbolic	representative; figurative; emblematic; representational	대표하는; 표상적인; 상징적인; 구상적인
sympathetic	agreeable; congenial; likeable; affable	동의하는; 마음이 맞는; 호감이 가는; 상냥한
tactful	diplomatic; discreet; sensitive; delicate	외교적인; 사려있는; 민감한; 섬세한
tangible	touchable; palpable	만져서 알 수 있는; 명백한
temperament	nature; character; personality; disposition	본성; 성격; 개성; 성질
temperate	moderate; restrained	자제하는; 삼가는
tenacious	tough; hard to defeat	질긴; 깨부수기 어려운
tentative	experimental; temporary; uncertain	시험적인; 일시적인; 불확실한
theoretical	hypothetical; notional; conjectural; abstract; imaginary	가설의; 개념적인; 추측의; 추상적인; 상상의
trifling	trivial; petty; insignificant; small	사소한; 보잘것없는; 중요하지 않은; 작은
unadorned	plain; bare; austere; simple	명료한; 꾸밈없는; 간소한; 간단한
undermine	to weaken	약하게 하다
underscore	to put emphasis on	강조하다
undulating *(adj.)*	rolling; swelling; surging; rippling	넘실대는; 부어오르는; 넘실거리는; 물결치는
unfounded	groundless; unsupported; baseless; unsubstantiated 사실무근의; 입증되지 않은; 기초가 없는; 입증되지 않은	
uniform	consistent; unchanging; the same for everyone	일관된; 변화가 없는; 획일화된
unprecedented	happening for the first time; novel; never seen before	처음으로 발생한; 새로운; 전례가 없는
utilitarian	useful; practical; serviceable	유용한; 실용적인; 쓸모 있는
validated	authenticated; legalized; authorized; confirmed 법적으로 입증된; 법률상 인정된; 권위를 부여받은; 확증된	
venerable	respected; august; esteemed; revered	존경받는; 위엄있는; 존중받는; 숭배받는
versatility	adaptability; flexibility; resourcefulness	적응성; 융통성; 임기응변의 재능
volatile	quick to evaporate; highly unstable; explosive	휘발성의; 매우 불안정한; 폭발성의
voluntary	willing; unforced	자발적인; 강제에 의한 것이 아닌
willful	deliberate; obstinate; insistent on having one's way	고의적인; 고집이 센; 자신의 방식만을 고집하는

2

The GRE Hit Parade

GRE는 미국 대학원 입학 능력 시험이다. GRE 중 두 파트는 전적으로 여러분의 어휘 실력에 달려 있다.
GRE 어휘는 SAT 어휘만큼이나 중요하다. 다음에 나오는 리스트는 GRE 시험에 자주 나오는 단어들이다.
또한 GRE에서 자주 다룰 것으로 유력시되는 단어들도 포함시켰다.
GRE에서 좋은 성적을 얻기 바란다면, GRE와 SAT 빈출 어휘들을 모두 잘 알고 있어야만 한다.
어휘에 자신 있다면 상관없지만, 그렇지 않다면 오늘 당장 공부를 시작해야 한다.

abstruse	hard to understand or grasp	이해하기 어려운
abjure	avoid; shun; reject; abnegate	피하다; 멀리하다; 거절하다; 버리다
acumen	shrewdness; insight; judgment; intelligence	현명함; 통찰력; 판단력; 총명함
acute	sharp; shrewd	날카로운; 예민한
adorn	to lend beauty to	아름다움을 더하다
adroit	skillful; dexterous; clever; shrewd; socially at ease 솜씨 있는; 손재주가 좋은; 재주가 있는; 기민한; 사회적으로 편안한	
adverse	unfavorable; antagonistic	호의적이 아닌; 대립하는
aesthetic	having to do with artistic beauty; artistic	예술적 미와 관련이 있는; 예술적인
affectation	unnatural or artificial behavior, usually intended to impress 주로 강한 인상을 남기기 위해 하는 부자연스럽거나 인위적인 행동	
alacrity	eagerness; enthusiasm; readiness; quickness	열의; 열정; 준비가 되어 있음; 민첩
altruistic	unselfish; humane; selfless; philanthropic	이타적인; 자비로운; 사심 없는; 박애의
ambiguous	Unclear in meaning; confusing; capable of being interpreted in different ways 의미가 불확실한; 혼동되는; 다른 방식으로 해석될 수 있는	
ambivalent	undecided; having opposed feelings simultaneously	미결정의; 동시에 상반된 감정을 가지는 것
ameliorate	to make better or more tolerable	더 좋거나 웬만큼 괜찮게 만드는 것
amenable	agreeable; open; acquiescent; willing; pliable 기꺼이 동의하는; 열려 있는; 잠자코 동의하는; 기꺼이 ~하는; 유순한	
anoint	to choose by or as if by divine intervention	~을 통해 선택하다 혹은 신의 개입으로 선택하다
approbation	approval; consent; praise; admiration	승인; 동의; 칭찬; 찬양
appropriation	misuse; fraud; stealing; cheating	오용; 사기 행위; 도용; 속임수
arcane	mysterious; known only to a select few	신비로운; 엄선된 소수에게만 알려진
archaic	extremely old; ancient; outdated	아주 오래된; 고대의; 시대에 뒤진
archetype	model; epitome; prototype; standard	모범; 개요; 전형; 표준
arduous	difficult; hard; laborious; grueling	어려운; 힘든; 힘드는; 녹초로 만드는
artless	honest or sincere; natural; uncultured and ignorant 정직하거나 진실한; 있는 그대로의; 교양 없고 무지한	
ascendancy	supremacy; domination	우위; 지배
asinine	silly; stupid; foolish; unintelligent	어리석은; 우둔한; 바보 같은; 무지한
aspiration	a strong desire for high achievement	높은 성취에 대한 강한 열망

GRE

assiduous	hardworking; busy; diligent	열심히 일하는; 바쁜; 근면한
astonishment	great surprise or amazement	대단히 놀라운 일 또는 놀라움
audacity	boldness; daring; courage; bravery	대담함; 대담성; 용기; 용감
augment	to make bigger; to add to; to increase	더 크게 만들다; 추가하다; 늘리다
austere	unadorned; stern; forbidding; without excess	꾸밈 없는; 엄격한; 험악한; 지나침이 없는
avarice	greed; excessive love of riches	욕심; 부에 대한 지나친 애착
aver	avow; state; claim; declare	공언하다; 진술하다; 주장하다; 선언하다
aversion	a fixed, intense dislike	확고하고 강한 혐오
banal	unoriginal; ordinary	독창적이 아닌; 평범한
base	having or showing a lack of decency	예의가 없거나 예의 없음을 보여주는
beguile	entice; lure; woo; charm; captivate	꾀다; 유혹하다; 구애하다; 매혹하다; 마음을 사로잡다
belie	to give a false impression of; to contradict	잘못된 인상을 주다; 모순되다
beneficent	charitable; altruistic; generous; benevolent	자비로운; 이타적인; 관대한; 자비로운
benevolent	kind; caring; compassionate; generous; beneficent	친절한; 자상한; 인정 많은; 관대한; 선을 행하는
benign	gentle; not harmful; kind; mild	부드러운; 해롭지 않은; 친절한; 온화한
bent	determined; set; fixed; resolved; decided	결심한
bolster	boost; strengthen; reinforce; encourage	밀어 주다; 강하게 하다; 강화하다; 격려하다
bombast	pomposity; pretentiousness; verboseness; grandiloquence	과장된 언행; 우쭐댐; 장황함; 호언장담
boon	a timely blessing or benefit	시기적절한 축복이나 혜택
bouquet	aroma; nose; scent; fragrance	향기
bucolic	charmingly rural; rustic; country-like	매력적으로 시골풍인; 시골의; 시골 같은
buttress (*n.*)	support; prop; reinforcement; structure	지지; 지주; 강화; 구조
buttress (*v.*)	bolster; strengthen; prop up; reinforce	지지하다; 강하게 하다; 받치다; 강화하다
cacophony	disharmony; harshness; discord; noise; loudness	부조화; 귀에 거슬림; 불일치; 소음; 시끄러움
cajole	coax; persuade; wheedle; entice	구슬리다; 설득하다; 감언이설로 꾀다; 유혹하다
candor	truthfulness; sincere honesty	진실함; 참된 정직함
canny	careful and shrewd	신중하고 약삭빠른
canonize	to treat as sacred; glorify	신성시 여기다; 미화하다
castigation	criticism; rebuke; reprimand; scolding	비판; 비난; 견책; 꾸짖음
catalyst	promoter; facilitator; goad; stimulus	촉진물; 촉진제; 자극물; 자극

caustic	scathing; cutting; sarcastic; unkind	냉혹한; 매서운; 비꼬는; 불친절한
circumspect	careful; cautious; prudent; wary	신중한
clangor	a loud racket; a din	큰 소음; 시끄러운 소리
coalesce	to come together as one; to fuse; to unite	하나로 뭉치다; 융합시키다; 연합하다
collusion	conspiracy; secret cooperation	음모; 비밀스러운 협력
commensurate	equal; proportionate	동등한; 비례한
complaisant	willing; acquiescent; agreeable; amenable	기꺼이 ~하는; 잠자코 동의하는; 상냥한; 순종하는
comprehensive	covering or including everything	모든 것을 포함하거나 포괄하는
concoct	to devise, using skill and intelligence	기술과 지능을 이용해 고안해내다
concomitant	occurring or existing concurrently	동시에 발생하거나 존재하는
confound	to cause to become confused or perplexed	혼란스럽게 하거나 당황하게 만드는 것
conjure	to summon or bring into being as if by magic	마치 마법의 힘으로 한 것처럼 불러내다
construe	to interpret	해석하다
continuity	an uninterrupted succession or flow; a coherent whole	중단되지 않은 연속 혹은 흐름; 일관된 전체
conventional	common; customary; unexceptional	평범한; 습관적인; 예외가 아닌
convoluted	intricate; complex; complicated; longwinded	복잡한; 장황한
cosmopolitan	At home in many places or situations; internationally sophiscated 다양한 장소나 상황에서 편안하게 머무르는; 국제적으로 세련된	
covet	to wish for enviously	부러워하며 바라다
cow	to frighten or subdue with threats or a show of force	위협이나 시위로 무섭게 하거나 제압하는 것
craven	cowardly; gutless; spineless; weak	비겁한; 무기력한; 기골이 없는; 약한
credence	acceptance as true or valid	사실이거나 유효한 것으로 받아들여지는 것
cunning	marked by or given to artful subtlety and deceptiveness 교묘하고 미묘한 방식을 사용하여 속임수를 부리는	
cursory	hasty; superficial	몹시 서두르는; 피상적인
daft	silly; stupid; foolish; nutty	바보 같은; 멍청한; 어리석은; 미친
daunt	to make fearful; to intimidate	두렵게 하다; 겁먹게 하다
debacle	violent breakdown; sudden overthrow; overwhelming defeat 격렬한 붕괴; 갑작스러운 전복; 압도적인 패배	
defiant	boldly resisting	대담하게 저항하는
deflect	to turn aside or cause to turn aside	옆으로 비키거나 옆으로 비키게 하다

delimit	to establish the limits or boundaries of	한계나 경계를 정하다
denigrate	disparage; vilify; degrade; belittle	헐뜯다
derision	scorn; mockery; disdain; ridicule	경멸; 조롱; 업신여김; 조소
derivative	copied or adapted from others	다른 것들로부터 모방되거나 개조된
diatribe	attack; tirade; denunciation; harangue	공격; 긴 공격 연설; 공공연한 비난; 비난
diffidence	reserve; shyness; hesitancy; timidity	자제; 부끄러움; 망설임; 소심함
discomfit	embarrass; unsettle; distress; rattle; fluster	당황하게 하다
disingenuous	dishonest; insincere; untruthful; deceitful	부정직한; 거짓의; 진실이 아닌; 허위의
disparate	different; incompatible; unequal	다른; 상반되는; 동등하지 않은
dispassionate	not influenced by strong feelings or emotions	강력한 기분이나 감정에 영향받지 않는
dissemble	to disguise or conceal behind a false appearance	거짓 외모 뒤에 숨기거나 가장하는 것
disseminate	to spread the seeds of something; to scatter; to make widely known 무언가의 씨앗을 퍼뜨리다; 흩뿌리다; 널리 알려지게 하다	
doctrinaire	inflexibly committed to a doctrine or theory without regard to its practicality 실용성을 고려하지 않고 원칙이나 이론에 융통성 없이 전념하는 것	
dogmatic	arrogantly assertive of unproven ideas; stubbornly claiming that something (often a system of beliefs) is beyond dispute 입증되지 않은 생각을 거만하게 주장하는; (종종 신념 체계와 같은) 어떤 것은 논쟁의 여지가 없다고 고집스럽게 주장하는	
doughty	tough; spirited; feisty; indomitable	강인한; 힘찬; 기운찬; 굴복하지 않는
dubious	full of doubt; uncertain	의심으로 가득 찬; 불확실한
duplicity	the act of being two-faced; double-dealing; deception	두 얼굴의 행위; 이중적인 행위; 기만
dynamism	continuous change, activity, or progress	끊임없는 변화, 행동, 또는 발전
ebullient	boiling; bubbling with excitement; exuberant	끓어오르는; 흥분으로 끓는; 원기 왕성한
eccentric	not conventional; a little kooky; irregular	전통적인 것을 벗어난; 다소 괴벽한; 불규칙한
eclectic	choosing the best from many sources; drawn from many sources 여러 재료에서 최고를 선택한; 여러 재료에서 끌어낸	
efficacy	effectiveness	효능
efflorescence	a gradual process of unfolding or developing; the point or time of greatest vigor 열리거나 발전하는 점진적인 과정; 가장 활력이 넘치는 지점 혹은 시대	
effrontery	impudence; nerve; cheekiness; boldness	뻔뻔함; 용기; 건방짐; 대담함
egalitarianism	the belief in the social and economic equality of all people 모든 사람들의 사회적, 경제적 평등에 대한 믿음	

egoism	the doctrine that human behavior is motivated by self-interesst 인간의 행동은 자기 이익에 의해 동기 부여된다는 교리
eminent	well-known and respected; standing out from all others in quality or accomplishment; outstanding 유명하고 존경 받는; 소질이나 성취에서 다른 모든 것들보다 두드러지는; 눈에 띄는
emollient	soothing; calming; palliative; placative 진정시키는; 가라앉히는; 완화하는; 달래는
engender	cause; provoke; stimulate; bring about 야기시키다; 불러 일으키다; 자극하다; 초래하다
enigma	a mystery 미스터리
enterprise	initiative; innovativeness; creativity; inventiveness 기업심; 혁신성; 창의력; 독창적임
epitome	a brief summary that captures the meaning of the whole; the perfect example of something; a paradigm 전체 의미를 포착한 간략한 요약; 무언가의 완벽한 예시; 모범
equivocal	ambiguous; intentionally confusing; capable of being interpreted in more than one way 모호한; 고의적으로 혼란시키는; 한 가지 이상으로 해석이 가능한
eradicate	eliminate; destroy; exterminate; remove 제거하다; 파괴하다; 근절하다; 제거하다
erroneous	containing or derived from error; mistaken 오류를 포함하거나 오류에서 파생된; 잘못된
erstwhile	in the past; at a former time; formerly 과거에; 이전에; 전에
erudite	scholarly; deeply learned 학술적인; 학식이 깊은
esoteric	obscure; mysterious; abstruse; arcane 애매모호한; 이해할 수 없는; 난해한; 비밀의
ethos	the disposition, character, or fundamental values peculiar to a specific person, people, culture, or movement 특정한 사람, 사람들, 문화 또는 운동에 특유한 성질, 특성 혹은 기본적인 가치
exacerbate	to make worse 더 나쁘게 만들다
exemplar	paradigm; example; standard; archetype; ideal 전형; 견본; 표준; 원형; 이상
exigent	demanding prompt action; urgent 즉각적인 조치를 필요로 하는; 긴급한
explicit	clearly and directly expressed 명확하고 직접적으로 표현된
exploit	to employ to the greatest possible advantage; to make use of selfishly or unethically 가능한 최대의 이익을 위해 고용하다; 이기적으로 또는 비윤리적으로 이용하다
extant	still in existence; not destroyed 여전히 존재하는; 파괴되지 않은
extemporaneous	carried out or performed with little or no preparation 거의 또는 전혀 준비 없이 이행되거나 수행되는
extirpate	wipe out; destroy; eradicate; eliminate 없애다; 파괴하다; 박멸하다; 제거하다
extol	praise; exalt; commend; eulogize 칭찬하다
extraneous	unnecessary; irrelevant; extra 불필요한; 무관한; 외부의
extrapolate	to project or deduce from something known; to infer 알려진 것으로부터 산출하거나 추론하는 것; 추론하다

facetious	humorous; not serious; clumsily humorous	익살맞은; 심각하지 않은; 눈치 없이 익살맞은
fatuous	unintelligent; silly; complacent; unaware	무지한; 어리석은; 개의치 않는; 알지 못하는
fawn	crawl; flatter; grovel; butter up	굽실거리다; 아첨하다; 비굴하게 굴다; 아부하다
feckless	careless and irresponsible	부주의하고 무책임한
feeble	lacking bodily strength; weak	체력이 부족한; 약한
feign	to give a false appearance of	겉치레하다
fidelity	loyalty; faithfulness; reliability; trustworthiness	충성심; 충실; 기댈 수 있음; 신뢰할 수 있음
flair	talent; skill; aptitude; ability; knack; gift	재능; 기술; 적성; 능력; 기교; 재능
flip (v.)	explode; lose your temper; go berserk; lose it	폭발하다; 성질을 부리다; 광분하다; 자제력을 잃다
florid	ostentatious; showy; extravagant; flowery	과시하는; 현란한; 사치스러운; 꾸밈이 심한
fortuitous	accidental; occurring by chance	우연한; 우연히 발생한
gainsay	oppose; contradict; argue; refute	반대하다; 부정하다; 논쟁하다; 반박하다
garrulous	talkative; chatty	말이 많은; 수다스러운
glum	moody and melancholy	시무룩하고 우울한
glut	excess; surplus; superfluity; overabundance	과잉
hackneyed	everyday; commonplace; worn-out; unimaginative	평범한; 진부한; 닳고 닳은; 상상력이 없는
harbinger	a forerunner; a signal of	선인; 신호
herald	to proclaim, especially with enthusiasm	특히 열정적으로 선언하다
heterodox	not in agreement with accepted beliefs	공인된 신념과 일치하지 않는
hidebound	stubbornly prejudiced, narrow-minded, or inflexible	완고하게 편견이 있는, 편협하거나 융통성이 없는
homogeneous	uniform; made entirely of one thing	획일적인; 전적으로 하나의 것으로 만들어진
hortatory	marked by exhortation or strong urging	권하거나 강하게 재촉하는 것이 특징인
humanism	a system of thought that focuses on humans and their values, capacities, and worth 인간과 그들의 가치, 능력, 중요성에 초점을 맞춘 사고 체계	
hypothesis	something taken to be true for the purpose of argument or investigation; an assumption 논쟁이나 조사의 목적으로 진실로 여겨지는 것; 가정	
iconoclast	one who attacks popular beliefs or institutions 대중의 믿음이나 관습을 공격하는 사람; 무리에서 떨어진 사람	
illuminate	to make understandable; to clarify	이해할 수 있도록 하다; 명확히 하다
imminent	just about to happen	막 일어나려는
impecunious	having little or no money	돈이 거의 없거나 없는

impediment	a hindrance or obstruction 방해 또는 장애
impenetrable	impossible to penetrate or enter; impossible to understand 관통하거나 들어갈 수 없는; 이해할 수 없는
imperative	necessary or urgent 필수이거나 긴급한
imperceptible	impossible or difficult to perceive by the mind or senses 정신이나 감각으로 인지하기 불가능하거나 어려운
impertinence	insolence; impudence; disrespect; lip 무례함; 건방짐; 결례; 주제넘은 말
impetus	an impelling force; an impulse 추진력; 자극
implicit	implied rather than expressly stated 명백히 드러내기보다는 암시적인
improvident	careless; reckless; imprudent; negligent 부주의한; 무모한; 경솔한; 태만한
impudence	carelessness; recklessness; incaution; indiscretion 부주의함; 무모함; 경솔함; 무분별한 행동
inalienable	unable to be transferred to others 타인에게 양도할 수 없는
inane	silly; unintelligent; absurd; ridiculous 어리석은
incendiary	tending to arouse strong emotion or conflict 강한 감정이나 갈등을 유발하는 경향이 있는
incense	to make very angry 몹시 화나게 하다
inclusive	taking in a great deal or everything within its scope 범위 안의 많은 것 또는 모든 것을 받아들이는 것
indefatigable	having or showing a capacity for persistent effort 지속적인 노력을 할 수 있는 능력을 갖거나 보여주는 것
indict	to accuse of wrongdoing; to criticize severely 잘못을 고발하다; 심하게 비판하다
indifferent	not caring one way or the other; apathetic; mediocre 어느 쪽이든 상관하지 않는; 무관심한; 평범한
indolent	lazy 나태한
industrious	energetic in work or study 일이나 공부에 활력이 넘치는
ingenuity	inventiveness; cleverness; resourcefulness; imagination 창의성; 영리함; 임기응변의 재능; 상상력
inhibit	to hold back; to restrain 억누르다, 제지하다
innocuous	harmless 해롭지 않은
innovation	the act of introducing something new 새로운 것을 도입하는 일
inscrutable	difficult to understand or interpret 이해하거나 해석하기 어려운
insipid	dull; bland 지루한; 단조로운
insular	like an island; isolated 섬 같은; 고립된
integrate	to combine two or more things into a whole 둘 이상의 것들을 하나의 전체로 결합하는 것
intemperate	self-indulgent; uncontrolled; unrestrained; extravagant 제멋대로인; 자유로운; 억제되지 않은; 낭비하는

intrepid	fearless; bold; courageous; valiant 두려움이 없는; 대담한; 용기 있는; 용감한	
invalidate	to nullify 무효로 하다	
irksome	causing annoyance or weariness 성가시게 하거나 피곤하게 만드는	
ironic	meaning the opposite of what you seem to say; using words to mean something other than what they seem to mean 말하는 것과 반대를 의미하는; 단어가 의미하는 것이 아닌 다른 것을 의미하기 위해 단어를 사용하는	
kindred	having a similar or related origin, nature, or character 비슷하거나 관련된 기원, 본질 또는 성격을 가진	
labyrinthine	complex; convoluted; intricate; complicated 복잡한	
laconic	using few words, especially to the point of being rude 특히 무례하다고 할 수 있을 정도로 말을 하지 않는	
laud	to praise; to applaud; to extol; to celebrate 칭찬하다; 성원하다; 격찬하다; 경축하다	
lavish	extravagant; profligate; wasteful; excessive 낭비하는; 방탕한; 낭비하는; 지나친	
liberal	generous; copious; abundant; substantial 관대한; 풍부한; 풍족한; 상당한	
lucid	clear; easy to understand 분명한; 이해하기 쉬운	
lucrative	producing wealth; profitable 부를 창출하는; 이익이 되는	
luminary	a person who inspires others or achieves eminence in a field 다른 사람들에게 영감을 주거나 그 분야에서 명성을 얻은 사람	
magnify	to make more intense or extreme 더 강렬하거나 극단적으로 만드는 것	
makeshift	suitable as a temporary substitute 임시 대용으로 적합한	
malign	to make evil, harmful statements about, especially untrue statements 특히 진실이 아닌, 사악하고 해로운 말을 하는 것	
malleable	soft; flexible; pliable; plastic; impressionable 부드러운; 유연한; 휘기 쉬운; 마음대로 형태를 뜰 수 있는; 가소성이 있는	
marginalize	to relegate or confine to a lower or outer limit or edge 더 낮은 곳 또는 외부 한계 또는 가장자리로 내쫓거나 제한하는 것	
meager	deficient in quantity, fullness, or extent 양, 포만감 또는 정도가 부족한	
mendacious	lying; dishonest 거짓말하는; 정직하지 못한	
merit	warrant; earn; be worthy of; deserve 정당화하다; 받을 만하다; ~할 가치가 있다; 받을 만하다	
minatory	expressing or conveying a threat 위협을 표현하거나 전하는	
mitigate	to moderate the effect of something 어떤 것의 영향을 완화하다	
morbid	unwholesome thoughts or feelings, especially of death or disease 특히 죽음이나 질병에 대한 병적인 생각이나 감정	
mortify	to humiliate 창피를 주다	

mundane	ordinary; pretty boring; not heavenly and eternal	평범한; 꽤 지루한; 신성하고 영원하지 않은
munificent	very generous; lavish	매우 관대한; 아끼지 않는
naiveté	lacking worldly experience and understanding	세속적인 경험과 이해가 부족한
narcissism	excessive love of one's body or oneself	자기 몸이나 자기 자신에 대한 지나친 사랑
noisome	foul; offensive; disgusting; repulsive	불결한; 거슬리는; 역겨운; 혐오감을 일으키는
notorious	known widely and usually unfavorably	널리 그리고 대개 호의적이지 않게 알려진
novel	new; origin	새로운; 창의적인
obdurate	stubborn; inflexible; obstinate; adamant	고집 센; 구부러지지 않는; 완고한; 단호한
objective	uninfluenced by emotions or personal prejudices	감정이나 개인적인 편견에 영향을 받지 않는
obscure	unknown; hard to understand; dark	알 수 없는; 이해하기 어려운; 어두운
obviate	remove; avoid; preclude; forestall	제거하다; 피하다; 방지하다; 미연에 방지하다
occluded	blocked; sealed; obstructed; stopped	막다; 봉하다; 차단하다; 저지하다
offset	to counterbalance, counteract, or compensate for	균형을 잡아 주거나 대응하거나 보상하다
omnipresent	present everywhere simultaneously	동시에 어디에나 존재하는
opaque	impossible to see through; impossible to understand	꿰뚫어 볼 수 없는; 이해할 수 없는
opprobrium	scorn; contempt; condemnation; censure	경멸; 멸시; 비난; 책망
opulent	luxurious	호화로운
orthodox	conventional; adhering to established principles or doctrines, especially in religion; by the book 전통적인; 특히 종교에서 확립된 원칙이나 교리를 고수하는; 책에 의해	
outstrip	to move past or ahead of	지나가거나 앞으로 나아가다
overshadow	to make insignificant by comparison	비교적 무의미하게 만들다
painstaking	extremely careful; taking pains	극도로 신중한; 고심하는
panacea	something that cures everything	모든 것을 치료하는 것
paradox	a true statement or phenomenon that nonetheless seems to contradict itself; an untrue statement or phenomenon that nonetheless seems logical 모순되는 것처럼 보이지만 진리인 말이나 현상; 사리에 맞는 것처럼 보이지만 허위인 말이나 현상	
paragon	model; epitome; archetype; paradigm	원형; 축도; 전형; 전형적인 예
partial	favoring one person or side over another or others 다른 사람 혹은 다른 사람들보다 한 사람 혹은 한 편을 좋아하는	
partisan	one who in supports a particular person, cause, or idea 특정한 사람이나 명분, 사상 등을 지지하는 사람	
patent	obvious	분명한

674

peddle	to travel about selling; to seek to disseminate; to give out	
	판매를 위해 돌아다니다; 퍼뜨리려고 하다; 나눠주다	
penchant	strong taste or liking 강한 취향 또는 애호	
perfidy	treachery; disloyalty; deceit; duplicity 배반; 불충; 사기; 불성실	
perfunctory	unenthusiastic; careless 열정이 없는; 무관심한	
periphery	the outside edge of something 무언가의 바깥쪽 가장자리	
perjury	lying; untruthfulness; prevarication; mendacity 거짓말; 정직하지 않음; 얼버무림; 허위	
personification	epitome; embodiment; representation; exemplification 축도; 화신; 대표자; 예시	
perturb	to disturb greatly 매우 방해하다	
peruse	to read carefully 주의 깊게 읽다	
pervade	to spread throuhout 도처에 퍼지다	
philanthropic	charitable; benevolent; humanitarian; generous 자비로운; 인자한; 인도주의적인; 관대한	
physiological	characteristic of the normal functioning of a living organism 생명체의 정상적인 기능의 특징	
piquancy	tastiness; spiciness; sharpness; tang 맛; 흥미로움; 날카로움; 짜릿한 맛	
pivotal	crucial 중요한	
placate	pacify; conciliate; soothe; calm; mollify 달래다	
plasticity	malleability; softness; pliability; elasticity 가단성; 부드러움; 유연성; 신축성	
plethora	overabundance; excess; surfeit; glut 과잉	
plucky	brave; courageous; gutsy; fearless 용감한	
pluralism	a condition in which numerous distinct ethnic, religious, or cultural groups are present and	
	tolerated within a society 수많은 별개의 민족, 종교 또는 문화 집단이 한 사회 내에 존재하고 용인되는 상태	
polarize	to break up into opposing factions or groupings 대립하는 퍼벌이나 집단으로 분열시키다	
posture (v.)	pose; strike an attitude; strut 포즈를 취하다; 태도를 취하다; 과시하다	
precarious	dangerously lacking in security or stability 위험할 정도로 안전이나 안정성이 결여된	
precocious	characterized by development, aptitude, or interests considered advanced for a given age	
	특정 연령에 비해 발달, 적성 또는 흥미가 앞선 것이 특징인	
predilection	a natural preference for something 무언가에 대한 자연스러운 선호	
prescience	knowledge of actions or events before they occur 발생하기 전의 행동이나 사건에 대한 지식	
pretentious	behaving as if one is important or deserving of merit when such is not the case	
	그렇지 않을 때 자신이 중요한 것처럼 혹은 그럴 가치가 있는 것처럼 행동하는 것	
prevaricate	to speak or write dishonestly 부정직하게 말하거나 쓰다	
probity	correctness; integrity; rectitude; honor 올바름; 정직; 청렴; 순결	

proclivity	tendency; penchant; inclination; liking	경향; 강한 기호; 기질; 취향
prodigal	wasteful; reckless; dissolute; profligate	낭비적인; 무모한; 방탕한; 낭비하는
prodigious	extraordinary; phenomenal; unusual; exceptional	비범한; 놀랄 만한; 보통이 아닌; 뛰어난
profligate	wasteful; reckless; spendthrift; extravagant	낭비적인; 무모한; 낭비하는; 사치스러운
profusion	abundance; excess; plethora; surplus	과잉
proliferate	to spread or grow rapidly	빠르게 퍼지거나 자라다
prolix	tending to speak or write at excessive length	과도하게 길게 말하거나 쓰는 경향이 있는
promulgate	to proclaim; to publicly or formally declare something 선언하다; 공개적으로 또는 공식적으로 무언가를 선언하다	
propagate	spread; broadcast; proliferate; disseminate	퍼뜨리다; 살포하다; 증식시키다; 흩뿌리다
propensity	tendency; inclination; partiality; bent	경향; 성향; 편파; 기호
propitious	marked by favorable signs or conditions	좋은 징조 또는 조건으로 특징지어지는
provident	preparing or providing for the future; frugal	미래를 준비하거나 대비하는; 검소한
provocative	tending to provoke or stimulate	도발하거나 자극하는 경향이 있는
proxy	one appointed or authorized to act for another 다른 사람을 위해 행동하도록 임명되거나 권한을 부여받은 사람	
prudent	careful; having foresight	조심스러운; 선견지명이 있는
punctilious	strictly attentive to minute details of form in action or conduct 행동이나 행실의 세부사항에 엄격하게 주의를 기울이는	
quiescence	dormancy; latency; rest; inertness	휴면; 잠재; 휴식; 불활성
quotidian	everyday; commonplace	매일의; 흔한
rebut	to contradict; to argue in opposition to; to prove to be false 반박하다; 반대를 주장하다; 거짓임을 증명하다	
recapitulate	to make summary	요약하다
reconcile	to settle; to resolve	해소하다; 해결하다
recondite	hard to understand; over one's head	이해하기 어려운; 이해할 수 없는
referendum	the submission of a proposed public measure or statute to a direct popular vote 발의된 공적인 법안이나 법규를 민중의 직접 투표에 맡기는 것	
refuge	protection or shelter	보호 또는 대피소
relentless	continuous; unstoppable	끊임없는; 막을 수 없는
relish	hearty enjoyment or appreciation	진심으로 즐기거나 감상하는 것

renege	default; break your word; go back on; break a promise 불이행하다; 약속을 어기다; 지키지 않다; 약속을 깨다	
repudiate	to reject; to renounce; to disown; to have nothing to do with 거절하다; 포기하다; 거부하다; 아무 상관이 없게 하다	
rescind	withdraw; cancel; annul; repeal	물러나다; 취소하다; 무효로 하다; 폐지하다
resolute	determined; firm; unwavering	결심한; 확고한; 동요하지 않는
resonant	strong and deep in tone; resounding; having a lasting presence or effect 음색이 강하고 깊은; 울려 퍼지는; 지속적인 존재나 효과를 갖는	
revere	to respect highly; to honor	매우 존경하다; 경의를 표하다
ridicule	to make fun of	놀리다
ruthless	having no compassion or pity	연민이나 동정이 없는
sagacious	wise; sage; perceptive; erudite	현명한; 슬기로운; 지각력이 있는; 학식 있는
sanction	authorization; permission; approval; agreement	인증; 허가; 승인; 승낙
sanguine	cheerful; optimistic; hopeful	명랑한; 낙천적인; 희망적인
sardonic	mocking; scornful; ironic; sarcastic	조롱하는; 경멸하는; 빈정대는; 냉소적인
scanty	small; insufficient	적은; 불충분한
scintillate	to sparkle, either literally or figuratively	말 그대로 혹은 비유적으로 번쩍이다
secular	having nothing to do with religion or spiritual concerns	종교적 혹은 영적인 것과 전혀 관련 없는
sedulous	determined; hardworking; assiduous; zealous	단단히 결심한; 열심히 하는; 근면한; 열광적인
serendipity	accidental good fortune; discovering good things without looking for them 우연한 행운; 찾지 않고 좋은 것을 발견하는 것	
shrewd	clever awareness or resourcefulness	현명한 자각이나 임기응변
sinister	evil, wicked; foreshadowing evil, trouble, or wickedness 사악한, 나쁜; 재난, 역경 또는 사악함을 예견하는	
solicitous	eager and attentive, often to the point of hovering; anxiously caring or attentive 종종 맴돌 정도로 열성적이고 주의 깊은; 애타게 걱정하거나 주의 깊은	
solidarity	unity of purpose, interest, or sympathy	목적, 이익 또는 공감의 연합체
soporific	sleep-inducing; hypnotic; tranquilizing; tedious; boring 수면을 유발하는; 최면성의; 진정시키는; 지겨운; 지루한	
specious	false; hollow; erroneous; baseless	잘못 된; 속이 빈; 틀린; 근거가 없는
speculative	based on guesswork	추측에 기반한
sporadic	stopping and starting; scattered; occurring in bursts every once in a while 멈추고 시작하는; 산발하는; 이따금씩 폭발적으로 발생하는	

spurious	doubtful; bogus; false 의심스러운; 가짜의; 거짓의
stalwart	resolute; determined; committed; unfaltering 굳게 결심한; 결심한; 명확한 태도를 가진; 흔들리지 않는
subjective	based on a given person's experience, understanding, and feelings 정해진 한 사람의 경험, 이해, 그리고 감정에 기반한
superficial	on the surface only; shallow; not thorough 오직 표면상의; 얕은; 철저하지 않은
superfluous	extra; surplus; redundant; unnecessary 여분의; 과잉의; 과다한; 불필요한
supplant	to take the place of or substitute for 대신하거나 대체하다
surrogate	substitute 대신하는 사람
synthesis	the combining of parts to form a whole 부분을 하나로 통합한 것
tacit	implied; not spoken 암시적인; 무언의
taciturn	not talkative 말이 없는
tang	trace; hint; aftertaste; flavor; smack 기미; 기색; 여운; 기미; 낌새
temperance	moderation and self-restraint 절제와 자제
temporal	lasting only for a time; not eternal; passing 잠시 동안만 지속되는; 영원하지 않은; 지나가는
tenable	defensible, as in one's position in an argument; capable of being argued successfully; valid 논쟁에서 자신의 입장에 서서 변호할 수 있는; 성공적으로 주장될 수 있는; 유효한
tensile	capable of being stretched or extended 늘어나거나 연장될 수 있는
tepid	lacking in emotional warmth or enthusiasm 감정적인 따뜻함이나 열정이 부족한
tortuous	twisting; convoluted; indirect; meandering; roundabout 뒤틀린; 뒤얽힌; 우회하는; 종잡을 수 없는; 간접의
tractable	docile; controllable; manageable; obedient 유순한; 조종할 수 있는; 다루기 쉬운; 순종하는
transgress	to violate (a law); to sin (법을) 위반하다; 죄를 짓다
trifling	of little worth or importance 가치가 적거나 덜 중요한
trivial	of little significance or value 덜 중요하거나 가치가 덜한
tumultuous	very loud; noisy; disorderly 소리가 매우 큰; 시끄러운; 소란스러운
ubiquitous	being everywhere at the same time 동시에 모든 곳에 존재하는
undermine	to weaken 약하게 하다
uniform	consistent; unchanging; the same for everyone 일관된; 변화가 없는; 획일화된
unstinting	generous; openhanded; liberal; giving 관대한; 후한; 인색하지 않은; 베푸는
vacuous	empty; blank; vacant; void 비어 있는

vain	having or showing excessive pride in one's appearance or accomplishments	
	자신의 외모 또는 업적에 대해 과도한 자부심을 갖거나 보여주는 것	
vanquish	to defeat or conquer in battle 전투에서 이기거나 정복하다	
veneration	worship; adoration; reverence; honor 숭배; 흠모; 경외; 공경	
veracious	truthful 정직한	
verbiage	excessive verbal nonsense; verbosity; waffle; redundancy	
	말로 하는 지나친 허튼소리; 장황함; 쓸데없는 말; 장황	
vex	to annoy; to pester; to confuse 성가시게 하다; 못살게 굴다; 혼란스럽게 하다	
vindicate	to clear from all blame or suspicion; to justify 모든 비난이나 의심에서 벗어나다; 정당성을 증명하다	
warrant	merit; deserve; necessitate; justify 자격이 있다; 받을 만하다; 피할 수 없게 하다; 정당화하다	
zest	taste; tang; piquancy; bite 맛; 짜릿한 맛; 짜릿한 느낌; 얼얼한 맛	

Word Roots You Should Know

꼭
알아야 할
어근

어근을 알면 단어의 암기력을 높일 수 있다. 사전에서 단어를 찾을 때 단어의 뜻과 어근의 연관성을 꼭 살펴보기 바란다. 여기에 나온 어근을 모두 암기할 필요는 없다. 이미 여러분이 어느 정도는 알고 있는 것들이며 단어 속에 어떻게 나타나고 있는지, 어떻게 그 단어의 뜻이 형성되는지를 유심히 공부하면 된다. 그러나 같은 어근을 가진 단어라도 다른 형태의 철자로 나타나기도 한다. 그것은 수천 년에 걸친 언어 역사의 유산이며, 이 책에서도 다양한 예를 선보이려고 노력하였다.

A

A (without)

amoral 도덕과 관계없는
atheist 무신론자
atypical 부정형의, 불규칙적인
anonymous 익명의, 작자 미상의
apathy 무관심, 냉담
amorphous 형태가 없는, 조직이 없는
atrophy 쇠약, 위축
apartheid 인종 차별정책
anomaly 예외, 변칙
agnostic 불가지론

AB/ABS (off, away from, apart, down)

abduct 유괴하다
abhor 혐오하다, 거부하다
abolish 폐지하다
abstract 추상적인, 이론적인
abnormal 비정상적인
abdicate (왕위, 권리를) 버리다, 포기하다
abstinent 절제하는, 금욕적인
absolution 면제, 사면
abstruse 난해한
abrogate (법률을) 폐기하다
abscond 도주하다
abjure (신념 등을) 포기하다
abstemious 절제하는, 검소한
ablution 목욕재계
abominate 혐오하다
aberrant 정도에서 벗어난, 탈선의

AC/ACR (sharp, bitter)

acid 신맛이 나는, 신랄한
acute 날카로운, (아픔이) 격심한
acerbic 맛이 신, 신랄한
exacerbate (고통을) 악화시키다
acrid 매운, 가혹한
acrimonious 신랄한, 독살스러운
acumen 예리함, 통찰력

ACT/AG (to do, to drive, to force, to lead)

act 행위
agent 대행인, 관리인
agile 동작이 빠른, 민첩한
agitate 흔들다, 선동하다
exacting 엄격한, 힘겨운
litigate 소송을 제기하다
prodigal 낭비하는, 방탕한

prodigious 거창한, 놀라운
pedagogue 학자인 척하는 사람
demagogue 선동가
synagogue 유대교도의 집단

AD/AL (to, toward, near)

adapt 적응시키다
adjacent 인접한
addict 빠지게 하다, 중독되게 하다
admire 찬양하다, 동경하다
address 연설하다, 말을 걸다
adhere 들러붙다, 집착하다
administer 주다, 집행하다
adore 숭배하다
advice 충고
adjoin ~에 인접하다
adultery 간통
advocate 대변자
allure 유인하다
alloy 합금하다, 섞어서 불순물로 만들다

AL/ALI/ALTER (other, another)

alternative 양자택일의, 대안의
alias 별명
alibi 현장 부재 증명, 알리바이
alien 외래의, 외국인
alter ego 다른 나, 둘도 없는 친구
alienation 소외감, 이간
altruist 이타적인
altercation 언쟁
allegory 우화

AM (love)

amateur 애호가, 비전문가
amatory 연애의, 호색적인
amorous 바람기 있는, 연애의
enamored 사랑에 빠진, 반한
amity 친선
paramour 정부, 애인
inamorata 애인, 정부
amiable 붙임성 있는, 상냥한
amicable 우호적인

AMB (to go, to walk)

ambitious 열망하는
amble (사람이) 느릿느릿 걷다
preamble 서문
ambulance 구급차
ambulatory 보행의, 이동성의
perambulator 유모차, 순시자
circumambulate 걸어 돌아다니다, 순회하다

AMB/AMPH (around)

amphitheater 원형 극장
ambit 구역, 범위
ambiance 환경, 분위기
ambient 포위한, 환경의

AMB/AMPH (both, more than one)

ambiguous 두 가지 뜻으로 해석할 수 있는, 모호한
amphibian 양서류의, 수륙 양용의
ambivalent 서로 용납하지 않는, 양성애자
ambidextrous 양손잡이의, 두 마음을 품은

ANIM (life, mind, soul, spirit)

unanimous 동의하는, 만장일치의
animosity 악의, 원한
equanimity 마음의 평정, 침착
magnanimous 관대한
pusillanimous 나약한, 소심한

ANNU/ENNI (year)

annual 1년의, 해마다의
anniversary 기념일
biannual 1년에 두 번의
biennial 2년에 한 번의
centennial 100년마다 한 번의
annuity 연금
perennial 여러 해 계속되는, 다년생의
annals 연대기
millennium 천년간

ANTE (before)

ante (사업 등의) 분담금, 자금
anterior 전의, 전방의
antecedent 선행의, 전
antedate (날짜 등이) ~보다 선행하다
antebellum 전쟁 전의
antediluvian 대홍수 이전의

ANTHRO/ANDR (man, human)

anthropology 인류학
android 인조인간
misanthrope 인간을 싫어하는 사람, 염세주의자
philanthropy 박애주의
anthropomorphic 의인화된
philander 여자 꽁무니를 쫓아다니다, 여자를 건드리다
androgynous 남녀 양성의
anthropocentric 인간 중심의

ANTI (against)

antidote 해독제
antiseptic 방부제
antipathy 반감, 혐오
antipodal 대척지, 정반대의

APO (away)

apology 사죄, 변명
apostle 사도
apocalypse 묵시, 계시, 사회적인 대사건
apogee 극점
apocryphal 외경의, 출처가 의심스러운
apotheosis 신격화, 극치
apostasy 배교, 변절
apoplexy 졸중

APT/EPT (skill, fitness, ability)

adapt 적응시키다
aptitude 적성, 소질
apt 적절한
inept 부적절한, 서투른
adept 숙달한, 숙련자

ARCH/ARCHI (chief, principal)

architect 건축가
archenemy 인류의 대적, 사탄
archetype 원형, 전형
archipelago 군도

ARCHY (ruler)

monarchy 군주 정치
matriarchy 모권 사회
patriarchy 부권 사회
anarchy 무정부 상태
hierarchy 계급 조직
oligarchy 과두 정치

ART (skill, craft)

art 기술
artificial 인공적인
artifice 기술, 술책
artisan 장인, 기능공
artifact 공예품
artful 기교가 뛰어난
artless 꾸밈없는, 서투른

AUC/AUG/AUX (to increase)

auction 경매
auxiliary 보조의, 예비의
augment 증가시키다
august 존엄한

AUTO (self)

automatic 자동적인
autopsy 검시, 부검
autocrat 독재자
autonomy 자치 단체

BE (to be, to have a certain quality)

belittle 얕보다
belated 시대에 뒤떨어진
bemoan 슬퍼하다
befriend ~의 편을 들다
bewilder 당황하게 하다
begrudge ~하기를 꺼리다, 시기하다
bequeath 유언으로 증여하다
bespeak 예약하다, 주문하다
belie (실제 모습을) 속여 나타내다
beguile 속이다
beset 포위하다
bemuse 멍하게 만들다
bereave (희망 등을) 앗아가다, 가족을 죽음으로 잃다

BEL/BELL (war)

rebel 반란
belligerent 교전 중인, 호전적인
bellicose 호전적인
antebellum 전쟁 전의

BEN/BON (good)

benefit 이익
beneficiary 수익자
beneficent 인정이 많은
benefactor 은혜를 베푸는 사람
benign 인자한
benevolent 자비로운, 호의적인
benediction 축복, 감사
bonus 상여금, 이익 배당
bon vivant 미식가, 유쾌한 친구
bona fide 성실한, 진실한

BI (twice, doubly)

binoculars 쌍안경
biannual 연 2회의
biennial 2년마다의
bigamy 중혼(죄)
bilateral 양면이 있는
bilingual 두 나라 말을 하는
bipartisan 2대 정당의

BRI/BREV (brief, short)

brief 잠깐의, 짧은
abbreviate 줄여 쓰다, 축약하다
abridge 요약하다
brevity 간결함

CAD/CID (to fall, to happen by chance)

accident (우연한) 사고
coincidence 동시에 일어난 사건
decadent 퇴폐적인
cascade 작은 폭포
recidivism 상습적 범행
cadence 운율

CAND (to burn)

candle 양초
incandescent 백열의, 빛나는
candor 허심탄회, 정직

CANT/CENT/CHANT (to sing)

chant 노래, 노래하다
enchant (노래를 불러) 마법을 걸다
accent 악센트, 강세
recant (주장 등을) 철회하다
incantation 주문을 외움, 마법
incentive 고무하는, 자극적인

CAP/CIP/CAPIT/CIPIT (head, headlong)

capital 주요한
cape 곶, 갑
captain 우두머리, 선장
disciple 문하생
principle 근본 원리, 원리 원칙
principal 주요한, 제일의
precipice 절벽, 위기
precipitate 거꾸로 떨어지다
precipitous 깎아지른 듯한
capitulate (조건부로) 항복하다
capitalism 자본주의
precipitation 급격, 투하
caption 표제, 제목
recapitulate 요점을 되풀이하다

CAP/CIP/CEPT (to take, to get)

capture 사로잡다
anticipate 예견하다
intercept 도중에서 가로채다
susceptible 받아들이는, ~할 여지가 있는
emancipate (노예 등을) 석방하다
recipient 받아들이는
incipient 초기의, 시작의
percipient 지각력이 있는
precept 교훈

CARD/CORD/COUR (heart)

cardiac 심장병의
courage 용기
encourage 용기를 북돋우다
concord 의견의 일치
discord 불화
accord 일치하다, 조화를 이루다
concordance 일치, 화합
cordial 충심에 의한

CARN (flesh)

carnivorous 육식성의
carnival 사육제
carnal 육체적인, 속세의
carnage 대학살
reincarnation 윤회, 환생
incarnation 육체를 부여함, 인간화

CAST/CHAST (cut)

caste 카스트 제도
castigate 징계하다, 혹평하다
chastise 벌하다, 비난하다
chaste 순결한

CAUST (to burn)

caustic 부식성의
holocaust 대학살, 완전 소각

CED/CEED/CESS (to go, to yield, to stop)

exceed ~을 초과하다, 능가하다
precede 앞장서다, 보다 우월하다
recess 휴가
concede 양보하다, 인정하다
cede 양도하다
access 입장, 접근
predecessor 전임자, 조상
precedent 전례, 관례
antecedent 앞서는, 이전의
recede 물러가다, 손을 떼다
abscess 종양, 종기
cessation 중지, 휴지
incessant 끊임없는

CENTR (center)

central 중심의
concentrate 집중시키다, 한 점에 모으다
eccentric 중심에서 벗어나, 별난
concentric 중심이 같은
centrifuge 원심분리기
egocentric 자기중심적인

CERN/CERT/CRET/CRIM/CRIT
(to separate, to judge, to distinguish, to decide)

concern 관계가 있다
critic 비평가

secret 비밀의
crime 범죄
discreet 신중한, 조심스러운
ascertain ~을 확인하다
certitude 확신
hypocrite 위선자
discriminate 식별하다, 차별하다
criterion 판단의 기준
discern 구별하다, 눈으로 알아보다
recrimination 역습, 반격

CHRON (time)

synchronize 동시에 일어나다
chronicle 연대기
chronology 연대학, 연표
chronic 장기간에 걸친, 만성적인
chronological 연대순으로
anachronism 시대착오
chronometer 정밀한 시계

CIRCU (around, on all sides)

circumference 원주, 주위
circumstances 환경, 상황
circuit 순회, 주위
circumspect 조심성 있는
circumvent 일주하다, 우회하다
circumnavigate (섬 등을) 항해로 일주하다
circumambulate 걸어 돌아다니다
circumlocution 둘러말함, 완곡한 표현, 핑계
circumscribe (영토의) 경계선을 긋다, 주위를 둘러싸다
circuitous 둘러 가는 길의, 간접적인

CIS (to cut)

scissors 가위
precise 정확한, 간결한
exorcise 내쫓다, 몰아내다
excise 삭제하다
incision 베기, 째기
incisive 예리한, 신랄한
concise 간명한

CIT (to set in motion)

excite 흥분시키다
incite 자극하다, 선동하다
solicit 간청하다, 유혹하다
solicitous 걱정하는, 애쓰는

CLA/CLO/CLU (shut, close)

closet 벽장
enclose 에워싸다, 넣고 싸다
conclude 마무리하다, 결론짓다
claustrophobia 밀실 공포증
disclose 드러내다, 폭로하다
exclusive 배타적인, 독점적인
recluse 은둔한
preclude 미리 막아내다, 배제하다

seclude 차단하다, 격리하다
cloister 수도원, 은둔 생활
foreclose 방해하다, 제외하다
closure 폐쇄, 종료

CLAIM/CLAM (to shout, to cry out)

exclaim 소리치다
proclaim 선언하다, 주장하다
acclaim 환호하다
clamor 군중의 떠들썩함, 아우성
disclaim 권리를 포기하다, 관계를 부인하다
reclaim 반환을 요구하다
declaim 열변을 토하다, 규탄하다

CLI (to lean toward)

decline 쇠퇴하다
recline 기대다, 눕히다
climax 최고조, 정점
proclivity 경향, 성향
disinclination 싫증, 마음이 내키지 않음

CO/COL/COM/CON (with, together)

connect 연결하다, 관계가 있다
confide 신뢰하다
concede 승인하다
coerce 강요하다
cohesive 결합력이 있는
cohort 군대의 일 대대
confederate 동맹한
collaborate 협력하다
compatible 양립할 수 있는
coherent 응집성의
comply (명령 등에) 따르다
conjugal 부부의
connubial 결혼 생활의
congenial 마음이 맞는
convivial 연회를 좋아하는
coalesce 합체하다
coalition 제휴, 연합
contrite 죄를 깊이 뉘우치는
conciliate 회유하다, 환심을 사다
conclave 비밀회의
commensurate 같은 정도의, 크기 등이 알맞은

CRAT/CRACY (to govern)

bureaucracy 관료 정치
democracy 민주주의
aristocracy 귀족 정치
theocracy 제정일치
plutocracy 금권주의
autocracy 독재 정치

CRE/CRESC/CRET (to grow)

creation 창조
increase 증가하다
crescendo 점점 세게

increment 증대, 이익
accretion 증가, 부착
accrue (~로부터) 발생하다

CRED (to believe, to trust)

incredible 믿을 수 없는
credibility 신빙성
credentials 신임장
credit 신용
creed 신조, 강령
credo 신조
credence 신임, 신용
credulity 쉽게 믿음
incredulous 쉽게 믿지 않는, 의심이 많은

CRYP (hidden)

crypt 토굴
cryptic 숨은, 비밀의
apocryphal 출처가 의심스러운
cryptography 암호문

CUB/CUMB (to lie down)

cubicle (칸막이로 된) 작은 침실
succumb 굴복하다
incubate 알을 품다, 배양하다
incumbent 의지하는
recumbent 드러누운, 기댄, 휴식하는

CULP (blame)

culprit 범죄자
culpable 죄가 있는
exculpate 무죄 방면하다
inculpate 죄를 씌우다, 연루시키다
mea culpa 내 탓, 내 잘못

CUR/COUR (running, a course)

occur 발생하다
recur 재발하다
current 현행의
curriculum 교과 과정
courier 안내원, 밀사
cursive 필기체
excursion 짧은 여행, 유람
concur 동의하다
concurrent 동시 발생의, 수반하는
incur (비난 등을) 초래하다
incursion 침입
discourse 강연, 담화
discursive (이야기 등이) 산만한
precursor 선구자, 선배
recourse 의지, 의뢰
cursory 마구잡이의, 서두르는

DE (away, off, down, completely, reversal)

descend 내려가다

detract 주의를 다른 데로 돌리다

decipher 암호를 해독하다

deface 외관을 더럽히다

defile 더럽히다, 모욕하다

defraud 속이다, 횡령하다

deplete 고갈시키다

denounce 비난하다

decry 비난하다

defer 뒤로 미루다

defame 중상, 모욕하다

delineate 윤곽을 그리다, 묘사하다

deferential 공손한

DEM (people)

democracy 민주주의

epidemic 유행성의

endemic 풍토병의

demagogue 선동가

demographics 인구 통계

pandemic 전국적으로 퍼지는

DI/DIA (apart, through)

dialogue 대화

diagnose 진단하다

diameter 지름

dilate 넓어지다

digress 이야기가 빗나가다

dilatory 시간을 끄는

diaphanous 투명한

dichotomy 이분법

dialectic 변증법적인

DIC/DICT/DIT (to say, to tell, to use words)

dictionary 사전

dictate 구술하다

predict 예언하다

contradict 부인하다

verdict 평결을 내리다

abdicate 퇴위하다

edict 칙령, 명령

dictum 전문가의 의견, 격언

malediction 저주, 악담

benediction 축복, 감사의 기도

indict 기소하다

indite 시를 쓰다

diction 어법, 말씨

interdict 금지하다

obiter dictum 판결에 있어서 판사의 부수적 의견

DIGN (worth)

dignity 위엄, 품위

dignitary 고위 인사

dignify 위엄 있게 하다

deign 체면을 불구하고 ~하다

indignant 분개한

condign (처벌 등이) 적당한

disdain 경멸하다

infra dig 품격을 떨어뜨리는

DIS/DIF (away from, apart, reversal, not)

disperse 흩어지게 하다

disseminate (씨나 주장을) 퍼뜨리다

dissipate 흩어 놓다

dissuade 단념시키다

diffuse 퍼뜨리다

DOC/DAC (to teach)

doctor 박사, 의사

doctrine 교리, 학설

indoctrinate (사상 등을) 주입하다

doctrinaire 교조적인

docile 가르치기 쉬운, 유순한

didactic 교훈적인, 설교하기 좋아하는

DOG/DOX (opinion)

orthodox 정통파의

paradox 역설

dogma 교조, 교리

dogmatic 독단적인, 교조적인

DOL (suffer, pain)

condolence 애도, 조문

indolence 게으름

doleful 서글픈

dolorous 비통한

DON/DOT/DOW (to give)

donate 기부하다

donor 기증자

pardon 용서, 사면

condone 용서하다, 묵과하다

antidote 해독제

anecdote 일화

endow 증여하다

dowry 결혼 지참금

DUB (doubt)

dubious 의심스러운

dubiety 의혹

indubitable 의심할 나위 없이 확실한

DUC/DUCT (to lead)

conduct 지도, 안내, 행위
abduct 유괴하다
conducive 이바지하는
seduce 유혹하다
induct 인도하다, 안내하다
induce 권유하다
ductile 유순한

DUR (hard)

endure 참다
durable 오래 견디는
duress 구속, 감금
dour 음울한
obdurate 완고한

DYS (faulty)

dysfunction 기능 장애
dystopia 반 유토피아
dyspepsia 소화 불량
dyslexia 난독증

EPI (upon)

epidemic 전염성의
epilogue 에필로그
epidermis 표피
epistle 서간, 편지
epitome 발췌, 요약
epigram 경구, 풍자시
epithet 형용어구
epitaph 비문

EQU (equal, even)

equation 동등, 평형
adequate 충분한
equivalent ~에 상응하는
equilibrium 평형, 안정
equable 균등한
equidistant 같은 거리의
equity 공평, 정당
iniquity 부정, 불법
equanimity 침착, 마음의 평정
equivocate 모호한 말을 쓰다
equivocal (뜻이) 분명치 않은, 다의성의

ERR (to wander)

err 잘못하다
error 잘못, 실수
erratic 엉뚱한, 산만한
erroneous 잘못된
errant 그릇된 생각이나 행위
aberrant 탈선적인

ESCE (becoming)

adolescent 청년기의
obsolescent 쇠퇴해 가는
iridescent 무지개 빛깔의
luminescent 발광성의
coalesce 합체하다
quiescent 정지한
acquiescent 묵묵히 따르는
effervescent 활기 있는
incandescent 빛나는
evanescent 순간의, 덧없는
convalescent 회복기에 있는
reminiscent 추억에 잠기는

EU (good, well)

euphoria　행복감

euphemism　완곡어법

eulogy　찬양, 칭송

eugenics　우생학

euthanasia　안락사

euphony　듣기 좋은 음조

E/EF/EX
(out, out of, from, former, completely)

evade　회피하다

exclude　차단하다, 제외하다

extricate　탈출시키다

exonerate　무죄임을 입증하다

extort　강제로 탈취하다, 무리하게 강요하다

exhort　훈계하다

expire　끝나다, 소멸하다

exalt　칭찬하다, 높이다

exult　의기양양하다

effervesce　거품이 일다, 흥분하다

extenuate　정상 참작 하다

efface　지우다, 말살하다

effusion　유출, 토로

egregious　지독한, 어처구니없는

EXTRA (outside of, beyond)

extraordinary　이상한, 특별한

extrasensory　초감각적인

extraneous　외부에 발생한, 외래의, 이질적인

extrapolate　추론하다, 추측하다

FAB/FAM (speak)

fable　우화

fabulous　전설적인, 믿어지지 않는

affable　붙임성 있는

ineffable　말로 표현할 수 없는

fame　평판, 명예

famous　유명한

defame　(~를) 중상하다

infamous　불명예스러운, 악명 높은

FAC/FIC/FIG/FAIT/FEIT/FY
(to do, to make)

factory　공장

facsimile　복제, 팩시밀리

benefactor　(학교 등의) 후원자

facile　손쉬운, 편리한

faction　당쟁, 파벌

fiction　소설, 허구

factitious　인위적인

efficient　능률적인

deficient　불완전한

proficient　익숙한, 숙련된

munificent　아낌없이 주는

prolific　다산의, 다작의

soporific　최면의

figure　형상, 모양

figment　허구

configuration　윤곽, 형상

effigy　초상

magnify　확대하다

rarefy　희박하게 하다

ratify　비준하다

ramification　가지, 지류

counterfeit　위조하다

feign　~인 체하다

fait accompli　기정사실

ex post facto　과거로 소급하여

FER (to bring, to carry, to bear)

offer　제공하다

transfer　옮기다

confer　수여하다

referendum　국민 투표

infer　추론하다

fertile　다산의, 비옥한

proffer　제안하다

defer　연기하다

proliferate 증식하다

vociferous 떠들썩한

FERV (to boil, to bubble, to burn)

fervor 열정

fervid 열렬한

effervescent 거품이 이는, 활기 있는

FID (faith, trust)

confide 신임하다

confident 확신하는

confidant (비밀을 이야기할 수 있는) 절친한 친구

affidavit 선서서, 선서 진술서

diffident 자신 없는, 소심한

fidelity 충실

infidelity 배신, 신앙이 없음

perfidy 불성실, 배반

fiduciary 신용상의

infidel 이교도

semper fidelis 항상 충실한

bona fide 진실한

FIN (end)

final 최후의

finale 대단원

confine 제한하다, 경계, 국경

define (범위 등을) 규정짓다

definitive 결정적인, 최종적인

infinite 무한한

affinity 인척 관계

infinitesimal 극미한, 무한소

FLAG/FLAM (to burn)

flame 불꽃

flamboyant 불타오르는 듯한

flammable 가연성의

inflammatory 격앙시키는, 선동적인

flagrant 악명 높은

conflagration 대형 화재

in flagrante delicto 현행범으로

FLECT/FLEX (to bend)

deflect 빗나가다

flexible 구부리기 쉬운

inflect 굴절하다, 활용하다

reflect 반영하다

genuflect (경의를 표하기 위해) 무릎을 꿇다

FLICT (to strike)

afflict 괴롭히다

inflict (구타 등을) 가하다

conflict 충돌, 대립

profligate 방탕한

FLU, FLUX (to flow)

fluid 유동성의

influence 영향을 미치다

fluent 유창한

affluent 풍부한, 거침없는

fluctuation 파동

influx 유입, 쇄도

effluence 발산, 유출

confluence 합류

superfluous 넘치는, 여분의

mellifluous 목소리가 매끄러운

FORE (before)

foresight 선견지명

foreshadow 예시하다, 징조를 보이다

forestall 앞서다, 매점하다

forgo 삼가다, ~없이 지내다

forbear 억제하다

FORT (chance)

fortune 부, 운

fortunate 운이 좋은

fortuitous 우연한

FRA/FRAC/FRAG/FRING (to break)

fracture 분열, 깨짐

fraction 파편

fragment 파편, 산산조각

fragile 깨지기 쉬운

refraction 굴절

fractious 다루기 힘든

infraction 위반, 불완전 골절

refractory 다루기 힘든

infringe 위반하다, 침해하다

FRUIT/FRUG (fruit, produce)

fruitful 다산의, 열매가 많은

fruition 결실, 성과

frugal 검소한

FUND/FOUND (bottom)

foundation 토대, 설립

fundamental 기초적인, 주요한

founder 설립자

profound 심오한

FUS (to pour)

confuse 혼동하다

transfusion 주입

profuse 풍부한, 헤픈

effusive 심정을 토로하는

diffuse 발산하다, 퍼뜨리다

suffuse (액체, 빛 등으로) 뒤덮다

infusion 주입, 고취

G

GEN (birth, creation, race, kind)

generous 관대한
generate 낳다
genetics 유전학
photogenic 촬영에 적합한
degenerate 퇴화하다
homogeneous 동종의
genealogy 가계, 혈통
gender 성별
genre 유형, 형식
genesis 기원, 발생
carcinogenic 발암성의
genial 정다운, 온화한
congenial 같은 성질의
ingenuous 소박한, 솔직한
ingenue 천진난만한 소녀
indigenous 토착의, 지역 고유의
congenital 선천적인
progeny 자손
engender 낳다, 발생하게 하다
miscegenation 잡혼
sui generis 독자적인, 특수한

GN/GNO (know)

ignore 무시하다
ignoramus 무지한 사람
recognize 인식하다
incognito 익명의
diagnose 진단하다
prognosis 예측, 예지
agnostic 불가지론의, 불가지론자
cognitive 인식의
cognoscenti 감정가
cognizant 인식하고 있는

GRAND (big)

grand 웅장한
grandeur 장대, 장관
grandiose 장엄한
aggrandize 확대하다, 강화하다
grandiloquent 과장된, 호언장담하는

GRAT (pleasing)

grateful 감사해 마지않는
ingrate 은혜를 모르는, 배은망덕한 사람
ingratiate ~의 비위를 맞추다, 환심을 사다
gratuity 팁, 선물
gratuitous 무료의, 호의상의

GRAV/GRIEV (heavy, serious)

grave 중대한, 근엄한
grief 비탄, 큰 슬픔
aggrieve 고통을 주다, ~의 감정을 상하게 하다
gravity 중력
grievous 통탄할, 중대한

GREG (herd)

congregation 모임
segregation 분리, 격리
aggregation 집합, 집단
gregarious 떼를 지어 사는, 사교적인
egregious 지독한, 어처구니없는

GRESS/GRAD (to step)

progress 진전, 발달
graduate 졸업하다, 졸업시키다
gradual 점진적인
aggressive 공격적인
regress 후퇴, 역행
degrade 좌천시키다, 퇴화시키다
retrograde 후퇴하다, 역행하다
transgress 한도를 벗어나다, 위반하다
digress (이야기 등이) 빗나가다
egress 밖으로 나가다

HER/HES (to stick)

coherent 응집성의
cohesive 밀착하는, 결합력이 있는
adhesive 잘 들러붙는
adherent 점착성의, 지지자
inherent 본래부터의, 타고난

(H)ETERO (different)

heterosexual 이성애의
heterogeneous 이질적인
heterodox 이교의, 이단의

(H)OM (same)

homogeneous 동종의, 균질의
homonym 동음이의어
homosexual 동성애의
anomaly 변칙, 예외
homeostasis 항상성

HYPER (over, excessive)

hyperactive 지나치게 활동적인
hyperbole 과장법

HYPO (under, beneath, less than)

hypodermic 피하 주사
hypochondriac 우울증
hypothesis 가설, 단순한 억측
hypocritical 위선의

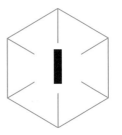

ID (one's own)

idiot 천치, 얼간이
idiom 관용 어법
idiosyncrasy (한 개인 고유의) 특질, 특징, 개성

IM/IN (not, without)

inactive 움직이지 않는
indifferent 무관심한
innocuous 독이 없는
insipid 무미건조한
indolence 나태, 무통
impartial 공명정대한
inept 부적당한
indigent 궁핍한, ~이 없는

IM/IN/EM/EN (in, into)

in ~안에
embrace 껴안다, 받아들이다
enclose 에워싸다
ingratiate ~의 비위를 맞추다
intrinsic 본질적인
influx 유입, 쇄도
incarnate 인간의 형상을 한
implicit 함축적인
indigenous 토착의, 원산의

INFRA (beneath)

infrastructure 하부 조직
infrared 적외선
infrasonic 초저주파

INTER (between, among)

interstate 각 주(州) 간의
interim 한동안, 임시의
interloper 남의 일에 참견하고 나서는 사람
interlude 막간, 시간과 시간의 사이
intermittent 간헐성의
interplay 상호작용
intersperse 산재시키다, 점철하다
intervene 사이에 끼이다, 개재하다

INTRA (within)

intramural 교내의, 도시 안의
intrastate 주(州) 내의
intravenous 정맥 내의

JECT (to throw, to throw down)

inject 주입하다
eject 배출하다
project 발사하다, 돌출하다
trajectory 궤도
conjecture 추측하다
dejected 낙심한
abject 비천한, 영락한

JOIN/JUNCT (to meet, to join)

junction 접합, 교차
joint 접합점
adjoin 인접하다
subjugate 종속시키다
juxtapose 병렬하다, 병치하다
injunction 명령
rejoinder 답변
conjugal 부부의
junta 의회, (쿠데타 후의) 임시 정부

JUR (to swear)

jury 배심원
perjury 위증
abjure (주의, 신앙 등을) 버릴 것을 선언하다
adjure 엄명하다, 간청하다

LECT/LEG (to select, to choose)

collect 모으다
elect 선출하다
select 선택하다
electorate 유권자
predilection 애호, 편애
eclectic 취사선택하는, 절충적인
elegant 품위 있는

LEV (lift, light, rise)

elevator 승강기
relieve (고통 등을) 덜어 주다
lever 지레
alleviate 덜다, 완화하다
levitate 공중 부양
relevant 관계가 있는
levee 제방, 둑
levity 경솔, 변덕

LOC/LOG/LOQU (word, speech)

dialogue 대화
eloquent 웅변의, 설득력이 있는
elocution 발성법, 웅변술
locution 말투, 관용 어법
interlocutor 대화자, 질문자
prologue 프롤로그, 서언
epilogue 에필로그, 후기
soliloquy 독백
eulogy 찬양, 칭송
colloquial 구어체의, 일상 회화의
grandiloquent 과장된 말의
philology 언어학
neologism 신조어
tautology 동어의 반복
loquacious 수다스러운

LUC/LUM/LUS (light)

illustrate 설명하다
illuminate 조명을 비추다
luminous 빛을 내는, 총명한
luminescent 발광성의
illustrious 저명한, 빛나는
lackluster 광택이 없는, 혼탁한
translucent 반투명의, 명백한
lucid 번쩍이는, 맑은
elucidate 명료하게 하다, 해명하다

LUD/LUS (to play)

illusion 환영, 착각
ludicrous 우스꽝스러운
delude 속이다, 현혹하다
elude 회피하다, 이해되지 않다
elusive 피하는, 알기 어려운, 잡히지 않는
allude 암시하다
collusion 공모, 결탁
prelude 전주곡, 도입부
interlude 시간과 시간 사이, 막간

LUT/LUG/LUV (to wash)

lavatory 화장실
dilute 희석하다
pollute 오염시키다
deluge 대홍수, 쇄도
antediluvian 대홍수 이전의, 구시대적인

M

MAG/MAJ/MAX (big)

magnify 확대하다

magnitude 거대함, 중대함

major 주요한, 대다수의

maximum 최대의

majestic 장엄한

magnanimous 도량이 큰, 관대한

magnate 거물, 고관

maxim 격언, 좌우명

magniloquent 호언장담하는, 과장하는

MAL/MALE (bad, ill, evil, wrong)

malfunction 고장, 기능불량

malodorous 악취가 나는, (사회적으로) 용납될 수 없는

malicious 악의적인

malcontent 불평하는 사람, 불평분자

malign 악성의, 해로운, 헐뜯다

malignant (병 등이) 악성인, 악의에 찬

malaise 불쾌, 몸이 불편한 상태

dismal 음침한, 기분 나쁜

malapropism 말의 우스꽝스러운 오용

maladroit 서투른, 솜씨 없는

malevolent 악의 있는, 심술궂은

malinger 꾀병을 부리다

malfeasance 불법 행위

malefactor 악인, 범인

malediction 저주, 악담, 비방

MAN (hand)

manual 손의, 수공의

manufacture 제조

emancipate (노예 등을) 석방하다, 구속을 풀어 주다

manifest 명백한

mandate 명령, 위임

mandatory 명령의, 강제의, 위임의

MATER/MATR (woman, mother)

matrimony 결혼, 부부관계

maternal 어머니의

maternity 어머니가 됨, 모성

matriculate (대학의) 입학을 허가하다

matriarch 여자 족장, 여성 가장

MIN (small)

minute 분(分), 작은

minutiae 상세한 일, 사소한 일

diminution 감소, 축소

miniature 축소 모형

diminish 줄이다, 감소하다

MIN (to project, to hang over)

eminent 저명한

imminent 급박한, 절박한

prominent 두드러진, 현저한

preeminent 뛰어난

MIS/MIT (to send)

transmit 전달하다, 보내다

manumit 노예를 해방하다

emissary 사자, 밀사

missive 보내진, 공문의

intermittent 간헐성의

remit 송금하다

remission 송금

demise 양도하다, 양위

MISC (mixed)

miscellaneous 잡다한, 갖가지의

miscegenation 잡혼

promiscuous 난잡한, 마구잡이의

MON/MONIT (to warn)

monument 기념물, 기념비

monitor 충고자, 주의를 주는 것

summons 소환장, 호출

admonish 훈계하다, 권고하다

remonstrate 충고하다, 항의하다

MORPH (shape)

amorphous 무정형의

metamorphosis 변형, 변질

polymorphous 여러 가지 모양이 있는

anthropomorphic 의인화된, 사람의 모습을 닮은

MORT (death)

immortal 불멸의

morgue 시체 안치소

morbid 병적인, 무서운

moribund 다 죽어 가는, 소멸하는

mortify 억제하다, 극복하다

MUT (change)

commute 교환하다, 대체하다

mutation 변화, 흥망성쇠, 돌연변이

mutant 돌연변이에 의한

immutable 불변의

transmutation 변형, 변질

permutation 교환, 치환

N/O

NAM/NOM/NOUN/NOWN/NYM (rule, order)

astronomy 천문학
economy 질서, 유기적 조직
autonomy 자치단체
antimony 안티몬(금속 원소)
gastronomy (어느 지역의 독특한) 요리법
taxonomy 분류학

NAT/NAS/NAI (to be born)

natural 천연의, 타고난
native 출생지의, 타고난
naive 소박한, 원시적인, 속기 쉬운
cognate 같은 기원을 가진, 같은 종류의
nascent 발생 초기에 있는
innate 선천적인, 천부적인
renaissance 부흥, 부활

NEC/NIC/NOC/NOX (harm, death)

innocent 무해한, 순결한
noxious 유해한, 불건전한
obnoxious 불쾌한, 비위 상하는
pernicious 유독성의, 치명적인
internecine 서로 죽이는, 살인적인
innocuous 독이 없는
necromancy (죽은 사람과의 교감으로 미래를 예견하는) 강령술

NOM/NYM/NOUN/NOWN (name)

synonym 동의어, 유의어, 별명, 별칭
anonymous 익명의, 작자 미상의
nominate 지명하다, 임명하다
pseudonym 필명, 아호
misnomer 틀린 명칭, 인명 오기
nomenclature 명칭, 학명
acronym 머리글자어, 두문자어
homonym 동명이인, 동음이의어
nominal 이름만의, 명칭상의
ignominy 불명예, 수치
denomination 명명, 명칭
noun 명사
renown 명성
nom de plume (프랑스 어) 필명, 아호
nom de guerre (프랑스 어) 가명, 예명

NOV/NEO/NOU (new)

novice 풋내기, 무경험자
novel 새로운, 소설
novelty 신기한 물건이나 일
renovate 쇄신하다, 수복하다
innovate 혁신하다, 새로운 것을 받아들이다
neologism 신조어
neophyte 새 세례자, 신참
nouvelle cuisine (프랑스 어) 저칼로리의 현대 프랑스 요리
nouveau riche (프랑스 어) 벼락부자

NOUNC/NUNC (to announce)

announce 알리다, 발표하다
pronounce 선언하다, 발음하다
denounce 비난하다, 탄핵하다
renounce 선서하고 버리다, 관계를 끊다

OB/OC/OF/OP (toward, to, against, completely, over)

obese 지나치게 살이 찐
object 반대하다
obstruct 가로막다, 방해하다
obstinate 완고한, 고집 센
obscure 분명치 않은, 이해하기 어려운
obtrude 강요하다, 내밀다
oblique 비스듬히 기울다
oblivious 알아채지 못하는, 잘 잊는
obnoxious 불쾌한, 싫은
obstreperous 소란한, 사납게 날뛰는
obtuse 우둔한
opprobrium 오명, 치욕
obsequious 아첨하는
obfuscate 판단을 흐리게 하다, 난처하게 하다

OMNI (all)

omnipresent 어느 곳에나 존재하는, 편재하는
omniscient 전지의, 박식한
omnipotent 전능한, 절대적인 힘이 있는

P

PAC/PEAC (peace)

peace 평화
appease 진정시키다, 달래다
pacify 평화를 회복하다, 누그러뜨리다
pacifist 평화주의자
pacifier 달래는 사람, 조정자, (갓난아기의) 고무젖꼭지
pact 조약, 협정

PAN (all, everywhere)

panorama 파노라마, 전경
panacea 만병통치약
panegyric 찬사, 격찬
pantheon 모든 신, 모든 신을 모신 신전
panoply 한 벌, 일련의 것
pandemic 전국적(세계적)으로 퍼지는

PAR (equal)

par 동등, 동위
parity 동질, 동률, 동격
apartheid 아파르트헤이트, 분리, 배타
disparity 불균형
disparate 서로 다른, 공통점이 없는
disparage 얕잡아보다, 깔보다

PARA (next to, beside)

parallel 평행의, 나란히
paraphrase 의역하다, 부연 설명하다
parasite 기생충, 식객
paradox 역설, 모순
parody 풍자
paragon 모범, 전형, ~에 필적하다
parable 비유, 우화
paradigm 예, 모범, 전형
paramilitary 준(準) 군사적 조직의 일원
paranoid 편집증 환자, 과대망상
paranormal 과학적으로 설명할 수 없는
parapsychology 초 심리학
paralegal 법률가 보조원

PAS/PAT/PATH
(feeling, suffering, disease)

apathy 냉담, 무관심
sympathy 동정, 연민
empathy 감정 이입
antipathy 반감, 혐오
passionate 정열적인
compassion 동정심

compatible 양립할 수 있는
dispassionate 공평한, 냉정한
impassive 무감각한, 의식 없는
pathos 비애, 애수
pathology 병리학
sociopath 반사회적 이상 성격을 가진 사람
psychopath 정신병 환자

PATER/PATR (father, support)

patron 보호자, 후원자
patronize 보호하다, 후원하다
paternal 아버지의
paternalism 가부장적 태도
expatriate 국외로 추방하다
patrimony 세습 재산, 집안 내림
patriarch 가장, 족장
patrician 귀족, 총독

PAU/PO/POV/PU (few, little, poor)

poor 가난한
poverty 빈곤, 가난
paucity 결핍, 부족
pauper 극빈자, 빈민
impoverish 가난하게 하다, 불모로 만들다
puerile 미숙한, 철없는
pusillanimous 무기력한, 나약한

PED (child, education)

pedagogue 학자인 체하는 사람, 교육자
pediatrician 소아과 의사
encyclopedia 백과사전

PED/POD (foot)

pedal 발의, 발판
pedestal 기둥 다리, 받침대
pedestrian 보행자, 도보의
podiatrist 발에 관한 병을 연구하는 학자
expedite 진척시키다
expedient 수단, 방편, 편리한
impede 방해하다
impediment 방해, 신체장애
podium 발, 토대
antipodes 대척지, 정반대

PEN/PUN (to pay, to compensate)

penal 형벌의
penalty 벌금
punitive 벌의, 응보의
repent 회개하다, 후회하다
penance 참회, 고행
penitent 회개하는, 참회한
penitentiary 회개의, 징계의
repine 푸념하다, 불평하다
impunity 형벌을 받지 않음

PEND/PENS (to hang, to weigh, to pay)

depend 의존하다, ~에 달려 있다

dispense 면제하다, 의존하지 않다

expend 소비하다, 시간 등을 들이다

stipend 봉급, 연금

spend 쓰다, 소비하다

expenditure 지출, 소비

suspense 미결, 미정

compensate 배상하다, 급료를 치르다

propensity 경향, 성향

pensive 생각에 잠긴, 우수에 젖은

indispensable 없어서는 안 되는

impending 절박한, 임박한

pendulum 진자, 동요

appendix 부속물, 부록

append 덧붙이다, 추가하다

appendage 부속물, 부가된 것

ponderous 대단히 무거운

pendant 매달려 있는 장식

PER (completely, wrong)

persistent 완고한

perforate 구멍을 내다, 꿰뚫다

perplex 당황하게 하다

perspire 발산하다

peruse 정독하다

pervade 널리 퍼지다

perjury 위증, 거짓말

perturb 혼란시키다, 교란하다

perfunctory 마지못해 하는, 아무렇게나 하는

perspicacious 선견지명이 있는, 통찰력이 있는

permeate 스며들다, 사상 등이 퍼지다

pernicious 유해한, 치명적인

perennial 여러 해 계속되는

peremptory 절대적인, 강제적인

pertinacious 완고한, 끈질긴

PERI (around)

perimeter 주위, 경계

periscope 잠망경

peripheral 주위의, 주변의, 말초적인

peripatetic 걸어 다니는, 순회하는

PET/PIT (to go, to seek, to strive)

appetite 식욕, 성욕

compete 겨루다, 경쟁하다

petition 청원, 탄원

perpetual 끊임없는, 종신의

impetuous 성급한, 충동적인

petulant 성미 급한, 성을 잘 내는

propitious 호의적인, 상서로운

PHIL (love)

philosophy 철학

philanthropy 박애주의

philatelist 우표 수집가

philology 문헌학

bibliophile 장서 수집가

PHONE (sound)

telephone 전화

symphony 교향곡

megaphone 확성기

euphony 듣기 좋은 음조

cacophony 불협화음

PLAC (to please)

placid 조용한, 차분한

placebo 일시적 위안의 말, 플라시보 효과

placate 위로하다, 진정시키다

implacable 화해할 수 없는, (증오를) 달래기 어려운

complacent 마음에 흡족한, 자기만족의

complaisant 공손한, 유순한

PLE (to fill)

complete 완성하다

deplete 고갈시키다

complement 보충하다, 보완하다

supplement 추가, 보충

implement 도구, 기구

plethora 과다, 과잉

replete 충만한, 포식한

PLEX/PLIC/PLY (to fold, to twist, to tangle, to bend)

complex 복잡한

complexion 외관, 안색

complicate 복잡하게 하다

duplex 이중의

replica 복사, 복제

ply 능숙하게 다루다

comply 명령에 따르다

implicit 함축적인

implicate 포함하다, 함축하다

explicit 명백한

duplicity 표리부동, 불성실

complicity 공모, 공범

supplicate 간청하다

accomplice 공범, 연루된 사람

explicate 설명하다

PON/POS/POUND (to put, to place)

component 구성하고 있는

compound 합성의, 타협하다

deposit 두다, 맡기다

dispose 배치하다

expose 드러내다, 폭로하다

exposition 박람회, 전시

expound 상세히 설명하다

juxtapose 병렬 배치하다

depose 왕위를 찬탈하다

proponent 제안한 사람, 변호사
repository 창고, 저장하는 곳
transpose （위치나 순서를) 바꾸어 넣다
superimpose 위에 얹다, 포개어 놓다

PORT (to carry)

import 수입하다
portable 들고 다닐 수 있는, 휴대용의
porter 운반기, 운반인
portfolio 서류첩, 대표 작품 선집
deport 운반하다, 이송하다
deportment 태도, 행동거지
export 수출하다
portmanteau 대형 여행 가방
portly 비만한
purport 의미하다, 주장하다
disport 흥겹게 놀다
importune 성가시게 부탁하다, 괴롭히다

POST (after)

posthumous 사후에 생긴, 유복자인
posterior 뒤의, 이후의
posterity 자손, 후세
ex post facto 사후에, 과거로 소급하여

PRE (before)

precarious 불확실한, 지레짐작의
precocious 조숙한, 일찍 꽃이 피는
prelude 전주곡
premeditate 미리 계획하다
premonition 예고, 징후
presage 전조, 예감
presentiment 기미, 예감
presume 추정하다, 상상하다
presuppose 전제로 삼다, 미리 예상하다
precedent 종전의 관례
precept 교훈, 권고
precipitous 성급한, 무모한
preclude 미리 막다, 배제하다
predilection 애호, 편애
preeminent 뛰어난
preempt 선취하다
prepossess 선입관이 되다, 마음을 빼앗다
prerequisite 필수 전제 조건
prerogative 특권

PREHEND/PRISE (to take, to get, to seize)

surprise 기습적으로 점령하다
comprehend 이해하다
enterprise 기획, 기업체
impregnable 난공불락의, 끄떡없는
reprehensible 비난할 만한
apprehension 이해력, 판단
comprise 포함하다
apprise 알리다
apprehend 의미를 파악하다, 깨닫다

comprehensive 이해가 빠른, 포괄적인
reprisal 보복, 포획

PRO (much, for, a lot)

prolific 다산의
profuse 풍부한
propitious 호의적인, 상서로운
prodigious 막대한
profligate 낭비하는, 방탕한
prodigal 아낌없이 주는, 방탕한
protracted 오래 끈, 지연된
proclivity 성향
proliferate 급격히 증가하다, 번식하다
propensity 경향, 성향
prodigy 영재, 경이, 불가사의한 것
proselytize 전도하다
propound 제출하다
provident 절약하는
prolix 지루한, 장황한

PROB (to prove, to test)

probe 탐사하다, 조사하다
probation 시험, 검정
approbation 승인, 면허
probity 고결, 성실
opprobrium 오명, 치욕
reprobate 사악한, 타락한, 꾸짖다

PUG (to fight)

pugilism (프로) 권투
pug 프로 복서
pugnacious 싸움하기 좋아하는
impugn 비난하다, 논박하다
repugnant 적의를 품은, 반감을 가진

PUNC/PUNG/POIGN/POINT (to point, to prick)

point 가리키다
puncture 구멍을 내다
punctual 시간을 잘 지키는
punctuate 구두점을 찍다, 강조하다
pungent 날카로운, 신랄한
poignant 매서운, 맛이 쓰는, 신랄한
compunction 양심의 가책
expunge 삭제하다, 말살하다
punctilious 세심한, 꼼꼼한

QUE/QUIS (to seek)

acquire 획득하다
acquisition 습득, 입수
exquisite 더없이 훌륭한
acquisitive 탐내는, 얻고자 하는
request 요청하다
conquest 정복, 애정의 획득
inquire 질문하다
inquisitive 호기심이 강한
inquest 심리, 배심
query 질문, 의문
querulous 불평이 많은
perquisite 합법적 부수입, 특권

QUI (quiet)

quiet 조용한
disquiet ~을 불안하게 하다
tranquil 고요한, 잔잔한
acquiesce 묵인하다, 말없이 따르다
quiescent 침묵의, 활동이 정지한

RID/RIS (to laugh)

ridicule 비웃다
derision 조롱하다
risible 우스운

ROG (to ask)

interrogate 심문하다
arrogant 거드름 부리는, 오만한
prerogative 특권, 특권을 가진
abrogate (법률 등을) 폐기하다
surrogate 대리인
derogatory 경멸적인
arrogate 권리를 침해하다, 남의 탓으로 하다

SAL/SIL/SAULT/SULT (to leap, to jump)

insult 모욕하다
assault 급습
somersault 재주넘기
salient 현저한, 돌출한
resilient 탄력 있는, 기운을 회복한
insolent 건방진
desultory 일관성 없는, 산만한
exult 기뻐 날뛰다

SANCT/SACR/SECR (sacred)

sacred 신성한
sacrifice 제물, 희생양
sanctuary 신성한 장소, 신전
sanctify 신성하게 하다
sanction 제재
execrable 저주할, 증오스러운
sacrament 종교적 의식, 성스러운 것
sacrilege 신성 모독

SCI (to know)

science 과학, 학문
conscious 인지하고 있는, 의식하고 있는
conscience 양심
unconscionable 비양심적인
omniscient 전지의, 모든 것을 아는
prescient 선견지명이 있는
conscientious 양심적인
nescient 무지한, 불가지론의

SCRIBE/SCRIP (to write)

scribble 서투르게 쓰다, 갈겨쓰다
describe 묘사하다
script 손으로 쓰기
postscript 추신
prescribe 규정하다, 지시하다
proscribe 금지하다, 배척하다
ascribe ~의 탓으로 돌리다
inscribe 헌정사를 적다, 비문으로 새기다
conscription 강제 징집
scripture 경전, 성서
transcript 사본
circumscribe 주위에 경계선을 그리다, 제한하다
manuscript 필사한, 손으로 쓴
scribe 필경자, 기자, 서기

SE (apart)

select 고르다

separate 분리하다, 떼어내다

seduce 유혹하다

seclude 격리하다, 은둔하다

segregate 분리하다, 격리하다

secede (정당 등에서) 탈퇴하다

sequester 격리하다, 은퇴시키다

sedition 치안 방해, 선동

SEC/SEQU (to follow)

second 제2의, 부가의, 보조의

prosecute 수행하다, 실행하다

sequel (소설 등의) 속편, (사건의) 추이나 결과

sequence 결과, 인과적 연속

consequence 결과, 영향

inconsequential 결과에 영향을 미치지 않는, 하찮은

obsequious 아첨하는

non sequitur 그릇된 결론

SED/SESS/SID
(to sit, to be still, to plan, to plot)

preside 지배하다, 의장 노릇을 하다

resident 거주하는, 거주자

sediment 침전물

session 회기, 회합

dissident 의견을 달리하는 (사람), 반체제의

obsession 망상, 강박관념

residual 나머지, 잔여의

sedate 안정시키다, 차분한

subside 가라앉다, 침전하다

subsidy 보조금

subsidiary 보조의, 보완하는, 보조금의

sedentary 앉아 있는, 정착하고 있는

insidious 잠행성의

assiduous 빈틈없는, 부지런한

sedulous 꼼꼼한, 부지런한

SENS/SENT (to feel, to be aware)

sense 감각

sensual 관능적인

sensory 감각의

sentiment 감정, 정서

resent 분개하다

consent 동의하다

dissent 의견을 달리하다

assent 찬성하다

consensus 일치, 여론

sentinel 보초, 파수병

insensate 감각이 없는, 비정한

sentient 민감한, 지각력이 있는

presentiment 예감

SOL (to loosen, to free)

dissolve 분해하다, 해산하다

soluble 녹기 쉬운

solve 문제를 풀다, 해결하다

resolve 분해하다, 설명하다, 결론짓다

resolution 결의, 분해, 해답

irresolute 결단력 없는, 우유부단한

solvent 녹이는, 지불 능력이 있는

dissolution 해산, 분해, 용해

dissolute 방종한, 타락한

absolution 면제, 사면

SPEC/SPIC/SPIT (to look, to see)

perspective 원근법, 전망

aspect 관점, 국면, 용모

spectator 구경꾼

specter 유령, 망령

spectacles 광경, 장관

speculation 고찰, 성찰

suspicious 의심하고 있는

auspicious 상서로운, 길조의

spectrum 스펙트럼, 눈의 잔상

specimen 견본, 표본

introspection 자기반성, 성찰

retrospective 회고하는, 소급의

perspective 관점, 전망, 원근법

perspicacious 선견지명이 있는

circumspect 신중한

conspicuous 눈에 띄는, 두드러진

respite 일시적으로 중지하다, 유예하다

specious 외양만 그럴듯한, 눈가림한

STA/STI (to stand, to be in a place)

static 정지하고 있는

stationary 고정되어 있는

destitute 결핍한, 가난한

obstinate 완고한, 집요한

obstacle 장애물, 방해하다

stalwart 매우 충실한

stagnant 흐르지 않는, 정체된

steadfast 고정된, 확고한

constitute 제정하다, 설립하다, 구성하다

constant 불변의, 지속적인

stasis 정체

status 상태, 상황

status quo 그대로의 상태, 현상

homeostasis 항상성

apostasy 배신, 변절

SUA (smooth)

suave 부드러운

assuage 완화하다, 진정시키다

persuade 설득하다

dissuade 설득하여 단념시키다

SUB/SUP (below)

submissive 순종하는

subsidiary 보조의, 종속적인

subjugate 복종시키다

subliminal 잠재의식의

subdue 진압하다, 억제하다

sublime 장엄한, 숭고한

subtle 불가사의한, 이해하기 어려운

subversive 멸망시키는

subterfuge 구실, 핑계, 속임수

subordinate 하급의, 하위의, 부하

suppress 진압하다, 억압하다

supposition 가정, 가설

SUPER/SUR (above)

surpass ~보다 낫다, 능가하다

supercilious 사람을 얕보는, 거만한

superstition 미신

superfluous 여분의, 남아도는

superlative 최고의

supersede 지위를 빼앗다, 대체하다

superficial 표면적인, 피상적인

surmount (산, 언덕 등을) 오르다, 극복하다

surveillance 감독, 감시

survey 둘러보다, 조사하다

TAC/TIC (to be silent)

reticent 과묵한

tacit 무언의, 조용한

taciturn 과묵한

TAIN/TEN/TENT/TIN (to hold)

contain 포함하다

detain 보류하다

pertain 속하다, 관계하다

pertinacious 끈기 있는, 악착스러운

tenacious 고집하는, 참을성 있는

abstention 절제, 자제

sustain 떠받치다, 부양하다, 견디다

tenure 보유, 지속적 소유

pertinent 적절한, 관련된

tenant 거주자

tenable 유지할 수 있는

tenet 주의, 교의

sustenance 지지, 유지, 생계

TEND/TENS/TENT/TENU
(to stretch, to thin)

tension 긴장 상태

extend 늘이다, 뻗다, 확장하다

tendency 경향

tendon 힘줄

tent 천막

tentative 시험적인, 임시의

contend 다투다, 논쟁하다

contentious 논쟁하기 좋아하는

tendentious 편향적인

contention 분쟁, 다툼, 논쟁

contender 분쟁 당사자

tenuous 가는, 희박한

distend 넓히다

attenuate 가늘게 하다, 희박해지다

extenuating 정상 참작할 만한

THEO (god)

atheist 무신론자

apotheosis 신격화

theocracy 신탁에 의한 정치, 제정일치

theology 신학

TOM (to cut)

tome (크고 묵직한 책) 한 권

microtome 박편 절단기

epitome 발췌, 요약

dichotomy 이분법

TORT (to twist)

tort 불법 행위

extort 강제로 탈취하다, 강요하다

torture 고문

tortuous 비비 꼬인, 비틀린

TRACT (to drag, to pull, to draw)

tractor 트랙터, 견인차

attract (주의를) 끌다, 유인하다

contract 계약하다

detract (주의를) 딴 곳으로 돌리다

tract 넓이, 지역

tractable 다루기 쉬운, 순종하는

intractable 고집스러운, 고치기 어려운

protract 오래 끌다, 내뻗다

abstract 추상적인, 관념적인

TRANS (across)

transfer 옮기다, 이동하다

transaction 처리, 거래, 취급

transparent 투명한

transport 운송하다, 추방하다

transition 변천, 이행

transitory 일시적인, 덧없는

transient 순간적인, 일시적인

transgress (한도를) 넘다, (법률 등을) 위반하다

transcendent 탁월한

intransigent 비타협적인

translucent 반투명의, 명백한, 쉽게 알 수 있는

U/V

US/UT (to use)

abuse 남용, 오용

usage 관습, 관용어

utensil 기구, 도구

usurp 빼앗다, 침범하다

utility 유용, 실리

utilitarian 공리주의

VEN/VENT (to come, to move toward)

adventure 모험

convene 회의를 소집하다

convenient 편리한

event 사건

venturesome 모험을 좋아하는, 무모한

avenue 대로, 가로수 길

intervene 사이에 끼다, 방해하다

advent 출현, 강림절

contravene (법률 등을) 저촉하다, 위반하다

circumvent 일주하다, 우회하다

VER (truth)

verdict (배심원의) 평결

verify 입증하다

veracious 진실한

verisimilitude 있을 법함

aver 확언하다

verity 진실

VERS/VERT (to turn)

controversy 논쟁

revert 되돌아가다

subvert 전복시키다

invert 거꾸로 하다

divert 전환하다, 우회하다

diverse 다른 종류의

aversion 혐오, 반감

extrovert 외향적인

introvert 내성적인

inadvertent 부주의한, 태만한

versatile 다방면의, 다재다능한

traverse 가로질러 가다

covert 은밀한

overt 명백한

avert 돌리다, 피하다

advert 주의를 돌리다

VI (life)

vivid 생생한
vicarious (타인의 경험을) 상상하여 느끼는
convivial 쾌활한
viable 생존 가능한
vivacity 활기
joie de vivre 삶의 기쁨
bon vivant 미식가, 유쾌한 친구

VID/VIS (to see)

evident 명백한
television 텔레비전
video 비디오
vision 시력, 시각, 선견지명
provision 미래에 대한 준비
adviser 조언자
provident 선견지명이 있는
survey 바라보다, 조사하다
vista 멀리 내다보이는 경치, 전망
visionary 환영의, 공상적인, 계시적인
visage 얼굴, 용모

VOC/VOK (to call)

vocabulary 어휘
vocal 음성의, 소리를 내는
provocative 성나게 하는, 도발하는
advocate 주장하다, 변호하다
equivocate 모호한 말을 쓰다, 얼버무리다
equivocal 분명치 않은, 두 가지 뜻으로 해석되는
vocation 천직, 사명
avocation 부업, 취미
convoke (회의를) 소집하다
vociferous 큰 소리로 떠드는
irrevocable 돌이킬 수 없는, 취소할 수 없는
evocative 환기시키는
revoke 폐지하다
convoke 소집하다, 불러 모으다
invoke 법을 적용하다

VOL (to wish)

voluntary 자발적인
volunteer 지원자, 자발적인, 자진하여 나서다
volition 의지, 결단력, 의욕
malevolent 남의 불행을 바라는, 심술궂은
benevolent 자선의, 호의적인

4

Common Usage Errors

혼히 상식적으로 사용하고, 너무 쉬워 사전을 찾아볼 필요가 없다고 느끼는 단어들의 쓰임에서 종종 실수가 일어난다. 이 장에는 자주 틀리는 단어와 표현들을 제시하였다.

흔히 저지르는
실수들

All RIGHT

Not "alright."

"alright"이 아니다.

AMONG/BETWEEN

Among is used with three or more people or things; between is used with two.

among은 세 개나 그 이상의 사람이나 사물에 사용하고 between은 두 개일 때 사용한다.

- The tin-can telephone line ran *between* the two houses.

  깡통전화기의 선은 두 집 간에 연결되었다.

- *Among* the twelve members of the committee were only three women.

  위원회 회원 12명 중에서 유일하게 세 명만이 여성이었다.

- Mr. Nuñez distributed the candy *among* the four of us.

  누녜스 씨는 우리 넷에게 사탕을 나눠 주었다.

Between you and I is incorrect; *between you and me* is correct.

between You and I는 틀린 표현이다. between이 전치사이므로 I가 아니라 me가 맞는 표현이다.

ANXIOUS

This word properly means "filled with anxiety," not "eager." Don't say you're *anxious* for school to end unless the ending of school makes you feel fearful.

이 단어의 적절한 의미는 "갈망하는"이 아니라 "불안한, 걱정되는"이다. 폐교될까 봐 불안한 것이 아니라면, anxious for school to end(학교가 파할 것이 걱정되는)라는 표현은 쓰지 마라.

AS FAR AS … IS CONCERNED

Not a stylish expression, but if you use it, don't leave out the *is concerned*. It is not correct to say, "*As far as money*, I'd like to be rich." Instead, you should say, "*As far as money* is concerned, I'd like to be rich."

그다지 멋진 표현은 아니지만, 그래도 사용하고자 할 때는 is concerned를 빠뜨리지 말아야 한다. "돈에 관해서라면 나는 부자가 되고 싶다."라고 말할 때 As far as money I'd like to be rich.라고 하면 틀리다.

AS/LIKE

You can run *like* a fox, but you can't run *like* a fox runs.

as는 접속사로서 뒤에 절이 나올 수 있지만, like는 뒤에 절이 올 수 없다(run like a fox runs는 틀린 말이다).

Like is used only with nouns, pronouns, and grammatical constructions that act like nouns.

like는 전치사이므로 명사나 대명사, 그 외에 명사로 기능하는 문법 구조(동명사나 명사구 등)만 올 수 있다.

- Joe runs *like* a fox.

  조는 여우처럼 달린다.

- Joe runs *as* a fox runs.

  조는 여우가 달리는 것처럼 달린다.

- Joe runs the way a fox runs.

  조는 여우가 달리는 방식으로 달린다.

BIWEEKLY, BIMONTHLY.

Biweekly means either twice a week or once every two weeks, depending on who is using it. Likewise with *bimonthly*. If you need to be precise, avoid these words by saying "twice a week" or "every other week" instead. *Fortnightly* means once every two weeks.

biweekly는 이 단어를 사용하는 사람의 의지에 따라 한 주에 두 번 또는 이 주에 한 번을 의미한다. bimonthly도 또한 마찬가지로 한 달에 두 번, 또는 두 달에 한 번을 의미한다. 정확하게 의미를 전달하고 싶을 때는, 이 단어들을 사용하지 않는 것이 좋다. 대신 twice a week(한 주에 두 번)나 every other week(이 주에 한 번)를 사용한다. fortnightly는 '이 주에 한 번'을 의미한다.

CAN/MAY

Can denotes ability; *may* denotes permission. If you *can* do something, you are able to do it. If you *may* do something, you are permitted to do it.

can은 능력을 나타내고, may는 허가를 의미한다. can을 쓰면 '~을 할 수 있는 능력이 있다'는 뜻이고, may를 쓰면 '~을 하도록 허락되다'라는 뜻이다.

CAPITAL/CAPITOL

Washington, D.C., is the *capital* of the United States. The building where Congress meets is the *Capitol*.

워싱턴은 미국의 capital(수도)이다. 의회가 열리는 건물은 Capitol(국회의사당)이다.

COMMON/MUTUAL

Common means "shared"; *mutual* means "reciprocal." If Tim and Tom have a *common* dislike, they both dislike the same thing (anchovies). If Tim and Tom have a *mutual* dislike, they dislike each other.

common은 '공유하는'이라는 의미이고, mutual은 '상호적인'이라는 의미이다. 팀과 톰이 같은 것(멸치)을 싫어하고 있으면 common dislike를 사용하고, 그들이 서로를 싫어하고 있다면 mutual dislike를 사용한다.

COMMONPLACE

In careful usage, this word is an adjective meaning "ordinary" or "uninteresting." It can also be used as a noun meaning a "trite or obvious observation" or a "cliché." It should not be used sloppily as a substitute for the word "common."

조심스럽게 사용할 때는, 이 단어는 ordinary나 uninteresting처럼 형용사로 '평범한', '재미없는'이라는 의미로 쓰인다. 또한 명사로 쓰일 때는 '진부하거나 너무 뻔한 의견'이나 '진부한 표현'을 가리킨다. 그저 적당히 common의 대체어로 사용해서는 안 된다.

- To say that French food is the best in the world is a *commonplace*.

  프랑스 음식이 세계에서 최고라고 말하는 것은 너무 진부한 말이다.

- It is *commonplace* but neither interesting nor perceptive to say that French food is the best in the world.

  프랑스 음식이 세계에서 최고라고 말하는 것은 흥미롭지도 않을 뿐더러 감각적이지도 못한 그저 평범한 이야기일 뿐이다.

COMPARE TO/COMPARE WITH

To compare an apple *to* an orange is to say that an apple is like an orange. *To compare* an apple *with* an orange is to discuss the similarities and differences between the two fruits.

to compare an apple to an orange는 '사과를 오렌지와 유사하다고 비유하다'이다. compare 뒤에 to 대신 with를 사용하면, 두 과일의 유사점과 차이점을 논하고자 하는 것이다.

- Daisuke *compared* his girlfriend's voice *to* the sound of a cat howling in the night; that is, he said his girlfriend sounded like a cat howling in the night.

  다이스케는 여자 친구의 목소리를 한밤에 고양이가 우는 소리에 비유했다. 즉, 그는 여자 친구의 목소리가 한밤중의 고양이 울음소리같다고 말했던 것이다.

- I *compared* my grades *with* Beth's and discovered that she had done better in every subject except math.

  나는 내 성적과 베스의 성적을 비교해 보고서 수학을 제외한 전 과목에서 그녀가 나보다 좋은 점수를 받았다는 것을 알게 되었다.

DIFFERENT FROM

Different from is correct; "different than" is not.

different from이 맞는 표현이고, different than은 틀리다.

- My dog is *different from* your dog.

  내 개는 네 개와는 다르다.

EACH OTHER/ONE ANOTHER

Each other is used with two; *one another* is used with three or more.

each other는 대상이 둘일 때 사용하고, one another는 셋 이상일 때 사용한다.

- **A husband and wife should love *each other*.**

  남편과 아내는 서로를 사랑해야 한다.

- **The fifteen members of the group had to learn to get along with *one another*.**

  그 단체의 15명의 회원들은 서로서로 사이좋게 지내는 법을 배워야만 했다.

EQUALLY AS

Nothing is ever *"equally as"* anything as anything else.

다른 것만큼 똑같이 ~하다라고 할 때, equally as라는 표현을 사용하면 안 된다.

- **Your car and Dave's car might be *equally* fast.**

  너와 데이브의 차는 똑같이 빠르다.

You should never say that the two cars are *equally as* fast. Nor should you say that your car is *equally as* fast as Dave's. You should simply say that it is *as* fast.

equally as fast나 equally as fast as라는 표현을 사용할 수 없다. 그저 as fast라고 말해야 한다.

(THE) FACT THAT/THAT

You almost never need to use *"the fact that"*; *that* alone will suffice.

the fact that이라는 표현은 거의 쓸 필요가 없다. that 하나만 써도 충분하다.

Instead of saying, "I was appalled by the *fact that* he was going to the movies," say, "I was appalled that he was going to the movies."

'그가 영화를 보러 간다는 사실(fact that)에 나는 놀랐다.'라는 표현 대신 '그가 영화를 보러 간다는 것(that)에 나는 놀랐다.'라고 말해야 한다.

FARTHER/FURTHER

Farther refers to actual, literal distance—the kind measured in inches and miles. *Further* refers to figurative distance. Use *farther* if the distance can be measured; use *further* if it cannot.

farther는 말 그대로 실제 거리(인치나 마일처럼 측정 가능한 거리)가 먼 것을 의미하는 것이다. further는 상징적인 거리를 언급하는 것이다. 측정 가능한 거리라면 farther를 사용해라. 그렇지 않다면 further이다.

- **Paris is *farther* from New York than London is.**

  파리는 런던보다는 뉴욕과의 거리가 더 멀다.

- **Paris is *further* from my thoughts than London is.**

  파리는 런던보다 친근한 마음이 들지 않는다.

- **We hiked seven miles but then were incapable of hiking *farther*.**

  우리는 7마일이나 걸었기 때문에 더 이상 걸을 힘이 없었다.

- **I made a nice outline for my thesis but never went any *further*.**

  학위논문의 초안은 근사하게 잡았지만 더 이상 진전이 없었다.

FEWER, LESS

Fewer is used with things that can be counted, *less* with things that cannot. That is, *fewer* refers to number; *less* refers to quantity.

fewer는 셀 수 있는 것에 사용하고 less는 셀 수 없는 것에 사용한다. 즉, fewer는 수를 말하고, less는 양을 의미한다.

- I have *fewer* sugar lumps than Henry does.

  나는 헨리보다 각설탕을 적게 가지고 있다.

- I have *less* sugar.

  나는 설탕이 적다.

Despite what you hear on television, it is not correct to say that one soft drink contains "*less* calories" than another. It contains *fewer* calories (calories can be counted); it is *less* fattening.

텔레비전에서 흔히 들을 수 있기는 하지만, 특정한 음료수가 다른 것에 비해서 less calories(저칼로리)라고 하는 말은 옳은 표현이 아니다. 칼로리는 (셀 수 있으므로) fewer calories라고 써야 한다. 그런 제품은 살이 적게(less) 찐다.

FORMER, LATTER

Former means the first of two people or things; *latter* means the second of two. If you are referring to three or more things, you shouldn't use *former* and *latter*.

former는 두 사람이나 사물 중에 '앞에 나온 것(전자)'를 의미하고, latter라는 말은 둘 중에서 '나중에 나온 것(후자)'을 말한다. 셋이나 그 이상의 사물을 지칭할 때는 former, latter를 사용할 수 없다.

It is incorrect to say, "The restaurant had hamburgers, hot dogs, and pizzas; we ordered the *former*." Instead, say, "We ordered the first," or, "We ordered hamburgers."

"식당에는 햄버거와 핫도그와 피자가 있었는데, 우리는 전자(former)를 주문했다."라는 표현은 틀린 것이다. 대신 "첫 번째 것(the first)을 주문했다" 또는 "햄버거를 주문했다"라고 말한다.

IF/WHETHER

Almost everyone uses *if* in situations that call for *whether*. *if* should be used when something may or may not happen and is usually followed by *then*. *Whether* should be used when more than one alternative is being discussed. For example: "We need to decide *whether* we should go to the show or stay home." The use of *if* in this situation is widely accepted, but the use of *if* in some situations might cause confusion. Consider this sentence: "Let me know *if* you're coming tonight." Someone might interpret this to mean "*If* you're coming tonight, then let me know. *If* you're not coming tonight, then you don't have to reply." To make it clear that you expect a response, use *whether*: "Let me know *whether* you're coming tonight." This should be interpreted as "No matter what you decide, please let me know your plans."

거의 모든 사람들이 whether을 사용해야 하는 상황에서 if를 쓴다. if는 어떤 일이 일어날 수도 있고 일어나지 않을 수도 있는 상황에서 써야 하며, 대개 then이 뒤에 따라 나온다. whether는 하나 이상의 대안이 있을 때 사용해야 한다. We need to decide whether we should go to the show or stay home.(우리는 공연에 가야 할지 집에 있을지 결정해야 해.)라는 예문에서 if의 용법은 널리 용인되지만, 종종 if의 용법이 혼란을 주는 경우도 있다. 예를 들어, Let me know if you're coming tonight.을 '만약 네가 오늘 밤 온다면 그때 알려 줘. 만약 오늘 밤 오지 않는다면 알려 주지 않아도 돼.'라고 해석할 수 있겠지만, 원하는 반응을 명확하게 얻기 위해서 whether를 사용하도록 하자. Let me know whether you're coming tonight. 은 '네가 어떻게 결정하든 간에 참석 여부를 알려 줘.'라는 의미이다.

IRREGARDLESS

This is not a word. Say *regardless* or *irrespective*.

이것은 틀린 단어이다. '~에 상관없이'라는 표현을 하고자 할 때는 regardless나 irrespective를 사용한다.

LAY/LIE

The only way to "*lay* down on the beach" is to take small feathers and place them in the sand.

'lay down on the beach' 할 수 있는 유일한 방법은 작은 깃털을 가져와서 모래사장에 놓아두는 것이다.

To *lay* is to place or set.

lay는 '놓아두다', 배치하다'라는 뜻이다.

- Will the widow *lay* flowers by the grave? She already *laid* them, or she has already *laid* them. Who *lies* in the grave? Her former husband *lies* there. He *lay* there yesterday, too. In fact, he has *lain* there for several days.

    미망인이 묘지에 꽃을 갖다 놓을까요? 그녀는 이미 꽃을 갖다 놓았습니다. 그 무덤에 누가 누워 있습니까? 그녀의 전 남편이 거기에 누워 있답니다. 그는 어제도 거기 있었습니다. 사실, 그는 벌써 며칠 전에 죽었습니다.

PLURALS AND SINGULARS

The following words take plural verbs   복수로 쓰이는 단어들

    both
    criteria
    media
    phenomena

The following words take singular verbs   단수로 쓰이는 단어들

    criterion
    each
    either
    every, everybody, everyone, everything
    medium
    neither
    none, no one, nobody, nothing
    phenomenon

PRESENTLY

Presently means "soon," not "now" or "currently."

presently는 '지금'이나 '현재'를 의미하는 것이 아니라 '곧, 머지않아'를 의미한다.

- The mailman should be here *presently*; in fact, he should be here in about five minutes.

    우편집배원은 곧 이리로 올 것이다. 사실 그는 5분 안에 이곳에 와야만 한다.

The mailman is here now.

우편집배원은 지금 여기에 있다.

STATIONARY/STATIONERY

Stationary means not moving; *stationery* is notepaper.

stationary는 '움직이지 않고 정지해 있는'의 뜻이며, stationery는 '편지지'를 의미한다.

THAT/WHICH

Most People confuse these two words. Many people who know the difference have trouble remembering it. Here's a simple rule that will almost always work; *that* can never have a comma in front of it; *which* always will.

대부분의 사람들은 이 두 단어를 혼동한다. 차이점을 알고 있는 사람들도 정확히 기억하는 데 애를 먹는다. 여기에 언제나 유효한 간단한 법칙을 소개하고자 한다. that은 콤마와 함께 쓰일 수 없는 반면에 which는 항상 콤마와 함께 쓰인다.

- There is the car *that* ran over my foot.

    내 다리를 친 차가 저기 있다.

- Ed's car, *which* ran over my foot, is over there.

  내 다리를 친 에드의 차가 저기에 있다.

- I like sandwiches *that* are dripping with mustard.

  나는 겨자를 잔뜩 바른 샌드위치를 좋아한다.

- My sandwich, *which* was dripping with mustard, was the kind I like.

  머스터드를 잔뜩 바른 샌드위치가 바로 내가 좋아하는 것이다.

Which is used in place of *that* if it follows another *that*; "We were fond of *that* feeling of contentment *which* follows victory."

뒤에 또 다른 that을 이끌 때는 that의 자리에 which를 사용한다. "우리는 승리하고 난 후의 성취감을 좋아했다."

A LOT

A lot is always two separate words; *alot* is never correct.

a lot은 두 개의 독립된 단어이므로 alot으로 쓸 수 없다.

ACCEPT/EXCEPT

To *accept* is to receive something with consent. *Except* means not including.

accept는 무엇을 '동의하에 받아들이다'라는 뜻이고, except는 포함하지 않는 것을 의미한다.

- We *accepted* all of the housewarming gifts with pleasure, *except* the four-foot frog statue from my cousin.

  우리는 내 사촌이 가져온 네 발 달린 개구리 조각은 제외하고 모든 집들이 선물을 기쁘게 받았다.

AFFECT/EFFECT

Affect is a verb meaning to cause a change. *Effect* is generally a noun that means a result or consequence.

affect는 변화를 야기하다'라는 의미의 동사이고, effect는 '성과나 결과'를 의미하는 명사이다.

- My friend apologized for her grumpiness during her visit; apparently, the rain negatively *affected* her mood.

  내 친구는 방문 중에 심술부린 것을 사과했다. 분명히 그녀의 감정에 비가 부정적인 영향을 미쳤을 것이다.

- Because I'm from Seattle, rain has no negative *effect* on my mood.

  나는 시애틀에서 왔기 때문에 비는 나에게 부정적인 영향을 주지는 않는다.

ALLUSION/ILLUSION

An *allusion* is a subtle reference. An *illusion* is a mirage of false belief.

allusion은 미묘한 언급을 말하지만 illusion은 잘못된 믿음으로 인한 망상이다.

- Have you been making *allusions* to my earlier fall down the stairs, or is that just *illusion* of mine?

  내가 전에 계단에서 넘어진 것에 대해 언급한 거야 아니면 내 망상인 거야?

AMBIGUOUS/AMBIVALENT

Ambiguous means unsure or unclear. *Ambivalent* means feeling opposing things at the same time.

ambiguous는 '불확실한', '불분명한'의 의미이고, ambivalent는 '동시에 반대의 감정을 가지는'의 의미이다.

- The note saying that my girlfriend had left was *ambiguous*; I didn't know whether she had left for good, so I went to look for her.

  내 여자 친구가 떠났다고 말했던 것은 모호했다. 나는 그녀가 영원히 떠났는지 알 수 없어서 그녀를 찾아갔다.

- I am feeling *ambivalent* about my dog; I love him dearly, but I hate him for chewing up the rug while I was at work.

  나는 내 개에 대해 애증을 느낀다. 그를 사랑하지만 내가 일하는 중에 양탄자를 씹어 버려서 그를 미워한다.

COMPLEMENT/COMPLIMENT

To *complement* is to complete. To *compliment* is to praise. Both words have noun forms that are spelled and pronounced the same as the verbs.

complement는 '완전하게 하다'의 의미이고, compliment는 '칭찬하다'의 의미이다. 모두 명사 형태로 철자와 발음은 동사와 같다.

- Scott and Judy are getting married because they *complement* each other so well. They are ideal *complements*.

  스콧과 주디는 서로를 완전하게 하기 때문에 결혼할 것이다. 그들은 이상적인 짝이다.

- Blanche *complimented* me on my new puce shoes. I wasn't sure about them at first, so it was an ideal *compliment*.

  블란치는 내 암갈색 새 신발을 칭찬했다. 난 처음에는 확신하지 못했지만 완벽한 칭찬이었다.

CONTINUAL/CONTINUOUS

Continual means frequently happening. *Continuous* means without interruption.

continual은 '빈번하게 일어나는'의 의미이고 continuous는 '중단이 없는 것'의 의미이다.

- You say that I *continuously* correct people, but I think you actually mean *continually*. *Continuous* means that I would never stop, which of course can't be true.

  너는 내가 끊임없이 사람들 잘못을 정정한다고 하지만 실제로는 빈번하게 한다는 말이다. continuous는 내가 결코 쉬지 않고 계속한다는 말인데 그것은 물론 사실이 아니다.

COULD OF/WOULD OF/ SHOULD OF

These phrases are never correct. The correct phrasings are *could have*, *would have*, and *should have*.

이 구들은 모두 정확하지 않다. 정확한 표현은 could have, would have, should have이다.

DEFUSE/DIFFUSE

To *defuse* is to remove the fuse from a bomb. Figuratively, it can mean to avoid a difficult situation. To *diffuse* is to spread over a wide area.

defuse는 '폭탄에서 신관을 제거하다'의 의미이고 비유적으로 '어려운 상황을 피하다'를 뜻하기도 한다. diffuse는 '넓은 지역에 퍼트리다'의 의미이다.

- My boss's email said that he wished to *diffuse* the tension in the department, and sure enough, the tension was spreading at a rapid rate. I'm sure he meant to *defuse* everyone's nervousness.

  상사는 이메일에서 부서에 긴장 상태를 퍼트리기 원했다고 말했는데 확실히 긴장 상태는 빠른 속도로 퍼졌다. 나는 그가 사람들의 소심성을 제거하는 것을 의미했다고 확신한다.

DISINTERESTED/UNINTERESTED

Disinterested means "having no issue of personal gain." *Uninterested* means "having no interest."

disinterested는 '개인적인 이익에 관심이 없는'을 의미하고 uninterested는 '관심이 없는'을 의미한다.

- We intended to hire a *disinterested* mediator to resolve conflict; however, he turned out to be so *uninterested* in the proceedings that he fell asleep on the table in front of us.

  우리는 갈등을 해결하기 위해서 사욕이 없는 중개자를 고용하려고 했지만, 그는 절차 중에 우리 앞 책상에서 잠들며 아주 무관심하다는 것을 보여 줬다.

ELICIT/ILLICIT

Elicit is a verb meaning "to draw out a response." *Illicit* is an adjective that means "illegal or unsanctioned."

elicit는 '반응을 이끌어내다'라는 의미의 동사이고, illicit는 '불법적인', '사이비의'라는 의미의 형용사이다.

- The journalist is a master of *eliciting* the details of her interviewees' affairs, no matter how clandestine and *illicit*.

  그 언론인은 그녀의 인터뷰에서 상대방의 일이 아무리 비밀리에 불법적으로 이루어져도 자세하게 밝히는 것으로 유명하다.

EMIGRATE/IMMIGRATE

The *emigrate* is to leave a country for good. To *immigrate* is to settle in a new country.

emigrate는 '영원히 나라를 떠나다'의 의미이고, immigrate는 '새로운 나라에 정착하다'의 의미이다.

- I *emigrated* from Germany and *immigrated* to Australia.

  나는 독일을 떠나서 오스트레일리아에 정착했다.

EMINENT/IMMANENT/IMMINENT

Eminent means "important." *Immanent* means "inherent." *Imminent* means "about to happen."

eminent는 '중요한', immanent는 '타고난', imminent는 '임박한'이라는 의미이다.

- Kurt became an *eminent* scholar in his field partly because of his *immanent* passion for the topic. Once he received his first fan letter, he knew fortune beyond his wildest dreams was *imminent*.

  커트는 그 주제에 대한 타고난 열정 때문에 그의 분야에서 중요한 학자이다. 그가 처음으로 팬레터를 받았을 때 그의 꿈 저편에 있던 성공이 임박했다는 것을 알았다.

GOOD/WELL

Good is an adjective. *Well* is an adverb. Because of a modern emphasis on wellness, it is generally accepted to say, "I am well," but otherwise, do not confuse the two.

good은 형용사이고 well은 부사이다. '건강'에 대한 현대의 관심 때문에 일반적으로 'I am well.(나는 건강하다)'이라는 말이 받아들여졌지만 이 두 단어를 혼동하면 안 된다.

- Alaska is a *good* dancer. She tangoes extremely *well*.

  알래스카는 훌륭한 댄서이다. 그녀는 탱고를 정말 잘 춘다.

IT'S/ITS

It's is a contraction that stands for "it is." *Its* is a possessive pronoun. To make sure you're using the correct one, ask yourself whether "*it is*" would make sense in the sentence you're writing. If it wouldn't, avoid the apostrophe and use *its*.

it's는 it is의 줄임말이고, its는 소유대명사이다. 정확한 사용을 확인하려면 당신이 쓰는 글에 it is를 넣어서 말이 되는지 확인해 보면 된다. 말이 되지 않으면 아포스트로피를 빼고 its를 사용해라.

- *It's* unfortunate that the toy won't even run for half an hour with *its* own batteries; we need to buy some more powerful ones.

  장난감 안에 있는 건전지가 30분간만 작동한다는 것은 유감이다. 우리는 더 강력한 건전지를 사야 한다.

MORAL/MORALE

Moral means "concerned with right and wrong." *Morale* means "spirit or enthusiasm."

moral은 '옳고 그름과 관련한'의 의미이고, morale은 '정신'이나 '열심'을 뜻한다.

- The fact that George made it to the top of the sales team damaged the *morale* his coworkers; they were dispirited to see someone succeed who had such a skewed *moral* sense.

  조지가 영업팀에서 최고가 되었다는 것은 그의 동료들의 사기를 꺾었다. 그들은 비뚤어진 도덕성을 가지고 일을 하는 사람이 성공하는 것을 보고 의기소침해졌다.

NAUSEATED/NAUSEOUS

Although this one is sometimes disputed, many grammar experts say that the correct meaning of *nauseated* is "inclined to throw up." Meanwhile, according to the experts, *nauseous* describes something that makes you want to throw up.

이 단어가 때때로 논쟁이 되지만 많은 문법 전문가들이 nauseated의 정확한 의미는 '토할 것 같은'이라고 한다. 반면 전문가들에 따르면 nauseous는 토하고 싶게 만드는 무엇인가를 묘사한다.

- The *nauseous* odor from the strong cheese made me feel *nauseated*.

  향이 강한 치즈의 역겨운 냄새는 나를 토할 것 같이 만들었다.

PRINCIPAL/PRINCIPLE

A *principal* is an important person in an organization. A *principle* is a fundamental truth.

principal은 조직에서 중요한 사람이고, principle은 기본이 되는 사실이다.

- The *principals* all rose to the top of the dance company because of their dedication to the *principle* of hard work.

  대표 댄서들은 열심히 노력하는 그들의 헌신 덕분에 모두 댄스 컴퍼니에서 정상에 올랐다.

RESPECTABLY/RESPECTFULLY/RESPECTIVELY

Respectably means "worthy of respect." *Respectfully* means "showing respect." *Respectively* means "in the order given."

respectably는 '존중할 가치가 있는', respectfully는 '공손하게', respectively는 '주어진 순서로'라는 의미이다.

- *Respectably* and *respectfully* mean worthy of respect and showing respect, *respectively*.

  respectably와 respectfully는 각각 '존중할 가치가 있는'과 '공손하게'라는 의미이다.

SIMPLE/SIMPLISTIC

Simple means "uncomplicated"; it generally does not have a negative connotation unless a person is being called *simple*. *Simplistic* means "so uncomplicated that the author didn't really understand the issue."

simple은 '복잡하지 않은'이라는 의미로 사람에게 쓰는 것이 아니라면 일반적으로 부정적인 뜻이 내포되어 있지 않다. simplistic은 너무 단순해서 저자가 그 사안에 대해 이해를 못하는'이라는 의미이다.

- The new budget is *simple* to implement and it meets the needs of the entire organization well.

  새 법안은 이행하기 단순해서 전체 조직의 요구에 잘 부합한다.

- The new budget is so *simplistic* that there are many areas of the organization that will not have their needs addressed.

  새 법안은 지나치게 단순해서 그 조직의 많은 분야에서 그들의 필요를 제대로 발언하지 못할 것이다.

THAN/THEN

Than is used to show a comparison. *Then* is used to indicate a certain time or an effect.

than은 비교를 나타낼 때 사용하고, then은 특정한 시간이나 효과를 나타낼 때 사용한다.

- If she thinks I'm uglier *than* a gorilla, *then* I guess we won't be going to the prom together.

  만약 그녀가 내가 고릴라보다 못생겼다고 생각한다면 그때 우리는 함께 졸업 파티에 갈 수 없을 것이라고 생각한다.

THEIR/THERE/THEY'RE

Their is a plural, possessive pronoun. *There* generally indicates a place or a certain point. *They're* is a contraction that stands for they are.

their은 복수 소유대명사이고, there은 일반적으로 장소나 일정한 시점을 말한다. they're는 they are의 축약형이다.

- I didn't get an invitation to *their* party.

  나는 그들의 파티에 초대장을 받지 못했다.

- It's being held at the pavilion, and I don't usually go *there*.

  그것은 대형 천막에서 행해졌고 나는 보통 거기에 가지 않는다.

- Besides, *they're* not the nicest people to hang around.

  게다가 그들은 함께 어울릴 정도로 유쾌한 사람들이 아니다.

TO/TOO/TWO

To is a preposition indicating motion in a certain direction. *Too* means "also." *Two* is a number.

to는 특정한 방향으로의 움직임을 나타내는 전치사이다. too는 '역시'라는 뜻이고, two는 숫자이다.

- I am going *to* the party anyway.

  어쨌든 나는 그 파티에 갈 것이다.

- Do you want to come *too*?

  너도 역시 오기를 원하니?

- It's *too* early to call it a night.

  일을 그만하기에는 너무 이르다.

- Maybe I'll even bring *two* other friends.

  아마도 나는 다른 친구 두 명도 데리고 갈 것이다.

WEATHER/WETHER/WHETHER

Weather is the state of the atmosphere at a particular place and time. A *wether* is a castrated ram, so its use in business and academic writing is limited (and luckily, most spell checkers will correct you on this one). *Whether* is a conjunction that shows a choice, and it is not necessary to follow it up with or not.

weather은 특정한 장소나 시간에서 대기의 상태이고, wether는 거세한 숫양으로 비즈니스나 학문적인 글에서만 제한적으로 사용된다(운 좋게도 대부분 철자 체크에서 확인이 가능하다). whether은 선택을 나타내는 접속사로 뒤에 or not을 꼭 붙일 필요는 없다.

- The *weather* is a little cloudy, so I am undecided *whether* we should go to the beach.

  날씨가 구름이 조금 있어서 나는 해변에 가야 할지를 결정하지 못했다.

WHERE AT

This is redundant and often causes writers and speakers to end sentences with prepositions. Just drop the *at*, and instead of saying, "Where's the food at?" say, "where's the food?"

이것은 중복된 표현으로 작가나 연사가 문장을 끝낼 때 자주 전치사를 쓴다. at을 빼고 Where's the food at? 대신 Where's the food?라고 써라.

YOU'RE/YOUR

You're is a contraction that stands for "you are." *Your* is a possessive pronoun.

you're는 you are의 축약이고, your는 소유대명사이다.

- *You're* most welcome to accompany me.

  당신은 내가 가장 동반하고 싶은 상대이다.

- I find *your* company more tolerable than that of anyone else I know.

  너의 일행이 내가 아는 누구보다 더 괜찮다는 걸 안다.

Abbreviations

약어   여기에서는 유용한 약어들의 쓰임과 용례를 보여 준다.

AP Advanced Placement 고급 학습 과정	**DWI** Driving While Intoxicated 음주 운전
ASAP As Soon As Possible 가능한 한 빨리	**ED** Executive Director 전무 이사
Assn. Association 연합	**e.g.** (Latin – *Exempli gratia*) For example 예를 들면
Assoc. Associates 조합원	**EKG** Electrocardiogram 심전도
asst. Assistant 조수	**EP** Extended-Play record 매분 45회전의 레코드
ATM Automated Teller Machine 현금 자동 입출금기	**ESP** ExtraSensory Perception 초감각적 감지
attn. To the attention of 주목하는	**et al.** (Latin – *Et alii*) And others 기타 등등
aux. Auxiliary 보조, 준회원	**et seq.** (Latin – *Et sequens*) And following 이하 참조
AWOL Absent WithOut Leave 무단결근	**ETA** Estimated Time of Arrival 도착 예정 시각
BA Bachelor of Arts 문학사	**etc.** (Latin – *Et cetera*) And so on 기타 등등
BMOC Big Man On Campus 학교의 유력자	**ETD** Estimated Time of Departure 항공의 출발 예정 시간
BS Bachelor of Science 이학사	**ETS** Educational Testing Service 교육 평가 제도
BW Black and White 흑백	**F** Fahrenheit 화씨(온도)
C Celsius, Centigrade 섭씨 (온도)	**ff.** And following pages 다음 페이지에
c/o In Care Of 전교	**FYI** For Your Information (군사 용어) 참고하도록
cc Cubic Centimeter; Carbon Copy 입방 센티미터; 카본지를 쓴 사본	**GI** Government Issue 미군 병사
CD Certificate of Deposit; Compact Disc 예금 증서; 콤팩트디스크	**govt.** Government 정부
cf. (Latin – *Confer*) See also 참조하라	**GRE** Graduate Record Examinations 미국 대학원 입학 능력 시험
CMYK Cyan-Magenta-Yellow-Black 청록-자주-노랑-검정	**IB** International Baccalaureate 국제 공통 대학 입학 자격시험
CO Commanding Officer 지휘관	**ibid** (Latin – *ibidem*) In the same place 같은 장소(페이지)에, 각주
Co. Company 회사	**i.e.** (Latin – *Id est*) That is 즉, 다시 말하면
COD Cash On Delivery 대금상환	**Inc.** Incorporated 주식회사
Corp. Corporation 법인	**IQ** Intelligence Quotient 지능지수
CPA Certified Public Accountant 공인회계사	**ISO** In Search Of ~를 찾아서
CPU Central Processing Unit 중앙처리 장치	**ISP** Internet Service Provider 인터넷 서비스 제공자
CRT Cathode Ray Tube 브라운관	**IV** IntraVenous 정맥주사
DA District Attorney 지방검사	**JD** (Latin – *Jurisdoctor*) Doctor of Law 법학 박사
db Decibels 데시벨(소리의 측정 단위)	**K** (Latin – *kilo*) Thousand 천(1000)
DDM Doctor of Dental Medicine 치과 의사	**km** Kilometer 킬로미터
DDS Doctor of Dental Science 치의학 박사	**LLP** Limited Liability Partnership 유한 책임 동업자
dept. Department (행정 조직이나 조직체의) 부, 국, 성	**LP** Long-Playing record 매분 33과 1/3회전의 레코드
DUI Driving Under the Influence 음주 운전	**LPG** Liquefied Petroleum Gas 액화 석유 가스
DVD Digital Video Disk; Digital Versatile Disk 디지털 비디오디스크; 디지털 다기능 디스크	**MA** Master of Arts 문학 석사
	MC Master of Ceremonies 사회자

717

MD Doctor of Medicine 의학 박사

MIA Missing In Action (군대의) 실종자

mm Millimeter 밀리미터

MP Member of Parliament or Military Police
하원 의원 혹은 헌병대

Ms ManuScript 필사본

MS Master of Science 이학 석사

Mss Manuscripts 필사본

MVP Most Valuable Player 최고 수훈 선수

op. cit. (Latin – *Opere citato*) In the work previously cited
앞서 인용한 책

OS Operating System 운영 체제

p. Page 페이지

PA Public Address 공공 우편 제도

PC Personal Computer 개인용 컴퓨터

PhD Doctor of Philosophy 철학 박사

PIN Personal Identification Number 개인 식별 번호

POW Prisoner Of War 전쟁 포로

pp. Pages 페이지들

P.S. (Latin – *Postscriptum*) Postscript 추신

QED (Latin – *Quod erat demonstrandum*) Which was to
be demonstrated 이미 증명된

R & D Research and Development 연구 개발

Rep. Representative 대표, 외판원

RGB Red-Green-Blue 적-록-청

ROTC Reserve Officers' Training Corps
학생 군사 교육단

RSVP (French – *Répondez s'il vous plaît*) Please reply.
꼭 답장 주세요

SRO Standing Room Only 입석밖에 없음

SWAK Sealed With A Kiss
키스를 담아서, 연애편지 끝에 쓰는 말

TKO Technical KnockOut (권투) 녹아웃을 통한 승리

TLC Tender Loving Care 사랑으로 보살피는

UFO Unidentified Flying Object 미확인 비행 물체

VIP Very Important Person 귀빈

viz. (Latin – *Videlicet*) Namely 바꿔 말하면

w/ With

w/o Without

WWW World Wide Web

6

Foreign Words And Phrases

프랑스에서는 처방약을 약국(le drugstore)에서 구입하며, 주말(le weekend)을 기다린다.
앞의 두 단어는 모두 영어에서 차용된 단어들이다. 마찬가지로 영어에도 다른 언어에서 곧장 빌려와
사용하는 단어와 어구가 많이 있다. 이 장에서는 가장 흔히 사용되는 외래어의 단어와 숙어를 묶었다.
그리고 현재 인정되고 있는 발음을 한 가지 이상씩 실었다.
이는 대개 외래어 그대로의 발음과 미국식 발음 순으로 되어 있다.

외래어
단어 & 숙어

À PROPOS [æ̀prəpóu] adj (French – "to the purpose") to the point; pertinent
(프랑스 어 – 적절한) 적절한, 딱 들어맞는

A comment is *à propos* (or *apropos*) if it is exactly appropriate for the situation.
상황에 정확히 딱 들어맞는 말을 했을 때 à propos라는 표현을 쓴다.

AD HOC [ɑd hɔ́k] adj (Latin – "for this") for a particular purpose; only for the matter at hand
(라틴 어 – 이것을 위해) 특별한 목적을 위해; 당면 문제에 한해서

An *ad hoc* committee is a committee established for a particular purpose or to deal with a particular problem.
특별 위원회는 특정 목적을 위해서, 혹은 특정 문제를 다루기 위해 설치된 위원회를 의미한다.

AFICIONADO [əfìʃiəná:dou] n (Spanish – "affectionate one") fan (스페인 어 – 열렬한 애호가) 팬

An *aficionado* of football is a football fan. An *aficionado* of theater is a theater fan.
열렬한 축구 애호가들을 축구광이라고 한다. 열렬한 연극 애호가들은 연극광이라고 한다.

AL FRESCO [ælfréskou] adj (Italian – "in the fresh") outside; in the fresh air
(이탈리아 어 – 신선한) 야외로, 상쾌한 분위기의

An *al fresco* meal is a picnic.
al fresco meal은 야외에서 간단히 하는 식사, 소풍을 의미한다.

APPARATCHIK [à:pərá:tʃik] n (Russian – "apparat (Communist party machine) member") loyal functionary; bureaucrat (러시아 어 – 정부, 정당(특히 공산당)의 기관원) 공무원; 관료

Recent articles have described Mr. Petroleum as "an energy company *apparatchik*" and Mayor Atlanta as "a Democratic Party *apparatchik* turned popular leader."
최근의 기사는 Mr. Petroleum를 "에너지 회사의 기관원", 그리고 애틀랜타 시장을 "민주당 기관원, 유명 지도자로 바뀌다."라고 묘사했다.

AU COURANT [òu kurá:ŋ] adj (French – "in the current") up to date; informed
(프랑스 어 – 현행의) 최신식의; 널리 알려져 일상적인

To be *au courant* is to know all the latest information.
au courant은 가장 최근의 정보를 알고 있다는 의미이다.

BONA FIDE [bóunə fáidi] n (Latin – "in/with good faith") authentic; sincere; genuine
(라틴 어 – 선량한) 진실한 신의가 있는; 진짜의; 진품의

The noun form is *bona fides* (singular), meaning proof of credentials or of sincerity.
명사형은 bona fides(단수 취급)로, 성실성을 증명하는 증거나 공식문서를 뜻한다.

A *bona fide* linguistic expert, Alli speaks forty languages, including six Aboriginal tongues.
진정한 언어 전문가인 알리는 6개의 원주민 언어를 포함하여 40개의 언어를 할 수 있다.

CARTE BLANCHE [kɑːrt blɑ́ːnʃ] n (French – "blank card") the power to do whatever one wants
(프랑스 어 – 백지 카드) 원하는 것은 무엇이나 할 수 있는 힘

To give someone *carte blanche* is to give that person the license to do anything.
누군가에게 carte blanche를 준다는 것은 그 사람에게 무엇이든 할 수 있는 권한을 준다는 의미이다.

DE FACTO [di: fǽktou] adj (Latin – "from the fact") actual (라틴 어 – 사실에 근거한) 실제의

Your *de facto* boss is the person who tells you what to do. Your *de jure* [di:ʒuər] boss is the person who is technically in charge of you. *De jure* ("from the law") means according to rule of law.
당신들의 실질적 우두머리는 당신에게 무엇을 해야 할지 명령하는 사람이다. de jure boss는 법적으로 여러분을 책임지고 있는 사람이다. de jure(법에 근거하는)는 법의 규정을 따른다는 의미이다.

DE RIGUEUR [də ri:gə́:r] adj (French – "indispensable") **obligatory; required by fashion or custom**
(프랑스 어 – 반드시 필요한) 의무적인; 관습이나 유행상 필수적인

Long hair for men was *de rigueur* in the late 1960s. Evening wear is *de rigueur* at a formal party.
1960년대 후반, 남성들에게 긴 머리는 필수였다. 공식 행사에는 야회복이 필수이다.

DÉJÀ VU [déiʒɑ: vju:] n (French – "already seen") **an illusory feeling of having seen or done something before**
(프랑스 어 – 이미 본 것) 전에 이미 경험했거나 본 적이 있다고 느끼는 착각, 데자뷰

To have *déjà vu* is to believe that one has already done or seen what one is in fact doing or seeing for the first time.
déjà vu는 실제로는 처음 보거나 경험하면서도 이미 전에 보거나 경험한 적이 있다고 느끼는 것을 의미한다.

ENNUI [á:ŋwi:] n (French – "annoyance") **boredom; weary dissatisfaction**
(프랑스 어 – 성가심) 권태; 무료함

Masha thinks *ennui* is sophisticated, but her jaded remarks bore me to tears.
마샤는 권태가 세련된 것이라고 생각하지만, 그녀의 지겨운 말은 나를 눈물 날 만큼 따분하게 만들었다.

FAIT ACCOMPLI [féit əkɔmplí:/féit əkɑmplí] n (French – "accomplished fact") **something that is already done and that cannot be undone**
(프랑스 어 – 기정사실) 이미 끝난 일

Our committee spent a long time debating whether to have the building painted, but the project was a *fait accompli*. The chairman had already hired someone to do it.
우리 위원회는 그 건물을 페인트칠하는 문제로 오랫동안 논의를 거듭하고 있었다. 그러나 그 안건은 이미 끝난 일이었다. 의장이 이미 그 일을 할 사람을 고용했던 것이다.

FAUX PAS [fou pá:] n (French – "false step") **an embarrassing social mistake**
(프랑스 어 – 잘못된 일) 난처한 사회적 과실

Henry committed a *faux pas* when he told the hostess that her party had been boring.
헨리는 파티를 주최한 여주인에게 그 파티가 따분하다고 말하는 무례를 범했다.

IDÉE FIXE [i:dei fí:ks] n (French – "fixed idea") **a fixed idea; an obsession**
(프랑스 어 – 고정관념) 고정관념; 강박관념

An *idée fixe* is an idea that obsesses you or that you can't get out of your mind.
idée fixe는 우리가 버리지 못하고 있는, 우리를 옭아매고 있는 생각이다.

IPSO FACTO [ípsou fǽktou] adj (Latin – "by the fact itself") **by or because of that very fact**
(라틴 어 – 사실 그 자체에 의해) 그 사실 때문에 결과적으로

Under the discriminatory employment policy, people with children are *ipso facto* ineligible for promotion.
고용 차별 정책 아래, 아이가 있는 직원들은 결과적으로 승진 시 불이익을 받는다.

JOIE DE VIVRE [ʒwɑ: də ví:vrə] n (French – "joy of living") **deep and usually contagious enjoyment of life** (프랑스 어 – 삶의 기쁨) 대개 잘 전이되는 깊은 삶의 기쁨

Antonia's *joie de vivre* made her office a pleasant place to work for everyone connected with it.
안토니아의 삶에 대한 유쾌한 태도가 사무실을 모든 사람들이 즐겁게 일할 수 있는 공간으로 변모시켰다.

JUNTA [húntə/dʒʌ́ntə] n (Spanish–"joined") **a small group that rules a country after its government is overthrown**

(스페인 어 – 모임) 정부가 전복되고 난 후 나라를 통치하는 소규모의 집단, 임시정부, 군사정권

After the rebels had driven out the president, the Latin American country was ruled by a *junta* of army officers.

반란군이 대통령을 축출하고 난 후, 라틴 아메리카의 그 국가는 군 장성들로 이루어진 군사 정권에 의해서 통치되었다.

LAISSEZ-FAIRE [lèseifέər] n (French–"let do") **a doctrine of noninterference by government in the economy; noninterference in general**

(프랑스 어 – 내버려두다) 정부의 경제에 대한 불간섭 정책; 대개의 방임주의, 불간섭 정책

To believe in *laissez-faire* is to believe the government should exert no control over business. It's also possible to adopt a *laissez-faire* attitude about other matters.

불간섭주의를 신봉하는 것은 정부가 산업활동을 통제하지 않아야 한다고 생각하는 것이다. 또한 다른 문제들에 있어서도 불간섭의 태도를 적용할 수도 있다.

MEA CULPA [mèiə kʌ́lpə/meiə kúlpə] n (Latin–"my fault") **my fault** (라틴 어 – 내 탓) 나의 잘못

Mea culpa, mea culpa. I was the one who put the dog in the cat's bed.

내 탓이오, 내 잘못이오. 강아지를 고양이 침대에 집어넣은 건 바로 나였소.

NOLO CONTENDERE [nòulou kəntɛ́ndəri] n (Latin–"I do not wish to contend.") **no contest**

(라틴 어 – 나는 항쟁을 원치 않는다.) 형사 소송에 있어서 피고인의 불항쟁의 답변

A plea in a court case that is the equivalent of a guilty plea but it doesn't include an actual admission of guilt.

재판에서 이와 같은 불항쟁의 답변은 유죄를 인정하는 진술이나 마찬가지의 의미이다. 그러나 실제로 유죄를 인정하는 자백을 담고 있는 것은 아니다.

NON SEQUITUR [nàn sékwitər] n (Latin–"it does not follow") **a statement that does not follow logically from what has gone before**

(라틴 어 – 뒤따르지 않는다) 이전에 앞선 것과 논리적으로 연결되지 않는 진술

Bill's saying "Forty-three degrees" when Joe asked "May I have the butter?" was a *non sequitur*.

'버터 좀 주실래요?'라는 조의 말에 '43도'라고 한 빌의 대답은 논리에 맞지 않는 엉뚱한 말이다.

PERSONA NON GRATA [pərsóunə nɑn grá:tə] adj (Latin–"unacceptable person") **specifically unwelcome** (라틴 어–환영받지 못하는 사람) 기피 인물

In diplomacy, *persona non grata* often refers to an emissary blacklisted (for suspected espionage or crime, or for political reasons) by a host country.

외교에서, persona non grata는 요주의 외교사절(첩보활동을 하거나 범죄를 저지르고, 정치적 구실을 가지고 있는 인물로 의심받는)을 말할 때 주최국에 의해 사용되는 말이다.

Fernando's altercation with the principal made him *persona non grata* in the Parent-Teacher Association.

페르난도가 교장에게 한 변명 때문에 그는 부모-교사 연합의 기피 인물이 되었다.

QUID PRO QUO [kwíd prou kwóu] n (Latin–"something for something") **something given or done in return for something else** (라틴 어 – 무엇에 상당하는 것) 다른 어떤 것에 대한 보답으로 주는 물건이나 행하는 일

The politician said she would do what we had asked her to do, but there was a *quid pro quo*; she said we had to bribe her first.

우리가 부탁했던 일을 해 줄 것이라고 그 정치가는 말했다. 그러나 그에 상응하는 대가가 있어야 했다. 먼저 그녀에게 뇌물을 바쳐야만 한다고 말했던 것이다.

RAISON D'ÊTRE [rèizoun détrə] n (French – "reason to be") **reason for being**
(프랑스 어 – 존재 이유) 존재의 이유

Money was the greedy rich man's *raison d'être*.
돈은 탐욕스러운 부자들의 존재 이유이다.

RENDEZVOUS [rá:ndəvù:] n (French – "present yourselves") **a meeting; a meeting place**
(프랑스 어 – 출석하다) 회합; 모임 장소

The young couple met behind the bleachers for a discreet *rendezvous*.
그 젊은 한 쌍은 조심스럽게 만나기 위해 외야석 뒤에서 만났다.

SAVOIR-FAIRE [sævwɑːr fɛər] n (French – "to know how to do") **tact; the ability to act confidently and appropriately in different situations** (프랑스 어 – 어떻게 해야 할지 알고 있다) 재치; 다양한 상황에서 자신감 있고 적절하게 행동하는 능력

While Jo tended to be tactless, her sister Meg was full of *savoir-faire* and had the ability to charm whomever she met.
조가 요령 없는 척하는 동안, 그녀의 여동생 메그는 누구를 만나든 매력적으로 보이도록 재치 있게 행동했다.

SINE QUA NON [sàini kwei nán] n (Latin – "without which not") **something essential**
(라틴 어 – 없으면 안 되는 것) 반드시 필요한 것

Understanding is the *sine qua non* of a successful marriage.
이해는 성공적인 결혼 생활의 필수 조건이다.

STATUS QUO [stèitəs kwóu] n (Latin – "state in which") **the current state of affairs**
(라틴 어 – 그대로의 상태) 일의 현재 상태

The *status quo* is the way things are now.
status quo은 지금 현재의 상태를 의미한다.

SUI GENERIS [suːɑi dʒénəris] adj (Latin – "of one's own kind") **unique; in a class of one's own**
(라틴 어 – 자신만의 고유한) 독특한; 비길 데 없이 뛰어난

To be *sui generis* is to be unlike anyone else.
sui generis는 다른 사람과 같지 않다는 의미이다.

TÊTE-À-TÊTE [tèitətéit] n (French – "head to head") **a private conversation between two people**
(프랑스 어 – 머리를 맞대고) 두 사람간의 사적인 대담

The two attorneys resolved their differences in a brief *tête-à-tête* before the trial began.
변호사와 검사 두 사람은 재판이 시작되기 전, 잠깐 동안의 사담을 통해서 서로의 입장 차이를 해결했다.

VIS-À-VIS [vìːzəvíː] prep (French – "face to face") **in relation to; compared with**
(프랑스 어 – 얼굴을 맞대고) ～에 관하여; ～와 비교하여

The students' relationship *vis-à-vis* the administration was one of confrontation.
학생들과 대학 당국과의 관계는 대립의 관계이다.

ZEITGEIST [tsáigàist] n (German – "time spirit") **the spirit of the times**
(독일어 – 시대정신) 시대정신, 사조

Nudnik was always out of step with the *zeitgeist*; he had short hair in 1970 and long hair in 1980.
Nudnik은 언제나 시대의 흐름과는 맞지 않는 사람이다. 그는 1970년대에는 머리를 짧게 잘랐고, 1980년대에는 머리를 길렀다.

The
Arts

예술

이 장의 단어들을 암기하고 활용하라.
그러면 사람들은 당신이 아주 유식하다고 생각할 것이다.

ALLITERATION A poetic device involving the use of two or more words with the same initial consonant sounds. Big Bird is an *alliterative* name.

두운 같은 자음으로 시작하는 두 개 혹은 그 이상의 단어를 사용하는 시적 장치. Big Bird는 두운을 맞춘 이름이다.

BAUHAUS A German school of art and architecture founded in 1919. *Bauhaus* style is characterized by harsh geometric form and great austerity of detail.

바우하우스 1919년 독일에 세워진 건축, 조형 학교. 바우하우스 양식은 엄격한 기하학적 형태와 간결한 장식을 그 특징으로 하고 있다.

BIOPIC A biographical film. *Gandhi* and *Malcolm X* are well-known biopics. Some, such as *The Hours* (about Virginia Woolf) and *Capote* (About Truman Capote and Harper Lee), interweave real and fictitious plots or use a single incident to shed light on a person's entire life.

전기 영화 간디와 말콤 X는 잘 알려진 전기 영화이다. 〈The Hours(버지니아 울프에 관한 영화)〉, 〈Capote(트루먼 카포티와 하퍼 리에 대한 영화)〉와 같은 작품들은 사실과 허구적인 이야기를 섞기도 하고, 한 사람의 일생을 조명하기 위해 특정한 하나의 사건을 활용했다.

BLANK VERSE Unrhymed verse, especially in *iambic pentameter*.

무운시 특히 약강 5보격의 운을 달지 않은 시.

CHAMBER MUSIC Music written for and performed by small ensembles of players. The string quartet (two violins, viola, and cello) is the most influential form of *chamber music* ensemble.

실내악 소규모의 연주자들을 위해 작곡되고 연주되는 음악. 현악 4중주는(2개의 바이올린, 비올라, 첼로) 실내악 협연에서 가장 널리 애용되는 형태이다.

CHIAROSCURO An artistic technique in which form is conveyed by light and dark only, not by color.

명암 대조법 색채에 의해서가 아니라 오직 밝고 어두움으로 전달하는 미술의 기법.

CONCERTO A musical composition for an orchestra and one or more soloists.

협주곡 오케스트라와 한 명 이상의 독주자와의 협연을 위해 만들어진 악곡.

CUBISM An early 20th century artistic movement involving, among other things, the fragmented portrayal of three-dimensional objects. *Cubism* was given its highest expression by Pablo Picasso.

입체파 대상을 분해하여 3차원적으로 표현하는 20세기 초의 미술 사조. 파블로 피카소에 의해 정점을 이루었다.

DOCUMENTARY A nonfiction film intended to record or capture (and often comment on) some part of reality. *Hoop Dreams, March of the Penguins*, and *Fahrenheit 9/11* are examples of well-known documentaries.

다큐멘터리(기록 영화) 사실을 기록하거나 포착하기 위해 만든 논픽션 필름. 〈후프 드림스〉, 〈펭귄-위대한 모험〉, 그리고 〈화씨 9/11〉은 잘 알려진 다큐멘터리(기록 영화)의 예이다.

FREE VERSE Unrhymed and unmetered (or irregularly rhymed and metered) verse.

자유시 운율을 넣지 않은 (또는 불규칙적인 운율을 사용한) 시.

FRESCO An artistic technique in which paint is applied to wet plaster, causing the painted image to become bound into the decorated surface.

프레스코 화법 갓 칠해 덜 마른 회벽토에 수채로 그림을 그리는 미술 기법. 장식된 외벽에 그림이 달라붙어 떨어지지 않게 된다.

HAIKU A three-line, non-rhyming poem in which the first and third lines contain five syllables, and the second contains seven. Traditional Japanese haiku (plural and singular forms are identical) often evoke the seasons.

하이쿠 3구(句)로 이루어져 있으며, 운율이 없는 시. 첫 행과 세 번째 행은 5자, 두 번째 행은 7자, 총 17자의 단시이다. 전통적인 일본 하이쿠(단수와 복수 형태가 동일한)는 내내 계절을 나타내는 단어를 사용한다.

IAMBIC PENTAMETER A poetic metrical form in which each line of verse consists of ten syllables, of which only the even-numbered syllables are stressed.

약강 5보격의 시 각 행이 10음절로 이루어진 시의 운율의 한 형태. 오로지 짝수의 음절에 강세를 둔다.

IMPRESSIONISM A late 19th century French movement in painting that attempted, among other things, to convey the effect of light more vividly than had previously been done. Claude Monet was among the most influential of the *Impressionists*.

인상파 19세기 후반 프랑스에서 일어난 미술의 한 사조. 무엇보다도 이전보다 더 생생하게 빛의 효과를 전달하기 위해 시도된 흐름. 가장 큰 영향을 끼친 화가는 클로드 모네이다.

JAZZ An influential American music style rooted in African and African-American traditions with input from diverse sources. Jazz has many spin-offs and subgenres. Famous jazz musicians have included Duke Ellington and Charlie Parker.

재즈 아프리카계 미국 흑인들의 전통에 뿌리를 둔 유명한 미국 음악 양식 중 하나이며, 다양한 근원으로부터 나왔다. 재즈는 많은 부산물과 하위 장르가 있다. 유명한 재즈 뮤지션으로 듀크 엘링턴과 찰리 파커가 있다.

LIBERAL ARTS A general course of study focusing on literature, art, history, philosophy, and related subjects rather than on specifically vocational instruction.

교양 과정 문학, 미술, 역사, 철학 등 특별한 전문적인 분야의 교육에 제한되지 않고 관련된 여러 분야에 초점을 맞춘 전반적인 연구 과정.

METAPHOR A figure of speech involving the use of words associated with one thing in connection with another in order to point up some revealing similarity between the two. To refer to someone's nose as his or her beak is to use *metaphor* to say something unflattering about the person's nose.

은유 어떤 것을 직접 표현하지 않고 관계있는 다른 단어를 사용해 둘 사이의 유사성을 보여 줄 수 있는 뭔가를 강조하기 위한 표현 기법. 어떤 사람의 코를 매부리라고 말하는 것은 그 사람의 코 모양을 노골적으로 말하기 위해 은유법을 사용하는 것이다.

MOSAIC An art form in which designs are produced by inlaying small tiles or pieces of stone, glass, or other materials.

모자이크 작은 타일이나 돌 조각, 유리 조각, 그 외의 여러 재료들을 밑그림에 박아 넣어서 모양을 만드는 미술 기법.

NARRATIVE FILM A fiction film told primarily in chronological order. Most popular films fall into this category.

내러티브 영화 주로 연대기적 구조를 가진 허구적인 영화. 유명한 영화의 대다수가 이 형식을 사용한다.

NOIR A film and literature style portraying crime and sleaze in an atmosphere of mystery, bleakness, cynicism, and/or glamour. Noir (pronounced [nwɑːr]) often contains a political subtext of corruption or paranoia. Well-known examples include *The Big Sleep* and *Chinatown*.

느와르 신비로움, 황량함, 냉소주의, 매혹의 분위기 속에 범죄와 부패를 그려내는 문학이나 영화의 양식. 종종 부정부패에 대한 정치적 함의나 의심을 포함하는 경우도 있다. 잘 알려진 예로 〈명탐정 필립〉과 〈차이나타운〉이 있다.

OPERA A drama set to music, in which the dialogue is sung rather than spoken.

오페라 음악으로 구성된 연극. 모든 대사는 말이 아니라 노래로 불려진다.

OVERTURE An introductory musical piece for an opera or other work of musical drama.

서곡 오페라나 다른 뮤지컬 극에서 첫 도입 악곡.

POSTCOLONIALISM A literary and philosophical movement concerned with life and identity in formerly colonized cultures. Well-known postcolonial writers include Franz Fanon, Jamaica Kincaid, and Salman Rushdie.

후기 식민주의 예전 식민화된 문화에서의 삶과 정체성에 관심을 둔 문학·철학 운동. 유명한 후기 식민주의 작가로 프란츠 파농, 자메이카 킨케이드, 그리고 살만 루시디가 있다.

RENAISSANCE   The blossoming of art, literature, science, and culture in general that transformed Europe between the fourteenth and seventeenth centuries.

> **르네상스** 14세기에서 17세기에 걸쳐 미술, 문학, 과학, 그리고 문화 전반에 걸쳐 유럽을 변화시킨 문예부흥, 또는 그 시대.

ROMAN À CLEF   A novel in which the characters and events are disguised versions of real people and events.

> **로망 아 클레** 실제 인물과 사건을 각색하여 이야기에 등장시키는 소설. 실화 소설.

ROMANTICISM   An anticlassical literary and artistic movement that began in Europe in the late 18th century. William Wordsworth and John Keats were perhaps the preeminent *Romantic* poets.

> **낭만주의** 고전주의 문학과 예술적 동향에 반대하여 18세기 후반 유럽에서 시작한 예술 사조. 윌리엄 워즈워스와 존 키이츠가 뛰어난 낭만파 시인이라고 할 수 있다.

SIMILE   A figure of speech in which one thing is likened to something else. A *simile* will always contain the word *like* or *as*. To call someone's nose a beak is to use a *metaphor*; to say that someone's nose is *like* a beak is to use a *simile*.

> **직유법** 사물을 다른 어떤 것에 직접 비유하여 표현하는 기법. 직유법에는 항상 like나 as라는 단어가 포함되어 있다. 어떤 사람의 코를 매부리라고 부르는 것은 은유법을 사용한 것이다. 그러나 매부리 같다고 직접 말하는 것은 직유법을 사용한 것이다.

SONATA   An instrumental musical composition consisting of several movements.

> **소나타** 몇 개의 악장으로 이루어진 악기 연주용 악곡.

SONNET   A verse form consisting of fourteen lines of *iambic pentameter* rhymed in a strict scheme.

> **소네트** 약강 5보격 10음절로 이루어진, 엄격하게 운율을 지키는 14행으로 된 시.

STILL LIFE   An artistic depiction of arranged objects.

> **정물화** 잘 배치된 물체들을 미적으로 묘사하는 그림.

STREAM OF CONSCIOUSNESS   A literary technique in which an author attempts to reproduce in prose the unstructured rush of real human thought.

> **의식의 흐름** 작가가 통일된 구성을 갖지 않는 인간의 실제 사고를 글로 재현하는 문학 기법.

SURREALISM   A primarily French artistic and literary movement of the early 20th century that attempted to incorporate imagery from dreams and the unconscious into works of art.

> **초현실주의** 20세기 초반 프랑스에서 처음 시작되어 꿈과 무의식의 세계를 예술 작품에 형상화한 문예.

SYMPHONY   A major work for orchestra, usually consisting of several movements.

> **교향곡** 일반적으로 몇 개의 악장으로 구성된, 오케스트라를 위하여 만들어진 규모가 큰 악곡.

8

Science

과학

이 장에는 신문이나 잡지에서 자주 등장하는 과학 용어가 있다.
이 목록을 통해서 과학을 배울 수는 없지만 그 의미를 이해할 수 있는 단어들을 배울 수 있을 것이다.

ABSOLUTE ZERO   The temperature at which atoms become so cold they stop moving: -459.67°F or -273.15°C. This is theoretically the lowest possible temperature.

절대 영도 원자가 너무 차가워서 움직임을 멈추는 시점의 온도로 화씨 -459.67도이고, 섭씨 -273.15도이다. 이론적으로 가능한 가장 낮은 온도이다.

ANTIBODY   The key part of the immune system. An *antibody* is a protein produced by the body in response to invasion of the body by a virus, bacterium, or other threatening substance. The *antibody* attacks the invader and then remains in the bloodstream, providing continuing immunity.

항체 항체는 면역 체계의 주요 요소로, 바이러스나 박테리아 또는 다른 위협적인 물질의 침입에 반응하여 몸이 생성하는 단백질이다. 항체는 침입자를 공격하고 혈액 안에 머무르면서 면역을 유지하도록 한다.

ANTIMATTER   In effect, the mirror image of ordinary matter. Each of the *elementary particles* has a corresponding anti-particle, with an opposite electrical charge. When matter and *antimatter* collide, both are annihilated and energy is released.

반물질 사실상 보통 물질의 거울 이미지이다. 소립자들 각각이 가진 대응하는 반입자로 반대 전기의 전하를 가진다. 물질이나 반물질이 충돌할 때 모두 소멸되고 에너지는 방출된다.

ARTIFICIAL INTELLIGENCE   The general name for attempts to reproduce human mental processes with computers.

인공 지능 인간의 지적 과정을 컴퓨터로 재현하는 시도를 지칭하는 일반적인 이름.

BEHAVIORISM   A branch of psychology whose principal tenet is that all behavior consists of reflexive responses to external stimuli.

행동주의 심리학의 한 분과로, 주요 견해는 모든 행위가 외부 자극에 대한 반사적인 반응으로 구성된다는 것이다.

BIG BANG   A massive explosion that theoretically began the universe between 10 billion and 20 billion years ago.

빅뱅 이론적으로 100억 년에서 200억 년 사이에 우주를 탄생시킨 대폭발.

CHROMOSOME   A structure in the nucleus of a cell that contains DNA and carries genetic information.

염색체 DNA를 포함하고 유전적 정보를 전달하는 세포의 중심 구조.

CLONING   A technology used to produce an organism that is genetically identical to another organism.

클로닝 한 유기체에서 유전적으로 동일한 다른 유기체를 만들기 위해 사용되는 기술.

COSMOLOGY   A study of the origins, structure, and future of universe.

우주론 우주의 기원, 구조, 미래에 대한 연구.

DARK ENERGY   The hypothetical force that some cosmologists believe counteracts gravity and accounts for the accelerating expansion of the universe; Einstein was first to posit the existence of dark energy, though he later referred to the idea as his "biggest blunder."

암흑 에너지 몇몇 우주론자들이 믿는 중력에 반대로 작용하고 우주 팽창 가속화를 설명하는 가상의 힘이다. 후에 아인슈타인은 이것을 그의 "가장 큰 실수"로 언급했지만 그가 처음 암흑 에너지의 존재를 가정했다.

DARK MATTER   Invisible hypothetical matter thought by some scientists to constitute as much as 90 percent of the mass in the universe.

암흑 물질 보이지 않는 가상의 물질로 일부 과학자들은 이것이 우주에 존재하는 덩어리의 90%를 구성한다고 생각한다.

DNA   An abbreviation for deoxyribonucleic acid, the substance that is the principal component of *genes*; hence, DNA is the primary carrier of genetic information.

DNA 디옥시리보핵산의 줄임말로 유전자의 주요 성분 물질이다. 따라서 DNA는 유전적 정보의 주요 운반체이다.

ELECTROMAGNETIC RADIATION Visible light, radio signals, microwaves, ultraviolet light, and X rays are all examples of *electromagnetic radiation*, which is energy radiated in waves from certain electrically charged *elementary particles*.

> **전자기 방사선** 가시광선, 전파 신호, 마이크로파, 자외선 그리고 X선은 모두 전자기 방사선의 예로 특정한 전기 작용으로 전기를 띤 소립자의 파장에서 발하는 에너지이다.

ELECTRON MICROSCOPE A device that uses streams of electrons to provide greatly magnified images of objects far too small to be seen by human eye or even by ordinary optical microscopes.

> **전자 현미경** 인간의 눈이나 일반 광학 현미경으로는 너무 작아서 볼 수 없는 물체의 이미지를 크게 확대해서 제공하기 위해 전자의 흐름을 이용하는 장치.

ELEMENTARY PARTICLES The tiny particles that make up atoms and are thus the building blocks of all matter. Protons, neutrons, and electrons were once believed to be the only *elementary particles*, but it is now known that these particles are themselves made up of smaller particles and that the list of *elementary particles* is quite long. Among the newer additions to the list are quarks, muons, pions, gluons, positrons, and neutrinos.

> **소립자** 아주 작은 입자로 원자를 구성하고 모든 물질을 형성하는 덩어리이다. 양자, 중성자와 전자는 한때 유일한 소립자로 여겨졌지만 지금은 이러한 입자들이 더 작은 입자들로 구성되는 것이 알려졌고 소립자의 목록도 훨씬 길어졌다. 새롭게 리스트에 추가된 것들 중에는 쿼크, 뮤온, 파이온, 글루온, 양전자와 중성 미자가 있다.

ENDORPHINS Sometimes referred to as the body's own narcotics, *endorphins* are substances produced by the pituitary gland that can reduce pain, alter moods, and have other effects.

> **엔도르핀** 때때로 신체의 자가 마취제를 뜻한다. 고통을 줄이거나 기분을 변화시키고 다른 효과도 가지는 엔도르핀은 뇌하수체에 의해서 생성되는 물질이다.

ENZYME Any of a large number of substances in organisms that speed up or make possible various biological processes.

> **효소** 유기체 안에 있는 다수의 물질 중 하나로 다양한 생물학적 처리 속도를 높이거나 생물학적 변화를 일으킨다.

GENE A chemical pattern on a *chromosome*. *Genes* make up units of information that govern the inheritance of all biological structures and functions.

> **유전자** 염색체의 화학적 패턴. 유전자는 모든 생물학적 구조나 기능의 유전적 성질을 지배하는 정보 단위로 구성된다.

GENETIC ENGINEERING A science devoted to altering *genes* in order to produce organisms with more desirable characteristics, such as resistance to disease.

> **유전 공학** 질병에 대한 저항력 같은 더 바람직한 성질을 가진 유기체를 만들기 위해 유전자 변형을 연구하는 과학.

GENOME The complete set of a creature's *genes*.

> **게놈** 생명체의 유전자 총체.

GREENHOUSE EFFECT The phenomenon whereby the earth's atmosphere (especially when altered by the addition of various pollutants) traps some of the heat of the sun and warms the surface of the earth.

> **온실 효과** 지구의 공기가 (특히 다양한 오염물의 증가로 변화될 때) 태양열을 가둬 지구 표면이 따뜻해지는 현상.

HOLOGRAM A three-dimensional image produced by a photographic process called *holography*, which involves *lasers*.

> **홀로그램** 홀로그래피라고 불리는 사진 처리에 의해서 생성된 3차원 이미지로 레이저를 포함한다.

HYDROCARBON Any of a large number of organic compounds composed of hydrogen and carbon. Butane, methane, and propane are three of the lighter *hydrocarbons*. Gasoline, kerosene, and asphalt are all mixtures of (mostly relatively heavy) *hydrocarbons*.

> **탄화수소** 수소와 탄소로 구성된 다수의 유기 화합물을 통칭하는 말이다. 부탄, 메탄, 프로판은 더 가벼운 탄화수소 형태이고, 가솔린, 등유, 아스팔트도 모두 (대부분 상대적으로 무거운) 탄화수소 화합물이다.

IN VITRO FERTILIZATION The fertilization of an egg outside the mother's body.

> 시험관 수정 엄마의 체외에서 난자를 수정시키는 것.

ISOTOPE An atom with the same number of protons as a second atom but a different number of neutrons is said to be an *isotope* of that second atom.

> 동위 원소 제2원자인 양성자와 원자 번호는 같지만 다른 중성자 수를 가진 원자로, 제2원자의 동위 원소라 불린다.

LASER A device that produces an extraordinarily intense beam of light. The word *laser* is an acronym for Light Amplification by Simulated Emission of Radiation.

> 레이저 엄청나게 강렬한 빛의 광선을 만들어 내는 장치로, Light Amplification by Simulated Emission of Radiation의 두문자어이다.

LIGHT-YEAR The distance that light travels in a year, or approximately 5,878,000,000,000 miles.

> 광년 일 년 동안 빛이 나아가는 거리로 대략 5,878,000,000,000마일이다.

NATURAL SELECTION The theory that species originate and become differentiated as certain characteristics of organisms prove more valuable than others at enabling those organisms to reproduce. These valuable characteristics are in effect "selected" by nature for preservation in succeeding generations, while other characteristics disappear. *Natural selection* was a key element in Charles Darwin's monumental theory of evolution.

> 자연 선택 종(種)이 기원하고 생물들의 특정한 특징들에 따라 변이된다는 이론은 그 생물들의 번식을 가능하게 한다는 점에서 다른 생물들보다 더 우월함을 입증한다. 이 우월한 특징들은 후대에 보존을 위해 자연적으로 선택되며, 반면에 다른 특징들은 퇴화된다. 자연 선택은 찰스 다윈의 기념비적 진화 이론의 주요 요소였다.

NEBULA An enormous cloud of dust and gas in outer space.

> 성운 우주 밖에 있는 수많은 가스와 먼지의 구름.

NUCLEAR ENERGY The vast energy locked in the infinitesimal nucleus of an atom. This energy can be released through *fission* (the splitting of certain atomic nuclei) and *fusion* (the combining of certain atomic nuclei). It is also released naturally in a few elements through a process of decomposition called *radioactivity*. Fission, fusion, and radioactivity are all processes involving the conversion of small amounts of matter into enormous amounts of energy. The release of this energy is the basis of nuclear weapons (such as atomic bombs and hydrogen bombs) and nuclear reactors used in the production of electricity.

> 원자력 원자의 미세한 핵에 갇혀 있는 광대한 에너지로 이 에너지는 분열(특정 원자핵의 쪼개짐)과 융합(특정 원자핵의 결합)을 통해 방출될 수 있다. 또한 방사능이라 불리는 분해 과정을 통해 구성 요소들로 자연적으로 방출될 수도 있다. 분열, 융합과 방사능은 모두 작은 양의 물질을 광대한 양의 에너지로 전환하는 과정이다. 이 에너지 방출은 핵무기(원자 폭탄이나 수소 폭탄과 같은)나 전기 공급에 이용되는 원자로의 핵심이다.

NUCLEAR WINTER A hypothetical chilling of the earth resulting from the contamination of the atmosphere by radioactive materials, dust, and other substances in the aftermath of a nuclear war.

> 핵겨울 핵전쟁의 여파로 생긴 방사능 물질과 먼지, 다른 물질들에 의한 공기 오염 결과로 생기는 지구의 가설적 추위.

OSMOSIS The equalization of fluid concentrations on both sides of a permeable membrane.

> 삼투 현상 투과성 막 양쪽의 유동적인 농도의 평준화.

OZON LAYER Ozone is a compound of oxygen. The *ozone layer* is a part of the atmosphere that, among other things, filters out radiation that is harmful to human beings. In recent decades the *ozone layer* has been found to be decomposing at an alarming rate, owing in large part to the release of certain pollutants into the atmosphere.

> 오존층 오존은 산소의 화합물로 오존층은 다른 것들 사이에서 인간에게 유해한 방사능을 여과하는 대기층의 일부이다. 최근 수십 년간 오존층은 대기 중의 특정한 오염 물질이 공기에 방출되어 놀라운 속도로 분해되고 있다는 것이 밝혀졌다.

PASTEURIZATION A sterilization process in which foods are heated in order to kill harmful organisms in them. The process is named for Louis Pasteur, the 19th-century French scientist who developed it.

> 저온 살균 음식 안에 있는 해로운 유기체를 죽이기 위해서 가열되는 살균 과정으로, 이를 밝힌 19세기 프랑스 과학자 루이스 파스퇴르의 이름을 딴 것이다.

PERIODIC TABLE   A chart depicting the known elements arranged according to certain characteristics—a must-have in chemistry classrooms and textbooks.

> **주기율표** 알려진 원소들을 특정한 특징에 따라 배열한 표로, 화학 수업이나 교과서에 필수이다.

PHEROMONE   Substances secreted by animals that influence the behavior of other animals, primarily through the sense of smell.

> **페로몬** 주로 후각을 통해 다른 동물의 행위에 영향을 주는, 동물에 의해 분비되는 물질.

PHOTON   The smallest unit of *electromagnetic radiation*.

> **광자** 전자기파의 가장 작은 단위.

PHOTOSYNTHESIS   The process whereby green plants transform energy from the sun into food.

> **광합성** 녹색 식물이 태양으로부터 에너지를 변환하여 양분을 만드는 과정.

PLATE TECTONICS   A revolutionary geological theory holding that the earth's crust consists of enormous moving plates that are constantly shifting position and, among other things, altering the shape and arrangement of the continents.

> **판 구조론** 지구의 지각이 커다란 움직이는 판으로 구성되어 계속해서 위치를 바꾸고 그 모양이나 대륙의 배열이 변화한다는 것을 지지하는 혁명적 지리학 이론.

PULSAR   Any of a number of less than thoroughly understood objects in outer space that emit regular pulses of radio waves.

> **맥동성** 전파의 규칙적인 진동을 내보내는 우주에서 잘 알려진 물체들보다 덜 알려진 것.

QUASAR   Any of a number of starlike objects believed to occupy the very farthest fringes of the universe.

> **준성** 우주의 아주 먼 주변을 차지한다고 믿어지는 별 모양의 물체.

RADIO TELESCOPE   A large antenna capable of receiving the radio waves naturally emitted by stars and other objects in outer space. *A radio telescope* is a telescope capable of "seeing" forms of *electromagnetic radiation* not visible to the human eye or to an ordinary optical telescope.

> **전파 망원경** 천체나 우주 공간의 다른 물체에 의해서 자연스럽게 방출된 전파를 받을 수 있는 큰 안테나 케이블로, 전파 망원경은 인간의 눈이나 보통 광학 망원경으로는 볼 수 없는 전자기파 형태를 볼 수 있는 망원경이다.

RELATIVITY   Albert Einstein's monumental theory, which holds, among a great many other things, that space and time are not separated entities but elements of a single continuum called *space time*.

> **상대성 이론** 서로 다른 많은 이론 중에서 공간과 시간은 나눠지는 실체가 아니라 시공간이라 불리는 하나의 연속체라고 생각하는 앨버트 아인슈타인의 기념비적 이론이다.

RNA   An abbreviation for ribonucleic acid, a substance similar to DNA that is a crucial element in the synthesis of proteins.

> **리보 핵산** ribonucleic acid의 축약어로, 단백질 합성의 중요한 요소인 DNA와 유사한 물질이다.

SEISMOLOGY   The study of earthquakes and other tremors (including man-made ones) in the earth's crust.

> **지진학** 지진이나 지각 안에서의 다른 진동(인간이 야기한 것을 포함)에 대한 연구이다.

SPEED OF LIGHT   The speed at which light travels through a vacuum, or 186,282 miles per second.

> **광속** 빛이 진공을 통과해서 움직이는 속도로, 초당 186,282마일을 이동한다.

SUPERCONDUCTIVITY The ability of certain substances to conduct electricity with no resistance. *Superconductivity* has usually been produced by cooling certain substances to temperatures approaching *absolute zero*. More recently, scientists have discovered materials that become *superconductive* at vastly warmer temperatures.

초전도성 초전도성은 특정 물질이 저항 없이 전기를 전도하는 능력으로, 일반적으로 특정 물질을 절대 온도에 가깝게 냉각함으로써 생성된다. 최근에는 과학자들이 훨씬 더 따뜻한 온도에서 초전도성이 되는 물질을 발견했다.

THERMODYNAMICS A branch of science concerned with heat and the conversion of heat into other forms of energy.

열역학 열과 열의 변환이 다른 에너지 형태로 전환하는 것에 관한 과학의 한 분야.

VACCINE A substance that, when introduced into an organism, causes the organism to produce *antibodies* against, and hence immunity to, a particular disease.

백신 유기체에 전해질 때 유기체가 항체를 생산해서 특정 질병에 대한 면역을 가져오게 하는 물질.

Finance

재정

신문의 재정 관련 페이지는 전문 용어를 모르면 이해하기 힘들 수 있다. 여기에는 자주 쓰이는 용어들을 모았다.

ANNUAL PERCENTAGE RATE (APR) A loan's *annual percentage rate* is the loan's true interest rate when all the costs of borrowing are taken into account. Before lending you $10,000 at a nominal interest rate of 12 percent, a bank may charge you a fee of several hundred dollars. The effective interest rate on the loan—its APR—would include the cost of paying this fee and would thus be somewhat higher than 12 percent.

연이율 대출의 연이율은 대출한 모든 비용을 계산한 대출 실제 이율이다. 당신이 10,000달러를 연이율 12%로 빌리면 은행은 당신에게 몇 백 달러를 수수료로 부과한다. 유효한 이율(연이율)은 이러한 비용의 지불을 포함하므로 실제 12%보다 다소 높아진다.

ASSET An *asset* is something you own. A *liability* is something you owe.

자산 자산은 당신이 소유한 것이고 부채는 당신이 빚지고 있는 것이다.

BANKRUPTCY A procedure by which a deeply indebted person or company sacrifices most or all remaining *assets* in exchange for being relieved of the obligation to repay any remaining debts.

파산 큰 빚을 진 개인이나 회사가 남아 있는 모든 혹은 대부분의 자산을 처분하고 대가로 남아 있는 빚을 면제받는 절차.

BEAR MARKET A falling stock market.

하락 장세 떨어지고 있는 주식 시장.

BONDS When you buy a *bond* you are, in effect, lending money to the city, company, or other entity that issued it. In return, the issuer pays you interest.

There are many different kinds of *bonds*. U.S. government *bonds* are *bonds* issued by the federal government. When you buy a *government bonds*, you're helping to finance the federal deficit. *Municipal bonds* are *bonds* issued by cities, counties, and states. They are often issued to finance specific projects, such as the construction of a highway or an athletic stadium. *Corporate bonds* are *bonds* issued by companies. *Junk bonds* are high-interest, high-risk *bonds* issued by relatively uncredit-worthy borrowers.

채권 채권을 사면 사실상 도시나 회사 또는 채권을 발행한 곳에 돈을 빌려주는 것이다. 대신 채권 발행자는 당신에게 이자를 지급한다. 채권의 종류는 다양하다. 미국 정부 채권은 연방 정부에 의해 발행된 것이다. 당신이 정부 채권을 사면 정부의 부족한 재정을 돕는 것이다. 지방 채권은 시나 지방 자치 단체 또는 주에서 발행한 것이다. 그들은 고속도로나 경기장 건설과 같은 특별한 프로젝트의 재정 마련을 위해서 채권을 자주 발행한다. 회사채는 회사가 발행한 채권이다. 정크 본드는 고이율, 고위험의 채권으로 상대적으로 신용 가치가 낮은 차용자가 발행한다.

BOOK VALUE A company's *book value* is what the company would be worth if its *assets* (including office buildings and furniture) were all sold and its *liabilities* were all paid off.

장부 가격 회사의 장부 가격은 회사가 그 자산(회사 건물이나 가구를 포함)을 모두 팔고 부채를 모두 갚았을 때 회사가 가지고 있는 가치를 말한다.

BULL MARKET A rising stock market.

상승 장세 주식이 상승하는 시장.

CALL An *option* to buy stock at a certain price within a certain period of time. A *put* is an option to sell stock at a certain price within a certain period of time. *Puts* and *calls* are not for amateurs.

콜(매입 특권) 주식을 특정 기간 안에 특정한 가격으로 사는 옵션이다. 풋(put)은 특정 기간에 특정한 가격으로 주식을 파는 옵션이다. 풋과 콜은 비전문가를 위한 것이 아니다.

CAPITAL GAIN The profit on the sale of stocks, bonds, real estate, and other so-called capital *assets*. If you buy a stock for $5 a share and sell it a few weeks later for $1,000 a share, you have a capital gain of $995 a share. A *capital loss* is the same thing in reverse.

자본 이득 주식이나 채권, 부동산 등 자본 자산의 판매에 대한 이득이다. 만약 당신이 주당 5달러 주식을 사서 몇 주 후에 주당 1,000달러에 팔면 당신은 주당 자본 이득으로 995달러를 가진다. 자본 손실은 반대의 의미이다.

COMMODITIES Pork bellies, beef fat, wheat, corn, gold, silver, and other animal, vegetable, and mineral products are a few examples of *commodities*. Contracts for these items are traded in highly risky markets that are no place for someone who can't afford to lose a lot of money.

상품 돼지 내장, 소고기 지방, 밀, 옥수수, 금, 은 그리고 기타 동물, 야채와 광물들이 원자재의 몇몇 예시이다. 이런 품목들의 계약은 고위험 시장에서 많은 돈을 잃을 여유가 없는 사람들에 의해 거래된다.

COMMON STOCKS   A share of *common stock* represents a (usually tiny) piece of the company that issues it. If you own a share of stock in a company, you own a fraction of the company itself and are entitled to a corresponding fraction of the company's profits, usually paid in the form of quarterly *dividends*.

보통주 보통주의 주식은 그것을 발행한 회사의 작은(일반적으로 아주 작은) 부분을 대표한다. 만약 당신이 한 회사 주의 한 주를 가지고 있다면 당신은 그 회사의 작은 한 조각을 소유한 것이며, 그 회사 이익에 해당하는 조각만큼 자격이 주어져 일반적으로 4분기 형태로 배당을 받는다.

COMPOUND INTEREST   *Compound interest* is interest paid on interest that's already been paid. If you put $100 in a savings account and don't withdraw the interest payments, the effective interest rate on your initial investment rises as each new interest payment increases the value of your account. The compounding of interest causes an account earning 10 percent interest to double in value in about seven years instead of the ten you might expect.

복리 복리는 이미 지불된 이자에 대해서 이자가 지급되는 것이다. 만약 당신이 100달러를 예금 계좌에 넣고 이자를 인출하지 않으면 최초 투자에 대한 실제 이자율은 새로운 이자가 당신 계좌의 가치를 증가시킨 만큼 올라간다. 복리는 10% 이자 계좌에 대해 10년 동안 기대할 이자를 약 7년 정도에 두 배의 가치로 만든다.

CORPORATE BONDS   See *BONDS*.

회사채 BONDS(채권) 참조.

DISCOUNT BROKERAGE   A stockbrokerage that charges lower commissions than traditional stockbrokerages but provides fewer services.

어음 할인 중개 전통적인 주식 중개보다 낮은 수수료를 부과하는 주식 중개로 적은 서비스를 제공한다.

DIVIDEND   When a company earns profits, it typically reinvests some in itself and distributes the rest to its shareholders, who are the company's owners. These profit distributions are typically paid quarterly and are called *dividends*.

배당금 회사는 이익이 나면 일반적으로 그 자체에 재투자를 하고 나머지는 주주, 즉 회사를 소유한 사람들에게 배당한다. 이러한 이익 배당은 일반적으로 분기당 이루어지고 배당금이라 불린다.

DOW JONES INDUSTRIAL AVERAGE   An index based on the stock prices of thirty big industrial companies. The *Dow Jones* isn't a representative sample of either the stock market or the economy in general, but it has traditionally been used as a barometer of both.

다우 존스 산업 평균지수 30개의 대기업의 주식 가치에 기반을 둔 지수로, 다우 존스는 주식 시장이나 일반 경제를 대표하는 표본은 아니다. 그러나 전통적으로 양자의 지표로 사용되고 있다.

EQUITY   *Equity* is the difference between *assets* and *liabilities*. If your house (an *asset*) is worth $100,000 and you owe $45,000 on it (a *liability*), you equity in your house is $55,000.
A *home equity loan* is a loan backed by your *equity* in your home. *Home equity loans* used to be called *second mortgages*. If you stop paying off your *home equity loan*, you risk losing your house.

자기 자본 자기 자본은 자산과 부채 사이의 차액이다. 만약 당신 집(자산)이 100,000달러의 가치가 있고 당신이 45,000달러를 빚지고 있다면, 당신 집에 대한 자기 자본은 55,000달러가 된다. 주택 담보 대출은 당신의 집에 대한 자기 자본을 담보하는 것이다. 주택 담보 대출은 보통 2순위 저당이라고 한다. 만약 당신이 주택 담보 대출의 지급을 멈추면 당신은 집을 잃을 위험에 빠진다.

FEDERAL DEPOSIT INSURANCE CORPORATION   The *FDIC* is the government agency that insures bank deposits.

연방 예금 보험 회사 연방 예금 보험 회사는 은행의 예금을 보증하는 정부 관계 기관이다.

HOME EQUITY LOAN   See *EQUITY*.

주택 담보 대출 EQUITY(자기 자본) 참조.

MARGIN   Buying stock on *margin* is buying stock in part with money borrowed from the stockbroker. Buying on *margin* is risky. If the price of a stock you bought on *margin* falls below a certain point, the broker will require you to put up more money. If you don't have the money, you may be forced to sell the stock immediately at a loss in order to cover your position.

위탁 증거금 위탁 증거금으로 증권을 산다는 것은 증권 브로커로부터 빌린 돈의 일부로 증권을 사는 것이다. 위탁 증거금을 사는 것은 위험하다. 만약 위탁 증거금으로 산 증권 가격이 특정한 점 아래로 떨어지면 브로커는 당신에게 더 많은 돈을 넣을 것을 요구한다. 만약 당신이 돈을 가지고 있지 않다면 당신은 위치를 보전하기 위해 손해를 감수하고 바로 증권을 팔도록 강요받을 수 있다.

MORTGAGE When you obtain a *mortgage* to buy a house, what you are really doing is persuading a bank to buy a house for you and let you live in it in exchange for your promise to pay back the bank, with interest, over a period of years. If you stop paying back the bank, the bank may take back the house. In other words, the bank lends you enough money to buy the house with the understanding that the bank gets the house if you don't pay back the loan. A traditional *mortgage* runs for thirty years at a fixed interest rate with fixed monthly payments, but there are many variations.

담보 대출 집을 사기 위해서 담보 대출을 받을 때 해야 할 것은 은행에 대출한 돈과 그에 대한 이자를 몇 년에 걸쳐서 갚는다는 조건으로 은행이 당신을 위해 집을 사고 당신이 그곳에 살 수 있도록 은행을 설득하는 것이다. 만약 당신이 은행에 대출금 지불을 멈추면 은행은 당신의 집을 가져갈 수 있다. 즉, 은행은 당신이 대출금을 갚지 못하면 집을 갖는다는 전제로 당신에게 집을 살 수 있는 충분한 돈을 빌려주는 것이다. 전통적인 담보 대출은 고정된 할부 월 이율로 30년 동안 진행되지만 많은 변동이 있다.

MUTUAL FUND A *mutual fund* is an investment pool in which a large number of investors put their money together in the hope of making more money than they would have if they had invested on their own. *Mutual funds* are run by professional managers who may or may not be better than the average person at picking good investments. Some *mutual funds* invest only in stocks; some invest only in *bonds*; some invest only in metals; some invest only in Japanese stocks; some invest in a little of everything; some invest in whatever looks good at the moment.

뮤추얼 펀드 뮤추얼 펀드는 많은 투자자들이 그들 스스로 투자하는 것보다 많은 이익을 얻을 것이라는 희망으로 그들의 돈을 함께 투자하는 투자 공동 자금이다. 뮤추얼 펀드는 전문가들에 의해 운영되는데 일반인이 좋은 투자 대상을 고르는 것보다 더 나을 수도 있고 그렇지 않을 수도 있다. 일부 뮤추얼 펀드들은 주식에만 투자하지만 어떤 것들은 채권에만 투자하거나 금속·일본 주식에만 투자하거나 모든 것에 조금씩 투자하기도 하고 좋아 보이는 것은 무엇이든 투자하기도 한다.

ODD LOT Less than 100 shares of a company's stock. Groups of shares in multiples of 100 are known as *round lots*. Brokerages typically charge slightly higher commissions on transaction involving *odd lots*.

단주 한 회사의 100주보다 적은 주식 수로 100주 단위의 그룹은 증권 거래 단위로 알려져 있다. 중개 수수료는 일반적으로 단주를 포함한 매매의 수수료보다 다소 높게 부과한다.

OPTION The opportunity to do something else (such as buy a certain number of shares at a certain price) at some time in the future.

옵션 (특정한 가격에 특정한 수의 주를 구입하는 것처럼) 미래 어떤 시점에 어떤 일을 하는 기회.

OVER-THE-COUNTER STOCK An *OTC* stock is one that isn't traded on the New York Stock Exchange or the NASDAQ; one of several smaller stock exchanges. A stock change is a big marketplace where buyers and sellers (or, usually, their representatives) gather to do business within a framework of mutually agreed-upon rules and limitations. But not all stocks are bought and sold through stock exchanges. These stocks (typically those of smaller, less-established companies) are said to be bought and sold "over the counter." To buy or sell such a stock, you have to do business directly with someone who deals in it, or "makes a market" in it. Most stockbrokers of any size have *over-the-counter* departments that handle such transactions.

장외 주식 장외 주식은 뉴욕 주식 거래소나 나스닥에서 거래되지 않는 주식, 즉 여러 개의 소규모 주식 중 하나를 말한다. 주식 거래는 구매자와 판매자(또는 그들의 대리인)가 함께 상호적으로 동의한 규칙이나 조건의 체제 안에서 비즈니스를 하는 거대 시장이다. 그러나 모든 주식을 증권 거래소를 통해서 사고파는 것은 아니다. 이러한 주식들(일반적으로 작고 상장되지 않은 회사들)은 '장외'에서 사고판다고 한다. 이러한 주식을 사고 파는 것으로 당신은 직접 그 주식을 다루거나 시장을 만드는 사람들과 비즈니스를 해야 한다. 어떤 규모든 대부분 증권 브로커는 이런 매매를 다루는 장외 분야를 가지고 있다.

PRICE/EARNINGS RATIO A stock's *P/E* is the ratio of its price and the value of the company's earnings in the past year divided by the number of shares outstanding. If a stock sells for $20 a share and had earnings of $2 a share, its P/E is 10, and its share price is said to be "ten times earnings." In theory, if everything else is equal, a stock with a high *P/E* is a worse buy than a stock with a low *P/E*, but there are many exceptions.

주가 수익률 증권의 주가 수익률은 지난해 해당 기업의 수입을 미지불의 주식 수로 나눈 가격이나 가치의 비율이다. 만약 주식이 주당 20달러에 팔리면서 2달러의 수익을 냈다면 그 주가 수익률은 10이고 그 주의 가격은 10배의 수익을 낸다고 한다. 이론적으로는 만약 모든 것이 똑같다면 높은 주가 수익률을 가진 주식은 낮은 주가 수익률을 가진 주식보다 더 안 좋은 구매이다. 하지만 여기에는 많은 예외가 있다.

PRIME RATE   The interest rate that banks charge their biggest and best loan customers. Everybody else pays more. Many loan rates are keyed to the prime, which is why a change in the *prime rate* affects more than just the biggest and best loan customers.

> **우대 금리** 은행이 가장 큰 최고의 대출 고객들에게 부과하는 이자율로 일반 고객은 이보다 더 낸다. 많은 대출 이자율이 주요 고객에게 중요한데 이는 우대 금리 변화가 최고의 대출 고객보다 더 영향을 미치기 때문이다.

PROXY   Ownership of a share of stock entitles the shareholder to vote at the company's annual meeting. Shareholders who can't attend the meeting can still vote by sending in a *proxy*—essentially, an absentee ballot.

> **대리** 주식 소유권은 주주들이 해당 회사의 연차 주주 총회에서 투표를 행사할 자격을 준다. 총회에 참석할 수 없는 주주들은 대리권, 부재자 투표를 보내서 투표권을 행사할 수 있다.

SECURITIES AND EXCHANGE COMMISSION   The *SEC* is the government agency that oversees the trading of stocks, bonds, and other securities.

> **증권 거래 위원회** 증권 거래 위원회는 주식, 채권과 다른 유가 증권의 거래를 감독하는 정부 기관이다.

SELLING SHORT   To sell a stock short is to sell it before you own it. Sounds impossible? It's not. *Selling short* is a way to make money on a stock when its price is going down. What you do, technically, is sell stock borrowed from your broker, then buy the same number of shares later, when the price has fallen. What happens if the price doesn't fall? You lose money.

> **공매** 주식을 빨리 판매하는 것은 그것을 소유하기 전에 파는 것이다. 불가능하게 들리겠지만 그렇지 않다. 공매는 그 가격이 떨어질 때 주식에서 돈을 만드는 방법이다. 당신이 할 것은, 엄밀히 따지면 중개인으로부터 빌린 주식을 파는 것이다. 그리고 후에 가격이 떨어질 때 같은 수의 주식을 다시 사는 것이다. 만약 가격이 떨어지지 않으면 어떻게 될까? 당신은 돈을 잃게 된다.

STOCK SPLIT   When a stock "splits two for one," shareholders are issued an additional share for every share they own at the time of the split. The effect is to halve the price per share, because each share is now worth half of what it was worth when there were only half as many. Companies generally split their stocks in order to knock the share price down to a level at which, the company hopes, it will be more attractive to investors. *Stock splits* are sometimes referred to as *stock dividends*. But a *stock dividend* isn't really a dividend at all, because it doesn't have any value.

> **주식 분할** 하나의 주식을 두 개로 나누면 분할할 때 주주들이 소유한 모든 주식에서 추가된 주가 문제가 된다. 그 효과는 주당 가격이 반감되고 따라서 각 주는 예전 가치의 반이 된다. 회사들은 일반적으로 주식 가격을 낮춰 회사가 원하는 수준으로 만들기 위해 주식을 분할한다. 이것은 투자자들에게도 매력적이다. 주식 분할은 때때로 주식 배당으로 언급된다. 하지만 주식 배당은 어떤 가치도 가지고 있지 않기 때문에 사실 이익 배당금은 아니다.

TAX SHELTER   Any investment that permits the investor to protect income from taxation. Tax reform has eliminated most of these. *Tax shelters* that sound too good to be true tend to be not only too good to be true but also illegal. There are still a lot of humbler *tax shelters*, though. Buying a house is one: interest on mortgage payments is deductible, and the resulting tax savings amounts to a federal housing subsidy for people wealthy enough to buy their own homes.

> **감세 수단** 어떤 투자는 투자자가 과세액에서 그들의 수입을 보호하도록 해 준다. 세금 개혁에서는 이런 것들을 대부분 공제한다. 너무 좋아서 믿어지지 않는 감세 수단은 보기에 그럴듯할 뿐만 아니라 불법이다. 하지만 여전히 많은 감세 수단이 있다. 집을 사는 것도 그중 하나이다. 담보 비용에 대한 이자는 과세액에서 공제되고 결과적으로 세금을 절약하는 만큼 주택을 구입할 능력이 있는 부유한 사람들을 위한 연방 주택 보조금이 된다.

WARRANT   An option to buy a certain amount of stock at a certain price within a certain period of time.

> **워런트** 특정한 양의 주식을 특정한 가격에 특정 기간 안에 구입하는 옵션.

YIELD   The annual income generated by an investment expressed as a percentage of its cost. If a stock has a *yield* of 4 percent, it pays dividends equal to 4 percent of purchase price of a share of its stock.

> **이자 배당** 연 수익은 그 비용에 대한 비율로 명시된 투자에 의해 생겨난다. 만약 주식이 4% 이자 배당이 있으면 그 주식의 주당 매입 가격의 4%로 동일하게 배당금이 지불된다.

10

Classic Literature

디킨스 작품을 읽는 것이 어려운 것은 당신만이 아니다. 사실 많은 사람들이 잘 알려진 그의 소설에서 나온 단어들을
잘못 이해한다. (악마(devil)를 뜻하는 단어는 사실 셰익스피어 시대부터 사용되었다.)
따라서 여러분이 디킨스 작품이나 다른 20세기 이전의 소설에 사용된 어휘를 알면 더 쉽게 이해할 수 있다.
이 장의 단어 목록은 영국이나 미국의 고전 문학에서 사용된 조금은 어렵고 친숙하지 않은 단어들이나,
특히 지금까지도 사용되지만 다른 의미를 가진 단어들을 친숙하도록 느끼게 해 줄 것이다.

고전 문학

ANSWER [ǽnsər] v to satisfy a need 필요를 만족시키다

This is an example of a word that is typically used a bit differently in classic literature. While today's usage implies a response to a question, it has previously meant more along the lines of fulfilling a need, such as in the sentence "Nothing short of a gentleman would answer."

고전 문학에서 전형적으로 다르게 사용되는 단어이다. 오늘날에는 질문에 대한 대답을 의미하지만 이전에는 필요를 충족시키는 이상을 의미했다. 예를 들어, "어떤 것도 신사를 만족시키는 데 부족하지 않았다."

BARRISTER [bǽristər] n an attorney who tries cases 사건을 심리하는 변호사

This definition may seem a bit redundant to Americans, but in England's two-tier system, solicitors perform all legal functions except trying cases, and *barristers* also try cases.

이 정의는 미국 영어에서는 중복된 의미인 것 같지만 영국의 2단계 시스템에서는 사무 변호사가 사건 심리를 제외한 모든 법적 직무를 하고 법정 변호사가 사건을 심리한다.

COMELY [kʌ́mli] adj attractive 매력적인

This word is generally used for women, and is shortened from Middle English *becomely*. The modern-day version is *becoming*.

이 단어는 일반적으로 여성에게 사용되고 중세 영어 becomely에서 축약되었다. 현대 영어 표현은 becoming이다.

CONDESCENSION [kʌ̀ndisénʃən] n to lower oneself to speak or deal with someone of a lower position 낮은 지위의 사람을 다루거나 이야기하면서 자신을 낮춤

Though *condescension* is universally considered a bad thing today, characters in literature who were of lower classes may have considered themselves complimented to have been *condescended* to by a member of the aristocracy.

비록 아랫사람에게 자신을 낮추는 것이 오늘날에는 대개 불필요한 것으로 여겨지지만 문학 작품에 등장하는 낮은 계층 인물들은 상류 계급이 자신을 낮추는 것을 그들에 대한 영광된 일로 받아들였다.

CONFIDENCE [kʌ́nfidəns] n telling of private matters in secret 개인적인 일을 비밀스럽게 말하는 것

Confidence is synonymous with trust or assurance today, but in classic literature it is more related to *confiding* in someone.

신용은 오늘날의 신뢰나 확신과 유사하지만 고전 문학에서는 누군가에게 개인적인 것을 말하는 것과 더 관계가 있다.

COQUETTISH [koukétiʃ] adj flirtatious 경박한

A *coquette* is a flirtatious woman, and—in more modest times—this was not a particularly complementary description. The word also refers to a species of brightly plumed bird, and in fact shares a root with the word cock, or rooster.

coquette는 '경박한 여자'로 정숙한 시대에는 칭찬하는 의미가 아니었다. 이 단어는 또 화려한 깃털의 새를 언급하는데 사실 수컷, 수탉과 그 뿌리가 같다.

DISCOMFIT [diskʌ́mfit] v to make someone feel uneasy 누군가를 불편하게 만들다

Though this word sounds like *discomfort*, the words aren't really related. The original meaning of the word was closer to vanquish, and it may have come to have the meaning it does today through confusion with *discomfort*. Today, though, people are more likely to just opt for *discomfort* and leave *discomfit* out of the equation altogether.

비록 이 단어가 discomfort(불편하게 하다)처럼 들리지만 이 단어와는 관계가 없다. 이 단어의 기원은 '정복하다'와 가까운데 오늘날 의미는 discomfort와의 혼돈에서 얻게 되었다. 오늘날 많은 사람들이 discomfort는 쓰지만 이를 discomfit와 같다고 생각하지 않는다.

DIVERSION [divə́:rʒən] n amusement; entertainment 재미; 오락

Another word that is still around today with a different meaning, *diversion* used to mean a distraction from tedium. If you were enjoying a *diversion*, you could say you were pleasantly *diverted*.

오늘날 다른 의미로 사용하는 diversion은 지루함에서 즐거움을 찾는 것을 의미했다. 만약 당신이 diversion을 즐긴다면 당신은 즐겁게 기분 전환하고 있다고 할 수 있다.

FAIR [féər] adj **attractive** 매력 있는

This word is generally used to describe women and is not in the same use today. It is now typically used to mean "light," as in *fair skinned* or *fair haired*.

이 단어는 일반적으로 여성을 수식할 때 사용하는데 현재와 같은 의미는 아니다. 지금은 보편적으로 fair skinned(피부가 흰)나 fair haired(금발의)에서처럼 밝은'의 의미로 사용된다.

FIVE AND TWENTY [fáiv ænd twénti] adj **twenty five** 25의

Reading classic literature can be confusing for several reasons, even ones as simple as how numbers are expressed. Two-digit numbers are generally articulated with the "ones" digit first and the "tens" digit second.

고전 문학을 읽을 때는 숫자를 표현하는 간단한 부분도 여러 이유로 혼돈스러울 수 있다. 두 자리 숫자는 일반적으로 먼저 일 자리 숫자와 다음으로 십 자리 숫자로 발음된다.

FORTNIGHT [fɔ́ːrtnàit] n **two weeks** 2주일

An abbreviation for fourteen nights, the word *fortnight* is generally not used in American speech today, but it is still in use in England. To express, "Two weeks from Thursday," you would say, "Thursday fortnight."

14일 밤의 축약어인 fortnight은 오늘날 미국에서는 일반적으로 사용하지 않지만 영국에서는 여전히 사용한다. '목요일부터 2주일'을 표현하면, Thursday fortnight라고 한다.

GENTLEMAN [dʒéntlmən] n **man of superior social position or birth** 사회적 지위나 출신이 더 뛰어난 남자

Today's use generally denotes a man with polite manners, but in more stratified social structures, the use is more rigid. A gentleman would be someone with inheritance and property (and thereby means to make money), and would possibly also have a title of nobility.

오늘날에는 일반적으로 예의 바른 남자를 지칭하지만 계층화된 사회 구조에서는 더 엄격하게 사용했다. 신사는 상속이나 재산(돈을 버는 수단)을 가지거나 귀족 칭호를 가질 만한 사람을 의미했다.

GOUT [gɑut] n **disease causing arthritis and acute pain** 관절염이나 심한 고통을 야기하는 질병

Gout was known as a disease that affects the lazy and wealthy because it is caused by the consumption of rich foods and alcoholic beverages (which, of course, would be indulged in only by the affluent). Most first attacks affect the big toe, so literary references to someone with a sore toe generally mean that the person is gouty (and therefore indulgent and lazy).

통풍은 기름기 많은 음식의 섭취나 음주(물론 과음하는 경우)의 소비로 야기되기 때문에 게으르거나 부유한 사람들에게 영향을 주는 질병으로 알려졌다. 대부분 처음에 엄지발가락을 공격하기 때문에 문학에서도 아픈 발가락을 가진 사람을 일컬어 일반적으로 gouty(무르고 게으른)라고 한다.

HERETOFORE [hìərtəfɔ́ːr] adv **before now** 지금 전에는

A word that barely survives today except in legal speech and on standardized tests, *heretofore* looks daunting—but its meaning is not too hard to remember if you break the word down.

법적인 연설이나 표준화된 텍스트 외에는 거의 사용하지 않는 단어로, 어려워 보이지만 단어를 나눠 보면 외우기 어렵지 않다.

ILL USED [iljuːzd] adj **having been treated poorly** 부적당하게 취급되는

This usage is similar to the modern expression of having been used, but today's definition is narrower (usually meaning that friendship is being traded for money, sex, or other favors). In an Austen novel, even refusing to dance with someone could be decried as *ill use*.

이 어법은 used가 사용된 현대 표현과 유사하지만 오늘날 정의는 더 좁은 의미를 가진다(일반적으로 우정이 돈이나 섹스, 또는 다른 대가로 거래되고 있다는 의미). 오스틴 소설에 보면 누군가와 춤추는 것을 거절하는 것도 부적당한 것으로 비난받을 수 있다.

IN SERVICE [insə́:rvis] phrase **employed as a servant** 하인으로 고용된

Someone *in service* to a lady or gentleman holds a position of *servitude* and may even be described as *servile*. The root for these word ties it to the Latin word for slave, though there is a distinction between a *slave and a servant*.

숙녀나 신사에게 고용된 사람은 노예 지위를 가진다거나 노예로 묘사되기도 한다. 노예와 하인 사이에는 차이가 있지만 이 두 단어의 뿌리는 '노예'를 의미하는 라틴 어에 있다.

LADY [léidi] n **woman of superior social position or birth** 사회적 지위나 출신 성분이 뛰어난 여성

Like a gentleman, a *lady* is distinguished by more than just good manners. She would not have been permitted to hold property or recieve an inheritance as a gentleman would, but otherwise the social distinction is roughly the same.

신사처럼 숙녀도 단순히 매너가 좋은 것 이상을 의미한다. 여자는 신사처럼 재산이나 유산 상속이 허락되지 않았지만 그 외의 사회적 구분은 대략 같다.

LIVING [lívin] n **paid and property-owning position as a preacher or vicar** 전도사나 예배당 전임 성직자처럼 재산을 소유한 지위나 지불

Making a living is a phrase in modern American speech that may refer to any job that provides a paycheck, but in much English literature it is used to refer specifically to the positions held by clergy.

making a living은 숙어로 현대 미국에서는 봉급을 지급하는 직업을 말하기도 하지만 많은 영문학 작품에서는 특별히 성직자에 의해 유지되는 지위를 언급할 때 사용된다.

MAKE LOVE [mèik lʌ́v] v **to woo** 구애하다

Clearly a phrase that has changed over the years, the original meaning of *make love* did not involve sex. Instead, it meant "to express loving sentiments," "to court," or even "to flatter."

세월이 흐르면서 알기 쉽게 변한 숙어로 원래 의미는 섹스를 포함하지 않았다. 대신 '사랑하는 감정을 표현하다', '환심을 사다', 심지어 '아첨하다'라는 의미였다.

MISSISH [mísiʃ] adj **overly sentimental or prudish** 과도하게 다정다감하거나 새침한

Because an unmarried (and therefore virginal) woman is called *Miss* regardless of age in Dickens novels, it follows that a *missish* person would be easily embarrassed and, well, generally silly.

디킨스 소설에서는 결혼하지 않은 여자(처녀)는 나이와 상관없이 Miss로 불렸기 때문에 missish인 사람은 쉽게 당황하고 일반적으로 어리석을 것이라고 여겨진다.

MOLEST [məlést] v **to harass** 괴롭히다

The word *molest* didn't carry the same sexual connotations in classic literature as it does today; it could refer to any bothersome act. The act of *molesting* could be called a molestation, just as it is today.

단어 molest는 고전 문학에서는 오늘날처럼 성적인 함축을 가지고 있지 않고 단순히 괴롭히는 행동을 일컬었다. 괴롭히는 행동은 molestation이며 이는 오늘날과 그 의미가 같다.

OBLIGE [əbláidʒ] v **to do as someone asks or would prefer** 누군가 요청하거나 선호하는 것처럼 하다

Classic literature has plenty of instances of one person *obliging* someone with a song or marrying a particular individual to *disoblige* her family. The word *oblige* has several meanings, though, including to be beholden or obliged to someone. If you've ever heard the sentence, "*I'm much obliged*," you've heard someone say that he or she is in another person's debt.

고전 문학에서는 가족을 배신하는 누군가와 결혼하거나 음악을 하는 사람에게 호의를 베푸는 사람들의 예를 많이 볼 수 있다. 단어 oblige는 여러 의미를 가지는데 은혜를 입거나 누군가에 감사하다는 의미를 포함한다. 만약 당신이 I'm much obliged.라는 말을 들어 봤다면 이는 누군가 다른 사람에게 신세를 졌다는 것이다.

PERSONAGE [pə́:rsənidʒ] n **person** 사람

Personage used to indicate someone's elevated status. In modern speech, it is typically only used to describe a character in a novel or other literary work.

personage는 지위가 높은 사람을 지칭하는 데 사용했다. 현대에는 보통 소설이나 다른 문학 작품의 인물을 묘사할 때만 사용한다.

PLEBEIAN [plíbi:ən] n **person of lower class** 낮은 계급의 사람

The word *plebeian* dates back to the ancient Roman class system and is used in the same sense in classic literature. In modern usage, it might be used to describe tastes or attitudes but rarely people.

단어 plebeian은 고대 로마 계급 구조를 거슬러 올라가서 고전 문학에서도 같은 의미로 사용된다. 현대에는 맛이나 태도를 묘사할 때 사용되지만 사람에게는 거의 사용하지 않는다.

PORTMANTEAU [pɔːrtmǽntou] n **larger trunk, especially one that splits into two equal parts**
커다란 트렁크로 특히 반으로 구분되어 나뉘는 것, (양쪽으로 열리는) 대형 여행 가방

Portmanteau is not used in this sense any more, but is still applied to things comprised of two or more roughly equal parts. A *portmanteau* word, for example, is a word that is made from two other words, such as chortle (chuckle and snort), brunch (breakfast and lunch), and spork (spoon and fork).

portmanteau는 더 이상 이러한 의미로 사용되지 않지만 둘이나 그 이상으로 대략 동일한 부분을 이루는 것에 여전히 사용한다. 예를 들어, portmanteau는 chortle(킬킬거리는 웃음과 콧김 뿜기)와 brunch(아침 겸 점심), spork(포크 숟가락)처럼 두 개의 단어로 구성된 단어다.

PUBLIC HOUSE [páblik háus] n **tavern** 선술집

The origin of the word *pub*, this word refers to a house or building that is open to the public and licensed to sell alcoholic beverages. Accommodations and other services are optional.

단어 pub의 기원으로 대중에게 열려 있고 술을 팔도록 허가된 집이나 빌딩을 말한다. 숙박이나 다른 서비스는 선택이다.

REPAIR [ripéər] v **to retire or retreat, particularly to a calmer place**
특히 조용한 장소로 퇴직하거나 후퇴하다

Of course, this word is still in common use, but its use in classic literature is different. After a particularly taxing ball, one might *repair* to one's own parlor to rest.

물론 이 단어를 여전히 사용하지만 고전 문학에서의 용법과는 다르다. 특히 성가신 일을 끝낸 후에 자신의 거실로 쉬러 갈 수 있다.

SENSIBILITY [sènsəbíləti] n **emotion or feeling** 감정이나 느낌

While this word may seem close to the word *sensible*, *sensibility* is more closely related to sentiment than reason. One who has *sense*, on the other hand, can also be described as *sensible*.

이 단어는 단어 sensible과 유사해 보이지만 sensibility는 이성보다는 감성과 더 관계가 있다. 반대로 이성을 가진 사람을 sensible이라고 묘사한다.

UNWONTED [ʌnwɔ́:ntid] adj **unusual** 드문

When someone is *wont* to do something, it is his habit to do that thing. *Unwonted*, then, means outside of that habit. The word sounds like *unwanted*, but is not related.

누군가가 무엇을 하는 것이 익숙하다면 그것을 하는 것이 습관이 된 것이다. unwonted는 그런 습관이 없는 것이다. 이 단어는 unwanted처럼 발음되지만 관계는 없다.

VICIOUS [víʃəs] adj **imperfect; vice ridden** 불완전한; 악에 사로잡힌

Today's use of *vicious* typically brings to mind a snarling, rabies-ridden dog, but its original definition derives from the word *vice* and is the opposite of *virtuous*.

오늘날 vicious는 보통 으르렁거리는 광견병에 걸린 개가 떠오르지만 그 원래 의미는 단어 vice에서 유래되었고 virtuous(고결한)의 반대말이다.

11

Law
And
Government

법과 정부

때때로 학문적인 일반 어휘조차 새로운 소식이나 법률 사건을 이해하는 데 부족할 수 있다. 만약 당신이 난해한 법률 용어나 정부 용어에 둘러싸였다면 이 장이 번거로운 것을 해결하도록 도와줄 것이다.

AD HOC [æd hɑk]　adj　temporary; formed for a specific purpose
임시의; 특별한 목적을 위해 만들어진

Ad hoc is Latin for "for this purpose only." An ad hoc committee is one that is formed with the intent that it will be dissolved once its purpose is served.

ad hoc는 '이 목적만을 위하여'라는 의미의 라틴 어이다. ad hoc committee는 특별한 목적이 수행되면 해산할 의도로 구성된 임시 위원회이다.

AMNESTY [ǽmnesti]　n　official, blanket pardon of a offense　위반에 대한 공무상, 포괄적 사면

Amnesty is generally granted for a particular group of people or a particular crime. For example, a government may grant *amnesty* to political prisoners of a previous regime.

amnesty는 일반적으로 특별한 그룹의 사람들이나 특별한 죄에 주어진다. 예를 들어, 정부가 지난 정권의 정치범에게 amnesty를 내릴 수 있다.

APPELLATE COURT [əpélət kɔːrt]　n　court that hears appeals from lower courts
하급 법원으로부터 탄원을 심리하는 법원, 상고 법원

Also called a *court of appeals*, an *appellate* court has the function of determining whether the lower court functioned properly in the trial at question. The party that *appeals* the decision (and therefore refers it to the *appellate court*) is called the *appellant*.

a court of appeals(항소 법원)이라고도 하는 appellate court(상고 법원)는 하급 법원이 문제가 된 재판을 적절하게 했는지의 여부를 심리하는 역할을 한다. 판결을 항소하는 쪽(판결을 상고 법원에 보내는 것)을 appellant(상고인)이라고 한다.

BILL OF RIGHTS [bíl əv ráits]　n　first ten amendments to the U.S. Constitution
미국 헌법 최초 10개의 수정안, 권리 장전

Though the definition given here is how the term *Bill of Rights* is best known in America, the term can be applied more generally as a list of rights given to particular group of people. In the case of the U.S. Constitution, the *Bill of Rights* applies to U.S. citizens.

비록 여기 주어진 Bill of Rights라는 용어는 미국에서 잘 알려졌지만, 이 용어는 일반적으로는 특별한 그룹의 사람들에게 주어진 권리의 목록에 적용할 수 있다. 미국 헌법의 경우 권리 장전은 미국 시민들에게 적용된다.

BONA FIDE [bóunə fáid]　adj　genuine　거짓 없는

Bona fide is Latin for "with good faith," which is a tenet of contractual law.

'진정한 신뢰를 가진'을 의미하는 라틴 어로 계약법의 신조이다.

BREACH OF CONTRACT [bríːtʃ əv kántrækt]　n　a situation in which a party to a contract does not fulfill his or her part of that contract
계약 일방이 계약상 그의 역할을 수행하지 않는 상황, 계약 위반

Depending on the severity of the breach, the other party may be legally entitled to collect *damages*, or money required to repair the situation caused by the breach, as well as terminate the contract.

다른 일방은 위반의 정도에 따라 손해를 회복하거나 위반이나 계약 종결로 인해 야기된 상황을 회복하는 데 필요한 돈에 대한 법적 권리를 가진다.

CAVEAT EMPTOR [kǽviət émptɔːr]　n　idea that the buyer is responsible for confirming quality before purchasing
매수자는 구매 전에 제품의 질을 확인할 책임이 있다는 원칙

Caveat emptor is Latin for "let the buyer beware," and it means that the buyer should test the goods for defects in quality or accept the risk that the goods may be worthless. Through modern consumer protection measures, vendors are generally held to selling goods of merchantable quality, which ensures some protection but is still open to interpretation by law.

caveat emptor는 "구매자로 하여금 주의하게 하라."는 라틴 어로, 구매자는 품질의 결함을 확인하고 상품이 가치가 없을 위험을 받아들여야 한다는 것이다. 현대 소비자 보호 조치들을 통해서 판매자가 일반적으로 판매할 수 있는 수준의 상품을 판매하도록 되어 있지만 여전히 법적으로는 해석의 여지가 있다.

CLASS ACTION [klǽs ǽkʃən] n lawsuit filed by a group, on behalf of a larger group
다수 그룹을 위해 집단으로 구성된 소송, 집단 소송

Class action lawsuits are common in a wide range of legal disputes, such as antitrust laws and varied matters of consumer protection. They allow injured parties who otherwise may not have the means to pursue legislative action to do so in a more equitable way than if they were facing large companies on their own. The members of the group of potential plaintiffs are called *class members*.

class action은 광범위한 법적 분쟁에서 행해지는데, 독점 금지법이나 다양한 종류의 소비자 보호법이 있다. 이들은 입법 조치를 추구할 수단이 없는 손해를 본 당사자들에게 그들이 직접 거대 회사와 맞붙었을 때 더 공정하게 처리할 수 있도록 한다. 잠재적 고소인 그룹의 멤버들을 모두 class members라고 부른다.

CONGRESS [kάngres] n a country's legislative body 국가의 입법부, 국회, 의회

The United Stated *Congress* is comprised of the House of Representatives and the Senate. Literally meaning "meet together," *congress* can also refer to any assembly or association. *Congressional* is an adjective that means having to do with a particular congress.

미국의 congress는 하원과 상원으로 구성된다. 문자적인 의미로 '함께 만나다'인 congress는 어떤 모임이나 단체를 의미할 수도 있다. congressional은 특정한 congress와 관련이 있다는 것을 의미하는 형용사이다.

DE FACTO [di:-fǽktou] adj actual 실제의

Latin for "in fact," *de facto* is often used in legal writing to distinguish something from *de jure*, or lawful.

'사실은'을 의미하는 라틴 어로, 법적 문서에서 종종 de jure(권리에 의하여)나 lawful(합법적인)의 의미와 구분해서 사용한다.

DEPOSITION [dèpəzíʃən] n a record of out-of-court testimony 법정 밖 증언에 대한 기록, 증언 녹취록

In case in which it is not possible or preferable for a witness to testify in court, a *deposition* may be taken out of court and presented at trial. Interestingly enough, *deposition* has another definition dealing with government: the *deposing* or removal from office of a monarch or government leader.

목격자가 법원에서 증언하는 것이 가능하지 않거나 바람직하지 않은 경우에, deposition을 법정 밖에서 기록하여 재판에 제출할 수 있다. 재미있게도 deposition은 정부와 관련하여 다른 의미를 가지는데, 정부 지도자나 독재자를 자리에서 '해임시키다' 면직시키다'의 의미다.

DOUBLE JEOPARDY [dʌ́bl dʒépərdi] n being prosecuted twice for the same offense
같은 범죄에 대해서 두 번 기소되는 것, 이중의 위험

The Fifth Amendment to the U.S. Constitution prohibits *double jeopardy*, even when new evidence is found that may be incriminating. In some countries, the discovery of new evidence is enough to warrant a new trial.

미국 수정 헌법 제5조는 새로운 증거가 발견되어 그 범죄가 인정될 때에도 이중 기소를 금지한다. 많은 나라에서는 새로운 증거 발견으로 새로운 공판 영장을 발부한다.

DUE PROCESS [dú: prάses] n fair treatment under the law 법에 따른 정당한 대우

Due process is a fundamental right guaranteed to U.S. citizens under the Fifth Amendment to the Constitution. Basically, it decrees that citizens cannot be lawfully punished ("deprived of life, liberty, or property") without receiving their legal rights (such as the right to trial by jury, etc.).

미국 수정 헌법 제5조에 따라 미국 시민에게 허용된 기본 권리이다. 근본적으로 시민은 그의 법적 권리(예를 들어, 배심원단에 의해 재판받을 권리 등)를 고지받지 않고 법적으로 처벌받을 수 없다(생명, 자유나 재산을 빼앗기는 것)고 선언한다.

EXECUTOR [igzékjutər] n person appointed to carry out the wishes expressed in a will
유언장에 표현된 소원을 수행하기로 임명된 사람, 유언 집행인

The *executor* of a will is determined by a judge, who appoints the person named in the will unless an outside, valid objection is made. *Executrix* is a name for a female *executor*; however, this term is rarely used as *executor* can stand for either gender.

유언의 executor는 판사에 의해서 결정되는데, 외부에서 이에 대해 정당한 이의가 없다면 유언장에서 지명된 사람이다. executrix는 여성 유언 집행인이지만, 이 용어는 거의 사용되지 않고 executor가 남녀 모두에 사용된다.

FAIR USE [fέɚr júːs] n doctrine that determines the extent to which copyrighted material can be reproduced without permission from the holder of the copyright 저작권이 있는 자료가 저작권을 보유한 자의 허가 없이 재생산될 수 있도록 범위를 결정한 정책, 공정 사용

This is a frequently litigated aspect of copyright law, as the distinctions for what does and does not constitute *fair use* can be nebulous. Generally, the amount of material copied and the purpose for which it is copied are factors that come into play; for example, educational purposes may be subject to broader interpretations of *fair use*.

자주 다루어지는 저작권법상의 문제로, 무엇이 fair use이고 아닌지에 대한 구분이 불분명하다. 일반적으로 복사된 자료의 양이나 그것이 복사된 목적으로 결정한다. 예를 들어 교육적 목적으로는 좀 더 포괄적으로 fair use가 해석될 수 있다.

FIDUCIARY [fidúːʃièri] n a person or business that has the power to act for another 다른 사람을 위해서 행해지는 권리를 가진 사업이나 사람, 수탁자

Fiduciary is from the Latin *fiducia*, for trust. A *fiduciary* is trusted to act in good faith for another, or for the organization of which he or she is a representative. *Fiduciary* can also be an adjective meaning involving trust.

fiduciary는 '신뢰'라는 의미의 라틴 어 fiducia에서 유래했다. fiduciary는 다른 사람을 위해 선의의 행동을 하거나 그런 사람이 대표로 있는 단체라는 뜻으로 여겨진다. fiduciary는 또한 '신뢰를 가진'이라는 의미의 형용사이기도 하다.

FILIBUSTER [fíləbʌ̀stər] v to obstruct a measure in a legislative body 입법부에서 조치를 방해하다

The image most Americans may have of *filibustering* in action is of members of congress talking for hours on end, even reading recipes and the phone book in order to delay or prevent a vote. This process is called a *filibuster*, as the word can be a noun as well as a verb.

대부분 미국인들이 filibustering(의사 진행 방해)에 대해 가지는 이미지는 의원들이 투표를 막거나 미루기 위해서 한 시간 내내 이야기를 하거나 조리법과 전화번호부까지도 읽는 행위이다. 이러한 조치를 filibuster라고 하는데, 명사와 동사의 형태가 같다.

FREE AND CLEAR [fríː ænd klíɚr] adj the state of ownership in which no one has a claim against the property owned 누구도 재산을 소유한 사람에 대해 권리를 주장할 수 없는 소유 상태에 있는, 저당 잡히지 않은

Property that is owned *free and clear* is opposed to property on which a debt is being paid or another party has a legal claim.

free and clear인 재산은 지불한 빚이 있거나 다른 사람에게 법적 청구권이 설정되어 있는 재산과 반대이다.

GAG ORDER [gǽg ɔ́ːrdər] n a judge's order for attorneys and participants not to talk about a pending case in public or to the media 변호사나 관계자가 진행 중인 소송에 대해서 대중이나 미디어에 말하지 못하게 하는 판사의 명령, 보도 금지령

Gag orders are generally used in countries in which judges have no power to restrict the media from publishing details of the proceedings, and are instituted to prevent trial participants from "trying the case in the court of public opinion" and potentially tarnishing the jury pool or to incite public pressure.

gag order는 일반적으로 판사가 언론이 소송에 대해 자세하게 공표하는 것을 제한할 능력이 없는 나라에서 이용된다. 재판 당사자가 '사건을 대중 의견 공판으로 심리'하고 잠재적으로 배심원의 순수성을 더럽히거나 대중에 압력을 가하려는 것을 막기 위해 제도화되었다.

GARNISHMENT [gáːrniʃmənt] n the act of seizing one's wages 사람의 임금을 점유하는 행동, 채권 압류 통고

A judge may rule that a debtor's wages be illegally *garnished* in order to settle a debt, such as to a credit agency, child support agency, or employer. In this way, the party being owed has more assurance that the debt will be paid because the *garnished* amounts are transferred directly without ever going to the debtor.

판사는 빚을 청산하기 위해 가령, 신용 조사나 탁아 지원 기관 또는 고용주에게 불법적으로 압류된(garnished) 채무자의 임금을 통제할 수 있다. 따라서 상대 당사자는 압류된 재산이 채무자에게 가지 않고 직접 이전될 수 있기 때문에 빚이 지불될 것이라는 확신을 더 가질 수 있다.

GRANDFATHER CLAUSE [grǽndfɑ̀:ðər klɔːz]   n clause in a law that exempts certain groups of people whose rights would otherwise be affected by that law   특정 사람들 권리가 해당 법에 의해 영향을 받을 것을 면제하는 법 조항

The original *grandfather clause* was part of the discriminatory Jim Crow laws, which disenfranchised African-American voters in some southern U.S. states from 1895 to the 1950s. This clause allowed exceptions in the stringent requirements for voters if their grandfathers had been eligible to vote before 1870, effectively meaning that the voting requirements applied only to African Americans. To be exempted by a grandfather clause is known as being *grandfathered in*.

원래 grandfather clause는 흑인 차별 법의 하나로, 흑인의 투표권을 미국 남부 일부 주에서 1895년에서 1950년대까지 빼앗았던 것이다. 이 조항은 만약 투표자의 할아버지가 1870년 이전에 투표권이 있었다면 투표자에게 요구되는 엄격한 투표 조건들을 면제시켜 준 것으로, 결과적으로 투표 자격에 필요한 요구 조건들을 흑인에게만 요구하게 되었다. grandfather clause에 의해서 면제받는 것은 being grandfatered in으로 표현한다.

IMPEACHMENT [impíːtʃmənt]   n the formal process by which an official is charged with misconduct   위법 혐의를 받고 있는 공무원에 대한 공식적 절차, 탄핵

The verb form, *impeach*, may also be used. A common word that is related to *impeachment* is *unimpeachable*, as in the phrase *unimpeachable* morals, which means that someone has morals that are so strong that they are above question.

동사형 impeach(탄핵하다)로 사용되기도 한다. impeachment와 관련 있는 단어로 unimpeachable(의심할 바 없는)이 있다. unimpeachable morals는 누군가 도덕성이 강해서 의문의 여지가 없다는 것을 나타낸다.

IN LIEU [in lúː]   prep instead   대신에

This two-dollar phrase is frequently used in place of *instead* in legal and legislative documents, but the two are virtually the same. For example, if you don't have a receipt to accompany a return, the cashier may offer store credit *in lieu* of a refund.

이 두 단어로 된 어구는 법적 서류나 입법부 서류에서 instead 자리에 사용하지만, 이 둘은 실질적으로 같다. 예를 들어, 만약 당신이 반품에 필요한 영수증을 가지고 있지 않다면 계산원은 환불 대신에(in lieu) 반품할 물건 값이 적힌 표(store credit)를 제시할 수 있다.

INDICTMENT [indáitmənt]   n a formal charge of a serious crime   심각한 범죄에 대한 공식적인 기소

While this word has a specific legal definition, it can also be used to mean an illustration or example of a bad situation, as in the sentence "The current top pop stars are an *indictment* of declining interest in the arts."

이 단어는 구체적인 법적 의미를 가지지만, "현재 최고의 팝 스타들은 예술에 대한 관심이 줄어드는 것을 비난한다."라는 문장처럼 안 좋은 상황에 대한 묘사나 예로 사용될 수도 있다.

LIVING WILL [líviŋ wíl]   n a personal statement of directives for medical treatment in the event that someone is incapacitated from making informed consent   사전통보에 입각한 동의를 할 수 없는 상황에서 의학 치료에 대한 개인적 의견, 사망 선택 유언

In an age of increasing medical advances, it is becoming possible in a wider range of circumstances for hospitals to keep people physically alive on life support even in a state of mental inactivity. Therefore, living wills are becoming increasingly popular as a means to appoint a proxy to make decisions for someone who is incapacitated, and also allow a patient to choose death in certain circumstances without increasing liability for the hospital and other people involved.

의학 진보 시대에서 병원은 정신 활동이 멈춘 사람이 육체적으로는 계속 살아 있도록 하는 광범위한 환경을 조성하고 있다. 따라서 living will은 능력을 박탈당한 사람이 스스로 죽음을 결정할 수 있는 대리권을 인정한 것으로, 특정한 환경에서 병원이나 이와 관련된 사람들에게 채무를 늘리지 않고 환자가 죽음을 선택할 수 있도록 허락하는 수단으로 인기가 높아지고 있다.

MODUS OPERANDI [móudəs àpərǽndi] n a "mode of operation," generally referring to the established habits of a criminal
'수법'으로 보통 범죄자의 확립된 습관을 언급함

On police and legal dramas, this is often referred to as the M-O, and it may be used to link a criminal to several crimes once he or she is a suspect for one.
경찰이나 법정 드라마에서 자주 M-O라고 언급되는데, 한 번 용의자가 되면 여러 범죄에서 범인으로 지목될 수 있다.

MORATORIUM [mɔ̀:rətɔ́:riəm] n a postponement of activity 행동의 연기, 지불 유예

From a Latin word meaning "delay," *moratorium* may refer to any policy of deferral. For instance, a government may require debt collectors to observe a *moratorium* on activity for the victims of a natural disaster to give the victims time to financially reestablish themselves.
'연기하다'를 의미하는 라틴 어에서 유래된 moratorium은 집행 연기 정책이라고 말할 수 있다. 예를 들어, 정부는 빚 수금 대행업자에게 자연재해의 피해자를 위해 moratorium할 것을 요구해서 피해자들에게 재정적으로 다시 자립할 수 있는 시간을 줄 수 있다.

OBSTRUCTION OF JUSTICE [əbstrʌ́kʃən əv dʒʌ́stis] n an attempt to thwart the investigation of a crime 범죄 조사를 방해하는 시도, 사법방해

Obstruction of justice may consist of lying to investigators or prosecutors, destroying or hiding evidence, threatening jurors or prosecutor, or any action taken in order to impede an investigation or prosecution. *Obstruction of justice* is a crime.
obstruction of justice는 조사원이나 검사에게 거짓말을 하거나 증거를 파피 혹은 은닉하고, 배심원이나 검사를 위협하거나, 조사나 기소를 방해하기 위한 행동이다. obstruction of justice는 하나의 범죄이다.

PRO TEM [prou tem] adj temporary; interim 임시의; 잠시의

Pro tem is short for the Latin *pro tempore*, meaning temporary. Generally this refers to someone serving as a substitute until the holder of a position returns or is permanently replaced.
라틴 어 pro tempore의 줄임말로 의미는 '임시의'이다. 일반적으로 해당 직책의 사람이 돌아오거나 영구적으로 대체될 때까지 대신하는 사람에게 사용한다.

QUORUM [kwɔ́:rəm] n minimum number of members of a committee or legislative body that must be present in order to conduct business
위원회나 입법부가 업무를 처리하기 위해서 참석해야 하는 최소한의 의원 수, 정족수

The *quorum* of an organization is usually a majority of members. The official member or percentage is generally outlined in the organization's bylaws.
한 조직의 quorum은 일반적으로 과반수에 의한다. 일반적인 조직 내규는 공식 회원이나 그 백분율로 정한다.

RECUSE [rikjú:z] v to remove from legal or governmental duties because of a potential conflict of interest
이해관계의 잠재적 갈등 때문에 법적 또는 정부의 의무를 제거하다, 기피하다

Judges, jury members, attorneys, and members of Congress have the responsibility to *recuse* themselves from duties in which they believe a conflict of interest may cause them to serve or act in a biased manner. The noun form of the word is *recusal*.
판사, 배심원, 변호사와 국회 의원은 편견을 가지고 근무하거나 행동할 수 있는 이해 갈등이라고 믿는 의무들에서 책임을 면할 수 있다. 명사형은 recusal이다.

SEQUESTER [sikwéstər] v to isolate 고립시키다, 격리하다

During high-profile trials, juries are *sequestered* away from the public, the media, and even friends and family (except under supervision) so that their opinions of the trial aren't influenced by outside sources.
주목을 끄는 재판 진행 중에 배심원은 대중이나 언론, 친구나 가족(감독하에 예외적으로)에서 고립되어 재판에 대한 그들의 의견이 외부의 영향을 받지 않는다.

SUBPOENA [səbpíːnə] v **to summon a certain person or certain evidence to appear or be presented in court** 특정 사람이나 특정 증거가 법원에 나오거나 제출되도록 소환하다

When someone is *subpoenaed*, he or she is required to appear in court by law. The noun form of the word, meaning a summons for someone or something to appear in court, is also spelled and pronounced subpoena.

누군가 소환되면 그 사람은 법에 의해 법원에 나와야 한다. 이 단어의 명사형은 법정에 나와야 하는 사람이나 사물에 대한 소환장을 의미하는데, 철자와 발음이 같다.

TORT [tɔ́ːrt] n **wrongful act** 불법적 행위

From French for "wrong," a tort is any wrong in which harm is inflicted upon someone, regardless of intention. It also refers to a major branch of law and the largest in terms of civil litigation.

'잘못된'을 의미하는 프랑스 어에서 나온 tort는 의도와는 상관없이 누군가에게 고통을 준다는 점에서 그릇된 행위이다. 법에서는 '주요 분과'를 나타내고 민사 소송 면에서 가장 큰 부분이다.

12

Religion

인터넷의 출현과 빠른 커뮤니케이션 수단의 등장으로 세상이 작아지고 있기 때문에
우리는 점점 더 많은 단어들을 다양한 종교에서 듣거나 보고 있다.
이 장에는 일상적인 삶에서도 자주 접하는 단어에 대한 가이드가 있다.
또한 알면 도움이 되는 일반적인 종교에 대한 어휘도 다루고 있다.

종교

AGNOSTIC [ægnástik]　n　someone who believes that the existence or nature of a deity is unknown or not knowable
신의 본질이나 존재는 알려지지 않았거나 알 수 없다고 믿는 사람, 불가지론자

ASALAMU ALAYKUM [ɑsɑlám ɑlàikəm]　phrase　a Muslim greeting that is generally translated as "peace be upon you"　일반적으로 '당신에게 평화를'이라는 의미로 해석하는 이슬람교의 인사말

To return the sentiment, just say *wa alaykum assalm*, which means "and on you be peace."
간단한 인사에 대한 답례로 그냥 wa alaykum assalm이라고 말해라. "당신에게 평화가 임하길."이라는 의미이다.

AVATAR [ǽvətàːr]　n　in Hinduism, the manifestation of a deity in bodily form
힌두교에서 형체를 지닌 신의 현시

BAPTISM [bǽptizm]　n　a ceremony of admission into a specific Christian church, often signified with immersion in or sprinkling of water
주로 물에 몸을 담그거나 물을 뿌리는 것으로 특정 기독교 교회에 입적하는 의식

CANONIZE [kǽnənàiz]　v　in Roman Catholicism, to admit a dead person to the list of recognized saints　천주교에서 죽은 사람을 리스트에 올려 성인으로 인정하다

CASTE [kæst]　n　a form of class distinction in Hindu society, based on relative degrees of hereditary purity and/or social status
힌두교 사회에서 상대적인 정통성이나 사회적 지위를 바탕으로 계급을 구분하는 형식, 카스트

CHUPPAH [húpɑ]　n　canopy beneath which the wedding party stands while a Jewish marriage ceremony is performed　유대인 결혼식 때 신랑 신부 위에 세우는 닫집

COVENANT [kʌ́vənənt]　n　in Judaism, the Biblical covenants made with Abraham, Moses, and David　유대교에서 아브라함, 모세, 다윗과 이루어진 성서 서약

In Moses's case, *covenant* refers specifically to the Ten Commandments contained in the Ark of the *Covenant*, which was carried by the Israelites on their wandering in the wildness.
모세의 경우 covenant는 특별히 계약의 궤 안에 있는 십계명, 즉 광야를 헤맬 때 야곱의 자손들이 지켜야 하는 것을 말한다.

DHARMA [dɑ́ːrmə]　n　in Buddhism, the teachings of the Buddha; in Hinduism, the principle of order and righteousness in the cosmos
불교에서 부처의 가르침; 힌두교에서는 우주에서의 질서와 정의 원리

ECUMENICAL [èkju(ː)ménəkəl]　adj　pertaining to ideas held in common by different Christian churches
서로 다른 기독교 교회에 의해 공통으로 유지되는 생각과 관련한, 전 기독교적인

ENLIGHTENMENT [inláitənmənt]　n　in Buddhism, the state of having attained insight or knowledge that frees an individual from the cycle of reincarnation
불교에서 윤회의 고리로부터 개인을 자유롭게 하는 통찰과 지식을 얻는 상태, 반야

EUCHARIST [júːkərist] n Christian ceremony that commemorates the Last Supper
마지막 성찬을 기념하는 기독교 의식, 성체 성사

The *eucharist* involves the consecration and consumption of bread and wine, which are referred to as the body and blood of Jesus Christ.
eucharist는 밀떡과 포도주의 봉헌과 소비를 포함하는데, 이는 예수 그리스도의 피와 몸을 의미한다.

EVANGELIZE [ivǽndʒəlàiz] v to preach the Christian gospel in order to convert someone to Christianity 누군가를 기독교로 개종시키기 위해서 기독교 복음을 전도하다

Individuals who participate in this practice are generally known as *evangelicals* or *evangelical Christians*.
이 예배에 참여한 개인들은 일반적으로 evangelical(복음주의자)이나 evangelical(복음주의) 기독교도로 알려져 있다.

EXCOMMUNICATE [ekskəmjúːnikèit] n the official exclusion of a person from participating in the sacraments and services of a Christian faith
기독교 성찬과 전례에 참여하는 것이 공식적으로 제외된 사람, 교회에서 파문당한 사람

GURDWARA [gəːrdwáːrə] n a Sikh place of worship 시크교 사원

HAJJ [hædʒ] n the pilgrimage to Mecca that all Muslims are expected to make at least once in their lifetime
모든 이슬람교 교도들이 그들의 인생에서 적어도 한 번은 가야 하는 메카로의 순례

HALAL [həláːl] adj something that is religiously acceptable according to Muslim law
이슬람교 계율에 따라 종교적으로 받아들여지는 것

This term is often heard in reference to dietary law. For example, meat that is butchered according to Muslim law is described as *halal*.
이 단어는 주로 음식 규정에서 자주 볼 수 있는데, 예를 들어 이슬람교 계율에 따라 도축된 고기를 halal이라고 표현한다.

HIJAB [hidʒáːb] n a head covering worn in public by many Muslim women in following religious codes 많은 이슬람 여자들이 종교적인 계율에 따라 밖에 나갈 때 머리에 쓰는 두건

KOSHER [kóuʃər] adj pertaining to food that satisfies the requirements of Jewish law
유태인 율법에 따라 허락된 음식에 포함된

In secular usage, *kosher* describes something that is acceptable or legitimate, which is close to the original definition of the word, which is "proper."
실생활에서 kosher는 허용되거나 적법한 것을 묘사하는데, 원래 의미는 proper(적합한)와 유사하다.

LITURGY [lítərdʒi] n in the Christian church, the form(s) in which public religious services are conducted 기독교 교회에서 공개 종교 예배가 행해지는 형식, 예배식

MANNA [mǽnə] n in the Bible, the miraculous food supplied to the Israelites as they wandered in the wilderness
성서에서 이스라엘인이 광야에서 헤맬 때 그들에게 제공된 신기한 힘이 있는 음식, 만나

In modern usage, *manna* denotes something that is unexpectedly supplied, generally to the relief of the speaker or author.
현대 용법에서 manna는 예상 밖에 제공된 것을 의미하는데, 보통 연사나 저자를 위해 제공된다.

MANTRA [mǽntrə] n in Buddhism and Hinduism, a word, sound, or phrase repeated as an element of practice in meditation
불교나 힌두교에서 명상할 때 반복하는 말이나 소리, 어구

In everyday usage, a *mantra* is a word or phrase repeated for a reminder, increased self confidence, or luck.
일상생활에서 mantra는 자신감이나 행운을 키우고 상기하기 위해 반복하는 말이나 어구이다.

MENORAH [menɔ́ːrə] n a sacred candelabra most commonly associated with the Jewish celebration of Chanukah 하누카라는 유대교 행사 때 자주 사용하는 성스러운 촛대

A Chanukah *menorah* has eight branches and a central socket, whereas you may see other *menorahs* with only seven branches.
하누카의 menorah는 8개의 갈래와 중앙 소켓을 가지고 있는 반면에 다른 것들은 7개의 갈래만 가지고 있다.

MUEZZIN [mjuːézin] n a man who proclaims Muslim prayer time from the minaret tower of a mosque 이슬람교 사원의 뾰족탑에서 기도 시간을 알려주는 사람

MULLAH [mʌ́lə] n a Muslim person who has extensively studied Islamic theology and sacred law 이슬람 교리나 성법을 깊게 연구한 이슬람교인

OLIVE BRANCH [áliv brǽntʃ] n a widely regarded symbol of peace
평화의 상징으로 광범위하게 여겨지는 것, 올리브 가지

This term comes from the Biblical story of Noah, in which a dove returns with an olive branch—a sign that the great flood sent by God was receding.
이 단어는 노아의 성서 이야기에서 유래되었는데, 신이 만든 홍수의 물이 줄고 있다는 상징으로 올리브 가지를 가진 비둘기가 돌아왔다.

PHILISTINE [fíləstáiːn] n a non-Semitic people of southern Palestine who came into conflict with the Israelites in the 12th century b.c.
기원전 12세기 이스라엘 사람들과 갈등을 일으킨 남부 팔레스타인의 비셈 족 사람들

Modern usage generally refers to those with a distaste or indifference to arts and culture.
현대에서는 예술이나 문화에 혐오감을 느끼거나 무관심한 사람을 말한다.

PROSELYTIZE [prásəlitàiz] v to attempt to convert a person from one religion to another
이미 종교를 지닌 사람이 다른 종교로 개종하려고 시도하다

SACRAMENT [sǽkrəmint] n an act or ceremony of the Christian church that visibly demonstrates a spiritual belief
기독교 교회에서 정신적 믿음을 눈에 보이게 표시하는 의식이나 행위

Baptism and communion are examples of *sacraments*.
세례식이나 성찬식이 sacrament의 예이다.

SAMSARA [sæmsáːrə] n in Hinduism and Buddhism, the cycle of reincarnation that is broken when one attains enlightenment
힌두교나 불교에서 사람이 깨우침을 얻을 때에 비로소 깨지는 윤회의 고리

SECTARIAN [sektὰriən] n a person who rigidly follows the very specific beliefs of a particular religious group or sect
개별적 종교 집단이나 종파의 특정한 믿음을 굳게 따르는 사람

SUTRA [súːtrə] n in Buddhism, canonical scriptures considered to be direct records of Gautama Buddha's oral teachings

불교에서 부처님의 말씀을 직접 기록한 것으로 여겨지는 정본 경전, 수트라

TALMUD [táːlmud] n in Judaism, a collection of rabbinical writings containing the entirety of Jewish civil and religious ethics, customs, and legend

유대교에서 유대인의 세속이나 종교적 윤리, 관습, 전설을 모두 담고 있는, 랍비의 글 모음

TITHE [tɑið] n an individual's voluntary giving to a church

교회에 대한 개인의 자발적 기부, 십일조 헌금

Historically, a *tithe* was a ten percent earning tax for the support of Christian clergy and churches.

역사적으로 tithe는 기독교 성직자나 교회를 지원하기 위해 내던 10% 소득세였다.

TRANSFIGURATION [trænsfigjuráiʃən] n a total change of appearance into an elevated spiritual state

고양된 정신 상태로의 외관의 완전한 변화

TRANSUBSTANTIATION [trænsəbstænʃiéiʃən] n primarily in Roman Catholicism, the actual conversion of the eucharistic elements into the body and blood of Christ

주로 천주교에서 성체 요소(성체의 밀떡과 포도주)를 예수 그리스도의 몸과 피로 변화시키는 것, 성변화

YARMULKE [jáːrməlkə] n a skullcap that is worn by Jewish men (and sometimes women) in prayer, or at all times by Orthodox Jewish men

유대인 남자(때로는 여자)가 예배 시에 쓰거나 정통파 유대교의 남자가 항상 쓰는 작은 모자, 야물커